Stefan Loose Verlag

Wir danken allen Freunden in Thailand, die uns mit Informationen versorgt und unterwegs geholfen haben, vor allem Peep Fargrajang, Gudrun Beste, Michael Spjuth, Kurt Peter, Chichamai Mahantaphan, Robert Schorn, Maike Grumann, Volker Klinkmüller sowie allen Mitarbeitern von TAT in Hat Yai, Nakhon Si Thammarat, Phuket und Surat Thani. Hilfreich waren auch die Mitarbeiter von TAT in Bangkok und Frankfurt. Zudem danken wir Kunya Tuntivisoottikul für das Setzen der Thai-Schriftzeichen.

Besonders bedanken möchten wir uns bei folgenden **Leserbriefschreibern:** Claudia und Uli Kurz, Ralf Urban, Roland Berglas, Wolf Gotthilf, Andreas Stolz, Judith + Sven Rodig, Fam. Michael Schnelle, Marjan de Jong, Prof. Dr. Günter Fritz, Adelheid Fritz, Bettina Penninger-Seidel, Markus Seidel, Gitte Bohlmann, Markus Bongartz, Helmut Ehrlich, Birgit Ingberj, Martin Knupfer, Bernd Greuel, Claudia Krüger, Patricia Sauer, Margit Pauli, Erwin Spannfellner, Doris Dömel und Hans Peter Grötz, Ingolf Kosub, Fam. Negri, Susan Meinhardt, Johannes Brudnjak, Katrin Szabò, Dietlind und Michael Bruns, Thomas Natebus, Elke Sames und Edda, Nirmal-Klaus Albert, Patricia Wollny, Jörg Langbein, Ulrike Link, Heiko Gebauer, Werner Müller, Alexandra Kainz, Carmen Böhmer und Wolfgang Heineman, Stephan Henken, Ursula Kegel und Peter Jordan, Ulf Wunderlich, Kathrin Erdmann, Heike Wagner, Rudolf Oswald, Klaus Heinloth, Roman Berr, Daniela Arnold, Christine Ryll, Helmut Stark, Carmen Böhmer und Wolfgang Heinemann, Petra Niethammer-Rauth und Jürgen Rauth.

Schreibt uns! Wir sind auf Anregungen, Ergänzungen und Korrekturen angewiesen, wenn auch dieses Buch aktuell bleiben soll. Es ist unmöglich, für die nächste Auflage alle Orte erneut zu besuchen. Dieses Buch wurde im Juni 1998 fertiggestellt. Informationen, die von den Lesern kommen, sind sicherlich aktueller. Kein Brief bleibt ungelesen, die brauchbarsten Zuschriften belohnen wir mit einem Freiexemplar aus unserem Verlagsprogramm.
Bitte beachten: Informationen sollten so exakt wie möglich sein, v.a. Ortsangaben, Adressen, Hotels etc. möglichst in einen Plan einzeichnen. Vielen Dank!

Travel Handbuch

Thailand Der Süden

2. Auflage

Richard Doring, Stefan Loose, Renate Ramb, Ursula Spraul-Doring

Aktuelle Reisetips auf 680 Seiten!

Thailand – Der Süden

Hasenheide 54, D-10967 Berlin (Kreuzberg),
E-Mail: info@loose-verlag.de
Internet: www.loose-verlag.de

2. vollständig überarbeite Auflage 1998

Fotos: siehe Bildnachweis S. 676

Karten: Innenteil: Klaus Schindler
Umschlag außen und innen: Carlos Borrell

Lektorat: Renate Loose

Umschlaggestaltung: Gritta Deutschmann, Britta Dieterle

Farbseitengestaltung: Matthias Grimm

Layout: Gritta Deutschmann

Druck & Bindung: Westermann Druck Zwickau GmbH

ISBN 3-922025-60-9

Auslieferung
Österreich:
Freytag-Berndt u. Artaria AG,
Brunner Straße 69, A-1231 Wien
Schweiz: b + i Buch und Information AG,
Obfelder Str. 35, CH-8910 Affoltern a.A.

INHALT

Vorwort

Wer träumt nicht von weißen Sandstränden und sachte im Wind wiegenden Kokospalmen, von klarem, türkisblauem Meer und einsamen Inseln und wer sehnt sich nicht danach, auf abenteuerlichen Pfaden die geheimnisvolle Welt des Dschungels zu entdecken oder liebenswerte Menschen kennenzulernen, die noch ursprünglicher leben als wir? Wen reizen nicht prunkvolle Tempelanlagen mit immer lächelnden Buddha-Statuen? All das kann man im Süden Thailands finden.

In Thailand, so scheint es, werden viele Träume wahr. Dennoch ist nicht zu übersehen, daß dieses Land auch mit vielen Problemen zu kämpfen hat, z.B. Prostitution, Kinderarbeit, landlose Bauern. Auch die starke Verwestlichung fällt ins Auge. Thailand verschließt sich nicht gegen die Einflüsse europäischer Lebensart, möchte nicht auf die technischen Errungenschaften der westlichen Welt verzichten, vor allem aber möchte es nicht auf dem Stand eines sogenannten „Schwellenlandes" stehenbleiben, sondern strebt den Status einer modernen Industriegesellschaft an. Dieser Trend bringt Vor- und Nachteile: verpestete Luft und lärmendes Verkehrschaos in Bangkok, verschmutzte Flüsse und stinkende Kanäle, gigantische Hochhäuser und unansehnliche Fabriken – aber auch gut ausgebaute Straßen, bequeme Busse und Züge, luxuriöse Hotelanlagen und einen hohen hygienischen Standard.

Daß auch der Tourismus als blühender Industriezweig gehegt und gepflegt wird, stört manche Traveller am meisten. Viele schimpfen, Thailand sei überlaufen. Das stimmt jedoch nur auf den ersten Blick und gilt höchstens für Touristenorte. Aber wie viele davon gibt es überhaupt im ganzen Land? Sie lassen sich an zehn Fingern abzählen. Wer auf kühle Drinks und Duschen, elektrischen Strom, europäisches Essen, Discos und Bars verzichten kann, findet mit Leichtigkeit Alternativen. Man braucht nur aufmerksam in diesem Buch zu lesen.

Aus praktischen Gründen haben wir auch den nördlichen Teil West-Malaysias mit eingeschlossen. Hält man sich längere Zeit in Thailand auf, kommt unweigerlich der Moment, an dem das Visum abläuft.

Ein kurzer Trip ins Nachbarland nach Kota Bharu oder Penang, die beide aber durchaus auch längeren Aufenthalt lohnen, und man kann wieder für einen Monat nach Thailand einreisen.

In diesem Buch geben wir Adressen, Preise, Routen und Informationen weiter,

- die Anfängern die ersten Schritte in Thailand erleichtern,
- die Fortgeschrittene zu neuen Wegen ermutigen
- und die auch Kenner auf noch so manches Unbekannte hinweisen.

Wir nennen jedoch keine Geheimtips für Plätze, die noch keinen Touristen gesehen haben. Wir haben Hunderte von schönen Stellen selbst besucht, aber nur eine Auswahl davon in diesem Buch veröffentlicht. Jeder, der viel Zeit, Unternehmungsgeist und minimale Thai-Kenntnisse mitbringt, kann seine eigenen „Paradiese" entdecken – und wird hoffentlich so viel Verantwortungsgefühl aufbringen, Informationen darüber nicht weiterzuverbreiten.

Dieses Buch enthält nicht nur Fakten, sondern auch Informationen über Sitten und Gebräuche der Bewohner des Landes, die Besuchern die Augen für Traditionen, Probleme und Zusammenhänge öffnen und Verständnis für die Kultur Thailands und seine freundlichen Menschen wecken.

In diesem Sinne wünschen wir viel Spaß beim Vorbereiten und Reisen.

Das Travel Handbuch-Team

Be Careful of the stairs,
they are slippery in the rainy season,
please walk up in the white stairs and
down The white ones
thank you.
Offered by Mrs.Right.

Reisevorbereitung

Einreiseformalitäten

Ohne Visum können Bürger aus über 50 Ländern, darunter Deutsche, Schweizer und Österreicher, maximal 30 Tage im Land bleiben. In diesem Fall wird die Aufenthaltsgenehmigung für 30 Tage bei der Einreise in den Paß gestempelt.

Für einen längeren Aufenthalt benötigt man ein **Touristenvisum**, das eine thailändische diplomatische Vertretung im Ausland ausstellt. Ein Touristenvisum für bis zu 60 Tage kostet 30 DM. Für Touristen, die mehrmals einreisen wollen, gibt es Re-Entry-Permits (max. vier Einreisen), wobei für jede Einreise 30 DM zu zahlen ist. Diese sind insgesamt 90 Tage gültig.

Geschäftsreisende im Auftrag einer Firma und Deutsche, die mit einer Thailänderin verheiratet sind, können ein **Non-Immigrant-Visum** beantragen, das ohne Ausreise verlängert werden kann. Ein Non-Immigrant-Visum für bis zu 90 Tage kostet 50 DM.

Für den **Visum-Antrag** braucht man ein Antragsformular, das man vom jeweils zuständigen Konsulat oder der Botschaft nach schriftlicher Anforderung mit einem frankierten Rückumschlag zugeschickt bekommt, ein Paßbild (manchmal auch zwei) und den Reisepaß, der bei der Einreise mindestens noch sechs Monate gültig sein muß. Kinder benötigen einen eigenen Reisepaß oder müssen bei den Eltern eingetragen sein. Vom Ausstellungsdatum an hat das Visum eine Gültigkeitsdauer von 90 Tagen, d.h. innerhalb dieses Zeitraums muß die Einreise erfolgt sein. In begründeten Fällen wird es um weitere 90 Tage verlängert. Wer nicht mindestens US$500 oder ein Ausreiseticket besitzt, dem kann die Einreise verweigert werden. Auch sind allzu nachlässig gekleidete Besucher nicht gern gesehen.

Es ist möglich, das 60 Tage-Touristenvisum bei jedem Immigration Office für 500 Baht um 30 Tage zu **verlängern**. Dabei sollte man ordentlich gekleidet sein und ggf. einen größeren Geldbetrag vorweisen können. Die 30 Tage gültige visafreie Aufenthaltsgenehmigung wird nur im Falle von Krankheit verlängert. Mit einem Double-Entry-Visum kann man nach Malaysia ausreisen und problemlos innerhalb von Minuten wieder nach Thailand zurückkehren; ohne Visum erhält man bei der Wiedereinreise die 30 Tage gültige visafreie Aufenthaltsgenehmigung. (Dasselbe klappt, wenn man von Ranong einen Tagesausflug nach Victoria Point in Myanmar unternimmt.) Notfalls kann man in Kota Bharu oder Penang in Malaysia in 2 Tagen ein neues Visum beantragen.

Wer von Bangkok in ein Nachbarland fliegen möchte, kann mit einem noch nicht abgelaufenen Touristenvisum in der Abflugshalle für 500 Baht ein Re-Entry-Permit erhalten, das jedoch das 60 Tage-Touristenvisum nicht verlängert.

Wird die Aufenthaltsgenehmigung oder das Visum um einen oder einige wenige Tage **überzogen**, ist bei der Ausreise eine Geldstrafe von 100 Baht pro Tag fällig. In diesem Fall sind vor der Abreise mehrere Formulare von einem Grenzbeamten auszufüllen, was einige Zeit dauern kann, daher vor dem Abflug rechtzeitig am Immigration-Schalter erscheinen.

Bei längerem Aufenthalt ohne Visum kommt es allerdings zur Gerichtsverhandlung, und wer dann seine Strafe nicht zahlen kann, muß ins Gefängnis. Bei einem Aufenthalt in Thailand von über 90 Tagen im Jahr ist eine pauschale Steuer von 500 Baht zu zahlen. Adresse:

Immigration Department,
Soi Suanphlu, Sathon Tai Rd., Bangkok,
✆ 2873101, 📠 2871310.

Zoll

Zollfrei sind neben den üblichen Gegenständen des täglichen Bedarfs 200 Zigaretten bzw. 250 g Tabak, 1 l Wein oder 1 l Spirituosen, ein Fotoapparat, eine Film- oder Video-Kamera und 5 Filme. Alle weiteren Dinge müssen bei der Einreise deklariert und verzollt werden. Für unbelichtetes Filmmaterial beträgt der nur selten erhobene Satz 40% des Gesamtwertes.

Verboten ist die Einfuhr von Waffen, Porno-Literatur und Drogen bzw. die Ausfuhr von Buddhastatuen und echten Antiquitäten. Der Handel mit Antiquitäten ist seit 1989 in Thailand verboten. Gelegenheit macht nicht nur Diebe, sondern auch Drogen-Schmuggler. Es sitzen bereits viele Touristen wegen Drogenbesitz in den Gefängnissen Thailands.

Ausländische Währung darf in beliebiger Höhe ohne Deklaration ein- und ausgeführt werden. Die Ein- und Ausfuhr thailändischer Währung ist p.P. auf 50 000 Baht begrenzt.

Thailändische Botschaften und Konsulate

... in Europa

Botschaft in Deutschland:
Ubierstr. 65, 53173 Bonn-Bad Godesberg
✆ 0228-956860, 📠 363702
Mo–Fr 9–12.30 Uhr.
Konsulate:
12163 Berlin, Lepsiusstr. 64-66
✆ 030-7912231, 7912266-8,
Mo–Fr 9–12 und 14–16 Uhr.
20099 Hamburg 1, An der Alster 85
✆ 040-24839118, 📠 24839206
Mo–Fr 10–12 Uhr.
60311 Frankfurt, Roßmarkt 14
✆ 069-20110, 📠 793958
Mo–Fr 9–12 Uhr.
80639 München, Prinzenstr. 13
✆ 089-1689788, 📠 2211180
Mo–Fr 9–12 Uhr.

Botschaft in der Schweiz:
Eigerstr. 60, 3007 Bern
✆ 031-462281-2, 📠 460757
Mo–Fr 9–13 und 15–17 Uhr.
Konsulate:
1205 Geneva, Rue Senebier 20
✆ 022-257370.
4051 Basel, St. Alban-Graben 8
✆ 061-226867.
8001 Zürich, Talacker 50
✆ 01-2217060, 2217025
Mo–Fr 9.30–11.30 Uhr.

Botschaft in Österreich:
1180 Wien, Weimarer Str. 68
✆ 01-3103423, 3101630, 📠 3103935.
Konsulate:
1190 Wien, Formenekgasse 12-14
✆ 01-365343, 📠 368332
Mo–Fr 9–12 Uhr.
5020 Salzburg, Ahrenbergstr. 2
✆ 0662-71669
Mo–Fr 9–12 Uhr.
6021 Innsbruck, Bozner Platz 2
✆ 0512-580461
Mo–Fr 9–12 Uhr.
6850 Dornbirn, Bahnhofstr. 26-28
✆ 05572-65614
Mo–Fr 9–16 Uhr.

Botschaft in den Niederlanden:
1 Buitenrustweg, 2517 KD The Hague
✆ 070-3452088, 3450632, 📠 3451929.
Konsulate:
1075 HW Amsterdam, Emmastraat 40
✆ 020-799916, 📠 769081.
3001 DB Rotterdam, 58 Coolsingel
✆ 010-130866.

... in Malaysia

Botschaft in Malaysia:
206 Jl. Ampang, Kuala Lumpur
✆ 2488222, 📠 2486527
Mo–Fr 9–12.30 Uhr.
Konsulate:
Penang, 1 Jl. Ayer Rajah,
Ecke Jl. Tungku Abdul Rahman
✆ 2269484
Mo–Fr 9–12 und 14–15 Uhr.
Kota Bharu, 4426 Jl. Pengkalan Chepa
✆ 7482545
So–Do 9–16 Uhr.

Malaysia

Visa

Für die Einreise nach Malaysia benötigt man einen Paß, der noch mindestens sechs Monate länger gültig ist, als man im Land bleiben will. Bei der Einreise wird Deutschen, Schweizern und Österreichern ein *Visit Pass* ausgestellt, der zum dreimonatigen visafreien Aufenthalt berechtigt. Dieser *Visit Pass* kann für 5 RM in einem Immigration Office um einen Monat verlängert werden. Wer an der Grenzabfertigung heruntergekommen erscheint und zu wenig Geld hat, kann zurückgewiesen werden.

Zoll

Zollfrei sind 200 Zigaretten, 1 l alkoholische Getränke und Kosmetika bis zu einem Wert von 200 RM, Lebensmittel bis zu einem Wert von 75 RM und andere Geschenke bis zu einem Wert von 200 RM. Teurere Geschenke müssen verzollt werden. Normalerweise müssen 50% des Neuwertes (Kaufbeleg hilfreich) gegen Quittung als Pfand hinterlegt werden und bei der Ausreise mit dem Objekt bekommt man das Geld zurück. In Singapore gibt es keine Beschränkungen bei der Einfuhr von Kosmetika, HiFi, Kameras und Elektronik. Die Ausfuhr von **Antiquitäten** ist nur mit Genehmigung der Museumsbehörde von Malaysia gestattet. Antiquitäten, die schon bei der Einreise mitgeführt werden, müssen unbedingt deklariert werden.

Hunde, Katzen und andere **Tiere** bleiben besser zu Hause, denn sie benötigen ein Gesundheitszeugnis, eine Einreiseerlaubnis der Veterinärbehörde Malaysias bzw. Singapores und werden für mindestens einen Monat in Quarantäne gesteckt. Auch die Einfuhr von Pflanzen und Samen unterliegt komplizierten Bestimmungen.

Wir warnen dringend davor, Drogen mit über die Grenzen zu nehmen!

Besonders beim Grenzübertritt von Thailand nach Malaysia sollte man außerdem darauf achten, daß keine Drogen ins Gepäck geschmuggelt wurden.

Malaysische Botschaften und Konsulate

... in Europa

Deutschland: Mittelstr. 43
D 53175 Bonn-Bad Godesberg
✆ 0228-376803-6, 📠 376584
geöffnet Mo–Fr 9–12.30 Uhr.
Österreich: Prinz-Eugen-Straße 18
A 1040 Wien
✆ 01-5051042/1569, 📠 5057942.
Niederlande: Rustenburgweg 2
NL 2517 The Hague
✆ 07-3506506, 📠 3506536.

Informationen

Wir sind mit diesem Buch nicht in der Lage, die letzten, aktuellen Termine und Infos zu liefern. Das Fremdenverkehrsamt TAT informiert vor der Reise über den neuesten Stand. Wir bitten insbesondere darum, sich schon vor der Reise die Warnungen des TAT und der Touristenpolizei bezüglich der Betrügereien mit wertlosen Edelsteinen einzuprägen, da vor allem Neuankömmlinge zu den häufigsten Opfern der psychologisch äußerst gewieften Gauner zählen.

Thailändisches Fremdenverkehrsbüro (TAT)
Bethmannstraße 58, D 60311 Frankfurt
✆ 069-138139-0, 📠 281468
Internet (englisch): http://www.tat.or.th
http://www.amazingthailand.th
Malaysisches Fremdenverkehrsamt (MTPB)
Roßmarkt 11, D 60311 Frankfurt
✆ 069-283782, 📠 285215.
Weitere **Internet-Adressen** (ohne jede Gewähr):
Gute **Suchmaschine** (englisch):
http://city.net/countries/.... (Ländername)
World Travel Guide (englisch):
http://www.wtgonline.com/country/th/gen.html
Asiatische Touristik-Homepage (englisch):
http://asiatravel.com
Thailand-Infos (deutsch):
http://www.siam.net/reisen/bangkok.htm
http://www.sid-net.de/thailand
http://www.baanthai.com

Thailand-Infos (englisch):
http://www.sino.net/asean/thailand.html
http://www.skytours.de
http://thaifocus.com
Thailand-Infos und Hotelbuchung (englisch):
http://tiscoverasia.com
Bangkok-Infos (englisch):
http://www.bangkok.com
http://www.infothai.com/bangkokmag
Ko Samui-Infos und Buchung (englisch):
http://www.sawadee.com
Phuket-Infos (deutsch):
http://www.thaiwave.com/phuketakuell/index.htm
Phuket-Infos (englisch):
http://www.trv.net/index.htm
http://www.thaiwave.com
Malaysia-Infos (englisch):
http://www.interknowledge.com/malaysia/
Malaysia, von Hotels bis Jobs (englisch):
http://www.mol.com.my/
Malaysische Staaten u.a. (englisch):
http://www.jaring.my
Infos vom Stefan Loose Verlag:
http://www.loose-verlag.de

Klima und Reisezeiten

Niemand plant einen Badeurlaub an Deutschlands Nordseeküste im Dezember, doch viele vergessen, daß sie auch in Süd-Thailand und im nördlichen Teil Malaysias bei der Routenplanung Regen- und Trockenzeiten berücksichtigen sollten, obwohl extreme klimatische Schwankungen auch zu außergewöhnlichen Regenfällen und Hitzewellen führen können.

Die **Temperaturen** schwanken an der Küste im Verlauf des Tages meist zwischen 22°C und 32°C. Je näher der Äquator ist, um so geringer werden die Temperaturschwankungen.

Besonders die Küsten haben ihre eigenen Windsysteme und **Regenzeiten**. Normalerweise treten nur im Juli, August, September und Oktober auch mehrere Regentage hintereinander auf. Dann kann an einem Tag mehr Regen fallen als in mehreren trüben europäischen Monaten.

Winde bringen Regen, wenn sie vom Meer her kommen – kommen sie überland, sind sie hingegen trocken. Von Mai bis Oktober liegt Thailand und Nordwest-Malaysia im Einflußbereich des Südwest-Monsuns, der dem Land ab Juli hohe Niederschläge beschert. Von November bis Februar bringt der Nordost-Mon-

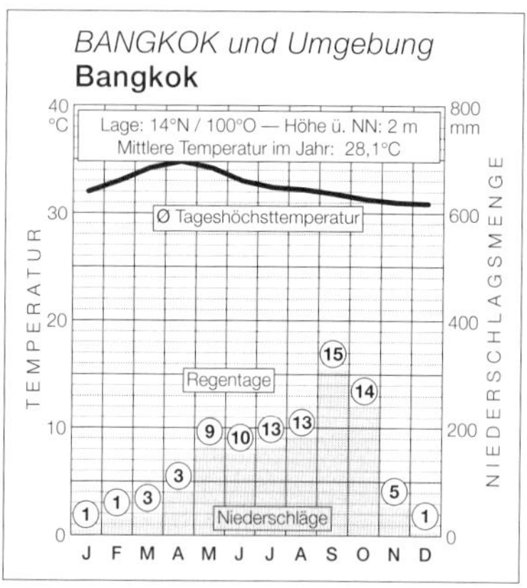

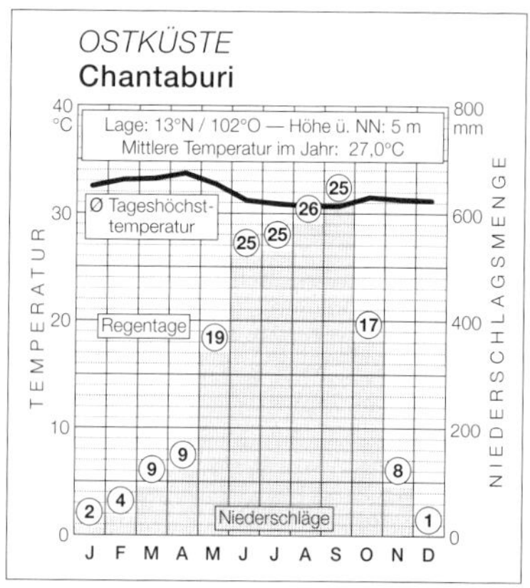

sun der Ostküste von Prachuap Khiri Khan bis nach Kota Bharu Regen.

Hierdurch kommt es zu **drei unterschiedlichen Jahreszeiten**, die regional verschieden ausgeprägt sind:

Die Regenzeit (Mai bis Oktober)

Der einsetzende Südwestmonsun bringt vom Indischen Ozean Niederschläge, vor allem für die Westküste (Phuket, Krabi, Ranong, Langkawi, Penang). Im Landesinneren regnet es wesentlich später und weniger, die Niederschläge nehmen jedoch bis zum September / Oktober kontinuierlich zu. Dennoch kann es im Mai bereits zu Überschwemmungen in Bangkok kommen.

Von Mai bis August kann man Bangkok, Zentral-Thailand und die Küste Süd-Thailands und Malaysias am Golf von Siam (z.B. Ko Samui) besuchen – die Westküste am Indischen Ozean jedoch nur beschränkt. Im September und Oktober fallen fast überall hohe Niederschläge.

Wann die Regenzeit beginnt und wie lange sie dauert, weiß niemand genau im voraus. Es kann selbst Mitte November noch stark regnen. Unsere Angaben sind durchschnittliche Werte.

In Folge der Erderwärmung scheint sich auch der Monsun zu verschieben. In den letzten Jahren kam und endete er später und brachte vielen Gebieten weniger Regen.

Die kühle Jahreszeit (November bis Februar)

Am „kältesten" ist es im Dezember und Januar. In diesen Monaten schwankt die Temperatur in Bangkok zwischen 20°C am Morgen und 30°C am Nachmittag. Im Süden gibt es geringere Temperaturschwankungen.

Die heiße Jahreszeit (März bis Mai)

Die Temperaturen steigen ab Februar ständig an. Zu den hohen Temperaturen kommt eine Wasserknappheit, die sich vor allem in Bangkok bemerkbar macht. Mittagstemperaturen von über 40°C im Schatten sind keine Seltenheit.

Angenehm ist nur der Aufenthalt an der Küste, wo in den traditionellen Badeorten Hochkonjunktur herrscht.

Reisezeiten

Die **ideale Reisezeit** ist die Trockenzeit (Dezember bis März). Nur in Ko Samui und an der Ostküste regnet es im November und Dezember häufig. Am sichersten ist es, die Reise einen Monat nach dem Ende der Regenzeit zu beginnen.

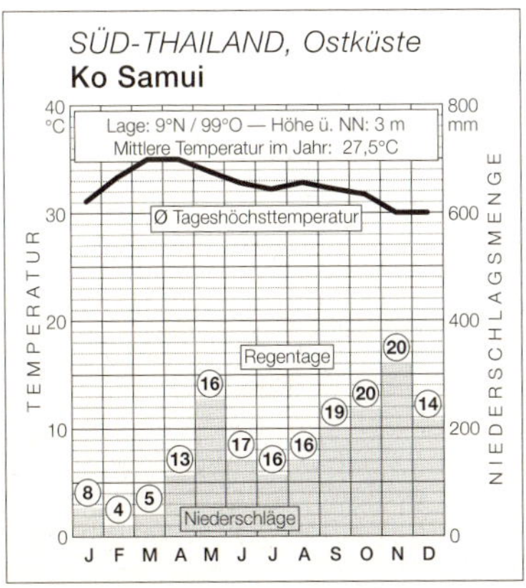

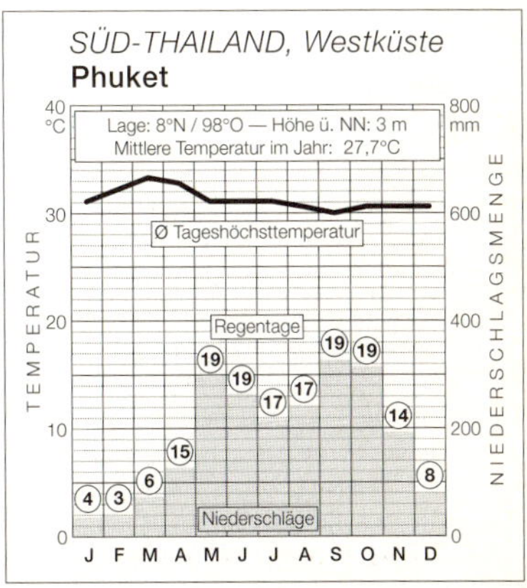

- Wichtig für die Planung der Reise sind auch die **Schulferien**. Während der europäischen Sommer- und Weihnachtsferien herrscht Hochsaison, doch auch während der thailändischen Universitätsferien (Mitte März – Juni) und Schulferien (Mitte Mai – Mitte Juli). Es sind kaum Zimmer frei, Fähren und Busse sind ausgebucht.

- Vor allem an **Feiertagen** wie dem Chinesischen Neujahr, dem Thai-Neujahr (*Songkran*, 13.–15. April) und den Brückentagen bis zum nächsten Wochenende, aber auch in der Zeit zwischen Weihnachten und dem 1. Januar, sind die Zimmer in Badeorten und Erholungsgebieten nicht nur ausgebucht, sondern häufig sogar überbucht. Viele Bus- und Zugtickets sind ausverkauft.

- Ungeeignet für Ausflüge in die Umgebung von Bangkok ist zudem jedes **Wochenende**. Während der Feiertage und am Wochenende sind sehr viele Thais unterwegs – häufig in großen Gruppen. Dann sind Busse und Züge ausgebucht, viele Hotels belegt und die Naturattraktionen überlaufen.

Anreise

Kaum jemand fährt auf dem Landweg oder mit dem Schiff nach Thailand oder Nord-Malaysia. Der normale Weg von Europa aus ist der Flug mit einer europäischen oder asiatischen Fluggesellschaft nach Bangkok, Phuket oder Kuala Lumpur.

Die Airlines differieren beachtlich in ihrer Sicherheit, der Reisedauer (Anzahl und Dauer der Zwischenstops) und dem Preis. Der seit Jahren tobende Preiskrieg hat auf diesen Routen zu einem Preisverfall geführt, so daß Flüge mit den meisten Liniengesellschaften preiswerter als ein Charterflug sind. Wer Wert auf Sicherheit und Service legt, bekommt ein Graumarkt-Ticket einer zuverlässigen europäischen oder südostasiatischen Gesellschaft bereits für 900–1300 DM. Verschiedene Airlines Südasiens (Biman, PIA) und des ehemaligen Ostblocks (LOT, Tarom, Aeroflot) liegen mit ihren Preisen sogar darunter, ihre Billigtarife beginnen bei ca. 900 DM. Einigen von ihnen fehlt es allerdings an gut ausgebildeten Spezialisten für die Bedienung und Wartung des Fluggeräts, was auf Kosten der Sicherheit geht. Besonders Biman und Aeroflot bzw. die aus ihr hervorgegangenen Firmen genießen keinen guten Ruf bei Vielfliegern. Uns wurde zudem mehrfach von verlorengegangenem Gepäck berichtet. Einen guten Ruf hat hingegen CSA.

Zudem verkaufen einige Chartergesellschaften, z.B. LTU oder Condor auch nur Flüge. Wer Faltbootgepäck mitnehmen will, ist mit Condor gut beraten, denn 100kg für 2 Personen werden gegen eine minimale Gebühr von 50 DM hin und zurück transportiert. Während der Hochsaison wird ein beachtlicher Aufschlag erhoben. Zudem gibt es für die Abflugtermine zum Ferienbeginn und -ende schon Monate im voraus keinen freien Platz, und viele Maschinen sind überbucht. Günstigste Monate zum Fliegen sind Februar, März, Juni, Oktober und November. Inlandflüge können unter Umständen als günstige Anschlußflüge gebucht werden. Mit Thai Airways ist z.B. der Anschlußflug von Bangkok nach Phuket bei einigen Tarifen fast umsonst. Zudem fliegt Thai täglich direkt von Frankfurt nach Phuket. Ähnliches gilt für die malaysische Flugesellschaft MAS.

Thai Airways
Kennedyallee 93, 60596 Frankfurt,
☎ 069-63000410, 📠 6312061.

MAS
An der Hauptwache 7, 60313 Frankfurt,
☎ 069/289651, 📠 289858.

Obwohl die reine Flugdauer etwa gleich ist, unterscheidet sich die Reisezeit verschiedener Gesellschaften, denn sie fliegen meist nicht direkt, sondern legen unterwegs einen oder

Gebuchte Flüge müssen spätestens drei Tage vor Abflug rückbestätigt werden, was auch telefonisch geschehen kann. Nicht selten sind die Maschinen überbucht, und die letzten kommen trotz Rückbestätigung nicht mehr mit. Es empfiehlt sich daher, rechtzeitig am Flughafen zu erscheinen. Bitte auch an die **Airport Tax** denken: Auslandsflüge in Bangkok 500 Baht, in Malaysia 40 RM.

mehrere Zwischenstops ein. Im günstigsten Fall dauert der Aufenthalt zum Auftanken nur 1 bis 2 Stunden. Im ungünstigsten Fall muß man umsteigen oder wartet sogar einen Tag auf den Anschlußflug.

Normalerweise ist die Geltungsdauer von Billig-Tickets auf 6 Monate begrenzt. Zudem kann man mit ihnen nicht die Fluggesellschaft wechseln und erhält kein Geld zurückerstattet, wenn der Flug nicht angetreten wird. Bei weniger strikter Handhabung ist zumindest eine Stornierungsgebühr fällig. Für die Umbuchung des Rückflugs müssen etwa 100 DM bezahlt werden. Trotzdem sollte man keine *open date tickets* kaufen, da Flüge von und nach Thailand oder Malaysia häufig schon Monate im voraus ausgebucht sind.

Reisebüros

In Deutschland

Augsburg
Flugbörse
Vorderer Lech 2
86150 Augsburg
✆ 0821-344680

Bad Homburg
Asean Wings
Louisenstr. 59
61348 Bad Homburg
✆ 06172-29901

Berlin
Alternativ Tours
Wilmersdorfer Str. 94
10629 Berlin
✆ 030-8812080

Neue Reisewelle
Goltzstr. 14
10781 Berlin
✆ 030-2173890

Dinslaken
Kangaroo Tours
Duisburger Str. 46
46535 Dinslaken
✆ 02064-40002

Düsseldorf
Explorer Flugdienst
Hüttenstr. 30
40215 Düsseldorf
✆ 0211-994901
Filialen in Hannover, Essen, Stuttgart, Nürnberg, Hamburg

Frankfurt
STA Travel
Leipziger Str. 17a
60487 Frankfurt
✆ 0180-3671371
23 Filialen in Deutschland

Freiburg
Globetrotter Tours
Bertoldstr. 8
79098 Freiburg
✆ 0761-37686

Göttingen
Reiseladen Johannisstr.
Johannisstr. 28
37073 Göttingen
✆ 0551-43644

Karlsruhe
Reisebüro Lesser
Ludwig-Wilhelm-Str. 16
76131 Karlsruhe
✆ 0721-96433-0

Kiel
Gebeco
Holzkoppelweg 19a
24118 Kiel
✆ 0431-54657-0

Köln
Lotos Reisen
Aachener Str. 1
50674 Köln
✆ 0221-2577767

Ludwigsburg
Flugbörse
Kronenstr. 2
71634 Ludwigsburg
✆ 07141-94640

München
Travel Overland
Barerstr. 73
80799 München
✆ 089-27276100
Internet: http://www.travel-overland.de

	Filialen in Augsburg, Bremen, Hamburg, Regensburg
Nürnberg	**Südwind Reisen** Friedrichstr. 14-18 90408 Nürnberg ✆ 0911-363027
Schwabach	**Logo! Reisen** Rittersbacher Str. 84 91126 Schwabach ✆ 09122-5058
Stuttgart	**Fernost-Flug-Service GmbH** Tübinger Str. 13-15 70178 Stuttgart ✆ 0711-6402510

Zudem gibt es in vielen Städten eine Flugbörse, die preiswerte Tickets verkauft, Informationen bundesweit unter ✆ 0180-5252555.

Im Internet bieten bereits viele weitere Reisebüros mehr oder weniger billige Flüge an, die man z.T. online buchen kann, z.B.:

Traxxx-Reisen	http://www.traxxx.de
Last Minute Reisen	http://www.lastminute.de
Airtravel Heilbronn	http://www.tiss.com
Günstige Linienflüge	http://db.focus.de:8080/E/EA/ea.htm

In der Schweiz
Globetrotter Club & Travel Service

Baden	5401, Bahnhofstr. 14 ✆ 2215216
Basel	4001, Falknerstr. 4 ✆ 2698686
Bern	3001, Neuengasse 23 ✆ 3266060
Luzern	6004, Unter der Egg 10 ✆ 528844
St. Gallen	9001, Merkurstr. 4 ✆ 228222
Thun	3601, Bälliz 61 ✆ 2273737
Winterthur	8401, Stadthausstr. 65 ✆ 2121426
Zürich	8001, Rennweg 35 ✆ 2138080

In Österreich

Wien	**Reiseladen** 1010, Dominikanerbastei 4 ✆ 5137577

Tips für einen gesunden Flug

Handgepäck: eine Flasche Trinkwasser (sicherheitshalber), Hustenbonbons (gegen trockenen Hals und zum Druckausgleich beim Start und der Landung lutschen), Nasenspray (falls Druckausgleich wegen verstopfter Nase nicht klappt), Chinesisches Öl (gegen eingeschlafene Beine), aufblasbares Nackenkissen und Augenmaske (für besseren Schlaf), dicker Pullover, warme Socken, Baumwolltaschentuch oder kleines Frotteetuch, Creme für die Haut, die Augen und die Nasenschleimhäute, Zahnbürste, Unterwäsche, Medikamente (falls Gepäck nicht ankommt), Knabbereien (nicht zu süß oder zu salzig) und natürlich Reiselektüre, Schreibzeug, Paß, Tickets, Geld …

Reisekleidung: Möglichst bequeme Baumwollkleidung in Schichten tragen, v.a. bei Klimawechsel (T-Shirt unter Pullover, Leggings unter Hose …, sich evtl. am Flughafen umziehen), keine Gürtel oder andere beengende Kleidung, Schuhe, die eine halbe Nummer zu groß sind (Einlagen) und keine Ringe tragen, da der Körper aufgrund des niedrigen Luftdrucks während des Fluges anschwillt.

Am Flughafen: Möglichst früh einchecken, um die gewünschten Sitze zu bekommen und Streß zu vermeiden.

Bei der Kontrolle darum bitten, Filme, Nahrungsmittel, Medikamente und Disketten von Hand zu checken (Röntgenstrahlen möglichst meiden).

Während des Fluges: Vorführungen der Notfallmaßnahmen beachten. Bewußt atmen, um trotz der schlechten Luft im Flugzeug das Gehirn ausreichend mit Sauerstoff zu versorgen. Die Füße und Waden massieren und möglichst häufig im Gang auf und ab spazieren, denn dadurch entspannt sich der Körper und wird besser durchblutet.

Mindestens 2 l kohlensäurearmes Wasser außerhalb der Mahlzeiten trinken, um Dehydration zu vermeiden. Auf kohlensäurehaltige Softdrinks verzichten, denn das führt zu vermehrten Blähungen und erhöht die Blutzuckerwerte.

Auch Kaffee, Tee und Alkohol sollte möglichst reduziert werden. Auf Hygiene achten und die Toiletten nur in Schuhen betreten, regelmäßig die Hände mit heißem Wasser und Seife waschen und gegen Austrocknen gut eincremen. Auch die Nasenschleimhäute einölen, damit sie nicht austrocknen.

Bei Zwischenstops die neue Umgebung erkunden und sich Bewegung und frische Luft verschaffen.

Während des Schlafs Sicherheitsgurte über der Decke anlegen.

Vor der Landung: Rechtzeitig die Toilette aufsuchen. Sich auf die neue Umgebung einstellen ... (Zeitunterschied s.S. 67, Klima s.S. 14, Kleines Wörterbuch s.S. 658ff).

Gesundheit

Thailand und Malaysia sind keine Entwicklungsländer mehr, was zwar manche Touristen bedauern, jedoch im Bereich Gesundheit und Hygiene schätzen sollten.

Die gesundheitlichen Risiken sind relativ gering. Wenn man auf die Gerichte fahrender Händler, die oft in den Slums zubereitet werden, verzichtet und ungeschältes Obst und rohe bzw. nicht ausreichend gekochte oder gebratene Speisen meidet und sich weitmöglichst vor Mückenstichen schützt, braucht man keine Angst vor schweren Krankheiten zu haben – Malaria ausgenommen. Hier eine alphabetische Aufstellung der wichtigsten Krankheitsgefahren.

Aber bitte keine Panik – die meisten Risiken sind durch normales, umsichtiges Verhalten minimierbar, genau wie bei uns zuhause.

Aids

Gibt es wirklich immer noch Menschen, die nicht wissen, wie sich Aids verbreitet? Vor allem in Thailand, wo die Immunschwäche jahrelang totgeschwiegen wurde, ist Aids inzwischen ein öffentlich diskutiertes Faktum. Nicht zu glauben, daß es immer noch Männer gibt, die während ihres Urlaubs vom Freiheitsdrang beseelt beim Verkehr mit Prostituierten auf das Kondom verzichten, ja sogar darauf bestehen, es „ohne" machen zu wollen!

Mittlerweile sind über eine Million Menschen, über 2% der Bevölkerung, mit dem Aids-Virus infiziert. Hochrechnungen gehen davon aus, daß sich diese Zahl bis zum Jahr 2000 auf 2–4 Millionen erhöhen könnte. Die höchste Konzentration an Infizierten leben in Hafenstädten und Fernfahrerzentren. Stichproben in verschiedenen Städten Thailands ergaben, daß 15–80% aller Prostituierten HIV positiv waren. Die überwiegende Mehrheit der thailändischen Männer macht ihre ersten sexuellen Erfahrungen mit Prostituierten. Deshalb wurde von der Regierung ein *National Aids Comittee* unter der Leitung des Premierministers eingesetzt und die *100%-Condom Campaign* propagiert, die Prostituierte verpflichtet, Kondome zu benutzen. Es bleibt fraglich, wieweit sie das ihren alkoholisierten Kunden klarmachen können. Da über lange Zeit Aids ein Tabuthema war, wurden Infizierte von ihren Familien ausgestoßen, von Arbeitgebern gekündigt und von Krankenhäusern zurückgewiesen. Das soll nun anders werden, denn die gesamte Bevölkerung muß umlernen, wenn sich die schlimmsten Befürchtungen nicht bewahrheiten sollen. 1993 waren bereits 2% aller Schwangeren HIV-positiv. Unvorsichtigkeit ist schon schlimm genug, aber wer auch noch an „Sauberkeitsbescheinigungen" oder -beteuerungen glaubt, ist einfach naiv. Und das kann bekanntlich tödlich sein. Also, Männer wie Frauen: kein Verkehr ohne Gummi, jedenfalls nicht bei fremden Männern oder Frauen. Und da bekanntlich auch das Präservativ keinen hundertprozentigen Schutz bietet, ist Abstinenz noch immer der sicherste Weg.

Cholera

Die Cholera tritt vor allem in übervölkerten Gebieten unter unhygienischen Bedingungen immer wieder auf.

Der Impfschutz durch handelsüblichen Impfstoff ist allerdings umstritten, Reaktionen sind häufig. Geimpft wird deshalb nur dann, wenn eine entsprechende Einreisebestimmung besteht, was für Thailand und Malaysia nicht zutrifft. In diesem Fall genügt entgegen der Herstellerempfehlungen eine einmalige Injektion.

Neue Impfstoffe sind in der Erprobung. Solange man auf eine saubere, hygienische Umgebung achtet und nicht geschwächt ist, wird man kaum gefährdet sein.

Denguefieber

Diese Viruskrankheit tritt überall in Thailand und Malaysia, vor allem an der Küste und besonders auf Ko Phi Phi auf und wird durch die *Aedes aegypti*-Mücke übertragen, die an ihren schwarz-weiß gebänderten Beinen zu erkennen ist. Sie sticht während des ganzen Tages. Nach der Inkubationszeit von bis zu einer Woche kommt es zu plötzlichen Fieberanfällen, Kopf- und Muskelschmerzen. Nach 3–5 Tagen kann sich ein Hautausschlag über den ganzen Körper verbreiten. Bei Stufe 1 klingen nach 1–2 Wochen die Krankheitssymptome ab.

Ein zweiter Anfall (Stufe 2) kann zu Komplikationen (inneren und äußeren Blutungen) führen. Wie bei der Malaria ist ein Moskitonetz und der Schutz vor Mückenstichen der beste Weg der Vorsorge. Es gibt keine Impfung oder spezielle Behandlung. Schmerztabletten, fiebersenkende Mittel und kalte Wadenwickel lindern die Symptome.

Ein einfacher Test kann Denguefieber verifizieren: 5 Minuten den Oberarm abbinden, öffnen und in der Armbeuge nachsehen – falls rote Flecken erscheinen, ist es zu 90% Denguefieber.

Durchfallerkrankungen

Auch Asienreisende plagen manchmal Durchfälle (Diarrhöe), die durch Infektionen hervorgerufen werden. Verdorbene Lebensmittel, ungeschältes Obst, Salate, kalte Getränke oder Eiscreme sind häufig die Verursacher. Da auch Mikroorganismen im Wasser durchschlagende Wirkung zeigen können, sollte man nur abgefülltes Wasser trinken (auf den versiegelten Verschluß achten). Wer ganz sicher gehen will, verzichtet zudem auf zerstoßenes Stangeneis. Die zylinderförmigen Eiswürfel gelten dagegen als unbedenklich.

Eine Elektrolyt-Lösung (*Elotrans* bzw. für Kinder *Oralpädon*), die verlorene Flüssigkeit und Salze ergänzt, reicht bei den meist harmlosen Durchfällen völlig aus. Man kann sich selbst eine Lösung herstellen aus 4 gehäuften Teelöffeln Zucker oder Honig, 1/2 Teelöffel Salz und 1 l Orangensaft oder abgekochtem Wasser. Zur Not, z.B. vor langen Fahrten, kann auf *Imodium*, das die Darmtätigkeit ruhiglegt, zurückgegriffen werden (aber nur in geringen Dosen, da die Ausscheidung von Krankheitserregern verzögert wird!).

Zudem hilft eine Bananen- oder Reis-und-Tee-Diät und Cola in Maßen, denn es enthält Zucker, Spurenelemente, Elektrolyte und ersetzt das verlorengegangene Wasser. Generell sollte man viel trinken und die Zufuhr von Salz nicht vergessen. Bei länger anhaltenden Erkrankungen empfiehlt es sich, einen Arzt aufzusuchen – es könnte auch eine bakterielle oder eine Amöben-**Ruhr** (Dysenterie) sein.

Verstopfungen können durch eine große Portion geschälter Früchte, z.B. Ananas oder eine halbe Papaya (mit Kernen essen), verhindert werden.

Erkältungen

Sie kommen in den Tropen häufiger vor als man denkt. Schuld sind vor allem Ventilatoren und Klimaanlagen, die krasse Temperaturwechsel und zu viel Zugluft bescheren. Naßgeschwitzt in klimatisierte Räume zu flüchten, ist nicht ratsam, wenn man nicht etwas zum Überziehen dabei hat. Auch in klimatisierten Bussen und in den Bergen ist wärmere Kleidung wichtig.

Gelbsucht

Die schwere Lebererkrankung **Hepatitis B** wird vor allem durch sexuellen Körperkontakt und durch Blut (ungenügend sterilisierte Injektionsnadeln, Bluttransfusionen, Tätowierung, Piercen, Akupunktur) übertragen. Eine rechtzeitige vorbeugende Impfung, z.B. mit *Gen H-B-Vax*, ist sehr zu empfehlen.

Die **Hepatitis A** wird durch infiziertes Wasser und Lebensmittel oral übertragen. Vor einer Ansteckung schützt der Impfstoff *Havrix* (auch als Kombi-Impfung *Twinrix* für Hepatitis A und B erhältlich). Während in Thailand die meisten Menschen nach einer harmlosen Hepatitis A-Infektion im Kindesalter gegen diese Krankheit immun sind, trifft dieses nur auf ein Drittel aller Europäer zu. Ob die Impfung notwendig ist, zeigt ein Antikörpertest.

Geschlechtskrankheiten (Veneral Diseases)

Gonorrhöe und die gefährlichere **Syphilis** sind in Asien weit verbreitete Infektionskrankheiten, vor allem bei Prostituierten. Daß der Verkehr mit Prostituierten ohne Kondom ein großes Risiko darstellt, muß mittlerweile hoffentlich nicht mehr betont werden.

Bei den ersten Anzeichen einer Erkrankung (Ausfluß / Geschwüre) unbedingt ein Krankenhaus zum Anlegen einer Kultur und zur Blutentnahme aufsuchen.

Hauterkrankungen

Bereits vom Schwitzen kann man sich unangenehm juckende Hautpilze holen. Gegen zu starkes Schwitzen hilft Körperpuder, *Ice Powder*, das angenehm kühlt und in Apotheken oder Supermärkten in Thailand erhältlich ist.

Für andere Erkrankungen sind häufig Kopf-, Kleider-, Filzläuse, Flöhe, Milben oder Wanzen verantwortlich.

Die beste Vorbeugung ist eine ausreichende Hygiene – zudem hilft gegen Hautpilze Baumwollwäsche. Nicht selten treten an Stellen, an denen die Kleidung eng aufliegt, Hitzepickel auf, die man mit *Prickly Heat Powder* behandeln kann. Gegen Kopfläuse hilft *Organoderm*, oder, falls man wieder in Deutschland ist, *Goldgeist forte*.

Japanische Encephalitis (Hirnhautentzündung)

Sie wird durch Moskitos in Agrarregionen übertragen. Eine Vorbeugung empfiehlt sich nur bei einem langen Aufenthalt in gefährdeten Gebieten.

Der Impfstoff der Firma Biken kann allerdings nur über wenige große Impfzentren (z.B. Landesimpfanstalten und Tropeninstitute) direkt aus Japan mit Kühlkette importiert werden, kostet um 80 DM pro Injektion und soll nur wenige Nebenwirkungen haben. In Thailand ist der Impfstoff leichter erhältlich.

Kinderlähmung

Selbst in Europa treten immer noch Epidemien auf. Wer während der letzten 10 Jahre die Schluckimpfungen versäumt hat, sollte sich vom Hausarzt den Schluckimpfstoff verschreiben lassen.

Malaria

Thailand und Malaysia gelten laut WHO zwar als C-Land, dennoch besteht für Touristen, die sich auf eingefahrenen Routen bewegen, nur ein sehr geringes Risiko.

Bangkok und der Süden werden als malariafrei bezeichnet. In einigen Gegenden von Thailand kommt die *Malaria tropica* vor, die unbehandelt zum Tode führen kann. Von den Touristenorten gilt Ko Samet als malariagefährdet.

Die Mücke *Anopheles*, die den Malariaerreger *Plasmodium falciparum* übertragen kann, sticht während der Nacht, also zwischen Beginn der Dämmerung und Sonnenaufgang. Am Abend schützen helle Kleidung (lange Hosen, langärmlige Hemden, engmaschige Socken) und ein mückenabweisendes Mittel, das auf die Haut aufgetragen wird (Thai: *jah tah gan jung*). Einige Apotheken bieten sanftere Mittel an, die auf Zitronella- und Nelkenöl basieren. Einige Tropenerfahrene schwören auf die Einnahme von Vitamin B.

Ist der Schlafraum nicht mückensicher (lückenlose Mückengitter an Fenster und Türen), sollte man unter einem Moskitonetz schlafen. Am sichersten ist ein eigenes Netz, da die vorhandenen manchmal beschädigt sind. Löcher verschließt man am besten mit Klebeband.

Bei niedrigen Temperaturen in klimatisierten Räumen sind die Mücken zwar weniger aktiv, aber keineswegs ungefährlich. Notfalls hilft auch eine Räucherspirale, ein Coil, das Risiko zu verringern. Coils sind grüne Spiralen, die wie Räucherstäbchen abbrennen und für ca. 8 Stunden die Luft verpesten. Oft werden sie abends in offenen Restaurants unter die Tische gestellt, um die herumschwirrenden Moskitos zu vertreiben.

Häufig wird noch die Einnahme von 2–3 Tabletten *Resochin* an zwei Tagen der Woche eine Woche vor Einreise ins infizierte Gebiet bis 4 Wochen nach der Rückkehr empfohlen, zumeist in Verbindung mit *Paludrine,* 2x tgl., in Thailand erhältlich. Allerdings sind immer mehr Erreger der *Malaria tropica* gegen diese Präparate resistent. Resochin allein gilt jedoch weiterhin als wirksam gegen die Erreger der anderen, nicht tödlichen Formen von Malaria. Zunehmend raten Tropeninstitute von chemischer Prophylaxe bei Thailandreisen ab und empfehlen mechanischen Schutz.

In Deutschland gibt es den Malaria-Schnelltest *MalaQuick*, mit dem Reisende im Notfall anhand eines Bluttropfens in acht Minuten selbst feststellen können, ob ihre Symptome durch den Malariaerreger *Plasmodium falciparum* ausgelöst wurden (in Apotheken erhältlich).

Wer sich in einem Gebiet ohne ärztliche Versorgung infiziert hat, kann zur Überbrückung mit einer *Standby*-Therapie mit Mefloquin (*Lariam*, in Thailand z.B. in den Apotheken nahe Khaosan Rd. erhältlich) oder Halofantrin (*Halfan*, in Thailand nicht erhältlich) beginnen.

Beide Medikamente sind umstritten, *Lariam* wegen seiner Nebenwirkungen, *Halfan* bei Menschen mit Herzrhythmusstörungen (zuvor ein EKG machen lassen).

Wer aus Thailand oder Malaysia zurückkehrt und an einer nicht geklärten fieberhaften Erkrankung leidet, auch wenn es sich nur um leichtes Fieber und Kopfschmerzen handelt und erst Monate nach der Rückkehr auftritt, sollte dem Arzt unbedingt über den Tropenaufenthalt berichten und auf einem Bluttest bestehen. Die ersten Symptome einer Malaria können denen eines banalen grippalen Infektes ähneln und werden daher häufig verkannt, was schon nach wenigen Tagen das Leben bedrohen kann.

Pilzinfektionen

Frauen leiden im tropischen Klima häufiger unter Pilzinfektionen. Vor der Reise sollten sie sich entsprechende Medikamente verschreiben lassen.

Eine Creme oder Kapseln sind besser als Zäpfchen, die bei der Hitze schmelzen. Ungepflegte Swimming Pools in den Tropen sind Brutstätten für Pilze aller Art.

Schlangen- und Skorpionbisse

Die weitverbreitete Angst steht in keinem Verhältnis zur realen Gefahr, denn Giftschlangen greifen nur dann an, wenn sie attackiert werden. Gefährlich ist evtl. die Zeit nach Sonnenuntergang zwischen 18 und 20 Uhr, vor allem bei Regen.

Einige Schlangen töten durch ein Blutgift, in diesem Fall benötigt man sofort ein Serum, andere töten durch ein Nervengift, dann ist außerdem eine künstliche Beatmung wichtig. Skorpionstiche sind in dieser Region generell nicht tödlich.

Tollwut

Thailand hat eine sehr hohe Todesrate an Tollwut. Wo streunende oder auch verendete Hunde zu sehen sind, ist Vorsicht geboten. Wer von einem Hund, einer Katze oder einem Affen gekratzt oder gebissen wird, muß sich sofort impfen lassen, da eine Infektion sonst tödlich endet. In Krankenhäusern in Bangkok gibt es den teuren *HDC*-Impfstoff (*Human Diploid Cell*). Eine vorbeugende Impfung ist sehr teuer und ist nur bei längerem Aufenthalt sinnvoll.

Typhus / Paratyphus

Typische Symptome: über 7 Tage hohes Fieber einhergehend mit einem eher langsamen Puls und Benommenheit. Empfehlenswert ist die gut verträgliche Schluckimpfung mit *Typhoral L* für alle Reisende. Drei Jahre lang schützt eine Injektion des neuen Typhus-Impfstoffs *Typhim VI*, ehe er wieder aufgefrischt werden muß.

Wurmerkrankungen

Winzige oder größere Exemplare, die überall lauern können, setzen sich an den verschiedensten Körperstellen bzw. -organen fest und sind oft erst Wochen nach der Rückkehr festzustellen.

Die meisten sind harmlos und durch eine einmalige Wurmkur zu vernichten, andere sind gefährlich, z.B. Hakenwürmer. Sie bahnen sich den Weg durch die Fußsohlen, deshalb sollte man auf feuchten Böden unbedingt Sandalen tragen.

Nach einer Reise in abgelegene Gebiete ist es empfehlenswert, den Stuhl auf Würmer untersuchen zu lassen. Notwendig ist das, wenn man über längere Zeiträume auch nur leichte Durchfälle hat.

Wundinfektionen

Unter unhygienischen Bedingungen können sich schon aufgekratzte Moskitostiche zu beträchtlichen Infektionen auswachsen, wenn sie unbehandelt bleiben. Wichtig ist es, daß jede noch so kleine Wunde saubergehalten, desinfiziert und evtl. mit Pflaster geschützt wird.

In jeder Apotheke gibt es Antibiotika-Salben, die den Heilprozeß unterstützen. Wer mit nesselnden **Quallen** in Kontakt gekommen ist, sollte ein Antihistaminicum oder Cortisonsalbe auftragen (als Erste-Hilfe-Maßnahme hilft Essig oder zerstampfter Brei der Kriechpflanzen am Strand) und sofort einen Arzt aufsuchen.

Wundstarrkrampf

Wundstarrkrampf-Erreger findet man überall auf der Erde. Verletzungen kann man nie ausschließen, und wer evtl. noch keine Tetanusimpfung hatte, sollte sich unbedingt zwei Impfungen im 4-Wochen-Abstand geben lassen, die nach einem Jahr aufgefrischt werden müssen. Danach genügt eine Impfung alle 10 Jahre.

Am besten ist die Impfung mit dem Tetanus-Diphterie-(Td-)Impfstoff für Personen über 5 Jahre, um gleichzeitig einen Schutz vor Diphterie zu erhalten.

Diabetes

Wer zuckerkrank ist, kann durchaus nach Thailand reisen. Insbesondere Ko Samui ist darauf eingestellt, und die ärztliche Versorgung ist gut. Erfahrungen haben gezeigt, daß der Zuckerspiegel nach dem Urlaub sogar niedriger sein kann.

Entsprechende Informationen erhält man im *Magic Light Restaurant* am Chaweng Beach. In Phuket können sich Zuckerkranke z.B. im *Phuket International Hospital* als Insulinspritzer anmelden und im Notfall dort Insulin bekommen. Kühleis ist auch in abgelegenen Gebieten erhältlich.

Medikamente

Von allen regelmäßig benötigten Medikamenten sollte man einen ausreichenden Vorrat mitnehmen. Nicht zu empfehlen sind Zäpfchen oder andere hitzeempfindliche Medikamente. In den Apotheken Thailands und Malaysias gibt es viele Präparate billiger und ohne Rezept. Bei Untersuchungen stellte sich heraus, daß einige Präparate gefälscht waren, also Vorsicht!

Wer in einem Krankenhaus oder einer Privatklinik behandelt wird, erhält die Medikamente dort passend abgezählt. Preisgünstiger als in Europa sind Impfungen (auf Einwegspritze bestehen).

Vorschlag für eine Reiseapotheke

Basisausstattung
- Verbandzeug (Heftpflaster, Leukoplast, Blasenpflaster „compeed“, Mullbinden, elastische Binde, sterile Kompressen, Verbandpäckchen, Dreiecktuch, Schere, Pinzette)
- sterile Einmalspritzen und -kanülen in verschiedenen Größen (mit ärztlicher Bestätigung, daß sie medizinisch notwendig sind, damit man nicht für einen Fixer gehalten wird)
- Fieberthermometer
- Kondome
- Lärmstop (gegen Lärmbelästigung)
- Beipackzettel

Malaria-Prophylaxe
- Chloroquin (z.B. Resochin*, nur für gefährdete Grenzgebiete)
- Paludrine* (zusätzlich zu Chloroquin, nur für gefährdete Grenzgebiete)
- Lariam* oder Halfan* zur Standby-Therapie
- MalaQuick Standby Malaria-Test
- Mückenschutz (Autan, Jaico – in Thailand kaufen; für Kinder: Zanzarin)

Schmerzen und Fieber
- Aspirin, Benuron, Dolormin
- Buscopan (gegen krampfartige Schmerzen)
- Antibiotika* gegen bakterielle Infektionen (in Absprache mit dem Arzt mitnehmen)

Magen- und Darmerkrankungen
- Imodium akut (gegen Durchfall, v.a. vorlängeren Fahrten)
- Elotrans (zur Rückführung von Mineralien; Kinder: Oralpädon Pulver)
- Dulcolax Dragees, Laxoberal Tropfen (gegen Verstopfung)
- Talcid, Riopan (gegen Sodbrennen)

Erkrankungen der Haut
- Desinfektionsmittel (Betaisodona Lösung, Hansamed Spray, Kodan Tinktur)
- Tyrosur Gel, Nebacetin Salbe RP (bei infizierten oder infektionsgefährdeten Wunden)
- Soventol Gel, Azaron Stift, Fenistil Tropfen, Teldane Tabletten (bei Juckreiz nach Insektenstichen oder allergischen Erkrankungen)
- Soventol Hydrocortison Creme, Ebenol Creme (bei starkem Juckreiz oder stärkerer Entzündung)
- Wund- & Heilsalbe (Bepanthen)
- Fungizid ratio, Canesten (bei Pilzinfektionen)
- Berberil, Yxin (Augentropfen bei Bindehautentzündungen)

Erkältungskrankheiten
- Olynth Nasenspray, Nasivin
- Dorithricin, Dolo Dobendan (bei Halsschmerzen)
- Silomat (Hustenstiller)
- Acc akut, Mucosolvan, Gelomyrtol (zum Schleim lösen)

Kreislauf
- Korodin, Effortil (kreislaufanregend)

Reisekrankheit
- Superpep Kaugummis, Vomex

Sonnenschutz mit UVA- und UVB-Filter
- Ladival Milch bzw. Gel, Ilrido ultra Milch
- Sonnenschutzstift für die Lippen

Bitte bei den Medikamenten Gegenanzeigen und Wechselwirkungen beachten und sich vom Arzt oder Apotheker beraten lassen.

(rezeptpflichtig in Deutschland)*

Versicherung

Wichtig ist eine ausreichende **Reisekrankenversicherung**. Nur einige private Krankenkassen schließen den weltweiten Schutz im Krankheitsfall ein. Wer diesen nicht hat oder bei der gesetzlichen Krankenkasse versichert ist, sollte sich bei Auslandsreisen in jedem Fall privat versichern. Die meisten Reisebüros und einige Kreditkartenorganisationen bieten derartige preiswerte Versicherungen an, die bis zu 42 Tage pro Reise gültig sind.

Die normale Reisekrankenversicherung garantiert den Krankenrücktransport, wenn er medizinisch notwendig ist. Sofern die Behandlung im Land erfolgt, übernimmt sie alle Arzt- und Krankenhauskosten, erstattet das Geld aber erst im Nachhinein.

Die einzureichenden Rechnungen müssen folgende Angaben enthalten: Name, Vorname, Geburtsdatum, Behandlungsort und Datum, Diagnose, erbrachte Leistungen in detaillierter Aufstellung (Beratung, Untersuchungen, Behandlungen, Medikamente, Injektionen, Laborkosten, Krankenhausaufenthalt), Unterschrift des behandelnden Arztes, Stempel. Der Text sollte in englisch abgefaßt sein. Da die Kosten in der Landeswährung angegeben sind, ist es hilfreich, einen Bankbeleg über den aktuellen Wechselkurs beizulegen.

Von der Europäischen Reiseversicherung, von Elvia und Hanse-Merkur werden **Versicherungspakete** angeboten, die neben der Reisekrankenversicherung eine Gepäck-, Haftpflicht-, Unfall- und Rat & Tat-Versicherung einschließen. Mit der Rat & Tat-Versicherung erhält man über eine Notrufnummer Soforthilfe während der Reise. Krankenhauskosten werden sofort von der Versicherung beglichen, und bei ernsthaften Erkrankungen übernimmt sie den Rücktransport. Ist der Versicherte nicht transportfähig und muß länger als 10 Tage im Krankenhaus bleiben, kann eine nahestehende Person auf Kosten der Versicherung einfliegen. Auch beim Verlust der Reisekasse erhält man über den Notruf einen Vorschuß. Die Pakete sind jedoch, ebenso wie die günstigen Krankenversicherungs-Angebote, auf maximal 6 bzw. 8 Wochen begrenzt. Da bei längeren Reisen bis zu einem Jahr nur Einzelversicherungen möglich sind, und der Versicherungsschutz teurer wird, sollte man in diesem Fall die Leistungen verschiedener Unternehmen vergleichen. Wer sich optimal absichern möchte, schließt eine separate Kranken-, Rat & Tat-, Unfall- und Gepäckversicherung ab. Bei häufigen Auslandsreisen können die Einzelversicherungen oder das Paket auch für ein ganzes Jahr abgeschlossen werden. Dann ist man auf allen Reisen versichert, sofern diese nicht länger als 6 Wochen dauern. Der Versicherungsschutz von **Reisegepäckversicherungen** ist im Kleingedruckten häufig stark eingeschränkt und laut Stiftung Warentest nicht zu empfehlen. Wertvolles (Fotoausrüstung u.ä.) sollte zu einem möglichst hohen Prozentsatz mitversichert sein, notfalls über eine Zusatzversicherung. Besser ist es, alles, was nicht ausreichend versichert ist, im Handgepäck zu transportieren. Die Versicherung muß Weltgeltung haben, die gesamte Dauer der Reise umfassen und in ausreichender Höhe abgeschlossen sein.

Kommt Gepäck weg, ist eine Checkliste hilfreich, auf der alle Gegenstände und ihr Wert eingetragen sind.

Gepäck

Kleidung

- **Feste Schuhe** (für Trekking-Touren reichen Turnschuhe meist aus)
- **Sandalen** (in die man leicht hinein und herausschlüpfen kann)
- **Gummi-*** oder **Trekkingsandalen** (unter Duschen Pilzgefahr!)
- **Hosen** bzw. **Röcke** aus Baumwolle, die nicht zu eng sitzen sollten.
- **Kurze Hosen** (bei Männern bis zum halben Oberschenkel, bei Frauen bis zum Knie, Shorts nur am Strand)
- **Hemden*** oder **Blusen***
- **T-Shirts* / Polo-Shirt*** mit Ärmel (mit Kragen fürs Schnorcheln)

- **Jacke** (für die An- und Abreise, kühle Nächte in den Bergen und ac-Busse)
- **Pullover**
- **Regenschirm** (keine Gummijacke wegen Wärmestau!)
- **Sonnenschutz**: Hut / Brille* (in unzerbrechlicher Box) / Sonnencreme
- **Socken** (für den Abend dichte, nicht allzu kurze Socken als Moskitoschutz)
- **Unterwäsche** (aus Baumwolle); für Frauen BH
- **Badekleidung**, für Frauen außerhalb der Touristenzentren einteiliger Badeanzug

Hygiene und Pflege

- **Zahnbürste***
- **Zahnpasta*** in stabiler Tube
- **Shampoo** / Haarpflegemittel (die auf europäische Haare abgestimmt sind)
- **Nagelschere*** und Nagelfeile
- **Rasierer** (in abgelegenen Gebieten ist ein Naßrasierer zu bevorzugen)
- **Kosmetika** und Hautpflegemittel
- **Feuchties** (zur Hygiene unterwegs und wo es kein Wasser gibt)
- **Tampons** (in internationalen Hotels oder Supermärkten zu bekommen).
- **Plastiktüten** (für schmutzige Wäsche und als Nässeschutz, Nachschub vorhanden)
- **Nähzeug** (Zwirn / Nähseide / Nadeln / Sicherheitsnadeln)
- **Toilettenpapier*** (auf den meisten öffentlichen Toiletten nicht vorhanden, dafür steht es auf den Tischen in Restaurants, wo es Servietten ersetzt)

Sonstiges

- **Adapter** (da manche Steckdosen Flachstecker nicht aufnehmen)
- **Reisewecker** (oder Armbanduhr mit eingebautem Wecker)
- **Taschenlampe***
- **Taschenmesser** (z.B. Schweizer Messer)
- **Reiseapotheke** (s.S. 24)
- **Notizbuch*** und Stifte*
- **Reisepaß** (evtl. Internationaler Studentenausweis und Personalausweis)
- **Impfpaß** (oder zumindest eine Kopie davon für den Notfall)
- **Führerschein**
- **Geld** (Bargeld / Reiseschecks / Abrechnung über Schecks / Kreditkarte)
- **Flugtickets**
- **Kopien der Dokumente** (nach der Einreise wegen Einreisestempel anfertigen)
- **Reiseführer**, **Landkarten**
- **Reiselektüre**
- **Kleine Geschenke** (Postkarten, Briefmarken, Münzen, Fotos von Daheim oder Sofortbildkamera für Fotos von den Gastgebern, Buntstifte, Murmeln oder Haargummis statt Bonbons für Kinder ... für weitere Anregungen sind wir dankbar)

Wer in einfachen Unterkünften wohnen wird, braucht zudem

- **Seife*** oder seifenfreie Waschlotion im bruchsicheren Behälter
- dünne **Handtücher***, die schnell trocknen* (meist in den Hotels vorhanden)
- **Waschmittel** in der Tube (für alle, die selbst Wäsche waschen)
- **Plastikbürste*** (zum Reinigen von Wäsche und Schuhen)
- **Kordel** (als Wäscheleine oder zum Aufspannen des Moskitonetzes)
- **Klebeband** (um zu packen und Löcher im Moskitonetz zu verschließen)
- **kleine Nägel** oder Reißzwecken (zum Befestigen des Moskitonetzes)
- **60-Watt-Birne*** (für alle, die noch spät lesen wollen)
- **Vorhängeschloß*** (und kleine Schlösser* fürs Gepäck)
- **Moskitonetz***
- **Schlafsack** (Leinenschlafsack, Bettbezug oder 2 dünne Tücher) In billigen Hotels gibt es keine Decken, und Laken werden nicht häufig gewechselt.

** Diese Gegenstände sind in Thailand oder Malaysia preiswerter zu erwerben.*

Der Wickelrock und das „gute Stück"

Das meistgetragene Kleidungsstück auf dem Land ist, neben Gummisandalen, der Wickelrock (Thai: *phasin*; malaiisch: *sarong)*. Auch Touristen können ihn außer zum Baden an nicht abgeschirmten Waschplätzen als Rock im Haus oder am Strand tragen und sich damit zudecken. Als Bekleidung außerhalb der Strände ist er ungeeignet.

Mit dem Tragen eines bäuerlichen Kleidungsstücks begibt man sich auf eine niedrige soziale Stufe, verliert Gesicht und macht sich bei den auf westlichen Schick bedachten Städtern lächerlich.

Während einer Reise wird man evtl. von Einheimischen eingeladen. Handelt es sich um eine Hochzeit oder ein anderes Familienfest, wird erwartet, daß Gäste sich dem Anlaß entsprechend kleiden. Deshalb sollte auch ein gutes Stück im Gepäck sein, das längere Reisen unbeschadet übersteht. Bei chinesischen Festen (außer bei Begräbnissen) trägt man keine weiße, blaue oder schwarze Kleidung.

Bei der Auswahl der Kleidung empfiehlt sich eine Kombination aus lässig-bequemer und gutaussehender, „ordentlicher" Kleidung. In Thailand, aber auch in Malaysia beurteilt man die Menschen weit mehr als in Europa nach ihrem Äußeren. Ein schmuddeliges Outfit stößt unmerklich auf Ablehnung, da selbst Menschen, die kein Geld haben, bemüht sind, immer sauber und gut gekleidet zu sein. Auch allzu weit ausgeschnittene und eng anliegende Kleidung wird vor allem bei Frauen als obzön angesehen. Wäsche wird fast überall innerhalb von 24 Stunden für wenig Geld gewaschen und gebügelt. In vielen Traveller-Hotels gibt es zudem die Möglichkeit, selbst zu waschen.

Ausrüstung für Trekking-Touren

Für Trekking-Touren in der Regenzeit oder durch feuchte Wälder haben sich Dschungel-Boots aus Armeebeständen bewährt, die man in einigen Geschäften und auf den Märkten von Bangkok und Penang bekommt.

Das Gepäck zusätzlich mit einem Zelt oder einem wetterfesten Schlafsack zu belasten, lohnt sich nur, wenn entsprechende Vorhaben geplant sind.

Für laue Tropennächte reicht ein Bettbezug, Bettuch oder Jugendherbergsschlafsack aus.

Rucksäcke, Koffer und Taschen

Wer überwiegend mit öffentlichen Verkehrsmitteln unterwegs ist und längere Strecken zu Fuß zurücklegen will, reist am besten mit Rucksack. Beim Kauf probiert man ihn mit etwa 15 Kilo Inhalt an.

Ein Kompromiß zwischen Koffer und Rucksack stellen die Kofferrucksäcke dar, die von der Vorderseite bepackt werden und bei denen das Tragegestell eingepackt werden kann.

Wer sein Gepäck nicht weit tragen muß, kann auch mit Koffer reisen. Vorteil: Man wird nicht mit dem negativen Image belegt, das Rucksacktouristen manchmal haben. Zudem sind sie in öffentlichen Verkehrsmitteln leichter zu verstauen als sperrige Rucksäcke. Ein zusätzlicher Tagesrucksack *(Daypack)* oder eine Falttasche kann unterwegs bei Tagesausflügen oder Kurztrips das Gepäck aufnehmen und auf dem Heimflug für weiteren Stauraum sorgen.

Notfalls gibt es überall billige Koffer und Reisetaschen zu kaufen.

Für Kameras benötigt man Fototaschen, die möglichst nicht schon von außen auf den wertvollen Inhalt schließen lassen. Sie sollten aus festem Material bestehen (nicht aufschlitzbar!), gut verschließbar sein und Platz für weiteres Handgepäck haben. Wertsachen, wie Geld, Pässe, Schecks und Tickets, lassen sich am besten nah am Körper in einem breiten Hüftgurt aus Baumwollstoff aufbewahren. Unter Hosen und locker fallenden Kleidern kann man ihn um die Hüfte gebunden unauffällig tragen.

Alle Papiere – auch das Geld – werden zusätzlich durch eine Plastikhülle geschützt, denn Schweiß ist zerstörerisch, und unleserliche Bankbescheinigungen oder Flugtickets machen Ärger.

Geld

Bargeld

Bargeld birgt das größte Risiko, da bei Diebstahl alles weg ist. Doch mit ein paar US$-Noten kann man schnell mal ein Taxi oder die Airport Tax bezahlen. Dollarscheine sind überall bekannt, DM-Scheine dagegen kaum. 100-Dollar-Noten und alte 50-Dollar-Scheine werden wegen zahlreicher im Umlauf befindlicher Fälschungen häufig nicht akzeptiert.

Reiseschecks

Sicherheit bieten Reiseschecks (Travellers Cheques), die gegen 1% Provision bei jeder Bank erhältlich sind. US$-, DM-, £- oder sFr-Reiseschecks von AMEXCO (American Express), Visa oder Thomas Cook werden in allen Touristenzentren eingelöst. Da die Gebühr beim Einlösen pro Scheck berechnet wird, sollte man lieber weniger Schecks mit einem höheren Wert mitnehmen. In Thailand ist der Wechselkurs für Schecks günstiger als für Bargeld. Bei Verlust oder Diebstahl werden sie im nächsten Vertragsbüro ersetzt (bei Thomas Cook laut Kleingedrucktem evtl. erst im Heimatland).

Wichtig ist, daß für den Nachweis die Kaufabrechnung an einer anderen Stelle aufbewahrt wird als die eigentlichen Schecks. Außerdem hilft eine Aufstellung aller bisher bereits eingelösten Schecks, denn diese werden nicht ersetzt.

Euroschecks

Weil krumme Sachen mit Euroschecks gelaufen sind, werden diese in Thailand nur selten akzeptiert. Man bekommt auch nur den Gegenwert von bis zu 400 DM in Landeswährung ausgezahlt. Als Reserve sind ein paar Euroschecks gut geeignet. Bis zu fünf Euroschecks aller deutschen Banken wechselt pro Person und Kalendermonat ohne Rechtsanspruch die Thai Farmers Bank. Manchmal wird auf der Ausreisekarte ein entsprechender Vermerk gemacht.

In den Tourismuszentren werden in seltenen Fällen auch Euroschecks von Restaurants, Hotels und Geschäften in Zahlung genommen. Schecks der Deutschen Bank wechselt in begrenzter Zahl die Filiale der Deutschen Bank in Bangkok. In Penang werden keine Euroschecks eingelöst.

Postcheques

Schweizer mit einem **Postcheckkonto** in der Schweiz können bei allen thailändischen Postämtern problemlos und schnell mit einem Postcheque bis zu 5000 Baht abheben.

Kreditkarten

Eine gute Alternative sind Kreditkarten wie *American Express, Visa, MasterCard (Eurocard)* oder *Diner's Card.* Mit der Karte kann man nicht nur Flugtickets, Mietwagen, Einkäufe, Hotel- und Restaurantrechnungen im oberen Preisniveau bargeldlos bezahlen, sondern auch Bargeld abheben. In Thailand und Malaysia sind Auszahlungs- und Akzeptanzstellen sowie Geldautomaten (ATM) weit verbreitet.

Einige Reisende berichten, daß ihre Eurocard/Mastercard nie funktioniert hat: „Pin nicht definiert". Evtl. hilft es, nur die ersten 4 Ziffern einer längeren Pin einzutippen. Geschäfte verlangen entgegen den Vertragsvereinbarungen oft die Verkäufergebühr (3–5%) vom Kunden. Es ist ratsam, eine bestimmte Summe als Guthaben auf dem Kreditkarten-Konto zu deponieren, damit man nicht auf den vorgegebenen Kreditrahmen angewiesen ist, denn sobald dieser überzogen ist, wird die Karte gesperrt.

Auf vielen Kreditkarten-Konten werden sogar Zinsen gezahlt, die gar nicht unattraktiv sind. Hier lohnt es auf jeden Fall, sich vorher zu informieren. Verlust oder Diebstahl sind sofort zu melden, um gegen den Mißbrauch der Karte abgesichert zu sein (max. Haftung 100 DM).

Bei Mietwagen oder Flügen, die mit der Karte bezahlt werden, ist in der Regel automatisch eine Unfallversicherung inklusive, bei einigen Karten eine Mietwagen-Vollkaskoversicherung.

	American Express	Visa Card	Euro-/MasterCard
Jahresbeitrag	100 DM	ab 36 DM	ab 40 DM
Barauszahlung	1) In einem AE-Office alle drei Wochen mit persönlichem Scheck und der Karte bis zu 2000 DM in Baht bzw. in RM, davon 400 DM bar und der Rest in Reiseschecks. Je nach Büro Gebühr bis zu 4%. 2) An AE-Geldautomaten alle 7 Tage bis zu 1500 DM, Gebühr 4%, min. 10 DM. Die jeweilige Hausbank legt den Wechselkurs wie bei einem Auslandsscheck zugrunde.	1) Die Vertragsbanken *Bank of Ayutthaya, Siam Commercial Bank, Thai Farmers Bank, Bangkok Bank, Thai Military Bank* bzw. in Malaysia *Overseas Union, Chase Manhattan, Standard Chartered, Hongkong, Malayan Banking, Overseas Chinese Banking* zahlen innerhalb des Kreditrahmens tgl. bis zu 2000 DM in bar aus, mindestens 1500 Baht. Gebühren: 3,65%, mindestens 10 DM zum Briefkurs vom Vortag (bei der Allgemeinen Deutschen Direktbank kostenfrei). 2) Gleiches gilt für die Barauszahlung vom ATM-Geldautomaten.	1) Die Vertragsbanken *Bank of America, Bank of Ayutthaya, Siam Commercial Bank, Thai Military Bank, Thai Farmers Bank* bzw. in Malaysia *Hongkong Bank, Bank of America, Overseas Chinese Banking, Chase Manhattan Bank, Bank Bumiputra* zahlen alle 7 Tage bis zu US$1000 in Landeswährung aus, mindestens 2500 Baht. 2) An ATM-Geldautomaten alle 7 Tage bis zu US$ 1000, Gebühren bei Banken 3% und am Automaten: 4%, Umrechnung zum Briefkurs vom Vortag
Verlust melden	in Bangkok ✆ 2730022, in KL ✆ 261007.	bei jeder Vertragsbank in Thailand/ Malaysia	✆ USA 314/2756690
Infos in Deutschland	✆ 069-97971000 (auch bei Verlust für Ersatzkarten zuständig)	bei allen ausstellenden Banken (bei Verlust auch für Ersatzkarten zuständig)	✆ 069-79330

Warnung Die Kreditkarte darf beim Bezahlen nicht aus den Augen gelassen werden, damit kein zweiter Kaufbeleg erstellt werden kann, auf dem später die Unterschrift gefälscht wird! Sie darf auch niemals in einem Safe, der auch anderen zugänglich ist, verwahrt werden. Schon viele Reisende mußten zu Hause den Kontoauszügen entnehmen, daß während ihrer Abwesenheit hemmungslos „eingekauft" worden war.

Konten und Überweisungen

Wer sich länger im Land aufhält, kann bei einer thailändischen oder malaysischen Bank ein **Sparkonto** eröffnen, am besten bei der Thai Farmers oder Bangkok Bank, wobei die Formalitäten nur eine Stunde in Anspruch nehmen. Das Guthaben auf dem Konto wird verzinst und man bekommt bei allen Filialen der entsprechenden Banken gegen eine geringe Gebühr Bargeld ausgezahlt. Wer zudem eine ATM-Karte beantragt (Ausstellung sofort, aber auch bis zu 6 Wochen Wartezeit, Kosten: 100 Baht), kann auch die Geldautomaten nutzen, mit der Karte der Thai Farmers Bank die Automaten von *Siamnet* und mit der Karte der Bangkok Bank die von *Banknet*. Vorsicht: wurde bei einer ATM-Abbuchung wegen einer Störung der Vorgang abgebrochen, sollte man es nicht ein zweites Mal versuchen, da sonst evtl. doppelt abgebucht wird. Die ausgedruckten Belege sollte man aufheben, da sich damit Fehlbuchungen nachweisen lassen. Auf das Sparbuch können auch Überweisungen aus der Heimat getätigt werden (ca. 7–10 Tage).

Bei **Überweisungen von Geld aus Europa** schickt die asiatische Bank ein Telex oder Fax (die Telex- bzw. Fax-Nummer notieren) an die Heimatbank und fordert den entsprechenden Betrag an. Eine telegraphische Anweisung nach Thailand kostet 50–80 DM. Die Kosten lassen sich reduzieren, wenn die Gebühren für die Überweisung vom heimischen Konto, die Kosten für den Begünstigten jedoch von Thailand aus beglichen werden. Wer sich den Abwicklungsbeleg nach Thailand faxen läßt, kann bei der Bank etwas Druck machen, doch normalerweise ist das Geld nach 3 Tagen verfügbar. Für Überweisungen eignen sich am besten die Zentralen der Banken in Bangkok, vor allem die Bangkok Bank (Korrespondenzbank der Sparkassen, Zentrale in Bangkok, 333 Silom Rd., ✆ 2343333), die Deutsche Bank, Zentrale in Bangkok, Witthayu Rd. 208 (Wireless Rd.), geöffnet Mo–Fr von 8.30–15.30 Uhr) oder eine andere thailändische Großbank, bei der man ein Konto unterhält. Der überwiesene Betrag wird zum Devisenkurs umgerechnet und bar in Baht oder in Travellers Cheques gegen eine Gebühr von etwa US$10 ausgezahlt. Überweisungen nach Malaysia sollte man nur nach Penang oder Kuala Lumpur durchführen.

Wechselkurs

Seit dem 2.7.1997 ist der Wechselkurs des Baht freigegeben. Sein Wert schwankt gemäß Angebot und Nachfrage. DM und sFr errechnen sich entsprechend ihrem Dollar-Wert. In den ersten 9 Monaten nach der Freigabe des Wechselkurses ist der Wert des Baht um gut 40% gefallen, die Preise für Konsumgüter sind hingegen in den ersten 6 Monaten durchschnittlich „nur" um 18% gestiegen. Thailand hofft, unter der vom IWF vorgegebenen maximalen Inflationsrate von 10% zu bleiben. In Malaysia hat in den ersten 9 Monaten der Währungskrise der Ringgit knapp 40% von seinem Wert eingebüßt. (Aktuellere Daten lagen bei Redaktionsschluß nicht vor.)

(Stand: Mai 1998)

US$1	=	39,25 Baht
1 DM	=	22,29 Baht
1 sFr	=	26,77 Baht
1 öS	=	3,17 Baht
US$1	=	3,79 RM
1 DM	=	2,15 RM
1 sFr	=	2,58 RM
1 öS	=	0,31 RM

Inflationsrate (Jährlicher Anstieg der Verbraucherpreise): Thailand: bisher 8,4%, es ist jedoch mit einem Anstieg von mindestens 12% zu rechnen; Malaysia 3,6%.

Reisekosten

Bei der Reisekosten-Planung ist zu bedenken, daß die Preisentwicklung zur Zeit aufgrund der wirtschaftlichen Turbulenzen nicht vorhersehbar ist.

Einige Preise für Waren und Dienstleistungen sind bisher stabil geblieben, was bei der Abwertung des Baht bzw. Ringgit für ausländische Touristen eine erhebliche Verbilligung bedeutet. Andere Preise, vor allem jene für importierte Waren, wurden dagegen erheblich angehoben und haben sich zum Teil verdoppelt.

Einige Hotels und Veranstalter, die überwiegend internationale Touristen bedienen, nennen Preise in DM oder US-Dollar – bezahlt wird jedoch meist zum Tageskurs in Baht.

Thailand

Generell sind die Reisekosten für Touristen in Bangkok und einigen Touristenzentren wesentlich höher ist als in der Provinz. Außerdem gibt es beachtliche regionale Unterschiede. Auf Ko Lanta oder Ko Pha Ngan kann man bei anspruchsloser Lebensführung mit 180–220 Baht am Tag auskommen. Darin sind allerdings Souvenirs, Mieten von Motorrädern oder Autos und Foodtrips sowie Bier und Thai Whisky nicht enthalten.

Wenn der Urlaub etwas komfortabler sein soll, braucht man mindestens 300–600 Baht pro Tag. In diesem Budget sind dann auch komfortable Bungalows und bessere Restaurants enthalten. Wer regelmäßig Bier trinkt, gut Essen geht oder Hotels mit Swimming Pool und anderen luxuriösen Einrichtungen genießen will, braucht noch viele Baht mehr ohne Begrenzung nach oben. Da ein Zimmer für eine Person genausoviel kostet wie für zwei Personen, reist man zu zweit immer billiger.

Malaysia

Traveller, die billig reisen wollen, können in Nord-Malaysia mit etwa 20 RM Übernachtungskosten für ein Doppelzimmer rechnen. Komplette Mahlzeiten an Essenständen und in billigen Restaurants kosten um 4 RM. Wer sparen will, sollte Tee trinken und Alkohol vergessen, da dieser überall verhältnismäßig teuer ist. Mit Mindestkosten für Essen und Trinken von 15 bis 20 RM pro Tag sollte man aber auch bei sparsamer Lebensweise rechnen.

Im Vergleich zu anderen südostasiatischen Ländern sind auch die Transportkosten, also Bus- und Zugfahrten, in Malaysia höher. Allerdings sind in der Regel keine großen Entfernungen zu überwinden. Billigstes Transportmittel sind die lokalen Busse. Überlandtaxen (knapp doppelt so teuer wie Busse) sind eine schnellere Alternative für alle, denen etwas mehr Geld zur Verfügung steht. Weitere Tips zu Banken und Geld s.S. 62 und 28.

Frauen unterwegs

In Thailand und in Nord-Malaysia ist sicherlich die Anmache längst nicht so groß wie in einigen Ländern Nordafrikas oder des Vorderen Orients, doch gibt es eine Reihe von Einschränkungen. Nicht nur das Nirvana bleibt Frauen unzugänglich. Diskriminierend sind unter anderem auch religiöse Überlieferungen und Gesetze: So ist Frauen der Zutritt zu dem heiligen Bereich *(Bot)* einiger buddhistischer Tempelanlagen verboten oder begrenzt. Buddhistischen Mönchen ist es verboten, Frauen zu berühren.

Andere Situationen sind generell gefährlich – vom kostenlosen Übernachten in Wohnungen selbsternannter Guides bis zu nächtlichen Spaziergängen an einsamen Stränden oder durch unbelebte Stadtviertel. Es empfiehlt sich besonders, einen großen Bogen um Männergruppen zu machen, die betrunken oder in ausgelassener Stimmung sind. Wenn Frauen in Thailand belästigt werden, dann häufig von betrunkenen Männern.

Das Anfassen ist freilich nicht immer als Anmache zu verstehen. Thais berühren die Haut von Europäern und bewundern die helle Farbe – ein Kennzeichen für Menschen, die es nicht nötig haben, auf den Feldern zu arbeiten. Allerdings lassen sich einheimische Frauen eine Berührung von fremden Männern nicht gefallen.

Dann gibt es noch gewisse Dinge, die für uns durchaus normal sind, in Thailand jedoch völlig anders ankommen. Es ist sinnlos, traditionell aufgewachsene Asiaten und Asiatinnen von der Selbstbestimmung der Frau überzeugen zu wollen und von ihnen Verständnis für hüllenloses Sonnenbaden zu erwarten. Hinter den modernen Fassaden regiert auch noch immer die Tradition.

In Bangkok wird toleriert, daß ein Mann neben seiner Ehefrau, die für die Familie zuständig ist, eine Geliebte finanziert. Auf dem Land werden Mädchen kurz nach der Pubertät verheiratet, und es ist noch immer üblich, daß die Eltern den Ehemann der Tochter aussuchen.

Asiaten sind in ihren Ansichten oft viel konventioneller als in ihrem Aussehen. Frauen, die nicht dem gängigen Bild von Ehefrau oder Mutter entsprechen, werden leicht in die Rolle der frei verfügbaren Prostituierten gedrängt.

Lockere Umgangsformen und allzu luftige Kleidung können einiges dazu beitragen. Deshalb am besten direkten Blickkontakt mit Männern meiden, einen BH tragen und möglichst Schultern, Oberarme und Beine bis zum Knie bedeckt halten.

Ein vorweisbarer Ehemann – manchmal reicht schon ein Foto oder ein Ehering – verhilft zu größerer Akzeptanz. Schwanger oder gar mit Kindern wird eine Frau in den heiligen Status der Mutter erhoben und nahezu unantastbar. Das Schönheitsideal der meisten Thai-Männer wird durch das zierliche Mädchen von Nord-Thailand bestimmt. Die große westliche Frau gilt nicht gerade als begehrenswert.

Da in Thailand die meisten Frauen berufstätig sind und eine aktive Rolle in der Gesellschaft spielen, fällt es nicht schwer, trotz Sprachbarriere Bekanntschaften zu schließen. Kontakte zu malaiischen Frauen sind hingegen rar, denn viele leben ausschließlich in ihren Familienverbänden. Kontakte zu männlichen Reisenden sind nicht immer angenehm. Besonders alleinreisende Frauen werden oft als eine preiswertere Alternative zu einheimischen Prostituierten gesehen. Wer auf diese Anmache keine Lust hat, tut sich am besten mit einer Freundin zusammen, mit der frau auch das Zimmer teilen kann.

Einheimische Frauen reisen in Gruppen – eine gute Idee, denn dann ist frau sicherer vor den Nachstellungen eines Guides im Dschungel, eines Fischers an einem einsamen Strand oder vor den Zugriffen lüsterner Männer im dichten Gedränge großer Feste oder überfüllter Verkehrsmittel.

Problematische Situationen lassen sich durch ein selbstsicheres Auftreten und einige schlagfertige Worte in Thai oft schnell entkrampfen. „Laß mich bitte in Frieden" heißt auf Thai: *Kor toodt ká ja ma yúng gab tschán* (á = kurz gesprochener Vokal).

Zur Not genügt auch ein rüdes „Hau ab", auf Thai: „Bai, bai"!.

Trotz dieser Warnungen sollte frau nicht in ständiger Angst vor einer Vergewaltigung leben (es passiert glücklicherweise höchst selten) und sich nicht davon abhalten lassen, auch ohne männlichen Begleitschutz Asien zu entdecken.

Viele Frauen, die allein unterwegs waren, können bestätigen, daß eine derartige Reise sehr viel Spaß macht.

Mit Kindern unterwegs

Reisetage

Wichtig ist, schon bei der Routenplanung die Bedürfnisse der Kinder zu berücksichtigen. Unvermeidlich ist der lange Flug, bei dem die Bewegungsfreiheit, vor allem für Kinder unter 2 Jahren ohne eigenen Sitzplatz, stark eingeschränkt ist.

Lange Fahrten sind gerade für kleinere Kinder anstrengend, so daß man es ihnen so bequem wie möglich machen sollte, also lieber Flugzeug oder Bahn statt Bus oder gar non-ac-Bus.

Solange Kinder keinen eigenen Sitzplatz beanspruchen, nicht älter als 4 Jahre sowie unter 1 m groß (beim Eisenbahnfahren in Thailand) sind, reisen sie bei Bus- und Bahnfahrten umsonst. Zwischen 4 und 12 Jahren bzw. unter 1,50 m zahlen sie den halben Preis. Es ist jedoch ratsam, den Kindern möglichst einen eigenen Sitzplatz zu besorgen. Bei Flügen zahlen sie unter 2 Jahren 10%, zwischen 2 und 12 Jahren bereits weit mehr als die Hälfte. Lange Reisetage überstehen Kinder wie Eltern leichter mit einem Walkman und einigen Kinderkassetten. Nach der Ankunft sollte man immer einen Ruhetag einplanen, um die neue Umgebung zu erkunden.

Reiseziele

Es gibt auch in Thailand und im Norden Malaysias Reiseziele, die bei Kindern sehr beliebt sind. Vor allem Stadtkinder genießen die freie Natur, besonders faszinierend sind Strände und Märkte, wo Händler, Fischer und Bauern bereit sind, den Kindern ihre Arbeit näherzubringen. Spaß macht es auch, zusammen mit den Kindern in den offenen Werkstätten die Handwerker und Künstler bei der Arbeit zu beobachten.

Sehr gut dafür eignet sich z.B. die Innenstadt von Penang. Vergnügungszentren und Tierparks gibt es in vielen Großstädten.

Auf dem Land finden Kinder zu ihrer Freude Wasserbüffel, Hühner, Enten und Katzen – auch wenn der hautnahe Kontakt mit Haustieren nicht immer bedenkenlos ist (Ungeziefer und Tollwut, v.a. bei Hunden!). Das größte Plus: es gibt viele einheimische Kinder und die sind wie selbstverständlich fast immer und überall dabei.

Gesundheit

Während die meisten Kinder, sofern sie nicht hitzeempfindlich sind, den Klimawechsel ohne Probleme verkraften, dauert die Umstellung auf die neue Zeit einige Tage – und vor allem Nächte. Schon deshalb ist es erholsamer, sich für die ersten Tage in ein Quartier einzumieten, in dem man sich nachts ohne größere Störungen für die anderen Gäste mit den Kindern beschäftigen kann. Für den absoluten Notfall haben wir ein leichtes pflanzliches Beruhigungsmittel im Gepäck, das zumindest die Eltern allein durch seine Existenz beruhigt. Da die medizinische Versorgung unproblematisch ist, benötigen die Kinder keine besonderen Medikamente. In die Reiseapotheke gehören Tabletten zur Malaria-Prophylaxe (ein fiebersenkendes Mittel, Elektrolyt-Tabletten gegen Durchfall (Oralpädon), Wunddesinfektionsmittel und viel Pflaster. Jede Schramme sollte sofort gereinigt und desinfiziert werden, da sich sehr leicht Infektionen bilden. Kinder sollten so gut es geht vor Mückenstichen geschützt werden. Am besten macht man es zum Ritual, vor Sonnenuntergang zu duschen, die Kleidung zu wechseln (lange Hosen und Socken) und sich mit einem mückenabweisenden Mittel einzureiben. Durch mangelnde Sauberkeit können sich leicht Ausschläge entwickeln, deshalb sollte man beim Duschen auf einwandfreies Wasser achten und Kinder nur an sauberen Stränden und Pools baden lassen. Dabei muß die empfindliche Haut durch eine Kinder-Sonnenmilch und ein T-Shirt vor Sonne geschützt werden – für alle Fälle ein Mittel gegen Juckreiz einpacken.

Gepäck

Je kleiner die Kinder sind, um so mehr Sachen scheinen sie zu benötigen – Flaschen und Milchpulver, Windeln, Wäsche und – nicht zu vergessen – das heißgeliebte Kuscheltier. All das nimmt bereits beachtlichen Platz ein. Zudem wollen Babys und Kleinkinder getragen werden.

Der Kinderwagen kann getrost zu Hause bleiben, besser sind solide Kindertragen mit Hüftgurt, die man sich auf den Rücken schnallt. Babyflaschen und Milchpulver gibt es überall, Babynahrung aus Gläschen nur in den großen Städten und Tourismuszentren, eine Flaschenbürste und andere Reinigungsmittel nimmt man besser mit. An Reisetagen kann man praktisch nur Wegwerfwindeln benutzen, die es in Thailand und Malaysia in allen großen Städten zu kaufen gibt, ansonsten tun es auch Stoffwindeln. Der Verbrauch wird sich ganz natürlich reduzieren, da die Kinder häufig ohne Windeln herumlaufen können. Ein eigener kleiner Spielzeug-Rucksack, den die Kinder selbst pakken und tragen können, erleichtert manche Entscheidung darüber, welche Sachen unbedingt mit müssen. Ein paar zusätzliche Bücher sind eine gute Idee, zudem finden Kinder überall Dinge zum Spielen.

Einheimische Kinderkleidung ist häufig keine reine Baumwolle! Nicht vergessen: Reisepaß (Kinder jeglichen Alters brauchen einen eigenen), Impfbuch, SOS-Anhänger mit allen wichtigen Daten, leichte Kleidung, möglichst strapazierfähig (Sachen, aus denen das Kind bald herauswächst, kann man unterwegs verschenken – die Vorteile liegen auf der Hand), Wegwerfwindeln, Babynahrung, Flaschen für Säuglinge. Außerdem kleine Spiele und Bücher, vielleicht auch ein großes zum Vorlesen gegen Langeweile, Walkman und Kassetten, Fotos von Daheimgebliebenen gegen Heimweh, Kuscheltier (letzteres muß gehütet werden wie ein Augapfel, denn ein verlorengegangener Liebling kann allen den Rest der Reise verderben – reiseerprobte Kinder beugen vor, indem sie das zweitliebste Kuscheltier mitnehmen), Sonnenhut und -creme mit hohem Lichtschutzfaktor.

Übernachtung und Essen

Man braucht nicht unbedingt in teureren Unterkünften abzusteigen. Auch billige Hotels haben oft Zimmer mit drei Betten, in denen man selbst mit 2 Kindern gut unterkommt. Bungalow-Siedlungen an den Stränden sind meist überschaubar genug, um in Hörweite des Zimmers gemütlich den Abend zu verbringen.

Da auch Asiaten gerne in großen Familienpulks reisen, besitzen die meisten Hotels Mehrbettzimmer oder bauen auf Nachfrage ein zusätzliches Bett auf. Keine Probleme gibt es normalerweise mit dem Essen in chinesischen Restaurants, während Thai-Gerichte für europäische Kinder häufig zu scharf sind. Dennoch wird man überall bemüht sein, geeignetes Essen für die Kinder zu besorgen, auch wenn eine kleine Extraportion zubereitet werden muß. Viel Spaß macht ein Picknick, vor allem wenn man vorher alles gemeinsam auf dem Markt eingekauft hat. Als Getränke für unterwegs haben sich die (allerdings recht süßen) Tee-, Kakao- und Saft-Päckchen à 0,2 l bewährt.

Die neue Umwelt und die Eltern

Viele Probleme lösen sich wie von selbst durch das Entgegenkommen der ausgesprochen kinderfreundlichen Thais. Kleine Touristen stehen schnell im Mittelpunkt des Interesses, und man wird versuchen, es ihnen so bequem wie möglich zu machen. Vor allem außerhalb der Touristenexklaven werden sie beschenkt und gestreichelt, fotografiert und geküßt – manchmal bis zum Rande des Erträglichen. Manchmal brauchen sie etwas Unterstützung – ein Sommerhut auf dem blonden Lockenkopf kann z.B. helfen, neugierige Hände fernzuhalten. In einer wechselnden fremden Umwelt sind die mitreisenden Erwachsenen die einzigen festen Bezugspunkte der Kinder, und wenn sie noch klein sind, werden sie sich entsprechend anklammern.

Auch fehlen größeren Kindern, die kein Englisch sprechen, manchmal Freunde, mit denen sie sprechen können. Rund um die Uhr zusammen zu sein, das kann auch die beste Beziehung belasten. Bei allen Entscheidungen muß man die Kinder berücksichtigen, und gemeinsame nächtliche Kneipen- oder Discotouren bleiben Eltern verwehrt. Ideal wäre deshalb eine gemeinsame Reise mit Freunden, die ebenfalls Kinder haben.

Viele neue Erfahrungen sind erst mit Kindern möglich, man bekommt ganz andere Kontakte zu einheimischen Familien und lernt, genauer hinzusehen. Und wer hat schon zu Hause so viel Zeit für seine Kinder?

Praktische Tips

Übernachtung

Hütten, Gästehäuser und Bungalows

Die **Hütten** am Strand von Ko Pha Ngan, Ko Tao, Ko Lanta, Ko Phayam, Ko Samet oder Ko Chang und die **Gästehäuser** in Kota Bharu, Krabi oder Bangkok sind sehr einfach ausgestattet und überwiegend billiger als die preiswertesten Hotels. Ihre Ausstattung beschränkt sich meist auf eine dünne Matratze, eine Lampe und (wichtig, aber selten!) ein Moskitonetz. Wenn die Elektrizität von einem Generator erzeugt wird, herrscht oft schon ab 22 Uhr Dunkelheit. Um Duschen und Toiletten aufzusuchen, braucht man eine gute Taschenlampe. Oft gibt es nur Kübelduschen, bei denen das Wasser mit einer Kelle oder Schale aus einer Wanne geschöpft und über den Körper gegossen wird. Dabei sollte das Wasser nie verunreinigt werden.

Die allereinfachste Bambushütte ist z.B. auf Ko Pha Ngan schon für 40 Baht zu haben, auf Ko Phi Phi kostet der gleiche Standard mindestens 120 Baht. Mit eigener Dusche und WC kostet sie zumeist ab 80 bis 120 Baht, z.B. auf Ko Samui oder Ko Tao, auf Ko Phi Phi mindestens 200 Baht.

Für einen **Bungalow** aus festen Materialien, mit Glasfenstern und guten Matratzen sind 160 Baht und mehr fällig. Kommen ein Ventilator (englisch *fan*, auf Thai *patlom*) und einige Möbelstücke dazu, werden es über 200 Baht. Liegt die Hütte in einem teuren Gebiet (Ko Phi Phi, Phuket) oder an Stränden, die am Wochenende fast nur von Thai-Touristen frequentiert werden, zahlt man für denselben Standard ungefähr das Doppelte. Ein Touristen-Bungalow mit Klimaanlage (ac) kostet ab 350 Baht, ein ac-Bungalow für Thais ab 500 Baht.

Das Personal der Bungalowanlagen und Gästehäuser sorgt auch für das leibliche Wohl der Gäste. Tee und Kaffee gibt es fast überall, häufig auch ein Frühstück, oder es befindet sich gleich nebenan ein Restaurant mit Frühstück, Getränken und gutem Thai-Essen. Das Diebstahlrisiko, vor allem in Schlafsälen, verringert ein eigenes Vorhängeschloß oder ein abschließbarer Rucksack.

In Penang kosten einfache DZ in Gästehäusern um 25 RM, in Kota Bharu etwas weniger. Dort sind Betten im Schlafsaal bereits für 5 RM zu bekommen.

Ferienwohnungen werden nur selten angeboten, z.Zt. in Ko Samui, Pattaya, Phuket sowie in Khao Lak. Der Standard entspricht internationalem Niveau, die Preise liegen niedriger. Die voll ausgestatteten Küchen werden zumeist nur fürs Frühstück oder zur Zubereitung von Babynahrung genutzt, da das Essen außerhalb bekannt billig und schmackhaft ist.

Die Sorgen der Gästehaus-Besitzer
Trotz einer Inflationsrate von über 6% jährlich wurden die Preise in fast allen billigen Travellerunterkünften in den letzten 10 Jahren wegen der starken Konkurrenz kaum angehoben. Darunter haben insbesondere solche Unterkünfte, die von den Betreibern nur gepachtet wurden, spürbar gelitten. Vor allem die sanitären Einrichtungen hätten vielfach eine Generalrenovierung nötig. Doch die Besitzer der Anlagen scheren sich nur wenig um Instandhaltung, und die Pächter können die Kosten von mehreren 100 000 Baht nicht aufbringen. Manche Gästehausbesitzer warten lieber ab, bis die alten Hütten verfallen und bauen mit Bankkrediten völlig neue Bungalows aus Stein, die dann natürlich teurer vermietet werden müssen.
Viele billige Gästehäuser besitzen heute ein Fax-Gerät. Man kann also bereits aus Europa ein Zimmer vorbestellen. Allerdings sollte niemand erwarten, ein Fax zur Bestätigung zu erhalten, da die Fax-Gebühren häufig den Preis für eine Übernachtung übersteigen. Erfahrungsgemäß trifft jeder dritte Vorbucher nicht ein, was dem Gästehaus auch noch den Einnahmeverlust für das reservierte und leerbleibende Zimmer aufhalst. Wer sicher gehen will, kann z.B. einen 10-Dollar-Schein per Einschreiben als Anzahlung für die erste Nacht hinschicken.

Hotels

Internationalem Standard entsprechende **Luxushotels** gibt es in Thailand u.a. in Bangkok, Pattaya, Cha-am, Hua Hin, Phuket, Ko Phi Phi und Ko Samui; im Norden Malaysias auf Langkawi und in Batu Ferringhi auf der Insel Penang. Hotels der Luxusklasse in Phuket oder Ko Samui verlangen Zimmerpreise ab 4000 Baht, First-Class-Hotels 2000-4000 Baht. Als Reaktion auf die starke Abwertung des Baht quotieren einige Hotels, die überwiegend von Ausländern besucht werden, in Dollar oder DM statt Baht. Das versucht die Regierung allerdings zu unterbinden.

Für die ersten und evtl. letzten Nächte in Bangkok kann man bereits in Deutschland bei guten Reisebüros Zimmer in Luxushotels buchen, oft für weniger als den halben Listenpreis. Thai Airways bietet in Verbindung mit einem Langstreckenflug stark preisreduzierte Hotelzimmer in allen größeren Badeorten und in Bangkok an. Günstige Preise erhält häufig auch, wer per Fax ein Strandhotel in Thailand bucht.

In Malaysia werden in Langkawi oder Batu Ferringhi 200–300 RM für ein DZ in einem Luxushotel verlangt. Hinzu kommen 10% für Bedienung und 5% Steuer. Allerdings werden in der Nebensaison erhebliche Preisnachlässe gewährt.

Wer in **mittleren Hotels** (ab 400 Baht aufwärts) nach einem *discount* fragt, erhält häufig Rabatt. Wer Touristenhotels über ein einheimisches Reisebüro bucht, kann manchmal mit einem spürbaren Abschlag rechnen. In Malaysia sind die Hotelpreise dieser Kategorie generell höher.

In der Provinz werden Hotels mit ordentlichem Standard recht billig angeboten. Für 100 bis 180 Baht bekommt man ein meist sauberes Doppelzimmer mit Dusche und Fan, Einzelzimmer (Zimmer mit nur einem, aber großen Bett) sind etwa 30–40% billiger.

Provinz-Hotels, oft nur in Thai-Schrift gekennzeichnet, werden meist zusätzlich als Bordell genutzt. Abseits der Touristenpfade gibt es zu diesen lauten Unterkünften kaum Alternativen. Wer relativ ungestört schlafen will, besorgt sich am besten ein Zimmer nach hinten (wegen des Straßenverkehrs) und im obersten Stockwerk (wegen des anderen Verkehrs). Der Preis richtet sich nach der Art des

Übern

Zimmers und nicht nach der Anzahl der Personen, die dort übernachten. In Malaysia gelten in Mittelklasse bzw. Provinz-Hotels für Einzel- oder Doppelzimmer jeweils die gleichen Preise. Es gibt in den seltensten Fällen einen Abschlag.

Übernachtung in National Parks

In den meisten der über 100 Nationalparks in Thailand werden Bungalows oder Zelte angeboten. Die **Zimmer** sind zwar kahl und nur mit Matratzen bestückt, aber geräumig. Mit 200–1000 Baht sind sie allerdings relativ teuer. Dafür können in einem Bungalow manchmal bis zu 10 Personen auf Matratzen übernachten – keineswegs ungewöhnlich, da Thais meist in Gruppen unterwegs sind. Allein oder zu zweit lassen sich in einigen Nationalparks für die großen Bungalows Preise von 100–200 Baht pro Person aushandeln.

Die angebotenen **Zelte** stammen häufig aus ausgemusterten Armeebeständen, sind schlecht zu belüften und bei Regen undicht. Wer vorhat zu zelten, sollte daher besser seine eigene Ausrüstung mitbringen und darauf
chten, daß das Innenzelt einen Mücken-
utz ohne Löcher besitzt. In vielen Natio-
rks kann kostenlos gecampt werden. Al-
s dürfen an Duschen und Toiletten kei-
Ansprüche gestellt werden. Lebens-
ite im Zelt locken mit Sicherheit
iele Kleintiere, aber auch Wild-
Venn am Wochenende die erho-
n Großstädter die Parks um
n, ist es ratsam, sich einer
nzuschließen, statt die
Lärm zu leiden.
n Parks kann das Er-
inem absoluten Er-
ktivität der Ange-
nde männliche
r einige Baht
nen zu kön-
s **Tourist**
rei, ein
über
rge-
n-

kt
nt
37
achtung

destens ein englischsprechender Ranger soll auch ausländischen Touristen behilflich sein können. Er ist mit Erste-Hilfe-Material und einem Notfall-Sender ausgerüstet.

Weitere Übernachtungsmöglichkeiten

Auch **Klöster** bieten Männern eine Übernachtungsmöglichkeit (gegen eine Spende in Höhe des Übernachtungspreises im Gästehaus), während sie Frauen überwiegend verschlossen bleiben. Sie sind keine Hotels, Service oder nennenswerter Komfort kann dort nicht erwartet werden.

Wir haben die Unterkünfte preislich in vier Kategorien unterteilt, wobei die Preise jeweils für ein Doppelzimmer *(double room)* gelten:

*	bis	100 Baht	30 RM
**	bis	250 Baht	60 RM
***	bis	500 Baht	100 RM
****	bis	1000 Baht	150 RM

Da die Preise der teureren Touristenhotels und Luxushotels stark schwanken, haben wir auf eine generelle Preiseinteilung verzichtet. In der gehobenen Kategorie wird in Thailand auf den Zimmerpreis 10% Government Tax und 7% Service Charge aufgeschlagen, in Malaysia 10% Service Charge und 5% Tax.

Essen und Trinken

In Thailand

Wer längere Zeit die **Thai-Küche** genossen (!) hat, wird sie zu einer der besten der Welt rechnen. Auf den ersten Blick hat sie viele Ähnlichkeiten mit der chinesischen Küche. Nach näherem Kennenlernen entdeckt man malaiische Einflüsse, denn vieles wird mit Kokosnußmilch gekocht. Auch die Wirkung indischer Curries ist nicht zu verleugnen. Im allgemeinen sind Thai-Gerichte kräftig gewürzt. Nicht nur Chilis bestimmen den Geschmack, sondern die ausgewogene Zusammenstellung von frischem Gemüse, Knoblauch, Zitronengras, Currygewürzen, Shrimp-Paste, Fischsauce, Tamarinde, Koriander, Kokosmilch, Palmzucker und, nicht zu vergessen, den frischen Fischen, Shrimps, Krebsen, Langusten und Muscheln. Grundnahrungsmittel ist Reis, *kao*, der mit verschiedenen Beilagen und Saucen gegessen wird. *Khin kao* ist auch der allgemeine Begriff für „essen", was auf die Bedeutung von Reis in Thailand schließen läßt.

Wie essen?

Normalerweise wird in Thailand mit **Löffel** (rechts) und **Gabel** (links) gegessen, wobei man mit der Gabel, entsprechend unserem Messer, die Speisen auf den Löffel schiebt, mit dem man ißt. Besonders in ländlichen Regionen benutzt man dafür die rechte Hand. Die linke gilt als unrein und sollte nie das Essen berühren. Zu Nudelsuppen, die man hauptsächlich mittags ißt, werden **Stäbchen** *(chop sticks)* und ein kurzer Suppenlöffel gereicht. Man befördert die Nudeln mit Hilfe der Stäbchen auf den Löffel. Nur in chinesischen Restaurants werden auch Reisgerichte mit Stäbchen gegessen, für Touristen werden aber immer Gabel und Löffel gebracht.

Da die meisten Frauen berufstätig sind, ist es üblich, daß die ganze Familie außer Haus ißt. Vom Morgen bis zum frühen Abend nimmt man leichte Suppen und kleine Snacks zu sich. Erst nach Sonnenuntergang gibt es eine Hauptmahlzeit, die aus mehreren Gängen besteht, die zumeist auf dem **Abendessenmarkt** zusammengestellt werden.

Um richtig Thai zu essen, geht man am besten mit mehreren Freunden in ein Restaurant und stellt verschiedene Gerichte zusammen. Es ist üblich, daß alle Gerichte gleichzeitig serviert werden und sich jeder nach Belieben in kleinen Happen bedient. Suppen ißt man zum Hauptgericht und nicht vorher.

Wo essen?

Es ist selten ein Problem, zu jeder Tages- oder Nachtzeit irgendwo etwas Eßbares zu bekommen. In vielen Orten werden **Essenstände** auf Straßen, großen Plätzen oder Märkten attraktiv aufgebaut. Dort sind die Gerichte am billigsten. Für wenige Baht gibt es eine klare Suppe mit Sojasprossen, Kräutern, Gemüse und Fleisch- oder Fischbällcheneinlage. Meist werden die Gerichte vor aller Augen frisch zubereitet. Andere Stände verkaufen Getränke oder frische Fruchtsäfte.

Restaurants außerhalb der Touristenzentren

Sie haben meist keine englische Speisekarte. In einem typischen **Straßenrestaurant** empfiehlt es sich, einen Thai-Grundwortschatz (s.S. 43 und S.658ff) bereit zu haben. Die rohen Zutaten wie Fleisch, Fisch und Gemüse liegen in einer Vitrine oder im Kühlschrank. Man braucht also nur darauf zu deuten und das Wort für gebraten oder gekocht zu sagen. Häufig stehen verschiedene fertige Curries in großen Töpfen am Eingang, so daß man nur den Deckel zu lüften braucht, um eine Auswahl zu treffen. Nach dem Preis sollte man vor dem Essen fragen. Fast immer sind die Gerichte stark gewürzt, und die vielen kleinen Chilies sind der Grund, daß das Essen nicht schlecht wird. Wer nicht scharf essen kann oder will, deutet auf die Gerichte und fragt: *pät mai?* (ist's scharf?). Ist die Antwort *mai pät* oder *mä pät* (nicht scharf), kann nicht viel passieren. Lautet die Antwort allerdings *pät pät*, sollte man sich auf eine sehr scharfe Mahlzeit einstellen.

Restaurants in Touristenzentren und großen Städten

Sie offerieren eine englische Speisekarte (*menu*) und sind, je nach Ausstattung, Lage und Qualität, manchmal etwas teurer. Zu Traveller-Unterkünften gehören meistens **einfache Restaurants**, in denen es europäisches Frühstück, gebratenen Reis, Traveller-Food und Softdrinks gibt. Bestellt man mehrere Gerichte oder geht mit einer Gruppe essen, kann es passieren, daß die Rechnung höher ausfällt als die Summe der Einzelgerichte. Wem es nichts ausmacht, in den Augen des Wirtes als geizig zu gelten, der kann versuchen, die Rechnung zu beanstanden. Im Gegensatz zu den Hotels und **Restaurants der gehobenen Preisklasse**, wo zum Rechnungsbetrag 10% Bedienung addiert wird, enthält die Rechnung in kleineren Restaurants kein Trinkgeld. Bei gutem Service sind einige Baht immer angebracht. In Traveller-Restaurants ist das jedoch nicht üblich.

Coffee Shops

Wer glaubt, hier ein gemütliches Café mit leckerem Kuchen gefunden zu haben, liegt völlig falsch. Kaffee und Kuchen bekommt man höchstens in einer Bakery oder in den großen Hotels, vor allem zum *high tea*. Der **Coffee Shop** hingegen, ein großer klimatisierter Raum, der manchmal Erinnerungen an sozialistische Massenabfütterungs-Restaurants aufkommen läßt, dient unterschiedlichsten Bedürfnissen, ist Frühstücksraum, Restaurant und Bar zugleich, wobei in den sogenannten „Junggesellenhotels" letzteres überwiegt. Die dort herumsitzenden jungen Mädchen sind auch in den seltensten Fällen Hotelgäste sondern auf der Suche nach Kundschaft. In einigen Kaufhäusern haben in den letzten Jahren **Kaffeetheken** aufgemacht, die mehrere Dutzend verschiedene Sorten Kaffee aus allen Kontinenten anbieten und frisch aufbrühen.

Was essen?

Entlang der ausgetretenen Pfade zwischen Bangkok und Krabi finden sich immer Restaurants, die ihre Küche dem europäischen Gaumen angepaßt haben. In den Touristenzentren Ko Samui, Phuket oder Hua Hin braucht man selbst auf Pizza, Steaks oder Kartoffelsalat nicht zu verzichten. Auch wer die thailändische Küche schätzen gelernt hat, kann sich also immer mal wieder eine Abwechslung gönnen.

Der gängige Preis für ein **Thai-Gericht** liegt bei 40–60 Baht, in besseren Restaurants bei 70–80 Baht. Dafür gibt es in den meisten Fällen ausgezeichnete Gerichte und einen Super-Service. An den Straßen-Restaurants kann man sich schon für 20 Baht sattessen. Gebratener Reis mit Ei, Huhn, Schweinefleisch oder Krabben kostet in Traveller-Restaurants um 25–30 Baht.

Da das Meer nirgendwo weit entfernt ist, gibt es überall phantastischen **Fisch** und anderes **Seafood**. Die Palette der Zubereitung reicht von schärfsten Fisch-Curries bis zu Lobster oder delikat zubereiteten Krebsen in den Seafood-Restaurants an den Stränden. Vor allem frische Fische werden nach Gewicht bezahlt. Die einheimischen Gäste kennen die Preise. Wer sich noch nicht auskennt, fragt vorher nach dem Preis (meist pro 100 g). Auch in Thailand sind solche erlesene Köstlichkeiten wie Hummer relativ teuer. Während man einen etwa 40 cm langen Fisch bereits für 120 Baht bekommt, zahlt man für etwa 10 cm lange Langusten mindestens 15 Baht pro Stück und für einen mittelgroßen Hummer mindestens 400 Baht. Wer Fisch und Seafood mag, wird in Thailand bestimmt auf seine Kosten kommen.

Gewürze

Thais würzen ihre Speisen nach der Zubereitung selbst nach, und zwar aus den Plastikbehältern, die auf dem Tisch stehen und Zucker, zerstoßene, getrocknete, rote Chilis, Chilis in Essig und manchmal zerstoßene Erdnüsse enthalten. Frisch serviert wird **prik nam plah** – eine salzige Fischsauce mit Knoblauch, Limonensaft, Palmzucker, Sojasauce und vielen kleingeschnittenen grünen oder roten Chilis. Übrigens: je kleiner die Chilis, desto schärfer sind sie.

Snacks

An Straßenständen werden viele leckere Zwischenmahlzeiten gebraten, gekocht oder gegrillt, z.B. gefüllte süße oder salzige Kuchen, **gluei tord** (gebratene Bananen) oder **kanom dschiäb** (ausgebackene Teigtaschen mit Fleisch- oder Krabbenfüllung). Nach dem Preis sollte man allerdings vorher fragen.

Jede Region hat ihre eigenen Snacks. Eine Spezialität, die ursprünglich aus dem Nordosten stammt, ist z.B. **som tam** – ein Salat aus Honig, Essig, geriebenen Erdnüssen, Tomaten, roten Chilies und unreifen Papayas oder Kohl.

An diesem Gericht können sich allerdings Touristen wie Thais wegen der Papayas leicht den Magen verderben.

Reis und Nudeln

Das Grundnahrungsmittel aller Thais, der Reis, wird in unterschiedlichen Formen serviert:

kao plao gekochter, körniger Reis (Englisch: *plain rice)* kommt als Beilage zu den meisten Gerichten.

kao nieo Klebreis (Englisch: *sticky rice)* ist vor allem im Norden auf dem Land verbreitet und wird auch zu *som tam* oder im Süden als Dessert, z.B. zu frischen Mangoscheiben, gegessen.

Preiswert ist das Standard-Gericht vieler Traveller:

kao phat gebratener Reis (gesprochen *kao padd*, auf Englisch *fried rice*, Thai-Englisch: *flied lice*).

Es gibt Traveller, die während ihres Aufenthaltes in Thailand nichts anderes essen – und damit viel verpassen. Dieses Gericht gibt es in den verschiedensten Ausführungen, z.B. als **kao phat gung** (mit Krabben), als **kao phat gai** (mit Huhn) oder als *American Fried Rice* (mit gebratenem Ei). In einfacher Form wird z.B. **kao muh daeng** – mit kleinen Streifen Schweinefleisch, Zwiebeln und etwas Ei gebraten. Als Beilagen werden Gurken und die sauer-scharfe Sauce mit Chilis (**prik nam plah**) serviert. In vielen Touristen-Restaurants ist diese nur auf speziellen Wunsch zu erhalten – stattdessen steht Ketchup auf dem Tisch.

Nudeln gibt es in mehreren Arten:

gueh tiao (auch: *kwai tiao*) – weiße, ganz dünne oder breite Reisnudeln, werden hauptsächlich in die leckeren, süß-sauren Suppen gegeben, die mittags an vielen Essenständen zubereitet werden.

bah mie gelbliche Weizenmehl-Nudeln, die es in verschiedensten Varianten gibt.

phat thai (gespr. *padd tai*), ein sehr beliebtes, leckeres Gericht aus gebratenen Reisnudeln mit Tofu, Gemüse, Ei und Erdnüssen.

khanom chin auf einem Eßtisch an Straßenständen stehen verschiedene Beilagen wie Trockenfischchen, Gurken, Pickles, rohe und eingelegte Sojasprossen, von denen sich die Gäste nach Belieben bedienen, um die Nudeln auf ihrem Teller zu garnieren. Nur ein gekochtes Ei als Beilage ist extra zu bezahlen. Besonders im Süden sehr beliebt.

An der Küste sind frische Meeresfrüchte ein Genuß

Fleisch oder Fisch

Sie gehören neben Gemüse zu jeder kompletten Mahlzeit, so daß es Vegetarier, die auch keinen Fisch essen, schwer haben:

gai	Hühnerfleisch
nüa	Rindfleisch
gung	Garnele, Krabben
ped	Entenfleisch
gung tale	Hummer
plah	Fisch
muh	Schweinefleisch
puh	Krebse

Thai-Curries

Sie gibt es in verschiedenen Schärfegraden:

gäng garih	ein mildes, indisches Curry.
gäng masman	die einheimische Variante mit Knoblauch, Ingwer, Zitronengras, Koriander, Kardamom, Muskatnuß, Muskatblüte, Zimt, Nelken, Tamarinde, Limonen, Zucker, Kokosmilch und Chilis.
gäng pät	sehr scharfes Curry *(gaeng phet gai* = Hühnchencurry; *gaeng ped* ist hingegen ein mildes Entengericht).
gäng khiau wahn	extrem scharf, ein grünes Curry, das zusätzlich Shrimp-Paste *(blachan)* und viele Chilis enthält.

Suppen

kao tom	Reissuppe mit Fleisch, die zum Frühstück gegessen wird, beispielsweise mit Hühnchen = *kao tom gai.*
tom yam	besonders würzig, Thai-Suppe mit Zitronengras, Zitronenblättern, Chilis, Tamarinde und anderen Zutaten sauer-scharf gewürzt. Beliebt als *tom yam gai* (mit Hühnchen) oder *tom yam gung* (mit Krabben).

Salate

Aus gesundheitlichen Erwägungen sind Blattsalate in Thailand leider nicht zu empfehlen.

Wir können allerdings auf eine unserer Lieblingsspeisen, **yam nüa** – Rindfleisch-Salat – nicht verzichten. Dieses kalte Gericht aus eingelegtem Rindfleisch, verschiedenen Salaten, Korianderblättern, Minze, Knoblauch, Chilis und einer sauren Sauce ist so scharf, daß hoffentlich keine Bakterien darin überleben.

Eier

Sie heißen **khai** (nicht zu verwechseln mit dem eierlegenden Huhn = **gai**).

khai tord	gebratene Eier
khai luak	weichgekochte Eier
khai tom	hartgekochte Eier, die sich am Ende kaum voneinander unterscheiden, da es sich hierbei um eine typisch europäische Zubereitungsart handelt.
khai yad sai	schmackhaftes Omelett mit Fleisch- oder Gemüsefüllung.

Vegetarisch

Die meisten Thais essen zu jedem Gericht etwas Fleisch oder Seafood. Nur an buddhistischen Feiertagen verzichten manche auf ihre geliebten Proteine. Trotzdem gibt es einige vegetarische Restaurants, die sehr preisgünstig sind, meistens aber nur über Mittag geöffnet haben. Überall wo Wok-Gerichte angeboten werden, kann man sich problemlos eine reine Gemüsepfanne, **phat pak,** zubereiten lassen.

Getränke

Wasser und Säfte

nam	Wasser, sollte nicht aus der Leitung getrunken werden.
nam dühm (u.a. Polaris)	Trinkwasser in recyclebaren Plastikflaschen oder Behältern, auf versiegelten Verschluß achten. Vor allem von Kleinanbietern manchmal bakterienverseucht.
nam räh	Mineralwasser
nam yen	kaltes Wasser
nam manau	Zitronen- oder Limonensaft, manchmal auch Limonade.
nam som	Orangensaft, ebenso wie Zitronensaft, wird oft mit Salz gewürzt, was zwar dem Körper gut tut, doch vielen europäischen Gaumen nicht schmeckt. Wer die Säfte pur möchte, bestellt: *mai glüa* – ohne Salz.
nam käng	Eis zum Kühlen von Getränken. Die zerschlagenen Eisbrocken sind nicht immer hygienisch einwandfrei, bedenkenlos sind die glatten Eiszylinder.

Kleines Wörterbuch

Restaurant	*rahn ahahn*	ร้านอาหาร
essen	*gin / tahn*	กิน / ทาน
trinken	*dühm*	ดื่ม
essen gehen	*pai tahn ahahn*	ไปทานอาหาร
hungrig	*hiju*	หิว
durstig sein	*gla hai*	กระหาย
Das Essen schmeckt gut!	*ahahn a-roi*	อาหารอร่อย
Dasselbe noch einmal	*ao ik mai*	เอาอีกไหม
Ich mag ...	*pom / tschan schop*	ผม / ฉันชอบ
Die Rechnung, bitte!	*tschek bin*	เช็คบิล
heiß	*rohn*	ร้อน
kalt	*jen*	เย็น
süß	*wahn*	หวาน
süß-sauer	*prio-wahn*	เปรี้ยวหวาน
scharf	*pät*	เผ็ด
gebraten	*tord*	ทอด
gekocht	*tom*	ต้ม
gegrillt	*yang*	ย่าง
getoastet	*ping*	ปิ้ง
Fisch	*plah*	ปลา
Fischküchlein	*tord man plah*	ทอดมานปลา
Garnele, Krabben	*gung*	กุ้ง
Hummer	*gung gam gram*	กุ้งก้ามกราม
Krebse	*puh*	ปู
Tintenfisch	*plahmük*	ปลาหมึก
Schweinefleisch	*muh*	หมู
Rindfleisch	*nüa*	เนื้อ
Hühnerfleisch	*gai*	ไก่
Entenfleisch	*ped*	เป็ด
Gemüse	*pak*	ผัก
gelbe Nudeln	*bah mie*	บะหมี่
weiße Nudeln	*gueh tiao*	ก๋วยเตี๋ยว
Reis	*kao*	ข้าว
weißer Reis	*kao plao*	ข้าวเปล่า
gebratener Reis	*kao phat*	ข้าวผัด
Ei	*khai*	ไข่
Omelett	*khai dschiao*	ไข่เจียว
Wasser	*nahm*	น้ำ
Tee	*tschah*	ชา
Kaffee	*gafä*	กาแฟ
Alkohol, Brandy	*lao*	เหล้า
vegetarisch	*mangsawirat*	มังสวิรัติ
vegetarisches Restaurant	*rahn ahahn mangsawirat*	ร้านอาหารมังสวิรัติ
vegetarische Kost	*ahahn dschäh*	อาหารเจ
kein Seafood	*mai gin ahahn thale*	ไม่กินอาหารทะเล
kein Rindfleisch	*mai sai nüa*	ไม่ใส่เนื้อ
Pfannengemüse	*phat pak*	ผัดผัก

Tee

tschah der überall im Orient verstandene Name für Tee. Er ist in Thailand jedoch fast nur in Touristenzentren erhältlich als:
tschah ron heißer, schwarzer Tee, mit Milch und Zucker serviert.
tschah dam Tee nur mit Zucker, ohne Milch.
tschah dam yen kalter Tee mit Zucker.
tschah manau Tee mit Zitrone (*manau* = Zitrone).
nam tschah sehr dünner Tee, der in chinesischen Lokalen überall kostenlos aufsteht.

Kaffee

gafä Kaffee ist das am weitesten verbreitete Getränk, mit süßer Kondensmilch und Pulverkaffee angerührt, keine Ähnlichkeit mit unserem Kaffee.
gafä damrorn Kaffee ohne Milch.
gafä yen Kaffee mit Eis, gibt es überall
oh liang der schwarze, süße Eiskaffee, erfrischend.

Weitere alkoholfreie Getränke

An kalten, alkoholfreien Getränken wird eine große Auswahl angeboten. Am beliebtesten und mit ca. 7–10 Baht recht billig sind die internationalen **Softdrinks** (an Stränden häufig 10–15 Baht). Zum Mitnehmen werden sie leider in Plastiktüten umgefüllt. Daneben gibt es Sodawasser und

nam maprao die klare Kokosmilch junger, grüner oder orange-farbener Kokosnüsse, die am besten gekühlt schmeckt und sehr erfrischt. Nicht bekömmlich ist dagegen das Wasser der reifen, braunen Kokosnuß.
Vitamilk eine süße Sojabohnen-Milch.
nohm sot H-Milch, die häufig gesüßt oder mit Aromastoffen (z.B. Erdbeergeschmack) angereichert ist, in 0,2 Liter Päckchen abgepackt.

Bier und Whisky

Singha und **Kloster-Bier** (*bia*) gibt es überall in Flaschen, es ist jedoch verhältnismäßig teuer. Seltener erhält man das herbe **Amarit** und das nach Laos Bier schmeckende **Chang** (in Supermärkten ab 38 Baht). Bei Ausländern beliebt ist **Carlsberg**, das auch aus dem Faß gezapft wird, sowie **Heineken**.

Die lokale Alkoholdroge Nr. 1 ist **Mekhong**, der Thai-Whisky, der zu allen Gelegenheiten aufgetischt wird und wie billiger Weinbrandverschnitt schmeckt. Auf dem Vormarsch ist der Rum-ähnliche **Saeng Thip**. Die Thais fordern gerne andere Gäste zum Mittrinken auf. Wir empfehlen, ihn lieber mit Wasser oder Cola zu verdünnen.

Früchte

Wie alle tropischen Länder hat Thailand ein gewaltiges, preiswertes Angebot an uns fremden tropischen Früchten. Auf jeden Fall probieren sollte man die

Durian – die Zibetfrucht, auch Stachelfrucht genannt, gilt als Königin der Früchte. Diese grüne, stachlige Frucht ist auch für Uneingeweihte nicht zu verwechseln, da sie penetrant riecht. Am besten läßt man sich von einem Kenner eine Frucht aussuchen. Auch während der Saison von April bis August sind Durian teuer. Beim Bauern kostet eine kleine etwa 10 Baht.

Sapparot – Ananas, gibt es von April bis Juli und im Dezember/Januar für wenige Baht geschält auf der Straße. Die Gegend um Hua Hin in Süd-Thailand mit seinen sandigen Böden ist eines der größten Ananas-Anbaugebiete.

Mamuang – Mango, länglich-ovale Früchte. In unreifem Zustand sehen sie grün aus, man ißt das säuerliche, feste Fruchtfleisch als Gemüse mit einer scharfen Sauce. Reif sehen sie rötlich-gelb aus, das Fruchtfleisch ist gelb, saftig und süß. Saison von März bis Juni.

Ngoh – Rambutan, auch Zwillingspflaume genannt, etwa 5 cm große, runde, rote

Früchte, deren haariges Aussehen ihnen den Namen gegeben hat. Unter der weichen Schale liegt das weiße Fruchtfleisch um einen großen Kern. Sie werden büschelweise verkauft und sind oft von Ameisen bevölkert. Saison von März bis September.

Lamyai – Longan (besonders gut in Chiang Mai!), eine dünne, feste, bräunliche Schale umgibt das weiße, leicht säuerlich-saftige Fruchtfleisch. Die kleinen, runden Früchte werden ebenfalls büschelweise verkauft. Saison ist von Juni bis August.

Mangkut – Mangostanenfrucht, die 6–7 cm großen, violett-roten Früchte mit weicher, dicker Schale enthalten 5–8 weiße, leicht säuerliche Frucht-Segmente (Vorsicht – sie färben stark). Von Mai bis Oktober werden sie im Süden des Landes geerntet.

Kanun – Jackbaumfrucht, riesige, grünlichgelbe Früchte mit runden Stacheln, die 30–90 cm lang und 25–50 cm breit werden. Die festen, gelben, herausgelösten Fruchtsegmente werden portionsweise auf den Straßenmärkten verkauft. Saison ist von Januar bis Mai.

Gluei – Bananen findet man das ganze Jahr über auf den Märkten in 20 verschiedenen Größen und Geschmacksrichtungen. Auf Straßen und Busbahnhöfen werden gebackene Bananen verkauft.

Som-tra – Süßorange, eine Mischung zwischen den uns bekannten Orangen und Mandarinen, schlecht zu schälen, aber gut für Säfte. Es gibt sie das ganze Jahr über, v.a. zwischen September und November, der Kilopreis richtet sich nach der Größe.

Som-o – Pomelos, riesige Grapefruits, deren Fruchtfleisch etwas trocken und manchmal recht sauer ist. Es gibt sie vor allem von August bis November.

Malakor – Papaya, die 7–60 cm langen, grünen bis orange-roten Früchte enthalten viel Vitamin A und Calcium. Sie schmecken besonders gut mit frischen Limonen zum Frühstück. Zudem sind sie – zusammen mit Bananen, Ananas und Wassermelonen – ein wesentlicher Bestandteil des Obstsalates. Grüne Papaya, in dünne Streifen geschnitten und mit Chilis, getrockneten Krabben und Knoblauch gemischt, wird als som tam vor allem im Nordosten gegessen. Sie reifen das ganze Jahr über.

Lakmut (Sawo) – der Breiapfel, eine ovale, kartoffelfarbige Frucht, wird von Februar bis April angeboten, die ähnlich wie Birnen schmecken.

Phutsa –Jujube, die kleine, runde Frucht aus dem Osten des Landes gibt es von August bis Februar auf den Märkten. Sie ist süß und wird normalerweise ungeschält gegessen.
Der „exotische" Apfel wird das ganze Jahr über importiert: 10–20 Baht pro Stück.

A-ngun – Weintrauben, die auch in den Tropen, v.a. in den Provinzen westlich von Bangkok wachsen, werden von April bis September angeboten.

Linchi – Litschipflaumen sind vor allem bei Chinesen als Desserts aus der Konserve beliebt. Frisch gibt es sie von April bis Juni.

Farang – Guaven, die Fremden, die ursprünglich aus Spanien kamen, erfreuen sich großer Beliebtheit.
Die grüne, apfelähnliche Frucht kann reif als Obst oder grün mit Salz und Zucker gegessen werden.

Langsat – Lansat, die murmelgroßen, süßsäuerlichen Früchte mit hellbrauner Schale und bitterem Kern werden büschelweise von Mai bis Juli verkauft.

Chom-phu – der Rosenapfel, eine glockenförmige, säuerliche Frucht mit grünlicher bis roter Schale ist nur kurzzeitig von April bis Juni zu bekommen.

Noina (Netzanone) gibt es von Juni bis September,

Strawberry (Erdbeeren) aus dem Norden von Dezember bis März,

Lamut (Sapodilla), Taeng-mo (Wassermelone) und

Maprao (Kokosnüsse) das ganze Jahr über.

Kleiner Exkurs: Die malaiische Küche

Ais Kacang – Gelee-Würfel aus Agar-Agar in verschiedenen Farben, süße, rote Bohnen und Mais werden auf geraspeltem Eis angerichtet und mit einer dicken Kokosmilch-Sauce übergossen.

Gado-Gado – kalter Salat aus gekochtem Mischgemüse, der mit Erdnußsauce angemacht und zu dem Krupuk serviert wird.

Gebratene Nudeln – Mie Goreng, eine Abwechslung zu gebratenem Reis stellen gebratene Nudeln dar, die mit grünem Blattgemüse gemischt und mit Oystersauce serviert werden.

Gebratener Reis – Nasi Goreng, auf englisch *Fried Rice*. Das bekannteste Gericht, bei dem Reis mit Gemüse, Chilis und Fleisch oder Krabben gemischt wird – manchmal mit Ei.

Laksa – ist eine dicke Fischsuppe mit Nudel- und Gemüseeinlagen. Eine Spezialität der Nonyas ist *Penang Laksa*, eine zusätzlich mit Fischpaste gewürzte, saure Suppe.

Lontong – in Bananenblätter gewickelter Klebreis. Beilage zu Sate oder Gado-Gado.

Nasi Rames – zum Reis gibt es unterschiedliche kalte Beilagen, meist verschiedene Gemüse, geröstete Erdnüsse, Kokosraspeln, Rindfleisch oder Huhn, Fisch und Ei.

Nasi Lemak – ein preiswertes Gericht, das aus weißem, in Kokosmilch gekochtem Reis und verschiedenen Beilagen besteht, meist gekochte Eier, kleine Trockenfische *(Ikan Bilis)*, Gurken *(Mentimun)* und Erdnüsse *(Kacang Tanah)*.

Otak-Otak – ein typisches Nonya-Gericht. Feingemahlenes, scharfgewürztes Fisch- und Krabbenfleisch wird in Bananenblätter gewickelt über Holzkohlenfeuer gegrillt.

Rendang – eine Art malaiischer Gulasch. Rindfleisch-Würfel werden in einer dicken, sehr würzigen Sauce gekocht. Das Fleisch kann sehr zäh sein.

Rojak – Ananas, Gurken und Sengkuang (eine braune, knollige Wurzel) werden mit einer sauer-scharfen Sauce aus Chilis, Shrimp-Paste, Tamarinde und Palmzucker angemacht. Sind die hygienischen Umstände suspekt, sollte auf den kalten Salat wegen der Gefahr von Durchfallerkrankungen verzichtet werden.

Sate – Kleine Fleischspieße werden eingelegt und über Holzkohle gegrillt. Dazu gibt es eine würzig-süße Erdnußsauce. Die Spieße, die man im 10er Bündel kauft, sind recht günstig. Allerdings ist das Fleisch vielfach fett, zäh oder besteht zum Teil aus Hühnerhaut.

Sayur Goreng – wie die chinesische Cap Cai-Variante, gebratenes Gemüse. Soll es etwas anderes als das grüne Blattgemüse sein, bestellt man eine oder mehrere Gemüsesorten.

Soto – eine dicke Suppe, verdickte Kokosmilch wird zusammen mit Gemüse, Fleisch und Reis gekocht. Klare Suppen werden unter dem Begriff *Sop* zusammengefaßt.

Verkehrsmittel

Überregionale Verkehrsmittel

Thailand und West-Malaysia sind insgesamt verkehrstechnisch gut erschlossene Länder. Besonders das Eisenbahnnetz ist in Thailand auf den Knotenpunkt Bangkok ausgerichtet, während in Malaysia die Hauptverbindung an der Westküste in Nord-Süd-Richtung verläuft. In Kota Bharu beginnt eine weitere Strecke nach Süden, die bei Gemas auf die Nord-Süd-Hauptlinie trifft. Das **Straßennetz** im Großraum Bangkok ist autobahnmäßig ausgebaut, die Metropole selbst wird von mehreren Stadtautobahnen durchzogen. Die Fernstraße *Petchkasem* nach Süden, die größtenteils ebenfalls autobahnmäßig ausgebaut ist, ist die H4 Bangkok – Hua Hin – Ranong – Trang – Hat Yai – Sadao – Butterworth (Penang). Ab malaysischer Grenze besteht eine durchgehende, z.T. mautpflichtige Autobahn bis nach Johor Bharu (Singapore). Zur Ostküste führt der *Sukhumvit Highway* H3 über Rayong nach Trat.

Flüge

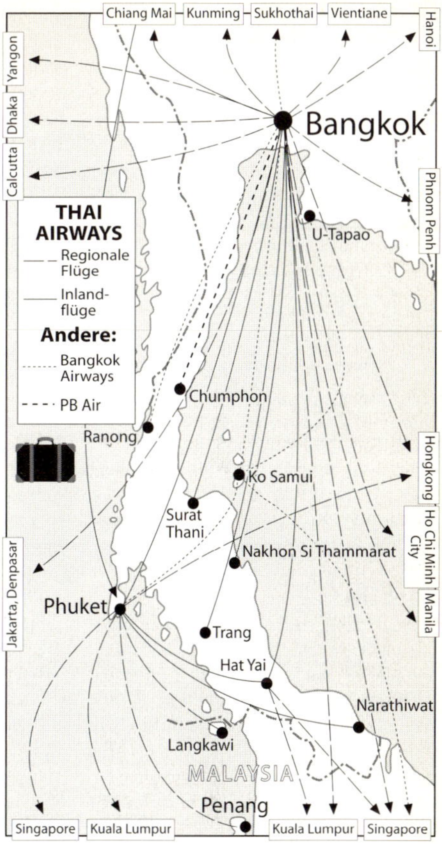

Thai Airways (TG) besitzt in Thailand ein umfangreiches Flugnetz, das zentral auf Bangkok ausgerichtet ist. In den letzten Jahren wurde es häufig geändert, insbesondere wurden kürzere Strecken gestrichen. Internationale Flüge in der Region führen nach Yangon, Vientiane, Hanoi, Saigon, Phnom Penh, Singapore, Penang, Langkawi, Jakarta und Kunming. Innerhalb Thailands fliegt sie ab Bangkok nach Hat Yai, Nakhon Si Thammarat, Phuket, Surat Thani und Trang. Querverbindungen bestehen von Phuket nach Hat Yai, Narathiwat und Penang. Auf Inlandsflügen ist Rauchen verboten. An fast allen Flughäfen besteht ein Zubringerservice von Thai Airways zwischen Airport und Stadt-Büro (meist 40–70 Baht), so daß man nicht auf teure Taxen angewiesen ist. Im Internet: www.thaiair.com

Die private Gesellschaft Bangkok Airways (PG) fliegt mit 70sitzigen ATR72 und 46sitzigen ATR42 von Bangkok nach Ranong und Ko Samui sowie von Ko Samui nach Phuket, U-Tapao und Singapore. Allerdings werden die Flugpläne häufig ohne Vorwarnung der täglich wechselnden Bedarfslage angepaßt.

Sicher sind nur die je nach Saison 12 bis 16 Flüge pro Tag nach Ko Samui. Bangkok Airways bietet einen *Visit Thailand Air Pass* für US$200 an, mit dem man in 45 Tagen 4 Sektoren im Inland fliegen kann. Auskunft vom Büro in Frankfurt/Main,
✆ 069-5971304
📠 069-550131
Im Internet: www.bkkair.co.th
E-Mail: bkkair@loxinfo.co.th

In letzter Minute Mitte 1998 wird die Regierung wahrscheinlich beschließen, die Preise für öffentliche Verkehrsmittel zu erhöhen. Es wird mit 8 bis 25% Aufschlag gerechnet, am wenigsten für Züge der 3. Klasse und für non-ac-Busse. Bitte schreibt uns alle neuen Preise, da wir nicht in der Lage sind, vollständig neu zu recherchieren.

Die neue Fluglinie PB Air fliegt nach Chumphon, ✆ 02-535 4843-4.

Bei Inlandsflügen wird eine *Airport Tax* von 50 Baht erhoben, bei Auslandsflügen 500 Baht (Malaysia 40 RM). Auf dem Airport von Ko Samui kommt eine *Private Airport Surcharge* von 1250 Baht vor Abflug und nach der Landung dazu. Inland-Tickets sind 90 Tage gültig. Flugpreise sind bei den Abflugsorten angegeben.

Malaysian Airline System, deren Abkürzung *MAS* im Malaiischen gleichzeitig „Gold" bedeutet, fliegt sowohl mit kleinen Twin Otter und Fokker Friendship Maschinen als auch mit dem Airbus A 330-300, der Boeing 737, 747 und 777. Die Tochtergesellschaft von MAS, **Pelangi Air**, bedient mit kleinen Maschinen verschiedene Ziele in West-Malaysia, Sumatra und Singapore.

Infos bei Pelangi Air in Kuala Lumpur, ✆ 03-2624446, 📠 03-2624515, oder in allen MAS-Büros, Zentrale in Kuala Lumpur, ✆ 03-2655127, 📠 03-2624262.

Eisenbahn

Die thailändische Eisenbahn ist ein zuverlässiges und sicheres Verkehrsmittel, das sich gerade auf längeren Strecken lohnt. Das einspurige Streckennetz der *State Railway of Thailand (SRT)* umfaßt 4487 km. Sämtliche Eisenbahnlinien gehen sternförmig von Bangkok aus Richtung Norden, Nordosten, Osten, Süden und Westen bis in die äußersten Landesteile. Die Züge unterscheiden sich nach Komfort und Geschwindigkeit.

Express Diesel Railcar (EXP. DRC., auch *Sprinter*): Teurer und schneller als alle anderen Züge. Sie verkehren tags und nachts zwischen Bangkok und Surat Thani (1x pro Tag, ca. 9 Std.) sowie Yala (1x pro Tag, ca. 14 Std.). In den klimatisierten Großraumwaggons können die bequemen Sitze wie im Flugzeug zurückgeklappt werden. Die Stewardess serviert Frühstück, zu Mittag Fertiggerichte in Pappschachteln und Wasser mit Eis, nachmittags Kaffee und Gebäck.

Special Express Trains (EXP. SP.): Schnellzüge. Zwei Züge verkehren einmal täglich in beiden Richtungen von Bangkok nach Sungai Golok an der Grenze zu Malaysia (Nr. 19 und 20, ca. 20 Std.) bzw. bis zur Grenze in Padang Besar (Nr. 11 und 12, ca. 17 Std.), von wo ein Anschlußzug nach Butterworth (ca. 3 Std.) weiterfährt (dieser Zug heißt auch **International Express**). Der Zuschlag beträgt 80 Baht. Sie haben klimatisierte 1. und 2. Klasse-Abteile mit Schlafwagen, deren Sitze bzw. untere Liegen intakt sind (Zuschläge s.u.). Der Zug nach Sungai Golok verfügt zudem über eine 3. Klasse.

Express Trains (EXP.): Schnellzüge. Je ein Zug fährt täglich in beiden Richtungen von Bangkok nach Trang (Nr. 13 und 14, ca. 15 Std.) und Nakhon Si Thammarat (Nr. 15 und 16, ca. 14 Std). Sie kosten 60 Baht Zuschlag und haben Abteile der 2. und 3. Klasse, Schlafwagen mit etwas durchgesessenen Sitzen in der zweiten Klasse (Zuschläge s.u.) und sind in einem Teil der 2. Klasse klimatisiert.

Rapid Trains (RAP.): Eilzüge. Recht betagte Züge mit 2. und 3. Klasse-Abteilen, die 4mal täglich in den Süden und zurück fahren. Sie haben in der 2. Klasse Schlafwagen (Zuschläge s.u.), einige sind sogar klimatisiert. Die Sitze sind durchgesessen, das Essen ist billiger. 40 Baht Zuschlag.

Ordinary Trains (ORD.): Bummelzüge, die an jeder Haltestelle anhalten. Sie haben nur 3. Klasse-Abteile mit Holzbänken und sind zur Hauptverkehrszeit meist überfüllt. Auf dem englischsprachigen Plan Fahrplan sind sie nur zum Teil aufgeführt.

Diesel Railcars (DRC.): Diese langsamen Triebwagen (nur 3. Klasse mit Holzbänken) verkehren in Richtung Kanchanaburi und Nam Tok (River Kwae).

In der ersten und zweiten Klasse entsprechen die Nachtzüge in Thailand einem rollenden Hotel. Ab 20 Uhr werden die **Betten** heruntergeklappt (ca. 1,85 m lang in Fahrtrichtung), mit sauberer, weißer Bettwäsche bezogen und mit Vorhängen abgeteilt. In Express-Zügen sind die unteren Betten 70 Baht teurer: dafür sind sie 75 cm breit (oben nur 60 cm), bieten volle Sitzhöhe, und es rotiert kein Fan neben dem Kopf. Da in den älteren Rapid-Zügen die Sitze durchgesessen

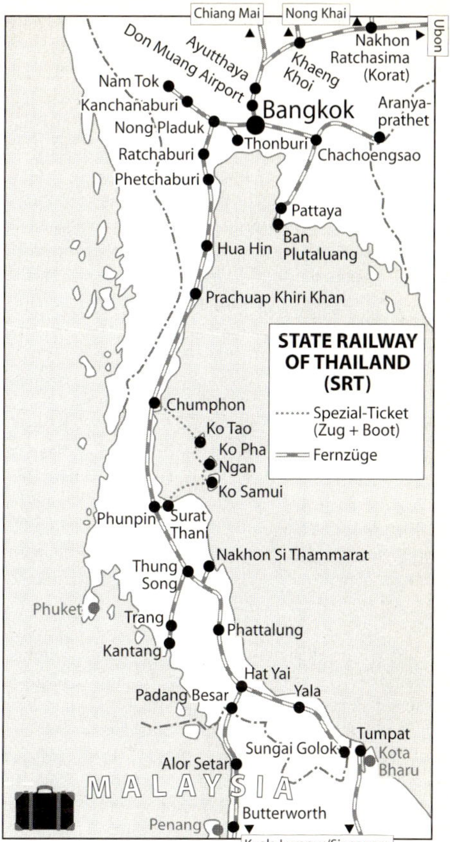

sind, kann unten keine ebene Fläche entstehen – oben schläft es sich besser und 50 Baht billiger. Die Sitze der 2. Klasse ohne Schlafwagen sind zwar gepolstert, ansonsten aber miserabel – nur für den Notfall ratsam. Waschgelegenheiten sind ausreichend vorhanden, in einigen Wagen sogar eine Dusche, sie werden jedoch nicht immer geputzt.

Der Verpflegungsservice wird jedes Jahr an wechselnde Firmen vergeben. Das **Essen** ist häufig dürftig und nicht besonders gut, die Preise variieren mit der Zugklasse – am billigsten im Rapid, am teuersten im Special Express. Neben der freundlich überreichten Menükarte verbergen manche Kellner auch eine Speisekarte mit billigeren Einzelgerichten. Von jedem Menü bleibt viel Plastikmüll zurück.

Nur wenige Züge führen einen Speisewagen (rechtzeitig reservieren!). Normalerweise wird das Essen am Sitzplatz serviert, wofür extra ein Tisch aufgestellt wird. Zur Essenszeit bieten auf vielen Bahnhöfen Verkäuferinnen einfache Curries oder gebratene Hähnchenteile mit Klebereis sehr preiswert an.

Getränke werden von fliegenden Händlern tagsüber laufend angeboten. Trinkwasser aus großen Plastikflaschen steht in vielen Wagen zur Verfügung. In allen Zügen besteht Rauchverbot! Die erste und ein Teil der zweiten Klasse ist mit dichten Fenstern und Klimaanlage ausgestattet (70 Baht Zuschlag ohne Bedienung, 120 Baht mit Bedienung), die aber häufig zu kalt wirkt. In Waggons mit Fan stehen tagsüber die Fenster offen, was dem Fahrgast bei vielen Stunden Fahrt zu einer dicken Staubschicht verhilft.

Leider ist die Bahn nicht sehr schnell, und die Liegewagen sind teurer als Busse. Der große Vorteil der Bahn: sie ist bequemer und sicherer.

Englischsprachige **Fahrpläne** für die wichtigsten Züge erhält man umsonst an vielen Bahnhofsschaltern oder gegen eine geringe Gebühr vom

Fahrplancenter, S. Rachdi, Tellstr. 45, CH-8400 Winterthur, ✆/℡ 0041 52 2131220.

Es ist ratsam, Tickets für längere Strecken vorzubuchen, denn die Nachtzüge sind häufig voll.

Mit dem **Computerreservierungssystem** geht das ganz einfach: An jedem größeren Bahnhof kann man problemlos jedes beliebige Ticket schon lange im voraus sofort kaufen. Allerdings wird bei Stornierungen nur der halbe Fahrpreis erstattet. Windige Reisebüros haben schon Sitzplätze reserviert, die es im Zug gar nicht gab. Wer sichergehen will, sollte deshalb den Weg zum Bahnhof nicht scheuen. Es ist besser, das Gepäck (vor allem Handgepäck) immer im Auge zu behalten, da es häufig zu Diebstählen gekommen ist. Mit einem einfachen Fahrrad-Ringschloß läßt sich das Gepäck leicht an den Metalleitern und Gepäcknetzen festschließen.

Der **Thai Rail Pass**, mit dem man alle Strecken 20 Tage lang für 2000 bzw. 1100 Baht befahren kann, lohnt sich wohl nur für Eisenbahn-Freaks.

Wer bereit ist, US$1200–3000 für die 2000 km lange Fahrt von Bangkok nach Singapore auszugeben, kann einen Platz im nostalgischen *Eastern & Oriental Express* buchen, der einmal wöchentlich 130 betuchten Gästen eine Luxusreise im Stil von Somerset Maugham ermöglicht.

Bereits 1923 war es möglich, mit der **malaiischen Eisenbahn** von Singapore nach Bangkok zu fahren. Auf der Hauptlinie Singapore – Kuala Lumpur – Penang (787 km) verkehren zwischen den Großstädten tagsüber die schnellen Züge **Ekspres Rakyat** und **Ekspres Sinaran Utara** bzw. **Selatan**. Die Plätze sind reserviert, und man hat die Wahl zwischen einer klimatisierten 1. und einer klimatisierten bzw. nicht klimatisierten 2.Klasse.

Nur für längere Strecken lohnt sich der **Ekspres Langkawi**, der nachts mit 1. und 2.Klasse-Schlafwagen sowie 2.Klasse-Sitzplätzen zwischen Kuala Lumpur und Hat Yai verkehrt.

Das Angebot im Speisewagen ist spärlich. Auf längeren Nachtfahrten lohnt es sich, ein **Bett** zu buchen. Es kostet in der zweiten Klasse non-ac 7,50 RM oben und 10 RM unten, in der zweiten Klasse ac 11,50 RM oben und 14 RM unten sowie in der ersten Klasse 25 RM (ac).

Im **International Express** nach Bangkok kosten die Liegewagen in der ersten Klasse (ac) 22,60 RM, in der zweiten Klasse 13,60 RM unten bzw. 9,10 RM oben, sowie in der zweiten Klasse (ac) 22,60 RM unten und 18,10 RM oben.

Man kann bis 30 Tage im voraus für die 1., 2. und 3. Klasse das Ticket buchen, wenn eine Platz- bzw. Bett-Reservierung vorgenommen wird. Fahrtunterbrechungen sind nur bei Reisen über 200 km möglich. Kinder zwischen 4 und 12 Jahren zahlen den halben Preis, kleinere Kinder fahren umsonst. Der Standard dieser Züge hält keinem Vergleich mit der thailändischen Eisenbahn stand.

Busse

Das System der **öffentlichen Verkehrsmittel** auf der Straße ist in Thailand hervorragend ausgebaut. Vom Luxusbus mit 24 Sitzen bis zum Motorradtaxi greifen alle Transportmittel nahtlos ineinander über. Selbst wer mitten in der Nacht auf dem Busbahnhof einer Provinzstadt aussteigt, kann darauf vertrauen, daß ihn eine Rikscha zu einem freien Hotelzimmer bringt. Einen Anschlußbus in die nächste Stadt bekommt man allerdings schon ab dem späten Nachmittag nur noch selten. Seit der Abwertung des Baht verreisen Thais weniger, daher sind die Busse weniger voll, einzelne Busse fallen sogar ganz aus.

Non-ac Busse (Normal-Busse, no-air, Thammada oder Standard 3): Zumeist rote Staatsbusse der *Transport Co.* und Busse privater Konzessionäre fahren zum Festpreis von ca. 0,25 Baht/km (kürzere Strecken bis 0,29 Baht/km) nahezu jede Stadt des Landes an. Zu festen Zeiten fahren sie in unterschiedlicher Anzahl von den Bus Terminals ab. Für Personen über 1,70 m sind sie meist ein Greuel, weil die Beine nicht zwischen die Sitze passen, die nur ca. 60 cm Abstand haben.

Ac-Busse (Klimatisierte Busse, Aircon-Busse, Bus air oder Standard 1B): Vorwiegend blaue, klimatisierte Busse mit Toilette und etwa 48 Sitzen. Sie sind mit ca. 0,42 Baht/km nicht ganz doppelt so teuer wie non-ac Busse und verkehren auf längeren Strecken. Die

Preise können aufgrund unterschiedlicher Serviceleistungen, Routen und der Konkurrenzsituation um 20–30% variieren. Für Unterhaltung mit Videos ist während der Fahrt gesorgt. Getränke und kleinere Mahlzeiten sind häufig im Preis inbegriffen. Die ac-Busse fahren entweder von den Büros der privaten Bus-Companies oder den Bus Terminals ab. Manchmal werden die Passagiere sogar vom Hotel abgeholt.

Nachtbusse haben den Nachteil, daß man wenig sieht, leicht einschläft und es daher vermehrt zu Diebstählen kommt, Wachsamkeit ist also angebracht! Bei der ständig laufenden Klimaanlage wird es v.a. nachts sehr kalt. Nur wenige Busse haben Decken, und viele ac-Düsen lassen sich nicht abstellen. Da hilft viel Klopapier oder ein breites Klebeband und warme Kleidung, sonst droht trotz Tropen und Sonne eine Erkältung.

Die orangen **2. Klasse ac-Busse** (second class ac-Bus oder Standard 2) ohne Toilette und Essen sind mit ca. 0,33 Baht/km billiger als die blauen Varianten. Sie besitzen mehr und engere Sitze und fahren nur auf wenigen Routen.

VIP-Busse (gesprochen: wie-ei-pie; VIP-40, Bus air, Standard 1 B): Vorwiegend blaue, neuere ac-Busse mit 40, manchmal 32, bequemen Sitzen. Sie sind ca. 20% teurer als ac-Busse, können bei den privaten Busgesellschaften und in den jeweiligen Busbahnhöfen gebucht werden und fahren zu festen Zeiten ab. Die Toiletten im Bus funktionieren, eine Stewardess reicht Getränke und Snacks, ein Essengutschein ist im Preis enthalten. Die etwas übertriebene Bezeichnung VIP führt häufig zu (gewollten!) Verwechslungen mit den echten VIP-Bussen (s.u.).

Die ausschließlich staatlichen **VIP-24 Busse** (999-Busse, VIP-24, Standard 1A) mit 24 Sitzen (8 Reihen à 3 Sitze) fahren von Bangkok in 12 Städte im Süden in 7–16 Std., überwiegend nachts. Sie sind sehr bequem und mit 0,66 Baht/km ca. 55% teurer als ac-Busse. Tickets kann man nur in den Büros an den Bus Terminals kaufen, ab 3 Tage vor Abfahrt. Die Sitze haben ausreichend Platz für lange Beine und lassen sich, mit Ausnahme der letzten Reihe, so weit wie im Flugzeug zurückstellen. Es werden häufig Decken gegen die kühle ac-Brise ausgeteilt. Viele Passagiere kommen ausgeschlafen an.

Nun noch einige Anmerkungen zu weniger angenehmen Themen:

Die Touristenpolizei in Bangkok warnt: „Nehmen Sie beim Bus- oder Zugfahren von Fremden kein Essen, keine Getränke und keine Süßigkeiten an, auch wenn Ihnen die Personen sehr freundlich erscheinen. Sie könnten unter Drogen gesetzt und ausgeraubt werden."

Vielfach gewarnt wurden wir vor dem sogenannten **Khaosan-Bus** von Bangkok nach Surat Thani, wo Verteilerbusse nach Phuket, Krabi und Ko Samui weiterfahren. Ständig und systematisch werden Traveller im Schlaf bestohlen. Die Polizei ist machtlos, da der Bus illegal ist und jeder auf eigenes Risiko mitfährt. Sie verteilt aber manchmal Flugblätter, in denen auf die Risiken bei der Fahrt hingewiesen wird (s.S. 328).

Einige Thai-Busfahrer haben die Angewohnheit, sich wie Rennfahrer zu verhalten – Tempo 120 und minutenlange Überholmanöver der konkurrierenden Bus Companies (die alle zur gleichen Zeit losfahren) sind gerade nachts nichts Außergewöhnliches.

Trotzdem passieren relativ selten Unfälle. Aber wenn etwas passiert, sieht es meist schlimm aus.

Die einzige Methode bei betrunkenen oder schläfrigen Busfahrern heißt AUSSTEIGEN! Es ist zwecklos, andere einheimische Mitfahrer von der drohenden Gefahr überzeugen zu wollen.

In **Malaysia** fahren generell vormittags mehr Busse als nachmittags. Wer größere Entfernungen zurücklegen möchte, sollte deshalb früh aufstehen.

Mit **lokalen Bussen** läßt sich jedes Dorf erreichen, sofern es eine Straße gibt. Da sie überall halten, um Passagiere aufzunehmen oder abzusetzen, kann eine Fahrt von 30 km durchaus eine Stunde und länger dauern. Tickets sind am Automaten im Bus erhältlich.

Da dieser kein Wechselgeld herausgibt sollte man Kleingeld bereithalten!

Fernbusse sind wesentlich schneller und zuverlässiger. Zwischen den großen Städten West-Malaysias verkehren klimatisierte Expressbusse von *Ekspres Nasional Berhad*, für die Tickets in den Büros der Busgesellschaften erhältlich sind. Manchmal werden auch verteuerte Tickets von Schleppern vor den Büros verkauft, zum Teil mit falschen Angaben über bereits ausgebuchte Busse. Und noch eine Warnung: Unterwegs auf keinen Fall Essen oder Getränke von Fremden annehmen! Es ist schon passiert, daß Touristen am Ende der Busreise aus einem tiefen Schlaf erwachten und ohne Gepäck dastanden. Ansonsten ist das Busreisen ziemlich unproblematisch und obendrein noch preiswert.

Minibusse

In verschiedenen Provinzhauptstädten haben Privatunternehmer einen Liniendienst mit klimatisierten, 16sitzigen Minibussen (auch: *Microbus*) aufgezogen. Sie fahren alle ein bis zwei Stunden, zumeist zur vollen Stunde, von bestimmten Stellen in der Stadt zu benachbarten Provinzhauptstädten und anderen festen Zielen. Tickets gibt es an einem Tisch am Straßenrand, nur wenig teurer als für ac-Busse. Der Fahrstil der Fahrer ist dem Verkehr angemessen.

Für Traveller interessante Routen sind z.B. Chumphon – Ranong, Chumphon – Surat Thani, Trang – Ko Lanta, Trang – Pak Meng, Hat Yai – Pakbara.

Sammeltaxi

Die schnellen Taxis dürfen laut Gesetz in **Malaysia** vier Personen befördern. Entsprechend gilt es am Taxihalteplatz zu warten, bis vier Personen mit gleichem Fahrtziel eingetroffen sind. Mietet man zu zweit oder dritt ein Taxi, müssen die freigebliebenen Plätze mitbezahlt werden.

Die Fahrpreise dieses überaus schnellen und bequemen Transportmittels liegen leicht über denen einer 2. Klasse Eisenbahnfahrt. Busse sind etwa halb so teuer.

In **Süd-Thailand** sind die Sammeltaxis eine Alternative zum Bus. Die alten Benz-Limousinen fahren los, sobald 6 Passagiere (2 vorn, 4 hinten) zum selben Ziel wollen. Sie sind etwa 50% teurer als die weit langsameren Busse und haben für unterschiedliche Richtungen verschiedene Startplätze am Straßenrand.

Boote

Regelmäßig verkehren vom Festland Boote nach Ko Samui, Ko Pha Ngan, Ko Tao, Ko Samet, Ko Chang, Ko Mak, Ko Bulon Lae, Ko Lanta, Ko Phi Phi und auf die Pattaya, Phuket, Krabi und Ranong vorgelagerten Inseln.

Longtail-Boote – 5–10 m lange, offene Boote, die von einem beweglich gelagerten Motor angetrieben werden, dessen Schraube weit nach hinten übers Boot hinausragt. Das Standard-Boot in Thailand: sehr schnell, sehr naß, sehr laut. Touristen benutzen sie auf den Klongs und dem Chao Phraya in Bangkok und zwischen vielen Inseln.

Passagierboote – umgebaute Fischkutter mit Sitzbänken und Sonnendach. Bedienen zu festen Zeiten an wenigen Tagen in der Woche die größeren Dörfer auf Inseln, um den Bewohnern die Fahrt zum Markt zu ermöglichen, und transportieren vor allem Waren. Zudem werden sie von Tauchbasen verwandt und an Touristen für Ausflüge auf die vorgelagerten Inseln vermietet.

Nachtboote – mehrstöckige, langsame Schiffe, die nachts zwischen Surat Thani und Ko Samui sowie Surat Thani und Ko Pha Ngan verkehren. Sie hatten in den letzten Jahren mehrere schwere Zusammenstöße mit dem Gegenboot und sollten daher gemieden werden. Keine Unfälle hatten die Nachtboote von Surat Thani nach Ko Tao und von Chumphon nach Ko Tao. Das letztere dreht jedoch manchmal um, wenn dem Kapitän die Wellen vor der Flußmündung zu hoch erscheinen.

Expressboote – schnelle Passagierboote, die von *Songserm* zwischen Surat Thani, Ko Samui, Ko Pha Ngan, Ko Tao und Chumphon eingesetzt werden. Sie sind recht sicher, aber nicht absolut pünktlich. Das Ko Samui-Boot wird häufig gnadenlos überladen. Zum zweiten bedienen mehrere Gesellschaften in hartem Wettbewerb die Routen zwischen Krabi, Phuket, Ko Phi Phi und Ko Lanta. Auch Tagesausflüge zu den Similan-Inseln werden mit Expressbooten durchgeführt.

Speedboats – große, schnelle Außenborderboote, die Gäste von teuren Inselhotels nach Bedarf befördern. Einige verkehren auch regelmäßig zwischen Chumphon und Ko Tao bzw. von Ko Samui über Ko Pha Ngan nach Ko Tao.

Autofähren – transportieren Fahrzeuge und Passagiere zwischen Ko Samui bzw. Ko Pha Ngan und Don Sak (bzw. Khanom, bei hohem Wellengang). Sie sind sehr sicher und zuverlässig. Bei tiefer Ebbe können sie in Ko Samui nicht sofort am Pier festmachen.

Express Ferry – In **Malaysia** verkehren mehrmals wöchentlich Fähren von Penang nach Medan sowie von Langkawi nach Satun. Weitere Fährverbindungen bestehen vom Festland auf zahlreiche vorgelagerte Inseln. Während der Regenzeit stellen die meisten der kleineren Boote, vor allem an der Ostküste, ihren Betrieb ein.

Motorräder und Fahrräder

Humpelt in Phuket oder auf Ko Samui ein braungebrannter *farang* mit dem Arm in der Schlinge über die Straße, dann handelt es sich meist um ein Motorrad-Unfallopfer – leider kein seltener Fall. Allein in Pattaya verunglückt während der Hochsaison fast täglich ein Motorradfahrer tödlich.

In fast allen Touristenorten und vielen Provinzstädten gibt es Motorräder (ab 200 Baht) und Mopeds (ab 150 Baht) zu mieten. Die kleinen Hondas sind zwar für Tagesausflüge bestens geeignet, aber keinesfalls für lange Strecken, zu zweit oder mit Gepäck. Die Verkehrssicherheit vieler Leihmotorräder läßt zu wünschen übrig. Es besteht Helmpflicht, und Helme sind in vielen Verleihstellen auch zu haben, denn das Fehlen des Sturzhelms wird mit 400 Baht Geldstrafe geahndet. Da aber Handschuhe und Brille nicht üblich sind und sich so mancher (wegen der Bräune) gern nur mit Shorts und Gummisandalen bekleidet in den Sattel schwingt, kommt es selbst bei leichten Stürzen zu bösen Hautabschürfungen. Häufig wird der internationale Führerschein und die Hinterlegung des Passes verlangt, wovon in Ko Samui abzuraten ist. Besser ist es dort, nur den Personalausweis abzugeben.

Wer vorhat, öfter Motorräder zu leihen, sollte auch den Jethelm von zu Hause mitbringen, da die geliehenen häufig nicht passen. Mit eingeschaltetem Scheinwerfer wird man nicht so leicht übersehen. Vor allem in Kurven gilt es, so weit wie möglich links zu fahren. Die Tasche oder der Tagesrucksack im Korb sollte immer befestigt werden, da es einige motorisierte Langfinger gibt.

Haftpflichtversicherungen für Leihmotorräder decken in Thailand nur Personenschäden bis max. 50 000 Baht ab, jedoch keine Sachschäden. Auch als Motorradfahrer sind Ausländer bei einem Unfall zur Zahlung einer Entschädigung verpflichtet. Der Unfallgegner wird praktisch niemals zahlen können (s.u.). An jedem vierten Verkehrsunfall in Thailand ist ein Motorrad beteiligt.

Wer sein eigenes Bike nach Thailand mitnehmen will, sollte sich bei *Lufthansa* nach den speziellen Motorradbedingungen erkundigen. Das Bike kann voll beladen auf eine Palette gefahren werden. Am Flughafen in Bangkok kommt es mit derselben Maschine an und kann sofort benützt werden. Nur die ärmeren Thais auf dem Land fahren Rad. Wer es sich leisten kann, kauft sich ein Motorrad oder gar ein Auto. Ein radfahrender Tourist wird entsprechend geringschätzig betrachtet und ohne weiteres von einem heranbrausenden LKW rücksichtslos von der Fahrbahn gedrängt.

In ländlichen Regionen **Malaysias** sind Fahrräder und kleine Motorräder ideale Transportmittel, um gemütlich das Land und seine Menschen kennenzulernen. Allerdings kann man nur in Penang, Langkawi und vereinzelt in einigen kleinen Hotels Fahrräder oder Motorräder mieten. Ungeübte Motorradfahrer sollten die vielbefahrenen Westküstenstraßen meiden, da Bus- und LKW-Fahrer keine Rücksicht nehmen. Zu beachten ist die Helmpflicht für Motorradfahrer – auch auf kleinen Maschinen! Generell sollten Motorradfahrer bedenken, daß die Fahrzeuge – trotz gegenteiliger Behauptungen – nicht versichert sind.

Mietwagen

Um ein Auto in **Thailand** zu mieten, benötigt man nur den internationalen Führerschein und etwas Geld. Es ist aber nicht ratsam, die ersten Erfahrungen im asiatischen Straßenverkehr in Bangkok zu machen.

Außer dem obligatorischen Linksverkehr gibt es noch andere **Verkehrsregeln**, die aber nicht sehr ernst genommen werden. Das Chaos von Bangkok ist nur der Anfang. Auf dem Land haben große Fahrzeuge wie Busse und Lastwagen immer Vorfahrt, auch Wasserbüffel, Schweine, Hühner und Enten genießen ein besonderes Recht, und man muß immer bereit sein, das Fehlverhalten anderer zu akzeptieren. Die Geschwindigkeit ist auf den Highways auf 90 km/h begrenzt. Thais, die von der Polizei bei einem Verkehrsvergehen erwischt werden, kommen oft mit einer gemeinsamen Runde Mekhong in der nächsten Kneipe davon. Auch der Papierkrieg kann häufig durch kleinere Zuwendungen beschleunigt werden. Wenn Verkehrspolizisten behaupten, der Radar hätte eine überhöhte Geschwindigkeit gemessen, sollte man sich zuerst die Fotos zeigen lassen, bevor man bezahlt.

In Thailand gilt inzwischen die **Gurtpflicht**. Wer sich nicht anschnallt, muß mit einer Strafe von 500 Baht rechnen.

Die hilfreiche Ausschilderung der Highways und Hauptstraßen mit lateinischen Buchstaben fehlt in abgelegenen Regionen. Dann hilft eine **Straßenkarte**, auf der die Orte in Thai- und lateinischen Buchstaben bezeichnet sind. Brauchbar fanden wir die *Thailand Highway Map*, verlegt von Autoguide, ein Atlas mit zweisprachigen Karten im Maßstab 1 : 400 000 und zahlreichen Stadtplänen.

Normalbenzin kostet an großen Tankstellen 12–13 Baht pro Liter. Etwa 20% teurer wird es bei kleinen Tankstellen, die das Benzin aus Fässern pumpen.

Mietwagen der Mittelklasse sind in Bangkok, wo die Konkurrenz am größten ist, am günstigsten (ca. 1500–2000 Baht pro Tag). In Phuket, Krabi und Ko Samui werden Jeeps (ca. 1000 Baht pro Tag), Pickups (800 Baht, gut für Kleingruppen bis 10 Personen) und Kleinwagen (in Phuket ab 1000 Baht) vermietet. Selbst bei großen Firmen kann bei längerer Mietdauer um den Preis gehandelt werden. Eine Woche kostet um 10 000 Baht. Von der Kreditkarte wird häufig ein Blankobeleg als Sicherheit hinterlegt, was bei renomierten Firmen kein Problem darstellt. Avis und Hertz bieten *one way rental service* zwischen Phuket, Ko Samui, Bangkok und Chiang Mai an. Adressen der Autovermietungen im lokalen Teil unter „Sonstiges“.

Eine Probefahrt empfiehlt sich auf alle Fälle, keinesfalls sollte man den gesamten Preis im voraus bezahlen, sondern lieber eine Sicherheit hinterlegen. Falls das Fahrzeug unterwegs zusammenbricht, hat man so eine günstigere Ausgangsposition.

Eine Haftpflichtversicherung ist gesetzlich vorgeschrieben. Internationale Versicherungsunternehmen bieten auch Touristen die Möglichkeit, Autos mit einer geringen Selbstkostenbeteiligung zu versichern. Nach thailändischem Recht müssen Unfallverursacher bei Personenschäden an die Betroffenen Entschädigungen von 10 000 bis 200 000 Baht bezahlen, je nach Schwere der Verletzungen. Ein Ausländer muß immer damit rechnen, bei einem Unfall als der allein Schuldige zu gelten. Wird eine Rechtsberatung benötigt, kann man sich an den von der Deutschen Botschaft empfohlenen Rechtsanwalt wenden:

Mr. Bhuttree Kuwanon, Sataporn Building Suite 304, 70 Pan Rd. Silom, ✆ 2368790-1; eine Beratungsstunde (auf englisch) kostet 1500 Baht. Leider kann man bisher nicht mit einem Mietwagen die Grenze nach Malaysia überschreiten. Das Gleiche gilt übrigens auch in umgekehrter Richtung.

West-Malaysia läßt sich gut mit dem eigenen Fahrzeug erkunden. In Penang vermieten internationale und lokale Firmen Autos zu unterschiedlichen **Tarifen**. Es gibt Tages- und Wochenendtarife mit begrenzter Kilometerzahl oder Ausflugstarife ohne Kilometerbegrenzung. Einige Firmen bieten verbilligte Standby-Tarife an oder gewähren eine Ermäßigung, wenn das Auto frühzeitig gebucht wird.

Da in der Kleinwagen-Kategorie (Proton Wira bzw. Proton Saga – das malaysische Auto) die Nachfrage oft das Angebot übersteigt, sollte man frühzeitig reservieren. In der Mittelklasse (Ford Telstar, Nissan Bluebird, Toyota Corolla) oder der oberen Klasse (Volvo, Mercedes) sind immer Wagen zu bekommen, z.T. auch mit Fahrer. Alle Autos sind mit Klimaanlage ausgestattet.

In Malaysia genügt für Deutsche der nationale **Führerschein**. Es empfiehlt sich, für täglich 10–12 RM eine **Zusatzversicherung** *(collision damage waiver)* abzuschließen, um die Eigenbeteiligung in Höhe von 2000 RM bei Schäden am Mietwagen aufzuheben. Fahrer und Beifahrer, die sich nicht anschnallen, müssen mit hohen Strafen von 200 RM Geldstrafe oder bis zu 6 Wochen Haft rechnen.

Nahverkehrsmittel

Das Verkehrswesen **Thailands** und **Malaysias** zeichnet sich durch eine Vielzahl billiger, konkurrierender Nahverkehrsmittel aus. Nach 18 Uhr ist es praktisch unmöglich, aus kleinen Orten wegzukommen. Dann muß man teuer chartern. Wer passend zahlt, umgeht Probleme mit dem Wechselgeld.

Samlor – ein dreirädriges Fahrrad-Taxi mit überdachter Sitzbank für 2 Personen (auch: Fahrradrikscha) für kurze Strecken. Der Fahrpreis muß vorher ausgehandelt werden. In Penang und Kota Bharu stellen die Fahrradrikscha noch immer ein beliebtes Transportmittel dar.

Tuk Tuk – ein dreirädriger Motorroller (Vespa) mit überdachter Sitzbank, manchmal auch *samlor* genannt. Mit mehr als 2 Personen oder mit Gepäck wird es in dem kleinen Aufbau recht eng. Tuk Tuks fahren nicht auf langen Strecken. Der Fahrpreis muß vorher ausgehandelt werden (3 Finger ausgestreckt = 30 Baht, 4 Finger = 40 Baht, etc.). Eingesetzt in Bangkok, Trang (eine besonders umweltfeindliche Version) und in vielen weiteren Städten, in Phuket abgelöst durch einen viersitzigen, umweltfreundlichen Viertakter.

Motorrad-Taxi – normales Motorrad oder Moped, das bis zu 2 Fahrgäste zu beliebigen Zielen mitnimmt. Der Fahrpreis ist recht niedrig, muß aber vorher ausgehandelt werden. Sieht im Stadtverkehr äußerst gefährlich aus, besonders wenn Damen freihändig und quer auf dem Sozius sitzen. Eingesetzt in vielen Städten, auf Inseln ohne PKWs und in ländlichen Gegenden.

Taxi – klimatisierter PKW, in Bangkok überwiegend mit, ansonsten ohne Taxameter. Der Fahrpreis beträgt bei Taxameter-Taxen für die ersten beiden Kilometer 35 Baht, ansonsten muß er vorher ausgehandelt werden. Ein unbedarfter Tourist bezahlt für ein Flughafen-Taxi häufig überhöhte Preise. Taxifahrer sprechen meist kein Englisch. Sie erhalten normalerweise kein Trinkgeld, außer für besondere Gefälligkeiten.

Ähnliches gilt in **Malaysia**. Besondere Vorsicht ist an Busbahnhöfen und Bahnhöfen geboten, wo Taxifahrer versuchen, Ortsunkundige zu neppen. Am Flughafen von Penang wurde dem Mißbrauch ein Riegel vorgeschoben; hier kauft man an einem Schalter einen Taxi-Coupon ins gewünschte Hotel bzw. den entsprechenden Stadtteil. Wer frühmorgens ein Taxi benötigt, sollte es über das Hotel oder telefonisch vorbestellen. Funktaxen stehen nach unseren Erfahrungen pünktlich vor der Tür.

Songthaew (gesprochen: *song-täo)* – ein privat betriebener Kleinlaster (manchmal sogar ein großer LKW, der auch Minibus heißt) mit zwei niedrigen Sitzbänken, auf denen sich die Passagiere gegenübersitzen. Das Dach ist nicht ganz heruntergezogen, so daß es vor allem bei schneller Fahrt stark zieht. Sie haben feste Preise, für Sitz- wie für Stehplätze dieselben. Nach Sonnenuntergang kann man das Fahrzeug in der Regel nur für mehrere hundert Baht chartern.

Songthaews fahren nach unterschiedlichen Prinzipien:

In größeren Städten bedienen sie relativ feste Routen zu einem Einheitstarif (2–5 Baht), bringen jedoch in der Zielgegend die Passagiere bis vor die Tür. Für *farang*, die kein Thai sprechen, ist es schwierig, ihren Zielort zu erfahren. Anzutreffen z.B. in Bangkok, Ranong, Nakhon Si Thammarat.

In mittleren Städten kurven sie ständig durch die Stadt auf der Suche nach Fahrgästen. Man nennt das Ziel und erhält ein Handzeichen, einzusteigen oder zu warten. Wer viel Zeit hat und ganz hinten sitzt, kann so die halbe Stadt kennenlernen. Fahrpreis meist 5 Baht.

In vielen Städten fahren Songthaews in regelmäßigen Abständen zu bestimmten Orten in der Umgebung. Sie haben einen festen Startplatz am Straßenrand. Der Tarif richtet sich nach der Entfernung und ist auch für Touristen fest. In Ko Samui und Phuket sind die Strände angeschrieben.

Zweigt von einer großen Straße eine kleinere ab, die nicht von großen Bussen bedient wird, übernehmen Songthaews die Verteilung der Fahrgäste in die kleinen Orte. Dasselbe gilt für Bahnhöfe auf dem Land. Die Preise sind fest.

Pickup – ein Songthaew, der überall Passagiere mitnimmt.

Minibus – eine komfortablere Einrichtung auf dem Lande anstelle der halboffenen Songthaews. In Bangkok werden sie zusätzlich zu den festen Buslinien eingesetzt und bedienen einige Busstrecken in der Nacht. In manchen Städten werden auch ganz normale Songthaews modisch Minibus genannt.

Stadtbus – normaler, farblich gekennzeichneter Bus mit Nummer, der eine bestimmte Route befährt. Eine beliebige Strecke kostet je nach Stadt 5–10 Baht. In Bangkok verkehren über 170 Buslinien, und nur in der Metropole gibt es klimatisierte Busse (6–16 Baht) und Microbusse (20 Baht). Stadtbusse verkehren auch in Georgetown und auf der gesamten Insel Penang.

Personenfähren, **Klongboote** und **Expressboote** übernehmen speziell in Bangkok auf dem Menam Chao Phraya einen Teil des öffentlichen Nahverkehrs.

Feste und Feiertage

Thailand

Viele Feste in Thailand sind buddhistischen Ursprungs und richten sich nach dem religiösen Kalender. Da sich diese Zeitrechnung am Mondzyklus orientiert, schwankt der exakte Termin der Feiertage innerhalb von 29 Tagen. 1998 ist das Jahr 2541 nach Buddha, 1999 das Jahr 2542 und das magische Jahr 2000 – in Thailand schon längst vorbei – schlicht 2543.

Die Vollmondtage

1998:			
10.5.	9.6.	8.7.	7.8.
5.9.	5.10.	3.11.	3.12.
1999:			
2.1.	31.1.	2.3.	31.3.
30.4.	30.5.	28.6.	28.7.
26.8.	25.9.	24.10.	23.11.
22.12.			
2000:			
20.1.	19.2.	19.3.	18.4.
17.5.	16.6.	15.7.	14.8.
13.9.	12.10.	11.11.	10.12.

Der erste Mondmonat beginnt am Tag nach dem Neumond vor der Wintersonnenwende (also zwischen dem 23. November und dem 22. Dezember). Alle drei Jahre wird ein zusätzlicher 8. Monat eingeschoben (das nächste Mal wieder im Jahre 1999). Für staatliche Feste gilt der westliche Kalender.

Fällt ein gesetzlicher Feiertag auf ein Wochenende, wird am darauffolgenden Montag ein *Bank Holiday* gefeiert. Die Büros von Privatfirmen sind meist geschlossen und Behörden spärlich besetzt. Dadurch gibt es in Thailand etwa ein Dutzend lange Wochenenden pro Jahr. (Die angegebenen Termine können sich um 1 bis 2 Tage verschieben.)

1. Januar – Neujahr –
Neumondtag zwischen 21. Januar und 19. Februar – Chinesisches Neujahr (14.2.1999, 5.2.2000)
Das chinesische Neujahrsfest findet im Familienkreis statt. Das Fest beginnt am ersten Tag des zunehmenden Mondes im zweiten Mondmonat nach der Wintersonnenwende, dauert drei Tage und wird zu mehrtägigen Familienausflügen genutzt, so daß die Unterkünfte in vielen Badeorten dann ausgebucht sind.

Im Rhythmus von 12 Jahren wird das Jahr jeweils nach einem Tier benannt, dem bestimmte Eigenheiten zugeschrieben werden. So ist 1998 das Jahr des Tigers, dann folgen die Tiere Hase (Katze), Drache, Schlange, Pferd, Ziege, Affe, Hahn, Hund, Schwein, Ratte und Büffel. Schon Tage zuvor scheint sich das ganze Land in einem Kaufrausch zu befinden. Eine Woche vor Beginn des neuen Jahres werden die Wohnungen geputzt, denn der Küchengott wird im Himmel über jede Familie berichten. Ein besonders süßer, klebriger Kuchen aus Melasse wird gekocht, damit dem Gott nur Süßes über die Lippen kommt. Andere meinen, daß ihm durch die Kuchen der Mund so verklebt wird, daß er nichts mehr sagen kann.

Am Abend des letzten Tages des alten Jahres versammelt sich die Großfamilie zu einem Festessen. Den Kindern werden kleine, rote Umschläge mit Geldbeträgen überreicht. Bei der Größe einer durchschnittlichen chinesischen Familie können die Neujahrsfeierlichkeiten teuer werden, so daß das 13., 14. oder gar 15. Monatsgehalt, das zu diesem Zeitpunkt ausgezahlt wird, gelegen kommt.

Vollmondtag im Februar/März – Makha Bucha (2.3.1999, 19.2.2000)
Es finden Lichterprozessionen um die Tempel statt, die an Buddhas Predigt vor 1250 Zuhörern erinnern.

Mit Blumen und Kerzen in gefalteten Händen umrunden die Gläubigen dreimal das Gebäude, im Tempel predigen Mönche die Lehre Buddhas. Große Feierlichkeiten im Marmortempel von Bangkok.

6. April – Chakri-Tag
Inthronisation des ersten Chakri-Königs und Begründers der Königsstadt Bangkok, Feier im Wat Phra Keo.

12.–15. April – Thai-Neujahr
Es ist besser bekannt unter dem Namen *songkran*. Wenn das ganze Land über die Hitze klagt und auf den einsetzenden Monsun wartet, beginnt für die Bauern auf dem Land das Erntejahr. Schon einige Tage vor Songkran bespritzen sich die Menschen auf den Straßen mit Wasser. Eine angenehme Erfrischung, sofern man darauf vorbereitet ist und sich nicht in Bangkok befindet, wo man ab und an mit einer Dusche Klong-Wasser rechnen muß. Zu Hause badet man die Buddha-Figuren, hält Hausputz und erweist den älteren Familienmitgliedern durch eine zeremonielle Handwaschung und kleine Geschenke seine Hochachtung.

1. Mai – Tag der Arbeit

5. Mai – Krönungstag
Der jetzige König Rama IX. wurde am 5.5.1950 zum König gekrönt, obwohl er bereits 1946 die Regentschaft übernommen hatte. Das 50jährige Jubiläum der Thronbesteigung wird 1995 und 1996 mit mehreren Festen begangen.

Vollmondtag im Mai – Visakha Bucha (30.5.1999, 17.5.2000)
Heiligstes buddhistisches Fest. Am Abend finden zur Feier der Geburt, der Erleuchtung Buddhas und seines endgültigen Eintretens ins Nirvana in allen Tempeln Lichterprozessionen um den Bot statt. Zentrale Feiern im Wat Phra Keo.

Mitte Mai – Die Königliche Zeremonie des Pflügens
Ein Stellvertreter des Königs, heute meist der Landwirtschaftsminister, führt eine symbolische Aussaat auf dem Sanam Luang aus, zu der viele Bauern aus dem ganzen Land anreisen. Für sie ist es das Zeichen, mit der Feldar-

beit zu beginnen. Ein Reiskorn von der Zeremonie, das der eigenen Saat untergemischt wird, soll eine gute Ernte gewährleisten.

Vollmondtag im Juli – Asalha Bucha, Khao Phansa (28./29.7.1999, 15./16.7.2000)
Fest im Juli, das an die erste Predigt Buddhas in der Öffentlichkeit erinnert. Prozessionen mit Blumen und Kerzen um den Bot. Die Fastenzeit Khao Phansa beginnt am Tag nach Asanha Bucha und dauert drei Monate bis zum Ende der Regenzeit. Während dieser Zeit dürfen die Mönche das Kloster nachts nicht verlassen und unterliegen strengeren Regeln. Im allgemeinen ist dieses die Zeit, während der junge Männer ins Kloster gehen. Entsprechend finden zu Beginn des Fastenmonats überall Ordinationsfeierlichkeiten statt.

12. August – Geburtstag der Königin
Königin Sirikit ist seit 1950 First Lady in Thailand.

Oktober – Thot Kathin, Ok Phansa (5./6.10.1998, 24./25.10.1999, 2./13.10.2000)
Nach dem Ende der Fastenzeit reisen während der folgenden Wochen die Menschen aus allen Landesteilen in ihren Heimat-Tempel, um den Mönchen neue Roben und Opfergaben zu überbringen.

23. Oktober – Chulalongkorn-Tag
Todestag von König Rama V. (Chulalongkorn). Er gilt als der Herrscher, der das Land westlichen Einflüssen öffnete.

Vollmondtag im November – Loy Krathong (4.11.1998, 23.11.1999, 11.11.2000)
Im November, am Ende der Regenzeit, wird das große **Lichterfest** gefeiert. Kleine Boote aus Bananenblättern mit brennenden Kerzen, Räucherstäbchen und Blumen treiben auf den Flüssen, Seen und Klongs – eine Opfergabe an die Göttin des Wassers, *Mae Khingkhe*.

5. Dezember – Geburtstag des Königs
Nationalfeiertag. Paraden und Feiern in Bangkok und auf dem Land.

10. Dezember – Verfassungstag

31. Dezember – Silvester

Regionale Feste und Festivals

Bei jedem Tempel in Thailand wird einmal im Jahr ein großes, **religiöses Fest** veranstaltet, das von den Einheimischen begangen wird. Einige davon haben wegen der Berühmtheit des Tempels überregionale Bedeutung erlangt.

Tausende von Pilgern versammeln sich mehrere Tage lang, um gemeinsam zu feiern. Religiöse Zeremonien, farbenprächtige Prozessionen, Bootsrennen oder andere Veranstaltungen begleiten die Feierlichkeiten.

In jeder Provinzhauptstadt wird einmal im Jahr eine *fair* veranstaltet, eine Art **Volksfest** und Jahrmarkt, wo lokale handwerkliche oder landwirtschaftliche Erzeugnisse vorgestellt werden.

Weitere **Festivals** wurden erst in den letzten Jahren von der *Tourist Authority* ins Leben gerufen, um eine Region touristisch zu fördern. Für zwei oder drei Tage im Jahr überschwemmen vor allem einheimische Touristen ansonsten völlig ruhige Provinzstädte.

Die Termine der religiösen Feste variieren nach dem Mondkalender (s.o.), die anderen Feste und Festivals werden meist auf ein bestimmtes Wochenende in einem bestimmten Monat gelegt.

Die genauen Termine der Festtage sind in der Werbebroschüre *Major Events and Festivals* aufgelistet, die es in jedem *Tourist Office* gibt.

Im Internet unter: www.tat.or.th/festival/

Januar

Ayutthaya: *Elephant Round-up* (Elefantenfest, Touristenspektakel)

Februar

Phetchaburi: *Phra Nakhon Khiri Fair* (Volksfest mit Light & Sound Show, 2. Woche)

Pattani: *Chao Mae Lim Kor Nieo* (religiöses Fest, Prozession, Mitte Februar)

Nakhon Si Thammarat: *Hae Pha Khun That* (religiöses Fest, Prozession, um Vollmond)

März

Yala: *Asian Barred Ground Dove Festival* (Singvogel-Wettbewerb)

Trat: *Memorial Day* (Gedächtnis-Tag, 23.3.)

April

Pattaya: *Pattaya Festival* (Touristenfest, ca. 16.-18.4.)

Samut Prakan: *Phra Pra Daeng Songkran* (Neujahrsfest der Mon, ca. 18.–20.4.)

Si Racha: *Ancestral Spirits Ceremony* (rel. Familienfest, Volksfest, ca. 19.–21.4.)

Phattalung: *Southern Thailand Shadow Play Contest* (Schattenspiel-Wettbewerbe)

Mai

Rayong: *Rayong Fruits Fair* (Fest der reifen Früchte, Volksfest, 1. und 2. Woche)

Chantaburi: *Chantaburi Fruit Fair* (Volksfest, Mai oder Juni)

Trat: *Rakam Fair* (Fest der Rakam-Früchte, Volksfest, Ende Mai/Anf. Juni)

Juni

Ban Kram (Rayong) *Sunthorn Phu Day* (kulturelles Fest zu Ehren des Poeten, 26. Juni)

Phattalung: *Manohra Dance Contest* (Wettbewerb der Manohra-Tänzer)

August

Surat Thani: *Rambutan Fair* (Fest der Rambutan-Früchte, Volksfest, Anfang August)

September

Nakhon Si Thammarat: *Prapheni Duan Sip* (Fest des zehnten Monats, religiös)

Songkhla: *Chinese Lunar Festival* (religiöses Fest, Volksfest, nach Vollmond)

Narathiwat: *Kor Lae Boat Races* (Bootsrennen, Volksfest, 3. Wochenende)

Oktober

Phuket, Trang, Krabi: *Vegetarian Festival* (Vegetarier-Fest, religiöses Fest, nach Neumond)

Phattalung: *Drum Contest* (Trommel-Wettbewerb, um Vollmond)

Surat Thani: *Chak Phra Festival* (religiöse Prozessionen, an Vollmond)

Chonburi: *Chonburi Buffalo Races* (Büffelrennen, Bauernfest, Volksfest)

Ko Samui: *Samui Festival* (Touristenspektakel)

November

Samut Prakan: *Wat Chedi Klang Nam Festival* (religiös, Bootsrennen)

Kanchanaburi: *River Kwai Bridge Week* (Sound & Light Show, letzte Woche)

Dezember

Phuket:	*Phuket King's Cup Regatta* (Yachtrennen, 1. und 2. Woche)
Prachuap Khiri Khan:	*Sound & Light Show* (2. Woche)

Malaysia

Der islamische Kalender

Staatliche Feiertage, Geburtstage und offizielle Veranstaltungen orientieren sich in Malaysia am westlichen Kalendersystem. Hingegen werden moslemische Feste wie z.B. der Ramadan nach dem islamischen Kalender festgelegt.

Dieser beginnt mit der Flucht Mohammeds aus Mekka am 16. Juli 622 n.Chr. Da diesem Kalendersystem der Mondzyklus zugrunde liegt, besteht jedes Jahr aus 12 Mond-Monaten mit 29 oder 30 Tagen und ist mit 353–355 Tagen normalerweise 10–12 Tage kürzer als das Sonnenjahr.

Ein neues Jahr wird mit dem Erscheinen des 13. neuen Mondes eingeleitet. 1998 begann der Ramadan, der neunte Fastenmonat, am 30.12.1997 und endete mit dem Hari Raya Fest am 30.1.1998 (gleich nach dem chinesischen Neujahrstag).

Der nächste Ramadan wird um den 19.12.1998 beginnen.

Feiertage

- 1. Januar – Neujahr (nicht in Kedah, Perlis, Kelantan)
- Januar – Nuzul Quran, die Verkündung des Koran (nur in Kelantan, Perlis)
- Neumond (19.12.1998, 7.12.1999) – Beginn des Ramadan
- Neumond (17.1.1999, 8.1.2000) – Hari Raya Puasa, das Ende des Ramadan
- Neumond (14.2.1999, 5.2.2000) – das chinesische Neujahr (nicht in Kelantan)
- Vollmond (31.1.1999, 16.2.2000) – Thaipusam (nur in Penang)
- März (25./26.3.1999, 13./14.3.2000) – Hari Raya Haji
- Neumond (16.4.1999, 4.4.2000) – Ma'al Hijrah (Awal Muharam), islamisches Neujahrsfest
- 1. Mai – der internationale Tag der Arbeit
- Vollmond Anfang Mai / Anfang Juni (30.5.1999) –Wesak, größter buddhistischer Feiertag
- 6. Juni – Geburtstag des Königs
- 6. Juli – Mohammeds Geburtstag
- 31. August – Nationalfeiertag
- Ende Okt. / Anfang November – Deepavali, hinduistisches Lichterfest
- 25. Dezember – Weihnachten

Einkaufen

Bangkok, Phuket und Penang sind **Shopping-Paradiese**. An Straßenständen, auf Märkten und Nachtmärkten wird alles verkauft, was ein Touristenherz höher schlagen läßt: Textilien, Silberschmuck, vermeintliche und „echte" Antiquitäten, Holzschnitzereien, Lackarbeiten und Keramik, Puppen und Masken, Bilder, Lederarbeiten und – nicht zu vergessen – Kopien von Markenwaren wie Lacoste-Shirts und Rolex-Uhren.

Bei Artikeln, die nur für Touristen hergestellt werden, sollte man sich und dem Verkäufer das Vergnügen des Feilschens gönnen. Als guter Startpreis gilt etwa die Hälfte des zuerst geforderten Preises.

Vor allem in Bangkok lassen sich Touristen von Schleppern in Läden zum **Kauf von Edelsteinen** überreden. Das funktioniert häufig so: Seriös aussehende, hilfsbereite Thais sprechen Touristen auf dem Weg zu einer Sehenswürdigkeit an. Nachdem sie erfahren haben, wohin man will, erklären sie, daß der Tempel aus irgendeinem Grund heute ausnahmsweise geschlossen sei und bieten als Alternative eine Tour zu einem Juwelier an, in dem ausgerechnet heute ein besonders günstiges Angebot gemacht wird. Zudem kann man die Steine in Deutschland zum vielfachen Preis verkaufen, manchmal soll sogar der dort studierende Neffe der Abnehmer sein, der sich damit sein Studium finanziert ... Nichts davon stimmt! Am Ende hat man für einen weit überhöhten Preis **minderwertige Edelsteine** gekauft, die in Deutschland kein Juwelier anfaßt, und es ist sehr schwierig, das Geld zurückzubekommen, da es sich ja um echte Steine und keine Fälschungen handelt.

Gesprächigen Tuk Tuk- und Taxifahrern, die einen supergünstigen Preis akzeptieren und unterwegs schnell noch an einem interessanten Juwelier- oder Seidenladen vorbeisehen wollen, sollte man ebenso mißtrauen. Sie wollen allerdings häufig nur eine Provision kassieren.

Wir raten davon ab, Antiquitäten und Produkte aus geschützten Tieren zu kaufen, denn: Kultstätten werden nur geplündert, seltene Tiere nur gejagt und alte Erbstücke nur verkauft, wenn sich dafür Käufer finden.
Jeder Kauf trägt dazu bei, daß Südostasien schon bald seiner wichtigsten Kultur- und Naturschätze beraubt sein wird. Zudem ist der Handel mit Antiquitäten in Thailand ohnehin verboten.
Der Zoll beschlagnahmt alle Stücke, für die keine Exportgenehmigungen vorliegen oder die unter das Washingtoner Artenschutzabkommen fallen. Dazu gehören auch Schlangenhäute und alle Produkte aus Krokodilleder.

Ein Gang über den **Markt** ist immer empfehlenswert. Hier werden die Waren des täglichen Bedarfs gehandelt, und man erhält einen Überblick über Angebot und Preise.

Nebenbei kann man sich mit frischem Obst eindecken oder einen kleinen Snack zu sich nehmen. Die Preise sind zwar nicht absolut fest, doch einen kräftigen Rabatt erhalten in Thailand normalerweise nur arme Menschen – oder Schlitzohren, die sich für arm ausgeben.

Einkaufszentren verkaufen westliche und lokale Waren zu Festpreisen. In diesen klimatisierten Konsumtempeln haben sich Fastfood-Ketten und andere Restaurants, die von jungem Publikum bevorzugt werden, etabliert.

Prinzipiell werden **europäische Waren** in allen Touristenzentren verkauft. Wer Wegwerfwindeln, einen guten Käse, neue Schuhe oder ein Ersatzteil für den Walkman benötigt, der schaut sich am besten dort um. Selbst englisch- oder gar deutschsprachige Zeitschriften und Bücher gibt es hier.

Löhne

Der staatlich festgelegte Mindestlohn eines Industriearbeiters betrug 1996 im **Großraum Bangkok** 160 Baht pro Tag – und das bei einer offiziellen 48–54 Stunden-Woche! Bauarbeiter können hier über 200 Baht verdienen. Insgesamt sind die Einkommen in der Hauptstadt wesentlich höher als in den Provinzen. Laut der Tageszeitung *Bangkok Post* zahlt man hier im Durchschnitt neunmal so viel Lohn wie im Nordosten, wo viele Bauern gerade einmal 40 Baht am Tag verdienen. Zum Vergleich: Pro Tag gibt ein Durchschnittstourist ca. 3700 Baht aus.

Die Mindestlöhne gelten nur für gewerbliche Arbeitnehmer und werden von der Industrie häufig unterlaufen. Vor allem Frauen und Kinder beschäftigt man gleichermaßen zu Hungerlöhnen. Aufgrund der Rezession werden von vielen Firmen Vergünstigungen, wie der hohe Bonus zum Jahresende, gestrichen. Trotz steigender Konsumgüterpreise sind aus Angst vor Arbeitslosigkeit Forderungen nach Lohnerhöhungen nur selten zu vernehmen. Statt dessen vertraut man aufs Glück, was der Lotteriegesellschaft stattliche Gewinne beschert und den Staatshaushalt erheblich aufbessert.

Das monatliche Pro-Kopf-Durchschnittseinkommen in Malaysia beträgt etwa 760 RM. Wie bei jeder Statistik muß man berücksichtigen, daß wenige sehr viel und viele sehr wenig verdienen.

Der Verdienst eines Großteils der Reisbauern, Kokospalmenpflanzer und Fischer in ländlichen Regionen liegt unter dem Existenzminimum, während der Wirtschaftsboom der 90er Jahre vor allem in den Städten eine wohlhabende Mittelschicht hervorgebracht hat.

Die Monatslöhne der Plantagenarbeiter in Kautschukplantagen liegen bei etwa 420 RM, die der Vorarbeiter etwas darüber. Allerdings bringen weibliche Arbeiter oder Unkrautjäter noch weniger Geld mit nach Hause.

Währung

Währungseinheit in Thailand ist der **Baht** mit 100 **Satang**. In Umlauf sind Banknoten in Höhe von 1000, 500, 100, 50 und 20 Baht sowie Münzen zu 10 (innen golden, außen silbrig), 5, 2 (sehr selten) und 1 Baht. Nur auf der Post werden gelegentlich 50 und 25 Satang herausgegeben und angenommen.

Es gibt zudem verschiedene Sondermünzen und -scheine. Seit Mitte 1997 der Wechselkurs des Baht freigegeben wurde, unterlag er starken Schwankungen.

Ausländische Währungen können in beliebiger Höhe **ein- und ausgeführt** werden.

Wechselkurs (Stand: Mai 1998)

US$1	=	39,25 Baht
1 DM	=	22,29 Baht
1 sFr	=	26,77 Baht
1 öS	=	3,17 Baht
US$1	=	3,79 RM
1 DM	=	2,15 RM
1 sFr	=	2,58 RM
1 öS	=	0,31 RM
100 Baht	=	9,65 RM
1 RM	–	10,36 Baht

Inflationsrate (jährlicher Anstieg der Verbraucherpreise):
Thailand: bisher 8,4%, es ist jedoch mit einem Anstieg von mindestens 12% zu rechnen; Malaysia 3,6%.

Währungseinheit in **Malaysia** ist der malaysische Ringgit (RM) mit 100 sen (¢). Im Umlauf sind Banknoten zu 5, 10, 20, 50, 100, 500 und 1000 RM sowie Münzen zu 1, 5, 10, 20, 50 sen und 1 RM. Es bestehen keinerlei Restriktionen für die Ein- und Ausfuhr von RM und anderen Währungen.

Banken

Banken in **Thailand** sind an ihren hohen Schildern mit den jeweiligen Symbolen zu erkennen. **Öffnungszeiten der Banken**: Mo–Fr (außer feiertags) 8.30–15.30 Uhr. In Bangkok und in den Touristenorten haben einige Schalter *(currency exchange service)* täglich von 8.30–22 Uhr geöffnet, so daß es hier keine Probleme gibt. Nachts wechseln im Notfall die *money changer* in den Hotels, meist zu schlechten Kursen.

In den Touristenregionen und Provinzhauptstädten werden auch **DM-Reiseschecks** gewechselt. In der Provinz bevorzugt man US$-Schecks. Generell sind die Kurse für Travellers Cheques besser als für Bargeld. Beim Einlösen werden für jeden Scheck Gebühren berechnet. Manche Banken wechseln nicht mehr als US$300 bzw. US$500.

In **Malaysia** öffnen Banken Mo–Fr von 10–15 und Sa von 9.30–11.30 Uhr. In Kelantan, Kedah und Perlis sind sie am Donnerstag nur von 9.30–11.30 Uhr geöffnet und am Freitag geschlossen. In den Banken kleinerer Orte in der Provinz gibt es die aktuellen Wechselkurse erst ab 11 Uhr. Samstags wird oft kein Geld gewechselt, da kein neuer Kurs aus der Zentrale zu erfahren ist. Beim Umtausch von größeren Geldbeträgen sollte man in beiden Landern außer bei den Banken auch bei den **Wechselstuben** *(money changer)* die Wechselkurse erfragen. Während Banken Bargeld und Reiseschecks eintauschen, akzeptieren private *money changer* manchmal nur Banknoten.

Weitere Informationen im Kapitel Geld (s.S. 28ff).

Post

Nach unseren Erfahrungen ist die Post zwischen Thailand oder Malaysia und Europa recht zuverlässig. Für längere Mitteilungen nach Europa sind **Aerogramme** preisgünstiger als Briefe. Urlaubsgrüße auf **Postkarten** erreichen den Empfänger in 5–10 Tagen, wenn sie mit Luftpost verschickt und mit dem entsprechenden Sticker versehen werden.

Wichtige Post sollte man per **Einschreiben** (*registered mail*) oder mit dem Kurierdienst **EMS** der Post (in Malaysia auch Speedpost) versenden. Auch innerhalb von Thailand oder Malaysia ist ein Brief mit EMS kaum länger als 2–3 Tage unterwegs.

Soll ein Brief nach Europa schnell ankommen, lohnt es sich nicht, ihn **„Express"** zu senden, da er erst im Ankunftsland bevorzugt behandelt wird. Solche Briefe sollten immer in Bangkok oder einer anderen größeren Stadt am Hauptpostamt aufgegeben und per EMS versandt werden.

Von den Postämtern und vielen Hotels aus kann man auch **faxen**, wobei nachts die Leitungen nach Europa am wenigsten belastet sind. Die Postämter haben entsprechende Vordrucke, Preise s.u.

Kurierdienste: Nicht billig, aber schnell und zuverlässig ist der Versand per Kurierdienst. Der private Kurierdienst *DHL* verlangt z.B. für ein bis zu 250 g schweres Päckchen nach Deutschland 1200 Baht bzw. 120 RM. Er lohnt sich also nur bei ebenso wichtigen wie leichtgewichtigen Dingen.

Porto von Thailand nach Europa

Postkarten (Luftpost)	12 Baht (klein), 15 Baht (groß)
Aerogramme	15 Baht
Briefe bis 10 g (Luftpost)	24 Baht
EMS bis 250 g (Minimum)	210 Baht
Fax (A4-Seite) erste Seite	110 Baht; jede weitere Seite 80 Baht
Internationale **Telegramme** pro Wort	10–14 Baht (mindestens 10 Worte)

Porto von Malaysia nach Europa

Postkarten – (Luftpost)	50 sen
Aerogramme	50 sen
Briefe (Luftpost) pro 10 g	90 sen
plus jede weiteren 10 g	50 sen

Päckchen, Pakete, Fracht

Thailand ist ein Einkaufsparadies, und so dauert es nicht lange, bis Rucksäcke und Koffer aus allen Nähten platzen und beim Heimflug die Freigepäckgrenze überschritten ist. Kauft man größere Gegenstände ein, übernimmt das Geschäft häufig den Versand nach Europa. Was aber tun mit all den Souvenirs und anderen Kleinigkeiten, die man gern mit nach Hause nehmen möchte, für die im Gepäck aber kein Platz ist?

Viele große Postämter, vor allem in Bangkok, bieten einen Packservice an. Entsprechend der zu versendenden Gegenstände erhält man am Schalter für 5–35 Baht einen Karton, in den hilfsbereite Postbeamte gegen eine geringe Gebühr alles fachmännisch verpacken. Nur die Zollerklärung muß man selbst ausfüllen.

Am schnellsten – und teuersten – sind **Päckchen** und **Pakete** per Luftpost. Pakete auf den Land-/Seeweg kommen aus Bangkok am schnellsten an, während sie aus der Provinz bis zu 16 Wochen brauchen.

Paketgebühren nach Deutschland in Baht

	Land-/Seeweg	Luftpost	EMS
Dauer	8–12 Wo.	1–2 Wo.	3–5 Tg.
1 kg	850	1100	1250
5 kg	1330	810	2850
10 kg	1930	2170	4850
20 kg	3130	4050	8850

Bei schwereren Gegenständen benötigt man eine teure **Spedition**, falls sich nicht schon der Händler darum kümmert (in diesem Fall immer auf einer exakten Quittung bestehen). Die Speditionskosten schlüsseln sich nach Seefracht (bis zum jeweiligen Hafen) und Landfracht (Hafen – Heimatort) auf, wobei letzteres ein Vielfaches der Seefracht betragen kann.

Eine Kiste mit **Übergewicht** kann auch bei der **Luftfracht** als *unaccompanied luggage* aufgegeben werden. In diesem Fall schickt die Fluggesellschaft, bei der das Ticket gebucht ist, sie mit der nächsten, unausgebuchten Maschine nach. *Pattaya Cargo*, 179/86 Naklua Road, Pattaya, verlangt beispielsweise dafür eine Grundgebühr von 1500 Baht plus 90 Baht pro Kilo. Die Fracht muß mindestens 4 Tage vor dem Abflug aufgegeben werden.

Post empfangen

Falls man keine feste, zuverlässige Adresse in Thailand oder Malaysia hat, kann man die Post **postlagernd** an ein Postamt schicken lassen.

Ein Brief müsste folgendermassen adressiert sein:
Name (hervorgehoben!), Vorname
(ohne Herr/Frau/Mr./Mrs.)
General Post Office (G.P.O.)
Poste restante
Stadt
Thailand bzw. Malaysia

Unter Vorlage des Passes werden an den **Poste-Restante-Schaltern** die Briefe ausgegeben, wofür manchmal eine geringe Gebühr zu zahlen ist. Wichtig ist, daß die Postbeamten auch unter dem Vornamen nachsehen. Das Gleiche gilt für Doppelnamen. Viele Postämter heben Briefe drei Monate auf und schicken sie erst danach an den Absender zurück. Telegramme werden schon nach vier Wochen wieder zurückgesandt. Zudem sind sie in einigen Postämtern an anderen Schaltern abzuholen (Bangkok).

Wer Post erwartet, aber schon weiterreisen will, kann kostenlos einen **Nachsendeantrag** stellen. Das klappt allerdings nur mäßig – die Post bleibt entweder liegen oder reist im Acht-Wochen-Abstand von Stadt zu Stadt hinterher. Grundsätzlich kann man auch die Post an die jeweilige **Botschaft** schicken lassen, was die Beamten jedoch nicht sonderlich mögen, denn sie sind mit anderer Arbeit gut ausgelastet. Der Brief muß in diesem Fall hinter dem Namen mit dem Zusatz: c/o Embassy of...... versehen sein.

Wer eine **American Express** Karte hat oder zumindest AE-Schecks besitzt, kann das Büro in Bangkok oder Penang als Anlaufadresse nehmen. In diesem Fall lautet der Zusatz: c/o American Express.

Thailand und Malaysia haben fünfstellige **Postleitzahlen-Systeme** eingeführt, die sich immer mehr durchsetzen.

Kommunikation

Thailand

Lokale Telefongespräche

Obwohl das Telefonnetz in Thailand gut ausgebaut ist, kann es manchmal zu Überlastungen kommen, was etwas Geduld erfordert. Von öffentlichen Fernsprechern aus kostet ein Ortsgespräch je Einheit, die 1–5 Minuten lang sein kann, 1 Baht, von privaten Apparaten aus kann man unbegrenzt für 3 Baht telefonieren. Von den roten Telefonen sind nur Ortsgespräche möglich, während von den blauen, die 1 und 5 Baht-Münzen akzeptieren, auch nationale Gespräche geführt werden können. Grüne Kartentelefone für Inlandsgespräche finden immer weitere Verbreitung.

Innerhalb Thailands kostet 1 Minute je nach Entfernung zwischen 5 und 20 Baht. Ortsgespräche von Hotelhallen aus kosten meist 5 Baht.

Internationale Gespräche

Von Fernsprechämtern *(Telecommunication Centers)*, privaten *oversea telephones*, Hotels und internationalen Kartentelefonen aus kann man internationale Ferngespräche führen. Der **internationale Selbstwähldienst** ISD/001 wird im 6-Sekunden-Takt abgerechnet, beim Kartentelefon in 25-Baht-Einheiten. In die meisten europäischen Länder kostet eine Minute tagsüber 46 Baht.

Nachts von 21–24 und 5–7 Uhr und sonntags gewähren die Postämter einen Abschlag

Passionsfrüchte

Durian

Bananen

Pomelos

Jackfruit

Kokosnüsse

Rambutan

Mangosteen

Schlangenfrüchte

Rosenäpfel

Wassermelone, Papaya, Ananas und Guave

Reis – das Grundnahrungsmittel

Gegrillte Enten

Zum Trocknen ausgelegte Fische

Gemüseverkäuferin

Chilis

Bambusschößlinge

Zitronengras

Kürbisse

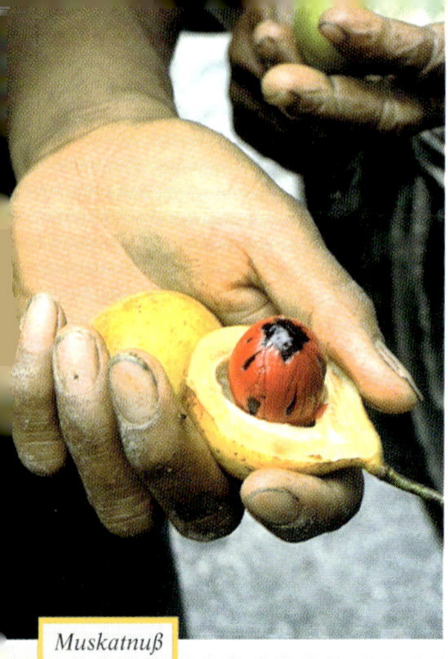
Muskatnuß

Ingwerpflanze

Bambus

Gewürze

Teepflückerinnen

Kaffeestrauch

von 20% (37 Baht), von 24–5 Uhr sogar 30% (32 Baht). Verbürgt ist die höchst ungewöhnliche Praxis der *Telecom*, bei privaten Telefonanschlüssen bereits nach dem zweiten Rufzeichen eine Einheit zu berechnen, selbst wenn nicht abgehoben wird. Dadurch werden den unwissenden Gästehausbesitzern, die ihren Apparat für Auslandsgespräche zur Verfügung stellen, viele hundert Baht aufgebrummt.

Eine Seite nach Mitteleuropa zu **faxen**, kostet bei der *Telecom* etwa 110 Baht, bei privaten Anbietern ab 80 Baht, aber auch das Doppelte. Weitere Informationen bei der Client Service Division, ✆ 02-2350030. Ein Fax übers Internet nach Deutschland zu schicken, kostet nur einen Bruchteil davon; für den Service nehmen Internet-Cafés ca. 50 Baht.

Die privaten **Oversea Telephones** in vielen Touristenorten verlangen zusätzlich zu den Gesprächskosten eine *service charge* von 50 Baht und mehr (vorher bestätigen lassen). Ab und an wird zudem falsch abgerechnet oder großzügig auf die nächste volle Minute aufgerundet.

Wer von seinem Hotelzimmer aus telefonieren möchte, muß diesen Luxus teuer bezahlen, denn die Hotels berechnen pro Minute 100 Baht und mehr, wobei sie häufig eine Mindestgesprächsdauer zugrunde legen, die auch dann bezahlt werden muß, wenn kürzer telefoniert wird.

Wer unbedingt mit einer bestimmten Person sprechen will, kann beim Fernsprechamt ein **person to person-Gespräch** führen, das für 3 Minuten 216 Baht kostet. Wer ein **R-Gespräch** (*Collect call* = der Gesprächspartner zuhause bezahlt) nach Deutschland führen will, wählt ✆ 001999-49-1000 und erreicht so einen Operator in Frankfurt, der das Gespräch vermittelt. Für diesen Service kassiert die Deutsche Telekom eine Zusatzgebühr von 11 DM.

Wer für einige Tage oder gar Wochen ein **Handy** benötigt, kann auf dem Flughafen von Bangkok eines mieten, bei *Cellular Phone Rent* z.B. für 1820 Baht für die erste Woche (30 000 Baht Pfand, Abrechnung über Kreditkarte, ankommende Gespräche kostenlos).

Mit **Karte und Geheimzahl** kann man bargeldlos von Telefonen mit Tonwahl aus telefonieren – mit Handsender (bei der Telekom 10 DM) auch von anderen Telefonen aus. Dabei umgeht man die erhöhten Telefongebühren der Hotels, benötigt kein Kleingeld und erhält zu Hause eine detaillierte Abrechnung aller Telefonate über die Kreditkarten- oder Telefonrechnung in der eigenen Währung.

Ein Gespräch von Thailand mit der T-Card der Deutschen Telekom kostet z.B. 3 DM plus 3,12 DM für jede angefangene Minute. Ist die Karte zudem mit einem Chip versehen (dafür sind 10 DM zu zahlen), kann man damit auch in Deutschland für 0,18 DM pro Einheit von Telefonzellen aus Gespräche führen. Weitere Informationen in allen Telefonläden oder unter ✆ 0130-2050, über Zugangsnummern u.ä. informiert ✆ 0130-0223.

Auch Kreditkartengesellschaften bieten diesen Service an, u.a. VisaPhone in Zusammenarbeit mit Sprint, ✆ 069-665390, Gebühren: 1 US$ pro Gespräch plus 2,50 US$ pro Minute.

Vorwahlen in Thailand

Vorwahl einiger Städte	
Ayutthaya	035
Bangkok	02
Chantaburi	039
Chiang Mai	053
Chumphon	077
Hat Yai	074
Hua Hin	032
Kanchanaburi	034
Krabi	075
Phetchaburi	032
Phuket	076
Ranong	077
Ratchaburi	032
Rayong	038
Songkhla	074
Surat Thani	077
Trang	075

Internationale Vorwahl

Deutschland	00149
Österreich	00143
Schweiz	00141
Niederlande	00131
Malaysia	09
Indonesien	00162

Wichtige Telefonnummern in Thailand

Vor allem in Bangkok gültig:

Notruf (Polizei)	191
Notruf (Feuerwehr)	199
Touristenpolizei (landeseinheitlich)	1699
Vermittelte Ferngespräche innerhalb Thailands	101
Vermittelte Ferngespräche (Ausland)	100
Informationen national	183
Informationen international	100
Internationaler Selbstwähldienst	001
Zeitansage	181

Internet

Da in Thailand lokale Telefongespräche (noch!) keinem Zeittakt unterliegen, hat sich die Nutzung von E-Mail und Internet trotz hoher Anschlußgebühren rasant entwickelt. Superschnelle Verbindungen ermöglichen Studenten, Forschern und Geschäftsleuten, bisher nur schwer zugängliche Informationen aus der ganzen Welt in Sekundenschnelle abzufragen.

Mit einer gewissen Euphorie blicken modern denkende Thais der Globalisierung und ihren wirtschaftlichen Chancen entgegen. In den nächsten Jahren wird fast jedes Touristenhotel eine Homepage einrichten. **Internet-Cafés** und Gästehäuser, in denen auch Touristen E-Mail abfragen und versenden können, gibt es zumindest in Bangkok, Pattaya, Hua Hin, Phuket, Krabi, Ko Samui, Ko Pha Ngan, Penang und Kota Bharu (Preise ab 200 Baht bzw. 10 RM pro Std.). Sehr schnell werden weitere aufmachen.

Malaysia

Gespräche von **öffentlichen Fernsprechern**, die vielfach Kartentelefone sind, kosten im Nahbereich 10 sen pro Minute. Überregionale Gespräche bis 150 km – pro Einheit 20 Sek., bis 550 km pro Einheit 7 1/2 Sek. und darüber pro Einheit 4 Sekunden. Ferngespräche sind zwischen 18 und 7 Uhr um die Hälfte billiger.

Von Malaysia kann man über die meisten Anschlüsse direkt nach Deutschland, Österreich oder in die Schweiz durchwählen. Der internationale Selbstwähldienst *(ISD-calls)* ist wesentlich billiger und wird im Block zu 6 Sekunden abgerechnet. Zwischen 12 Uhr mittags und 24 Uhr kostet ein Gespräch nach Westeuropa 6 RM pro Minute, von Mitternacht bis 12 Uhr 4 RM. Der gleiche verbilligte Tarif gilt von Samstag 18 Uhr bis Montag 6 Uhr.

Kartentelefone kommen in Malaysia selbst in ländlichen Regionen immer mehr in Mode. **Telefonkarten** im Wert von 2–50 RM sind am Zeitungskiosk, in kleinen Geschäften, bei einigen Money Changern sowie bei der Post erhältlich. Mehrere Telefongesellschaften konkurrieren miteinander. Obwohl ihre Tarife identisch sind, werden Telefonkarten nur von der entsprechenden Gesellschaft akzeptiert. Am weitesten verbreitet sind die blauen Telefone der Telekom, die mit der Phonecard, auch *kadfon* genannt betrieben werden, während die gelben und orangenen Telefone von Uniphone eine *uniphonekad* benötigen.

Von vielen blauen und den orangenen Apparaten aus kann man internationale Gespräche führen. Wer nach Europa telefonieren möchte, sollte eine Karte im Wert von mindestens 20 RM bereithalten. Inzwischen gibt es auch zahlreiche Kartentelefone, die Kreditkarten annehmen, dafür jedoch erhöhte Gebühren berechnen.

Vorwahl einiger Städte

Alor Setar, Kangar	04
Kota Bharu	09
Kuala Lumpur	03

Langkawi, Penang	04
Singapore	02

Internationale Vorwahl

Deutschland	00749
Österreich	00743
Schweiz	00741
Niederlande	00731
Thailand	00766

Wichtige Telefonnummern in Malaysia

Polizei	999
Notruf (Feuerwehr, Krankenwagen)	994
Vermittelte Ferngespräche innerhalb Malaysias	101
Vermittlung international	108
Informationen überregional	102
Informationen regional	103
Aufgeben von Telegrammen	104

Zeitverschiebung

Die Zeitverschiebung zur Mitteleuropäischen Zeit (MEZ) beträgt in Thailand 6 Std., zur Sommerzeit 5 Std. (in Malaysia eine Stunde mehr).

MEZ	Sommerzeit	Thailand	Malaysia
17	18	23	00 Uhr
20	21	02	03 Uhr
23	24	05	06 Uhr
02	03	08	11 Uhr
05	06	11	12 Uhr
08	09	14	15 Uhr
11	12	17	18 Uhr
14	15	20	21 Uhr

Medizinische Versorgung

Das Gesundheitswesen in **Thailand** ist gut entwickelt. Generell findet man in den Provinzhauptstädten Krankenhäuser, in vielen kleineren Orten und Dörfern Erste-Hilfe-Stationen oder Gesundheitszentren, an denen natürlich nicht in drei 8-Stunden-Schichten gearbeitet wird. Meist sind in Gesundheitszentren auch keine ausgebildeten Ärzte tätig. Selbst in Provinzstädten sind die Krankenhäuser sauber, gut ausgestattet und die Mitarbeiter hilfsbereit.

Liegen schwierige Probleme vor oder steht eine Operation an, ist es besser, nach Bangkok zu fahren. Hier gibt es gut eingerichtete **Krankenhäuser** und englisch- oder deutschsprechende, privat praktizierende Ärzte. Empfehlenswert sind die privaten Krankenhäuser, in denen der Patient die recht niedrigen Kosten selbst tragen muß.

Die Krankenbehandlung an staatlichen Krankenhäusern ist, bis auf eine geringe Aufnahmegebühr, frei. Die Medikamente müssen selbst bezahlt werden. In Touristenzentren sind viele private *clinics* mehr am Geld als an der Gesundheit interessiert. Es empfiehlt sich, bei ernsten Krankheiten ortsansässige Ausländer oder die Botschaft zu Rate zu ziehen.

In Thailand haben deutsche und Schweizer **Zahntechniker** Labors nach europäischem Qualitätsstandard aufgemacht. German-Dental, 162/197 Moo 10, Thapaya Rd., Pattaya, ✆ 00-66-38-251289, 📠 00-66-38-251232, genießt z.B. einen guten Ruf und ist sehr preiswert. Kostenvoranschläge und Termine können per Fax erfragt werden.

Adressen der Krankenhäuser stehen bei den jeweiligen Orten. (Weitere Informationen zum Thema Gesundheit s.S. 19ff).

Die Qualifikation der Ärzte und die Ausstattung der Krankenhäuser ist in **Malaysia** gut und entspricht europäischem Standard. Bei schwerwiegenden Krankheiten sollte man allerdings ein Großstadtkrankenhaus aufsuchen. Die Behandlung ist in Malaysia, sofern sie in einem staatlichen Krankenhaus vorgenommen wird, bis auf eine Aufnahmegebühr von 2 RM kostenlos.

Privat praktizierende Ärzte sind keinesfalls besser qualifiziert als ihre Kollegen im Krankenhaus, gewährleisten jedoch eine schnellere und angenehmere Behandlung. Eine Konsultation kostet 20–30 RM einschließlich der Medikamente. In den großen Städten gibt es auch einen Notdienst, der nachts und am Wochenende geöffnet hat. Nähere Informationen sind im Hotel erhältlich.

In vielen Städten gibt es auch chinesische Ärzte und Ärztinnen, die traditionelle chinesische Heilmethoden praktizieren. Nur wenige von ihnen sprechen Englisch, deshalb sollte man jemanden mitnehmen, der übersetzen kann.

Kriminalität

Thailand und Malaysia können insgesamt als sichere Länder angesehen werden. Es wurden nur sehr wenige Überfälle auf Touristen bekannt, diese Fälle behandelte die Presse zumindest in Thailand dann immer sehr ausführlich.

Tricks und Betrügereien

Nur noch ganz selten passiert es, daß Touristen im Zug oder Bus durch freundlich angebotene **Kekse** eingeschläfert und ausgeraubt werden.

Häufiger hört man über Betrügereien mit Kreditkarten, die während Ausflügen in Gästehäusern zurückgelassen werden. Auch ist Thailand dafür bekannt, daß in Restaurants und Geschäften zusätzliche **Belege für Kreditkarten** erstellt werden (s.S. 30).

Besonders oft werden in Bangkok (vor allem in der Nähe des Königspalastes) Touristen mit angeblich einmalig günstigen Angeboten von **Edelsteinen** zum „Geschäft ihres Lebens" verführt, was nach wie vor, trotz überall publizierter Warnungen, funktioniert (s.S. 176). Seltsamerweise werden 80 bis 90% aller Fälle von Deutschen angezeigt!

Auch mit folgender Methode zocken Trickbetrüger erfolgreich ab: Ein freundlicher, junger Mann spricht Touristen auf der Straße an, erkundigt sich nach deren Herkunft und vermeldet erfreut, daß seine Schwester (...) in Deutschland lebt. Bei einem Drink in einem Café kommt man sich näher, wobei der junge Mann geschickt die finanziellen Verhältnisse des Touristen auskundschaftet und ihn zu einem Spielchen überredet, das der Fremde zunächst natürlich gewinnt. Anschließend wird in einem Privathaus mit höheren Einsätzen **Black Jack** gespielt, und plötzlich ist es aus mit der Glückssträhne, und es besteht keine Möglichkeit, auszusteigen.

Einbruch und Diebstahl

Vor allem in Schlafsälen und billigen Gästehäusern kommt es hin und wieder zu Diebstählen, zumeist durch Mitreisende. Manchmal wird das Gepäck auch von unehrlichen Mitarbeitern durchwühlt oder Geld aus dem Safe gestohlen.

Außerhalb der Hotels besteht eine gewisse Gefahr in überfüllten Bussen sowie auf Schiffen, die regelmäßig von Touristen genutzt werden, an Stränden und in den Traveller-Zentren. Auch aus Ablagekörben von Mofas wurde während der Fahrt von überholenden Mofafahrern das Handgepäck mit allen Wertsachen entwendet.

Gepäck sollte immer beaufsichtigt werden, was in der Praxis für Alleinreisende schlichtweg unmöglich ist. Die **Gepäckaufbewahrung** an Bahnhöfen ist eine sichere und billige Möglichkeit. Auch das Reisebüro, bei dem man sein Ticket kauft, verwahrt das große Gepäck bis zur Abfahrt. Ein leichtes Fahrradschloß reduziert das Risiko gegen Null.

Gegenüber Reisebekanntschaften ist eine natürliche Skepsis angebracht, besonders im Fall der *I want to practise my English*-Freunde. Manche nette Typen sind plötzlich samt der „gut" bewachten Sachen verschwunden.

Wertsachen gehören auf Reisen ausschließlich ins Handgepäck. Rucksäcke und Reisetaschen sollten mit kleinen Vorhängeschlössern verschlossen sein. Nette Nachbarn im Bus oder Zug verringern das Diebstahl-Risiko.

Nach der Ankunft im Hotel können Wertgegenstände im **Hotelsafe** verschlossen oder gegen Quittung deponiert werden (Schecks einzeln mit Nummern auflisten und quittieren lassen und niemals Kreditkarten abgeben!). Bei der Rücknahme sollten alle Reiseschecks einzeln gezählt und kontrolliert werden.

Manchmal sind Türschlösser oder vorhandene Vorhangschlösser schon mit den einfachsten Werkzeugen oder Zweitschlüsseln zu öffnen. Dann ist ein eigenes, starkes **Vorhängeschloß** als zusätzliche Sicherung von Nutzen. In Schlafsälen sollte der Rucksack mit einem leichten Fahrradschloß gesichert werden, sofern keine abschließbaren Schränke vorhanden sind.

Nächtliche, einsame Spaziergänge mit einer sichtbar umgehängten, teuren Kamera sind nirgends zu empfehlen. Sie gehört zumindest in eine Plastiktüte. Sicherer ist es zu zweit oder in kleinen Gruppen. Auch der Einfluß von Drogen (dazu gehört auch Alkohol!) bedeutet ein erhöhtes Risiko.

Es ist nicht ratsam, wertvollen **Schmuck** zu tragen oder mit großen Geldbeträgen zu prahlen. Schon US$500 sind für viele Menschen, denen man in Thailand begegnet, mehr als ein Jahreseinkommen.

In Handtaschen oder Portemonnaies gehört nur Kleingeld. Scheine sind besser in innen eingenähten, tiefen, vorderen Hosentaschen oder in doppelt gesicherten Brusttaschen aufgehoben. Besonders gefährdet sind dicke Bauch- oder Nierentaschen.

Die Schecks wurden gestohlen: Die Abrechnung über die Reiseschecks und die Schecks selbst sollten ohnehin stets getrennt aufbewahrt werden. Nur wer die Abrechnung bei Verlust oder Diebstahl vorzeigen kann, bekommt die Schecks ersetzt.

Außerdem hilft eine Aufstellung aller bisher bereits eingelösten Schecks, denn diese werden natürlich nicht ersetzt. Soforthilfe gibt es bei AMEXCO (American Express, s.S. 29) – aber auch nicht überall, da in manchen Orten zu viele Schecks auf dem Schwarzmarkt verkauft werden. Reiseschecks von Thomas Cook werden, wenn überhaupt, häufig nur im Heimatland ersetzt.

Der Paß ist weg: Von allen wichtigen Papieren sollten schon vor der Reise Fotokopien gemacht werden, nach der Einreise auch von der Paßseite mit dem Einreisestempel.

Den Reisepaß muß man in Thailand nicht überallhin mitnehmen, so genügt bei Treks oder nassen Bootsfahrten durchaus eine gute Fotokopie. Zudem kann man den Personalausweis mitnehmen und ihn an einer anderen Stelle aufbewahren. Es ist damit viel leichter, im Notfall in der Botschaft die Identität zu belegen (Adressen s.S.75). In jedem Fall kostet der Verlust dieser Papiere viel Zeit und Rennerei (Polizei – Botschaft – Immigration). Da man Travellers Cheques nur mit Paß einlösen kann, ist es ratsam, immer etwas Bargeld dabeizuhaben.

Wenn etwas passiert ist, muß auf jeden Fall die Polizei verständigt werden. Eine Reisegepäckversicherung zahlt nur, wenn ein Polizeiprotokoll vorliegt. In allen Touristenzentren gibt es eine englischsprechende Touristenpolizei, meist in der Nähe der *Tourist Information*, die im Notfall hilft.

Die landeseinheitliche Nummer der Touristenpolizei lautet 1699.

Drogen

Unter Abhängigen von harten Drogen herrscht in aller Welt eine hohe Beschaffungskriminalität, und Drogen sind in vielen Regionen Thailands ohne größere Probleme zu beschaffen. Zudem ist die Polizei darauf aus, Erfolge in der Drogenszene nachzuweisen. Dabei werden nicht selten Taxifahrer angeheuert, um ahnungslosen Touristen Drogen anzubieten. Bei der Übergabe schnappt die Falle zu.

Die ausgelassene Urlaubsstimmung bewirkt vielfach ein geradezu naives Verhältnis zu Drogen, was nicht selten mit einem bösen Erwachen in Polizeihaft endet. Nach Full Moon Parties auf Ko Phangan war schon manch einer gezwungen, durch finanzielle Zuwendungen für die Erstellung des Polizeiberichts und eine hohe Kaution seine Freilassung aus einem der nicht gerade gastlichen thailändischen Gefängnisse zu erwirken. Dann will auch noch der Rechtsanwalt bezahlt werden, und so sind im günstigen Fall einige

Tausend Mark fällig, bevor man vom *Immigration Detention Center* in Bangkok abgeschoben wird. Weniger Zahlungskräftige dürfen ihre Strafe absitzen.

Wer sich informieren oder abschrecken lassen möchte, kann im *Klong Prem Central Prison* in Bangkok donnerstags von 9–15 Uhr Europäer besuchen, die wegen Drogenschmuggel im Gefängnis sitzen.

Reisende nach Malaysia werden ab und zu gefragt, ob sie ein Geschenk für einen Verwandten oder Freund, der dort lebt, mitnehmen können. Wenn sich an der Grenze herausstellt, daß in dem „Geschenk" Drogen versteckt sind, hat der Kurier wider Willen große Probleme, der Anklage zu entgehen, und auf Drogenbesitz steht in Malaysia die Todesstrafe!

Thailand – Malaysia besser verstehen

Natürlich kann man sich während einer Reise durch den Süden Thailands oder den Norden Malaysias damit begnügen, am Strand zu liegen, Landschaften und Bauwerke zu bestaunen, und die Menschen, die hier leben, nur am Rande als Kellner, Dienstmädchen, Schalterbeamte oder Hotelpersonal wahrzunehmen. Wer immer noch glaubt, dies sei nur das typische Verhalten des Pauschaltouristen, der irrt. Gerade die Traveller-Szene neigt dazu, sich in abgeschlossenen Refugien aufzuhalten, in denen die Annehmlichkeiten Asiens und die gewohnten Zutaten westlicher Kultur zu künstlichen Urlaubs-Welten zusammengeschmolzen sind. Sie ähneln sich alle, diese Szenarien, ob sie nun auf Ko Pha Ngan, in Krabi oder Batu Ferringhi liegen. Und die Massen strömen von einem dieser Punkte zum nächsten auf mehr oder weniger ausgetretenen Pfaden, ohne einen Blick nach rechts oder links zu werfen. Wer sich lange und häufig an solchen Orten aufgehalten hat, fragt sich vielleicht eines schönen Morgens, ob der Banana Pancake hier wirklich besser schmeckt als 1000 Kilometer weiter westlich, ob das Meer hier wirklich blauer und die Hütten billiger sind – und das könnte der Beginn einer unvergeßlichen Asienreise werden.

Nein, nichts gegen den legitimen Wunsch, endlich mal unter Palmen in der Sonne zu liegen und das Leben zu genießen. Aber die bleibenden Eindrücke, die, die unser Leben bereichert und unseren Horizont erweitert haben, sind in der Rückschau oft ganz andere gewesen. Das Erlebnis der Natur, die Erfahrung extremer Lebensumstände, die Konfrontation mit fremder Sprache und unbekannten Religionen spielen darin häufig eine wichtige Rolle. Meistens aber sind es Begegnungen, Situationen mit anderen Menschen, mit neuen, ungewohnten, unbekannten, vielleicht auch extremen Verhaltensweisen, an die wir uns am besten erinnern und von denen wir am liebsten erzählen.

Die Bereitschaft, fremde Länder und ihre Kulturen kennenzulernen, haben wir deutschsprachigen Menschen nicht gerade mit der Muttermilch eingesogen. Beobachten und zuhören, weniger Ratschläge erteilen, andere Spielregeln akzeptieren, sichere Wertvorstellungen in Frage stellen, sich Zeit nehmen und neue Eindrücke verarbeiten – all das kann eine Reise zu einem besonderen Erlebnis machen. Und obendrein macht es Spaß! Der Reiz am Reisen liegt doch gerade darin, daß anderswo alles ganz anders ist als bei uns. Und wenn dieses Andere nicht so ist, wie wir es erwartet oder erwünscht haben, sondern eben „anders" – welch eine wunderbare Chance für unseren auf bekannte Daten und alte Gewohnheiten fixierten Denkapparat!

Ein paar allgemeine Hintergrundinformationen

Der **Familienverband** bietet jedem Sicherheit und Geborgenheit und ist die Grundlage der Gesellschaft. Die jüngeren Mitglieder werden angehalten, die ältere Generation zu verehren und zu unterstützen. Wer gegen ihre traditionellen Regeln verstößt, schließt sich aus der Gemeinschaft aus und verliert damit jede soziale Absicherung. Der Bau von Bewässerungssystemen, Straßen und Tempeln ist, wie die Wahrnehmung anderer übergeordneter Interessen, Aufgabe der ganzen Dorfgemeinschaft. Das zumeist auch räumlich enge Familienzusammenleben läßt – völlig im Gegensatz zur westlichen Gesellschaft – keinen Platz für **individuelle Bedürfnisse**, Absonderung und Ruhe.

Körperkontakt ist normal und selbstverständlich, und selbst fremden Besuchern gegenüber scheut man davor nicht zurück. Es ist ein Zeichen enger Freundschaft, wenn Männer oder Frauen Hand in Hand durch die Straßen bummeln. **Körperkontakte zwischen Männern und Frauen** sind dagegen in der Öffentlichkeit tabu. Strenge Verhaltensmuster regeln das Verhältnis der Geschlechter untereinander, und es gilt auch bei Touristen als äußerst unschicklich, Hand in Hand zu gehen, sich in der Öffentlichkeit zu umarmen oder gar zu küssen.

Kinder werden einerseits besonders liebevoll umsorgt, andererseits zu Pflicht und Gehorsam den Eltern gegenüber angehalten. Sie sind bei unzureichender Renten- und Krankenversorgung die einzige Absicherung und Stütze im Alter. Ebenso wie die Eltern genießen auch Lehrer, religiöse und politische Oberhäupter, oft auch Vorgesetzte in Betrieben, unumstößliche Autorität. Kinder aus ärmlichen und zumeist kinderreichen Familien sind oft schon in jungen Jahren gezwungen, die Schule zu verlassen und für ihre Familie zu sorgen. Gerade auch wegen dieser billigen Arbeitskräfte sind Waren und Dienstleistungen in Thailand und in den Ländern der Dritten Welt so preisgünstig sind.

Wo viele Menschen auf engem Raum aufeinander angewiesen sind, ist das Streben nach **Harmonie** eine mehr oder weniger zentrale Grundlage des Gesellschaftssystems. Konflikte werden, soweit es geht, vermieden. Wer Auseinandersetzungen in der Öffentlichkeit austrägt, gilt als rüde und verliert Gesicht. Das gilt auch für Touristen, die allzu leicht ihren Ärger zeigen oder ihre Gastgeber kritisieren. Direkte Ablehnung zu vermeiden ist eine Höflichkeitsgeste, die Europäer oft falsch deuten. Wer Thai um etwas bittet, wird zum Beispiel selten eine Absage bekommen, selbst wenn es nicht möglich ist, der Bitte zu entsprechen. Statt „nein" sagt man aus **Höflichkeit** lieber „vielleicht" und zeigt durch zögerndes Verhalten seine Ablehnung. Auch die Frage nach dem Weg wird eher falsch als gar nicht beantwortet, was zu einer Odyssee oder völliger Ratlosigkeit führen kann. Ein Lächeln hilft, manche problematische oder unsichere Situation zu überstehen, ebenso wie die häufig verwandte Formel *mai pen rai* – was soviel heißt wie „das macht nichts!".

Ein anderes Phänomen, das Reisenden vor allem in ländlichen Regionen deutlich wird, ist, daß die Menschen mit einem völlig anderen **Zeitbegriff** arbeiten. Planung und Vorausdenken sind nicht so wichtig, wie in der Gegenwart zu leben. Es spielt keine Rolle, ob ein Bus in fünf Minuten oder später abfährt. Geduld ist eine der wichtigsten Tugenden. Was sich hier und jetzt abspielt, ist von größerer Bedeutung – selbst wenn es nur das Warten am Busbahnhof ist – als ein imaginäres Ziel in der Zukunft. Die Zukunft ist genauso wenig real wie die Vergangenheit, also schenkt man beiden wenig Aufmerksamkeit.

Um so unverständlicher erscheint es uns lärmgeplagten Europäern, daß für den Thai auch noch so großer **Lärm** nicht als unangenehm empfunden wird. Schon um 5 Uhr morgens dröhnen die Dorflautsprecher und senden bis 7 Uhr Nachrichten und Musik. Bei Festen und Feierlichkeiten wird das gesamte Dorf bis tief in die Nacht beschallt, ohne daß sich ein Thai darüber beschwert. Im Gegenteil: Ruhe und Dunkelheit gelten als unheimlich und werden vermieden.

Gäste in einem fremden Land

Schon seit Jahrhunderten sind Weiße in Thailand und Malaysia bekannt. In der Königsstadt Ayutthaya lebten Europäer, Chinesen und Japaner im 17. und 18. Jahrhundert in eigenen Stadtvierteln. Europäische Missionare, Händler, Politiker und Ingenieure dienten den Königen Thailands als Berater und Geschäftspartner. Die Könige Rama IV. und V.

waren westlichen Einflüssen gegenüber aufgeschlossen. Da Thailand niemals unter Kolonialherrschaft geriet, lernten die Thai Europäer nur als Gäste in ihrem Land kennen. Es ist daher nicht erstaunlich, daß auch Touristen weitgehend als **Gäste** des Landes betrachtet werden.

Vor allem außerhalb der Touristenzentren tritt man ihnen offen und mit besonderer Höflichkeit entgegen, wenn sie ihre Verhaltensweise den lokalen Sitten anpassen. Wer den Menschen gegenüber überheblich und intolerant auftritt, wird jedoch nicht selten auf Ablehnung stoßen.

Die **Religion** spielt im täglichen Leben der Menschen eine bedeutende Rolle – so der Buddhismus bei den Thais und Chinesen und der Islam bei den Malaien im Süden von Thailand und in Malaysia. Daneben sind bei den Bergstämmen Naturreligionen weit verbreitet, und selbst bei den Anhängern der „Hochreligionen" ist der Glaube an Geister, Hexen und Magie immer noch lebendig. Näheres s.S. 72ff.

In den **Städten** haben sich die Traditionen vermischt und sind von westlichen Einflüssen überlagert worden, während sie auf dem Lande noch weitgehend ihre Eigenheiten bewahren konnten. In den Großstädten prallen die Kontraste zwischen westlicher und östlicher Kultur, aber auch zwischen Armut und Reichtum aufeinander. Leicht läßt man sich von den modernen Fassaden der Einkaufsstraßen täuschen, hinter denen sich eine andere Realität verbirgt.

Wie verhält sich ein Gast, der beispielsweise in eine Familie eingeladen wird? Wie wir im umgekehrten Fall, erwarten die Menschen von ihren Gästen, daß sie sich den einheimischen **Sitten** entsprechend verhalten. Natürlich kann ein Tourist nicht alle sozialen Verhaltensweisen und religiösen Sitten der Einheimischen praktizieren, und das wird auch nicht erwartet. Aber schon das Bemühen und

Viele junge Thais gehen für einige Zeit als Mönche ins Kloster

das Interesse, das traditionelle Leben der Menschen zu verstehen, wird freundlich aufgenommen und honoriert.

Eine Hilfestellung zum richtigen Verhalten kann der Band *Land und Leute, Thailand,* von Polyglott sein.

Sitten und Gebräuche in Thailand

Der Kopf gilt als heilig und sollte nie, auch nicht in europäisch-freundschaftlicher Geste, berührt werden. Der Fuß ist der unedelste Körperteil und darf deshalb nie einem anderen Menschen oder gar einer Buddhastatue entgegengestreckt werden, was bei der asiatischen Sitzweise manchem Europäer Schwierigkeiten bereitet. Die linke Hand gilt als unrein; deshalb benutzt man die rechte Hand, um zu essen, etwas zu geben oder in Empfang zu nehmen. Große Achtung und so manches strahlende Lächeln erwirbt sich ein Ausländer, der beim Geben oder Überreichen die typische „Gebe-Geste" der Thai anwendet: Während die rechte Hand den Gegenstand übergibt, berührt die linke Hand leicht den rechten Unterarm, um anzudeuten, daß man mit ganzem Herzen gibt.

Thais **begrüßen** sich normalerweise nicht per Handschlag, sondern mit einer Geste, bei der die (eigenen) Handinnenflächen gegeneinandergelegt werden: dem *wai*. Doch ist ein *wai* nicht nur eine Begrüßung, sondern auch ein Zeichen des Respekts, das zuerst dem höhergestellten Menschen dargeboten wird, der es zurückgibt. Ausländer können sich durchaus mit einem Kopfnicken aus der Affaire ziehen oder zumindest darauf achten, daß sie kein falsches *wai* benutzen. Es existieren bestimmte Regeln, wie ein *wai* anzuwenden ist: Zu Mönchen: gefaltete Hände vor der Stirn. – Zu Älteren: Hände vor der Nase. – Zu eindeutig niedriger gestellte Personen (Kinder, Hausangestellte, Kellner usw.): Hände vor der Brust. – Zu Höhergestellten: Hände vor dem Mund.

Wenn Thais jemanden **heranwinken**, wird das von Europäern oft gegenteilig verstanden, denn das Winken mit der abgewinkelten Handfläche ähnelt unserer „Hau ab"-Geste.

Wenn ein Thai im Haus oder Tempel zwischen stehenden oder hockenden Menschen hindurchgehen muß, beugt er leicht den Oberkörper nach vorn und hält den rechten Arm schräg nach unten gestreckt, als ob er die Verbindung zwischen den anderen durchschneiden wolle. Wendet ein Ausländer diese respektvolle Geste an, so erntet er viele freundliche Blicke.

Man beurteilt Fremde weitgehend nach der **Kleidung** – sehr lässige Kleidung oder gar Badekleidung wird außerhalb der Strände nicht geschätzt. Das gilt vor allem für den Besuch von religiösen Stätten. Vor dem Betreten eines Hauses zieht man die Schuhe aus ebenso wie in buddhistischen Tempeln. Besonders während religiöser Zeremonien sollte man sich zurückhaltend verhalten und um Erlaubnis fragen, ehe man fotografiert. Es gilt als unhöflich, vor betenden Gläubigen herumzulaufen, sich über ihre Köpfe zu erheben oder die religiösen Statuen und Anlagen zu erklimmen.

Sitten und Gebräuche in Malaysia

Malaysia ist ein Vielvölkerstaat, in dem Malaien, Chinesen, Inder und andere Völker mit völlig unterschiedlichen Traditionen um ein Zusammenleben bemüht sind. Toleranz ist erforderlich, wenn Moslems, Hindus, Buddhisten und Christen Tür an Tür miteinander leben. Entsprechend der Vielzahl der Völkerschaften, Kultureinflüsse, Religionen und geographischen Gegebenheiten hat sich auch auf dem Gebiet der Sitten und Gebräuche eine unübersehbare Fülle entwickelt. In den meisten Gesellschaften spielt die Religion im täglichen Leben eine bedeutende Rolle. Vereinzelt sind Naturreligionen noch verbreitet, aber selbst bei den Anhängern der „Hochreligionen" ist der Glaube an Geister, Hexen und Magie lebendig und spielt im Alltag eine bedeutende Rolle.

Alle Lebensbereiche der malaiischen Bevölkerung werden vom **Islam** geprägt. Die strengen islamischen Regeln erfordern es, daß Frauen sich in der Öffentlichkeit verhüllen, so daß nur Gesicht, Hände und Füße zu sehen sind. Ausschließlich der Genuß von Lebensmitteln, die unter muslimischen Riten zubereitet wurden, also *halal* sind, ist erlaubt. Der Verzehr von Alkohol und Schweinefleisch ist verboten, wie auch das Spielen um Geld. In einem malaiischen Restaurant nach einem Bier oder einem *satay babi* zu fragen, wird nur ungläubiges Erstaunen hervorrufen. Ebenso ist die Berührung mit dem Speichel oder den Exkrementen von Hunden tabu, daher gibt es in muslimischen Dörfern keine Hunde.

Es ist äußerst unhöflich, vor den betenden Gläubigen in der Moschee herumzulaufen oder sich über ihre Köpfe zu erheben. Der Kopf gilt als heilig und sollte nie, auch nicht in europäisch-freundschaftlicher Geste, berührt werden. Der Fuß ist der unedelste Körperteil und darf deshalb nie einem anderen Menschen entgegengestreckt werden, was beim Sitzen auf dem Boden manchem Europäer Schwierigkeiten bereitet. Die linke Hand gilt als unrein; man benutzt immer die rechte Hand, um zu essen bzw. um etwas zu geben oder in Empfang zu nehmen.

Familienzusammenhänge bestimmen auch das Leben der **Chinesen**. Noch heute wird nicht selten der Ehepartner von den Familienmitgliedern ausgewählt und die Erziehung der Kinder von den Großeltern festgelegt. Die Ansichten und Entscheidungen der älteren Menschen genießen höchsten Respekt und werden in der Regel akzeptiert. Der chinesische Buddhismus ist sehr mit der Verehrung der Ahnen verwoben. Man betritt einen Tempel durch die rechte Tür und verläßt ihn durch die linke. Wer in eine chinesische Familie eingeladen wird, sollte sich möglichst nicht in blau, schwarz oder weiß kleiden, denn diese Farben sind an besondere Anlässe gebunden. Geschenke sind beim ersten Besuch nicht üblich.

Als Geschenk für gute Freunde sind Lebensmittel – möglichst eine Gabe pro Paar – am besten geeignet. Das gemeinsame Essen spielt eine große Rolle und wird ausgiebig genossen. Einen „Anstandsrest" auf dem Teller zu lassen, gilt traditionell erzogenen Chinesen als Verschwendung. Die materielle Not, die die Chinesen einst zum Verlassen ihres Heimatlandesgezwungen hat, zeigt noch ihre Auswirkungen. Angestrebt wird finanzieller Wohlstand für die Familie.

Die **Inder** gehören keiner einheitlichen Religionsgemeinschaft an. Einige sind Moslems, andere Hindus oder Mitglieder verschiedener Sekten. Entsprechend unterschiedlich ist ihre Lebensweise. Während Moslems kein Schweinefleisch essen, ist Rindfleisch für Hindus tabu. Einige Inder sind auch Vegetarier. In einem indisches Restaurant wäscht man sich vor dem Essen die Hände und benutzt nur die rechte Hand – ob es nun ein Besteck gibt oder nicht. In den Städten, den Schmelztiegeln der Völker und Kulturen, haben sich die Traditionen vermischt und sind von westlichen Einflüssen überlagert worden, während sie auf dem Lande noch weitgehend ihre Eigenheiten bewahren konnten.

In den Großstädten prallen die Kontraste zwischen westlicher und östlicher Kultur, aber auch zwischen Armut und Reichtum, am krassesten aufeinander. Betteln ist vielfach verpönt und sollte vor allem bei Kindern nicht gefördert werden. Andererseits ist es die einzige Einkommensquelle vieler kranker oder älterer Menschen – besonders in den Großstädten.

Vom Umgang mit Geld

In Touristenläden und an Souvenirständen gehört zum Einkaufen auch das **Handeln**. Wer größere Mengen kauft, kann am ehesten mit Preisnachlässen rechnen. Vor allem in Bangkok und Phuket werden häufig höhere Touristenpreise verlangt. Nicht gehandelt wird in Kaufhäusern (hier ist evtl. ein *discount* möglich), Hotels, Restaurants und in öffentlichen Verkehrsmitteln mit festen Preisen. Unsinnig ist es etwa, den Preis eines Essens vorher herunterzuhandeln – es kann dadurch viel schlechter werden.

Wer Obst gar zu billig einkauft, findet schnell ein paar weniger gute oder unreife Stücke in seinem Einkauf. Jeder Tourist gilt als reich. Wie sonst könnte er sich diese weite Reise leisten? Dennoch sieht man es nicht gern, wenn die westlichen Besucher allzu freigebig ihr Geld verteilen, denn nur gezielte, langfristige Hilfen, und nicht einige Münzen in einer ausgestreckten Hand, können die Lebenssituation der Menschen verändern.

Betteln sollte nicht gefördert werden. Eine Ausnahme sind körperbehinderte Bettler und alte Menschen. Wenn an den Tempeltoren um eine Spende gebeten wird oder in buddhistischen Ländern morgens die Mönche durch die Straßen ziehen, um die Gaben der Gläubigen entgegenzunehmen, sollte man das nicht mit Betteln gleichsetzen. Denn es ist für die Gläubigen eine besondere Gunst, sich durch die freiwillige Gabe einen Verdienst erwerben zu können, wofür sie sich bei den Mönchen bedanken.

Menschen fotografieren

Daß man die Kamera wie eine Waffe handhaben kann und sie auch wie eine solche empfunden werden kann, wissen wir nicht erst seitdem der Tourismus die Dritte Welt entdeckt hat.

Gerade das Fotografieren von Menschen erfordert Respekt und Sensibilität. Oft genügt es schon, sich vorzustellen, wie das ist, eine Kamera auf sich gerichtet zu fühlen, noch dazu bei so privaten Tätigkeiten wie essen, schlafen, beten oder Feste feiern. Sich wegen eines guten Schnappschusses dazwischenzudrängen, ist mehr als grob und unhöflich. Die elementarsten Regeln der Gastfreundschaft sollten auch hier eingehalten werden, sich diskret im Hintergrund zu halten, ist nur eine davon.

Mit Geld oder Geschenken Bilder zu erkaufen, ist eine entwürdigende Instrumentalisierung und wird auch so empfunden. Wenn man schon meint, unbedingt ganz nah herangehen zu müssen, so ist es das mindeste, sein Gegenüber um Erlaubnis zu fragen. Und auch hier bewahrheitet sich die asiatische Regel, daß ein Lächeln und ein paar freundliche Worte die Situation enorm entspannen und viele Hindernisse aus dem Weg räumen.

Botschaften

Botschaften in Thailand

(Thailändische Botschaften in Europa s.S. 12)
Deutschland, 9 Sathon Tai Rd.,
✆ 2132331-6, ✆ 2871776,
Mo–Fr 8.30–12 Uhr.
Schweiz, 35 North Wireless Rd.,
✆ 2530156-60,
Mo–Fr 9–12 Uhr.
Österreich, 14 Soi Nandha, Sathon Tai Rd,
✆ 2873970-2, ✆ 2873925,
Mo–Fr 8–12 Uhr.
Niederlande, 106 Wireless Rd., ✆ 2547701-5,
Mo–Fr 9–12 Uhr.

Botschaften in Malaysia

Deutschland: 3 Jl. U Thant, Kuala Lumpur,
✆ 2429666,
geöffnet Mo–Fr 7.30–12 und 13 -16.15 Uhr.
Österreich: MUI Plaza, Kuala Lumpur,
✆ 2484277,
geöffnet Mo–Fr 8–16 Uhr.
Schweiz: 16 Persiaran Madge, Kuala Lumpur,
✆ 2480622,
geöffnet Mo 8–13 Uhr.

Deutsche Welle

Mit einem Weltempfänger ist DW-radio über Kurzwelle auf verschiedenen Frequenzen zu empfangen. Mit hoher Wahrscheinlichkeit wird für das Zielgebiet Südostasien auch in Zukunft die Frequenz 17845 kHz von 13–23 Uhr Thai-Zeit (14–24 Uhr Malaysia-Zeit) eingesetzt.

Zudem strahlt die Deutsche Welle seit 1996 ihr 24stündiges Fernsehprogramm DW-tv in Deutsch (12 Std.), Englisch (10 Std.) und Spanisch (2 Std.) sowie verschiedene Hörfunkprogramme über den Satelliten AsiaSat 2 aus. Nach Beendigung der Testphase werden Hotels und Kabelnetzbetreiber Teile der DW-Programme übernehmen und in den hoteleigenen Netzen ausstrahlen, sofern für ihre Kunden die Mischung aus Lustigen Musikanten, Bundesliga und aktuellen Informationen aus Wirtschaft und Politik von Interesse ist. Da beim Kurzwellenrundfunk der Frequenzeinsatz den physikalischen Ausbreitungsbedingungen angepaßt werden muß, ist es ratsam, sich vor Reiseantritt bei der Deutschen Welle über den Einsatz der Frequenzen zu informieren.

Aktuelle Frequenzauskünfte erteilt rund um die Uhr die Technische Beratung: ✆ 0221-3893208, 📠 389322, E-Mail online @dwelle.

Weitere Infos über die aktuellen Programme und ihre Macher bei DW-online im Internet unter http://www.dwelle.de.

Öffnungszeiten

Geschäfte in **Thailand** sind normalerweise tgl. von 8 Uhr bis gegen 21 Uhr geöffnet, Kaufhäuser erst ab 10 Uhr. Manche Läden öffnen sonntags etwas später. Auf den meisten Märkten herrscht kurz nach Sonnenaufgang Hochbetrieb, denn dann ist das Obst und Gemüse noch taufrisch. Gegen 10 Uhr befinden sich die meisten Marktfrauen bereits auf dem Heimweg.

Geschäfte in **Malaysia** öffnen tgl. von 9.30–19 Uhr, Supermärkte von 10–22 Uhr. Viele Läden verkaufen auch am Sonntag bzw. Freitag.

Ämter und Behörden öffnen in **Thailand** Mo–Fr von 8.30–12 Uhr und 13–16.30 Uhr. Die Mittagspause kann allerdings variieren. Deshalb empfiehlt es sich, möglichst nicht zwischen 11.30 Uhr und 13 Uhr hinzugehen. Auch kurz vor Büroschluß ist möglicherweise niemand mehr ansprechbar.

In **Malaysia** sind sie Mo–Do 8–12.45 und 14–16.15 Uhr geöffnet, Fr 8 Uhr–12.15 und 14.45–16.15 Uhr (die Mittagspause wird wegen der Gebetszeiten verlängert) und Sa 8–12.45 Uhr. Es kann passieren, daß bereits eine halbe Stunde vor Büroschluß die zuständigen Leute nicht mehr zu erreichen sind, deshalb muß man rechtzeitig losgehen.

Banken sind in **Thailand** Mo–Fr (außer feiertags) von 8.30–15.30 Uhr geöffnet. In Bangkok und den wichtigsten Touristenorten gibt es einen *currency exchange service* täglich von 8.30 bis ca. 22 Uhr.

In **Malaysia** sind sie Mo–Fr von 10–15 Uhr und Sa 9.30–11.30 Uhr geöffnet. In Kelantan, Kedah und Perlis sind die Banken am Donnerstag nur 9.30–11.30 Uhr geöffnet, am Freitag geschlossen und am Sonntag geöffnet, da in den drei Sultanaten Freitag der offizielle Feiertag ist.

Steuern und Trinkgelder

In Hotels der mittleren und gehobenen Preisklasse in **Thailand** wird auf den Zimmerpreis 10% Government Tax aufgeschlagen. Manchmal verlangen auch Gästehäuser und billige Hotels völlig unberechtigt von Ahnungslosen diesen Steuerzuschlag.

1997 wurde aufgrund der Wirtschaftskrise in Thailand die Mehrwertsteuer auf alle Waren und Dienstleistungen von 7 auf 10% erhöht. Sie gilt jedoch nicht für Hotelpreise und wird auch nicht von Taxifahrern auf den ausgehandelten Fahrpreis aufgeschlagen.

In Hotels und großen Restaurants in **Malaysia** ist es üblich, daß 10% *service charge* und 5% Steuer auf die Rechnung aufgeschlagen werden.

Normalerweise wird in Thailand und Malaysia kein **Trinkgeld** erwartet. In Hotels und besseren Restaurants addiert man auf den Rechnungsbetrag ein Trinkgeld von 10%. Ansonsten gibt man ein Trinkgeld, dessen Höhe vom Rechnungsbetrag und dem Standard des Restaurants abhängen sollte. In einfachen Restaurants braucht man nichts zu geben oder läßt einige Münzen vom Wechselgeld liegen, während in besseren Häusern mindestens 10 Baht gegeben werden sollten.

Taxifahrer und Hotelpersonal sollten für besondere Dienstleistungen entlohnt werden, z.B. mit 10 Baht oder 1 RM pro getragenem Gepäckstück.

Süd-Thailand und seine Bewohner

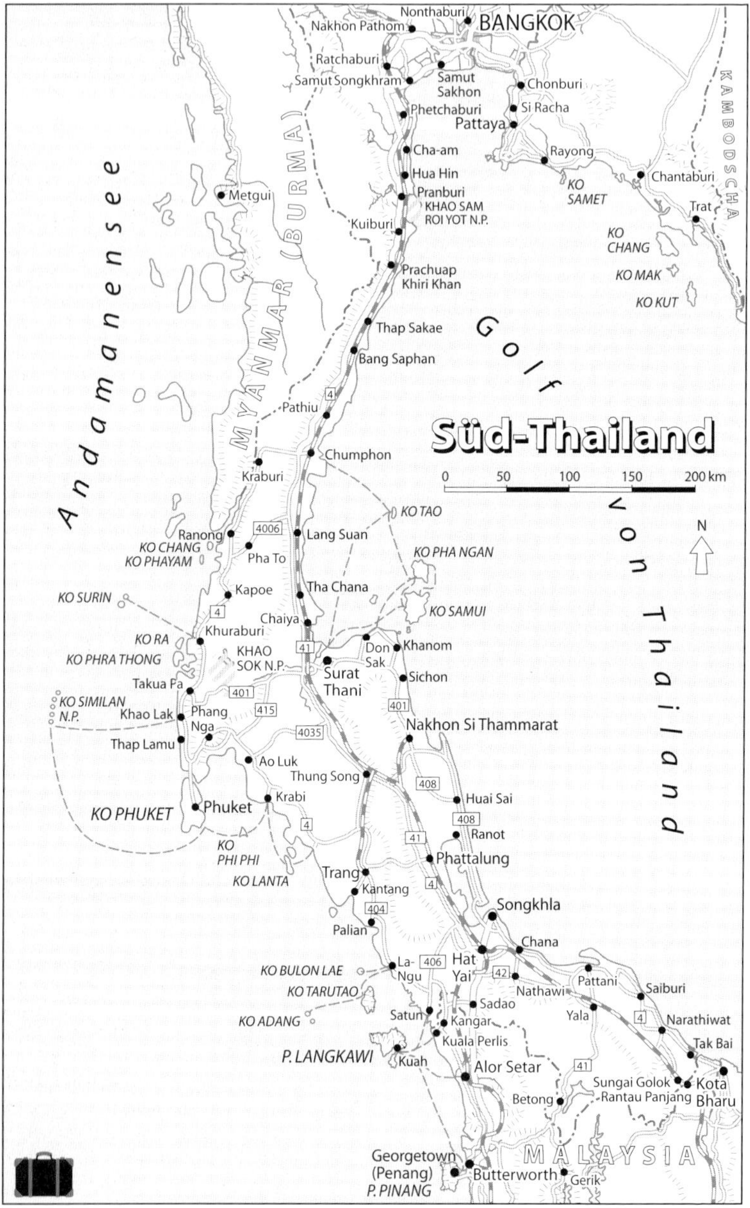
Süd-Thailand
0 50 100 150 200 km
N
Andamanensee
Golf von Thailand
MYANMAR (BURMA)
KAMBODSCHA
MALAYSIA
BANGKOK
Nonthaburi
Nakhon Pathom
Ratchaburi
Samut Songkhram
Samut Sakhon
Chonburi
Si Racha
Pattaya
Phetchaburi
Rayong
KO SAMET
Chantaburi
Trat
KO CHANG
KO MAK
KO KUT
Cha-am
Hua Hin
Pranburi
KHAO SAM ROI YOT N.P.
Kuiburi
Prachuap Khiri Khan
Metgui
Thap Sakae
Bang Saphan
Pathiu
Chumphon
Kraburi
KO TAO
Ranong
KO CHANG
KO PHAYAM
Pha To
Lang Suan
KO PHA NGAN
Kapoe
Tha Chana
KO SURIN
KO SAMUI
Chaiya
Khuraburi
KO RA
KO PHRA THONG
KHAO SOK N.P.
Don Sak
Khanom
Surat Thani
Sichon
Takua Pa
KO SIMILAN N.P.
Khao Lak
Phang Nga
Thap Lamu
Nakhon Si Thammarat
Ao Luk
Thung Song
Krabi
Huai Sai
KO PHUKET
Phuket
Ranot
KO PHI PHI
KO LANTA
Phattalung
Trang
Kantang
Songkhla
Palian
Chana
KO BULON LAE
La-Ngu
Hat Yai
Pattani
Saiburi
KO TARUTAO
Nathawi
Sadao
Yala
KO ADANG
Satun
Kangar
Narathiwat
Kuala Perlis
Tak Bai
P. LANGKAWI
Kuah
Alor Setar
Sungai Golok
Kota Bharu
Rantau Panjang
Betong
Georgetown (Penang)
Butterworth
Gerik
P. PINANG
4
4006
4
41
401
415
4035
401
408
408
41
4
404
406
42
4
41

Land und Geographie

Beim Anflug auf Bangkok blickt man auf ein endloses Mosaik aus Reisfeldern, das je nach Jahreszeit in hellem Grün, sattem Gelb oder lehmigem Braun leuchtet. Die Ebene durchzieht ein schimmerndes Netz von Kanälen und Flüssen, an deren Ufern, wie Perlen an einer Schnur, die Dörfer liegen. Bei einer Reise in den Norden oder Süden zeigt sich das Land von einer ganz anderen Seite.

Thailand, mit 514 000 km^2 um 43% größer als Deutschland, liegt südlich des nördlichen Wendekreises, zwischen 6° und 20° nördlicher Breite und 97° und 106° östlicher Länge. Vom Norden bis in den südlichen „Rüssel" des sogenannten „Elefantenkopfes" beträgt die Entfernung über 1600 km, was der Entfernung Kopenhagen – Rom entspricht, von Westen nach Osten sind es 800 km, fast so weit wie von Paris nach Berlin. Hingegen ist das Land an seiner schmalsten Stelle nur 15 km breit. Das gesamte Flußnetz von Thailand ist 3 Millionen Kilometer lang. Davon sind etwa 10 000 km schiffbar. Durch die Wasserkraft der Flüsse wird außerdem mehr als ein Drittel des Energiebedarfs gedeckt.

Thailands Regionen – Provinzen (Changwats), Bevölkerung, Fläche

Zentralregion: Bangkok Metropolis, Ang Thong, Ayutthaya, Chachoengsao, Chai Nat, Chantaburi, Chonburi, Kanchanaburi, Lopburi, Nakhon Nayok, Nakhon Pathom, Nonthaburi, Pathum Thani, Phetchaburi, Prachinburi, Prachuap Khiri Khan, Ratchaburi, Rayong, Sa Kaeo, Samut Prakan, Samut Sakhon, Samut Songkhram, Saraburi, Singburi, Suphanburi, Trat, Uthai Thani.

Nordregion: Chiang Mai, Chiang Rai, Kamphaeng Phet, Lampang, Lamphun, Mae Hong Son, Nakhon Sawan, Nan, Phayao, Phichit, Phitsanulok, Phetchabun, Phrae, Sukhothai, Tak, Uttaradit.

Nordostregion: Amnat Charoen, Buri Ram, Chaiyaphum, Kalasin, Khon Kaen, Loei, Maha Sarakham, Nakhon Phanom, Nakhon Ratchasima (Korat), Nong Bua Lamphu, Nong Khai, Roi-Et, Sakon Nakhon, Si Saket, Surin, Ubon Ratchathani, Udon Thani, Yasothon.

Südregion: Chumphon, Surat Thani, Phuket, Phang Nga, Ranong, Krabi, Nakhon Si Thammarat, Phattalung, Trang, Satun, Songkhla, Pattani, Yala, Narathiwat.

Die Zentralregion

Die weite, ebene Landschaft ist vom Menam Chao Phraya, dem größten Fluß des Landes, seinen Nebenflüssen und dem weiten Delta geprägt. Der *Menam* (= Mutter des Wassers / Fluß) *Chao Phraya* (= hoher Adelstitel) windet sich durch ein **Tiefland**, das weniger als 80 m über dem Meeresspiegel liegt. Große Mengen Sand, Kies und andere verwitterte Materialien wurden von den Wassermassen im Laufe der Jahrmillionen in der Ebene Schicht für Schicht abgelagert. Jahr für Jahr werden weitere Mengen an Sedimentgestein und fruchtbaren Mineralstoffen aus den Bergen des Nordens in Richtung Meer transportiert. Früher wurden mit dem Einsetzen der Regenzeit weite Landstriche überflutet, denn die Wassermassen des Menam betrugen das Hundertfache der Menge, die während des Tiefstandes in der Trockenzeit vorhanden war. Mehrere große Dämme haben den Fluß im Oberlauf weitgehend gebändigt. Doch immer noch stehen monatelang weite Gebiete des Kernlandes unter Wasser. Ständig muß eine Fahrrinne für die Binnenschiffahrt ausgebaggert werden, und die Flußmündung verlagert sich jährlich mehrere Meter weiter ins Meer hinaus. Diese fruchtbare alluviale Ebene, die intensiv für den Reisanbau genutzt wird, geht in ihren Randbereichen in eine hügelige Landschaft über, die zum Teil aus älteren Gesteinsablagerungen besteht.

Die Südregion

Das Land am Meer. Thailand besitzt eine über 2600 km lange **Küste**, überwiegend am Golf von Thailand und zu einem geringeren Teil am Indischen Ozean (Andamanensee). In der frühen Erdneuzeit (Tertiär) hatte sich hier Sandstein abgelagert, den später basaltische Laven, die aus dem Erdinneren nach oben drangen, überlagerten.

Die West- und Ostküste des südlichen Landesteils auf der Malaiischen Halbinsel trennen staffelförmig versetzte **Bergketten** (Tenasserim-, Phuket-, Nakhon- und Kalakiri-Kette). Während an der Westküste die schroffen Karstfelsen steil ins Meer abfallen und Inselgruppen aus bizarren Kalkformationen (Bucht von Phang Nga) bilden, läuft das Gebirge im Osten in eine weite Küstenebene aus.

Region	**Fläche** in km²	**Bevölkerung** in Millionen (1997)	**Bevölkerungsdichte** in Einw./ km²
Metropole Bangkok	1 565	8,0	5112
Zentralregion (ohne Bangkok)	102 334	13,0	127
Nordregion	169 644	12,0	71
Nordostregion	168 854	19,5	115
Südregion	70 715	7,5	106
Gesamt-Thailand	513 115*	60,0	117
zum Vergleich: Deutschland	356 978	81,5	228

**Differenz durch Abrundung*

Natur

Elefanten und Teakwälder, die beiden typischsten Vertreter der thailändischen Fauna und Flora, werden die meisten Besucher des Landes kaum noch in ihrer natürlichen Form sehen können. Das Bild des Landes prägen statt dessen die kultivierten Reisfelder und domestizierte Wasserbüffel.

Flora

Die natürliche Flora von Thailand ist zum einen von den jeweiligen Bodenverhältnissen abhängig, zum anderen spielt die geographische Lage und damit das Klima eine große Rolle. Während im Süden immergrüne Wälder das Land bedecken, muß sich die Pflanzenwelt weiter im Norden an eine deutlich zunehmende Trockenperiode und stärkere Temperaturschwankungen anpassen.

Immergrüne Regenwälder

Immergrüne Regenwälder findet man in Thailand nur im Süden (etwa ab Chumphon) vor, wobei **Primärwälder** nur noch etwa 3% der Landesfläche bedecken. In über 70 m Höhe erstreckt sich das dichte Blätterdach ihrer höchsten Bäume, das die anderen Pflanzen vor direktem Sonnenlicht, Temperaturschwankungen und Änderungen der Luftfeuchtigkeit schützt. Andererseits müssen sich die niedrigeren Bäume, in der Konkurrenz um das Licht, dem Himmel entgegenstrecken. Im Dämmerlicht zwischen den breiten Brettwurzeln und herabhängenden Lianen wachsen verschiedene Büsche und Sträucher, die eine hohe Luftfeuchtigkeit benötigen, aber mit wenig Licht auskommen. Das Laub und andere organische Stoffe werden am Boden von Kleinstlebewesen zersetzt und in Humus umgewandelt. Er bildet auf dem zumeist unfruchtbaren, tropischen Lehmboden eine dünne Auflage und ist die überwiegende Nährstoffquelle der Pflanzen. In Bodennähe wird das Grün der Wälder nur selten von farbigen Blumen unterbrochen. Viele Orchideenarten sind Epiphyten und leben, wie Schmarotzerpflanzen, auf anderen Pflanzen in den oberen Stockwerken des Waldes. An einer Lichtung, wo die Sonne bis auf den Boden vordringen kann, ändert sich die Vegetation. Lianen, Sträucher und andere Pflanzen wachsen im Überfluß und bilden ein undurchdringliches Dickicht.

Sobald dieser Wald abgeholzt wird, fehlt es an organischen Stoffen für den natürlichen Kreislauf von Pflanzenwachstum und Humusproduktion. Zudem ist der lockere Humusboden durch das Wurzelwerk der Pflanzen nicht mehr geschützt und rasch ausgewaschen. Wird das Land nicht bebaut, entwickelt sich nach langer Zeit ein **Sekundärwald**, der weitaus weniger Artenfülle aufweist und aus niedrigen Bäumen, Büschen und Lianen besteht.

Mangrovenwälder

An den flachen Küsten im tropischen Süden bilden Mangrovenwälder manchmal einen kilometerlangen, nur schwer durchdringlichen, schmalen Saum.

Die unterschiedlichen Baumarten dieser bis zu 20 m hohen Wälder finden durch ein Stelzwurzelsystem Halt im Schlick und Schlamm des durch die Gezeiten stark strömenden Gewässers. Häufig bilden sich vor den Mangroven Sandbänke im Meer, wodurch die Sümpfe verlanden. Vor allem dort, wo die Mangroven abgeholzt wurden, wachsen in den ausgedehnten, sumpfigen **Deltagebieten** der großen Flüsse Nipapalmen (*Nypa fruticans*), deren große Palmwedel zum Dachdecken und für Matten verwendet werden und aus deren Früchten eine Art Bier für den Eigenbedarf gebraut wird.

Immer noch werden große Mengen Mangroven zu Holzkohle verarbeitet und nach Bangkok, Singapore und in die arabischen Länder verkauft. In einem halben Jahrhundert ist bereits die Hälfte aller Mangrovenwälder verschwunden. Das Gleichgewicht wird dadurch nachhaltig gestört, und der **Ufersaum** ist schutzlos der Meeresbrandung ausgesetzt, so daß das Land vom Meer überspült wird. Zudem belastet die zunehmende Zersiedlung und die Anlage von Shrimp-Farmen das Ökosystem der Küste (s.S. 87).

Monsunwälder

Ausgeprägte Trockenzeiten bestimmen den Pflanzenwuchs in den meisten Landesteilen. Wie in unserem Winter werfen die Bäume in der regenarmen Zeit ihre Blätter ab. Bereits im Dezember und Januar leuchten die Blätter in herbstlichen Farben. Bis zum Einsetzen der Regenzeit im Mai sind sie unbelaubt mit Ausnahme einiger Bäume, die gerade jetzt in kräftigen Farben blühen.

Da während dieser heißesten Jahreszeit kein schattenspendendes Blätterdach die untere Bodenregion der Wälder vor direkter Sonneneinstrahlung schützt, können dort nur Pflanzen überleben, die sich diesem jahreszeitlichen **Klimawechsel** angepaßt haben. Mit dem Einsetzen der Regenzeit entwickelt sich dann wieder eine üppige Belaubung. Im Gegensatz zu vielen Bäumen werfen die niedrigen Büsche und Pflanzen ihre Blätter nicht ab, da diese durch eine verdunstungshindernde Schicht vor zu starkem Austrocknen geschützt sind.

Die Artenvielfalt dieser Monsunwälder ist wesentlich geringer und der Bestand ist lichter als im immergrünen Regenwald. In trockenen Monsunwäldern überwiegen die *Dipterocarpaceen*, lichte Bäume mit immergrünen, ledrigen Blättern, deren Blüten und Harz einen aromatischen Duft verbreiten.

Wasserhyazinthen

Viele Flüsse und Klongs sind mit großen Inseln dickblättriger, tiefgrüner Wasserpflanzen bedeckt, die den Schiffsverkehr behindern. Erst 1901 wurden die Wasserhyazinthen aus Java nach Thailand eingeführt, wo sie sich rasant vermehrten.

Nach vergeblichen Versuchen, die Ausbreitung der zählebigen Pflanze zu verhindern, hat man ihre Vorteile erkannt. Die Wasserhyazinthe kann nicht nur – wie eine natürliche Kläranlage – das Wasser sauberhalten, sondern aufgrund ihres hohen Proteingehalts auch als Futter, Dünger und auf andere Art wirtschaftlich genutzt werden.

Der Gummibaum (Hevea brasiliensis)

Er war ursprünglich am Amazonas beheimatet und hatte den Kautschukbaronen der brasilianischen Urwaldstadt Manaus einen beispiellosen Boom beschert. Um das Monopol zu schützen, war die Ausfuhr der wildwachsenden Pflanze bei Todesstrafe verboten. Dennoch kamen 70 000 Samen 1876 auf dunklem Wege nach London, wo sie im Kew Garden Früchte trugen, die den Grundstein von Malaysias Kautschukindustrie bildeten. Henry Nicholas Ridley, Leiter der Forstverwaltung des Straits Settlements und des Botanischen Gartens in Singapore, führte viele Experimente durch, entwickelte eine neue Zapfmethode und propagierte den Plantagenanbau des Gummibaums unter den britischen Pflanzern. Bereits 1896 entstanden die ersten **Gummiplantagen**, und schon bald hatte der billigere Malaya-Kautschuk den brasilianischen vom Weltmarkt verdrängt.

Vor allem Dunlops Erfindung des pneumatischen Fahrradreifens und die Einführung der Fließbandproduktion bei Automobilen durch Henry Ford ließen den Bedarf an Naturkautschuk in die Höhe schnellen, so daß in Gebieten mit entsprechenden Klima- und Bodenverhältnissen immer mehr Plantagen entstanden.

Ein Gummibaum muß fünf bis sechs Jahre alt sein, um zum erstenmal angezapft werden zu können. Dabei wird mit einem besonderen Messer ein spiralförmig nach unten laufender Schnitt in die Baumrinde geritzt. In einer Schale wird der milchige **Kautschuksaft** aufgefangen und später vom Zapfer in einen Sammelbehälter gegossen. Unter Zusatz von Chemikalien wird der frischgezapfte Latex zu dünnen Fladen verarbeitet, anschließend mit einer Handmangel ausgewalzt, getrocknet und in größeren Betrieben verarbeitet.

Fauna

Im Übergangsbereich zwischen China und der malaiischen Halbinsel verfügt Thailand über eine besonders artenreiche Fauna. Dennoch sind sechzehn Tierarten von der Ausrottung bedroht und acht weitere bereits oder nahezu ausgestorben. Obwohl seit 1961 zum Schutz der Tiere immer mehr Naturparks eingerichtet werden, sind vor allem die **Großsäugetiere** der tropischen Wälder stark gefährdet – so das Sumatra-Nashorn (das nur noch im Umphang Distrikt in der Provinz Tak lebt), Tapir, Leopard und Tiger. Raubtiere oder anderes Großwild bekommt man in den seltensten Fällen tatsächlich zu Gesicht. Die schonungslose Jagd auf das Nashorn, dessen Horn nach chinesischer Tradition ein Aphrodisiakum sein soll, war ein wichtiger Grund für das Verschwinden der Tierart. Neben der Jagd und dem illegalen Tierfang wurde zudem durch das Abholzen der Wälder der Lebensraum der Tiere eingeengt. Auch die Meeresfauna ist durch die gnadenlose Überfischung massiv gefährdet.

Elefanten

Sogar der von den Thais seit Jahrhunderten verehrte und wegen seiner Kraft geschätzte Elefant ist gefährdet. Man nimmt an, daß wilde Elefanten, sofern man sie nicht stärker schützt, in 30–40 Jahren ebenfalls ausgerottet sein werden. In ganz Thailand leben laut WWF etwa 1000 wilde Elefanten, überwiegend im Tenasserim-Gebirge entlang der burmesischen Grenze. Zudem wurden etwa 3000 gezähmte Elefanten für den Abtransport der Bäume aus dem Dschungel, gehalten (1955 waren es noch über 13 000). Mit dem 1989 ausgesprochenen Verbot, für kommerzielle Zwecke Bäume zu fällen, wurden viele Elefanten in Thailand arbeitslos. Einige arbeiten jetzt in Burma und Laos, unterhalten Touristen oder ziehen bettelnd durch Bangkok.

Doch die Tage der Dickhäuter sind gezählt, da auch Bambus und andere einheimische Pflanzen, von denen sie sich ernähren, mehr und mehr von Eukalyptusplantagen verdrängt werden.

Wer einen Eindruck von der **Arbeitsleistung** dieser Tiere im Dschungel erhalten möchte, kann ein Trainingscamp für junge Elefanten besuchen. Mit den Stoßzähnen hebt ein ausgewachsenes, kräftiges Tier von 16–40 Jahren bis zu 400 kg und zieht bis zu 1 1/2 Tonnen. Die Stoßzähne des asiatischen Elefanten sind zwar kleiner als die des afrikanischen, dennoch werden ein Paar der bis zu 80 cm langen und 24 cm starken Zähne für 20 000 Baht und mehr verkauft. Seit dem weltweiten Verbot des Elfenbeinhandels ist der Markt weitgehend zusammengebrochen. Ein ausgewachsener Arbeitselefant, der ein 6jähriges Training hinter sich hat, wird mit 200 000 Baht gehandelt.

Andere Säugetiere

Kleinere Tiere, die noch relativ häufig auftreten, sind die Wildrinder Banteng und Kating. Die Monsunwälder sind der Lebensraum der Hirsche, des **Sambar** (*Cervus unicolor*), ein dunkelbraunes, verhältnismäßig großes Tier, und des **Schweinshirsches**.

Oft sind auch Affen zu hören und zu sehen, vor allem **Gibbons** und **Makaken**. Von einer rotbraunen Makakenart mit kurzem Schwanz, die überwiegend auf dem Dschungelboden lebt, werden junge, männliche Tiere gefangen, gezähmt und in den Dörfern bei der Kokosnuß-Ernte (z.B. auf Ko Samui) eingesetzt. Wie Experten klettern sie die hohen Palmen hinauf und drehen mit ihren Füßen die reifen Früchte so lange, bis diese herunterfallen. Gut trainierte Tiere können bis zu 700 Kokosnüsse pro Arbeitstag ernten.

Im immergrünen Regenwald sind relativ häufig sogenannte Gleiter zu sehen. Das größte unter ihnen, das **Riesenflughörnchen**, erreicht voll ausgestreckt eine Länge von beinahe einem Meter, wobei der Rumpf etwa 50 cm lang ist.

Daneben gibt es **Flattermakis** (*flying lemur*), die zur Familie der Halbaffen gehören und etwa die Größe einer Hauskatze erreichen.In vielen dunklen Höhlen leben Schwärme von bis zu mehreren Millionen **Fledermäusen**, die abends fast gleichzeitig aufbrechen, um auf Insektenfang zu gehen oder sich an reifen Früchten gütlich zu tun.

Die 1,5 g schwere Hummel-Fledermaus (*Craseonycteris thonglongyai*), die erst 1973 entdeckt wurde, gilt als das kleinste Säugetier der Welt.

Amphibien und Reptilien

Thailands Gewässer sind nicht nur die Heimat zahlloser **Fische** und **Frösche**, sondern auch die von **Schildkröten** und **Krokodilen**. Das größte Reptil, das bis zu 10 m lange Leistenkrokodil, ist jedoch ebenso wie das weniger seltene, kleine Siamesische Krokodil zumeist nur in Krokodilfarmen zu sehen.

Unter den über 100 Schlangenarten Thailands gibt es sechzehn giftige, aber nur sechs, deren Biß tödlich sein kann – die **Königskobra** (*Naja hannah*), **Kobra** (*Naja naja*), **Russel's Viper** (*Vipera russelli*), die **Gestreifte Krait** (*Bungarus fasciatus*), die **Malaiische Viper** (*Ancistrodon rhodostoma*) und die **Grüne Pit Viper** (*Trimeresurus popeorum*) sowie einige Arten von **Seeschlangen**. Während die Kobra beim Biß ein Nervengift überträgt, wirkt das Gift der Vipern auf Blut und Blutgefäße.

Auch die längste Schlange Asiens, die **Netz-Python**, kommt in Thailand vor. Pythons können bis zu 10 m lang werden und bei dieser Länge etwa 140 kg wiegen. Sie umschlingen und erdrücken ihre Beute, die aus kleineren Säugetieren, Affen oder Vögeln besteht. Mitunter verirren sich Pythons sogar in Städte.

Zu den exotischen Arten gehören **Flugdrachen** *(flying lizard)* und **Flugfrösche**, die eine enorme Gleitfähigkeit entwickelt haben, die es ihnen erlaubt, sich im Blätterdach des Dschungels schnell fortzubewegen.

Weitere Wassertiere

In den Mangrovensümpfen leben **Schlammspringer**, etwa 15 cm lange Fische, die auch auf dem Land leben können, da sie in ihren Kiemen die Feuchtigkeit speichern und sich auf ihren Brustflossen, die wie Arme ausgebildet sind, durch den Schlamm bewegen.

In den Gewässern zwischen Chumphon und Ko Tao und in der Andamanensee treffen Taucher häufig den größten Fisch der Erde, den **Walhai**, an. Er kann bis zu 18 m lang werden und über 10 Tonnen wiegen. Der Fisch gehört zur Familie der Haie und ernährt sich hauptsächlich von Plankton. (Wale sind bekanntlich Säugetiere.)

Zwischen den Inseln vor Trang leben seltene **Seekühe**, Dugong genannt. Diese walzenförmigen Säugetiere, die das Wasser nie verlassen, können bis zu 4 m lang und 400 kg schwer werden.

Insekten

Unüberschaubar ist die Vielfalt an Insekten – Grillen, Grashüpfer und Gottesanbeterinnen gibt es ebenso wie die weniger angenehmen oder sogar gefährlichen Ameisen, Anopheles-Mücken, Wespen, Hornissen, Hundertfüßler und Tausendfüßler. Allein von den **Schmetterlingen** kommen in Thailand 500 verschiedene Arten in allen Größen und Farben vor.

Beeindruckend ist der **Nashornkäfer**, der bis zu 5 cm lang werden kann. Unter der Vielzahl an Käferarten existieren auch winzige Käfer, die mit Ameisen in ihren Nestern zusammenleben und mit ihnen eine Symbiose eingegangen sind. Die **Riesenameise**, der man häufig auf Dschungelpfaden begegnet, wird über 2,5 cm lang. Die **Rote Baumameise** baut Nester aus Blättern oder Blattstücken, die durch ein fadenähnliches Sekret zusammengefügt werden. Wenn man durch Zufall an eines ihrer Nester stößt, reagiert diese Ameisenart äußerst aggressiv.

Vögel

Vögel, die sich vor allem in den oberen Baumkronen der Wälder aufhalten, sind am ehesten frühmorgens in der Nähe früchtetragender Bäume zu beobachten. Schon von weitem ist das laut klatschende Fluggeräusch der **Nashornvögel** zu hören, deren Flügel Spannweiten bis zu drei Metern erreichen.

An den Flußläufen huschen die grünblau schillernden **Eisvögel** auf ihrer Jagd nach Insekten und kleinen Fischen entlang, während die weißen **Reiher** auf dem Rücken der Wasserbüffel und in den Reisfeldern ihre Nahrung suchen.

Auch **Kraniche** und **Störche** leben in dieser offenen, überschaubaren Landschaft. Vogelparadiese sind vor allem die Feuchtgebiete, die mit über 250 000 km² knapp 5% der Landesfläche bedecken, wie z.B. der Khao Sam Roi Yot National Park oder das Vogelschutzgebiet Thale Noi im Süden.

Leben im Korallenriff

Die Riffe sind ein wichtiges Ökotop der tropischen Meere, ein Lebensraum, in dem die größte Artenvielfalt an Meeresfauna und -flora zu finden ist. Die Grundlage dieser Tierstöcke wird vor allem von den **Steinkorallen** gebildet.

Ein einzelnes dieser Kleinstlebewesen, das sich auf einem Felsen oder Stein festsetzt und langsam heranwächst, liefert die Grundlage für das Entstehen einer Kolonie. An der Unterseite des zylindrischen Körpers produziert das Tier mit seinen Ausscheidungen eine

Der auffällige Schnabel gibt dem Nashornvogel seinen Namen

Kalkplatte, durch die es auf der Unterlage festhaftet. Dann werden von weiteren Kalkausscheidungen strahlenförmig auf der Platte stehende Leisten ausgebildet, deren Außenwände wiederum miteinander verbunden sind.

Durch fortgesetztes Knospen und Ausscheiden des Kalks entsteht im Laufe der Jahrhunderte ein Korallenriff, das etwa 0,5 bis 2,8 cm pro Jahr wächst und zu kilometerlangen „Gärten" zusammenwachsen kann. Die lebenden Korallen können, im Gegensatz zu dem weißen, abgestorbenen Skelett, die verschiedensten Farben annehmen.

In ihm haben zahllose Korallenfische, Muscheltiere, Krebse, Quallen, Seeanemonen, Seesterne und Kleinstlebewesen ihren Lebensraum gefunden. Korallen und Algen leben nicht in dunklen Meerestiefen, sondern nur in einer Tiefe von etwa 3 bis 50 m.

Haustiere

Neben dem **Wasserbüffel**, dem Rückgrat der südostasiatischen Landwirtschaft, werden in dem überwiegend buddhistischen Land viele Tiere für die Fleischproduktion gehalten. Unter den auf Stelzen errichteten Häusern und in den umliegenden Gärten leben Schweine, Enten und Hühner, und vereinzelt grasen auf den Weiden höhergelegener, kühlerer Regionen große Rinderherden. In den Tempeln finden Dutzende herrenloser Hunde und Katzen Zuflucht, die durchaus wohlgenährt sind, aber auch als gefährliche Überträger von Tollwut gelten. Ganz ungefährlich hingegen sind die **Geckos**, kleine Eidechsen, die mit Vorliebe abends an den Zimmerdecken rings um die Lampen Insekten auflauern, um sie zu verspeisen.

Landschaften

In den abwechslungsreichen Landschaften Süd-Thailands zeigen und verbergen sich überaus viele Naturschönheiten, vor allem überwucherte Kalksteinfelsen, herrliche Tropfsteinhöhlen und vielfältige Wasserfälle. Vor allem in Süd-Thailand ragen die subtropischen **Kegelkarstfelsen** aus der Ebene auf. Diese Landschaftsform kommt ansonsten nur noch in Vietnam und Südchina vor.

Sie entstanden während einer regenreichen Kaltzeit (Pluvialzeit) durch Lösungsverwitterung (Korrosion) einer ehemals zusammenhängenden Kalktafel. An der Grenze von Kalkgestein zu undurchlässigem Nebengestein blieben diese steilwandigen Türme als Reste der ehemals höhergelegenen Landoberfläche erhalten. Im Meeresnationalpark von Phang Nga und in der Gegend von Krabi sind die bizarren, von wild wuchernder Strauchvegetation und einzelnen Schirmbäumen überzogenen Felsen am leichtesten zugänglich.

Höhlen

Durch Auswaschung wurde das **Kalkgestein** durchlöchert und bildete Höhlen, in denen stetig tropfendes Wasser Stalagmiten (von unten) und Stalaktiten (von oben) formt. Manche dieser Höhlen besitzen mehrere Ausgänge, einige werden von Bächen oder sogar Flüssen durchflossen. Viele Höhlen im ganzen Land enthalten buddhistische Heiligtümer oder dienen als Meditationsklausen.

Wasserfälle

Die Thais lieben ihre Wasserfälle, ob sie steile Felswände herunterrauschen, hundertfache Kaskaden bilden oder Sinterterrassen herunterrieseln. Fast immer gibt es Badeplätze oder sogar Swimming Pools, in denen sich die Einheimischen vor allem am Wochenende vergnügen.

Das Wasser ist meistens völlig klar und rein, da es aus unbewohnten Wäldern stammt. Nur in der Regenzeit nimmt es eine erdbraune Farbe an. Die freie Fallhöhe der Wasserfälle beträgt nur selten mehr als 20 m. Doch die Thais messen die Höhe einschließlich aller Zwischenstufen, dadurch kursieren gewaltige Werte. So mancher Tourist ist deshalb enttäuscht von den thailändischen Wasserfällen und übersieht ihre Reize.

In vielen Restaurants hängen Poster der schönsten Wasserfälle, die ihr Aussehen zumeist bizarren **Kalktuffen** verdanken. Sie entstehen durch Kalkablagerung auf feinen Pflanzenhaaren der im kalkhaltigen Wasser wachsenden Algen, Moose und Blütenpflanzen. Durch das Entweichen der Kohlensäure bilden sich poröse Kalktuffe, die nachträglich durch Kalksubstanz ausgefüllt werden. Die festen Kalknasen werden vom Moos überwuchert und bilden Barrieren, auf denen weiterer Kalk abgelagert wird und so kleine, poröse Terrassen ausbildet, die pro Jahr 2 bis 3 cm wachsen können.

Strände

Thailand ist berühmt für seine wunderschönen Strände. Entlang der 2600 km langen Küste und auf Hunderten von Inseln wurden in Jahrtausenden Muschelkalk, Korallengestein oder Sandstein zerrieben. So entstanden mannigfaltige Strände, die einheimische und westliche Touristen anziehen.

Thais lieben vor allem die sehr flachen, festen Strände, an denen sie bis über die Knöchel im Wasser flanieren können. Sie sammeln Muscheln, Krebse, Seesterne und anderes Meeresgetier, rasten unter den schattenspendenden Kasuarinas und vertilgen große Mengen von Mekhong Whisky zu scharfen Snacks. Westliche Touristen ziehen rasch abfallende Badestrände vor, über die sich Kokospalmen neigen. So kommt man sich nur selten ins Gehege.

Ein seltsames Phänomen stellen die **Gezeiten** im Golf von Thailand dar. Sie verlaufen völlig anders als etwa an der Nordsee, vor allem scheint es nur einmal am Tag eine Flut zu geben. Es kann viel Spaß bereiten, sich die jeweiligen lokalen Erklärungen anzuhören.

Umwelt

Die Vernichtung der Wälder

Mit der Ausweitung der landwirtschaftlichen Anbaufläche während der letzten 35 Jahre von knapp 8 Millionen Hektar auf über 20 Mill. Hektar nahm gleichzeitig die **Waldfläche** Thailands von nahezu 30 Millionen Hektar auf etwas mehr als 10 Mill. Hektar ab. Jährlich wurden 2 Mill. m^3 Holz geschlagen. Hierdurch verlor das Land seine wasserspeichernden und klimatisch ausgleichend wirkenden Wälder – die Folgen sind bereits überall zu erkennen.

Das wilde Abholzen von Bergregionen im Süden des Landes führte 1988 zu Erdrutschen, bei denen über 700 Menschen starben. Ein königliches Dekret stoppte daraufhin 1989 alle kommerziellen Holzfällerarbeiten. Mehr als bisher wird Holz aus Laos und Burma importiert. Dennoch geht die **Waldvernichtung** weiter, illegal und mit höheren Kosten, aber fast unvermindert. Durch das Fehlen der natürlichen Wasserspeicher kommt es bereits zu Beginn der Trockenzeit zu ungewöhnlich frühem Wassermangel, die künstlichen Wasserspeicher füllen sich nur noch selten, und die Bevölkerung ist gezwungen, verstärkt Grundwasser anzuzapfen. Zudem hat der Boden durch das fehlende Wurzelwerk der Bäume keinen Halt mehr und wird von den Wassermassen während der Regenzeit weggespült. Bodenerosion, Überschwemmungen und lange Dürreperioden sind das Ergebnis, denn Lalang-Gräser und Nutzpflanzen können weitaus weniger Wasser speichern als der Wald und den Boden kaum vor Erosion schützen.

Die Folgen der Industrialisierung

Mit zunehmender Industrialisierung und steigendem Lebensstandard nehmen die **Umweltprobleme** dramatisch zu. Die sogenannten Schwellenländer weisen bereits Züge unserer Wegwerfgesellschaft auf. Man entledigt sich des Mülls auf die bequemste Weise – Bahndämme, Strände, Picknickplätze, Nationalparks und Wanderwege zeugen davon. Aus Wohnhäusern, Fabriken und Hotels werden bedenkenlos alle Abfälle ungeklärt in die Flüsse und ins Meer gekippt – in Bangkok werden die Klongs zu Kloaken und verschwinden unter Straßen.

Organische Abfallstoffe brauchen den Sauerstoff des Wassers auf, der Fluß kippt um, und die Fische verenden im faulig stinkenden

Wasser. Besonders die Lebensmittel-Industrie belastet bei der Verarbeitung von Tapioka und Zuckerrohr die Gewässer, ebenso die petrochemische und die Papierindustrie. Der zunehmende Einsatz von Pestiziden und Düngemitteln fördert diese Entwicklung. Hinzu kommt die Belastung mit Schwermetallen, vor allem im relativ flachen Golf von Thailand.

Beispiel: Shrimp-Farmen

Im vergangenen Jahrzehnt setzte in verschiedenen Gesellschaftsschichten eine Art Wettlauf um das große Geld ein, ohne Rücksicht auf die Umwelt, auf gewachsene Sozialstrukturen und die technischen Voraussetzungen. So wurden im Süden Tausende von Hektar Land zu Shrimp-Farmen umgewandelt, die kurzfristig zwar Gewinne abwarfen, aber nach wenigen Jahren vergiftet waren: die Reisfelder in der weiteren Umgebung können nicht mehr genutzt werden, das Grundwasser ist mit Pestiziden belastet und das abgepumpte Wasser aus den Teichen schädigt die Ökologie der Uferzonen. Der Schlamm in den Teichen ist hochgradig verseuchter Sondermüll, der von niemandem entsorgt werden kann.

Kein Thai fühlt sich für die Beseitigung der Schäden zuständig oder gar verantwortlich – und schon kommen ausländische Entwicklungshilfeorganisationen, die an einigen Symptomen herumkurieren wollen.

Die Verursacher dieser Katastrophen legen derweil weitere Shrimp-Farmen in bisher intakten Gebieten an, z.B. in den gefährdeten Mangrovenwäldern oder gar in National Parks, die eigentlich unter besonderem Schutz internationaler Verbände stehen.

Umweltbewußtsein

Doch auch ein gegenläufiger Trend ist zu erkennen. Während der letzten Jahre ist das Umweltbewußtsein gestiegen.

Mittlerweile sind insgesamt 12,6% der Landesfläche unter **Naturschutz** gestellt worden. Man beginnt sich gegen die Zerstörung der Natur durch die zunehmende Industrialisierung ohne umweltschützende Auflagen zu wehren. In Phuket stürmten 1986 aufgebrachte **Demonstranten** die erste Tantalum-Fabrikationsstätte und brannten sie nieder. Tantalum wird u.a. aus Rückständen der Zinn-Produktion gewonnen und bei der Herstellung von Kondensatoren, im Maschinenbau, in der Chemie und bei der Reaktor-Herstellung benötigt.

In den Jahren 1988/89 verhinderten **engagierte Studenten** den Bau eines weiteren Staudammes nördlich von Kanchanaburi. Auch das einzigartige Gesetz zum Schutz der Wälder wurde durch den massiven **Protest der Bevölkerung** erstritten. 1990 gründete Phoruthep Phorupapha (Siam Motors) das Projekt *Think Earth*, das ein Bewußtsein für die Erhaltung der natürlichen Resourcen fördern und entsprechende Projekte unterstützen möchte, um der kommenden Generation eine grüne Welt zu hinterlassen. Bisher wurden über eine halbe Million Bäume gepflanzt, Schildkröten gerettet und die Dugongs vor Trang vor dem Aussterben bewahrt.

Welche europäischen Umweltschutzbewegungen können mit solchen Erfolgen aufwarten? Da ist es kaum verwunderlich, wenn Forderungen und Ratschläge von wohlmeinenden westlichen Experten und engagierten Laien brüsk zurückgewiesen werden mit der Gegenforderung:

„Schützt zuerst eure eigenen Wälder! Sorgt für die Reinhaltung eurer eigenen Flüsse und Meere! Stoppt den Treibhauseffekt durch die Schließung eurer Kohlekraftwerke und durch die Verminderung des Autoverkehrs!"

Um die Zunahme von Ödland zu stoppen, fördert die thailändische Regierung, und vor allem der König, **Aufforstungsprogramme**. Die regenerierten Waldflächen sind allerdings wesentlich kleiner als die gerodeten Flächen, doch neue Gesetze beschleunigen diese Projekte, um einen großen Teil der verlorenen Wälder in den nächsten Jahren zurückzugewinnen. Gleichzeitig versucht man, den Bergvölkern andere Anbaumethoden näherzubringen und den auf **Brandrodungsfeldbau** basierenden Mohnanbau durch das Anpflanzen von Blumen, Gemüse und anderen Nahrungsmitteln abzulösen.

Auch wir als Besucher des Landes können einen kleinen Beitrag zur Erhaltung der Umwelt leisten

Generell gilt im Dschungel wie am Strand der Grundsatz: *Take nothing but pictures, leave nothing but footprints.* Daß die Thais selbst sich häufig nicht an diese Devise halten, ist keine Entschuldigung. Guides und Bootsleute kann man durchaus darum bitten, nicht kompostierbaren Müll von einer Tour mit zurückzunehmen.

Für manche Völker ist die Jagd lebensnotwendig – für uns ist sie ein unnützes Vergnügen, das nur Schaden anrichtet.

Souvenirs von bedrohten Pflanzen und Tieren (z.B. Schildkröten, Krokodile) werden nur hergestellt, wenn sich dafür auch Abnehmer finden. Der Import nach Europa ist aufgrund des Washingtoner Artenschutzabkommens ohnehin verboten!

Taucher, die sich auf Korallen stellen oder sie gar abbrechen, haben bereits ganze Riffe zerstört. Auch für Schmuck und andere Souvenirs wurden viele Korallenbänke abgetragen, wodurch der Lebensraum zahlloser Fische, Krebse und anderer Weichtiere zerstört wurde.

Softdrinks und Wasser gibt es auch in Pfandflaschen, Restaurantbesitzer kann man gezielt danach fragen. Auf Plastiktüten und überflüssige Verpackungen kann man verzichten. Auch unterwegs sollte man darauf achten, daß Müll nicht achtlos in die Landschaft geworfen wird.

Bevölkerung

Bevölkerungsstruktur

In Thailand lebten 1997 etwa 60 Millionen Menschen. Waren 1970 noch 16,5% der Bevölkerung jünger als 5 Jahre, sind es mittlerweile weniger als 12%. Die Lebenserwartung liegt in Thailand bei 69 Jahren (1960: 52 Jahre, in Westeuropa heute etwa 76 Jahre).

Vor allem in den ländlichen Räumen lebt etwa ein Drittel der Bevölkerung unter dem Existenzminimum. Entgegen der populären staatlichen Familienplanungspolitik ist gerade die **ländliche Bevölkerung** noch immer traditionellem Denken verhaftet. Man wünscht sich viele Kinder, denn sie steigern das soziale Ansehen und sind die einzige Alterssicherung. Noch leben 63% der Bevölkerung auf dem Land. Dennoch ist die **Verstädterung**, wie überall auf der Welt, nicht zu übersehen. Die Bevölkerung der Metropole Bangkok hat sich während der letzten 15 Jahre mehr als verdoppelt. Die Stadt wirkt wie ein Magnet auf die junge, arbeitslose Landbevölkerung. Die Träume von einem besseren Leben enden nicht selten in menschenunwürdigen Fabriken oder Massagesalons.

Die **Bevölkerungsdichte** der städtischen Region Bangkok und Thonburi liegt bei 5112 Einwohnern pro km^2, was über dem Wert entsprechender europäischer Großstädte liegt. Im Gegensatz zu den westeuropäischen Städten leben die meisten Menschen in Bangkok allerdings in ein- bis zweistöckigen Häusern – ähnlich wie in den Kleinstädten. Neben der Hauptstadt Bangkok (inkl. Umland je nach Schätzungen 9–12 Millionen Einwohner) gibt es keine weiteren Millionenstädte.

Schon früh haben sich die Menschen in den **Flußebenen** niedergelassen, die auch heute zu den am dichtesten besiedelten Regionen gehören. Hingegen können in den Bergregionen nur wenige Menschen auf den kargen Böden ihre Lebensgrundlage erwirtschaften.

Die Thai

81% der Gesamtbevölkerung Thailands sind Thai, so daß das Land relativ homogen ist. Über Jahrhunderte wanderte das **Volk der Thai** aus Yünnan Richtung Süden. Während die „großen Thai", die heutigen Shan, ins östliche Burma zogen, ließen sich die „kleinen Thai" im Gebiet des heutigen Nord-Thailands nieder. Von den alten Hochkulturen der Mon und Khmer übernahm man die Grundzüge für eine eigene Schrift, aus dem ceylonesischen Raum brachten Mönche den Theravada-Buddhismus und aus China kamen Handwerker und Künstler ins Land. Da die Thai niemals kolonisiert wurden, haben sie ihre eigene **kulturelle Identität** bis heute weitgehend bewahrt.

Während der Ayutthaya-Periode festigte sich die Rolle des **Königs** als Staatsoberhaupt. Obwohl Thailand 1932 in eine **konstitutionelle Monarchie** umgewandelt wurde, kommt dem vom ganzen Volk verehrten König noch immer eine große Bedeutung zu. Ebenso wie die prunkvollen Tempel das Bild der Städte und Dörfer bestimmen, prägt der **Buddhismus** das gesellschaftliche Leben der Thai. Wenn auch staatliche Schulen mittlerweile die meisten Kinder ausbilden, so gehen doch viele männliche Thai mindestens einmal in ihrem Leben als Mönch ins Kloster. Neben buddhistischen Traditionen haben zahllose Riten und Bräuche hinduistischen oder animistischen Ursprungs einen festen Platz im Leben der Menschen.

Ethnische Minderheiten

Vor allem in den südlichen und nördlichen Provinzen leben ethnische Minderheiten. Die Südprovinzen an der Grenze zu Malaysia (Pattani, Yala, Narathiwat und Satun) werden von islamischen **Malaien** bewohnt, die dort bis zu 80% der Bevölkerung ausmachen. In diesen Provinzen kämpfen diverse Guerillagruppen für größere Autonomie bzw. die Unabhängigkeit von Thailand. Ein delikates Problem für die in der ASEAN-Gemeinschaft verbündeten Länder Thailand und Malaysia. Zudem leben in Thailand Hunderttausende illegaler **Immigranten** aus Myanmar und Indochina. Während seit Mitte der 70er Jahre vor allem billige Arbeitskräfte aus Myanmar in den Süden des Landes strömen, haben sich viele Vietnamesen im Osten und Nordosten niedergelassen. Die illegalen Arbeitskräfte waren die ersten, die aufgrund der Wirtschaftskrise ihren Job verloren und ausgewiesen wurden.

Eine andere, wirtschaftlich einflußreiche Minderheit sind die ca. 6 Mill. **Chinesischstämmigen** in Thailand. Obwohl die wirtschaftlichen Beziehungen zwischen Thailand und China bis ins 13. und 14. Jahrhundert zurückreichen, sind die meisten Chinesen erst in jüngerer Zeit eingewandert. Zwischen dem Beginn des 19. Jahrhunderts und 1950 flüchteten etwa 4 Mill. Chinesen aus ihrer krisengeschüttelten Heimat nach Thailand, wo ihre Arbeitskraft geschätzt wurde und sie in Handel und Wirtschaft zu Wohlstand gelangten. Eine Untersuchung der Thammasat-Universität stellte fest, daß 63 der 100 größten Industriebetriebe von Chinesen kontrolliert werden. Zudem sind 23 der 25 einflußreichsten Männer der Wirtschaft Chinesen.

Die moslemische Minderheit

Seit dem 13. Jahrhundert, als die Herrscher Sukhothais die malaiischen Sultanate im Süden der Halbinsel zu Vasallenstaaten erklärten, war diese Region zwar unter der formalen Oberhoheit Siams, aber praktisch blieb sie sich selbst überlassen. Mit der Ausbreitung des Islam im indonesischen Raum wurde auch die malaiische Bevölkerung der Halbinsel bis hinauf nach Chumphon islamisiert. Malacca, als neues Machtzentrum der Region, gelang es im 15. Jahrhundert nach einer vernichtenden Niederlage der siamesischen Flotte, seine Macht bis Pattani auszudehnen. Allerdings war diese Einflußnahme nur von kurzer Dauer, und bereits zu Beginn des 16. Jahrhunderts war Siam unter den Ayutthaya-Königen der unbestrittene Herrscher über die malaiischen Sultanate im Süden. Nur dem mächtigen Sultanat Pattani gelang es bis zum Beginn des 20. Jahrhunderts, eine relative Selbständigkeit zu bewahren.

Ende des 19. Jahrhunderts wurde unter Chulalongkorn die große Verwaltungsreform des Königreichs in Angriff genommen und der Süden in neue Verwaltungseinheiten eingeteilt. Damit kamen auch die Verwaltungsbeamten aus dem Norden. 1909 mußten unter britischem Druck die Sultanate Kedah, Perlis, Kelantan und Terengganu abgetreten werden.

In den verbleibenden malaiischen Gebieten Süd-Thailands begann eine radikale **Assimilierungspolitik**, die von Unverständnis, Vorurteilen und kulturellem Chauvinismus gekennzeichnet war und die bis zum heutigen Tag die Beziehungen zwischen dem Staatsvolk der Thai und den Thai Moslems, wie sie von Bangkok euphemistisch genannt werden, bestimmt.

In Thailand gibt es über 2 Mio. Moslems, von denen drei Viertel im Süden des Landes leben, vor allem in den Provinzen Yala, Narathiwat, Pattani und Satun. Immer wieder gibt es **Auseinandersetzungen** zwischen jungen Moslems und den von Bangkok eingesetzten Verwaltungsbeamten um die regionale Autonomie. Mit dem islamischen Nachbarland Malaysia fühlt man sich nicht nur geographisch und sprachlich enger verbunden als mit dem fast 1000 km entfernten Bangkok.

Auch in Bangkok hat man noch nicht vergessen, daß über Jahrzehnte kommunistische und separatistische Guerilla (neben ganz gewöhnlichen Banditen) den Süden mit Überfällen, Entführungen und Morden terrorisierten. Noch immer fürchtet man islamische **Fundamentalisten**.

In den gehobenen Verwaltungsebenen der Südprovinzen sitzen buddhistische Thai, denen der Islam fremd ist. Lehrer werden aus anderen Landesteilen in den Süden beordert, nur wenige sind Moslems. Erst unter der Regierung von Chuan Leekpai begann sich eine Änderung der Politik gegenüber der gewichtigen Minderheit abzuzeichnen. Noch nie zuvor waren moslemische Abgeordnete so zahlreich im Bangkoker Parlament vertreten, zwei Moslems waren sogar im Kabinett vertreten. Finanzielle Zuwendungen für Koranschulen und die jährliche Pilgerfahrt nach Mekka wurden erhöht. Ein Pilotprogramm des Bildungsministeriums führt die malaiische Sprache an weiterführenden Schulen ein. Da sich gleichzeitig die allgemeine wirtschaftliche Situation auch in den Südprovinzen verbessert, sehen viele Moslems einen Lichtstreif am Horizont.

Noch vor ein paar Jahren sah die Situation ganz anders aus. Die beiden stärksten **Guerillabewegungen**, die Pulo (Pattani United Liberation Front) und die Barisan Revolusi Nasional hatten zahlreiche Anhänger. In Pattani, wo sich 78% der Bevölkerung zum Islam bekennen, traten zum Schulanfang 1990 Mädchen nicht in der obligatorischen Schuluniform, sondern mit knöchellangen Röcken und dem *hijab*, der moslemischen Kopfbedeckung an. Der Konflikt zwischen Schulleitung und Eltern eskalierte. Schließlich war erst vor kurzem eine Moslem-Frau von einem buddhistischen Thai vergewaltigt worden. Schuld an derartigen Übergriffen ist nach Ansicht der strenggläubigen Moslems die lockere Moral der buddhistischen Thai.

Die strengen religiösen Regeln, die den Genuß von Alkohol und Schweinefleisch verbieten, stellen aber auch Barrieren dar, die soziale Integration und berufliche Mobilität verhindern. Viele Moslems schicken zudem nach der obligatorischen sechsjährigen Schulpflicht ihre Kinder nicht auf staatliche weiterführende Schulen, sondern in die moslemischen **Koranschulen** oder, falls die finanzielle Situation es erlaubt, zur weiteren Ausbildung in andere moslemische Länder. Die Kenntnisse der Staatssprache sind daher in vielen Fällen recht schlecht. Praktizierende Moslems leben zumeist als Bauern oder Fischer auf dem Land und haben in der modernen Gesellschaft nur geringe Chancen auf einen gut bezahlten Beruf in Wirtschaft oder Verwaltung.

Geschichte

Im Gegensatz zu allen anderen Staaten Südostasiens kam Thailand **nie unter direkte koloniale Herrschaft**. Zwischen den Einflußgebieten Großbritanniens im Westen und Süden (Britisch-Indien, Burma, Malaya) und den französischen Kolonien im Osten (Laos, Kambodscha, Vietnam) gelegen, mußte Thailand einer vorsichtigen **Balance-Politik** zwischen den Großmächten folgen, und vor allem im 19. Jahrhundert große Gebiete abtreten. 1896 garantierten beide rivalisierenden

Großmächte die immerwährende Neutralität des zentralen Teils Siams, wie die damalige offizielle Staatsbezeichnung lautete, ohne dabei zu vergessen, sich gegenseitig wirtschaftliche und strategische Einfluß- und Interessensphären zuzuschanzen. Militärisch aber wurde das Land nie unterworfen.

Bis zum 13. Jahrhundert: Vorgeschichte

Archäologische Keramik- und Waffenfunde in Ban Chiang und in der Nähe von Kanchanaburi weisen eine **Besiedlung** des Landes vor über 7000 Jahren nach. Nach neueren Funden in Grotten bei Krabi lebten sogar schon vor 43 000 Jahren viele Menschen als Sammler und Jäger im Süden Thailands.

Die eigentliche Herkunft der Thai-Völker ist wissenschaftlich umstritten. Historisch nachweisbar sind ihre **Wanderungsbewegungen** seit Beginn unserer Zeitrechnung. Im 8. bis 11. Jahrhundert waren die Thai-Siedler bereits aus dem heutigen Süd-China in ein Gebiet vorgedrungen, das sich von Assam im äußersten Westen bis nach Vietnam erstreckte. Häufig traten sie dabei in Kontakt mit bereits hinduisierten Bevölkerungsgruppen. Andererseits besaßen sie genügend sozialen Zusammenhalt und politische Ordnung, um kleine **Fürstentümer** zu gründen.

Die ersten **Reiche der Thai** entstanden in Chiang Mai und Chiang Rai, aber auch in Nord-Burma und Yünnan. Im 13. Jahrhundert wuchs die Bedeutung mehrerer dieser Staaten, da sie als Vasallen der Mongolen an deren Siegen über Burma und dem Reich Champa (in Vietnam) teilhatten.

13. / 14. Jahrhundert: Unter der Herrschaft von Sukhothai

Im Zentrum der indochinesischen Halbinsel waren zwei Völker vom Einfluß Indiens geprägt. Die Khmer im Mekong-Delta und die Mon in Zentral-Thailand und Nieder-Burma hatten mächtige Reiche und hochentwickelte Kulturen geschaffen. Der Einfluß beider Völker war jedoch im 13. Jahrhundert stark zurückgegangen. In diesem Macht-Vakuum gelang es den Thai, den **Mon-Staat** Haripunchai (Lamphun) zu besiegen und 1296 Chiang Mai zu gründen. Nachdem schon 1220 die Khmer aus der zentralen Ebene verdrängt worden waren, wurde 1228 Sukhothai gegründet.

Beide **Thai-Fürstentümer** übernahmen viele Kulturelemente der Mon und Khmer. Das wichtigsten waren die Annahme des Theravada Buddhismus aus Ceylon, in den viele Elemente des alten animistischen Glaubens eingingen, und die Übernahme der Schrift.

Sukhothai gelangte zum Ende des 13. Jahrhunderts unter König Ramkhamhaeng zu großer kultureller Blüte. Er verband die Fähigkeit einer **effizienten Herrschaft** mit militärischer Stärke und trat gleichzeitig als Befürworter des Buddhismus und der Künste auf. Heute wird er als „Vater Thailands" betrachtet.

15. – 18. Jahrhundert: Unter der Herrschaft von Ayutthaya

Der Nachfolgestaat Sukhothais war das um 1350 entstandene **Königreich** Ayutthaya im Zentrum der fruchtbaren Chao Phraya-Ebene. Zum Beginn des 15. Jahrhunderts wurde Sukhothai unterworfen und das Khmer-Reich besiegt bzw. zum Vasallen degradiert. Gegen die nördlichen Thai-Staaten Laos und Chiang Mai führten König Trailoks Truppen zahlreiche Kriege. Um die militärische Position gegenüber dem nördlichen Nachbarn zu verbessern, wurde vorübergehend die Hauptstadt nach Phitsanulok verlegt. Chiang Mai konnte jedoch nicht unterworfen werden, da es sich zeitweise mit dem Königreich Burma verbündete, das zum Erz-Rivalen des Ayutthaya-Reiches wurde. Erst zum Ende des 18. Jahrhunderts gelang die Eroberung Chiang Mais.

Waren die Sukhothai-Könige noch volksverbunden, so wurden jetzt am Hof Zeremonien eingeführt, die dem Herrscher göttliche Eigenschaften zusprachen. Damit war die **absolute Monarchie** geboren. Am weitesten gingen die Veränderungen in der Administration des Reiches. Mitglieder der königlichen Familie, die bisher die verschiedenen Landesteile als quasi eigene Ländereien verwalteten, wurden durch ernannte Adlige ersetzt. Eine **Rangordnung** der Mitglieder des Königshauses und des Adels wurde festgelegt und die gesellschaftliche Funktion jedes einzelnen definiert. An der Spitze der Hierarchie stand der König. Die Masse der Menschen, die Bauern, waren in zwei Klassen unterteilt: Freie und Sklaven. Freie hatten das Recht, Land bis zu einer Größe von 25 rai (1 rai = 1600 m^2) zu bestellen. Durch ein **hierarchisches Abgabenrecht** bekam jeder Bürger Ayutthayas eine „soziale Wertigkeit" (*sakdi na*), die durch den Landbesitz definiert war. Die des Königs war unendlich, die eines durchschnittlichen freien Bauern war 25 *sakdi na*, die des Thronnachfolgers 100 000 usw.

Stärkster Rivale Ayutthayas war das benachbarte Königreich Burma. 1569 wurden die Thai besiegt, burmesische Garnisonen eingerichtet und ein neuer König ernannt, der die **Oberhoheit Burmas** anerkannte. 15 Jahre war Ayutthaya ein Vasall Burmas. In fünf Kriegszügen gelang es dem Prinzen Naresuan zwischen 1584 und 1592 die burmesische Herrschaft abzuschütteln. Die **Außenbeziehungen** Ayutthayas mit den meisten anderen asiatischen Staaten waren durch intensiven Handel geprägt. Thai Handelsschiffe segelten nach Malacca, in die Häfen Indiens, Chinas und Javas. Besondere Beziehungen bestanden mit China, das als „älterer Bruder" angesehen wurde.

Bedeutsam waren die Kontakte Ayutthayas mit den europäischen Großmächten. Seit im Jahr 1511 das Sultanat Malacca von Portugal erobert worden war, kamen portugiesische Händler, Missionare und Diplomaten auch nach Ayutthaya. Portugiesische Söldner dienten im Heer. Im 17. Jahrhundert trafen Holländer und Engländer ein, die **Handelsstützpunkte** nahe der Hauptstadt und in den Häfen des Südens einrichteten. 1664 erzwang Holland unter der Androhung militärischer Gewalt den Abschluß eines Vertrags, der ihm ein Monopol in den wichtigsten Bereichen des Außenhandels einräumte. Um den holländischen Einfluß zu vermindern, wurden zwischen 1665 und 1690 diplomatische Kontakte zwischen Ayutthaya und Frankreich aufgenommen. 1687 traf eine französische Gesandtschaft mit mehr als 600 gut ausgerüsteten Soldaten ein. König Narai, beraten durch den griechischen Abenteurer Konstantin Phaulkon, geriet in den Augen des Thai Adels und der königlichen Familie mehr und mehr unter europäischen Einfluß. 1688 gelang eine **Palast-Revolte**, Phaulkon wurde geköpft und die französischen Soldaten wurden vertrieben. Damit begann für 150 Jahre eine neue Politik der **Abschottung** gegenüber den westlichen Großmächten.

Mitte des 18. bis Mitte des 19. Jh.: Der Beginn der Chakri-Dynastie

Nachdem 1767 Ayutthaya vom Erzfeind des Reiches, Burma, völlig niedergebrannt und dem Erdboden gleichgemacht worden war, versank das Land im **Chaos**. Wie bei damaligen Kriegen üblich, wurden alle qualifizierten Handwerker, die noch am Leben gebliebene königliche Familie und weitere 106 000 Bewohner Ayutthayas nach Burma verschleppt. Der Provinz-Gouverneur Taksin sammelte die verbliebenen Soldaten und versuchte, das Land politisch wiederzuvereinigen, da sich Provinzen und Vasallenstaaten nach der Invasion Burmas losgesagt hatten. 1768 wurde er in der neuen Hauptstadt Thonburi zum König ausgerufen. Im Zeitraum von 14 Jahren gelang es ihm in zahlreichen Kriegen, das Land wieder zusammenzufügen. Wichtigster Heerführer wurde General Chakri, der Taksin entmachtete und zum König Rama I. gekrönt wurde. Damit war er der erste **König** der noch heute herrschenden Dynastie.

Unter den Chakri-Königen wurde bis zur Mitte des 19. Jahrhunderts hauptsächlich eine Politik der **Restauration** verfolgt. Der vergangene Glanz Ayutthayas sollte wiederhergestellt werden. Für die neuen Tempel und Paläste, die in Bangkok errichtet wurden, verwandte man sogar Ziegelsteine aus den Ruinen der alten Hauptstadt. Veränderungen sozialer und wirtschaftlicher Natur wurden unumgänglich, als sich die Handelsbeziehungen zu China ausweiteten und die europäischen Großmächte neues Interesse an Ostasien zeigten. Chinesische Einwanderer, meist Händler oder Unternehmer, siedelten sich vor allem in Bangkok an. Mitte des 19. Jahrhunderts waren mehr als die Hälfte der 400 000 Einwohner der Stadt Chinesen.

Ende des 19. Jh.: Reformen unter Mongkut und Chulalongkorn

König Mongkut wird als Erneuerer und **Reformer** des Reiches gesehen. Seine Außenpolitik war von der Vormachtstellung der westlichen Großmächte bestimmt. Deshalb wurden England, den Vereinigten Staaten, Frankreich und anderen Ländern Handels-Privilegien eingeräumt und Territorien abgetreten. Das Schicksal Burmas – nach drei Kriegen vollständig Britisch-Indien einverleibt – war für Siam eine traumatische Erfahrung.

Sein Sohn Chulalongkorn führte diese Politik fort. Französische Kanonenboote auf dem Menam Chao Phraya ließen Chulalongkorn keine andere Möglichkeit, als territoriale Konzessionen an Frankreich und Großbritannien zu machen. Alle laotischen Vasallenstaaten und große Gebiete in Kambodscha fielen an Frankreich. 1909 mußten die nordmalaiischen Sultanate Perlis, Kedah, Terengganu und Kelantan an das britische Kolonialreich abgegetreten werden.

Diese **Beschwichtigungspolitik** wurde ergänzt durch ein innenpolitisches **Reformprogramm**, dessen Durchsetzung auf große Schwierigkeiten stieß, da es alte Privilegien des Adels und der königlichen Familie beschnitt.

Es wurde eine zentralisierte Verwaltung geschaffen, an deren Spitze Ministerien nach europäischem Vorbild standen. Steuergesetze ersetzten die alte hierarchische Abgabenstruktur, und mit der entscheidenden Verbesserung der **Infrastruktur** entstanden die Eisenbahnlinien nach Malaya und Chiang Mai. Im Rahmen der Umgestaltung des gesamten Erziehungssystems wurden Universitäten gegründet.

Der König von Siam mit dem Kronprinz

Unter Chulalongkorn wurde ein Dekret erlassen, daß niemand mehr als Sklave geboren werden könne, was die **Abschaffung der Sklaverei** einleitete. Der König öffnete das Land verschiedenen europäischen Nationen und beschäftigte in seiner zivilen und militärischen Verwaltung Briten, Belgier und Italiener. Deutsche projektierten die Eisenbahnlinie nach Norden.

Zweck aller **Reformen** war es, Thailand innen zu stärken, um der westlichen Herausforderung standzuhalten. Chulalongkorn veränderte die althergebrachte Gesellschaftsordnung, hielt aber gleichzeitig an bestimmten **Traditionen** fest und gilt dadurch als Begründer des modernen Siam.

Die wichtigsten Könige Thailands

? –1317	Mengrai (Lanna)
1275–1317	Ramkhamhaeng
1350–1369	U-Thong
1388–1395	Ramesuan
1590–1605	Naresuan
1630–1656	Prasat Thong
1657–1688	Narai
1767–1782	Taksin
1782–1809	Rama I. (General Chakri)

1809–1824	Rama II. (Phra Phutthalaetla Naphalai)
1824–1851	Rama III. (Phra Nangklao)
1851–1868	Rama IV. (Mongkut)
1868–1910	Rama V. (Chulalongkorn)
1910–1925	Rama VI. (Vichiravudh)
1925–1935	Rama VII. (Prajadhipok)
1935–1946	Rama VIII. (Anand Mahidol)
seit 1946	Rama IX. (Bhumipol)

Die 30er und 40er Jahre: Konstitutionelle Monarchie

1932 wurde **Siam**, wie die offizielle Staatsbezeichnung bis dahin lautete, durch einen unblutigen Staatsstreich eine **konstitutionelle Monarchie**. Westlich ausgebildete Intellektuelle und große Teile des Bürgertums waren mit der Herrschaft König Prajadhipoks unzufrieden, da er, im Gegensatz zu seinem Großvater Chulalongkorn, kaum Interesse an der Erneuerung des Landes zeigte und sich Vettern- und Mißwirtschaft ausbreitete. Pridi Phanomyong, ein in Frankreich ausgebildeter Rechtsanwalt, war der politische Kopf der **radikaldemokratischen Bewegung**, die, zusammen mit den mehr konservativen Militärs, den Coup durchführte. Pibul Songgram, Führer des konservativen Flügels, wurde bald zum stärksten Mann der Nation, die nun **Thailand** hieß.

1940 war das Land **Alliierter** der Achsenmächte Nazi-Deutschland, Japan und Italien. Mit japanischer Unterstützung annektierte Thailand Teile von Laos, Kambodscha und Malaya. 1944 wurde Pibul Songgram gestürzt, und Thailand verbündete sich mit seinen ehemaligen Gegnern. Pridi Phanomyong, der Führer der **antijapanischen Bewegung** während des Krieges, arbeitete mit seinen Freunden eine neue Verfassung aus. Er wurde 1947 durch einen **Militärputsch** unter der Führung von Songgram gestürzt und ging ins Exil. Später wurde er Sprecher der Bewegung Freies Thailand in der Volksrepublik China.

Die 50er und 60er Jahre: Diktatur

Unter der Führung Songgrams wurde das Land streng antikommunistisch und Mitglied in der **SEATO** (South East Asia Treaty Organization), dem asiatischen Gegenstück zur NATO. 1957 stürzten Militärs unter Marschall Sarit die **Einmann-Diktatur**. Sarit, eine umstrittene Figur der neueren Geschichte, war beim Volk beliebt, während viele Landeskenner ihn als korrupten Diktator einstufen. Feldmarschall Thanom Kittikachorn wurde neuer Premier und führte Thailand noch enger in die Arme der USA. Während des **Vietnam-Krieges** war das Land von einem Netz von US-Militärstützpunkten überzogen. Von Udon Thani, Ubon Ratchathani oder U-Tapao aus wurden viele verheerende B52-Bombereinsätze in Vietnam und Laos geflogen. Nach den Wahlen von 1969 wurde zwar ein Parlament gebildet, doch die Macht lag weiterhin in den Händen von Kittikachorn und seinen Generälen.

Die 70er Jahre: Demokratische Erneuerung

Die fortwährenden **Auseinandersetzungen** zwischen Parlament und den Militärs führten im November 1971 zur Auflösung der Nationalversammlung, Aufhebung der Verfassung und Erklärung des Kriegsrechts. Fast zwei Jahre lag die eigentliche Macht in den Händen der Armee- und Polizeioffiziere, die sich durch Korruption auszeichneten.

Im Oktober 1973 protestierten Hunderttausende gegen die Verhaftung oppositioneller **Studentenführer**. 71 Menschen wurden wahllos erschossen und mehrere Hundert verletzt; erbitterte **Straßenkämpfe** folgten. Das Ende der herrschenden Militärclique war gekommen, als Kittikachorn, Prapas und Narong ins Ausland flohen. König Bhumipol verkündete den Rücktritt des Militärregimes und die Einsetzung des Rektors der Thammasat-Universität, Sanya Dharmasakti, als neuen Premier, was man als **Sieg der Studentenbewegung** verstand.

Sanya hatte die undankbare Aufgabe, das dem Ruin zustrebende Land zu regieren. Streiks, Kriminalität, Inflation und die sich zuspitzenden Auseinandersetzungen mit kommunistischen Guerillas im Norden und Nordosten sowie die militante Bewegung der

Moslem-Minderheit im Süden waren nur einige Probleme. In der folgenden Zeit wechselten sich die Parteien mit der Bildung von Regierungen ab, bis im Oktober 1976 das Militär wiederum die Macht übernahm. Ab 1977 war General Kriangsak Premier, der sich durch eine **Reformpolitik** nach innen und einer realistischen **Ausgleichspolitik** nach außen von seinen Vorgängern unterschied.

Die 80er Jahre: Wirtschaftsboom

Im Frühjahr 1980 wurde Kriangsak gestürzt, und das Parlament bestimmte General Prem Tinsulanond zu seinem Nachfolger, der das Land mit einer demokratisch legitimierten Mehrparteienkoalition regierte. Thailand wurde wiederum streng **antikommunistisch**, die Auseinandersetzungen an der Grenze zu Kambodscha waren Anlaß für verstärkte Waffenlieferungen und gemeinsame Manöver mit den USA. Viele innenpolitischen Reformen verliefen im Sande. Die muslimische Separatistenbewegung im Süden verlor 1987 durch die Kapitulation von 650 Guerillas stark an Einfluß.

1988 ging die Chart Thai Partei aus allgemeinen Parlamentswahlen als Sieger hervor. Ihr Vorsitzender, Chatichai Choonhavan, führte als Ministerpräsident eine **7-Parteien-Koalition**. Daneben hatte die Armee großen Einfluß. Durch populäre Anordnungen (z.B. Amnestie für politische Gefangene, Erhöhung der Gehälter der Staatsangestellten und des Reispreises für die Bauern) und den wirtschaftlichen Boom konnte die Regierung die anfängliche Skepsis in der Bevölkerung überwinden. Doch schon bald kam es durch den Anstieg der Verbraucherpreise, die ungleiche Einkommensentwicklung, Bodenspekulation und Korruption zu Spannungen, die vor allem im Militär zu Unmutsäußerungen führten.

Die 90er Jahre: Politisierung der Massen

Es überraschte nicht, als im Februar 1991 die Armee in einem unblutigen **Putsch** Chatichai Choonhavan absetzte. Ein *National Peace Keeping Council* (NPKC) übernahm die Macht und beauftragte Zivilisten unter der Leitung von Premierminister Anand Panyarachun mit der Ausarbeitung einer neuen Verfassung. Im März 1992 wurden wiederum Wahlen abgehalten, bei denen die den Militärs nahestehenden Parteien vor allem im ländlichen Raum die Mehrheit der Stimmen erhielten oder kauften. Als im Mai der Anführer des Putsches, General Suchinda Kraprayoon, der nicht dem Parlament angehörte, zum Ministerpräsidenten ernannt wurde, kam es zu Massendemonstrationen.

Sie gipfelten in **gewalttätigen Auseinandersetzungen** mit zahlreichen Toten und der Verhaftung des charismatischen Leiters der *Palang Dharma Partei*, Chamlong Srimuang, sowie 4000 seiner Anhänger. Nach der **Intervention des Königs** wurden die Gefangenen freigelassen, und General Suchinda (Big Su) mußte zurücktreten. Unter dem Druck der Straße kam es im September 1992 zu Neuwahlen, aus der eine 5-Parteien-Koalition unter dem demokratischen Premierminister Chuan Leekpai hervorging.

Viele gutgemeinte Reformversuche der Regierung scheiterten am Widerstand der Opposition und einiger Mitglieder aus den eigenen Reihen. Auch die *Palang Dharma Partei* verlor 1994 durch innerparteilichen Streit an Ansehen. Auf der anderen Seite hatten die Mai-Unruhen zu einem verstärkten demokratischen Bewußtsein geführt, so daß **außerparlamentarische Gruppen** die Politiker unter Druck setzten, die Reformen fortzuführen und vor allem die Lebensbedingungen auf dem Land zu verbessern.

Aufgrund von Korruptionsvorwürfen im Zusammenhang mit einer Landreform zerbrach die 5-Parteien-Koalition im Mai 1995, Premierminister Chuan Leekpai verlor die Neuwahlen, bei denen viel über Stimmenkäufe in den ländlichen Regionen gemunkelt wurde. Der Führer der Chart Thai-Partei, Banharn Silpa-archa, wurde zum 21. Premierminister Thailands ernannt. Auch diese 7-Parteien-Koalition ging wegen Unfähigkeit schnell in die Brüche, so daß bereits Ende 1996 wieder **Neuwahlen** anstanden. Daraus ging Chavalit Yongchaiyudh, ein ehemaliger General, als Sieger hervor. Die überwältigende Mehrheit der Wähler in Bangkok stimmte jedoch für die Opposition. Zu dieser Zeit kündigte sich bereits mit dem Verfall der Immobilienpreise und dem Zusammenbruch einiger Grundstücksgesellschaften die **Wirtschaftskrise** an. In der ersten Jahreshälfte 1997 begann sie sich auch in anderen Bereichen bemerkbar zu machen. Die Regierung, die sich bislang mehr um die Verteilung persönlicher Pfründe als um eine solide Wirtschaftspolitik gekümmert hatte, reagierte anfangs panisch mit Steuererhöhungen, die kurz darauf jedoch wieder zurückgenommen werden mußten. Der Rücktritt zweier Finanzminister, ein rapider Währungsverfall und der Vertrauensverlust beim IWF wie bei der Bevölkerung zwangen Chavalit schließlich, im November 1997 sein Amt niederzulegen.

In dieser schwierigen Situation wurde der ehemalige demokratische Ministerpräsident Chuan Leekpai vom König mit der Bildung einer neuen **Koalition** beauftragt, die mit einer dünnen Mehrheit wichtige Reformen durchsetzen muß. Im Zentrum der Politik des im In- und Ausland populären Premiers steht die Bekämpfung von Pleiten, Arbeitslosigkeit und sozialen Problemen. Optimistische Prognosen gehen davon aus, daß nach einem Tief Mitte 1998 bereits zur Jahrtausendwende die wirtschaftliche Situation wieder stabil sein wird.

Regierung

Die Verfassung

Nach der Revolution von 1932 wurde die erste Verfassung des Landes in Kraft gesetzt. Danach liegt die oberste Gewalt in der Hand des Volkes. Der Monarch, die Nationalversammlung, der Staatsrat und die Gerichte üben die **Staatsgewalt** im Namen des Volkes aus. War damit die Souveränität des Volkes gegeben, so wurden außerdem die Gleichheit vor dem Gesetz wie auch die allgemeinen Grundfreiheiten westlicher Verfassungen garantiert. Seit 1932 sind zwar 16 neue Verfassungen erstellt worden, die aber alle diese Grundsätze beibehielten. In der ersten Jahreshälfte 1997 arbeitete eine **verfassunggebende Versammlung** (*CDA = Constitution Drafting Assembly*) aus 99 indirekt gewählten Persönlichkeiten wieder einmal eine neue Verfassung für Thailand aus, die aber erst unter massivem Druck der Öffentlichkeit und des Militärs im September 1997 vom Parlament gebilligt wurde. Sie soll das politische Leben reformieren, Machtmißbrauch des Staates verhindern und die Korruption in der Politik und Verwaltung eindämmen. Die Zukunft Thailands wird mit davon abhängen, ob die Forderungen der Demokratiebewegungen nach mehr bürgerlichen Freiheiten und Mitbestimmung zum Tragen kommen.

Die Königsfamilie

Obwohl die Revolution von 1932 das Ende der absoluten **Monarchie** bedeutete, verehrt die Bevölkerung in hohem Maße die Königsfamilie und sieht in ihr ein die Nation einigendes Element.

Der König ist Staatsoberhaupt, Oberbefehlshaber der Streitkräfte und religiöses Oberhaupt zugleich. Die Intensität der Verehrung der königlichen Familie ist für Europäer kaum nachvollziehbar. Das Portrait von **König Bhumipol** und der Königin findet sich in jedem Haus, in jedem Laden, selbst in den einfachsten Hütten armer Bauern, in den Büros der Staatsangestellten ebenso wie in Restaurants oder Coffeeshops. Der König steht über dem politischen Tagesgeschehen, und so hat Bhumipol seit seinem **Amtsantritt** 1946 insgesamt 19 Militärputsche oder gewaltsame Regierungswechsel erlebt. Das Königshaus wirkte in all den Wirren immer als stabilisierende Kraft. Entsprechend prunkvoll wurde 1996 sein 50jähriges Thronjubiläum gefeiert.

König Bhumipol und Königin Sirikit haben einen Sohn, Kronprinz Maha Vajrakingkorn, und drei Töchter, Prinzessin Chulabhorn, Prinzessin Sirindhorn und Ubol Ratana, die mit einem Amerikaner verheiratet ist und keine repräsentativen Funktionen mehr wahrnimmt.

Vor allem **Prinzessin Sirindhorn**, die bei der Bevölkerung große Beliebtheit genießt, unterstützt unermüdlich die Arbeit ihres Vaters, wofür sie den neuen Titel Maha Chakri erhielt. Zudem wurde 1974 zum erstenmal in der Geschichte des Landes die Thronfolge dahingehend geändert, daß auch königliche Töchter die Nachfolge übernehmen können.

Die Königsfamilie gibt sich volksverbunden und besucht selbst abgelegene Provinzen. In vielen königlich initiierten und unterstützten **Projekten** werden vor allem in der Land- und Forstwirtschaft neue Maßstäbe gesetzt. Auf dem Gelände des Chitralada Palastes, in dem die königliche Familie residiert, wurde eine Experimentier-Milchfarm errichtet, in der bestimmte, klimageeignete Rinderarten für die Milchproduktion gezüchtet werden. Ebenfalls bekannt ist die Fischzuchtstation. Die sich schnell vermehrenden *Tilapia Fische* ernähren sich von Unkraut und Insektenlarven und können in den Reisfeldern zu einer Verringerung des Einsatzes von Chemikalien beitragen. Gleichzeitig wird der Landbevölkerung dadurch proteinhaltige Nahrung zur Verfügung gestellt.

Die ausgeprägte Verehrung des Königs kommt zum Beispiel im täglichen Abspielen der Königshymne zum Ausdruck. Morgens um 8 Uhr steht die Nation still, wenn aus öffentlichen Lautsprechern die Königshymne erklingt. Ähnliches geschieht im Kino – vor dem Beginn der Vorstellung erscheint die Fahne und der König auf der Leinwand, die Hymne wird abgespielt und alle Kinobesucher erheben sich von ihren Stühlen.

Die Innenpolitik

Der größte Teil der Bevölkerung lebt auf dem Land, allerdings drängen immer mehr, wie überall auf der Welt, in die Städte. Die Einwohnerzahl der **Metropole** Bangkok hat sich während der letzten 15 Jahre mehr als verdoppelt. Die Stadt wirkt wie ein Magnet auf die Landbevölkerung. Die Träume von einem besseren Leben enden nicht selten in menschenunwürdigen Fabriken oder Massagesalons. In früheren Jahrzehnten suchten die Bauern nur während der Regenzeit zusätzliche Verdienstmöglichkeiten in den Städten. Seit den 90er Jahren ziehen jedoch viele ehemalige Dorfbewohner in den Großraum Bangkok und andere Industriezentren, die während des atemberaubenden wirtschaftlichen Aufschwungs entstanden sind. In vielen Dörfern des Nordostens und Südens hingegen, wo die Armut landesweit am größten ist, hat sich kaum etwas geändert.

Effektive Einkommensverluste Mitte der 80er Jahre durch einen Preisverfall bei traditionellen Agrarprodukten, wie Tapioka und Schweinefleisch, und Mißerfolge bei der Einführung neuer Erzeugnisse wie Cashewnüsse und Maulbeerbäume hatten die Unruhe unter den Bauern geschürt. Als dann noch die Lebensmittelpreise stiegen und große Staudammprojekte die Existenz ganzer Dörfer bedrohten, begannen 1993/94 massive Protestaktionen.

Die zunehmende öffentliche politische Diskussion und Demokratisierung während der vergangenen Jahre machte vielen Mut, aktiv aufzubegehren. Vor allem die **ländliche Bevölkerung** wehrt sich mittlerweile gegen Ungerechtigkeiten bei der Landreform oder beim Bau von Staudämmen, wenn das überspülte fruchtbare Ackerland durch minderwertige Böden kompensiert werden soll. Aber auch die **Stadtbevölkerung** fordert immer deutlicher ihre demokratischen Rechte ein. Der Kampf um die neue Verfassung mobilisierte breite Bevölkerungsschichten. Auch die widersprüchlichen Reaktionen der Regierung während der Wirtschaftskrise wurden in der Presse heftig kritisiert und Forderungen nach dem Rücktritt des Premiers laut und unmißverständlich geäußert.

Nach jahrelanger Arbeit zeigt die staatlich propagierte **Familienplanung** Erfolge und kann anderen asiatischen Ländern als Vorbild dienen, denn das Bevölkerungswachstum von einstmals über 3% ist mittlerweile bei nur 1,1% angelangt. Die Aufklärungskampagnen und Maßnahmen gegen Aids (Meldepflicht, Verpflichtung der Prostituierten zum Gebrauch von Kondomen) sind zwar im Vergleich zu anderen Ländern Asiens vorbildlich, wurden allerdings zu spät initiiert und können das rasant wachsende Problem nicht an der Wurzel packen.

Die Außenpolitik

In der Außenpolitik war Thailand seit dem Ende des 2. Weltkriegs bis in die 70er Jahre auf streng antikommunistischem Kurs und mit den USA militärisch verbündet. Thai-Soldaten kämpften in Korea und Vietnam. Unter Kriangsak begann eine vorsichtige **Annäherung** an die Nachbarn im Osten: Vietnam, Laos und Kambodscha. Damit wurde dem traditionellen Ziel der Außenpolitik Thailands, die Unabhängigkeit durch realistische Beziehungen zu den drei wichtigen Großmächten Sowjetunion, China und den USA zu bewahren, Rechnung getragen.

Zudem ist Thailand Mitglied in der Bewegung der Blockfreien Staaten und im südostasiatischen Wirtschaftsverband ASEAN. Die Auflösung des Ostblocks erleichterte in den 90er Jahren den Ausbau der Wirtschaftsbeziehungen zu den ehemals sozialistischen Nachbarstaaten. 1994 konnte die erste Mekong-Brücke zwischen Thailand und Laos eröffnet werden.

Wirtschaft

Spätestens während der Wirtschaftskrise 1997/98 wird vielen Menschen in Thailand die Bedeutung der internationalen finanziellen Verflechtungen deutlich. Die hohe **Auslandsverschuldung** von 95 Milliarden US$, strikte Auflagen des IWF und zahlreiche Pleiten machen sich zunehmend im Alltag bemerkbar. Nicht nur zahlungsunfähige Reiche müssen ihre Mercedes-Karossen und Landhäuser abstoßen – was höchst medienwirksam bei einem „Flohmarkt für Millionäre" in Bangkok geschieht –, auch die weniger Begüterten schnallen den Gürtel enger. Viele Restaurants bleiben leer, und Luxusboutiquen schließen ihre Pforten.

Importe werden gedrosselt, während die angekurbelte **Exportwirtschaft** das Defizit verringern helfen soll. Allerdings entspricht die Reisernte aufgrund der Dürre nicht den Erwartungen, so daß eine wichtige Quelle für harte Währungen weniger ertragreich als erwartet sprudelt. Im **Tourismus** locken die günstigen Preise zwar mehr Besucher aus Europa an, die kauffreudigen Touristen aus den ebenfalls krisengeschüttelten Nachbarländern bleiben jedoch aus.

Bereits 1996 zogen dunkle Wolken am Horizont auf, als einige **Immobiliengesellschaften** aufgrund fallender Preise und unverkäuflicher Bauprojekte Konkurs anmelden mußten. Durch ausstehende fällige Kredite und die Flucht von ausländischem Kapital kam es zu finanziellen Engpässen bei **Banken** und **Finanzierungsgesellschaften**. Kreditzinsen und Auslandsverschuldung steigen so rapide an wie die Börsenkurse fielen, so daß im August 1997 der IWF mit Kreditzusagen in Höhe von 17,2 Milliarden US$ und strikten Auflagen eingreifen mußte. Zum Jahresende wurden von der Regierung 56 Finanzierungsgesellschaften geschlossen. Anderen Forderungen des IWF steht die Regierung kritisch gegenüber, ist aber generell bemüht, sie zu erfüllen.

Um die Kassen der Banken und Firmen zu füllen, offeriert man einerseits finanzkräftigen internationalen Unternehmen **Beteiligungen**, möchte aber andererseits die Kontrolle und Entscheidungsgewalt behalten. Es ist noch nicht absehbar, welche Folgen die Krise auf die **Wirtschaftsstruktur** haben wird. Allerdings rechnet man mit einer Pleitenwelle, zunehmender Arbeitslosigkeit und höheren Preisen. Unter diesen Bedingungen kehrt ein Großteil der Menschen, die ihre Arbeitsplätze in der Industrie verloren haben und aus den armen ländlichen Regionen stammen, in ihre Dörfer zurück, wo ein Fleckchen Land auch eine größere Familie wenigstens notdürftig ernährt.

Noch immer lebt die Hälfte der thailändischen Bevölkerung von der **Landwirtschaft**. Neue Arbeitsplätze wurden jahrelang nur von der **Industrie** geschaffen, in der etwa 15% der Erwerbstätigen arbeiten. Mittlerweile liegt der Anteil der industriellen Produktion am Bruttoinlandsprodukt bei 39%. In der Landwirtschaft werden dagegen nur 10% des Bruttoinlandsproduktes erwirtschaftet. Während das **Bruttosozialprodukt** 1992 noch bei US$1840 pro Kopf lag, betrug es 1997 bereits US$2740 (zum Vergleich: Indien US$340, Deutschland US$23 975) – ein Resultat des durchschnittlichen jährlichen Wirtschaftswachstums von 8,4% zwischen 1990 und 1995. 1996 lag das Bruttoinlandsprodukt allerdings schon unter 7% und sank mit Beginn der Krise 1997 auf 0,3% ab. Für 1998 rechnet man gar mit einem weiteren Rückgang auf –1,5%.

Reis Der Reisanbau bildete seit der Einwanderung der Thai-Stämme die Grundlage der Gesellschaft. Im Laufe der Jahrhunderte wurden die Flußniederungen kultiviert, die durch die alljährlich über die Ufer tretenden Flüsse neue Nährstoffe erhielten.
Mitte des 19. Jahrhunderts begann Siam Reis zu exportieren, was zu einer Umstrukturierung der auf Selbstversorgung orientierten Landwirtschaft führte. Anbau, Transport und Verarbeitung von Reis bestimmte das wirtschaftliche Geschehen der 20er und 30er Jahre. Der Handel ließ in Bangkok einige Reisbarone chinesischen Ursprungs zu Wohlstand gelangen. Obwohl sich das Land rasch zu einem der größten Reisexporteure der Welt entwickelte, behielt man die überlieferten landwirtschaftlichen Anbaumethoden bei. Investitionen in die Intensivierung der Landwirtschaft hielten sich in Grenzen, so daß die Hektarerträge gleich blieben oder gar sanken, was zwangsläufig zu einer Ausdehnung der Anbauflächen führte.

Landwirtschaft heißt in Thailand hauptsächlich Feldbau. Fleischproduktion wird nur in relativ kleinem Umfang betrieben. Andererseits ist die Zahl kommerziell betriebener Tierzuchtbetriebe im letzten Jahrzehnt enorm gestiegen. Noch bis in die 50er Jahre wurde in erster Linie Naßreis angebaut, das Haupt-Nahrungsmittel in Thailand. Um die rasch anwachsende Bevölkerung zu ernähren, wurden nach dem 2. Weltkrieg Berghänge und schlechte Böden kultiviert, die sich nicht für den Reisanbau eignen. Hier pflanzte man neue Kulturpflanzen mit geringeren Ansprüchen an Bodenqualität an wie Zuckerrohr, Mais, Cassava, Tapioka und Kenaf. In der Umgebung der Städte stieg die Produktion von Obst und Gemüse. Vor allem im Süden erstrecken sich riesige Ananas- und Gummibaumplantagen. Mittlerweile ist Thailand mit fast 2 Mill. Tonnen pro Jahr der weltgrößte Kautschukproduzent.

Zwischen 1985 und 1994 verdoppelte sich das durchschnittliche Einkommen der Thai auf 2321 Baht pro Haushalt im Monat – in den Boomjahren zunächst bei der städtischen Bevölkerung auf 4809 Baht, doch dann vor allem bei der ländlichen Bevölkerung auf 1563 Baht. Denn Dank der Maßnahmen der von den Demokraten geführten Regierung von 1992–94, nämlich den Wohlstand aus dem Zentrum aufs Land zu verteilen, halbierte sich von 1988 bis 1994 der Anteil der Menschen, die unter der Armutsgrenze leben. Im Durchschnitt lebten 1994 noch 11% der ländlichen und 2% der städtischen Bevölkerung unter der **Armutsgrenze** von 441 bzw. 698 Baht pro Person und Monat (berechnet entsprechend den Vorgaben der Weltbank). Die Thammasat Universität in Bangkok setzt die Armutsgrenze für Thailand allerdings bei 573 bzw. 795 Baht an, wonach sich 1994 immer noch 18,7% der auf dem Lande lebenden Menschen nicht ausreichend ernähren konnten.

Über die Hälfte der **industriellen Produktionsstätten** konzentriert sich im Großraum Bangkok. Die bedeutendsten Zweige stellen die Computer- und Halbleiterindustrie, die arbeitsintensive Textilindustrie sowie die Verarbeitung von Nahrungsmitteln und anderer agrarischer Erzeugnisse dar. So erreichte Thailand innerhalb weniger Jahre die Weltspitze als Exporteur von Schalentieren. Relativ neu ist die Zement- und Automobilindustrie, die hauptsächlich im Ausland gefertigte Teile montiert.

Die zunehmende Industrialisierung läßt den **Energiebedarf** des Landes ansteigen. Nur ein Viertel des Bedarfs kann das Land aus eigenen Öl- und Gasvorkommen im Golf von Thailand und dem Indischen Ozean decken. Der Vertrag mit dem Regime in Yangon über die Lieferung von Gas aus den Vorkommen bei Yetagun ist bei Menschenrechtlern und Umweltschützern auf Kritik gestoßen. Durch eine 346 km lange Pipeline, die über das Tenasserim-Gebirge und Kanchanaburi nach Ratchaburi verlegt wird, soll Thailand 30 Jahre lang mit Gas aus dem Nachbarland versorgt werden.

Exporte spielen für die thailändische Wirtschaft eine große Rolle. Bereits 40% des Bruttosozialproduktes wird ausgeführt, wobei ein Wandel von Rohstoffen und Nahrungsmitteln zu Fertigwaren und Industrieprodukten festzustellen ist. 1980 kamen noch 60% aller Exporte aus dem agrarischen Bereich, hingegen stellt 1996 der industrielle Sektor 69% aller ausgeführten Güter. Reis, bis 1986 auf Platz eins, ist mittlerweile auf den sechsten Rang zurückgefallen und von Computerteilen (mit dem stärksten Wachstum), Textilien, Gummi, integrierten Schaltkreisen und Edelsteinen überrundet worden.

Religionen

Buddhismus

Thailand gehört neben Myanmar, Sri Lanka, Kambodscha und Laos zu den buddhistischen Ländern der Theravada-Richtung, die der konservativen Hinayana-Lehre vom „kleinen Fahrzeug" zugehören. Während der Mahayana-Buddhismus (das „große Fahrzeug") der nördlichen Länder China, Japan, Korea und Vietnam viele Wege zur Erlösung akzeptiert, orientieren sich die Lehren des Hinayana-Buddhismus streng an den überlieferten Pali-Schriften.

Obwohl in Thailand die Freiheit der Religionsausübung garantiert wird, ist der Buddhismus eine Art Staatsreligion. In Thailand bekennen sich 85% der Bevölkerung zum Buddhismus, darunter eine konfuzianistische, chinesische Minderheit. Vor allem im Süden leben etwa 7 Mill. Moslems, während Christen und Animisten überwiegend bei den Bergvölkern im Norden zu finden sind.

Kurz nach Sonnenaufgang ziehen die in safrangelben Roben gekleideten Mönche durch die Straßen, um Opfergaben von den Gläubigen – meist in Form von Lebensmitteln – entgegenzunehmen. Mit ihren Spenden erwerben sich die Geber Verdienste für ihr zukünftiges Leben, so daß sie sich ehrfürchtig und wortlos bei den Mönchen für die erwiesene Gunst bedanken.

Ist ein Haus fertiggestellt oder wird ein Geschäft eröffnet, lädt man eine Gruppe von Mönchen ein, die durch ihre Anwesenheit und Gebete Glück bringen sollen. Für die Ausstattung der Tempel ist die Bevölkerung bereit, große finanzielle Opfer zu bringen. Zumindest für einige Monate nehmen die meisten Männer, einschließlich des Königs, und einige Frauen freiwillig das entbehrungsreiche, strenge Klosterleben auf sich. Auch außerhalb der Klostermauern prägt der Buddhismus das Leben.

Buddha

Um 563 vor unserer Zeitrechnung wurde in Lumbini (heute Süd-Nepal), am Fuße des Himalaya, ein Prinz geboren – Siddhartha Gautama. Seine Mutter Mahamaya, die sieben Tage nach der Geburt starb, hatte während ihrer Schwangerschaft einen Traum, daß ein silber-weißer Elefant seitlich in ihren Körper eingedrungen war. Hindu-Priester interpretierten ihn als Hinweis auf die Geburt eines großen Herrschers oder Buddhas. Sein Vater erzog ihn zu seinem Nachfolger und umgab ihn mit allem Luxus.

Im Alter von 16 Jahren heiratete er seine Cousine, eine hübsche Prinzessin, die einen Sohn bekam. Dennoch blieb ihm das menschliche Leid nicht verborgen. Die Legende berichtet, daß er nach dem Anblick eines alten, eines kranken und eines toten Mannes an seinem 29. Geburtstag beschloß, den irdischen Genüssen zu entsagen und als Bettelmönch durch Nord-Indien zu ziehen. Nach sechs Jahren der Meditation und Selbstkasteiungen erlangte er während einer Vollmondnacht 528 v. Chr. durch Meditationsübungen unter einem Bodhi-Baum *(Ficus religiosa)* in dem heutigen Bodh Gaya die Erleuchtung (*bodhi*).

Er begann, im Hirschpark Isipatana nahe Varanasi, den ersten fünf Jüngern seine Erkenntnis von den Vier Edlen Wahrheiten, dem Leiden, seiner Ursache, der Überwindung des Leidens und dem Weg dorthin darzulegen.

Der Edle Achtfältige Pfad

Die Überwindung des menschlichen Leidens erreicht man weder durch Selbstkasteiung noch durch ein ausschweifendes Leben, sondern auf dem „Mittleren Weg" durch den Edlen Achtfältigen Pfad.

Da sich die Welt in ständiger Veränderung befindet, kann nichts von Dauer sein. Entsprechend gibt es keine unveränderlichen Dinge – aus Altem entspringt ständig etwas Neues, das durch das Vorangegangene bedingt ist. Die menschliche Wirklichkeit beginnt schon mit der Geburt als ein schmerzhaftes Dasein – und Leiden bestimmt das weitere Leben und den Tod. Selbst in glücklichen Situationen wird man von Verlustängsten geplagt. Mit dem Tod ergibt sich die Möglichkeit einer neuen Geburt, die wiederum einen neuen Leidenszyklus einleitet. Nur die Erkenntnis vom Ursprung des Leidens und den Möglichkeiten seiner Veränderung ermöglicht es dem Menschen, sich zu befreien.

Der Ursprung allen Leidens liegt in der Begierde nach weltlichen Genüssen und der Unzulänglichkeit, Egoismus und Stolz, die Schwächen seines eigenen Ich, zu beherrschen. Wer ausschließlich nach weltlichen Genüssen strebt, wird die zerstörerischen Kräfte von Haß, Gier, Unzufriedenheit, Angst und Trauer erfahren. Menschen sind ein Produkt ihrer Umwelt. Da sie durch individuelle Erfahrungen und Handlungen geprägt sind, sollten sie die Entwicklung der eigenen Persönlichkeit nicht dem Zufall überlassen sondern selbst in die Hand nehmen. Das Ziel des geistigen Reifeprozesses liegt im Nirvana, in dem man sich von allen Voreingenommenheiten befreit hat. Mit der Loslösung von weltlichen Genüssen und egoistischen Bedürfnissen und dem Bemühen, geduldig, liebevoll, wohltätig, mitfühlend und gütig zu sein, wird man zufrieden und erreicht einen emotional positiven Zustand. Damit ist jeder Mensch in der Lage, zu einem höheren Wissen über den Zustand der Welt zu gelangen und sein Karma zu verbessern.

Dem Ziel nähert man sich durch ständiges Einüben der acht Regeln vom Edlen Achtfältigen Pfad.

Richtige Erkenntnis indem man seine geistigen Fähigkeiten nutzt, um die wahren Probleme der menschlichen Existenz zu verstehen.

Rechtes Denken ohne Haß, Zorn, Begierde, Grausamkeit und Stolz.

Rechte Rede bei der man Lügen und eitle Selbstdarstellung meidet.

Rechte Tat Mönche unterliegen strengeren Verhaltensregeln als Laien, die nicht töten und stehlen, sowie Drogen und sexuelle Ausschweifungen meiden sollten.

Rechter Lebenserwerb man soll sein Geld verdienen ohne anderen Menschen zu schaden.

Rechte Anstrengung um mit seinem Willen und seiner Selbstbeherrschung eine unheilvolle geistige Verfassung zu überwinden.

Rechte Achtsamkeit um durch Vertiefung und Meditation Selbsterkenntnis zu erlangen.

Rechte Konzentration damit man lernt, sich in Gedanken zu vertiefen ohne abzuschweifen.

Nur so nähert man sich dem Nirvana, dem vollendeten Zustand der Ruhe und des Glücks im Leersein, der jenseits der erfahrbaren räumlichen wie zeitlichen Realität liegt. Die Legende berichtet, daß Buddha 500 Lebenszyklen benötigte, um das Nirvana, die letzte Realität, zu erreichen. Diese Erkenntnis von der Wahrheit (*dharma*) gab Buddha, der Erleuchtete, an seine Mönchsgemeinde (*sangha*) weiter. Er verbreitete zusammen mit seinen Jüngern in vielen Städten des Ganges-Tales seine Erkenntnis, bis er im Alter von 80 Jahren starb.

Buddhismus in Thailand

256 Jahre nach Buddhas Tod nahm der über den indischen Kontinent herrschende, mächtige Kaiser Ashoka die Lehre an. Er sorgte für ihre Verbreitung weit über Indien hinaus. Die mündlich überlieferten Regeln wurden erst 400 Jahre nach Buddhas Tod schriftlich auf Palmblätter in der Pali-Schrift festgehalten. Diese Aufzeichnungen sind als *Tripitaka*, Dreikorb, bekannt, da sie in drei Körben aufbewahrt wurden. Bereits während der ersten 300 Jahre nach Verkündung der Lehre spaltete sich der Buddhismus in die sogenannten 18 Schulen. Als Überlieferer der alten Schule gilt der Theravada-Buddhismus.

Buddhistische Mönche gelangten bis zu den Mon, deren Reiche sich von Süd-Burma bis in die Gegend von Nakhon Pathom erstreckten. Im 8. Jahrhundert entstand in Lamphun das buddhistische Mon-Königreich Haripunchai, während dieser Zeit waren Thaton und Pegu die Zentren der dem Mahayana-Buddhismus zugehörigen Mon in Burma.

In Thailand erlangte der Buddhismus erst Bedeutung, unter König Ramkhamhaeng. Der König ließ Mönche aus Ceylon kommen, um die reine buddhistische Lehre der Hinayana-Richtung, des „kleinen Fahrzeugs“, zu verbreiten. Während der folgenden Jahrhunderte waren die Könige bedeutende Förderer des Buddhismus, und noch heute bestehen enge Verbindungen zwischen dem Staat und der Sangha. Der thailändische König ernennt das religiöse Oberhaupt des Landes, wobei der Patriarch allerdings zuvor von Vertretern der beiden buddhistischen Sekten des Landes, Mahanikaya und Dhammayuttika-Nikaya, gewählt wird. Auch bei den großen religiösen Festen kommt dem König eine wichtige Rolle zu.

Neben der streng an den Pali-Schriften orientierten Lehre wurden vom Volksglauben Geister, mystische Einflüsse, Erzählungen und Legenden aus vorbuddhistischer Zeit mit übernommen, was besonders in der religiösen Kunst und Literatur zum Ausdruck kommt. Nats, die als Verkörperung unheilverbreitender Seelen von Verstorbenen gelten, findet man in vielen Tempeln. Neben jedem Haus wird für die Schutzgeister ein eigenes kleines „Geisterhäuschen“ errichtet. Sogar in buddhistischen Tempeln haben Amulett-Verkäufer und Handleser ihren festen Platz.

Das Klosterleben

Doch noch immer stellt die Gemeinschaft der Mönche (*sangha*) die Verkörperung der reinen Lehre dar. Viele männliche Thai treten mindestens einmal in ihrem Leben ins Kloster ein. Mit Beginn der Regenzeit bereiten sich viele junge Männer, die meist das 20. Lebensjahr vollendet haben, auf das Klosterleben vor. Für sie ist die mit der Ordination beginnende dreimonatige Zeit als Mönch der symbolische Übergang in die Welt der Erwachsenen. In 40 000 Tempeln leben über 240 000 Mönche und 100 000 Novizen (junge, noch nicht volljährige Mönche) und unterwerfen sich den 227 strengen buddhistischen Regeln. Sie verzichten unter anderem auf jedes Eigentum, dürfen weder Menschen noch Tiere verletzen, nicht in bequemen Betten schlafen, singen oder tanzen, kein Parfum benutzen und müssen ein striktes Zölibat befolgen. Ihre Mahlzeiten, die sie nur vor 12 Uhr mittags und nach Sonnenuntergang einnehmen dürfen, erhalten sie am frühen Morgen von den Gläubigen. Mönche sollen sich von allen irdischen Verlockungen lösen, so durften sie ursprünglich nicht einmal mit einer Frau sprechen.

Dorfklöster sind nicht nur religiöse Zentren, sondern auch kostenlose Herbergen für die Alten, Waisen und Reisenden. Zudem stellen sie eine Alternative zum öffentlichen Schulsystem dar. Viele Bauernsöhne bleiben

Mönch, um nach der 4–6jährigen Grundschulzeit eine weiterführende Bildung zu erhalten. Gerade im 20. Jahrhundert ist es zu einer zunehmenden Verschulung des Mönchsordens gekommen. Die Sangha unterhält in Bangkok zwei buddhistische Universitäten, wo auch weltliche Studienkurse angeboten werden, soweit sie mit dem Leben der Mönche in irgendeinem Zusammenhang stehen. So macht man zum Beispiel die Mönche mit den sozialen Problemen der ländlichen Entwicklung vertraut. Mit der Ordination zum Mönch wird jeder Thai zu einer geehrten und respektierten Persönlichkeit, und es entspricht selbst der Würde des Königs, einem Bauernsohn als Mönch Respekt zu bezeugen. Das beruht auf der Tatsache, daß der Mönch nicht als Individuum, sondern als Vertreter des buddhistischen Ideals angesehen wird. Um ihre individuellen Züge zu verbergen, halten Mönche bei bestimmten Ritualen fächerartige Schirme vor ihr Gesicht.

Das Klosterleben steht den Frauen nur eingeschränkt offen. Buddhistische Nonnen gehören weder einem Orden an noch können sie Rechte und Privilegien beanspruchen. Während es im ursprünglichen Buddhismus dafür keinerlei Rechtfertigung gibt, ist zu späteren Zeiten versucht worden, die Lehre entsprechend zu interpretieren.

In der modernen großstädtischen Gesellschaft spielt, wie im Westen, Religion eine immer geringere Rolle. Wenige Jugendliche lassen sich ordinieren. Man schätzt die philosophische Komponente des Buddhismus, die Meditation als geistige Erneuerung, die den Alltagsstreß leben hilft, und charismatische Mönche für ihre geistige Macht. In der schnellebigen Gesellschaft bleibt wenig Zeit für Tempelbesuche, man verläßt sich lieber auf religiöse Amulette, die neben Buddha oder berühmten Mönchen auch König Chulalongkorn – den westlich orientierten Reformer – darstellen. Die Verbesserung des Karmas tritt dabei häufig hinter der Aufstockung des Bankkontos zurück.

Buddhismus und Tourismus

- Prinzipiell sollte jeder die Religion seines Gastlandes respektieren, egal welche Meinung man selbst darüber hat. Es sollte selbstverständlich sein, daß man einen Tempel nur ordentlich bekleidet betritt und die Schuhe auszieht.
- Buddha ist immer eine heilige Person, und es gilt als äußerst unschicklich, eine Buddha-Statue an einem ihr nicht angemessenen Ort zu plazieren.
- Im Tempel darf man keine Buddha-Statuen berühren und schon gar nicht für Erinnerungsfotos darauf posieren.
- Es ist üblich, daß Besucher eines Tempels eine Spende für den Erhalt der Anlage hinterlassen.
- Mönche werden verehrt. Man grüßt sie mit einem besonders höflichen, tiefen *wai*, läßt ihnen den Vortritt und geht nicht neben, sondern einen Schritt hinter ihnen.
- Frauen sollten Mönchen gegenüber zurückhaltend sein, ihnen nichts direkt überreichen, sie nicht berühren, sich nicht neben sie setzen oder mit ihnen fotografieren lassen.
- Während morgens zur Zeit des Sonnenaufgangs die Mönche durch die Straßen ziehen, um Opfergaben einzusammeln, sollte man sie nicht stören.
- Gibt man einem Kloster oder einem Mönch eine Spende, sollte man sie mit beiden Händen geben. Einen Dank darf man nicht erwarten. Normalerweise danken die Gläubigen für die Annahme der Spende, da ihnen so eine gute Tat ermöglicht wurde.
- Für Buddhisten ist der Kopf (im Gegensatz zum Fuß) ein heiliger Körperteil. Deshalb sollte man nie einem erwachsenen Thai an den Kopf fassen, ihm die Füße entgegenstrecken, die Füße aufs Armaturenbrett im Bus legen oder Gepäckstücke ins Gepäcknetz über die Köpfe der Mitreisenden wuchten, ohne sie vorher zu fragen.

Tempel für Ausländer

Die folgenden Klöster in Bangkok und Umgebung sowie im Süden Thailands nehmen Ausländer auf.
Jeder der Tempel hat unterschiedliche Unterkünfte, Essensauswahl und verschiedene Restriktionen im Tagesablauf – alle besitzen ein Vipassana-Meditationszentrum.
Weitere Informationen enthält das Buch von Joe Cummings: *The Meditation Temples of Thailand: A Guide* (Wayfarer Books 1990).

Wat Mahathat:	Bangkok (Sanam Luang)
Wat Dharma Mongkol, Wat Vajira Dharma Sathit:	Bangkok (Sukhumvit Soi 101)
Wat Bovonives (Wat Bovorn):	Bangkok (Banglampoo)
Wat Pak Nam Phasi Charoen:	Thonburi (Therdai Rd.)
Wat Pleng Vipassana:	Thonburi (Charoen Sahitwong Rd.)
Wat Cholaphratan Rangsarit:	Pak Kret, Provinz Nonthaburi
Wat Asokaram:	Samut Prakan
Wat Vivekasrom:	Chonburi
Wat Bunkanjanaram:	Pattaya
Wat Suan Moke:	bei Chaiya
Wat Sukontawas:	Nasan, in der Nähe von Surat Thani
Wat Khao Tham:	Ban Tai auf Ko Pha Ngan

Islam

Der Islam ist die Lehre des Propheten Mohammed, wie sie im 7. Jahrhundert christlicher Zeitrechnung in Arabien verkündet wurde. Mohammed selbst wird als der letzte einer Reihe von Propheten verstanden (Adam, Moses, Noah, Jesus usw.). Im Jahr 622 n.Chr. mußte er von Mecca nach Medina fliehen. Mit diesem Jahr beginnt die islamische Zeitrechnung.

Grundlage des Islam ist der Glaube an einen einzigen Gott („Es gibt keinen Gott außer Allah, und Mohammed ist sein Prophet"). Allah als alleiniger Gott ist der Schöpfer, Erhalter und Erneuerer aller Dinge. Der Wille Allahs, dem sich der Mensch zu unterwerfen hat, ist im heiligen Buch, dem Koran, ausgedrückt. Er wird als Wort Gottes betrachtet, das Mohammed durch den Engel Gabriel verkündet wurde. Unterteilt in 114 Suren beschreibt der erste Teil die ethische und geistige Lehre sowie das Jüngste Gericht; die restlichen Suren befassen sich mit der Soziallehre und den politisch-moralischen Prinzipien, durch die sich die Gemeinschaft der Gläubigen definiert.

Von Beginn an hatte der Islam eine soziale Komponente, die sich in der Gleichheit und Brüderschaft der Gläubigen manifestierte. So gibt es im idealen islamischen Staat keinen Widerspruch zwischen weltlicher und religiöser Macht und zwischen gesellschaftlichem Sein und religiösem Bewußtsein. Dieser duale Charakter – religiös und sozial – war allen damals bestehenden Religionen überlegen. Christen und Juden wurden, da auch sie Heilige Bücher besaßen, toleriert, die Ungläubigen mußten aber im Heiligen Krieg *(jihad)* zum wahren Glauben gebracht werden.

Erstaunlich ist die Ausbreitung des Islam in den ersten Jahrhunderten nach Mohammeds Tod. Ein großer Teil des damals bekannten Erdballs von Spanien bis Indien und Zentral-Asien wurde für den Islam erobert. Arabische, persische und indische Händler brachten den Glauben auch in die hinduistischen und buddhistischen Großreiche Südostasiens.

Die **Fünf Grundpfeiler des Islam** wurden schon kurz nach dem Tod des Propheten aufgestellt, um die Wesensmerkmale des Glaubens darzulegen:

Glaubensbekenntnis *(taschahhud)* – „Es gibt keinen Gott außer Allah, und Mohammed ist sein Prophet." Das Bekenntnis, worauf sich die Zugehörigkeit zur Gemeinschaft gründet, muß mindestens einmal im Leben aufgesagt werden – laut und fehlerfrei, und der Gehalt muß vom Geist und vom Herzen vollständig verstanden werden.

Gebet – Obwohl der Koran nur drei tägliche Gebete nennt, werden im Zweiten Grundpfeiler der Lehre fünf Gebete vorgeschrieben. Der Muezzin in der Moschee ruft die Gläubigen zum Gebet. Vor jedem Gebet müssen die Hände, das Gesicht und die Füße gewaschen werden. Der Imam steht vor den Gläubigen, nach Mecca gewandt, und rezitiert Suren aus dem Koran. Zweimal müssen die Gläubigen auf die Knie fallen und „Gott ist groß" *(Allahu akhbar)* ausrufen. Nach der reinen Lehre müssen diese fünf täglichen Gebete ausgeführt werden, obwohl sich heute selbst überzeugte Muslime nicht daran halten. Einen besonderen Stellenwert besitzen die Freitagsgebete.

Zakat – Der Koran schreibt eine jährliche Abgabe oder Steuer vor. Sie ist in der Heiligen Schrift exakt festgelegt: Getreide und Früchte werden mit 10%, wenn das Land künstlich bewässert wird mit 5% belastet. Auf Bargeld und Edelmetalle werden 2 1/2% Zakat erhoben. In den meisten islamischen Ländern wird diese Abgabe, die nach dem Koran in erster Linie für die Armen verwendet werden soll, auf freiwilliger Basis eingezogen.

Fasten – Im neunten Monat des islamischen Kalenders *(Ramadan)* ist ein tägliches Fasten von Sonnenauf- bis Sonnenuntergang vorgeschrieben. Während des Tages darf nicht gegessen, getrunken oder geraucht werden.

Hadsch – Mindestens einmal in seinem Leben sollte ein Moslem die Pilgerfahrt nach Mecca unternehmen, „vorausgesetzt, daß man es sich leisten kann" und daß die zurückgebliebene Familie in der Abwesenheit des Pilgers genügend Mittel zur Verfügung hat. Höhepunkt einer jeden Pilgerreise ist der Besuch der Kaaba, eines viereckigen, aus dem Stein der Berge Meccas erbauten Gebäudes inmitten der Großen Moschee. Nach uraltem Brauch wird das Heiligtum mit schwarzen Brokatstoffen umhüllt. In der östlichen Ecke der Kaaba steht der berühmte schwarze Stein, den die Pilger berühren und küssen. Ähnlich wie in anderen islamischen Ländern wird auch in Malaysia die Hadsch, die nach dem muslimischen Kalender im letzten Monat des Jahres stattfinden muß, von offiziellen Institutionen unterstützt.

Obwohl die Bevölkerung der malaiischen Halbinsel vor mehreren hundert Jahren islamisiert wurde, haben sich alte **Traditionen und Tabus** aus animistischer und hinduistischer Vorzeit erhalten. Übernatürliche Wesen, Geister, Feen und Gespenster spielen in vielen Lebenssituationen der malaiischen Dorfbevölkerung eine wichtige Rolle und werden nicht als Widerspruch zum monotheistischen Islam begriffen. Geister sind allgegenwärtig, hausen in Tieren, Pflanzen, Bäumen und auf Bergen. Aber auch im Kopf eines Menschen versammeln sich die Schutzgeister, die nicht verärgert werden dürfen. Jeder Malaie ist daher äußerst ärgerlich, wenn man seinen Kopf oder sein Haar berührt, denn das schreckt die Geister auf.

Das Konzept der gegenseitigen Achtung ist auf alte animistische Traditionen zurückzuführen. Ein Malaie wird seinen Nachbarn nie verachten, denn dadurch würde er sich den Zorn der nachbarlichen Hausgeister zuziehen, die ihrem Herrn zu dienen haben. Auch viele Krankheiten versteht man als das Werk böser Geister. Um sie zu heilen, wird der *dukun,* eine Art traditioneller Medizinmann, gerufen. Ernstere Krankheiten behandelt der *pawang* oder *bomoh*. In Zeremonien, die sich über Tage hinziehen können, versucht er, die bösen Geister, die den Patienten befallen haben, auszutreiben.

Unter **Tabus** versteht man Aktionen oder Verhaltensweisen, die den Mitgliedern einer Gesellschaft oder gesellschaftlichen Gruppen verboten sind.

Um nur zwei Beispiele aus der unendlichen Liste gesellschaftlicher Tabus zu nennen: Babies dürfen nachts nicht an einem Stück Zuckerrohr kauen, denn damit saugen sie das Blut aus ihren Müttern, die daraufhin sterben müssen. Oder: Wer ein *ketupat* (Reis in Kokosnuß- oder Palmblättern gewickelt) ißt, darf das Päckchen nicht achtlos aufreißen, denn sonst verläuft er sich später.

Viele Tabus werden noch heute strikt eingehalten, andere eher vernachlässigt oder sind in Vergessenheit geraten. Ausländischen Gästen wird jeder Malaie mit Nachsicht begegnen, wenn sie sich „falsch" verhalten oder ein Tabu nicht berücksichtigen, trotzdem sollten Traveller die Konventionen ihrer Gastgeber unbedingt respektieren.

Kunst und Kultur

Kunstepochen

Die Kunst und Kultur Thailands ist in erster Linie durch den Buddhismus geprägt. Daneben haben animistische und hinduistische Überlieferungen aus früherer Zeit ebenso die Entwicklung der Künstler beeinflußt wie die alten chinesischen und indischen Kulturreiche.

Die Künstler waren vor allem für die Ausschmückung der Tempel zuständig. Entsprechend bestehen die Sammlungen der Museen aus religiösen Gegenständen. Vieles ist im Laufe der Geschichte dem zersetzenden tropischen Klima, Bränden oder Kriegen zum Opfer gefallen, vor allem Holzschnitzereien, Textilien und Holzgebäude, während steinerne Tempel und aus Metall gefertigte Buddha-Figuren überlebt haben. Daneben wurden zu allen Zeiten alte Bauwerke und Skulpturen wieder bearbeitet und dem Zeitgeschmack angepaßt oder verblichene Wandmalereien übermalt. Nicht selten wurden mehrere Chedis übereinander errichtet, denn mit der Produktion neuer Kunstwerke erwarb man sich einen größeren Verdienst als mit dem Restaurieren verfallener Werke. Dennoch zeugen noch heute zahlreiche Skulpturen und Tempelruinen von dem ästhetischen Empfinden der Menschen vergangener Jahrhunderte und beeindrucken die Betrachter durch ihre hohe künstlerische Qualität und Ausdruckskraft.

Kunstepochen in Thailand

1.– 6. Jh.	Indische Einflüsse
6.–11. Jh.	Dvaravati / Mon
8.–13. Jh.	Srivijaya
8.–13. Jh.	Srivijaya (Süden)
8.–14. Jh.	Lopburi / Khmer (8.–10. Jh. früh; 11.–13. Jh. mittel; 13.–14. Jh. spät)
13.–15. Jh.	Sukhothai (13.–14. Jh. früh, 14.–15. Jh. spät)
? –14. Jh.	Haripunchai (Norden)
? –13. Jh.	Lanna (Norden)
14.–16. Jh.	Chiang Saen (Norden)
14.–15. Jh.	U Thong (A: Lopburi-Stil, B: verfeinerter Lopburi-Stil, C: Sukhothai-Einfluß)
14.–18. Jh.	Ayutthaya
18.–20. Jh.	Bangkok / Ratanakosin

Vor der Gründung des Thai-Reiches

Früheste **steinzeitliche Funde**, die bis zu 1 Million Jahre alt sind, wurden in der Provinz Kanchanaburi gemacht. Nahe dem Dorf Ban Chiang im Nordosten Thailands entdeckte man bis zu 7000 Jahre alte Tonscherben, Waffen, Schmuck und andere Hinterlassenschaften einer der ältesten Siedlungen Südostasiens. Bereits vor 4500 Jahren, früher als in China und Indien, stellte man hier Werkzeuge und Waffen aus Bronze her.

Im ersten Jahrtausend unserer Zeitrechnung hatten sich bereits kulturell hochstehende Reiche entwickelt. Der Süden Thailands stand im 8. Jahrhundert unter dem Einfluß des **Srivijaya**-Reiches von Palembang (Süd-Sumatra), eines der ersten buddhistischen Reiche, dessen Kunst stark von indischen Einflüssen geprägt war. Bereits früher hatten sich in Zentral-Thailand (Nakhon Pathom, Lopburi, U Thong), im Irrawaddy-Delta und Tenasserim-Gebirge zahlreiche Mon-Fürstentümer zu einem lockeren Verband im **Dvaravati**-Reich zusammengeschlossen. Die Skulpturen und Bauwerke aus jener Zeit sind durch eine klare Linienführung sowie symmetrische, stark stilisierte Muster gekennzeichnet. Die Buddha-Statuen, überwiegend in stehender Haltung, wirken recht massiv und breitflächig. Typisch sind die spiralenförmigen, großen Locken der Köpfe sowie die zusammenlaufenden, wellenförmig geschwungenen Augenbrauen.

Die erstarkenden Khmer in Kambodscha begannen im 9. Jahrhundert ihren Machtbereich zu festigen und nach Westen hin auszudehnen. Sie verdrängten die Mon und beherrschten die Flußebene des Menam Chao Phraya, bis sie im 13. Jahrhundert von den Thai zurückgedrängt wurden. In Phimai, Lopburi, Sukhothai und an anderen Orten sind Zeugnisse der vom Mahayana Buddhismus beeinflußten Khmer-Architektur erhalten geblieben, die als **Lopburi**-Stil bezeichnet wird. Typisch sind die reich dekorierten Tempeltürme, die Prangs. Auf einem rechteckigen Unterbau sitzt ein phallusförmiger Turm, dessen Nischen vor allem Buddha-Figuren zieren. Daneben sind Türstürze und Fenster mit figürlichen Darstellungen reich dekoriert. Die Buddha-Bildnisse aus jener Epoche weisen, ebenso wie die Bildnisse anderer Gottheiten, stark individuelle Züge auf. Häufig tragen sie Hals- und Armketten sowie einen kegelförmigen Kopfschmuck, dessen Abschluß am Haaransatz parallel zu den fast geraden Augenbrauen verläuft. Die wulstigen, großen Lippen und flachen, breiten Nasen geben dem rechteckig geformten Gesicht einen strengen Ausdruck.

Parallel dazu entwickelte sich im nördlichen **Lanna**-Reich ein eigener Kunststil. Bereits vor der Gründung von Sukhothai hatten die Thai in der Gegend von **Chiang Saen** unter dem Einfluß der benachbarten Burmesen und des Mon-Reiches **Haripunchai** einen stark indisch geprägten Stil entwickelt.

Sukhothai-Periode

Mit der Gründung von Sukhothai durch den Thai-König Ramkhamhaeng war die Grundlage für die Entwicklung einer eigenen **Thai-Kultur** geschaffen. Typisch für die Tempelarchitektur der Sukhothai-Zeit ist der Lotosknospen-Turm. Die Buddha-Skulpturen vollziehen einen deutlichen Wandel, indem der Khmer-Stil fast völlig umgekehrt wird. Die Gesichter erhalten einen fast weiblichen, verklärten Gesichtsausdruck.

Die spiralförmigen Haarlocken türmen sich über dem ovalen Gesicht in Form einer Stupa und enden in einer stilisierten Flamme. Über einer langen, spitzen Nase vereinigen sich die hochgeschwungenen Augenbrauen, die Lider sind halb geschlossen, während die Mundwinkel leicht nach oben gezogen sind. Die harmonisch fließenden Linien zwischen Kopf und Körper werden durch die langen, nach außen geformten Ohrläppchen unterstützt.

U-Thong- und Ayutthaya-Periode

Nach dem Zerfall von Sukhothai übernahm vom 14. bis zum 18. Jahrhundert das **Königreich Ayutthaya** im zentralen und südlichen Thailand auch in der Kunst die führende Rolle. In der frühen Ayutthaya-Periode bis zum 15. Jahrhundert, auch U Thong-Periode genannt, nahm man Elemente des Khmer- und Sukhothai-Stils auf. Mit dem Erstarken der Großmacht traten diese Stilelemente in den Hintergrund.

Von größtem Einfluß auf die buddhistische Kunst war der Königshof. Es entwickelte sich ein prunkvoller Stil. Man stand auch neuen europäischen Einflüssen nicht ablehnend gegenüber. Tempel wurden mit überdimensionalen Wandmalereien ausgestattet. Ornamente, Gold und Edelsteine schmückten die Buddha-Skulpturen, die im 18. Jahrhundert sogar in kopierte Königsgewänder gekleidet wurden. Sie veränderten ihren Ausdruck von der religiösen Entrücktheit der Sukhothai-Periode zu einer majestätischen, erhabenen Distanz. Allerdings wurden Kunstwerke vielfach bereits in großen Mengen hergestellt und verloren an künstlerischer Ausdruckskraft.

Bangkok-Periode

Mit der Zerstörung von Ayutthaya durch die Burmesen 1767 wurden nicht nur viele Kunstwerke und Schätze, sondern auch Handwerker und Künstler nach Burma verschleppt, die dem Land zu einer erneuten Blüte verhalfen. Die Chakri-Dynastie in Siam begann damit, der neuen Hauptstadt Bangkok wieder etwas Pracht der zerstörten Königsstadt zu verleihen. 1785 begann man mit dem Bau des Königstempels, Wat Phra Keo. Chinesische und europäische Einflüsse werden seit der Mitte des 19. Jahrhunderts aufgenommen und wie selbstverständlich integriert. Gutes Beispiel ist der Königspalast von Bangkok – ein Bauwerk in neoklassizistischer Bauweise mit einem gestaffelten Dach im typischen **Ratanakosin-Stil**, dem Bangkok-Stil der vergangenen 200 Jahre.

Buddhistische Tempel

Der buddhistische Tempel hat verschiedene Funktionen zu erfüllen: Er dient den Gläubigen als Ort für Meditationen, religiöse Zeremonien, Feierlichkeiten und Gebete, den Mönchen als Wohnbereich und Bibliothek, der Dorfbevölkerung als Versammlungsort, Wanderern als Ruhestätte und Übernachtungsmöglichkeit. Die Anlage steht Frauen und Männern, Gläubigen wie Ungläubigen offen, sofern sie die religiöse Stätte respektieren.

Entsprechend der vielfältigen Funktion besteht normalerweise eine Tempelanlage, in Thailand **Wat** genannt, aus mehreren Gebäuden, die von einer Mauer umschlossen sind: Schon von weitem erkennt man einen Tempel an dem glockenförmigen, spitz zulaufenden Turm, dem **Chedi** (Thailand) – je nach Region und Kultur-Epoche auch **Pagode** (Burma), **Dagoba** (Sri Lanka), **Stupa** (Indien, Nepal) oder **Prang** (Khmer) genannt. Er geht auf hinduistische Ursprünge zurück und beherbergt häufig eine Reliquie Buddhas. Man umschreitet ihn immer entgegen dem Uhrzeigersinn. Manche Tempeltürme sind begehbar, wobei Frauen in bestimmten Bereichen oft nicht zugelassen sind.

Das religiöse Zentrum bildet ein **Bot**, die Gebetshalle. Der weite Innenraum ist mit vielen, kleineren Skulpturen dekoriert, und die Wände schmücken häufig Wandmalereien oder Ornamente. Im Mittelpunkt dieses heiligen Bezirkes steht eine große Buddha-Statue. Im Bot werden religiöse Zeremonien abgehalten. Die Gläubigen sitzen dabei auf dem Boden, die Füße weisen respektvoll nach hinten. In Nord-Thailand gilt ein Bot manchmal als so heilig, daß er von Frauen nicht betreten werden darf. Daneben gibt es eine oder mehrere Seitenkapellen, **Viharn**, in denen sich Mönche versammeln und die Gläubigen beten sowie ein kleines Bibliotheksgebäude, **Mondhop** genannt, das zum Schutz häufig auf einem hohen Unterbau steht und **Sala**, offene Pavillons, die Tempelbesuchern einen schattigen Rastplatz und Schutz vor Regen bieten. Der Klosterbezirk, in dem die Mönche leben, ist von diesen Gebäuden abgetrennt oder grenzt an sie an.

Während man in Burma bereits die Schuhe auszieht, wenn man eine Tempelanlage betritt, wird das in Thailand erst notwendig, wenn man in ein Tempelgebäude geht.

Buddha-Statuen

Jahrhundertelang wurden Buddha-Statuen in Stein gemeißelt, aus Holz geschnitzt, aus Ziegelstein gefertigt und mit Gips überzogen, aus Bronze, Kupfer oder Gold gegossen. Daneben wurden auch hinduistische Götter und animistische Geister in Plastiken und Reliefs dargestellt, blieben jedoch zweitrangig. Obwohl sich die künstlerischen Stilrichtungen und technischen Möglichkeiten im Laufe der Jahrhunderte gewandelt haben, ist die Darstellung von Buddha, dem Erleuchteten, an strengen Prinzipien aus der überlieferten indischen Kunst orientiert. Mit den Buddha-Bildnissen will man, entsprechend der Hinayana-Lehre, nicht die Person darstellen, sondern an die Lehre erinnern.

Von besonderer Bedeutung ist hierbei **Asana**, die Körperhaltung, und **Mudra**, die Handhaltung, als Ausdruck bestimmter Ereignisse und Lebenssituationen Buddhas.

Traditionell werden vier Körperhaltungen dargestellt: sitzend, liegend, stehend und schreitend, wobei die erste am weitesten verbreitet ist und in verschiedenen Variationen vorkommt.

Die symbolischen Handhaltungen haben unterschiedliche Bedeutungen.

Mudra – Handhaltungen Buddhas

Dhyana Der in Meditation versunkene Buddha. Im Schoß ineinander verschränkte Hände mit nach oben weisenden Handflächen.

Abhaya Der furchtlose, segen- und schutzspendende Buddha. Die rechte in Schulterhöhe erhobene offene Hand mit der nach außen gekehrten Handfläche.

Bhumisparsa Der die Erdgöttin als Zeugin anrufende Buddha. Die offene herabhängende Hand bei nach innen gekehrter Handfläche.

Vara Der segengewährende, barmherzige Buddha. Die gleiche Handhaltung wie bei bei Bhumisparsa mit nach außen gekehrter Handfläche.

Vitarka Die erklärende, argumentierende Handhaltung. Die Handfläche zeigt nach außen, die Finger sind leicht gebeugt, wobei sich der Daumen und Zeigefinger berühren und einen Kreis bilden.

Dharmacakra Buddha dreht das Rad der Lehre, des endlosen kosmischen Zyklus, womit an seine erste Predigt im Hirschpark von Isipatana erinnert wird. Beide Hände sind in ähnlicher Haltung wie bei Vitarka vor der Brust mit nach innen gekehrten Handflächen ineinander verschränkt.

Mythologische Figuren

In einigen Plastiken wird der meditierende Buddha auf einer siebenköpfigen Schlange sitzend dargestellt, die ihn mit ihren fächerartig angereihten Köpfen vor einem Unwetter schützt. Die buddhistische Lehre erscheint häufig im Gewand der hinduistischen Mythologie.

Naga, die Dienerinnen Buddhas, sind halbgöttliche Schlangenwesen, die eine Zwischenwelt bewohnen, ein prächtiges, unterirdisches Königreich. Sie können sich mit ihren magischen Kräften in Menschen verwandeln und mit ihnen Kinder zeugen, die stark und mächtig werden. Schlangen, manchmal auch Krokodile (das Naga-Symbol der Mon), schmücken Treppenaufgänge und Tempeldächer. Manchmal werden sie in den Klauen ihres erbitterten Erbfeindes, des **Garuda**, abgebildet. Die in ganz Südostasien und Indien verbreitete Darstellung des Königs der Vögel hat die Flügel, Klauen und den Kopf eines Raubvogels, aber den Körper eines Menschen. Er ist das Reittier des Gottes Vishnu und daher auch das königliche Wappentier, denn die thailändischen Könige gelten als Inkarnation Vishnus auf Erden. Entsprechend findet man den Garuda auf Geldscheinen und im thailändischen Wappen.

Ein weiteres königliches Tier ist **Erawan**, der dreiköpfige Elefant, Reittier von Gott Indra und gleichzeitig der hinduistische Gott der Künste und Wissenschaft. Am siamesischen Hof wurden weiße Elefanten als Symbole der königlichen Macht gehalten. Aus Teakholz geschnitzte Elefanten werden an Schreinen und in Tempeln als Opfergaben dargebracht.

Weitere mythologische Figuren dienen als Tempelwächter, so die **Yaksha**, riesige Figuren mit grimmigen Gesichtern, **Kinnara** und **Kinnari**, himmlische Vogelmenschen oder **Singha**, die zähnefletschenden, burmesischen Löwen, die vor allem in Nord-Thailand die Tempeleingänge bewachen.

Außerhalb der Tempelbezirke huldigt die thailändische Bevölkerung Schutzgeistern, den Nats. So besitzt jede Stadt einen eigenen Tempel, den **Lak Muang**, in dem der Schutzgeist des Ortes verehrt wird. Jedes Haus hat sein eigenes **Chao Thi**, ein Geisterhäuschen, in dem der Hausgeist wohnen kann. Es wird nach bestimmten Riten errichtet, so darf es beispielsweise niemals im Schatten des zu beschützenden Hauses stehen. Auf einem kleinen Vorbau werden regelmäßig Opfergaben niedergelegt. Je nach Wohlstand und Schutzbedürfnis der Hausbesitzer kann das Geisterhäuschen beachtliche Formen annehmen. So ist der Haustempel des Erawan Hotels in Bangkok zu einer Wallfahrtsstätte für die gesamte Bevölkerung geworden.

Tanz, Theater und Musik

Tanz und Theater

Die Heldenepen Ramayana und Mahabharata liefern den Stoff für zahllose klassische Tanz- und Theateraufführungen.

Dem thailändischen Maskentanz der Götter und Dämonen, **Khon**, liegt die thailändische Version des Ramayana zugrunde. Bei den regelmäßig stattfindenden Aufführungen zeigen die farbenprächtig kostümierten und maskierten Tänzer nur einzelne Episoden aus dem großen Heldenepos, dem die dramatische Liebesgeschichte zwischen dem tapferen Prinzen Rama, seiner anmutigen Frau Sita und dem ewigen Kampf gegen den heimtückischen Widersacher Ravana zugrunde liegt. Besonders beim Khon sind Theater, Tanz und Musik auf das engste miteinander verbunden, denn die klassischen Vorlagen erfordern ein gutes Zusammenspiel von Orchester, Tänzern und Rezitatoren.

Während der Maskentanz in früheren Zeiten nur am Königshof aufgeführt wurde, unterhielt man mit weniger stilisierten, humorvollen und lebensnahen **Lakon-Nok**-Aufführungen bei Dorf- und Tempelfesten die gesamte Bevölkerung.

Aus dem Lakon Nok entwickelte sich im 18. Jahrhundert der **Lakon Nai**, ein höfisches Tanztheater, das von den Frauen des Königs in graziösen, anmutigen, Bewegungen getanzt wurde. Sie wurden von Orchestern, Sängern und Rezitatoren begleitet, die in getragener Form romantische Epen vortrugen. Das beliebteste Motiv war Inao, das von Rama II. geschaffene, 20 000 Verse umfassende Epos.

Traditionelle Musik

Schon immer gab es vielfältige Anlässe, um die Menschen mit Musik und Tanz zu unterhalten – zu religiösen Feierlichkeiten gehört eine musikalische Umrahmung ebenso wie zu Staatszeremonien, Dorf- und Familienfesten. Die ersten bekannten Musikinstrumente aus frühester Zeit sind Bronze-Gongs, die sowohl in Thailand als auch in Indonesien und Vietnam ausgegraben wurden. Bronze-Gongs gehören neben den Trommeln, Becken, der Oboe, Bambus-Flöte und dem Bambus-Xylophon zu den wichtigsten Musikinstrumenten in Thailand.

In Thailand unterscheidet man drei Orchester-Typen: Am Königshof wird bei Zeremonien und Theateraufführungen das **pi phat** gespielt, das aus Gongs, Xylophonen, Metallophonen und einer Oboe oder Flöte besteht. Im **Mahori-Orchester**, das Solo- und Chorgesänge begleitet, kommen Laute, Zither und andere Saiteninstrumente hinzu. Das **kruang sai** hingegen, das ländliche Orchester, verwendet ausschließlich Saiten- und Blasinstrumente.

Populäre Musik

Da fast jeder Haushalt einen Kasettenrecorder besitzt, sind die populären Songs der Hitparade im ganzen Land bekannt. Viele Texte bringen das Lebensgefühl der jungen Generation zum Ausdruck, das noch in den 80er Jahren stark von den ländlichen Wurzeln und der Musik des Nordostens bestimmt war. Die berühmteste Band Carabao griff 1985 mit ihrem Lied „Made in Thailand" die Situation der Jugendlichen vom Lande auf, die, mit den Werten der Großstadt konfrontiert, auf der Suche nach ihrer eigenen Identität sind.

In den 90er Jahren hat sich das Bild gewandelt – die neue Generation der Stars unterscheidet sich kaum von ihren Kollegen in Hong Kong oder den USA.

Besonders erfolgreich sind bei der urbanen Jugend Musiker, deren Äußeres europäische Züge erkennen läßt, und deren Lieder von den individuellen Problemen der städtischen Jugend handeln, die sich kaum noch von denen anderer Jugendlicher im Westen unterscheiden.

Kunsthandwerk

Viele künstlerischen Fähigkeiten wurden von Generation zu Generation weitergegeben. Während die alten Lackarbeiten, Seidenstoffe oder Seladonporzellan kaum noch erhalten sind, hat sich die Methode ihrer Fertigung in einer ungebrochenen Tradition bis heute bewahrt. Von den Einheimischen werden diese handgefertigten Einzelstücke keineswegs ausschließlich als Souvenirs gekauft, sondern finden noch immer bei Festen und im Alltag Verwendung. Die meisten Formen des Kunsthandwerks, die ursprünglich nicht in Süd-Thailand heimisch waren, wurden von der Tourismusindustrie in den Süden importiert. In *Thai Villages* bei Bangkok oder Phuket können Touristen nun die Handwerker bei ihrer Arbeit beobachten.

Seidenweberei

Vor allem in den ärmeren ländlichen Regionen des Nordens und Nordostens weben die Frauen in den Dörfern auf einfachen Webstühlen Seidenstoffe, die für besondere Festgewänder oder als Geschenke der Ehrerbietung verwendet werden.

Die Seidenraupen werden mit Blättern von Maulbeerbäumen gefüttert, bis sie sich in Kokons einspinnen. Nachdem die Reisernte eingebracht ist, beginnt die Zeit zum Weben, und in vielen Dörfern ist das monotone Schlagen der Webstühle zu hören. Die Frauen sitzen im Schatten ihrer Häuser und spinnen die feinen Seidenfäden, die anschließend bunt eingefärbt werden. Jim Thompson, ein Amerikaner (s.S. 148), begann mit der industriellen Seidenproduktion und der weltweiten Vermarktung.

Naturfarben werden nur noch ganz selten benutzt, das Blau der Indigo-Pflanze, Rot aus dem Sekret eines Insektes und Gelb aus einer Wurzel. Besonders kostbar ist die thailändische „Mut-Mee“-Seide, deren Muster entstehen, indem man die Fäden spannt, abbindet und mehrfach einfärbt, bevor sie gewoben werden.

Silberarbeiten

Burmesische Handwerker, die bereits seit dem 13. Jahrhundert Silber bearbeiteten, brachten diese Kunst auch nach Nord-Thailand, wo neben Schmuck und modernen Gegenständen noch immer die traditionellen Schalen und Gefäße für den religiösen Gebrauch hergestellt werden. Das Silber schmilzt man zusammen mit alten, überwiegend indischen Münzen ein. Die ausgekühlten, dünnen Silberplatten werden anschließend mit Meißeln verschiedenster Größe bearbeitet, bis die entsprechende Form und Dicke erreicht ist. Die feinen Reliefs und Ornamente der Schalen und Gefäße werden anschließend in wochenlanger Arbeit mit feinen Meißeln über einer hölzernen Form herausgearbeitet.

Holzschnitzereien

Schon vor Jahrhunderten wurden die Fassaden und das Innere der Tempel und Wohnhäuser mit plastischen Holzschnitzereien verziert. Besonders schöne Arbeiten findet man an den Giebeln, Türen und Fenstern der Tempel. Monatelang arbeiten Frauen und Männer aus einzelnen Holzstämmen tiefe Reliefs heraus, unter ihren Händen entstehen dreidimensionale Bilder, die von Buddhas Leben oder alten Heldenepen berichten.

Für wertvolle Dekorationen, wie die berühmten Elefanten, und für Möbel wird das harte Teak-Holz verwendet, das einige Jahre ablagern muß, bevor es bearbeitet werden kann.

Seladonporzellan

Die Technik des unter hohen Temperaturen gebrannten Steinguts war in Nord-China bereits vor 2000 Jahren bekannt. König Ramkhamhaeng von Sukhothai brachte 1294 von einem Besuch in China dreihundert chinesische Töpfer mit. Sie produzierten in den Brennöfen von Sukhothai und Sawankhalok Seladonporzellan, das bis in den Vorderen Orient exportiert wurde. Mit dem Untergang von Sukhothai ging auch die Herstellung von Seladonporzellan zurück. Nach einem Krieg zwischen Ayutthaya und Lanna wurden alle Künstler aus Sukhothai, einschließlich der Töpfer, nach Chiang Mai gebracht, wo sich noch heute das Zentrum der Seladonporzellan-Produktion befindet.

Noch immer verwendet man für die Keramik mit der grünlich schimmernden, eisenhaltigen Glasur keine chemischen Zusätze, sondern nur Material aus der Erde und dem Dschungel.

Lackarbeiten

Die Yun oder Kern aus den nördlichen Bergen Burmas sollen diese Kunst auch nach Nord-Thailand (Chiang Mai) gebracht haben, wo sie noch heute praktiziert wird. Die Herstellung von Schalen, Dosen und anderen Gegenständen erfolgt in einem langwierigen Prozeß. Zuerst wird eine Grundform hergestellt, die entweder aus Holz oder bei qualitativ hochwertigeren Gegenständen aus geflochtenem Bambus besteht. Diese wird mit einem Lack bestrichen, der aus Asche, Kalk und dem Saft des sogenannten Schwarzen-Lack-Baumes *(Melanorrhoea usitatissima)* besteht. Nachdem er getrocknet und glattgeschliffen ist, werden weitere Lackschichten aufgetragen, wobei sich dieser Vorgang bis zu fünfzehnmal wiederholen kann. Einige Lackarbeiten werden mit Goldfarbe dekoriert, andere Arbeiten sind mehrfarbig verziert, wobei die Muster durch das Anbringen farbiger Lackschichten oder -ornamente entstehen, die anschließend graviert oder abgeschliffen werden.

Sprache

Thai

Die **Thai-Sprache** gehört zur sino-tibetischen Sprachfamilie. Wie Chinesisch ist Thai eine einsilbige Tonsprache. In diesem für uns Europäer völlig fremden Sprachmodell liegt auch die größte Schwierigkeit. In Thai kann theoretisch das gleiche Wort fünf verschiedene Bedeutungen haben, je nachdem, in welchem Ton es ausgesprochen wird. In der Thai-Hochsprache unterscheidet man fünf **Tonhöhen** (Tonlagen): steigend, fallend, hoch, mittel und niedrig. In Zentral-Thailand haben viele Khmer- und Pali-Worte Eingang in die Sprache gefunden. Die Kompliziertheit liegt aber nicht nur in der Aussprache, sondern auch in der **Schrift.** Seit dem 13. Jahrhundert benutzen die Thai die schwungvolle Dewanagari Umschrift, die aus dem Mon entwickelt wurde, das wiederum auf der südindischen Pali-Schrift basiert.Ein kleines Wörterbuch findet sich am Ende dieses Buches (s.S. 657).

Malaiisch

Malaiische Sprachen, wichtigste Untergruppe der austronesischen (auch malayo-polynesischen) Sprachfamilie, werden heute von etwa 300 Millionen Menschen gesprochen. Allerdings gibt es sehr ausgeprägte regionale und dialektale Varianten, wobei die wichtigsten malaiischen Sprachen Javanisch, Sundanesisch, Balinesisch, Minangkabau, Acehnesisch, Buginesisch und Maduresisch sind. Als *lingua franca* der indonesischen Inselwelt und der Malaiischen Halbinsel hat sich im Lauf der Jahrhunderte die Sprache durchgesetzt, die an der Ostküste Sumatras, auf der Halbinsel Malaya (besonders im Süden) und den anschließenden Archipelen Riau und Lingga gesprochen wird. Noch heute ist das Riau-Malaiisch eine Art Hochsprache, es diente als Grundlage bei der Schaffung der zwei Nationalsprachen Bahasa Indonesia und Bahasa Malaysia.

Im Süden Thailands werden verschiedene malaiische Dialekte gesprochen.

Sprachkurse

In Bangkok, Hua Hin, Ko Samui und anderen Städten werden Thai-Sprachkurse für Ausländer angeboten. Da sie bei einigen Instituten zu bestimmten Zeiten beginnen, sollte man vorher eine der folgenden Adressen anschreiben:

American University Alumni Association (AUA), 179 Ratchdamri Rd., Bangkok, ✆ 2527067, 2528170, bietet Intensivkurse an.

Baan Pasa, Soi Bintabat, Poonsuk Rd., Hua Hin, ✆ 511770.

Berlitz
Silom Bldg., 5th floor, 197/1 Silom Rd., Bangkok, ✆ 2330417.

Nisa Thai Language School
27 Sathon Tai Rd., Bangkok, ✆ 2814003, 2869323.

The Language Lounge
3034 Indra Shopping Arcade, Bangkok, ✆ 2511111 ext. 734.

Zem Thai Cultural Village
(Adresse unter Ko Samui, Chaweng)

Medien

Mit dem zunehmenden Ausbau des Transport- und Kommunikationssystems in Thailand haben sich die Medien Zugang selbst in die abgelegenen Bergregionen verschafft. Der Fernseher gehört als Statussymbol zur selbstverständlichen Einrichtung jedes städtischen und fast jedes ländlichen Haushalts. Zudem ist mit dem Anstieg der Alphabetisierungsquote (Anteil der Erwachsenen über 14 Jahre mit Lese- und Schreibkenntnissen) auf 70% der mögliche Leserkreis für gedruckte Medien beachtlich angewachsen. Die wirtschaftliche Konzentration im Großraum Bangkok ist auch in der Presse festzustellen. Fast alle Tageszeitungen werden in der Hauptstadt produziert.

Presse

Der überwiegende Teil aller Presseorgane erscheint in Thai, daneben gibt es eine chinesische Morgen- und Abendzeitung mit einer Auflage von je 60 000 Exemplaren.

Drei englischsprachige Tageszeitungen, **The Nation**, die **Bangkok Post** und die **Thailand Times** (je 15 Baht), haben zusammen eine tägliche Auflage von über 100 000 Exemplaren. *The Nation* und die *Bangkok Post* zeichnen sich durch eine kritische Berichterstattung aus, die auch vor der Regierung nicht haltmacht. Sie gehören zu den besten Zeitungen in Asien und beschäftigen hervorragende Journalisten. Leser dieser Presseorgane sind neben den zahlreichen in Thailand lebenden Ausländern vor allem Angehörige der westlich gebildeten Oberschicht, wie Intellektuelle oder Geschäftsleute. Im Internet: http://www.nationmultimedia.com und http://www.bangkokpost.net.

Thai Rath und **Daily News** sind die beiden größten thaisprachigen Tageszeitungen mit Boulevardcharakter. Ereignisse der höheren Gesellschaft, Verbrechen oder andere ungewöhnliche Geschehnisse werden mit viel Werbung und großen Fotos verkauft. Thai Rath hat eine Auflagenhöhe von etwa 500 000, Daily News etwas weniger. **Siam Rath** und **Phim Thai** sind beides kritische Tageszeitungen, die sich an einen gebildeten Leserkreis richten.

Neben den Tageszeitungen gibt es in Thailand ein breites Angebot an nationalen (z.T. in englisch) und internationalen Magazinen. Die beiden überregionalen Magazine **Far Eastern Economic Review** und **Asiaweek** berichten wöchentlich über das politische, wirtschaftliche und kulturelle Geschehen in Asien. Sie sind eine wichtige, aktuelle Informationsquelle während der Reise.

In deutscher Sprache erscheinen wöchentlich bzw. monatlich z.B. **Die Zeitung** (30 Baht), die **Südostasien-Zeitung** (40 Baht) und **Reisen in Thailand** (gratis).

Fernsehen

1955 wurde in Thailand als erstem asiatischen Land das Fernsehen eingeführt. Heute senden fünf kommerzielle Gesellschaften (zwei staatliche, zwei Militär- und ein Privatsender) landesweit mit viel Werbung durchsetzt japanische Comicstrips, Talk- und Spielshows sowie Serien, in denen die Probleme der modernen thailändischen Gesellschaft thematisiert werden. Alle ausländischen Filme und Serien werden in Thai synchronisiert, der Originalton ist auf UKW Radios zu empfangen: Kanal 3: 105,5 MHz; Kanal 7: 103,75 MHz; Kanal 9: 107 MHz.

Das in Hongkong beheimatete StarTV kann über Satellit auch in Thailand gesehen werden. Außer einem Sport- und Musikkanal bietet es einen chinesischen und englischen Kanal, der u.a. Beiträge von BBC übernimmt. Daneben sind durch den Satelliten ASEA Sat 2 weitere internationale Fernsehprogramme zu empfangen, darunter das Programm der Deutschen Welle in deutsch und englisch. Hotels der gehobenen Preisklasse speisen zudem englische Videoprogramme und den amerikanischen Nachrichtensender CNN in ihr Kabel ein.

Radio

480 Stationen senden landesweit, wobei lokale und internationale Nachrichtensendungen vom staatlichen Sender Radio Thailand übernommen werden müssen. Außer Radio Thai-

land und dem Sender des Bildungsministeriums sind es sämtlich kommerzielle Sender.

In Bangkok senden einige Radiostationen ein englisches Programm. Zudem sind die deutschen und englischen Sendungen der Deutschen Welle zu empfangen (s.S. 00). Das aktuelle Radio- und Fernsehprogramm ist der Bangkok Post oder Nation zu entnehmen.

Video

Wie in anderen asiatischen Ländern ist auch in Thailand Video „in". Nach der Abfahrt wird in allen großen, klimatisierten Überlandbussen sofort die Kassette mit einem amerikanischen B-Film, chinesischen Action-Thriller oder Thai-Melodram eingelegt. In den Gästehäusern und Restaurants der Touristenzentren wird an einem Anschlag das tägliche Video-Programm angekündigt. Durch Video wird jede Altersgruppe erreicht, und kein Jugendschutzgesetz schreitet ein, wenn die Kinder die brutalsten Szenen auf dem Bildschirm verfolgen.

Tourismus

Knapp 7,3 Millionen Touristen kamen 1997 nach Thailand. Da etwa 55% der Touristen auf eigene Faust reisen, fließt nur ein geringer Teil der Einnahmen ins Ausland zurück. Der größte Teil der Einnahmen von über 7 Milliarden US$ bleibt als Devisenreserve im Land und macht den Tourismus zur größten **Deviseneinnahmequelle**. Mit diesem Geld wird der Import vieler Güter finanziert, die für den wirtschaftlichen Aufschwung des Landes benötigt werden, vor allem Maschinen, Chemikalien, Stahl und Öl.

Ein internationaler Tourismus im größeren Maßstab begann während des Vietnamkriegs, als viele US-Soldaten ihren R&R (*rest and recuperation*) Urlaub in Thailand verbrachten. Bisheriges Ziel der thailändischen **Tourismuspolitik** war es, neue Gebiete zu erschließen und mit touristischer Infrastruktur auszustatten. Ein Vorteil für jeden Besucher, der nicht wie ein Thai leben will oder kann. Mittlerweile gibt es viele Reiseziele, deren Hotels und Restaurants sich auf die Bedürfnisse der fremden Gäste eingestellt haben.

Priorität hat seit 1994 die Bewahrung der Umwelt und der Ausbau der Infrastruktur von touristischen Zielen, die vor allem durch den **Massentourismus** an ihre Grenzen gestoßen sind. Im Kampf um den Touristen-Dollar muß sich Thailand als attraktives Ziel gegen die Mitbewerber im asiatischen Raum behaupten, und in zunehmendem Maße spielen Umwelt-Kriterien bei der Auswahl des Reiseziels eine Rolle. Der Innenminister verabschiedete bereits 1989 eine strenge Regelung für Neubauten an den Stränden. So dürfen Neubauten, die bis zu 50 m vom Strand entfernt liegen, nur noch 6 m hoch sein. Bis zu 200 m vom Strand beträgt die maximale Höhe 12 m, also niedriger als die Kokospalmen.

Zudem sieht sich Thailand als ideale **Drehscheibe** für Touristen, die Indochina, Südchina oder Myanmar besuchen wollen. Es gilt allerdings noch, das schlechte **Image** aufzupolieren, das durch Schlagzeilen über Kinderprostitution, Kriminalität oder Aids im Ausland entstanden ist. Dabei kann Thailand auf ein großes Plus verweisen; dank der ausreichenden Kapazitäten bietet es Hotels und andere touristische Dienstleistungen zu einem äußerst guten Preis-Leistungsverhältnis an. Für Anspruchsvolle läßt der Service jedoch in manchen Bereichen durch einen Mangel an qualifizierten Arbeitskräften zu wünschen übrig. Der Anteil europäischer Besucher stieg während der letzten Jahre weniger, dagegen boomte der Tourismus aus Asien und dem pazifischen Raum. Nach der Freigabe der Wechselkurse stiegen jedoch im Winter die Touristenzahlen aus Europa wieder an, während wegen der Finanzkrise in Asien viele Touristen aus Korea und Malaysia zu Hause blieben. Die günstigen Preise nutzten zudem Touristen aus Singapore. Die *Bangkok Post* reagierte schnell und benannte den Slogan „Amazing Thailand" flugs in „Amazing Cheap Thailand" um. Von den 7,3 Mill. Touristen im Jahre 1997 stellte Ostasien den größten Anteil, wobei aus Malaysia über 1 Mill., aus Japan

965 000, aus Singapore 492 000, aus Taiwan, Korea, Hongkong und China jeweils über 400 000 Touristen kamen.

Ca. 1,6 Mill. Besucher kamen aus Europa, davon 342 000 aus Deutschland, 97 000 aus der Schweiz und 40 000 aus Österreich. 1996 wurden von Touristen, nach Schätzungen, etwa 219 Milliarden Baht im Lande gelassen, davon für Einkäufe 84 Mrd. Baht, Übernachtung 44 Mrd. Baht, Essen 33 Mrd. Baht, Ausflüge und Transport 26 Mrd. Baht, Unterhaltung 21 Mrd. Baht, Sonstiges 12 Mrd. Baht.

Der **Durchschnittstourist** hielt sich 8 Tage auf und gab pro Tag 3700 Baht aus. Besucher aus der Bundesrepublik blieben mit 15 Tagen relativ lang und gaben pro Tag 2860 Baht aus. 55,5% aller Touristen, etwa 4 Millionen, reisen selbständig durch Thailand. Darunter fallen allerdings auch die meisten der 700 000 vorwiegend männlichen malaysischen Besucher Hat Yais, die nur ein lockeres Wochenende im Nachbarland verbringen.

Prostitution Eine zweifelhafte Berühmtheit hat Thailand als Ziel des internationalen Sextourismus erlangt. Mehrere hunderttausend Prostituierte arbeiten im ganzen Land, von denen sich nur ein geringer Teil auf *farang*-Besucher spezialisiert hat.

Meist sind es junge Mädchen aus der Provinz, die keine weiterführende Ausbildung genossen haben und aus dem entbehrungsreichen Leben im Dorf ausbrechen, um sich und ihren Familien ein besseres Leben zu ermöglichen. Vom *Dancing Girl* in einer Go-Go-Bar ist es nicht weit bis zum Massagesalon. Einige Mädchen werden auch von Schleppern in Bordelle verschleppt oder gar von ihren Familien verkauft. Auf diesem Weg finden sich selbst Kinder auf dem Strich wieder. In stark zunehmendem Maße werden Kinder und junge Frauen aus den armen Nachbarländern nach Thailand gelockt und hier zur Prostitution gezwungen. Die Maßnahmen der Regierung gegen die Prostitution waren bisher eher halbherzig. Seit Ende 1996 ist allerdings der *Prostitution Prevention and Suppression Act* in Kraft. Dieses Gesetz soll erstmals Kindern unter 18 Jahren, die zur Prostitution gezwungen wurden, einen gewissen Schutz gewähren und ihnen eine Berufsausbildung ermöglichen. Dagegen droht es Kunden und Bordellbesitzern sowie Eltern, die ihre Kinder in die Prostitution schicken, und Beamten, die die Prostitution dulden, schwere Strafen an. Zudem werden Frauenhäuser ermöglicht und Komitees zum Schutze von Prostituierten gebildet.

Sextourismus ist eine relativ neue Erscheinung, Prostitution hingegen nicht. Es geht nicht darum, die Prostitution moralisch zu verurteilen, aber der moderne Sextourismus fügt der ökonomischen Ausbeutung der ärmeren Welt noch die sexuelle hinzu. Leistungen, die zu Hause eine Menge Geld kosten, bekommt man hier zu Spottpreisen mit einer Sorglosigkeit geboten, die Gedanken an die finanzielle Basis der Beziehung oder gar an Aids in den Hintergrund treten lassen. Wer sich der Illusion hingibt, wegen seiner männlichen Ausstrahlung geliebt zu werden, wird spätestens dann eines Besseren belehrt, wenn das Geld alle ist. Und wer Gerüchten Glauben schenkt, daß Mädchen, die nur mit *farangs* gehen, kein Aids haben, dem ist nicht zu helfen. Nach Stichproben in verschiedenen Städten waren 30–90% der Prostituierten HIV-positiv. Selbst infizierte Mädchen gehen weiterhin ihrem Gewerbe nach. Aids betrifft immer mehr einheimische Mittelstandsfamilien, denn unter Geschäftsleuten ist der Besuch eines Bordells üblich, und viele junge Männer sammeln hier ihre ersten sexuellen Erfahrungen. Daher versucht die Regierung durch „Kondomzwang" und Legalisierung der Szene, der Seuche Herr zu werden. Dennoch sterben z.B. in Chiang Mai in ganzen Wohnvierteln alle jungen Männer zwischen 20 und 30 Jahren.

SCANDINAVIA
28,000 Km.
LONDON
QUEENS TOWN
N.Z. 25,000 Km.
BLACK FOREST
26,000 Km.
จุดชมวิว
SCENIC LOOK OUT
PHUKET
58,000 Km.

Reiseziele

Strände und Inseln

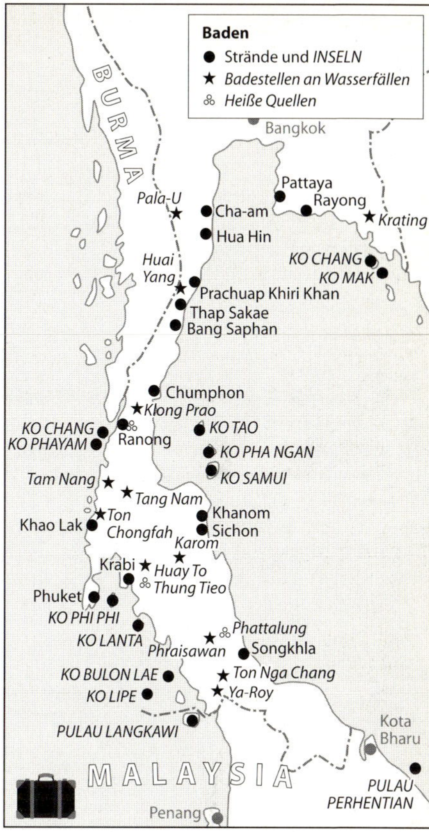

Die meisten Touristen kommen wegen der herrlichen Strände nach Thailand. Preiswerte, strandnahe Unterkünfte, hervorragendes Essen, freundliche Leute, eine entspannte Atmosphäre und herrliches Wasser halten die ausländischen Touristen durchschnittlich fast 14 Tage lang auf **Ko Samui**, der Insel mit den unbestritten schönsten Stränden. Kein Wunder, daß sich Ko Samui zu einer Urlaubsinsel für Mittelklasse- und Jet-Set-Touristen gewandelt hat. Obwohl Chaweng und Lamai von Bungalow-Siedlungen überzuquellen scheinen, wirken diese Super-Strände selbst in der Saison nicht überlaufen. An den „zweitbesten" Stränden von Mae Nam und Bo Phut fühlen sich Traveller mit niedrigem Budget immer noch sehr wohl. Wer jedoch das einfache, weniger „zivilisierte" Leben sucht, zieht die Nachbarinsel **Ko Pha Ngan** vor. Zu einem äußerst angenehmen Reiseziel hat sich **Ko Tao** entwickelt, wo vor allem Taucher und Schnorchler die friedliche, familiäre Atmosphäre schätzen.

Herrliche Strände erstrecken sich auf der Westseite der Insel **Phuket**. Hier wurde in einem ungeheuren Bauboom ein Super-Hotel nach dem anderen hochgezogen - nichts mehr für Rucksackreisende, die auf jeden Baht schauen. Auch für Strandurlauber, die per Charter eingeflogen werden, ist Phuket keinesfalls billig, aber dennoch von November bis Mai eines der angenehmsten Pauschalreiseziele in Asien.

Auf der wunderschönen Insel **Ko Phi Phi** hat ebenfalls ein wahnsinniger Boom eingesetzt, kaum jemand hält es hier in der Saison mehr als eine Nacht aus. In der Nebensaison jedoch verbringt so mancher hier seinen Traumurlaub.

Das besonders bei Deutschen beliebte Urlaubsziel **Krabi** bietet neben wunderschöner Landschaft einige traumhafte Strände, die nur von Booten angelaufen werden können.

Die Traveller-Szene zieht es mittlerweile auf die kaum bekannten Inseln entlang der Westküste, z.B. **Ko Jum**, **Ko Lanta**, **Ko Bulon Lae**, **Ko Lipe** oder das „andere" **Ko Chang**, die zumeist nur mühsam zu erreichen sind und während der Nebensaison absolute Einsamkeit bieten.

Massentourismus hat **Pattaya**, den Ferienort an der Ostküste der Bucht von Thailand, geprägt. Einige westliche Pauschalurlauber, die davon ausgehen, hier einen Badeort vorzufinden, sind enttäuscht, da Pattaya eine moderne Stadt mit allen Vor- und Nachteilen ist, in der ein reges Nachtleben für viele die Hauptattration darstellt. Ruhesuchende Urlauber finden in weitläufigen tropischen Gartenanlagen rings um die Swimming Pools der Luxus-Hotels Erholung.

Ruhig geht es an Wochentagen auf **Ko Samet** zu. Aber am Wochenende und an Feiertagen fallen Heerscharen von Thais aus Bangkok vor allem auf den nördlichen Stränden ein. Die einst so einfachen Unterkünfte wurden in den letzten Jahren um komfortablere ergänzt, viele verfügen bereits über eine Klimaanlage. Die Preise schwanken entsprechend der Nachfrage.

Östlich von **Rayong** liegen entlang der Küste viele Strandhotels und Bungalowanlagen, die vorwiegend für einheimische Touristen mit gut gefüllter Reisekasse gebaut wurden. Einen rasanten Aufschwung erlebt **Ko Chang** ganz im Osten. An den schönsten Stränden der Insel überwiegen weiterhin die romantischen Hütten für Traveller. Zwar werden immer mehr komfortable Bungalows aus festen Materialien und mit eigenem Bad gebaut, doch die teuren Resorts sind an einer Hand abzuzählen. Als Renner gilt die abgeschiedene Insel **Ko Mak**, die dennoch ihren friedlichen Charakter bewahrt hat. Der Jet Set bleibt auf den ganz kleinen Privatinseln mit isolierten Luxusanlagen unter sich. Völlig „unentdeckt" blieben die Strände im südöstlichen Zipfel entlang der Grenze zu Kambodscha, wo allerdings keine Infrastruktur anzutreffen ist.

Der traditionelle Badeort **Hua Hin** südlich von Bangkok hat sich auch zu einem Urlaubsziel für westliche Touristen entwickelt, zum Glück ohne die berüchtigte Unterhaltungsindustrie. Im benachbarten **Cha-am** machen vor allem Thai-Familien aus Bangkok Urlaub. In der Umgebung entstanden luxuriöse Strandhotels für westliche Pauschaltouristen und leerstehende Hochhäuser mit Eigentumswohnungen für betuchte Bangkoker und Ausländer.

Entlang der 2600 km langen Küste ziehen sich viele wunderschöne Strände, die derzeit fast nur von Thais am Wochenende aufgesucht werden. Wer sich nach wirklicher Einsamkeit ohne jeden Rummel sehnt, findet unter der Woche in der Nähe von **Prachuap Khiri Khan**, **Thap Sakae**, **Bang Saphan**, **Chumphon** und **Khanom** hübsche Bungalows zu nicht ganz billigen Preisen. Nur wenige ausländische Touristen halten diese ersehnte Ruhe mehr als zwei oder drei Tage lang aus, denn hier ist absolut nichts los. Von den meisten Reiseführern und Reisebüros wird der liebenswerte Strand von **Khao Lak** an der Andamanensee ignoriert, was seiner friedlichen Entwicklung nur gut getan hat.

Der Thai-Badeort **Songkhla** und die endlosen Sandstrände weiter südlich eignen sich kaum für einen Strandurlaub. Die meisten Touristinnen fühlen sich hier nicht wohl, da in diesem muslimischen Gebiet Westler in Badekleidung noch eine gar zu große Attraktion für die Einheimischen darstellen.

Alle Thais lieben die zahllosen Badeplätze am Fuße klarer, kalter Wasserfälle und bevölkern sie vor allem an Wochenenden tagsüber. Badefreudige Touristen, die die Mühsal der Anreise auf sich nehmen und gar im Zelt übernachten, können sich in natürlichen Badepools morgens und abends wahren Wonnen hingeben.

Ein Badevergnügen besonderer Art bieten die vielen heißen Quellen. Sehr einfach gefaßte Quellen werden z.B. bei **Phattalung** oder **Ranong** von den Einheimischen zur Körperpflege aufgesucht. Ein Komforthotel mit hauseigenem Thermalbad gibt es nur in **Ranong**.

Kunst und Kultur

Bangkok allein wäre schon eine längere Reise wert, sind doch hier auf engem Raum einige der schönsten Tempel Asiens zu bewundern. Allen voran der Königstempel **Wat Phra Keo** mit der unverwechselbaren Silhouette seiner so unterschiedlichen Bauwerke. Wer sich ein wenig für die buddhistische Religion Thailands interessiert, sollte unbedingt das **Wat Pho** mit seinen vielen Kunstwerken besuchen. Wer auch noch den wunderschönen Prang des **Wat Arun** auf der westlichen Flußseite besteigt, um die Aussicht über den Chao Phraya zu genießen, wird wohl die anderen herrlichen Tempel von Bangkok zunächst links liegen lassen.

Der **Königspalast** mit seiner luftig leichten Bauweise zieht jeden Besucher in seinen Bann. Nicht entgehen lassen sollte man sich eine Vorstellung traditioneller **Tänze**, ob in einem Restaurant, im Theater oder an einem der berühmten Schreine. Allerdings: Wer diese kulturellen Höhepunkte gleich zu Beginn seiner Thailand-Reise ansteuert, wird vielleicht anderen Tempeln des Landes, die kaum weniger schön sind, nicht mehr so viel abgewinnen können. Also besser erst am Ende der Reise auf Kultur-Trip durch Bangkok gehen.

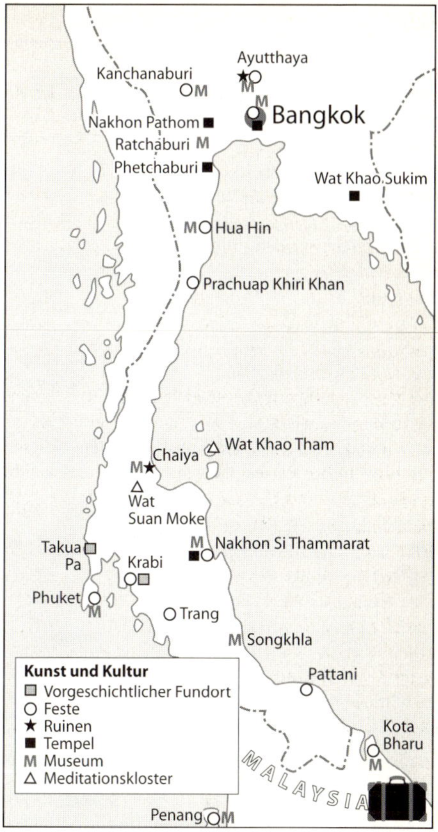

An einem Tag läßt sich von Bangkok aus per Boot, Bahn oder Bus die einstige Königsstadt **Ayutthaya** mit ihren geschichtsträchtigen Ruinen besuchen. Im Rahmen eines Tagesausflugs kann man in **Nakhon Pathom** einen der größten Chedis des Landes bestaunen und außerdem die ruhige Stadt **Phetchaburi** besichtigen, in der es einige schöne Tempel gibt. Auf dem Weg liegt auch der „Schwimmende Markt" von **Damnoen Saduak**, der allerdings schon sehr touristisch ist.

In Süd-Thailand sind nur noch in **Chaiya** einige Ruinenreste erhalten, sie stammen aus der Zeit des Sri Vijaya-Reichs. Das Wat Mahathat, ein hochverehrtes Kloster mit einem imposanten Chedi, steht in **Nakhon Si Thammarat**.

Geschichtsträchtige Tempelanlagen kann man auch in **Phuket** besichtigen, vor allem das Wat Chalong und Wat Phra Thong. Eindrucksvoll sind sicherlich auch die chinesischen Tempel in vielen Städten des Südens, in denen jeden Tag die Gläubigen ihre Zeremonien vollziehen. Den besten Überblick über die Kunstschätze des Landes vermittelt das Nationalmuseum von Bangkok. Doch auch in der Provinz gibt es einige lohnenswerte **Museen**. Hier sind die Schätze ausgestellt, die bei Ausgrabungsarbeiten gefunden wurden (von Ayutthaya über Ratchaburi und Chaiya bis Songkhla).

Vielen Tempeln ist zudem ein kleines Museum angegliedert, viele Kunstschätze lagern z.B. im **Wat Khao Sukim** bei Chantaburi. Über Geschichte, Architektur, Kunst und

Kunsthandwerk von Süd-Thailand informiert das Folklore Museum in **Songkhla**. Ein kulturelles Erlebnis sind auch die traditionellen **Feste**, wie z.B. der Manohra Dance Contest in **Phattalung** oder die Kor Lae Bootsrennen in **Narathiwat**. Bei allen religiösen Festen sind Touristen, die sich respektvoll verhalten, gern gesehene Gäste, so z.B. beim Fest des zehnten Monats in **Nakhon Si Thammarat** oder beim Vegetarierfest in Phuket und Trang. Speziell für Touristen, einheimische wie westliche, werden einige eindrucksvolle Feste ausgerichtet, z.B. die World Heritage Site Celebrations in **Ayutthaya** oder die River Kwai Bridge-Woche in **Kanchanaburi**.

Wer tiefer in das Wesen der buddhistischen Religion eindringen will, kann **Meditationskurse** in Klöstern besuchen, die speziell auf die Vorkenntnisse und Bedürfnisse von Westlern eingehen. Mehrwöchige Kurse werden von vielen Wats in Bangkok, vom Wat Khao Tham auf Ko Pha Ngan und vom Wat Suan Moke in Süd-Thailand angeboten (näheres s.S. 312).

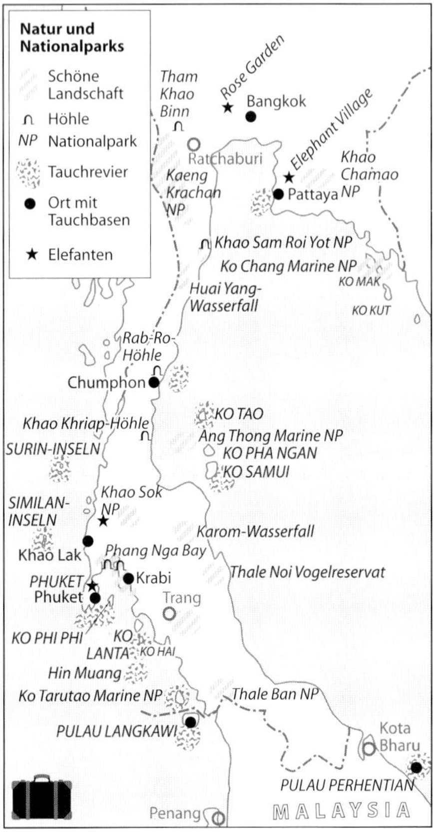

Natur und Nationalparks

Der Süden Thailands besitzt nur wenige spektakuläre Naturschönheiten, aber viele landschaftlich schöne Anziehungspunkte, die Naturfreunde voll auf ihre Kosten kommen lassen. Die *Tourist Association of Thailand* (TAT) bemüht sich, westliche Touristen auch für abgelegene Gebiete zu interessieren, damit dort etwas Geld hängenbleibt und die Initiative der Einheimischen aktiviert wird.

Wer das tropische Thailand besucht, will meist auch richtigen Dschungel erleben. Großflächige Regenwälder gibt es zwar nicht mehr, doch die verbliebenen Reste werden in 77 Nationalparks, 35 Wildschutzgebieten, 46 Nichtjagdgebieten und 35 Waldparks geschützt. Sie bedecken stolze 12,8 % der Landesfläche Thailands, können aber nur auf Dauer erhalten bleiben, wenn sie „Geld einbringen", also von Touristen besucht werden. In allen Parks sind begrenzte Gebiete als Ausflugsziele für Thais erschlossen.

An Wochenenden werden die Wanderwege, Picknicktische, Ruhebänke, Erfrischungsstände und Bungalows rege genutzt. Am Montag wird meistens der Abfall zusammengekehrt, und dann beginnt die Zeit, in der

Touristen in Ruhe die Natur genießen können. Es ist kaum wahrscheinlich, daß ein Parkangestellter Englisch spricht oder daß ein Ausländer die Informationen im *Visitor Center* entziffern kann, aber ein aufgeschlossener Naturfreund wird immer zurechtkommen. Wer unbedingt für mehrere Tage durch den Dschungel marschieren will, kann im **Kaeng Krachan National Park**, dem mit nahezu 3000 km^2 größten von Thailand, eventuell einen englischsprechenden Führer auftreiben. Aber eine Warnung sei angebracht: in der fast weglosen Wildnis ist Trekking ein schweißtreibendes Abenteuer, das eine exzellente Kondition voraussetzt.

Thais lieben ihre Wasserfälle. Auch im Süden Thailands liegen in unzerstörter Natur viele schöne, aber nicht gerade gewaltige Wasserfälle, die meistens zum Baden einladen. Diese Plätze sind selten ans öffentliche Verkehrsnetz angeschlossen. Ohne eigenes Fahrzeug können sie nur mühsam und zeitaufwendig oder aber kostenintensiv erreicht werden.

Das wahre Naturerlebnis findet man an Wochentagen mit etwas Spürsinn durchaus. Besonders schön sind die zahllosen Stufen des **Huai Yang-Wasserfalls** bei Prachuap Khiri Khan und die herrlichen Badepools des **Karom-Wasserfalls** bei Nakhon Si Thammarat.

Höhlenfreaks entdecken in ganz Thailand Tropfsteinhöhlen. Viele werden zwar religiös genutzt, aber die meisten sind kaum für Touristen erschlossen. Bei Ratchaburi liegt die vielleicht schönste Höhle Thailands, die **Tham Khao Binn**, die besonders leicht zugänglich und vollständig beleuchtet ist. Ein phantastisches Naturschauspiel kann man jeden Abend bei der nahegelegenen **Fledermaushöhle** miterleben, wenn Abermillionen der kleinen Flattertiere in einer gigantischen, sich windenden Schlange zu ihren Futterplätzen ausfliegen.

Wer Elefanten beim Training erleben möchte, kann bei Pattaya das **Elephant Village** besuchen. In den Urlaubsorten des Südens verdienen viele Dickhäuter ihren relativ teuren Lebensunterhalt, indem sie Touristen durch die Wälder schaukeln. Seit dem Verbot des Holzeinschlags wären sie sonst arbeitslos.

Tips zum Schnorcheln Da die Sonne unbarmherzig auf die Waden, den Rücken und den Nacken brennt, empfiehlt es sich, beim Schnorcheln ein Polohemd mit Kragen, sowie eine dünne, lange Hose zu tragen, mit der man sich nicht so schnell an den scharfkantigen Korallen verletzt.

Nur zwei Arten von Fischen können gefährlich werden, zum einen Steinfische, die sehr giftige Rückenstacheln besitzen und die man nur schwer vom Meeresboden unterscheiden kann, zum anderen Rochen, ebenfalls mit giftigen Stacheln. Giftige Muränen, Rotfeuerfische und Seeschlangen werden seltener gefährlich. Seeigel sind zwar nicht giftig, ein eingetretener Stachel verursacht aber lang eiternde Wunden. Die Berührung von Quallen und Feuerkorallen führt wiederum zu stark brennenden Hautreizungen.

Korallenriffe gehören zu den komplexesten und empfindsamsten Ökosystemen der Erde. Fische, Krustentiere und viele Weichtiere sind auf diese Nahrungsquelle und den Schutzraum angewiesen.

Steinkorallen wachsen nur sehr langsam und sind leicht zerbrechlich. Daß man Korallen niemals abbrechen oder auf ihnen stehen sollte, versteht sich von selbst.

Literatur: Neue Tauchreiseführer auf Deutsch und Englisch sind Tauchern sehr zu empfehlen und im Anhang beschrieben (s.S. 656).

Die besten Tauchgründe

Ort	Saison	Tiefe	Attraktionen
Similan Islands	Dezembe–April (v.a. Februar - März)	12–40 m	**Weltklasse**, Korallengärten, Riffe, Felsen, **riesige Artenvielfalt**, Fächerkorallen,Faßschwämme, **Haie**, Rochen, Mantas
Ko Tachai, Bon	dito	18–40 m	Vielfältiges Meeresleben, tolle **Ko** Landschaft, **Mantas**, **Walhaie**, Leopardenhaie
Surin Islands	dito	6–26 m	Weichkorallen, Steinkorallen, Haie, weniger große Tropenfische
Richelieu Rock		6–32 m	Steilabfall, **Stein- und Weich-korallen**, Faßschwämme, viele große Fische
Burma Banks	dito	17–46 m	Felsen unter Wasser mitten im Ozean, **makellose Korallen**, Drift tauchen, Ozean- und Riffische, große Haie
Phuket	dito	6–29 m	Korallen, Riffische, **Leopardenhaie**
Ko Phi Phi	ganzjährig (v.a. Januar - März)	9–24 m	Weich- und Steinkorallen, Riffische, **Muränen**, Wand- und Höhlentauchen
Krabi	ganzjährig (v.a. November - April)	5–20 m	Stein- und Weichkorallen, Riffhaie, Leopardenhaie, Höhlen
Trang	November - April (v.a. Februar - März)	10–35 m	Stein- und Weichkorallen, Riffische, Wracks, **Höhlen**, unberührte Riffe
Hin Muang, Hin Daeng	dito	6–50 m	**absolute Spitzenklasse,und** Großfi sche, **Weichkorallenfelder**, Walhaie, **Mantas**
Ko Tao	Februar - Oktober	6–32 m	Korallengärten, Riffe, Felsen, über 100 Korallenarten, Fische, Schildkröten, **Walhaie** (ca. Mai/Juni)
Chumphon	Februar - Oktober	6–23 m	Sehr viele Fische, Felsen
Pattaya	Dezember - Mai	18–27 m	Korallen, tropische Fische, **Wracks**, Inseln
Ko Chang, Ko Mak	Januar - Mai	10 - 18 m	**Korallengärten**, Anemonenfische, Stachelrochen, Ammenhaie

Auf dem Weg in den Süden liegt der **Khao Sam Roi Yot National Park**. Steile Berge, Höhlen und ein fast einsamer Strand sind die Attraktionen. Daß hier zudem viele Krabben-Farmen angelegt wurden, zeigt, daß sich der Naturschutz auch in Thailand nur schwer gegen kommerzielle Interessen behaupten kann. Reizvoll ist auch die **Rab Ro-Höhle** bei Chumphon, spektakulär gar die **Khao Khriap-Höhle** weiter südlich.

In Süd-Thailand wurden bisher sieben Nationalparks zum Schutz des tropischen Regen- und Monsunwalds eingerichtet. Leicht zugänglich, und dennoch wenig besucht, ist der **Khao Sok National Park**, in dem junge, einheimische Führer erlebnisreiche Wanderungen und Dschungeltouren durchführen sowie fröhliches Tubing und Paddeln auf dem Khao Sok River veranstalten. Im Juni kann mit etwas Glück vielleicht ein Exemplar der Rafflesia, der größten Einzelblüte auf der Erde, bestaunt werden. Auf dem Stausee des Rajjaprabha Damms bietet der Park weitere Attraktionen – Bootsfahrten an turmhohen Felswänden entlang und Übernachten in schwimmenden Bungalows.

Mit ortskundigen Führern können die von dichtem Primärwald bedeckten Berge des **Sri Phang Nga** und des **Khao Lak Lamru National Parks** durchstreift werden. Die pittoreske, tropische Felsenlandschaft zwischen **Krabi** und **Phang Nga** besteht aus verwitterten Kegelkarsten und ist von vielen hundert Höhlen durchlöchert, von denen einige nur per Boot zu erkunden sind. Im Vogelreservat **Thale Noi** halten sich von Januar bis April, wenn die Monsunwinde abgeebbt sind, viele große und kleine Wasservögel auf. Wer zum ersten Mal in die Tropen kommt, wird begeistert sein von den intensiven Farben, z.B. vom lieblichen Grün junger Reispflanzen. Obwohl vielfach zwei oder drei Ernten pro Jahr eingefahren werden, sind vor allem zu Beginn der Regenzeit riesige Anbauflächen in faszinierende Farben getaucht.

Um die unzähligen Inseln und die Korallenriffe vor zügelloser Ausbeutung zu schützen, wurden 18 *Marine National Parks* eingerichtet. Regelmäßige Boote verkehren entlang der Westküste zu den Nationalparks von **Ko Tarutao, Ko Phi Phi, Phang Nga Bay** und **Similan Islands**, die allesamt aus wunderschönen Inseln bestehen. Im Golf von Thailand wird der **Ang Thong Marine National Park** täglich von Ausflugsbooten ab Ko Samui angelaufen. Dagegen ist die vielfältige Inselwelt des **Ko Chang Marine National Parks** nur mit gecharterten Booten erreichbar. Die Insel **Ko Samet** gilt als warnendes Beispiel dafür, wie die Natur durch die Einrichtung eines Nationalparks geschädigt werden kann.

Bei einem Flug entlang der thailändischen Küste erkennt man vor vielen Inseln und Küstenstrichen die im Wasser hell scheinenden Korallenriffe.

Zu den weltbesten Tauchrevieren zählen die **Similan Islands**, die von Phuket und Khao Lak angefahren werden, und die Supertauchplätze bei den Unterwasserfelsen **Hin Daeng** und **Hin Muang**, zu denen von Ko Lanta und Phuket Tauchboote ausfahren. Die übrigen Tauchgebiete können einem Taucher zumindest eine phantastische Bereicherung seines Thailand-Urlaubs bieten.

Mit Geräten kann man ab Pattaya, Ko Chang, Ko Mak, Khao Lak, Phuket, Ko Phi Phi, Krabi, Ko Lanta, Ko Hai, Ko Samui, Ko Pha Ngan, Ko Tao, Chumphon und Hua Hin auf Tauch-Tour gehen. Hier gibt es Tauchbasen und Tauchlehrer. Da viele Riffe nur wenige Meter von der Küste entfernt liegen, lassen sich auch ohne teure Tauchausrüstung, nur mit Schnorchel, Maske und Flossen, schöne Eindrücke von der herrlichen Unterwasserwelt sammeln.

Gute Schnorchelgebiete gibt es bei fast allen Touristen-Inseln, z.B. bei **Ko Samui** (Ko Mat Sum), bei **Ko Tao** (Ko Nang Yuan), bei **Ko Phi Phi** (Bamboo Islands) oder bei **Ko Lanta** (Ko Ha), außerdem im **Ko Tarutao Marine National Park** (Ko Adang und Ko Hin Ngam), vor der Küste von **Trang** (Ko Rok und Ko Kradan), beim **Ko Chang Marine National Park** (Ko Mak, Ko Kradaat, Ko Kham, Ko Kra und Ko Yuak) und in den Marine National Parks der **Similan** und **Surin Islands**.

In den Gewässern zwischen Chumphon und Ko Tao kann man im Mai/Juni mit etwas Glück den bis zu 18 Tonnen schweren und 10 m langen Walhai, den größten Fisch der Erde, antreffen. Es werden Tauchausflüge zu diesen harmlosen Fischen organisiert, die zur Familie der Haie gehören, sich aber in erster Linie von Plankton ernähren. Auch in der Andamanensee ist der Walhai während der Tauchsaisonan einigen kleinen Inseln anzutreffen, besonders regelmäßig amRichelieu Rock und bei denFelsen Hin Muang und Hin Daeng.

Bootsfahrten und Biketouren

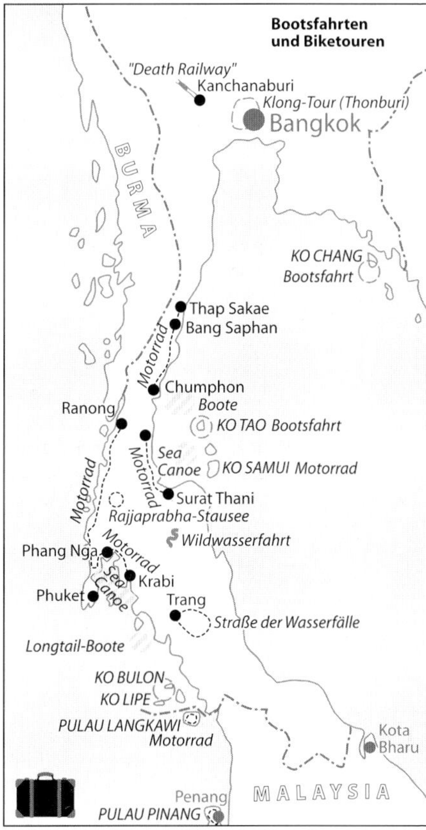

Wer sich ein wenig abenteuerlich betätigen möchte, kann mit dem Motorrad oder Fahrrad, aber auch per Floß oder Boot dem Lande näher kommen. In **Bangkok** rasen Klong-Boote durch einige stinkende Kanäle, aber schöner ist eine Bootsfahrt in **Thonburi**, wo man von Bangkok aus schon nach wenigen Minuten völlig ländlich wirkende Gegenden erreicht. Bei **Kanchanaburi** laden Hausboote dazu ein, beschaulich den Kwae River hinabzutreiben. Aufregender wird es, mit Bambus-Flößen auf einem Nebenfluß des Kwae durch den Dschungel zu gleiten.

Für Selbstfahrer beschreiben wir Straßen abseits der Hauptstrecken und einige herrliche Touren für Biker und Mountain Biker. Auf dem Weg in den Süden können sich Abenteurer auf Nebenstraßen in Meeresnähe von **Thap Sakae** nach **Chumphon** durchschlagen. Mit etwas Vorsicht sind die Nebenstraßen von **Lang Suan** nach **Surat Thani** problemlos zu bewältigen. Detailliert beschreiben wir eine Rundfahrt auf **Ko Samui** und die Straße der Wasserfälle bei **Trang**. Die Hauptstraße von **Phuket** nach **Ranong** führt durch eine schöne Landschaft; wirklich genießen kann sie nur, wer einige der zahllosen Abstecher machen kann. Als Höhepunkt aller Fahrten im Süden Thailands empfindet jeder Selbstfahrer den faszinierenden Tagesausflug durch die Karstfelsen zwischen **Krabi** und **Phang Nga**.

Absolut zu empfehlen sind die teuren, aber ganz phantastischen Fahrten ab **Phuket** mit dem Sea Canoe in die Wasserhöhlen und Lagunen der Karstfelsen in der Bucht von Phang Nga - ein atemberaubendes Erlebnis. Kanufahrten in den Mangrovenwäldern von **Krabi** können viel zum Verständnis dieser fragilen Ökosysteme beitragen.

Eindrucksvolle Kanutouren führen auch den **Khao Sok** Fluß hinunter. Immer beliebter werden die Bootstouren auf dem Stausee hinter dem **Rajjaprabha Damm** an turmhohen Kalkfelsen entlang. Vor **Krabi** und **Trang** können Traveller, die etwas Thai sprechen, Longtail-Boote chartern oder auf Versorgungsbooten mitfahren, um zu kaum besuchten Inseln zu gelangen.

Ein herrliches Abenteuer bieten die Bootstouren bei den kleinen Inseln **Ko Bulon** und

Ko Lipe – vier Tage tolles Schnorcheln und Zelten an einsamen Stränden.

Ein schöner Tagesausflug ist die Umrundung von **Ko Tao** mit dem Longtail-Boot, wobei mehrere Schnorchelstops eingelegt werden.

Die beschriebenen Fahrten und Touren sollen vor allem Anregungen für eigene Aktivitäten liefern. Selbstverständlich läßt sich noch sehr viel mehr an vielen weiteren Orten unternehmen, einiges davon steht auf den folgenden Seiten, anderes entwickelt sich aus dem Bedarf der Besucher und durch die Findigkeit der Thais von Tag zu Tag neu. In einer Gruppe von 4–8 Personen läßt sich für fast jede Tour ein Boot chartern - und das zu einem erschwinglichen Preis.

Fahrten mit Booten können freilich auch mal in ein unfreiwilliges Abenteuer ausarten. So erlebten wir in den letzten zehn Jahren einen Schiffbruch auf einem Riff, viermal Motorschaden auf hoher See, plötzlichen Wassereinbruch durch eine geborstene Planke und zwei Zwangspausen wegen unerwartetem Sturm.

Eine ausgefallene Reiseroute

Wir könnten sie zwar beschreiben, aber welchen Sinn hätte das? Dabei fällt es gar nicht schwer, sie auch ohne die konkreten Hinweise eines Reiseführers zu finden. Das Rezept ist ganz einfach: Mut fassen! Mit Mut meinen wir nicht Leichtsinn, sondern die Bereitschaft, einmal anders zu reisen als gewohnt, sich von vertrauten Einstellungen zu lösen, von der geläufigen Sprache oder den einschätzbaren Umgangsformen anderer Touristen zum Beispiel.

Natürlich ist es einfacher, dem bekannten Traveller-Talk zu lauschen, als sich mit einem Thai über sein Leben zu unterhalten. Über das Gespräch mit den Menschen öffnen sich allerdings neue Wege zu einmaligen Erlebnissen. Viele Einheimische zögern, denn auch sie haben Vorurteile (z.B. über die lockere Moral der Touristen).

Den Touristenmassen entkommt man sicherlich an Orten, die in diesem Buch nur nebenbei oder gar nicht erwähnt werden. Oft hinterlassen nicht die großen Kulturdenkmäler in unserer Erinnerung den nachhaltigsten Eindruck, sondern die Konfrontation mit ungewohnten Situationen: die Übernachtung in einem Dorf, als wir wegen der vielen fremden Geräusche nicht einschlafen konnten, das Reis-Frühstück am nächsten Morgen; die Erfahrung der Unfähigkeit, eine Kokosnuß zu ernten oder sich im Dschungel zu orientieren; das Leben ohne Autos, Elektrizität, Dosenbier und andere Errungenschaften der Zivilisation.

Wer auf diese Art reisen mag, wird unser Buch nicht ständig zu Rate ziehen. Das kann für eine Weile sehr hilfreich sein, denn ein Reiseführer beschreibt nun einmal vor allem ausgetretene, bekannte Pfade. Eine hilfreiche Voraussetzung bei derartigen Unternehmungen besteht darin, sich über Land und Menschen zu informieren, denn vieles sieht man erst, wenn man die Hintergründe kennt. In unserer Bücherliste finden sich einige nützliche Hinweise. Und etwas Thai zu lernen, nützt auf jeden Fall, selbst wenn selten mehr dabei herauskommt, als die gute Absicht kundzutun.

BANGKOK

Highlights

- Die Schätze des Wat Phra Keo und des Nationalmuseums bewundern
- Mit einem Longtailboot die Kanäle von Thonburi erkunden
- Auf dem Wochenendmarkt einkaufen gehen
- Sich durch das Gewühl der schmalen Gassen von Chinatown treiben lassen
- Die Thai-Küche in einem schwimmenden Restaurant genießen und einen Kochkurs belegen

Bangkok

กรุงเทพ

Gerade 200 Jahre alt ist diese lebendige 6-Millionen-Stadt, deren Ballungsgebiet fast 9 Millionen Menschen umfaßt. In kaum einer anderen Stadt treten die Gegensätze deutlicher hervor, die sich im Spannungsfeld zwischen einer traditionellen asiatischen und modernen westlichen Gesellschaft aufbauen. Dicht beieinander liegen Armut und Reichtum, Hektik und Ruhe, Glanz und Elend. In den Straßen pulsiert das Leben: mitten im Verkehrsgewimmel wird gekauft und verkauft, Bürgersteige werden zu Märkten, Menschenmassen strömen zu den Bussen und in die Geschäfte, während in den schmalen Gassen nebenan Kinder unbehelligt Drachen steigen lassen und auf den unbebauten Flächen Kühe weiden. Nur noch gedämpft dringt der Verkehrslärm in die von Mauern umgrenzten Tempelanlagen, deren prunkvoll dekorierte Bauten im Schatten weit ausladender Bäume Oasen der Ruhe sind, sofern ihre Freiflächen nicht als Parkplätze vermietet werden.

Die Stadt scheint endlos, es gibt viele Zentren; hier das Touristenviertel (Sukhumvit Road), dort das historische Zentrum (Sanam Luang), in einem ganz anderen Gebiet die Einkaufs- und Verwaltungszentren. Eine unübersichtliche Stadt, in der die meisten Ziele nicht zu Fuß zu erreichen sind. Entsprechend wälzt sich ein Strom laut hupender Taxis, qualmender Busse, knatternder Tuk Tuks und Motorräder sowie anderer Fahrzeuge durch die Stadt und verleihen der Luft von Bangkok das typische Aroma.

Bangkok ist das Zentrum, aber auch der Wasserkopf Thailands. Über diese Stadt läuft 90% des Außenhandels; hier wird die Hälfte des Bruttosozialproduktes des Landes erwirtschaftet; hier konzentrieren sich Industrie, Administration und die Hoffnungen vieler Thai auf ein besseres Leben. Mittlerweile lebt bereits jeder achte Thai in der Metropole. Daneben gibt es das andere Bangkok, das kulturelle und religiöse Zentrum. Nirgendwo sonst sprechen so viele Thai Englisch, erhält man so viele Informationen über die Geschichte und Kultur der Nation. Allein 400 Tempel gibt es in der Stadt, viele Märkte und ein interessantes Nationalmuseum. Die Restaurants sind international, und nach Sonnenuntergang wird sich niemand langweilen – selbst wenn man keine Hostessen sucht, denn die Musikkneipen, Discos,Kinos und Biergärten haben durchaus Weltstadt-Niveau, was von der Theaterszene nicht behauptet werden kann.

Orientierung

Bangkok hat sich entlang der 4–6spurigen, stark befahrenen Ausfallstraßen weit ins Land hinaus ausgedehnt. Die wichtigsten Verkehrsadern verlaufen in Nord-Süd-Richtung, u.a. der Menam Chao Phraya, die Eisenbahn und der Expressway.

Im Zentrum werden diese Trassen von breiten, in West-Ost-Richtung verlaufenden Straßen gekreuzt. Zwischen Bangkok und der Schwesterstadt **Thonburi** im Westen stellt der breite Menam Chao Phraya eine natürliche Barriere dar. Die sieben Brücken sind während der *rush hour* ständig verstopft. Ein Großteil des Personenverkehrs wird von Fähren und Booten bewältigt.

Einen Kontrast zur modernen Stadt mit ihren Hochhäusern und Baustellen bildet die **Altstadt** mit dem Königspalast am großen, ovalen Platz Sanam Luang. Nördlich davon liegt das Traveller-Zentrum **Banglampoo**. Im **indischen Viertel** und der **Chinatown** bietet die Charoen Krung Road, die ehemalige New Road, die parallel zum Fluß verläuft, eine Orientierungshilfe. Die modernen Geschäftszentren mit internationalen Hotels, Restaurants und Geschäften konzentrieren sich rings um die **Silom Road** im Südosten und um die **Ploenchit** und **Sukhumvit Road** im Osten.

Von den Hauptstraßen zweigt ein verwirrendes Netz von schmalen Wegen ab, die sogenannten **Sois**, zum großen Teil Sackgassen, die vielfach nur von Fußgängern genutzt werden können. Sie sind meist nach der Hauptstraße, von der sie abgehen, benannt.

Vorsicht! Besonders am Sanam Luang wird man von seriös aussehenden Männern zum Kauf von Edelsteinen überredet. Da bereits seit Jahren viele Touristen auf diesen Trick hereinfallen und große Mengen Geld verloren haben, möchten wir noch einmal eindringlich vor den Schleppern warnen (s.S. 176). Es ist kein Fehler, resolut aufzutreten und mit der Polizei zu drohen.

Königspalast und Wat Phra Keo

Wer für Bangkok nicht viel Zeit hat, wird direkt zum Sanam Luang fahren, dem kulturellen Zentrum der Stadt.

Der Bereich südlich des Platzes bis zum Fluß enthält die Bauten des Königspalastes und des Königstempels Wat Phra Keo, die von hohen, weißen Mauern umgeben sind. Eine ungeheure, märchenhafte Prachtentfaltung erwartet den Besucher. Schon allein deswegen gilt das Palastgelände für jeden Thailandreisenden als *Muß*, denn etwas Vergleichbares wird man kaum noch einmal zu Gesicht bekommen.

Als 1782 der königliche Palast nach Bangkok verlegt wurde, befand sich hier eine Siedlung chinesischer Händler. Sie mußten in die heutige Chinatown weichen. Das am höchsten gelegene Gebiet, das vor Überschwemmungen sicher war, blieb dem König vorbehalten. Der Palast selbst wurde mehrfach erweitert und ergänzt. Auch europäische Stilelemente kamen in der Zeit König Ramas IV., der westlichen Einflüssen gegenüber aufgeschlossen war, ins Land.

Das bewachte Eingangstor zum Palast, der von einer hohen Mauer umgeben ist, befindet sich am südlichen Ende des Sanam Luang. Geöffnet tgl. 8.30–15.30 Uhr; Führung in Englisch um 10 Uhr, Eintritt 125 Baht. Im Preis ist der Eintritt zum Vimanmek Teakwood Mansion (s.S. 151), zum Tempelmuseum, zu den Königlichen Münzsammlungen und Dekorationen inbegriffen. Zudem gibt es eine Informationsbroschüre in Englisch. Die Wachen am Eingang lassen Besucher in

Farbfotos:

Seite I	links oben:	Lotusblume
	links Mitte:	Seerosen
	links unten:	Frosch
	rechts:	Dieser Baum hat eine große Bedeutung für den Buddhismus
Seite II	oben:	Felsformation auf der Insel Nr. 8 der Similan Islands
	links:	Farbenprächtige Fische findet man hier beim Tauchen
	rechts:	Typische Muschelform für Süd-Thailand
Seite III	Erinnerungen an Bangkok – Fototermin vor dem Wat Phra Keo	
Seite IV	„One night in Bangkok ..." bietet weit mehr als nur basisorientiertes Vergnügen	
Seite V	Geschäftiges Treiben in der Metropole – in der Khaosan Road wie in Chinatown	
Seite VI	Vom Golden Mount herab überblickt man das Leben aus Straßen und Wasserwegen	
Seite VII	Der Elefant, das inoffizielle Wappentier des Landes, ist nicht nur vom Aussterben, sondern auch von der Arbeitslosigkeit bedroht	
Seite VIII	Eine bunte Vielfalt an Transportmitteln belebt die Straßen – aber eines ist ihnen zumeist gemeinsam, sie werden optimal genutzt	

TILAC
BAR

KHAOSAN PALACE
HOTEL
FUJIFILM
OVER SEAS CALL
G.P.O.
24 HOURS
FAX
sonic
Kodak
FILM
THAI AIRWAYS
OVER SEAS CALL
G.P.O.
PHONE & FAX & TOUR & PHOTO EXPRESS
AMANI COLLECTION
HOUSE

大雄寶殿

TROUT

รียนอนุบาลเมฆบัณฑิต

Shorts, kurzen Röcken, schulterfreier Kleidung, hinten offenen Sandalen (!) u.ä. nicht hinein bzw. verpassen ihnen gegen Hinterlegung des Passes oder einer Leihgebühr angemessene Kleidung – und ein Rundgang in geliehenen Schuhen kann zu einer Qual werden. Sonntags kann das Innere des Palastes nicht besichtigt werden.

In den ersten Gebäuden hinter der Kasse sind die **Königlichen Münzsammlungen und Dekorationen** untergebracht – juwelenbesetzte Orden, Fahnen, Münzen vom 11. Jh. bis heute, Wappen u.a. – etwas für Besucher mit speziellen Interessen. Geöffnet tgl. 9–12 und 13–15.30 Uhr.

Das Königshaus Obwohl 1932 die absolute Monarchie abgeschafft wurde, genießt der König immer noch hohes politisches Ansehen. Gleichzeitig ist er das religiöse, buddhistische Oberhaupt. Vor allem über den König spricht ein Thai mit Hochachtung. Überall hängen Bilder der königlichen Familie, und ihre Geburtstage werden von der gesamten Nation gefeiert. Täglich um 8 und 18 Uhr wenden sich alle Menschen nahe dem Palast oder am Hauptbahnhof beim Abspielen der Königshymne zum Königspalast hin – selbst der Berufsverkehr kommt zum Erliegen. Man erwartet von Touristen, daß sie respektvoll über die Königsfamilie reden und ihre Bilder ehren.

Wat Phra Keo

Hinter diesem Gebäude liegt das herrliche Wat Phra Keo. Durch die Eingangstore, die von riesigen Dämonen, den *Yaks*, bewacht werden, gelangt man in den Tempelbezirk. Er ist von einem überdachten **Wandelgang** umgeben, der mit besonders schönen **Wandmalereien** geschmückt ist, die Szenen aus dem thailändischen Ramayana-Epos, dem Ramakien, darstellen.

Im Zentrum der Anlage erhebt sich der über und über dekorierte **Bot** des Jade-Buddhas. Ordner sorgen dafür, daß man die Schuhe vor dem Eingang abstellt und sich im Inneren des Bot (Fotografieren verboten!) auf den kühlen Boden setzt, wobei die Füße nach hinten zeigen sollten. Die Wandmalereien, die den gesamtenInnenraum bedecken, stellen das Leben Buddhas dar. Auf einem mehrstufigen Altar thront die mit einem goldenen Gewand bekleidete, 66 cm hohe Buddhastatue aus Nephrit, einer Jadeart. Sie gilt als Beschützer des Landes und der Dynastie.

Die Geschichte des Smaragd-Buddhas
Um den Smaragd-Buddha, oft auch Jade-Buddha genannt, ranken sich zahlreiche Legenden. Man vermutet, daß er aus Indien stammt. 1434 schlug ein Blitz in den Chedi eines Tempels in Chiang Rai ein. Dabei kam unter einer Hülle aus Gips die grüne Figur zum Vorschein. Da Chiang Rai damals von Chiang Mai aus regiert wurde, wollte man die von der Bevölkerung verehrte Statue dem König übergeben. Doch der Elefant, der die Statue in die Hauptstadt bringen sollte, lief nach Lampang. Als sich dieses mehrfach wiederholte, beließ man den Smaragd-Buddha 32 Jahre lang dort. Erst 1468 wurde er nach Chiang Mai gebracht und in der östlichen Nische des Chedi Luang aufgestellt. 1551 nahm ihn der befreundete König von Laos mit nach Luang Prabang, und als die Hauptstadt unter dem Druck der angreifenden burmesischen Truppen nach Vientiane verlegt wurde, transportierte man die Buddhastatue dorthin. 1778 brachten die Thai den Jade-Buddha als Kriegsbeute nach Thonburi und sechs Jahre später an ihren jetzigen Platz im Wat Phra Keo.

Gegenüber dem Haupteingang zum Bot stehen auf einer hohen Marmor-Plattform verschiedene Gebäude. In wohl keinem Bildband fehlt der von zwei vergoldeten Chedis umgebene **Königliche Pantheon**, dessen mehrfach gestaffeltes Dach von einem Prang gekrönt wird. Goldene *Kinaras*, mythische Wesen, halb Vogel, halb Mensch, bewachen das Gebäude.

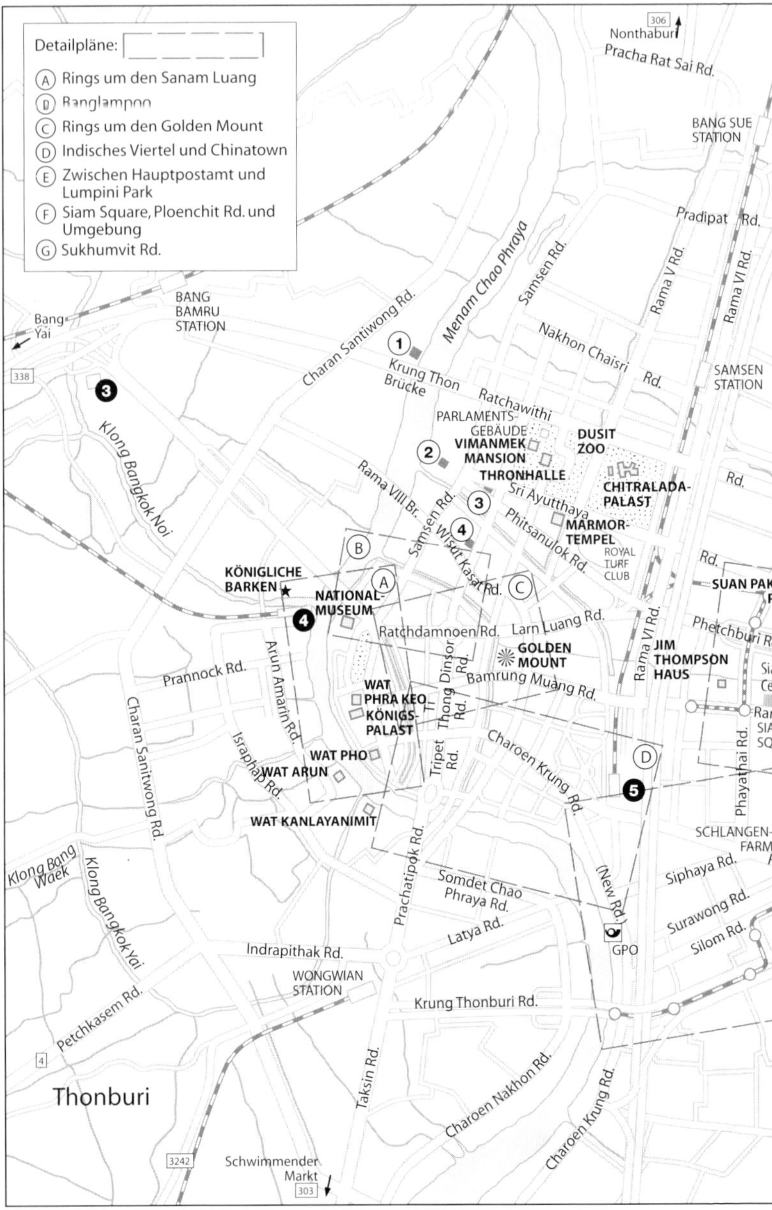
Detailpläne:
A Rings um den Sanam Luang
B Banglampoo
C Rings um den Golden Mount
D Indisches Viertel und Chinatown
E Zwischen Hauptpostamt und Lumpini Park
F Siam Square, Ploenchit Rd. und Umgebung
G Sukhumvit Rd.
306
Nonthaburi
Pracha Rat Sai Rd.
BANG SUE STATION
Pradipat Rd.
Rama V Rd.
Rama VI Rd.
Samsen Rd.
Menam Chao Phraya
Charan Santiwong Rd.
BANG BAMRU STATION
Bang Yai
338
Nakhon Chaisri Rd.
SAMSEN STATION
Krung Thon Brücke
Ratchawithi
PARLAMENTS-GEBÄUDE
VIMANMEK MANSION
DUSIT ZOO
THRONHALLE
CHITRALADA-PALAST
Rd.
Klong Bangkok Noi
Rama VIII Br.
Samsen Rd.
Sri Ayutthaya
Wisut Kasat Rd.
Phitsanulok Rd.
MARMOR-TEMPEL
ROYAL TURF CLUB
KÖNIGLICHE BARKEN
NATIONAL-MUSEUM
SUAN PAK
Ratchdamnoen Rd.
Larn Luang Rd.
Phetchburi R
GOLDEN MOUNT
JIM THOMPSON HAUS
Prannock Rd.
Arun Amarin Rd.
Dinsor Rd.
Thong
Bamrung Muang Rd.
Rama VI Rd.
WAT PHRA KEO
KÖNIGS-PALAST
Charan Sanitwong Rd.
Israphap Rd.
Tripet Rd.
Charoen Krung Rd.
WAT PHO
WAT ARUN
Phayathai Rd.
WAT KANLAYANIMIT
SCHLANGEN-FARM
Prachatipok Rd.
Klong Bang Waek
Klong Bangkok Yai
Somdet Chao Phraya Rd.
(New Rd.)
Siphaya Rd.
Surawong Rd.
Silom Rd.
Latya Rd.
GPO
Indrapithak Rd.
WONGWIAN STATION
Petchkasem Rd.
Krung Thonburi Rd.
4
Thonburi
Taksin Rd.
Charoen Nakhon Rd.
Charoen Krung Rd.
3242
Schwimmender Markt
303

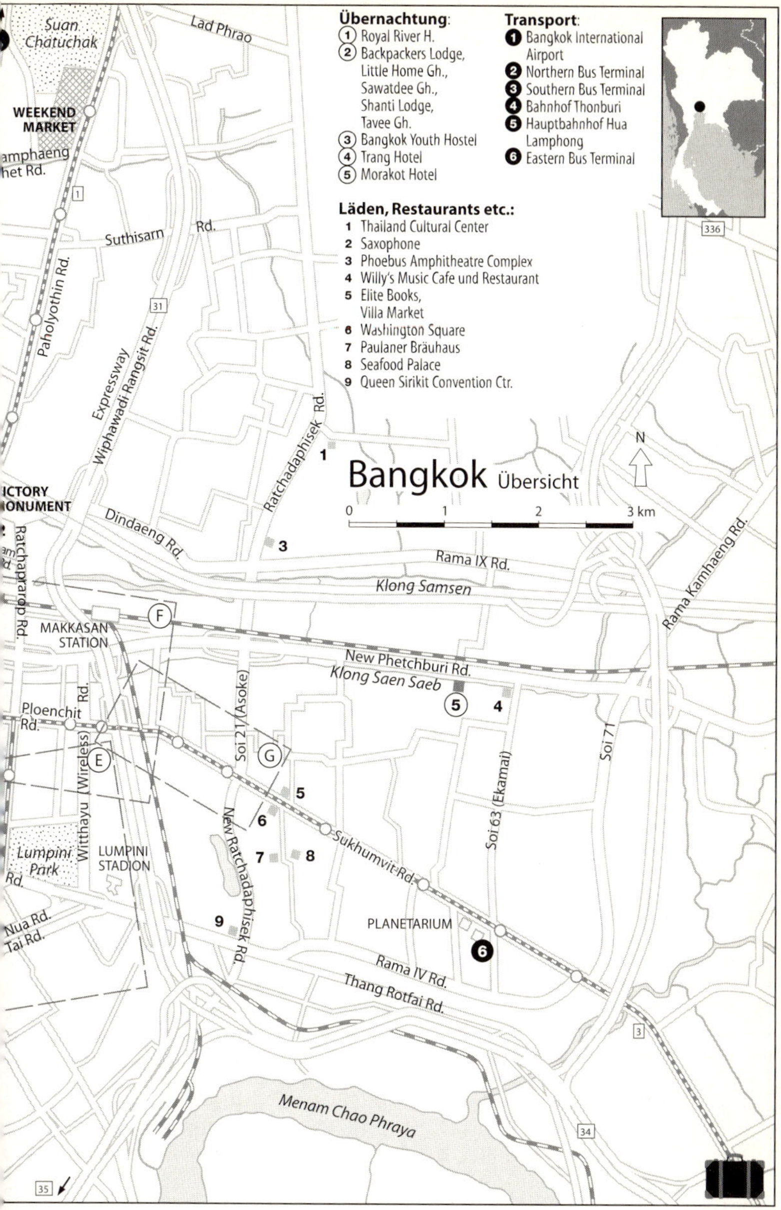
Bangkok Übersicht
0 1 2 3 km
Übernachtung:
1 Royal River H.
2 Backpackers Lodge, Little Home Gh., Sawatdee Gh., Shanti Lodge, Tavee Gh.
3 Bangkok Youth Hostel
4 Trang Hotel
5 Morakot Hotel
Transport:
1 Bangkok International Airport
2 Northern Bus Terminal
3 Southern Bus Terminal
4 Bahnhof Thonburi
5 Hauptbahnhof Hua Lamphong
6 Eastern Bus Terminal
Läden, Restaurants etc.:
1 Thailand Cultural Center
2 Saxophone
3 Phoebus Amphitheatre Complex
4 Willy's Music Cafe und Restaurant
5 Elite Books, Villa Market
6 Washington Square
7 Paulaner Bräuhaus
8 Seafood Palace
9 Queen Sirikit Convention Ctr.
Suan Chatuchak
WEEKEND MARKET
Lad Phrao
Suthisarn Rd.
Paholyothin Rd.
Expressway
Wiphawadi Rangsit Rd.
Ratchadaphisek Rd.
Dindaeng Rd.
Rama IX Rd.
Klong Samsen
Rama Kamhaeng Rd.
MAKKASAN STATION
New Phetchburi Rd.
Klong Saen Saeb
Ploenchit Rd.
Soi 21 (Asoke)
Witthayu (Wireless) Rd.
New Ratchadaphisek Rd.
Sukhumvit Rd.
Soi 63 (Ekamai)
Soi 71
Lumpini Park
LUMPINI STADION
PLANETARIUM
Rama IV Rd.
Thang Rotfai Rd.
Menam Chao Phraya
N

Daneben ragt die **Bibliothek** für die Heiligen Schriften des Therawada-Buddhismus *(Triptaka)* mit pyramidenförmigem Mondhop-Dach empor.

Der große, goldene **Chedi**, hinter der Bibliothek, enthält eine Reliquie Buddhas. Das steinerne **Modell des Tempels von Angkor Wat** nördlich der Bibliothek entstand zu einer Zeit, als Kambodscha ein Vasallenstaat Siams war.

Dahinter, auf der unteren Ebene, steht die mit glasierten Ton-Blumen verzierte Gebetshalle **Viharn Yot**. In der **Viharn Phra Nak**, im Nordwesten, wird die Asche der verstorbenen Angehörigen der Chakri-Dynastie aufbewahrt. Das Gebäude **Ho Monthien Dhamma**, ~in der nordöstlichen Ecke der Anlage, diente zur Aufbewahrung heiliger Schriften.

Die Palastbauten

Zum Königspalast gelangt man durch das südwestliche Tor hinter dem Bot. Das erste Gebäude im Thai-Stil, den **Amarinda-Palast**, ließ Rama I. als Gerichtshalle erbauen, später wurde er für Krönungsfeierlichkeiten und Empfänge genutzt. In einer feierlich wirkenden rotgoldenen Halle steht ein Thron mit dem neunstufigen, weißen Schirm des Herrschers sowie ein Thron mit einem mehrfach gestaffelten Dach, in dem noch heute Buddhastatuen bei religiösen Zeremonien ausgestellt werden. Beide sind reich dekorierte Herrschaftssymbole und wurden von König Rama I. genutzt.

Der kleine, graziöse **Umkleidepavillon** nebenan gilt als typisches Exempel thailändischer Architektur. Dahinter steht der von Rama I. als Krönungshalle geplante **Dusit Palast**, der seit dem Tod dieses Königs nur für Begräbnisse genutzt wird.

Im westlichen Bereich wird im **Tempelmuseum** eine interessante Ausstellung über die Restaurierungsarbeiten am Anfang der 80er Jahre gezeigt. Im 1. Stock sind steinerne Buddhastatuen aus Java und andere Votivgaben, ein großer, gelackter Wandschirm und der Manangasila-Thron zu sehen.

Das Nationalmuseum

Ein Rundgang durch das größte Museum Thailands vermittelt einen guten Überblick über die Geschichte des Landes – von prähistorischen Funden bis zur jüngeren Bangkok-Periode. Ursprünglich stand hier der Palast des „Zweiten Königs", der eine Art Stellvertreterfunktion hatte. Teile dieser Anlage, zu der auch der Tempel am Eingang gehört, sind im inneren Bereich (Raum 4–15) erhalten geblieben.

Das Nationalmuseum ist Mi–So außer feiertags von 9–12 und 13–16 Uhr geöffnet, Eintritt 40 Baht, im Kombinationsticket von 80 Baht ist der Eintritt zur Nationalgalerie, den königlichen Barken und dem Elefantenmuseum inbegriffen, ✆ 2241333. Kostenlose einstündige Führung am Do (Thai Kunst und Kultur) um 9.30 Uhr in deutsch. Weitere englischsprachige Führungen am Mi (Thai-Kunst) und Do (Buddhismus) um 9.30 Uhr. Die Termine können sich ändern. Ein kleines Restaurant mit Getränken und Snacks befindet sich hinter dem Haus Nr. 17.

In dem ersten Gebäude links hinter der Kasse ist die prähistorische Sammlung untergebracht, unter anderem ein neolithisches Grab, das bei Kanchanaburi gefunden wurde, und schöne Exemplare der Ban Chiang-Keramik.

Die **Buddhaisawan-Kapelle**, rechts vom Eingang, wurde für eine der am meisten verehrten Buddhastatuen, Phra Buddha Singh, errichtet. Die restaurierten Wandmalereien stellen 28 Szenen aus Buddhas Leben dar. Im hinteren Tempelbereich stehen einige schöne, alte Bücherschränke.

Hinter der prähistorischen Sammlung steht links von der Kapelle das sogenannte **Rote Haus**, in dem mehrere Prinzessinnen und Konkubinen lebten. Das gut erhaltene Gebäude im traditionellen Thai-Stil ist mit Gegenständen aus der frühen Bangkok-Periode eingerichtet.

Der daran anschließende zentrale Bau des Museums, das **alte Palastgebäude** des 2. Königs, beherbergt die unterschiedlichsten Gegenstände aus der jüngeren Bangkok-Periode. Im ehemaligen Thronsaal des jüngeren Bruders von Rama I. (Saal 4) steht der Busabok Mala-Thron. Anhand von Karten und Dokumenten, die zumeist nur in Thai erläutert sind, wird die Entwicklung der Königsstadt Bangkok dargestellt. Saal 5 enthält, neben den Goldschätzen, auch eine Briefmarkensammlung und ein Puppenhaus im Thai-Stil. Im folgenden Raum 6 sind prunkvoll dekorierte Sänften und Elefantensattel (Howdah) ausgestellt. Links davon gelangt man in den Raum 7 mit Khon-Masken, Puppen und Spielen; dahinter in drei kleineren Räumen Keramik und Silber aus Thailand, Japan und China (8a), Porzellan, Sawankhalok-Keramik (8b), Muscheln und Modelle (8c). Wer sich für Perlmutt-Intarsienarbeiten interessiert, sollte den Aufgang zu Saal 8.1. im 1. Stock nicht verpassen. Von dem im Erdgeschoß angrenzenden Waffensaal 10 gelangt man rechts zum Saal 11 mit den königlichen Insignien. Links befindet sich der Elfenbeinsaal 9, der riesige Stoßzähne berühmter Tiere, Modelle und Schnitzereien enthält, sowie Raum 13 mit Holzschnitzereien, u.a. einer Tür aus dem Wat Suthat und Wat Phra Keo. Saal 14a vermittelt einen guten Überblick über die thailändischen Textilien (Brokat, Ikat, Chintz, Stickereien) und die Entwicklung der Mode. Im ersten Stock (14.1.) sind buddhistische Objekte ausgestellt. Im Erdgeschoß gelangt man weiter durch einen kleinen Raum mit Bücherschränken (14b) zu Saal 15 mit verschiedenen Musikinstrumenten.

Der alte Bereich wird von neuen Museumsgebäuden umrahmt. Der Rundgang beginnt im südlichen Flügel links vom Eingang. Die buddhistischen und hinduistischen Kunstgegenstände in beiden Stockwerken stammen aus der Zeit vor der Einwanderung der Thai in diese Region: Lopburi- / Khmer-Kunst aus dem 10.–13. Jahrhundert (Raum S3 und S5); frühe Hindu-Skulpturen aus dem thailändischen Gebiet (Raum S4); Dvaravati / Mon Kunst (Raum S6 und S7), u.a. das große, steinerne „Rad der Lehre"; javanische hinduistische Skulpturen aus dem 7.–11. Jahrhundert (Raum S8), darunter ein schöner Ganesha (der Elefantengott); brahmanische und buddhistische Kunst des Srivijaya-Reiches aus Chaiya, im Süden Thailands, 13. Jahrhundert (Raum S9).

In den Sälen im Erdgeschoß des nördlichen Flügels (Raum N1–4) sind u.a. Skulpturen, Keramik, Textilien und Münzen der Bangkok-Periode untergebracht. Im ersten Stock betritt man zuerst Saal (N6) mit hinduistischen Kunstobjekten aus Sukhothai. Der nächste Saal (N7) beherbergt Kunst aus Chiang Saen und Chiang Mai. Im angrenzenden Raum (N8) sind Skulpturen und Sawankhalok-Keramiken aus der Sukhothai-Periode zu sehen. Kunstobjekte aus der Ayutthaya-Periode und der vorangegangenen U-Thong (Mon-)Periode werden in den folgenden beiden Räumen (N9 und N10) ausgestellt, u.a. Lackarbeiten und mit Schnitzereien verzierte Bücherschränke. Wer nach diesem Rundgang noch aufnahmefähig ist, kann sich im 1. Stock des benachbarten Gebäudes Nr. 16 einige königliche Gemächer – von der Bibliothek bis zum Schlafzimmer – ansehen. Sehenswert sind auch die prunkvollen Begräbniswagen im Haus 17.

Rings um den Sanam Luang

Der ovale Phra Mane-Platz vor dem Königspalast ist allgemein bekannt als Sanam Luang (= Königswiese).

Hier werden in der Trockenzeit **Drachenwettkämpfe** ausgetragen und an großen Feiertagen die zentralen Veranstaltungen durchgeführt.

Nationaltheater und Nationalgalerie

Im Nationaltheater werden **klassische Tänze** gepflegt, aber auch populäre Khon-Dramen aufgeführt. Programminformationen Mo–Fr 8.30–16.30 Uhr unter ✆ 2241342, auch an der Kasse sind von 10–12 Uhr Programme erhältlich. Karten für Khon-Dramen kosten 40–100 Baht. Musikaufführungen finden von Februar bis April im Nationaltheater oder in der Galerie statt.

Die **Nationalgalerie** in der Chao Fa Road stellt Werke moderner Künstler aus und beherbergt das nationale Filmarchiv, das jedoch, wie viele andere Räume, geschlossen ist und einen vernachlässigten Eindruck macht. Geöffnet Mi–So 9–16 Uhr, ✆ 2812224, Eintritt 30 Baht.

Thammasat-Universität

Die Thammasat-Universität, eine der größten Universitäten der Stadt, wurde 1976 als Zentrum des politischen Widerstands von Polizei und Militär mit Waffengewalt gestürmt. Auf dem Campus kann man englischsprechende Studenten kennenlernen. In regionalen Fachbereichen für den Norden und Nordosten wird von Studenten unter anderem die Kultur dieser Regionen (z.B. die Musik auf traditionellen Instrumenten) gepflegt.

Wat Mahathat

In der schmalen Seitenstraße hinter der Nationalbibliothek, gegenüber der Universität, liegt Wat Mahathat, die **buddhistische Hochschule**. An dieser Stelle stand bereits vor der Gründung von Bangkok ein alter Tempel, der von Rama I. ausgebaut und zu einem der wichtigsten religiösen Zentren umgestaltet wurde. Das Wat ist eines der größten von Thailand und beherbergt in seinem abgegrenzten Klosterbereich zwischen 300 und 400 Mönche. Der Tempel ist das Zentrum für Studien der Pali-Schriften und alter religiöser Überlieferungen. Im Wandelgang, der das Heiligtum umgrenzt, stehen zahlreiche Buddhastatuen. In die dahinterliegenden Wände sind die Urnen Verstorbener eingelassen.

Das **Meditationszentrum** (Section 5) im südwestlichen Tempelbereich steht auch ohne Voranmeldung Ausländern und Ausländerinnen (!) offen. Täglich um 7, 13 und 18 Uhr beginnen zwei- bis dreistündige Meditationsübungen. Es gibt eine Bibliothek mit buddhistischen Schriften in Englisch. Das Wat ist tgl. von 9–17 Uhr geöffnet.

In den Läden in der Phra Chan Rd. am Tempel werden Schutz- und Glücksamulette sowie andere Dinge für religiöse Zeremonien, wie Buddhastatuen, Götterbilder aus dem hinduistischen Pantheon sowie Fotos der beliebten Könige verkauft. Vom Phra Chan-Pier hinter dem Wat fahren Fähren zum Bahnhof in Thonburi und vom etwas weiter südlich gelegenen Maharaj-Pier Expressboote ab. Vom Chang-Pier, noch weiter im Süden, legen neben den Expressbooten (nördlicher Pier) auch Klongboote nach Thonburi (südlicher Pier) ab (s.S. 184ff).

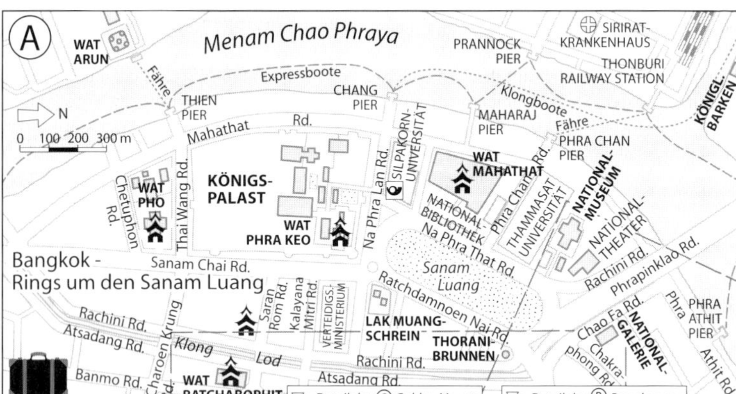

Lak Muang

Gegenüber dem Wat Phra Keo und dem Verteidigungsministerium (mit Kanonen im Garten) werden auf der Straße Vögel, Schildkröten und Blumen verkauft. Das neue Gebäude, dessen Dach von einem Prang gekrönt wird, enthält den Grundstein der Stadt.

Er markiert das Zentrum des Landes, von dem aus alle Entfernungen gemessen werden. Besucher bekleben Kopien des phallusförmigen Pfeilers mit Goldplättchen, umwickeln sie mit bunten Tüchern und stellen Kerzen und Blumen auf. In zwei weiteren Schreinen werden dem Schutzgott der Stadt Opfergaben dargebracht. Besonders Lotteriespieler bitten um das große Glück. Dafür werden in einem offenen Nebenraum auch **traditionelle Tänze** aufgeführt.

Weniger interessant ist der **Thorani-Brunnen** im Nordosten des Platzes. Die indische Göttin der Erde wringt ihr Haar aus, so daß das Wasser herausfließt. Sie soll, nach einer Legende, durch die Wasserfluten, die sich aus ihrem Haar ergossen, Buddhas Feinde vertrieben haben.

Banglampoo

Wer genug von Kultur und Tempeln hat, kann vom Thorani-Brunnen aus die Chakraphong Road hinauflaufen und in Banglampoo, einem traditionellen Einkaufsbezirk Bangkoks, stöbern gehen. Da diese Gegend um die **Khaosan Road** das Traveller-Zentrum Bangkoks ist, haben sich die Läden mit ihrem Angebot darauf eingestellt. Schon immer gab es in Banglampoo viele Textilgeschäfte – nun sind zudem Kassettenshops, Reisebüros, Banken und andere Läden aus dem Boden geschossen. Das Angebot bereichern zudem tgl. außer Mi viele Straßenstände.

An der Einmündung des Klong Banglampoo in den Menam Chao Phraya stehen Reste der Stadtmauer und das **Phra Sumen Fort**. Rama I. ließ die neue Stadt mit einer Mauer, Forts und Kanonen befestigen. Bis auf zwei Forts wurden die Mauern unter Rama V. geschliffen und an ihrer Stelle Straßen errichtet. Hinter dem Fort legen Klongboote zum Bahnhof Hua Lamphong ab.

Wat Bovonives

In diesem berühmten Tempel wurde von Kronprinz Mongkut 1827 das Zentrum der strengen Regeln folgenden Dhammayuti-Sekte gegründet.

Der Kronprinz lebte 14 Jahre hier, bevor er 1851, nach dem Tod seines Bruders, König wurde. Auch Rama VI. und Rama VII. sowie der heutige König verbrachten vor ihrer Krönung einige Zeit als Mönche in diesem Kloster, dessen Wohnquartiere inmitten von viel Grün an kleinen Kanälen liegen. Im Tempel befindet sich nämlich das Studienzentrum für Heilkräuter sowie die Pali-Schule, die Mahamonkut Buddhist University.

Im Bot steht eine berühmte, vier Meter hohe bronzene Buddhafigur aus der Sukhothai-Periode. Die Wandmalereien berichten von den Verfehlungen der Menschen, ihrer zunehmend besser werdenden Lebensführung unter dem Einfluß des Buddhismus, bis sie am Ende die gelbe Robe tragen. Es ist interessant, daß hier die europäischen Einflüsse positiv dargestellt werden – westliche Gebäude, Pferderennen, Schiffe mit Missionaren, ja sogar Kirchgänger in westlicher Kleidung. Die beiden Viharn und der Bot sind nur an besonderen Festtagen geöffnet.

Wat Indraviharn

Einen Abstecher zum Thewet-Markt, nördlich von Banglampoo, läßt sich mit einem Besuch von Wat Indraviharn verbinden. Eingang über die Wisut Kasat Road oder von der Samsen Road über Soi 10 Trok Wat In.

Durch diese schmale Gasse gelangt man nach etwa 100 m auf einen kleinen, freien Platz mit einem restaurierten Tempel, der von einer 32 m hohen, stehenden Buddhastatue überragt wird. Im Inneren der Statue, die Tausende geplättete Opferschalen bedecken, führt eine Treppe hinauf, jedoch ist der Zugang meistens geschlossen. Doch auch die großen Füße, auf denen Gläubige Blumen niederlegen, sind ein beliebtes Fotomotiv.

Wat Pho

Südlich vom Königspalast gelangt man über die Sanam Chai Road zum Wat Pho oder Wat Phra Chetuphon, dem Tempel mit dem liegenden Buddha, der zum Pflichtprogramm jedes Thailand-Reisenden gehört. Bereits 1789 begann man unter Rama I. mit dem Bau dieses Tempels auf dem Areal eines Wats, das aus dem 16. Jahrhundert stammen soll. Rama III. ließ die Anlage renovieren und für die schreibunkundige Bevölkerung das Allgemeinwissen jener Zeit an den Tempelwänden bildhaft darstellen.

In den westlichen Tempelbezirk mit dem Bot gelangt man durch den Eingang in der Chetuphon Road. Eilige, die nur den Viharn mit dem ruhenden Buddha sehen wollen, werden vor den nordwestlichen Eingang in der Thai Wang Road gefahren. Eintritt 20 Baht. Geöffnet tgl. 8–17 Uhr, ✆ 2220933.

Der Viharn mit dem **ruhenden Buddha** nimmt den nordöstlichen Bezirk ein. Die 45 m lange liegende Statue, die Buddha bei seinem Eingang ins Nirwana symbolisiert, wurde 1987 frisch vergoldet. An den Fußsohlen stellen 108 Tafeln aus Perlmutt-Einlegearbeiten die Tugenden eines wahrhaften Buddhisten dar.

Südlich des Viharn, hinter dem chinesischen Pavillon, steht die Bibliothek, an die ein Teich mit einem kleinen Aussichtsberg angrenzt. Östlich davon umschließt ein Wandelgang mit zahlreichen Buddhastatuen die vier großen, mit farbigen Kacheln bedeckten **Chedis** in grün, orange, gelb und blau. Durch zwei von Tempelwächtern bewachte Tore erreicht man den westlichen Tempelbezirk.

Gleich dahinter stehen zwei kleine **Pavillons**. Die Innenwände des nördlichen Gebäudes sind mit medizinischen Motiven bemalt. Hier bieten Frauen Hotelmassagen an, die fälschlicherweise behaupten, daß die **Massageschule** (s.u.) geschlossen sei. Während der Regentschaft von Rama III. wurde im Wat Pho die Medizinschule gegründet, in der bereits vor 150 Jahren die ersten Studenten unterrichtet wurden. Noch heute werden in einem halboffenen Pavillon im äußeren nordöstlichen Tempelbezirk die traditionellen Methoden gelehrt (2 unterschiedliche 15tägige Kurse, tgl. 3–5 Std. Unterricht, à 4500 Baht, ✆ 2254771, 2212974) und Massagen durchgeführt (100 Baht für 30 Minuten, 180 Baht für 1 Std. + 20 Baht für ein frisches Laken). Etwa 20 steinerne Figuren im Hof zeigen Positionen dieser von indischen „Rischi“ verbreiteten Massageart.

Vor dem Zugang zum Bot wird ein großer Phallus, der etwas versteckt unter einem Baum steht, als Zeichen der Fruchtbarkeit vor allem von jungen Frauen verehrt. In den Galerien, die an den Kardinalpunkten von vier **Viharn** unterbrochen werden, sind etwa 400 Buddhafiguren aus unterschiedlichen Epochen untergebracht. Im nördlichen Viharn öffnet sonntags um 13 Uhr die **Meditationsschule**. Die Eingänge zum zentralen **Bot** werden von Bronzelöwen bewacht. Die Marmor-Reliefs auf dem Sockel und die mit Intarsienarbeiten verzierten Eingangstore stellen Szenen aus dem Ramayana dar. Szenen aus dem Leben Buddhas zieren die Innenwände.

Das südlich der Chetuphon Road an die Sakralbauten angrenzende Kloster ist mit über 300 Mönchen das größte von Bangkok.

Rings um den Golden Mount
Ratchdamnoen Road

Zu Beginn dieses Jahrhunderts wurde die Ratchdamnoen Road angelegt, ein prunkvoller, breiter Boulevard vom Sanam Luang zur ehemaligen Thronhalle (s.S. 151), der von Regierungs- und Verwaltungsgebäuden gesäumt ist. Inmitten eines Kreisverkehrs erhebt sich das **Demokratie-Denkmal**, das an den Staatsstreich im Jahre 1932 und das Ende der absoluten Monarchie erinnert. Wer die Reliefs aus der Nähe bewundern möchte, muß jedoch erst durch den dichten Verkehr kommen, was fast unmöglich ist.

Einstmals umgrenzte eine **Stadtmauer** entlang des Klong Banglampoo und Klong Ong Ang das Stadtgebiet. Ein Teil davon ist an der Brücke restauriert worden. Vom dahinter liegenden Phanfa-Pier legen Boote ab, die durch den Klong Saen Saeb in die östlichen Vororte fahren. Vom gegenüberliegenden Pier geht es nach Banglampoo und zum Hauptbahnhof.

Jenseits der Mahachai Road wurde ein kleiner Park mit einer **Gedenkstätte für König Rama III.** und einem Pavillon errichtet. Dahinter erheben sich mehrere Tempel.

Der Golden Mount

Den Zusammenfluß der drei Klongs überragt der 79 m hohe, künstlich aufgeschüttete **Golden Mount** mit dem goldglänzenden Chedi von Wat Saket. Der Chedi enthält eine Reliquie Buddhas, die hoch verehrt wird – vor allem während des Tempelfestes im November. Vor dem Aufgang zur oberen Plattform des Chedi, von der sich eine schöne Aussicht bietet, sind 10 Baht Eintritt zu zahlen. Zugang zum Golden Mount sowohl über die Borpat Road, östlich des Klongs, als über die Chakraphadipong Road durch eine schmale Palmenallee zwischen einer kleinen Schule und dem Wat Saket. Geöffnet tgl. 7.30–17 Uhr.

Wat Ratchanatda

Hinter der Gedenkstätte für Rama III. steht **Wat Ratchanatda**, dessen Bot nur gegen 16 Uhr zum Gebet geöffnet ist. Die Anlage wurde für eine Nichte Ramas III. errichtet. Im Viharn befindet sich eine Statue des Königs. Im Vorhof hinter dem Viharn werden an zahlreichen Ständen eines **Amulettmarktes** religiöse Statuen und Glücksbringer verkauft. Vor einem zerfallenen, überwucherten Mondhop neben dem Markt bringt man Opfergaben dar.

Hinter dem Bot erhebt sich der eigentümliche Metallpalast **Loha Prasat**, der eher an indische Tempelbauten erinnert. Viele kleine Türmchen sind auf drei quadratischen Ebenen pyramidenförmig angeordnet. Manchmal ist es möglich, über die zentrale Wendeltreppe zur obersten Plattform hinaufzusteigen.

Südlich des Klongs steht ein weiterer großer, aber einfacher Tempel, **Wat Theptidaram**. Der Bot und die Prangs sind mit Mosaiken geschmückt. Im Hof stehen Figuren, die als Schiffsballast aus China hierherkamen.

Wat Suthat

Anschließend geht es über die Mahachai Road rechts in die Bamrung Muang Road hinein.

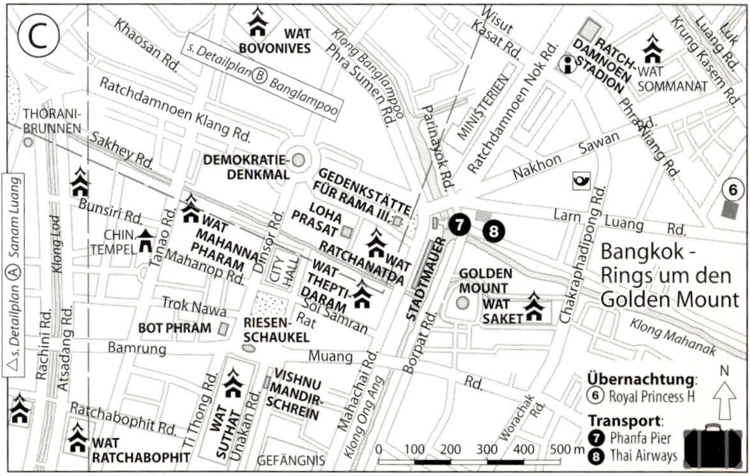

In Geschäften wird eine faszinierende Sammlung von vergoldeten Buddhastatuen, Almosenschalen und anderem Tempelzubehör verkauft.

In einem Kreisverkehr steht mitten auf der verkehrsreichen Straße eine etwa 25 m hohe **Riesenschaukel** *(giant swing)*. Bei einem hinduistisch-brahmanischen Fest wurden früher lebensgefährliche Schaukel-Wettkämpfe ausgetragen, die unter Rama VII. verboten wurden.

Südlich der Schaukel erhebt sich **Wat Suthat**. Vor etwa 150 Jahren entstand dieser Tempel, dessen besonders schöne **Wandmalereien** zu den bedeutendsten Zeugnissen thailändischer Malerei gehören. Steinerne chinesische Pagoden umgeben den Viharn, auf dessen wunderschönen, mit Schnitzereien verzierten Teakholztüren Szenen aus dem Ramayana dargestellt sind. Die Innenwände sind bemalt mit Szenen aus den Leben der legendären 24 Buddhas (tatsächlich sind es 27), während die Motive auf den acht Säulen der hinduistisch-buddhistischen Kosmologie entnommen sind. Sie wurden vor einigen Jahren aufwendig restauriert, sind aber schon wieder am abbröckeln.

Im Zentrum des Raumes steht die große **Buddhastatue Sri Sakyamuni** aus der Sukhothai-Periode. König Rama VIII., dessen Bronzestatue im Vorhof steht, wurde im Tempel beigesetzt. Ihm zu Ehren findet alljährlich am 9. Juni eine königliche Zeremonie statt. Geöffnet tgl. 9–17 Uhr.

Am **Hinduschrein Vishnu Mandir**, östlich vom Tempel auf dem Mittelstreifen der Unakan Road, werden der Gottheit Vishnu Blumenkränze geopfert. Auch nordwestlich von Wat Suthat steht etwas versteckt in der Dinso Road der **brahmanische Bot Phram**. Zu den mit gelben Blumenkränzen geschmückten Schreinen der Gottheiten Vishnu, Shiva und der Geschwister Ganesha (Elefantengott) und Skanda (Kriegsgott) kommen Thai-Brahmanen, um zu beten. Die ursprünglich aus Südindien stammenden Mitglieder der obersten Hindukaste sind für die Durchführung von alten brahmanischen Riten am Königshof zuständig.

Wat Ratchabophit

Südwestlich von hier erhebt sich in der Atsadang Road (Eingang über Ratchabophit Rd.), am Ostufer des Klong Lod, der 43 m hohe, mit goldfarbenen Keramikkacheln bedeckte Chedi von Wat Ratchabophit, einer sehenswerten Anlage. Von ihm aus gehen in alle vier Himmelsrichtungen die Gebäude des Bot und der drei Viharn ab, deren Außenwände mit farbigem chinesischem Porzellan geschmückt sind. Das Innere ist nicht zugänglich, ein runder Wandelgang führt um die Stupa.

In der südöstlichen Ecke befindet sich das Grab der Frau Ramas V. und im Tempelbereich an der Atsadang Road, der meist nur von der Straße aus zu besichtigen ist, die Gräber der königlichen Familie, die zum Teil gotischen Kirchen nachempfunden sind. Die Eingangstore sind mit geschnitzten Soldaten unterschiedlicher Einheiten verziert.

Thonburi

Die Schwesterstadt westlich des Flusses wurde 1767 nach der Zerstörung von Ayutthaya die erste Zufluchtsstätte der zersprengten Armee unter König Taksin, bis Rama I. 1782 nach Bangkok übersiedelte. Seither konzentriert sich nicht nur das politische Leben, sondern auch Handel und Industrie am östlichen Flußufer. Auch wenn heute die beiden Millionenstädte zu einem dicht besiedelten Großraum zusammengewachsen sind, scheint die Verstädterung in Thonburi noch nicht so weit fortgeschritten zu sein wie in Bangkok. Obwohl mittlerweile einige ständig verstopfte Schnellstraßen die Stadt durchziehen, bewegt sich ein großer Teil des Verkehrs immer noch auf Wasserwegen, den **Klongs**.

Dieses Thonburi kann man nur vom Boot aus erleben. Empfehlenswert ist die Tour mit dem Linienboot vom Chang-Pier nach **Bang Yai**. Die Fahrt geht über den Menam Chao Phraya den Klong Bangkok Noi hinauf, vorbei am Bahnhof von Thonburi und den Königlichen Barken. Hinter dem Chao Phraya Hospital passiert man mehrere Autobahnbrücken sowie eine Eisenbahnbrücke und verläßt kurz darauf das Gebiet der Metropole Bangkok. Beide Ufer des Klongs sind von Holzhäusern gesäumt, zwischen denen vereinzelt Tempel stehen.

Die Klongs Schnellboote transportieren am späten Nachmittag adrett gekleidete Büroangestellte und Schulkinder nach Hause, auf breiten Lastkähnen wird Zement und Holzkohle selbst durch die schmalsten Kanäle manövriert, und der schwimmende Supermarkt versorgt die Daheimgebliebenen mit dem Notwendigsten. Alles orientiert sich zum Wasser hin, schwimmende Tankstellen ebenso wie Geschäfte, die ihre Waren am Ufer feilbieten. Jedes Haus hat seine eigene Anlegestelle, die gleichzeitig der ganzen Familie als Bade- und Waschplatz dient. Die Toilette befindet sich hingegen auf dem Land. Dennoch graut es manchem europäischem Besucher beim Anblick der fröhlich badenden Kinder im trüben, träge fließenden Wasser. In der Nähe des Menam Chao Phraya und entlang der großen Kanäle ist Bauland ebenso knapp wie in anderen Innenstädten, so daß die überwiegend aus Holz errichteten Häuser dicht aneinandergedrängt bis ins Wasser hineingebaut sind. In den Außenbezirken wird die Bebauung lichter, Bäume überschatten die Kanäle, und kleine, intensiv genutzte Gärten geben der Stadt ein ländliches Gepräge.

Der erste Ort in der Provinz Nonthaburi ist **Bang Kruay**. Expressboote fahren ohne Stop bis zum Tempel an der Abzweigung des Klong Bang Kruay, wo auch der Klong Bangkok Noi einen scharfen Knick nach links macht. Häufig können Tempelbesucher beobachtet werden, die Brot an die zahlreichen Fische verfüttern, die sich rings um den Tempel aufhalten.

Entlang der weiteren Strecke wird die Bebauung immer aufgelockerter und die Atmosphäre ländlicher. Einige recht schöne Tempel stehen am Ufer. An der Endstation in Bang Yai kann man etwas essen und von den Brücken herab das Treiben auf dem Klong beobachten. Wer möchte, kann ein Taxiboot für eine Fahrt durch die schmalen Kanäle des Ortes mieten. Weitere Informationen über Klongboote und Touren s.S. 185/186. Nach 9 Uhr sind weniger Boote unterwegs, so daß man leichter einen Platz erhält und nicht so leicht naßgespritzt wird. Zudem macht der kühlende Fahrtwind und das Wasser eine Bootsfahrt selbst während der heißen Stunden des Tages erträglich.

Wat Arun

Vom Thien-Pier fahren Fähren für 1 Baht zum Wat Arun, dem Tempel der Morgenröte. Die aufgehende Sonne läßt die mit chinesischem Porzellan bedeckten Prangs in vielen Farben erstrahlen. Die verschieden hohen Türme symbolisieren das buddhistische Universum, in der Mitte der heilige Berg Meru, den die Weltmeere umgeben. Innerhalb der Tempelmauern stehen steinerne Figuren, die als Schiffsballast aus China nach Thailand gelangten – unter anderem ein europäischer Kapitän. Sie sind auch in anderen Tempeln zu finden. Immer steiler werdende Treppen führen den höchsten Prang (86 m) hinauf. Von der letzten Plattform bietet sich eine gute Sicht über den Fluß auf Bangkok – der Blick durch die aufgestellten Fernrohre lohnt nicht die Geldausgabe. Die meisten Touristen kommen zum Sonnenuntergang herauf. Wer Gedränge nicht mag, sollte den Aufstieg in der Mittagshitze auf sich nehmen.

Auch der Bot lohnt einen Besuch. Ist der Zugang vom Tempel aus geschlossen, gelangt man über einen weiteren Eingang von der Gasse nördlich des Tempels in den Hof. Hier sind steinerne chinesische Statuen ähnlicher Art in großer Zahl aufgereiht. Der Wandelgang ist mit bunten Blumenmotiven bemalt und auch das Innere des Bot ist mit Wandmalereien bedeckt. 1997/98 wurde der Tempel umfassend restauriert.

Das südliche Thonburi

Das riesige **Wat Kanlayanimit** steht 2,5 km südlich vom Wat Arun, am Ende der Soi Wat

Kanlaya, zu erreichen über die Israphap und Thetsaban Sai 1 Road. Von Bangkok fahren einige Fähren ab Rachini-Pier hierher – vom selben Pier verkehren auch Fähren zur Santa Cruz-Kirche (s.u.). Im Glockenturm im Hof hängt die größte Bronzeglocke Thailands. Weit beeindruckender ist die riesige sitzende Buddhafigur im höchsten Viharn der Stadt, vor der die überwiegend chinesischen Besucher winzig wirken. Die verblichenen Wandgemälde weisen starke chinesische Einflüsse auf. Nur wenige Touristen kommen hierher, und alles macht einen etwas verwahrlosten Eindruck.

800 m weiter im Süden (zurück zur Thetsaban Sai 1 Road und nach links zur Soi Kudi Chain) erreicht man die **Santa Cruz-Kirche** (Wat Kuti Cheen) inmitten des ehemaligen portugiesischen Viertels, dem ersten europäischen Geschäftszentrum, von dem kaum noch etwas zu sehen ist. Seit dem 16. Jh. lebten portugiesische Diplomaten, Händler und Missionare im Land. Nach der Zerstörung von Ayutthaya ließen sie sich hier nieder und errichteten eine kleine Kirche, die 1913 durch das heutige Bauwerk ersetzt wurde. In der Kirche finden tgl. um 6 und 19 Uhr Gottesdienste statt. Die Grotte neben der Kirche wird von Gläubigen mit Jasminkränzen geschmückt. Von der Anlegestelle, wenige Meter östlich der Kirche, legen die Fähren zum Rachini-Pier ab.

In Richtung Memorial-Brücke erreicht man nach 400 m einen weiteren Tempel aus der Zeit von Rama III., **Wat Prayun Wong Sawat**. Im östlichen Bereich, nahe der Memorial-Brücke, erhebt sich eine bizarre, künstliche Felseninsel, die mit Miniaturhäusern, -tempeln und -pagoden bebaut ist. Sogar eine Grotte mit Buddhastatue und der Nachbau einer gotischen Kirche findet sich darunter. Die Gebäude wurden zum Gedenken an zahlreiche Verstorbene errichtet, deren Namen auf Plaketten verewigt sind. In dem Teich leben viele Schildkröten – Symbol für ein langes Lebens – die von Besuchern mit Früchten und anderen Leckereien gefüttert werden, die nebenan verkauft werden. Der ehemalige, große **Schwimmende Markt** nahe Wat Sai hat so sehr unter den anstürmenden Touristenmassen gelitten, daß mittlerweile die angeblichen Marktfrauen mit 30 Booten nur für die Kameras der Touristen ihr Gemüse auf und ab paddeln. Abfahrt der Touristenboote jederzeit ab Oriental Hotel-Pier. Die Bootstouren ab Oriental-Pier halten auch an der **Thonburi Snake Farm**. Besuchern wird eine Schlangenshow geboten, außerdem befindet sich auf dem Gelände ein kleiner Zoo, Eintritt 100 Baht. Lohnenswerter ist die Fahrt zum Schwimmenden Markt nach Damnoen Saduak.

Rings um den Bahnhof

An der Mündung des Klong Bangkok Noi in den Menam Chao Phraya liegt der **Bahnhof von Thonburi**, von dem aus u.a. die Züge zum River Kwai abfahren. Er ist von Bangkok aus ab dem Phra Chan-Pier zu erreichen.

Im **Sirirat-Krankenhaus** südlich vom Bahnhof, dem über 100 Jahre alten, ersten westlichen Krankenhaus des Landes, besitzt eine etwas makabre Ausstellung. Im Gerichtsmedizinischen Institut *(Forensic Medicine Building)* sind Skelette, konservierte Organe und Körper von Mördern und ihrer Opfer Mo–Fr von 9–16 Uhr zur Besichtigung freigegeben. Die Aufschriften sind nur in Thai. Wem das nicht reicht, kann im Pathologischen Institut nach Voranmeldung weitere makabre Ausstellungen besichtigen. Mittwochs von 8.30–16.30 Uhr ist zudem ein kleines Museum geöffnet, das die Geschichte der Thai-Medizin anhand von Modellen und einer traditionellen Apotheke darstellt.

Die königlichen Barken

Am Klong Bangkok Noi sind vor der Arun-Amarin-Brücke in einer Bootshalle am Nordufer die königlichen Barken untergebracht, 51 Boote, die mit Holzschnitzereien und Lackarbeiten kunstvoll verziert sind. Allerdings können nur einige der prunkvollsten besichtigt werden. Aus einem einzigen Teak-Baum ist die 46 m lange königliche Barke gearbeitet, die graziöse *Subana Hongsa,* deren Bug der kampfbereit aufgerichtete Kopf des *Hamsa* (das mythische Roß des Gottes Brahma) ziert und die in einem hoch aufgerichteten Schwanz endet. Die zweite königliche Barke ist die 45 m lange *Ananta Nagaraj* mit dem siebenfachen Schlangenkopf, dem Symbol des Wassers. In ihr befand sich während der letzten Prozessionen eine heilige Buddhastatue. Das älteste dritte Boot *Anekajati Bhujonga* ist mit filigranen Nagaschlangen verziert. Diese großen Boote werden von zahlreichen kleineren Barken eskortiert, die mit Garuda-, Hanumanfiguren und anderen mythischen Fabelwesen geschmückt sind. Einige transportieren das Orchester, andere sind mit Kanonen bestückt.

An den Bootsprozessionen aus Anlaß der 200-Jahr-Feier Bangkoks 1982, des 60. Geburtstags des Königs 1987, der Königin 1992 sowie des 50jährigen Thronjubiläums im November 1996 waren über 2000 Mann Besatzung beteiligt. Diese Tradition geht bis ins 14. Jh. zurück und hatte ihre Blütezeit während der Ayutthaya-Herrschaft, als königliche Prozessionen mit 300–400 Booten und bis zu 14 000 Mann Besatzung stattfanden. Eine kleine Ausstellung in der Halle vermittelt allen, die nicht dabei sein konnten, einen kleinen Eindruck von der prunkvollen Prozession. Zu den Königlichen Barken gelangt man auf zwei verschiedenen Wegen: sowohl von der Brücke hinter dem Bahnhof in Thonburi als auch vom Wat Dusitaram hinter der Phrapinklao-Brücke aus. Beide sind mit Hinweisschildern markiert. Von der Endstation des ac-Busses 3 ist es nicht weit zu den Barken. An der Brücke hält auch der non-ac-Bus 19 ab Sanam Luang. Geöffnet tgl. 8.30–16.30 Uhr, ✆ 4240004, Eintritt 30 Baht, Fotoerlaubnis 100 Baht.

Indisches Viertel und Chinatown

Die endlos lange Straße vom Wat Pho Richtung Osten, die New Road oder **Charoen Krung Road**, wurde als erste Straße der Stadt unter Rama IV. 1851–1868 entlang eines ehemaligen Elefantenpfades gebaut. Zu dieser Zeit wurde in Bangkok noch alles auf dem Wasser transportiert. Europäische Händler, die ihre Lagerhallen am Fluß hatten, forderten vom König eine Straße, um einen besseren Warentransport zu gewährleisten. Europäischer Einfluß ist im zentralen Bereich rings um das Hauptpostamt noch immer zu spüren.

Im Block, der von der Charoen Krung Road, Pahurat, Tripet und Burapha Road umgrenzt wird, wurde der ehemalige Ming Muang-Markt zum **Old Siam Plaza** umgebaut, einem neuen, fünfstöckigen Einkaufszentrum. Viele Geschäfte, die v.a. Textilien, Porzellan, Waffen und Schmuck anbieten, sind rings um drei überglaste Innenhöfe angeordnet. In einem der Höfe lockt ein stilvoller Foodmarket mit einheimischen Spezialitäten. Das Angebot reicht von einem gemütlichen Kaffee bis zu Fast Food-Restaurants. Da nur einige Geschäfte und Restaurants klimatisiert sind und viele Keramiken mit traditionellem Design sowie Bleiglasfenster verwendet wurden, erhält alles ein angenehmes historisches Flair.Sala Chalerm Krung an der Tripet Rd., Ecke Charoen Krung Rd., war in den 30er Jahren das größte und modernste Kino des Landes. Es ist nun zum **Königlichen Khon-Theater** umgebaut worden, das Gastspielen traditioneller und moderner Künstler einen gediegenen Rahmen bietet.

Pahurat-Markt

Entlang der Pahurat Road und in den schmalen Gängen zwischen den alten Holzhäusern werden auf dem Pahurat-Markt Textilien, von Saris bis zu Brokatstoffen für Tempeltänzer, Schmuck, Kurzwaren in ungekannter Vielfalt und vieles mehr angeboten – allerdings ohne viel Exotik.

Die Wohn- und Geschäftshäuser hinter dem indischen Markt überragt die goldene Kuppel des Gurdwara Siri Guru Singh Sabha **Sikh-Tempels**. Besucher, die sich in dem modernen, etwas kühl wirkenden Gebäude umsehen wollen, und um Erlaubnis fragen, sind normalerweise willkommen. In den schmalen Gassen rings um den Tempel konzentrieren sich kleine indische Curryrestaurants, Teestände und Läden, die u.a. Tempelzubehör, Betelnüsse und Schmuck verkaufen. Die zahlreichen lauten Gästehäuser beiderseits der Chak Phet Road werden vor allem von indischen Geschäftsleuten genutzt.

Chinatown

Östlich von Pahurat erstreckt sich die quirlige Chinatown. Etwa 4 Millionen Chinesen leben in Thailand, zum Teil schon seit mehreren Generationen. Weitaus stärker als in anderen Ländern haben sie sich in die Thai-Gesellschaft integriert. Besonders interessant ist die Chinatown während großer chinesischer Feste (Fest der hungrigen Geister im 7. Monat des chinesischen Jahres, Mondkuchenfest Mitte des 8. Monats) und der Neujahrsvorbereitungen. Weniger interessant als sein vielversprechender Name ist der Block **Nakhon Kasem**, der sogenannte Diebesmarkt, denn hier haben sich keine Hehler, sondern vor allem Maschinenhändler angesiedelt.

In der Hauptstraße, der **Charoen Krung Road** (s.o.), wo sich ein Geschäft an das nächste reiht, haben fliegende Händler auf den schmalen Bürgersteigen ihre Stände aufgebaut und verkaufen technischen Kleinkram, wie Lupen, Kompasse, Batterien und Scheren. Welch ein Kontrast zu den dahinterliegenden, mit Gold und Jade vollgepackten Schmuckläden und den großzügigen, klimatisierten Verkaufsräumen für aphrodisische Antilopengeweihe und wertvolle Schwalbennester. Exotische Düfte weisen den Weg zu traditionellen chinesischen Apo-theken, die jedem Kunden die passende Medizin aus ungewöhnlichen Bestandteilen zusammenmixen. Man kann sich in eine ruhige Ecke zurückziehen und das bunte Treiben auf engstem Raum betrachten. Allerdings wälzt sich ein lauter, stinkender Verkehrsstrom ununterbrochen durch die heißen, schmalen Straßen der Chinatown und trübt das Einkaufs- und Sightseeing-Vergnügen.

Ein besonders schöner chinesischer Tempel, der **Neng Noi Yee** (Thai-Name: Wat Mangkon Komalawat), steht an der Charoen Krung Road zwischen Mangkon und Phlapphla Chai Road. Durch ein hohes, prächtiges Tor betritt man einen ausgedehnten Hof, der von der Tempelanlage begrenzt wird. Hinter dem aufwendig dekorierten Haupttempel liegen mehrere kleinere Räume.

Große Fahrzeuge sind aus der **Sampeng Lane** und den schmalen Seitengassen verbannt, denn hier passen nur Lastkarren, Motorräder und Einkäufer hindurch. Es wird eine Vielfalt von Waren angeboten. Da die Häuser eng zusammenstehen und zum Teil durch helle Tücher vor der Sonne abgeschirmt sind, ist es selbst mittags relativ kühl.

Auf dem **chinesischen Markt** in der Soi Itsara Nupha, zwischen Charoen Krung und Yaowarat Rd., werden exotische Zutaten für die chinesische Küche verkauft, von denen Hühnerfüße und Seegurken noch die harmloseren zu sein scheinen. Südlich der Yaowarat Rd. wird u.a. mit Krupuk und Gewürzen gehandelt. Durch die schmale Gasse, die weit weniger touristisch als die Sampeng Lane ist, zwängen sich Last- und Essenskarren.

Auf den Bürgersteigen östlich vom Wat Chai Chana Songkhram hat sich der Elektro- und Elektronikmarkt ausgebreitet, auf dem sowohl Uhren, Taschenrechner und Batterien als auch Musik- und Videokassetten feilgeboten werden.

Hinter dem Bot im **Wat Chakrawat** in der Chakrawat Road leben seit einem halben Jahrhundert Krokodile in einem kleinen Becken, seit eines im Fluß gefangen wurde, das einen Menschen attackiert hatte. Heute blickt es ausgestopft auf seine Nachkommen herab. In der Grotte im entgegengesetzten Bereich des Wat soll Buddha seinen Schatten an der Wand hinterlassen haben.

Erholsamer ist ein Bummel durch die parallel zum Fluß verlaufende **Songwat Road**, vorbei an kleinen Tempeln und den mit Reis, Nelken, Pfeffer und anderen Produkten vollgepackten alten Lagerhäusern der Großhändler. Am Ratchawong-Pier legen die Expressboote an. Von den Frachtkähnen werden die Waren auf LKWs verladen.

Der massiv goldene Buddha im **Wat Traimitr** wiegt beinahe 6 Tonnen. Die aus dem 14. Jahrhundert stammende eindrucksvolle Sta-

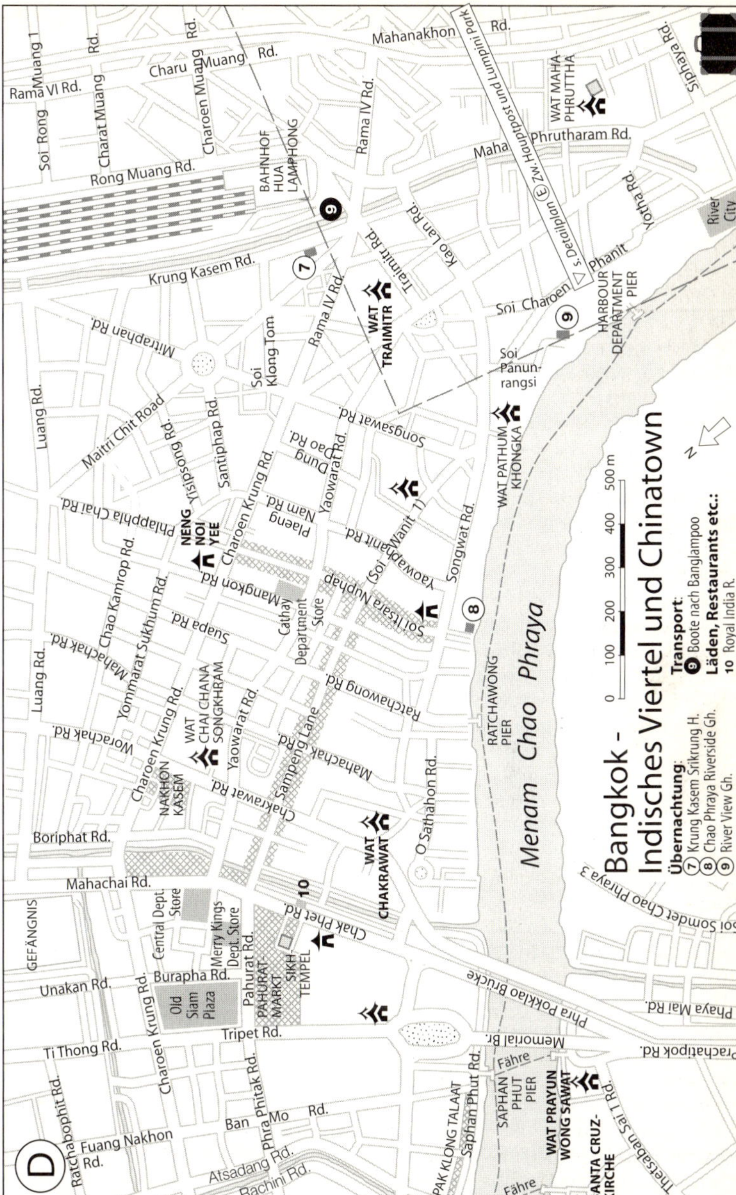

Bangkok - Indisches Viertel und Chinatown
Übernachtung:
7 Krung Kasem Srikrung H.
8 Chao Phraya Riverside Gh.
9 River View Gh.
Transport:
9 Boote nach Banglampoo
Läden, Restaurants etc.:
10 Royal India R.
0 100 200 300 400 500 m
N
D
Menam Chao Phraya
BAHNHOF HUA LAMPHONG
WAT TRAIMITR
WAT PATHUM KHONGKA
WAT MAHA-PHRUTTHA
NENG NOI YEE
WAT CHAI CHANA SONGKHRAM
WAT CHAKRAWAT
SIKH-TEMPEL
PAHURAT-MARKT
WAT PRAYUN WONG SAWAT
SANTA CRUZ-KIRCHE
PAK KLONG TALAAT
NAKHON KASEM
GEFÄNGNIS
Old Siam Plaza
Central Dept. Store
Merry Kings Dept. Store
Cathay Department Store
River City
HARBOUR DEPARTMENT PIER
RATCHAWONG PIER
SAPHAN PHUT PIER
Fähre
s. Detailplan Ⓔ Zw. Hauptpost und Lumpini Park
Rama VI Rd.
Soi Rong Muang 1
Charat Muang Rd.
Charoen Muang Rd.
Charu Muang Rd.
Mahanakhon Rd.
Rama IV Rd.
Maha Phrutharam Rd.
Siphaya Rd.
Rong Muang Rd.
Krung Kasem Rd.
Kao Lan Rd.
Traimitr Rd.
Yotha Rd.
Soi Charoen Phanit
Soi Panun-rangsi
Mitraphan Rd.
Soi Klong Tom
Luang Rd.
Maitri Chit Road
Santiphap Rd.
Yisipsong Rd.
Charoen Krung Rd.
Songsawat Rd.
Dung Dao Rd.
Yaowarat Rd.
Plaeng Nam Rd.
Phlapphla Chai Rd.
Chao Kamrop Rd.
Mangkon Rd.
Yaowaphanit Rd. (Soi Wanit 1)
Songwat Rd.
Soi Itsara Nuphap
Suapa Rd.
Yommarat Sukhum Rd.
Mahachak Rd.
Ratchawong Rd.
Sampeng Lane
Woracha Rd.
Chakrawat Rd.
O Sathahon Rd.
Boriphat Rd.
Mahachai Rd.
Chak Phet Rd.
Unakan Rd.
Burapha Rd.
Pahurat Rd.
Phra Pokklao Brücke
Phaya Mai Rd.
Soi Somdet Chao Phraya 3
Tripet Rd.
Memorial Br.
Prachatipok Rd.
Ti Thong Rd.
Ratchabophit Rd.
Fuang Nakhon Rd.
Ban Mo Rd.
Phra Phitak Rd.
Atsadang Rd.
Rachini Rd.
Saphan Phut Rd.
Thetsaban Sai 1 Rd.

tue wurde erst 1955 durch Zufall entdeckt. Als ein „bronzener" Buddha aus einer Tempelruine in diesen neuen Tempel gebracht werden sollte, fiel er zu Boden, und unter den Rissen kam die verdeckte Statue zum Vorschein. Unter dem Schatten eines Banyan-Baumes im Vorhof wird dem hinduistischen Gott Brahma geopfert. Dieser Tempel steht auf dem Programm der meisten Veranstalter. Geöffnet tgl. 9–17 Uhr, Eintritt 20 Baht.

Im Osten endet die Chinatown am **Bahnhof Hua Lamphong**, der 1890 nach dem Vorbild von Manchester errichtet wurde. In der großen, überdachten Halle herrscht immer ein buntes Gewimmel von Reisenden, Händlern und Taschendieben. Von der Bootsanlegestelle westlich des Bahnhofs verkehren kleine Passagierboote nach Banglampoo (s.S. 186).

Luftverschmutzung Eine dicke Wolke aus Abgasen liegt permanent über Bangkok. Umweltgruppen haben festgestellt, daß in den Hauptverkehrsstraßen die Luftverschmutzung bereits gesundheitsschädliche Werte erreicht hat. Seit dem Bau der Hochhäuser ist die Ventilation der Straßen nicht mehr gewährleistet, so daß die Konzentration der Giftstoffe dramatisch ansteigt. Über Bronchitis, Asthma oder Erschöpfung klagt bereits jeder siebte Bewohner. Besonders Belastete, wie Tuk Tuk-Fahrer, Verkehrspolizisten und Straßenhändler tragen Atemschutzmasken.

Zwischen Hauptpostamt und Lumpini-Park

Über die Charoen Krung Road (New Road) gelangt man weiter im Süden in das älteste Banken- und Geschäftsviertel der Stadt. Wer sich nicht dem Lärm und den Abgasschwaden des dichten Verkehrs aussetzen möchte, kann mit dem Expressboot bis zum Siphaya- oder Oriental-Pier fahren (s.S. 185).

Kaum zu übersehen sind das beliebte **River City-Einkaufszentrum** und das an-

Übernachtung:
(10) River City Gh., Royal Orchid Sheraton H.
(11) T.T.II Gh.
(12) Newrotel
(13) Suriwongse Tower Inn
(14) Oriental H.
(15) Shangri-La H.
(16) Bossotel Inn
(17) Holiday Inn
(18) Silom Village Inn
(19) Narai Hotel
(20) Monarch Lee Gardens, Tower Inn
(21) Bangkok Christian Gh., The Swiss Lodge
(22) Dusit Thani H.
(23) Kings Mansion, YMCA Collins
(24) Westin Banyan H.
(25) YWCA
(26) Sukhothai H.
(27) Freddy's 1 Gh.
(28) Honey Gh.
(29) Malaysia
(30) E.T.C. Gh.
(31) Quality Hotel Lumpinee
(32) Anna Gh., Tokyo Gh.
(33) Home Sweet Home Gh.
(34) Lee 3 Gh., Lee Mansion 4 Gh., Madam Gh., Sala Thai Gh.
(35) T.T.O. Gh., Kenny Gh., Tukh Gh.
(36) Freddy II Gh.

Läden, Restaurants etc.:
11 Whole Earth Restaurant
12 AUA Language Center
13 Brown Sugar
14 Old West
15 Round Midnight
16 Neil's Tavern
17 Harmonique
18 Himali Cha Cha
19 Maria Bakery
20 Chaii Karr R.
21 Silom Village
22 All Gaengs
23 Thai Farmers Bank
24 Bangkok Bank Bldg.
25 The BooksellerCo.
26 Suriyaban Bookstore
27 Charuvan Duck Shop
28 Batavia Satay House, Delaneys
29 Jim Thompson, The Café
30 Bussaracum, Seafood Market
31 Alliance Francaise
32 Goethe-Institut
33 Siam Commercial Bank
34 Immigration

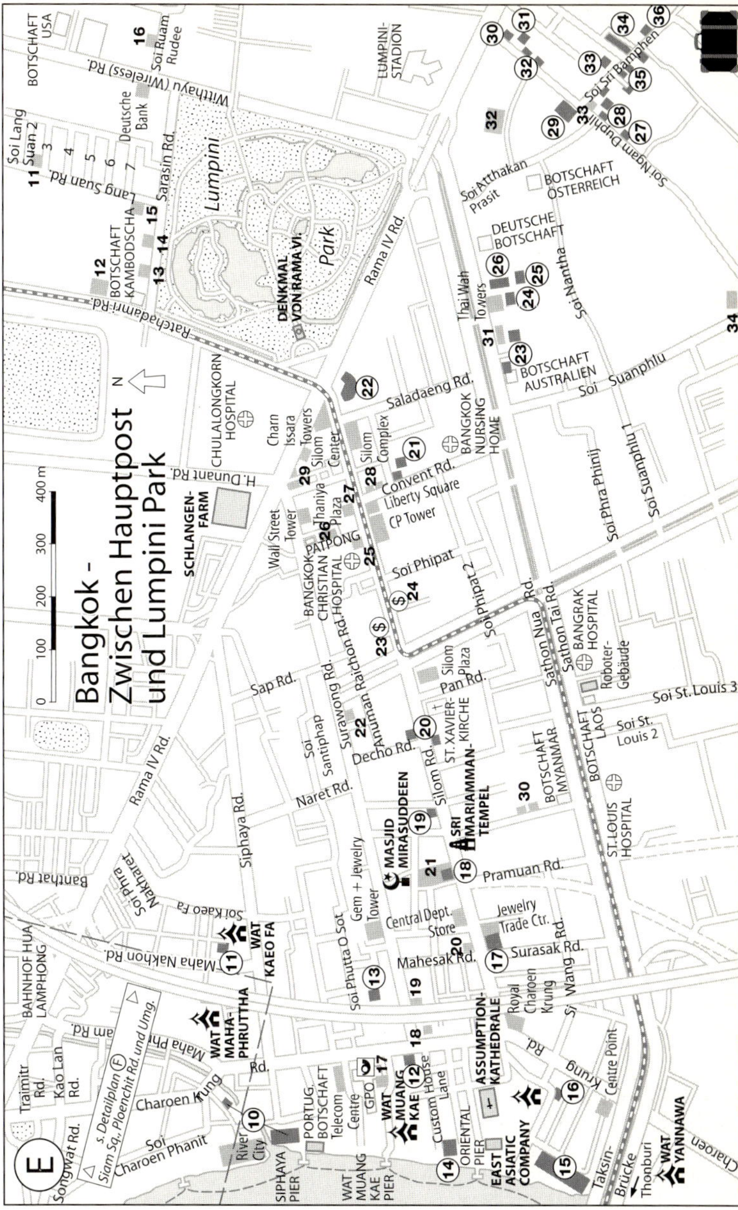
Bangkok -
Zwischen Hauptpost
und Lumpini Park
E
0 100 200 300 400 m
N
s. Detailplan F
Siam Sq., Ploenchit Rd. und Umg.
BOTSCHAFT USA
Witthayu (Wireless) Rd.
Soi Ruam Rudee
Soi Lang Suan 2
Lang Suan Rd.
Deutsche Bank
Sarasin Rd.
BOTSCHAFT KAMBODSCHA
Ratchadamri Rd.
Lumpini
Park
DENKMAL VON RAMA VI.
LUMPINI-STADION
Rama IV Rd.
CHULALONGKORN HOSPITAL
H. Dunant Rd.
SCHLANGEN-FARM
Charn Issara Towers
Silom Center
Silom Complex
Saladaeng Rd.
BANGKOK NURSING HOME
Convent Rd.
Liberty Square
CP Tower
Thaniya Plaza
PATPONG
BANGKOK CHRISTIAN HOSPITAL
Wall Street Tower
Soi Phipat
Soi Phipat 2
Thai Wah Towers
Soi Atthakan Prasit
BOTSCHAFT ÖSTERREICH
DEUTSCHE BOTSCHAFT
BOTSCHAFT AUSTRALIEN
Soi Suanphlu
Soi Suanphlu 1
Soi Phra Phinij
Soi Nantha
Soi Ngam Duphli
Soi Sri Bamphen
Sap Rd.
Surawong Rd.
Anuman Raichon Rd.
Soi Santiphap
Naret Rd.
Decho Rd.
Silom Rd.
Silom Plaza
Pan Rd.
ST. XAVIER-KIRCHE
SRI MARIAMMAN-TEMPEL
MASJID MIRASUDDEEN
BOTSCHAFT MYANMAR
BOTSCHAFT LAOS
Sathon Nua Rd.
Sathon Tai Rd.
BANGRAK HOSPITAL
Roboter-Gebäude
Soi St. Louis 3
Soi St. Louis 2
ST. LOUIS HOSPITAL
Rama IV Rd.
Siphaya Rd.
Banthat Rd.
Soi Phra Nakharet
Soi Kaeo Fa
WAT KAEO FA
Maha Nakhon Rd.
BAHNHOF HUA LAMPHONG
Gem + Jewelry Tower
Central Dept. Store
Jewelry Trade Ctr.
Pramuan Rd.
Surasak Rd.
Mahesak Rd.
Soi Phutta O Sot
WAT MAHA-PHRUTTHA
Maha Phruttharam Rd.
Traimitr Rd.
Kao Lan Rd.
Songwat Rd.
Charoen Krung Rd.
Soi Charoen Phanit
River City
SIPHAYA PIER
PORTUG. BOTSCHAFT
Telecom Centre
GPO
WAT MUANG KAE
WAT MUANG KAE PIER
Custom House Lane
ORIENTAL PIER
ASSUMPTION-KATHEDRALE
EAST ASIATIC COMPANY
Royal Charoen Krung
Si Wang Rd.
Centre Point
Taksin-Brücke
Thonburi
WAT YANNAWA
Charoen

grenzende **Royal Orchid Sheraton Hotel**, eines der größten Hotels der Stadt, am Flußufer nördlich vom Siphaya-Pier. Von hier starten viele Restaurant- und Ausflugsboote. Inmitten dieser modernen Bauten wirkt die **Portugiesische Botschaft** südlich des Piers wie ein Relikt aus der Vergangenheit. Leider umgibt sie eine hohe Mauer, so daß das schöne Gebäude und der Garten nur vom Fluß aus zu sehen sind.

Nördlich des Piers erheben sich die Türme der **Rosenkranz-Kirche**, auch Wat Galawah genannt. Bereits nach der Zerstörung von Ayutthaya errichteten Portugiesen hier eine katholische Kirche. Das heutige Gebäude mit schönen Bleiglasfenstern stammt allerdings aus dem Jahre 1897. Vom Fluß her nicht zugänglich ist das große **Hauptpostamt** an der Charoen Krung Road. König Rama V., dessen Denkmal vor dem Hauptgebäude steht, führte 1883 das Postsystem in Thailand ein und wenig später auch das Telefon.

Vom Oriental nach Süden

Das traditionelle **Oriental Hotel** zählt zu den Hotel-Legenden Asiens und hat nach wie vor seinen Platz unter den Weltbesten. Wer einen Blick in den alten Flügel werfen möchte, sollte sich ordentlich anziehen und den Nebeneingang über die Einkaufspassage benutzen, denn die Portiers wimmeln Gäste, die nicht im Hotel wohnen, normalerweise ab. Dort ist fast alles noch so wie zur Zeit, als Joseph Conrad, Somerset Maugham oder Noel Coward hier abstiegen. Von der Terrasse hat man einen herrlichen Blick über den Fluß.

Vorbei am kolonialen Gebäude der **East Asiatic Company**, das zur Jahrhundertwende von einem dänischen Geschäftsman errichtet wurde, gelangt man zu einem freien Platz. Hier erhebt sich eine der größten Kirchen der Stadt, die katholische **Assumption Cathedral** (Mariae Himmelfahrts-Kathedrale), 23 Oriental Avenue, die mit braunen und weißen Steinen im englischen Kolonialstil erbaut wurde. Der Altar ist aus französischem Marmor. Sonntags um 10 Uhr findet ein englischsprachiger Gottesdienst statt. Das kirchliche College gilt als eines der besten des Landes.

Wer mit dem Expressboot weiter nach Süden fährt, kommt zuerst zum **Shangri-La Hotel**, ein helles, großzügiges Luxushotel, von dessen Lobby sich ein schöner Ausblick auf den Fluß bietet. Hinter der Taksin-Brücke steht der eigenartige Tempel **Wat Yannawa**. Zwischen den beiden Chedis liegt ein 43 m langes und 17 m hohes, massives Zementboot, Sinnbild des Lebens, das ebenso wie das Boot Höhen und Tiefen überwinden muß.

Silom Road

Mehrere Straßen verlaufen von der Charoen Krung Road unter dem neuen Highway hindurch Richtung Osten. Die interessanteste ist die belebte Silom Road, die Hauptgeschäftsstraße dieser Gegend. Hier findet sich ein Heiligtum ganz besonderer Art, der **Sri Mariamman-Tempel**, ein Hindutempel, der um 1870 von südindischen Immigranten erbaut wurde. Neben Brahma, Vishnu, Shiva, Ganesha und vielen anderen hinduistischen Gottheiten hat auch Buddha hier seinen Platz gefunden. Während des größten Hindufestes Thaipusam Ende Januar / Anfang Februar steht der Tempel im Mittelpunkt des Geschehens. Gäste sind gern gesehen. Vom Einkaufszentrum Silom Village ist es nicht weit zur **Masjid Mirasuddeen**, einer der wenigen Moscheen der Stadt, die sich im orientalischen Baustil hinter der Markthalle (viele Essenstände) erhebt.

Am östlichen Ende der Silom Road liegt eine der berühmt-berüchtigten Amüsiermeilen, die **Patpong Road**. Auf den ersten Blick wirkt sie mit ihrem touristischen Straßenmarkt fast wie eine Flaniermeile für die ganze Familie. Die Gogo-Bars im Erdgeschoß werden sogar von Reisegruppen angesteuert, denn Patpong gehört zu den „Sehenswürdigkeiten" der Stadt. Auch alleinreisende Frauen werden in der Regel wenig behelligt. Im Gegensatz dazu geht es in den oberen Stockwerken meist weniger züchtig zu. Überall bieten Schlepper Sexshows der harten Art an.

Die über 100 Jahre alte, kleine anglikanische Christ Church in der Convent Rd., Ecke

Sathon Nua Rd., liegt versteckt hinter hohen Mauern in einem großen Garten mit altem Baumbestand.

Lumpini-Park

Am Ende der Silom Road erstreckt sich eine der wenigen Grünflächen der Stadt, der Lumpini-Park, der vor allem am Sonntag ein beliebtes Familien-Ausflugsziel ist. Vor dem Park steht das Denkmal von König Rama IV. Am Seeufer werden Ruderboote vermietet und Drachenverkäufer bieten, vor allem während der windigen Jahreszeit, bunte Papierdrachen an. Im Schatten der Bäume halten Angestellte aus den benachbarten Büros ihr Mittagsschläfchen, und am frühen Morgen (5.30–7.30 Uhr) praktizieren ältere Menschen Schattenboxen, *tai chi*. Manchmal wird hier frisches Schlangenblut verkauft, das anregend und kräftigend wirken soll. Während der Trockenzeit finden sonntags klassische Konzerte statt. Nach Einbruch der Dunkelheit sind viele zwielichtige Gestalten unterwegs. Um diese Zeit ist es besser, den Park zu meiden.

Moderne Architektur In dieser Stadt ist nichts unmöglich. Bereits 1877 ließ König Chulalongkorn den Chakri Maha Prasad-Palast im italienischen Renaissance-Stil errichten und krönte ihn mit einem traditionellen Tempeldach. Doch der repräsentative Thai-Stil mit seinen mehrfach gestaffelten, mit Naga-Schlangen geschmückten Dächern und symbolträchtigen Dekors ist ausschließlich Tempeln und Königspalästen vorbehalten. Die Erbauer haben sich nach festgefügten, überlieferten Regeln zu richten.

Ende der 60er Jahre war das Narai Hotel in der Silom Road das einzige Hochhaus der Stadt. 1970 folgte das 23stöckige Dusit Thani Hotel, am östlichen Ende der Silom Road, das 1973 vom Indra Regent Hotel übertroffen wurde. Im Vergleich zur jüngeren Hochhausgeneration, die 1983 das Bangkok Bank Building auf der Silom Road nahe Soi Phipat einleitete, wirken sie alle recht schmächtig.

Ende der 80er Jahre wurde der Höhenrekord von dem 44stöckigen, bunten Baiyoke Tower in der Ratchaprarop Road mit 140 m gehalten, Anfang der 90er Jahre aber bereits vom World Trade Center (s.S. 148) mit seinem 62stöckigen Turm an der Ratchadamri, Ecke Rama I Road, überboten.

Vor allem in der Sathon und unteren Silom Rd. sind neue Giganten im Bau. Auf dem schlammigen Untergrund der Stadt ist es erforderlich, diese Hochhäuser extrem tief zu verankern. Das führt zu einer zunehmenden Verdichtung der Böden und einer Verkleinerung der Absorptionsfläche, wodurch die Absenkung des Landes und die Überschwemmungsgefahr erhöht wird.

Die traditionellen, auf Stelzen errichteten Wohnhäuser aus Teakholz konnten nicht als Vorbilder für moderne, repräsentative Gebäude dienen. So suchte man nach einer Alternative und fand sie im Ausland. Ionische und dorische Säulen werden in moderne Hochhaus-Fassaden integriert, dazwischen stehen chinesische Geschäftshäuser, viktorianische Landhäuser und Apartmenthäuser im pseudo-spanischen Stil.

Die jüngsten Bauwerke scheinen manchmal Fantasy-Filmen entsprungen zu sein. Dr. Sumet Jumsai, einer der zeitgenössischen, eigenwilligen Architekten, entwarf beispielsweise das „Robotergebäude" der Bank of Asia in der Sathon Tai Road oder das ca. 25 m hohe „Legohaus" westlich vom Expressway, hinter der Abzweigung der Suthisarn Road, in der Nähe des Northern Bus Terminals.

Doch auch die Anhänger der traditionellen Architektur finden immer mehr Zuspruch. Wer es sich leisten kann, bewohnt heutzutage ein Teak-Haus im traditionellen Stil à la Jim Thompson (s.S. 148).

Pasteur-Institut (Schlangenfarm)

Das Pasteur-Institut (Königin Saorapha Memorial Institute) an der Rama IV., Ecke Henri Dunant Road, beherbergt die **Schlangenfarm**.

Das Institut wurde 1922 gegründet, um die Tollwut-Epidemien zu bekämpfen. In den Räumen ist eine kleine Ausstellung über Schlangen aufgebaut. Angeboten werden Impfungen und Informationen über Tropenkrankheiten (s.S. 19ff). Außerdem kann man sich ansehen, wie verschiedenen Arten südostasiatischer Schlangen Gift entnommen wird, um daraus Serum herzustellen. Vorführung tgl. um 11 und 14 Uhr, Sa und So nur vormittags, außerdem um 10.30 und 14 Uhr ein informativer Diavortrag. Geöffnet Mo–Fr 8.30–16.30, Sa, So und feiertags 8.30–12 Uhr. Eintritt 70 Baht, dafür gibt es ein Faltblatt mit wissenswerten Details. Auskünfte unter ✆ 2520161-4.

Siam Square, Sukhumvit Road und Umgebung

Riesige Shopping Centres, Hotel- und Bürokomplexe haben sich in den ehedem so beschaulichen Wohngegenden östlich des alten Stadtkerns ausgebreitet. Aber hier und da finden sich auch noch einige Reste aus der Vergangenheit.

Vom **Siam Square** und **Siam Center**, einem traditionellen Einkaufszentrum der Büroangestellten, verläuft die Rama I Road nach Westen. Die **Ploenchit Road**, die Verlängerung der Rama I Road, ist eine der Hauptverkehrsadern.

Erawan-Schrein

An der Ecke Ratchadamri Road steht vor dem Grand Hyatt Erawan Hotel ein kleiner Erawan-Schrein, der große Beliebtheit genießt. Er ist einer von vielen Haustempeln der Stadt. Gott Brahma mit den vier Gesichtern ist vor allem nach Geschäftsschluß das Ziel vieler Verehrer. Sie opfern Räucherstäbchen, Früchte und Kerzen, behängen die Statue mit Blumenkränzen und erbitten den Segen der Götter, oder sie engagieren vier Tänzerinnen, die klassische Tänze rund um den Schrein vorführen und dabei von drei Musikanten begleitet werden. Ist ein Wunsch in Erfüllung gegangen, opfert man einen Teakholz-Elefanten – den herumstehenden Tieren nach zu urteilen, müssen es einige wahrhaft große Wünsche gewesen sein.

Schräg gegenüber dem Erawan-Schrein erhebt sich der massive Block des **World Trade Centers**, ein modernes, vollklimatisiertes Einkaufszentrum mit dem Zen Department Store, das vor allem die Bedürfnisse der wohlhabenden jungen Generation befriedigt. Während der Trockenzeit ist es von einem riesigenBiergarten umringt.

Im kleinen **Nai Lert Park** hinter dem Hilton Hotel, Witthayu Rd., stehen viele mit bunten Tüchern umwickelte Phalli, die für den erwünschten Kindersegen sorgen sollen.

Jim Thompson-Haus

Das Jim Thompson-Haus liegt etwas versteckt am Ende der Soi Kasemsan 2, die von der Rama I. Road abgeht, non-ac-Bus 47 ab Wat Pho oder Sanam Luang. In mehreren großartigen traditionellen Thai-Häusern hat Jim Thompson südostasiatische Kunstschätze zusammengetragen. Geöffnet Mo–Sa 9–17 Uhr, letzter Einlaß um 16.30 Uhr, ✆ 2150122, Eintritt 100 Baht, Studenten 40 Baht.

Jim Thompson Kurz vor dem Ende des 2. Weltkriegs setzte der amerikanische Geheimdienst Jim Thompson als Verbindungsmann zur „Bewegung der freien Thai" ein. Er blieb nach dem Krieg in Bangkok, managte das Oriental Hotel (s.S.161) und gründete 1948 die Thai Silk Company. Damit erweckte er die vom Aussterben bedrohte Seidenweberei in Thailand zu neuem Leben. In den 50er Jahren ließ er sechs alte Teakhäuser nach Bangkok bringen und baute sie gegenüber dem Weberdorf an ihrem jetzigen Standort wieder auf. Ostern 1967 verschwand er spurlos im Dschungel der Cameron Highlands (Malaysia).

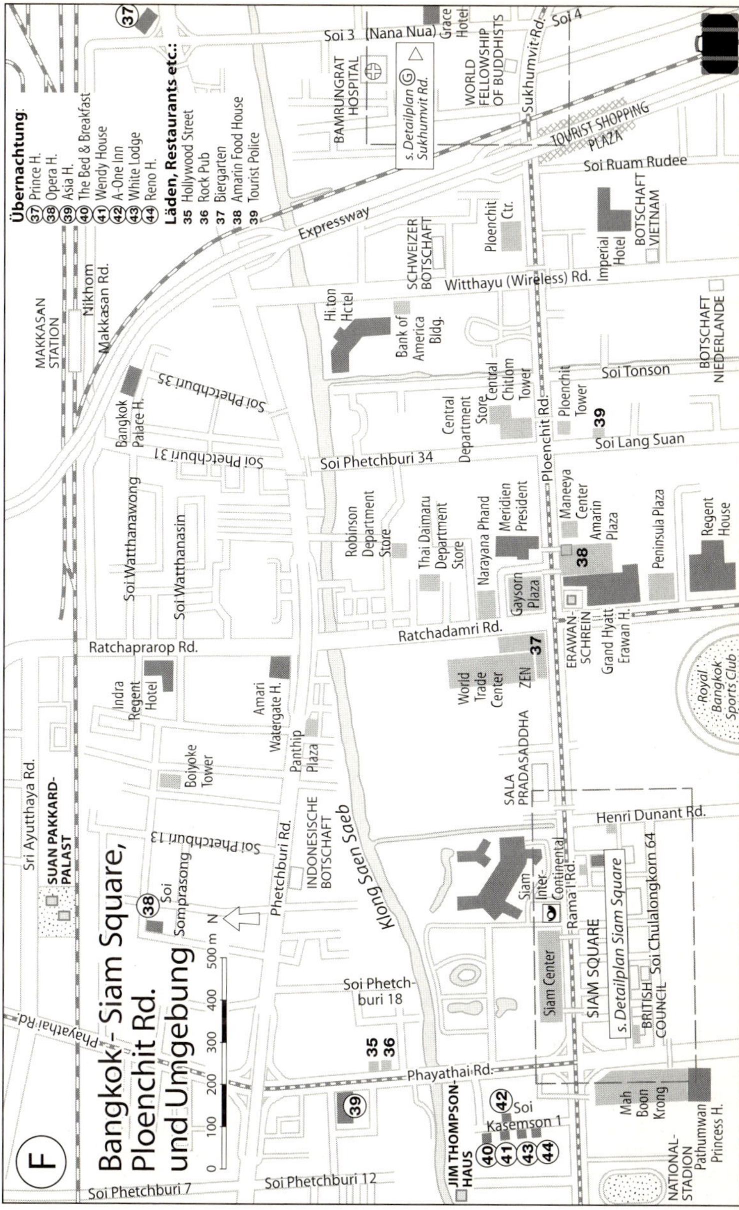
F
Bangkok – Siam Square, Ploenchit Rd. und Umgebung
0 100 200 300 400 500 m
N
Übernachtung:
37 Prince H.
38 Opera H.
39 Asia H.
40 The Bed & Breakfast
41 Wendy House
42 A-One Inn
43 White Lodge
44 Reno H.
Läden, Restaurants etc.:
35 Hollywood Street
36 Rock Pub
37 Biergarten
38 Amarin Food House
39 Tourist Police
MAKKASAN STATION
Nikhom Makkasan Rd.
Expressway
Soi 3 (Nana Nua)
Grace Hotel
BAMRUNGRAT HOSPITAL
s. Detailplan Sukhumvit Rd.
WORLD FELLOWSHIP OF BUDDHISTS
Sukhumvit Rd.
Soi 4
TOURIST SHOPPING PLAZA
Soi Ruam Rudee
BOTSCHAFT VIETNAM
Imperial Hotel
Ploenchit Ctr.
SCHWEIZER BOTSCHAFT
Witthayu (Wireless) Rd.
Hilton Hotel
Bank of America Bldg.
BOTSCHAFT NIEDERLANDE
Soi Tonson
Soi Phetchburi 35
Bangkok Palace H.
Central Chitlom Tower
Central Department Store
Ploenchit Tower
Soi Lang Suan
Soi Phetchburi 31
Soi Phetchburi 34
Ploenchit Rd.
Soi Watthanawong
Soi Watthanasin
Robinson Department Store
Thai Daimaru Department Store
Narayana Phand
Meridien President
Maneeya Center
Amarin Plaza
Peninsula Plaza
Regent House
Gaysorn Plaza
ERAWAN-SCHREIN
Grand Hyatt Erawan H.
Ratchadamri Rd.
Ratchaprarop Rd.
Indra Regent Hotel
Amari Watergate H.
World Trade Center
ZEN
Royal Bangkok Sports Club
Sri Ayutthaya Rd.
SUAN PAKKARD-PALAST
Boiyoke Tower
Panthip Plaza
SALA PRADASADDHA
Henri Dunant Rd.
Soi Phetchburi 13
Phetchburi Rd.
INDONESISCHE BOTSCHAFT
Klong Saen Saeb
Siam Inter-Continental
Rama I Rd.
s. Detailplan Siam Square
Soi Chulalongkorn 64
Soi Somprasong
Siam Center
SIAM SQUARE
BRITISH COUNCIL
Soi Phetchburi 18
Phayathai Rd.
Mah Boon Krong
Pathumwan Princess H.
NATIONAL-STADION
JIM THOMPSON-HAUS
Soi Kasemson 1
Soi Phetchburi 7
Soi Phetchburi 12

BANGKOK

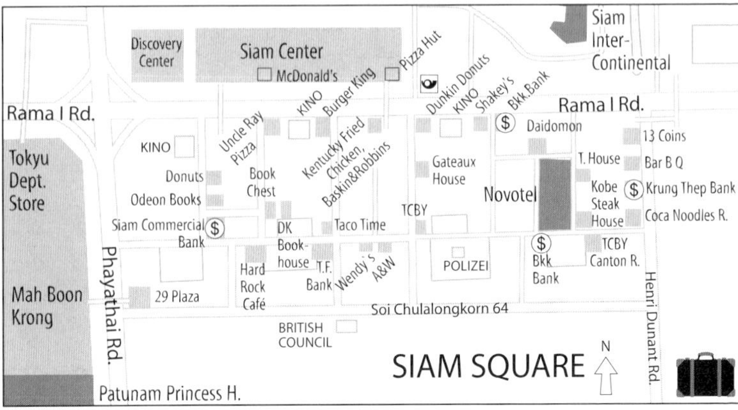

Suan Pakkard-Palast

Der Suan Pakkard-Palast in der Sri Ayutthaya Road enthält ein kleines, privates Museum. Einige Ausstellungsstücke von Ban Chiang-Keramik sind in traditionellen Thai-Häusern untergebracht.

Der hohe Eintritt wäre allerdings nicht gerechtfertigt, gäbe es hier nicht einen schönen tropischen Garten. Geöffnet tgl. außer So 9–16 Uhr, ✆ 2454934, Eintritt 80 Baht, Studenten 50 Baht.

Sukhumvit Road

Nach Osten geht die Ploenchit Road in die Sukhumvit Road über (Plan s.S. 159). Souvenirhändler, Wechselstuben und Internationale Hotels säumen den Weg.

In der 131 Soi Asoke (Soi 21) hat die Siam Society zwischen den modernen Hochhäusern **Ban Kamthieng**, ein altes Teakhaus aus dem Norden, inmitten eines tropischen Gartens wieder aufgebaut. Eine Ausstellung zeigt Werkzeuge und Arbeitsgeräte der nordthailändischen Bauern und Fischer sowie Textilien aus dem Norden und Nordosten. Geöffnet Mo–Sa 9–17 Uhr, ✆ 2602831, Eintritt 50 Baht.

Inmitten des Großstadtgetümmels lädt der **Queen Park**, zwischen Soi 22 und 24, mit seinen künstlichen Seen, schattenspendenden Bäumen, modernen Skulpturen und Blumenrabatten zu einer Ruhepause ein. Kinder vergnügen sich auf der Rollerskate-Bahn oder dem Basketballplatz.

Das **Planetarium** zwischen Soi 40 und dem Ekamai-Busbahnhof und das **Science-Museum**, geöffnet Mo–Fr 9–16 Uhr, werden von einer weitläufigen Gartenanlage umgeben, die neben dem lauten, geschäftigen Busbahnhof eine Oase der Ruhe ist. Im Weltraumkino finden Di–So außer feiertags zwischen 8 und 14.30 Uhr Vorführungen zu wechselnden Themen in Thai statt, die überwiegend von Schulklassen besucht werden. Eintritt 20 Baht, ✆ 3925952.

Im **Wat Thammamongkhon**, Soi 101, Sukhumvit Road, weit im Osten der Stadt, wurde Bangkoks größter, fast 100 m hoher Chedi nach 9jähriger Bauzeit 1990 vollendet. Ein Aufzug fährt 10 der 14 Stockwerke hinauf, herrlicher Ausblick. Zu erreichen mit einem der Busse, der die Sukhumvit Road hinauffährt (non-ac-Bus 25 ab Hauptbahnhof, 48 ab Wat Pho), an der Soi 101/1 aussteigen. Von hier sind es 500 m zum Wachiratham Sathit durch die Gasse gegenüber dem elektrischen Transformator. Es kommen kaum Touristen hierher.

Nördlich des Zentrums

Ratchdamnoen Nok Road

König Chulalongkorn (Rama V.) und sein Vater König Mongkut waren die ersten Herrscher, die europäischen Einflüssen offen gegenüberstanden. Nach einer Europareise ließ sich der König von westlichen Architekten Straßen, Brücken und Paläste errichten. Als Verlängerung der Ratchdamnoen Klang Road in nordöstlicher Richtung entstand so die Ratchdamnoen Nok Rd., eine breite Prachtstraße, auf der der König 1904 jeden Nachmittag mit einem der ersten Automobile Südostasiens entlangtuckerte. Hier finden am Nationalfeiertag und zum Geburtstag des Königs die großen Paraden statt.

Nördlich der Kreuzung mit der Wisut Kasat Road liegt das das **Ratchdamnoen-Stadion**. Hier und im Lumpini-Stadion finden Thai-Boxkämpfe statt, bei denen nicht nur mit den Fäusten gekämpft wird (Eintrittspreise s.S. 172).

Die ehemalige Thronhalle

Ein Kuppelbau im neo-venezianischen Stil wurde von italienischen Architekten im Auftrag von König Rama V. als Thronhalle entworfen. Die Deckengemälde im Inneren stellen Szenen aus der Geschichte des Landes dar. Als 1932 die absolute Monarchie abgeschafft wurde, zog in das neue Gebäude das Parlament ein. Mittlerweile ist hinter der ehemaligen Thronhalle ein neues Parlamentsgebäude errichtet worden. Der alte Kuppelbau kann nicht besichtigt werden. Auf dem Platz vor dem Gebäude erhebt sich ein **Denkmal von König Rama V**. Der ac-Bus 3 fährt vom Sanam Luang Richtung Airport hier vorbei.

Vimanmek Teakwood Mansion

König Rama V. residierte in diesem luftigen, im Stil der Jahrhundertwende eingerichteten Teakholzpalast von 1901–1907. Danach wurden die insgesamt 81 Räume nur kurzzeitig in den 30er Jahren von einer der Nebenfrauen des Königs bewohnt. Sie verfielen, bis sie aus Anlaß der 200-Jahrfeier Bangkoks 1982 wieder hergerichtet wurden. Der Rundgang durch einige der Zimmer und Galerien, in denen alte Fotos hängen, vermittelt einen guten Eindruck von den damaligen Lebensverhältnissen am königlichen Hof. Der kleine Palast wurde in einer Bauzeit von nur 7 Monaten errichtet, wobei nur für den Fußboden Nägel verwendet wurden. Er wird von künstlichen Seen umgeben. Im angrenzenden Garten werden zweimal tgl. etwas dilettantische Tänze und Schwertkämpfe aufgeführt.

Geöffnet tgl. außer Mo und Di von 9.30–15.15 Uhr, ca. 90minütige Touren in Englisch, daher möglichst bis 14 Uhr ankommen. Die Eintrittskarte zum Königspalast und Wat Phra Keo berechtigt auch zum Besuch des Vimanmek Teakwood Mansion, ✆ 2220859, ansonsten 50 Baht Eintritt. Es wird ordentliche Kleidung erwartet. Eingänge gegenüber dem westlichen Zoo-Eingang und von der Ratchawithi Road. Hier müssen alle Taschen (auch Kameras) ohne Quittung abgegeben werden. Verbindungen vom östlichen Sanam Luang mit non-ac-Bus 3, 30–33 oder 64 bis Ratchawithi Road. Dort umsteigen in den non-ac-Bus 18 oder 28 Richtung Victory Monument.

Marmortempel

Südlich des Zoos steht Wat Benchamabopitr, allgemein als Marmortempel bekannt, da er unter König Chulalongkorn weitgehend aus weißem Carrara-Marmor erbaut wurde. Er liegt in einem hübschen Park mit einem Kanal, in dem zahlreiche Schildkröten leben. Der Haupteingang zum Bot, der von zwei weißen Marmorlöwen bewacht wird, ist nur an Festtagen geöffnet. Ansonsten gelangt man durch einen Seiteneingang in den Innenraum, in dem eine große Buddhastatue steht, die nach dem Vorbild des im 13. Jahrhundert in Phitsanulok gegossenen Phra Buddha Chinaraj erstellt wurde. Der mit Marmorplatten gepflasterte Innenhof ist von einer Galerie umgeben, in der 52 lebensgroße Buddhastatuen stehen, die man zu den schönsten des Landes zählt.

Am Abend des Makha Bucha-Festes im Februar kommen viele Gläubige mit Kerzen, Lotosblüten und Räucherstäbchen in diesen

Tempel, um das Wat betend zu umrunden. Geöffnet tgl. 8–16.30 Uhr, ✆ 2812501, Eintritt 30 Baht.

Dusit-Zoo

Der nördlich der Altstadt angelegte Zoo wartet nicht gerade mit großen Sensationen auf. Am späten Nachmittag bummeln junge Thai durch die Parkanlage und genießen einen der wenigen ruhigen, erholsamen Gärten der Stadt. Auf dem Zoogelände gibt es ein naturhistorisches Museum, zusätzlich 5 Baht Eintritt. Im Restaurant am See werden in einer angenehm ruhigen Umgebung zu akzeptablen Preisen Seafood- und andere Thai-Gerichte serviert. Der Zoo ist täglich von 8–18 Uhr geöffnet, ✆ 2812000, Eintritt 30 Baht. Für Tierliebhaber lohnt zudem ein Besuch von Safari World, s.u.

Östlich des Zoos lebt die Königsfamilie im weitläufigen, von einer Mauer umgrenzten **Chitralada-Palast**, der nicht besichtigt werden kann.

Suan Chatuchak Weekend Market

Am Samstag oder Sonntag sollte man sich den Besuch des quirligen Wochenendmarktes gegenüber dem Northern Bus Terminal keinesfalls entgehen lassen. Bereits ab 6 Uhr morgens breiten die Händler an 6000 Ständen ihre Waren aus. Wer sich auf dem 14 ha großen, L-förmigen Platz zurechtfinden möchte, orientiert sich am besten anhand der Market Map von Nancy Chandler. Anreise mit Bussen zum Northern Bus Terminal (s.S. 182f).

Von der Überführung an der Paholyothin Rd. gelangt man durch den Haupteingang zum zentralen Uhrturm, wo bereits gegen 16 Uhr einige Händler mit dem Ausverkauf von Textilien und Taschen beginnen. Parallel zur Hauptstraße werden Pflanzen, Blumen und Gartenutensilien angeboten. Dahinter verlaufen 18 Gänge senkrecht zur Straße, die von Süden nach Norden durchnumeriert sind. Am Anfang der Gänge 7–9 konzentrieren sich Nudelküchen und andere Essenstände und am Anfang der Gänge 13 und 14 Antiquitäten. Links hinter dem Uhrturm (Gang 8–10) wird Obst und Gemüse verkauft und rechts (Gang 11–15) Vögel, Fische, Hunde, neonfarbige Kücken und andere Tiere. Vorsicht! Hier werden auch Tiere angeboten, die unter das Washingtoner Artenschutzabkommen fallen und deren Handel und Besitz unter strenger Strafe steht. In einer Ecke hinter Gang 18 finden manchmal Hahnenkämpfe statt. Lädt dieser Teil des Marktes mehr zum Schauen und Fotografieren ein, so fällt es an den Ständen der ersten vier Gänge nicht schwer, Geld auszugeben. Kunstgewerbe der Bergstämme stapelt sich neben Stickereien aus Burma, Sarongs aus Indonesien, Lackarbeiten, Holzschnitzereien, Keramiken und T-Shirts mit ausgefallenen Motiven.

Safari World

In Minburi, etwa 15 km östlich vom Airport, nördlich vom Kilometer 9 Ram Indra Rd., erstreckt sich dieser Vergnügungspark mit einem großen Freigehege, in dem Tiere aus aller Welt leben. Zahlreiche Vogelarten können in mehreren Vogelfreifluggeländen aus der Nähe betrachtet werden. Im Marine Park, dem zentralen Teil der Anlage, führen Delphine, Seelöwen, Elefanten, Affen und Vögel ihre Kunststücke vor. Als Kontrastprogramm gibt es Wasserski-Darbietungen, eine James Bond Adventure Show und eine Stunt Show in Wild West-Umgebung. Geöffnet tgl. 9–17.30, Sa, So bis 18 Uhr, Eintritt 400 Baht.

Übernachtung

Bei der Wahl der Bleibe sollte in erster Linie die Lage entscheiden, denn jedes Viertel hat seine eigene Atmosphäre. Zudem ist man bei den großen Entfernungen und dem zähen Verkehr lange unterwegs. Luxushotels können wesentlich günstiger über Reisebüros in Europa und Bangkok gebucht werden.

BANGLAMPOO – (Karte s.S. 155) Vor allem rings um die Khaosan Rd. konzentrieren sich die billigen Gästehäuser mit preiswerten Zimmern ab 150 Baht. Selbst in der Kategorie bis 600 Baht wird hier weit mehr für das Geld geboten als in anderen Vierteln. Zahlreiche überwiegend junge Touristen finden hier ein breites Angebot an Essenständen und Restaurants, Reisebüros, Wäschereien und anderen Versorgungseinrichtungen vor. Die Hauptsehenswürdigkeiten lassen sich leicht zu Fuß oder mit dem Bus erreichen. Expressboote auf dem Menam Chao Phraya und Passagierboote auf den Klongs bieten eine Alternative zu den Bussen und Taxen auf den notorisch verstopften Straßen.

Der Weg von der Khaosan Rd. Richtung Northern Bus Terminal und Airport bzw. zum Eastern Bus Terminal und den Vergnügungsvierteln erfordert tagsüber viel Geduld. Eine Übersicht über die Unterkünfte mit Adresse und Telefonnummer bietet die Karte (s.S. 154), nur die mit fetten Nummern sind hier beschrieben, da sie Besonderheiten aufweisen.

Gästehäuser: In der Khaosan Rd. wurden die meisten ehemalige Wohn- und Geschäftshäuser zu Gästehäusern umgewandelt, wobei neuere Häuser einen besseren Standard aufweisen und teurer sind als die alten. Einfache Gästehäuser bieten Schlafsaal-Betten für etwa 100 Baht und Doppelzimmer mit Fan und Gemeinschafts-Du/WC um 150 Baht. Da die Ausstattung kaum über eine dünne Schaumstoffmatratze hinausgeht und die Türen nicht immer sicher zu verriegeln sind, ist es ratsam, Bettwäsche, Handtücher und ein Vorhängeschloß mitzubringen. Auch einem Haussafe sollte nicht allzuviel Vertrauen entgegengebracht werden. Häufig sind die Wände so dünn, daß man bald die Schlafgewohnheiten jedes Nachbarn kennt. Noch lauter wird es, wenn sich direkt unter dem Zimmer ein Restaurant befindet. Ein Gästehaus verfügt durchaus über Zimmer verschiedenen Standards, so daß eine Besichtigung vor dem Einchecken lohnt.

In der Khaosan Rd. sind einige zwielichtige Gestalten auf der Suche nach leichtgläubigen Touristen unterwegs und bieten sich als Geldwechsler, Visabeschaffer oder Retter in der Not an, um ihre Kunden um die Reisekasse zu erleichtern.

Hello**** (77), 63 Khaosan Rd., ✆ 2818579, auf beiden Straßenseiten, z.T. mit ac, nicht sehr sicher, Restaurant mit aggressiver Anmache.

D & D Inn****** (74), 68-70 Khaosan Rd., ✆ 6290526-8, 📠 6290529, neues Hotel, Zi mit Du/WC, ac, TV , Telefon aber ohne Fenster.

Green House**, ac*** (70), 88/1 Khaosan Rd., ✆ 2819572, schmuddelige Zimmer mit Du/WC, z.T. mit ac, Schlafsaal, laut und wenig zuvorkommend. Tischtennis, Massage.

Khaosan Palace Hotel**–* (65), 139 Khaosan Rd., ✆ 2820578. Kleine, helle Zimmer mit ac oder Fan und Du/WC, sauber aber wegen der angrenzenden Kneipen laut, teilweise Neubau, Münzwaschmaschinen, Schließfach.

New Nith Charoen** (65), 183 Khaosan Rd., ✆ 2819872, altes dreistöckiges Haus in zweiter Reihe mit etwas komfortableren Zimmern mit Du/WC.

Khao San Privacy–***** (75), 86 Khaosan Rd., ✆ 2817512, 📠 2814708, Nr. 86, recht ungemütliches Kleinhotel zurückversetzt in einer Gasse, Zimmer mit Fan oder ac.

Orchid** (61), 323/2-3 Soi Rambuttri, ✆ 2802691-2, neueres Haus, Zimmer mit Balkon, Du/WC, Fan oder ac.

Siam Oriental Hotel–***** (76), 190 Khaosan Rd., ✆ 6290311, saubere Zimmer mit Fan oder ac unterschiedlichster Ausstattung (Handtücher, Heißwasser), inklusive Frühstück, großer klimatisierter Coffeeshop mit Bar.

Classic Place** (68), 259 Khaosan Rd., ✆ 2817129, sauberes Guesthouse, kleine Zimmer mit Du/WC, Fan oder ac, direkt an der lauten Hauptstraße gelegen.

Marco Polo** (67), 108/7-10 Khaosan Rd., ✆ 28117 15, ruhig, sauber, nett, im großen Restaurant ab 9 Uhr Video. Zimmer mit Du/WC und ac. Den als Safes aufgestellten Blechkästen sollte nicht vertraut werden.

Nana Plaza Inn** (77), 202 Khaosan Rd., ✆ 28164 02, 📠 2816814, neues Kleinhotel, Zimmer mit ac, Du/WC, bei längerem Aufenthalt Rabatt. Im EG Bierbar und Restaurant.

In der schmalen Gasse **Trokmayom Chakraphong**, die im Süden parallel zur Khaosan Rd. verläuft, liegen die Gästehäuser:

45	Thai Hotel		78 Prachathipathai Rd.	✆ 2822831
46	A.V.	**	118 Phra Athit Rd.	
47	Sak	**	20 Soi Khan Nivas	✆ 2800400
48	P.S.	*-**	9 Phra Sumen Rd.	✆ 2823932-3
48	K.C.	**	58-64 Phra Sumen Rd.	✆ 2820618
49	Gypsy	**-***	Phra Sumen Rd.	✆ 2801809
49	Banglampoo Square H.	**-***	131-133 Phra Sumen Rd.	✆ 2824236-7
50	New World House	***	2 Samsen Rd., Soi 2	✆ 2815596
51	Apple 2	**	11 Soi Khai Chae	✆ 2811219
52	Phra Athit Mansion	****	22 Phra Athit Rd.	✆ 2800742
52	New Merry V	**-***	18-20 Phra Athit Rd.	✆ 2803315
52	Peachy	**	10 Phra Athit Rd.	✆ 2816471
53	Apple	**	10/1 Phra Athit Rd.	✆ 2816838
53	Ngampit	**	Soi Rambuttri	✆ 2821114
54	Chai's House	**-***	Soi Kasab	✆ 2814901-2
54	Charlie's House	**	4-4/1 Soi Kasab	✆ 2822092
55	Roofgarden	**	62 Soi Rambuttri	✆ 2824724
55	Mango	**	64 Soi Rambuttri	✆ 2814783
56	New Siam	***	21 Soi Chana Songkhram	✆ 2824554
57	Green	**	27 Soi Chana Songkhram	✆ 2828994
57	Merry V.	**	33-35 Soi Chana Songkhram	✆ 2829267
57	My House	**-***	37 Soi Chana Songkhram	✆ 2829263-4
58	Chusri	**	61/1 Soi Rambuttri	✆ 28299 41
58	Sawasdee House	**-***	147 Soi Rambuttri	✆ 2818138
59	B.K.	**-***	11/1 Soi Sulaow	✆ 2815278
60	Viengtai Hotel		42 Tani Rd.	✆ 2805434
61	Orchid	***	323/2-3 Soi Rambuttri	✆ 2802691-2
62	Green House	**-***	88/1 Soi Rambuttri	✆ 2819572
62	A.T.	**	90/1 Soi Rambuttri	✆ 2826979
62	Leed	**	90/5 Soi Rambuttri	✆ 2817514
62	Jim's	**	90/7 Soi Rambuttri	✆ 2826978
62	Suneeporn	**	90/10 Soi Rambuttri	✆ 2826887
63	Sitdhi	**	5-7 Khaosan Rd.	✆ 2826051
63	Chart	**-***	61 Khaosan Rd.	✆ 2803785
63	Hello	**	63 Khaosan Rd.	✆ 2818579
64	Mam's	**	Khaosan Rd.	
64	Lek	**	125-127 Khaosan Rd.	✆ 2812775
64	Buddy	**	Khaosan Rd.	
65	Khaosan Palace H.	**-***	139 Khaosan Rd.	✆ 2820578
65	Grand	**	179 Khaosan Rd.	✆ 2825712
65	New Nith Charoen	***	183 Khaosan Rd.	✆ 2819872
66	Wally House	**	189/1-2 Khaosan Rd.	✆ 2827067
66	Nat	**	217-219 Khaosan Rd.	✆ 2826401
67	Friendly	**	108/4 Soi Rambuttri	✆ 6291356
67	Marco Polo	***	108/7-10 Soi Rambuttri	✆ 2811715
67	Best	**	108/16 Khaosan Rd.	✆ 2826413
68	Classic Place	***	259 Khaosan Rd.	✆ 2817129
68	New Royal	**	126 Khaosan Rd.	✆ 2823276
69	Central	*	10 Tanao Road	✆ 2820667
69	P.C.	**	Tanao Road	
69	Srintip	**	119 Tanao Road	✆ 2818768
70	Sweety	*-**	49 Ratchdamnoen Klang Rd.	✆ 2802191
70	CH II	**	Soi Damnoen Klang Nua	✆ 2821596
70	Nat II	**	Soi Damnoen Klang Nua	
71	Baan Fah Internat. H.	****	520 Phra Sumen Rd.	✆ 6291266-7
72	Majestic Palace Hotel		97 Ratchdamnoen Rd.	✆ 2805610
73	Ploy	**	2/2 Khaosan Rd.	✆ 2821025
73	N.S.	*	Khaosan Rd.	
73	Prakorb	**	Khaosan Rd.	✆ 2811345
74	D&D Inn	****	68-70 Khaosan Rd.	✆ 6290526-8
75	Khao San Privacy	***	86 Khaosan Rd.	✆ 2817512
75	Top	**-***	Khaosan Rd.	✆ 2829954
75	Bonny	**	132 Khaosan Rd.	✆ 2819877
76	160	**	160 Khaosan Rd.	✆ 2827096
76	Siam Oriental Hotel	***-****	190 Khaosan Rd.	✆ 6290311
77	Nana Plaza Inn	****	202 Khaosan Rd.	✆ 28164 02
78	Siri	**	Khaosan Rd.	
78	C.H. 1	**	216 Khaosan Rd.	✆ 2822023
79	7 Holder	**	216/2-3 Khaosan Rd.	✆ 2813682-3
79	Chada	**	Khaosan Rd.	
80	J.+ Joe House	**	1 Trokmayom Chakraphong Rd.	✆ 2812949
80	Thai	**	24/1 Trokmayom Chakraphong Rd.	✆ 2819041
80	Ranee's	**	77 Trokmayom Chakraphong Rd.	✆ 2824072
81	New Joe H.	***	81 Trokmayom Chakraphong Rd.	✆ 2815547
82	Royal Hotel		2 Ratchdamnoen Rd.	✆ 2229111
83	Tu's Place	**	Soi Damnoen Klang Tai	✆ 2261286

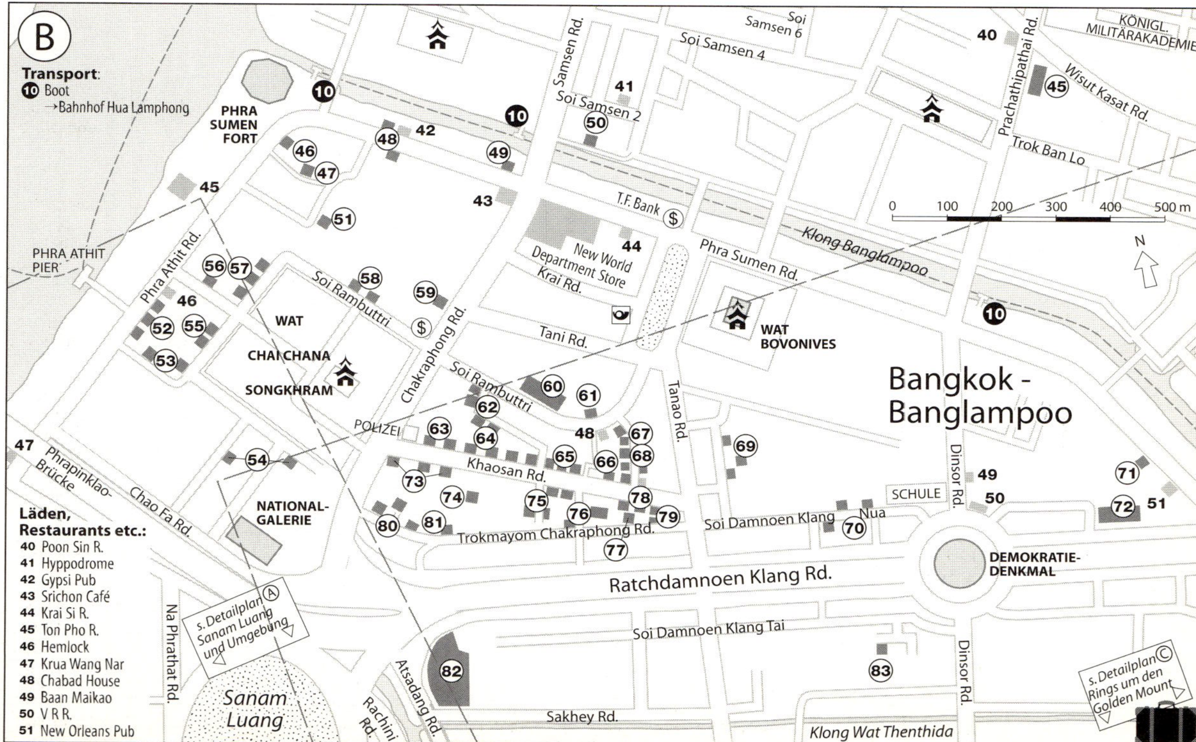
B
Transport:
10 Boot
→Bahnhof Hua Lamphong
Läden, Restaurants etc.:
40 Poon Sin R.
41 Hyppodrome
42 Gypsi Pub
43 Srichon Café
44 Krai Si R.
45 Ton Pho R.
46 Hemlock
47 Krua Wang Nar
48 Chabad House
49 Baan Maikao
50 V R R.
51 New Orleans Pub
Bangkok - Banglampoo
PHRA SUMEN FORT
PHRA ATHIT PIER
WAT CHAI CHANA SONGKHRAM
WAT BOVONIVES
NATIONAL-GALERIE
DEMOKRATIE-DENKMAL
KÖNIGL. MILITÄRAKADEMIE
SCHULE
POLIZEI
New World Department Store
T.F. Bank
Samsen Rd.
Soi Samsen 2
Soi Samsen 4
Soi Samsen 6
Prachathipathai Rd.
Wisut Kasat Rd.
Trok Ban Lo
Klong Banglampoo
Phra Sumen Rd.
Krai Rd.
Tani Rd.
Tanao Rd.
Phra Athit Rd.
Soi Rambuttri
Chakraphong Rd.
Khaosan Rd.
Trokmayom Chakraphong Rd.
Soi Damnoen Klang Nua
Ratchdamnoen Klang Rd.
Soi Damnoen Klang Tai
Dinsor Rd.
Sakhey Rd.
Klong Wat Thenthida
Atsadang Rd.
Rachini Rd.
Na Phrathat Rd.
Chao Fa Rd.
Phrapinklao-Brücke
Sanam Luang
s. Detailplan A Sanam Luang und Umgebung
s. Detailplan C Rings um den Golden Mount
0 100 200 300 400 500 m
N

New Joe House**–*** (81), 81 Trokmayom Chakraphong, ✆ 2812948, 📠 2815547, beliebtes Kleinhotel, saubere Zimmer mit Fan oder ac und Du/WC, netter Garten, Waschmaschinenbenutzung, Fax-, Telefon- und Internet-Service (an Kurt Leypoldt wenden, E-Mail 30 Baht + 2 Baht pro Minute) kurt@mozart.inet.co.th.

Ranee's** (80), 77 Trokmayom Chakraphong, neben New Joe, ✆ 2824072, 📠 2816745, Zimmer mit Fan und Gemeinschafts-Du/WC in einem alten Teakhaus mit Garten, gutes Frühstück mit echtem Kaffee sowie leckere vegetarische und andere Gerichte.

J.+ Joe House** (81), 1 Trokmayom Chakraphong, ✆ 2812949, in 2 renovierten Häusern, kleine Zimmer mit Fan und Gemeinschafts-Du/WC, begrünter Innenhof, gut zum Frühstücken und Entspannen. Gute Obstsäfte.

Thai** (80), 24/1 Trokmayom Chakraphong, ✆ 2819041, ruhig gelegenes Holzhaus mit nettem Hof inmitten alter Thai-Häuser in einer schmalen Seitengasse. Einfache, kleine Zimmer mit Gemeinschafts-Du/WC.

Tu's Place** (83), Thai-Wohnhaus in einer ruhigen Soi südwestlich des Demokratie Denkmals, ✆ 2261286. Wenige Zimmer für Langzeitgäste mit Familienanschluß.

In einer Gasse **östlich der Tanao Rd.** liegen ebenfalls einige einfache, abgewohnte Gästehäuser, in einigen warten Mädchen auf Kunden, von der nahen Moschee wird man morgens geweckt.

Sweety** (70), 49 Ratchdamnoen Klang Rd., ✆ 2802191, 📠 2802192, Eingang auch von der Ratchdamnoen Rd. Einfache Zimmer mit Fan oder ac, Dachgarten.

New World GH*** (50), 2 Samsen Rd., Soi 2, **nördlich vom Klong Banglampoo**, ✆ 2815596, 📠 2825614, vermietet Apartments mit Fan oder ac und TV, auch an Langzeit-Touristen.

In den schmalen Gassen **rings um Wat Chana Songkhram** hat sich ein weiteres Gästehaus-Zentrum herausgebildet, das weniger turbulent ist.

Sawasdee House**–*** (58), 147 Soi Rambuttri, ✆ 2818138, 6290993, 📠 6290994, kleine Zimmer mit Fan oder ac mit und ohne Du/WC, z.T. mit Balkon, in einem neuen, vierstöckigen Haus mit großem, kühlen Restaurant und netter Terrasse zur Straße hin. An der Rezeption Hotelatmosphäre. Internationaler Telefonservice.

My House**–*** (57), 37 Soi Chana Songkhram, ✆ 2829263-4, geräumig, manchmal sehr überfüllt, relativ teuer, sauber, gemütliches Restaurant mit Liegen, TV, Wäscherei, nette Leute.

Merry V.** (57), 33–35 Soi Chana Songkhram, ✆ 2829267, etwas laute DZ und 4-Bett-Zimmer, Etagen-Du/WC, geschäftig und sauber. Nettes, beliebtes Restaurant, Schließfächer, Airport Transport Service. Nebenan Fax-, Visa- und Telefonservice.

New Siam*** (56), 21 Soi Chana Songkhram, in der Seitengasse zur Phra Athit Rd., ✆ 282 4554, 📠 2817461, saubere, helle Zimmer mit und ohne Du/WC und Fan oder ac auf drei Stockwerken, nach hinten ruhig, gutes Essen, nette Leute; ab 6 Uhr geöffnet und zumeist schon ab Mittag voll. Bus zum Flughafen.

Chai's House**–*** (54), ✆ 2814901-2, 📠 2818686, Zi mit Fan oder ac, Gemeinschafts-Du/WC, unterschiedliche Kommentare von Gästen, einige fanden es nett, adere beschwerten sich über das unfreundliche Management und muffige, laute Zimmer. Nettes Restaurant in schmaler, von Bambus überschatteten Gasse, Video.

Charlie's House** (54), 4-4/1 Soi Kasab, ✆ 2822092, fast am Ende einer ursprünglichen Sackgasse vermietet die Familie einige einfache Zimmer mit Fan in ihrem Wohnhaus.

In der **Phra Sumen und Phra Athit Rd.** liegen:

Banglampoo Square House**-*** (49), 131-133 Phra Sumen Rd., ✆ 2824236-7, 📠 2803530, Kleinhotel, 60 Zimmer mit Du/WC, Fan oder ac. Im geschäftigen Erdgeschoß neben einem Restaurant sind ein Reisebüro (überteuerte Bustickets), eine Massage, Wäscherei und die Gepäckaufbewahrung untergebracht.

Phra Athit Mansion**** (52), 22 Phra Athit Rd., ✆ 2800742, 📠 2800749. Neue, komfortable ac-Zimmer mit großem Bad, TV und Kühlschrank, ruhig, sauber, Rezeption im Getränkegroßhandel.
New Merry V.**–*** (52), 18-20 Phra Athit Rd., ✆ 2803315. Saubere Zimmer mit Fan oder ac, Etagen-Du/WC, ruhiger sind die Zimmer nach hinten. Gutes, preiswertes aber lautes Restaurant.
Peachy**–*** (52), 10 Phra Athit Rd., ✆ 2816471, abgewohnte Zimmer mit Fan oder ac und Du/WC, unkooperatives Management, teures Gartenrestaurant.
Hotels: Etwas mehr Komfort bieten folgende Mittelklassehotels.
Viengtai Hotel (60), 42 Tani Rd., ✆ 2805434, Reservierungen unter ✆ 2815339, 📠 2818153, besseres Mittelklassehotel mitten in Banglampoo, inklusive Frühstücksbüfett. Sauberer Pool im Innenhof.
Royal Hotel (82), 2 Ratchdamnoen Rd., die zentrale Lage am Sanam Luang ist das größte Plus des Mittelklassehotels, ✆ 2229111, 📠 2242083. 300 zweckmäßige Zimmer, etwas heruntergewirtschaftet, Pool, angenehme Lobby, Rabatt bei längerem Aufenthalt.

THEWET – (Karte s.S.154/155) Dieses Viertel nördlich von Banglampoo bietet den Vorteil, daß man in einer ruhigen, zentralen Wohngegend mit viel Lokalkolorit wohnt. Außer einigen billigen Gästehäusern locken vor allem die farbenprächtigen Märkte mit ihrem exotischen Angebot. Der Sanam Luang ist mit Bussen und Expressbooten gut zu erreichen, hingegen ist die Anfahrt zu den Busbahnhöfen eher mühsam.
Gästehäuser: Mehrere nette Gästehäuser liegen in einem ruhigen Wohngebiet hinter der National Library.
Tavee** (2), 83 Sri Ayutthaya Rd. Soi 14, ✆ 2801447, saubere Zimmer, auch Schlafsaal-Bett, Gemeinschafts-Du/WC, geräumiges Haus, gutes Restaurant, Bar.
Backpackers Lodge** (2), 85 Sri Ayutthaya Rd. Soi 14, ✆ 2823231, 12 Zi mit Gemeinschafts-Du/WC, nett.
Sawatdee** (2), 71 Sri Ayutthaya Rd., ✆ 2825349, Schlafsaal und Zimmer mit Gemeinschafts-Du/WC, familiär, mit kleinem Garten, gutes Restaurant mit Traveller-Food.
Shanti Lodge** (2), 37 Sri Ayutthaya Rd., ✆ 2812497, stilvoll und nett eingerichtet mit kleinem Garten, viele Stammgäste. Im Restaurant gibt es auch vegetarisches Essen.
Little Home** (2), 23/12 Sri Ayutthaya Rd., ✆ 2821574, saubere Zimmer mit Fan, Etagen-Du/WC, freundlich, kleines Restaurant.
Hostel: ***Bangkok Youth Hostel*****, ac*** (3), 25/2 Phitsanulok Rd., ✆ 2820950, 📠 6287446, Ermäßigung mit IYHF-Ausweis, Schlafsaal-Betten, große, saubere Zimmer mit Du/WC und ac, Restaurant an der Hauptstraße.
Apartments: ***Baan Fah International House******* (71), 520 Phra Sumen Rd., ✆ 6291266-7, 📠 6291268, neues, 4stöckiges Apartmenthaus, in dem Zimmer mit ac, Du/WC und TV auch längerfristig vermietet werden.
Hotels: Vor allem in dieser Gegend gibt es einige Courtainhotels, die stundenweise von einheimischen Männern besucht werden – zu erkennen an den Autoparkplätzen mit Vorhang (um die Nummernschilder vor den Blicken Neugieriger zu verbergen) sowie dem Namen (meist eine Nummer).
Trang**** (4), 99/1 Wisut Kasat Rd., ✆ 2811402, 📠 2803610, Zimmer mit Du/WC, ac, teilweise mit Kühlschrank. Ein ordentliches Hotel in einer ruhigen Sackgasse.
Thai Hotel (45), 78 Prachathipathai Rd., ✆ 2822831, 📠 2801299, Mittelklassehotel mit überhöhten Preisen, Pool an der Straße.
Majestic Palace (72), 97 Ratchdamnoen Rd., ✆ 2805610-22, 📠 2800965, die Eingangshalle des Mittelklassehotels verspricht mehr, als die Zimmer halten können, überteuert.
Royal Princess Hotel (6), 269 Larn Luang Rd., ✆ 2813088, 📠 2801314, das beste First Class Hotel mit stilvollen Zimmern im historischen Stadtkern liegt etwas versteckt abseits der lauten Straße. Gutes Restaurant, Pool.

SUKHUMVIT ROAD UND UMGEBUNG – In dieser Gegend sind die meisten Europäer zu Hause – Touristen wie Geschäftsleute. Entsprechend groß ist die Auswahl an Hotels der mittleren und gehobenen Kategorie. Zudem schießen ständig neue Luxushotels und Apartmenthochhäuser in den Himmel. Hier braucht man auf nichts zu verzichten, internationale Restaurants und vielfältige Einkaufsmöglichkeiten machen das Geldausgeben zum Vergnügen. Zudem sorgen viele junge Mädchen dafür, daß „Mann" einige Scheine in den Bars läßt. Die Fußgängerbrücken und Bürgersteige sind allerdings auch bevölkert von Bettlern, die darauf hoffen, etwas abzubekommen. Während der Hauptverkehrszeit wird die Sukhumvit Rd. zu einem kilometerlangen Parkplatz, und die Fahrt zum Königspalast kann mehr als zwei Stunden dauern. Kein Wunder, wenn mancher Tourist die großen Tempelanlagen der Altstadt nie zu Gesicht bekommt. Über den Expressway sind die Verkehrsanbindungen zum Flugplatz im Norden recht gut, und auch der Eastern Bus Terminal liegt vor der Tür.

In der Preisklasse bis 800 Baht ist das Angebot mäßig. Hingegen werden von vielen Kleinhotels für 800–1000 Baht zweckmäßig eingerichtete Zimmer mit ac, Du/WC, TV und Kühlschrank offeriert. Da ein Überangebot an Zimmern in der First Class besteht, lassen sich mit etwas Geschick, vor allem außerhalb der Saison, die Preise herunterhandeln. Einige Hotels werden von Damen des leichten Gewerbes zur Kontaktaufnahme genutzt.

Gästehäuser: Für diese Gegend relativ preiswert sind:

Thai House Inn**** (87), 1/1 Sukhumvit Soi 7, ✆ 2554698, ℻ 2531780, 24 abgewohnte Zimmer mit ac und Du/WC. Ruhig in einer Seitengasse gelegen. Thai-Stil-Restaurant im Erdgeschoß.

S.V. GH**-**** (93), 19/35-36 Sukhumvit Soi 19, ✆ 2531747, 20 Zimmer mit Fan ohne Du/WC oder mit ac und Du/WC über dem Reisebüro.

Auch in der Soi 22, hinter dem Washington Theatre werden Zimmer vermietet, z.B. über dem Bourbon Street, ***Southern Comfort Apartments*******, ✆ 2590328, ℻ 2594318, alle Zimmer mit ac und Du/WC, TV, Kühlschrank und mehr.

Rings um das ***Nana Hotel******* (95), Soi 4, und ***Grace Hotel******* (86), Soi 3, wo viele Araber logieren, warten einige preiswerte Unterkünfte und viele Mädchen rund um die Uhr auf Kunden.

Hotels der unteren Mittelklasse: *Golden Palace**** (84), 15 Soi Ruam Rudee 1, nahe Bamrungrat Hospital, Pool.

Street One Lodge**** (85), Sukhumvit Soi 1, ✆ 2515514-6, ℻ 2532554, einfaches, sauberes Kleinhotel.

Dynasty Inn**** (96), 5/4-5 Sukhumvit Soi 4, ✆ 2501397, ℻ 2554111, etwas älteres Hotel, komplett ausgestattete Zimmer an einer lauten Straße im Zentrum des Nachtlebens, Restaurant und Bar.

Ra-Jah**** (95), 18 Sukhumvit Soi 4, ✆ 2550040, ℻ 2557160, älteres Hotel mit großem Pool im Garten, etwas abgewohnt aber recht preiswert.

Premier Travelodge**** (97), 170 Soi 8 Sukhumvit Rd., ✆ 2513031, ℻ 2533195, Zimmer mit Du/WC, ac, TV und Kühlschrank nahe der Sukhumvit Rd., daher etwas laut.

Stable Lodge ab**** (98), 39 Sukhumvit Soi 8, ✆ 2533410-11, ℻ 2535125, nettes Kleinhotel unter dänischer Leitung. Relativ kleine Zimmer mit ac, Du/WC, z.T. mit Balkon, Pool in kleinem Garten. Restaurant mit abendlichem Bar-B-Q. In der Saison steigen die Preise.

Royal Asia Lodge**** (99), 91 Sukhumvit Soi 8, ✆ 2515514-6, ℻ 2532554, fast am Ende der Soi, rund um die Uhr kostenloser Tuktuk-Transport zur Sukhumvit Rd., neues Hotel unter freundlicher indischer Leitung, saubere Zi mit Du/WC und ac.

In der Soi 9 sowie in den Sois 11 und 13 gibt es viele Kleinhotels mit Zimmerpreisen zwischen 800 und 1000 Baht, z.B.:

City Lodge**** (94), Sukhumvit Soi 9, ✆ 2537705, ℻ 2554667, 28 saubere, professionell gemanagte Zimmer mit ac, Bad/WC, Telefon, TV und Kühlschrank an der

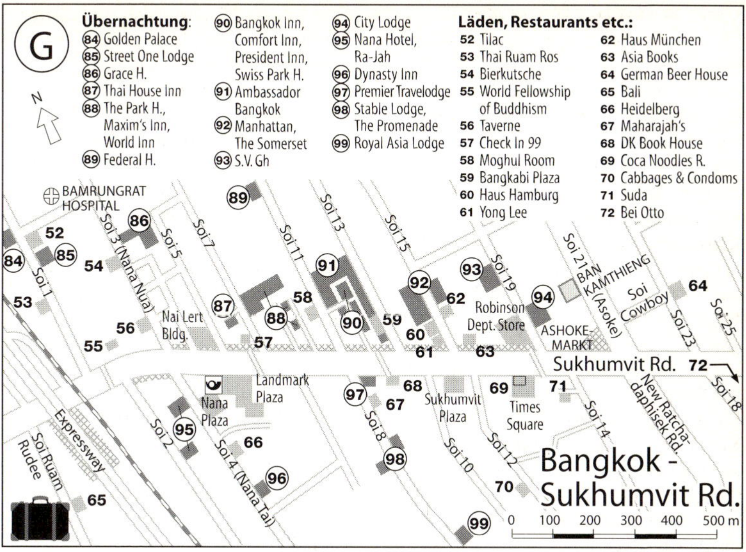

lauten Sukhumvit. Weitere 35 Zimmer in der etwas ruhigeren Soi 19, ✆ 2544783, 📠 2557340.

World Inn**** (88), 131/5-7 Sukhumvit Soi 9, ✆ 2535391-2, 📠 2537728, etwas ältere, abgewohnte Zimmer mit ac, Bad/WC, TV und Kühlschrank.

Maxim's Inn**** (88), 131/21-23 Sukhumvit Soi 9, ✆ 2529911-2, 📠 2535329, zweckmäßige Ausstattung, ruhig gelegen, von einigen Zimmern blickt man neidisch auf den Pool des benachbarten Luxushotels.

Federal Hotel**** (89), 27 Sukhumvit Soi 11, ✆ 2530175-6, 📠 2535332, etwas abseits der Hauptstraße, ruhig gelegenes, älteres Hotel mit Pool, saubere Zimmer mit ac, Bad/WC, Satellitenfernsehen.

President Inn**** (90), 155 Sukhumvit Soi 11, ✆ 2554230, 📠 2554235, ruhig und relativ preiswert, indisches Management.

Comfort Inn**** (90), 153/11-14 Sukhumvit Soi 11, ✆ 2519250, 📠 2543562, günstige Zimmer mit ac, TV und Kühlschrank, Pizzeria, viele Deutsche.

Bangkok Inn**** (90), 155/12-13 Sukhumvit Soi 11, ✆ 2544834-7, 📠 2543545, 18 saubere Zimmer mit ac, Du/WC, Safe, SatellitenTV, Kühlschrank, deutsches, hilfsbereites Management, aufmerksamer Service, ruhig.

Hotels der gehobenen Mittelklasse: ***The Promenade*** (98), 18 Sukhumvit Soi 8, ✆ 2534116, 📠 2547707, ein Mittelklassehotel der Comfort-Kette (zentrale Reservierung unter ✆ 2482094), Sondertarife möglich – Pool auf dem Dach mit toller Aussicht, eine Oase der Ruhe, gutes Preis-Leistungs-Verhältnis.

The Park Hotel (88), 6 Sukhumvit Soi 7, ✆ 2554300, 📠 2554309, neues, luxuriöses Mittelklassehotel mit allem Komfort.

Swiss Park Hotel (90), Sukhumvit Soi 11, ✆ 2540228, 📠 2540378. Modernes 18-stöckiges Business-Hotel mit über 100 Zimmern der Mittelklasse. Pool im 7. Stock.

Ambassador Bangkok (91), 171 Sukhumvit Rd., ✆ 2540444, 📠 2534123, über 1000 Zi in mehreren Gebäuden, u.a. im 27stöckigen, runden Tower Wing. Viele Pauschaltouristen.

Manhattan (92), 13 Sukhumvit Soi 15, ☎ 2550166, 📠 2553481, Mittelklassehotel, Pool.
The Somerset (92), 10 Sukhumvit Soi 15, ☎ 2548500, 📠 2548534, englisch angehauchtes, etwas plüschiges, neues Mittelklassehotel.
Rembrandt, Sukhumvit Soi 18, ☎ 2617100, Reservierungen unter ☎ 2617100, 📠 2617017, neues, sauberes First Class Hotel mit über 400 komfortabel eingerichteten Zimmern, Pool im 4.Stock, gutes Frühstücksbüfett, sonntags indischer Brunch, das indische Restaurant ist das beste der Stadt.

BANGKOK

SIAM SQUARE UND UMGEBUNG – (Karte s.S. 149) In diesem Gebiet gibt es nur wenige **Hotels**, deren Angebot dem in der Sukhumvit Rd. ähnelt. Etwas abseits vom Trubel liegen sie dennoch recht verkehrsgünstig und in der Nähe vieler guter Restaurants und Einkaufsmöglichkeiten.
Asia (39), 296 Phayathai Rd., ☎ 2150808, 📠 2154360, bei deutschen Reisegruppen beliebtes TUI-First Class Vertragshotel, Pool auf dem Dach.
Reno Hotel**** (44), 40 Soi Kasemsan 1, ☎ 2150026, 📠 2153430, Zimmer mit ac, Pool, Restaurant. Vor dem Hotel gute Essenstände. In der Straße zudem einige Restaurants und preiswerte Kleinhotels, z.B.:
The Bed & Breakfast***–**** (40), 42/43 Soi Kasemsan 1, ☎ 2153004, 📠 2152493, kleine Zimmer mit einem oder 2 Betten, ac und Du/WC, inklusive Frühstück.
Wendy House*** (41), 36/2 Soi Kasemsan 1, ☎ 2162436, 📠 2168053, auch über längere Zeit vermietet werden die Zimmer mit Du/WC und ac.
White Lodge***–**** (43), 36/8 Soi Kasemsan 1, ☎ 2168867, 📠 2168228, kleine Zimmer mit Du/WC, ac und TV.
A-One Inn*** (42), 25/13 Soi Kasemsan 1, ☎ 2153029, 📠 2164771, Zimmer mit ac, Bad/WC, TV und Telefon.
Opera*** (38), 16 Soi Somprasong 1, Phetchburi Rd., ☎ 2524032, 📠 2535360, einfaches Hotel.
Prince Hotel ab**** (37), 1537/1 New Phetchburi Rd., ☎ 2516171, 📠 2513318, Zimmer mit ac, gutes Preis-Leistungs-Verhältnis, Swimming Pool.
Morakot Hotel ab**** (5), 2802 New Phetchburi Rd., ☎ 3140761-3, 📠 3191465, etwas außerhalb gelegen, kleines Hotel mit gutem Preis-Leistungs-Verhältnis, Zimmer mit ac, Swimming Pool, Disco.

CHINATOWN – (Karte s.S. 143) Neben den Billighotels im "Bahnhofsviertel" rings um den Hauptbahnhof Hua Lamphong gibt es im indisch geprägten Pahurat, weiter im Norden, Gästehäuser, in denen vor allem indische Geschäftsleute absteigen. Westliche Touristen sind zumeist froh, das Viertel, in dem die Konzentration von Lärm und luftverpestenden Verkehrsmitteln ein unerträgliches Ausmaß angenommen hat, schnell wieder zu verlassen. Bis auf die Nähe zum Hauptbahnhof und zum Menam Chao Phraya gibt es kaum Gründe, hier zu wohnen.
Gästehäuser: *Chao Phraya Riverside**** (8), 1128 Songwat Rd., ☎ 2226344, 📠 2231696, am Menam Chao Phraya, am Ende der Soi, die gegenüber vom chinesischen Tempel abgeht, ruhige Zi mit Du/WC und Fan, Restaurant auf dem Fluß.
River View***–**** (9), Songwat Rd. 768 Soi Panunrangsi, südwestlich vom Wat Traimitr, ☎ 2358501, 📠 2375428, schöne Zi mit Telefon, TV, Fan oder ac, mit Flußblick aber ohne Du/WC oder auf der Rückseite mit Du/WC. Das Dachrestaurant im 8. Stock wartet mit einem schönen Ausblick auf den Fluß und einer kühlen Brise auf.
Hotel: *Krung Kasem Srikrung Hotel* **** (7), 1860 Krung Kasem Rd., ☎ 2250132, 📠 2254705. Der größte Vorteil dieses Hotels ist seine Lage gegenüber dem Bahnhof. Etwas vergilbte Zi mit ac und Du/WC, Coffee Shop.

RINGS UM DAS HAUPTPOSTAMT – (Karte s.S. 145) Am Ufer des Menam Chao Phraya erheben sich einige der teuersten Hotels der

Stadt. Die Mittelklassehotels in der unteren Silom und Surawong Rd. werden von asiatischen Geschäftsleuten und Reisegruppen bevorzugt. Die Lage in der Nähe des Hauptpostamtes, der Zentralen vieler Banken und Botschaften sind das größte Plus. Vor allem in der schmalen Charoen Krung Rd. stauen sich Lärm und Abgase, aber auch Spaziergänge durch die Surawong und Silom Rd. stellen eine gesundheitliche Belastung dar.
Gästehäuser: *T.T. II* ** ⑪, 516-518 Soi Sawang, Siphaya Rd., ✆ 2362946, 📠 2363054, gutes Gästehaus, das etwas versteckt in einer Nebenstraße liegt. Schlafsaal-Betten und ruhige, saubere Zi mit Fan, Etagen-Du/WC. Das kleine Restaurant serviert Traveller-Food. Viele Bücher, Gepäckaufbewahrung, familiäre Atmosphäre. Ab Mitternacht geschlossen.
River City**** ⑩, 11/4 Soi Charoen Krung 24, ✆ 2351429, 2351431, 📠 2373127, etwas steriles Kleinhotel nahe dem River City Shopping Center, saubere Zi mit Bad/WC, TV, ac und Kühlschrank, einige ohne Fenster, andere mit Blick auf den Fluß.
Hotels: *Newrotel***** ⑫, 1216 Charoen Krung Rd., ✆ 2331406, 📠 2371102, dreistöckiges, relativ ruhig gelegenes Kleinhotel, Zimmer mit ac, Telefon und TV, kleines Restaurant.
Bossotel Inn ab**** ⑯, 55/12-14 Soi Charoen Krung, nahe Shangri-La Hotel, ✆ 6306120, 📠 2373225, kleines Hotel mit Synagoge und koscherem Coffeeshop.
Suriwongse Tower Inn**** ⑬, 410/3-4 Surawong Rd., ✆ 2351206-9, 📠 2371482, 80 große Zi im 14–17. Stock, v.a. indische Geschäftsleute, Rabatt bei längerem Aufenthalt.
Tower Inn ⑳, 533 Silom Rd., ✆ 2378300-4, 📠 2378286. In dem gepflegten Hochhaus werden im 7.–11. Stock komfortable First Class Hotelzimmer und im 12.–18. Stock Luxusapartments angeboten. Alle Gäste können das Fitneß Center, die Sauna und den Swimming Pool auf dem Dach (gute Sicht!) nutzen. Guter Service.
Silom Village Inn ⑱, 286/1 Silom Rd., ✆ 6356810-2, 34 Zi mit ac und Du/WC im Silom Village, Mittelklasse, Rabatt möglich.

Hotels der gehobenen Preisklasse: zu ihnen gehört natürlich auch eins der besten der Welt, das
Oriental ⑭, 48 Oriental Ave., ✆ 2360400-20, 📠 2361937-9., Hotel der Luxusklasse mit allem Komfort, historischer Flügel im Kolonialstil, Gartenterrasse mit Blick auf den Fluß.
Am Fluß außerdem weitere große Hotels der Luxusklasse:
Shangri-La ⑮, 89 Soi Wat Suan Plu, Charoen Krung Rd., ✆ 2367777, 📠 2368579, und
Royal Orchid Sheraton ⑩, 2 Captain Bush Lane, Siphaya Rd., ✆ 2660123, 📠 2368320.
Reisegruppen wohnen häufig in den Fist Class Hotels:
Narai ⑲, 222 Silom Rd., ✆ 2370100, 📠 2367161, oder im
Holiday Inn ⑰, 981 Silom Rd., ✆ 2384300, 📠 2385289.
Monarch Lee Gardens ⑳, 188 Silom Rd., ✆ 2381991, 📠 2381999, das gläserne Hochhaus des First Class Hotels bietet vor allem Geschäftsleuten jeglichen Service.

SÜDLICH DES LUMPINI PARKS – (Karte s.S. 145). In der Soi Sri Bamphen rings um das Malaysia Hotel konzentrieren sich überwiegend abgewohnte Gästehäuser.
Aufgrund der Drogenszene ist mit häufigen Razzien zu rechnen. Welch ein Kontrast zu den luxuriösen Hotels und christlich geführten Gästehäusern in der Nähe.
Rings um die Patpong konzentrieren sich nicht nur Go-Go-Bars und andere Nachtclubs, sondern auch einige gute Restaurants und teilweise überteuerte Einkaufsmöglichkeiten. Außerhalb der *rush hour* ist der Airport über den Highway recht schnell zu erreichen.
Gästehäuser: *E.T.C.* ** ㉚, 5/3 Soi Ngam Duphli, über dem gleichnamigen Reisebüro, ✆ 2871477, 📠 2871478.
Anna** ㉜, ✆ 2868830, einfache Zi, Gemeinschafts-Du/WC.
Tokyo** ㉜ einfach und abgewohnt.
Honey**–*** ㉘, 35/2 Soi Ngam Duphli, ✆ 2863460, Zi mit Fan oder ac, einige davon mit Du/WC.

Freddy's 1* ㉗, 39/7 Soi Ngam Duphli, ✆ 2866722, schmuddelige Zi über Wäscherei.
Home Sweet Home* ㉝, 27/7-8 Soi Sri Bamphen, ✆ 2860638, indisch geleitetes, einfaches GH, Zimmer mit Du/WC, Restaurant.
T.T.O.** ㉟, 2/48 Soi Sri Bamphen, ✆/📠 6797992-6, der geschäftstüchtige Manager des gleichnamigen Reisebüros verwaltet auch das GH am Ende der ruhigen Soi. Ordentliche Zimmer mit Du/WC, ac oder Fan.
Tukh* ㉟, 34/3 Soi Sri Bamphen, ✆ 2864228, 📠 2871669, Zimmer mit Fan oder ac, Gemeinschafts-Du/WC, im Erdgeschoß ein Restaurant.
Kenny* ㉟, 34/28 Soi Sri Bamphen, ✆ 2871658, einfache Zimmer über einem offenen Restaurant.
Freddy II* ㊱, 27/40 Soi Sri Bamphen, ✆ 2867826, 📠 2132097, saubere Zimmer mit Fan, Gemeinschafts-Du/WC.
Lee Mansion 4* ㉞, 9 Soi Sapankoo, ✆ 2867874, ordentliche Zi mit Du/WC und Fan.
Madam* ㉞, 11 Soi Sapankoo, ✆ 286 9289, 10 einfache Zimmer mit Fan, z.T. mit Du/ WC, freundlich.
Lee 3* ㉞, 13 Soi Sapankoo, ✆ 2863042, einfach.
Sala Thai* ㉞, 15 Soi Sri Bamphen, ✆ 2871436, von einer netten Familie werden 20 saubere Zi v.a. an Dauergäste vermietet.
Kings Mansion** ㉓, 31 Sathon Tai Rd., einfache Unterkunft mit Restaurant neben der australischen Botschaft.
Bangkok Christian*** ㉑, 123 Saladaeng Soi 2, nahe Convent Rd., ✆ 2336303, 📠 2371742, zweckmäßig eingerichtete, saubere Zi mit ac und Du/WC, die ihren Preis wert sind. Wen die christlich geprägte Umgebung nicht stört, der kann sich im ruhigen Idyll mit Garten wohl fühlen.
Windy GH*, gegenüber vom Lumpini-Boxstadion, Rama IV Rd., ✆/📠 2518728, französisch-thailändisches Management, Zi mit Fan und Kühlschrank.
Hostels: In der Sathon Tai Rd. gibt es zwei Ys, deren Ausstattung durchaus Hotelstandard hat:
YWCA*** ㉕, 13 Sathon Tai Rd., ✆ 2861936, 📠 2873016, zwischen Wolkenkratzern eingezwängt, entgeht es nicht dem Modernisierungszwang und wird umgebaut.
YMCA Collins ㉓, 27 Sathon Tai Rd., ✆ 2871900, 2872727, 📠 2871996, überteuerte Zi mit ac, Bad und Kühlschrank. 10stöckiges Mittelklassehotel inmitten von Wolkenkratzern, Pool, Coffee Shop und Restaurant.
Hotels: ***Malaysia****** ㉙, 54 Soi Ngam Duphli, ✆ 6798723-27, 📠 2871457, traditionelles Travellerhotel, das mittlerweile seine Popularität weitgehend den zahlreichen leichten Mädchen und Jungen verdankt, die den Coffee Shop bevölkern. Der Pool kann auch von Nichtgästen gegen eine Gebühr genutzt werden.
Quality Hotel Lumpinee ㉛, 17 Soi Ngam Duphli, ✆ 2870111, 📠 2873420, gutes Mittelklassehotel mit 100 komfortablen Zimmern, die vor allem von Geschäftsleuten genutzt werden.
The Swiss Lodge ㉑, 3 Convent Rd., ✆ 2335345, 📠 2369425, E-Mail: swisldg@ibm.net, geschmackvoll eingerichtetes kleines First Class Hotel, das umweltbewußt ausgestattet aber auch recht teuer ist. Noch in den 70er Jahren war das
Dusit Thani ㉒, 946 Rama IV Rd., ✆ 2360450, 📠 2366400, ein gepflegtes Hotel der Luxusklasse, das höchste Haus der Stadt. Nun wirkt es winzig gegen das 64stöckige
Westin Banyan ㉔, 21/100 Sathon Tai Rd., ✆ 6791200, 📠 6791199, ein modernes Luxushotel. Einen Gegensatz zu diesem kühlen Riesen bildet das durchgestylte Luxushotel
Sukhothai ㉖, 13/3 Sathon Tai Rd., ✆ 2870222, 📠 2874980, gleich daneben.

IN DEN AUSSENBEZIRKEN – In der Nähe des Bangkok International Airports:
Wee-Train Guest House**, 501/1 Dejatungka Rd., Sikan, ✆ 5661774, 📠 9292301, die Einnahmen aus dem Guesthouse des Sasakawa Women's Education and Training Center werden für das Frauenhaus verwendet. In dem modernen Gebäude in einem Wohnbezirk, knapp 3 km westlich des Airports, gibt

es 27 Zimmer mit Fan oder ac, Du/WC, Kühlschrank und Telefon, außerdem 11 Schlafsäle mit 80 Betten, allerdings 200 Baht pro Bett. Coffeeshop, Cafeteria und Pool.

Anne Nimcharoen's Travellers Home***, 30 Soi Ramkamhaeng 48, ✆ 3776793, im Osten der Stadt. Preis inkl. Frühstück. Die rührige Besitzerin hat ihr Haus im lokalen Stil eingerichtet. Es liegt in einer kleinen Soi abgehend von der Ramkamhaeng Rd., der Verlängerung der Soi 71, Sukhumvit Rd. Bus 109 und 113 ab Bahnhof und mit dem Klongboot auf dem Klong Saen Saeb (s.S. 185f) ab Golden Mount bis Wat Klang.

In Thonburi sind Hotelzimmer der gehobenen Preisklasse häufig günstiger als in Bangkok zu bekommen. Einige liegen sogar verkehrsgünstig nahe dem Fluß oder einer Brücke, z.B.:

Royal River Hotel ①, 670/805 Charan Santiwong Rd., ✆ 4330200, 5 4330300,

The Thai House, 32/4 Moo 8, Tambol, Bang Muang, Bang Yai, Nonthaburi, Buchungen über *Asian Overland Adventures*, 22 Phra Athit Rd., ✆ 2800740, 📠 2800741. Übernachtung bei einer liebenswerten Familie in einem wunderschönen, traditionellen Teak-Haus mit modernen sanitären Anlagen inkl. Frühstück und Transport. Das Haus auf einer Obst- und Gemüsefarm am Klong ist von Bangkok aus sowohl mit dem Boot (ca. 1 1/2 Std.) als auch mit dem Bus oder Taxi (ca. 45 Min.) zu erreichen. Wer möchte, erhält von Pip einen Einblick in die Thai-Küche (Kochkurse auf Anfrage). Rechtzeitige Buchung empfehlenswert, da häufig voll.

Essen

Aus kulinarischer Sicht ist Bangkok eine wahrhaft kosmopolitische Stadt. Neben den asiatischen Küchen von Japan bis zum Vorderen Orient gibt es deutsche, französische, italienische oder spanische Restaurants.

Essen zu gehen kostet kein Vermögen. In den Nudelküchen auf der Straße gibt es schon ab 20 Baht eine kräftige Brühe, aber auch in guten Restaurants außerhalb der Hotels zahlt man für ein Gericht selten mehr als 150 Baht. Da die Thais selbst gern auswärts essen, wird fast überall zu jeder Tages- und Nachtzeit etwas angeboten.

Ein Frühstück auf dem Markt mit frischem, süßem Kokosreis und Papayas ist nicht nur wohlschmeckender als der übliche Hotel-Toast, sondern auch ein besonderes Erlebnis. Ein Einkaufsbummel wiederum ist eine gute Gelegenheit, Snacks zu probieren. Zurückhaltung ist lediglich bei Salaten und ungeschältem Obst angeraten. Billige Mahlzeiten und Snacks (z.B. heiße Maiskolben) unter freiem Himmel gibt es an zahlreichen Straßenständen, auf allen Märkten wie auch in den Markthallen. In der Innenstadt sind allerdings am Donnerstag alle Stände von den Straßen verbannt. Da hier niemand Englisch spricht, kann man einfach in die Töpfe sehen oder das bestellen, was am Nachbartisch so lecker duftet. Auch süße Kuchen und scharfe Snacks werden an vielen Ständen frisch zubereitet.

BANGLAMPOO UND THEWET – Die meisten Traveller-Restaurants in der Khaosan Rd. und ihrer Umgebung bieten kaum mehr als *fried rice* und *fried noodles*, sind billig und ziemlich fade. Die Auswahl des Restaurants bestimmt weniger die Qualität der Gerichte als das jeweilige Videoprogramm. Die Szene ändert sich schnell. Nudelsuppe mit Entenfleisch verkauft der Stand in der schmalen Gasse, die neben dem BK Guesthouse von der Chakraphong Rd. abzweigt.

Der *New World Department Store* in Banglampoo scheint geschlossen zu werden. Seit Anfang 1998 ist nur noch das Erdgeschoß in Betrieb.

Srichon Café, Samsen Rd., Ecke Phra Sumen Rd., serviert einfache Thai-Gerichte in schlichter Umgebung. Es schließt bereits gegen 21 Uhr.

Hemlock, 56 Phra Athit Rd., ✆ 2827507, mit winzigem Schild, 10 m nördlich vom Phra Athit Mansion, Treffpunkt von Intellektuellen und Künstlern, fast 200 z.T. ungewöhnliche,

delikate Thai-Gerichte zu günstigen Preisen in gepflegter Atmosphäre, französische und kalifornische Weine, klassische Musik. Ein weiterer Raum im Obergeschoß.
VR Restaurant, 77/2 Ratchdamnoen Klang Rd., am Demokratiedenkmal, ✆ 2816472, sei nur Mutigen empfohlen, die keinen Wert auf einen Superservice legen. Großes, beliebtes, lautes Restaurant mit Thai-Live-Musik. Die englische Übersetzung der Gerichte läßt der Phantasie Spielraum – eines sind sie aber alle: superscharf.
Unterhaltsam ist ein Essen **am Ufer des Menam Chao Phraya** oder in einem schwimmenden Restaurant:
Ton Pho, 43 Phra Athit Rd., ✆ 2800452, geöffnet bis 22 Uhr. Restaurant mit Blick auf den Fluß.
Krua Wang Nar, 17/1 Phra Athit Rd., ✆ 2248552, unter der Phrapinklao-Brücke. An Tischen im Freien mit Blick auf den Fluß und in einem klimatisierten Restaurant werden vor allem Seafood, aber auch andere Gerichte der einheimischen und westlichen Küche aufgetragen. Geöffnet bis 22.30 Uhr.
Kalong, in Thewet, am absoluten Ende der Sri Ayutthaya Rd., ✆ 2819228, gutes Seafood, viele Einheimische und gute Atmosphäre, manchmal viele Moskitos.
Kanab Nam, ✆ 4336611, weiter nördlich auf der Thonburi-Seite, an der Krung Thong Brücke. Hier legen um 19 und 20 Uhr Restaurantboote ab und tuckern den Fluß hinauf, dafür wird ein kleiner Zuschlag berechnet.
Yok Yor, am Wisut Kasat-Pier, ✆ 2821829, tgl. Tour von 20–22 Uhr, für die ein geringer Aufschlag zu zahlen ist, scharfes Essen.
Poon Sinn, Prachathipathai Rd., einfaches, etwas steriles Restaurant gegenüber dem Thai Hotel, berühmt für leckere **chinesische** geröstete Enten- und Schweinefleisch-Gerichte, die traditionell kalt serviert werden.
Krai Si, 214 Phra Sumen Rd., bietet u.a. Sushi und anderes **japanisches** Essen zu akzeptablen Preisen.
In der Cafeteria, im 4. Stock des Adventist Hospitals, 430 Phitsanulok Rd., wird **vegetarisches** Essen serviert.
Chabad House, 108/1 Soi Rambuttri, hier kocht man So–Do von 12–21, Fr 12–16.30 Uhr koscher. Nicht preiswert, aber authentische jüdische Gerichte.
Noch ein Tip für Schlemmer: Verschiedene große Hotels bieten **Buffet Lunch** für 250–500 Baht an, bei dem man so viel essen kann wie man will. Häufig gibt es nicht nur Thai-Gerichte, sondern auch europäische, chinesische oder japanische Spezialitäten. Spitzenqualität bei entsprechenden Preisen bietet in stilvoller Atmosphäre das
Royal Princess Hotel, 269 Larn Luang Rd., ✆ 2813088, das beste Hotel der Gegend mit einem empfehlenswerten Mittagsbüffet.

SIAM SQUARE UND UMGEBUNG – **Fast Food**-Ketten sind nahezu komplett am Siam Square und im Siam Plaza vereint. Wer sich am Siam Square dann doch eines anderen entscheidet, findet zudem schmackhaftere Alternativen (s. Karte).
Mah Boon Krong Shopping Center, Phayathai Rd., Ecke Rama I Rd., östlich vom Siam Square. Das Food Center im 6. Stock (Couponsystem) offeriert eine breite und preiswerte Selektion an asiatischen Gerichten. Außerdem mehrere Restaurants, z.B. das ***MBK-Restaurant*** mit schöner Sicht über den Siam Square und der Möglichkeit, Steamboat zu essen. Im Tokyu Department Store im gleichen Block auch ein günstiges und ein teures japanisches Restaurant.
World Trade Center, Ratchadamri, Ecke Rama I Rd., Food Center und Restaurants im 6. Stock, u.a. das ***Black Canyon*** mit gutem Kaffee und lohnender Ausblick auf die Stadt, gehobene Preisklasse und das ***Vegetarian Cottage***, wenig besucht, aber erstklassige Küche.
Amarin Food House, Ploenchit Rd., neben dem Sogo Department Store, hat außer Thai-Gerichten auch chinesisches, japanisches Essen und Seafood zu akzeptablen Preisen. Von 9–15 Uhr sogar Dim Sum.
Coca Noodles Restaurant, 416/3-8 Henri Dunant Rd. am Siam Square, ✆ 2516 337, geöffnet tgl. 11–22 Uhr. Relativ preiswertes, be-

liebtes **chinesisches** Restaurant. Spezialität Steamboat.
Nebenan, im ***Bar B Q*** wird mittags ein großes Büffet aufgebaut. Auch abends bis 22 Uhr geöffnet.
Das ***13 Coins***, ebenfalls hier, serviert Pizza und preiswerte Thai-Gerichte.
Daidomon, Soi 5 und 3, Siam Square, ein preiswertes japanisches Restaurant, das wenig Wert auf Ästhetik legt. Illustrierte Speisekarte. Die Kette hat 25 weitere Filialen in Bangkok, vor allem in den Außenbezirken.
Whole Earth Restaurant, 93/3 Soi Lang Suan, Ploenchit Rd., ✆ 2525574, tgl. 11.30–14 und 17.30–23 Uhr geöffnet, ist das größte, nicht ausschließlich **vegetarische** Restaurant. In verschiedenen Räumen werden Thai, indische und vegetarische Gerichte serviert, manchmal abends mit musikalischer Umrahmung.
Gateaux Cake House, die Bäckerei im Siam Square bietet die Möglichkeit, an kleinen Tischen die salzigen und süßen Kuchen, Torten und Snacks zu verzehren oder einen Kaffee zu trinken – Selbstbedienung.

SUKHUMVIT ROAD – Neben zahlreichen Hotels befinden sich hier viele internationale Restaurants, die sich sowohl auf Touristen als auch auf die hier lebenden Europäer eingestellt haben. In den meisten Restaurants werden für kleine Portionen hohe Preise verlangt, und der Service in der billigen Kategorie zeugt vom Streß des Personals. Einige Spitzenköche großer Hotels haben sich von der europäischen und thailändischen Küche anregen lassen und neue, überraschend schmackhafte Gerichte kreiert. Am preiswertesten sind die **Essensmärkte**, die allerdings mittlerweile fast vollständig von den Straßen verschwunden sind und in die großen Einkaufszentren verlagert wurden.
Bangkabi Plaza, vor dem *Ambassador Hotel*, 171 Sukhumvit Rd., zwischen Soi 11 und 13. Neben dem Food Center bieten weitere Läden in den Passagen und draußen Fast Food und andere Snacks. Guter Kaffee aus aller Welt im Kaffeehaus ***Espresso***.
Robinson Department Store, Sukhumvit Rd., zwischen Soi 19 und 21. Im Food Court im Untergeschoß verkaufen zahlreiche Stände Nudelsuppen, Enten- und andere Thai-Gerichte, außerdem Steamboat, japanisches und westliches Essen sowie Kuchen. Geöffnet tgl. 11–24 Uhr.
Foodland, Soi 5 Sukhumvit Rd., im Nai Lert Bldg., hier bekommt man rund um die Uhr Snacks und kleine Gerichte.
Unübersehbar sind in nahezu jedem Shopping Center die **Fast Food**-Ketten ***Swensen's Icecream*** und ***Pizza Hut*** (Times Square), ***Shakey's Pizza*** und ***TCBY Joghurt*** (Sukhumvit Plaza), ***Kentucky Fried Chicken*** (Maneeya), ***McDonalds*** (Robinson Department Store und Amarin Plaza) und andere vertreten. Seit neuestem ist auch ***T.G.I. Friday's*** mit einer Filiale im Ploenchit Center, Sukhumvit Rd, zwischen Soi 2 und dem Highway, vertreten. Die amerikanische Kette ist für ihre phantastischen Backkartoffeln und riesigen Hamburger bekannt.
Ein Abendessen in einem Restaurant kann 80 Baht, aber auch 1800 Baht kosten, wobei in den Hotels und Restaurants der gehobenen Preisklasse noch Steuer und Bedienung aufgeschlagen wird. Dafür bieten sie neben einem einmaligen Ambiente auch eine hervorragende Küche.
Suda, 6-6 Soi 14, nahe der Sukhumvit Rd., 3 2294664, in dem einfachen, offenen **Thai**-Restaurant werden große Portionen zu günstigen Preisen serviert, leckeres Hühnchen in Palmblättern, viele Touristen.
Thai Ruam Ros, Soi 1, etwa 100 m von der Sukhumvit Rd. entfernt, kleines Restaurant mit einheimischen, chinesischen, mexikanischen und vegetarischen Gerichten, die überraschend gut schmecken.
Yong Lee, eine Institution auf der Sukhumvit Rd., Ecke Soi 15, und das bereits seit über 20 Jahren. Allerdings sollte man keine hohen Ansprüche an die Sauberkeit stellen, keine Preise auf der Speisekarte, aber die meisten Gerichte um 70 Baht.
Cabbages & Condoms, in der Soi 12, 200 m von der Sukhumvit Rd., ✆ 2527349. Mit viel

Humor hat Meechai Virayaidya Methoden zur Geburtenkontrolle im ganzen Land populär gemacht. Hier eröffnete er ein Restaurant mit Biergarten, das den passenden Namen trägt und gute einheimische und westliche Gerichte serviert. Dem Namen entsprechend werden an der Kasse statt Bonbons Kondome kostenlos ausgegeben, und im Souvenirshop finden sich einige kuriose Souvenirs. Geöffnet tgl. 11–22 Uhr.

Die Umgebung der Sukhumvit Rd. eignet sich auch hervorragend für eine Reise durch die Küchen der asiatischen Nachbarländer:

Coca Noodles Restaurant, 246 Sukhumvit Rd., zwischen Soi 12 und 14, im Untergeschoß des *Times Square*. Günstige **chinesische** Restaurant-Kette. Steamboat u.a. Spezialitäten.

Moghul Room, 116 Soi 11 Sukhumvit Rd., auf 3 Stockwerken von 11–23 Uhr Curries, Tandoori-Gerichte und andere **indische** Spezialitäten.

Maharajah's, Soi 8 Sukhumvit Rd., nordindisches Restaurant, auch vegetarische Gerichte, geöffnet tgl. 11–23 Uhr.

Rang Mahal, im obersten Stock des Rembrandt Hotels, hervorragendes nordindisches Restaurant der gehobenen Preisklasse, mit Live-Musik und guter Aussicht. Reservierung empfohlen, ✆ 2617100.

Bali, 15/3 Soi Ruam Rudee, ✆ 2543581, im netten, kleinen Haus gegenüber dem Ruam Rudee Village wird sehr gut **indonesisch** gekocht. Gutes Preis-Leistungs-Verhältnis. Geöffnet Mo–Sa 11–22, So ab 17 Uhr.

Wer **japanisches** Essen liebt, kommt in Bangkok auf seine Kosten. Frische Zutaten aus dem nahen Meer machen die Tempura, Sushi und Sashimi besonders schmackhaft. Zudem sind sie verhältnismäßig preiswert.

Akamon, 213/7-9 Asoke Towers, Commercial Building, Soi Asoke, ✆ 2525986, ist ein gutes japanisches Restaurant.

Ambassador Hotel, 171 Sukhumvit Rd., zwischen Soi 11 und 13, hat auch eine gute japanische Küche. Morgens, mittags und abends gibt es ausgezeichnete Büfetts mit einheimischen und japanischen Gerichten.

In den meisten **europäischen** Restaurants wird zumeist wohlbekannte Kost serviert, wobei das Preis-Leistungs-Verhältnis nach europäischen Maßstäben stimmt. Vor allem in der Sukhumvit Rd. konzentrieren sich mehrere kleinere deutsche Restaurants, z.B.: ***Taverne*** und ***Bierkutsche*** (mit Biergarten), Soi 3, ***Haus München*** und ***Haus Hamburg*** in Soi 15 oder ***German Beer House*** in Soi 23.

Heidelberg, Soi 4, bereits seit vielen Jahren gibt es diese kleine, nette Kneipe, in der ein großes, reichhaltiges Frühstück serviert wird.

Tilac, 3 Soi 1 Sukhumvit Rd., ✆ 3546207, helles, freundliches, klimatisiertes Restaurant mit deutschen und einheimischen Gerichten. Die Auswahl reicht von der Schweinshaxe bis zu belegten Broten für etwa 100 Baht. Bei gutem Kaffee und Kuchen kann man in aktuellen deutschen Zeitschriften schmökern.

Bei Otto, 1 Soi 20 Sukhumvit Rd., ✆ 2620892, ✆ 2621496, eine Institution in Bangkok. Neben einem Restaurant mit deutschen Gerichten (geöffnet tgl. 11–24 Uhr) und einer großzügigen Gaststätte mit Bier vom Faß verkauft ein Brot- und Wurstladen deutsche Spezialitäten und Graubrot aus einem deutschen Backofen.

Schnurrbart, 128/46 Soi 23 Sukhumvit Rd., hier wird österreichisch gekocht.

Stable Lodge, Soi 8 Sukhumvit Rd., bieten ab 19 Uhr ein Barbecue am Pool mit viel Fleisch, bei dem man so viel essen kann, wie man will. Auch gutes Frühstück und ein breites Angebot an belegten Broten sowie anderen Gerichten, die im Garten oder Restaurant serviert werden.

Angus Steak House, Filiale in der 595/10-11 Soi 33 Sukhumvit Rd., ✆ 2594444, Kette, die auf gute Steaks spezialisiert ist.

Bourbon Street, ✆ 2590328, Soi 22 Sukhumvit Rd., am Ende des Washington Square, **Cajun**-Küche in gepflegter Südstaaten-Atmosphäre mit entsprechender Musik und Sportprogramm auf den Bildschirmen. Das als bestes amerikanisches Restaurant der Stadt ausgezeichnete Lokal bietet Hungrigen sonntags einen *all-you-can-eat brunch.*

Whole Earth Restaurant, Soi 26 Sukhumvit Rd., ✆ 2584900, Filiale des vegetarischen Restaurants in der Ploenchit Rd., geöffnet tgl. 11.30–14 und 17.30–23 Uhr.
S&P, 591/8 Sukhumvit Rd., eine **Bäckerei** neben dem Villa Supermarket und Soi 35, verkauft tgl. von 9–21 Uhr leckere Kuchen. Auch in den großen Hotels kann man häufig im Coffee Shop guten Kuchen und Brot bekommen, allerdings muß man bereit sein, europäische Preise zu zahlen.
Atrium Café im Eingangsbereich des *Landmark Plaza* mit Kaffee und Kuchen. Nebenan im ***Green House*** können zum Salat-Büfett auch Nudelgerichte bestellt werden.

AUSSERHALB – ***Seafood Market***, 89 Soi 24 Sukhumvit Rd., etwa 1 km südlich der Sukhumvit, von dort mit dem Motorradtaxi oder Tuk Tuk, ✆ 2612071-2.
Ein einmaliges Einkaufs- und Essenserlebnis, sofern man bereit ist, gehobene Touristenpreise zu bezahlen. Nachdem die Zutaten, vor allem frischer Fisch und anderes Seafood, aber auch Gemüse und Getränke, in einer Art Supermarkt eingekauft und bezahlt sind, werden sich nach individuellen Wünschen in einer riesigen, von außen einsehbaren Küche zubereitet.
Die Filiale des Seafood Market in der Pan Rd., nahe Silom Rd., liegt zwar zentraler, ist aber wesentlich kleiner und dadurch weniger beeindruckend.
Willy'z Music Cafe und Restaurant, 1922/51-53 New Phetchburi Rd., im Charn Issara Tower II, mediterran gestalteter Treffpunkt unter österreichischer Leitung, Speisekarte mit österreichisch–ungarisch–mediterranem Einschlag, riesige Portionen Spare Ribs. Deutsches und österreichisches Bier, *happy hour* bis 20 Uhr, manchmal Live-Musik.
Chamlong's, 100 m südlich vom Chatuchak Weekend Market unterhält die Vegetarische Gesellschaft Thailands viele Garküchen, die allerdings nur bis 14 Uhr sehr preiswerte, schmackhafte Gerichte anbieten, außerdem ein vegetarischer Lebensmittelladen.

ZWISCHEN HAUPTPOSTAMT UND LUMPINI PARK – vor allem in der Silom und Surawong Rd. dürfte es kein Problem sein, ein Restaurant zu finden. Viele sind auf das flanierende Touristenpublikum eingestellt und entsprechend teuer. In den Nebenstraßen finden sich noch einige Essenstände, z.B. in der Gasse, die gegenüber dem Sri Mariamman Tempel von der Silom Rd. zur Moschee abgeht.
Old Siam Plaza, 66 Charoen Krung Rd., im Obergeschoß der restaurierten Markthalle und in einem der überdachten Höfe werden zahlreiche Leckereien in angeboten. Preiswerte Gerichte im Foodcenter ***The O Food*** im Obergeschoß neben dem Vergnügungszentrum für Kinder (Couponsystem).
Bussaracum, 139 Pan Rd., zwischen Silom Rd. und Sathon Nua Rd., ✆ 2666312-8. Erstklassiges **Thai-Restaurant**, vornehmen und teuer, auch Kochkurse.
Das abendliche Büfett auf der Flußterrasse des ***Oriental Hotels*** ist ein Erlebnis, das die Geldausgabe lohnt.
Mehrere **Restaurantboote** starten abends ab River City, z.B.
River Sightseeing, ✆ 4374047, tgl. ab 19.30 Uhr.
Dinner Cruise, ✆ 2345599, tgl. ab 18 Uhr, 500 Baht pro Person.
Ruen Fah, ✆ 2660123, tgl. ab 19 Uhr, 600–650 Baht pro Person.
Wan Fah, ✆ 4335453, eine umgebaute Reisbarke.
In der endlosen Liste der Thai-Restaurants gibt es einige, in denen klassische **Thai-Tänze bei traditionellem Dinner** vorgeführt werden. Sie sind allerdings touristisch und teuer. Eine Ausnahme: das fast ausschließlich von Touristen besuchte Gartenrestaurant im ***Silom Village***, 286 Silom Rd., ✆ 2358760, geöffnet tgl. 10–23 Uhr, pro Gericht 50–100 Baht, gute Auswahl. Abends zwischen 19.30 und 20.30 Uhr (Anfangszeiten schwanken etwas) werden im Garten kostenlos 20 Minuten klassische Thai-Tänze mit Musik vorgeführt. Danach treten die Tänzer im Restaurant ***Ruen Thep*** im 1. Stock des gleichen Komplexes für Gruppen bei Set-Me-

nues für 600–1800 Baht auf, Dinner ab 19 Uhr. Die Restaurants sind von einem Einkaufskomplex umgeben.
Chaii Karr, 312/3 Silom Rd., gegenüber dem Holiday Inn. Mit viel Holz eingerichtet und gemütlich, günstige Mittagsmenüs.
All Gaengs, 173/8-9 Surawong Rd., wie der Name verspricht, werden in dem kleinen Restaurant nur Gaeng, Thai-Curries serviert, tgl. abends, Mo–Fr auch mittags geöffnet.
Die Palette der **chinesischen** Restaurants ist ebenso breit:
Charuvan Duck Shop, offenes Entenrestaurant in der Silom Rd., nahe Patpong Rd., das preiswerte, einfache Entengerichte anbietet.
Hoi Tien Lao, 1449/1 Latya Rd., auf der Thonburi-Seite, ✆ 4373791. Gutes und teures chinesisches Essen (auch Peking-Ente), kostenloser Bootstransfer ab Royal Orchid Sheraton Hotel.
In der Gegend um das GPO gibt es einige einfache **indische** Restaurants:
Himali Cha Cha, 1229/11 Charoen Krung Rd. Rd., in einer Gasse zurückveresetzt, nahe GPO, ✆ 2351569. In dem Restaurant von Mountbattens Koch wird lecker indisch gekocht.
Royal India, 392/1 Chak Phet Rd., ✆ 2216565, am indischen Markt, Pahurat. Restaurant im Hinterhaus, echt indisches Essen.
Batavia Satay House, Convent St., modern gestyltes, bei jungem Publikum beliebtes indonesisches Restaurant.
Die **westliche Küche** ist vor allem mit Fast Food-Ketten rings um die Patpong Rd. vertreten, v.a. im Untergeschoß des Silom Complex und im CP Tower. Neben zahlreichen Hamburger-Läden hat sich hier auch die amerikanische Kette ***Sizzlers*** mit einer phantastischen Salatbar und gutem Blick auf das Treiben in der Patpong Rd. niedergelassen.
Ratsstube im Goethe-Institut, das nett eingerichtete, beliebte Restaurant hält ein breites Angebot an europäischen und einheimischen Gerichten bereit.
Harmonique, 22 Charoen Krung Rd. 34, Richtung Wat Muang Kae-Pier, ✆ 2378175, ein Holländer hat das Lokal in einem alten, ruhig gelegenen Haus geschmackvoll und gemütlich eingerichtet. Im schmalen Innenhof und drinnen gibt es Mo–Sa mittags und abends europäische und lokale Gerichte. Außerdem werden Antiquitäten verkauft.
Tiara Restaurant im obersten Stockwerk des *Dusit Thani Hotels*, 946 Rama IV Rd., wartet mit einer überraschend kreativen Speisekarte, einem breiten Weinangebot und einem schönen Ausblick auf. Gepflegte Atmosphäre und entsprechende Preise.

KOCHKURSE – Wer das vorzügliche Thai-Essen nicht nur gern konsumiert, sondern auch selbst einmal produzieren möchte, dem bieten zahlreiche Hotels, Restaurants und andere Organisationen Kochkursen an, u.a.:
The Thai House, Unterkunft inklusive Kochkurs. Man sollte sich vorher anmelden und mindestens 3 Tage Zeit haben, s.S. 163. Pip, die Chefin, bringt ihren Schülern auf liebenswerte Art die lokale Küche nahe.
Weit teurer aber gut sind die Kurse im ***Oriental Hotel***, ✆ 4376211, s.S. 161, und im ***Bussaracum Restaurant***, s.S. 167, ✆ 2666312-8, wo man Wert auf die feine Küche legt.
Zudem Kurse im ***Modern Housewife Center*** (Mae Baan Tan Samai), ✆ 2792834, ***Charlie's Cooking Thai Bangkok***, ✆ 2554605, und das ***UFM Food Center***, ✆ 2590620.

Unterhaltung

Es existieren Hunderte von Möglichkeiten, einheimischen und ausländischen Männern das Geld aus der Tasche zu ziehen: Edelclubs in den teuren Hotels mit Live-Musik oder Disco, schummrige Tanzbars mit und ohne Go-Go-Tänzerinnen, fast finstere Thai-Nachtclubs mit großen Fenstern, hinter denen die Mädchen sitzen, Massagesalons, Transvestitenbars … Trotz männlicher Übermacht können sich ohne weiteres auch Frauen hier sehen lassen, allerdings besser nicht ohne männliche Begleitung.

BARS – ein weitläufiger Begriff in einer Stadt, die für ihr Nachtleben berühmt ist.

Hotelbars: Wer nicht in irgendwelchen zwielichtigen Spelunken landen möchte, kann die Bars der internationalen Hotels aufsuchen, was vor allem für alleinreisende Frauen die beste Alternative ist. Allerdings sind dort Drinks kaum unter 150 Baht zu bekommen, zudem werden 17% *tax* und *service charge* aufgeschlagen. Will man seinen Geldbeutel nicht allzu sehr strapazieren, kann man die *happy hour* (meist zwischen 17 und 20 Uhr) nutzen (der 2. Drink ist gratis).
Bamboo Bar, Oriental Hotel, 48 Oriental Avenue. Das Image, eines der besten Hotels der Welt zu sein, pflegt man mit hohen Preisen, gute Live-Musik.
Captain's Bar, Shangri-La Hotel, 89 Soi Wat Suan Plu. Der ideale Platz für einen Drink zum Sonnenuntergang mit Blick auf den Menam Chao Phraya. Wer etwas früher ankommt, kann sich auch zum *high tea buffet* in der Lobby Lounge einfinden, deren hohe Fenster ebenfalls einen wunderbaren Ausblick auf den Fuß ermöglichen.
Huntsman Pub, Landmark Plaza, Sukhumvit Rd., gutes Essen bei angenehmer Musik in einer gemütlichen Kneipe. Im ***Hibiscus***, im 31. Stock des Hotels, eine Pianobar mit guten Cocktails und noch besserem Ausblick.
Patpong: Ein Patpong-Besuch gehört mittlerweile zum Programm der meisten Reisegruppen. Seit am Abend hier einer der größten Touristenmärkte aufgebaut wird, scheint die Gasse nicht nur für Männer attraktiv. Die verspiegelten, dunklen GoGo-Bars mit bis zu 100 Tänzerinnen werden von Ständen mit Seidentüchern und -krawatten, Musikkassetten, Designertaschen und -sonnenbrillen fast in den Hintergrund gedrängt. Nicht zu ignorieren sind die Schlepper, die Touristen mit Sex-Shows in den oberen Stockwerken locken. Dort werden viele Gäste übervorteilt und mit saftigen Getränkerechnungen von bis zu 3000 Baht konfrontiert. Vor allem die Transvestiten-Szene ist bekannt dafür. Die Touristenpolizei rät, auf einer Quittung zu bestehen und sie anschließend zu benachrichtigen. Meist steht abends ein Bus der Touristenpolizei an der Einmündung der Patpong 1 in die Silom Rd. Neben den GoGo-Bars und Sexclubs hat die Patpong auch einige akzeptable Restaurants und Pubs aufzuweisen, z.B.:
Bobby's Arms, über dem Parkhaus in Patpong 2, ✆ 2336828, englischer Pub mit typischen Gerichten und Biersorten. Am Sonntagabend *jam session*.
Delaneys, Sivadon Bldg., 1 Convent Rd., angesagter irischer Pub, kommunikationsfreundlicher Treffpunkt der Expats in Schlips und weißem Hemd, *happy hour* von 18–21 Uhr.
Die **Soi Cowboy** parallel zur Sukhumvit Rd., zwischen Soi 21 und 23, ist ebenso vollgepackt mit GoGo-Bars wie die Patpong, aber weniger touristisch und origineller. Auch am **Washington Square**, Soi 22, und im **Nana Plaza**, Soi 4, konzentrieren sich die Bars, wobei letztere alle Vorurteile zu bestätigen scheint, die gegen dieses Gewerbe bestehen. Bevor Mann sich hier ins Vergnügen stürzt, sollte er bitte s.S. 115 nachlesen.
In der ***Royal City Avenue***, kurz R.C.A., zwischen Rama IX und Phetchburi Rd., ist das Angebot an Pubs und Discos breiter gestreut.

BIERGÄRTEN – Rings um das ***World Trade Center*** an der Ratchdamri, Ecke Ploenchit Rd., werden während der Trockenzeit Hunderte von Tischen und Stühlen aufgestellt, die sich bereits nachmittags füllen. Am frühen Abend ist kaum noch ein Platz zu bekommen, denn das frischgezapfte Bier erfreut sich großer Beliebtheit. An Essenständen werden Snacks verkauft.
Singha Beer House, 179 Soi Asoke (Soi 21) Sukhumvit Rd., ✆ 2589713. Bayerisch angehauchte Biergarten-Atmosphäre inmitten von Hochhäusern, überwiegend einheimisches Publikum. Geöffnet tgl. 11–14 und 18–22.30 Uhr.
Paulaner Bräuhaus, President Park Dome, Soi 24, noch etwas weiter südlich, vor den 3 riesigen Apartmentblöcken des Park View. Ab 17.30 Uhr öffnet tgl. das Restaurant und der große Biergarten, der bei Einheimischen

und Expats sehr beliebt ist. Bier vom Faß, Schwarzbrot und Schweinshaxe in netter Atmosphäre. Schräg gegenüber, in der Paulaner Bäckerei, serviert man leckeren Kaffee und Kuchen sowie richtige Brötchen.

DISCOS – gibt es in jedem größeren Hotel. Vor 23 Uhr ist meist nicht viel los. Voll wird es Fr und Sa nachts. Neben westlichen Hits wird auch Thai-Pop zum Mitsingen gespielt.
Bubbles im Dusit Thani Hotel, Rama IV Rd., beliebte Disco mit Laser und Videoanimation, manchmal Live-Musik.
Nasa Spacedrome, 999 Rama Khamhaeng Rd., ✆ 3146530. Diese riesige Disco liegt vor den Toren der Stadt, etwa 100 Baht mit dem Taxi. Auf mehreren futuristisch gestylten Stockwerken amüsiert sich bis 2 Uhr morgens ein überwiegend jugendliches Publikum. Gegen Mitternacht beginnt am Wochenende eine großartige Show. Allerdings sind während der Wirtschaftskrise viele Gäste ausgeblieben. Im Eintrittspreis sind zwei Drinks eingeschlossen.
Phoebus Amphitheatre Complex, Ratchadapisek Rd., gegenüber von Yaohan, von 21–3 Uhr öffnet dieser riesige Unterhaltungskomplex, der neben einer Disco noch vieles andere bietet. Hier finden auch Konzerte mit international bekannten Bands statt.
Sharkey's, 247 Ratchadaphisek Rd., ✆ 2900125. Ab 19 Uhr öffnen sich die Tore in die künstliche Unterwasserwelt – aufpassen, daß der Hai nicht aus dem gesplitterten Aquarium entwischt.

INTERNET CAFÉS – In Banglampoo bieten zahlreiche Internet Cafes die Möglichkeit, eine Mail zu versenden oder zu surfen, z.B. ***New Joe GH***. 10 Min. kosten 25–30 Baht.
Hello Internet Cafe, im Obergeschoß des gleichnamigen Restaurants, 63-65 Khaosan Rd., http://loxl.loxinfo.co.th/~hellopub, 10 Terminals, 50 Baht für 15 Min., mindestens 10 Baht, auch Computervermietung, geöffnet tgl. 10–22 Uhr.
Cyperpub, im Untergeschoß des Dusit Thani Hotels, Rama IV Rd. Mo–Sa ab 17.30 Uhr bietet das Pub bei Musik und Drinks die Möglichkeit, am Computer zu spielen oder mit der neuesten Technologie ins Netz zu gehen.
The Café, Surawong Rd., an der Einmündung der Soi Taniya, E-Mail: ryoidii@rms.ksc.co.th, tgl. bis 20 Uhr geöffnetes kleines, zweistöckiges Café.
Cyber Cafe', im 2. Stock des Ploenchit Center, Sukhumvit Rd., Homepage: www.chomanan.co.th, außer 21 Terminals sind auch Scanner und Farbdrucker vorhanden, außerdem ein Kino, tgl. 10–21 Uhr.
Cyber Restaurant im Untergeschoß des AM Computer Plaza, Ambassador Hotel, Sukhumvit Rd., nahe Soi 13, Homepage: www.infonews.co.th./amplaza/, rund um die Uhr geöffnetes Restaurant mit gutem Service, neue Computertechnologie inklusive Scanner und Drucker.
Cyberia, 654/8 Sukhumvit Rd., nahe Soi 24, Homepage: www.cyberia.co.th, Ableger der britischen Kette mit einem breiten Angebot für Netzsurfer in futuristischer Umgebung.

KINO – Amerikanische Importe, chinesische Action-Filme aus Hongkong und einheimische Produktionen stehen auf dem Programm. Viele Filmimporte sind in Thai synchronisiert, einige mit englischen Untertiteln. Das aktuelle Programm ist in der *Bangkok Post* und in der *Nation* abgedruckt. ***Lido Multiplex, Siam*** und ***Scala*** am Siam Square oder die Kinos im World Trade Center (Vorführungen nur tagsüber) sowie in anderen großen Einkaufszentren zeigen auch häufig englischsprachige Filme. Die Eintrittspreise liegen zwischen 50 Baht (in alten Häusern) und 100 Baht (in Multiplex-Kinos). Vor dem Film ertönt die Königshymne. Es wird erwartet, daß dann alle Zuschauer als Zeichen des Respekts aufstehen. Deutsche Filme zeigt das Goethe-Institut, englische das British Council und französische Alliance Francaise (s.u.).

PUBS MIT LIVE-MUSIK – In Bangkok gibt auch mehrere Pubs, in denen man (und auch Frau) einen Drink nehmen und Musik hören kann. Da meist kein Eintritt verlangt wird, sind die Getränkepreise mit beispielsweise 100–150 Baht pro Bier höher als in den normalen Kneipen.

Banglampoo und Thewet: In der Khaosan Rd. und ihren schmalen Gassen finden sich diverse preiswerte Pubs, die vor allem von Travellern besucht werden und sich auf deren Musikgeschmack eingestellt haben. Allerdings ändert sich diese Szene recht schnell.

Gypsi Pub, Phra Sumen Rd. Hier unterhält sich abends, v.a. am Wochenende, ein bunt gemischtes Publikum bei Guinness, Snacks und Latin-Live-Musik.

Hyppodrome, 106/2 Soi Samsen 2, nördlich des Klong, 20 m östlich der Samsen Rd. Ab 20 Uhr öffnet die kleine Musikkneipe. Die Musik ist ebenso bunt gemischt wie das Publikum, Fr Punk und Sa World Music.

Baan Maikao, Dinsor Rd., vom Demokratie-Denkmal Richtung Norden das vierte Haus rechts, ✆ 2816791, teure Getränke, Snacks, kein Eintritt, zumeist herzergreifende Live-Musik.

New Orleans Pub, 522 Phra Sumen Rd., großes Haus im Südstaaten-Stil. Das Essen und die Musik ist allerdings Thai. Geöffnet tgl. 11–2 Uhr.

Siam Square, Sukhumvit Rd.: Kneipen und Biergärten, vor allem für Männer aller Nationen, finden sich entlang der Sukhumvit Rd. und ihrer Nebenstraßen. Bundesliga-Ergebnisse, Blasmusik, Bratwurst und (Boulevard-)Zeitung – hier gibt es alles, was Mann so braucht, inklusive Thai-Mädels, versteht sich. Alternativen dazu sind:

Hard Rock Cafe, 424/3 Siam Square Soi 11, ✆ 2510792. Eine amerikanische Idee, die begeistert angenommen wird, 3 Stockwerke voller Musik-Memorabila, abends ab 22 Uhr Live-Bands, zumeist Popmusik, am Wochenende sogar 2 Bands. Teure Tagesgerichte und Snacks, wie wär's mit Elvis Presley's Apple Pie oder Madonna's Shake?
Geöffnet tgl. 11–2 Uhr.

Planet Hollywood im Gaysorn Plaza, Ploenchit Rd., Ecke Ratchdamri Rd., Filiale der internationalen Kette dekoriert mit Requisiten aus dem Filmfundus – u.a. dem Cyborg aus *Terminator II*, Waffen von Batman und dem Mini aus *Vier Hochzeiten und ein Todesfall*. Das Essen (amerikanisch und einheimische Gerichte) und Getränke sind nicht billig.

Check In 99, 97 Sukhumvit Rd., zwischen Soi 5 und 7. Der legendäre Club 99 (vormals in der Silom Rd.) in neuer Umgebung mit gehobenem Ambiente für ein älteres Publikum. Jeden Abend ab 21.30 Uhr tritt seit Jahrzehnten die selbe Philippino-Band auf. Viele Stammgäste, auch Restaurant. Geöffnet ab 17 Uhr.

Rund um den Lumpini Park: *Brown Sugar*, 231/20 Sarasin Rd., ✆ 2500103, nördlich vom Lumpini Park. Jazz, Country oder Rhythm & Blues, Live-Bands ab 21.30 Uhr, etwas überteuert und renovierungsbedürftig.
In der Straße und um die Ecke, in der Lang Suan Rd., gibt es weitere Musikkneipen, z.B.

Old West, Soi Sarasin, ✆ 2529510, Einrichtung im Western-Stil. Hier kommen Freunde des Country & Western und Rock 'n Roll tgl. außer Mi auf ihre Kosten.

Round Midnight, Lang Suan Rd., ✆ 2510652, ab 21.30 Uhr gute Live-Pop-Musik und Rock 'n Roll.

Neil's Tavern, 58/4 Soi Ruam Rudee, zwischen Ploenchit und Witthayu Rd. Im englischen Landhausstil eingerichtet, geöffnet tgl. 11.30–14 und 17.30–22 Uhr.
Neben dem Pub auch ein Restaurant und eine Bäckerei.

Im Norden: *Saxophone*, 3/8 Victory Monument, Phayathai Rd., ✆ 2465472, ein gemütlich mit viel Holz und Ziegeln eingerichtetes Pub mit großer Bar südöstlich vom Victory Monument. Ab 21 Uhr treten hier jede Nacht einige der besten Jazz- und Bluesmusiker auf. Gute Atmosphäre.

Rock Pub, 119/62-63 Phayathai Rd., etwas für Hard Rock- und Heavy Metal-Fans.
In der angrenzenden ***Hollywood Street***, einer Passage neben dem Kino gegenüber dem Asia Hotel, bieten mindestens ein halbes Dutzend Musikkneipen Nachwuchsbands und Oldies eine Chance zum Auftritt.

RADIO – Eine englischsprachige Radiostation sendet auf der Frequenz 95,5 FM überwiegend Popmusik und informiert über aktuelle Veranstaltungen. Die aktuellen Frequenzen der Deutschen Welle und anderer englischsprachiger Sender (u.a. BBC, Voice of America, Radio Australia) sind der *Nation* zu entnehmen.

THAI-BOXEN – Kampf-Atmosphäre mit Begeisterung und viel Wetten, ein thailändisches Männervergnügen. Auf den billigsten Plätzen ist am meisten los.
Freundliche Ticketverkäufer lassen Touristen schon mal reingehen, um die Plätze in Augenschein zu nehmen.
Die Anfangszeiten sind tgl. der *Bangkok Post* zu entnehmen:
Ratchdamnoen Stadion, Ratchdamnoen Nok Rd., ✆ 2814205. Eintritt 220–430 Baht, am Ring 800 Baht.
Lumpini Stadion, östlich des Lumpini Parks, ✆ 2804550. Eintritt 220–440 und 880 Baht, bei berühmten Boxern noch mehr. Die besten Kämpfer treten erst gegen 21 Uhr auf.

TRAVESTIESHOW – ***Calypso Cabaret***, Sukhumvit Soi 11, im Ambassador Hotel, ✆ 2616355-6, Reservierungen zwischen 9 und 18 Uhr für die Shows um 20.30 oder 22 Uhr. Travestie-Revue der gehobenen Klasse für 500 Baht inklusive eines Drinks (außerhalb der Saison zum halben Preis).
Das Theater ist aber wesentlich kleiner als die großen Bühnen in Pattaya.

VERGNÜGUNGSZENTREN – Fast jedes Einkaufszentrum beherbergt unter seinem Dach einen Vergnügungspark, eine Mischung aus Spielsalon und Rummelplatz.
Dan Neramit - Magic Land, ein Vergnügungszentrum besonderer Art liegt stadtauswärts vom Weekend Market, östlich des Highway in der 72 Paholyothin Rd.
Besonders Kinder werden sich in diesem thailändischen Mini-Disneyland vergnügen, aber auch Erwachsene finden z.B. Gefallen an den großen beweglichen und laut brüllenden Dinosauriermodellen. Geöffnet Mo–Fr 10–18.30, Sa, So 10–20 Uhr.
Dream World, ✆ 5331152, liegt noch weiter außerhalb, nördlich des Airports an der Nakhon Nayok Rd. Riesige Wasserrutsche und vieles mehr.

Kunst und Kultur

AUA LANGUAGE CENTER – 179 Ratchdamri Rd., ✆ 2528170-3, Sprachenschule und Kulturzentrum, wo Ausstellungen und Filme gezeigt werden.

KUNSTAUSSTELLUNGEN – Neben den sporadischen Ausstellungen in der ***Nationalgalerie*** am Sanam Luang werden Kunstausstellungen im Nationalmuseum, im ***Thailand Cultural Center*** (s.S. 173), in verschiedenen großen Hotels, im ***River City Shopping Complex*** neben dem Royal Orchid Hotel und in den Kulturinstituten gezeigt.
Fine Arts Department, am Sanam Luang in der Nationalbibliothek, ✆ 2241370, geöffnet Mo–Fr 9–16 Uhr, erteilt die Exportgenehmigung für Kunstobjekte und Antiquitäten.

BUDDHISTISCHE MEDITATION – und Informationen über Buddhismus bietet die ***World Fellowship of Buddhism***, 33 Sukhumvit Rd., zwischen Soi 1 und 3, ✆ 2511188-90, an.
Die ***Sala Pradasaddha*** (Royal Faith Pavillon), Rama I Rd., östlich vom Siam Intercontinental, bietet die Möglichkeit zu Meditationen tgl. von 7–8, 12–13 und 17–20 Uhr und während der buddhistischen Fastenzeit und an Feiertagen von Sa abend bis So früh. Dhama-Unterweisungen jeden ersten und dritten So im Monat von 13–15 Uhr.
Das ***Buddhist Meditation And Information Centre***, House of Dhamma, 26/9 Soi 15 Lat Phrao Rd., ✆ 5110439, offeriert neben Meditationen auch Seminare zum Buddhismus.
Auch im ***Wat Mahathat*** werden tgl. um 7, 13 und 18 Uhr Vipassana-Meditationen angeboten (s.S. 134).
Weiteres über buddhistische Meditationen s.S. 100 ff.

KULTURINSTITUTE – ***Goethe-Institut*** (German Cultural Institute), 18/1 Soi Sathon Thai Rd., nahe Malaysia Hotel, ✆ 2869002-4, ℻ 2871829, E-Mail: goetheth@idn.co.th. Gute Bibliothek mit deutschsprachigen Büchern (auch Kinderbücher), aktuellen Tageszeitungen (Süddeutsche, FAZ, Zeit) und Magazinen (Stern, Test), geöffnet Di–Do 9–17, Fr 9–12.30 und Sa 8–13 Uhr. Außerdem ein Restaurant und die Clubräume der Thai-Deutschen Gesellschaft. Hier kann man auch Deutsch sprechende Thai kennenlernen. Abends werden deutsche Filme gezeigt und andere kulturelle Veranstaltungen angeboten. Das Institut veröffentlicht 6 x jährlich eine Zeitung, in der die Veranstaltungen aufgelistet sind.
Alliance Francaise, 29 Sathon Tai Rd., ✆ 2132122-3.
British Council, 254 Chula Soi 64, hinterer Siam Square, gegenüber ECC, ✆ 2526136-8.

THAILAND CULTURAL CENTER – Ratchadaphisek Rd., ✆ 2470028, östlich der Stadt. Dieses moderne Kulturzentrum umfaßt ein Theater mit 2000 Plätzen, eine Freilichtbühne für 1000 Zuschauer, eine Bücherei und ein Sprachlabor. Hier finden Theater- und Tanzaufführungen, Konzerte, Festivals, Ausstellungen und Seminare statt.

THEATER UND TANZ – Im ***Nationaltheater***, Na Phratat Rd., am Sanam Luang, werden moderne Stücke und die bei Touristen beliebten klassischen Shows gezeigt, Termine und weitere Informationen s.S. 133. Ordentliche Kleidung erforderlich.
Weitere Theater- und Tanzaufführungen im ***Thailand Cultural Center*** (s.o.) und im Winter im ***Chalerm Krung Royal Theatre***, Old Siam Plaza, 66 Charoen Krung Rd., ✆ 2221352, ℻ 2212631.
Zudem werden klassische Thai-Tänze in verschiedenen Restaurants mit Thai-Dinner (s.S. 163ff) aufgeführt.
Kostenlos sind die Vorführungen am Lak Muang-Schrein am Sanam Luang (s.S. 133f) sowie am Erawan Schrein an der Ratchadamri, Ecke Ploenchit Rd. (s.S. 148). Auch im Vimanmek Mansion (s.S. 151) werden traditionelle Tänze aufgeführt.

Einkaufen

Beim Einkaufen braucht man Zeit, um die Preise zu vergleichen. Besonders Straßenhändler vor teuren Hotels und Einkaufszentren, die Touristen gefälschte Markenwaren, Kunsthandwerk und andere Souvenirs offerieren, verlangen häufig total überhöhte Preise. Hingegen sind die meisten Preise in der Sukhumvit und Khaosan Rd. realistischer. Während man hier um das Handeln nicht herumkommt, ist es in den Geschäften, in denen Thais einkaufen, kaum üblich zu feilschen. Wer freundlich nach einem *discount* fragt, wird schon bald die Unterschiede erkennen.

SHOPPING CENTER – wahre Konsumtempel, die sich mit denen von Singapore oder Hong Kong durchaus messen können, konzentrieren sich vor allem in der unteren Sukhumvit Rd., der Ploenchit Rd. und Silom Rd. In ihnen sind Geschäfte, Büros, Restaurants, Kinos und Kaufhäuser untergebracht. Die Einkaufspaläste, die zu den größten der Welt zählen, liegen an den Ausfallstraßen außerhalb des Zentrums, z.B.
Seacon Square und ***Seri Center*** in der Srinakarin Rd. weit östlich des Zentrums.
Zentral liegen:
In der Chinatown: ***Old Siam Plaza***, 66 Charoen Krung Rd., eine restaurierte Markthalle, die noch viel historisches Flair ausstrahlt, was sie vor allem ihren überglasten Höfen, dem im traditionellen Design gefliesten Böden und dem sparsamen Einsatz von Klimaanlagen verdankt. Eine Augenweide ist der Food Market in einem der Höfe. Daneben haben sich auch Restaurants, Fast Food-Ketten und Porzellan-, Waffen- und Textilgeschäfte hier niedergelassen.
River City am Menam Chao Phraya, neben dem Royal Orchid Hotel. Rings um eine weite Halle, in der offene Stände Kunsthandwerk anbieten, reihen sich kleine Läden, u.a. viele

Kunsthandwerk- und Seidengeschäfte. Im Obergeschoß werden auch Kunstauktionen abgehalten.

Nahe Siam Square: *Mah Boon Krong Center*, Rama I Rd., Ecke Phayathai Rd. Großer Block, viele kleinen Läden bieten eine breite Palette von Waren zu günstigen Preisen an, außerdem der Tokyu Department Store und im Obergeschoß ein Food Center mit Coupon-System und Wechselschalter mehrerer Banken. Geöffnet tgl. 10–20 Uhr.

Siam Center, nahe dem Siam Square. Traditionelles Shopping Center für Jugendliche mit vielen Textilgeschäften, mehreren Kinos und einigen Restaurants, im Obergeschoß Tower Records.

World Trade Center, Ratchadamri, Ecke Rama I Rd., ist ein neuer, mondäner Gebäudekomplex mit dem Zen und Isetan Department Store, zahlreichen Geschäften, u.a. ein Duty-Free-Shop, einem Vergnügungspark, Kinos, Food Center und Restaurants im 6. Stock, Tennisplätzen, Veranstaltungsräumen, einer Eisbahn im 8. Stock (geöffnet tgl. 10–14.45 und 16–21 Uhr) usw.

Gegenüber weitere Einkaufszentren:

Gaysorn Plaza, mit Edelboutiquen internationaler Designer und der Filiale von Planet Hollywood,

Narayana Phand, das große Handicraft Centre mit einer großen Auswahl, im Untergeschoß ein preiswerter Souvenirmarkt, und

Amarin Plaza, Ploenchit Rd., beherbergt viele Seidengeschäfte und den Sogo Department Store.

Peninsula Plaza, Ratchdamri Rd., viele Luxusboutiquen. Hier gibt es die originalen Gucci-, Louis Vuitton-, Lacoste- oder Ellesse-Markenwaren, außerdem eine Filiale von Galeries Lafayette und Asia Books.

Sukhumvit Rd.: *Nai Lert Bldg.,* Sukhumvit Rd. zwischen Soi 3 und 5, u.a. mehrere Restaurants und ein rund um die Uhr geöffneter Foodland.

Times Square, 246 Sukhumvit Rd., zwischen Soi 12 und 14, beherbergt zahlreiche Boutiquen und Restaurants sowie Asia Books.

Im Norden: ***Panthip Plaza***, Phetchburi Rd., Einkaufskomplex für Computerfans; Hardware und legale wie kopierte Software (immer erst mit einem Virusprogramm checken!).

Nahe Silom Rd.: *Silom Complex*, nahe Dusit Thani Hotel, wird überwiegend vom Central Department Store eingenommen. Im Tiefgeschoß einige Fast Food-Restaurants.

Tanya Plaza, nahe Patpong, zwischen Silom und Surawong Rd., kleiner Komplex mit mehreren Kunsthandwerks-Läden, Asia Books, einer Filiale des Silom Village und einem Kaffeehaus.

Daneben gibt es einige **Department Stores**, die eine ähnliche Atmosphäre aufweisen:

Central Department Store, das älteste Kaufhaus Bangkoks in der Ploenchit Rd. ist abgebrannt. Dafür gibt es eine Filiale im Silom Plaza und der unteren Silom Rd.

Robinson hat mehrere Filialen, zentral liegt das Kaufhaus am nördlichen Ende der Silom Rd. gegenüber vom Dusit Thani Hotel und in der Sukhumvit Rd., zwischen Soi 17 und 19. Hier befindet sich im Tiefgeschoß auch ein guter Food Court.

MÄRKTE – In der Millionenstadt Bangkok haben einige Märkte mit ländlichem Charakter überlebt, auf denen frisches Obst und Gemüse, Fisch und Fleisch angeboten wird. Die legendären schwimmenden Märkte gibt es allerdings nur noch auf wenigen Kanälen von Thonburi (s.S. 138ff) und außerhalb der Metropole. Auf den meisten Märkten Bangkoks werden vor allem Textilien und Drogerieartikel verkauft, aber auch Pflanzen und – nicht zu vergessen – Souvenirs für die zahlreichen Touristen.

Weekend Market, Suan Chatuchak. Jeden Sa und So von 7–18 Uhr lockt der große, interessante Markt über 100 000 Besucher an. An über 5000 Ständen gibt es Textilien (kreative T-Shirts), Meo-Handarbeiten, Schmuck, chinesisches Porzellan, Haushaltswaren, Lebensmittel, Tiere, Kassetten, Bücher (auch in englisch), Souvenirs, Elektroartikel, Pflanzen und sogar Wechselstuben und Geldautomaten. Mo–Fr werden nur Pflanzen verkauft.

Thewet Blumenmarkt, am nördlichen Ende der Luk Luang Rd., an der Mündung des Klong Phadung Krung Kasem. Hier werden täglich Blumen, Pflanzen, Orchideen und Palmen in allen Variationen verkauft. Auf der anderen Seite des Klong erstreckt sich ein Obst- und Gemüsemarkt, der sich in der Samsen Rd. fortsetzt. Textilien und Essenstände gibt es auf der gegenüberliegenden Straßenseite.
Pak Klong Talaat, nahe der Memorial-Brücke findet täglich am frühen Morgen in der großen Halle am Fluß ein Großmarkt statt, auf dem mit Obst und Gemüse, Fisch und Fleisch gehandelt wird. Hier kann man das Ausladen der Transportboote beobachten. Begrenzter Verkauf auch an Endverbraucher.
Sampeng Lane, von der Pahurat Rd. über den Klong Richtung Südosten und in den Seitengassen. In der schmalen Gasse wird in zahllosen offenen Geschäften eine Vielfalt von Waren angeboten.
Pahurat-Markt, südlich der Pahurat Rd. Dieser überdachte Markt, auf dem vor allem Textilien angeboten werden, weist einen deutlich spürbaren indischen Einfluß auf. Hier findet man alles, von Saris bis zu Brokatstoffen für Tempeltänzer, Schmuck, Betelnüsse, Kurzwaren, Schreibwaren u.a. Feilschende Touristen sind nicht gern gesehen.
Amulettmarkt, neben dem Wat Ratchanatda, westlich vom Golden Mount, Schutz- und Glücksamulette und religiöse buddhistische und hinduistische Statuen sowie Abbildungen der Könige werden hier verkauft.
Soi Bank Market, hinter der Bangkok Bank in der Silom Rd. werden Mo–Fr mittags auf dem quirligen Markt Blumen, Textilien und andere Alltagsgegenstände verkauft. Vorsicht, die Soi hat auch den Beinamen „Gasse, die das Geld hinwegschmelzen läßt".

ANTIQUITÄTEN – Der Handel mit echten Antiquitäten ist in Thailand seit 1989 **verboten**. Dennoch lebt eine ganze Branche von der Produktion von täuschend echten Antiquitäten. Informationen erteilt das *Fine Arts Department* unter ✆ 2241370.

BUDDHAS – Nachdem Thailänder feststellen mußten, daß Buddhastatuen im Ausland auch als Lampenständer u.a. mißbraucht wurden, ist es **verboten**, heilige Figuren und Buddhabildnisse auszuführen. Das Alter und die Größe spielen keine Rolle. Ausnahmen gibt es nur, wenn man die Zugehörigkeit zu einer buddhistischen Religion belegen kann.

BÜCHER UND LANDKARTEN – eine große Auswahl und die beste Auswahl an gängigen Titeln hat
Asia Books, 221 Sukhumvit Rd., außer dem Mutterhaus zwischen Soi 15 und 17 Filialen u.a. im 1. und 3. Stock des Landmark Plaza zwischen Sukhumvit Soi 4 und 6, im Times Square, zwischen Soi 12 und 14 sowie im Peninsula Plaza, Ratchadamri Rd. und World Trade Center. Alle sind bis 20 Uhr, das WTC sogar bis 21 Uhr geöffnet.
***Book Chest,* Soi** 2, Siam Square, ist klein, hat aber gute Karten und viele Computer-Bücher.
DK Book House am Siam Square, hinter Book Chest, hat auch ausgefallene Titel, Karten und Sprachführer. Filiale in der 180 Sukhumvit Rd., zwischen Soi 8 und 10.
Elite Used Book, 593/5 Sukhumvit Rd., zwischen Soi 33 und 35, gegenüber dem Queens Park, ✆ 2580221, geöffnet tgl. 10–20 Uhr. Gebrauchte Taschenbücher in verschiedenen Sprachen, vor allem in englisch. Auch Tausch und Ankauf gut erhaltener Exemplare.
Suriyaban Bookstore, 12411 Silom Rd., Ecke Patpong, ✆ 2356200, hat in einem kleinen Laden eine überraschend große Auswahl an englischsprachigen Büchern über Thailand und einige topographische Militärkarten.
The Bookseller Co., 81 Patpong Rd., verkauft auch deutschsprachige Zeitungen und Zeitschriften.
White Lotus, 26 Soi Attakarn Prasit, nahe dem Goethe-Institut, ✆ 2131175, hat sich auf Bücher über Thailand und Südostasien, auch in deutsch, spezialisiert und verschickt Kataloge.
In Second Hand-Bookshops in der Khaosan Rd. werden auch viele gebrauchte Reiseführer verkauft.

COMPUTER SOFTWARE – legale wie kopierte CD-Roms am günstigsten im ***Panthip Plaza***, Phetchburi Rd.

DRUCKEREIEN – Viele kleine Druckereien stellen Briefbögen oder Visitenkarten her, Probleme können lediglich mit den Pünktchen auf dem ä, ö oder ü entstehen. Visitenkarten werden in vielen Einkaufszentren innerhalb von wenigen Minuten gedruckt.

EDELSTEINE – Bangkok ist das weltweite Zentrum für die Aufarbeitung minderwertiger und die Herstellung synthetischer Steine. Relativ gering sind die im eigenen Land geförderten Saphire und Rubine, das meiste wird importiert.
Vorsicht! Besonders beim Kauf von Edelsteinen werden viele Ausländer übers Ohr gehauen – so geschickt, man glaubt es kaum! Die meisten Betroffenen werden auf der Straße von Tuk Tuk-Fahrern, selbsternannten Guides, angeblichen Polizisten oder netten Studenten angesprochen, mit fadenscheinigen Gründen (besonderer Feiertag, Sehenswürdigkeiten geschlossen, nur begrenzte Einkaufsmöglichkeit) zu einer Edelsteinschleiferei gelockt und zum Kauf mit dem Versprechen überredet, die Steine zum Vielfachen des Einkaufspreises zu Hause wieder verkaufen zu können (die falschen Adressen werden sogar mitgeliefert).
Wir erhalten jedes Jahr mehrere Briefe von Betroffenen, die zum Teil mehrere tausend Dollar verloren haben. Potentielle Käufer sollten bedenken, daß zur Zeit auf dem Weltmarkt eine Saphirschwemme herrscht, die angebotene Ware zumeist nur von minderer Qualität ist und man fast jeden Stein künstlich herstellen kann. Wer sich bei einem besonders „günstigen" Einkauf reinlegen ließ, sollte anschließend nicht die Polizei zu Hilfe rufen. Verkauf von Ramsch ist nicht verboten. Wer kein Experte ist, sollte auf alle Fälle die Finger von lukrativ erscheinenden Geschäften lassen, bei denen schon sehr viele Touristen eine Menge Geld verloren haben. Ansonsten sollten Schmuckstücke immer mit einer Echtheitsbescheinigung versehen sein, mit der Angabe von Größe, Gewicht und Preis sowie einer Rückgabegarantie innerhalb von 30 Tagen ohne Einschränkungen und einer Quittung.
Die ***Thai Gem & Jewellery Traders' Association***, 942/152 Chan Issara Tower, Rama IV Rd., ✆ 2353039, die ***Lampert Holding***, 807 Silom Rd., Soi 14, ✆ 2364343, schätzen gegen eine Gebühr Schmuckstücke und Edelsteine.
Wer Betrügern auf den Leim gegangen ist, wendet sich an die *Tourist Police* (s.S. 181). Sollte man bereits im Ausland sein, schickt man alle schriftlichen Unterlagen, aber nicht die Steine, an das: *Tourist Assistance Center*, 4 Ratchdamnoen Nok Avenue, 10100 Bangkok, ✆ 2815051 oder 2828129.
Nach längeren Verhandlungen ist es evtl. möglich, 60–70% des Kaufpreises zurückzuerhalten. Weitere Tips für Geschädigte enthält ein Merkblatt der Deutschen Botschaft.
Die Verarbeitung der Steine kann man kostenlos in einigen *Gem Cutting Factories* beobachten. Man sollte sich von selbsternannten *Guides* aber nicht zu Saphir-Werkstätten und anderen *Factories* schleppen und zum Kauf verführen lassen (s.o.).

EUROPÄISCHE LEBENSMITTEL – Sehnsucht nach Wein, Brot und Käse? Europäische Lebensmittel gibt es u.a. in dem zentral gelegenen ***Robinson Department Store***, Silom Rd. und Sukhumvit Rd., zwischen Soi 17 und 19, die tgl. von 10–24 Uhr geöffnet haben.
Villa Market, Sukhumvit Rd. zwischen Soi 33 und 35, gegenüber dem Park, der kleine Laden hat eine große Auswahl, ist relativ günstig und bei Expats beliebt.
Foodland u.a. in der Patpong Rd. und im Nai Lert Bldg., Soi 5 Sukhumvit Rd.

FILME – sind kaum teurer als in Deutschland. Offiziell dürfen nur 5 Filme importiert werden, was normalerweise nicht kontrolliert wird. ***Kodak*** hat eine Filiale in der 197 Wiphawadi Rangsit Rd. – gute Entwicklung von Ektachrome, nicht jedoch Kodachrome-Filmen. Papierabzüge kann man an jeder

Straßenecke machen lassen. Allerdings läßt die Qualität oft zu wünschen übrig.

KOPIEN VON MARKENARTIKELN – Beliebte Souvenirs sind Hemden, Socken, Uhren, Lederwaren und viele weitere Artikel, die eines gemeinsam haben – sie sind gefälscht, sind nicht immer von guter Qualität, aber billig. Vor dem Kauf von Uhren sollte man deshalb kontrollieren, ob das Laufwerk komplett aus Edelstahl besteht und keine Plastikteile enthält.
Zwischen 19 und 23 Uhr bauen fliegende Händler ihre Stände in der Patpong Rd. und der angrenzenden Silom Rd. sowie in der unteren Sukhumvit Rd. auf. Weniger Stände befinden sich am Indra Hotel, Siam Square und River City Einkaufszentrum.
Die günstigsten Preise bieten die Händler an Straßenständen in der Khaosan Road.
Obwohl der Verkauf illegal ist, interessiert sich die Polizei kaum dafür.
Allerdings ist es verboten, Raubkopien nach Deutschland einzuführen.

KUNSTHANDWERK – In Bangkok günstig angeboten werden Silber- und Niellowaren, Puppen und Masken, Holzschnitzereien, Tempel-Abreibungen auf dünnem Reispapier, Bronze-Artikel, Baumwoll-Textilien, Sonnenschirme, Fächer und vieles mehr. Arbeiten der Bergstämme kauft man besser in Nord-Thailand. Ansonsten kann man sich auf dem Weekend Market umschauen.
Qualitativ hochwertige und entsprechend teure Produkte aus Bang Sai (s.S. 212) werden in den ***Chitralada Handicraft*** *Shops* am Airport und im Königspalast hinter der Kasse verkauft.

MEDIKAMENTE – In Bangkok werden westliche Medikamente zu einem Bruchteil des deutschen Preises verkauft. Untersuchungen haben ergeben, daß es sich bei einigen Präparaten um Fälschungen handelt. Wer in einem Krankenhaus oder einer Privatklinik behandelt wird, erhält die Medikamente dort passend abgezählt.

MOSKITONETZE – für eine Reise an die Ostküste, in den Westen (Kanchanaburi) und an die Strände im Süden unbedingt erforderlich. Baumwollnetze sind schwerer und weniger luftdurchlässig aber haltbarer. Sie werden für Einzel- und Doppelbetten in Department Stores und einigen Läden sowie neben dem New Siam Guesthouse angeboten.

MUSIK – Vor allem Kassetten, aber auch Schallplatten, CDs, Laser-Discs, CD-Roms und Videos aus internationaler und einheimischer Produktion werden in den großen Plattenläden angeboten. Die größten sind die Filialen von ***Tower Records*** im World Trade Center und Siam Center.

SCHNEIDER – Indische Schneider, die alle Englisch, wenn nicht sogar Deutsch sprechen, nähen nach Vorlage (Katalogbilder reichen aus!) Hemden, Kleider oder gar Anzüge. Selbst wenn die Kleider innerhalb von 24 Stunden fertig sein könnten, lohnt es sich, 4–5 Tage und mehrere Anproben zu investieren, alle Details genau abzusprechen und nicht auf die superschnellen, superbilligen Sonderangebote hereinzufallen. Ein Nachteil für Frauen: Die meisten Schneider sind Männer, die allerdings auch für Frauen fertigen. Anzüge kosten je nach Material 2200–6000 Baht, Blazer und Rock etwa 2000 Baht.

SEIDE – wird in vielen Geschäften der Stadt in verschiedenen Qualitäten und Farben angeboten – als Kissen, Krawatten, Kleider usw. oder am laufenden Yard (1 Yard = 91,44 cm) in einer Breite von meist 1 m. Jim Thompson ist *das* führende Geschäft in der 9 Surawong Rd., nahe Rama IV Rd., geöffnet tgl. 9–19 Uhr, Filiale im Isetan Kaufhaus im World Trade Center, geöffnet tgl. 10–21 Uhr. Vorsicht, es wird viel Kunstseide oder Mischungen mit hohem Kunstfaseranteil als angeblich echte Seide angeboten. Zur Not hilft die Feuerprobe: Seide verbrennt fast ohne Asche, während Kunstfaser schmilzt und stinkt. Waschseide ist selten zu bekommen und nicht preiswerter als in Europa.

TEXTILIEN – vor allem T-Shirts, gibt es nicht nur auf dem Wochenendmarkt, sondern auch auf Straßenmärkten. Eine große Auswahl in der Sukhumvit Rd., in Patpong und in Banglampoo, dem traditionellen Textilzentrum der Stadt. An den Ständen am Siam Square gehen vor allem junge Frauen aus den nahegelegenen Büros und Hotels einkaufen. Hier gibt es außerdem Schmuck, Taschen und andere Accessoires sowie Kopien von Markenwaren.

TIERE – In Geschäften und auf Märkten, v.a. auf dem Wochenendmarkt, werden Tiere und Produkte aus Tieren angeboten, die unter das Washingtoner Artenschutzabkommen fallen. Auch in Thailand ist der Handel mit geschützten Tieren verboten, und wer dennoch meint, unbedingt eines dieser abartigen Souvenirs erwerben zu müssen, macht sich strafbar und wird spätestens bei der Heimreise große Schwierigkeiten bekommen.

Sonstiges

AUTOVERMIETUNGEN – Es ist kein Vergnügen, einen Wagen durch Bangkok zu steuern. Neben der großen Verkehrsdichte und dem ungewohnten Linksverkehr fordert ein verwirrendes System von Einbahnstraßen und Busspuren, die zu unterschiedlichen Zeiten in Betrieb sind, die ganze Aufmerksamkeit des Fahrers. Informationen über Mietwagen s.S. 178. Expressways in Bangkok kosten 20–30 Baht Gebühren. In der günstigen Preisklasse kosten je nach Firma und Mietdauer Autos 1000–2000 Baht pro Tag:
Avis, 2/12 Witthayu Rd., ☏ 2555300-4, 📠 2546718. Filialen u.a. im Dusit Thani und Grand Hyatt Erawan Hotel sowie außerhalb von Bangkok in Chiang Mai, Chiang Rai, Hua Hin, Pattaya, Phuket, Ko Samui und Hat Yai.
Budget, 407 Wiphawadi Rangsit Rd., ☏ 2030250, 📠 2952915.
Hertz, 420 Sukhumvit Rd., Soi 71, Zentrale ☏ 7321349, 📠 3757495, Büros in Chiang Mai, Phuket, Ko Samui und Hat Yai.
Klong Toey Car Rent, 1921 Rama IV Rd., ☏ 2501930, 📠 2523566.
Lumpini Car Rental, 167/4 Witthayu Rd., am Lumpini Park, ☏ 2551966.
National, 931/11 Rama I Rd., ☏ 5175677, 📠 7764840.

BOTSCHAFTEN – Adressen und Öffnungszeiten ausländischer Botschaften in Bangkok im Praktischen Teil, s.S.75 ff.

FAHRRÄDER – Für Bangkok auf keinen Fall zu empfehlen. Ein Veranstalter organisiert jedoch mehrtägige Touren außerhalb der Stadt, die unterschiedliche Anforderungen an die Fitneß der Teilnehmer stellen:
Bike & Travel, ☏ 9925925-6, 📠 9925927.

FESTE UND FESTIVALS – Staatliche Feiertage und große religiöse Feste (s.S. 56ff) werden in Bangkok besonders prunkvoll begangen: Zum Geburtstag der Königin oder des Königs finden Paraden in den geschmückten Straßen statt. Bei großen Festen werden sogar die Königlichen Barken zu Wasser gelassen.
Visakha Bucha, das größte buddhistische Fest, wird im Wat Phra Keo und auf dem Sanam Luang begangen. Bereits ab 8 Uhr ziehen 30–40 liebevoll dekorierte Wagen mit Statuen, die Szenen aus dem Leben Buddhas darstellen, durch die Ratchdamnoen Rd. zum Königspalast. Während der kühlen Jahreszeit von Mitte Februar bis Ende März finden auf dem Sanam Luang **Drachenwettkämpfe** statt. Zur **Pflugzeremonie** auf dem Sanam Luang Mitte Mai strömen Bauern aus dem ganzen Land nach Bangkok.

FRISEURE – Ein Besuch beim Friseur ist wegen der entspannenden Kopf- und Nackenmassage äußerst angenehm. Beim Haareschneiden müssen vor allem Männer darauf achten, daß ihnen der Barbier nicht den Thai-Einheitsschnitt verpaßt. Durch zuvor benutzte Rasiermesser wurde schon Aids verbreitet. Auch auf komplizierte Schnitte, Dauerwellen, Färben und Tönen sollte man aufgrund der unterschiedlichen Haarstruktur verzichten. Zudem wird es in kaum einem Salon angeboten. Generell werden die Haare im Liegen mit kaltem Wasser gewaschen.

GEFÄNGNIS – Besuchszeit im Klong Prem Central Prison, in dem viele Europäer wegen Drogen einsitzen, ist Do von 9–15 Uhr.

GELD – Zentralen der großen Banken:
Bangkok Bank, 333 Silom Rd., ✆ 2314333, verkauft auch American Express Reiseschecks.
Bank of America, 2/2 Witthayu Rd., ✆ 2516333, ✆ 2544003.
Bank of Ayutthaya, 550 Ploenchit Rd., ✆ 2550022, ℻ 2538589.
Deutsche Bank, Wireless Bldg., 208 Witthayu Rd., ✆ 6515000, ℻ 6515151, geöffnet Mo–Fr 8.30–15.30 Uhr. Überweisungen aus Deutschland dauern etwa 1 Woche.
Siam Commercial Bank, 1060 Phetchburi Rd., ✆ 2561234, ℻ 2536697.
Thai Farmers Bank, 400 Paholyothin Rd., ✆ 2701122, ℻ 2714033.
Größere Filialen wechseln ohne Rechtsanspruch bis zu 5 Euroschecks pro Person und Monat, allerdings keine österreichischen Euroschecks.
Öffnungszeiten der Banken: Mo–Fr 8.30–15.30 Uhr, einige Banken haben in den Touristenvierteln Schalter, die bis zum späten Abend oder gar rund um die Uhr geöffnet sind.
Kreditkartenorganisationen: ***American Express***, 388 Paholyothin Rd., ✆ 2730022/33, geöffnet Mo–Fr 8–17 Uhr, Vertretung: *Sea Tours*, Suite 88-92 Phayathai Plaza, 128 Phayathai Rd., ✆ 2165934, 2165783, geöffnet Mo–Fr 8.30–17, Sa 8.30–12 Uhr.
Visa, Bank of America Building, 2/2 Witthayu Rd., ✆ 2567326, Mo–Fr 8.30–12.30 Uhr. Außerdem bei Filialen der Thai Farmers Bank, der Siam Commercial Bank und der Bank of America.
Master / Euro Card, bei den entsprechenden Bankfilialen. Verlust melden auch unter ✆ 2756690.
Diners Club, 191 Silom Rd., 3 2383660, während der Bürozeiten Mo–Fr 8–17 Uhr, ansonsten 3 2335775-6, bei Verlust 3 2313500.
Thomas Cook, 3 6795521.

IMMIGRATION – Soi Suanphlu, Sathon Tai Rd., ✆ 2871740, ℻ 2871310, geöffnet Mo–Fr 8.30–16.30 Uhr. Ordentliches Auftreten ist empfehlenswert. Das 60-Tage Visum kann für 500 Baht um 14 Tage verlängert werden (es wird ein Foto benötigt), die Aufenthaltsgenehmigung für 30 Tage jedoch nicht. Wird diese überzogen, muß bei der Ausreise 100 Baht pro Tag bezahlt werden. In diesem Fall rechtzeitig am Airport erscheinen und nicht übertreiben, da dann Gefängnisstrafen drohen. Besucher mit einem gültigen, aber noch nicht abgelaufenen Visum können am Airport eine Wiedereinreisegenehmigung erhalten, die allerdings die Visadauer nicht verlängert oder verkürzt. Für eine Reise sind 500 Baht, für mehrere 1000 Baht zu zahlen, zudem ist der boarding pass des internationalen Fluges vorzulegen.

INFORMATIONEN – ***Tourist Authority of Thailand*** (TAT) 4 Ratchdamnoen Nok Avenue, ✆ 2815051, ℻ 2824176, geöffnet tgl. 8.30–16.30 Uhr. Am Informationsschalter gibt es einen Stadtplan mit eingezeichneten Bus- und Expressbootlinien (35 Baht) und aktuelle Publikationen. Informationen über Reiseziele und Themen, die besonders interessieren, geben die Angestellten auf Anfrage heraus. Die Zentrale befindet sich weit außerhalb im Westen der Stadt in 202 Le Concorde Plaza, Ratchadapisek Road, Huay Kwang, Bangkok 10320, ✆ 6941222, ℻ 6941220, 6941221.
Am Internationalen Airport in der Ankunftshalle gibt es ein weiteres privates ***Tourist Office***, ✆ 5238972-3, dessen Mitarbeiter manchmal falsche Informationen über Transportmöglichkeiten und Touren erteilen.
In verschiedenen Gästehäusern und Hotels sowie in den Restaurants der Khaosan Rd. hängen Anschlagbretter mit teilweise guten, aktuellen Informationen.

Der englischsprachiger Telefonansagedienst ***infone*** informiert zum Ortstarif über das aktuelle Geschehen unter
✆ 6531300 und der folgenden Nummer z.B.
Tourist Office – 2042
Veranstaltungen – 2062 / 72 / 82 / 92
Kinos – 4032
Thai Tänze – 4102.
Zudem viele weitere Nummern, über die ein Prospekt (evtl. beim Tourist Office erhältlich) informiert.

MALAYSIA-INFOS – ***Malaysia Tourism Promotion Board***, Liberty Square, 287 Silom Rd., Ecke Convent Rd., ✆ 6311994-6, 📠 6311998, hält Prospekte, Fahrpläne, Stadtpläne und andere Informationen über Malaysia bereit. Geöffnet Mo–Fr 8.30–16 Uhr.

MASSAGE – traditionelle Thai-Massage für 200 Baht pro Stunde im Wat Pho (s.S. 136). Hier finden auch Massage-Kurse statt, die 2–3 Wochen dauern.
Traditionelle Massage für 200–300 Baht bei ***Body Care***, mehrere Filialen, u.a. in der 37/8 Surawong Rd., neben dem Wall Street Tower, ✆ 2334144, und im Wall Street Inn, 37/20-24 Surawong Plaza, Surawong Rd., ✆ 2334144.
Eve Hotel, 18/1 Surawong Rd., Massage und Kräutersauna nur für Frauen.
Auch in der Khaosan Rd. und ihren Seitengassen, z.B. im Green House, bieten viele traditionelle Masseure ihre Dienste an. Eine Std. kostet hier etwa 100 Baht. Die meisten Massage-Salons bieten allerdings mehr sexuelle Vergnügungen mit (möglicherweise) weniger gesunden Nachwirkungen.

MEDIZINISCHE HILFE – große Krankenhäuser sind das
Bangkok Christian Hospital, 124 Silom Rd., ✆ 2336981, Dr. Kittiporn spricht Deutsch.
Auf europäische Patienten eingestellt sind das
Samitivej Hospital, 133 Soi 49, Sukhumvit Rd., ✆ 3920010-9, und
BNH Hospital, 9 Convent Rd., zwischen Silom und Sathon Nua Rd., ✆ 2332610, neues Gebäude; zuverlässiges, freundliches, englischsprechendes Personal.
Bangkok Adventist Hospital, 430 Phitsanulok Rd., ✆ 2811422, ist gut, aber relativ teuer. Wird von Missionaren geleitet.
St. Louis Hospital, 215 Sathon Tai Rd., ✆ 2120033-48, ebenfalls ein christliches (katholisches) Krankenhaus.
Bamrungrat Hospital, 33 Soi 3 Sukhumvit Rd., ✆ 2530250-69, Sprechstunde: Mo–Fr 11–15.30 Uhr. In diesem modernen Krankenhaus arbeitet auch die deutschsprechende Frauenärztin Dr. Cleopandhi Soorapanthu, der Internist D. Visit und die deutschsprechende Zahnärztin Dr. Ingbun Tiensiri, Mi 17–20 Uhr und So 9–12 Uhr, ✆ 2530250-9. Ein großer Teil des Personals spricht Englisch.
Saorapha Memorial Institute, besser bekannt als Schlangenfarm, Rama IV, Ecke Henri Dunant Rd., informiert über Tropenkrankheiten und Impfungen. Das angrenzende ***Chulalongkorn University Hospital***, ✆ 2528181-9, ist spezialisiert auf Schlangenbisse.
In allen Krankenhäusern praktizieren auch **Zahnärzte**, die mit ihren Patienten wesentlich sanfter umgehen als diese es von zu Hause gewohnt sind.
Der Sextourismus hat selbst im medizinischen Bereich seine Spuren hinterlassen. So hat das Grace Hotel seine eigene Klinik. In allen Touristenmagazinen inserieren **VD-Kliniken**.
Ambulanz, ✆ 2811544, kommt nur, wenn man sie bezahlen kann – doch wie macht man das telefonisch klar?
Notfalls den Transport ins Krankenhaus selbst organisieren.
Man behandelt Patienten nur, wenn sie genügend Bargeld haben oder die Kreditkartennummer hinterlassen. Notfalls wird der Paß als Pfand einbehalten!

NATIONALPARKS – ***Royal Forestry Department***, 61 Paholyothin Rd., der Straße Richtung Airport, ✆ 5791151/60. Hier ist auch die National Parks Division untergebracht, die unter ✆ 5790529 zu erreichen ist. Sie erteilen Informationen über die Parks und nehmen Reservierungen für evtl. vorhandene Übernachtungsmöglichkeiten vor.

PFERDERENNEN – sehenswert allein schon wegen der Zuschauer. So mittags abwechselnd im ***Royal Bangkok Sports Club***, Henri Dunant Rd., ✆ 2516022, und ***Royal Turf Club***, Phitsanulok Rd., ✆ 2814320.

POST – Das ***General Post Office*** befindet sich in der 1160 Charoen Krung Rd. (New Rd.), ✆ 2331050-9, geöffnet Mo–Fr 8–20 Uhr, am Wochenende und feiertags bis 13 Uhr. Postlagernde Telegramme im Raum nebenan. Da viele Leute diese Adresse benutzen, kann es leichter als an anderen Postämtern passieren, daß Post verlorengeht oder falsch einsortiert wird. Der *packing service* im Hauptpostamt ist Mo–Fr 8–16.30 und Sa 9–12 Uhr geöffnet.
Die anderen Postämter haben Mo–Fr 8.30–16.30, Sa 9–12 Uhr geöffnet.
In den Touristenzentren befinden sie sich:
In Banglampoo in einer Gasse nördlich der Ratchdamnoen Klang Rd. (Telefonservice 7–23 Uhr, Packservice Mo–Fr 8–17 Uhr, Sa bis 12 Uhr) und am großen Platz nördlich der Tani Rd.
Am Hauptbahnhof links vom Haupteingang.
Am Siam Square östlich vom Siam Center.
In den Abflughallen des National und International Airports (mit Telefonservice).
Außer dem Express-Postservice EMS gibt es folgende Kurierdienste:
DHL, Grand Amarin Tower, 1550 New Phetchburi Rd., ✆ 2070600.
TNT, 599 Chong Non Si Rd., ✆ 2490242-6.

SCHLIESSFÄCHER – werden, je nach Größe, ab 250 Baht pro Monat plus 3000 Baht Kaution im 3. Stock des Charn Issara Towers, Rama IV Rd., Ecke Surawong Rd., ✆ 2342850 ext. 120, vermietet. Geöffnet tgl. 10–20 Uhr.

TELEFONIEREN – **Auslandsgespräche** von gelben internationalen Telefonzellen, die mit Telefonkarten zu 250 und 500 Baht betrieben werden (nicht immer zuverlässig), von privaten Telefonbüros in den Touristenzentren und vom ***Telecommunication Center*** rechts hinter dem GPO. Geöffnet rund um die Uhr. R-Gespräche, die der Angerufene bezahlt, sind nach Frankreich, Italien, Holland, Großbritannien, Spanien und in einige außereuropäische Länder möglich.
Im **ISD-Selbstwähldienst** wird im 6-Sekunden-Takt abgerechnet. Von privaten *oversea telephones* wird eine höhere Gebühr berechnet. Deshalb läßt man sich am besten den Preis vor dem Gespräch schriftlich geben.
Vom Telecommunication Center aus kann man auch ein **Telegramm** oder ein **Fax** schicken.
Stadtgespräche kosten von alten Apparaten aus (eine ruhige Ecke suchen!) 1 Baht, von den meisten anderen 5 Baht.

TOURISTENPOLIZEI – ***Tourist Police***, ✆ 1699, Zentrale im UNICO House, Soi Lang Suan, Bangkok 10110, 3 6521721-6 und 6521726. Eine Außenstelle befindet sich an der Rama IV Rd., Ecke Ratchadamri Rd., am Lumpini Park, ✆ 2539560, und am Airport, ✆ 5351641. Zudem steht abends ein Auto an der Patpong.
In der 4 Ratchdamnoen Nok Avenue befindet sich die Zentrale des ***Tourist Assistance Center***, das Touristen in Notfällen mit englischsprechenden Angestellten behilflich ist, die sich an den wichtigsten Sehenswürdigkeiten aufhalten. Sie nehmen auch Beschwerden bei Betrügereien (z.B. beim Verkauf von Edelsteinen s.S. 176) entgegen, sogar aus dem Ausland.

UMWELTVERSCHMUTZUNG – Da Touristen irgendwie verdeutlicht werden soll, daß man es ernst meint mit der Sorge um eine saubere Umwelt, hat man im Kleinen begonnen und Polizisten angehalten, jeden zu bestrafen, der achtlos eine Kippe oder Papier auf die Straße wirft.
Die heftige Geldbuße von 2000 Baht kann allerdings auf 500 Baht heruntergehandelt werden.

VORWAHL – 02, PLZ des Hauptpostamtes 10500.

WÄSCHE – wird in nahezu allen Hotels und Guesthouses innerhalb von 24 Stunden kalt gewaschen. In den Wäschereien der Gästehäuser wird sie allerdings nur selten gebügelt. Der Preis steht in direktem Verhältnis zum Zimmerpreis.

ZEITUNGEN – Tgl. erscheinen 2 englischsprachige Zeitungen, die empfehlenswerte *Bangkok Post* und *The Nation*, beide 15 Baht. Außerdem gibt es *Asia-Week*, *South* und *Far Eastern Economic Review* sowie die *Newsweek* oder *Time*.
In deutscher Sprache erscheint wöchentlich die *Zeitung* mit lokalen Infos und Beiträgen über das aktuelle politische Weltgeschehen, 30 Baht.
Aktuelle Szene-Infos stehen in der *Bangkok Metro*, einem englischsprachigen monatlichen Stadtmagazin.
Touristeninfos sind den Anzeigenblättern, wie dem *Guide of Bangkok* zu entnehmen.

Nahverkehrsmittel

Das Verkehrschaos während der *rush hour* (6–9 und 16–20 Uhr) ist bekannt. In den siebziger Jahren haben europäische Stadtplaner versucht, das Übel mit modernen Brückenkonstruktionen zu beseitigen – vergeblich. In den achtziger Jahren wurde ein umfangreiches Einbahnstraßensystem eingerichtet. Busse erhielten während der *rush hour* eine eigene Busspur, wo sie auch in Einbahnstraßen in beide Richtungen fahren können. Das hat sich insgesamt bewährt, mittlerweile kommt man z.T. mit dem Bus schneller voran als mit dem Taxi.

STADTBUSSE – Das öffentliche Nahverkehrssystem wird überwiegend von Stadtbussen bewältigt, die je nach Komfort unterschiedlich teuer sind. Sie sind zunehmend mit Automaten ausgestattet, also Fahrgeld passend bereithalten!

Fahrpreise für Stadtbusse:

non-ac-Busse	3,50 Baht
ac-Busse je nach Entfernung	6–16 Baht
Luxus Micro-Busse	30 Baht

Einen **Stadtplan** mit Buslinien, den *Latest Tour Guide to Bangkok and Thailand*, erhält man für 35 Baht in Reisebüros, Buchhandlungen, Gästehäusern und Hotels.
Da die Zielorte nur in Thai auf den Stadtbussen stehen, orientiert man sich an den Nummern.
Dabei ist zu beachten, daß man nicht in die falsche Richtung fährt oder die Busse verwechselt, da ac- und non-ac-Busse die gleichen Nummern haben:
Ac-Stadtbusse haben geschlossene Türen und Fenster sowie zwei Buchstaben vor der Busnummer.
Non-ac-Stadtbusse haben blaue Schilder.
Stadtbusse mit rotem Schild weichen von der normalen Route ab.
Die Mercedes-Micro-Busse sind vor allem für Pendler gedacht und verkehren von 5–22 Uhr zwischen den Vororten und dem Zentrum.

Die wichtigsten non-ac-Busse:

non-ac 2: Eastern Bus Terminal – Ratchdamnoen Klang Rd. +
non-ac 25: Pak Nam – Sukhumvit Rd. – Hauptbahnhof – Sanam Luang +
non-ac 29: Airport – Suan Chatuchak (Weekend Market) – Siam Square – Hauptbahnhof +
non-ac 30: Nonthaburi – Banglampoo – Sanam Luang – Southern Bus Terminal (- 21.30 Uhr)
non-ac 38: Suan Chatuchak (Weekend Market) – Eastern Bus Terminal (- 22 Uhr)
non-ac 40: Eastern Bus Terminal – Bahnhof – Thonburi (- 22.45 Uhr)
non-ac 59: Airport – Suan Chatuchak (Weekend Market) – Sanam Luang (nahe Khaosan Rd.) +◊
non-ac 136: Northern Bus Terminal – Sukhumvit Soi 21 (Soi Asoke) Klong Toei
non-ac 145: Suan Chatuchak (Weekend Market) – Northern Bus Terminal – Samut Prakan

Die wichtigsten ac-Busse (- gegen 20 Uhr):

ac 1: Eastern Bus Terminal – Hauptbahnhof – Chinatown

ac 3: Suan Chatuchak (Weekend Market) – Banglampoo

ac 4: Airport – Silom Rd.

ac 7: Lumpini Park – Hauptbahnhof – Sanam Luang – Southern Bus Terminal für ac-Busse

ac 8: Pak Nam – Eastern Bus Terminal – Chinatown – Sanam Luang

ac 11: Pak Nam – Banglampoo – Southern Bus Terminal für non-ac-Busse

ac 13: Airport – Sukhumvit Rd. – Eastern Bus Terminal

ac 29: Airport – Siam Square – Hauptbahnhof

ac 39: Suan Chatuchak (Weekend Market) – Sanam Luang

Die wichtigsten Micro-Busse (Route nicht auf Busplänen verzeichnet):

Nr.1: Nonthaburi – Ratchdamnoen Rd. – Siam Square – Silom Rd.

Nr.2: Paholyothin Rd. – Suan Chatuchak (Weekend Market) – Silom Rd.

Nr.4: Southern Bus Terminal (non-ac) – Krung Thon Brücke – Zoo – Rama IX Rd.

Nr.5: Petchkasem Rd (Thonburi) – Hauptbahnhof – Phayathai Rd. – Victory Monument

Nr.6: Pak Nam – Eastern Bus Terminal – Phayathai Rd. – Siam Square – River City

Nr.7: Rama II Rd. (nahe Schwimmenden Markt, Wat Sai) – Mall 5 – Phra Pinklao Brücke – Ratchdamnoen Rd. – Victory Monument – Suan Chatuchak (Weekend Market)

Nr.8: Taling Chan – Southern Bus Terminal (non-ac) – Ratchdamnoen Rd. – Victory Monument – Suan Chatuchak (Weekend Market)

Nr.9: Taksin Rd. – Krung Thep Brücke – Silom Rd. – Victory Monument – Ratchadaphisek Rd.

Nr.16: Suan Chatuchak (Weekend Market) – Phayathai Rd. – Siam Square – River City

Nr.19: Pahurat – Charoen Krung Rd. – Hauptbahnhof – Eastern Bus Terminal

Es ist geplant, demnächst alle Buslinien neu zu numerieren und umzustellen. (+ Busse verkehren rund um die Uhr; ◊ wegen der vielen Umwege nicht zu empfehlen, zudem fahren einige nur bis Victory Monument.)

TAXEN – Durch Bangkok fahren viele Taxen auf der Suche nach Fahrgästen. Sie sind mit Taxameter ausgestattet. Das bedeutet noch lange nicht, daß man auch jederzeit ein Taxi findet, das bereit ist, mit eingeschalteter Uhr zu fahren. Vor allem in Vergnügungsvierteln und vor großen Hotels verlangen häufig Taxifahrer für eine Tour 150 Baht und mehr. Trotzdem sollte man darauf bestehen, daß das Taxameter eingeschaltet wird oder ein anderes Taxi nehmen.
Die Einschaltgebühr beträgt 35 Baht einschließlich der ersten beiden Kilometer, jeder folgende Kilometer kostet 4,5–5,5 Baht, zudem werden bei Stau (Geschwindigkeit unter 6 km/h) 1,25 Baht pro Minute fällig. Am besten während der *rush hour* gar nicht erst losfahren. Die Gebühren für die Benutzung der Expressways, pro Strecke 20 oder 30 Baht, sind von den Passagieren extra zu bezahlen. Wenn ein Fahrer das Fahrziel nicht versteht, hilft eine Straßenkarte mit thailändischer Beschriftung, eine Postkarte von der Sehenswürdigkeit, die Visitenkarte des Hotels, oder man läßt sich vorher das Ziel in Thai aufschreiben.
Radio Taxis können rund um die Uhr unter ✆ 3199911 für zusätzliche 20 Baht telefonisch bestellt werden. Beschwerden über Taxen unter Angabe des Datums, der Uhrzeit und der Registrierungsnummer unter ✆ 5351610.

TUK TUKS – Die offenen Motorroller mit Sitzbank sind nicht günstiger als Taxis und im dichten Verkehr ein Gesundheitsrisiko. Zudem sind viele Fahrer nicht mehr bereit, zu einem fairen Preis Touristen zu befördern oder versuchen, mit falschen Behauptungen ihre Passagiere zu „Einkaufstouren" zu überreden, um eine entsprechende Provision zu

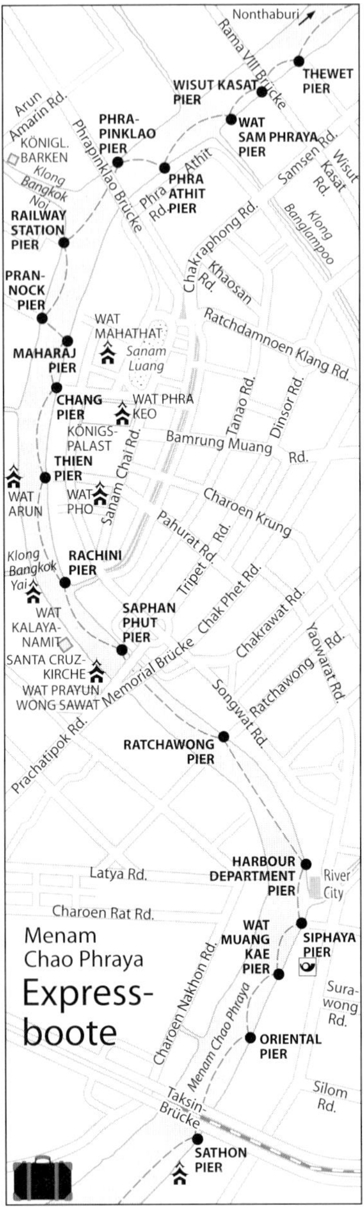

kassieren. Sprechen die Fahrer kein Englisch, sollte man sich vergewissern, daß sie das Fahrtziel richtig verstanden haben.

PERSONENFÄHREN – Mit den relativ hohen Booten mit Dach kann man von zahlreichen Piers aus den Menam Chao Phraya überqueren. Die meisten Passagiere stehen. Die Anlegestellen stimmen nicht mit den Piers der Expressboote (s.u.) überein. Fahrpreis 1 Baht.

EXPRESSBOOTE – Die langen Boote mit vielen Sitzplätzen verkehren auf dem Menam Chao Phraya zwischen Nonthaburi (Norden) und Krung Thep-Brücke (Süden) von 7–8 Uhr alle 10 Min., von 6–7, 8–9 und 15–19 Uhr alle 15 Min. sowie zwischen 9 und 15 Uhr alle 30 Min.

Fahrpreis, je nach Entfernung, 4, 6 oder 8 Baht. Auf der 18 km langen Strecke gibt es 35 Piers, die aber nicht alle angefahren werden. Während der *rush hour* von 7–9 und 16–18 Uhr halten Boote mit grünen Flaggen nur an den Hauptpiers. Das Ticket unbedingt aufheben, da es an manchen Piers bei der Ankunft kontrolliert wird, ansonsten muß nachgezahlt werden. 10 Baht Landegebühr, die z.T. von Charterbooten zu zahlen sind, werden manchmal unberechtigterweise auch von Touristen verlangt, die mit dem Expressboot ankommen.

Die wichtigsten Piers von Norden nach Süden (B = Bangkok-Seite, T = Thonburi-Seite):

(B) **Nonthaburi**, Endstation: non-ac-Bus 30–33 und 64 ab Sanam Luang
(B) **Pibul Songkhram 2**
(T) **Wat Khian**
(B) **Wat Khema**
(B) **Pibul Songkhram 1**, Rama VI-Brücke
(B) **Bang Pho**, neben Thai Ammarit Brauerei
(B) **Kiak Kai**, Khieo Khaika Rd., non-ac-Bus 30–33, 64 ab Samsen Rd.
(B) **Payab**, Mündung des Klong Samsen, Endstation non-ac-Bus 9 ab Sanam Luang, non-ac-Bus 14 ab Lumpini Park

(T) **Wat Thepakon**, Krung Thon-Brücke
(B) **Thewet**, Krung Kasem Rd., non-ac-Bus 3, 9, 30–33, 64 ab Samsen Rd.
(B) **Wisut Kasat**, Wisut Kasat Rd., Endstation non-ac-Bus 6
(B) **Wat Sam Phraya**, Soi Samsen 3
(B) **Phra Athit**, Gästehäuser Khaosan Rd.
(T) **Phrapinklao**, Phrapinklao-Brücke
(T) **Railway Station**, Klong Bangkok Noi, non-ac-Bus 149 ab Sathon Tai Rd.
(T) **Prannock**, Prannock Rd.
(B) **Maharaj**, Wat Mahathat, Thammasat Universität
(B) **Chang**, hinter Wat Phra Keo, Klongboote nach Bang Kruay und Bang Yai (s.u.)
(B) **Thien**, hinter Wat Pho, Fähren zum Wat Arun
(B) **Rachini**, am Ende der Rachini Rd. Klongboote nach Klong Bang Waek
(B) **Saphan Phut**, Klongboote zum Klong Bang Waek über Klong Bangkok Yai Memorial-Brücke
(B) **Ratchawong**, Ratchawong Rd., Chinatown
(B) **Harbour Department**
(B) **Siphaya**, am River City Shopping Center
(B) **Wat Muang Kae**, hinter dem GPO
(B) **Oriental**, am gleichnamigen Hotel Taksin-Brücke
(B) **Sathon**, am Ende der Sathon Tai Rd.
(T) **Wat Sawetchat**, non-ac-Bus 6, 86 ab Sanam Luang
(B) **Wat Chalem Witthaya**, nahe Menam Hotel.
(B) **Wat Ratchsingkorn**, fast am Ende der Charoen Krung Rd., non-ac-Bus 1 ab Wat Pho, non-ac-Bus 15 ab Siam Square, non-ac-Bus 22 ab Lumpini Park und non-ac-Bus 75 ab Hauptbahnhof.

LINIENBOOTE AUF DEN KLONGS – *Rua hang yao* – schmale Boote mit Sitzplätzen für etwa 15 Personen, die von einem Außenborder an einer langen Stange angetrieben werden, verkehren regelmäßig im Linienverkehr auf den Klongs von Bangkok und Thonburi. Sie werden vor allem von Pendlern genutzt, um in die Vororte zu gelangen. Bei Ausflugsfahrten lohnt es sich, erst nach 9 Uhr loszufahren, wenn die *rush hour* vorüber ist. Vor Spritzwasser schützt eine Plane oder ein Schirm.

In Thonburi: Die Boote fahren in Bangkok von separaten Anlegestellen neben den Expressboot-Stops meist dann ab, wenn sie voll sind. Touristen werden gern auf Charterboote verwiesen. Dann hilft es, die entsprechende Endstation in den Vororten zu nennen. Während der Fahrt setzen die Boote die Passagiere einzeln an privaten Bootsstegen ab, auf die diese zuvor gewiesen haben. Touristen, die nicht in das Haus eines Fremden eindringen möchten, steigen an den öffentlichen Piers der Tempel oder der Endstation aus. An den Endstationen können kleine Boote für die Weiterfahrt gechartert werden. Expressboote halten nicht überall, sondern erst nach einer gewissen Strecke – also keine Chance, mit ihnen zu den Royal Barges zu gelangen. Der Fahrpreis variiert je nach Boot, Tageszeit und Entfernung zwischen 8 und 20 Baht.

Ab Chang-Pier auf dem Klong Bangkok Noi und Klong Bangkok Yai nach Bang Kruay oder weiter ins ländliche Bang Yai – eine schöne Tour. Letztes Boot zurück um 20 Uhr.

Ab Thien-Pier auf dem Klong Mon entlang.

Ab Saphan Phut-Pier auf dem Klong Bang Waek entlang.

Von der Endstation der Expressboote in Nonthaburi auf dem Klong Om.

In Bangkok: Im Gegensatz zu den erholsamen Fahrten auf den Klongs von Thonburi ist man während einer Tour auf den Abwässerkanälen von Bangkok ständig besorgt, möglichst nicht mit dem Wasser in Berührung zu kommen oder gar zu kentern, was bei den hohen Wellen der entgegenkommenden Boote durchaus im Rahmen des Möglichen liegt. Die Fahrt auf den stinkenden Kanälen durch die Hinterhöfe der Stadt lohnt nicht als Sightseeing-Tour sondern nur, um während der *rush hour* schneller voranzukommen. Auf einigen Routen wird der Verkehr während der Regenzeit eingestellt, wenn das Wasser so hoch ist, daß die Boote die Brücken nicht passieren können. Zudem werden immer mehr Klongs mit Schnellstraßen oder der Hochbahn überbaut.

Vom **Phanfa-Pier** an der Ratchdamnoen Rd. am Golden Mount verkehren Boote auf dem **Klong Saen Saeb** in die östlichen Vororte und halten z.B. an der Phayathai Rd. nördlich vom Siam Square, der Ratchadamri Rd. am ehemaligen Pratunam-Markt, der Withayu Rd. und in der Sukhumvit Soi 3 und 23. Sie kosten je nach Entfernung 5–15 Baht.

Von der Anlegestelle am **Phra Sumen Fort** in Banglampoo fahren für 5 Baht Boote auf dem Klong Banglampoo, Klong Mahanak und Klong Krung Kasem zum **Hauptbahnhof** und halten unterwegs elfmal. Wenn sie nicht mit Motorschaden liegenbleiben, ist dies der schnellste Weg vom Traveller-Zentrum rings um die Khaosan Rd. zum Bahnhof.

CHARTERBOOTE – *Rua hang yao*, die großen Klongboote, in denen bequem 10 Personen Platz haben, können ab 400 Baht pro Stunde, bzw. mindestens 500 Baht pro Tour, an verschiedenen Piers gemietet werden, unter anderem am Phra Athit-Pier (viele Traveller und entsprechende Angebote), Maharaj-Pier (hinter dem Wat Mahathat), Chang-Pier (hinter dem National Museum, große Auswahl), Thien-Pier (hinter Wat Pho), Siphaya-Pier (am Royal Orchid Sheraton Hotel, teure Charterboote), Wat Muang Kae-Pier (hinter dem Hauptpostamt), Oriental-Pier (viele Touristen und Schlepper, Touren zur Schlangenfarm in Thonburi und zum Schwimmenden Touristenmarkt am Wat Sai) und Sathon-Pier (Taksin-Brücke). Allerdings versuchen auch Bootsfahrer, Touristen während der Tour zu Restaurantbesuchen und anderen Fahrtpausen zu überreden.

An der Endstation der Linienboote auf den Klongs können kleine Taxiboote für bis zu 5 Personen gechartert werden.

SKY-TRAIN – das erste öffentliche Schnellbahnprojekt der Stadt soll zur Jahrtausendwende 3 Millionen Passagiere am Tag transportieren und alle Verkehrsprobleme lösen. Zur Zeit werden die ersten Hochbahnstrecken fertiggestellt. Eine Linie führt von Rangsit, nördlich vom Airport, über Victory Monument, Siam Square, Ratchdamri Rd., obere Silom Rd. und untere Sathon Rd. nach Thonburi, eine weitere die Rama I, Ploenchit und Sukhumvit Rd. entlang. Informationen über Verzögerungen und eingestellte Baumaßnahmen aufgrund der Wirtschaftskrise sowie über die geplanten Fahrpreise lagen bei Redaktionsschluß noch nicht vor.

Touren

BUSTOUREN – In vielen Gästehäusern, Hotels und Reisebüros werden Tagesfahrten mit dem Bus angeboten, eine Tour geht nach Bang Pa In und Ayutthaya und eine andere zum Floating Market in Damnoen Saduak, nach Nakhon Pathom und Kanchanaburi. Bei diesen Touren erhält man nur einen flüchtigen Eindruck, denn die Fahrt selbst dauert recht lange, so daß vor Ort nur wenig Zeit zur Verfügung steht. Zudem hält der Fahrer auf dem Rückweg meist noch vor einem Juwelenladen oder einem anderen riesigen Geschäft, um mit der Provision sein Gehalt aufzubessern.

BOOTSTOUREN – ***Chao Phraya Express Boat Service***, 22 Soi Maharat, Maharat Rd., ✆ 2225330/9, fährt jeden So um 8 Uhr ab Chang-Pier (8.05 Uhr ab Phra Athit-Pier) auf dem Menam Chao Phraya nach Bang Pa In, zum Royal Folk Arts & Crafts Center in Bang Sai und zum Wat Phailom für 190 Baht (unteres Deck) bzw. 250 Baht (oberes Deck), Rückkehr gegen 18 Uhr.

The Mit Chao Phraya Express Boat Co., ✆ 2256179, 221297, fährt die gleiche Tour und am So ab 7 Uhr eine weitere Tour über Wat Phai Lom nach Wat Pai Rong Wua in der Provinz Suphanburi für 140 Baht, Rückkehr gegen 18.30 Uhr. Daneben veranstaltet sie

Fahrten auf verschiedenen Klongs für 150 Baht pro Person.
Um 8 Uhr fahren folgende Luxusschiffe zu einer Tagestour nach Ayutthaya und Bang Pa In ab. Im relativ hohen Preis von mindestens 1400 Baht ist ein kaltes Büfett auf dem Schiff enthalten. Wer direkt beim Veranstalter bucht, spart die hohe Provision des Reisebüros.
River Sun Cruise, ✆ 2669125-6, ab River City Shopping Complex.
Ayutthaya Princess, ✆ 2360400-9, tgl. um 8 Uhr ab Royal Orchid Sheraton Hotel.
The Oriental Queen, ✆ 2360400-9, ab Oriental Hotel.
New Horizon Cruise, ✆ 2668164, ab River City Pier.
Sun Moon Shines und ***East West Siam*** veranstalten mit umgebauten, luxuriös eingerichteten Reisbarken anderthalbtägige Kreuzfahrten auf dem Menam Chao Phraya nach Ayutthaya.
Weitere Möglichkeiten für Flußtouren bieten Restaurant- und großen Ausflugsboote, die meist auf dem Menam Chao Phraya flußaufwärts fahren.

TOUREN MIT DER EISENBAHN – auch die ***State Railway of Thailand*** bietet Touren mit der Bahn an. Buchungen im ***Advance Booking Office*** im Hauptbahnhof Hua Lamphong, ✆ 2233762, 2247788, ✆ 2256068, 2263656, geöffnet Mo–Fr 8.30–16 Uhr, Sa, So bis 12 Uhr. Tagesfahrten von 6.30–19.35 Uhr werden für 300–360 Baht Richtung Kanchanaburi zum Sai Yok Noi und Erawan Wasserfall angeboten sowie nach Hua Hin und Cha-am Beach. Wochenendtouren mit Übernachtung im *Hua Hin Highland Resort* oder *River Kwae Jungle House* sowie Rafting Touren sind für ca. 800 Baht zu haben. Exakte Daten checken!

Transport – Anreise

BUSSE UND EISENBAHN – nähere Informationen am jeweiligen Abfahrtsort sowie im Kapitel Weiterreise.

FLÜGE – Der Bangkok International Airport liegt 22 km (via Expressway) nördlich der City, ✆ 5351111 (Information ✆ 5351254). Der Domestic Terminal liegt 500 m stadteinwärts von den beiden Internationalen Terminals 1 und 2, ✆ 5351253. Ein kostenloser Bus pendelt alle 15 Min. zwischen beiden Abfertigungshallen.
An beiden Internationalen Terminals können am *Baggage Claim* kostenlos Ortsgespräche geführt werden (bei der Ankunft gut zum Reservieren von Zimmern).
In allen Flughafengebäuden gibt es Wechselstuben – z.B. die ***Thai Military Bank*** und ***Krung Thai Bank*** (geöffnet tgl. 6.30–24 Uhr), ein Postamt (in den Abflughallen, 24 Stunden geöffnet, in der Ankunftshalle von 9–17 Uhr, hier können am Kartentelefon oder über die Vermittlung internationale Ferngespräche geführt werden), die Gepäckaufbewahrung, ✆ 5351250 (geöffnet rund um die Uhr, pro Gepäckstück und 24 Std. 40 Baht, max. 6 Monate), die Zimmervermittlung (Ankunftshalle, nur wenige preiswertere Hotels), ein privates Tourist Office (Internationale Ankunftshalle, nur Broschüren), und den Airport Transport Service. Schon vor der Immigration gibt es Telefone, die mit Kreditkarten bedient werden (z.B. Visa, Amex), aber teuer sind. Vorsicht ist vor Schleppern geboten, die Neulingen überteuerte Touren und Transportmittel in die Stadt, nach Chiang Mai und in andere Orte aufschwatzen wollen.
Transport nach Bangkok: Über den neuen **Sky-Train** lagen bei Redaktionsschluß noch keine Angaben vor. Am internationalen Airport vermittelt der *Airport Transport Service* am Ausgang vor dem Terminal 1 Transportmöglichkeiten mit dem Airport Taxi oder der Limousine: Ein Wagen des **Airport Taxi Service** kostet in die City 600 Baht. Billiger sind **Taxis**, die an einem Schalter vor der Ankunftshalle geordert werden können, und für Fahrt in die Stadt etwa 400 Baht plus 30–50 Baht für den Expressway kosten.
Ein **Airport Bus**-Service fährt für 70 Baht alle 15 Min. in die Stadt: Bus A1 über die Ratchadamri Rd. zur Silom Rd., A2 zum Sanam Lu-

ang (Royal Hotel) und A3 ab Soi 7 die Sukhumvit Rd. hinauf zum Eastern Bus Terminal. **Stadtbusse** sind die billigste und langsamste Möglichkeit, nehmen aber niemanden mit Reisegepäck mit. Vor allem von 6.30–10 und 15.30–20 Uhr sind sie nicht zu empfehlen. Von der Bushaltestelle an der vierspurigen Hauptstraße (ca. 400 m links vom Hauptausgang der Internationalen Ankunftshalle) fahren sie für 5 Baht (non-ac) bzw. 16 Baht (ac) in 1 1/2–2 1/2 Std. in die Innenstadt (s.S. 182). Am späten Abend fahren statt der Busse Minibusse auf den gleichen Routen. Sicherheitshalber sollte man sich beim Kassierer über das Fahrtziel informieren.

Die **Eisenbahn** fährt für 5–15 Baht vom Don Muang-Bahnhof gegenüber vom Internationalen Airport (ca. 50 m über die Überführung Richtung Amari Airport Hotel laufen) ohne im Verkehrschaos steckenzubleiben nach Bang Sue und Samsen oder zum Hauptbahnhof – und das in ca. 45 Min. Tickets gibt es gegen 10 Baht Aufschlag im Zug. Zahlreiche unregelmäßige Verbindungen von 2–6, 13–15 und 16.30–19 Uhr, zwischen 6 und 7.30 Uhr alle 10 Min., ansonsten seltener, nach 19 Uhr nur wenige Züge. Für Rapid und Express Trains zahlt man 40 bzw. 60 Baht Zuschlag, daher in den richtigen Zug und die günstigste Klasse einsteigen.

In andere Städte: Nach **Pattaya** fahren Busse von Thai Airways für 200 Baht um 9, 12 und 19 Uhr, weitere private Companies für 130–300 Baht, eine Limousine 1500 Baht. Nach **Ayutthaya** ist es nicht viel weiter als nach Bangkok. Dorthin mit der Eisenbahn in ca. 1 Std. für 15 Baht häufiger zwischen 7 und 9, gegen 16 sowie zwischen 18 und 0 Uhr.

Nach Süden zu den Stränden: Wer morgens ankommt, kann spätestens unm 8.51 Uhr den Zug Nr. 6 bis Bang Sue nehmen (24 min Fahrt, Ticket evtl. im Zug) und dort um 9.40 Uhr in den lokalen Zug Nr. 233 nach Hua Hin umsteigen (Ankunft 13.45 Uhr, 44 Baht). Weiter in den Süden fahren 10 Nachtzüge zwischen 17.26 und 1.36 Uhr ab (Gepäck wird am Bahnhof in Hua Hin aufbewahrt). Wer später ankommt, muß bis zum Hauptbahnhof fahren und kann erst am Nachmittag weiterfahren.

Transport – Weiterreise

BUSSE – Bangkok hat vier Busbahnhöfe, von denen die meisten Busse (außer einigen ac-Bussen und Minibussen) abfahren.

Richtung Ostküste: Ekamai, Eastern Bus Terminal, Sukhumvit Rd., gegenüber Soi Ekamai, ✆ 3912504, 3918097 für non-ac-Busse und ✆ 3918097 für ac-Busse. Gepäckaufbewahrung: 35 Baht pro Gepäckstück, geöffnet So–Fr 8–20 Uhr, Sa bis 18 Uhr. Zahlreiche Stadtbusse fahren hierher, s.S. 182.

Non-ac (in Klammern ac-Busse) nach:

BAN PHE, 196 km, Fährhafen für Ko Samet, etwa alle 1–2 Stunden bis 17.15 Uhr für 50 Baht in gut 4 Std. (etwa stündlich bis 20.30 Uhr für 90 Baht).

CHANTABURI, 239 km, 6x tgl. für 60 Baht in 4 Std. (alle 30 Min. bis Mitternacht für 108 Baht).

TRAT, 317 km, u.a. um 8, 9, 10.30, 12.30 und 14.30 Uhr für 78 / 94 Baht in 6 Std. (stündlich von 7–23.30 Uhr für 140 Baht).

PATTAYA, 136 km, alle 20 Min. für 37 Baht in 3 Std. (alle 30 Min. bis 22.30 Uhr für 77 Baht. Weitere ac-Busse ab Northeastern Bus Terminal und den großen Hotels).

Richtung Norden und Nordosten: Busse in den Norden und Nordosten fahren seit 1997 ab dem neuen Northern Bus Terminal in der Kamphaengphet 2 Rd., westlich des alten Terminals und der Straße zum Airport. Infos über Busse ✆ 9360657. Bisher nur sehr schlechte Verbindungen mit Stadtbussen s.S. 182. Besser bis Suan Chatuchak (Weekend Market) fahren und sich von dort ein Taxi oder Motorradtaxi nehmen.

Non-ac-Busse (in Klammern ac-Busse) nach:

AYUTTHAYA, 76 km, laufend bis 19 Uhr für 20 Baht in 2 1/2 Std., etwa stündlich über BANG SAI für 27 Baht (alle 30 Min. bis 18 Uhr für 38 Baht).

PATTAYA, 141 km (stündlich bis 19 Uhr für 77 Baht, 3 Std., günstig für den Transit aus dem Norden zur Ostküste), weitere Busse ab Eastern Bus Terminal.

Richtung Süden und Westen: Southern Bus Terminal südlich vom Hwy 338, an der Auffahrt der Borom Ratcha Chonni Rd., der verlängerten Phrapinklao Rd., Infos über non-ac-Busse ✆ 4345557-8, ac- und V.I.P.-Busse ✆ 4351199 oder 4351200.

Anreise mit dem Stadtbus s.S. 182.

Non-ac-Busse (in Klammern ac-Busse) nach:

CHUMPHON, 468 km, 4x von 3.30–6.50 Uhr für 112 Baht (um 14, 21, 21.40 und 22 Uhr für 202 Baht in 7 Std.).

DAMNOEN SADUAK, 97 km, alle 20 Min. von 6.20–19 Uhr für 30 Baht (von 6–20.10 Uhr alle 30 Min. für 49 Baht in 2–3 Std.).

HAT YAI, 954 km, um 5.30 und 21.45 Uhr für 238 / 224 Baht (um 7 und zwischen 16 und 20.20 Uhr für 428 Baht, V.I.P.-24 um 17.30 und 18 Uhr für 625 Baht in 14–15 Std.).

HUA HIN, 201 km, alle 25 Min. für 59 Baht (alle 20 Min. bis 22 Uhr für 92 Baht in 3 1/2 Std.). Von der Khaosan Rd. fahren ac-Minibusse um 12 Uhr für 180 Baht.

KANCHANABURI, 129 km, alle 15 Min. bis 20 Uhr für 35 Baht (alle 15 Min. bis 22 Uhr für 62 Baht in 2 1/2 Std.).

KO SAMUI, 779 km, über Surat Thani oder direkt um 20.45 Uhr für 177 Baht inkl. Fähre (um 20 Uhr für 327 Baht).

KRABI, 867 km, um 7.30, 18, 19.30 und 21.30 Uhr für 193 / 204 Baht (um 19 und 20 Uhr für 368 Baht, V.I.P.-24 um 18 und 18.30 Uhr für 540 Baht in 14 Std.; von dem Bus aus der Khaosan Rd. ist abzuraten).

NAKHON PATHOM, 46 km, alle 10 Min. für 15 Baht (alle 20 Min. für 28 Baht in 1 1/2 Std.)

NAKHON SI THAMMARAT, 805 km, 5x tgl. für 190 Baht (um 9 und alle 30 Min. von 18–20.30 Uhr für 342 Baht, V.I.P.-24 um 19 Uhr für 530 Baht in 12 Std.)

Von vielen Reisebüros, vor allem in der Khaosan Rd., werden billige Touristenbusse zu den wichtigsten touristischen Reisezielen organisiert. Preise variieren je nach Saison.

Preisbeispiele: Ko Samui 230 Baht, Krabi und Phuket 260 Baht, Ko Tao 550 Baht, Butterworth (Penang) 520 Baht.

Vor Buchung sollte man sich über die Art des Busses, Reisedauer, im Preis inbegriffene Mahlzeiten informieren und die Preise vergleichen. Es scheint, daß vielfach unerfahrene Busfahrer eingesetzt werden. Besondere Vorsicht ist bei Fahrten nach Chiang Mai für 50–150 Baht mit illegalen klimatisierten Bussen einschließlich einer Übernachtung geboten.

Die Busse, z.T. Minibusse, sind nicht immer bequem und meistens länger unterwegs als angegeben.

In Chiang Mai halten sie außerhalb der Stadt, und die Traveller werden in die Pickups der zugehörigen Gästehäuser verteilt. Gleich nach der Ankunft versucht man, den übermüdeten Fahrgästen eine Trekking-Tour aufzudrängen.

Da die Guesthouse-Besitzer und Travel Agents potentielle Kunden frei Haus geliefert bekommen, übernehmen sie gern einen Teil der Fahrtkosten. Auch ein hoher Preis ist keine Garantie, einen legalen Bus zu besteigen. In einigen Bussen wurde zudem von zugestiegenen „Freunden" des Fahrers Gepäck durchsucht und Wertgegenstände gestohlen.

Folgendes gilt z.B. für Surat Thani. Die Busse haben immer „Verspätung", damit die Traveller das erste Boot verpassen und im Coffee Shop des Veranstalters erst mal kräftig frühstücken.

Die Touristenpolizei von Bangkok warnt:

1. Nie Wertsachen unbeaufsichtigt lassen.
2. Das Personal darf nur zu zweit sein.
3. Bus-Nummer notieren, vom Ticket eine Fotokopie behalten.
4. Beim Schlafen die Wertsachen sicher verwahren (ein Bauchgurt ist nicht sicher!).
5. Kein Essen oder Getränk von Un--bekannten annehmen.
6. Im Falle eines Diebstahls die Touristenpolizei unter ✆ 1699 benachrichtigen.

PENANG, V.I.P.-Tickets von *Thai Transport* für 900 Baht in 21 Std., Abfahrt gegen 16 Uhr. In Hat Yai steigt man in einen Minibus um. Besser ist jedoch der Zug.
PHANG NGA, 815 km, um 7 und 16 Uhr für 192 Baht (um 18.30 und 19.30 Uhr für 333 / 346 Baht in 13 Std., V.I.P.-24 um 18.30 Uhr für 515 Baht).
PHETCHABURI, 135 km, alle 25 Min. für 43 bzw. 36 Baht (bis 20.15 Uhr alle 45 Min. für 65 Baht).
PHUKET, 891 km, 10x v.a. nachmittags und abends für 210 Baht (um 18.30 und 18.50 Uhr für 368 / 378 Baht, V.I.P.-24 um 17.30 und 18 Uhr für 570 Baht in 14–15 Std.; weitere ac-Busse von privaten Companies, z.B.:
Phuket Travel, ✆ 4355018,
Phuket Central, ✆ 4355019).
RANONG, 583 km, 7x v.a. nachmittags und abends für 139 Baht (um 9, 20.20 und 21 Uhr für 250 Baht in 7 Std., V.I.P.-24 um 20 Uhr für 385 Baht).
RATCHABURI, 96 km, alle 10 Min. für 35 Baht (alle 45 Min. für 54 Baht in 1 1/2 Std.).
SURAT THANI, 668 km, um 9.20 und 23 Uhr für 158 Baht (um 8.15 und zwischen 20 und 20.30 Uhr für 346 Baht; V.I.P.-24 um 20 Uhr für 440 Baht in 10 Std. Die Busse ab Khaosan Rd. sind wegen Diebstahlgefahr nicht zu empfehlen. In einigen Hotels werden überteuerte V.I.P.-Bustickets verkauft, die den Mehrpreis nicht lohnen.)
TAKUA PA, 757 km, ac um 18.50 und 19.30 Uhr für 322 Baht in 12 Std. (umsteigen nach Khao Lak).
TRANG, 862 km, um 8.10, 16.30 und 17 Uhr für 203 Baht (zwischen 19 und 20 Uhr für 375 Baht, V.I.P.-24 um 19 und 19.30 Uhr für 565 Baht in 13 Std.).

EISENBAHN – Von HUA LAMPHONG, dem Hauptbahnhof, fahren Züge Richtung Norden, Nordosten, Osten, Süden und Nordwesten. Einige Züge Richtung Kanchanaburi / River Kwae fahren vom Bahnhof in THONBURI ab.
Tickets erhält man bis zu 90 Tagen vor der Abreise im ***Advance Booking Office*** im Hauptbahnhof Hua Lamphong, ✆ 2233762, 2247788, ✆ 2256068, 2263656, geöffnet Mo–Fr 8.30–16 Uhr, oder in jedem Bahnhof mit Computer-Reservierungssystem. Allerdings werden für zurückgegebene, nicht benutzte Tickets nur 50% des Fahrpreises zurückerstattet. Vorsicht: Uniformierte Schlepper versuchen, Touristen mit der Begründung, der Zug sei ausgebucht, in ihr Reisebüro und zum Kauf eines Bustickets zu überreden.
Reservierungen aus dem Ausland per Brief mit Bankscheck sind rechtzeitig im voraus möglich. Das gilt vor allem für den Zug nach Butterworth, Sitzplätze werden nur bis zur Grenze reserviert.
Adresse: ***Passenger Division***, Bangkok Railway Station, Bangkok 10330, Thailand. Informationsbüro im Bahnhof, ✆ 2237010, 2237020. Hier erhält man den neuesten Fahrplan, falls vorhanden.
Weiterhin gibt es im Bahnhof eine Gepäckaufbewahrung, geöffnet tgl. 4–22.30 Uhr, pro Gepäckstück und Tag 35 Baht, und ein Postamt mit der Möglichkeit, internationale Ferngespräche zu führen.
Airland, 866 Ploenchit Rd. und ***TTS***, im dem Viengtai Hotel, geöffnet Mo–Fr 8.30–17 Uhr, verkaufen Eisenbahntickets zu Originalpreisen.
Informationen über die verwendeten Abkürzungen, die Ausstattung, Zuschläge und Art der Züge s.u. Außer den gelisteten Zügen fahren mehrere langsame Personenzüge (ORD.), die auch in allen kleineren Bahnhöfen halten, und die auf englischsprachigen Fahrplänen nur zu einem geringen Teil aufgelistet werden.
Richtung Norden: Fahrzeit und Fahrpreis ohne Zuschläge in der 2. / 3. Klasse:
INTERNATIONALER AIRPORT, etwa 45 Min., 11 / 5 Baht.
BANG PA IN 28 / 12 Baht.
AYUTTHAYA, etwa 1 1/2 Std., – / 35 / 15 Baht. Zwischen 6 und 23.25 Uhr fahren über 30 Züge nach Norden und Nordosten, die mit Ausnahme des EXP. DRC. und SPC. DRC. am Airport und in Ayutthaya halten. Nach Bang Pa

In nur mit Personenzügen (ORD.).
Richtung Osten: Fahrzeit und Fahrpreis nur 3. Klasse:
PATTAYA ca 3 Std., 31 Baht.
CHACHOENGSAO ca. 1 1/2 Std., 13 Baht.
PRACHINBURI 2 1/2–3 Std., 26 Baht.
KABINBURI 3 1/2–5 Std., 33 Baht.
ARANYAPRATHET ca. 5 1/2 Std., 48 Baht.
Abfahrtszeiten der Züge (nur DRC.) nach:
Pattaya um 7 Uhr.
Prachinburi um 9.40 und 17.25 Uhr.
Kabinburi um 8.05, 11.20 und 15.05 Uhr.
Aranyaprathet um 6 und 13.10 Uhr.
Richtung Westen: Fahrzeit und Fahrpreis nur 3. Klasse:
NAKHON PATHOM ca. 1 Std., 14 Baht.
KANCHANABURI 2 1/2 Std., 28 Baht.
NAM TOK 4 1/2 Std., 41 Baht.
Abfahrtszeiten der Züge nach:
Nam Tok (River Kwae) über Nakhon Pathom und Kanchanaburi um 7.45 und 13.45 Uhr vom Bahnhof in Thonburi.
Da alle Züge Richtung Süden auch in Nakhon Pathom halten, kann man dort umsteigen, ohne nach Bangkok fahren zu müssen.
Richtung Süden: Fahrzeit und Fahrpreis ohne Zuschläge in der 1. / 2. / 3. Klasse:
PHETCHABURI (kein EXP. und EXP. DRC.) 3 Std., – / 78 / 34 Baht.
HUA HIN 3–4 Std., 202 / 102 / 44 Baht.
PRACHUAP KHIRI KHAN (kein EXP. SP. und EXP.) 4 1/2–5 1/2 Std., 272 / 135 / 58 Baht.
CHUMPHON 7–8 Std., 394 / 190 / 82 Baht.
SURAT THANI 9–11 Std., 519 / 248 / 127 Baht.
NAKHON SI THAMMARAT (z.T. keine EXP.) 15 Std., 652 / 308 / 133 Baht.
TRANG (z.T. keine EXP.) 15 Std., 660 / 311 / 135 Baht.
KANTANG (keine EXP.) 16 Std., 678 / 320 / 138 Baht.
HAT YAI 16 Std., 734 / 345 / 149 Baht.
YALA 18 Std., 815 / 382 / 165 Baht.
SUNGAI GOLOK 20 Std., 893 / 417 / 180 Baht.
PADANG BESAR 17 Std., 767 / 360 / 156 Baht.
Von Thung Song führt eine Stichlinie über Trang nach Kantang, südwestlich von Trang. Eine weitere Stichlinie zweigt in Hat Yai ab und führt über Yala zur malaysischen Grenze (Sungai Golok).
Die Hauptlinie verläuft von Hat Yai über Padang Besar (Grenzort) nach Butterworth.
Die Abfahrtszeiten der Züge bis nach:
Butterworth (= Penang in Malaysia) um 15.15 Uhr (EXP. SP. = internationaler Express).
Sungai Golok (malaysische Grenze) um 13.15 (RAP.), 14.35 Uhr (EXP.).
Yala um 15.50 Uhr (RAP.) und 22.30 Uhr (EXP. DRC., der schnellste Zug in den Süden).
Kantang um 18.20 Uhr (RAP.).
Trang um 17.05 Uhr (EXP.).
Nakhon Si Thammarat um 17.35 (RAP.) und 19.15 Uhr (EXP.).
Surat Thani um 22.30 Uhr (EXP. DRC.).
Zudem fahren weitere Personenzüge (ORD.) und Diesel Railcars (DRC.).
Nach Ko Samui, Ko Pha Ngan und Ko Tao werden kombinierte „Zug-Bus-Expressboot-Tickets" für die Züge um 17.35, 18.20 und 19.15 Uhr angeboten. Ankunft in Surat Thani um 4.39, 5.25 bzw. 5.55 Uhr, Bustransfer zum Hafen und Überfahrt mit einem Expressboot ab 8 Uhr nach KO SAMUI. Fahrpreis inklusive Transfer und Fähre in der 2. Klasse im oberen / unteren Bett ac 688 / 758 Baht, non-ac 538 / 588 Baht, ohne Bett 438 Baht, 3. Klasse 297 Baht. Nach Ko Pha Ngan ist dieses Ticket 30 Baht teurer. Bei der Ankunft in Surat Thani warten am Bahnhof Anschlußbusse nach Krabi.
Mit den beiden Zügen in der 2. Klasse ac um 19.15 und 22.30 Uhr geht es über Chumphon, dort Bustransfer zum Paknam Pier, wo ein Expressboot über KO TAO (oben 900 Baht, unten 970 Baht) nach KO PHA NGAN (oben 1150 Baht, unten 1220 Baht) und KO SAMUI (oben 1305 Baht, unten 1375 Baht) fährt.

FLÜGE – Transport zum Airport: Ein **Taxi** aus der Innenstadt kostet etwa 250 Baht. Es empfiehlt sich, auch außerhalb der *rush hour* etwa 1 1/2 Std. für die Anfahrt einzukalkulieren. Über den Expressway (Passagiere zahlen die Gebühr von 20 bzw. + 30 Baht) kann man bereits nach 30 Min. am Airport sein.

Von der Khaosan Rd. fahren preiswerte **Minibusse** verschiedener Companies. Von diesen Bussen ist abzuraten, da sie manchmal nur um die Ecke fahren und dort mit „kaputtem Motor" liegenbleiben. Zu dieser Zeit ist natürlich niemand im Büro, um die Fahrtkosten zu erstatten. So nimmt man unter Zeitdruck ein Taxi und zahlt ein zweites Mal.
Züge fahren Richtung Norden oder Nordosten in 45 Min. zum Bahnhof Don Muang (leicht an den Beschriftungen der Gebäude rechts zu erkennen). Über die überdachte Fußgängerbrücke ist es ein Katzensprung zu den Abflughallen. Lokale Züge für 5–10 Baht fahren häufig von 4–5.30 Uhr, später etwa stündlich bis gegen 20 Uhr. Für Rapid und Express Trains wird ein Zuschlag von 30 bzw. 50 Baht fällig!
Wer längere Zeit am Flugplatz **warten** muß, kann die Zeit angenehm im Amarin Airport Hotel verbringen und dort noch einmal am Büfett Thai essen, den Friseur, die Sauna oder andere Hoteleinrichtungen zu nutzen.
Auch Tageszimmer**** für bis zu 6 Std.
Der Flughafen bietet Wartenden weitere Möglichkeiten zum Zeitvertreib, z.B. die Fast-Food-Restaurants (beide Terminals) und im internationalen Terminal das gemütlichere *The John Bull Pub* am Ende von Terminal 1 und das *Hofbräuhaus* am Ende des Terminal 2. Zudem werden tgl. von 8–21 Uhr im Selbstbedienungsrestaurant im 2. Stock des Parkhauses, das über den Fußgängerüberweg vom nationalen zum internationalen Airport zu erreichen ist, gegen Coupons Thai-Gerichte serviert. Nebenan ein kleiner Family-Supermarkt, der rund um die Uhr geöffnet ist, eine Apotheke und eine Reinigung.
Die bei Abflug an neuen Automaten zu entrichtende **Airport-Tax** beträgt bei internationalen Flügen 500 Baht, bei nationalen 50 Baht, Bangkok Airways 60 Baht. Es ist ratsam, rechtzeitig am Airport zu sein, da oft Chaos herrscht.
Inlandsflüge: Man kann schon mehrere Wochen im voraus Flüge reservieren lassen und später die Tickets in jedem Reisebüro kaufen. Am Stand-By-Schalter im Domestic Terminal des Airports werden freie Plätze auf den nächsten Maschinen verkauft.
Thai Airways fliegt folgende Ziele im Süden an:
HAT YAI 2280 Baht, NAKHON SI THAMMARAT 1770 Baht, PHUKET 2008 Baht, SURAT THANI 1785 Baht und TRANG 2005 Baht.
Die private Fluggesellschaft ***Bangkok Airways*** fliegt mit 37sitzigen DASH 8-100 und 56sitzigen DASH 8-300 nach RANONG einmal tgl. für 2280 Baht und nach KO SAMUI je nach Saison 6–18x tgl. für 3150 Baht. Rechtzeitige Buchung erforderlich, da die Maschinen häufig voll sind. Dann empfiehlt es sich, mit *Thai Airways* über Surat Thani zu fliegen und von dort die Fähre zur Insel zu nehmen.
Flüge in die Nachbarländer: Besucher mit einem gültigen, aber noch nicht abgelaufenen Visum erhalten am Schalter Re-Entry-Permit eine Wiedereinreisegenehmigung .
Tarife für Hin- und Rückflug in Billigreisebüros, wobei die Preise je nach Wechselkurs stark schwanken:
DENPASAR US$300–500, HONG KONG US$130–250, JAKARTA US$200–400, KATHMANDU US$210–600, KUALA LUMPUR US$130–270, MANILA US$150–260, PENANG US$120–220, SINGAPORE US$90–250.
Der niedrigste Preis ist das günstigste Angebot während der Baht-Schwäche Anfang 1998, der zweite Preis wurde zuvor verlangt. Anschlußflüge sind häufig in Europa günstiger als in Bangkok.
Die von Billig-Büros reservierten Plätze sollte man bei den Airlines selbst noch einmal checken, da manche Reisebüros in Bangkok Tickets für ausgebuchte Flüge mit Bestätigung (OK) verkaufen.
Vietnam: Thai Airways Inter, Air France und Hang Khong Vietnam fliegen von Bangkok nach HO CHI MINH CITY und HANOI.
Die Flüge sind häufig auf lange Zeit ausgebucht.
Visa für 4 Wochen werden von Reisebüros für 1250 Baht in 4 Tagen organisiert, zum doppelten Preis auch in 2 Tagen.

Direkt bei der Botschaft kosten sie US$60.
Myanmar (Burma): Es bestehen Verbindungen mit Thai Airways und Myanmar Airways International nach YANGON. Die Flüge von Bangkok Airways nach Pagan wurden eingestellt.
4-Wochen-Visa werden von Reisebüros innerhalb eines Tages für 400 Baht organisiert.
Kambodscha: Cambodia Airlines, Thai Airways Inter und Bangkok Airways fliegen mehrmals tgl. für 4500–7500 Baht nach PHNOM PENH in Kambodscha,
Bangkok Airways bietet sogar für 7250 Baht zwei Flüge tgl. nach SIEM REAP an, ihr Flugplan hat sich allerdings in der Vergangenheit häufig geändert.
30-Tage-Visa werden bei der Einreise am Flugplatz für US$20 ausgestellt oder können in Bangkok von Reisebüros gegen eine Gebühr von 700 Baht innerhalb eines Tages organisiert werden.
Laos: Lao Aviation fliegt von und nach VIENTIANE.
14-Tage-Visa werden von Reisebüros für 1400 Baht innerhalb von 4 Tagen organisiert, für den doppelten Preis auch innerhalb eines Tages.
China: Thai Airways fliegt abwechselnd mit China Southern Airlines tgl. direkt nach KUNMING, weitere Flüge mit Yunnan Airlines. Außerdem bestehen direkte Verbindungen nach Peking, Shanghai, Shenzhen, Guangzhou (Kanton) und Shantou.
Visa gibt es bei der Botschaft in 1–2 Tagen.
Flüge nach Europa: Die unten genannten Reisebüros bieten auch billige Flüge nach Europa an. Ein Preisvorteil gegenüber europäischen Reisebüros ergibt sich nur bei schwachem Baht.
Am billigsten sind Flüge mit Bangladesh Biman über Dacca nach Athen, Amsterdam, Rom, Paris oder London, etwas teurer sind osteuropäische Gesellschaften, wobei die Nachfolger von Aeroflot nicht zu empfehlen sind, während LOT und CSA einen guten Ruf haben.
Reisebüros werben in zahlreichen Touristenbroschüren um Kunden. Viele befinden sich in der Khaosan Rd. und in der Sukhumvit Rd. Soi 4. Unter den Reisebüros, v.a. in der Khaosan Rd., gibt es auch schwarze Schafe, die Anzahlungen kassieren, das Büro schließen und anschließend unter anderem Namen wieder eröffnen.
Deutsch spricht man bei
Kluding Travel, 53 Sukhumvit Rd. Soi 55, ✆ 3912924, 📠 3917905.
Sawadee Travel, Sukhumvit Rd. Soi 23, ✆ 2584366, 2591248, 📠 2584334.
Auf Studenten spezialisiert ist
STA Travel, Thai Hotel, 78 Prachathipathai Rd., 3 2815314-5. Filiale im 14. Stock des Wall Street Tower Buildings, 33 Surawong Rd., ✆ 2332582.
Spezialisten für Laos, Vietnam, Kambodscha und Myanmar sind:
Diethelm Travel, Kian Gwan Bldg. II, 140/1 Witthayu Rd., ✆ 255920515, 📠 2559216.
M.K. Ways *Co.*, 57/11 Witthayu Rd., ✆ 2544765, 📠 2545583.

Fluggesellschaften:
Aeroflot, Regent House, 183 Ratchadamri Rd., ✆ 2510617-8, 📠 2553138.
Air France (und UTA), Charn Issara Tower, 942/51 Rama IV Rd., ✆ 2339477, 📠 2369287.
Air India, 1 Pacific Place, 140 Sukhumvit Rd., ✆ 23505578, 📠 6310340.
Air Lanka, Charn Issara Tower, 942/34-35 Rama IV Rd., ✆ 2369292-3, 📠 2367617.
Bangkok Airways, 60 Queen Sirikit National Convention Center, New Ratchadaphisek Rd., ✆ 2293456-63, 📠 2293454. Filiale in 1111 Ploenchit Rd., ✆ 2542903, 📠 2558969.
Bangladesh Biman, 56 Surawong Rd., ✆ 2357643-4, 📠 2369973.
British Airways, Charn Issara Tower, 942/81 Rama IV Rd., ✆ 2360038, 📠 2366734.
Cathay Pacific, Ploenchit Tower, 898 Ploenchit Rd., ✆ 2630606, 📠 2630645.
China Southern Airlines, Silom Plaza, 491 / 35-37 Silom Rd., ✆ 2665688, 📠 2365279.
China Airlines, Peninsula Plaza, 153 Ratchadamri Rd., ✆ 2534242-3, 📠 2534565.
Czech Airlines, 2922/215 New Phetchburi Rd., ✆ 3082106.

Egypt Air, CP Tower, 313 Silom Rd., ✆ 2310505-8, ✆ 2310503.
Emirates, Bangkok Bank Building, 54 Soi Asoke, Sukhumvit Rd., ✆ 2607400-4, ✆ 2607408.
EVA Airways, Green Tower, 3656 Rama IV Rd., ✆ 2400890, ✆ 3673398.
Garuda, Lumpini Tower, 1168 Rama IV Rd., ✆ 2856470-3, ✆ 2856474.
Gulf Air, Maneeya Center, 518/5 Ploenchit Rd., ✆ 2547935-8, ✆ 2525256.
Japan Airlines, 254/1 Ratchadaphisek Rd., ✆ 274141125, ✆ 2741458.
KLM, Thai Wah Tower, 133 Sathon Tai Rd., ✆ 679110011, ✆ 6791415.
Korean Air, Kongboonma Bldg., 699 Silom Rd., ✆ 26709856, ✆ 2670994.
Kuwait Airways, 9th Floor, Kongboonma Bldg., 699 Silom Rd., ✆ 6412864-7, ✆ 6412869.
Lao Aviation, 491/29-30 Silom Plaza, Silom Rd., ✆ 2369822-3, ✆ 2369821, am Airport, ✆ 53537867.
Lauda Air, Wall Street Tower, 14th Floor, 90 Surawong Rd., ✆ 26708739, ✆ 267.
LOT, 485/11-12 Silom Rd., ✆ 2352223-7.
LTU, 11th Floor, Bangkok Gem and Jewelry Towers, Surawong Rd., ✆ 26712357, ✆ 2671190.
Lufthansa, Q-House Asoke Bldg., 66 Sukhumvit Rd. Soi 21, ✆ 2642400, ✆ 2642399.
Malaysia Airlines, Ploenchit Tower, 898 Ploenchit Rd., ✆ 2630565-71, ✆ 2630576.
Myanmar Airways, 23. Floor, Jewelry Trade Center, Silom Rd., ✆ 63003348, ✆ 6300339.
Pakistan International, 52 Surawong Rd., ✆ 23352156, ✆ 2342357.
Philippine Airlines, Chongkolnee Bldg., 56 Surawong Rd., ✆ 23323502, ✆ 2348455.
Quantas Airways, Charn Issara Tower, 942/51 Rama IV Rd., ✆ 267518899, ✆ 2381118.
Royal Air Cambodge, 20th Floor, Ploenchit Tower, 898 Ploenchit Rd., ✆ 263056571, ✆ 2630576.
Royal Jordanian, 56 Silom Rd., ✆ 2360030, ✆ 2366796.
Royal Nepal Airlines, 9th Floor, Phayathai Bldg., 128 Phayathai Rd., ✆ 21656915, ✆ 2165690.
SAS (Scandinavian Airlines), Glashaus Bldg., 1 Sukhumvit Rd., Soi 25, ✆ 2600444, ✆ 2606269.
SIA (Singapore Airlines), Silom Center Bldg., 2 Silom Rd., ✆ 2360440, ✆ 2365294.
Swiss Air, 1 Silom Rd., ✆ 2332935-9, ✆ 2367417.
Thai Airways Head Office, 89 Wiphawadi Rangsit Rd., ✆ 5130121-9, ✆ 5130203. Weitere Büros: 485 Silom Rd., ✆ 2343100-19; 6 Larn Luang Rd., ✆ 2800100, ✆ 2800735; im Asia Hotel, 296 Phayathai Rd., ✆ 215 2020 und am International Airport, ✆ 535 2081-2.
Turkish Airlines, CP Tower, 313 Silom Rd., ✆ 2310300-7, ✆ 2310311.
Vietnam Airlines (Hang Khong Vietnam), Ploenchit Centre, zwischen Soi 2 und Highway, ✆ 2514242, ✆ 2533459.

DIE UMGEBUNG VON BANGKOK

Highlights

- Bei Ratchaburi das Ausschwärmen der Fledermäuse am Abendhimmel bestaunen
- Um den Phra Pathom Chedi in Nakhon Pathom wandeln
- Mit der „Eisenbahn des Todes" von Kanchanaburi nach Nam Tok fahren
- Die Tempelanlagen von Ayutthaya am Abend ohne Touristenmassen genießen
- Im Sommerpalast Bang Pa In mit der Kamera auf Motivsuche gehen

Die Umgebung von Bangkok

Nach einiger Zeit in Bangkok kommt unweigerlich das Bedürfnis auf, mal raus ins Grüne zu fahren, richtig durchzuatmen und – vielleicht ein letztes Mal vor der Heimfahrt – subtropische Natur zu genießen. Alle in diesem Kapitel beschriebenen Ziele eignen sich für einen Tagesausflug. Da es aber nicht selten zwei Stunden dauert, aus Bangkok heraus oder wieder hinein zu kommen, lohnt es sich, eine oder zwei Übernachtungen außerhalb Bangkoks einzuplanen. Wer mehr Zeit hat, kann in Kanchanaburi oder Ayutthaya mehrere angenehme Tage verbringen. Am Wochenende und an Feiertagen ist zudem ein großer Teil der Bevölkerung von Bangkok auf der Suche nach Grün und frischer Luft, so daß dann die meisten guten Hotels ausgebucht sind. Im folgenden Kapitel fehlen „Sehenswürdigkeiten", die auf einheimische Touristen ausgerichtet sind. Europäer, die sich beispielsweise in den Siam Park verirren, fühlen sich leicht fehl am Platz.

Richtung Westen

Eine schöne Tagestour führt am frühen Morgen zum Schwimmenden Markt, von wo es weiter nach Nakhon Pathom und Kanchanaburi geht. Viele Reisebüros in Bangkok bieten Tagestouren in diese drei Orte an. Es lohnt sich jedoch, in Kanchanaburi zu übernachten und von dort aus einige Touren zu unternehmen.

Nach dem morgendlichen Besuch des Schwimmenden Marktes kann man nach Ratchaburi weiterfahren, die eindrucksvollen Höhlen besichtigen und am Abend den Flug der Fledermäuse beobachten. Am nächsten Morgen geht es problemlos mit dem Bus oder Zug weiter nach Kanchanaburi.

Die Region westlich von Thonburi, die zahlreiche Klongs durchzieht, gilt trotz zunehmender Industrialisierung als der „Garten Thailands"; ein großes Obst- und Gemüseanbaugebiet, das die städtische Bevölkerung mit frischen Nahrungsmitteln versorgt. Entlang der Klongs erstrecken sich an wenigen Stellen noch wahrhaft idyllische Plätze, die in starkem Kontrast zu den dicht bebauten Ausfallstraßen stehen. Während einer Tour mit einem Paddelboot erlebt man etwas von der Ruhe und Abgeschiedenheit dieser grünen Gärten und kühlen, von Obstbäumen und Palmen überwachsenen Kanäle.

Am Ufer werfen Fischer ihre Netze aus, während sich kleine, braungebrannte Kinder laut lachend im Wasser vergnügen und die Frauen in vollbeladenen Booten bedächtig vorübergleiten.

Damnoen Saduak ดำเนินสะดวก

Der unattraktive Ort Damnoen Saduak in der Provinz Ratchaburi ist vor allem wegen seiner **schwimmenden Märkte** bekannt. Bereits ab 7 Uhr werden zahllose Reisegruppen durch die Kanäle und über die Brücken geschleust. Die Besucher kaufen nicht das Gemüse der Frauen, sondern die Souvenirs der Händler am Ufer. Scheinbar werden die Märkte nur noch als Sehenswürdigkeit am Leben erhal-

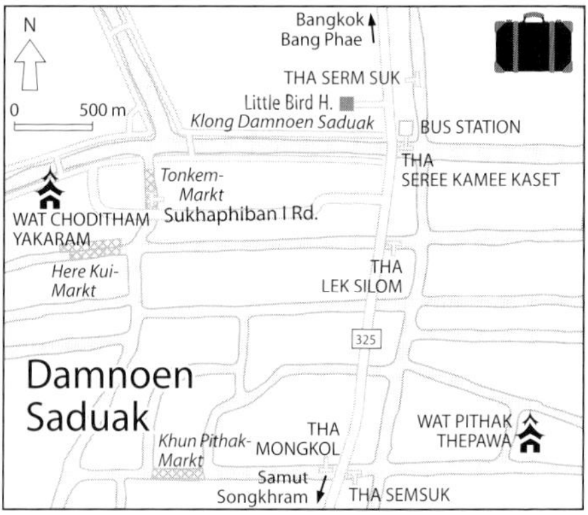

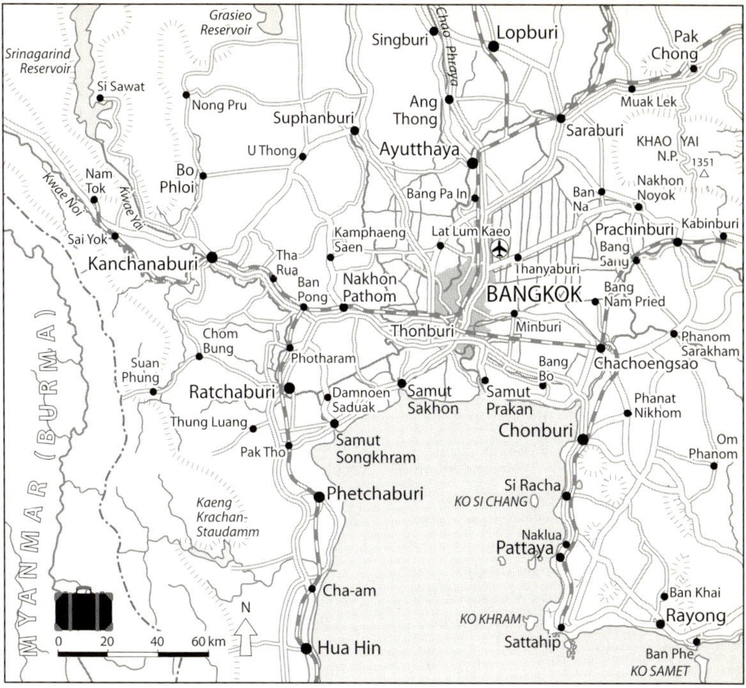

ten. Zum Schutz der „Händlerinnen" wurden Brücken und Fußwege erbaut, von denen aus sich das Treiben am besten beobachten läßt. Allerdings ist die Fußgängerbrücke am **Tonkem-Markt** selbst gesperrt, so daß man für 10 Baht mit dem Boot übersetzen oder einen weiten Umweg gehen muß. Mit einem gecharterten Boot können auch der **Here Kui-Markt** und der etwas abseits gelegene **Khun Pithak-Markt** besucht werden.

Die meisten Händlerinnen tragen hohe, helle Strohhüte und dunkelblaue Jacken, um sich vor der starken Sonneneinstrahlung zu schützen. Über einigen Booten sind zudem große, gelbe Sonnenschirme aufgespannt. Damit das frische Obst und Gemüse die Verbraucher möglichst früh erreicht, brechen die Frauen schon bei Dunkelheit auf – sofern sie keine Boote mit Außenborder haben.

Sonstiges

FESTIVAL – Der Distrikt ist berühmt für seine „exotischen" Trauben Malaga-an. Das **Fest der süßen Trauben** findet jedes Jahr am ersten Samstag im April statt.

REISEZEIT – Die beste Zeit, den Markt zu besuchen, ist zwischen 7 und 9 Uhr, bevor die Touristenmassen ankommen.
Auch am frühen Nachmittag ist es recht ruhig.

Nahverkehrsmittel

MINIBUSSE – Vom Minibusterminal neben der Bus Station kommt man zum 1,8 km entfernten Markt, oder man wandert die wenig angenehme Straße entlang.

BOOTE – Von der Bus Station fahren Boote mit Dieselmotoren alle 15–20 Minuten für 10 Baht zum schwimmenden Markt Ton-Kem. Die Busfahrer aus Bangkok fahren Touristen gern weiter bis zur Anlegestelle, wo nur Paddelboote angeboten werden. Den verlangten Preis von über 1000 Baht kann man auf ca. 300 Baht herunterhandeln.

Transport

Damnoen Saduak liegt 97 km westlich von Bangkok. Wer mit einem eigenen Fahrzeug unterwegs ist, kann den gut ausgeschilderten Weg zum Markt nicht verfehlen.
Von BANGKOK (non-ac-Southern Bus Terminal) fährt Bus 78 ab 6.20 Uhr alle 20 Min. für 30 Baht in 2 1/2 Std. Letzter Bus zurück gegen 18 Uhr. Nicht den Bus 38 nehmen! Vom ac-Terminal zudem klimatisierte Busse alle 30 Min. für 49 Baht. Es werden organisierte Touren für 200 Baht angeboten.
Von KANCHANABURI zuerst nach BANG PHAE mit Bus Nr. 461 alle 15 Min. für 19 Baht in 90 Min. Weiter nach Damnoen Saduak mit Bus 78 oder Minibussen für 10 Baht in 20 Min.
Ab NAKHON PATHOM mit Bus 78 ab 6.30 Uhr für 15 Baht in 1 Std.
Von PHETCHABURI zuerst nach SAMUT SONGKHRAM (13 Baht) und weiter nach Damnoen Saduak (5 Baht).

Samphran

สามพราน

Jenseits der Außenbezirke von Bangkok erstreckt sich südlich vom H338 das riesige Parkgelände des **Phutthamonthon**, auf das auch ein englischsprachiges Schild hinweist. Dieses riesige buddhistische Zentrum beherbergt Replika verschiedener Bauwerke, die für den Buddhismus von großer Bedeutung sind, sowie eine neue, über 40 m hohe Buddhastatue, die als die größte der Welt gilt. Während wichtiger buddhistischer Feiertage finden sich hier Tausende von Gläubigen zum Gebet ein. 31 km westlich von Bangkok, am H4 nach Nakhon Pathom, liegt hinter der Brücke über den Tachin-Fluß der **Rose Garden**, eines der touristischen Ausflugsziele, das auf dem Programm vieler Kurzzeit-Touristen steht, die hier in einer Stunde Thailand in Instant-Form erleben können. Inmitten eines Parks mit künstlichen Seen, Restaurants u.a. steht das sogenannte *Thai Village*. Hier werden traditionelle Handwerkskünste demonstriert. Um 15 Uhr, beginnt die einstündige Show (220 Baht): 5 Minuten Thai-Boxen, 5 Minuten traditionelle Hochzeit, 5 Minuten Ordination eines Mönches... Zudem werden Elefanten vorgeführt, die einen Baumstamm durch die Gegend rollen. Geöffnet ist der Park tgl. 8–18 Uhr, Eintritt 10 Baht, ✆ 034-322588-93 oder in Bangkok ✆ 2953261-4. Den Park kann man mit gemieteten Fahrrädern erkunden. Auf der anderen Seite des Highways erstreckt sich der **Rose Garden-Golfplatz** mit 18 Löchern, der als einer der schönsten Plätze der Welt gilt.

400 m östlich vom Rose Garden wird in der **Samphran-Krokodilfarm** um 12.45 und 14.20 Uhr eine Krokodil-Show, um 13.15 und 15 Uhr eine Zaubershow und um 13.45 und 15.30 Uhr eine Elefanten-Show gezeigt (außerhalb der Saison seltener, am Wochenende zusätzliche Shows). Als Sensation wartet die Farm mit einem Albino-Krokodil auf. Geöffnet tgl. 8.30–17.30 Uhr, Eintritt 220 Baht, ✆ 034-311971 oder in Bangkok ✆ 2841873.

Transport

Am Park Phutthamonthon halten alle Busse Richtung NAKHON PATHOM.
Der Rose Garden und die Samphran-Krokodilfarm am H4, 31 km westlich von Bangkok, werden überwiegend im Rahmen von organisierten Touren besucht.

Nakhon Pathom

นครปฐม

Vor über 2000 Jahren zogen Mönche aus dem buddhistischen Ceylon nach Osten und errichteten den ersten buddhistischen Tempel

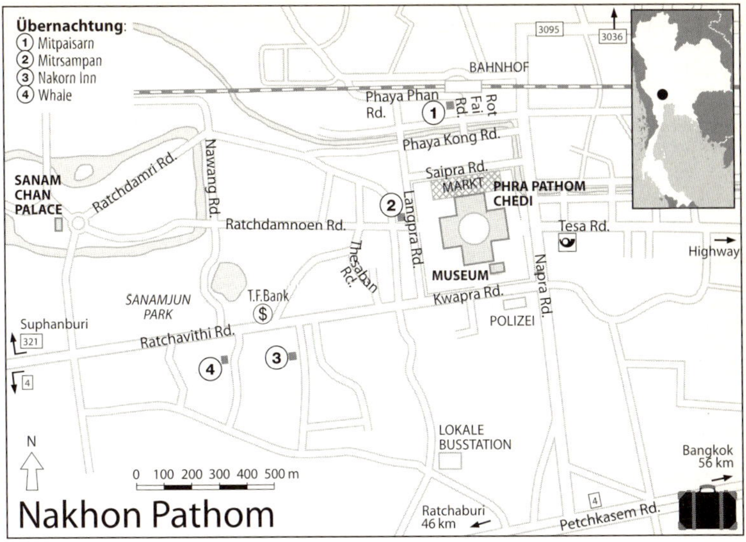

dieser Region an der Stelle, wo heute **Phra Pathom Chedi**, eine der größten Pagoden des Landes, steht. Wegen der beeindruckenden Konstruktion der frühen Bauten nimmt man an, daß ceylonesische Mönche hier das erste Zentrum des Theravada-Buddhismus auf thailändischem Boden gegründet haben. Archäologen entdeckten unter der heutigen Pagode einen 39 m hohen Chedi aus dem 4. Jahrhundert im Mon-Stil. Im 11. Jahrhundert errichteten die Khmer über diesem Heiligtum einen Prang, der wiederum vor über 100 Jahren mit einem prunkvollen, über 127 m hohen Chedi überbaut wurde. Er gilt als eines der höchsten buddhistischen Bauwerke der Welt.

König Mongkut unternahm während seiner Zeit als Prinz mehrere Pilgerfahrten zu der Tempelruine im Dschungel. Als er zum König gekrönt worden war, beschloß er, einen mächtigen Chedi über der Ruine errichten zu lassen. Als die Pagode nach 17jähriger Bauzeit 1870 fertiggestellt war, siedelte man Menschen aus dem 20 km weiter östlich gelegenen Ort Nakhon Chaisi rings um die Anlage an. Um den zentralen Chedi sind auf einer Plattform in allen vier Himmelsrichtungen Viharn errichtet worden, die neben anderen Kunstwerken jeweils eine Buddhafigur in unterschiedlichen Positionen beherbergen (N: stehender Buddha, S: Buddha wird von der Schlange geschützt, O: Buddha unter dem Bodhi-Baum, W: ruhender Buddha). Vom Haupteingang im Norden führt eine Treppe hinauf bis zur zweiten Plattform. Hier steht eine große Buddhastatue umgeben von zahlreichen Pflanzen, Ruhebänken, chinesischen Tempelfiguren u.a.

Im angeschlossenen **Museum**, geöffnet Mi–So 9–12 und 13–16 Uhr, Eintritt 30 Baht, sind einige interessante Stücke ausgestellt, die bei Ausgrabungsarbeiten im Tempelbezirk gefunden wurden. Ein steinernes Rad, das die Lehre Buddhas symbolisiert, wurde auf 150 v.Chr. datiert. Mehrere Steinköpfe sind mit Knollennasen und Mützen ausgestattet, wie sie vor 2000 Jahren im Mittelmeerraum getragen wurden.Während der Bauarbeiten wohnte König Mongkut in einem kleinen Palast östlich des Chedi, der heute weitgehend zerstört ist. Da auch sein Nachfolger, König

Rama V., sich oft hier aufhielt, ließ er sich 2 km westlich der Pagode einen kleinen Palast – **Sanam Chan** – überwiegend im westlichen Stil erbauen. Er liegt in einem schönen Park und wird heute als Verwaltungsgebäude genutzt. In einem zweistöckigen neueren Gebäude ist ein kleines Museum mit Fotografien und persönlichen Gegenständen aus dem Besitz König Ramas VI. untergebracht.

Im November, nach dem Loy Krathong-Fest, findet rings um die Pagode ein zehntägiges, großes **Tempelfest** statt. An jedem Abend wetteifern Musikgruppen um die Gunst der Zuhörer, und Freilichtkinos starten lautstark ihr Programm. Händler und Wunderheiler finden tagsüber ihr Publikum, und Kinder vergnügen sich auf dem Jahrmarkt.

Anfang September findet eine **Fruits and Food Fair** statt, zu der nur wenige Touristen kommen. Eine der Hauptattraktionen dabei ist ein äußerst „fröhliches" Schweinerennen.

Übernachtung

Die billigen Chinesenhotels sind meist recht laut.

Mitpaisarn** ①, am Bahnhof, 120-130 Phaya Phan Rd., ✆ 242422, saubere, etwas hellhörige Zimmer mit ac oder Fan sowie Du/WC.

Mitrsamphan** ②, 2/11-13 Langpra Rd., ✆ 241422, Zimmer gekachelt, laut, z.T. mit Blick auf den Chedi. Rezeption im Elektro Shop darunter.

Whale*** ④, 151/79 Ratchavithi Rd. Soi 19, ✆ 251020-4, Fax 253864, das größte Hotel des Ortes etwa 1 km westlich der Pagode, etwas abseits der Hauptstraße, aber von dort leicht zu sehen. Gute Zimmer mit Fan und ac, Nightclub, am Wochenende Disco. Das Restaurant läßt zu wünschen übrig.

Nakorn Inn–***** ③, 55 Ratchavithi Rd., ✆ 251152-4, Fax 254998, gute Zimmer mit Du/WC, ac, TV und Kühlschrank, es wird 30–50% Rabatt angeboten.

Weitere preiswerte Unterkünfte stehen am Highway.

Essen

Auf dem tollen Markt zwischen Bahnhof und Chedi gibt es leckeren *kao larm*, Klebreis, der mit Kokos und Palmzucker gesüßt, in Bambus gebacken wird. Vor allem abends laden hier auch viele Essenstände zum Schlemmen ein.

VORWAHL – 034; PLZ: 73 000.

Transport

BUSSE – Ac-Busse halten nördlich des Chedi, gegenüber dem Bahnhof. Lokale Busse, z.B. nach Damnoen Saduak, fahren von der Bus Station im Süden der Stadt ab. Allerdings können Passagiere auch in der Nähe der Pagode ein- oder aussteigen. Die lokalen Busse, die östlich der Pagode stehen, fahren nur innerhalb der Stadt und in die nähere Umgebung.

Von BANGKOK, 56 km, ab non-ac-Southern Bus Terminal, Thonburi, Bus 81 bis 21.10 Uhr alle 10 Min. für 15 Baht in 1 1/2 Std. Ab ac-Terminal Busse zwischen 6 und 22.30 Uhr alle 20 Min., 28 Baht). Letzter non-ac-Bus zurück gegen 19 Uhr, ac-Bus gegen 21 Uhr.

Von KANCHANABURI mit Bus Nr. 81 jede 10 Min. für 20 Baht in 2 Std.

Nakhon Pathom kann im Anschluß an die Fahrt zum Schwimmenden Markt besucht werden.

Von DAMNOEN SADUAK über Samut Songkram (Minibus 5 Baht) mit dem blauen ac-Bus 78 alle 30 Min. für 21 Baht in 1 Std. In Nakhon Pathom fahren diese Busse vor der Polizeistation südlich des Chedi ab.

EISENBAHN – Der Bahnhof liegt 500 m nördlich des Chedi. Gepäckaufbewahrung. Hier halten alle Züge von Bangkok in Richtung Süden nach Phetchaburi – Hua Hin – Surat Thani. Deshalb eignet sich die Stadt zum Umsteigen, wenn man aus dem Süden nach Kanchanaburi will oder umgekehrt.

Von BANGKOK fahren ein Dutzend Züge vor allem abends in 1–1,5 Std. für 14 Baht, um 9.55 Uhr ab Hua Lamphong und um 7.20,

7.50, 12.35 oder 13.30 Uhr ab Thonburi.
Von KANCHANABURI *Diesel Railcar* (nur 3. Klasse) um 7.31 Uhr und ein lokaler Zug um 15.21 Uhr, zurück um 9.27 und 14.53 Uhr, 15 Baht.
Von und nach SURAT THANI brauchen die Nachtzüge 9–10 Std. Wer um 19.55 oder 20.44 Uhr abfährt, ist rechtzeitig zu den Booten zwischen 6 und 7 Uhr morgens in Surat Thani.

Ratchaburi

ราชบุรี

Die mittelgroße, freundliche Provinzhauptstadt liegt 96 km westlich von Bangkok in der fruchtbaren Mündungsebene des 520 km langen Mae Klong.

Ratchaburi spielte in der Geschichte Thailands vor über 1000 Jahren eine große Rolle. Jene Zeit bezeugen das **Wat Mahathat** mit seinem hohen Prang, der mit Stuckornamenten verziert ist, und die Dvaravati-Stadt **Ku Bua**, von der nur noch Fundamente innerhalb eines Wallgrabens zu sehen sind (s.S. 205).

Im ganzen Land ist Ratchaburi für die riesigen irdenen **Wassertöpfe** bekannt, die in Handarbeit in vielen Manufakturen hergestellt werden. Interessierte können den Handwerkern zuschauen. Ein Topf kostet 150–200 Baht.

Das **National Museum** bietet in zwölf ebenerdigen Räumen mit englischen Schrifttafeln einen angenehm kurz gefaßten Abriß der thailändischen Geschichte. Das königliche Schwert, ein wahres Prachtstück, wurde im Jahre 1913 von Rama VI. der Stadt übergeben. Geöffnet Mi–So außer feiertags 9–16 Uhr, Eintritt 10 Baht.Der Königspalast **Khao Wang**, 3 km südwestlich des Zentrums, wurde 1871 für Rama IV. gebaut und ist noch gut erhalten; geöffnet tgl. 5.30–18 Uhr.

Die Höhlen im Westen der Stadt beeindrucken auch verwöhnte Naturfreunde. Auf keinen Fall verpassen sollte man das phantastische Naturschauspiel beim Wat Khao Chong Pran (s.S. 196). Jeden Abend ab 17 Uhr fliegen Millionen von kleinen Fledermäusen aus einer engen Höhlenöffnung heraus und winden sich als gigantische Schlange über den Himmel. Erst in jüngster Zeit hat sich diese Attraktion herumgesprochen, und auch Touristen finden den Weg nach Ratchaburi.

Übernachtung

Namsin Hotel**-***** ②, 2-16 Kraipet Rd., ☏ 337551, 📠 337633, Zimmer mit Fan oder ac, bestes Hotel in der Innenstadt, häufig voll.
Araiya Hotel** (ac***) ③, 187/8-10 Kraipet Rd., ☏ 337782, 📠 338022, ordentliche Zimmer mit TV, z.T. mit Warmwasser.
Kwong Hua Hotel** ①, 1-5 Amarin Rd., ☏ 337119, Chinesenhotel mit sehr einfachen, z.T. schäbigen Zimmern im 2.–4. Stock.
Hong Fah Hotel** ④, 89/17 Ratsadonyindee Rd., ☏ 337484, für den Preis sehr ordentliche, große, saubere Zimmer. Altes Gebäude, kein englisches Schild, aber englischsprachige Rezeption.

Essen

Das große **Food Center** neben dem Uhrturm betört die Sinne mit einer phantastischen Auswahl an Gemüse, Obst, Snacks, Süßspeisen und anderen Leckereien; 24 Std. geöffnet.
Als **Spezialität** gilt die scharfe Suppe *Tom Yam Pla* aus dem 20 kg schweren Fisch *Pla Yi Sok*. Eine Terrine kostet ca. 250 Baht. Im chinesischen Restaurant ***Ruen Rot***, 356-358 Amarin Rd., sind die Portionen besonders groß.
Ab 9 Uhr wird im Café der ***Nice Bakery*** in der Ratsadonyindee Rd. Kuchen verkauft.
Beliebt ist die Eisterrasse am Fluß mit schöner Sicht über den Tempel zu den Bergen.
Vegetarisches Essen gibt es jeden Samstag und Sonntag bis 16 Uhr kostenlos im ***Wat Nong Hoi***, 12 km nordwestlich.

Sonstiges

FESTE – Das 10tägige **Vegetarian Festival** begeht man im Oktober im Bergtempel Wat

Nong Hoi, 12 km nordwestlich der Stadt an der Straße H3089 zum Fledermaustempel. Drei Tage und Nächte wird das **Songkran Fest** der Mon Volksgruppe beim Wat Ban Muong im Ban Pong Distrikt gefeiert. Es finden Geisterbeschwörungen und viele Spiele statt; Touristen sind willkommen.

GELD – ***Thai Farmers Bank*** an der Kraipet Rd., neben dem Namsin Hotel.

POST – Im Zentrum neben dem Food Center.

PUPPENSPIEL – Das Schattenspiel *Nang Yai* wird im Wat Kanon bei Photharam (25 km nördlich) aufgeführt. Es existieren noch 330 Schattenfiguren, die graziös zu traditioneller Musik tanzen. Nur die Mönche im Tempel geben Auskunft.

TELEFON – Der Laden in 209-211 Amarin Rd. bietet Telefonservice für Ferngespräche an, geöffnet bis spät am Abend. Auslandsgespräche bei der Post von 7–22 Uhr.

VORWAHL – 032; PLZ 70 000.

Nahverkehrsmittel

Rikschas verkehren in der Stadt für wenige Baht, **Tuk Tuks** für 25 Baht.
Busse, **Minibusse**, **Tuk Tuks** oder **Songthaews** fahren zu allen Sehenswürdigkeiten in der Umgebung. Ihre Abfahrtsstellen sind auf dem Ortsplan verzeichnet.
Autofahrer bieten zudem ihre Privatwagen für Rundfahrten an (z.B. 800 Baht für 8 Std.).

Transport

BUSSE – Die Abfahrtsstellen sind auf dem Ortsplan eingezeichnet.
Von BANGKOK (non-ac-Southern Bus Terminal, Thonburi) mit dem non-ac-Bus zwischen 5 und 21 Uhr alle 8 Min. für 35 Baht (ac-Bus 76 zwischen 6.15 und 22.30 Uhr alle 45 Min., 54 Baht) in 1 1/2 Std.
Nach Bangkok fährt der ac-Bus 76 bis 20.30 Uhr vor dem Büro neben dem *Namsin Hotel* ab. Es fahren keine Busse in den Süden.
Von DAMNOEN SADUAK alle 30 Min. mit dem Bus oder Minibus für 15 Baht.
Von NAKHON PATHOM mit ac-Bus 76 für 30 Baht in 45 Min.
Von KANCHANABURI laufend mit non-ac-Bus 461 für 26 Baht in 2 1/2 Std. Non-ac-Busse nach Kanchanaburi bzw. in den Süden starten in der Kraipet Rd.
Von PHETCHABURI mit Bus 73 in 1 Std. für 20 Baht.
Von HUA HIN zunächst mit Bus 71 nach Phetchaburi (20 Baht, 1 Std.), umsteigen in Bus 73.
Nach BAN PONG fahren jede volle Std. Busse in 1 1/2 Std. für 15 Baht, sie passieren den Fledermaustempel (7 Baht) nach 45 Min.
Mit dem Bus nach CHOM BUNG (15 Baht, 40 Min.) erreicht man die Chompon-Höhle (2 km zu Fuß) und passiert die Zufahrt zur Khao Binn-Höhle (1,7 km zu Fuß).

EISENBAHN – Der Bahnhof liegt 1 km südlich der Innenstadt. Hier halten bis auf den Express 13 und 981 alle Züge Richtung Süden und bis auf den Express 14 und 982 alle Züge Richtung Bangkok. An der Haltestelle bei der Brücke halten zudem lokale Züge.
Von THONBURI eignet sich der lokale Zug Nr. 127 um 7.20 Uhr (Ankunft 9.56 Uhr, nur 3. Kl., 25 Baht). Zurück mit dem lokalen Zug 126 um 14.04 Uhr (Ankunft 16.50 Uhr, nur 3. Kl.).
Von BANGKOK um 13.30 Uhr mit dem *Rapid* Nr. 45 (Ankunft 15.53 Uhr, 2./3. Kl. für 57/25 Baht). Zurück fahren Schnellzüge zwischen 2.55 und 8.18 Uhr in gut 2 Std.
Von HUA HIN am besten mit dem lokalen Zug 234 um 14.20 Uhr (Ankunft 16.07 Uhr, 3. Kl. für 24 Baht).
Nach SURAT THANI brauchen die Nachtzüge 8–9 Std. Wer um 20.44 oder 21.34 Uhr abfährt, ist rechtzeitig zu den Booten kurz nach 6 Uhr morgens in Surat Thani.
Nach KANCHANABURI mit dem lokalen Zug 118 um 8.38 Uhr bis NONG PLADUK (Ankunft 9.28 Uhr), um 9.53 Uhr umsteigen in den Zug 171 (Ankunft 10.55 Uhr).

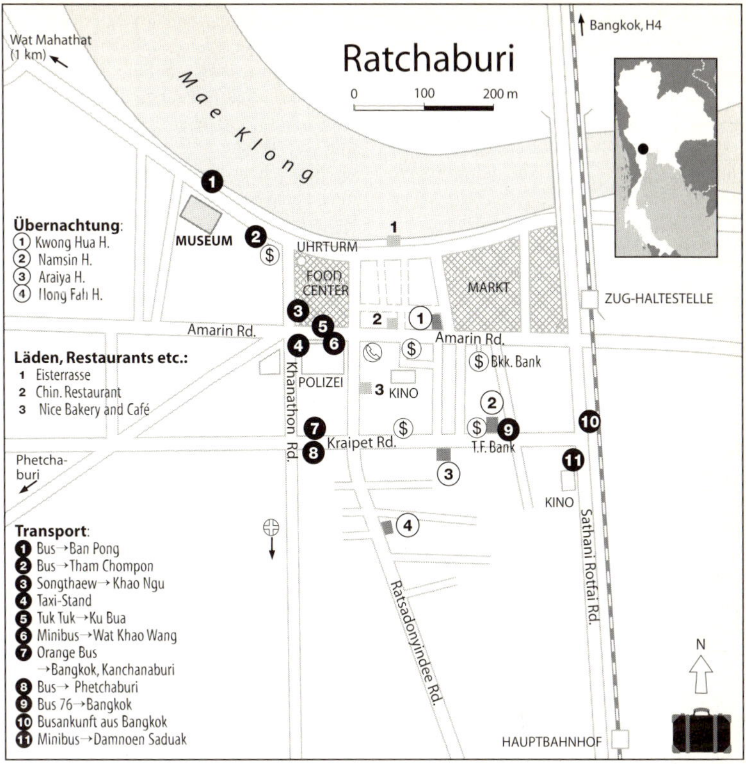

Die Umgebung von Ratchaburi

Am einfachsten sind die Höhlen im Westen der Stadt und der Fledermaustempel bei einer Rundfahrt mit einem gecharterten Minibus oder einem Taxi zu besuchen. Man sollte jedoch nicht nach 12 Uhr starten, um rechtzeitig in Khao Chong Pran anzukommen. Tuk Tuks können für die zumeist teurere Rundfahrt ebenfalls gechartert werden. Am billigsten, aber zeitaufwendigsten sind die lokalen Busse.

Chompon-Höhle

Bei der Rundfahrt bietet es sich an, um die Mittagszeit zunächst über den H3087 zur Tham Chompon, 28 km westlich, zu fahren. Die Parkanlage liegt 2 km hinter Chom Bung, 400 m rechts hinter dem Teacher College. Unter schattigen Bäumen und zwischen schönen Bonsais laden Picknicktische und Stühle zu einer Rast ein, für die man sich bei den Suppen-, Snack- und Früchteständen eindecken kann. Viele, normalerweise nicht aggressive Affen warten auf ein paar Leckerbissen, sollten aber nicht gefüttert werden. In der Höhle ist essen, trinken und rauchen nicht gestattet. Über 57 Stufen erreicht man durch einen schmalen Eingang die 240 m lange, bis 25 m hohe und 30 m breite Halle. Den Abschluß bildet ein Dom mit einem Loch, durch das malerisch das Mittagslicht fällt. Ein ruhender Buddha und der bärtige Heilige Phra Russi mit seinem seltsamen Hut sind die am meisten verehrten Statuen. Eintritt frei, geöffnet 8.30–16.30 Uhr. Unterwegs lohnt sich eventuell ein Abstecher nach beim KM 22 rechts, wo 1 km ein Tierpark besichtigt werden kann.

Der Bus nach Chom Bung kostet 15 Baht und benötigt ca. 40 Min. Von der Haltestelle sind es etwa 2 km zu Fuß. Ein Taxi oder Tuk Tuk sollte nicht über 200 Baht kosten und eine halbe Stunde warten.

Khao Binn-Höhle

Am KM 20 des H3087 zweigt die 1,7 km lange Zufahrtstraße zur besonders schönen Tham Khao Binn ab. Sie wird Mo–Fr von 9–16 Uhr zu jeder vollen Stunde (außer um 12 Uhr) beleuchtet und ist zu diesen Zeiten für 10 Baht zugänglich, in den Ferien und am Wochenende ganztägig. Diese Tage sind wegen der Besuchermassen allerdings nicht zu empfehlen. Die 1985 eröffnete Höhle liegt in einem gepflegten Park mit Wasserbecken, Springbrunnen und hohen Bäumen. Die kleinen und großen Stalaktiten, eleganten Säulen, durchbrochenen Gardinen und Tropfsteinwasserfälle in riesigen Hallen sind von z.T. farbigen Lampen dezent, zuweilen etwas kitschig ausgeleuchtet. Überaus eindrucksvoll wirken der Schatten der „fliegenden Gans", die der Höhle den Namen gab, und die „Muräne". Am Ende des 300 m langen, leicht begehbaren Weges wartet eine feuchtheiße Grotte mit kleinen Teichen und ewigem, deshalb heiligem Wasser. Leider schlagen Touristen immer wieder Tropfsteine ab, deshalb geht bei zweifelhaften Besuchern ein uniformierter Führer mit.

Die Khao Binn-Höhle ist wie die Chompon-Höhle zu erreichen (s.o.).

Khao Ngu-Steingarten und Khao Ngu-Höhlen

Nette Plätzchen fürs Mittagessen bietet der Steingarten in den Khao Ngu-Bergen (Schlangen-Bergen) mit seinen Angelseen und Salas. Er ist ein schönes Beispiel für die gelungene Rekultivierung eines riesigen Steinbruchs.

Nahebei liegen die Khao Ngu-Höhlen mit der Eremitenhöhle **Tham Russi**, die allerdings manchmal geschlossen ist. Beim Eintreten sollte man auf keinen Fall die Schuhe ausziehen, da die Affen schlimme Räuber sind. Die zentrale Figur, ein auf europäische Art sitzender Buddha in Bas-Relief, stammt aus der Dvaravati-Periode (10. Jh.) und weist Einflüsse aus dem indischen Gupta-Reich (5. Jh.) auf. Die Buddhastatue wird hoch verehrt und von vielen Pilgern aufgesucht. In der Nähe liegen weitere Höhlen und ein Fußabdruck des Buddha. Songthaew zu den 8 km westlich der Stadt liegenden Höhlen kosten 8 Baht, das letzte fährt um 18 Uhr zurück.

Wat Nong Hoi

Auf einem Hügel, 4,4 km weiter am H3089, steht dieser Tempel, der der chinesischen Gottheit Kuan Yin (auch Kuan Im) geweiht ist. Hier oben bietet sich eine herrliche Aussicht über die Reisfelder bis zu den Bergen im Westen, besonders eindrucksvoll im September, wenn der Reis in sattem Grün leuchtet. Jeden Samstag und Sonntag wird kostenloses vegetarisches Essen ausgeteilt, ebenso sieben Tage lang während des **Vegetarian Festival** im Oktober.

Fledermaustempel Wat Khao Chong Pran

Aus der Höhle **Tham Kang Khao** quillt jeden Abend eine dunkle Wolke heraus, zieht sich in die Länge und windet sich in einer ununterbrochenen Spirale hoch in den Abendhimmel. Millionen und Abermillionen von kleinen Fledermäusen machen sich auf zu den Obstbäumen im „Garten Thailands". Das Schauspiel soll zwei bis drei Stunden bis tief in die Dunkelheit andauern. Noch vor dem Morgengrauen kehren die Flattertiere ab etwa 4 Uhr wieder in die für Touristen nicht zugängliche Höhle zurück. Der Fledermauskot (Guano) wird von lizensierten Arbeitern herausgeschafft und jeden Samstag im Tempelgelände als Dünger verkauft. Links vom Tempel führen Stufen auf den Berg hinauf. Nach einem 20minütigen Aufstieg bietet sich ein schöner Ausblick. Die Höhle liegt 25 km nordwestlich von Ratchaburi am H3089 und ist mit dem zu jeder vollen Stunde nach Ban Pong verkehrenden Bus nach 45 Min. für 7 Baht zu erreichen. Man sollte den Beginn des Schauspiels zwischen 17 und 18 Uhr (bei dunklem Himmel eher früher) nicht versäumen und sich am besten auf den Tempelterrassen postieren.

Zurück nach Ratchaburi gelangt man mit dem vorletzten oder letzten Bus gegen 17.45 bzw. 18.15 Uhr. Ein Tuk Tuk kostet 150–200 Baht, nach 15 Uhr eher 300 Baht.

Ku Bua

Die für Amateurarchäologen interessante Ruinenstadt **Muang Boran Ku Bua**, etwa 8 km südlich, ist am besten mit dem Tuk Tuk (ca. 25 Baht) zu erreichen. Die ausgegrabenen Figuren aus der späten Dvaravati-Periode (10.–11. Jh.) sind im National Museum in Bangkok zu bewundern.

Kanchanaburi

กาญจนบุรี

Nicht nur die weltberühmte Brücke am Kwai, die Vorlage zu Pierre Boulles Roman und dem gleichnamigen Film, zieht Touristen in diese Provinzhauptstadt, die häufig nur Kan oder Kanburi genannt wird. Japanische Kriegsveteranen kommen wegen der Soldatenfriedhöfe, Museen und anderen Spuren, die der 2. Weltkrieg hinterlassen hat. Thailändische Familien flüchten am Wochenende aus der Metropole, um in den luxuriösen Resorts flußaufwärts von Kanchanaburi aufzutanken oder sich auf den schwimmenden Discobooten zu amüsieren. Touristen finden hier preiswerte Gästehäuser und Restaurants sowie vielfältige Möglichkeiten für Touren.

Die Stadt hat viele Gesichter: Rings um den Busbahnhof liegt das planmäßig angelegte, neue Geschäftszentrum. Es wird von der vierspurigen Fernstraße, die als Schneise mitten durch die Stadt verläuft, vom alten, chinesisch geprägten, quirligen Kern getrennt. Am Fluß konzentrieren sich die Touristen, südlich der neuen Brücke frequentieren einheimische Besucher die Discoboote und schwimmenden Restaurants während sich die *farangs* in den Gästehäusern weiter nördlich in der ruhigeren, ländlichen Umgebung wohlfühlen. Dazwischen liegen weit verstreut die Sehenswürdigkeiten – die Friedhöfe, die wenig beeindruckende Brücke und die Museen.

Die berühmte **Brücke am Kwae**, besser bekannt als „River Kwae Bridge" bzw. „Brücke am Kwai", liegt 4 km nordwestlich des Busbahnhofs. Gegen 6.15, 11 und 16.30 Uhr überqueren Züge auf der Brücke den Kwae Yai und fahren durch das Tal des Kwae Noi bis zur heutigen Endstation Nam Tok, zurück gegen 8.18, 15.14 und 17.40 Uhr. Durch lautes Pfeifen machen sie auf sich aufmerksam, so daß sich Passanten rechtzeitig in Sicherheit bringen können. Die Bahnlinie über die Brücke am Kwae stellte für die Japaner eine strategisch wichtige Verbindung dar und wurde deshalb im Juni 1945, am Ende des Krieges, von amerikanischen Bomben weitgehend zerstört. Mit der im Film und Roman beschriebenen Brücke hat die schlichte Stahlträgerkonstruktion, die 1943 errichtet wurde, nichts gemein. Dennoch wird sie von zahllosen Touristen fotografiert. Auf dem von Souvenirständen umgebenen Platz vor der Brücke stehen neben einer Informationstafel eine alte Draisine und zwei historische Lokomotiven.

Von dem privaten **World War II Museum** südlich der Brücke, ✆ 512596, geöffnet tgl. 8–18.30 Uhr, Eintritt 30 Baht, sollte man keine historische Aufarbeitung der Kriegsereignisse erwarten. Seine Sammlung in mehreren Gebäuden reicht von prähistorischen Faustkeilen und knalligen, realistischen Bildern ihrer Benutzer bis zu Gebrauchsgegenständen aus jüngster Vergangenheit in wahllosen Mengen. Neben einer Galerie sämtlicher Helden Thailands („Unsere Grenzen sind mit den Gebeinen Gefallener geschützt.") haben auch die Helden des 2. Weltkriegs, von Stalin bis Einstein, ihren Platz – kurzum: bizarr!

Wesentlich kleiner, aber angenehmer ist das **JEATH-Kriegsmuseum** (JEATH = die in den Krieg verwickelten Länder: Japan, England, Australien, Amerika, Thailand und Holland) im Wat Chai Chumphon am Mae

Klong Fluß, das Ende der 70er Jahre vom damaligen Abt in der rekonstruierten Unterkunftsbaracke eines Kriegsgefangenenlagers eingerichtet wurde. Anhand von Fundstücken, Fotos und anderen Dokumenten vermittelt es einen Eindruck vom Leben der Gefangenen und der asiatischen Zwangsarbeiter, die 1942/43 am Bau der Eisenbahnlinie beteiligt waren. Geöffnet tgl. 8.30–18 Uhr, Eintritt 20 Baht, Fotografierverbot.

Ein Teil der Toten wurde auf den beiden **Soldatenfriedhöfen** (*war cemetery*) beigesetzt. Der größte, auf dem 6982 Soldaten begraben sind, befindet sich etwa 300 m südlich vom Bahnhof. An ihn grenzt ein chinesischer Friedhof.

Der zweite, auf dem 1750 Soldaten begraben sind, liegt 2 km südlich der Stadt in **Kao Pun**, am Westufer des Kwae Noi, inmitten einer schönen Landschaft. Dies ist der Beginn einer empfehlenswerten Strecke für eine Fahrrad- oder Bootstour (s.S. 211).

In der riesigen **Spielzeugburg** nördlich der Stadt verbirgt sich keinesfalls ein Mini-Disneyland, sondern ein nüchternes Allerwelts-Einkaufszentrum, der *Castle Hill Plaza Department Store*.

Übernachtung

GÄSTEHÄUSER – Die meisten Gästehäuser konzentrieren sich südlich der berühmten **Brücke:** ***Bamboo House*****-*** ①, 5 Vietnam Rd., ✆ 512532, 300 m südlich der Brücke, drei hellhörige, einsehbare „schwimmende" Bambushütten und komfortable Doppelbungalows mit Du/WC, im Haupthaus auch einige Zimmer mit ac; Boote, Motorräder und Fahrräder zu vermieten, auch Bootstouren für 300 Baht.

Mister Tee GH** ②, 12 Laos Rd., 1 km südlich der Brücke, zweistöckige, einfache Bambusreihenhäuser am Fluß, Zi im Erdgeschoß mit Du/WC, am Wochenende höhere Preise, Restaurant, Liegewiese. Infos über die Umgebung; Bootstouren, Minibus-Service nach Bangkok. *Off-Road Tours* kann hier kontaktiert werden.

C&C River Kwai GH** ③, 265/2 Maenam Kwae Rd., ✆ 624547, solide, saubere Bambushäuschen unter Kokospalmen direkt neben der schmalen Straßenbrücke, auch Zelte für 50 Baht. Angenehme, ruhige Atmosphäre. Restaurant, Touren, Abholservice.

Sam's GH*-*** ④, 100 m abseits der Patthana Rd, ✆ 515956, mehrere Bungalows und einstöckige Reihenhäuser gruppieren sich rings um das Restaurant, Zimmer mit Fan, mit oder ohne Du/WC, einige komfortable auch mit ac.

Sugar Cane GH** ⑤, 22 Pakistan Rd., ✆ 624520, nette, saubere Anlage, größere und kleine Bungalows mit Du/WC, freundliche, hilfsbereite Eigentümer, gutes Essen.

Jolly Frog Backpacker's** ⑥, 28 Mae Nam Kwae Rd., China (Sub) Rd., ✆ 514579, größere Anlage, einfache, gemütliche Zimmer mit Fan, mit und ohne Du/WC, z.T. in zweistöckigen Häusern, etwas renovierungsbedürftige Bäder; großes, gut besuchtes Restaurant mit preiswerten, leckeren Thai- und europäischen Gerichten, Liegewiese und Badeplattform; Fahrradverleih; Minibus zur Khaosan Rd. 70 Baht, Touren in die Umgebung.

Krathom Thai GH** ⑦, 52 Rong Heeb Oil Rd., ✆ 514958, 📠 512017, an der Einmündung der Patthana Rd., auf einem großen Gelände neben dem Restaurant und Reisebüro mit Motorradvermietung. Zwei Reihenhäuser mit 15 Zimmern, alle mit Du/WC und dicken Matratzen, große Liegewiese.

Rick's Lodge** ⑧, 48/5 Rong Heeb Oil Rd., ✆ 514831, Zimmer am Ufer mit Du/WC. Restaurant über dem Fluß. Der Manager spricht gut Deutsch und organisiert Touren in der Umgebung von Sangkhlaburi.

V.N. GH*-** ⑨, 44 Rong Heeb Oil Rd., ✆ 514082, etwas schmuddelig, Zimmer mit und ohne Du/WC und Fan.

River GH** ⑩, 42 Rong Heeb Oil Rd., ✆ 512491, abgewohnte Hütten im Fluß.

Aus dem **Stadtzentrum** sind seit dem Bau der neuen Straßenbrücke die Gästehäuser verschwunden. Neben dem Straßenverkehr machen hier vor allem am Freitag- und

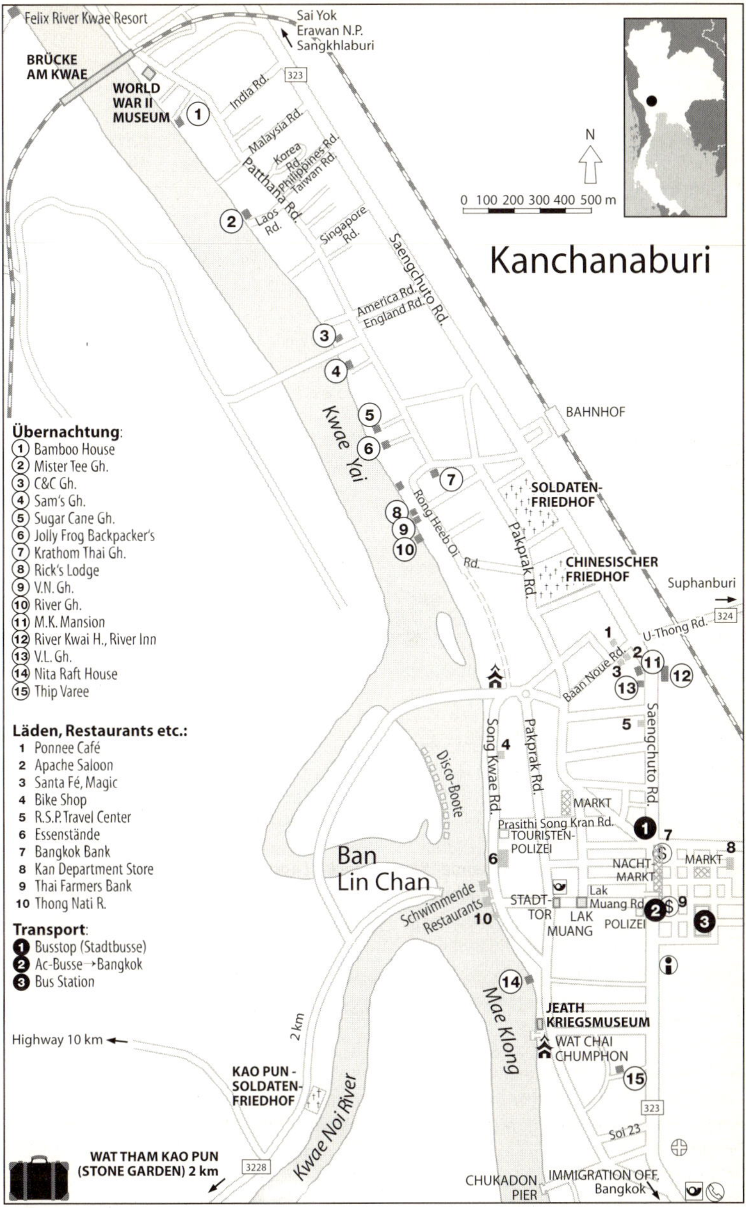
Kanchanaburi
Felix River Kwae Resort
Sai Yok
Erawan N.P.
Sangkhlaburi
BRÜCKE AM KWAE
WORLD WAR II MUSEUM
India Rd.
Malaysia Rd.
Korea Rd.
Philippines Rd.
Taiwan Rd.
Patthana Rd.
Laos Rd.
Singapore Rd.
Saengchuto Rd.
America Rd.
England Rd.
Kwae Yai
BAHNHOF
SOLDATEN-FRIEDHOF
CHINESISCHER FRIEDHOF
Rong Heeb Oi Rd.
Pakprak Rd.
Suphanburi
U-Thong Rd.
Baan Noue Rd.
Song Kwae Rd.
Disco-Boote
MARKT
Prasithi Song Kran Rd.
TOURISTEN-POLIZEI
NACHT-MARKT
Ban Lin Chan
Schwimmende Restaurants
STADT-TOR
Lak Muang Rd.
LAK MUANG
POLIZEI
Mae Klong
JEATH KRIEGSMUSEUM
WAT CHAI CHUMPHON
Highway 10 km
2 km
KAO PUN - SOLDATEN-FRIEDHOF
Kwae Noi River
Soi 23
WAT THAM KAO PUN (STONE GARDEN) 2 km
CHUKADON PIER
IMMIGRATION OFF.
Bangkok
0 100 200 300 400 500 m
N
Übernachtung:
1 Bamboo House
2 Mister Tee Gh.
3 C&C Gh.
4 Sam's Gh.
5 Sugar Cane Gh.
6 Jolly Frog Backpacker's
7 Krathom Thai Gh.
8 Rick's Lodge
9 V.N. Gh.
10 River Gh.
11 M.K. Mansion
12 River Kwai H., River Inn
13 V.L. Gh.
14 Nita Raft House
15 Thip Varee
Läden, Restaurants etc.:
1 Ponnee Café
2 Apache Saloon
3 Santa Fé, Magic
4 Bike Shop
5 R.S.P. Travel Center
6 Essenstände
7 Bangkok Bank
8 Kan Department Store
9 Thai Farmers Bank
10 Thong Nati R.
Transport:
1 Busstop (Stadtbusse)
2 Ac-Busse → Bangkok
3 Bus Station

Samstagabend bis tief in die Nacht die vielen Disco-Boote auf dem Fluß viel Lärm.
Nita Raft House** ⑭, 27/1 Pakprak Rd., ☏ 514521, südlich des Zentrums, 4 nette Pfahlhäuser mit Moskitonetz auf dem Fluß, gute Duschen, preiswertes Essen, abends Video.
Thip Varee** ⑮, 211/1-4 Saengchuto Rd., ☏ 511063, etwas weiter südlich in einer Nebenstraße. Zimmer nicht allzu sauber, aber mit Du/WC.
V.L. Guesthouse*** ⑬, 277/45 Saengchuto Rd., ☏ 513546, 3stöckiges Kleinhotel gegenüber dem River Kwai Hotel, Zimmer mit Fan oder ac, sehr sauber, nach hinten ruhig. Im Innenhof Frühstücksmöglichkeit.

HOTELS – Entlang der Hauptstraße gibt es einige billige Hotels, die vor allem von Einheimischen frequentiert werden.
River Kwai Hotel ⑫, 284/3-16 Saengchuto Rd., ☏ 511184, Fax 511269, ein etwas angestaubtes Mittelklassehotel in einem Block im Zentrum. An Wochenenden und Feiertagen sind die Zi mit ac, TV und Du/WC überteuert, ansonsten wird auf den Listenpreis ein Rabatt gewährt. Abends Disco. Das angrenzende ***River Inn*** ist etwas preiswerter und einfacher ausgestattet.
M.K. Mansion ⑪, 277/41 Saengchuto Rd., ☏ 621143, Fax 513233, mehrstöckiger Neubau, Mittelklasse, Zi mit ac und Du/WC, im Erdgeschoß Restaurant mit Karaoke.
Südlich der Stadt, nahe dem Chukadon-Pier: ***Kasem's Island Resort*** ab****, Ban Tai, 27 Chaichumphon Rd., ☏ 513359, Bungalows mit Fan und Du/WC auf der Insel, Pool und Restaurant. Büro am Chukadon-Pier. Die Fähren verkehren allerdings nur bis 22 Uhr.
Nördlich der Brücke am Kwae vermieten einige Resorts Bungalows an einheimische Touristen. Einzelreisende ohne Auto werden sich hier nicht wohlfühlen. Wer Komfort sucht, findet in Sichtweite der Brücke am jenseitigen Ufer eine schöne, große Hotelanlage:
Felix River Kwai, 9/1 Moo 3, Thamakham, ☏ 515061, Fax 515095, in Bangkok ☏ 2553410, Fax 2553457, in Deutschland ☏ 0130-845858, in der Schweiz ☏ 1551011, große First Class-Resortanlage mit zwei Pools am Flußufer. Komfortable, große Zimmer. Restaurants und alles weitere, was man von dieser Hotelkategorie erwartet. Vor allem Gruppenreisende, aber auch einige motorisierte Individualtouristen übernachten hier.

Essen

Den meisten Gästehäusern ist ein kleines Restaurant angegliedert, in dem es Frühstück und Traveller-Food gibt. An der Song Kwae Rd. werden abends **Essenstände** aufgebaut, die ein gutes Angebot bereithalten. Hier kann man preiswert essen, z.B. gegrillte Hähnchenschenkel oder die leckere Reissuppe *Choke*.
In zahlreichen **Schwimmenden Restaurants** im Zentrum und bei der Brücke kann man abends gut essen und bei Sonnenuntergang die phantastische Atmosphäre genießen. Sie werden ebenso wie die Restaurants am Flußufer vor allem von Thais besucht.
Thong Nati, nördlich der Fähre, hat auch eine Speisekarte in englisch. Abends Thai-Live-Musik.
Krathom Thai Restaurant, das *Center of Kanchanaburi*, 52 Rong Heeb Oil Rd., serviert bis Mitternacht ordentliche Portionen sehr schmackhafter europäischer und einheimischer Gerichte, freundlicher Service. Man sitzt im Freien unter Schutzdächern. Angeschlossen ist das Reisebüro *A.S. Mixed Travel* und die gleichnamige Unterkunft.
Rings um den **Busbahnhof** bieten sich mehrere Möglichkeiten zu essen. Am preiswertesten sind die Essenstände und Nudelläden südlich und westlich des Busbahnhofs. Nördlich und östlich bieten mehrere klimatisierte Restaurants und Karaoke Lounges Fast Food bzw. einheimische und westliche Gerichte zu lauter Musik. Leider bietet keine der beiden Bäckereien am Platz (geöffnet tgl. von 7–21 Uhr) Sitzgelegenheiten oder Getränke. Zwei internationale Fast-Food-Restaurants befinden sich im ***Kan Department Store***.

Die Eisenbahn des Todes 415 Kilometer war die Strecke lang, die die Japaner während des Krieges zur Sicherung des Nachschubs als Verbindung zwischen dem thailändischen und burmesischen Eisenbahnnetz durch die Wildnis treiben ließen.

Innerhalb von 17 Monaten, von Juni 1942 bis Oktober 1943, hatten 200 000 asiatische Zwangsarbeiter und 62 000 Kriegsgefangene unter großen Opfern die Trasse durch den Dschungel fertiggestellt, die noch immer lakonisch *Death Railway* genannt wird. Zwangsarbeiter aus Indien, Thailand, Burma, China, Indonesien und Malaysia sowie alliierte Kriegsgefangene lebten und arbeiteten unter unmenschlichen Bedingungen im Dschungel. Allein von den Kriegsgefangenen starben über 12 000 durch Unfälle, Unterernährung und Krankheiten, bei den Zwangsarbeitern waren es sogar über 80 000. Die meisten fielen der noch heute weitverbreiteten Malaria zum Opfer. Die Gleise führten am River Kwae entlang, über den Three Pagodas Pass (Chedi Sam Ong) bis nach Thanbyuzayat in Burma und wurden 21 Monate bis zum Juni 1945 benutzt.

Die Briten demontierten später einen Teil der Bahnlinie in Burma und entlang der Grenze. Die restliche Strecke hinter Nam Tok wurde nach dem Krieg von der Eisenbahnbehörde stillgelegt. Heute ist die Grenze nach Burma geschlossen, und der Dschungel hat die Trasse ab Nam Tok überwuchert. Eine neue Eisenbahnlinie nach Myanmar ist in Planung.

Nam Tok (= Wasserfall) ist die Endstation der *Death Railway*, die von Kanchanaburi 77 km auf einer zum Teil abenteuerlichen Strecke von 500 m zwischen steilen Felsen und dem Fluß entlangführt. Höhepunkt der Eisenbahnfahrt ist die Überquerung des **Wang Po-Viadukts**, einer Holzbrücke, die sich eng an die steilen Felswände schmiegt, und über die noch heute die Bahn im Schrittempo fährt. Kaum vorstellbar, unter welchen unsäglichen Anstrengungen dieser Streckenabschnitt von den Kriegsgefangenen mit einfachsten Werkzeugen erbaut wurde. Am gegenüberliegenden Ufer schwimmen die Floßbungalows des *River Kwai Jungle House*.

Von Nam Tok führt ein beliebter Ausflug zum **Khao Phang-Wasserfall** (ausgeschildert als Sai Yok Noi-Wasserfall), 1 km westlich der großen Kreuzung Richtung Norden, der am Wochenende ein gut besuchter Picknickplatz ist – schön nur während der Regenzeit (Juni – August). Am Parkplatz verkaufen mehrere Stände gesalzene Tamarinde, die hier besonders gut sein soll. Oberhalb des Wasserfalls führt ein etwa 3–4 km langer, ausgeschilderter Weg durch ein kleines Tal zur großen **Badan Cave** (auch *Wang Ba Dahl*). Die Beleuchtung der Tropfsteinhöhle ist jedoch verrottet, so daß nun Taschenlampen für 10 Baht ausgeliehen werden und der Eintritt auf 5 Baht gesenkt wurde. Eine starke Lampe ist erforderlich, denn im Dunkeln ist der Weg zu gefährlich.

Vom Pak Saeng Pier, westlich vom Bahnhof, (Motorradtaxen von der Abzweigung an der Hauptstraße 10 Baht) werden Boote zu den größten Tropfsteinhöhlen in dieser Gegend, den Lawa-Höhlen (ca. 2 Std.) für 600 Baht hin und zurück vermietet. Eintritt 5 Baht, Lampe 10 Baht.

Von Kanchanaburi fahren Züge um 6.10, 10.55 und 16.26 Uhr ab. Die zweistündige Fahrt kostet 17 Baht. Zurück um 5.25, 13.15 und 15.10 Uhr. Der Bus 8203 fährt jede halbe Stunde und kostet 18 Baht. Ab Thonburi um 7.50 / 13.45 Uhr, Zurück in Thonburi um 18.10 / 10.35 Uhr. Kaum lohnend sind die speziellen Touristen-Tickets für den Salonwagen von Kanchanaburi nach Nam Tok für 100 Baht, weitere Infos darüber im Hauptbahnhof in Bangkok oder in Kanchanaburi unter ✆ 561052.

Unterhaltung

MUSIK – Neben den üblichen Coffeeshops und Karaokebars überrascht der ***Apache Saloon***, Saengchuto Rd., ✆ 515032, ein Pub und Restaurant im Wildweststil mit Mädchen in Cowboykostümen, einer riesigen Videowand und sentimentaler sowie manchmal amerikanischer Live-Musik. Dahinter die ähnlich konzipierten Musikkneipen ***Santa Fé*** und ***Magic***.

DISCOBOOTE – Vor allem am Wochenende schwimmen auf dem Fluß bis zu 200 Discoboote, die versuchen, sich gegenseitig zu übertönen. Da auch viel Müll von den Booten im Wasser landet, sollen sie verboten werden. Im Zentrum dürfen sie schon jetzt nicht mehr fahren.

Sonstiges

FAHRRÄDER – werden von Gästehäusern und an anderen Stellen für ca. 40 Baht pro Tag vermietet, Mountainbikes 80 Baht. Auf der Fähre werden sie kostenlos befördert.

FESTE – Ende November / Anfang Dezember findet das einwöchige **River Kwai Bridge Festival** statt. Höhepunkt ist eine eindrucksvolle Sound-and-Light-Show über die Geschichte der Brücke. Zu dieser Zeit fährt sogar der legendäre *Eastern & Orient Express* nach Kanchanaburi.

GELD – ***Bangkok Bank*** an der Saengchuto, Ecke U-Thong Rd., nördlich vom Markt, ✆ 511111. ***Thai Farmers Bank*** an der Haltestelle der Busse nach Bangkok.
Money Changer im ***Ponnee*** (hinter dem *Apache Saloon*), einem Café, in dem auch gebrauchte Bücher verkauft werden.

IMMIGRATION – 100/22 Mae Klong Rd., ✆ 513325, in Pak Praek, 3,5 km Richtung Bangkok, am Rathaus 500 m nach rechts, neues Haus links, mit dem Songthaew 40 Baht. Eine Visumverlängerung geht schnell.

INFORMATIONEN – ***Tourist Office***, ✆/📠 511200, Saengchuto Rd., geöffnet tgl. 8.30–16.30 Uhr. Sehr gute Informationen.

KANUS – werden von einigen Gästehäusern am Fluß für 50 Baht p.P. vermietet.

MOTORRÄDER UND JEEPS – In mehreren Gästehäusern werden kleinere Maschinen für 150–300 Baht vermietet,
Im ***Bike Shop***, Song Kwae Rd., geöffnet tgl. außer So 8–19 Uhr, bei AJ vermietet Jaey auch 250er Enduros für 250 Baht und sogar größere Maschinen.
Tomi's Café an der Hauptstraße neben der Siam Commercial Bank vermietet Scooter für 200 Baht.
A.S. Mixed Travel, 52 Rong Heeb Oil Rd., im Krathom Thai Guest House, ✆ 514958, 📠 512017, vermietet gute Motorräder.
Off-Road Tours im *Mr. Tee Guesthouse*; von hier aus organisiert der Deutsche Harry Clusen im europäischen Winter Motorradtouren, Infos bei *Off-Road Tours*, Rosenhagen 19, 33104 Paderborn, ✆/📠 05254-7860. Da er häufig unterwegs ist, sollte man ihn besser vorher anschreiben. Wer unterwegs dazustoßen möchte, zahlt 2500 Baht pro Tag inklusive Fahrzeug und Hotels.

POST – Hauptpostamt 2 km Richtung Bangkok; kleines Postamt am Lak Muang im Zentrum. Post am Schalter abstempeln lassen.

TELEFON – ***Telephone Center*** am Postamt südlich des Zentrums, geöffnet tgl. 7–22 Uhr. Vor dem *Jolly Frog Backpacker's* ist ein privater Telefonservice (40 Baht Aufschlag).

TOURISTENPOLIZEI – Das Büro im Tourist Office, ✆ 512795, ist rund um die Uhr geöffnet. Zudem hat die Touristenpolizei einen Stand am Ufer, Ecke Prasithi Song Kran Rd.

VORWAHL – 034; PLZ 71 000.

WÄSCHEREI – Gute, preiswerte Wäscherei vor dem *Jolly Frog Backpacker's*.

Nahverkehrsmittel

SAMLOR – Die Fahrrad-Rikschas kosten für kurze Strecken mindestens 30 Baht, zur Brücke 50–60 Baht.

STADTBUSSE – Entlang der Hauptstraße verkehren zwischen 6 und 19 Uhr alle 15 Min. orangefarbene Stadtbusse für 3 Baht, die an festen Haltestellen stoppen, z.B. gegenüber der Einmündung der U-Thong Rd. Bus Nr. 2 fährt zur Brücke.

SONGTHAEW – Innerhalb des Stadtgebietes kostet eine Strecke 30–40 Baht. Eine Kleingruppe kann ein Songthaew für etwa 400 Baht mieten und in 3–4 Stunden zu der Brücke und den Museen fahren.

FÄHRE – Trotz der neuen Brücke ist die Personenfähre im Süden der Stadt weiterhin in Betrieb, die Radfahrern eine weitere gute Anreisemöglichkeit zu den Tempeln im Süden bietet. Sie kostet 2 Baht, Fahrräder und Motorräder werden kostenlos befördert.

Touren

TOUREN – Die Reisebüros und Gästehäuser in Kanchanaburi bieten Tagesausflüge zum Erawan National Park, dem Staudamm und der Brücke an, manchmal mit einem weiteren Schlenker über Nam Tok und der Rückfahrt mit der Bahn. Zudem werden Touren zum Tham Than Lot National Park und den Saphirminen sowie Trekkingtouren mit Elefantenreiten und Bambus-Rafting-Trips bei Sangkhlaburi durchgeführt. Einfache Tagestouren kosten 400–500 Baht, 2-Tages-Touren mit Elefanten und Rafting 1500–2000 Baht.
R.S.P. Travel Center, 271/1-3 Saengchuto Rd., ✆/℡ 512280; die 3tägige Trekkingtour mit Elefantenritt, Bootfahren, Rafting, Schwimmen, Jeepfahrten, Besuch einer Höhle und von Wasserfällen stellt keine großen Anforderungen. Längere Treks für gut Durchtrainierte auch nach Voranmeldung. Der 4–5tägige harte Trek in das Tung Yai Sanctuary (World Heritage), ein echtes Dschungelerlebnis, wird evtl. bald nicht mehr möglich sein, da der Park geschlossen werden soll.
Weitere Reisebüros, die Trekking-Touren anbieten: ***A.S. Mixed Travel*** im *Krathom Thai Guest House* und Restaurant, ✆/℡ 512017, und ***West Tours*** vor *Jolly Frog Backpacker's*, ✆/℡ 513654.
Sollte jemand am Ende der Tour Kleider übrig haben, können diese dem *R.S.P. Travel Center* für Flüchtlingslager gespendet werden.

BOOTSTOUREN – Hinter den Schwimmenden Restaurants werden Boote vermietet, z.B. bei ***Westours***, am Fluß vor dem Paekarn Restaurant, nahe der Fähre, ✆/℡ 513654. Sie lohnen sich für eine Stadtrundfahrt auf dem Kwae Noi, dem Kwae Yai und flußabwärts auf dem Mae Klong (= Zusammenfluß von Kwae Yai und Kwae Noi). Eine zweistündige Tour kostet etwa 500 Baht pro Boot, eine 2-Tagestour mit Übernachtung im Zelt 2300 Baht.

RAFTING UND KANUTOUREN – Das Rafting mit großen Bambusflößen auf dem Mae Klong hat an Beliebtheit eingebüßt. Vor allem durch die Staudämme hat sich die Wasserqualität erheblich verschlechtert, so daß ein Bad im Fluß nicht immer empfehlenswert ist. Über Rafting informiert jedes Guesthouse oder das Tourist Office.
Kanchanaburi Trekking Tour (KTT), 363/4 Menam Kwai Rd., ✆ 514470, am Anfang der Gasse zum Jolly Frog Backpacker's; gute 3tägige Floßtouren für 2000 Baht, 2 Tage für 1500 Baht; handeln zahlt sich nicht aus, da dann am Service gespart wird.
Safarine River Rafting, 1/2 India Rd., ✆/℡ 624279, zweitägige Kanutour auf dem Kwae Noi 2300 Baht, Tagestour auf dem Kwae Yai ab Staudamm 850 Baht inkl. Boote, Mittagessen, Guides und Transfer. Die kleine zweistündige Tour nahe der Stadt kostet 250 Baht.

Transport

Ankommende Touristen werden von Samlorfahrern abgepaßt, die nachher von den Gästehäusern eine *commission* verlangen.

BUSSE – In Kanchanaburi halten die Busse an der Bus Station nördlich vom Tourist Office. Ac-Busse nach Bangkok fahren von der Seitenstraße zwischen der Bus Station und dem Tourist Office ab.
Von BANGKOK (non-ac-Southern Bus Terminal in Thonburi) mit dem Bus 81 alle 15 Min. bis 20 Uhr für 35 Baht in 3 Std. (ac-Bus von 5.30 bis 22 Uhr alle 15 Min. für 62 Baht in 2 1/2 Std.) über NAKHON PATHOM (non-ac 20 Baht, ac-Bus 22 Baht, 1 1/2 Std.). Der letzte Bus zurück fährt gegen 19 Uhr. Zudem fährt ein Minibus vom *Jolly Frog Backpacker's* um 10 Uhr für 70 Baht nach Bangkok.
Von DAMNOEN SADUAK (Floating Market) mit Bus 78 zuerst nach Nakhon Pathom und weiter mit Bus 81, schneller über BANG PHAE und von dort mit Bus 461 alle 15 Min. für 19 Baht.
Von RATCHABURI alle 15 Min. mit non-ac-Bus 461 für 26 Baht in 2 1/2 Std.
Von HUA HIN mit Bus 71 und von PHETCHABURI und CHA-AM mit Bus 73 zuerst nach RATCHABURI und weiter mit Bus 461 bis 18.15 Uhr.
Wer auf dem Weg nach Ayutthaya Bangkok umgehen möchte, muß umsteigen:
Zuerst bis SUPHANBURI mit Bus 411 alle 20 Min. bis 17 Uhr für 25 Baht in 2 1/2 Std. Dann stündlich mit dem gelben Bus 703 in 1 1/2 Std. nach AYUTTHAYA für 18 Baht.

EISENBAHN – Beliebt ist die gemächliche Fahrt mit dem Zug vom Bahnhof in THONBURI über Nakhon Pathom, 14 Baht, und Kanchanaburi, 28 Baht, nach Nam Tok, 41 Baht; ab Kanchanaburi 17 Baht. Allerdings dauert der interessanteste Teil der Fahrt über das Wang Po-Viadukt kurz vor Nam Tok nur wenige Minuten. Zwei Züge ab Thonburi um 7.45 / 13.45 Uhr, ab Kanchanaburi um 10.45 / 16.37 Uhr, an der Brücke (kurzer Stop), Ankunft in Nam Tok um 13.25 / 18.40 Uhr. Ab Nam Tok um 13.00 / 5.25 Uhr, an Kanchanaburi um 14.50 / 7.27 Uhr, Ankunft in Thonburi um 18.10 / 10.35 Uhr.
Ein gemischter Güter- und Passagierzug verkehrt tgl. außer feiertags nur zwischen Kanchanaburi (Abf.: 6.11 Uhr) und Nam Tok (Abf.: 15.15 Uhr) in ca. 2 1/2 Std. Die nächste Bahnstation an der Strecke nach Süden, wo einige Schnellzüge am Nachmittag halten, ist BAN PONG (50 km), ab Kanchanaburi mit den Bussen 81 oder 461 für 14 Baht (ac 20 Baht) zu erreichen. Man kann auch in NAKHON PATHOM (15 Baht) umsteigen und sich bei dieser Gelegenheit den großen Chedi ansehen. Plätze im Schlafwagen frühzeitig reservieren.

Richtung Norden

Vier- bis achtspurige Highways durchqueren nördlich der Metropole die fruchtbare Menam-Ebene, die „Reiskammer" des Landes. Allerdings fallen immer mehr Felder brach oder werden mit Industrieanlagen und neuen Wohngebieten bebaut, vor allem in der unmittelbaren Umgebung von Bangkok. In den verbliebenen ländlichen Regionen durchziehen Dämme und baumgesäumte Kanäle das Land, in dem zahlreiche Wasservögel reichlich Nahrung finden. Vom 10. bis 13. Jahrhundert wanderte das Volk der Thai aus dem Norden in dieses Gebiet, das bereits zuvor von den Mon und Khmer besiedelt war. Vor allem für Kulturinteressierte lohnt sich ein Besuch der alten Ruinenstadt Ayutthaya. Von Bangkok aus gibt es verschiedene Möglichkeiten, Tagestouren nach Ayutthaya und Bang Pa In zu machen, unter anderem mit Passagierschiffen auf dem Menam Chao Phraya.

Zwischen Ayutthaya und Bangkok

Bang Sai

Das Trainingszentrum für traditionelles Kunsthandwerk bei Bang Sai wurde unter der

Schirmherrschaft der Königin errichtet, um vom Aussterben bedrohte Künste zu retten. Hier sollten die besten Handwerker des Landes junge Leute aus ländlichen Regionen unterrichten und die traditionellen Formen weiterentwickeln, um sie den Bedürfnissen des modernen Marktes anzupassen. Die Produktpalette ist groß: neben zierlichen Glasarbeiten werden Möbel aus Holz und Rattan, Seidenstoffe und Textilien, Flechtarbeiten aus getrockneten Wasserhyazinthen, aus Bambus und anderen Materialien in verschiedenen Häusern hergestellt. Die besten Produkte aus Bangsai werden in den *Chitralada Handicraft Shops* (z.B. am Airport oder im Königspalast hinter der Kasse) verkauft.

Nach dem Training gehen die jungen Leute zurück in ihre Dörfer und eröffnen kleine Betriebe, die den Bauern nach der Erntezeit ein zusätzliches Einkommen ermöglichen. Das Zentrum unterstützt die jungen Leute auch finanziell bei der Betriebsgründung und der Anschaffung von Maschinen und Geräten. Damit auch der Absatz der Produkte funktioniert, erhalten die Schüler Unterricht in kaufmännischem Grundwissen.

Die Gebäude liegen in einer weitläufigen Parklandschaft. Für die Königsfamilie wurden einige Gebäude, darunter ein Elefantenhaus, im traditionellen Thai-Stil errichtet. Hingegen sind die Trainingsräume sehr funktional gehalten. Zur Anlage gehört zudem ein buddhistisches Zentrum, eine Krankenstation, eine Baumschule, ein Bananengarten mit 300 verschiedenen Sorten, ein Vogelhaus, ein Restaurant und natürlich ein Souvenirshop.

Das Center, ✆ 035-366092, ist tgl. außer Mi von 8.30–16 Uhr geöffnet, montags kann man keine Handwerker bei der Arbeit sehen, Eintritt 20 Baht.

Transport

Das Center, 6 km südlich von Bang Sai am Ufer des Menam Chao Phraya, wird häufig im Rahmen einer Bootstour nach Bang Pa In (s.u.) besucht.
Mit dem eigenen Fahrzeug: von Bangkok aus von der Hauptstraße Richtung Ayutthaya nach links zur neuen Straße 347 (ausgeschildert) abbiegen oder von der neuen East-West-Ring-Road H37 an der ausgeschilderten Abzweigung 5,4 km auf dem H3309 Richtung Norden fahren.
Vom Northern Bus Terminal in BANGKOK (78 km) fahren Busse u.a. um 8.30, 9.30, 10, 12 und 13.30 Uhr für 20 Baht in 2 Std. Zurück um 12, 13.30 und 17 Uhr. Von BANG PA IN, 18 km nördlich, fährt ein Bus für 5 Baht.

Bang Pa In - der Sommerpalast

Im 17. Jahrhundert wurde dieser Sommerpalast der Könige von Ayutthaya auf einer Insel im Menam Chao Phraya erbaut. Er geriet in Vergessenheit, als Bangkok Königsstadt wurde. Erst als Dampfschiffe die Reisezeit verkürzten, wurde der Palast von König Mongkut wieder genutzt und ausgebaut. Damals, am Ende des 19. Jahrhunderts, entstand diese seltsame Mischung verschiedener Baustile aus China, Europa und Siam. Durch den Haupteingang betritt man zuerst den äußeren Palast. In einem weitläufigen Park steht am Flußufer ein kleiner Schrein in Form eines Khmer-Prangs, der **Ho Hem Monthian Thewat**. Er enthält die Statue des Königs Prasat Thong von Ayutthaya, des „Königs des Goldenen Palastes". Am gegenüberliegenden Ufer lebten die Familien der Brüder von König Chulalongkorn im **Saphakhan Ratchprayun**, das im europäischen Stil erbaut wurde.

Besonders schön ist der in zahlreichen Prospekten abgebildete, kleine Wasserpavillon **Aisawan Thippa-at**, eine Holzkonstruktion im klassischen Thai-Stil, die sich in einem Teich spiegelt.

In der früheren königlichen Audienzhalle und Residenz **Warophat Phiman**, links vom Pavillon, finden noch immer königliche Zeremonien statt. Die Halle des neoklassischen Gebäudes, die mit Wandmalereien geschmückt ist, die Szenen aus der thailändischen Geschichte und Literatur darstellen (Ramayana, I-nau u.a.), ist nicht zugänglich. Von hier führt eine überdachte Brücke zum **Thewarat Khanlai**, dem Tor zum Inneren Palast, der früher ausschließlich der Königsfamilie vorbehalten war.

Inmitten der gepflegten Gartenanlage des Inneren Palastes stehen verschiedene Gebäude. Am interessantesten ist das von reichen Chinesen gestiftete zweistöckige Gebäude **Wehat Chamrun**, das ganz im Stil einer chinesischen Herrscherresidenz errichtet worden ist. Es ist mit schönen Möbeln mit Perlmutt-Einlegearbeiten und Holzschnitzereien, u.a. dem Bett von König Chulalongkorn, ausgestattet und kann hinter schützendem Glas besichtigt werden.

Auf einer kleinen Insel steht der Aussichtsturm **Ho Withun Thatsana**, den König Chulalongkorn errichten ließ. Von oben bietet sich ein schöner Blick über die Gartenanlage.

Der Bang Pa In ist tgl. von 8.30–15.30 Uhr geöffnet, Eintritt 50 Baht, Thai 30 Baht, Studenten 20 Baht. An der Kasse gibt es eine Broschüre, in der alle Gebäude ausführlich beschrieben sind. Hinter dem Eingang links werden 20minütige Bootstouren um die Insel für 60 Baht angeboten, Tickets an der Kasse.

Transport

Mit einem eigenen Fahrzeug fährt man von Bangkok aus (61 km) auf der Hauptstraße Richtung Norden und biegt 22 km südlich von Ayutthaya nach links ab. Vom Bahnhof in Bang Pa In führt eine schmale Straße zwischen Fluß und Eisenbahn zum Palast.

BUSSE – Vom Northern Bus Terminal in BANGKOK fahren Busse alle 20 Min. bis 20.20 Uhr für 16 Baht in 2 Std. Von AYUTTHAYA fahren Songthaew und Busse bis gegen 17 Uhr alle 30 Min. für 10 Baht in 30 Min.

EISENBAHN – Alle lokalen Züge halten am kleinen Bahnhof, 1,7 km nördlich des Palastes, Motorrad-Samlor 10 Baht. Ab BANGKOK kostet die Fahrt in der 2. / 3. Kl. 26 / 12 Baht, ab AYUTTHAYA 5 / 3 Baht.

BOOTE – In Ayutthaya werden Boote für max. 10 Pers. ab der Bootsanlegestelle neben dem U-Thong Hotel und ab Wat Phanan Choeng im Süden angeboten.
Chao Phraya Express Boat Service, ✆ 2225330, und ***The Mit Chao Phraya Express Boat Co.***, ✆ 2256179, 221297, fahren jeden So von BANGKOK nach Bang Pa In, zum Royal Folk Arts & Crafts Center in Bang Sai und zum Wat Phai Lom für 190 (unteres Deck) bzw. 250 Baht (oberes Deck), Rückkehr gegen 18 Uhr.
Weitere Luxusschiffe bieten Tagestouren nach Bang Pa In ab 1400 Baht inkl. kaltem Büfett und einem Besuch von Ayutthaya an, s.S. 222.

Ayutthaya

อยุธยา

417 Jahre hindurch war Ayutthaya die Königsstadt des siamesischen Reiches, bis sie 1767 von burmesischen Truppen zerstört wurde. Von hier aus regierten 33 Könige, und auf dem Höhepunkt ihrer Macht hatten die absoluten Monarchen im 17. Jahrhundert eine Stadt errichten lassen, die es mit allen europäischen Metropolen ihrer Zeit aufnehmen konnte. 375 prunkvolle Tempel, 29 Festungen und 94 Tore zählte man auf dem riesigen Areal, dessen Ausmaße sich heute zwischen Wohnhäusern, Feldern und Gärten nur noch bruchstückweise erahnen lassen. Ein umfangreicher Beamtenapparat, geschützt von einer einflußreichen Militärmacht, verwaltete die im Reich eingetriebenen Steuern und pflegte regen internationalen Handel. Schiffe aus aller Herren Länder segelten den Menam Chao Phraya hinauf, und Europäer, Chinesen und Japaner siedelten in eigenen Stadtvierteln. Die Pracht bei Hofe und die Ausstattung der Heiligtümer waren legendär, und was davon heute noch zu sehen ist, sind nurmehr kümmerliche Überreste.

Den Fall Ayutthayas haben die Thais den Burmesen bis auf den heutigen Tag nicht verziehen. Das Gold von Ayutthaya, so heißt es, bedeckt seitdem die Shwedagon-Pagode in Rangoon. Was von den Bauten nicht zerstört wurde, verfiel und wurde vom Dschungel überwuchert. Die Könige kehrten nicht an den Ort der Niederlage zurück – die neue Hauptstadt hieß Bangkok.

Die historische Stadt Ayutthaya (gesprochen: *Ayut-tha-ja),* mit vollem Namen *Phra Nakhon Si Ayutthaya,* liegt auf einer Insel, die durch den Zusammenfluß von 3 Flüssen gebildet wird. Die meisten Ruinen sind restauriert worden und haben dabei vielfach an Charakter eingebüßt, vor allem die großen Tempel mit ihren gepflegten Rasenflächen und asphaltierten Parkplätzen. Fast alle Tempel sind von 8.30–16.30 Uhr geöffnet. Das heutige, wenig attraktive Zentrum der 60 000 Einwohner zählenden Provinzstadt erstreckt sich weiter im Osten rings um den Markt.

Ayutthaya Historical Study Center

Zu Beginn einer Rundfahrt durch die historische Stadt sei ein Besuch im Ayutthaya Historical Study Center empfohlen. Das moderne Gebäude, das von japanischen und thailändischen Architekten gemeinsam entworfen wurde, soll dem Studium der Ayutthaya-Periode dienen und beherbergt ein sehr anschauliches Museum sowie eine Bibliothek. Im Museum wird die Ayutthaya-Periode auf unkonventionelle Art mit Hilfe von Modellen, Schautafeln und Dioramen wieder zum Leben erweckt. Vier Themenschwerpunkte zeigen Ayutthaya als Hauptstadt (im unteren Bereich: u.a. Modelle des Königspalastes und des Wat Phra Si San Phet), als Handelszentrum (links: Handelsrouten, Waren, Transportmittel), als zentralistischen Staat (im hinteren, mittleren Bereich: die Rolle des Königs und seiner Hauptstadt, Symbole der Herrschaft, verschiedene Zeremonien und Machtmechanismen) sowie das traditionelle Dorfleben (rechts: Alltagsleben in einem Dorf, Sozialstruktur, Modell eines Dorfes und eines Thai-Hauses, traditionelle Medizin usw.). Der fünfte Bereich, der Beziehungen Ayutthayas zum Ausland und die Einflüsse von außen darstellt, ist in einer Außenstelle des Museums in der japanischen Siedlung zu sehen (s.u.). Geöffnet Mi–So außer feiertags von 9–16.30 Uhr, Eintritt 100 Baht – nicht billig, aber lohnenswert.

Chao Sam Phya National Museum

Eher traditionell ist das Chao Sam Phya National Museum, das in mehreren Gebäuden in einem kleinen Park untergebracht ist, der Eingang befindet sich in der Rotchana Rd.

Das Hauptgebäude macht einen etwas vernachlässigten Eindruck. Im Erdgeschoß werden Funde aus verschiedenen Epochen gezeigt, die in den 50er Jahren ausgegraben worden sind. Beeindruckend sind die Goldschätze aus dem Wat Ratburana im 1. Stock, darunter goldene Amulette, Statuen, Schmuck und ein königliches Schwert. Ein weiterer Raum enthält Votivgaben aus dem Wat Mahathat.

Im zweiten Gebäude sind Funde aus verschiedenen Regionen und Epochen zu sehen. Geöffnet Mi–So von 9–12 und 13–16 Uhr, ✆ 251587, Eintritt 20 Baht.

Rings um den Rama Park

Der Rama Park wurde rings um den hübschen Phra Ram See angelegt und stellt die ihn umgebenden Tempel in einen ansprechenden Rahmen. Allerdings sind die Tretboote verschwunden und ein Teil der Brücken wegen Baufälligkeit gesperrt.

Südwestlich des Parks erhebt sich der hohe Prang von **Wat Phra Ram**, das 1369 unter dem zweiten König Ramesuan als Begräbnisstätte für seinen Vater, U-Thong, dem Gründer von Ayutthaya, erbaut wurde, Eintritt 30 Baht.

Östlich des Parks erstreckt sich die weitläufige Anlage von **Wat Mahathat**, einem 1384 gegründeten und während der folgenden Jahrhunderte mehrfach erweiterten Tempel. Aus der frühen Zeit sind nur noch Grundmauern erhalten. Die Ruine des zentralen Prangs, der 250 Jahre später erbaut wurde und 44 m hoch war, läßt seine ursprüngliche Größe nur noch erahnen. An seinem Fuß sitzt ein großer, steinerner Buddha. Unter dem ausgebrannten Tempel fand man wertvolle Buddha-Figuren, die vergraben worden waren, um sie vor plündernden Burmesen zu retten. Eintritt 30 Baht bis 16.30 Uhr, danach freier Eintritt. Kurz vor Sonnenuntergang ist die Atmosphäre am schönsten.

Gegenüber überragt ein stark restaurierter Prang das **Wat Ratburana**. 1424 ließ der 7. König von Ayutthaya diesen Tempel als Begräbnisstätte für seine beiden älteren Brüder erbauen, die den Kampf um die Thronfolge verloren hatten. In den Krypten unter dem Prang mit ihren Wandmalereien, die zur Zeit restauriert werden, wurde einer der größten Goldschätze der Stadt entdeckt – nun ausgestellt im Obergeschoß des Museums (s.o.). Geöffnet tgl. 8–16.30 Uhr, danach sind die Tore geschlossen, mittags wird es wegen der zahlreichen Tagestouristen aus Bangkok sehr voll; Eintritt 30 Baht.

Der Palastbereich

Nordwestlich des **U-Thong Memorials**, einer Statue des ersten Königs von Ayutthaya, sind auf einem weitläufigen, baumbestandenen Gelände die Mauerreste seines ehemaligen Palastes zu besichtigen. Er war 1350 erbaut worden, wurde aber bereits 100 Jahre später vom 8. König aufgegeben, der seine Residenz etwas weiter nach Norden in die Nähe des Flusses verlegte. Die zweistöckige **Suriyat Amarin Halle** nutzte König Narai zur Beobachtung der Prozession der königlichen Barken auf dem Fluß. Die angrenzende **San Phet Prasat Halle**, von der nur noch die Fundamente erhalten sind, wurde 1448 als Empfangsgebäude für Staatsgäste erbaut. Eine nach alten Plänen erbaute Kopie kann in Ancient City (s.S. 226) besichtigt werden. Unter dem 24. König von Ayutthaya entstand Anfang des 17. Jahrhunderts die Zeremonienhalle **Viharn Somdet**, das nächste Gebäude, sowie die **Chakravatphaichayon-Halle** am östlichen Ende des Palastes, von der aus der König Paraden und Umzüge abnahm. Der offene, hölzerne **Trimuk Pavillon**, westlich der San Phet Prasat Halle, wurde erst 1907 unter König Chulalongkorn errichtet.

Im Süden erstreckt sich **Wat Phra Si San Phet**. 1448 wurde mit dem Bau der prunkvollen königlichen Tempelanlage begonnen, die mehrfach umgestaltet und erweitert wurde, bis die burmesischen Eroberer sie 1767 niederbrannten. Der 16 m hohe vergoldete Bronzebuddha Phra Sri San Phet, der im Viharn stand, wurde dabei zerstört. Die Anlage mit ihren vielen halbverfallenen Tempeltürmen wird von drei großen, restaurierten Chedis dominiert, die die Asche verstorbener Könige und eine Reliquie Buddhas enthalten. Rechts davon ragen die Säulen des früheren Viharn in den Himmel. Eintritt 30 Baht, geöffnet tgl. 8.30–16.30 Uhr.

Der Innenraum des rekonstruierten **Viharn Phra Mongkol Bophit** wird von einem der größten Bronzebuddhas Thailands aus dem 15. Jahrhundert ausgefüllt. Der Viharn wurde 1956 originalgetreu rekonstruiert und die Figur 1991/92 anläßlich des 60. Geburtstags der Königin vergoldet. Geöffnet tgl. von 8–16.30 Uhr.

Vor allem am Wochenende ist hier viel los. Neben dem Parkplatz vor dem Tempel warten zahlreiche Souvenir- und Getränkehändler auf Kunden. Unter anderem werden Currypaste, Krabbenbrot, Korbwaren und Töpferwaren angeboten.

Im Westen der Stadt

Etwas versteckt liegt **Wat Lokayasutha**. Hier blieb eine der größten liegenden Buddha-Figuren aus Stuck erhalten, die nun, nachdem das Kloster abgebrannt ist, unter freiem Himmel ruht.

Am anderen Flußufer, etwas weiter im Südwesten, steht **Wat Chai Wattanaram**, eine sehenswerte, große Anlage im Khmer-Stil mit einem zentralen Prang, der wiederum von acht kleineren umgeben ist. Das zum UNESCO Weltkulturerbe gehörende Bauwerk ist über eine breite Straße, die vom H3263 kurz vor der Kreuzung mit dem H3412 abgeht, zu erreichen. Eintritt 20 Baht.

Chandra Kasem Palast und Wat Senatsanaram

Im Nordosten der Insel befindet sich der rekonstruierte Palast des Kronprinzen aus dem Jahre 1577. König Mongkut lebte zeitweise hinter den hohen Mauern. Den großen Platz umgeben mehrere Gebäude, das erste Gebäude links vom Eingang, der **Chantura Mukh**

Pavillon, enthält eine kleines Museum, u.a. mit Keramiken, Buddhafiguren, Holzschnitzereien und anderen Gegenständen aus dem ehemaligen Besitz von König Mongkut. Im dahinterliegenden **Piman Rajaja Pavillon**, der ehemaligen königlichen Residenz, sind weitere Buddhastatuen und andere Gegenstände ausgestellt. Den **Pisai Salak Turm** hinter der Residenz ließ sich König Mongkut für seine astronomischen Studien erbauen. Geöffnet Mi–So außer feiertags 9–12 und 13–16 Uhr, Eintritt 30 Baht.

Im Südosten

Wat Yai Chai Mongkol liegt außerhalb des historischen Stadtkerns. Bereits König U-Thong hatte 1357 an dieser Stelle den ersten Tempel der Stadt gegründet. Er wurde für Mönche erbaut, die von ihren Studien in Ceylon nach Siam zurückkehrten. Später residierte hier der Erste Patriarch. Der Tempel in seiner heutigen Form mit einem 62 m hohen Chedi, den zahlreiche Buddha-Statuen und eine gepflegte Gartenanlage umgeben, wurde unter Naresuan als Erinnerung an einen historischen Sieg über seinen burmesischen Widersacher 1592 umgestaltet. Naresuan hatte bei Nong Sarai (Saraburi Provinz) in einem Zweikampf auf dem Rücken von Kriegselefanten eigenhändig den burmesischen Herrscher besiegt. Ein riesiges Wandgemälde von dieser Schlacht schmückt den Bot. Geöffnet tgl. von 8–18 Uhr, Eintritt 30 Baht.

Weiter im Südwesten erstreckt sich zwischen Fluß und Straße das weitläufige **Wat Phanan Choeng**, das in früheren Jahren als Exerzierplatz diente. Möglicherweise gab es den Tempel bereits vor der Gründung von Ayutthaya, denn die 20 m hohe Buddha-Statue Phra Chao Phananchoeng (Luang Po To) im hinteren hohen Viharn soll bereits 1344 aus Stuck gefertigt worden sein und den Tempel niemals verlassen haben. Sie gilt als Beschützerin der Seeleute und wird vor allem von Chinesen verehrt.

Aus der frühen Ayutthaya-Periode stammt auch die Statue im Sukhothai-Stil, die im Bot zwischen zwei Statuen aus der Ayutthaya-Periode steht. Sie wurde bereits 1357 angefertigt, aber erst 1965 unter Stuck, der sie vor Plünderungen schützen sollte, entdeckt. Die schönen Wandmalereien im Inneren des Bot wurden aufwendig restauriert. Hinter dem Wat gibt es eine Bootsanlegestelle.

Am anderen Ufer, im **Wat Suwandararam**, sind ein kleiner Teil der Wandmalereien unter König Rama VII. (1931) restauriert und erneuert worden, die unter anderem den 1592 stattgefundenen Kampf zwischen den beiden verfeindeten Herrschern König Naresuan und Phra Maha Uparacha von Burma auf Kriegselefanten darstellen. Die Tore zum Bot und Viharn sind allerdings meist verschlossen, evtl. hat man während der Gebetszeit gegen 16 Uhr die Gelegenheit, einen Blick hineinzuwerfen.

An der Einmündung des Klong in den Menam Chao Phraya, etwas weiter westlich, wurden 1959 Teile der bereits unter U-Thong errichteten alten **Stadtbefestigung** rekonstruiert. Die Ziegel der ursprünglichen Anlage waren auf Frachtkähne verladen und beim Aufbau der neuen Hauptstadt Bangkok verwendet worden.

Weiter außerhalb

Nördlich des ehemaligen Königspalastes erhebt sich jenseits des Flusses **Wat Na Phra Meru**, eine wahrscheinlich bereits 1504 gegründete Tempelanlage. Der mit schönen Holzschnitzereien geschmückte, imposante, große Bot mit dem mehrfach gestaffelten Dach wurde kürzlich restauriert. Er enthält einen 6 m hohen, vergoldeten Bronzebuddha, der im Stil eines Ayutthaya-Herrschers gekleidet ist. Das Innere des danebenliegenden, kleinen Viharn, dessen Wände mit verblichenen Wandmalereien bedeckt sind, wird von einem aus schwarzem Stein gehauenen Buddha im Dvaravati-Stil dominiert. Wahrscheinlich stammt die im europäischen Stil sitzende Statue ursprünglich aus Nakhon Pathom. Die eindrucksvollen Skulpturen, die prunkvolle Ayutthaya-Architektur der Tempelanlage und ihre landschaftlich reizvolle Umgebung machen einen Besuch äußerst lohnenswert. Eintritt 20 Baht.

2,5 km nordwestlich der Stadt liegt **Chedi Phu Khao Thong**. Der 80 m hohe Chedi ist – im Gegensatz zu den anderen Bauten – im burmesischen (Mon-)Stil erbaut. Als die Burmesen 1569 schon einmal Ayutthaya eingenommen hatten, errichteten sie diesen Tempel als Erinnerung an den Sieg. 15 Jahre später wurden sie wieder vertrieben, und der Chedi erhielt ein neues Äußeres im Thai-Stil. Aus Anlaß des 2500jährigen Bestehens des Buddhismus wurde 1956 eine 2,5 kg schwere Goldkugel auf der Spitze der Pagode angebracht.6 km außerhalb, nördlich der historischen Stadt, steht der **Elefantenkraal** (Paniad), die vom Tourist Office restauriert wurde. Innerhalb der Umzäunung aus Teak-Pfosten wurden die königlichen Elefanten gezähmt. Heute sind hier keine Elefanten mehr untergebracht, aber mit etwas Phantasie kann man sich das damalige Geschehen vorstellen. Südlich von Wat Phanan Choeng befand sich die **Japanische Siedlung**. Hier sind in einem modernen Rundbau, einer Außenstelle des Ayutthaya Historical Study Center, die Beziehungen Ayutthayas zum Ausland dargestellt. Die Fahrt hierher lohnt nur für wirklich Interessierte, Eintritt mit der Eintrittskarte des Historical Study Center.

Von hier sind es 14 km auf einer staubigen Schotterstraße nach Bang Pa In, vorbei an vielen Wats, die das Flußufer säumen.

Übernachtung

GÄSTEHÄUSER – In den alten Holzhäusern werden zumeist einfache Zimmer vermietet. Durch den Ausbau der Straße kann sich die Atmosphäre allerdings ändern.

Old B.J. GH* ⑤, 16/7 Naresuan Rd., ✆ 251526, 200 m vom Busbahnhof in einer Seitengasse. Einfache Zimmer mit Gemeinschafts-Du/WC, oben mehr Luft als unten, nette Leute; Verleih von Fahrrädern (50 Baht) und Motorrädern (300 Baht)

Ayutthaya GH* ③, 16/2 Naresuan Rd., ✆ 251468. Einfache, saubere Zimmer (die besseren im 1. Stock), manchmal viele Moskitos, Gemeinschafts-Du/WC; Fahrräder.

Buddhastatuen im Wat Yai Chai Mongkol

Mr. Hong GH**④, Naresuan Rd., liegt direkt davor. Holzhaus mit einfachen Zimmern.
p.u. GH**⑥, 20/1 Soi Thor Kor Sor, ab Naresuan Rd., ☎ 251213, neues, japanisch gemanagtes Gästehaus, ruhige, saubere Zimmer und Schlafsaal mit Gemeinschafts-Du/WC. Japanisch angehauchte Küche, allerdings nur bis gegen 20 Uhr. Fahrradvermietung.
PS GH**⑦, Naresuan Rd., weiteres kleines Gästehaus, unter thai-englischer Leitung, mit Vorhof; saubere Zimmer mit Fan.
B.J. GH**⑩, 19/29 Naresuan Rd., ☎ 246046, Gästehaus an der lauten Straße, gutes Essen. Es werden Touren zu den Tempeln organisiert.
Ayutthaya Youth Hostel**⑬, 48 Mu 2 U-Thong Rd., ☎ 241978, traditionelles Thaihaus nördlich der Pridi Damrong Brücke, Restaurant mit Blick über den Fluß, nicht ruhig.
Tongchai GH** (ac***) ⑨, 9/6 Maharaj Rd., ☎ 245210, 27 schmuddlige Bungalows mit ac und Du/WC in einem kleinen Garten gegenüber von Wat Ratburana, die vor allem von Damen des leichten Gewerbes frequentiert werden. Karaoke bis 1 Uhr nachts.

HOTELS – ***Sri Smai Hotel******–**** ⑧, 12 Naresuan Rd., ☎ 252249, renoviertes Hotel in zentraler Lage, Zi mit Fan und Du/WC, weitere mit ac und Heißwasser, nach hinten ruhiger.
Thai Tai Hotel** (ac***) ⑪, 13/1 Naresuan Rd., ☎ 224702, 100 m abseits der Straße, alte Bungalows und Reihenhäuser, nicht auf Traveller eingestellt aber o.k.
Wiang Fa Hotel***⑭, 1/8 Rojana Rd., ☎ 243252, im alten Zentrum, überwiegend einheimische Kurzzeit-Kunden.
Cathay Hotel**②, 36/5-6 U-Thong Rd., ☎ 251562, nahe Chandra Kasem Palast, schmuddelig und laut.
U-Thong Hotel**①, 86 U-Thong Rd., ☎ 251136, muffig, dunkel und teuer, nicht zu verwechseln mit dem
U-Thong Inn, 210 Rojana Rd., ☎ 242236, 📠 242235, 1 1/2 km östlich vom Fluß links der Straße zum Highway, 100 vollklimatisierte Zimmer um 1000 Baht.

Ayutthaya Grand Hotel , 55/5 Rojana Rd., ☎ 335483, 📠 335492, der Betonklotzdes Mittelklassehotels hinter dem Busbahnhof, 4 km östlich der Stadt, lohnt nicht die hohen Zimmerpreise. Der Pool kann auch von Nicht-Gästen für 30 Baht Eintritt genutzt werden.
Krung Si River Hotel⑮, 27/2 Moo 11 Rojana Rd., ☎ 242996, westlich der Brücke am Fluß, ist neu und das derzeit beste First Class Hotel, Pool.
Tevaraj Tanrin Hotel⑫, 91 Moo 10 Rojana Rd., ☎/📠 244139, schräg gegenüber dem Bahnhof, neben dem gleichnamigen Restaurant, neu, komplett ausgestattet, Mittelklasse.

Essen

Gutes und billiges Essen gibt es auf dem ***Nachtmarkt*** zwischen Fluß und U-Thong Rd., gegenüber dem Chandra Kasem Palast und an den Straßenständen direkt vor dem Bahnhof. Fastfood sowie ein Dim Sum und Enten-Restaurant im ***Amporn Department Store***, wo es zudem einen Supermarkt gibt.
Die Restaurants am Flußufer sind etwas überteuert, bieten dafür jedoch am Abend eine schöne Atmosphäre, allerdings sind zu manchen Jahreszeiten Moskitos eine Plage.
Ruenpae, 36/1 U-Thong Rd., im schwimmenden Restaurant neben der Brücke speisen viele Reisegruppen.
Taevaraj Tanrin, südlich vom Bahnhof; im klimatisierten Hotel-Restaurant, dem angrenzenden offenen schwimmenden Restaurant sowie im großen Thai-Nachtclub vor dem Hotel mit den knapp bekleideten Sängerinnen wird recht gutes Thai-Essen serviert.
Das ***Pae Krung Kao Restaurant***, südlich der Brücke, ist klimatisiert und hat eine englische Speisekarte mit etwas höheren Preisen.
Das kleine ***Korean BBQ Restaurant*** in der Naresuan Rd., gegenüber dem Rama Park neben der Schule, erfreut sich großer Beliebtheit. Fleisch und Gemüse können sich Gäste am Tisch selbst zubereiten, p.P. 50 Baht.
In das ***Knock on Wood*** und den ***Smile Pub***, Rojana Rd., gegenüber dem Ayutthaya Grand

Hotel, geht man vor allem wegen der fetzigen Live-Musik.
In derselben Straße sind Essenstände rund um die Uhr geöffnet. Am Wochenende findet hier zudem ein Markt statt.

Sonstiges

AUTOVERMIETUNG – Wer seine ersten Fahrversuche in Thailand nicht in Bangkok machen möchte, kann sich am Don Muang Airport in Bangkok ein Auto für eine Tagestour nach Ayutthaya mieten.

FAHRRÄDER – kann man an mehreren Stellen und sogar bei der Touristenpolizei für ca. 50 Baht pro Tag mieten, wobei die billigen häufig schlecht gewartet sind.
Eine schöne Radtour führt von der Altstadt Richtung Westen und dann nach Süden zum Wat Chai Wattanaram, einer große Ruinenanlage mit Prangs im Khmer-Stil. Weiter am Fluß entlang geht es dann nach Südosten, wo man kurz vor dem Wat Phanan Choeng mit der Fähre übersetzen kann.

FESTE UND FEIERTAGE – Am **chinesischen Neujahrstag** findet im Rama-Park ein großer Jahrmarkt mit Musik und Tanz statt.
An **Songkran** (13. April) findet in der Nähe des Haupt-Wats ein schöner Umzug statt.
Ayutthaya – World Heritage Site Celebrations, Mitte Dezember, Markt und verschiedene Veranstaltungen, darunter eine empfehlenswerte Light & Sound Show über die Geschichte der Stadt. Während der Festtage kostenloser Eintritt zu allen Tempeln.
Loy Krathong, im November, wird besonders prächtig im und um den Rama Park begangen.

GELD – ***Thai Farmers Bank***, Naresuan Rd., nahe beim Busbahnhof. Hier auch die ***Thai Military*** und ***Siam Commercial Bank***. ***Bangkok Bank*** in der Nähe vom *Cathay Hotel*.

INFORMATIONEN – Das ***Tourist Office*** am Museum, ✆ 246076-7, 📠 246078, ist tgl. von 8.30–16.30 Uhr geöffnet. Es hat aktuelles Informationsmaterial und Stadtpläne. Es wird auf die gegenüberliegende Straßenseite verlegt werden.

MOTORRÄDER – gibt es ab 300 Baht pro Tag zu mieten, z.B. im *Old B.J. Guesthouse*.

POST – gegenüber dem *U-Thong Hotel*.

TOURISTENPOLIZEI – je einmal auf dem Gelände des ehemaligen Königspalastes und gegenüber dem Tourist Office, ✆ 242352.

VORWAHL – 035; PLZ 13 000.

Nahverkehrsmittel

TUK TUK – Mit einem gemieteten Tuk Tuk kann man im weitläufigen Gebiet von

Übernachtung:
1 U-Thong H.
2 Cathay H.
3 Ayutthaya Gh.
4 Mr. Hong Gh.
5 Old B.J. Gh.
6 p.u. Gh.
7 P.S. Gh.
8 Sri Smai H.
9 Tongchai Gh.
10 B.J. Gh.
11 Thai Tai H.
12 Tevaraj Tanrin H.
13 A. Youth Hostel
14 Wang Fa H.
15 Krung Si River H.

Läden, Restaurants etc.:
1 Nachtmarkt
2 Bangkok Bank
3 Korean BBQ R.
4 Amporn Dept. Store
5 Thai Farmers Bank
6 Tourist Police
7 Ruenpae R.
8 Pae Krung Kao R.

Transport:
1 Bootsanlegestellen
2 Fähren
3 Busse in die Umgebung
4 Bus Station

ALTER PALAST:
A TRIMUK-PAVILLON
B SURIYAT AMARIN-HALLE
C SAN PHET PRASAT-HALLE
D VIHARN SOMDET
E CHAKRAVATPHAICHAYON-HALLE
F WAT PHRA SI SAN PHET

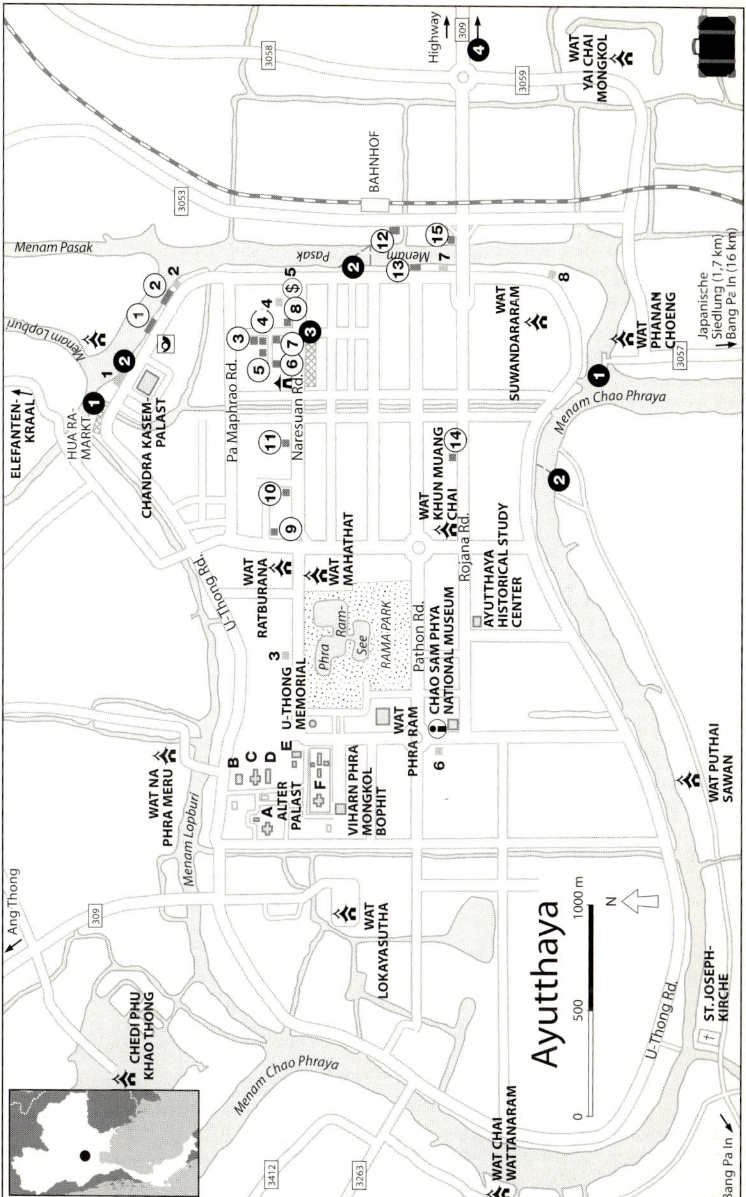

Ayutthaya
Highway
309
3058
3059
3053
3057
3412
3263
BAHNHOF
WAT YAI CHAI MONGKOL
Menam Pasak
Pasak
Menam
Menam Lopburi
ELEFANTEN-KRAAL
HUA RA-MARKT
CHANDRA KASEM-PALAST
Pa Maphrao Rd.
Naresuan Rd.
U-Thong Rd.
WAT RATBURANA
WAT MAHATHAT
WAT KHUN MUANG CHAI
Rojana Rd.
WAT SUWANDARARAM
WAT PHANAN CHOENG
Japanische Siedlung (1,7 km)
Bang Pa In (16 km)
Menam Chao Phraya
AYUTTHAYA HISTORICAL STUDY CENTER
CHAO SAM PHYA NATIONAL MUSEUM
Pathon Rd.
RAMA PARK
Phra Ram-See
U-THONG MEMORIAL
WAT PHRA RAM
ALTER PALAST
VIHARN PHRA MONGKOL BOPHIT
WAT NA PHRA MERU
WAT PUTHAI SAWAN
WAT LOKAYASUTHA
Ang Thong
CHEDI PHU KHAO THONG
WAT CHAI WATTANARAM
ST. JOSEPH-KIRCHE
U-Thong Rd.
Bang Pa In
0
500
1000 m
N

Ayutthaya viel sehen. Richtpreis: ca. 150 Baht pro Stunde. Von den Fahrern bekommt man wenige Informationen. Für ein intensiveres Besichtigungsprogramm braucht man einen ganzen Tag. Innerhalb des Stadtgebietes kostet ein Tuk Tuk 20 Baht, von der Bus Station am Highway in die Stadt hinein 40 Baht.

SONGTHAEW – An der Bus Station können Songthaew für Rundfahrten gemietet werden. Sie pendeln zudem für 3 Baht p.P. zwischen Bus Station und Zentrum.

FÄHREN – Vom Bahnhof in die Stadt kann man mit der Fähre für 2 Baht übersetzen. Eine Fähre führt hinter dem Bahnhof direkt über den Fluß und eine zweite etwas weiter nach Norden. Zudem verkehrt eine Fähre gegenüber dem Chandra Kasem Palast zum gegenüberliegenden Tempel.

BOOTE – An der Bootsanlegestelle hinter dem Wat Phanan Choeng werden Boote für die Rundfahrt um die Stadt oder für einen Besuch der Ausländersiedlung südlich des Stadtzentrums vermietet. Boote für bis zu 10 Pers. kosten 300–500 Baht.
Die Fahrt von hier aus mit dem gecharterten Boot nach BANG PA IN kostet ca. 700 Baht hin und zurück. Günstiger liegt die Bootsanlegestelle nahe dem U-Thong Hotel, wo dieselben Touren angeboten werden.

Transport

BUSSE – Expressbusse halten an der Bus Station westlich vom Highway, an der Einmündung der Rojana Rd., ca. 4 km östlich der Stadt, ✆ 335304. Von hier aus fahren Minibusse etwa alle 15 Minuten für 3 Baht ins Zentrum.
Ab BANGKOK, 76 km, Northern Bus Terminal laufend bis 19 Uhr non-ac-Busse für 20 Baht, ac-Bus alle 30 Min. bis 18 Uhr für 38 Baht in 2 1/2 Std., bei dichtem Verkehr wesentlich länger. Zurück bis gegen 19.15 Uhr.
Vom Markt in der Naresuan Rd. starten non-ac-Busse in die nähere Umgebung sowie der rote Bus 17 nach BANGKOK alle 30 Min bis gegen 19 Uhr für 27 Baht über BANG SAI und BANG PA IN. Auf der Landstraße H3057 nach Bang Pa In, die 16 km am Fluß entlangführt, verkehren auch Songthaew für 7 Baht.
Nach KANCHANABURI fährt der gelbe Bus 703 in 1 1/2 Std. nach SUPHANBURI, 18 Baht, von dort weiter mit dem Bus 411 nach Kanchanaburi, 25 Baht, 2 1/2 Std.

EISENBAHN – Ab Bahnhof, ✆ 241521, fahren Songthaew zu den Ruinen. Richtung Stadt kann man zudem die Fähre (s.o.) benutzen.
Von BANGKOK am angenehmsten mit dem Zug ab Hua Lamphong etwa 20x pro Tag für 35 / 15 Baht in der 2. / 3. Klasse in 90 Min.
Vom Bahnhof am Airport Don Muang kostet die Fahrt ebenfalls 15 Baht – eine angenehme Alternative für alle, die sich nach der Ankunft in Thailand erst einmal in Ruhe akklimatisieren und sich nicht gleich das chaotische Bangkok antun wollen.

BOOTE – Von BANG PA IN nach Ayutthaya kosten gecharterte Boote etwa 700 Baht für max. 10 Pers.
Von BANGKOK bieten folgende Gesellschaften Tagestouren mit dem Boot nach Bang Pa In und weiter mit dem Bus nach Ayutthaya an:
Ayutthaya Princess, ✆ 2360400-9, tgl. um 8 Uhr ab Royal Orchid Sheraton Hotel.
The Oriental Queen, ✆ 2360400-9, ab Oriental Hotel.
New Horizon Cruise, ✆ 2668164, ab River City Pier.
River Sun Cruise, ✆ 2669125-6, ab River City Shopping Complex.
Die gesamte Luxus-Tour kostet ab 1400 Baht. Wer direkt beim Veranstalter bucht, spart die hohe Provision des Reisebüros.
Anderthalbtägige Kreuzfahrten mit alten, luxuriös eingerichteten Reisbarken ab Bangkok veranstaltet tgl. außer mittwochs die Reederei ***Sun Moon Shines***, 603/1 Arun Amarin Rd., Bangkok 10600.

OSTKÜSTE

Highlights

- Einen Ausflug nach Ancient City mit einem ausgiebigen Picknick im weitläufigen Park verbinden
- An einem Abend den Trubel in Pattaya beobachten und sich anschließend auf Ko Samet erholen
- In Chantaburi beim Schleifen von Edelsteinen zuschauen
- Auf Ko Mak in einer Hängematte die Seele baumeln lassen
- Ko Chang in elf Tagen auf abenteuerlichen Pfaden umrunden

Ostküste

Die Ostküste zwischen dem Verkehrsknotenpunkt Bangkok und der „Endstation" an der kambodschanischen Grenze, der abgelegenen Inselwelt und den traditionellen Dörfern im Hinterland wartet im Spannungsfeld zwischen Tradition und Moderne mit vielfältigen Eindrücken auf. Hinter überdimensionalen Reklametafeln und modernen Einheitsfassaden erstrecken sich Reisfelder, Obst- und Zuckerrohrplantagen. Über sechsspurige Schnellstraßen wälzt sich der dichte Verkehr, während nur wenige Minuten entfernt entlang der traditionellen Wasserwege das Leben in geruhsamen Bahnen verläuft. Im Schatten riesiger Öltanker, die den modernen Tiefseehafen Laen Chabang anlaufen, tuckern Fischkutter zu den überlieferten Fanggründen hinaus.

Schon immer flohen die Bewohner Bangkoks am Wochenende aus der drückenden Schwüle der Stadt an die nahen Strände, um die kühlende Meeresbrise zu genießen. Die stabilen Schönwetterperioden lockten auch Touristen und Reiseveranstalter an die Ostküste.

Zahlreiche Hotels und Restaurants entstanden in Pattaya, dem Reiseziel vieler Pauschaltouristen. Östlich von Pattaya hingegen hat sich noch eine Menge ursprünglicher Atmosphäre erhalten.

Auf der Sukhumvit Road nach Südosten

Fährt man von Bangkok auf der Sukhumvit Road Richtung Südosten, so scheint die Stadt kein Ende zu nehmen. Auf dieser Straße kommt man in das Mündungsgebiet des Menam Chao Phraya, das sich immer weiter nach Süden verschiebt. An der Flußmündung hatten sich lange vor vor den Thais bereits die Mon niedergelassen. Heute liegt ihre ehemalige Siedlung weit im Landesinneren.

Samut Prakan (Pak Nam)

Um 1600 lag Samut Prakan direkt am Meer und war von großer strategischer Bedeutung. Seit dem frühen 17. Jahrhundert ließen die Könige von Ayutthaya von den Befestigungsanlagen der Stadt aus den Schiffsverkehr auf dem Menam Chao Phraya kontrollieren. 1767 wurde die Stadt von den Burmesen zerstört. Als Bangkok die neue Hauptstadt wurde, ließen die Chakri-Könige die Flußmündung durch mehrere **Forts** befestigen. Durch die Öffnung des Landes und neue Verkehrsmittel wurden die Anlagen überflüssig und zerfielen.

Wat Chedi Klang Nam, das eine hochverehrte Reliquie Buddhas enthält, war ursprünglich von König Rama II. auf einer Insel mitten im Fluß errichtet worden. Er sollte die eintreffenden Schiffe auf die Bedeutung des Buddhismus in Siam hinweisen. Mittlerweile liegt er am Westufer in Phra Pra Daeng und ist über die Suksawat Road von Thonburi aus zugänglich. Von der Bootsanlegestelle nahe dem Markt in Samut Prakan verkehrt eine Fähre zu dem Tempel, der von seiner Architektur her allerdings eher uninteressant ist.

Im November / Dezember feiert man mit einem großen Jahrmarkt, Prozessionen und Bootsrennen das berühmte **Tempelfest** des Wat Chedi Klang Nam. In Phra Pra Daeng wird das **Songkran** Fest im April begangen.

Krokodilfarm – Farm Chirakae

Von Samut Prakan geht es weiter nach Süden. Beim KM 28 führt eine Abzweigung rechts zur Farm der 30 000 Reptilien. Von der Endstation der Busse in Samut Prakan gehen regelmäßig Minibusse zur Farm, Taxi oder Tuk Tuk 30 Baht.

Eigentlich werden die einheimischen und importierten Tiere wegen ihres Leders gezüchtet. Doch auch lebendig bringen sie eine Menge Geld, wie man an den vorbeiströmenden Besuchermassen erkennen kann. Neben Krokodilen werden viele andere Tiere in einem weitläufigen Areal gehalten und gezüchtet. Auf das Foto „Ich und der kleine Puma" kann man sicherlich verzichten, ebenso auf den Erwerb von Krokodilleder in jeglicher Form. Die Einfuhr dieser Produkte in die EG ist grundsätzlich verboten, ob sie nun aus Zuchtbetrieben kommen oder nicht.

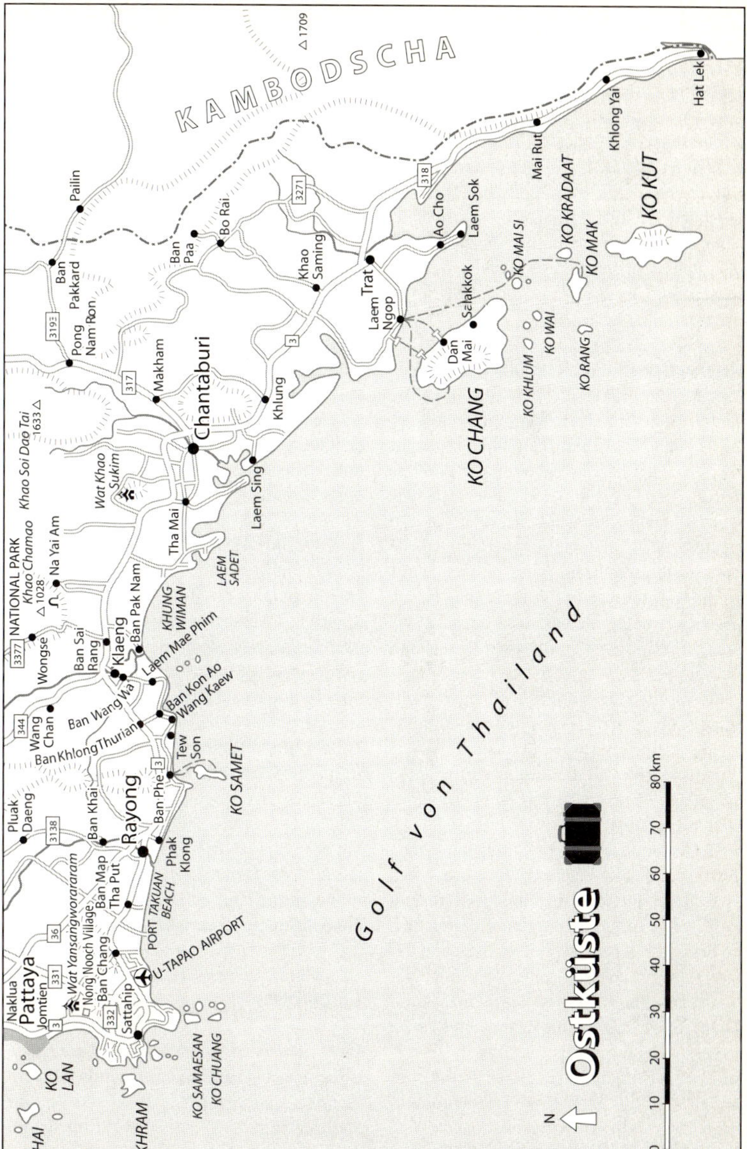
Ostküste
Golf von Thailand
KAMBODSCHA
Pattaya
Naklua
Jomtien
Rayong
Klaeng
Chantaburi
Trat
Sattahip
Ban Chang
Nong Nooch Village
Wat Yansangwororaram
U-TAPAO AIRPORT
PORT
TAKUAN BEACH
Ban Map Tha Put
Ban Khai
Pluak Daeng
Ban Khlong Thurian
Wang Chan
Ban Wang Wa
Ban Phe
Tew Son
Phak Klong
Ban Kon Ao
Wang Kaew
Laem Mae Phim
Ban Sai Rang
Wongse
Ban Pak Nam
KHUNG WIMAN
LAEM SADET
Tha Mai
Laem Sing
NATIONAL PARK
Khao Chamao
1028
Na Yai Am
Khao Soi Dao Tai
1633
Wat Khao Sukim
Makham
Pong Nam Ron
Ban Pakkard
Pailin
Ban Paa
Bo Rai
Khao Saming
Khlung
Laem Ngop
Dan Mai
Salakkok
Ao Cho
Laem Sok
Mai Rut
Khlong Yai
Hat Lek
1709
KO PHAI
KO LAN
KO KHRAM
KO SAMAESAN
KO CHUANG
KO SAMET
KO CHANG
KO KHLUM
KO WAI
KO RANG
KO MAI SI
KO KRADAAT
KO MAK
KO KUT
3
36
331
332
344
3138
3377
3193
317
3271
318
N
0
10
20
30
40
50
60
70
80 km

Geöffnet tgl. 8–18 Uhr, ✆ 7034891-5, 2364538, Eintritt 300 Baht. Fütterung zwischen 16.30 und 17.30 Uhr. Die Show, die Europäer meist nicht sonderlich begeistert, beginnt Mo–Fr stündlich zwischen 9 und 11 Uhr sowie zwischen 13 und 16 Uhr, außerdem Sa und So um 12 und 17 Uhr. Eine halbe Stunde später gibt es eine Elefantenshow. Die Eintrittskarte gilt auch für das Dinosaurier-Museum, in dem Skelette und lebensgroße Modelle zu besichtigen sind. Eine Diashow informiert über ausgestorbene Lebewesen. Nur Museum Eintritt 60 Baht.

Muang Boran (Ancient City)

Etwa 6 km weiter südlich liegt das über 100 Hektar große Freilichtmuseum Ancient City, ein Thailand in Miniaturausgabe, das sogar die Form des Landes hat und wie ein "geschrumpftes Thailand" wirkt. In dem weitläufigen Gelände, das zu Fuß kaum zu erwandern ist, sind etwa 110 Modelle zu besichtigen. Sie repräsentieren typische Baustile, Szenen aus der Literatur sowie berühmte Gebäude, die originalgetreu verkleinert oder auch in Originalgröße an ihrem entsprechenden Platz in der Anlage aufgebaut wurden.

In diesem ungewöhnlich schönen und keineswegs überlaufenen Areal kann man inmitten von viel Grün, vorbei an kleinen Wasserfällen und Seen, all die Sehenswürdigkeiten erkunden, die man während einer Thailand-Reise verpaßt hat.

Die meisten Besucher fahren mit einem Tourbus oder dem eigenen Wagen durch den Park. Ideal wäre ein Fahrrad oder Motorrad, doch das ist bisher nicht erlaubt. Damit sich die Besucher in den „Bergen Nord-Thailands" oder an der „Südküste" nicht verlaufen, gibt es am Eingang, an der „thailändisch-malaysischen Grenze", eine „Landkarte". Zudem wird manchmal eine informative Broschüre verkauft, in der Details nachzulesen sind. Geöffnet tgl. 9–17 Uhr, Eintritt pro Person und Auto 50 Baht, Infos in Bangkok: *Ancient City Company*, ✆ 2261936 oder in Samut Prakan, ✆ 3239252-3.

Transport

NACH SAMUT PRAKAN (Pak Nam) – Von BANGKOK (Sanam Luang im Stadtzentrum) ac-Stadtbus 8 für 16 Baht oder ac-Bus 11 ab Thonburi über die Ratchdamnoen Avenue, die Sukhumvit Rd. und den Expressway. Man kann zwar auch mit dem Stadtbus 25 (ab Sanam Luang über Hua Lamphong und Siam Square) für 3 Baht fahren, das ist jedoch bei dem starken Verkehr nicht zu empfehlen, denn die Fahrtzeit beträgt etwa 2 1/2 Std.

NACH PHRA PRA DAENG – Von BANGKOK mit dem Stadtbus 82 ab Banglampoo über die Memorial Brücke, die Suk Sawat Rd. hinab bis zur Abzweigung, die links zu dem Ort in der Flußschleife führt. Vom Northern Bus Terminal fährt der Stadtbus 138 über den Express Way.

NACH MUANG BORAN (Ancient City) – Von SAMUT PRAKAN, der Endstation der Bangkok-Busse, fährt der Minibus 36 für 3 Baht (Charter ist wesentlich teurer!). Der Bus hält nach Bedarf, deshalb muß man klingeln, wenn links der Straße die Holzbrücke mit dem Torbogen, auf dem *Ancient City* steht, erscheint.
Zudem fahren Minibusse von der Hauptstraße für 5 Baht hierher, Taxis 40 Baht.
Ab BANGKOK werden gebuchte Touren für 200 Baht (inkl. guter Führung) angeboten.
Mit dem eigenen Fahrzeug verläßt man an der Ausfahrt Samut Prakan den Ostküsten-Highway und fährt auf der alten Sukhumvit Road Richtung Bang Pu bis zum KM 33.

Chonburi

ชลบุรี

Diese boomende Industriestadt an der Küste ist bei vielen Thais Zwischenstation auf dem Weg zu den Stränden der Ostküste. Im Stadtzentrum erhebt sich **Wat Yai Intraram**, das König Taksin erbauen ließ. Sein Denkmal steht am Eingang des Tempels. Im Inneren sind schöne Wandmalereien zu sehen. Zum

Tempel neben einer Schule biegt man vom Highway 3 auf der Thanon Sai Chana Richtung Westen ab und dann in die nächste Straße links ein.

Am Ende der Fastenzeit im Oktober beginnen in diesem Tempel die Festlichkeiten für die jährlichen **Büffelrennen**. Die Büffel werden mit bunten Tüchern bedeckt oder mit grellen Farben bemalt. Noch heute trinken die Reiter Unmengen von Mekong, bevor sie auf die 150 m lange Rennbahn gehen.

Übernachtung und Essen

Entlang des Sukhumvit Highway stehen mehrere Hotels. Es gibt wohl keinen Grund, hier zu übernachten. Im Zentrum haben sich zahlreiche Fast Food-Läden, wie Pizza Hut und Swensens', niedergelassen.

Transport

BUSSE – Vom Eastern Bus Terminal in BANGKOK mit dem non-ac-Bus alle 10 Min. bis 22 Uhr, 22 Baht, ac-Bus alle 40 Min. bis 21 Uhr, 40 Baht in 2 Std. Zurück fahren Busse nur bis 15.20 Uhr (ac) bzw. 17 Uhr (non-ac). Nach TRAT mit ac-Bussen ab KM 90, Bavornkit-Tankstelle, um 8 Uhr und alle 1 1/2 Std. ab 9 Uhr, 140 Baht. Lokale Busse fahren auch nach ANG SILA und BANG SAEN.

EISENBAHN – Der Zug nach PATTAYA hält gegen 9.43 Uhr in Chonburi. Richtung BANGKOK gegen 15.40 Uhr für 23 Baht.

Ang Sila

อ่าง ศิลา

Hinter Chonburi führt beim Kilometer 100 eine Abzweigung nach Ang Sila. Der traditionelle Fischerort, auch Zentrum der Baumwollweberei, westlich der Hauptstraße, bietet ideale Voraussetzungen für die Austern- und Muschelzucht, denn das Meer ist ruhig. Entlang der 4 km langen Straße von der Sukhumvit Road zur Küste kann man Steinmetzen beim Meißeln von Skulpturen und Mörsern zusehen, die in Thai-Küchen zum Zerstampfen von Chilis benötigt werden. An den Stränden werden ebenfalls an mehreren Stränden Mörser und Trockenfisch verkauft.

Südlich der Stadt erhebt sich auf der felsigen Halbinsel im Dorf Khao Sammuk, am Hang des gleichnamigen Hügels, das Kloster **Rua Samphao**, das über eine schmale Küstenstraße erreicht werden kann. Es wurde zum Andenken an ein mit vielen Passagieren gesunkenes Schiff in der Form eines Schiffsrumpfes gebaut. Seit der Erbauer, ein hochverehrter Abt, nicht mehr lebt, wohnen nur noch wenige Mönche und 300 Nonnen in der großen Anlage.

Etwas weiter auf der schmalen Straße entlang der felsigen Küste liegt etwa 2 km vor Bang Saen ein weiterer chinesischer Tempel, **Wat Khao Samuk**. Die zahlreichen Affen, die diesen Tempel bevölkern, werden von Touristen mit Früchten gefüttert und sind entsprechend anhänglich. Skulpturen mit Himmel- und Höllendarstellungen verschiedener östlicher Religionen zieren den Park rings um den Tempel. Vom Hügel bietet sich ein guter Blick auf Bang Saen und die Küste.

Bang Saen

บาง แสน

Der direkte Weg H3134 führt nun sechs Kilometer nach Süden, vorbei an Austernfarmen, nach Bang Saen. Schon seit Jahrzehnten verbringen Familien aus Bangkok, die es sich leisten können, hier die Wochenenden am Strand oder an dem 10 km landeinwärts liegenden Golfplatz (s.u.).

Das größte **Aquarium** Südostasiens befindet sich im *Institute of Marine Science* auf dem Campus der Universität, an der südlichen Abzweigung Richtung Küste. Das schöne Aquarium mit einem großen und vielen kleinen Becken, beherbergt tropische Nutzfische, Korallenfische, Seeigel, Schildkröten, Krebse, Langusten, Schildkröten und einige seltene sowie kuriose Meeresbewohner.

Ebenso wie das ihm angeschlossene **Marine Museum** ist es Di–Fr 8–17, Sa und So

8.30–16 Uhr geöffnet, ✆ 391671-4, Eintritt 20 Baht. An der felsigen Küste vor dem großen *Bangsaen Royal Sea Palace*, einem modernen Hotel mit einem Dach in Form eines Bootes, wird Austernzucht betrieben. Man kann Fischer beobachten, die mit ihren Booten von den **Austernfarmen** hereinkommen und die vollgepackten Körbe aus ihren Booten entladen.

Übernachtung

Am Strand, der allerdings nicht sehr sauber ist, stehen einige Bungalows, z.B.
Saensuk Resort**-***, 1-48 Bangsaen Beach, ✆ 381009, Bungalows mit und ohne ac inklusive Frühstück, Restaurant.
Bangsaen Beach Resort, 55-150 Bangsaen Beach, ✆ 381675, 📠 382239. Ein ac-Bungalow kostet um 1000 Baht, in der Saison mehr. Mit Restaurant und Pool.
Einige Gästehäuser, in den kleinen Gassen (Soi 1–5), die von der Beach Rd. abgehen, werden vor allem von einheimischen Urlaubern genutzt, z.B. in Soi 1: ***Jaeo GH*****, ***Songrao GH*****, ***Sukanya GH***** und weitere.

Sonstiges

EINKAUFEN – Entlang der Hauptstraße verkaufen viele Läden und Stände Fischprodukte: Fischpaste, Fischsauce, Trockenfisch und Krabbenchips.

FAHRRÄDER, MOTORRÄDER – werden an der Strandstraße vermietet. Kleine Hondas kosten 300 Baht pro Tag.

VORWAHL – 038.

Transport

Vom Eastern Bus Terminal in BANGKOK, 97 km, mit dem ac-Bus alle 2 Std. bis 17 Uhr für 57 Baht in 2 1/2 Std. bis zur Strandstraße. Viele Busse halten nur an der Abzweigung vom H3 nach Bang Saen, 10 km hinter Chonburi. Von hier sind es 3 km bis zur Küste.

Khao Khiew Open Zoo

18 km östlich des Highway erstreckt sich am südwestlichen Hang des gleichnamigen Berges der Khao Khiew Open Zoo, der 1974 als Ableger des Zoos von Bangkok gegründet wurde.

Wer einen Safari Park erwartet, wird enttäuscht sein. Im zentralen Bereich sind Gehege mit verschiedenen Tieren aus allen Kontinenten zu sehen (Bisons, Antilopen, Gibbons, Bären, Flußpferde, Hirsche), die aus dem zu engen Dusit Zoo von Bangkok hierher umziehen mußten.

Am interessantesten ist das große Gehege mit etwa 4000 asiatischen Vögeln. Der größte Teil des 480 ha großen Parks dient einheimischen wilden Tieren als Refugium zum Zweck der Fortpflanzung und ist nicht zugänglich. Mit etwas Glück taucht am Waldrand plötzlich ein wilder Elefant auf. Am Reservoir an der Straße zum Zoo liegt auch der Bang Phra International Golf Club, einer der größten Thailands.

Geöffnet tgl. 8–18 Uhr, Eintritt pro Person 20 Baht, für ein Auto weitere 20 Baht.

Übernachtung

Übernachtungsmöglichkeiten in Bungalows** im Zoo für 4 Pers. mit Du/WC, in Zelten für bis zu 10 Pers. (160 Baht) oder für 4 Pers. (80 Baht), Feuerholz 100 Baht und nächtliche Touren, um Tiere zu beobachten (50 Baht).
Reservierung unter ✆ 038-321525, 311561.

Transport

Es gibt keine öffentlichen Transportmittel hierher. Mit einem eigenen Fahrzeug fährt man vom Highway 3 in Bang Phra, 35 km nördlich von Pattaya, Richtung Bang Phra Golf Club.
Am nördlichen Ufer des Reservoirs entlang erreicht man nach 18 km den Zoo.
Ab Pattaya werden Touren für etwa 500 Baht angeboten.

Si Racha

ศรีราชา

Das ehemals ruhige Fischerdorf 24 km südlich von Chonburi hat sich im Sog des neuen Tiefseehafens und Industriezentrums **Laem Chabang**, auf einer Landzunge südlich des Ortes, zu einem modernen Industriezentrum entwickelt. Der neue Tiefseehafen ist eines der ehrgeizigsten Industrialisierungsprojekte des Landes, das den viel zu kleinen Hafen von Bangkok, Klong Toey, entlasten soll. Neben den Hafenanlagen und einer Werft ist der Ausbau einer gigantischen Infrastruktur notwendig. Zudem sind um den Hafen zahlreiche Großbetriebe, v.a. der chemischen Industrie, angesiedelt worden. Kein Wunder, daß die gesamte Region eine riesige Baustelle ist.

Vom alten Ortszentrum rings um den Hafen führt ein Damm hinaus auf die Felseninsel **Ko Loy** mit dem **Wat Sri Maharaja.** Der Felsen diente früher Mönchen als Meditationsinsel. Eine der Frauen von König Chulalongkorn, die von ihrem Anwesen am Strand des Festlandes die Mönche mit aller Regelmäßigkeit hinüber- und herüberpaddeln sah, beschloß, den Damm anzulegen und einen Tempel zu errichten. Von oben bietet sich eine schöne Aussicht auf Bang Saen im Norden, Si Racha und die gebirgige Insel **Ko Si Chang**.

Etwa jede volle Stunde fährt ein Boot zwischen 9 und 15 Uhr von der Anlegestelle Navapratheen, ✆ 321680, in Si Racha auf die Insel Si Chang, die 12 km vor der Küste liegt. Die Überfahrt kostet 25 Baht einfach, das erste Boot fährt um 7 Uhr auf die Insel, das letzte zurück um 15 Uhr.

Übernachtung und Essen

Es gibt keinen Grund, hier zu übernachten. Neben den einfachen Holzhäusern über dem Uferschlamm in der Choemchomphon Rd. bieten entlang der Sukhumvit Rd. große, komfortable Hotels den ausländischen Experten von Laem Chabang eine vorläufige Bleibe. Zudem sind immer mehr Apartmentanlagen im Bau.
Auf dem Weg zum Wat Sri Maharaja stehen hinter dem Damm auf Ko Loy einige Essenstände. In dem zweiten von rechts schmeckt die Tom Yam Gung hervorragend.

Transport

BUSSE – Vom Eastern Bus Terminal in BANGKOK, 104 km, mit dem non-ac-Bus von 5.10–19.50 Uhr alle 25 Min. für 29 Baht in 2 1/2 Std., ac-Bus alle 30 Min. bis 21 Uhr, 52 Baht.

EISENBAHN – Der Zug nach PATTAYA hält gegen 10.15 Uhr in Si Racha. Richtung BANGKOK gegen 15.12 Uhr für 28 Baht.

Pattaya

พัทยา

Entlang der Bucht von Pattaya und der angrenzenden Strände ersteckt sich eines der größten Urlaubszentren Thailands, das mittlerweile 2,5 Mill. einheimische und ausländische Touristen pro Jahr anzieht. Auch wenn die Stadt mit viel Energie versucht, ihren Ruf als „Sexparadies“ loszuwerden und sich Familien als Ferienort anzubieten, kann ein abendlicher Bummel durch South Pattaya noch alle Vorurteile bestätigen. Da stürzen sich bejahrte Männer mit jungen Prostituierten in ein abwechslungsreiches Nachtleben, das ihre Kräfte zu übersteigen scheint. Doch auch hier vollzieht sich ein Wandel: anstelle alleinreisender Europäer kommen immer mehr Urlaubspaare und Reisegruppen aus Hong Kong, Taiwan, Süd-Korea und seit 1993 zunehmend auch aus Rußland oder anderen Ländern der ehemaligen Sowjetunion. Auf dem Flughafen U-Tapao, von dem B-52-Bomber zu Kampfeinsätzen nach Vietnam starteten, stehen heute Dutzende russischer Chartermaschinen.

Die Stadt ist bemüht, die Planungssünden der Vergangenheit in den Griff zu bekommen. Allzu schnell war die Bevölkerung von 64 000 auf fast 300 000 Einwohner angewachsen, allein von 1986–96 erhöhte sich die Anzahl der Hotelzimmer von 8000 auf 40 000. Dabei wurde der Ausbau der Infrastruktur vernachlässigt, so daß Trinkwasser knapp wurde und die Kläranlage nur noch 15% der anfallenden Abwässer reinigen konnte. Am Strand von South Pattaya verbreitete sich ein deutlich wahrnehmbarer Gestank, und das Meer wurde durch die zahlreichen Motorboote zusätzlich verschmutzt. Als 1990 die Touristen ausblieben, begann man sich Gedanken zu machen und beschloß den Bau neuer Kläranlagen. Auch dem Müllproblem versucht man durch strengere Auflagen Herr zu werden. Das achtlose Fortwerfen von Zigarettenkippen oder anderem Müll wird neuerdings mit bis zu 2000 Baht Strafe geahndet.

Die Verkehrsverhältnisse haben sich durch Straßenneubauten erheblich verbessert. Nachdem die Stadt wegen mysteriöser Todesfälle unter Touristen (z.B. durch K.O.-Tropfen) und als beliebter Unterschlupf von ausländischen Zuhältern und Kriminellen vermehrt Schlagzeilen machte, bemüht sich die Polizei nun mit Unterstützung der englischsprachigen Wochenzeitung *Pattaya Mail* verstärkt, dieses Image abzubauen und geht dabei neuerdings auch härter gegen Kindersex, Drogenhandel (Speed-Pillen) und Geldwäsche vor.

In **South Pattaya** konzentrieren sich Bierbars, Restaurants, Souvenirläden und Hotels entlang der Beach Rd. Aber auch in den kleineren Gassen und der Second Rd. geht es turbulent zu. Die neu angelegte **Strandpromenade** mit ihrer interessanten Patchwork-Pflasterung, elegant geschwungenen Sitzbänken, Skulpturen, Bäumen und Blumenrabatten trägt erheblich zur Verbesserung bei. Seit Ende 1997 wird der „Strip"-Abschnitt der Beach Rd. zwischen South Pattaya Rd. und Nang Nual Restaurant allabendlich von 19–24 Uhr zur Fußgängerzone umgewandelt.

Sogar ein Ableger der Museumskette, die in kaum einem amerikanischen Urlaubsort fehlt, hat sich im Einkaufszentrum Royal Garden Plaza niedergelassen: **Ripleys „Believe it or not"** mit 250 unterhaltsamen Kuriositäten, faszinierenden optischen Täuschungen und einer dekorativ plazierten DC 3 aus Zeiten des Vietnamkriegs. Geöffnet tgl. 10–24 Uhr, Eintritt 200 Baht, Kinder 150 Baht. Dazu gehören auch die angrenzenden Erlebniswelten **Laser Trek**, in der mit virtuellen Laserwaffen gekämpft wird, geöffnet tgl. 10–23 Uhr, Eintritt 90 Baht, und **Motion Master**, eine holprige, siebenminütige Fahrt im Flugsimulator durch die Filmwelt, geöffnet tgl. 10–23 Uhr, Eintritt 90 Baht.

In **Naklua**, dem nördlichen Pattaya, wo viele Thai-Familien Urlaub machen, geht es ruhiger zu. Das ehemalige Fischerdorf ist das kommerzielle Zentrum Pattayas mit vielen Apartmenthäusern, Geschäften und Märkten. In entlegenen Sois ist die Atmosphäre sogar fast ländlich. Der **Wongamat Beach** mit vielen kleinen Seafood-Restaurants, wenigen Scootern und relativ sauberem Wasser ist fest in der Hand deutschsprachiger Urlauber.

Abseits des Rummels lädt südlich von Pattaya der **Jomtien Beach**, auch Chomtien-Strand genannt, zum Bräunen oder Windsurfen ein. In diesem Familienurlaubszentrum treten Bierbars und Massagesalons in den Hintergrund. Die nüchternen Hochhäuser lassen allerdings tropische Südseeträume schnell verfliegen. An den schönsten Plätzen schießen – ebenso wie weiter im Süden und in Naklua – riesige Apartment-Hochhäuser für asiatische Kunden in den Himmel. Überall arbeiten Bautrupps, und ein Ende des Baubooms scheint nicht absehbar, obwohl die meisten fertiggestellten Projekte leerstehen.

Vom neuen Wahrzeichen der Stadt, dem 240 m hohen **Pattaya Park Tower**, bieten zwei Dreh-Restaurants in der 52. und 53. Etage einen faszinierenden Panoramablick über den Küstenort und weit in das Hinterland.

Einen weiteren Ausblick auf Pattaya hat man vom kleinen Tempel auf dem Berg **Phra Tamnak** neben der Radiostation zwischen Pattaya und Jomtien Beach.

Südlich der Abzweigung erstreckt sich der **Rama IX Memorial Park**, der bei Joggern sehr beliebt ist. Vom angrenzenden **Wat Phra Yai** blickt eine riesige Buddhastatue auf das bunte Treiben von Pattaya hinab.

Übernachtung

1998 waren in Pattaya über 300 Hotels, davon 32 First Class-Hotels, 75 Gästehäuser und 36 Bungalowanlagen registriert. Die starke Konkurrenz drückt die Preise. Bereits für weniger als 300 Baht gibt es Unterkünfte, die allerdings manchmal heruntergekommen, hellhörig und nicht einbruchssicher sind. Zudem dröhnt bis zum frühen Morgen Disco-Musik durch die Sois.
Die kleine Auswahl von Unterkünften ist von Norden nach Süden gelistet (Norden = Naklua und Nord-Pattaya; Zentrum = Zentral-Pattaya, zwischen Beach und Second Rd.; Süden = Pattaya Hill und Jomtien Beach):

GÄSTEHÄUSER – Im Tourist Office gibt es eine Liste der Gästehäuser, die während der Saison bis zu 500 Baht kosten. Außerhalb der Saison ist Handeln möglich. Die meisten liegen in den zentralen Sois und an der lauten Second Rd. Große Schilder weisen auf freie Zimmer hin.
Im Norden: *B.J. GH***–***** ④, Beach Rd., ✆ 421147-8, südlich vom Amari Orchid Resort, 8 Zimmer in angenehmer Umgebung, kleines Restaurant.
Banglamrung Garden Lodge** ㉖, 209/105 Moo 6, North Rd., ✆ 428696, nahe vom ac-Busterminal. Zi in ruhig gelegenem 5stöckigen Apartmenthaus, 50 Zi mit Du/WC, ac, Kühlschrank und TV. Schräg gegenüber vom Terminal zweigt eine Asphaltstraße in Richtung Central Road ab, dieser 80 m folgen und dann rechts in den Feldweg abbiegen.
Im Zentrum: *Golden Tex GH***–***** ⑧ 437/86-91 Soi 6, Ecke Beach Rd., ✆ 429153, 📠 428020, gemütlich mit 25 Zimmern und Ladenzeile, große Restaurant-Terrasse mit billigem Essen und Meeresblick.
B.R. Inn**–***** ⑬, 224-26 Moo 10, Soi 12, ✆ 428229. 40 Zimmer.
Sun & Sand ** ⑮, 183/38 Moo 10, Soi Post Office, ✆ 421713, 📠 421715. 10 Zimmer.
Im Süden: *J.B. GH***-***** ㉚, 12 Jomtien Rd., ✆ 231581, ca. 150 m hinter dem Royal Jomtien Resort, an der Hauptstraße neben einer Bäckerei, 25 m vom Strand. Saubere DZ mit Du/WC, warmem Wasser, ac. 10 Zimmer, die nach hinten sind ruhig.

HOTELS – Hier nur eine kleine Auswahl. Einige große Hotels sind zusätzlich als Orientierungspunkte auf der Karte verzeichnet.
Im Norden: *Siam City Park Hotel***** ⑲, 119/102 Naklua Rd., ✆ 421678, 429859, 📠 426304, hinter der Fußgängerbrücke rechts, neu, hell und sauber, gutes Preis-Leistungs-Verhältnis.
Riviera Hotel**-****** ⑳, 157/1 Moo 5, Naklua Rd., ✆ 225231-2, 📠 225764, 500 m abseits der Hauptstraße in dörflicher Umgebung gelegen. Ein Hinweisschild am Wat in Naklua zeigt den Weg.
Steirerhaus**–****** ㉑, 157/5 Soi Sibunruang, ab Soi Wongamat, ✆/📠 422482, ruhig gelegene, gemütliche Anlage mit 16 Zimmern, Pool, hervorragendes, überaus preiswertes Restaurant mit europäischer und thailändischer Küche, Strandnähe. Die Besitzer Karl-Heinz Baumgartner und Siggi Gleissenberger kommen aus der Steiermark.
Romeo Palace**–***** ㉒, 300/21-22 Moo 5, Naklua Rd., ✆ 429022, 📠 426101, in der Straße, die zum Wong Amat Hotel führt. 93 Zimmer mit ac inkl. Frühstück, unter deutscher Leitung, Pool.
Garden Lodge**–****** ㉓ 170 Moo 5, Naklua Rd., ✆ 429109, 📠 421221, schöne, ruhig gelegene Anlage mit 80 Zimmern, Pool, tropischem Garten, 5 Min. zum privaten Strand.
Sunshine Garden**-****** ㉔, 240/3 Moo 5, Naklua Rd., ✆ 421300, 📠 428629, 120 Zimmer mit ac, Pool.
Thai Garden Resort ab**** ㉕, 179/168 Moo 5, North Rd., ✆ 426009, 📠 426198, komfortable, saubere Bungalows und Zimmer ab 1200 Baht mit allen Annehmlichkeiten in einer weitläufigen Gartenanlage mit 2 Pools. Familienfreundliche Atmosphäre (hoteleigener Babysitter-Service!), deutsches Management.
Palm Garden Hotel**-****** ②, 204/1 Moo 9, Second Rd., ✆/📠 429188, 115 Zimmer, Pool, hier quartieren sich viele deutsche Gäste ein.

Carlton Pattaya* (6), 172/2 Moo 9, Soi 5, Beach Rd., ☏ 421556-8, 📠 428553, gegenüber dem Alcazar, 100 Zimmer mit ac, TV und Kühlschrank, Pool, Restaurant.
Pinewood-Condotel** (7), 78/3 Second Rd., neben Alcazar, ☏ 361402-8, 📠 361590, neu ausgebaute, saubere Anlage mit 102 überaus geräumigen Zimmern inkl. Kichinette. Supermarkt, hübsches Restaurant und kleiner Pool, deutsches Management.
Im Zentrum: *Little Duck***** (9), 336/22 Moo 9, Central Rd., ☏ 428104, 📠 426043, ebenfalls laut, große Disco im Haus.
Flipper Lodge_****** (10), 520/1 Soi 8, Beach Rd., ☏ 426401-2, 410255, 📠 426403, alter und neuer Flügel, zwei Pools, gute Zimmer, viele Stammgäste.
Diana Inn-****** (11), 216/6-9 Moo 10, Second Rd., ☏ 429675, 📠 424566; preiswerte, einfache Zimmer mit Fan im Flachbau hinter dem Hotel.
Apex Hotel**_* (12), Second Rd., nahe Soi 11, ☏ 428281, 429233, 📠 421184, alter und neuer Hotelflügel mit insgesamt 109 komfortabel ausgestatteten Zimmern, oft ausgebucht.
Palm Villa* (14), 485 Moo 10, Second Rd., ☏ 428153, 📠 429099, einfaches Hotel mit 70 Zimmern, Pool und Restaurant, etwas zurückversetzt.
Midtown Inn**-* (16), 373 Moo 10, Phra Tamnak Rd., ☏ 428674, 📠 421997, 70 Zi mit Du/WC, ac, Kühlschrank und TV. Zur Anlage gehören 2 Pools und ein Coffeeshop.
New Paradise Inn**_* (17), 12/10 Soi 17, Phra Tamnak Rd., ☏ 426410, 📠 426412, in Strip-Nähe, aber sehr ruhig gelegen, 99 Zimmer mit guter Ausstattung.
Im Süden: *Jomtien Bayview***** (28), 192 Moo 12, Jomtien Rd., ☏ 251889, 📠 251334, an der Verbindungsstraße zum Jomtien Beach, gutes Hotel, freundliches Personal, Pool.
Es folgen zwei weitere Kilometer dicht bebauter Strand mit Hotels und Bungalows überwiegend mittlerer Preislage.
Sugar Palm Beach_****** (29), 45/5 Moo 12, Jomtien Beach Rd., ☏ 231386, 📠 231713, hat 32 Zimmer.

Übernachtung:
(1) Dusit Resort
(2) Palm Garden H.
(3) Amari Orchid Resort
(4) B.J. Gh.
(5) The Cottage
(6) Carlton Pattaya
(7) Pinewood Condotel
(8) Golden Tex Gh.
(9) Little Duck H.
(10) Flipper Lodge
(11) Diana Inn
(12) Apex H.
(13) B.R. Inn
(14) Palm Villa
(15) Sun & Sand
(16) Midtown Inn
(17) New Paradise Inn
(18) Marina Inn
(19) Siam City Park H.
(20) Riviera H.
(21) Steirerhaus
(22) Romeo Palace
(23) Garden Lodge
(24) Sunshine Gdn.
(25) Thai Gdn. Resort
(26) Banglamrung Garden Lodge
(27) Royal Cliff Beach
(28) Jomtien Bayview
(29) Sugar Palm Beach
(30) J.B. Gh.
(31) White House Resort
(32) Sea Breeze
(33) Villa Navin

Transport:
❶ ac Busterminal
❷ Busse→Nordosten
❸ 407 Pattana Terminal
❹ Nakornchai Air Terminal
❺ Bor Kor Sor Bus Station

Läden, Restaurants etc.:
1 Best Supermarkt
2 Palladium
3 Tiffany
4 Amsterdam
5 Somsak R.
6 Central Festival Center
7 P.I.C. Kitchen
8 Alcazar
9 Dave's Divers Den
10 Tourist Police
11 Immigration
12 Paradise + Sunshine Divers
13 Green Bottle Pub
14 Bavaria House
15 Vientiane
16 Hopf Brauhaus
17 Ruen Thai R., Angus Steak Hs.
18 Via-Rent-a-Car
19 Green Tree Pub
20 Bavaria Grill
21 Simon's Cabaret
22 Marine Disco
23 Min's Travel Service
24 Dice Entertainment, Star Dice Pub, Semmy Tours
25 Thai House
26 Friendship Supermarkt
27 Foodland
28 Bungee Jumping
29 Captain's Lodge
30 Pattaya Sailing Center
31 Lotus Supercenter
32 Mermaid's Dive School

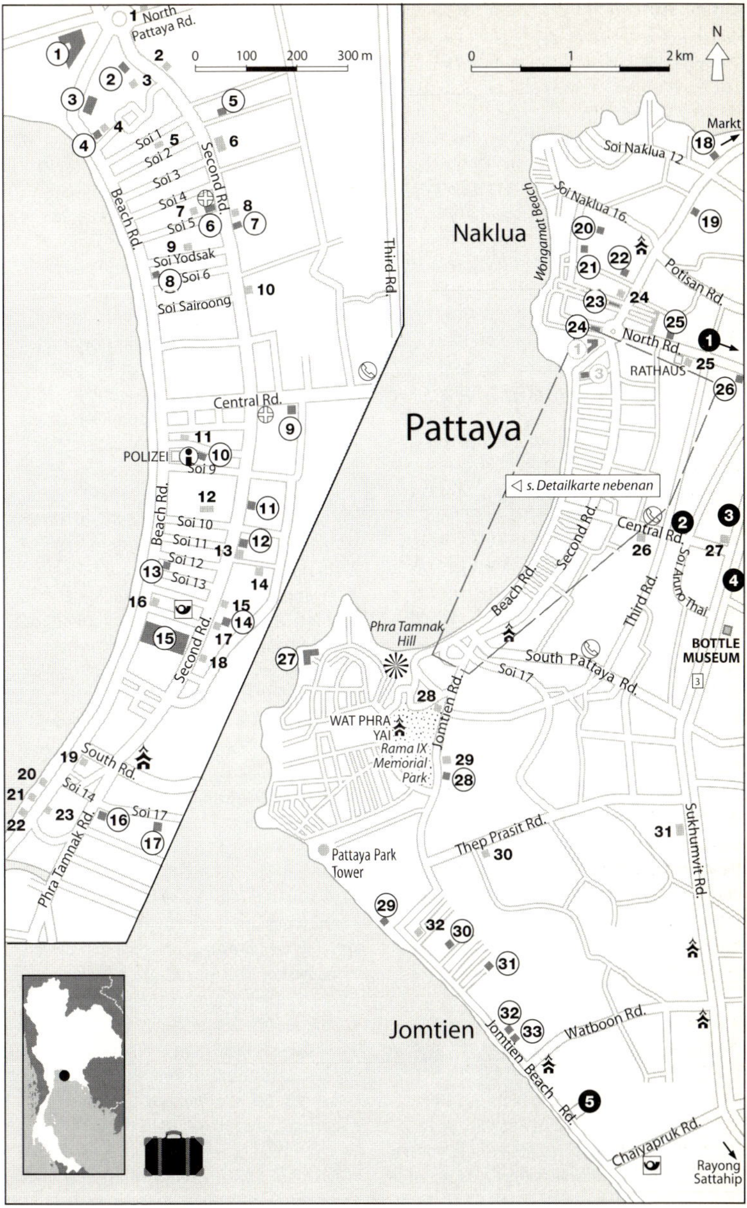
North Pattaya Rd.
0 100 200 300 m
0 1 2 km
N
Markt
Soi Naklua 12
Soi Naklua 16
Wongamat Beach
Naklua
Potisan Rd.
North Rd.
RATHAUS
Soi 1
Soi 2
Soi 3
Soi 4
Soi 5
Soi Yodsak
Soi 6
Soi Sairoong
Second Rd.
Beach Rd.
Third Rd.
Central Rd.
POLIZEI
Soi 9
Soi 10
Soi 11
Soi 12
Soi 13
South Rd.
Soi 14
Soi 17
Phra Tamnak Rd.
Pattaya
s. Detailkarte nebenan
Soi Aruno Thai
BOTTLE MUSEUM
Phra Tamnak Hill
South Pattaya Rd.
Jomtien Rd.
WAT PHRA YAI
Rama IX Memorial Park
Thep Prasit Rd.
Pattaya Park Tower
Sukhumvit Rd.
Jomtien
Watboon Rd.
Jomtien Beach Rd.
Chaiyapruk Rd.
Rayong Sattahip

OSTKÜSTE

Sea Breeze**** ㉜, 347/12 Moo 12, Jomtien Beach Rd., ✆ 231056, ✆ 231059, 112 gute Zimmer, kleiner Pool, dafür liegt direkt vor der Tür der zum Teil sehr schmale Strand – dazwischen verläuft die Straße.
White House Resort**** ㉛, 75/216 Jomtien Beach Rd., ✆ 231184, ✆ 231313, etwas zurückversetzt von der Straße, 112 Zimmer, 2 Pools, Frühstücksbüffet inklusive.

LUXUSRESORTS – mit schönen Gartenanlagen und allem Komfort:
Royal Cliff Beach Resort ㉗, 353 Moo 12, Cliff Rd., ✆ 250421-40, ✆ 250511, Zimmer ab 4000 Baht. Das größte Resort mit über 900 Zimmern, 9 Restaurants, 6 Tennisplätzen, 4 Pools und etwa 1500 Angestellten wurde mehrfach zum besten Beach-Resort der Welt gewählt.
Dusit Resort ①, 240/2 Beach Rd., ✆ 425611-7, ✆ 428239, 474 Zimmer um 4000 Baht.
Amari Orchid Resort ③, 240 Moo 5, Beach Rd., ✆ 428161, ✆ 428165, 236 Zimmer ab 2000 Baht.

BUNGALOWS – Bungalowanlagen bieten mehr Platz und Ruhe, vor allem für Familien. Sie differieren sehr stark in Preis und Ausstattung. In Gartenanlagen mit viel Wasser und Grün können Moskitos in bestimmten Jahreszeiten zur Plage werden:
Marina Inn*** ⑱, im Norden, nahe Soi 12, Naklua Rd., ✆ 225134, 225865, ✆ 225135, 32 hübsche Bungalows in Meeresnähe.
The Cottage**–*** ⑤, Second Rd., nahe Soi 2, ✆/✆ 425650, 425660, neben Big-C, zwei Pools, viele (deutsche) Stammgäste.
Villa Navin ㉝, 350 Moo 12, Jomtien Beach Rd., ✆ 231066, ✆ 231318, gehört zur teuren Kategorie, 35 Zimmer bis 3000 Baht.

Essen

Wohl kaum ein anderer Badeort in Südostasien hat solch eine große Auswahl an Restaurants. Chinesisch, indisch oder japanisch kann man hier ebenso essen wie deutsch, französisch, italienisch, belgisch, libanesisch oder mexikanisch. Ob man sich in großzügigen Gourmet-Restaurants von livrierten Dienern ein Menü servieren lassen oder auf die Schnelle einen Hamburger, eine Pizza oder Pommes in den Einheits-Restaurants internationaler Imbiß-Ketten erstehen will, hier findet jeder etwas. Gefrühstückt wird meist recht spät – überall gibt es die typisch englisch-amerikanischen Rühreier oder Spiegeleier mit Speck und Würstchen, z.B. im ***Amsterdam***, 463/2-3 Beach Rd., ✆ 421748, ab 8 Uhr geöffnet.
Am Imbiß-Tresen des ***Foodland*** in der Central Rd. gibt es bis 8.30 Uhr ein sensationell günstiges American Breakfast, zu späterer Zeit wird der Preis etwas angehoben.
Namhafte westliche Fast-Food-Ketten sind überwiegend in den großen, neuen Shopping- und Entertainment-Centern wie ***Central Festival Center*** (Big C), ***Lotus Supercenter*** an der Sukhumvit Rd. und ***Royal Garden Plaza*** (im Obergeschoß ein Internet Café, E-Mail: explorer@sybersurf.co.th) zu finden.
Beim abendlichen Bummel durch die Straßen kann man das vielfältige Angebot der über 1000 Restaurants bestaunen.
Bavaria Grill, am Strip von South Pattaya, und ***Bavaria House***, ein mächtiger Rundbau in Form eines Wiesn-Zeltes an der Second Rd., Ecke Soi Diana Inn, versorgen heimwehkranke Touristen und neugierige Einheimische mit Schweinshaxe, Brathähnchen, Sauerkraut, dunklem Brot und was die deutsche Küche sonst noch zu bieten hat. Thais in Lederhosen und Dirndln servieren bayrisches Maß-Bier vom Faß. Die neue Brauerei im Bavaria House produziert täglich bis zu 1000 Litern Pils und Hefeweizen. In beiden Restaurants gibt es Live-Musik, mitunter auch Show-Darbietungen (wie Schuhplattler, Holzsägen oder Travestie-Show).
Hopf Brew House, die erste Mikrobrauerei Pattayas, eröffnete im Sommer1997 an der Beach Rd., Ecke Soi Yamato.
Vientiane, Second Rd., gegenüber Soi Yamato, gemütlich, beliebt für seine gute thailändische, laotische und vietnamesische Küche. Über 500 Gerichte.

Ruen Thai Restaurant, Second Rd., etwas weiter südlich, ✆ 425911, bietet jeden Abend von 19.30–23 Uhr klassische Musik und Thai-Tanz, Sitzplätze in einer tropischen Gartenanlage oder ac, relativ preiswertes Essen.

Captain's Corner, Jomtien Rd., ✆ 364316-7, 364318, tgl. 12–24 Uhr, stilvolles Restaurant mit tropischem Garten und netter Atmosphäre, allabendlich tolles Barbecue-Buffet mit Meeresfrüchten, Steaks und Salat für 230 Baht.

Angus Steak House, Second Rd., gleich dahinter, ✆ 426193. Wer Steaks mag, kommt hier auf seine Kosten.

Thai House, 171/1 North Rd., neben der City Hall, ✆ 370579-81, gehört mit rund 800 Plätzen zu den größten Restaurants der Stadt, durchgehend von 19–24 Uhr eindrucksvolle, traditionelle Tanz-Darbietungen.

P.I.C. Kitchen, Soi 5, ✆ 428374, hier kann man wie in einer Oase in einem Garten sitzen und zwischen 8 und 24 Uhr speisen; neben klassischem Thai Food gibt es auch europäisches Essen. Thai-Tanz Mi 19.30–22.30 Uhr und Jazz-Abende von Platten 19–1 Uhr.

Ein Ableger namens ***Sugar Hut*** befindet sich am Jomtien Beach. Sauber, kein Wunder, denn der Besitzer ist Arzt.

Somsak Restaurant, Soi 1, Beach Rd., ✆ 410485-6, geöffnet 11–1 Uhr, bietet über 350 wohlschmeckende Gerichte (thai, chinesisch, europäisch).

Einige gute Seafood-Restaurants, die nur in Thai beschriftet sind und überwiegend von Thais besucht werden, befinden sich am südlichen Jomtien Beach rings um das Aqua Marina Hotel. Guter Service und akzeptable Preise.

Unterhaltung

CABARET – Das überwältigende Angebot zur abendlichen Zeit ist meist basisorientiert. Auf einigen Bühnen wird jedoch ein durchaus sehenswertes Programm geboten. Selbst Thai-Familien mit Kind und Kegel besuchen die Transvestiten-Shows, die nicht billig sind, aber auch ein relativ hohes Niveau haben. Vor allem am Wochenende und während der Feiertage sind die Shows frühzeitig von einheimischen Reisegruppen ausgebucht:

Alcazar Show, Second Rd., ✆ 410225-7, 410505, 📠 424939, tgl. 18.30, 20 und 21.30 Uhr, Sa zusätzlich um 11 Uhr, Eintritt 400 Baht.

Tiffany Show, Second Rd., ✆ 421700-5, 📠 421711, tgl. 19, 20.30 und 22 Uhr, Eintritt 500 und 600 Baht.

Simon's Cabaret, in der südlichen Beach Rd., ✆ 429919, tgl. 21.45 Uhr, weniger gigantisch, keine Reisegruppen, gemütliche Atmosphäre, Eintritt 230 Baht inkl. eines Drinks, weitere Drinks (sogar Cocktails) 65 Baht.

Kleinere, weniger durchorganisierte Travestie-Shows gibt es zum Beispiel in der ***Malibu Bar*** Second Rd., Ecke Soi Post Office, oder im ***Hippo Restaurant*** Second Rd., Soi 2.

DISKOTHEKEN – In der Disco ***Palladium***, 78/33-35 nördliche Second Rd., in der bis zu 6000 Besucher Platz haben, ist erst ab Mitternacht richtig Stimmung.

Die ***Disco Duck*** im Little Duck Hotel, Central Rd., gilt als der Treffpunkt der einheimischen Jugend.

Im ***Dice Entertainment*** am Pattaya Garden Hotel, Naklua Rd., wird eine lautstarke Mischung aus Unterhaltung im thailändischen Stil, Live-Musik, Show und Disco geboten, die vor allem bei Einheimischen beliebt ist.

Der gegenüberliegende, stark frequentierte ***Star Dice Pub*** begnügt sich mit Disco-Musik.

Die ***Marine Disco*** am Strip von South Pattaya hat sich durch ihre ausgelassene Stimmung (ab 1 Uhr nachts garantiert) und das leicht bizarre Publikum einen fast schon legendären Ruf erworben.

LIVE-MUSIK – ***Moon River Pub*** am Thai Garden Resort, North Rd., jeden Abend spielen zwei Bands Country-Musik, internationale Hits, Evergreens und populäre Thai-Musik, gelegentlich treten bekannte Thai-Musiker wie Lek und Ed Carabao auf.

Stilechtes Western-Ambiente mit viel Holz, alten Wagenrädern und Tipis. Deftige Speisekarte.
Green Tree Pub, Beach Rd., bunte Mischung aus Thai-Songs, Jazz und Rock. Keine Anmache, gute Atmosphäre mit Meeresblick und Seafood-Grill.
Henry J. Beans and Grill, am Amari Orchid Resort, Beach Rd., neuer, stilvoller Pub mit gediegenem Ambiente, Meeresblick und nicht ganz billigen Preisen, oft Konzerte und lustige Sonderaktionen, tgl. ab 17 Uhr geöffnet.
Green Bottle Pub, Second Rd., Ecke Soi Diana Inn.
Weitere Live-Musik in der ***Disco Duck***, Little Duck Hotel, und im ***Dice Entertainment*** (s.o.) sowie z.B. im obersten Stock des ***V.C. Hotels*** (schöner Ausblick), Second Rd., South Pattaya, neben dem Midtown Hotel.

KARAOKE – Die Stadt ist bekannt für ihre Vielzahl an Karaoke-Schuppen.
In der Karaoke-Bar, die zum ***Palladium Entertainment Complex*** an der Second Rd. gehört, präsentieren Thais und Touristen ab 20 Uhr vor einem begeistert applaudierenden Publikum sentimentale Songs.

KINOS – Im oberen Stockwerk des ***Pattaya Festival Centers*** an der nördlichen Second Rd. finden sich vier moderne Kinosäle der Superlative, zwei davon mit aktuellen englischsprachigen Filmen (tgl. 5–6 Vorstellungen).
Im ***Royal Garden Plaza*** an der südlichen Second Rd. zeigt einer der beiden Kinosäle jeweils einen Hollywood-Streifen in englischer Sprache. Ein beliebtes Thai-Kino befindet sich in der Soi Cinema Interrama, abgehend von der Central Road.

Sport

Der Urlaubsort bietet vielfältige sportliche Möglichkeiten, wie Tauchen, Segeln, Motorbootfahren, Bungee Jumping, Go Kart-Rennen, Wasserskifahren, Fallschirmsegeln, Windsurfen, Bowling, Schießen usw.

BUNGEE JUMPING, ABSEILEN – 191 Moo 10, Jomtien Rd., am Rama IX Memorial Park, ☏ 427849, von 13–21 Uhr bietet sich die Gelegenheit, aus 57 m Höhe hinabzuspringen, 750 Baht.
Als weiteres Höhenvergnügen kann man sich an einem Flaschenzug vom Pattaya Park Tower abseilen oder diese Strecke mit einer abenteuerlichen Seilbahn-Konstruktion zurücklegen.

FITNESS – Es gibt mehrere Studios, das beste und modernste ist das ***Universe Gym*** von Dennis James (Mr. Universe 1995/96) an der Beach Rd., zwischen Soi 9 und 10, ☏ 428084, tgl. 9–22 Uhr.

SCHWIMMEN – Wem die Strände von Pattaya zum Baden zu schmutzig sind, kann sich im ***Pattaya Park***, einem Wasserpark mit Riesenrutsche und Strömungsbecken unterhalb des Turmes, vergnügen, Eintritt 100 Baht. Beliebt sind zudem Tagesausflüge auf die vorgelagerte Insel Ko Larn.

SEGELN – Die Inselwelt vor der Ostküste reizt jeden Segler, sie zu entdecken. Entlang der Strände werden kleinere Boote und Katamarane, z.B. der *Laser*, ein Einhand-Dinghy aus Fiberglas für 300 Baht pro Std., oder *Hobie Cats* und *Prindles* für 500 bis 600 Baht pro Std., angeboten.
Pattaya Sailing Center am Jomtien Beach verchartert Boote.

TAUCHEN – mehrere Tauchbasen bieten Kurse und Touren nach Ko Lan, Ko Sak und Ko Khrok an. Sehr schön ist das in 27 m Tiefe gelegene, mit Korallen bewachsene Wrack *Hardeed*, in dem viele Fische leben. Gute Sicht. Ein viertägiger Open-Water-Kursus mit abschließendem internationalen Zertifikat kostet mindestens 9000 Baht. Für einen Tauchgang mit Ausrüstung, Boot und Guide bezahlt man um 1200 Baht.
Paradise Divers, Siam Bayview Hotel, 310/2 Soi 10, Second Rd., ☏ 710567, 📠 423879, gut etabliert, deutsche und englische Ausbilder.

Sunshine Diver, 533 Soi 10, Beach Rd., ✆ 429069, 📠 710624, deutsch-österreichische Tauchbasis, Ausbildung und Zertifikate, sonnabends Barbecue mit Fachsimpeln.
Dave's Divers Den (NAUI und PADI), 3/3 Moo 5, Naklua Rd., ✆ 221860, 📠 221618, Kurse in Englisch.
Mermaid's Dive School, Mermaid Beach Resort, 75/102 Moo 12, Jomtien Beach, ✆ 232219, 📠 231908, ein Ableger von Dave's unter dänischer Leitung.

WINDSURFEN – kostet 250 Baht pro Stunde. Ideale Bedingungen bietet der Jomtien Beach, wo nur zwischen November und Januar mit starken Winden und hohen Wellen zu rechnen ist. Infos erteilt in Jomtien die ***Windsurfing Association of Thailand***, 45-6 Moo 12, im Sugar Palm Beach Hotel, ✆ 231386.

WEITERER WASSERSPORT – am Strand werden folgende, z.T. ziemlich nervtötende Aktivitäten oft zu überhöhten Preisen angeboten: eine Stunde Jet-Ski 1200 Baht, Wasserscooter 600 Baht, Motorboote 250 Baht, Parasailing für 250 Baht pro Aufstieg (ca. 5 Min.), Wasserski ab 200 Baht pro Runde.

Sonstiges

AUTOVERMIETUNG – Vor allem an der Beach Road werden offene und geschlossene Jeeps ab 500 Baht pro Tag vermietet. Diese haben oft nur eine Zulassung für den Betrieb in der Stadt bzw. in der Provinz Chonburi. Wagen mit ausreichendem Versicherungsschutz (Internationaler Führerschein nötig) gibt es ab 1200 Baht.
Avis, Schalter im Dusit Resort, ✆ 425611-6, 📠 361627, und Royal Garden Resort, neben dem gleichnamigen Plaza, ✆ 412120-3, 📠 429926.
Günstige Mietwagen, zumeist neuwertig und in großer Auswahl (sogar Cabrios, Pickups und Geländewagen), gibt es bei ***Car World Club***, Sukhumvit Rd. 333/1, ✆ 726185, 422149, 📠 426362. Vollversicherung, lohnende Sondertarife, Abhol- und Lieferservice sowie deutschsprachige Beratung durch Werner Rinderknecht.
Via-Rent-a-Car an der Second Rd., gegenüber dem Royal Garden Plaza, ✆ 426242, 📠 426243.

GELD – Die Wechselstuben der Banken vor allem an der Beach Rd. sind zumeist bis 22 Uhr geöffnet. Für komplizierte Transaktionen empfehlen sich die Hauptstellen der ***Bangkok Bank***, Second Rd. und Naklua Rd., ***Thai Farmers Bank***, South Rd. und Central Rd.,
Siam Commercial Bank, Second Rd.

EINKAUFEN – Die meisten Läden haben ihre **Öffnungszeiten** dem Lebensrhythmus ihrer Kunden angepaßt und öffnen tgl. von 11–23 Uhr, vor allem die Geschäfte in der South Rd. Der Supermarkt ***Best*** am Kreisel in der North Rd. ist bis 1 Uhr nachts und
Foodland in der Central Rd. sogar rund um die Uhr geöffnet.
Der neue ***Friendship*** Supermarkt in der South Pattaya Road bietet ein erstaunliches Sortiment an Importwaren.
In South Pattaya bieten auch Schneider und Portraitmaler ihre Dienste an. Souvenirläden und fliegenden Händler versuchen, ihr reichhaltiges Angebot – von Sonnenbrillen bis zu Musikkassetten – an den Mann zu bringen. Zudem entstehen hier immer mehr große **Einkaufszentren** mit schicken Boutiquen und Fast Food-Läden, wie
Royal Garden Plaza im Zentrum, zwischen Beach und Second Rd.,
Central Festival Center (Big C) an der nördlichen Second Rd. und
Lotus Supercenter an der Sukhumvit Rd.
Sonntags findet ein **Markt** in Naklua, neben der Post, an der Ampel rechts, statt.
Etwas kleiner ist der Markt am Di und Fr in der South Rd.

FESTE – Vom Touristoffice organisierte Veranstaltungen wie der **Pattaya Carneval** (Jan./Feb.), der **International Marathon**, das

Pattaya Festival (rund eine Woche lang zum Songkran-Fest im April) oder das **Woodstock-Festival** locken zusätzlich Touristen in die Stadt.

GESUNDHEITSPFLEGE – Der Währungsvorteil und niedrige Betriebskosten machen es möglich: In den letzten drei Jahren hat sich Pattaya zu einem preisgünstigen Zentrum für Gesundheitspflege entwickelt. Mehrere Betriebe – oft unter deutscher Leitung – haben sich auf Zahnpflege und Zahnersatz für Touristen spezialisiert, z.B.
Pattaya Dental Clinic, ✆ 429206,
Lab Technology International, ✆ 251289,
Rofi International Dental Technics,
✆ 966811.
Brillen werden z.B. angefertigt von
Central Optic, ✆ 421821-2,
Euro Optic, ✆ 426275.
Reflexmassage offeriert
Pattaya Reflexology, ✆ 710099.

IMMIGRATION – Soi 8, ✆ 429409, die Verlängerung des 60-Tage-Visums kostet 500 Baht.

INFORMATIONEN – ***TAT Office***, 246/1 Beach Rd., zwischen Soi 8 und 9, ✆ 428750, 429113, geöffnet Mo–Fr 8.30–16.30 Uhr, sehr viele Prospekte und hilfsbereite Mitarbeiter.
Über aktuelle Ereignisse informieren kostenlose Wochen- oder Monatshefte wie z.B. *Der Farang, Explore Pattaya, What's on,* die in allen Hotels ausliegen.

MEDIZINISCHE HILFE – im ***Bangkok Pattaya Hospital***, an der Sukhumvit Rd. Richtung Bangkok, ✆ 427751-5, 📠 427770, praktizieren diverse Fachärzte, darunter Kinder- und Zahnärzte.
Krankenfahrten und einen ambulanten Pflegedienst, der deutschem Standard entspricht, offeriert ***German Ambulance,*** ✆ 731196.

MOTORRÄDER – Keiner fragt nach einem Motorrad-Führerschein, obwohl er offiziell erforderlich ist, und niemand checkt die Fahrzeuge. Zudem sind sie nur pflichtversichert und werden häufig gestohlen – manchmal scheinen die Diebe einen Zweitschlüssel zu besitzen und gemeinsame Sache mit den Vermietern zu machen. Tödliche Motorradunfälle gehören zum Alltag in Pattaya. Deshalb raten wir davon ab, Motorräder zu mieten.
Wer dennoch nicht darauf verzichten will, sollte es am ehesten im ***Borrow-House,*** Soi 13, ✆ 710097 versuchen. Das dortige deutsche Management verspricht gut gewartete Maschinen, bessere Sicherheitsschlösser und Zusatzversicherungen inkl. Abholservice an.

POLIZEI – Polizeistation Beach Rd., Ecke Soi 9, neben dem Tourist Office ✆ 428223, 420802, Notruf ✆ 197 (!), 191 oder 123.
Die ***Tourist Police*** befindet sich an der Second Rd., nahe Soi 6, Notruf ✆ 1699, außerdem ✆ 425937 oder 429371.

POST – Hauptpost in der Soi Post Office, ✆ 429340, hier können auch Telegramme aufgegeben werden. Weitere Postämter: in Naklua, Swang Fa Rd., nahe dem Markt, und am Jomtien Beach, Chaiyapruk Rd.

RADIO – Ein beliebter Lokalsender sendet auf FM 107,75 teilweise in englischer Sprache. Internationale Hits gibt es auf FM 94,5.

REISEBÜROS – Achtung – die billigsten sind nicht die besten! In den letzten Jahren ist es verstärkt vorgekommen, daß sich Reisebüros über Nacht spurlos aufgelöst und viele Kunden Geld und Reisepässe eingebüßt haben. Als zuverlässig bewährt haben sich:
Min's Travel Service, 151/1 Moo 10, südliche Beach Rd., ✆ 426537-8, 426226, 📠 421513. Einziges Reisebüro in Pattaya, das für das Bezahlen mit Kreditkarten keinen Aufschlag verlangt. Geöffnet tgl. 9–2 Uhr. Khun Min spricht Deutsch und Englisch.
Semmy Tours, 157/128 Moo 5, Naklua Rd., vor Dice Entertainment, ✆ 370437-8, 📠 427908. Umfassender Service. Geöffnet tgl. 9–20 Uhr.

Das Zentrum von Pattaya

Der Österreicher Franz und sein thailändischer Geschäftspartner Semmy sprechen Deutsch und Englisch.

REISEZEIT – Die beste Reisezeit für Pattaya ist von November bis Februar. Im Juni dreht der Wind Richtung Südwesten und bringt Regen.

TELEFON – In vielen Straßen stehen gelbe internationale Kartentelefone für Überseegespräche. Weitere Möglichkeiten in der Hauptpost, beim rund um die Uhr geöffneten ***Telephone Exchange Service***, Central Rd., und ***Telecommunication Centre***, South Rd., sowie im ***Overseas Cafe***, Beach-Rd., Ecke South Pattaya Rd., ✆ 710550-3, 📠 710556, tgl. 9–4 Uhr.

VORWAHL – 038; PLZ des GPO: 20 260.

ZEITUNGEN – Pattaya hat sich zum wichtigsten Produktionszentrum deutschsprachiger Thailand-Publikationen *(Südostasien-Zeitung, Der Farang, Ferien-Magazin, Sport Aktuell, Das Magazin, Eiermann-Club-Zeitung)* entwickelt. Die jeden Fr erscheinende englischsprachige Zeitung *Pattaya Mail* für 15 Baht informiert über lokale Ereignisse.
Der Vertrieb ***Fort Orange,*** ✆ 713368, versorgt die Stadt tgl. mit einer üppigen Auswahl von deutschen und europäischen Printmedien.

Nahverkehrsmittel

Rund 700 blaue **Baht-Busse** verpesten die Luft von Pattaya. Die offenen Sammeltaxen mit zwei durchgehenden Bänken auf der Ladefläche kosten entlang der Second und Beach Rd. 5-10 Baht, ansonsten innerhalb von Pattaya bis zu 40 Baht. Regulärer Preis zum Jomtien Beach 50 Baht, nach Naklua 20 Baht. Sie können überall angehalten werden. Man setzt sich in einen Bus, der in die entsprechende Richtung fährt, nennt das Ziel und bezahlt am Ende – vorher Aushandeln ist gleichbedeutend mit Charter. Bei Fahrten nach außerhalb oder abseits der gängigen Routen muß vorher der Fahrpreis ausgehan-

delt werden. Es gibt häufig Beschwerden, die von Preiswucher und unfreundlichem Verhalten bis zu Diebstählen reichen. Für alle Fälle sollte man sich die Taxinummer merken.
Motorrad-Taxis im Stadtgebiet kosten generell 20-30 Baht.

Transport

BUSSE – Busse aus Bangkok halten am ac-Busterminal in der North Rd., nahe Sukhumvit Rd. Die Preise für reguläre Baht-Busse zu den wichtigsten Zielen in Pattaya sind einem Aushang zu entnehmen. Die wartenden Baht-Busse verlangen meist überhöhte Preise. Am besten geht man die North Rd. entlang und hält außer Sichtweite der wartenden Fahrer einen vorbeikommenden Baht-Bus an.
Non-ac-Busse fahren am Jomtien Beach von der Bor Kor Sor Bus Station ab, halten aber auch am Markt in der South Rd.
Richtung Bangkok: Von Pattayas Bus Terminal in der North Rd. fahren ac-Busse der Gesellschaft ***Roong Reuang Coach,*** ✆ 429877, tgl. zwischen 5.20 und 21 Uhr zum Eastern Bus Terminal (ca. 140 km) und zwischen 5.40 und 19 Uhr zum North Eastern Bus Terminal alle 30 Minuten in 2–3 Std. für 77 Baht.
Vom International Airport in Bangkok verkehren Busse von Thai Limousine Service tgl. um 9, 12 und 19 Uhr für 200 Baht.
Zurück ab Geschäftstelle in der North Pattaya Road (Nähe City Hall), ✆ 423140 und 423141, um 6.30, 14 Uhr und 18.30 Uhr.
Um 7, 9, 11, 13, 15 und 17 Uhr gibt es für 200 Baht (meist mit Umsteigen in Bangkok) einen Bus-Transfer zum Airport. Zudem gibt es viele, überall buchbare Minibus-Transfers für ca. 300 Baht. Ein Taxi kostet rund 1000 Baht.
Entlang der Ostküste: Nach BAN PHE, dem Fährhafen für Ko Samet, mit dem ac-Minibus von *Malibu Travel*, ✆ 423180, ab Second Rd., an der Einmündung Soi Post Office, um 8, 10, 12 und 15.30 Uhr für 120 Baht, zurück um 10, 14 und 17.30 Uhr. Direkt nach KO SAMET werden Tagestouren angeboten.
Nach SATTAHIP mit dem non-ac-Bus alle 10 Min. für 20 Baht, ab Naklua Rd. 10 Baht. Nach RAYONG mit dem non-ac-Bus alle 15 Min. bis 20.30 Uhr, 30 Baht, mit ac-Bussen morgens ab Nakornchai-Air-Terminal an der Sukhumvit Road für 90 Baht. Nach TRAT mit dem non-ac-Bus um 10 Uhr für 67 Baht, ac-Busse nur ab der Abzweigung der Straße nach Trat im Zentrum von Chonburi.

EISENBAHN – Von BANGKOK nach Pattaya tgl. um 7 Uhr. Zurück um 14.50 Uhr in 3,5 Std. für 40 Baht. Der Zug fährt nur, wenn sich genügend Passagiere einfinden.

FLÜGE – Der ehemalige Militär-Flugplatz U-Tapao, rund 40 km südlich von Pattaya, wird neuerdings für internationale Charter- und Linienflüge (Moskau, Kuala Lumpur) genutzt.
Bangkok Airways, Büro im 2. Stock im Royal Garden Plaza, Second Rd., ✆ 411965, 710084, 📠 411965.
3–4x pro Woche Flüge nach KO SAMUI in 1 Std. für 1890 Baht (mit Anschluß nach PHUKET, Gesamtstrecke 3420 Baht). Beim Rückflug von Phuket muß in Ko Samui übernachtet werden.
Thai Airways International im Royal Cliff Beach Hotel, tgl. 9–12 und 13–18 Uhr, ✆ 250286-7, 📠 250804.
Für 150 Baht p.P. Minibus-Transfer ab Royal Garden Plaza zum Flughafen U-Tapao.

Die Umgebung von Pattaya

Nicht weit vom Stadtzentrum, beiderseits des Sukhumvit Highway, nahe Soi Siam Country Club, finden sich einige Touristen-Attraktionen wie das **Bottle Museum**, ✆ 422957, des Holländers Pieter mit 300 originellen Miniaturen in Flaschen, das **Monkey Trainings Center** ✆ 756367, mit Shows um 9, 11, 12, 13, 14 und 17 Uhr, die **Schlangenfarm**, ✆ 730608, mit stündlich beginnenden Vorführungen oder **Mini Siam**, ✆ 421628, mit seinen Parkanlagen und Miniatur-Nachbildungen thailändischer und internationaler Sehenswürdigkeiten, das tgl. von 7–22 Uhr geöffnet hat.

Elephant Village

Touristen, die nicht in den Norden fahren wollen, werden hier täglich Elefanten bei der Arbeit vorgeführt. Da mit dem Holzeinschlagsverbot die meisten Arbeitselefanten arbeitslos wurden, suchen ihre Besitzer nach neuen Einkommensquellen. Deshalb kommen aus verschiedenen Provinzen Mahouts mit ihren Elefanten für einige Monate hierher, um den Touristen ihre ausgebildeten Tiere zu zeigen – ein sehr touristisches Spektakel. Infos beim Elephant House, ✆ 249174-5, Busse ab Tropicana (nach dem Elephant Counter fragen), ✆ 428645-8. Eintritt 200 Baht, Show 14.30–16 Uhr.

The Million Years Stone Park & Crocodile Farm

Die weiträumige 40 ha große Parkanlage ist noch relativ unbekannt, lohnt aber einen Besuch. Zwischen hübschen, weißen Gesteinsformationen leben in Gehegen Tiere, die in Südostasien fast ausgestorben sind, u.a. Elefanten, Tiger, Bären, der große Mekong-Fisch Pla Buk und Tausende von Krokodilen in allen Größenordnungen. Krokodil-Shows um 10, 11, 14, 15.30 und 17 Uhr.

Spannende Magic-Shows um 11 und 14 Uhr. Ausländer müssen mit 250 Baht einen sehr viel höheren Eintrittspreis bezahlen als Thais, ✆ 249347-9.

Wat Yansangwararam

Noch relativ unbekannt ist das neue Wat Yansangwararam kurz vor dem Noong Noch Village. Ca. 11 km südlich von Pattaya zweigt vom Highway eine ausgeschilderte Straße nach Osten ab, auf der man nach 4 km die Anlage erreicht.

Künstler aus dem ganzen Land haben auf einem riesigen Gelände buddhistische Tempelanlagen zu Ehren von König Bumiphol errichtet. Bis das Großprojekt beendet sein wird, gehen sicherlich noch einige Jahre ins Land.

In einem See spiegeln sich einige Wasserpavillons im Stil der jeweiligen Stifterländer Indien, Korea, Japan, China und der Schweiz (eine Art Bergkirche). Die chinesische Gemeinde hat eine große Palastanlage gestiftet, die sich am jenseitigen Ufer befindet. Besonders spektakulär ist das 130 m hohe Buddhabildnis, das mit Hilfe der Lasertechnik an einer Felswand entstand. Auf einem Hügel im Zentrum der Anlage erhebt sich eine buddhistische Pagode im modernen Stil, die Buddhas Fußabdruck enthält. Von hier eröffnet sich ein weiter Blick bis zum Meer.

Noong Noch Village

Das Noong Noch Village, 17 km südlich von Pattaya, lohnt sich allein wegen seines wunderschönen Parks. Im gezähmten Dschungel kann man Affen, Wild und Pfauen beobachten, außerdem gibt es eine beeindruckende Orchideenzucht und eine der größten Kakteen- und Palmensammlungen Asiens.

Die Show um 10.15 und 15 Uhr ist extrem touristisch und hat wenig Bezug zur Realität. Im raschen Wechsel zeigt man Volkstänze der Lao und Hilltribes, klassische Tänze im Lopburi-Stil, eine Hochzeitszeremonie und den über Lautsprecher verstärkten Kampf mit Kriegselefanten. Die *Elephant Show* im Anschluß an die „Kulturshow" zeigt dressierte Elefanten beim Fußballspielen, Radfahren, Tauziehen u.ä.

Auf dem Highway sind es 14 km nach Süden, dann am Kilometer 163 auf einer Abzweigung nach links weitere 3,5 km. Geöffnet tgl. 9–18 Uhr, ✆ 238158-9. Eintritt: Erwachsene 30 Baht plus 250 Baht für die Show.

Auf einem Sportgelände kann man für 30 Baht mit dem Bogen schießen. Übernachtung in Häusern im Thai-Stil (um 2500 Baht) oder in einfacheren Bungalows (300–1000 Baht). Infos im Büro gegenüber Nova Lodge, ✆ 429321 und 238061 (nach Helmut fragen), Touren ab Pattaya kosten 350 Baht.

Die vorgelagerten Inseln

Es werden regelmäßig Ausflüge auf die Inseln Ko Larn, Ko Pai und Ko Sak angeboten. Die besten Tauchgebiete liegen vor Ko Krok.

Vor **Ko Larn** (Coral Island) ist das Wasser, dank der Meeresströmung, meist klarer als in der Bucht von Pattaya. Wer jedoch ein Tropenparadies vor Pattayas Toren erwartet, wird von den saftigen Preisen in den Strandrestaurants und dem Lärm der zahllosen Scooter und Boote enttäuscht zurückkehren. Natürlich sind auch die Korallenriffe bereits in Mitleidenschaft gezogen worden. Am schönsten ist noch der **Ha Tien Beach**.

Ruhiger ist die Atmosphäre auf **Ko Pai**, einer unter Naturschutz stehenden Insel mit einem hohen Kalkfelsen, etwa 2 Stunden vor der Küste. Rings um Ko Pai liegen weitere kleine Inseln, zum Teil mit Korallenriffs.

Transport

Nach **Ko Larn** bietet Pimpar Tour, ✆ 425762, Touren für 350 Baht inklusive Lunch an, ohne Lunch 200 Baht, hin um 9 oder 11.30 Uhr, zurück um 16 Uhr. Touren mit Glasbodenbooten und Dschunken sind teurer.

Vom Tangkay-Pier in Naklua (hier gibt es auch mehrere Seafood Restaurants) fahren Boote um 10, 12, 16 und 18 Uhr für 30 Baht, zurück um 6.30, 12 und 14 Uhr.

Boote nach **Ko Pai** und auf die kleineren Nachbarinseln sind doppelt so teuer wie nach Ko Larn. Mehrere deutsche Aussteiger bieten Schiffstouren zu vorgelagerten Inseln an, z.B.: Fritz in der *Wondercat Bar*, ✆ 429837, Jochen im *Bounty Club*, ✆ 422264 oder Bodo im *Lek Inn*, ✆ 713179.

Von Pattaya nach Rayong

Wenn man Pattaya auf dem H3 Richtung Süden verläßt, hören die Hotels und Strände noch nicht auf. Aber die Hochhäuser und Villenkomplexe sind hauptsächlich Eigentumswohnungen (Condominiums), die Zufahrten zu den Stränden sind privat.

Bei Sattahip liegt eine große **Marinebasis**, Strände und vorgelagerte Inseln sind Sperrgebiet. Hinter Sattahip, kurz nach der zweiten Abzweigung zum Commercial Port, führt am KM 185,3 eine Straße (12 km) nach **Chong Samaesan**. An beiden Enden des Dorfes auf der Spitze einer kleinen Halbinsel kann man günstig Seafood essen und in Bungalows***-**** auf Pfählen mit und ohne ac übernachten. Allerdings ist der Strand sehr schmutzig.

Die vorgelagerten Inseln

In Chong Samaesan werden kurz vor dem Seafood-Restaurant Boote für Touren auf vorgelagerte Inseln vermietet. Die Tochter der Bootsbesitzer spricht sehr gut Englisch.

Eine Fahrt auf die gegenüberliegende **Ko Airaet** und die Rückkehr am nächsten Morgen kostet 600 Baht. Abgesehen von den verschmutzten Picknickstränden überrascht die schöne Insel mit klarem Wasser, Korallenriffen, vielen bunten Fischen und Seeigeln.

Ko Samaesan, große Insel mit vielen Stränden, überall Schilder: *„Anlanden verboten, Militärgebiet"*. **Ko Khram**, kleine Insel mit zwei Stränden, davon Korallen, Fischschwärme und verschiedenartige Seesterne, zum Zelten geeignet. **Ko Chuang**, weißer Sandstrand mit einer einsamen Palme. **Ko Chan**, im Norden ein weißer Sandstrand, an dem eine Familie lebt, nach Süden eine sichelförmige Bucht.

Außer an langen Wochenenden gibt es hier noch einsame Strände zu entdecken, an denen man – mit Verpflegung und Wasser ausgerüstet – ein paar Tage Robinson spielen kann.

Rayong

ระยอง

Nam pla – wer sich eine Weile in Thailand aufgehalten hat, wird den strengen Geruch dieser Fischsauce kennen, die von keinem Tisch wegzudenken ist. Im Fischerort Rayong werden winzige Fische zu dieser Sauce verarbeitet. In Kanistern abgefüllt wird die Sauce in den Geschäften im alten Stadtviertel am Hafen verkauft. Eine Landzunge verlängert die Flußmündung ins Meer hinaus. Dort liegen die malerischen Fischerboote vor Anker.

Die Strände in der Umgebung werden vor allem am Wochenende massenhaft von Erholung suchenden Thais aus Bangkok aufgesucht und für fröhliche Picknicks genutzt.

Übernachtung

Kaum ein Tourist übernachtet in Rayong, da die Stadt nichts von touristischem Interesse zu bieten hat. Wer trotzdem bleiben will oder muß, geht im Zentrum an der lauten, breiten Durchgangsstraße, der Sukhumvit Rd., schräg gegenüber vom Uhrturm ins
Rayong Otani**** (ac****), Nr. 69, ✆ 611161, mit geräumigen, sauberen Zimmern mit Fan, oder ins
Asia Hotel*–**, Nr. 84, ✆ 611022, gegenüber in einer Seitengasse, miese, billige Zimmer. An derselben Straße gibt es noch 5 weitere Hotels mit Zimmern für 80–400 Baht.

Sonstiges

INFORMATIONEN – ***Tourist Office***, 153/4 Sukhumvit Rd., Tambon Taphong, Rayong 21000, ✆ 655420-1, ℻ 655422, geöffnet tgl. 8.30–16.30 Uhr.

VORWAHL – 038; PLZ: 21 000.

Transport

BUSSE – Vom Eastern Bus Terminal in BANGKOK fahren non-ac-Busse alle 30 Min. für 52 bzw. 47 Baht (206 bzw. 182 km), ac-Busse alle 30 Min. bis 22 Uhr für 85 Baht in 3 1/2 Std.
Ab North Eastern Bus Terminal in BANGKOK fahren non-ac-Busse alle 40 Min. bis 15.20 Uhr für 59 Baht (236 km), 2.Kl.-ac-Busse um 4.40, 9.20 und 14 Uhr für 83 Baht in 3 1/2 Std. Dieses Terminal ist günstig fürs direkte Umsteigen zwischen Ostküste und Nord-Thailand.
Nach BANGKOK (Eastern Bus Terminal) fahren non-ac-Busse bis 18.30 Uhr, ac-Busse bis 22 Uhr.
Nach BANGKOK (North Eastern Bus Terminal) fahren non-ac-Busse bis 14.40 Uhr, ac-Busse um 7.15, 10.15 und 13.15 Uhr.
Nach CHANTABURI um 10.30 Uhr ac-Busse ab Bus Station für 40 Baht in 2 1/2 Std.
Vom Uhrturm fahren Minibusse nach BAN PHE (Hafen für KO SAMET) von 7 bis 19 Uhr jede halbe Std. für 12 Baht.

FLÜGE – Der Flugplatz U-Tapao liegt 31 km westlich.
Bangkok Airways fliegt 3–4x wöchentlich für 1890 Baht nach KO SAMUI.

Ban Phe

บ้านเพ

Hinter Rayong biegt am KM 230 eine gut ausgebaute und nicht stark befahrene Straße vom H3 zur Küste ab. Sie führt oft dicht am schmalen, mit Felsen durchsetzten Sandstrand **Mae Rom Phung Beach** entlang.

Auf der Landseite liegen einige Unterkünfte, die meisten entsprechen nicht dem Geldbeutel und Geschmack der Traveller und sind nur in Thai beschriftet.

Von dem geschäftigen Fischerort Ban Phe, 18 km östlich von Rayong, fahren die Boote nach Ko Samet, Ko Thalu und Ko Kudee ab. Hier gibt es einige Restaurants, Hotels, viele Geschäfte mit Muschelschmuck, Obststände, an denen man sich noch vor der Überfahrt eindecken kann, und ein öffentliches, internationales Telefon an der Richtung Rayong gelegenen Bootsanlegestelle.

Übernachtung

MAE ROM PHUNG BEACH – Selbst im ***Kon Aow Youth Hostel***** kostet der Schlafsaal 100 Baht, Zelt 60 Baht, Bungalow 250 Baht, am Fr, Sa und So fast das Doppelte, mit Juhe-Ausweis 50 Baht Rabatt.
Ansonsten gibt es hier 34 Hotels und Bungalow-Anlagen mit Zimmerpreisen ab 500 Baht.

BAN PHE – Etwa 8 Bungalowanlagen ab 150–500 Baht stehen für die Touristen bereit, die das letzte Boot zur Insel verpaßt haben. Empfohlen wurde die ***Yoong-Thong Villa*******, ✆ 038-648463, ℻ 648465, 1 km östlich des Samet-Piers; Reihenhaus, Häuser und Bungalows; Restaurant geöffnet 8–20 Uhr. Anfahrt per Tuk-Tuk für 5 Baht p.P.

Transport

BUSSE – Von BANGKOK Eastern Bus Terminal, 196 km, fahren non-ac-Busse alle 1–2 Std. von 6.30–17.15 Uhr für 50 Baht in gut 4 Std., ac-Busse etwa stündlich bis 20.30 Uhr für 90 Baht.
Die Rückfahrt nach BANGKOK am besten gleich nach Ankunft in Ban Phe reservieren. Zurück fahren non-ac-Busse ca. alle 2 Std. von 5–17.30 Uhr, ac-Busse zu jeder halben Std. bis 18.30 Uhr.
Von der Khaosan Rd. in Bangkok fahren Minibusse um 8.30, 9.30 und 14.30 Uhr nach Ban Phe für 150 Baht (inkl. Boot), 240–260 Baht hin und zurück. Der Minibus von *Sea Horse* läßt Passagiere überaus lange warten, die Rückfahrt ist nur ab Ao Wongduan möglich.
Songthaews ab RAYONG für 12 Baht.
Von PATTAYA mit dem Bus um 8, 10, 12 und 15.30 Uhr für 120 Baht, zurück um 10, 11.30, 13.30. 15.30 und 17.30 Uhr, hin und zurück für 220 Baht.
Nach LAEM NGOP (für Ko Chang) fährt in der Saison ein Minibus um die Mittagszeit für 200 Baht (Tickets bei den Reisebüros).

BOOTE – Ab Ban Phe verkehren laufend Boote zum Pier von BAN NA DAN und zu den Hauptstränden (s. Ko Samet).

Ko Samet

เกาะเสม็ด

Ko Samet, seit langer Zeit beliebtes Ausflugsziel und eine der ersten Urlaubsinseln der Region, kämpft mit schweren Problemen. Die Insel ist etwa 6 km lang und zwischen 400 m und 1000 m breit, die Hügelkette erreicht Höhen bis zu 125 Meter. Entlang der Ostküste zieht sich eine Reihe langer, weißer Sandstrände, die durch flache Granitbänke und baumbestandene Felsenkaps unterteilt werden. Bei Flut und hohen Wellen wird manchmal der ganze Strand überspült. Nach Süden zu verdrängen Steine immer mehr den Sand, die Felsenküste wird unterbrochen von halbmondförmigen Buchten. Am südlichen Ende tritt man aus dem Buschwald auf eine ziemlich kahle Landspitze, vor der viele Felsen aus dem Wasser ragen.

Die Westküste besteht vor allem aus Klippen, die sich dem Wind und den Wellen entgegenstellen.

Eine Insel in Gefahr 1981 wurde die Khao Laem Ya-Samet Inselgruppe zum National Park proklamiert. Die wenigen Bungalows und Restaurants im Nordosten von Ko Samet wurden plötzlich für illegal erklärt, den rechtmäßigen und seit Generationen ansässigen Besitzern des Landes wurde mit Vertreibung gedroht. 45 Betreiber von Bungalowanlagen wurden am 23. Mai 1990 verhaftet. Da immer mehr Wochenendtouristen nach Ko Samet kamen, durften die Anlagen vorerst bestehen bleiben. Doch am 7. August 1992 wurden wiederum 40 Anlagen von der Polizei geschlossen. Ein Komitee der Regierung soll nun eine Lösung finden. Bis dahin leben die Besitzer in einem rechtlosen Zustand. Einige haben feste Hütten gebaut, in der Hoffnung, damit ihren Anspruch auf das Land zu festigen, andere investieren so wenig wie möglich, ohne einen Gedanken an die Zukunft zu verschwenden. Gravierende Umweltgefahren bedrohen die Insel, zumeist kaum erkannt von den einheimischen und ausländischen Touristen. So läßt sich trotz sporadischer Aktionen das Müllproblem nicht in den Griff bekommen. Bis jetzt wird Abwasser geradewegs ins Meer oder in Sickergruben geleitet. Der Grundwasserspiegel ist so tief gefallen, daß das verbleibende Brunnenwasser immer brackiger schmeckt – Wasser muß in Booten vom Festland gebracht werden. Das letzte Buschfeuer konnte zum Glück mit Feuerpatschen und Decken erstickt werden, Wasser stand nicht zur Verfügung. Bei jedem Zeltplatz (freies Zelten ist im National Park erlaubt) bleiben Feuerstellen, Essensreste und nicht verrottbarer Abfall zurück – ekelerregende Brutplätze für Ungeziefer. Inzwischen verpesten über 70 Minibusse auf den 3 km Naturstraße und 80 Charterboote die Insel.

gegenstellen, von der Sonne gebleichtes Treibholz sammelt sich in Felsnischen. Nur ganz im Norden locken ein paar Sandstrände.

An Wochenenden und in den Ferien wird Ko Samet geradezu überschwemmt von bis zu 10 000 Ausflüglern aus Bangkok, die allerdings vorwiegend am Hat Sai Kaeo Beach im Norden der Ostküste bleiben. Um die Massen besser zu verteilen, soll schon seit Jahren für 8 Millionen Baht eine 4,8 km lange Straße gebaut werden.

Die meisten Boote kommen am Pier im Norden an, wo sich der Hauptort **Ban Na Dan** befindet. Hinter dem Wat steht die Statue eines 12 m hohen, sitzenden Buddhas. Viele Ausflügler schaffen es vom Pier nur die wenigen Meter zu den häßlichen, angestrichenen Bretterhütten ("Gefängniszellen"), dabei kommt man in 10 Minuten leicht zu Fuß zum schönen Hat Sai Kaeo.

Übernachtung

Außerhalb der Saison bekommt man mit etwas Verhandlungsgeschick auf Ko Samet bereits für 70 Baht eine Hütte mit Fan und Dusche. In der Hauptsaison kosten sie mehr als das Doppelte, an langen Wochenenden sogar das Vierfache.
An Festtagen, z.B. am Chinesischen Neujahr, sind Traveller nicht gern gesehen, wenn sie die Phantasiepreise nicht widerspruchslos zahlen wollen. Fast alle Anlagen haben Elektrizität und fließendes Wasser. Jede Anlage hat ein Restaurant.
Die Bungalowanlagen beim Dorf, am Ao Klang und Ao Noina sind nicht zu empfehlen.

Sonstiges

AUSFLÜGE – Vom Pier und von verschiedenen Bungalowsiedlungen kann man zum Schnorcheln an Korallenriffen (ca. 150 Baht) oder Fischen (ca. 500 Baht) fahren. Ausflüge zu den Nachbarinseln Ko Kudee und Ko Thalu werden für 120 Baht angeboten, weitere für 120–170 Baht.

EINTRITT – Am Eingang zum Park sind von Ausländern 50 Baht Eintritt zu bezahlen.

MALARIA – Viele malariaübertragende Moskitos sind auf der Insel ein Problem. Deshalb unbedingt vorsorgen. Bei ersten Anzeichen einer möglichen Malaria das ***Ko Samet Health Center*** oder die ***Ko Samet Malaria Clinic*** im Dorf nahe dem Wat aufsuchen, wo ein kostenloser Bluttest gemacht wird.

MOTORRÄDER – An der Dorfstraße gibt es die Motorradvermietung ***Aladin's***.

REISEZEIT – Hauptsaison ist von November bis März, doch noch bis Juni ist der Aufenthalt auf der Insel angenehm.
Völlig überrannt wird der Nordosten der Insel an den Feiertagen von November bis April.

UNTERHALTUNG – Entlang der Dorfstraße haben sich Discos (am Wochenende geöffnet) und Bars etabliert.

VORWAHL – 038; PLZ: 21 000.

WASSER – Die Wasserversorgung ist nur an den nördlichen Stränden gesichert, die über die Straße mit Tankwagen versorgt werden können.
Ansonsten sieht das Wasser häufig schon im Dezember sehr schmutzig aus. Wer es trinkt, muß mit Dauerdurchfall rechnen.

Nahverkehrsmittel

Bis zu 70 Pickups bringen die Gäste auf 3 km Naturstraße an die Strände. Wollen mindestens 10 Passagiere zum selben Ziel, kostet es nach Hat Sai Kaeo 10 Baht, nach Ao Phai 20 Baht, nach Wongduan 30 Baht, zum Paradise Beach 30 Baht. Charter kostet 100–200 Baht.

Transport

Ab BAN PHE (Anfahrt siehe dort) fahren Boote alle 1–2 Std. (sobald sie voll sind) für

30 Baht zum Pier von Ban Na Dan und z.T. weiter nach Ao Wongduan.
Von Ban Na Dan zurück verkehren nur die Boote von *Samet Tour* um 7, 8.30, 12.30 und 15 Uhr, oder früher, falls genügend Passagiere da sind.
Nach WONGDUAN fahren Boote um 9.30, 11.30, 13.30 und 17.30 Uhr für 30 Baht.
Zurück ab WONGDUAN fahren Boote um 8.30, 12, 14 und 16 Uhr.
Weitere Boote fahren in der Saison zu den einzelnen Stränden, z.B. Ao Cho (30 Baht), Ao Wai (40 Baht), Ao Kiu (30 Baht) und Ao Phrao (30 Baht). Werden die Boote nicht voll, muß man evtl. einen Aufschlag bezahlen. Diese Boote fahren nur von den jeweiligen Stränden zurück.
Wer das letzte Boot zum Festland verpaßt hat, kann am Pier für ca. 400 Baht eines chartern.

Hat Sai Kaeo

Der schöne, 1 km lange Strand im Norden der Ostküste heißt auch *Crystal Sand Beach* oder *Diamond Beach*. Vor allem während der Feiertage und an Wochenenden kommen viele Thai-Gruppen, um unter Palmen in den Seafood-Restaurants zu schlemmen. Zu Tages- und Wochenendausflügen reisen riesige Gruppen an.

Während sich die Erwachsenen in Discos, auf Surfbrettern und Wasserscootern austoben, vergnügen sich die Kinder in Strandnähe mit zu Schwimmringen umfunktionierten Autoschläuchen. Einige der 9 Bungalowdörfer sind solide gebaut und relativ teuer. Während der Urlaubssaison schlagen thailändische Gruppen ihre Zelte unter den Palmen am Strand auf.

Auf Fußwegen durch eine Palmenplantage erreicht man die Felsenbucht **Ao Luk Yon** am nordöstlichen Zipfel. Der kleine Strand ist durchsetzt mit sehr grobkörnigem Sand. Er erlaubt eine schöne Sicht auf die nördliche Küste und auf Inseln. Um die Felsen herum kann man gut schnorcheln.

Hinter einer Felsenbarriere schließt sich nach Süden der 400 m lange, schöne Sandstrand **Ao Hin Khok** an den Hat Sai Kaeo an. Der Fahrweg schlängelt sich nahe am Strand durch einen Wald. Dahinter ziehen sich die Bungalows versteckt unter Bäumen den Hang hinauf.

Übernachtung

HAT SAI KAEO – Ganz im Norden liegt ***Coconut******–**** ⑨, feste Bungalows unter Laubbäumen, außerdem Hundehütten*, schöner Strand.
Diamond Beach***–**** (ac teurer) ⑩, ✆ 01-2185814, schöne Gartenanlage, saubere, gute Zimmer; im Restaurant große Portionen zu normalen Preisen, das Personal ist etwas chaotisch, Rechnungen sollten immer nachgeprüft werden; Wasser gibt es nur dreimal pro Tag.
Sai Kaew Villa***–**** ⑫, ✆ 01-2186618, günstige ac-Bungalows und teure Luxusbungalows.
Ploy Talay***–**** ⑬, ✆ 01-2186109, Reihenhäuser, großes Seafood-Restaurant.
White Sand Bungalows**–**** ⑭, ✆ 01-2186734, Unterkünfte unterschiedlichsten Standards; Disco und Reggae-Bar.

AO LUK YON – ***Pineapple Beach****** ⑦, ✆ 01-2181714, komfortable Bungalows, großer Balkon.
Banana Bungalows*** ⑧, ✆ 01-2185841, Bungalowanlage mit verschiedenartigen Hütten mit Fan (gehört zum *Diamond Office* am Hat Sai Kaeo).

AO HIN KHOK – An einem Hügel liegt ***Naga**** ⑮, ✆ 01-2181732, einfache, ältliche Bungalows, z.T. mit guter Sicht; hausgemachte Backwaren und empfehlenswertes Essen (u.a. riesige Pizza); Buchverleih, Post, kein Video, unter Leitung einer engagierten Engländerin.
Little Hut** ⑯, ✆ 01-2181264, eng stehende, recht geräumige Hütten mit und ohne Du/WC, mit und ohne Fan, Restaurant, Tische am Strand.

Jep´s* (17), 7 Hütten mit Du/WC und Fan am Hang hinter dem vorzüglichen Restaurant, einige Tische am Strand, gute Musik.

Sonstiges

POST – am Ao Hin Khok gibt es ein kleines Post Office bei *Naga* (geöffnet Mo–Fr 8.30–12 und 13–16, Sa 8.30–12 Uhr), mit Poste Restante.

SCHÖNHEITSPFLEGE – Neben Massage werden am Strand auch Haareflechten, Maniküre etc. angeboten.

WASSERSPORT – Wasserski, die leidigen Wasserscooter, Autoschläuche und Schnorcheltouren werden angeboten, wie auch Masken und Schnorchel von wechselhafter Qualität.

Ao Phai

Die Bucht von Ao Phai wird auch *Bamboo Bay* genannt. An dem mit vielen Kokospalmen bestandenen Strand mit dem feinsten Sand der Insel kann man Surfbretter und Segelboote mieten. In den Anlagen logieren vorwiegend Farang-Touristen, entsprechend ist die Musik und das Essen in den Restaurants. Jet-Skis flitzen am Strand entlang, gefährden die Schwimmer und verpesten die Luft.

An den Klippen entlang sind es 100 m zur **Pudsa-** und **Tubtim-Bucht**. An dem 100 m langen, feinen, weißen Sandstrand stehen viele Palmen und Laubbäume und zwei Bungalowanlagen, sowie ein Nudelstand. Auf dem Sand machen sich Liegestühle breit.

Die winzige **Nuan-Bucht** weiter südlich ist umgeben von steilen Klippen. Der kleine Sandstrand ist von Felsen durchsetzt. Vom Ao Tubtim auf dem schmalen Pfad über das Kap zu Fuß zu erreichen. Hier gibt es nur eine Bungalow-Anlage.

Übernachtung

AO PHAI – *Ao Phai Hut–****** (18), ✆ 01-3532644, 200 m vom Strand am schat-

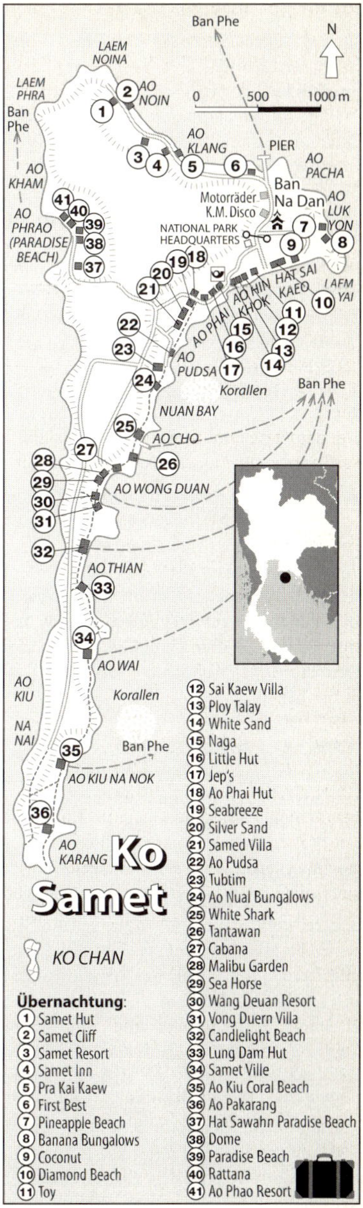

tigen Hang, verschiedene saubere Hütten mit Fan oder ac, Strom am Abend und in der Nacht, Restaurant.
Seabreeze**–*** ⑲, ✆ 01-2186397, mäßige Hütten hinter dem preiswerten Restaurant, nicht direkt am Strand, nette Atmosphäre; Büchertausch, Telefon- und Fax-Service.
Silver Sand**–*** ⑳, ✆ 01-2110974, zu teure Bungalows, z.T. mit ac, mäßiges Restaurant, internationaler Telefonservice. Disco mit weithin dröhnender Musik bis 2 Uhr nachts.
Samed Villa*** ㉑, ✆ 01-2390223, schöne, komfortable Doppelbungalows mit Fan am südlichen Ende des Strandes hinter dem Bach, hervorragendes Restaurant; unter Schweizer Leitung; in der Regenzeit gibt es hier viele Moskitos.

AO PUDSA – ***Ao Pudsa Bungalows***** ㉒, vorwiegend feste Bungalows am Hang unter Laubbäumen, Windsurfer zu mieten.
Tubtim Bungalows**–*** ㉓, ✆ 01-2186425, ausgedehnte Anlage unter Palmen, dichte Matten- und Holzhütten, z.T. verwahrlost, neuere Steinbungalows, hervorragendes Restaurant mit TV und guter Aussicht; Strandbar.

NUAN BAY – ***Ao Nual Bungalows*****–*** ㉔, die miesen, aber romantischen Bungalows stehen recht versteckt im Wald verteilt, häufig mit Langzeittravellern belegt.

Ao Wongduan

Die halbkreisförmige Bucht, in der viele Boote ankern, wird auch *Full Moon Bay* genannt. Am feinen Sandstrand wird tagsüber eine Liegestuhlparade aufgebaut, um die Bedürfnisse des gehobenen Publikums zu befriedigen. Restaurants, Souvenirläden und Imbißstände komplettieren den Eindruck eines sehr belebten Strandes.

Eine Tauchbasis bietet Kurse und Tauchfahrten bis Ko Chang an, Windsurfer kosten 100 Baht pro Stunde. Eine Straße führt durch das Landesinnere zu den übrigen Stränden der Insel.

Über einen schmalen Felsrücken erreicht man von Ao Wongduan auf einem gut ausgetretenen Fußpfad den nördlich anschließenden Strand **Ao Cho**. Der verrottende Holzpier teilt die Bucht: in der südlichen Hälfte ist der Strand mit Steinen übersät, der schöne Sandstrand im Norden ist recht schattig.

Übernachtung

AO WONGDUAN – Die meisten Bungalows kosten über 300 Baht. Am nördlichen Ende werden beim Souvenirkiosk 2-Personen-Zelte vermietet (60 Baht für 2 Pers.).
Cabana** ㉗, große, nicht sehr saubere Bungalows mit Du/WC am nördlichen Ende.
Malibu Garden Resort***–**** (ac teurer) ㉘, ✆ 038-651292, ausgedehnte Anlage, überteuerte Bungalows, gutes Restaurant.
Sea Horse***–**** ㉙, ✆ 01-2181049, graue Hütten mit Du/WC auf der grünen Wiese, z.T. mit ac, 2 Restaurants, Reisebüro.
Wong Deuan Resort**** (ac teurer) ㉚, ✆ 038-651777, großer Garten, teures Restaurant.
Vong Duern Villa**** ㉛, ✆ 038-651742, 📠 651741, überteuerte Komfortbungalows; das schön gelegene Restaurant hat auch nach 22 Uhr offen. Daneben der Minigolfplatz.

AO CHO – Am nördlichen Sandstrand liegt ***White Shark****–**** (auch *Wonderland Resort*) ㉕, ✆ 01-2185682, riesige Anlage; neben einfachen Bretterhütten mit eigener Du/WC auch Doppelhäuser; Restaurants und Beach-Bar, freundliche Familie.
Tantawan*** ㉖, ✆ 01-2186013, am südlichen Steinstrand, komfortablere Anlage mit hübschen Häusern, alle mit Dusche und Fan; recht gutes, aber teures Restaurant auf einem Felsen mit Blick über die Bucht; Bewohner der Bungalows erhalten Essengutscheine.

Transport

Ab BAN PHE verkehren Boote von *Sea Horse* und *Malibu* für 40 Baht nach Ao Wongduan,

letztes Boot um 18 Uhr. Zurück in der Saison um 8.30, 12, 14 und 16 Uhr.
Der Speed Boat Service von Ao Cho bietet Insel- und Schnorcheltouren für 150–200 Baht sowie *Sunset Tours* ab 16 Uhr, Transport nach Ban Phe für 30 Baht.

Die südlichen Strände

Ein 300 m langer Fußweg führt von Ao Wongduan über die Klippen zum **Ao Thian** (Lung Dam Beach). Die weite Bucht heißt auch *Sangtain* oder *Candlelight Beach*. Ein großer, von Felsbändern unterteilter Strand ohne Palmen. Das Wasser wird entweder aus Tiefbrunnen geholt, ist also brackig, oder muß in Kanistern gekauft werden. Über den mit niedrigen Gehölzen bewachsenen Bergrücken gelangt man zum Sunset Point an der Westküste.

Ein immer schlechter werdender Fußweg führt von Ao Thian am Strand entlang und über die Klippen bis zur Südspitze der Insel. **Ao Wai** wird auch *Rattan Bay* genannt. Ein halbmondförmiger Strand mit feinem, weißen Sand und urigen Bäumen. An den Rändern Felsen mit Korallenbänken, die zum Schnorcheln einladen.

Am **Ao Kiu Na Nok** ist Ko Samet so schmal, daß man sowohl den Sonnenauf- als auch den Sonnenuntergang genießen kann. Beliebtes Ausflugsziel der Einheimischen am Wochenende.

Am **Ao Karang** (Coral Bay) an der Südspitze gibt es kaum Sandstrand, aber schöne Felsen; malerisch sieht die vorgelagerte Insel **Ko Chan** *(Moon Island)* mit den kahlen Granitflanken und den windzerzausten Bäumen aus.

Übernachtung

AO THIAN – Beide Anlagen gehören nicht zu den besten der Insel, haben aber eine gemütliche Atmosphäre.
Candlelight Beach**–***** ㉜, große Anlage mit 2 Restaurants im Zentrum der Bucht, etwas heruntergekommene Bambus- und Bretterhütten mit Du/WC, neuere Bungalows auf dem Hügel.
Lung Dam Hut*–**** ㉝, kleine, einfache Hütten oberhalb der Felsenküste im Süden.

AO WAI – Luxuriöse Bungalows, die mit allem Komfort eingerichtet sind, im
Samet Ville***** (und teurer) ㉞, mit Vollpension, ✆ 038-651681. Selten ausgebucht. Anmeldung beim Koa Kaew Bungalow, 250 m östlich vom Pier in Ban Phe, Reservierung in Bangkok unter ✆ 02-2463196.

AO KIU NA NOK – Bungalows zu beiden Seiten der Insel im ***Ao Kiu Coral Beach******** (und teurer) ㉟, ✆ 038-652561, ohne und mit Du/WC, sehr sauber, einige alte Hütten**; gutes, aber teures Essen im offenen Restaurant in einer Kokosplantage.

AO KARANG – Ein Dutzend einfache Hütten gibt es im ***Ao Pakarang****** ㊱, Anmeldung in Bangkok unter ✆ 02-5177620.

Transport

Am Vormittag fährt ein Boot von Ao Thian nach BAN PHE (40 Baht p.P.), anschließend wieder zurück. Ab Ban Phe fahren Boote um 11.30 und 17 Uhr zum Ao Kiu Na Nok (40 Baht).

Paradise Beach (Ao Phrao)

An der Westküste gibt es nur diesen einen Strand. Die relativ flache, von Felsen begrenzte Bucht mit wenig Wellengang ist mit dem Boot oder über einen Weg von Ao Phai (30 Min.) zu erreichen. Der bei Ebbe recht große Strand ist nicht so schön wie die Strände an der Ostküste, sondern stark mit Steinen und Korallen durchsetzt. Schöne Sonnenuntergänge.

Übernachtung

Hat Sawahn Paradise Beach****–******** ㊲, ✆ 01-4384916, 20 gute, geräumige Holzbungalows eines Schweizers, dessen Thai-Frau im Restaurant kocht, Abholservice mit eigenem Boot, Wasserski, Tauchschule, 50 m zum Riff.

Dome**–**** (38), ✆ 038-651377, bessere Bungalows für Thai-Gruppen (4–5 Pers.) am Hang und billige Holzhütten ganz oben im Wald.
Paradise Beach** (39), vermietet einfache Hütten.
Rattana** (40), einfache Hütten aus Palm- und Sperrholz, Du/WC außen, relativ neu.
Ao Phao Resort**** (ac teurer) (41), ✆ 038-651156, hübsche, gepflegte Anlage, gute Bungalows ab 1400 Baht und einige Reihenhäuser am Hang, gepflegtes Restaurant, deutsche Speisekarte. Vermieten Mountain Bikes ab 100 Baht/Std.

Transport

Ab BAN PHE fahren in der Saison Boote nach Bedarf zum Paradise Beach.

Von Ban Phe nach Laem Mae Phim

Wer ein eigenes Fahrzeug und etwas Zeit hat, sollte hinter Ban Phe nicht auf den H3 zurückkehren, sondern an der Küste entlangfahren und erst bei Klaeng wieder auf den H3 stoßen. Gleich hinter Ban Phe führt der H3145 durch einen 1500 m langen, schönen „Tunnel" von Kasuarina-Bäumen *(Suan Son)*. Picknick-Tische und Imbißstände laden zum Verweilen ein, Spezialität ist gekochte Kokosnuß. Auf der 29 km langen Strecke nach Laem Mae Phim gibt es über 40 Bungalowdörfer und Hotels an verschiedenen, schön gelegenen Stränden. Nur zu empfehlen für Leute, die bereit sind, für ihre Unterkunft mindestens 400–500 Baht zu bezahlen. An Wochentagen ist hoher Rabatt möglich.

Die meisten Strände sind sehr flach und werden nur von einheimischen Urlaubern besucht. Etwa 10 km hinter Ban Phe macht der H3145 einen Bogen durch ein Dorf. An der anschließenden Kreuzung mit dem H3192 nach rechts kommt man nach einem knappen Kilometer rechts zu einigen ruhig gelegenen Bungalowsiedlungen an einem schönen Strand (s.u.).

Der berühmteste Strand ist **Wang Kaeo** („Kristallpalast"), 17 km östlich von Ban Phe. Weiter östlich wird das Meer zunehmend sauberer. Hier entstanden mehrere neue, luxuriöse Anlagen.

Am **Laem Mae Phim** gibt es für lange Zeit die letzte Gelegenheit, direkt am Meer zu essen. Viele nette Restaurants bieten Seafood an. Man kann Pferde mieten und am Strand entlang reiten. Boote fahren zu den vorgelagerten Mun-Inseln und zum Raya Island Resort.

Die Straße verläßt nun die Küste. Nach 16 km ist in Klaeng wieder der H3 (am KM 267) erreicht.

Übernachtung

Etwa 10 km östlich von Ban Phe:
Ban Phe Cabana, ✆ 01-2114888, eine Luxusanlage,
Thale Ngam Resort****, ruhige Bungalowanlage,
Ban Tew Son***–****, originelle Bungalows und Baumhütten, hübsch unter Kasuarinas verteilt.
17 km östlich von Ban Phe:
Suan Wang Kaeo***–****, 204 Mu 2, Charkpong, Klaeng, ✆ 01-2111527. Auf einem weitläufigen, parkähnlichen Areal stehen an 3 Stränden 100 Bungalows mit 2–6 Betten und Fan oder ac, die 400–2500 Baht kosten. Ausgezeichnetes Seafood! Reservierung unter ✆/℻ 02-251 0836. Pickups fahren um 6, 8, 10 und 14.15 Uhr für 10 Baht von Ban Phe nach Wang Kaeo, ansonsten per Motorradtaxi oder Charter-Pickup für 80 Baht.
2 km östlich von Wang Kaeo:
Pat Lodge***–****, auf der Landseite der Straße, noch relativ preiswert, Bungalows im Palmenhain.
Ban Srai Kaew, 1 km weiter, wesentlich schöner, von Rhododendron überwachsene, aus Stein errichtete Luxusbungalows.
Direkt am Laem Mae Phim:
Bungalow Hadd Mae Pim**–*** und dahinter ***Porn Pim*****–**** haben noch einige billigere Zimmer.

Khao Chamao National Park

วนอุทยานเขาชะเมา

Nur ein einziges Waldgebiet, das Granitmassiv des Khao Chamao, ist in der Provinz Rayong vom tropischen Dschungel übriggeblieben. Für riesige landwirtschaftliche Entwicklungsprojekte, neue Fernstraßen, z.B. von Chachoengsao nach Klaeng, für Neusiedlerdörfer und aus reiner Geldgier sind die Wälder abgeholzt worden. Wegen der massiven Zerstörung des Lebensraums der Fauna und Flora wird vermutet, daß sich zumindest ein Großteil der Tiere in dieses Schutzgebiet zurückgezogen hat. 7 km hinter Klaeng zweigt vom H3 am KM 275,7 die 16 km lange, asphaltierte Straße H3377 nach Norden zum Dorf Ban Nam Sai ab. Dort am Hinweisschild in Thai rechts abbiegen. Das *Headquarter* des National Parks ist dann nur noch 1 km entfernt. Wie in Thailand üblich, sind am Wochenende viele Besucher im Park, die sich aber hauptsächlich an den beiden kleinen Wasserfällen aufhalten. Eine Karte am Parkplatz neben dem Visitor Center hilft bei der Orientierung. Eintritt 3 Baht.

Nur 200 m oberhalb liegt der **Khao Chamao-Wasserfall** und 2 km weiter am Fluß entlang der interessantere, zweite Wasserfall **Chong Laep**. In einem von Felsen umgebenen Becken schwimmen Karpfenschwärme.

Eine anstrengende Tour führt auf den Berg hinauf. Sie sollte aber nur mit Guide gemacht werden. Wer schon andere Parks im Norden gesehen hat, wird diesen nicht sonderlich interessant finden.

Khao Wong Caves

Die Khao Wong Caves gehören ebenfalls zum Khao Chamao National Park, sind aber nur vom National Park Office her zu erreichen.

Ein steiler, glitschiger Pfad führt in die interessanteste Höhle, die **Tham Lakhon**. Nachdem man sich mühsam durch ein dunkles, tunnelartiges Gewölbe gearbeitet hat, kommt einem der lichtdurchflutete Dschungel auf der anderen Seite ganz wunderbar vor. Von dort sind es noch wenige hundert Meter zum Eingang der **Tham Samit**, deren zweiter Ausgang zwar einen schönen Blick über den Dschungel ermöglicht, aber nicht zum Ausgangspunkt zurückführt.

Vom H3 am KM 286,4 nach links auf den H3433 abbiegen (Motorradtaxi 40 Baht) und nach 11,5 km an Schule und Gemeindezentrum parken. Dort nach einem Führer fragen oder sich den Weg zum versteckt liegenden National Park Office zeigen lassen.

Übernachtung und Essen

Im Parkhauptquartier gibt es Bungalows*** für 5 Pers., zu zweit sicher billiger. Das *Visitor Center* und die Essenstände davor sind meist nur am Wochenende geöffnet.

Transport

In KLAENG kann man Pickups für die Strecke zum Park mieten. Falls genug Passagiere mitfahren, kostet es 20 Baht bis zur Abzweigung (dann 1 km zu Fuß).

Khung Wiman und Laem Sadet

คุ้ง วิมานฝแหลมเสด็จ

Am 100 m langen Sandstrand Khung Wiman liegen einige Resorts für einheimische Touristen und viele kleine Restaurants, an denen nur am Wochenende etwas los ist. Vom H3 geht es am KM 301,9 nach rechts auf den H3399 ab, danach folgt man den Wegweisern etwa 18 km auf asphaltierter Straße. Von den beiden Buddhastatuen in halber Höhe hat man einen schönen Ausblick.

3 km vor Khung Wiman biegt ein Weg nach links zum Strand Laem Sadet ab. Nach 11 km durch Shrimp-Farmen öffnet sich ein breiter Sandstrand, von Essenständen gesäumt und von Wochenendabfällen verziert. Ein Dschungelpfad führt über einen mit Affen bevölkerten Hügel zu einem einsamen Strand.

Übernachtung

KHUNG WIMAN – Sehr freundlich sind die Leute im luxuriösen ***Chaolao Beach Resort***,

✆ 02-2529933, das neben einem großen Hotelgebäude viele Bungalows am Strand und einen Swimming Pool bietet; wochentags gibt es Rabatt.

LAEM SADET – Hier kann man in einfachen Hütten** übernachten.

Wat Khao Sukim

วัดเขาสุกิม

Wat Khao Sukim ist ein modernes Kloster von riesigen Dimensionen. Ein vierstöckiges Klostergebäude, viele Museums- und Versammlungshallen, wertvolle Antiquitäten, unglaublich lebensechte Nachbildungen ehemaliger Äbte, ein kleiner Zoo und eine schöne Aussicht in die grüne Ebene machen den Abstecher lohnenswert. Liebhaber von Keramik finden in vier Sälen viele 2–3 m hohe Vasen. Thais besuchen dieses Kloster wegen seines berühmten Abtes, dem übernatürliche Kräfte zugeschrieben werden.

Interessierte Besucher müssen vom H3 am KM 305,8 nach links auf den H3322 abbiegen und ihm 13 km folgen. Eine kostenlose Bergbahn erspart den Aufstieg zum Hügel.

Chantaburi

จันทบุรี

In der Stadt mit 40 000 Einwohnern, 224 km von Bangkok entfernt, ist deutlich vietnamesischer Einfluß spürbar. Viele christliche Vietnamesen haben sich hier niedergelassen, als sie in ihrer Heimat verfolgt wurden. Sie leben vor allem in der Nähe des Flusses.

In einigen Geschäften werden von ihnen die typischen roten Flechtarbeiten verkauft. Chantaburi ist in Thailand berühmt für sein Obst. Saison für Durian ist von Mai bis August, für Rambutan und Mangosteen von Mai bis September und für Mango von März bis Juni.

Eine 1880 erbaute **Kathedrale** im Stil französischer Kirchen liegt auf der anderen Flußseite. Zu erreichen über die Fußgängerbrücke südöstlich vom Markt, etwas versteckt hinter den Holzhäusern. Schlüssel im Pfarrhaus.

Viele Ausländer kommen nach Chantaburi, um in den Juweliergeschäften entlang der Hauptstraße **Edelsteine**, vor allem den Roten Saphir (*Thapthim Siam*), zu kaufen. Überall kann man beim Schleifen oder Sortieren der winzigen Steine zuschauen. Kaufen sollten allerdings nur wirkliche Experten: Steine zum halben Preis gibt es in ganz Thailand nicht.

Die Straße H3146 führt Richtung Süden nach Laem Sing an der Flußmündung. In **Pak Nam** und **Ka Chai** stehen noch die Reste ehemaliger Befestigungsanlagen, die vor feindlichen Angriffen vom Meer her schützen sollten.

Übernachtung

Arunsawat Hotel* *–** ④, 239 Sukha Phiban Rd., ✆ 311082, kein englisches Schild außen, gegenüber vom Chantra Hotel, 10 saubere Zimmer mit Fan, einige mit ac.

Chantra Hotel* *–** ③, 248 Sukha Phiban Rd., ✆ 312388, kleines schmuddeliges Stundenhotel am Fluß, hellhörige Zi mit Fan, mit und ohne Du/WC.

Muang Chant* ** (ac ***) ⑩, 257-9 Sri Chan Rd., ✆ 312909, an der Hauptstraße in einem Hintergebäude, relativ ruhig; ordentliche Zimmer.

Kasemsarn 1* ** ⑤, 98 Benjamarachuthid Rd., ✆ 311100, relativ laut; saubere Zimmer mit Fan und ac, nach hinten ruhiger. Im 1. Stock das *Chanthon Restaurant*.

Chantaburi Hotel* ** ⑨, 42/6 Tha Chalaeb Rd., ✆ 311300, saubere Zi mit Fan und ac.

Travel Lodge* ** (ac***) ①, 14 Raksakchamoon Rd., ✆ 311531, 1 km nördlich vom Busbahnhof an der Hauptstraße; verwohnte Zimmer.

K.P. Grand Hotel ⑪, 35/200 Tri Rat Rd., ✆ 323201, 📠 323214, Hochhaus, luxuriöse Zimmer ab 1000 Baht.

Eastern Hotel* **** ⑫, 899 Tha Chalaeb Rd., ✆ 312218-20, 📠 311985, saubere gute Zimmer; empfehlenswert, aber etwas weit außerhalb.

Caribou Hotel ⑥, 14 Chawana Uthid Rd., ✆/℻ 321584, Luxushotel im Westen der Stadt, DZ mit Rabatt ab 1200 Baht.

Essen

Rings um den großen See im Taksin Park gibt es eine Reihe netter Seafood-Restaurants, entlang der Tha Chalaeb Rd. mehrere gute Restaurants.
Im ***Sui Market*** beim Clock Tower werden abends leckere Gerichte zubereitet.

Sonstiges

FEST – Die **Fruit Fair** mit Umzug und Jahrmarkt findet am zweiten Juni-Wochenende statt.

GELD – wechselt die ***Thai Farmers Bank*** nahe dem Marktplatz.

INFORMATIONEN – In der Stadt spricht kaum jemand Englisch. Der freundliche, englischsprechende Besitzer des Buchladens (siehe Karte) kann gute Tips geben.

VORWAHL – 039; PLZ: 22000.

Transport

Wesentlich schneller als über den Sukhumvit Highway entlang der Küste ist die 70 km kürzere Straße H344 von Chonburi via Ban Bung und Klaeng nach Chantaburi.
Vom Eastern Bus Terminal in BANGKOK fahren non-ac-Busse jede Std. bis 16 Uhr für

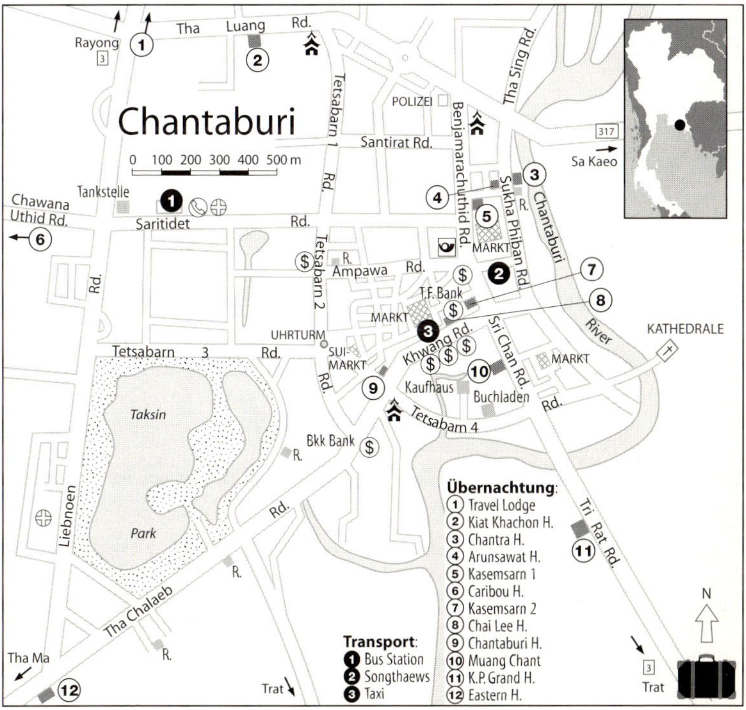

70 Baht in 5 Std. (309 km) sowie 6x tgl. für 60 Baht in 4 Std. (239 km), ac-Busse alle 30 Min. bis 24 Uhr für 108 Baht in 4 Std. (239 km), 2.Kl. ac-Bus 5x tgl. für 84 Baht. Nach BANGKOK fahren die Busse genauso häufig.
Nach RAYONG fahren ac-Busse ab 10.30 Uhr für 40 Baht in 2 1/2 Std.
Nach TRAT fahren non-ac-Busse alle 30 Min. bis 17.30 Uhr für 22 Baht in 1 1/2 Std.
Nach BO RAI alle 30 Min. für 59 Baht.
Von und nach KORAT fahren non-ac-Busse 15x tgl. für 86 Baht, ac-Busse 8x tgl. für 155 Baht.
Sammeltaxis nach TRAT fahren vom Brunnen von 6–17 Uhr, sobald 5–6 Pers. beisammen sind, für 50 Baht p.P.

Die Umgebung von Chantaburi

Khao Phloi Waen

Edelsteine, die in der Stadt verarbeitet werden, kommen zum Teil aus nahegelegenen Minen. Für eine Besichtigung bietet sich Khao Phloi Waen an, wenige Kilometer nördlich der Stadt.

Auf dem 150 m hohen Hügel steht eine Stupa im ceylonesischen Stil und ein Mondhop, der die Nachbildung eines Fußabdrucks von Buddha enthält. Die Erde wird aus tiefen Schächten nach oben transportiert und ausgewaschen. Mit viel Glück findet sich unter zahlreichen dunklen Steinen ein blauer Saphir.

Pliu-Wasserfall

17 km südöstlich (am KM 347,4 des H3 2 km nach links) liegt im Khao Srabap National Park dieser viel gepriesene Wasserfall, der den Einwohnern der Stadt als Badeplatz dient. Wer die Natur sucht, kann ihn sich sparen.

Krating-Wasserfall

Dieser Wasserfall liegt 28 km außerhalb von Chantaburi und ist leicht zu erreichen. Ein steiler Dschungelpfad führt vorbei an vielen Kaskaden und kleinen Pools durch üppiges Bambusdickicht den Berg hinauf. Der Fall Nr. 8 stürzt ca. 50 m über 4 Stufen in einen großen, hüfttiefen Badepool. An Wochenenden sitzen viele Bewohner Chantaburis in voller Bekleidung in den Wasserbecken und picknicken. Eindrucksvoller sollen die Fälle Nr. 9 und 10 sein. Auf dem H316 stadtauswärts (vorbei am *Travel Lodge*) erreicht man den H3 beim KM 324 und überquert diesen auf den H3249. Auf diesem weiter bis zum KM 21,6. Hier noch 800 m nach rechts und zum Eingang des Kitchakut National Parks. Geöffnet 6–18 Uhr, Eintritt 3 Baht. Übernachtungsmöglichkeit in Bungalows**** des National Parks. Zelte sind für 40 Baht zu mieten, Aufstellen des eigenen kostet 5 Baht.

Khao Soi Dao Tai National Park

Wer die Natur in einem wenig frequentierten, aber sehr reizvollen National Park erleben will, muß einen großen Abstecher in Kauf nehmen. Der 745 km² große Khao Soi Dao Tai National Park liegt 70 km von Chantaburi entfernt.

Schmetterlinge von wenigen Millimetern bis zur Handtellergröße gibt es schon am Eingang zu sehen. Am Fluß führt ein einfacher Fußpfad an den **Wasserfällen** hinauf durch schönen Dschungel. Nach 25 Minuten ist der beeindruckende 7. Fall erreicht. Um bis zum 16. Fall vorzudringen, sollte eine Ganztagstour und ein Führer eingeplant werden. Um auf den 1670 m hohen Khao Soi Dao Tai zu gelangen, braucht man 3 Tage, eine besondere Genehmigung vom National Park Office und ebenfalls einen Führer. Gewarnt wird vor giftigen Schlangen und Malaria!

Vom H3 biegt am KM 332,6 der H317nach Nordosten ab. An ihm steht beim KM 62,5 kurz nach einer Esso-Tankstelle links unter vielen Thai-Schildern: *"Nam Tok Khao Soi Dao"*. Auf einem Lateritsträßchen sind es von dort noch 3,5 km bis zur Schranke. Zu Fuß oder in der Trockenzeit mit dem Wagen erreicht man dann nach 3,5 km den Fluß. Kostenlose Übernachtungsmöglichkeit besteht in 2 Bungalows beim *Headquarter*, Verpflegung mitbringen.

Das kleine Restaurant ist nur an Ausflugstagen geöffnet.

Trat

ตราด

Die Provinzhauptstadt Trat (15 000 Einwohner) liegt 304 km von Bangkok entfernt in der Nähe der kambodschanischen Grenze. Schon in der Ayutthaya Zeit galt Trat als wichtiger Seehafen. Im 19. Jahrhundert war die Stadt kurzzeitig von Franzosen besetzt. Heute präsentiert sich die Marktstadt modern und wohlhabend, die Schmuggelgeschäfte mit Kambodscha scheinen immer noch sehr einträglich zu sein.

Auch in der Provinz Trat werden Edelsteine gefunden, unter denen der Königsrubin als besonders wertvoll gilt. Auf fruchtbarem Boden wachsen Durian, Rambutan, Langsat und Mangosteen, große Flächen werden für Gummiplantagen genutzt. Kaum ein Reisender würde sich aber nach Trat verirren, wäre die Stadt nicht der Ausgangspunkt für die vorgelagerten Inseln. Wer Zeit hat, kann sich die moderne Markthalle mit Rolltreppe anschauen, die 1988 für 55 Millionen Baht gebaut wurde. Davor wird eine goldene Statue in einem Schrein vor allem abends mit vielen Opfergaben verehrt.

Schräg gegenüber liegt das Wat Chai Mongkol mit malerisch bewachsenen alten Chedis. Ansonsten wirkt die Stadt eher langweilig.

An der Ampel nach Westen kommt man nach 2 km zum 300 Jahre alten **Bupharam Tempel**, der Asche Buddhas beherbergt.

Übernachtung

GÄSTEHÄUSER – ***Foremost GH**** ⑤, 49 Thana Charoen Rd., ✆ 511923, der Weg ist von der Ac-Bus Station gut ausgeschildert (400 m); gemütliches Holzhaus, große saubere Zimmer, heiße Dusche, Gemeinschaftsraum mit ac, viele Infos.

Windy's GH* ⑦, 64 Thana Charoen Rd., 30 m entfernt, liegt schön am Fluß, viele Moskitos, 8 hellhörige Zimmer mit guten Moskitonetzen, Gemeinschafts-Du/WC, Bootsverleih; gleiche Leitung wie *Foremost*.

N.P. 1 GH*– ④, Lak Muang Rd., 10 Yai On, ✆ 512270, Stadthaus mit 6 einfachen,

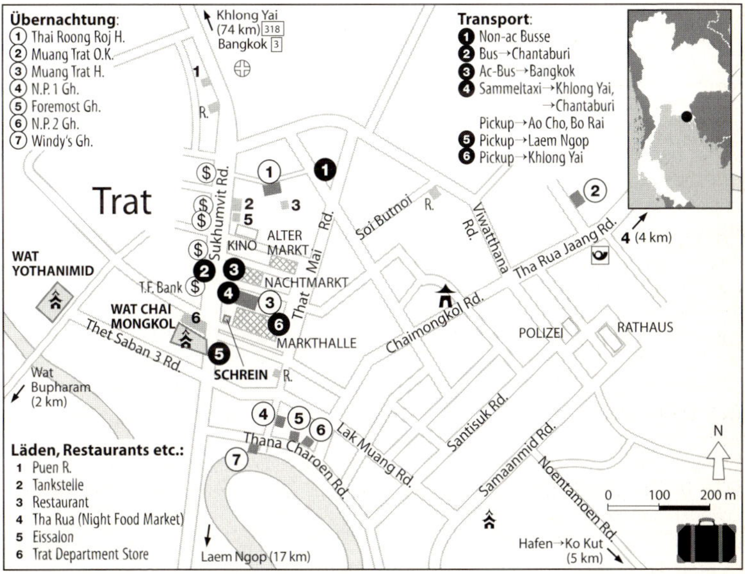

sauberen Zimmern, Du/WC außen, Schlafsaal im Flur; die freundliche Mama bereitet Frühstück (40 Baht), *Phat Thai* und *Fried Noodle*.
N.P. 2 GH ** ⑥, um die Ecke, 5 Zimmer, evtl. geleitet von der Tochter, die gut Englisch spricht.

HOTELS – ***Thai Roong Roj Hotel***** (ac***) ①, 296 Sukhumvit Rd., ✆ 511141, etwa 200 m von den Bus Stationen. Große, ordentliche Zimmer.
Muang Trat Hotel**–**** ③, 24 Vijijanya Rd., ✆ 511091, zwischen der Markthalle und dem Nachtessen-Markt, ordentliche Zimmer mit Fan oder ac.
Muang Trat O.K.***–**** ②, 4/4 Chaimongkol Rd., ✆ 512657, Bungalows mit Fan oder ac.
Am H3 Richtung Bangkok liegen 4 kleine Hotels, z.B.: ***Pa Ploen*****, 248 Sukhumvit Rd., ✆ 512231, 25 Zimmer mit Fan oder ac.

Essen

Abends ißt man am besten und billigsten auf dem Nachtessen-Markt neben dem Trat Hotel. Besonders gut schmeckt hier tao tung, eine Eisspezialität.
Saeng Fah und ***Puen*** bieten leckere Gerichte.
Jiraporn Breakfast, neben dem Muang Trat Hotel, ist für's Frühstück zu empfehlen.
Im ***Trat Department Store*** gibt es im 2. Stock ein ac-Restaurant mit Blick auf den Markt und die Hauptstraße. Ein beliebter Eissalon befindet sich zwischen dem Kino und der Tankstelle.
Der ***Night Food Park*** in Tha Rua liegt direkt am Trat Fluß, 4 km nach Nordosten auf der Straße, die an der Post entlangführt.

Sonstiges

FESTE UND FEIERTAGE – Am 23. März wird der **Memorial Day** zum Gedenken an den Austausch der Provinzen mit Frankreich begangen. Im Juni findet die **Rakarn Fair**, ein Früchte-Fest mit Umzug und Jahrmarkt statt.

GELD – Die ***Bangkok Bank*** in der Sukhumvit Rd. wechselt tgl. außer an nationalen Feiertagen Geld und Reiseschecks.

MOTORRÄDER – werden rechts vom Markt, gegenüber dem Schrein, ab 150 Baht vermietet.

REISEBÜROS – ***Kao Chang Tour & Fishing,*** 24/3 Sukhumvit Rd., ✆ 51151303, organisiert Boottrips zu den Inseln und fürs Hochseefischen.
Chan Siam Travel, 67-69 Soi Sukhumvit, ✆/℻ 512927, bietet Tips über Ko Chang und organisiert Touren nach Kambodscha und Vietnam. Überlandtouren sind z.Z. zu gefährlich.

VORWAHL – 039; PLZ: 23 000.

Transport

Vom Eastern Bus Terminal in BANGKOK, 317 km, mit dem non-ac-Bus 10x tgl. alle 1–2 Std. bis 14.30 Uhr sowie um 23 Uhr für 87 bzw. 94 Baht in 5 1/2–6 Std., ac-Bus ca. jede Std. von 7–23.30 Uhr für 140 Baht in 5 1/2 Std., 2.Kl. ac-Bus 6x für 109 Baht.
Nach BANGKOK fahren die non-ac-Busse bis 12.30 Uhr in der Straße hinter dem *Thai Roong Roj Hotel* ab, ac-Busse von 7 bis 23.30 Uhr fast jede Std. ab Sukhumvit Rd. beim Markt, bis CHANTABURI für 50 Baht, 2.Kl. ac-Bus 6x von 9–24 Uhr.
Nach LAEM NGOP (17 km), dem Hafen für Ko Chang, mit einem Songthaew für 10–20 Baht, Haltestelle links hinter der Markthalle; Taxi 40 Baht p.P.
Ebenfalls mit dem Songthaew für 15 Baht nach AO CHO, 20 km südlich am H3155, von wo Boote unregelmäßig nach KO MAK, KO KRADAAT und KO KUT (jeweils 4–5 Std.) fahren.
Nach KHLONG YAI für 25 Baht. Sammeltaxis nach CHANTABURI fahren zwischen 6 und 17 Uhr, sobald 5–6 Pers. beisammen sind, für 50 Baht p.P.

Die Umgebung von Trat

Bo Rai

Wer am Kauf von Edelsteinen interessiert ist und sich entsprechend auskennt, für den lohnt sich ein Trip nach Bo Rai an der Kambodscha-Grenze, 53 km nördlich von Trat. In den frühen Morgenstunden findet hier ein **Juwelenmarkt** (Hua Tung Market) statt. Es gibt mehrere Hotels.

Minibusse fahren für 20 Baht in 1 Std. von Trat nach Bo Rai. Ein weiterer Edelstein-Markt findet in Ban Nong Bon, 20 km nordwestlich, statt.

Laem Sok

Auf dem H3155 nach Süden kommt nach 27 km ein hübscher Picknick-Platz am Strand, Laem Sok. Unterwegs geht es an den Fischerdörfern **Ban Ao Cho** (von hier gehen Boote zu den südlichen Inseln) und **Ban Laem Hin** vorbei.

Übernachtung

BO RAI – *Paradise*** (ac***) bei der Post.
Honey Inn* (ac**), beim Markt.
B.M. House** (ac***), 18 Zimmer.

LAEM SOK – An der Bucht im Osten liegen zwei Resorts: ***Suan Pu*******, 199 Mu 1, Nong Khan Song, ✆/℻ 512400, 15 Zimmer mit Fan und ac, und ***Laem Thean*******, 113 Mu 1, Tambon Ao Yai, ✆ 511824, 14 Zimmer mit ac.

Laem Ngop

แหลมงอบ

17 km südwestlich von Trat liegt Laem Ngop. Unterwegs durchquert man das Hutflechterdorf **Ban Nam Chiao** am H3148. Die freundlichen Bewohner sind Moslems, vier Moscheen prägen das Bild. Laem Ngop wirkt wie ein schmuddeliges, billiges Amüsierdörfchen, in dem sich viele Thais vergnügen. Hier befindet sich auch ein Büro des Ko Chang National Marine Parks. Von Laem Ngop fahren die Boote nach Ko Chang und auf die anderen Inseln.

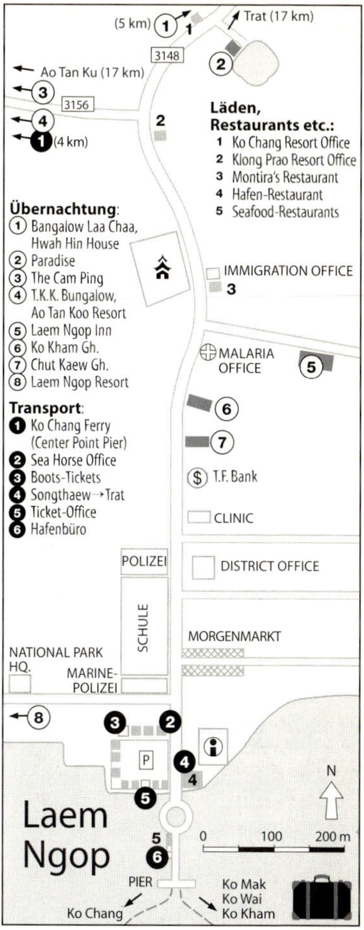

Übernachtung

Chut Kaew GH* ⑦, 29 Mu 1, ✆ 597088, 500 m vom Pier an der Hauptstraße, 15 sehr einfache, saubere Zi mit Fan, einfache Gemeinschafts-Du/WC; Restaurant, gutes Frühstück; das Leben spielt sich im Garten ab. Die netten Besitzerinnen Som und Yum sind die beste Informationsquelle über die Inseln.

Ko Kham GH* ⑥, 19/5 Mu 1, ✆ 597032, 5 Zimmer, Gemeinschafts-Du/WC.
Laem Ngop Inn–***** ⑤, 19/14 Mu 1, ✆ 597044, 31 gut eingerichtete Bungalows mit Fan und ac.
Paradise**–* ②, 9/5 Mu 1, ✆ 597031, am Dorfeingang links, saubere Bungalows mit Bad und ac (auf Wunsch ohne Benützung der ac); an einem künstlichen Wasserbecken.
Laem Ngop Resort** ⑧, 199/12 Mu 1, Sukhaphibal Rd., ✆ 597084, 20 Zimmer mit Fan; Restaurant.
The Cam Ping* (ac***) ③, 22/2 Mu 1, ✆ 597177, 10 Zimmer.
Bangalow Laa Chaa* ①, 5 km Richtung Trat rechts an einem See, einige große Bungalows mit Fan, Restaurant.
Hwah Hin House* ①, Teakhaus am Mangrovenstrand mit toller Vogelwelt, geleitet von einem Thai/englischen Paar, ca. 5 km östlich von Laem Ngop.
An der kleinen Bucht **Ao Tan Ku**, 17 km westlich von Laem Ngop liegen zwei Resorts:
T.K.K. Bungalow*** ④, 27/3 Bang Plid, ✆ 01-2120790, 8 Bungalows, Restaurant.
Ao Tan Koo Resort*** ④, 6 Mu 1 Bang Plid, ✆ 01-2191854, 10 Bungalows, Restaurant.

Essen

Ein gutes Seafood-Restaurant liegt am Anfang des Piers. Im teuren Hafenrestaurant werden Traveller nur unwillig und langsam bedient.

Sonstiges

BANK – ***Thai Farmers Bank*** mit Wechselschalter an der Hauptstraße, kein ATM.

INFORMATIONEN – ***Tourist Office***, 100 Mu 1, ✆/℡ 597255, ein sehr hilfsbereiter, freundlicher Angestellter spricht Englisch, sehr gute Karten und Beschreibungen einiger Inseln.

MEDIZINISCHE HILFE – eine kleine, gut ausgestattete *Clinic* liegt am Ortseingang links. Bei akutem Fieber untersucht das ***Malaria Office***, 600 m vom Pier rechts, einen Blutstropfen auf Malariaerreger.

REISEBÜRO – Das ***Sea Horse Office***, ✆ 597032, ist für den Khaosan-Minibus zuständig.

Transport

Motorisierte Besucher können ihr Fahrzeug während des Inseltrips im Hof der Polizei abstellen.

BUSSE – Viele Traveller kommen direkt von der Khaosan Rd. in BANGKOK mit dem Ko Chang Minibus (ac) für 230–280 Baht (ohne Boot), hin und zurück für 400 Baht; Abfahrt um 7 bzw. 8 Uhr, Ankunft ca. 13–14.30 Uhr, dann Kauf der Bootstickets.
Rückreise: Nach der Ankunft der Touristen-Boote am Pier (ca. 11 Uhr), fährt der ac-Minibus um ca. 11.30 Uhr für 200 Baht in 7 Std. in die Khaosan Rd. zurück. Warnung: Diese Minibusse haben eine sehr hohe Unfallrate. Sicherer sind die blauen ac-Busse zwischen dem Eastern Bus Terminal in Bangkok und Trat (s.S. 255). Von TRAT mit dem Songthaew für 10 Baht in 30 Min. zum Pier von Laem Ngop. Zurück nach BANGKOK zunächst mit dem Songthaew nach Trat, dort um 12 bzw. 12.30 Uhr in den ac- oder non-ac-Bus (140 bzw. 87 Baht) nach Bangkok (5 Std.) zum Eastern Bus Terminal.

BOOTE NACH KO CHANG – Eine verwirrende Zahl von Booten fährt um die Mittagszeit vom großen ***Laem Ngop Pier*** ab. Das Einsteigen von der Kaimauer in die Boote kann, je nach Wasserstand, zu einem Kunstturnakt ausarten.
Fährboote zu den Dörfern an der Ost- und Südküste fahren jeden Tag um 13 Uhr; sie nehmen die Marktbesucher und viele Waren ins Dorf zurück, sind schlecht gekennzeichnet und am Pier nicht leicht zu finden. Es gibt Boote nach DAN MAI (30 Min., 30 Baht), THAN MAYOM (45 Min., 30 Baht), SALAKKOK (45 Min., 40 Baht), TANTAWAN, LONG BEACH,

JEKBAE und RUANG TAN (2 1/2 Std., 70 Baht), KLONG SON (1 Std., 50 Baht) und BANG BAO (15 Uhr, 4 Std., 100 Baht, sehr unregelmäßig). Tickets werden an Bord verkauft. Alle Boote fahren um 7 Uhr nach Laem Ngop zurück.
Touristenboote unterschiedlicher Ausstattung, z.T. ohne Sitze, fahren von November bis Juni um 9, 12, 13, 14, 15 und 16 Uhr zum ***Ao Sapparot Pier*** (60 Baht) bzw. seltener zu den Stränden an der Westküste: WHITE SAND BEACH (zzgl. 10 Baht fürs Zubringerboot), KLONG PRAO BEACH (***Chai-Chet Pier*** und ***Chok Dee Pier***) und KAI BAE BEACH (***Kai Bae Pier***) in 1 1/2– 2 1/2 Std. für den Einheitspreis von 70 Baht. Diese Boote fahren ab dem ***Kai Bae Pier*** um 7 und 11 Uhr zurück.
In der Regenzeit fahren dieselben Boote auf jeden Fall nur zum ***Ao Sapparot Pier*** von DAN KAO (60 Baht), dort geht es weiter zu den Stränden per Sammeltaxi für 30 Baht.
Vom neuen ***Ko Chang Center Point Pier*** (4 km weiter westlich), ✆ 538054–9, fahren um 9, 12, 15 und 16 Uhr immer mehr Boote nach Ko Chang.

BOOTE ZU DEN SÜDLICHEN INSELN – Von Laem Ngop Center Point fahren regelmäßig **Transportboote** (ohne Verpflegung) von November bis Juni um 15 Uhr (manchmal zusätzlich um 12 Uhr) nach KO WAI, KO MAI SI YAI und KO MAK für 130 / 150 / 180 Baht in 3–4 Std. Sie fahren am nächsten Morgen um 8 Uhr zurück (Ko Wai ist allerdings dafür berüchtigt, daß sich die Rückfahrt um mehrere Tage verzögern kann).
Nach KO NGAM muß man zuerst mit dem Fährboot nach TANTAWAN (13 Uhr, 70 Baht), dann mit dem Taxi-Boot übersetzen. Nach KO KUT fahren ebenfalls tgl. Transportboote.
Nach KO RANG fahren keine Transportboote, Charterboote kosten ca. 4500 Baht/Tag.
Direkt am Pier kann man die billigen Hütten auf Ko Wai, Ko Lao Ya und Ko Mak samt dem zugehörigen Boot buchen.
Auf einer dieser Inseln gelandet, ist es sehr schwierig, direkt nach Ko Chang überzusetzen; man muß erst wieder nach Laem Ngop zurück und verliert einen ganzen Tag.

Private **Speedboote** transportieren die Gäste der Luxus-Resorts zu ihren (Privat-) Inseln (nur mit Vorbuchung, s.u.).
Ausflugsboote mit Thai-Gruppen fahren an langen Wochenenden zu den Stränden.

Ko Chang

เกาะช้าง

Ko Chang (Elefanten-Insel), die zweitgrößte Insel des Landes, liegt im Südosten des Golfs von Thailand, im Grenzgebiet zu Kambodscha. Sie ist 30 km lang, 8 bis 13 km breit und bis zu 744 m hoch. Der Regenwald im Inneren wirkt wild und undurchdringlich. Die hohen, dschungelbedeckten Berge sind oft in Wolken gehüllt. Hier leben Wildschweine, Affen und Schlangen. Dieser Wald gilt als einer der am besten erhaltenen in Südostasien. Nur an den Küsten und in den Tälern liegen einige kleine Dörfer, deren Bewohner (ca. 3000) vom Fischfang oder dem Anbau von Kokosnüssen und Gummibäumen leben. Hauptverkehrsmittel der Einheimischen bleibt nach wie vor das Boot.

1982 wurden das gesamte Bergland von Ko Chang und 46 kleinere Inseln zum Ko Chang National Marine Park erklärt. Bis 1987 kamen nur wenige Touristen auf die Insel. Seither sind Bungalowsiedlungen aller Kategorien entstanden, und 1996 waren es bereits ca. 70 000 Besucher, die Mehrzahl Thais, die nur an Wochenenden und für eine Nacht kommen. Auf die damit verbundenen Probleme waren die Einheimischen nicht vorbereitet: der wie eh und je ins Meer gekippte Abfall schwemmt nun an die Strände an, und durch die wilde Müllverbrennung werden Dioxine frei. Erste Ansätze zu umweltgerechtem Verhalten werden am Kai Bae Beach entwickelt.

Die Tourism Authority of Thailand hat für Ko Chang und Umgebung einen Masterplan entwickelt, um die Inseln systematisch für den Tourismus zu erschließen. So wurde Ko Chang ans Stromnetz angeschlossen, ein Pier gebaut, ein organisierter Bootsverkehr eingerichtet und der Bau einer asphaltierten Ringstraße begonnen. Auch liegen Pläne für ein

Luxushotel und eine Landepiste vor. Eigentlich sollten die billigen Travellerunterkünfte an den besten Stränden durch teure Resorts ersetzt werden. Doch wegen unzulänglicher Landpapiere wird sich dies höchstens am Klong Prao realisieren lassen. Noch lange wird es preiswerte und angenehme Unterkünfte für jeden Geschmack geben. Und ewig rascheln die Palmen im Wind, quietscht der Sand unter den Füßen, glitzern die Muscheln am Strand … ideal für romantische Traveller.

Übernachtung und Essen

An den meisten Stränden sind noch viele Hütten recht einfach, ohne eigene Du/WC und ohne elektrisches Licht, dafür nicht gerade billig (100–150 Baht). Auch die Preise der besseren Bungalows (250–600 Baht) sind in der Regel höher als z.B. in Süd-Thailand. An den Festtagen gehen die Preise gewaltig in die Höhe. Jede Bungalowsiedlung hat ihr eigenes Restaurant.

Sonstiges

GELD – Noch gibt es keinen offiziellen Wechselschalter. Aber an fast jeder Bungalow-Rezeption kann man Bargeld (schlechter Kurs) und Reiseschecks (etwas besser) tauschen.

MALARIA – Laut Tropeninstitut Tübingen ist die Gefahr, auf Ko Chang an Malaria zu erkranken, sehr gering. Von chemischer Prophylaxe wird abgeraten. Selbstverständlich wird aber mechanischer Schutz empfohlen. Im Malaria Office in Laem Ngop kann man sich bei akutem Fieber auf Malariaerreger untersuchen lassen.

MEDIZINISCHE HILFE – In Klong Son gibt es eine Krankenstation. Auf der Ostseite wurde für ein Krankenhaus der Grundstein gelegt. Das nächste gute Krankenhaus befindet sich in Trat.

MOTORRÄDER – können fast überall an der Westküste gemietet werden (400 Baht/Tag).

REISEZEIT – Von Oktober bis Januar ist eine angenehme Reisezeit. Im Dezember/Januar muß man 2–4 mal mit Kälteeinbrüchen mit heftigem Wind rechnen (jeweils 4–5 Tage lang). Die beste Zeit ist von Februar bis Mai. Während der Regenzeit von Juli bis September/Oktober sind viele Bungalowanlagen geschlossen.
Vom 20.12. bis ca. 5.1. sind alle Bungalows belegt, da Thais hier ihre Weihnachtsferien verbringen. Ein freies Bett zu finden, ist fast aussichtslos. Auch an langen Wochenenden und zu Songkran (13. April) wird Ko Chang gerne von Einheimischen aufgesucht, dann kann es ebenfalls Probleme mit Unterkünften geben. Im April/Mai ist Thai-Saison, ab Juni wird es ruhig.

SANDFLIEGEN UND QUALLEN – können an einigen Stränden zu bestimmten Zeiten unerträglich werden. Es kann zu starken Entzündungen und allergischen Reaktionen kommen. Vor Sandfliegen hilft evtl. *Skin-So-Soft* von *Avon*, gegen Quallenausschlag als Erste-Hilfe-Maßnahme Essig oder Zitronensäure.

SCHNORCHELN UND TAUCHEN – An allen Stränden werden Ausfahrten mit dem Boot angeboten.
Die besten Inseln zum Schnorcheln sind Ko Khlum (Ko Kum) und Ko Rang.

WANDERUNG UM KO CHANG – Ko Chang eignet sich hervorragend zum Wandern.
Die Insel kann in 11 Tagen auf mehr oder weniger guten Pfaden zu Fuß umrundet werden.

Nahverkehrsmittel

Seit es die neue Straße gibt, haben Jeeps, umgebaute Pickups und relativ teure Motorradtaxis den Transport entlang der Ost- und Westküste übernommen (z.B. von White Sand nach Kai Bae 40 Baht).
Von einem Strand zum anderen verkehren keine regelmäßigen Boote.

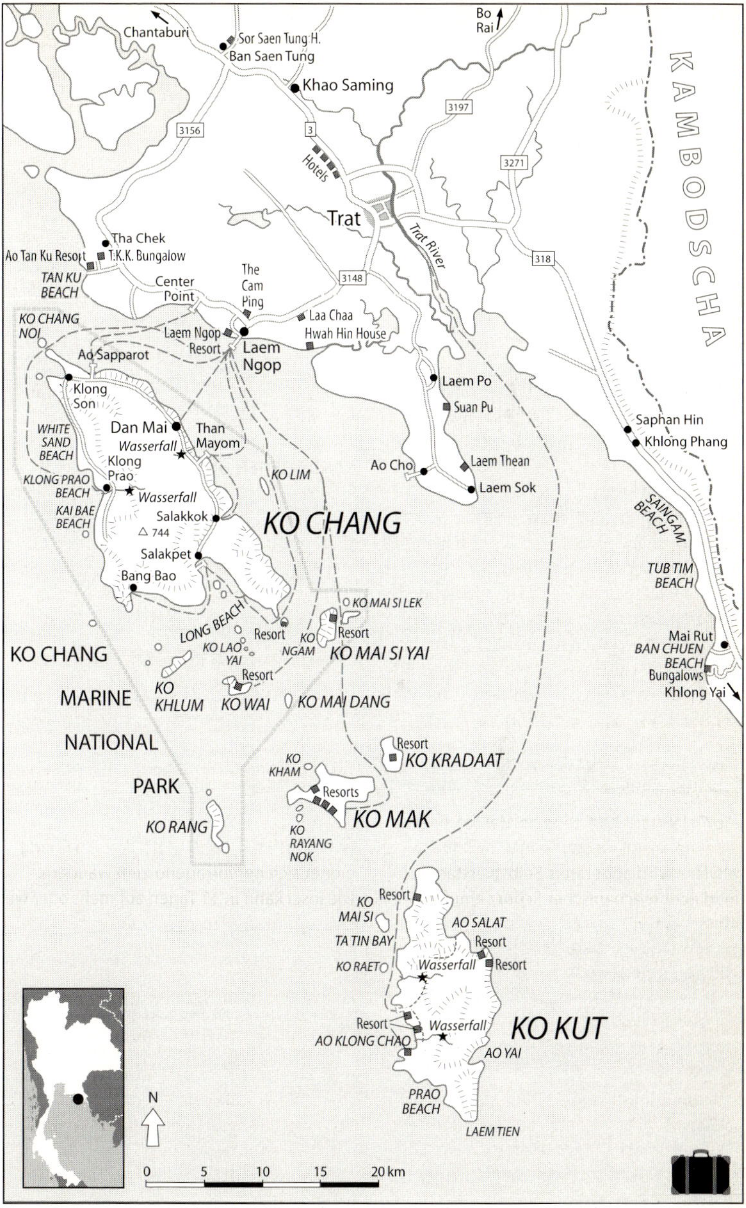
Chantaburi
Sor Saen Tung H.
Ban Saen Tung
Bo Rai
Khao Saming
3197
3156
3
Hotels
3271
KAMBODSCHA
Trat
Trat River
Tha Chek
Ao Tan Ku Resort
T.K.K. Bungalow
TAN KU BEACH
The Cam Ping
3148
318
Center Point
Laa Chaa
Hwah Hin House
KO CHANG NOI
Laem Ngop Resort
Laem Ngop
Ao Sapparot
Laem Po
Klong Son
Suan Pu
Dan Mai
Than Mayom
Saphan Hin
Khlong Phang
WHITE SAND BEACH
Wasserfall
Klong Prao
Laem Thean
Ao Cho
KO LIM
Laem Sok
KLONG PRAO BEACH
Wasserfall
KAI BAE BEACH
Salakkok
SAINGAM BEACH
△ 744
KO CHANG
Salakpet
TUB TIM BEACH
Bang Bao
KO MAI SI LEK
LONG BEACH
Resort
KO NGAM
Resort
Mai Rut
BAN CHUEN BEACH
Bungalows
Khlong Yai
KO CHANG
KO LAO YAI
KO MAI SI YAI
Resort
MARINE
KO KHLUM
KO WAI
KO MAI DANG
NATIONAL
Resort
KO KRADAAT
PARK
KO KHAM
Resorts
KO MAK
KO RANG
KO RAYANG NOK
Resort
KO MAI SI
AO SALAT
TA TIN BAY
Resort
KO RAET
Wasserfall
Resort
Resort
Wasserfall
KO KUT
AO KLONG CHAO
AO YAI
N
PRAO BEACH
LAEM TIEN
0
5
10
15
20 km

Transport

Zu und von allen Stränden fahren Boote von und nach LAEM NGOP (Zeiten und Preise s. dort). Sollte das Wetter schlecht sein, fahren um 8 und 9 Uhr alle Boote von DAN KAO zurück nach Laem Ngop für 60 Baht. Ein Zubringer mit einem Pickup von den Stränden kostet 30 Baht. In Zukunft sollen alle Boote evtl. nur bis zum neuen *Ao Sapparot Pier* in Dan Kao fahren, von wo Pickups die Passagiere zu den Stränden bringen (Gesamtpreis 90 Baht). Von den anderen Inseln gibt es keinen regelmäßigen Bootsverkehr.
An den Stränden werden Tickets für die Minibusse nach BANGKOK (250 Baht), BAN PHE (250 Baht) und PATTAYA (350 Baht) verkauft.

Klong Son

Das Dorf liegt am nördlichsten Ende der Insel in einer tiefen Bucht, die als Fischerhafen dient. Durch die Palmen hindurch kann man das Meer auf der östlichen Seite der schmalen Halbinsel sehen.
Eine Motorradwerkstatt für kleine Reparaturen befindet sich im Ort. Vom Dorf führt eine schöne Wanderung zum **Nan Yom-Wasserfall** (1/2 Tag).

Übernachtung

Premvadee Resort**** ②, ✆ 039-597032, 40 Zimmer, auf der vor Monsunwinden geschützten Ostseite des Zipfels in der Kaw Khao Khad Bucht.
Manee GH*–** ③, 3 Bungalows überm Wasser, teures Essen; gute Infos, vor allem über Wanderungen zum Nan Yom-Wasserfall und über den alten Pfad nach White Sand Beach.

Transport

Am neuen Steg von DAN KAO kommen die meisten Touristenboote von Laem Ngop an. Per Taxi für 30 Baht p.P. werden die Passagiere zu den Stränden an der Westküste gebracht.

Übernachtung:
① Premvadee Resort
② Manee Gh.
③ Sunset Bungalow
④ White Sand Beach Resort
⑤ Rock Sand Bungalow
⑥ K.C. Sand Beach, Yakah
⑦ Ban Nuna, Nut Hut Bungalow, Jinda, Jungle House
⑧ Rung Rong Bungalow, Cookie Bungalow
⑨ Subay Bungalow, Mac Bungalow, Haad Sai Kao Bungalow
⑩ White House, Harmony
⑪ Tantawan, Bamboo Bungalow
⑫ Apple Bungalow, Best Garden Bungalow
⑬ Sunsai Resort
⑭ Moon Light, Plaloma Cliff Resort
⑮ Neue Anlage
⑯ Chai-Chet Bungalows
⑰ Coconut Beach
⑱ Ko Chang Resort
⑲ Klong Plao Resort
⑳ P.S.S. Bungalow
㉑ K.P. Bungalow
㉒ Klong Makok Bungalow
㉓ Magic Bungalow, Chok Dee Bungalow
㉔ Coral Resort, Palm Beach Bungalow
㉕ Nang Nual Bungalow
㉖ Kai Bae Hut
㉗ Kai Bae Beach Bungalows
㉘ Porn's Bungalow
㉙ Sea View Resort
㉚ Siam Bay Resort
㉛ Nice Beach Bang Bao
㉜ Bang Bao Laguna
㉝ Ruang Tan Bungalows
㉞ Ban Salakpet Bungalows
㉟ Sang Aroon Bungalow
㊱ Long Beach Bungalows
㊲ Had Sai Yao Resort
㊳ Tantawan Bungalows
㊴ National Park Hütten
㊵ Than Mayom Bungalows
㊶ Than Mayom Resort

Läden, Restaurants etc.:
1 Motorradwerkstatt
2 Bootstrips
3 Bango-San Bar, Muk Hut Restaurant
4 Bootstrips
5 Sea Horse Diving
6 Delfimarin Diving
7 Kneipe
8 Motorradwerkstatt

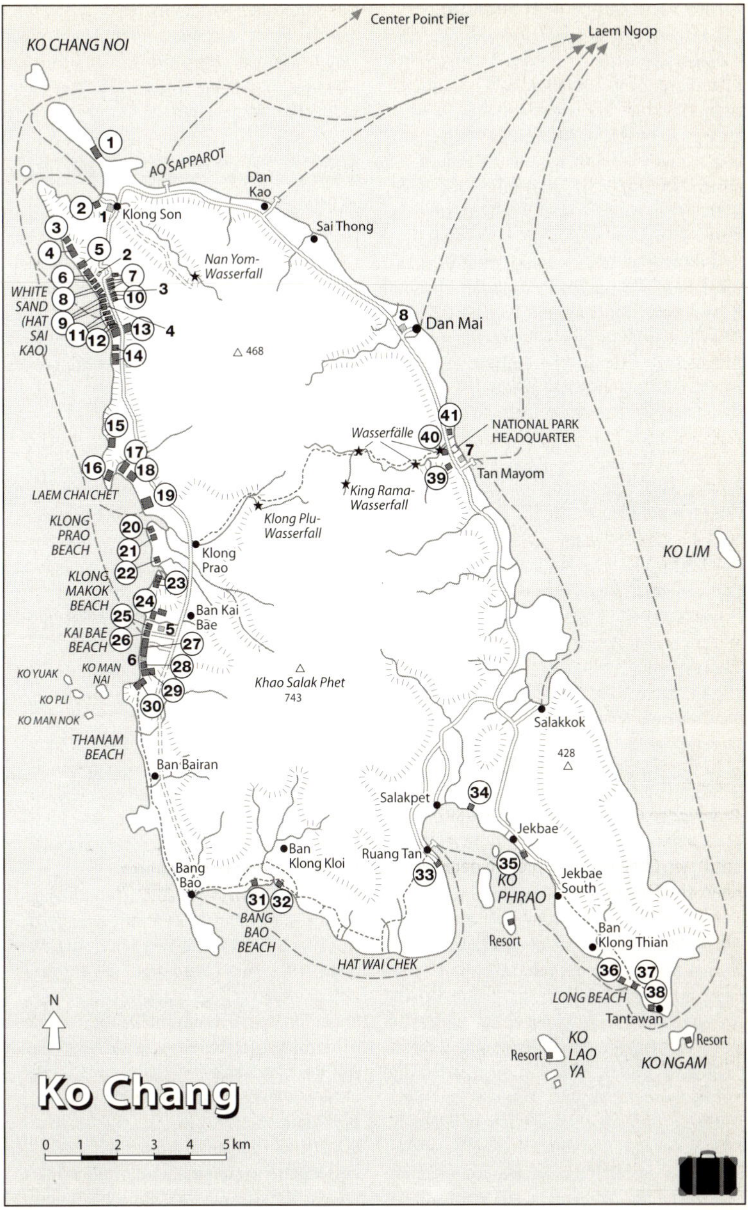
Center Point Pier
Laem Ngop
KO CHANG NOI
AO SAPPAROT
Dan Kao
Klong Son
Sai Thong
Nan Yom-Wasserfall
WHITE SAND (HAT SAI KAO)
Dan Mai
468
Wasserfälle
NATIONAL PARK HEADQUARTER
Tan Mayom
King Rama-Wasserfall
LAEM CHAI CHET
Klong Plu-Wasserfall
KLONG PRAO BEACH
Klong Prao
KO LIM
KLONG MAKOK BEACH
Ban Kai Bae
KAI BAE BEACH
KO YUAK
KO MAN NAI
KO PLI
KO MAN NOK
Khao Salak Phet
743
THANAM BEACH
Salakkok
428
Ban Bairan
Salakpet
Jekbae
Ban Klong Kloi
Ruang Tan
Bang Bao
Jekbae South
KO PHRAO
BANG BAO BEACH
Resort
Ban Klong Thian
HAT WAI CHEK
LONG BEACH
Tantawan
KO LAO YA
KO NGAM
N
Ko Chang
0 1 2 3 4 5 km

OSTKÜSTE

White Sand Beach (Hat Sai Kao)

Der gut 2 Kilometer lange, schöne, palmenbestandene Sandstrand wird durch einige Felsen aufgelockert. Im Hinterland ragen steile Berge mit dichtem Regenwald auf, der teilweise bis ans Meer reicht. An kleinen Bächen entlang kann man ein wenig hinaufwandern, um etwas Dschungelgefühl zu schnuppern. In der Mitte liegen einige wenige Fischerhütten, das Dorf Ban Hat Sai Kao.

Der immer noch wunderschöne Strand wurde mit 17 Bungalowanlagen mit über 300 Hütten fast völlig zugebaut. Auch in zweiter Reihe hinter der Straße stehen schon 6 kleine Anlagen. Der Geräuschpegel hat zugenommen, vor allem am Wochenende sind Ruhesuchende vor Techno-Gedröhn nicht sicher. Die Straße windet sich über den steilen Hügel, von dem man am chinesischen Tempel eine tolle Aussicht hat, in die Ebene herunter und kommt auf 40 bis 100 m an den Strand heran. Auch bei Ebbe kann man gut schwimmen. Das Sonnenbad wird nur selten von Sandfliegen verleidet. Das Boot nach Laem Ngop stoppt vor dem Tantawan in der Mitte des Strandes, Passagiere werden mit dem Longtailboot hinausgefahren.

Der gut 2 Kilometer lange, schöne, palmenbestandene Sandstrand wird durch einige Felsen aufgelockert. Im Hinterland ragen steile Berge mit dichtem Regenwald auf, der teilweise bis ans Meer reicht. An kleinen Bächen entlang kann man ein wenig hinaufwandern, um etwas Dschungelgefühl zu schnuppern. In der Mitte liegen einige wenige Fischerhütten, das Dorf **Ban Hat Sai Kao**.

Der immer noch wunderschöne Strand wurde mit 17 Bungalowanlagen mit über 300 Hütten fast völlig zugebaut. Auch in zweiter Reihe hinter der Straße stehen schon 6 kleine Anlagen. Der Geräuschpegel hat zugenommen, vor allem am Wochenende sind Ruhesuchende vor Techno-Gedröhn nicht sicher. Die Straße windet sich über den steilen Hügel, von dem man am chinesischen Tempel eine tolle Aussicht hat, in die Ebene herunter und kommt auf 40 bis 100 m an den Strand heran. Auch bei Ebbe kann man gut schwimmen. Das Sonnenbad wird nur selten von Sandfliegen verleidet. Ein Boot nach Laem Ngop stoppt vor dem *Tantawan* in der Mitte des Strandes, Passagiere werden mit dem Longtailboot hinausgefahren.

Übernachtung

Bungalows kosten 80–500 Baht, alle enthalten eine große Matratze und ein gutes Moskitonetz. Die einfachen Anlagen unterscheiden sich kaum voneinander. Die meisten sind von Juli bis November geschlossen.

Von Nord nach Süd liegen am Strand entlang:

Sunset Bungalow* ③, 8 miese Hütten ohne Toilette und Wasser.

White Sand Beach Resort*–***** ④, ✆ 01-2187526, ✆/℻ 039-597032, am schönen, 200 m langen, ideal abfallenden Sandstrand liegt die erste Anlage der Insel; 70 unterschiedliche Bungalows aller Kategorien ohne und mit Du/WC; Restaurant; die sehr freundliche, gepflegte Anlage ist ganzjährig geöffnet.

Rock Sand–**** ⑤, farbige Sperrholzhütten hoch am Hang, freakig; Restaurant auf den Felsen mit toller Sicht, Super-Musik. Danach kommt ein Thai-Massage-Zentrum mit Kräutersauna.

K. C. Sand Beach** ⑥, ✆ 01-2115607, idyllische, 200 m lange Anlage an einem schönen, relativ breiten Sandstrand, 25 einfache Hütten stehen aufgelockert in einer Reihe zwischen vielen jungen Palmen, sehr angenehm zum Sonnenbaden; nette Leute.

Yakah** ⑥, ✆ 01-2193897, schmuddelige Anlage unter Palmen am Strand, eng gebaute, einfache Hütten mit Veranda, mit und ohne Du/WC; offenes Restaurant mit europäisch orientierter Küche; geleitet von einer Engländerin und ihrem Thai-Mann; familiäre Atmosphäre. Telefon-Service nach Europa.

Auf der Landseite der sich vom Hügel herunterwindenden Straße liegen:

Ban Nuna** **–** ⑦, ✆ 01-2193867, natürliche Parkanlage am Hang mit schönem Blick aufs Meer, 8 geräumige, komfortable Apartments mit Terrasse sowie einfache Zimmer

mit Fan und Du/WC, für jeden zugängliche, offene Küche, Restaurant; Mountainbike, Motorrad zu mieten (200 Baht/Tag), deutsche Leitung; Tauchkurse mit deutschsprachigen Instruktoren. Ferienhäuser auf 10 Jahre zu verpachten.
Nat Hat Bungalow*–**** ⑦, 6 große Holzbungalows mit und ohne Du/WC, Restaurant, Essen nicht besonders gut, Video.
Jinda** ⑦, 7 saubere, solide Häuschen mit Fan, Moskitonetz und Du/WC, möblierte, überdachte Terrasse, mit Blumen nett gestaltet, kleines Restaurant, morgens echt frische Brötchen, freundliche Thai-deutsche Leitung.
Jungle House** ⑦, ✆ 01-2193819, Reihenhaus mit 18 Zimmern.
White House–*** ⑩, Gästehaus mit 3 Zimmern, Café, nette Schwedin.
Harmony–*** ⑩, 3 Bungalows ohne Du/WC.
Bei den folgenden **Strandanlagen** verläuft die laute Straße nur 40 m vom Strand entfernt.
Rung Rong–**** (auch Rang Rong) ⑧, ✆ 01-2193464, 039-597184, riesige Anlage, gute Bungalows am Strand mit Du/WC, 22 einfache, luftige Hütten in allen Preiklassen; freundlicher Manager; Bäckerei.
Cookie*–**** ⑧, 3 Reihen fester, schöner Holz- und Steinbungalows mit Du/WC in ungepflegter Umgebung, vorn teurer; empfehlenswertes Restaurant mit gutem Thai-Essen.
Subay Bungalow**** ⑨, 9 komfortable Bungalows, Bar, Restaurant; gemanagt von einem netten Burschen, der eine *Moon-Party* mit Live Musik organisiert.
Mac*** ⑨, ✆ 01-2193056, gute, etwas kleine Bungalows mit Du/WC; Supermarkt.
Der folgende, sehr schöne Strandabschnitt weist feinen, hellen Sand auf. Die Straße verläuft bis zu 100 m entfernt im Inland.
Haad Sai Kao Bungalow*–***** ⑨, ✆ 01-2193830, einfache Hütten und einige gute Bungalows in 5 Reihen, Restaurant zurückversetzt, ganzjährig geöffnet; Minimarkt.
Tantawan** ⑪, einfache, grasgedeckte Hütten, sehr eng; Restaurant am Strand, davor Scooter-Vermietung. Das Fährboot stoppt hier, Zubringer mit Longtailbooten.

Bungalows unter Palmen am White Sand Beach von Ko Chang

Bamboo Bungalow** (11), einfache, eng stehende Hütten, Restaurant; sehr nette, hilfsbereite, deutsche Besitzer.
Apple Bungalow** (12), 13 eng stehende, saubere Bretterbungalows, ganz hinten mit Du/WC, festes Steinrestaurant am Strand. Anschließend kommt ein ungepflegter Palmenhain.
Best Garden Bungalow**–*** (13), 39 etwas teure Bungalows aller Kategorien, sehr großes Restaurant, Zelt 100 Baht; beliebt bei Thais. Nochmals kommt ein Palmengarten.
Sansai Resort**–*** (13), ✆ 01-2114488, 039-538122, mit Steinen und Beton befestigter Strand, breite, recht großzügige, aber vergammelnde Anlage links und rechts der Straße, 22 vor sich hin modernde Einzel- und Doppelbungalows, Holzliegen unter jungen Palmen und Laubbäumen; mieses Restaurant, lange Wartezeiten; ganzjährig geöffnet. Nicht zu empfehlen.
Moon Light*** (14), ✆ 039-597198, Felsen- und Steinestrand, 12 Bungalows mit Du/WC und Fan, weitere im Bau; Restaurant mit wunderschönem Panoramablick, sehr freundliche Leute; Minibusbesitzer, *Seang Chant Travel*, ✆ 01-9361703.
Plaloma Cliff Resort–******* (14), ✆ 01-2181164, ✆/℻ 039-597060, sehr saubere, gepflegte Gartenanlage über den Klippen, winziger Sandstrand, 18 große Doppel-Bungalows mit Du/WC und Fan, z.T. ac; Rund-Restaurant mit Blick aufs Meer, gutes Personal, Motorradvermietung, deutsch-schweizerisches Management, ganzjährig geöffnet.

Essen

Frische Brötchen vom Holzkohlegrill gibt es abends bei ***Cookie*** und ***Rung Rong***.
Es gibt einige Bars am Strand und an der Straße, z.B. die freakige ***Bango-San Bar*** mit einem witzigen Baumhaus und Live Musik sowie ***Mad Hatter*** neben *Rung Rong* am Strand.

Sonstiges

BOOTSTRIPS – nach *Ko Yuak* werden für 150 Baht, nach *Ko Wai* für 350 Baht angeboten, z.B. von Captain Graham im Minimart der *Haad Sai Kao Bungalows*, ✆ 01-9475100, der auch Passagiere nach Ko Wai und Ko Mak mitnimmt (200 Baht). Besonders gelobte Bootstrips mit Schnorcheln und Tauchen führt der deutsche Eigner neben dem *Yakah* durch.

EINKAUFEN – Im ***Hut Shop*** gibt es Lebensmittel, Getränke, Toilettenartikel und Zigaretten. Supermarkt bei *Mac Bungalows*, Minimart bei *Haad Sai Kao Bungalows*.

GELDWECHSEL – im ***Muk Hut Restaurant*** gegenüber vom *Rung Rong*.

KRIMINALITÄT – Im Juli 1997 wurde wiederholt in Bungalows eingebrochen.

MOTORRÄDER – An der Straße gibt es Motorräder zu mieten, 400 Baht für ein Off-Road-Bike von 8–17 Uhr oder 60 Baht pro Stunde.

MOSKITOS – gibt es insgesamt sehr wenige, aber bei Windstille nach Regen werden sie zur Plage.

MOUNTAIN BIKES – vermietet das ***Muk Hut Restaurant*** gegenüber vom *Rung Rong*.

TAXI – zum ***Kai Bae Beach*** bis 17.30 Uhr.

TELEFON – Satellitentelefon für Auslands- und Ferngespräche neben *Jinda Bungalow*.

WINDSURFEN – Oberhalb vom *Rung Rong* für 100 Baht/Std., günstiger für einen halben oder ganzen Tag.

Transport

Die Boote von Laem Ngop können nicht am Strand anlegen. Das Umsteigen in die Longtailboote ist nichts für ängstliche Naturen.

Klong Prao Beach

Der 4 km lange Sandstrand (oft auch: *Klong Plao*) wird durch die Flußmündung des Klong Prao in zwei Teile gespalten und im Norden vom Felsvorsprung Laem Chai Chet begrenzt. Vor allem im mittleren Teil ist der Strand extrem flach und das Wasser nicht so sauber. Die südliche, noch sehr ruhige Hälfte des langen Klong Prao-Strandes heißt auch Klong Makok Beach. Die Anlagen liegen weit auseinander. Mit dem Motorrad ist der Strand in 10 Minuten vom White Sand Beach zu erreichen. Zu Fuß benötigt man zwei Stunden. Von der Brücke kann man leicht zum Kai Bae Beach wandern.

Die Häuser des Dorfes Ban Klong Prao stehen zum Großteil auf Pfählen im Fluß. Bei Ebbe kann man den Fluß zu Fuß überqueren. Zum **Klong Prao-Wasserfall** (auch: Klong Plu-Wasserfall) führt ein gut ausgeschilderter Fahrweg. Wer will, kann an der Brücke auch ein Motorradtaxi (50 Baht) oder ein Kanu mieten. Durch Tapiokafelder, Kokosnuß- und Gummiplantagen ist es ca. eine Stunde Fußmarsch, dann kommen einige Bungalows* mit Restaurant. Nun sind es noch weitere 20 Min. auf einem Dschungelpfad zum Ziel, einem etwa 22 m hohen Fall, der in eine enge Schlucht stürzt. In der Schlucht kann man bei entsprechendem Wasserstand bis zum Fuße des Wasserfalls schwimmen. Ein Pfad rechts am Fall vorbei führt in 10 schweißtreibenden Minuten zum Beginn des Wasserfalls (feste Schuhe erforderlich). Dort oben hat man einen herrlichen Blick bis zum Meer, in den kleinen Wannen kann man stundenlang relaxen. Engagierte Dschungelwanderer können sich in 2 bis 5 Tagen am Fluß entlang über den Berg bis zum **Than Mayom-Wasserfall** an der Ostküste durchschlagen.

Übernachtung

LAEM CHAI CHET – Auf der Felsnase liegen die ***Chai-Chet Bungalows***–***** ⑯, ✆ 01-2193458, ohne Sandstrand, komfortable Steinbungalows, z.T. schöne Sicht, freundliche Leute. Brücke über den Fluß zum Strand. Bootsanlegestelle, Abfahrt nach Laem Ngop um 7.40 Uhr.

Coconut Beach Bungalow–****** ⑰, ✆ 01-2193432, 25 extrem kleine Hütten und recht gute Bungalows auf einem ausgedehnten Grundstück, nicht gerade freundliches Personal.

HAT KLONG PRAO – Hier trifft man viele Traveller, deren Beine bös von Sandfliegen zerbissen sind.

Ko Chang Resort ⑱, ✆ 039-538054, 📠 597114, sehr teure Anlage mit Hotel und A-frame-Wellblech-Bungalows mit ac. Danach 400 m keine Anlage.

Klong Plao Resort*–****** ⑲, ✆ 039-597216, 📠 597060, 30 Bungalows, 40 Zimmer, sehr beliebt bei Thais. Zelte für 100 Baht.

P.S.S. Bungalow** ⑳, ✆ 039-597159, südlich der Flußmündung, 24 einfache Hütten unter Palmen, empfehlenswertes Restaurant; eigenwillige Besitzerin.

Der Strand davor und weiter nach Süden ist nicht so gut zum Schwimmen geeignet, aber sehr schön.

HAT KLONG MAKOK – ***K.P. Bungalow**–**** ㉑, ✆ 01-3270225, 100 m lange Anlage unter Palmen, 24 Hütten, netter Besitzer.

Klong Makok Bungalow–****** ㉒, ✆ 039-597194, 9 komfortable Bungalows aus Naturmaterialien unter Palmen. Zeitweise verlassen.

Erawan Bungalow**–*, im Hinterland am Fluß.

Magic Bungalow**–** ㉓, ✆ 039-597242, am schmalen Sandstrand unter Palmen, einfache Bambusmattenhütten und einige gute Bungalows mit Dusche, Restaurant über dem Strand.

Chok Dee Bungalow**–** ㉓, ✆ 01-2193814, am Felsenkap, kein eigener Sandstrand, 4 weiße Steinbungalows, ca. 20 kleine Bambusmattenhütten, Restaurant über dem Wasser; eigene Bootslandestelle, Abfahrt nach Laem Ngop um 7.20 Uhr.

Kai Bae Beach

Der schöne, lange Strand wird von z.T. überhängenden Palmen und dichten Laubbäumen gesäumt. Die Hügel im Hinterland bedeckt dichter Dschungel. Drei Inseln sind malerisch vorgelagert. Bei Flut wird der Strand am nördlichen und südlichen Ende vollständig überspült. Bei tiefer Ebbe muß man dagegen auf dem harten Sand weit zum Wasser hinauslaufen (300 m). An Korallenschrott hat sich schon so mancher die Füße aufgerissen. Die meisten Bungalowanlagen sind ganzjährig geöffnet. Boote fahren um 7 und 11 Uhr zurück zum Festland.

Nach Süden führt ein Dschungelpfad in 30 Minuten über einen Berg zu einem abgelegenen Strand, dem **Thanam Beach** (auch *Lonely Beach* oder *Beautiful Beach*). Aber auch hier kommen immer wieder Einheimische vorbei, also kein FKK! Leider lassen zu viele Traveller ihren Müll liegen. Auch wurden Badende schon bestohlen. Wer fit ist, kann in drei Stunden an den schönsten Stränden der Insel entlang, zum Teil durch Regenwald, zum Bang Bao Beach marschieren.

Übernachtung

Palm Beach Bungalow* *** ㉔, hinter dem Bach, 4 Bungalows mit 6 Zimmern, weitere im Bau.

Coral Resort* *–*** ㉔, ✆ 01-2193815, recht große Bungalows aus Holz am Steinufer, billige Bambusmattenhütten hinter der Bar; vorgebautes Restaurant mit Laden und Geldwechsel, abends Video, dahinter eine Krabbenfarm mit lautem Generator.

Nang Nual* * ㉕, 2 bis 3 Reihen einfache Bungalows aus Rattan und Matten, schmale Matratzen; gutes Thai-Restaurant, Spezialität ist *Kaeng Kamin*, ein gelbes Thai Curry; bei der fürsorglichen Mama kommt familiäre Atmosphäre auf.

Kai Bae Hut* *–*** ㉖, ✆ 01-2193452, direkt südlich vom Hafen, 25 feste Bungalows mit Du/WC und Komfort-Bungalows für ca. 2000 Baht (verhandelbar).

Kai Bae Beach Bungalows* *–**** ㉗, ✆ 039-597105, ausgedehnte Anlage unter Palmen, z.T. kaum Sandstrand, 50 unterschiedliche Bungalows aus Naturmaterialien; großes Restaurant mit günstigen Preisen.

Porn's Bungalow* ** ㉘, 26 einfache, aber angenehme Hütten, Du/WC außen, gemütliches Restaurant ohne Stühle, gute Atmosphäre.

Sea View Resort* **** (bis 1500 Baht) ㉙, ✆ 01-2193055, ✆/℻ 039-597143, große, gepflegte Anlage mit viel Rasen, 14 große, komfortable A-Frame-Häuser am Hang, 38 Zimmer, beliebt bei Thais, Pauschaltouristen und Individualreisenden; gepflegtes, gutes Restaurant am Strand, kleine Portionen, gegen 21 Uhr Schluß. Am von Sandsäcken geschützten Strand stehen noch 5 einfache Hütten*, Du/WC außen. Im Notfall werden 10 winzige 2-Mann-Zelte (100 Baht) mit Matratzen und Decken aufgestellt. *VISA*- und *Mastercard* werden gegen 5% Aufschlag akzeptiert.

Siam Bay Resort* **–**** ㉚, insgesamt sehr ungepflegte Anlage mit viel Müll, 13 alte Bambushütten malerisch unter Palmen am Sandstrand entlang, mit und ohne Du/WC, feste, große Bungalows oberhalb am Hang; Restaurant am Ufer, schöner Blick; überfordertes Personal.

Essen

Die meisten Bungalowanlagen haben ein offenes Restaurant. Weitere Restaurants und ein Stand mit Nudelsuppen befinden sich in der Nähe des Hafens.

Sonstiges

BAR – Zwischen den Coral Bungalows liegt die originelle ***Kai Bae Bar***, am Hafen die beliebte ***Sea Bar*** von *Toy*.

BOOTSAUSFLÜGE – Ganztägige Schnorcheltrips zu drei unbewohnten Inseln (u.a. *Ko Kra* und *Ko Yuak*) mit intakten Korallen werden u.a. von ***Kai Bae Beach Bungalows*** am Sa und Di für 200 Baht angeboten (Start 7 Uhr).

Beim 10stündigen Trip von ***Nang Nual*** für 200 Baht ist Verpflegung, Kaffee und Tee im Preis enthalten.

EINKAUFEN – Laden beim Hafen: Toilettenartikel, Snacks, Masken und Schnorchel.

SCHNORCHELN – kann man hervorragend an der Insel vor dem Strand.

TAUCHEN – ***Delfimarin Diving*** und ***Sea Horse Diving*** bieten Tauchkurse ab 5000 Baht an.

WASSERFALL – Der zum Kai Bae Beach gehörende Wasserfall ist nicht leicht zu finden, besser einen Guide anheuern.

Die Südküste

In einer geschützten Bucht an der Südseite der Insel liegt am **Bang Bao Beach** ein uriges Fischerdorf auf Pfählen, die Häuser sind mit vielen Laufstegen verbunden. Bei Ebbe liegt ein großer Teil der Bucht fast trocken. In der Regenzeit ist Bang Bao nur sehr umständlich zu erreichen, entweder zu Fuß vom Kai Bae Beach oder mit einem gecharterten Fischerboot. Wegen Problemen mit dem Boot und dem Land ist unklar, ob die Gästehäuser weiter betrieben werden können. Neu sein soll das *Salak Petch Resort*, ✆ 039-512741.

Am hervorragenden **Hat Wai Chek** gibt es keine Unterkunft und kein Essen. Hier leben nur einige Kokosnuß-Farmer. Man kommt zu Fuß von Bang Bao oder auf dem schwierigen Pfad von Ruang Tan her.

Am Pier **Ruang Tan (Tha Salakpet)** landet das Boot von Laem Ngop. Hier beginnt der Pfad durch den Regenwald zum Hat Wai Chek.

An einer tiefen Bucht im Südosten liegt das traditionelle Fischerdorf **Salakpet**. Zwischen Salakpet und Salakkok verläuft eine Autopiste. Motorrad-Taxis fahren von Than Mayom oder Dan Sai für 100 Baht hierher. Es gibt auch Boote zu den Stränden und Inseln zu chartern, was um die 2000 Baht pro Tag kosten dürfte.

Jekbae ist ein Fischerdorf, in dem auch Kokosnuß- und Kautschukfarmer leben. Das Boot von Laem Ngop landet in Jekbae South.

Long Beach (Hat Sai Yao), ein optisch idyllischer Strand, der aber sehr flach und zum Schwimmen kaum geeignet ist, optimal für Kinder und Frisbee-Spieler.

Man erreicht zu Fuß keinen anderen Badestrand, wohl aber in 10 Minuten eine Stelle am Südostzipfel, die gut zum Schnorcheln geeignet ist, **Tantawan**. Dort kann man bei den Fischerhütten am Pier auch für 1500 Baht Boote für Tagesausflüge mieten (max. 8 Personen).

Übernachtung

BANG BAO BEACH – ***Nice Beach Bang Bao**–****** ㉛, direkt am Strand, 10 Flachdachbungalows aus Stein mit Du/WC, auf mehrere hundert Meter auseinandergezogen; hübsch verziertes Restaurant.
Bang Bao Laguna*–** ㉜, ✆ 039-511145 Ext 217, am östlichen Rand der Bucht, umgeben von Mangroven, 30 Pfahlbau-Bungalows aus Holz; Restaurant; freundliche Anlage.

RUANG TAN – 2 Gästehäuser* ㉝ am Pier, gutes Seafood.

SALAKPET – 2 km östlich des Dorfes: ***Ban Salakpet Bungalows**** ㉞, 12 einfache Hütten.

JEKBAE – ***Sang Aroon Bungalow**–****** ㉟, 14 Bungalows.

LONG BEACH – ***Long Beach Bungalows*** ㊱, wahrscheinlich geschlossen.
Had Sai Yao Resort*–*** ㊲, ✆ 039-597172, 21 Bungalows.

TANTAWAN – ***Tantawan Bungalows**** ㊳, 12 einfache, saubere Bretterhütten auf Felsen, gutes Seafood.

Transport

Ob jeden Tag ein direktes Boot nach BANG BAO fährt, muß am Hafen von LAEM NGOP nachgefragt werden. Sicher ist nur ein Boot an jedem Mo und Fr um 15 Uhr.
Ansonsten kann man das Boot nach Salakkok (40 Baht) nehmen, weiter mit dem Sammeltaxi nach Salakpet (20 Baht) und dort ein kleines Boot chartern (350 Baht).
Im Fischerdorf gibt es Boote zu mieten, ein kleines kostet 300 Baht für 3 Std., ein größeres mit Dach 500 Baht.

Die Ostküste

Salakkok ist ein originales Thai-Dorf mit einem der besten Mangrovenwälder in Thailand. Zwischen den Häusern kann man sich nur per Boot fortbewegen. Die nächste Unterkunft liegt in Jekbae oder Than Mayom.

Ungefähr in der Mitte der Ostküste von Ko Chang liegt **Than Mayom** mit dem *Headquarter* des National Parks. Die Attraktion ist der **Than Mayom-Wasserfall**, der auf einem Dschungelpfad in etwa 10 Minuten vom Strand aus erreichbar ist. In zwei Pools kann man schwimmen. Auf der rechten Seite führt ein schwieriger, abenteuerlicher Pfad zu zwei weiteren Wasserfällen hinauf. Der dritte heißt King Rama-Wasserfall. Er wird von den Einheimischen als der erste bezeichnet. In 2 bis 5 Tagen können sich engagierte Regenwald-Wanderer zur Westküste durchschlagen; dafür sollten aber zuvor Informationen und Karte beim *Chut Kaew GH* in Laem Ngop geholt werden. Das Meer ist hier schlammig und nicht zum Baden geeignet. Das kleine *Tourist Center* ist recht informativ. Ein Relief der Inselwelt gibt einen guten Eindruck von ihrer Vielfalt.

Dan Mai ist ein Fischerdorf an der Ostküste mit großem Pier. Hier gibt es Lebensmittel, Getränke und Treibstoff sowie eine kleine Motorradwerkstatt.

Der Golden Sands Beach, **Sai Thong**, ist nicht schön. Die einfachen Hütten waren Anfang 1998 geschlossen.

Übernachtung und Essen

Zwischen dem großen Pier und dem Headquarter in Than Mayom gibt es Hütten* ㊴ des National Parks sowie die
Than Mayom Bungalows** ㊵ beim Fluß.
Than Mayom Resort**–***** ㊶,
✆ 039-511220, 29 Zimmer.
Wem das Park-Restaurant zu teuer ist, der kann die gute, billige Kneipe der Einheimischen am alten Holzsteg probieren.

Ko Mak

เกาะหมาก

Die „Betelnuß-Insel" ist eine flache Insel mit seichten Buchten und schönen, weißen, aber schmalen Stränden. Eigentlich besteht sie aus vier Halbinseln, die sich von Ost nach West über 7 km, von Nord nach Süd über 5,5 km ausdehnen.

Auf der westlichen Halbinsel erhebt sich ein Höhenzug mit zwei Gipfeln. Rotbraunes Lavagestein tritt an vielen Stellen zutage und bildet im Meer schöne „Badewannen". Auf der Insel werden Kokospalmen und Gummibäume intensiv angebaut. Im Zentrum der Insel befindet sich ein richtiges Dorf mit Schule und Gesundheitsstation, ansonsten gibt es nur kleine Häuseransammlungen. An der Südostseite ragt ein Pier in die Bucht. Fußpfade und Fahrwege (für Traktoren und Jeeps) durchziehen die Insel.

Die Strände vor den Bungalowanlagen sind zwar sehr schön, aber voller Sandfliegen und angeschwemmtem Müll. Schnorcheln und Tauchen ist im Osten und Norden gut bis akzeptabel. Mehrere ganz kleine Inseln sind vorgelagert. Von Laem Ngop ist Ko Mak in 3 1/2 Stunden Bootsfahrt zu erreichen.

Noch immer finden nicht allzu viele Touristen auf diese entspannend einsame Insel.

Ko Kham

Diese herrliche, private Südseeinsel hängt westlich vor der Nordspitze von Ko Mak. Bei tiefer Ebbe ist sie über eine Sandbank mit Ko Mak verbunden. Ein Denkmal erinnert an ei-

OSTKÜSTE

nen französischen Arzt, der hier wirkte. Vom Sunset Point kann man schöne Sonnenuntergänge erleben. Die tiefen Brunnen liefern für intensiven Tourismus zu wenig Wasser. Ein Boot verkehrt am Morgen und Abend nach Ko Mak.

Übernachtung

KO MAK – Die ersten vier Anlagen haben Generatorstrom von 18–24 Uhr.

Ko Mak Resort*–****** ②, ✆ 01-2191220, 01-2193290, schöne, aber ungepflegte Anlage im Nordwesten, 20 angenehme, große Bungalows mit Du/WC nebenan; einfaches Restaurant mit Meersicht, Gerichte für 60–70 Baht; Tauchschule.

Koh Mak Fantasia* ③, ✆ 01-2191220, unter Palmen hinter der Lagune, 10 einfache A-Frame-Hütten am Hang mit Doppelmatratze und Moskitonetz, saubere Du/WC außerhalb; preisgünstiges Restaurant an der Lagune, davor schmaler Sandstrand; freundliches Personal.

T.K. Hut–***** ④, ✆ 01-2193333, 02-5266156, angenehme, sehr ruhige Gartenanlage, 18 nette Bungalows mit Du/WC, schöne Sicht auf die vorgelagerten Inseln; gutes, aber nicht billiges Essen im einfachen Thai-Stil-Restaurant; flacher Strand mit vielen Steinbrocken. Als Paket viel teurer.

Ao Kao Resort*–****** ⑤, ✆ 01-9165585, schöne Anlage unter Palmen, 5 einfache Hütten z.T. ohne und 13 gute Bungalows mit Du/WC, die teureren sehr schön und komfortabel, bei längerem Aufenthalt Rabatt; gutes, aber relativ teures Rund-Restaurant am Meer, gemütliche Bar; freundliche Leute, die sich um Pattaya-Atmosphäre bemühen. Das nette Hausriff eignet sich gut zum Schnorcheln; eine Tauchschule bietet Ausfahrten und Kurse an. Anmeldung in Pattaya unter ✆ 038-225263.

Lazy Days Resort** ⑥, durch den Bach vom *Au Kao Resort* getrennte, große Anlage unter Palmen, 26 einfache, nicht abschließbare und z.T. heruntergekommene Mattenhütten, versiffte Matratzen und Duschen; preiswertes Essen; sehr locker geleitet von einer großen Familie; Masken und Schnorchel zu mieten (50 Baht/Tag).

Ban Laem Chan Resort** ⑧, an der Felsen- und Mangrovenküste, kein Strand, sehr schöne Bungalows.

Koh Mak Guest House* ⑦, nördlich vom Pier, mehrere Schlafsäle und Restaurant.

Sunshine Resort**** ⑨, südlich vom Pier auf einem Hügel, kein Strand, große Holzbungalows.

Koh Mak Island Hill Resort**** ⑩, komfortable Bungalows an einem kleinen Strand.

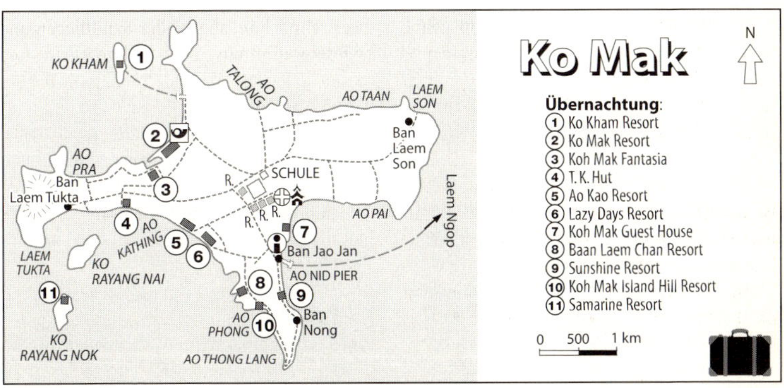

KO KHAM – ***Ko Kham Resort******–**** ①, ✆ 01-9467760, 28 einfache Bambushütten, freundliche Leute, gutes Essen; Generatorstrom ab 19 Uhr; das Wasser für die sanitären Anlagen kommt täglich per Boot von Ko Mak; Essen und Trinken ist nicht immer ausreichend verfügbar.

KO RAYANG NOK – ***Samarine Resort********–****** ⑪, ✆ 01-2193289, am Hang der kleinen Insel, 18 gute Bungalows, das Personal ist nur an Gruppen interessiert und kann sich nicht auf Einzelreisende einstellen; kleiner Strand mit grobem Korallensand, keine Sandfliegen, Schnorchelriff. Bootservice nach Ban Laem Tukta.

Essen

In den meisten Bungalowanlagen sind Tellergerichte ab 35 Baht zu haben, Thai-Gerichte für 60–70 Baht, Soft Drinks und Wasser für 10–15 Baht.
Im Dorf in der Mitte von Ko Mak gibt es zwei einheimische Restaurants mit sehr gutem thailändischem Essen für 15–35 Baht, Soft Drinks und Wasser für 7 Baht; 10–30 Minuten zu Fuß von den Bungalows entfernt.

Sonstiges

FAHRRÄDER – gibt es u.a. am Hafen zu mieten.

MOTORRÄDER – gibt es im ***Ko Mak Resort*** zu mieten.

POST – beim ***Ko Mak Resort***, auch Telefon- und Fax-Service – Verbindung ist nicht sicher.

SANDFLIEGEN – sind an manchen Strandabschnitten eine echte Plage. Ein gutes Mittel dagegen ist ein Kokosnußöl, das beim ***Ao Kao Resort*** verkauft wird. Im Dorfladen wird eine pinkfarbene Paste aus Muscheln und Korallen hergestellt, die die entzündeten Sandfliegenbisse schnell abklingen läßt.

Transport

Das Boot von LAEM NGOP Center Point fährt um 7 und 15 Uhr ab und benötigt ca. 3 1/2 Std. Das 15 Uhr-Boot erreicht die Insel erst bei einbrechender Dunkelheit. Am Pier warten Traktoren oder Jeeps der Resorts. Spätestens hier muß man entscheiden, in welcher Anlage man die erste Nacht verbringen will. Nach LAEM NGOP fährt das Boot um 8 Uhr für 180 Baht, allerdings nicht an Feiertagen wie Neujahr.
Nach KO CHANG direkt gelangt man nur unregelmäßig mit den Ausflugsbooten, z.B. mit Captain Graham vom Minimart der *Haad Sai Kao Bungalows*, ✆ 01-9475100, für ca. 200 Baht.

Weitere Inseln vor Trat

Die folgenden Inseln sind touristisch erschlossen. Übernachten in den billigen und teuren Anlagen ist nur möglich, wenn man die Unterkunft zuvor bucht und die Besitzer ein Boot bereit stellen. In der Regel logieren hier nur Thai-Gruppen. Zwischen den Inseln gibt es keinen regelmäßigen Bootsverkehr. Islandhopping ist nur mit einem gecharterten Fischerboot möglich. Auf allen Inseln wird über Stechmücken, Sandfliegen und Quallen geklagt.

Ko Phrao

Eine kleine, geschützt gelegene Insel in der Bucht von Salakpet; Wasser kommt in einer Leitung von Ko Chang.

Ko Lao Ya

Eine kleine, attraktive Insel mit weißen Sandstränden, kristallklarem Wasser und schönen Korallen. Sie liegt so geschützt, daß sie ganzjährig besucht werden kann. Für 200 Baht kann man in Salakpet ein Boot hierher chartern. Es gibt ein Resort.

Ko Ngam

Eine kleine Insel an der Südostspitze von Ko Chang. Die sehr tiefe Bucht im Süden sieht sehr schön aus, ist aber zum Baden nicht gut geeignet. Schnorcheln soll vor der Südspitze möglich sein. Mit Taxi-Boot von Tantawan zu erreichen (ca. 300 m). Es gibt ein teures Resort (s.u.).

Ko Wai

Eine flache Insel mit vier Hügeln und zwei Dörfern, Kokos- und Gummiplantagen, kleinen Stränden und phantastischen Korallen auf der Nordseite; sehr gut zum Schnorcheln (Maske 50 Baht, Schnorchel 50 Baht). An einem 800 m langen, schönen Strand liegt eine idyllische Anlage mit billigen Hütten. Ein Dschungelpfad führt auf die andere Seite der Insel zu einer teureren Anlage, an dessen Pier auch das Boot anlegt.

Es passiert immer wieder, daß das Boot tagelang nicht kommt, um die Gäste von der Insel zurückzuholen, was einen teuren Zwangsaufenthalt bedeuten kann. Vom White Sand Beach auf Ko Chang werden für 350 Baht p.P. Tagesausflüge hierher organisiert (inkl. Essen und Wasser). Wer eines der unregelmäßigen Boote erwischt, kann für 200 Baht mit hinüber fahren (Anfragen unter ✆ 01-9475100).

Ko Kradaat

(Papier-Insel) – eine sehr flache, fast vollständig mit Kokospalmen bewachsene und von Korallen umgebene Privat-Insel. Gutes Schnorcheln vor allem im Süden und Westen. Außer den Plantagenarbeitern wohnen keine Einheimischen hier. Es gibt ein Luxus-Resort (s.u.).

Ko Rang

Eine steile, unbewohnte Insel ohne Trinkwasser, mit mehreren Buchten und vielen Inselchen drum herum. Hier werden Schwalbennester geerntet, Schildkröteneier und Fledermauskot gesammelt. Ausflügler angeln am Wochenende gerne vor der Insel.

Eindrucksvolle Felsformationen unter Wasser und Korallen in größeren Tiefen bilden ein phantastisches Schnorchel- und Tauchrevier, das mit den Tauchschulen zu erreichen ist.

Ko Kut

Eine recht große, gebirgige Insel, die östlichste von Thailand, mit vielen Dörfern an der Küste. An der Ost- und Westseite liegen schöne Buchten, zum Teil mit Stränden. Die Buchten im Osten sind tief eingeschnitten, aber schlammig.

Im Nordwesten liegt der **Wasserfall Than Sanook**. Durch den Dschungel führen etliche Pfade und eine Straße. Viele der Einheimischen leben vom Schmuggel mit Kambodscha und sind Fremden gegenüber nicht gerade wohlgesonnen. Doch es gibt bereits mehrere teure Anlagen mit Bungalows für Thai-Gruppen. Malaria ist sehr stark verbreitet. Kaum ein Reisender kommt ohne Infektion zurück!

Echte Inselfreaks können sich auch an kaum erschlossenen Inseln wie **Ko Mai Dang** und **Ko Mai Si Lek** versuchen, aber das kann sehr teuer werden.

Übernachtung

KO MAI SI YAI – 4 große Hütten** eines Deutschen am steinigen Ufer am Pier.

KO PHRAO – ***Ko Sai Kao Resort***, ✆ 039-511824, 📠 511429, 63 Luxus-Bungalows (alle mit ac), Paket ab 1500 Baht p.P.

KO LAO YA – ***Lao Ya Paradise Island Resort***, ✆ 039-531838-40, 📠 512828, 8 Bungalows mit 24 Zimmern, Paket ab 1600 Baht p.P.

KO NGAM – ***Twin Island Beach Resort***, ✆ 039-520420, 25 Bungalows am Hang mit 30 Zimmern, Paket ab 1200 Baht p.P.

KO WAI – ***Ko Wai Pakarang Resort**–*****
(auch Ko Wai Coral Resort), ✆ 01-9454383, einfache, aber relativ teure Bungalows mit 35 Zimmern mit Du/WC, Wasser am Morgen und Abend, Strom bis 22 Uhr. Pauschalpaket ab 1000 Baht p.P. Beliebt bei Thais.
Ganz kleiner Strand. Buchung unter ✆ 039-512581.
Paradise Ko Wai*–**, 25 winzige Bambushütten und etwas größere Hütten mit Balkon

am Strand, Gemeinschafts-Du/WC, sehr s auber; ganztägig Wasser, schwacher Strom am Abend; nettes Restaurant; gewissenhaft geführt von einer Engländerin.
Geöffnet bis Mai.
Am Pier von Laem Ngop zu buchen, ✆ 039-597031.

KO KRADAAT – ***Ko Kradat Resort***, ✆ 01-3540016, 40 Bungalows, die nur im teuren Paket (ab 1500 Baht p.P. inkl. Transport und Vollpension) zu buchen sind.

KO KUT – Es gibt mindestens 6 Resorts, u.a.:
Ko Kut Sai Kao Resort****, ✆ 039-511824, 📠 511429, 5 Bungalows, 20 Zimmer.
Kut Island Resort, ✆ 039-511145 Ext. 207, 14 luxuriöse Doppelbungalows.
Koh Kood Cabana , Info und Reservierung über Canaan Travel Co., 153/10 Sukhumvit 11, Bangkok, ✆ 02-6512246, 📠 02-6512247.

OSTKÜSTE

Von Trat in den Ostzipfel

Auf dem schmalen Landstreifen zwischen dem Golf von Thailand und dem Khao Bantal-Gebirgszug, der die Grenze zu Kambodscha bildet, gibt es mehrere einsame Strände. Nur an langen Wochenenden verwandeln sie sich in Picknick-Plätze für Einheimische. Auf dem gut ausgebauten H318 sind es noch 90 km bis zur Grenze nach Kambodscha.

Am KM 41,6 biegt ein Weg zum **Sai Ngam Beach** ab, 300 m von der Straße. Ein Schild weist am KM 47 auf den **Tub Tim Beach** hin, einen längeren Strand mit verwildertem Hinterland.

Am **Ban Chuen Beach**, 60 km hinter Trat, 14 km vor Khlong Yai, kann man in 4 Bungalows für 150–300 Baht übernachten und in einem Restaurant während der Woche sehr einfach essen, aber an Wochenenden schlemmen. Wer auch an Wochenenden die Einsamkeit sucht, braucht nur über die Lagune zu schwimmen.

Zwischen dem KM 31 und dem KM 57 liegen mindestens vier weitere Strände. Um sie zu entdecken, braucht man ein eigenes Fahrzeug (z.B. ein gemietetes Motorrad aus Trat).

Die Straße nach **Khlong Yai** biegt bei KM 74 nach rechts ab. Etwa die Hälfte dieses sehenswerten Fischerdorfes steht auf Pfählen. Selbst die Straßen verlaufen auf Stegen. Bei Ebbe lastet ein penetranter Gestank von Schlick, Abfall und Fisch über den Holzhäusern, bei Flut wird aller Unrat weggespült.

Wer hier einen Spaziergang unternimmt, sollte schwindelfrei und trittsicher sein.

Der H318 geht noch 16 km weiter bis **Ban Hat Lek**, dem Grenzort zu Kambodscha. Ausländer dürfen die Grenze nur mit Visum passieren. Manchmal ist ein 7tägiges kombiniertes Visum für 500 Baht zu bekommen, allerdings ohne Thai-Ausreisestempel. Thais überziehen die angrenzende Inselprovinz Ko Kong mit Resorts, die vor allem männlichen Besuchern billiges Amüsement bieten. Das Fährboot kostet 100 Baht p.P., Charter 800 Baht.

Übernachtung

Im Fischerort Khlong Yai gibt es drei Hotels:
Suksamran** (ac***), ✆ 039-581109, 📠 581311, 37 Zimmer, ***Tawanuk Inn***–*****, ✆ 581043, 25 Zimmer, und ***Khlong Yai Hotel***–******, ✆ 581260, 37 Zimmer.
An der Straße nach Trat liegt die ***Bang Inn Villa***–*****, ✆ 039-581401, 📠 581403, 44 Zimmer mit Fan.

Transport

Ein Taxi von TRAT zum **Ban Chuen Beach** kostet 180 Baht. Ein Pickup Richtung KHLONG YAI kostet nur 20 Baht, es bleiben dann noch 5km zu Fuß zu gehen.
Möglicherweise läßt sich der Fahrer überreden, für einen kleinen Aufschlag (ca. 15 Baht) bis zum Strand zu fahren.

VON PHETCHABURI NACH SURAT THANI

Highlights

- Einen Bummel durch die Tempelstadt Phetchaburi unternehmen
- Durch den Dschungel des Kaeng Krachan National Parks trekken
- Das Flair des traditionellen Thai-Badeortes Hua Hin genießen
- Auf einer einsamen Insel vor Chumphon Robinson spielen
- An der Strandpromenade von Prachuap Khiri Khan phantastisches Seafood probieren

Von Phetchaburi nach Surat Thani

Von Bangkok in den Süden führen zwei Hauptverkehrswege: der Phetchkasem Highway Nr. 4 und die Südlinie der Thailändischen Staatseisenbahn. Auf den 530 km von Phetchaburi bis Surat Thani verlaufen die einspurigen Gleise immer in der Nähe der Küste, erlauben aber nur selten einen Blick aufs Meer. Sie durchqueren kleine und größere Städte, von denen nur Hua Hin und Prachuap Khiri Khan direkt am Golf von Thailand liegen. Der H4 wurde in den letzten Jahren zu einer vierspurigen Schnellstraße ausgebaut. Er verläuft zumeist noch einige Kilometer weiter im Inland und läßt fast alle Städte links liegen. Doch das Meer ist nie weit – hier findet der Besucher von Kasuarinas und Palmen gesäumte Buchten, herrliche Badestrände, Korallenriffe zum Schnorcheln und kleine, tropische Inseln, die das hektische Treiben der Städte vergessen lassen. Je weiter südlich, um so üppiger wirkt die Landschaft. An vielen schönen Stränden entstanden in den letzten Jahren einfache und komfortable Strandhotels, vorwiegend für einheimische Touristen – und jedes Jahr kommen einige dazu.

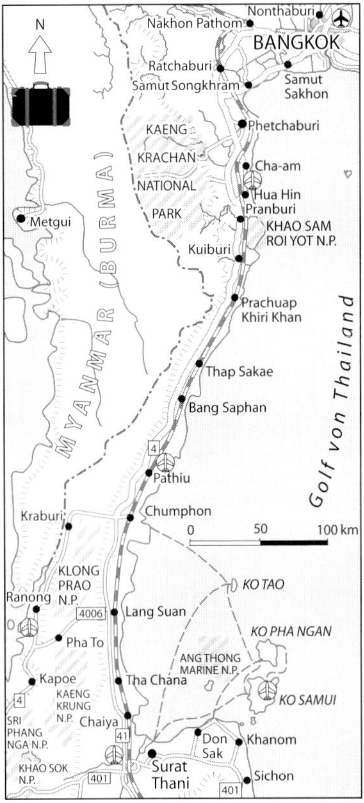

Von den schnellen Bussen und angenehmen Nachtzügen auf den Hauptstrecken sollte man sich nicht zum Durchbrausen verleiten lassen. Auch wenn Abstecher in die Berge oder zu den Badestränden der Einheimischen Zeit erfordern, so ermöglichen sie doch einen guten Einblick in ein noch kaum vom Tourismus verändertes Land. Mit den langsameren Tageszügen kann man die Reise leicht unterbrechen, da spätestens am nächsten Tag zur selben Zeit ein Anschlußzug durchkommt. Die großen ac-Busse jedoch fahren von Bangkok aus nur zu den Provinzhauptstädten und zu den Hauptreisezielen. So müssen Reisende nach Zwischenstops häufig auf lokale Transportmittel umsteigen.

Auf der Kammlinie des zentralen Bergmassivs verläuft die Grenze zwischen Myanmar und Thailand. Diese Bergkette ist zwar nur 800–1500 m hoch, doch während des Südwestmonsuns regnen sich die Wolken an ihrer Westflanke ab. Daher bieten die Strände von Hua Hin bis Surat Thani auch in der Regenzeit meist schönes Badewetter. An dieser Küste des Golfs von Thailand fallen die höchsten Niederschläge von Oktober bis Dezember.

Phetchaburi

เพชรบุรี

Eine anregende, wenig besuchte Stadt mit 36 000 Einwohnern ist Phetchaburi (auch

Phetburi, Bhetchaburi), 135 km südlich von Bangkok. Wer auf englischsprechende Guides und europäisches Essen verzichten kann und kulturell interessiert ist, kann hier einen anregenden Tag verbringen. Auch als Tagesausflug von Hua Hin bietet sich diese Stadt der vielen Wats an.

Im Stadtzentrum

In der Stadt selbst gibt es an die 30 Tempelanlagen zu erkunden. Im Stadtzentrum steht **Wat Mahathat**, ein über tausendjähriger Tempel, der in jüngerer Zeit restauriert und erweitert wurde. Von außen beeindruckt der Prang mit seinen fünf hohen, maiskolbenförmigen Stupas sowie der Chedi mit dem vierfachen Brahma-Kopf. In der mit Szenen aus dem Ramayana ausgemalten Hauptkapelle wird eifrig gebetet und geopfert. Vor diesem Gebäude werden fast täglich vormittags von verschiedenen Gruppen Tempeltänze aufgeführt. Dem Tempelbezirk sind ein großer Klosterbereich und eine Schule angeschlossen.

Im **Wat Yai Suwannaram**, das aus der Ayutthaya-Periode stammt, stehen schöne Holzgebäude. Den zentralen, fensterlosen Bot, dessen Innenwände mit über 300 Jahren alten Wandmalereien geschmückt sind, die u.a. mystische Fabelwesen darstellen, kann man sich aufschließen lassen. Der Viharn besitzt besonders schöne Eingangstore, die mit vergoldeten, aus Holz geschnitzten Blumenmotiven geschmückt sind.

Die fünf Prangs in **Wat Kamphaeng Laeng** wurden während der Khmer-Herrschaft 1157–1207 errichtet. Jeder der vier erhalten gebliebenen Türme beherbergte eine brahmanische Gottheit, vermutlich Indra, Narain, Brahma sowie Uma, deren Statue man 1956 in dem zerstörten Prang fand. Die aus Sandstein errichtete alte Anlage wurde zu einem buddhistischen Tempel umgestaltet.

Khao Wang

Im Westen liegt der 92 m hohe, von Affenhorden bevölkerte Hügel Khao Wang, ein *National Historical Park*. Im Jahre 1860 ließ König Mongkut auf dem Gipfel den königlichen Sommerpalast **Phra Nakhon Khiri** bauen. In der Haupthalle befindet sich das kleine **Museum**. Von der Observationsstation, die dem König zu astronomischen Beobachtungen diente, eröffnet sich eine gute Sicht auf die Stadt und ihre Umgebung. Der Park ist Mi–So von 9–16 Uhr geöffnet, Eintritt 20 Baht (Seilbahn 70 Baht inkl. Museum, Kinder 10 Baht).

Nördlich vom Palast wurde Ende des 19. Jahrhunderts das **Wat Maha Samanaram** erbaut. Von der Einmündung der Ratchavithi Road führt über mehrere von Nagas flankierte Rampen ein halbstündiger Fußpfad unter schönen Frangipani-Bäumen hindurch auf den Hügel. Es wird überall Futter für die vielen Affen angeboten.

Buddhistische Grotten

Besonders interessant ist **Wat Khao Banda It**, 3 km westlich der Stadt. Am Ende der Stichstraße liegt rechts die Tempelanlage, die gegen Ende der Ayutthaya-Periode ein berühmtes Meditationszentrum war. Ein Fußpfad führt den 121 m hohen Berg hinauf. Auf halber Höhe befindet sich der Eingang zu einem Labyrinth aus Tropfsteinhöhlen, in dem früher Mönche ihre Meditationsübungen abhielten und in denen zahlreiche Buddhastatuen stehen. Auf dem Berg hat ein reicher Thai einen Bot für seine verstorbene Frau, einen Viharn für seine Geliebte und eine Pagode für sich selbst errichten lassen. Nun neigt sich die Pagode eindeutig in Richtung Viharn, was einige Deutungen zuläßt. Wer vor der Tempelanlage rechts in den Schotterweg einbiegt und am Ende die Felsen hochsteigt, gelangt den Pfeilen folgend zu einem alten, kleinen Tempel und kann sich an einem tollen Ausblick auf die Stadt erfreuen.

In der Umgebung gibt es weitere buddhistische Grotten. Die wichtigste ist die 3 km nördlich der Stadt liegende **Khao Luang-Höhle**. Auf steilen Treppen steigt man zunächst hinab in den großen, zentralen Dom, in dem viele Buddhafiguren und Chedis zwischen malerischen Tropfsteinen stehen. Weitere Statuen verbergen sich in zahlreichen Nischen und Nebenhöhlen. In der Sonnen- und Mondhöhle fällt das Tageslicht jeweils durch entsprechend geformte Öffnungen, die den Höhlen die Namen gaben. Geöffnet von 9–15 Uhr. Es muß ein Führer genommen werden, der 20 Baht verlangt (handeln!). Zwischen 11 und 14 Uhr wird die Szenerie besonders eindrucksvoll von der Sonne beleuchtet. Am Eingang wartet eine Affenhorde auf Bananen. Rikschas ab der Stadt kosten ca. 50 Baht, Motorradtaxis 30 Baht.

Südlich der Stadt

Der **Phra Ram Ratcha Niwet Palast** im Süden der Stadt wurde zwischen 1909 und 1916 von einem deutschen Architekten im europäischen Stil für König Rama V. als Aufenthaltsort für die Regenzeit erbaut. Man plant, das National Museum von Phetchaburi hier unterzubringen.

16 km südöstlich erstreckt sich der nächstgelegene Strand, **Hat Chao Samran**. Da sich hier bereits die Ayutthaya-Könige erholten, nennt man ihn „Strand des glücklichen Königs".

An dem weißen Sandstrand ließ 1918 Rama VI. sogar einen kleinen Palast erbauen. Heute liegt hier ein neu erschlossenes Naherholungsgebiet mit einem Riesenhotel. Offene Busse fahren auf dem H3177 laufend zum Strand für 10 Baht.

Übernachtung

Rabieng Guesthouse** ⑦, 1 Chisa Rd., ✆/℻ 425707, angenehmes 2stöckiges, traditionelles Haus, sehr schöne, saubere Zimmer ohne und mit Bad, wegen der Straße etwas laut; gutes Restaurant (s.u.); Informationen über die Umgebung, freundliche Besitzerin.
Chom Klao Hotel** ⑤, Pongsuriya Rd., ✆ 425398, am Fluß, relativ ruhiges Hotel, abgewohnte Zimmer, schlechte Matratzen, Fan, mit/ohne Du/WC ohne Steckdosen; vom Balkon z.T. schöne Sicht. Die nette, hilfsbereite Managerin spricht gut Englisch und liebt Hunde.
Petchkasem Hotel**-* ①, 86/1 Petchkasem Rd., ✆/℻ 425581, am Highway, saubere Zimmer mit Du/WC und Fan oder ac, etwas laut.
Royal Diamond Hotel**** ②, 555 Petchkasem Rd., ✆ 411062-9, ℻ 424310, am Highway, sehr saubere ac-Zimmer mit großem Bad, TV und Teppichboden, Restaurant mit Musik ab 19 Uhr.
Khao Wang Hotel**-*** ③, 123 Ratchavithi Rd., ✆/℻ 425167, ein lautes Hotel mit großen, verwohnten Zimmern und Gucklöchern zum Flur.
Nam Chai Hotel** ⑥, 49 Pongsuriya Rd., ✆ 425550, recht schmuddelig, nicht zu empfehlen.
Phetchaburi Hotel** ④, nicht zu empfehlen.

HAT CHAO SAMRAN – Parallel zum Strand führt eine Stichstraße nach Süden.
Nach 900 m liegt rechts (gegenüber von einem Hochhaus) ***Haad Chao Hut****** ⑧, nette Hütten unter Kasuarinas und Palmen, offenes Restaurant.
Wang Chan Bungalow**** ⑧, ✆ 01-2115479, 1 km weiter, 11 gute Bungalows.
Dazwischen liegen weitere Bungalows für Thai-Familien ab 500 Baht.

Essen

Das gemütliche ***Rabieng Restaurant*** liegt schön am Fluß, umfangreiche englische Speisekarte, viele ungewöhnliche, günstige Thai-Gerichte und Seafood. Touren in die Umgebung.
Auf dem ***Nachtmarkt*** in der Stadtmitte (Fluß überqueren) gibt es hervorragendes Seafood.
Am Fuß des Hügels Khao Wang befindet sich an der Straße nach Bangkok ein großes ***Food Center*** mit mehreren Restaurants und vielen Läden und Ständen mit leckeren Süßigkeiten, für die die Stadt berühmt ist.

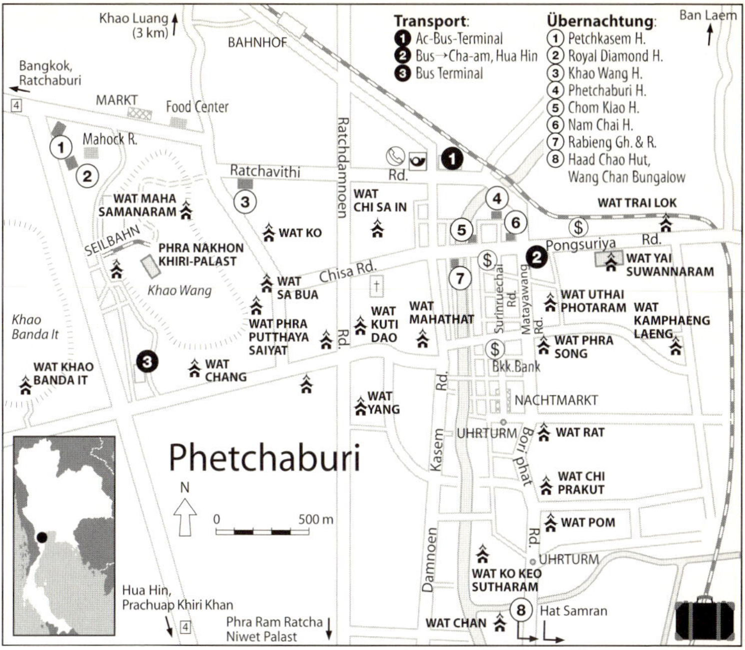

Sonstiges

FESTIVAL – In der zweiten Februarwoche findet die 7tägige **Phra Nakhon Khiri Fair** mit klassischen Thai-Tänzen und einer *Light & Sound Show* auf dem Khao Wang statt.

POST – An der Kreuzung Ratchavithi Rd. und Damnoen Kasem Rd., geöffnet Mo–Fr 8.30–16.30 Uhr, am Wochenende und an Feiertagen 9–12 Uhr. Internationale Ferngespräche im Obergeschoß tgl. von 7–22 Uhr.

RIKSCHAS – kosten im Stadtgebiet 10 Baht.

VORWAHL – 032; PLZ: 76 000.

Transport

Trotz der vielen Radwege sind nur vereinzelt Fahrradfahrer zu sehen.

BUSSE – Das ac-Bus Terminal liegt im Norden der Stadt. Am neuen Bus Terminal beim Phetchkasem Highway halten Busse vom / zum Süden.

Vom Southern Bus Terminal in BANGKOK fahren alle 20 Min. Busse bis 19 Uhr für 36 bzw. 43 Baht, ac-Busse alle 45 Min. bis 20.15 Uhr für 65 Baht.

Nach BANGKOK fahren ac-Busse alle 45 Min. bis 19.30 Uhr vom ac-Bus Terminal.

Die non-ac-Busse über CHA-AM (15 Baht) nach HUA HIN für 25 Baht in 1 Std. fahren im Stadtzentrum ab.

Weitere non-ac-Busse nach PRACHUAP KHIRI KHAN für 40 Baht in 2 1/2 Std., nach CHUMPHON für 82 Baht in 6 Std.

Nach KANCHANABURI zunächst mit Bus 73 nach RATCHABURI für 20 Baht in 1 Std., auf der anderen Straßenseite umsteigen in Bus 461 nach Kanchanaburi (26 Baht). Alternativ nach NAKHON PATHOM für 25 Baht in 1 1/2

Std. und umsteigen in Bus Nr. 81 nach Kanchanaburi (jede halbe Stunde für 20 Baht). Auch im Anschluß an den Besuch des Schwimmenden Marktes in DAMNOEN SADUAK kann man über SAMUT SONGKHRAM (Bus 5 Baht) nach Phetchaburi (Bus 13 Baht) fahren.

EISENBAHN – 9 Züge aus BANGKOK kommen nachmittags und abends nach 3 Std. Fahrt an, ab 118 bzw. 74 Baht (2./3. Kl. *Rapid*). 3 lokale Züge fahren ab THONBURI um 7.20, 13.30, 17.40 und 19.15 Uhr für 34 Baht in der 3.Kl. (Ank. um 10.29, 17.01 und 21.58 Uhr), der Dieselzug Nr.233 ab Bahnhof SAMSEN um 9.27 Uhr (Ank. um 12.47 Uhr).
Zurück fahren tagsüber der Bummelzug Nr.126 um 12.49 Uhr nach THONBURI (Ank. 16.35 Uhr) und der Dieselzug Nr.234 um 15.16 Uhr zum Bahnhof SAMSEN (Ank. 18.57 Uhr).
Nach HUA HIN für 13 Baht (3.Kl.) in 1 Std. Die Rikscha zur Stadt kostet ca. 10 Baht.

Kaeng Krachan National Park

วนอุทยานแก่ง กระจาน

Vom Highway H4 zweigt kurz hinter Tha Yang der H3175 ab zum größten thailändischen National Park (2920 km^2), der im Westen bis zur burmesischen Grenze reicht.

Dort, in einer bergigen, schwer zugänglichen Region leben im dichten, subtropischen Regenwald noch 40 Säugetierarten, darunter einige wilde Elefanten, Tiger, Malaien-Bären, Banteng (Wildrinder) und kleinere Dschungelbewohner wie Gibbons und Makaken. Über 250 Vogelarten sind hier beheimatet, darunter mehrere gefährdete Arten. Mit etwas Glück sieht man Nashornvögel, aber auch Schlangenadler, Pfauen und Fasanen, am Bangkrang Camp sogar Stachelschweine und die Zibetkatze (*Masced Palm Civet*). Die gefährlichen Großtiere lassen sich am ehesten im Panoen Thong Camp beobachten.

Zum 760 m langen und 58 m hohen **Kaeng Krachan-Staudamm**, der hier das La-u Reservoir auf ca. 25 km Länge staut, führt eine gut ausgebaute Straße. Wer richtigen Dschungel erleben möchte, muß zunächst auf einer ungeteerten Straße 20 km zum Eingang des Parks fahren (Permit für 50 Baht/Tag im *Headquarter* erhältlich). Im Park geht es einspurig noch 36 km weiter, in der Regenzeit nur mit geländegängigem Fahrzeug und nur bis zum *Bang Krang Camp* (KM 15). Ein Fahrzeug des National Parks kostet 800–1500 Baht für den Transport. Es empfiehlt sich, im *Headquarter* einen Guide (200 Baht/Tag) zu organisieren. **Trekking Touren** zu Höhlen und schönen Wasserfällen (z.B. Tho Thip Wasserfall, 3 Std. ab KM 33 am Fahrweg) oder Floßfahrten sind möglich, wenn Essen und Getränke – auch für den Guide – mitgebracht werden. Allerdings haben englisch sprechende Mitarbeiter der Forstbehörde, die im *Headquarter* anzutreffen sind, nicht immer Zeit, Touristen zu begleiten. Eine Karte und ein Leuchtkasten mit Fotos der Highlights eines Treks hängt dort an der Wand. Auch Bootsfahrten lassen sich arrangieren.

Von März bis Mai, am Ende der Trockenzeit, ist die Landschaft völlig ausgetrocknet, und der Wasserspiegel des Stausees sinkt beachtlich ab. Beste Besuchszeit ist von November bis Mai.

Übernachtung

Übernachten kann man in den Bungalows 100 m hinter dem *Headquarter* für 100 Baht p.P., in den National Park Bungalows nur bei vorheriger Reservierung.
Zelten ist auf einer schattenlosen Wiese beim *Headquarter* möglich (5 Baht p.P.), Mietzelte kosten 100 Baht pro Nacht.
Kaeng Krachan Resort******, schwimmende Häuser, die an den Inseln im Stausee liegen. Reservierungen in Bangkok, ✆ 5133238.
Das Restaurant unten am See ist die ganze Woche geöffnet, mit Fernglas gut zum Beobachten von Vögeln geeignet.
Im National Park sind drei **Zeltplätze** beim KM 15, KM 27 und KM 30 eingerichtet, im Bang Krang Camp nur mit Naturdusche. Feuerholz ist von den Wildhütern erhältlich.

Beim Trekking ist freies Zelten erlaubt. Trinkwasser kann aus den Bächen entnommen werden.

Transport

Mit dem Bus von Norden kommend in THA YANG, 18 km südlich von Phetchaburi, aussteigen.
Von hier aus fahren Pickups für 20 Baht bis zum Kontrollpunkt.
Direkte Pickups fahren von PHETCHABURI (Nähe Uhrturm beim Nachtmarkt) regelmäßig für 30 Baht in 90 Min. zum Dorf Ban Kaeng Krachan (ca. 3 km vor dem Park), weiter am besten mit Motorradtaxi zum Kontrollpunkt.
Vom Kontrollpunkt aus führt eine ca. 3 km lange Straße zum Damm hinauf.
Zum *Headquarter* geht es kurz vor dem Damm auf der linken Abzweigung und dann, vorbei an der Siedlung der Angestellten, zum westlichen Ende des Staudamms. Motorradtaxis verlangen 20 Baht für die 3 km zum *Headquarter*.
Mit dem eigenen Fahrzeug nimmt man die erste ausgeschilderte Abzweigung am KM 187,1 hinter Tha Yang.
Allerdings sind die ersten 10 km dieser insgesamt 38 km langen Strecke in schlechtem Zustand.
Die Fahrt geht zunächst an einem Kanal entlang. Dann trifft man auf die gut ausgebaute Hauptstraße zum Staudamm.
Besser ist die zweite Abzweigung am KM 183,8. Über PETCH DAM (6,5 km) geht es wieder auf die Straße zum Damm (rechte Abzweigung).

Cha-am

ชะอำ

Dieser typisch thailändische Badeort liegt 40 km südlich von Phetchaburi und 25 km nördlich von Hua Hin. König Mongkut, so heißt es, wurde hier einst von blutrünstigen Moskitos vertrieben. Er hatte sich einen Sommerpalast erbauen lassen. Als er die erste Badesaison

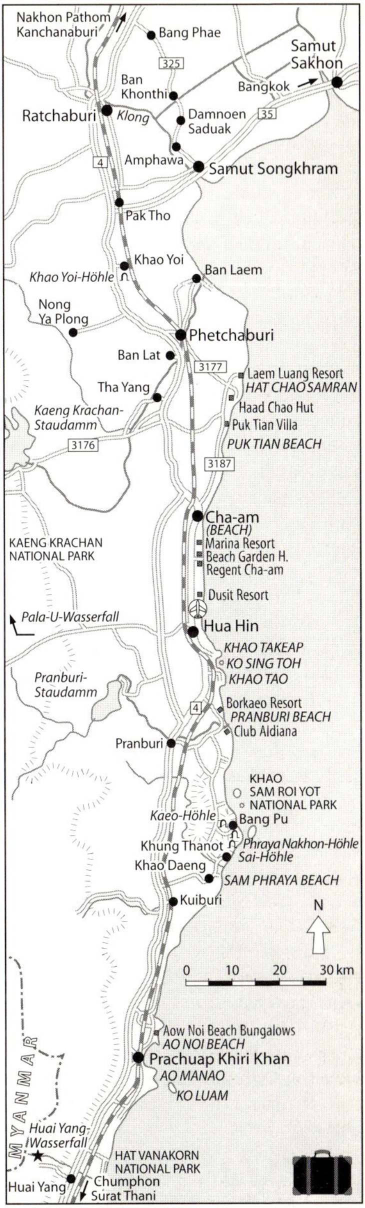

darin verbringen wollte, wurde er samt seinem Gefolge von Mückenschwärmen überfallen. Selbst der Einsatz aller einheimischen Kinder zur Insektenbekämpfung konnte den Badeort nicht mehr retten.

Cha-am wurde in großem Stil zu einem Erholungszentrum für Familien aus Bangkok ausgebaut. Davon zeugen riesige Apartmentsiedlungen, Geschäftsstraßen und große Hotelanlagen. Das eigentliche Dorf erstreckt sich westlich der Hauptstraße und Eisenbahnlinie, also landeinwärts. Vom Bahnhof aus führt die Narathip Road, an der sich ein Vergnügungszentrum entwickelt, bis zum Strand hinunter. Sie trifft auf die schmale Uferstraße Ruamchit Road, die parallel zum kilometerlangen Sandstrand verläuft. An der Landseite stehen dicht an dicht kleinere Hotels, private Wochenend-Villen, Souvenir- und Lebensmittel-Geschäfte, Essenstände sowie einige Restaurants. Auf der Meerseite erholen sich Thais beim Picknicken oder Kartenspielen und machen es sich bei lauter Musik auf gemieteten Liegestühlen unter schattenspendenden Sonnenschirmen und Kasuarinas gemütlich.

Um das Resort zu erkunden, gibt es überall Fahrräder oder Tandems zu mieten. Auf dem Rücken eines Pferdes kann man sich auch am Strand entlangführen lassen. Da sich die Wassersport-Aktivitäten der meisten Thais auf kurze Spaziergänge im knöcheltiefen Wasser beschränken, gibt es weder Surfbrett-Verleih noch Bootsvermietung, doch aufgeblasene Autoreifen werden zu Hunderten vermietet. Leider stören auch hier bereits Jet Skis die friedliche Atmosphäre. So mancher Europäer fühlt sich hier, vor allem am Wochenende, fehl am Platz. Nördlich des Fischerdorfes mit dem weit hinausreichenden Pier stehen abseits des eigentliches Resorts weitere Hotelanlagen. Recht isoliert liegen auch die großen Hotelanlagen südlich des Flusses, ca. 15 km vor Hua Hin, die über Stichstraßen von der Hauptstraße aus zu erreichen sind.

Südlich der Hotels liegen am KM 216,4 (Schild: Fort RAMA 6) direkt am Strand die Reste von **Phra Ratchaniwet Maruekh Thaiwan**, dem längsten Teakholz-Palast von Thailand. Obwohl sie sich auf militärischem Gebiet befinden, ist eine Besichtigung trotzdem möglich; Paß mitnehmen.

Übernachtung

In der Nähe des **Plaza** machen immer wieder neue, preiswerte Gästehäuser auf und zu. Während der Woche ist ein Zimmer mit Du/WC und Fan schon ab 250 Baht zu haben, mit ac für 500 Baht. Die großen Bungalows sind teurer. In den kleinen Hotels haben die Zimmer meist einen Balkon, auf dem man die ruhigen Abende genießen kann – die Moskito-Coils nicht vergessen!

Som's Guesthouse* ㉒, am Plaza neben dem Bus Stop, ordentliche Zimmer mit Fan, geleitet von Mark Grasshoff und seiner Frau. Beliebter Treff für Expats.

An der **Zufahrtstraße** liegt das neue ***Monopan House**** ⑱, 292/9 Narathip Rd., ✆ 471886, 13 recht laute, preiswerte ac-Zimmer mit Du/WC.

Südlich des Plaza liegen dicht nebeneinander an der Ruamchit Rd. u.a.:

Aruntip* ㉓, Nr. 263/40, ✆ 471503, etwas schäbige Zimmer.

White Hotel* (ac****) ㉔, ✆/℻ 471118, 2stöckiges Hotel, mittelmäßiges Restaurant.

Santisuk Beach Resort** ㉗, ✆ 471212, große Anlage mit geräumigen, älteren Holzbungalows und moderner Hotelanlage, im Hof schattenspendende Bäume, öffentliche Duschen und Toiletten.

Viwathana**-* ㉖, ✆ 471289, 13 Bungalows verschiedenster Ausstattung.

Nördlich der Straßeneinmündung liegt ein gutes Dutzend Hotels in der Ruamchit Rd., u.a.:

Cha-Am Holiday Lodge-**** ⑮, Nr. 240/7, ✆/℻ 471595, Anlage im Motel-Stil, im Erdgeschoß die Garage, darüber die Zimmer mit Fan oder ac.

Jitravee Resort**- ⑭, Nr. 271/20, ✆ 471382, 21 Zimmer mit Fan/ac.

Talae Thai Gh* ⑬, ✆ 471662, in einer Seitengasse, akzeptable Zimmer mit Fan/ac.

Scandy Resort* (ac****) ⑬, Nr. 274/32-33, ✆ 471926, 7 geräumige Zimmer mit Kühlschrank, große Du/WC, sehr sauber.
Kaen Chan Hotel**-*** ⑩, ✆ 471314, preiswerte Bungalows mit Fan** und mit ac***, sowie Hotelzimmer ab 1000 Baht; Pool.
Happy Home* (ac****) ⑧, ✆ 471393, angenehme ältere Holzbungalows.
Cha-Am Methavalai Hotel ⑤, ✆ 471580, 📠 471590, gutes First Class-Hotel in einer gepflegten Gartenanlage, moderne Zimmer mit ac und Balkon; Restaurant, Disco, Pool; während der Woche hoher Rabatt, damit sehr preiswert.
Milano Bungalows* ④, ✆ 471072, am nördlichen Ende, bietet Bungalows mit ac, Fan und Kühlschrank; dabei das *Milano Restaurant*.
Richtung Norden ziehen sich entlang der Küstenstraße H3187 viele komfortable, z.T. sehr teure Bungalowanlagen hin, die fast ausschließlich von einheimischen Touristen an Wochenenden und in den Ferien aufgesucht werden. Für Traveller ist evtl. die folgende Anlage an Werktagen interessant:
Puk Tian Villa**-**, 141 Puk Tian Rd., ✆ 428299, (21,4 km von Cha-am), Häuser für Gruppen und äußerst einfache Hütten für 150 Baht, Bungalows ab 250 Baht, Restaurants, Toilettenhäuschen mit Duschen am Strand, Picknickplätze.
Richtung Süden stehen erstklassige Hotel- und Bungalowanlagen am Strand, u.a.:
Regent Cha-Am Beach Hotel ㉘, 849/21 Petchkasem Rd., ✆ 471483-9, 📠 471491-2, 8 km südlich von Cha-am, 18 km von Hua Hin; riesige, 3teilige First Class-Anlage, 646 ac-Zimmer mit Balkon für 2200–14 000 Baht; 47 rustikale, nett eingerichtete Holzbungalows für größere Familien im *Regent Chalets*; 3 Swimming Pools, Tennis, Squash, Disco. Umweltbewußtes Management.
Dusit Resort & Polo Club ㉘, 1349 Petchkasem Rd., ✆ 520009, 📠 520296-7, 8 km nördlich von Hua Hin, am langen Sandstrand, großer Hotelkomplex mit riesiger Pool-Landschaft, 300 Luxus-Zimmer, 5 Restaurants, Tennisplätze, Squash-Hallen.

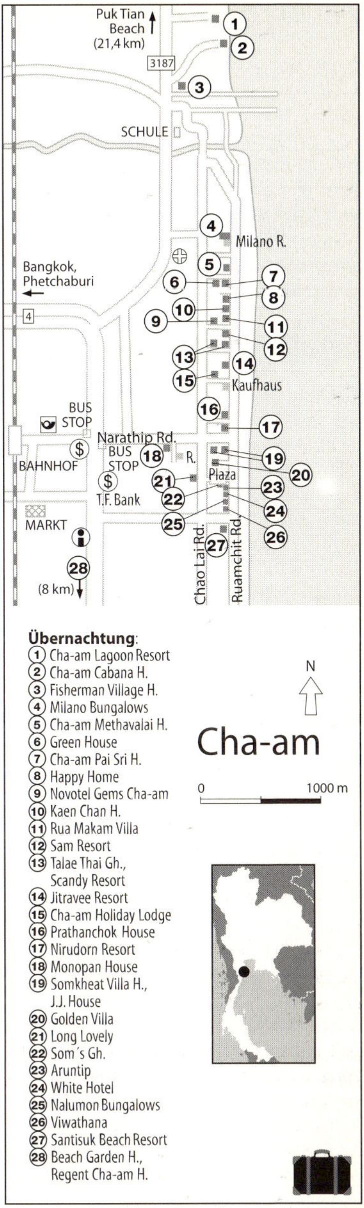

Essen

Es gibt zahlreiche Essenstände, aber keines der Thai-Restaurants entlang der Strandstraße ist wirklich zu empfehlen.
Sehr gut ißt man zu entsprechenden Preisen im Restaurant des ***Methavalai Hotels***.
Zu empfehlen sind die europäischen Restaurants ***Steak House*** und ***Scandy Resort,*** mehrsprachige Speisekarten. Treff für Langzeittraveller ist der ***Beer Garden,*** ✆ 433225, nahe Monopan Gh., geöffnet ab 17 Uhr.

Sonstiges

DISCO – An der Straße zum *Regent Hotel* liegt die große ***Octopus Disco***.

INFORMATIONEN – ***Tourist Office***, 500/ 51 Phetchkasem Rd., ✆ 471502, 700 m südlich der großen Kreuzung am H4; Infos über Cha-am, Hua Hin und Phetchaburi.

ÖFFENTLICHE EINRICHTUNGEN – An der Straße vom Bahnhof zum Strand liegt das Postamt, die Polizeistation und an der Kreuzung mit der Hauptstraße eine Bank. Umkleidekabinen und Duschen am Santisuk Hotel können gegen Gebühr genutzt werden.

VORWAHL – 032; PLZ: 76 120.

Transport

Alle direkten Busse halten am Bus Stop am Plaza, 300 m südlich der Straßeneinmündung.
Vom Southern Bus Terminal in BANGKOK, 175 km, non-ac-Busse um 9 bis 16 Uhr für 45 Baht, ac-Busse um 7, 8.20, 11, 12.20 und 14.20 Uhr für 82 Baht.
Nach BANGKOK mit non-ac-Bus um16 Uhr, mit ac-Bus ca. alle 2 Std.
Nach PHETCHABURI für 15 Baht, HUA HIN, 25 km, 20 Baht. Alle Busse von Bangkok in den Süden halten bei Bedarf in Cha-am am H4; zum Strand per Motorradtaxi für 10 Baht oder mit Pickup für 5 Baht.

Hua Hin

หัวหิน

Wer palmenumsäumte, einsame Strände erwartet, sollte lieber weiter Richtung Süden fahren, auch ein Nachtleben à la Pattaya wird hier nicht geboten, ebensowenig exotische Tempel und andere traditionelle Sehenswürdigkeiten. Hua Hin zeigt dem Touristen zwei völlig verschiedene Seiten. Wer die Stadt von Juni bis Oktober besucht, erlebt noch die Atmosphäre eines thailändischen Badeortes mit guten Seafood-Restaurants, Familien-Picknicks am Strand und Souvenirläden voller Muscheln. Wer jedoch in der „Ausländersaison" von November bis April kommt, wird keine Familienidylle entdecken. Er findet eine sehr touristische Stadt mit teuren Hotels, viele am westlichen Geschmack orientierte Restaurants, viele laute Bars und Biergärten, in denen deutsch gesprochen wird, sowie die ersten Anzeichen der Sexindustrie. Dennoch eine interessante Stadt.

Der älteste Badeort Thailands mit 38 000 Einwohnern liegt nur 188 km von Bangkok entfernt an der südlichen Eisenbahnlinie. Als diese Strecke fertiggestellt war, ließ 1921 der Direktor der Eisenbahn, Prinz Purachatra, ein Sohn des damals regierenden Königs, das **Railway Hotel** errichten. Direkt am Strand entstand nach europäischen Vorbildern ein modernes Resort mit Tennis-Anlagen und dem ersten Golfplatz des Landes. Während der heißen Jahreszeit kam die High Society angereist, um den kühlen Seewind zu genießen.

Rama VI. war von dem Ort so angetan, daß er beschloß, sich 2 km nördlich vom Hafen eine **Sommerresidenz** (*Klai Kangwon* = ohne Sorgen) errichten zu lassen. Noch heute ist die königliche Familie hier ständiger Gast. Die Residenz ist umzäunt und kann nicht besichtigt werden. Auch die Bungalows anderer Mitglieder der königlichen Familie stehen in und um Hua Hin. Der **Sommerpalast der Königin** (*Rampaiphani*) liegt etwas landeinwärts, ca. 3 km Richtung Süden.

Abends kommen die Fischer mit ihren Booten in den **Hafen** zurück, um den Fang zu entladen. In den schmalen Gassen südlich vom Hafen prägt noch immer der Fischfang das Leben der Menschen. Dutzende von Hochhäusern prägen das Landschaftsbild der Umgebung. Weitere neue Hotelkomplexe sind im Bau. Ansonsten hat sich die Stadt zu einem angenehmen, gepflegten **Badeort** entwickelt. Der Strand ist vom Hafen durch eine felsige Landzunge getrennt, auf der ein Luxushotel hochgezogen wurde.

Am 6 km langen, von Felsen durchsetzten, mit Liegen und Sonnenschirmen bestückten Sandstrand kann man in der Thai-Saison thailändisches Strandleben beobachten. Dazu gehört auch ein Ausritt auf Ponys am Strand entlang (200 Baht/halbe Stunde). Zum Baden eignet sich der Strand nur bedingt, obwohl er uns Anfang 1998 säuberer erschien als früher, wozu vielleicht die neuen Mülltonnen beitragen. Zu manchen Zeiten des Jahres verleiden Quallen das Badevergnügen.

Nach Süden wird der Strand von einer Landzunge begrenzt, auf der sich mehrere buddhistische Tempel an die Spitzen felsiger, kleiner Hügel schmiegen.

Knapp 2 km westlich der Stadt wurde auf dem **Khao Hin Lek Fai** ein kleiner Park eingerichtet, von dem man eine schöne Aussicht über die Stadt hat.

Seit die neue Autobahn weiträumig um Hua Hin herumführt, ging der Verkehr auf der Hauptstraße drastisch zurück. Dies freut vor allem die lokalen Motorradhelden, die jetzt ungestört ihre Rennen veranstalten können.

Übernachtung

GÄSTEHÄUSER – Preiswerte Gästehäuser liegen in Hua Hin im schmalen Streifen zwischen der Poonsuk Road und der Naretdamri Road.

Nur in diesem Stadtviertel dürfen auch Bars und Restaurants für Ausländer öffnen. Go-Go-Bars u.ä. werden nicht zugelassen.

Thai-Tae GH** (ac***) (35), 6 Damnoen Kasem Rd., ✆ 511906, gut und viel gelobt, saubere, geräumige Zimmer; echte Hinterhofatmosphäre; Mopeds ab 150 Baht.

All Nations Guest House** (ac***) (7), 10 Dechanuchit Rd., ✆ 512747, ℻ 530474, E-Mail: Gary@Infonews.co.th; 12 kleine und sehr große Zimmer mit Fan oder ac, Balkon, Gemeinschafts-Du/WC für 3 Zimmer, Restaurant mit Thai und europ. Gerichten, Bar mit Bier vom Faß, Cyber Café mit billigem Fax-Service, Terrassenbar mit Meersicht; renoviert und geleitet vom Engländer Gary. Im Internet: www.geocities.com/baja/dunes/5459/

Baan Somboon*** (ac****) (42), 13/4 Damnoen Kasem Rd., ✆/℻ 511538, in einer Seitengasse, sehr schöne und saubere Zimmer, geschmackvoll und mit Liebe eingerichtet, mit Fan oder ac. Viel gelobt und preiswert.

Thipurai GH**** (45), 113/27-28 Phetchkasem Rd., ✆/℻ 511538, 2 km südlich des Zentrums, nahe am Strand, geräumige ac-Zimmer mit Du/WC, auch Vierbettzimmer. Garten, Pool, Restaurant, Bar.

In der **Naretdamri Road** und den Seitengassen gibt es etwa 15 Gästehäuser mit Zimmerpreisen von 120–200 Baht, die in der Saison auf 200–350 Baht steigen können. Hier liegen u.a.:

Pattana GH**-*** (2), 52 Naretdamri Rd., ✆ 513393, ℻ 530081; altes Thai-Teakhaus in einer sehr ruhigen Gasse, 13 Zimmer mit und ohne Du/WC, gemütliche Pergola, freundliche Atmosphäre, Thai-Holländische Leitung.

House Pala-U*** (44), 178/5 Naretdamri Rd., ✆/℻ 512687, in der südlichen Naretdamri Rd. Die freundliche Familie Moser bietet sehr gute Zimmer mit Du/WC und Fan oder ac im Hauptgebäude; billiger sind die 7 Zimmer im Reihenhaus dahinter. Bei Anruf wird man evtl. vom Bus oder Zug abgeholt. Dieses Gästehaus wird von den Rikscha-Fahrern boykottiert.

Moti Mahal GH** (30), 152 Naretdamri Rd., ✆ 513769, 5stöckiges Haus, relativ teure, nicht besonders saubere Zimmer mit Du/WC, gutes indisches Restaurant (auch vegetarisches Essen).

MP** (32), 6 Naretdamri Rd., ✆ 511344, saubere Zimmer, je zwei Zimmer teilen sich eine Du/WC, kleine gemeinsame Terrasse zum

Übernachtung:

①	Damrong H.	**_***	46 Phetchkasem Rd.	511574	
②	Pattana GH	**_***	52 Naretdamri Rd.	513393	430081
③	Pananchai H.	***_****	73/5-7 Naebkhehat Rd.	511707	
④	Karoon Hut	***	80 Naretdamri Rd.	511429	
⑤	Thanachote House	**	11 Naretdamri Rd.	511393	
⑥	Chat Chai H.	**	59/1 Phetchkasem Rd.	511034	
⑦	All Nations GH	**_***	10 Dechanuchit Rd.	512747	530474
⑧	Chomkluen GH	***	Naretdamri Rd.	511687	
⑨	Rom Ruen GH	**_***	17 Naretdamri Rd.	530300	
⑩	Memory GH	**_***	Naretdamri Rd.	511816	
⑪	Mod GH	**_****	116 Naretdamri Rd.	512296	
⑫	21 GH	**	10 Selakham Rd.	531243	
⑬	Fulay	****	110/1 Naretdamri Road	513670	
⑭	Sirima GH	***	116 Naretdamri Rd.	511060	
⑮	Bird GH	***	31/2 Naretdamri Rd.	511630	
⑯	Ban Pak Look Ghai	***	Naretdamri Rd.		
⑰	K. Place GH	****	Naretdamri Rd.		
⑱	Siripetchkasem H.	** (ac***)	7/5-8 Srasong Rd.	511394	511508
⑲	Sand Inn H.	*** (ac****)	18 Poonsuk Rd.	533667	533669
⑳	Subhamitra H.	**_****	19 Amnuay Sin Rd.	511208	
㉑	Relax GH	**	Soi Bintabat	513585	
㉒	Joy GH	**	6/5 Soi Bintabat	512967	
㉒	Phuen GH	**_***	Soi Bintabat		
㉓	Fresh Inn	****	132 Naretdamri Rd.	511389	
㉔	Sukwilai GH	** (ac***)	Soi Bintabat		
㉕	Ban Pak Hua Hin	***	5/15 Soi Bintabat	511653	
㉖	Silapetch H.	**_***	Srasong Rd.		
㉗	Gästehaus Austria	**	18/1 Poonsuk Rd.	532163	
㉘	Europa	**_***	158 Naretdamri Rd.	513235	
㉙	Maple Leaf	**	8/5 Poonsuk Rd.	533757	
㉚	Moti Mahal GH	**	152 Naretdamri Rd.	513769	
㉛	Ban Boosarin	****	8/8 Poonsuk Rd.	512076	
㉜	MP	**	6 Naretdamri Rd.	511344	
㉝	Khun Daeng GH	**	Naretdamri Rd.		
㉞	Srichan Hua Hin H.	***	Srasong Rd.	513130	
㉟	Thai-Tae GH	** (ac***)	6 Damnoen Kasem Rd.	511906	
㊱	Parichart GH	*** (ac****)	Naretdamri Rd.	513863	
㊲	Sirin H.	****	10 Damnoen Kasem Rd.	511150	513571
㊳	Mercure Resort	First Class	1 Damnoen Kasem Rd.	512036-8	511014
㊴	Jed Pee Nong H.	****	17 Damnoen Kasem Rd.	512381	
㊵	Paung Pen Villa H.&GH	****	Damnoen Kasem Rd.		
㊶	Golf Inn	ab****	Damnoen Kasem Rd.	512473	
㊷	Baan Somboon	****	13/4 Damnoen Kasem Rd.	511538	511538
㊸	Patchara House H.	****	Soi Kasem Samphan	511787	
㊹	House Pala-U	***	178/5 Naretdamri Rd.	512687	512687
㊺	Sailom	Mittelklasse	29 Phetchkasem Rd.	511890-1	512047
㊺	Thipurai GH	****	113/27-28 Phetchkasem Rd.	511538	511538
㊺	Janchai Bungalow	****	117/1-18 Phetchkasem Rd.	511461	
	Melia Hua Hin	Luxushotel	33/3 Naretdamri Rd.	511006	511053
	City Beach Resort	Mittelklasse	16 Damnoen Kasem Rd.	512870-4	512488
	Hotel Sofitel Central	Luxushotel	1 Damnoen Kasem Rd.	512021-40	511014
	Royal Garden Resort	First Class	107/1 Phetchkasem Rd.	511881	512422
	Hua Hin Highland Resort	First Class	20/23 Phetchkasem Rd.	511676	

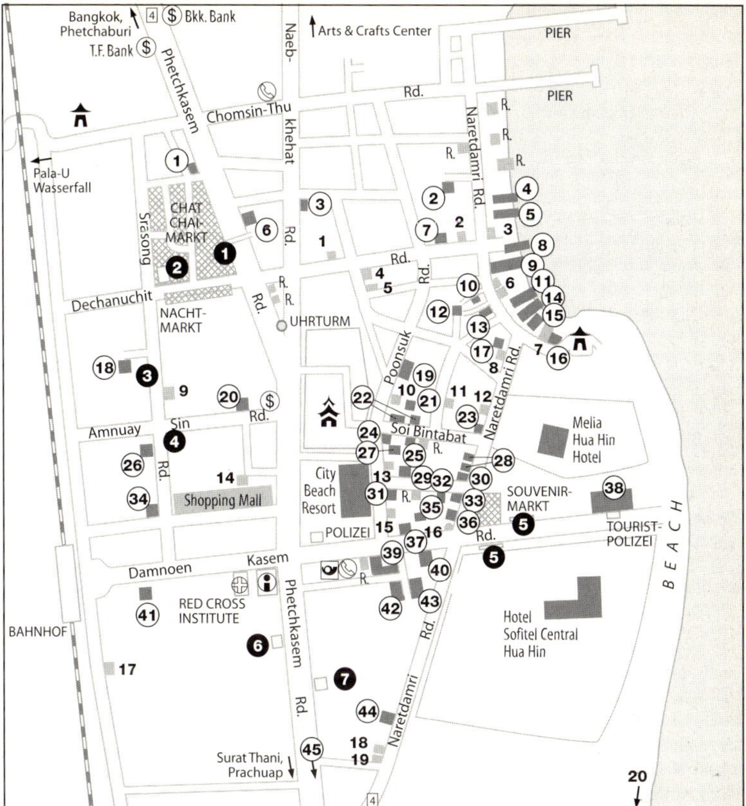

Läden, Restaurants etc.:

1 Maria Ice Cream
2 Monta's Garden Seafood R.
3 Le Chablis R.
4 Corner Bar
5 Jamaica Pub
6 Bei Andy R., Deutsches Reisebüro
7 Sea Side R.
8 Golden Wheels Tours
9 Bäckerei/Konditorei
10 Om & Rudi Thaifood
11 Frühstücksladen
12 Bier Garten
13 Willy's Musikgarten
14 European Bakery
15 La Villa R..
16 Essenstand
17 Hähnchen-R.
18 French Bakery
19 Swiss Stub
20 Santanas Pavillon

Transport:

1 Minibusse
2 Non-ac Bus Station
3 Ac-Bus→Bangkok
4 Ac-Bus-Tickets
5 Auto- und Motorradvermietung
6 Bangkok Airways
7 Motorräder

Hua Hin

N

0 500 m

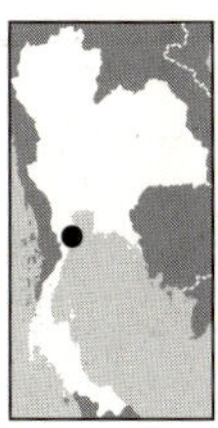

gemütlichen Sitzen, hervorragendes Frühstück, nette Familie, kein Saisonaufschlag.
Maple Leaf** Ⓐ29, 8/5 Poonsuk Rd., ✆ 533757, Holzhaus mit Balkonen, großzügig gebaut, saubere Zimmer mit und ohne Du/WC, preiswert.
Europa**-***** ㉘, 158 Naretdamri Rd., ✆ 513235, große Zimmer mit Du/WC und Fan, einige Möbel, ein beliebter Traveller-Treff, freundliche Familie.
Phuen GH**-***** ㉒, Soi Bintabat, saubere Zimmer mit Du/WC und Fan, großer Gemeinschaftsbalkon mit Holzstühlen und Bänken, einige bessere Zimmer; gemütlich und gut.
Relax GH** ㉑, Soi Bintabat, ✆ 513585, Holzhaus in ruhiger Gasse, 4 Zimmer mit Fan, Gemeinschafts-Du/WC; familiäre Atmosphäre.
Joy GH** ㉒, 6/5 Soi Bintabat, ✆ 512967, Holzhaus mit Balkon und Sitzgruppen, Zimmer mit Fan, saubere Gemeinschafts-Du/WC.
21 GH** ⑫, 10 Selakham Rd., ✆ 531243, Holzhaus in ruhiger Sackgasse, Zi mit Du/WC und Fan, Fenster zum Aufenthaltsraum.
Über dem Strand an der Naretdamri Rd. wurden 6 Holzhäuser auf Pfählen gebaut, den Gezeiten und Gerüchen des Meeres ausgesetzt, u.a.:
Bird GH**** ⑮, Nr. 31/2, ✆ 511630, neues Haus mit schöner Terrasse am Meer, die besseren Zimmer sind ihr Geld wert.
Sirima GH**** ⑭, Nr. 116, ✆ 511060, relativ teure Zimmer mit Fan oder ac, die vorderen Zimmer am Meer sind schön.
Mod GH**-******* ⑪, Nr. 116, ✆ 512296, direkt ans Sirima angebaut, relativ günstige Zi mit Fan mit und ohne Du/WC; tolle Terrasse.
Thanachote House** ⑤, Nr. 11, ✆ 511393, kleine, dunkle Zimmer mit Du/WC.
Karoon Hut**** ④, Nr. 80, ✆ 511429, die Zimmer auf der linken Seite sind sauber und ordentlich, die ac-Zimmer rechts sind dunkel; große, schöne Seeterrasse.

HOTELS – In den Hotels von Hua Hin regelt die Nachfrage den Preis, ein Zimmer kann sich plötzlich um 100 bis 200 Baht verteuern oder verbilligen. Es empfiehlt sich daher zu handeln!

Ban Pak Hua Hin**** ㉕, 5/15 Soi Bintabat, ✆ 511653, Kleinhotel, saubere Zimmer mit Du/WC und Fan, freundliche, engagierte Familie.
Sand Inn Hotel**** (ac****) ⑲, 18 Poonsuk Rd., ✆ 533667-8, Fax 533669, preiswertes Hotel, saubere Zimmer mit TV, Du/WC und Fan oder ac; nettes Personal.
Jed Pee Nong Hotel****** ㊵, 17 Damnoen Kasem Rd., ✆ 512381, ac-Zimmer mit Bad/WC, sauber und ruhig; Swimming Pool; freundliches Personal, handeln ist möglich.
Sirin Hotel****** ㊲, 10 Damnoen Kasem Rd., ✆ 511150, Fax 513571, sehr gut.
Ban Boosarin****** ㉛, 8/8 Poonsuk Rd., ✆ 512076, sauberes Kleinhotel, gute Zimmer mit ac, Warmwasser und Kühlschrank. In der Dependance gibt es Bungalows*** mit Fan.
Fulay****** ⑬, 110/1 Naretdamri Road, ✆ 513670, Kleinhotel, vornehm eingerichtete Zimmer.
Siripetchkasem Hotel** (ac***) ⑱, 7/5-8 Srasong Rd., ✆ 511394, Fax 511508, etwas zurückversetzt, saubere Zimmer.
Subhamitra Hotel**-********* ⑳, 19 Amnuay Sin Rd., ✆ 511208, gute, saubere Zimmer mit Fan oder ac, Swimming Pool.
Pananchai Hotel****-********* ③, 73/5-7 Naebkhehat Rd., ✆ 511707, gute Zimmer mit ac, Warmwasser, TV, Telefon.
Mercure Resort ㊳, 1 Damnoen Kasem Rd., ✆ 512036-8, Fax 511014, gepflegter Garten am Strand, 41 luxuriöse Bungalows im Thai-Stil. Die Einrichtungen des Sofitel Hotels können mitbenutzt werden.
Im Stadtbereich liegen 8 **Luxushotels**, u.a.:
Hotel Sofitel Central Hua Hin, 1 Damnoen Kasem Rd., ✆ 512021-38, Fax 511014, stilvolles Luxus-Resort direkt am Strand in einem sehenswerten Parkgelände mit Bäumen in Tierform. Das ehemalige Railway Hotel wurde völlig im ursprünglichen Stil renoviert. Es hat riesige, komfortable ac-Zimmer in viktorianischer Architektur mit Balkon/Terrasse und Blick aufs Meer. Wer den Film *„Killing Fields"* gesehen hat, dem wird es bekannt vorkommen. 3 Restaurants, gepflegter Garten mit 3 Swimming Pools, Kinderbecken, Terrassen,

Liegewiese. Wer auf gediegene Atmosphäre wert legt, sollte wenigstens um 17 Uhr in der offenen Teehalle einen Tee einnehmen.
Melia Hua Hin, 33 Naretdamri Rd., ✆ 512612-4, 📠 511135-6, imposantes Hochhaushotel am zentralen, recht schönen Strand, 297 Luxuszimmer, sonnenüberflutete Poollandschaft. Beliebt bei betuchten Bangkok-Thais und Pauschalreisenden, die abends die umliegenden Gassen bevölkern. Schöne Aussicht vom 17. Stock. Gewinner vieler Preise.
Royal Garden Resort, 107/1 Phetchkasem Rd., ✆ 511881, 📠 512422, 1 km südlich der Stadt, First-Class-Hotel am Strand, 221 ac-Zimmer mit Balkon/Terrasse; großer Pool, Kinderspielplatz; unter deutscher Leitung.
Sailom (45), 29 Phetchkasem Rd., ✆ 511890, 📠 512047, Luxushotel südlich der Stadt, werktags halbe Preise ab 850 Baht.
Viele Bungalows stehen entlang der Straße zum **Takeap Strand**, fast alle mit Küche und mehreren Schlafräumen für Thai-Familien.

Essen

In den Restaurants direkt am Meer ist **Seafood** gut, aber überteuert.
Besonders schön sitzt man auf der Terrasse des ***Sea Side*** über dem Strand, die Preise sind entsprechend hoch.
Günstig sind die chinesischen Restaurants, z.B. das ***Khoung Seng*** an der Hauptstraße.
Am besten ißt man im teuren ***Le Chablis***, in dem auch viele reiche Thais speisen. Sehr gute Restaurants befinden sich außerhalb im Norden beim *Arts & Crafts Center*; empfehlenswert ist das gehobene ***Baan Itsara Restaurant***, ✆ 530574, wo auf einer schönen Terrasse am Meer im Laternenschein hervorragendes Seafood serviert wird.
Billige, leckere **Thai-Gerichte** bekommt man auf dem erstaunlich sauberen ***Nachtmarkt*** (bis ca. 24 Uhr) und kann sie geruhsam an Tischen mit Stühlen verzehren, besonders gut sind Fischgerichte.
Auf dem ***Chat Chai Markt*** gibt es tagsüber viel Essen, vor allem Seafood.
Willy's Musikgarten, 12/2 Poonsuk Rd., Gartenrestaurant mit deutscher Küche, Schweizer Spezialitäten und Thai-Essen, gemütliche Bar, eigener Taxi-Service mit Tuk-Tuk (✆ 532367), geöffnet 11–24 Uhr.
La Villa, Poonsuk Rd., ✆ 513435, italienisches Restaurant mit original italienischem Essen, gute Pizza und Wein, aber nicht billig.
Swiss Stube, südliche Naretdamri Rd., Heinz und Pam bieten gute Thai und europäische Küche.
Die ***French Bakery*** daneben serviert ab 7 Uhr französisches Frühstück.
Sehr gut ist auch das zur ***European Bakery*** gehörende Restaurant.
In einem gemütlichen Gartenrestaurant 300 m südlich vom Bahnhof (geschnitztes Holzschild in der Hecke: *„Krua Kanniga"*) werden **Hähnchen** auf 10 verschiedene Arten zubereitet.
Corner Bar, ein Pub und Restaurant mit gutem Ruf, das von 16 Uhr bis zum frühen Morgen geöffnet ist. Zur späten Stunde trifft man sich hier zum Bier.
An ***Santanas Pavillon***, dem letzten Stand am Strand von Hua Hin Richtung Süden, bieten der pensionierte Lufthansa-Ingenieur Ralf und seine Frau Kathai hervorragenden Obstsalat und interessante Gespräche.

Unterhaltung

DISCO – ***Jungle Discothek*** im Royal Garden Resort, unter schweizer Leitung, und im Melia Hua Hin Hotel. Es gibt hier keine Nachtclubs.

LIVE MUSIC – Im ***Rock Walk Pub*** spielen Thai Bands jeden Abend Thai Rock; gute Akustik, faire Preise.

REISEBÜRO – Im Deutschen Reisebüro ***White Gold Tour*** am der Naretdamri Road bietet Gunter Ausflüge und Tickets.

TAUCHEN – Bei ***Coral Divers***, der deutschen Tauchschule an der Naretdamri Rd., werden Ausflüge zu einer Koralleninsel angeboten.

Sonstiges

BESICHTIGUNG – Die Ananas-Firma ***Dole***, ✆ 02-6810200, bietet eine Führung durch die Produktionsanlagen und umliegende Ananasplantagen für 250 Baht. Zu erreichen mit einem Songthaew vom Nordrand des Marktes (13 km).

EINKAUFEN – Auf dem interessanten Nachtmarkt wird alles verkauft von Obst und Fischen bis zu T-Shirts und Souvenirs. Tagsüber findet in mehreren Straßen des Stadtzentrums ein großer Markt statt.

FAHRRÄDER / MOTORRÄDER – Beim Souvenir Markt werden für einen Tag Fahrräder (60–70 Baht), Tandems und Motorräder (150–200 Baht) vermietet. Für eine Stunde kostet eine Honda in der 87/7 Petchkasem Rd. z.B. 50 Baht, von 10–19 Uhr 150 Baht. Schwere Maschinen kosten 500–600 Baht pro Tag, Jeeps ab 800 Baht.

GELD – Banken und Wechselstellen wechseln Reiseschecks und Bargeld, einige auch am So geöffnet.

INFORMATIONEN – ein städtisches ***Tourist Office*** an der Damnoen Kasem Rd., Ecke Phetchkasem Rd., ✆ 512120; hier auch das neueste *Official Guide Book*; tgl. geöffnet von 8.30–16.30 Uhr. Aktuelle Infos im Web unter http://frangipani.com/huahin/huahin.htm

INTERNET – ***Cyber Café*** in der Bar des *All Nations Guesthouse*, ✆ 512747; E-Mail-Service.

MEDIZINISCHE HILFE – Krankenhaus, 5 km nördlich der Stadt am H4 (Motorradtaxi 10 Baht). Sehr freundlich und hilfsbereit sind die Leute im ***Red Cross Institute*** neben dem Tourist Office.

POST – Damnoen Kasem Rd. nahe der Kreuzung, geöffnet Mo–Fr 8.30–16.30 Uhr, am Wochenende und an Feiertagen 9–12 Uhr. Internationale Ferngespräche tgl. 6–22 Uhr.

REISEBÜRO – ***Bansamui Lakeside Villa Travel***, 94/5-6 Phetchkasem Road, ✆ 512 327, bietet abends direkte VIP-Busse zu den Touristenorten im Süden an. Da die Busse teuer sind und besonders nach Krabi häufig nicht voll werden, sind Passagiere schon im falschen Ort (z.B. Phuket) abgesetzt worden. Ac-Minibus nach Chumphon um 18 Uhr für überhöhte 250 Baht. Außerdem werden Jeeps, PKWs und Motorräder vermietet.

SAISON – Von Juni bis Oktober sowie während der Feiertage ist Hochsaison der Thais, von November bis April Hochsaison der Ausländer.

SPRACHKURSE – ***Baan Pasa***, Soi Bintabat, ✆ 511770, bietet Thai-Sprachkurse in Thai-Englisch und Thai-Deutsch an.

VORWAHL – 032; PLZ: 77 110.

Nahverkehrsmittel

FAHRRAD-RIKSCHAS – sind in der Stadt ein beliebtes Transportmittel – für kürzere Strecken zahlt man 10–15 Baht, für längere, z.B. vom Bahnhof zum Strand, 30–40 Baht. Viele Fahrer verlangen für die Fahrt zum Gästehaus von Touristen 80 Baht und vom Besitzer nochmal 150 Baht. Wer diese Abzockerei nicht mitmachen will, geht besser zu Fuß.

MINIBUSSE – Fahren in die nähere Umgebung der Stadt von der Phetchkasem Rd., gegenüber Chat Chai Hotel, für 5 Baht p.P.

TAXIS – Ein Taxi kostet für eine Tagestour etwa 300 Baht plus Benzin – zum Khao Sam Roi Yot 600 Baht.

Transport

BUSSE – Die meisten Busse halten am innerstädtischen Busbahnhof westlich vom Nachtmarkt. Sie gelten hier als nicht beson-

ders pünktlich. Ac-Busse nach Bangkok fahren vor dem Siripetchkasem Hotel ab. Busse von Bangkok in den Süden stoppen zwischen 19 und 24 Uhr.
Vom Southern Bus Terminal in BANGKOK fahren ac-Busse alle 20 Min. bis 22 Uhr für 92 Baht in 3 1/2 Std., non-ac Busse alle 25 Min. bis 19 Uhr für 51 Baht in 4 Stunden (die Busse fahren weiter nach Pranburi).
Nach BANGKOK geht es ca. alle 20 Min. bis 20 Uhr.
Von der Khaosan Road fahren ac-Minibusse um 12 Uhr für 180 Baht.
Non-ac-Busse nach PHETCHABURI für 25 Baht, CHA-AM für 20 Baht, PRANBURI für 10 Baht; PRACHUAP KHIRI KHAN alle 20 Min. für 30 Baht in 1 1/2 Std.; CHUMPHON alle 40 Min. für 66 Baht in 5 Std.; SURAT THANI 17x tgl. für 112 Baht in 8 1/2 Std.; RANONG 10x tgl. für 93 Baht, PHUKET u.a. um 19 und 20.30 Uhr für 163 Baht (VIP-Bus 780 Baht); KRABI um 22 und 24 Uhr für 158 Baht; TRANG um 11.30 und 20 Uhr für 157 Baht. Ac-Busse kosten ca. 40% mehr.

SAMMELTAXI – nach Cha-am 200 Baht.

EISENBAHN – Von BANGKOK fahren 10 Züge zwischen 13.15 und 22.30 Uhr in ca. 4 Std. nach Hua Hin (ab 132 / 74 Baht in der 2. / 3. Kl.).
Von THONBURI um 7.20, 13.30 und 19.15 Uhr für 44 Baht in der 3.Kl.
Nach BANGKOK fahren die Schnellzüge in der Nacht ab, tagsüber nur der *Special Express* Nr.20 um 6.36 Uhr für 182 Baht (2. Kl. Sitzplatz) und der *Sprinter* Nr.982 um 16.16 Uhr (Ank. 19.40 Uhr).
Nach THONBURI fahren die lokalen Züge Nr.118 um 6.20 Uhr (Ank. 11 Uhr) und Nr.126 um 11.45 Uhr (Ank. 16.35 Uhr).
Zum Bahnhof SAMSEN fährt der Dieselzug Nr.234 um 14.20 Uhr (Ank. 18.57 Uhr).
Vom Flughafen Bangkok (Don Muang) direkt per Zug läßt sich morgens folgende Variante nutzen: Mit dem *Special Express* Nr.6 in 24 Min. bis zum Bahnhof BANG SUE fahren (Ankunft 9.15 Uhr), dort um 9.40 Uhr in den lokalen Zug Nr.233 nach HUA HIN umsteigen (Ankunft 13.45 Uhr). Der Fahrschein 3.Kl. (44 Baht) kann auch gegen geringen Aufschlag im Zug gelöst werden.
Wer **aus dem Süden** bei Tag fahren möchte, nimmt von SURAT THANI den *Express Diesel Railcar* um 11.05 Uhr für 234 Baht (Ank.: 16.13 Uhr), von CHUMPHON und PRACHUAP den lokalen Zug Nr. 126 um 7 bzw. 10.05 Uhr für 49 / 19 Baht (Ankunft 11.45 Uhr).
Richtung Süden fahren der *Rapid* Nr.45 bzw. *Special Express* Nr.19 um 17.13 und 18.30 Uhr bis zur Grenze nach SUNGAI GOLOK (ab 328 / 177 Baht), der *Special Express* Nr.11 um 19.07 Uhr bis nach Malaysia (ab 423 Baht), der *Rapid* Nr.43 um 19.51 Uhr über HAT YAI (ab 274 / 146 Baht) bis YALA (Ankunft 10.35 Uhr).
Nach SURAT THANI (ab 184 / 104 Baht) am besten mit dem *Rapid* Nr.41 um 22.24 Uhr oder dem *Express* Nr.15 um 23.08 Uhr, bei deren Ankunft die Busse zu den Fähren nach Ko Samui und Ko Pha Ngan bereits warten.
Der Bummelzug Nr. 127 fährt um 11.29 Uhr ab, bis CHUMPHON für 49 Baht (3.Kl.) in 5 Std.
Nach KANCHANABURI um 6.20 und 11.45 Uhr mit Umsteigen in NONG PLADUK um 9.43 bzw. 15.31 Uhr für 40 Baht in der 3.Kl. (Ankunft um 10.45 bzw. 16.37 Uhr).
Rechtzeitige Reservierung der Schnellzüge ist zu empfehlen.

FLÜGE – ***Bangkok Airways***, 114/17 Phetchkasem Road, ✆ 512083, 📠 532115, fliegt gelegentlich nach BANGKOK.

Die Umgebung von Hua Hin

Ko Sing Toh

Zu dieser Insel kann man von den langen Molen aus mit gemieteten Booten fahren. Sie liegt etwa 10 km vor der Küste.

Takeap und Krilas-Felsen

6 km am Strand entlang nach Süden kommt man zu den Takeap-Felsen am südlichen Ende der Bucht. Direkt am Meer steht eindrucksvoll auf der Klippe ein Tempel mit aggressiven

Affen. Vom Fuße des Felsens blickt ein riesiger stehender Gold-Buddha aufs Meer. Daneben liegen im Schatten eines Hochhaus-Condominiums ein paar häßliche Souvenir-Stände und schmuddelige Seafood-Restaurants. Über 200 Treppenstufen kann man den Felsen erklimmen und viele kleine Höhlen und Felsmalereien sowie Buddhafiguren entdecken. Zurück in die Stadt geht es per Minibus für 10 Baht.

Etwas weiter landeinwärts erheben sich die hohen Krilas-Felsen, die von Klosteranlagen komplett überbaut zu sein scheinen. Sofern es nicht dunstig ist, hat man von oben eine gute Aussicht, auch auf die 18 Hochhäuser. Die Bungalows entlang der Straße zum Strand sind ohne Charakter und relativ teuer. Zudem entstehen massenhaft neue Hotels.

Suan Son

Der ruhige, pinienumsäumte **Suan Son Beach** ist immer noch empfehlenswert. Er schwingt sich 8 km südlich von Hua Hin sanft südwärts zu den Tao-Felsen. Hier liegt ein Fischerdorf. Muschelketten, Anhänger und andere Souvenirs aus Muscheln werden angeboten. Wer sich den Fischern verständlich machen kann, könnte Boote zur vorgelagerten, winzigen Insel Sing Toh mieten. Hin mit dem Bus ab der Dechanuchit Road alle 20 Min. für 5 Baht.

Am KM 240,1 biegt die Zufahrtsstraße zum **Suan Son Pradipat** (auch Sea Pine Tree Garden) ab, einem großen Erholungspark des Militärs, aber für jedermann zugänglich. Unter hohen Pinien liegen etwa 50 unterschiedliche Bungalows des *Suan Son Pradipat Resorts**-*****, ✆ 032-511239, nahe am langen, schönen Strand. Auch Restaurants und Essenstände laden zu einer Zwischenmahlzeit ein. Am südlichen Ende können durchreisende Selbstfahrer auf einem Parkplatz mit Dusche rasten und ein Bad im Meer nehmen.

Pala-U-Wasserfall

65 km westlich von Hua Hin (ausgeschildert) plätschert in schönem, eindrucksvollem Dschungel der Pala-U-Wasserfall über viele kleine Stufen. Am Wochenende ist er ein beliebter Badeplatz. In der Nähe liegt ein Dorf der *Lao Song* (Schwarze Thai), deren Vorfahren vor über 200 Jahren aus Vietnam kamen und die noch ganz traditionell leben.

Pranburi

Am KM 246 zweigt ein Fahrweg zum **Pranburi Forest Park** ab, der sich nördlich der Mündung des Pranburi-Flusses erstreckt. Unter Kasuarinas kann man sein Zelt aufschlagen. 1,4 km nördlich des Waldes liegt das *Borkaeo Resort**-*****, ✆ 032-621713, eine weitläufige Anlage mit 16 Bungalows.

24 km südlich von Hua Hin (KM 254,3) geht es 8 km ab zum luxuriösen *Club Aldiana Siam*, dem NUR-Clubdorf, an einem tollen Sandstrand; 250 geräumige ac-Zimmer im Hotel und in rustikalen Bungalows.

Khao Sam Roi Yot National Park

อุทยานเขาสามร้อยยอด

Südlich von Pranburi erheben sich die sogenannten „Berge der 300 Gipfel“ – ein rund 130 km² großer **Marine National Park** an der Küste zwischen Hua Hin und Prachuap Khiri Khan. Die bizarren Kalksteinformationen ragen steil bis zu 605 m aus einer weiten, grünen Ebene. Die Berge sind einer der am leichtesten zugänglichen Lebensräume der seltenen, kaum sichtbaren Serow (Capricornis sumatrensis, asiatische Bergziege). In den Wäldern hausen dreiste Affenherden, die sich gern auch mal über die Essensvorräte der Besucher hermachen. Die Irrawaddy Delphine, die man früher in der Nähe der Küste sehen konnte, sind hingegen so gut wie ausgerottet. Die Küste des National Parks zieren mehrere schöne, weiße Strände.

Leider hat sich die ökonomisch orientierte Regionalverwaltung erfolgreich gegen den Naturschutz und den Tourismus durchgesetzt. Alte Weiderechte wurden ausgegraben, auf Grund derer das Sumpfland mit 165 Shrimp-Farmen überzogen wurde. Nachts wird das Gelände taghell erleuchtet, viele Vögel sind ihrer Nahrung beraubt und bleiben weg. Der Khao Sam Roi Yot Marine National Park ist zum Tode verurteilt! Was wird übrigbleiben?

Regenzeit ist zwischen August und Oktober, günstigste Zeit zum Besuch des Parks von November bis Juni. Allerdings ist es ab März so heiß, daß man sich tagsüber kaum noch am Strand aufhalten mag und Klettertouren anstrengend werden. Die beste Zeit zum Beobachten der Vögel sind die Monate November bis Januar. Im Park gibt es sehr viele Moskitos, die aber keine Malariaüberträger sein sollen.

Nach 16 km auf der Zufahrtsstraße führt ein Feldweg zum **Tal Koo Garden Beach**, einem kilometerlangen Strand mit vielen Muscheln. Auf **Ko Kolam**, der großen vorgelagerten Insel, und am Strand gibt es Bungalows. Am Strand ist nur sehr wenig Schatten.

In der nächsten Bucht liegt das Fischerdorf **Bang Pu** mit einem natürlichen Hafen und dem *Bangpu Bay Resort*. Von der Stichstraße zum Dorf zweigt nach 3 km ein 1,5 km langer, schlechter Weg ab, der durch Shrimp-Teiche zur **Kaeo-Höhle** führt. Die sehr schöne Tropfsteinhöhle kann nur mit Führer begangen werden, da die Höhlenwege zum Teil sehr gefährlich sind.

Phraya Nakhon-Höhle

Im Fischerdorf werden Boote für eine Tour zur Phraya Nakhon-Höhle und zum **Laem Sala-Strand** angeboten. Pro Boot zahlt man für die 25 Minuten lange Fahrt zur Bucht und zurück 150–300 Baht. Ab Februar ist das Meer allerdings häufig zu seicht. Die Höhle läßt sich auch in 20 Min. zu Fuß über den Berg erwandern – vom Wat einfach den Betontreppen über den Berg folgen. Am Beginn des Weges zum Laem Sala-Strand, hinter dem Restaurant, soll man morgens *Dusky Leaf Langurs* beobachten können – so leicht wie sonst nirgends.

Am weiten Sandstrand spenden Pinien und Kokospalmen wohltuenden Schatten. Der etwa halbstündige Weg ist nicht zu verfehlen, denn er führt die meiste Zeit ein steiles, felsiges Flußbett hinauf. Die beiden großen Felsenhöhlen erhalten durch große Öffnungen in der Decke genügend Licht, so daß sogar Bäume in ihrem Inneren wachsen und keine Lampen nötig sind. Der steinige Pfad ist auch von mehreren Königen begangen worden – für König Rama V. wurde ein kleiner Pavillon im Thai-Stil inmitten der Höhle erbaut. Während der Mittagszeit ist der Aufstieg schweißtreibend. Am Morgen (gegen 10 Uhr) und am Nachmittag fällt das Licht am schönsten in die Höhlen.

Sai Cave

Zur Sai Cave fährt man durch das Fischerdorf Khung Thanot und steigt am Ende des Strandes (Parkplatz) den steilen Pfad durch den Kakteenwald ca. 15 Minuten hinauf. Durch zwei eingestürzte Schächte fällt etwas Licht in die große Halle mit bis zu 15 m hohen Stalagmiten und Stalaktiten. Besonders interessant wirken die „durchgeschnittenen Säulen", die durch Absinken des Untergrundes entstanden sind. Ein Führer ist für diese Höhle nicht erforderlich. Vom Pfad zur Sai Cave zweigt ein dünner Kletterpfad (2 Std.) zur Phraya Nakhon-Höhle ab (s.o.).

Zurück auf der Hauptstraße und 2 km weiter geht es ab zum **Sam Phraya Beach**: ein langer Sandstrand mit Kasuarinas und Bänken, Parkplätzen, Wachhunden, einem Restaurant, Toilettenhäuschen und einigen Bungalows, allerdings recht verwahrlost.

Weitere Touren

Im Dorf **Khao Daeng**, in der Nähe des *Headquarters*, kann man von Fischern Boote mieten (200–700 Baht, je nach Größe und Zeit), um die Strände und Inseln entlang der Küste zu entdecken.

Ganz nett, aber nicht sensationell, sind am frühen Morgen und Abend Fahrten auf dem **Khao Daeng-Kanal**, die bei Bedarf von der Verwaltung des National Parks organisiert werden (vom *Headquarter* zur Phraya Nakhon Cave für 200 Baht).

Vom *Headquarter* (idealer Ausgangspunkt für Touren) läßt sich in etwa 30 Minuten auch der Gipfel des **Khao Daeng** (Schild: *Viewpoint*

725 m) besteigen. Bei klarem Wetter hat man vor allem morgens und abends vom Gipfel eine gute Aussicht.

Schwerer zu erreichen ist der Gipfel des 605 m hohen **Khao Krachom**.

Übernachtung

Der National Park bietet je 4 Bungalows am *Headquarter* (geöffnet bis 16.30 Uhr, schwierige Verständigung) und am Laem Sala-Strand. Sie sind für 8–12 Pers. gedacht. Zu zweit bekommt man ein sauberes Zimmer mit Schöpfdusche evtl. für 200–250 Baht, viele Moskitos.

Am Laem Sala-Strand gibt es 20 Bungalows für 100–200 Baht, die allerdings meistens als „reserviert" gelten; nicht zu empfehlen.

Auch am Sam Phraya-Strand und in den Fischerdörfern am Meer werden Bungalows vermietet, z.B. ***Bang Pu Bay Resort*******-****, ✆ 032-671277.

Am Sam Phraya-Strand und am Laem Sala-Strand soll es Zelte zu mieten geben.

Ein eigenes Zelt aufzustellen, kostet 5 Baht.

Essen

Am *Headquarter* kann man bis 17 Uhr in einem kleinen Restaurant essen. Falls es geschlossen ist, kocht die Familie gegenüber von den Bungalows für die Gäste.

Am Laem Sala- und Sam Phraya-Strand gibt es ein paar einfache Restaurants.

Transport

Ein Taxi für eine Tagestour kostet 600 Baht. Zudem werden organisierte Touren angeboten.

Busse fahren für 10 Baht von HUA HIN bis PRANBURI. Von dort entweder weiter mit dem stündlichen Bus vom Platz beim Markt, der durch den Park (37 km) nach KUIBURI fährt, oder jede halbe Std. mit dem Pickup für 20 Baht nach BANG PU, wo vormittags Pickups für 10 Baht in den Park fahren.

Die Pickups von Bang Pu zurück nach Pranburi fahren nur bis Mittag, ein Taxi am Nachmittag kostet 150 Baht.

Mit dem eigenen Fahrzeug nimmt man von Norden kommend in Pranburi am KM 254,3 bei der Polizei die Abzweigung nach links und folgt dem Straßenverlauf (nach 3,7 km kurz rechts und wieder links halten). Von Süden zweigt vom H4 am KM 286,5 eine Straße nach Osten ab zum *Headquarter* (13 km).

Mit dem Mofa benötigt man von Hua Hin bis zum Park 1 1/2 Std. für die 60 km.

Prachuap Khiri Khan ประจวบคีรีขันธ์

Am südlichen Ende einer weiten Bucht liegt die kleine, gemütliche Provinzhauptstadt, 284 km südlich von Bangkok. In ihrem natürlichen Hafen, der durch die vorgelagerten Felseninseln gut geschützt ist, ankern viele Fischerboote. Leider lassen einige offensichtlich häufig Altöl ab.

In der Nähe des Strandes erhebt sich der „Spiegelberg", **Khao Chong Krachok**, der ein Loch hat, das aus einiger Entfernung gut zu sehen ist. Der Berg ist von zahlreichen dreisten Affen bevölkert, die sich oft nur mit einem Stock auf Distanz halten lassen. Wer über die 415 Stufen den kleinen Tempel auf dem Gipfel erklommen hat, wird mit einer sehr schönen Aussicht belohnt. Man kann nicht nur die Bucht mit den vorgelagerten Inseln und die Stadt überblicken, sondern im Westen bis zu einer Bergkette sehen, die bereits zu Burma gehört. Thailand ist an dieser Stelle nur wenige Kilometer breit. Ananas-Plantagen ziehen sich über die weiten Hügel des Hinterlandes.

In Prachuap leben außergewöhnlich nette Menschen, die nicht an die wenigen Touristen gewöhnt sind und kaum ein Wort englisch sprechen. Ansonsten besitzt die Stadt nicht genügend Attraktionen für einen längeren Aufenthalt. Die schönen Strände in der Nähe der Stadt sind nicht sehr sauber, und das Wasser ist trübe. Herrlich ist dagegen der Strand in der malerischen Bucht **Ao Manao**, 3 km südöstlich der Stadt hinter dem Militärgelände. Ruhehütten, Duschen, Toiletten und ein Erfrischungsstand warten auf Tagesausflügler, die sich an der Schranke ausweisen und in ein Buch eintragen müssen. Am besten per Tuk Tuk für 20 Baht p.P. zu erreichen.

6 km nördlich der Stadt liegt der schön von hohen Felsen eingerahmte **Ao Noi Beach**. Wegen des nahen, unglaublich vermüllten Fischerdorfes ist das Wasser nicht immer sauber.

Übernachtung

Yuttichai* ⑦, 35 Kong Kiat Rd., ✆ 611055, ein beliebtes älteres, einfaches Holzhaus, sehr sauber und billig, aber etwas laut.
Inthira* ⑥, Phitakchat Rd., renoviertes Holzhaus, große Zimmer mit Bad.
Kings Hotel* ⑩, 800/3 Phitakchat Rd., ✆ 611170, geräumige, saubere Zi mit Du/WC, nach hinten relativ ruhig.
Suk Sant** ⑧, 131 Susuk Rd., ✆ 611145, nicht sehr freundlich und abends mit viel Umtrieb, aber saubere Zimmer und Balkon mit Meerblick.
Had Thong Hotel**** ⑨, 7 Susuk Rd., ✆ 601050-7, ✆ 611003, 6stöckig, moderne Zimmer mit ac und Balkon, schöne Sicht über die Bucht, Zimmer im Keller ohne Fenster gibt es zum halben Preis; Swimming Pool.
Thaedsaban Bungalows**** ⑤, ✆ 611204, ordentlich, aber alt und völlig überteuert; auch Bungalows für 4 oder 6 Personen. Vorsicht vor den Affenbanden, die alles Eßbare klauen!

SUAN SON BEACH – 1,5 bis 3,8 km nördlich der Stadt: viele Bungalows**–**** mit Fan und Du/WC, für einheimische Urlauber, z.B. ***Happy Inn**-******* ③, ✆ 601082, kleine, einfache, saubere Hütten. Vor allem am Wochenende ist kaum ein Zimmer zu bekommen, außerhalb der Saison ist es gespenstisch leer. Moskitonetz oder Coils sind angeraten.

AO NOI – ***Aow Noi Beach Bungalows***-***** ①, 206 Tambon Ao Noi, ✆ 601350, ein-

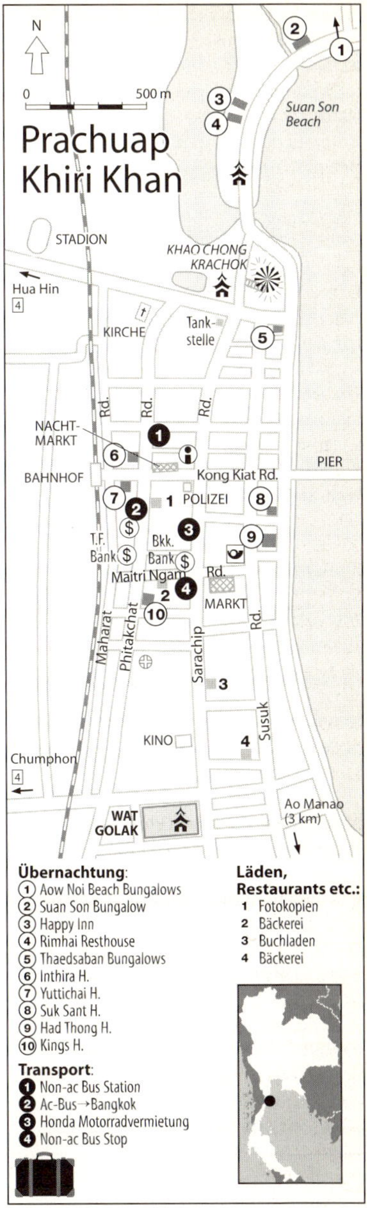

fache und komfortable Zimmer. Das Restaurant bietet u.a. typisch deutsche Gerichte. Auf aktive Kinder warten Rutschbahn, Karussell, Hühner, Schafe, Hunde und Katzen. Motorradtaxi vom Bahnhof kostet 25 Baht, Motorrad mit Beiwagen (auf Thai: *rot puang khang)* 10 Baht pro Person.

Essen

Viele gute Restaurants bieten frisches Seafood an, für das Prachuap berühmt ist.
In den Straßenrestaurants an der Strandpromenade südlich vom Pier wird abends phantastisches Seafood zubereitet – die *tom yam* ist zu empfehlen.
Gutes Essen gibt es außerdem auf dem Nachtmarkt.
In den Restaurants der Stadt haben wir keine englischsprachige Speisekarte entdeckt.

Sonstiges

FESTIVAL – Vom 8.–9. Dezember 1941 verteidigte sich die Royal Thai Air Force in einer blutigen Schlacht 32 Stunden lang gegen die japanischen Invasionstruppen. Zum Gedenken daran wird jede 2. Dezember-Woche in der Air Force Base an der Manao Bay ein Festival veranstaltet.

INFORMATIONEN – Im kleinen städtischen ***Tourist Information Service Center***, ✆ 611491, gibt eine nette Angestellte kompetente Auskünfte; geöffnet täglich 8.30–16.30 Uhr.

MOTORRADVERMIETUNG – bei ***Honda*** für 200 Baht pro Tag, zuzügl. Benzin.

TOUREN – Im *Tourist Information Service Center* (s.o.) werden Ausflüge zur Insel **Ko Thalu** angeboten, für 750 Baht p.P. (bei 2 Pers.). Ab Bang Saphan ist es näher und billiger.

VORWAHL – 032; PLZ: 77 000.

Transport

BUSSE – Ab Southern Bus Terminal in BANGKOK, 323 bzw. 284 km, fahren non-ac-Busse alle 30 Min. bis 21.20 Uhr für 75 Baht, 2.Kl.-ac-Bus für 100 Baht, ac-Busse laufend bis 19 Uhr und in der Nacht für 130 Baht in 5 Std. Auch in umgekehrter Richtung alle 30 Min., nur der non-ac-Bus stoppt auch in Hua Hin. Weitere Busse von HUA HIN für 30 Baht, von CHUMPHON 45 Baht, von SURAT THANI 91 Baht in 6 1/2 Std.

EISENBAHN – Am besten von BANGKOK mit dem *Rapid* Nr.45 oder dem *Special Express* Nr.19 um 13.15 bzw. 14.35 Uhr (ab 175 / 98 Baht in der 2./3. Kl. im *Rapid)*, Ankunft 18.23 bzw. 19.47 Uhr; die anderen Züge kommen erst in der Nacht an.
Nach BANGKOK fährt der *Sprinter* Nr.982 um 15.15 Uhr in 4 1/2 Std. für 265 Baht.
Von THONBURI mit dem Bummelzug um 7.20 und 13.30 Uhr in 6 Std. für 58 Baht (nur 3. Kl.), zurück um 5 und 10.05 Uhr in 6 bzw. 6 1/2 Std.
Die Schnellzüge aus dem Süden passieren Prachuap in der Nacht. Nur der *Sprinter* Nr.982 (Abf. in Surat Thani um 11.05 Uhr) kommt um 15.15 Uhr an.
Nach CHUMPHON fahren die Bummelzüge Nr.141 um 6.30 Uhr und Nr.127 um 13.03 Uhr für 34 Baht in 3 1/2 Std.

Die Umgebung von Prachuap Khiri Khan

Ao Noi Beach

Am nördlichen Ende der Bucht von Prachuap zweigt die Straße nach links ab zu einem 6 km entfernten Fischerdorf am schönen Ao Noi Beach (Unterkunft s.o., Tuk Tuk 60 Baht). Wegen der Nähe zur Stadt treibt relativ viel Strandgut an. Auf dem hohen Felsen Khao Khan Bandai hinter der Bucht steht das mit vielen Muschelschalen geschmückte Kloster **Wat Phra That Khoa**, von dem man einen guten Ausblick hat. 289 Stufen sind es zur Felshöhle **Tham Khan Kradai** mit einem

16 m langen liegenden Buddha und vielen sitzenden Buddhas.

Auf einem Sandweg geht es entlang einer sehr flachen Bucht noch ein paar Kilometer weiter nach Norden.

Vanakorn Beach

22 km südlich von Prachuap biegt am KM 345,5 eine Schotterstraße nach Osten zum **Hat Vanakorn Marine National Park** ab. Nach 3,2 km ist der einsame, schnurgerade Strand erreicht, an dem Kasuarinas Schatten spenden sowie ein Kiosk und ein Toilettenhaus die leiblichen Bedürfnisse befriedigen.

Huai Yang-Wasserfall

In **Ban Huai Yang**, 27 km südlich der Stadt (Bus ca. 20 Baht), fahren von der Abzweigung am KM 350,6 Motorradtaxen für 20 Baht zum 7 km entfernten Parkplatz – am besten Abholzeit für 2 – 3 Std. später ausmachen. Am Wochenende kann man sich an Essenständen stärken und erfrischen. Ein Spazierweg führt durch den lichten Wald zum Fuß des Wasserfalls, wo morgens ruhige Badeplätze locken. Da es nicht besonders steil ist, kann man während der Trockenzeit einen Teil des Bachbetts hinaufklettern oder auf halb überwucherten Pfaden durchs Gebüsch kriechen. Ihre ganze Schönheit entfalten die unzähligen Kaskaden allerdings erst am Ende der Regenzeit. Zelten ist sehr gut möglich, Duschen und WC sind nicht immer geöffnet.

Wer sich nicht rechtzeitig auf den Rückweg macht, muß ein Motorradtaxi chartern (ca. 80 Baht bis Prachuap). Diesen sehr empfehlenswerten Ausflug keinesfalls am Wochenende unternehmen und unbedingt Mückenschutz mitnehmen.

Von Prachuap nach Bang Saphan

Richtung Süden zeigt sich die Landschaft zunehmend tropischer. Die Berge sind nicht mehr nur mit niedrigem Buschwerk überwuchert, sondern von dichtem Dschungel bedeckt. Allerdings wird der Dschungel, trotz Verbot, laufend dezimiert. In den küstennahen Regionen wachsen Kokospalmen und auf den großen Plantagen Ölpalmen und Kautschukbäume. Die Fischer in den Küstendörfern sind malaiischen Ursprungs und muslimisch, während die Städte überwiegend von Thai und Chinesen bewohnt werden.

Thap Sakae

50 km südlich von Prachuap Khiri Khan zweigt beim KM 364 die Straße nach Thap Sakae ab. Dieser Marktflecken mit vielen alten Holzhäusern zieht sich 2 km an der Straße entlang bis zum Bahnhof. Danach führt eine schlechte Straße noch gut einen Kilometer weiter durch Felder bis zum unattraktiven Strand, der von vielen Fischern benutzt wird.

Haad Kaeo Beach

An der zum Teil asphaltierten Straße, die am KM 372,9 zur Küste abzweigt, steht nach 7,7 km links das *Haad Kaeo Beach Resort* (s.u.). Vor dem schönen Strand liegt die Insel **Ko Rum La** (Boot 15 Min.), auf der es einen Strand und Teiche mit Fischen geben soll.

Kee Ree Wong Beach

2 km südlich vom Haad Kaeo Beach erstreckt sich der schöne, lange, herrlich ruhige Strand Kee Ree Wong Beach (gesprochen: Kie Rie Wong), an dem kleine Pinienwäldchen Schatten spenden. Hier fühlen sich viele Traveller wohl, die gern unter sich sind und dafür die kleinen Unzulänglichkeiten der einzigen Bungalowanlage in Kauf nehmen.

Ban Krut Beach

Wer es nicht eilig hat, kann schon ab KM 372,9 bis Chumphon (160 km) auf Nebenstraßen in Strandnähe nach Süden fahren. Besonders angenehm und schön ist diese Strecke für Fahrradfahrer. 13 km vom H4 passiert man den **Khao Thong Chai**, von dem eine große Buddha-Statue über den herrlich weißen, sauberen Ban Krut Beach blickt. Auf dem Gipfel wird ein futuristisch anmutender Tempel gebaut. Am Fuße des Berges liegt ein Fischerdorf, dahinter zwischen Palmen das

Wat Don Samran. Nach 3 km führt ein Beton- und Schottersträßchen malerisch direkt am Meer entlang. Es folgen drei teure Resorts auf der Landseite und nach weiteren 8 km am Ende einer pittoresken **Lagune** das angenehme *Siam Garden Beach Resort* (s.u.). Nach insgesamt 36 km, davon 6 km guter Schotter, ist Bang Saphan erreicht.

Übernachtung

THAP SAKAE – Wer sich am Meer nach Norden wendet und nach 400 m nach links auf einen Sandweg abbiegt, kommt nach 200 m zum ***Talay Inn*****, Thap Sakae Beach, ✆ 032- 671417 (evtl. ausgeschildert). Wie verwunschen, mit Pflanzen überwuchert, liegen die Bambushütten, der ac-Bungalow*** und das Restaurant in einem ruhigen Garten am gestauten Fluß. Neue Besitzer. Zum Badestrand sind es 2 km.
Chan Ruen Hotel***-****, ✆ 032-671890, 700 m weiter nördlich am kahlen Strand. Reihenbungalows im Motel-Stil mit sehr sauberen Zimmern und allen Annehmlichkeiten. Während der Woche sind hohe Rabatte möglich, allerdings spricht niemand englisch.
Im Ort liegen das ***Suk Kasem Hotel****-**, 39/15 Mu 6, Sukhaphiban Rd., ✆ 032-671598, sehr einfache Zimmer mit Fan, fast am H4 das ***Chawalit***** mit einfachen, sauberen Zimmern, und das neue ***Thap Sakae Hotel******, ✆ 032-671273, saubere Zimmer mit Fan oder ac.

HAAD KAEO BEACH – ***Haad Kaeo Beach Resort*******, ✆ 601555. Über 30 Bungalows mit Fan oder ac warten auf Thai-Wochenendausflügler, wochentags gibt es Rabatt.
Chatree Resort***–****, 500 m weiter nördlich. Eine saubere Anlage mit Reihenhäusern, die senkrecht zum Meer stehen. Keine Küche oder Restaurant, niemand spricht englisch.

KEE REE WONG BEACH – ***Tawee Sea Resort*** *–** (gesprochen: Tawie), 46 Mu 9, Tambon Tongchai, Bang Saphan 77190, ✆ 01-2158157, ist jetzt auch Jugendherberge. Sehr einfache, ebenerdige Bambushütten mit dünnen Matratzen, Du/WC, Palmdach (z.T. Eternit), in einem Wäldchen mit jungen Kasuarinas, sowie zwei bessere Steinbungalows. Die Anlage ist ungepflegt, das Restaurant wenig ansprechend, bietet aber gute Gerichte zu akzeptablen Preisen. „Onkel Tawee" ist sehr nett und spricht gut englisch. Viele Hunde sorgen für Leben.

BAN KRUT BEACH – Ca. 12 km langer, schöner Sandstrand. Drei gute Resorts liegen auf der Landseite der schmalen, kaum befahrenen Strandstraße. Selten finden Ausländer in diese wochentags sehr ruhigen Anlagen.
Suan Ban Krut Beach Resort, ✆ 032-695103, zwei Dutzend gute, große Bungalows über 1200 Baht in einem Palmengarten.
Ban Klang Aow Beach Resort, ✆ 695123, gepflegter Garten, schöne, große, gut ausgestattete ac-Bungalows ab 2000 Baht, Restaurant und Pool mit Meersicht, Sitzgruppen unter Kasuarinas am schönen Sandstrand.
Tharvara Beach Resort, ✆ 02-3316506, große und kleine luxuriöse Häuser ab 3500 Baht.
Siam Garden Beach Resort***–****, ✆ 01-4587877, 12 km nördlich von Bang Saphan, nette Anlage direkt am Strand, 30 Reihenbungalows mit Fan oder ac, z.T. mit 2 Zimmern, Seafood-Restaurant, nette Eßhütten am Meer, Sitzgruppen unter Kasuarinas; freundlicher, englisch sprechender Besitzer, der gute Tips für Ausflüge geben kann, z.B. zu 2 Wasserfällen und zu 7 Höhlen.

Transport

BUSSE – Mit dem ac-Bus ab BANGKOK nach THAP SAKAE / BANG SAPHAN um 8, 10.20 und 13.30 Uhr in 6 Std. für 146 Baht; non-ac-Busse laufend in 6 Std. für 82 Baht zum Bahnhof von Thap Sakae. Wer beim *Talay Inn* anruft, wird evtl. abgeholt.
Zum *Tawee Resort* kann man jeden Bus nach Süden nehmen und am H4 bei Sam Yak Wat Angthong (KM 372,7) aussteigen. Weiter mit Motorrad-Taxi für 50 Baht p.P. (nachts 70 Baht).

EISENBAHN – Von BANGKOK am besten mit dem Bummelzug Nr.127 ab THONBURI (Bahnhof Bangkok Noi) um 7.20 Uhr, Ankunft an den Haltestellen KOK TAHOM und BAN KRUT gegen 14 bzw. 14.07 Uhr, 65 Baht.
Von BANGKOK Hauptbahnhof mit *Rapid* Nr. 43 um 15.50 Uhr, Ankunft ca. 21.45 Uhr, 97 Baht.
Ab PRACHUAP fahren die Bummelzüge Nr.141 um 6.30 und Nr.127 um 13.03 Uhr für 13 Baht, sie halten in KOK TAHOM gegen 7.30 bzw. 14 Uhr, in BAN KRUT 7 Min. später.
Ab SURAT THANI um 17.20 Uhr mit dem *Rapid* Nr.48 (Ankunft in BAN KRUT um 22.50 Uhr).
Von CHUMPHON die Züge Nr.126 um 7 Uhr und Nr.142 um 14 Uhr (Ankunft um 9 bzw. 16.30 Uhr).
Vom Bahnhof BAN KRUT mit dem Motorrad-Taxi für 50 Baht p.P. (nachts 70 Baht) ca. 10 km zum Tawee Resort.
Von der Haltestelle KOK TAHOM, einer kleinen Hütte nördlich von Ban Krut, sind es 2,5 km zu Fuß, hier halten nur die Züge Nr. 126, 127, 141 und 142.

Bang Saphan

บางสะพาน

76 km südlich von Prachuap zweigt am KM 399 der H3169 ab, der nach 10 km die Kleinstadt Bang Saphan (auch: Bang Saphan Yai) erreicht. Der Ort wird von einem Tempel auf einem Hügel überragt. Er hat nichts Aufregendes zu bieten, aber in der Umgebung liegen einige nette Naturschönheiten.

3 km hinter Bang Saphan kommt man auf dem H3169 zur Bucht, die einen tiefen Dreiviertelkreis bildet, der durch die Insel **Ko Thalu** optisch zu einem Vollkreis ergänzt wird. In diese malerische Bucht mit einigen Fischerdörfern und vielen Fischerbooten, die offenbar häufig Altöl ablassen, verirrt sich nur selten ein westlicher Tourist, denn der Hauptstrand ist zum Baden nicht geeignet.

Doch für den Thai-Tourismus an langen Wochenenden und in den Ferien stehen viele Bungalows zur Verfügung.

Bo Thong Lang Bucht

Zu den schönen Stränden nördlich der Bungalows führen asphaltierte Straßen am Hafen vorbei. Für ein Stahlwalzwerk wurden große Gebiete aufgekauft und eingezäunt. In nur drei Jahren wurden ein großer Hafen und die Industrieanlage fertiggestellt.

Dennoch lohnt sich ein Ausflug (7 km) zur hübschen, kleinen Bucht **Bo Thong Lang** (auf englisch: *Pretty Bay*). Laubbäume spenden Schatten, das Wasser lädt zum Schwimmen ein, an Ausflugstagen servieren Imbiß-Buden Leckereien. Leider ist auch die große Hafenmole zu sehen.

Nördlich erstreckt sich eine weitere kreisrunde, fast abgeschlossene **Bucht**, die sich auch gut zum Baden eignet. 600 m weiter ragt ein großer Holzpier für Fischerboote ins Meer hinaus, 400 m dahinter liegt die Fischfabrik mit mehreren Piers.

Biegt man nach weiteren 1,8 km von der geschotterten Uferstraße nach links ab und hält sich nach 800 m Asphaltstraße wieder links, erreicht man nach weiteren 3,5 km (durch das Gelände des Walzwerks hindurch) die Hauptstraße H3169 am KM 11,8.

Wer sich jedoch nach den 800 m auf der Asphaltstraße rechts hält, gelangt auf einer schönen Straße am **Sandstrand** entlang nach Ban Krut (18 km) und 4 km weiter zum Kee Ree Wong Beach (s.o.).

Weitere Naturschönheiten

In den Bungalows kann man sich zeigen lassen, wo es zu einigen netten, aber keineswegs spektakulären Sehenswürdigkeiten geht, z.B. zur **Ma Rong-Höhle** beim Wat Khao Tham Ma Rong, zu einem Wasserfall, zu einem kleinen See oder zu schönen Stränden weiter südlich.

Ein Halbtagsausflug führt zum **Gold Field Bang Saphan**, wo in kleinen Mengen 99 % reines, und deshalb teures, Gold gefunden wird, das zu Blattgold für religiöse Zwecke verarbeitet wird.

Zu erreichen vom H4 am KM 397 in Richtung Berge, dann noch ca. 4 km.

Übernachtung

BANG SAPHAN YAI – Im Ort liegt 300 m vom Bahnhof an der Marktstraße das ***Chun Heng****, ein Chinesen-Hotel, der Besitzer spricht englisch.

MEARUMPHUNG ROAD – ***Nipa Beach Bungalow*******, Nr. 168 , ✆ 032-691583, rechts an der Abzweigung der Uferstraße, 10 saubere Bungalows.
Haad Som Boon Seaview Hotel**** (ac****), Nr. 33/2 , ✆ 691107, links an der Abzweigung der Uferstraße, prachtvolle, große Zimmer. Restaurant jenseits der Straße am Strand, Bungalows rechts gegenüber.
Bang Saphan Resort*** (ac***), Nr. 36, ✆ 691152, links daneben, zweistöckige Reihenhäuser, gute Zimmer, Restaurant am Strand.
Boon Som Guesthouse***–***, Nr. 24, 300 m weiter, ✆ 691273, Holzhäuschen auf Pfählen.
Vanveena Hotel***–****, Nr. 163, ✆ 691251, saubere Zi mit Du/WC und Fan oder ac, Restaurant, Café, freundlicher Besitzer; ein weiteres Restaurant am Strand mit gutem Seafood; vermietet Minibus (1200 Baht/Tag).

SUAN LUANG AREA – In Bang Saphan biegt die Straße H3374 300 m nördlich vom Bahnübergang direkt an der Thai Farmers Bank ab. Die Resorts liegen 5 km südlich am KM 5, sehr ruhig in Kokosplantagen an einem gepflegten Strand. Motorrad-Taxen vom Bahnhof zur Suan Luang Area für 30 Baht, nachts 50 Baht, vom H4 60 Baht.
Suan Luang Resort****, 97 Mu 1, ✆ 01-2125687, 10 saubere, gut ausgestattete und geräumige Holz- und Steinbungalows, Thai-französisches Restaurant mit guter Küche, die Besitzer Paul und Kang sind sehr um ihre Gäste bemüht und arrangieren Ausflüge in die Umgebung; Motorräder zu vermieten. 700 m zum kilometerlangen Sandstrand (mit Fischerhäusern), der sich gut zum Schwimmen eignet.
Karol's Bungalow**–**, 90 Mu 1, 200 m weiter, einfache, altersschwache Bambushütten ohne Moskitonetz mit oder ohne Du/WC in einer Kokosplantage, absolut ruhig, Thai und europäisches Essen. Wer es noch einsamer haben will, kann Vorräte besorgen und sich zu der kleinen Korallen-Insel Ko Thalu vor der Küste bringen lassen; Unterkunft in Fischerhütten.
Lola Bungalow*, am Strand, kleine, einfache Hütten unter Palmen, Gemeinschafts-Du/WC.
Coral Hotel, 171 Mu 99, ✆/℻ 01-2151889, Mittelklasse-Resort mit französischem Management, schmaler tropischer Garten unter Palmen nahe am Strand, 21 komfortable Zimmer für 2-4 Pers. in 1- und 2stöckigen Bungalows mit ac, TV, Mini-Bar und Telefon, Restaurants, kleiner Pool; Windsurfing, Tauchen und Ausflüge, Abholservice.

BANG SAPHAN NOI – Am KM 12 liegt einsam zwischen dem H3374 und dem Sandstrand das ***Suan Anan Resort*******, ✆ 032-699118, 10 hübsche ac-Bungalows mit TV und Kühlschrank, Restaurant am Meer.

Essen

Entlang der Strandstraße gibt sich die kosmopolitische Küche ein Stelldichein, z.B. das
Western Café mit japanischer Küche, das
Italy mit echt italienischer Pasta und Pizza sowie australischem Wein und das
Nam Phung, ein Thai Garten-Restaurant.

VORWAHL – 032; PLZ: 77 140.

Transport

BUSSE – Ab Southern Bus Terminal in BANGKOK mit dem non-ac-Bus um 9.40, 12.20 und 13.20 Uhr für 89 Baht, ac-Bus Richtung Bang Saphan laufend von 8 bis 22.50 Uhr für 161 Baht in 6 Std.
Nach BANGKOK fährt der direkte non-ac Bus um 7.30 und 12 Uhr, der direkte ac-Bus um 7.30, 10, 13.30 und 23 Uhr.
Mit dem non-ac-Bus nach THAP SAKAE für 10 Baht, nach PRACHUAP für 17 Baht, nach CHUMPHON für 31 Baht.

EISENBAHN – Motorrad-Taxi vom Bahnhof zum Strand (3 km) für 20 Baht p.P., paßt auch die Nachtzüge ab. Zur Suan Luang Area (5 km) für 30 Baht.
Ab BANGKOK mit den *Rapid*-Zügen um 13.15 Uhr in 6 Std. und um 15.50 Uhr in 6 1/2 Std. für 197 Baht. Zurück um 21.58 und 22.20 Uhr.
Ab THONBURI mit dem Bummelzug Nr.127 um 7.20 Uhr für 68 Baht, in HUA HIN fährt er um 11.29 Uhr ab (33 Baht), Ankunft 14.30 Uhr.
Von CHUMPHON mit den Bummelzügen Nr.126 und 142 um 7 und 14 Uhr für 20 Baht, Ankunft 8.46 bzw. gegen 16 Uhr.

Von Bang Saphan nach Chumphon

Auf dem H4 Richtung Süden bleibt noch immer der Taifun „Gay" vom Herbst 1989 gegenwärtig. Damals kamen 2650 Seeleute ums Leben. Die ausgedehnten Palmenplantagen wurden fürchterlich gelichtet. Auf den Hügeln wächst heute junges Gebüsch. Mit Tapioka, Bananen und Ölpalmen wurden die leeren Felder neu bepflanzt.

Vom H4 biegt am KM 422,4 eine 9 km lange Straße Richtung Küste nach **Bang Saphan Noi** ab. Am KM 425,8 zweigt nach links die Straße zum Strand **Had Bang Bird** ab. Vorbei am Dorf und Bahnhof Huai Sak erreicht man nach 17 km den schönen, von hohen Dünen eingerahmten Sandstrand, der in der Ferne von steilen Bergen begrenzt wird. Hier soll der Kronprinz große Landflächen erworben haben. Durch das Dorf Ban Bang Bird (Bungalows**) hindurch gelangt man auf einem Erdweg nach 1,5 km zu einem Strand mit schwarzem Vulkangestein. Hier lädt das Seafood-Restaurant *Lam Tien* (s.u.) zur Rast ein.

Alternative Fahrt auf Nebenstraßen

Recht abenteuerlich gestaltet sich die Fahrt von Bang Saphan (Yai) nach Süden bis Pathiu (92 km), da keinerlei Hinweisschilder Richtung Süden weisen. Auf der wenig befahrenen Straße H3374 geht es zunächst in Strandnähe 27,5 km nach Süden, dann nach links 4,2 km nach Osten. Nun scharf nach rechts abbiegen. Nach 4 km zweigt links ein unscheinbarer Fahrweg (1200 m) zum Meer ab, wo das freundliche *Lam Tien* Restaurant mit kleinen Bungalows** steht. Geradeaus quert nach weiteren 2,4 km die Straße, die nach Osten zum Fischerdorf Ban Bang Bird (500 m, s.o.) führt und im Westen nach 16,5 km den H4 am KM 425,8 (s.o.) erreicht. Um nach Pathiu zu kommen, fährt man 700 m nach rechts und biegt dann nach links ab. Die 9 km lange, nagelneue Straße kurvt ganz herrlich durch **Dü-**

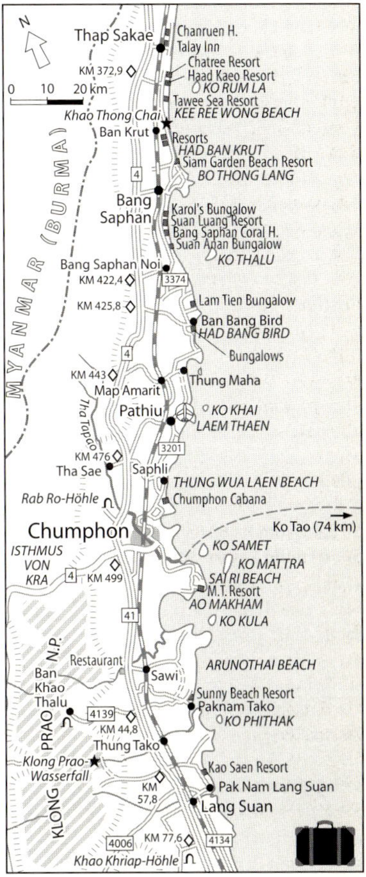

nen und eröffnet tolle Ausblicke. Nach einem Fischerpier zieht sich die Straße durch landwirtschaftlich genutztes und von Shrimp-Farmen überzogenes Land 13 km weiter zu einer Kreuzung. Nach links könnte man nach 4 km bei Thung Maha zum Meer gelangen (von hier erreicht eine weniger gute Schotterstraße nach ca. 35 km Pathiu). Besser geht es jedoch geradeaus weiter: nach 5,5 km rechts halten und nach 4,5 km vor dem traditionellen Marktflecken **Map Amarit** nach links abbiegen (im Ort an der Hauptstraße links das kleine *Ammarit Hotel**). Auf einer wiederum neuen Straße hält man sich nach 14 km rechts und erreicht nach weiteren 7,5 km den Bahnübergang, hinter dem von Pathiu's **Tempelberg** ein vergoldeter stehender Buddha grüßt. Gleich hinter den Schienen lockt das nette Gartenrestaurant *Nandom* mit gutem Essen. Die restlichen 32 km bis Chumphon geht es im wesentlichen geradeaus auf den guten Straßen H3201 und H3180, wenn man keinen Umweg über den Thung Wua Laen Beach (s.u.) vorhat.

Pathiu

Den Distrikt Pathiu traf das Zentrum des Taifuns „Gay". Der Strand, das Resort und die Kokosplantagen wurden vollständig vernichtet. Hier wurde vor kurzem der Flugplatz von Chumphon gebaut. Die kleine Stadt Pathiu wird von der neuen, großen Buddha-Statue und dem weißen Chedi auf einem Felsenhügel überragt.

Ein nettes Ausflugsziel ist die kleine, vorgelagerte Insel **Ko Khai** mit Höhlen (z.B. Tham Yai Ai) und Schwalbennestern. Am feinen Sandstrand Virgin Beach können Schnorchler schöne Korallen bewundern (mit dem Boot hin und zurück für 800 Baht). Zu Fuß kann man das **Kap Laem Than** erkunden. Dahinter liegt der ziemlich kahle Strand **Bo Mao Bay**.

Thung Wua Laen Beach

Vom H4 führt am KM 476,6 die 18 km lange Straße H3180 zum schönen Thung Wua Laen Beach (auch Tung Wualan Beach). Der 2 km lange, weiße Strand liegt 16 km nördlich von Chumphon. Der südliche Strandabschnitt vor den „*Cabanas*", bepflanzt mit Kasuarinas und jungen Palmen, wird von einem verbuschten Hügel begrenzt. Bei Ebbe wird der feine Sandstrand von einer schmalen Lagune geteilt, bei Flut ist er recht breit. Das Wasser scheint ständig klar zu sein. Selbst in der Regenzeit kann man hier bei leichtem Wellengang fast immer baden. Eine Aspaltstraße führt 1 km am Meer entlang zum nördlichen Strandabschnitt, der auch **Chuanphun Beach** (gesprochen *Tschuan-fahn*) genannt wird. Am mit Palmen bestandenen Sandstrand tummeln sich vor allem am Wochenende viele Thai-Familien. Nach Norden geht der Strand direkt ins Fischerdorf über.

Übernachtung

THUNG WUA LAEN BEACH (SÜD) – ***Chumphon Cabana Resort*******,
077-560246, 560247; großes Mittelklasse-Resort an der schönsten Stelle des Strandes, üppig grüner Garten; 40 gemütliche Cottages aus Naturmaterialien mit Fan oder ac und Terrasse ab 500 Baht, 3stöckiges Apartmenthaus mit 108 schönen Zimmern mit Balkon für 1200 Baht, alle Räume sind komfortabel eingerichtet mit Satelliten-TV, Kühlschrank, Minibar und Warmwasser-Du/WC (Frühstück inkl., mit Loose-Handbuch wochentags ca. 100 Baht Rabatt); gutes Restaurant mit hervorragendem Service und leckerem Essen, das seinen Preis hat, nettes Strandrestaurant mit Beach Bar, Lobby Bar 24 Std. geöffnet. Hervorragend geschultes, zumeist fröhliches Personal. Kiosk, Friseur, Tauchschule, Swimming Pool, Mountain Bikes. Unter wissenschaftlicher Leitung der Uni Hamburg werden z.Zt. neue energiesparende und umweltschonende Technologien erprobt.

Miao House, 500 m vom Strand, privates Wohnhaus mit 3 Zimmern, für längeren Aufenthalt sehr gut geeignet. Infos bei *Pi Miao* im *New Chumphon Guesthouse* in Chumphon (s.u.).

Tawan Chine Resort & Restaurant**–******, 68/2 Moo 5, ✆ 01-2295530, 600 m vom Strand an der südlichen Zufahrtstraße, kleine Steinbungalows.

THUNG WUA LAEN BEACH (NORD) – ***Chuan Phun Lodge********, 54/3-6 Chuanphun Beach, ✆ 503818, modernes Hotel, gute ac-Zimmer, relativ preiswertes Restaurant, durch die Straße von der Strand-Terrasse unter Palmen getrennt, englisch sprechender Manager; Ausflüge zu den Inseln für Gruppen am Wochenende, Windsurfen ab 100 Baht.
Clean Wave Resort*-******, ✆ 503621, neue Anlage nebenan, Reihenhaus hinter der Straße, 10 saubere Zimmer mit kleinem Bad; zur Meerseite 5 saubere, geräumige ac-Bungalows, nett möbliert, großes Bad; preiswertes Restaurant, Tischgruppen unter Palmen am Meer.
View Resort**-******, ✆ 01-2295293, 20 m vom Strand stehen 4 hübsche Bungalows, kleines Schlafzimmer mit Doppelbett, Vorraum, Du/WC (der *Single Room* reicht für 2 Pers.), hinter der Straße liegen 9 große, saubere, 8eckige Bungalows mit ac und Bad; wochentags Rabatt; hervorragendes *View Seafood* Restaurant.
Sea Beach Bungalows*–*****, 600 m weiter nördlich, ein Dutzend verschiedenartige Bungalows mit Moskitofenstern.

Aktivitäten

Die Tauchbasis ***Chumphon Diving Center***, ✆ 077-560246; ✆ 560247, ist bemüht, das schöne Tauchrevier zu bewahren. Bootstouren zu den vorgelagerten Inseln sollen täglich durchgeführt werden, 1800 Baht p.P inkl. Ausrüstung; 20 Sets, 100 Flaschen; 4tägiger PADI-Tauchkurs für 8000 Baht. Es gibt lohnende Tauchgründe in 15 bis 22 m Tiefe.

Transport

Der Thung Wua Laen Beach ist von CHUMPHON ca. jede Std. mit dem Songthaew für 20 Baht zu erreichen. Phantasiepreise verlangen Motorradtaxis (150 Baht) und Taxifahrer in der Stadt. Der Minibus der Cabanas kostet 80 Baht p.P. (ab 2 Pers.).

Chumphon

ชุมพร

Die lebhafte Provinzhauptstadt Chumphon (auch: Chumporn, gesprochen: Tschum-pohn) liegt 468 km südlich von Bangkok, 7 km vom Meer entfernt. Unter Thais wird sie „Tor zum Süden“ genannt. Die Gegend wird vom Nordost-Monsun beeinflußt, so daß von Oktober bis Dezember die stärksten Regenfälle niedergehen. Im Hinterland wurden in den letzten Jahren viele Plantagen angelegt: Kaffee, Früchte und Palmöl.

In der weiteren Umgebung von Chumphon, die für ausländische Touristen kaum erschlossen ist, laden den Naturliebhaber schöne Strände, Korallen- und Felseninseln, unberührter Dschungel, spektakuläre Höhlen und Wasserfälle zu Ausflügen ein. Um die herrliche Natur von Chumphon zu erkunden, mietet man am besten ein Motorrad oder bucht eine Tour. Die Gästehäuser helfen dabei, den Weg zu der sehenswerten Tropfsteinhöhle **Tham Pisadarn** (50 km nördlich), zur interessanten **Rab Ro-Höhle** oder zum **Thung Yo Wasserfall** zu finden. Auch Wat Tham Nam Lot oder Big Buddha lohnen einen Besuch.

Die Menschen in Chumphon sind sehr freundlich. Überall werden Reisende, die auf ihrem Weg zur Insel Ko Tao hier Station machen, willkommen geheißen. Die Stadt selbst bietet keine touristischen Sehenswürdigkeiten. Die Provinz wurde durch den Taifun *Gay* im Herbst 1989 schwer geschädigt. Die Bewohner haben jedoch die Katastrophe gut gemeistert und einen neuen Aufschwung eingeleitet. In der Regenzeit wird die Stadt häufig mannshoch überschwemmt.

Rab Ro-Höhle

21 km nordwestlich der Stadt liegt die Höhle **Tham Rab Ro**. Hinter dem Tempel Thep Charoen erhebt sich ein durchlöchertes, von vielen Pflanzen überwuchertes Kliff. Treppen

führen zu den vier unterschiedlichen Höhlen hinauf, die miteinander verbunden sind. Einige der ausreichend beleuchteten Höhlen enthalten eindrucksvolle Tropfsteine, andere Buddha-Statuen. Auch der Ausblick auf die Ebene der Reisfelder ist stimmungsvoll. Eine weitere Höhle in der Nähe kann wegen der engen, sich verzweigenden Gänge nur mit Führer begangen werden. In einem halboffenen Tempelgebäude ist ein mumifizierter Mönch in einem Glassarg aufgebahrt. Über 100 Jahre alte Riesenschildkröten leben hinter einer Mauer am Fuße des Felsen. Man erreicht die Anlage vom KM 490,0 des H4 auf einer Asphaltstraße (4 km nach Westen).

Übernachtung

GÄSTEHÄUSER – Die beiden Gästehäuser bieten einen hervorragenden Service, der selbst für Thailand ganz außergewöhnlich ist. Auch für Transit-Gäste wird alles getan, sogar wenn sie mitten in der Nacht vom Zug kommen und einen Schlafplatz brauchen.

New Chumphon GH* ***–***** ①, Krom Luang Chumphon Rd., ✆ 502900, 600 m östlich vom Bahnhof in einer ruhigen Gasse; Holzhaus im Thai-Stil und Anbau, einfache Zimmer mit großen Betten, neuen Matratzen und Fan, Du/WC separat; Gartenrestaurant mit kleiner Speisekarte. Die freundliche Besitzerin Miao und ihr Sohn Ooh bemühen sich sehr, jedem Gast weiterzuhelfen. Waschmaschine und Auto-Transport steht zur Verfügung. Transfer zum Pier per Pickup für 40-50 Baht, Mopedvermietung (200 Baht/12 Std.), vielgelobte Touren ab 500 Baht, z.T. mit Trekking (s.u.). Wer länger am Thung Wua Laen Beach wohnen möchte, kann evtl. das *Miao House* mieten.

Sooksamer GH** ②, 118/4 Sooksamer Rd., ✆ 502430, in einer Seitengasse; kleine Zimmer, Schlafsaal, 3 kleine Gemeinschafts-Du/WC, kleines Restaurant und Bar, nette Atmosphäre; die hilfsbereite Besitzerin Pat spricht gut englisch, kennt sich hervorragend aus und hat viele Infos parat; Fahrzeugvermietung.

Mayazes Resthouse** (ac***) ⑨, 111/35-36 Soi Bangkok Bank, ✆ 504452, 📠 502217, sauberes, 3stöckiges Stadthaus im Zentrum, nette, kleine Zimmer, Fenster z.T. zum Flur, sehr saubere Du/westl. WC außerhalb, Trinkwasser frei, Moped 150 Baht/Tag, freundliche Besitzerin, schließt um 22 Uhr.

HOTELS – ***Tha Taphao Hotel****–***** ⑩, 66/1 Tha Taphao Rd., ✆ 511479, 📠 502479, gegenüber vom Bus Terminal; nicht gepflegt, kleinlich; Restaurant nicht gerade gut.

Morakot Hotel*** ⑦, 102-112 Tawee Singkha Rd., ✆ 503628-32, 📠 570196, 400 m vom Bahnhof, Seiteneingang neben dem Yamaha-Shop; 5stöckiges Hotel mit Aufzug, hervorragende, saubere ac-Zimmer, bestes Preis-Leistungsverhältnis; wenn keine Gemeinschaftsräume benötigt werden, absolut zu empfehlen, aber häufig ausgebucht.

In der lauten Hauptgeschäftsstraße, der **Saladaeng Rd.**, gibt es acht Unterkünfte vom Stundenhotel bis zur Nobelherberge, u.a.:

Suriwong** (ac***) ⑥, 125/27-29 Saladaeng Rd., ✆ 511397, 📠 502699, saubere Zimmer.

Chumphon Palace**** ⑬, 328/15 Pracha Uthid Rd., ✆ 571715-22, 📠 571724; neben dem Markt, neues Hotel, komfortable ac-Zimmer mit TV, Kühlschrank, Warmwasser; Restaurant.

Sri Chumphon**** ④, 127/22-4 Saladaeng Rd., ✆ 511280, 📠 504616; renovierte, komfortable ac-Zimmer.

Paradorn Inn**** ⑤, 180/12 Pharadon Rd., ✆ 501615-6, 📠 501112; modernes Hotel, kleine, dunkle Zimmer, kaum zu empfehlen.

Jansom Chumphon**** ③, 118/138 Saladaeng Rd., ✆ 502504-11, 📠 502503, beliebtes Komforthotel, voll klimatisiert, bietet alle Annehmlichkeiten.

Chumphon Grand Palace Hotel, neues Hochhaus 2 km westlich der Stadt, 300 große ac-Zimmer auf 21 Stockwerken, riesiger Coffee Shop, Werbepreis 385 Baht pro DZ.

Die **Strandhotels** werden bei den Stränden beschrieben: Thung Wua Laen Beach (s.S. 302) sowie Paradonpap Sai Ri und Thung Kam Noi Beach (s.S. 308).

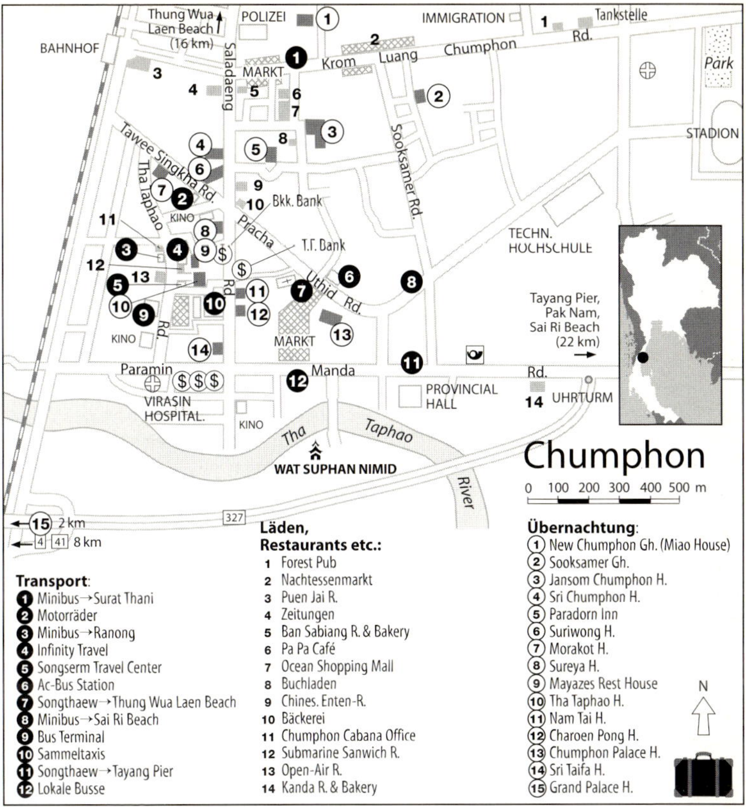

Essen

Sehr verlockend sind die mobilen Essenstände an den Märkten und der Nachtessenmarkt in der Krom Luang Chumphon Rd. Super und billig ist die Ente mit Nudeln im chinesischen Restaurant gegenüber vom Suriwong Hotel, nur morgens und mittags offen.

Das ***Kanda Restaurant & Bakery*** etwas außerhalb beim Uhrturm (kein englisches Schild) hat eine englische Speisekarte und sehr preiswerte Gerichte in sauberen Räumen.

Im 3. Stock der ***Ocean Shopping Mall*** gibt es ein ac-Food Center mit Coupons (Gerichte 20–25 Baht).

Angenehm sitzt man abends im nicht ganz billigen Gartenrestaurant ***Puen Jai*** gegenüber vom Bahnhof.

Das ***Pa Pa Café*** bietet typische Thai-Abendunterhaltung.

Sonstiges

BÜCHER – ***D.K. Bookshop*** gegenüber vom Jansom Hotel hat u.a. Landkarten von Thailand.

INFORMATIONEN – Die besten Informationen über Chumphon und attraktive Ziele in der Umgebung werden freizügig in den Gästehäusern verteilt. Alle Reisebüros verkaufen wie die Gästehäuser Tickets für die Boote nach Ko Tao und besorgen ein Fahrzeug zum Pier, 40–50 Baht p.P. (je nach Fahrzeug).

MEDIZINISCHE HILFE – Sehr gut und gar nicht teuer soll das ***Virasin Hospital*** sein.

MOTORRÄDER – vermietet ein Laden in der Tawee Sin Kha Rd., gegenüber vom Suriwong Hotel. Mopeds gibt es auch im Gästehaus.

REISEBÜROS – ***Infinity Travel***, 68/2 Tha Taphao Rd., ✆ 501937, macht Transport zum Pier und vermietet Mopeds für 200 Baht. Der Eingang zu den 3 Zimmern** im Obergeschoß wird um 22 Uhr abgeschlossen.
Songserm Travel Center, 66/1 Tha Taphao Rd., ✆ 502023, dient auch als Übernachtungsplatz für Fahrgäste, die per Zug oder Minibus mitten in der Nacht ankommen, 24 Std. geöffnet.
Im ***Chumphon Cabana Office***, Tha Taphao Rd., kann man die *Cabanas* buchen (inkl. Transfer).

TOUREN – Das ***New Chumphon GH*** veranstaltet ganztägige Ausflüge per Pickup zu den interessantesten Attraktionen der Umgebung für 500 Baht p.P.
Mit einigem Aufwand können viele Ziele in der Umgebung auch auf eigene Faust und billiger erreicht werden.

TREKKING – Beim vielgelobten **2-Tage-Trekking** mit Ooh vom ***New Chumphon GH*** für 1300 Baht p.P. geht es zu Fuß 4 Std. aufwärts durch Dschungel zu einem Wasserfall mit einem natürlichen Swimming Pool, per Pickup zur *Diamond Cave*, die wegen des engen Zugangstunnels nur mit Führer begangen werden sollte, und für eine Kaffeepause an den Strand. Übernachtet wird in Zelten.

VORWAHL – 077, PLZ: 86 000.

Nahverkehrsmittel

Songthaews zum Thung Wua Laen Beach (20 Baht, 30 Min.) fahren hinter dem großen Markt in der Pracha Uthid Rd. von 6–17 Uhr alle 40 Min. ab.
Songthaew für 10 Baht fahren von 18–20 Uhr zum Nachtboot-Pier von Chumphon; später per Taxi für 100 Baht.
Motorradtaxis kosten für Ausländer innerhalb der Stadt generell 10 Baht, nachts 20 Baht.

Transport

BUSSE – Der H4 wird ab 1998 bis Bangkok durchgehend 4spurig ausgebaut sein. Damit wird das Busfahren viel sicherer und angenehmer werden.
Die meisten Busse fahren von der Bus Station ab, einige ac-Busse nach Bangkok vom ac-Bus Terminal in der Pracha U-Thid Rd.
Vom Southern Bus Terminal in BANGKOK, 468 km, mit dem non-ac-Bus laufend für 112 Baht, mit dem ac-Bus für 202 Baht um 14, 21, 21.40 und 22 Uhr in 7 1/2 Std.
Nach BANGKOK fahren die Busse zwischen 10 und 22 Uhr, ac-Busse um 14, 21, 21.40 und 22 Uhr.
Nach Bangkok in die Khaosan Road mit dem ac-Minibus um 17 Uhr für 290 Baht, Ankunft um 24 Uhr.
Von HUA HIN für 66 Baht in 6 Std.
Von PRACHUAP KHIRI KHAN mit dem Bus für 45 Baht über THAP SAKAE und BANG SAPHAN (31 Baht).
Nach SURAT THANI mit dem non-ac-Bus ca. jede Std. für 57 Baht, ac-Busse um 8.30 und 13 Uhr für 79 Baht in 4 1/2 Std.
Nach PHETCHABURI um 15 Uhr für 82 Baht in 6 Std., ac-Bus ca. 200 Baht.
Nach HAT YAI am Vormittag mit dem non-ac- und dem ac-Bus für 121 / 219 Baht in 9 Std.
Nach NAKHON SI THAMMARAT für 85 Baht.
Nach RANONG für 35 Baht in 3 Std. auf der landschaftlich reizvollen Strecke zur Westküste, ac-Bus um 16.30 Uhr für 60 Baht.

MINIBUS – Nach RANONG jede volle Std. bis 17 Uhr für 70 Baht (ac), nach SURAT THANI ebenso für 100 Baht (ac) in 3 Std.

SAMMELTAXEN – fahren bis 18 Uhr hinter dem Markt gegenüber von der Busstation ab. Nach RANONG für 70 Baht, SURAT THANI 80 Baht, für KRABI in Surat Thani umsteigen (weitere 100 Baht).
Zum Flugplatz von Surat Thani am besten mit dem Sammeltaxi für 80 Baht in 2 1/2 Std.

EISENBAHN – Von BANGKOK mit dem Zug 10x tgl. ab 230 / 122 Baht in der 2. / 3. Klasse; zum Nachtboot nach Ko Tao reicht noch der *Rapid* Nr.45 um 13.15 Uhr (Ankunft 20.55 Uhr), etwas Schlaf kann man im *Express* Nr.15 um 19.15 Uhr finden (2.Kl. Sleeper oben 350 Baht), der um 3.09 Uhr eintrifft. Auch wer mitten in der Nacht ankommt, findet im *New Chumphon GH* freundliche Aufnahme.
Nach BANGKOK fahren die *Rapid*-Züge 48 und 42 um 20.14 und 20.30 Uhr ab, der *Express* 16 um 21.47 Uhr (Ankunft um 5.10, 5.35 bzw. 5.50 Uhr), die *Sprinter* um 13.15 bzw. 23.40 Uhr für 380 Baht (Ankunft 19.40 bzw. 6.30 Uhr).
Von THONBURI fährt der Bummelzug Nr.127 um 7.20 Uhr (Ankunft 16.33 Uhr).
Nach Norden fährt der Bummelzug Nr.126 um 7 Uhr (Ankunft um 16.35 Uhr); er erreicht HUA HIN um 11.45 Uhr, 49 Baht.
Nur bis PRACHUAP KHIRI KHAN fährt der lokale Zug Nr. 142 um 14 Uhr (Ankunft 17.30 Uhr).
Von SURAT THANI fahren *Rapid*-Züge um 17.20 und 17.50 Uhr, der Express um 19.03 Uhr in 3 Std. und der lokale Zug Nr.120 um 7.25 und 13.02 Uhr für 34 Baht (Ankunft 11 bzw. 16.25 Uhr).
Nach SURAT THANI fahren lokale Züge um 13 Uhr (Ankunft um 16.30 Uhr).
Die Fernzüge in den Süden fahren abends ab, z.B. um 20.55 und 22.19 Uhr nach SUNGAI GOLOK, der *Special Express* Nr.11 um 22.47 Uhr nach BUTTERWORTH, der *Express* Nr.13 um 0.45 Uhr nach TRANG (Ankunft 7.35 Uhr, Weiterfahrt nach Ko Lanta).

BOOTE – Die 4 Boote nach KO TAO fahren jeden Tag am Hafen Pak Nam Chumphon an 4 verschiedenen Piers ab (von Nov–Jan abhängig vom Wetter). Den Transfer (8 km) übernehmen die Gästehäuser, die Reisebüros oder *Songserm* rechtzeitig vor der Abfahrt, falls man ihn nicht selbst organisiert. Wer mit einem Kombi-Ticket per Minibus oder Zug mitten in der Nacht ankommt, „darf" sich bei Videos und Kaffee (10 Baht) im Reisebüro die restlichen Std. um die Ohren schlagen. Wer dagegen mit einem normalen Ticket in Chumphon ankommt, sucht das *New Chumphon GH* auf, schläft ein paar Std. und läßt sich evtl. zu einem der Morgenboote bringen.
Das *Jansom* **Speedboot** fährt mit 3–4 Motoren à 200 PS um 8 Uhr in 100 Min. für 400 Baht nach Ko Tao (hin und zurück 800 Baht), Rückfahrt um 10.30 Uhr. Evtl. werden zeitweise weitere Speedboote in Dienst gestellt.
Das *Songserm* **Expressboot** fährt um 7.30 Uhr in 2 1/2 Std. nach Ko Tao für 400 Baht und um 10.30 Uhr weiter nach Ko Pha Ngan (650 Baht, Ankunft 12.30 Uhr), wo man nach Ko Samui (700 Baht, Ankunft 13.45 Uhr) umsteigen kann.
Zurück fährt *Songserm* ab KO SAMUI um 10.50 Uhr, ab KO PHA NGAN (umsteigen) um 12.30 Uhr, ab KO TAO um 15 Uhr; Ankunft ca. 18 Uhr.
Das mit Bastmatten ausgelegte **Nachtboot** fährt um 24 Uhr für 200 Baht in 6 Std. Minibus-Zubringer um 22 Uhr für 50 Baht p.P., Pickup-Zubringer vom *New Chumphon Guesthouse* für 40-50 Baht p.P., Motorradtaxi 60 Baht p.P., Tuk Tuk 30 Baht. Bei „unvorhersehbar" hohem Wellengang dreht das Boot nur eine Ehrenrunde auf dem Fluß, dann müssen die Passagiere notgedrungen im zugehörigen Hotel für stolze 300 Baht nächtigen.
Zurück fährt dasselbe Boot um 10 Uhr, bei Tag wegen fehlender Sitze recht unbequem; bei der Ankunft gegen 15.30 Uhr „dürfen" die Passagiere erst einmal 45 Min. im zugehörigen Restaurant die Kassen klingeln lassen, ehe es per Bus für 10 Baht in die Stadt geht.

Wer es eilig hat, kann 800 m zur Hauptstraße pilgern und mit öffentlichem Pickup in die Stadt fahren (15 Baht).

FLÜGE – Der neue Flugplatz, 35 km nördlich der Stadt bei Pathiu, wurde Anfang 1998 eröffnet.
Bangkok Airways fliegt mit 30sitzigen Maschinen jeden Fr, Sa, So und Mo für 2200 Baht von und nach Bangkok. Der Flugplan soll demnächst den Booten nach Ko Tao angepaßt werden.

Die Strände von Chumphon

Paradonpap Beach

17 km südlich von Chumphon, in der Nähe der Flußmündung. Am 3 km langen Strand gibt es nette Fischlokale und ein Fischerdorf. Zum Baden ist er nicht geeignet.

Sai Ri Beach

Liegt 5 km weiter, ein beliebter Ausflugs- und Picknickplatz für Thais. Am Wochenende haben alle Strandrestaurants offen und vermieten massenhaft Liegestühle, Sonnenschirme und aufgepumpte Autoreifen. Das zweite Seafoodrestaurant am Strand ist besonders gut, wirklich lecker schmecken die *Prawn Cakes*. Am Anfang der Bucht liegt das ausgediente Torpedoboot *HTMS Chumphon* am Strand. Darüber steht der **Prince of Chumphon Shrine** in exponierter Lage. Hier wird der Begründer der Thai Navy wie ein Heiliger verehrt. Ein Festival zu seinen Ehren findet vom 19. bis 25. 12. statt.

Vom **Chao Muang Hill** am Ende der Straße hat man eine schöne Sicht über die Küste und die vorgelagerten Inseln. Demnächst soll ein **Sai Ri National Park** geschaffen werden, in den auch Teile der Inseln einbezogen werden sollen.

Ganz in der Nähe hat das *Ministry of Public Health* den **Mo Phon Traditional Herbal Garden** angelegt. Hier werden traditionelle Heilkräuter gesammelt, deren Wirkung noch heute genutzt wird.

Ao Makham

Die traumhafte Bucht liegt noch weiter südlich, 26 km von Chumphon. Am schönen, friedlichen Strand **Thung Kam Noi** hat ein Gästehaus eröffnet, das auch gern von Thais aufgesucht wird. Häufig stören Massen von Sandflöhen (Kokosnußöl mitbringen). Auskunft beim Mayazes Resthouse in Chumphon. Der Küste ist die herrliche Schnorchelinsel **Ko Klaep** vorgelagert. Ein Boot steht zur Verfügung (ab 1200 Baht pro Tag).

Nördlich von Chumphon

Der **Thung Wua Laen Beach** mit den *Chumphon Cabanas* liegt 16 km nördlich von Chumphon (Beschreibung s.S. 302). Eine neue, etwas längere Asphaltstraße schlängelt sich z.T. entlang der Küste zu diesem schönen Strand.

Der **Pathiu Beach**, 35 km nördlich von Chumphon, ist in Strandnähe über Asphaltstraßen erreichbar (s.S. 302). Über den H4 wären es 57 km.

Übernachtung

PARADONPAP BEACH – ***Pornsawan Hotel*** ****, Paknam, ✆ 521521-6, 📠 521526, luxuriöse Zimmer mit ac im Neubau bis 2600 Baht, abgewohnte Zimmer in der Dependance, Restaurant, Swimming Pool. Das Hotel liegt in einem gepflegten Garten auf der Landseite der Küstenstraße und ist für einen Strandurlaub nicht besonders gut geeignet.

SAI RI BEACH – ***Suan Pha Daeng*****–***, ✆ 521143, 9 Bungalows mit Fan.
Sai Ree Lodge, ✆/📠 521212, komfortable ac-Zimmer, Tauchausrüstung verfügbar.

THUNG KAM NOI – ***M.T. Resort****** (auch Mother House), ✆ 01-2295110, direkt am Strand, 9 Bungalows mit Du/WC und Fan, gutes, beliebtes Strandrestaurant mit unklarer Preisgestaltung, Ausflüge werden organisiert. Infos und Transport (kostenlos bis 100 Baht) im *Mayazes Resthouse*.

Die Inseln vor Chumphon

13 km südöstlich der Stadt an der Mündung des Klong Tha Taphao liegt der betriebsame Fischerhafen **Paknam Chumphon**. Auf mehreren Werften werden neue Fischerboote gebaut. Man kann Boote mieten, um die ca. 50 vorgelagerten Inseln zu erkunden. Einigermaßen erschwinglich sind sie nur zu mehreren und mit entsprechendem Verhandlungsgeschick. Die meisten Inseln bestehen nur aus Felsen und sind für Robinsonaden nicht geeignet. Viele Traveller kommen begeistert von den Touren zurück, die von den Reisebüros oder von den Gästehäusern veranstaltet werden.

Interessant ist **Ko Lang Ka Chiu** (auch: Langaching) südlich vom Hafen. In ihren Höhlen und Kliffs wohnen Tausende von Schwalben (Salangane) und bauen ihre Nester. Ganz in der Nähe liegt **Ko Thong Lang**, lang und schmal. Sie bietet an einem Ende schöne Strände und die Möglichkeit zum Zelten. Hier befinden sich ein Wassertank, eine Toilette und ein Sala. Die schlammige Thungka-Bucht beherbergt zahlreiche Möwen. Die 30-minütige Fahrt mit einem Fischerboot sollte 500 Baht (hin und zurück) kosten.

Nahe an der Flußmündung liegt **Ko Mattra**, von den Einheimischen *Tang Kuay* genannt. Sie eignet sich zum Fischen und Zelten und ist meist von vielen Fischern belegt. Um die Insel herum gedeihen Korallenriffe, allerdings ist das Wasser manchmal nicht klar genug zum Schnorcheln.

Von Chumphon nach Chaiya

Bei Chumphon wendet sich der H4 an der *Pathomphon Junction* am KM 499 nach Westen und durchschneidet den schmalen Isthmus von Kra, um nach 60 km den Kra Buri Fjord zu erreichen. Nach Süden setzt der H41 die direkte Nord-Süd-Verbindung fort. Auf 320 km Länge berührt der zur Autobahn ausgebaute Highway keine einzige Stadt. Stichstraßen erschließen die von Kokosplantagen gesäumte Küste im Osten und das fruchtbare Flachland im Westen, das von vielen schönen Bergketten durchzogen wird. Links und rechts der Straße erstrecken sich ausgedehnte Reisfelder, in die Ende Juli / Anfang August die Setzlinge gesteckt werden. Am Fuße des Berglands wurden in den letzten Jahren große Dschungelgebiete gerodet, um Obst- und Kaffee-Plantagen anzulegen.

Am KM 34,1 laden rechts schwimmende Restaurants auf dem von schöner Ufervegetation gesäumten Khlong Sawi zu einer Pause ein. Etwas weiter zweigt links eine Straße ab zum Ort Sawi und rechts zum eindrucksvollen Marmortempel **Wat Tham Khwan Muang** (500 m). Am H41 locken Obststände, die Früchte der Saison zu probieren.

Arunothai Beach

Am KM 44,8 biegt nach links der H4096 nach Ban Paknam Tako ab. Nach 12 km kommt der 5 km lange, einsame Arunothai Beach. Am naturbelassenen Strand gibt es feinen Sand. Das Resort bietet vom Restaurant aus eine schöne Sicht auf fünf Inseln.

Es werden Bootsausflüge nach **Ko Phithak** (Fischerdorf), **Ko Rangtat** (Korallen) und **Ko Prao** (schöner Strand) veranstaltet. Sie starten in **Paknam Tako** (2 km). Dort gibt es neben einem großen kommerziellen Fischerhafen auch einen **Schrein des Prinzen von Chumphon** und einen Picknick-Strand.

Khao Thalu

Ebenfalls am KM 44,8 biegt nach rechts der H4139 nach **Ban Khao Thalu** (23 km) ab, zum „Berg mit dem Loch". Es hat einen Durchmesser von etwa 90 Metern und ist in der gewaltigen Felsenkette schon vom H41 klar zu erkennen. Für Höhlenforscher interessant ist vielleicht die **Tham Nam Lod Noi**, 5 km nordwestlich vom Dorf beim Wat Khao Nam Thip Wa La Lam. In der engen Kalksteinhöhle hat ein Bach Granitfelsen glattgeschliffen. Ohne Führer hat man kaum eine Chance, die im Wasser versteckten Passagen zu finden. Vom steilen Kalksteinberg belohnt eine schöne Aussicht den anstrengenden Aufstieg. Leicht verirren kann man sich in der schönen **Tham Nam Lod Yai**.

Klong Prao National Park

Nur für Abenteurer und Off-Road-Freaks biegt am KM 57,8 ein schlechter, kaum ausgeschilderter Lateritweg nach rechts zum Klong Prao National Park (19 km) ab. Die letzten 5 km führen durch mehrere Bäche und sind z.T. sehr steil auf grobem Schotter. Am Weg entlang erstrecken sich vor allem Kaffee- und Durianplantagen.

500 m unterhalb des *Headquarters* liegt der fünfstufige **Klong Prao-Wasserfall** mit einem tiefen, natürlichen Schwimmbecken im Dschungel.

Zum 30 m hohen **Krathing-Wasserfall** muß man mit einem Führer durch den **Dschungel** wandern, hier sollen wilde Büffel leben. Ein weiterer schöner Wasserfall mit 15 Stufen ist noch 6 km weiter im Dschungel versteckt.

Lang Suan Beach

Am KM 57,8 biegt der H4097 am Hinweisschild *Phitak Island 28* nach Osten ab. Nach 11 km ist ein nicht ganz sauberer Fischerstrand mit einem Seafood Restaurant erreicht. 700 m weiter liegt das *Kao Saen Resort* (s.u.) am Strand mit grauem Sand.

1,5 km weiter südlich beginnt der **Vergnügungsstrand** von Lang Suan mit vielen kleinen Strand-Restaurants. Mittendrin liegt am KM 0 ein großes Kloster, in dem ein mumifizierter Mönch mit einer ausgestopften Kobra in einem Glasschrein südlich vom *Bot* aufbewahrt wird. Über einen Lotusteich gelangt man zum Schrein des *Prince of Chumphon* am Meer.

Schließlich erreicht man das Dorf **Pak Nam Lang Suan** (Hafen von Lang Suan). Die gepflegt wirkende Kleinstadt **Lang Suan** (Pickup 5 Baht) liegt 8 km landeinwärts. Die Zufahrtstraße wird von blühenden Bäumen gesäumt, der Mittelstreifen ist bepflanzt. Im Zentrum stehen noch viele schöne, alte Holzhäuser.

Vom H41 zweigt die Straße nach Pak Nam Lang Suan (12 km) am KM 63,5 ab. An derselben Kreuzung beginnt auch die Straße H4006 zur Westküste (72 km). Nach ca. 50 km geht es hinter Phato beim KM 22,6 nach links ab (5 km) zu den *Ton Sai Bungalows* (s.u.).

Am KM 66,3 zweigt die Straße zur Stadt Lang Suan (2 km) nach links ab. Das **Wat Tham Khao Ngoen** an der Kreuzung nach rechts ist einen Abstecher wert.

Alternative Fahrt auf der Landstraße

Von Lang Suan kann man auf einer schönen, wenig befahrenen Nebenstraße nach Chaiya (73 km) und weiter nach Surat Thani (53 km) fahren. Die ersten 21 km auf dem H4134 bis Lamae sind teilweise, die folgenden 29 km auf dem H4112 vollständig asphaltiert. Die Straße säumen Reisfelder, Kautschukplantagen, Palmenhaine und Brachland. 7 km südlich von Lamae soll es die drei sauber gefaßten, **heißen Quellen** Bo Nam Ron Tham Khao Phlu geben. Wir konnten keine entsprechenden Schilder entdecken, genausowenig wie die vier Tropfsteinhöhlen in der Nähe. Beim Ort **Tha Chana**, nach 50,5 km, 4 km vom H41 entfernt, ist ein kurzer Abstecher zum Strand möglich, wo es nette, einfache Restaurants mit gutem Seafood gibt. Die restlichen 23 km auf dem H4112 bis Chaiya sind asphaltiert und verlaufen weit von der Küste entfernt. Nach einigen Kilometern zweigt am KM 45,3 eine neue Straße nach links zum Strand und zum neuen Pier ab. Über die neue Brücke und das **Seidenweberdorf** Phum Riang führt sie ebenfalls nach Chaiya.

Khao Khriap-Höhle

Am KM 77,6 biegt vom H41 eine Straße ab zur **Khao Khriap Cave** (6 km). Man hält sich nach 2 km links, fährt 3 km immer geradeaus und biegt dann links in eine Einfahrt ein. Vom kleinen Tempel führen fast 400 Stufen auf den imposanten **Kalkfelsen** hinauf. Nicht weit unter dem Gipfel liegt der Eingang zur Höhle, die wie die Kuppel eines Domes wirkt. Sie wird durch einige Löcher etwas erhellt, aber um ihre Dimensionen zu erfassen, braucht man eine starke Taschenlampe. Außerdem beeindrucken Sinterterrassen, Tropfsteine und mit Tüchern umhangene Säulen.

Übernachtung

SAWI – ***Sawi Garden Inn*****, 156 Tambon Napo, Sawi, ✆ 077-531220, 9 Zimmer mit Fan.

ARUNOTHAI BEACH – ***Chumphon Sunny Beach Resort*******, ✆ 536007, große, saubere Bungalows mit Fan/ac, Mo–Do Rabatt; schöner, sauberer Swimming Pool; nette, gut englisch sprechende Managerin.

LANG SUAN BEACH – ***Kao Saen Resort**–******, ✆ 551119, eine preisgünstige Bungalowanlage im Motel-Stil, etwas vergammelte Zimmer mit Fan, üppig bewachsener Garten. Das Restaurant mit normalen Preisen liegt direkt am Strand.
99 Bay Resort**–**** (= *Kao Kao Resort*), 9 Mu 4 Paknam, ✆ 551117, 1,5 km weiter Richtung Süden, alte Bungalows und Zimmer im muffigen Reihenhaus mit Fan, sehr schöne, große, neue Bungalows mit ac; Seafood-Restaurant mit Meersicht.
Daneben liegt das Puff ***„89"***.

LANG SUAN – Im Zentrum beim Markt liegt das ***Thawat***** (ac***), 55 Khao Ngoen Rd., ✆ 541341, 100 Zimmer mit Fan/ac, Restaurant.
Jan**–**, 26/5 Khao Ngoen Rd., ✆ 541040, am westlichen Stadtrand, Zimmer mit Fan oder ac.

PHATO – ***Ton Sai Bungalows*–******, ✆ 01-2110895, ✆ 077-840015, Steinbungalows am Dschungel, der Schweizer Mark veranstaltet Dschungeltrekks, Floßfahrten und Elefantenreiten. Auch Zelten ist möglich. Mit öffentlichen Verkehrsmitteln am besten von Ranong über Ratchakrut auf dem H4006 zu erreichen (s.S. 482).

Chaiya

ไชยา

Der kleine Ort unweit der Straße nach Surat Thani besteht vorwiegend aus Holzhäusern, die zwei kurze Straßen und deren Seitengassen flankieren. Chaiya war bis vor etwa 1000 Jahren ein Zentrum des Sri Vijaya-Reiches, das weite Teile des Landes beherrschte. Es reichte von Java bis zum Isthmus von Kra, wo das Reich der Khmer begann. Doch wer erwartet, großartige Zeugen der großen Vergangenheit bewundern zu können, wird enttäuscht sein. Man muß sich mit den wenigen Überresten begnügen und das Bewußtsein genießen, auf dem historischen Boden eines längst verflossenen Reiches zu stehen.

Im **Wat Phra Boromathat**, einem sehr verehrten Tempel 1 km westlich der Stadt, sind Ähnlichkeiten mit den Tempelanlagen und Chandis in Zentral-Java unverkennbar. Die aufwendig restaurierte, über 1200 Jahre alte Pagode beherbergt Reliquien von Buddha.

In der Umgebung gibt es weitere Tempel im Sri Vijaya-Stil, **Wat Wieng, Wat Long** und **Wat Kaeo**, das einst eine mächtige Stupa besaß.

Ein kleines, gut geführtes **Museum** etwa 1 km westlich der Stadt zeigt Repliken von Statuen, die jetzt im Nationalmuseum von Bangkok stehen, sowie viele weitere Funde aus der Gegend um Chaiya. Geöffnet tgl. außer Mo, Di und feiertags von 9–12 und 13–16 Uhr.

Fährt man durch Chaiya hindurch 3 km weiter, so weist das Schild *Beach 2 km* nach rechts zum Restaurant *Plub Pla Seafood*. Es ist auf Stelzen zwischen Mangroven an einer Flußmündung errichtet; Pickup ab Chaiya 5 Baht. Hinter dem Seidenweberdorf **Phum Riang** (6 km) führt eine neue Straßenbrücke über den Fluß auf eine Halbinsel zum Laem Pho und zum neuen Pier. In der geschäftigen Flußmündung tummeln sich viele Boote.

Nach Süden geht es auf der schönen Nebenstraße H4112 weiter bis Surat Thani (53 km). Unterwegs kann man nach ca. 18 km beim Dorf Klong Sai zuschauen, wie Affen dazu ausgebildet werden, Kokosnüsse zu pflücken.

Übernachtung und Essen

Im Ort liegt 300 m nordöstlich vom Bahnübergang an einer schmalen, aber lauten

Straße das äußerst einfache **_Hotel Udomlap_****, ✆ 077-431123, ganz aus Holz gebaut; gute, ruhigere Zimmer*** im neuen Steinanbau.
Ein Frühstücksrestaurant liegt in der ersten Querstraße vom Bahnhof kommend.
Evtl. können weniger Lärmempfindliche auch 6 km östlich in der Bungalowanlage **_Na Yai Park_****–****, ✆ 077-431387, unterkommen.

Transport

Chaiya ist mit der Bahn von SURAT THANI zu erreichen. Neben den 4 *Rapid*-Zügen hält auch der *Express* Nr.16 um 19.03 Uhr (an 19.41 Uhr) sowie der lokale Zug Nr.120 um 13 Uhr, 8 Baht (an 13.47 Uhr).
Die Schnellzüge von Norden kommen alle nachts an.
Von SURAT THANI mit Sammeltaxi für 25 Baht, mit dem orangen Songthaew für 20 Baht. Das blaue Songthaew fährt zum Bahnhof Phunpin.
Songthaew zum WAT SUAN MOKE 10 Baht.

Wat Suan Moke

วัดสวนโมกข์

6 km westlich von Chaiya an der Straße nach Surat Thani steht in einem schönen Dschungelpark das moderne Wat Suan Moke. Pilger aus dem In- und Ausland kamen hierher, um einen der berühmtesten Mönche des Landes kennenzulernen, Achaan Buddhadasa, der im Juli 1993 verstorben ist.

Die Architektur und Ausschmückung der Klostergebäude ist sehenswert. Der Bot z.B. ist in Schiffsform gebaut, was das Hinübergleiten ins Nirwana symbolisiert. Das Zentralgebäude wird außen von Flachreliefs geschmückt, die die Geschichte Buddhas erzählen und nach indischen Originalen gearbeitet worden sind. Das Innere wirkt wie eine großartige Gemäldesammlung, nur daß die verschiedenen Künstler ihre Bilder nicht auf Leinwand, sondern direkt auf die Mauern gemalt haben. Alle Künstler setzten sich auf die verschiedenste Art mit dem Weg zur Vervollkommnung auseinander. Der wandernde, surrealistisch angehauchte Zen-Buddhist Emanuel Schermann verlieh dem Gebäude mit seinen Sinnsprüchen und Illustrationen das besondere Image. Im 2. Stockwerk gibt es noch freie Wandstellen für künstlerisch Begabte. 1200 m entfernt liegen sehr angenehme heiße Quellen.

Übernachtung und Essen

Es gibt einen Frauen- und einen Männerschlafsaal (gegen Spende) und während der kursfreien Zeit (11.–30.) vegetarisches Gemeinschaftsessen (50 Baht täglich).
Außerhalb der Klosteranlage haben sich viele kleine Essenstände angesiedelt, die vor allem die Spezialität dieser Gegend, in Salz eingelegte, gekochte Enteneier anbieten.

Meditationskurse

Jeden Monat werden vom 1. bis 10. Kurse in **Dhamma-Meditation** abgehalten. In einem Kokospalmenhain bekommen die Teilnehmer eine Zelle zugewiesen. Nach der Methode *Annapasati* (Achtsamkeit durch Atmen) herrscht strenges Rede-, Schreib-, Lese-, Rauch- und Alkoholverbot. Durch den Kurs wird viel Verständnis für Thailands Religion und Kultur geweckt. Gute Englischkenntnisse sind hilfreich. Anmeldung persönlich ein bis zwei Tage vor Beginn. Kosten: 1200 Baht.
Achtung: Die Regenzeit ist wegen der vielen Moskitos weniger gut geeignet.
Die 12seitige Schrift *Ten Day Buddhist Meditation Course at Suan Mokkh – Basic Information* kann Entscheidungshilfe dazu geben, ob man den Kurs wirklich mit allen Konsequenzen absolvieren will.
Während der kursfreien Zeit werden weitere Meditationsmöglichkeiten angeboten.

Transport

Vom Bahnhof fahren Songthaews für 10 Baht zum Wat Suan Moke. Busse nach SURAT THANI kosten ca. 20 Baht.

Surat Thani

สุราษฎร์ธานี

Die Provinz Surat Thani ist die größte im Süden. Die Provinzhauptstadt hieß früher Ban Don und wird von vielen Einheimischen auch heute noch so genannt. Surat ist an sich eine uninteressante Stadt, meist nur Durchgangsstation auf dem Weg nach Ko Samui. Es gibt für die meisten Touristen keinen Grund, länger hierzubleiben, außer auf den Anschluß zu warten.

Während langer Wartezeiten kann man sich einer Tour durch die Kanäle der Stadt anschließen und dabei **„schwimmende Dörfer"** und winzige **„Kokosnuß-Inseln"** im Tapi Fluß besuchen; Informationen dazu in den Reisebüros (außer dort spricht hier kaum jemand Englisch!). Schräg gegenüber von *Samui Tour* liegt ein großes, interessantes Wat mit freundlichen Mönchen.

Übernachtung

GÄSTEHAUS – ***Kraset 2**** ⑱ am Busbahnhof Kaset 2, billig, laut und sehr einfach; für eine Nacht ok, Restaurant. Nicht immer offen.

HOTELS – Wir empfinden es jedesmal als Strafe, wenn wir in Surat Thani übernachten müssen.
In allen preiswerten Hotels ist das Personal seit Jahren arrogant und unfreundlich. Die Preise sind durchweg relativ hoch. Wer macht mit einem preiswerten Hotel gute Erfahrungen?
Grand City Hotel* (ac***-****) ⑧, 428/7-10 Chon Kasem Rd., ✆ 272560, 📠 284951, anonym und kühl, aber sauber und günstig.
Bandon Hotel* ⑩, 268/1 Na Muang Rd., ✆ 272167, am Markteingang, Zimmer mit Du/WC und Fan, relativ ruhig, akzeptabel.
Thai Tani** ⑯, 442/306-8 Talat Kaset 2, ✆ 272977, 📠 286129, an der Bus Station Kaset 2, Rezeption im 3. Stock (dort recht laut), riesige, saubere, im 4. Stock relativ ruhige Zimmer mit Du/WC und ac oder kleinem Fan; desinteressiertes Personal, gerade noch erträglich.
Rajthani Hotel*** ⑦, 293/96 Talat Kaset 1, ✆ 273584-5, 📠 287638, etwas verwohnte, kleinere Zimmer mit Fan oder ac.
Phan Fa Hotel**–* ④, 247/3 Na Muang Rd., ✆ 272287-8, einfache Zimmer mit Fan.
T.H. Mansion*** ⑤, 70/1-4 Mitr Kasem Rd., ✆ 212701-3, 📠 286353, 5stöckiges Apartmenthaus mit Aufzug, 50 saubere ac-Zimmer mit Du/WC, TV und Telefon, auch monatlich zu mieten; freundliche Besitzer.
Thai Rung Ruang*** ⑫, 191-199 Mitr Kasem Rd. (Soi 12), ✆ 273249, 📠 286353, großes Hotel, saubere, große Zimmer mit Du/WC und Fan oder ac; im Hinterhof ruhig; überhebliches Personal.
Intown Hotel*** ⑨, 276/1 Na Muang Rd., ✆ 210145, 📠 210422, neues Gebäude, saubere Zimmer.
Wang Tai ⑬, 1 Talat Mai Rd., ✆ 283020-39, 📠 281007, Mittelklassehotel beim Tourist Office, sehr gute ac-Zimmer ab 1000 Baht, Pool.
Saowaluk Thani ⑮, 99/44 Kanchanadit Rd., ✆ 283295-6, 📠 273977, außerhalb Richtung Osten, riesiges, modernes First-Class-Hotel, 280 ac-Zimmer ab 1650 Baht, Disco, Pool.
Ko Klang Bungalow*** ①, ✆ 01-9563646, auf der Insel Ko Klang im Tapi River, 60 Bungalows, mit Fan oder ac.

PHUNPIN – Am Bahnhof, 15 km entfernt, gibt es ziemlich schmuddelige, billige Hotels, u.a.: ***Sri Thani****, ***Thai Fah**–****, ✆ 311042, und das bessere ***Queen**** (ac***), ✆ 311003.

Essen

Im Viertel am Hafen gibt es mehrere Restaurants mit thailändischen und westlichen Gerichten, wo sich wartende Passagiere verpflegen.
Die Straßenmärkte sind phantastisch. Gute Essen-Märkte von 18–23 Uhr in der Tee Lek Rd. und von 23 Uhr bis kurz vor Sonnenaufgang am Fluß entlang.
Im klimatisierten ***NPA Café*** an der Na Muang

Rd. gibt es von 7.30–22.30 Uhr Thai-Essen und Fastfood.
Leckeres Speiseeis in ***Bud's Icecream*** nebenan.

Sonstiges

FESTIVAL – Zu Ok Phansa findet, gewöhnlich Mitte Oktober, das **Chak Phra Festival** zu Ehren von Buddha statt. Höhepunkte sind eine Prozession mit Buddha Statuen und ein Langbootrennen mit bis zu 50 Paddlern.
Am 1. Wochenende im August wird das **Rambutan Festival** gefeiert.

IMMIGRATION – Office in der Surat Thani City Hall, Don Nok Rd., ✆ 273217; geöffnet Mo–Fr 8.30–12 und 13–16 Uhr.

INFORMATIONEN – ***Tourist Office***, 5 Talat Mai Rd., ✆/℻ 282828, im Westen der Stadt, hinter der Einmündung der Na Muang Rd., geöffnet tgl. 8.30 – 16 Uhr.

MARKT – Neben dem Bahnhof in Phunpin liegt eine interessante Markthalle, z.B. Klamotten.

MEDIZINISCHE VERSORGUNG – ein größeres Hospital in Ban Don, von Ko Samui schnell zu erreichen.

MOSKITONETZE – Sehr gute, große Moskitonetze gibt es billig in einem kleinen Laden schräg gegenüber vom Jula Department Store, der 5. Laden links der Kreuzung.

POST – Poste Restante ohne Gebühr.

REISEBÜROS – ein halbes Dutzend in der Nähe vom Pier.
Freundlich und hilfsbereit ist die gut deutsch sprechende *Benjo* bei ***B.J. Travel***; ✆ 273398; sie verkauft von 6 – 22 Uhr Bus- und Fährtickets inkl. Transport zur Abfahrtstelle, faire Preise. Zug-Tickets gibt es in einem Shop zwischen den Bus Stationen Kaset 1 und 2 (siehe Karte). Bus-Service zur Fähre inkl. Fährtickets bei ***Samui Tour***, 326/12 Talat Mai Rd., ✆ 282352, auch Verleih von Motorrädern, Autos (ca.800 Baht pro Tag), Booten und Zelten, geöffnet 6–19 Uhr, und bei ***Phantip Travel***, Talat Mai Rd., vor der Bus Station Kaset 1.

UNTERHALTUNG – Open Air Bar ***Country Road*** mit Live Country Music, nicht teuer und ganz sympathisch.

Übernachtung:
(1) Bungalow Lamphu
(2) Seree H.
(3) Thai H.
(4) Phan Fa H.
(5) T.H. Mansion
(6) Surat H.
(7) Rajthani H.
(8) Grand City H.
(9) Intown H.
(10) Bandon H.
(11) Tapi H.
(12) Thai Rung Ruang H.
(13) Wang Tai H.
(14) Muang Tai H.
(15) Saowaluk Thani H..
(16) Thai Tani H.
(17) Siam Thara H.
(18) Kraset 2 Gh.

Läden, Restaurants etc.:
1 Nachtessenstände
2 Moskitonetze
3 Jula Kaufhaus
4 NPA Café
5 Sahathai Kaufhaus

Transport:
❶ Nachtboot→Ko Tao
❷ Bus→Express-Boot-Pier
❸ VIP-Bus
❹ Pakdee Tour
❺ Nachtboot→Ko Samui
❻ S.Travel Express (Songserm)
❼ Chaw Wang Tours
❽ Nachtboot→Ko Pha Ngan
❾ Orient Thai Airlines
❿ B.J. Travel
⓫ Bus Station Kaset 1
⓬ New Bus Station (Takub)
⓭ Phantip Travel
⓮ Bus→Ko Samui (via Fähre)
⓯ Samui Tour + Coffee House
⓰ Zugtickets
⓱ Minibus→Krabi, Chumphon
⓲ Bus Station Kaset 2
⓳ Sammeltaxi
⓴ Thai Airways

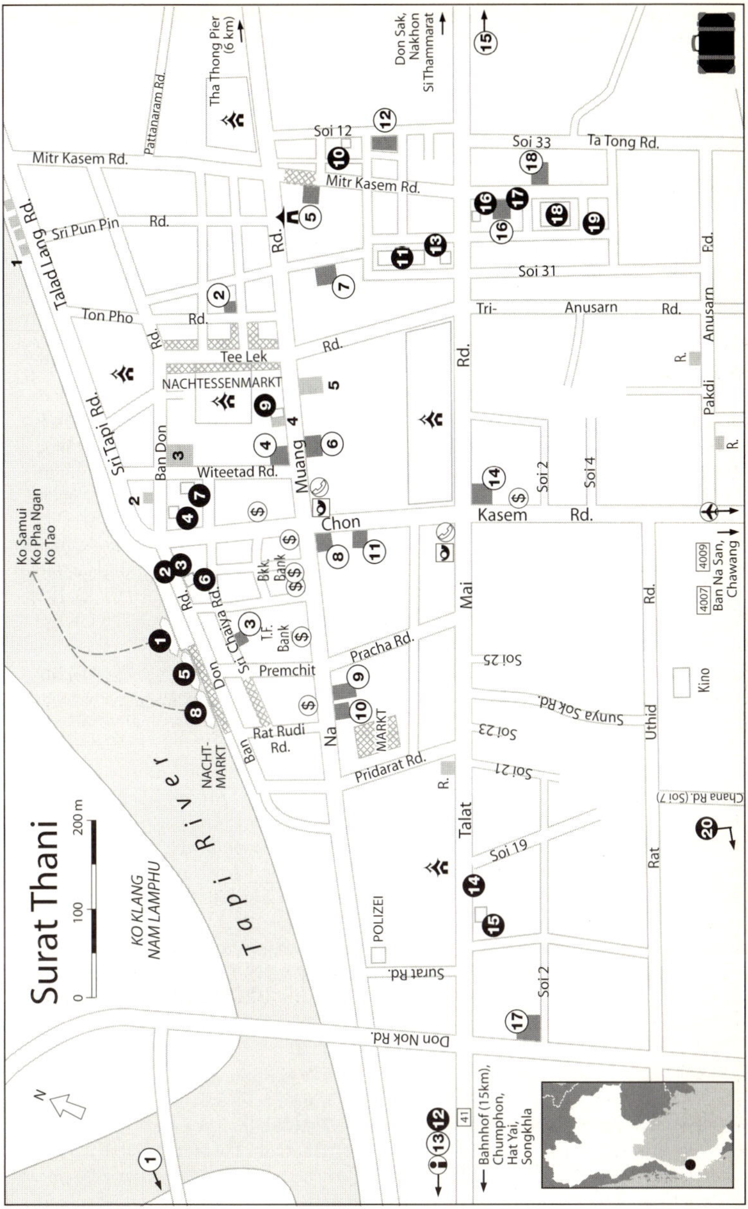

Surat Thani
0
100
200 m
KO KLANG NAM LAMPHU
Tapi River
NACHT-MARKT
Ko Samui
Ko Pha Ngan
Ko Tao
Talad Lang Rd.
Sri Pun Pin Rd.
Mitr Kasem Rd.
Pattanaram Rd.
Tha Thong Pier (6 km)
Ton Pho Rd.
Sri Tapi Rd.
Tee Lek Rd.
NACHTESSENMARKT
Ban Don Rd.
Witeetad Rd.
Sri Chaiya Rd.
Don
Ban
Rat Rudi Rd.
Premchit
T.F. Bank
Bkk. Bank
Na Muang Chon Rd.
Pracha Rd.
MARKT
Pridarat Rd.
POLIZEI
Surat Rd.
Don Nok Rd.
Talat Mai Rd.
Soi 12
Soi 33
Ta Tong Rd.
Soi 31
Tri-Anusarn Rd.
Don Sak, Nakhon Si Thammarat
Kasem Rd.
Soi 2
Soi 4
Soi 25
Sunya Sok Rd.
Soi 23
Soi 21
Soi 19
Uthid Rd.
Rat
Pakdi Anusarn Rd.
Kino
Chana Rd. (Soi 7)
Ban Na San, Chawang
4007
4009
41
Bahnhof (15km), Chumphon, Hat Yai, Songkhla
R.
N

VORWAHL – 077, PLZ: 84 000.

Nahverkehrsmittel

Minibusse in der Stadt kosten 6 Baht.
Tuk Tuks vom Busbahnhof zum Pier für Expressboote kosten 10 Baht.
Kleinbusse verkehren zwischen Bahnhof und Terminal 1, Zwischenstop an der neuen Bus Station (regulär 10 Baht).

Transport

BUSSE – Alle non-ac-Busse halten in der Stadt am Terminal 1 oder 2, private ac-Busse nahe des Piers. Viele Busse warten auch an den verschiedenen Piers auf ankommende Boote bzw. am Bahnhof auf die ankommenden Nachtzüge.
Die Busse zu den Fähren starten u.a. bei *Samui Tour* für 70 Baht (inkl. Fähre), ac 90 Baht.
Der berüchtigte Khaosan-Bus hält beim *Blue GH* (ca. 10 km östlich der Stadt), Tickets etc. gibt es dort zu überhöhten Preisen.
Bei den Terminals warten aufdringliche Schlepper, um die ankommenden Touristen in Reisebüros mit *special price* zu führen – natürlich besonders teuer.
Die **New Bus Station** *(Takub)* liegt 7 km westlich an der Abzweigung der Umgehungsstraße.
Ab Mitte 1998 sollen alle Busse nur noch ab hier fahren. Von der Stadt zu erreichen mit Songthaew für regulär 10 Baht (von Touristen wird häufig 50 - 200 Baht verlangt), Motorrad-Taxi 50 Baht.
Vom Terminal 2 (Kaset 2) fahren alle ac-Busse und die folgenden non-ac-Busse ab.
Vom Southern Bus Terminal in BANGKOK, 668 km, mit dem non-ac Bus um 9.20 und 23 Uhr für 158 Baht, 2.Kl. ac-Bus um 22 Uhr 222 Baht, ac-Bus um 8.15 und von 20–20.30 Uhr für 346 Baht, VIP-34 um 20 Uhr für 350 Baht in 11 Std., VIP-24 um 20 Uhr für 440 Baht in 10 Std.
Nach BANGKOK fahren viele non-ac-Busse zwischen 7 und 20.30 Uhr, 2.Kl. ac-Busse um 20 Uhr, 2.Kl. ac-Bus (ohne Essen für 175 Baht) um 17.30 und 20 Uhr, ac- und VIP-34-Busse um 8.45, 11, 19 und 19.20 Uhr, VIP-24 um 19.30 Uhr.
Nach KRABI mit non-ac-Bus 12x tgl. von 5.20–16.30 Uhr für 60 Baht in 5 Std., ac-Bus um 7, 11, 13.30 und 16.30 Uhr für 90 Baht in 3 1/2 Std.
Die privaten ac-Busse nach KRABI von *Songserm* um 7.15, 10.30 und 17.30 Uhr für 150 Baht benötigen entgegen den Fahrplänen oft 4–5 Std., da sie noch Passagiere abholen.
Nach PHANG NGA 4x tgl. für 65 Baht in 4 Std., ac-Bus um 7.15, 10.30, 13.30 und 15.30 Uhr für 100 Baht.
Nach PHUKET fahren viele non-ac-Busse auf einer landschaftlich schönen Strecke über die Berge zwischen 5.30 und 15 Uhr für 90 Baht in 6 Std. (über Khao Sok National Park 38 Baht, Takua Pa 47 Baht, Khao Lak 50 Baht), ac-Bus ab Bussteig 13 um 7.15, 10.30, 13.30 und 15.30 Uhr für 139 Baht in 5 Std. (Khao Sok 60 Baht).
Die privaten, meist miserablen ac-Busse nach PHUKET von *Phantip* um 7 und 10.30 Uhr für 112 Baht und von *Songserm* um 7.15, 10.30 und 17.30 Uhr für 180 Baht holen oft noch Passagiere vom Pier ab.
Sie fahren **nicht** über Khao Sok und Khao Lak, sondern über Phang Nga (bei den ersten beiden Bussen kann man in Khok Kloi nach Khao Lak umsteigen).
Nach HAT YAI um 5.30, 7.30, 9 und 13 Uhr für 86 Baht in 6 1/2 Std.; ac-Bus um 6.30, 10.30 und 15 Uhr für 154 Baht in 5 Std. (mit dem ersten Bus klappt in Hat Yai der Anschluß nach Penang, Kuala Lumpur und Singapore).
Nach TRANG mit non-ac Bus um 6.40 und 8.40 Uhr für 62 Baht in 4 Std.
Nach CHUMPHON 6x tgl. von 5.30–15.30 Uhr für 57 Baht in 4 1/2 Std.; ac-Bus um 9.50 und 13 Uhr für 79 Baht in 3 Std. (der Chumphon-Bus hält auch kurz in Phunpin, 500 m vom Bahnhof).
Nach PRACHUAP KHIRI KHAN jede volle Std. für 91 Baht, 6 1/2 Std., nach HUA HIN für 112 Baht in 8 1/2 Std.
Vom Terminal 1 (Kaset 1) fahren nur ac-Busse nach RANONG 6x tgl. von 6.30–16 Uhr für 80 Baht in 3 1/2 Std.

Nach NAKHON SI THAMMARAT bis 16.30 Uhr stündlich für 37 Baht in 3 1/2 Std.; ac-Bus 7x tgl. bis 16.10 Uhr für 53 Baht in 2 1/2 Std.
Vom Tha Thong-Pier: Bei der Ankunft des Expressbootes um 10 Uhr warten Busse nach Penang, Hat Yai und Phuket sowie ein Bus zum Airport und zum Bahnhof. Es ist ratsam, sich flink um seinen Sitz im Anschlußbus zu kümmern.
Am Bahnhof Phunpin warten bei Ankunft der Nachtzüge bereits recht teure private Busse, die nach Ko Samui, Phuket oder Krabi fahren. Wesentlich preiswertere lokale Busse fahren, von Surat Thani kommend, am Bahnhof vorbei, z.B. die öffentlichen Busse nach Chumphon sowie der Bus Nr.465 nach Khao Sok, Khao Lak und Phuket; Tickets gibt es gegenüber vom Bahnhof an einem Tisch.

MINIBUS – Gute ac-Minibusse fahren neben dem Thai Thani Hotel ab: nach KRABI um 7, 10, 14 und 17 Uhr für 180 Baht, nach TRANG 7–17.30 Uhr für 80 Baht in 3 Std. und nach CHUMPHON jede Std. für 100 Baht.
Weitere ac-Minibusse fahren nach RANONG um 11 Uhr für 200 Baht, nach NAKHON SI THAMMARAT 7x tgl. für 100 Baht.
Minivans von *Songserm* fahren vom Pier nach Ankunft der Boote um 10.30 und 17.30 Uhr nach CHUMPHON in 3 Std. Zurück um 10.30 und 14.30 Uhr in rekordverdächtigen 2 1/2 Std.

SAMMELTAXEN – Nach CHUMPHON 80 Baht, 3 Std., RANONG 110 Baht, 3 Std., PHUKET 250 Baht, 4 Std., PHANG NGA 150 Baht, KRABI 120 Baht, 2 1/2 Std., NAKHON SI THAMMARAT 80 Baht, 2 1/2 Std., HAT YAI 150 Baht, 5 Std., TRANG 120 Baht.

EISENBAHN – Der Bahnhof Phunpin liegt 15 km westlich von Surat Thani, mit dem orange-roten Bus Nr.1381 vom Busbahnhof Kaset 1 bis gegen Mitternacht für 10 Baht zu erreichen, mit dem Taxi für 100 Baht. Zugtickets erhält man in Surat Thani im Reisebüro beim Terminal 1. Zum Expressboot am Mittag ist der Bus von Songserm kostenlos. Wer mit dem Kombi-Ticket ankommt, wird gleich in den Bus zum Pier verfrachtet. Aufdringliche Schlepper versuchen, müden Reisenden eine Bungalowanlage aufzuschwatzen.
Von BANGKOK 8x tgl. zwischen 13.15 und 19.15 Uhr in ca. 11 Std., Preise ab 288 / 147 Baht (2./3. Kl. Sitzplatz im *Rapid*) und ab 388 / 438 Baht (oberes/unteres Bett im 2.Kl. *Sleeper* im *Rapid*).
Außerdem die beiden *Express Diesel Railcar (Sprinter)* ohne Schlafwagen, aber bequeme Sitze, um 22.30 Uhr in 8 1/2 Std. für 448 Baht.
Nach BANGKOK 8x tgl. zwischen 17.20 Uhr und 23.29 Uhr, die *Sprinter* um 11.05 bzw. 21.21 Uhr (unbedingt vorher reservieren).
Nach CHUMPHON mit lokalem Zug Nr.120 um 13 Uhr für 34 Baht in 3 1/2 Std.
Von HAT YAI fahren die *Rapid*-Züge um 15.35 und 16.56 Uhr für 164 / 97 Baht und die *Special Express* um 18.10 und 18.40 für 204 Baht (2. Kl.) in ca. 5 Std., der *Sprinter* um 17.35 Uhr für 254 Baht in 4 Std., lokale Züge um 6 und 11.17 Uhr für 57 Baht in 7 Std.
Nach HAT YAI 4x tgl. von 0.22–3.09 Uhr, der *Sprinter* um 7.10 Uhr, lokale Züge um 6.30 und 10.17 Uhr.
Von SUNGAI GOLOK an der Grenze zu Malaysia um 11.45 und 15 Uhr in ca. 9 Std. für 116 Baht in der 3. Klasse. Zurück 2x tgl. nach Mitternacht.
Nach BUTTERWORTH mit dem *Special Express* um 2.11 Uhr ab 424 Baht in 10 Std. Weiter nach KUALA LUMPUR (plus 38 RM, 17 Std.) und SINGAPORE (plus 64 RM, in 27 1/2 Std.).
Von BUTTERWORTH (PENANG) um 13.40 Uhr (Ankunft 22.59 Uhr).

FLÜGE – Der Flugplatz liegt 29 km westlich von Surat Thani. Für die Anreise nach Ko Samui taugt er nur bedingt.
Mit ***Thai Airways*** morgens und abends von/nach BANGKOK (1 Std.) für 1710 Baht, nach CHIANG MAI über Bangkok für 2970 Baht.
Von der Morgenmaschine langer und lästiger Transfer nach KO SAMUI mit dem Thai Airways-Bus für 200 Baht inkl. Fähre (Ankunft ca. 13.30 Uhr).

Thai Airways Office, 3/27-28 Karun Rat Rd., ✆ 272610.

BOOTE – Express- und Nachtboote sowie Auto-/ Personenfähren fahren laufend von den Piers in Surat Thani, Tha Thong und Don Sak nach KO SAMUI, KO PHA NGAN und KO TAO (s.S. 320, 369 und 387). Songthaews fahren zum Tha Thong Pier für 25 Baht. Wer ohne Kombi-Ticket von den Inseln kommt, erreicht den nächsten Zug mit öffentlichen Bussen nur unter Stress.

Die Umgebung von Surat Thani

Monkey Training School

Wie wäre es mit einem Besuch in der *Monkey Training School?* Hier werden Affen dazu ausgebildet, reife Kokosnüsse von den Palmen zu ernten.

7 km östlich der Stadt vom H401 nach Süden abbiegen (7 km), die Schule ist ausgeschildert. Vorführungen werden schon für 300 Baht für 1 Pers., 150 Baht p.P. bei 2 Pers. durchgeführt, bei größeren Gruppen billiger. Vorbuchen unter ✆ 077-282074, Herr Somphon.

Rajjaprabha-Damm

83 km westlich von Surat Thani liegt der Rajjaprabha-Damm, hinter dem sich das riesige **Chiew Lan Reservoir** aufgestaut hat, im Khao Sok National Park (s.S. 474).

Mit dem staatlichen Bus oder einem eigenen Fahrzeug fährt man auf dem H401 nach Westen bis zum KM 58,2 im Marktflecken **Ta Khun**, s.S. 476.

Die Schule für Affen Wer mit offenen Augen durch Süd-Thailand reist, wird sicher das Glück haben, einen Affen auf dem Soziussitz eines Motorrads zu erspähen. Touristen finden das lustig, und nur wenige wissen, daß der Affe eine abgeschlossene Ausbildung hinter sich hat und gerade auf dem Weg zur Arbeit ist.

Zwei Ausbildungszentren für Affen gibt es in der Umgebung Surat Thanis. Das älteste und bekannteste ist die **Monkey Training School** bei Kanchanadit.

Herr Somphon Sae Khow, der erfahrene Trainer, bildet seine Schüler schon seit den 70er Jahren aus. Seit 1988 gibt er recht professionelle Vorführungen.

Die rotbraunen Makaken mit dem kurzen Schwanz (pig-tailed macaque, auch Schweinsaffe) werden im Alter von ein bis drei Jahren direkt aus dem Dschungel geholt. Ihre Besitzer bringen sie zur 3- bis 5monatigen Ausbildung in die Schule und bezahlen 2500 bis 3000 Baht dafür. Täglich müssen die Schüler 30–60 Minuten trainieren, insgesamt drei bis sechs Monate lang. Erst als Fünfjährige werden sie zur Arbeit eingesetzt. Weibchen können 300–500 Nüsse pro Tag ernten, Männchen 700–1000. Nach etwa 15 Arbeitsjahren treten die Affen in den Ruhestand, sterben aber erst mit 25–30 Jahren.

Während einer Vorführung, die mindestens eine Stunde dauert, werden Fertigkeiten demonstriert, die Affen in ihrem Leben als Kokosnußpflücker benötigen: auf die Palme klettern, mit den Füßen die reife Nuß abdrehen, die Nuß entschalen, die Nüsse ein- und ausladen, die Nüsse aus dem Wasser holen und auf dem Motorrad mitfahren. Aber auch publikumswirksame Showeffekte werden geboten: so öffnet ein Affe einen Knoten in einem Seil und zieht seinem Herrn einen Stiefel aus, ein anderer verjagt Hunde und Katzen, nimmt eine Schöpfdusche, trinkt Milch mit dem Löffel und läßt seine Muskeln spielen. Zum Schluß der Show verabschieden sich die Makaken ganz höflich mit einem traditionellen Wai.

Natürlich bleibt noch Zeit für den Fototermin. Verschiedenste Posen sind möglich: Affe an der Hand, Affe auf dem Schoß, Affe auf der Schulter. Besonders gut kommt Affe beim Küßchen geben an.

KO SAMUI – KO PHA NGAN – KO TAO

Highlights

- Mit dem Motorrad die Insel Ko Samui umrunden
- Im Reggae Pub eine heiße Nacht verbringen
- Mit dem Mountainbike die wilde Landschaft von Ko Pha Ngan erkunden
- Auf Ko Pha Ngan in einer einfachen Strandhütte bei Petroleumlicht den Abend genießen
- Auf Ko Tao das Gerätetauchen lernen

Ko Samui, Ko Pha Ngan und Ko Tao

Die Inseln Ko Samui, Ko Pha Ngan und Ko Tao gehören zu einem Archipel von ca. 80 Inseln im Südwesten des Golfs von Thailand. Die Hauptinsel **Ko Samui** ist mit 247 km^2 die drittgrößte Insel Thailands, 14 km breit und 20 km lang. Auf dem 5 bis 12 m tiefen Meeresboden liegt sie 20 km vor der Küste. Ein Viertel der Insel besteht aus Flachland, das hauptsächlich mit Kokospalmen und Reisfeldern bebaut ist. Das Innere der Insel, von dichtem Wald bedecktes Hochland, wird nur wenig landwirtschaftlich genutzt. An den äußeren Hängen pflanzen die Einheimischen in ihren Gärten, die ein ungeübtes Auge nicht vom Dschungel unterscheiden kann, Durian, Rambutan, Langsat und Mangosteen an.

Nur 20 km nördlich liegt **Ko Pha Ngan**. Mit 19 km Länge und 12 km Breite ist die Insel etwa 2/3 so groß wie Ko Samui, hat aber einen völlig anderen Charakter. Während Ko Samui weich und einschmeichelnd wirkt, zeigt sich ihr kleineres Gegenüber eher von der rauhen, ungezähmten Seite. Steile, bewaldete Berge bedecken den größten Teil der Insel und gestalten die Zufahrt zu den herrlichen Stränden im Osten schwierig und zeitaufwendig. Die Strände an der flacheren Westküste wirken zumeist nur bei hohem Wasserstand attraktiv. Viele billigreisende Traveller bevorzugen die größtenteils noch recht heimeligen, unkommerzialisierten Familienbetriebe von Ko Pha Ngan, dafür nehmen sie die weniger perfekten Strände gern in Kauf.

Die kleine, felsige Insel **Ko Tao** (Schildkröteninsel) liegt 38 km nördlich von Ko Pha Ngan und 74 km von Chumphon entfernt. Sie mißt knapp 8 km in der Länge, 3 km in der Breite und hat eine Fläche von ca. 21 km^2. Bewaldete Berge reichen bis auf 379 m Höhe. Auf Ko Tao leben etwa 550 Menschen, die früher aus dem Anbau von Kokosnüssen ein mageres Einkommen erzielten. Fischfang wurde vorwiegend für den Eigenbedarf betrieben. Das harte Leben hat den etwas harschen Charakter der Einheimischen geprägt. Heute beziehen die meisten einen Teil ihres Einkommens aus dem Tourismus. Kaum ein Bewohner der Insel sehnt sich nach dem mühsamen Leben in den alten Zeiten zurück.

Ko Samui

เกาะสมุย

Die Zeiten, in denen Ko Samui als Geheimtip gehandelt wurde, in denen die Traveller mit Fischerbooten die Insel erreichten und zu Fuß die Strände eroberten, sind längst vorbei. Heute bedienen Autofähren und Schnellboote die Insel, eine 50 km lange betonierte Straße mit Seitenstraßen führt um sie herum, und sogar ein Flugplatz wurde angelegt. An den schönsten Stränden entstanden zahllose komfortable Touristen-Bungalows, und große Hotelanlagen folgten. Im Jahr 1999 werden über eine Million Gäste erwartet.

Ko Samui hat sich zu einem bekannten internationalen Ferienzentrum entwikkelt. Trotz der Trinkwasserprobleme ziehen nach und nach die großen Hotelkonzerne ein. Ko Samui ist für viele, die es nicht von früher kennen, der Inbegriff eines Südseeparadieses. Die ca. 30 000 Einheimischen sind übrigens trotz Tourismus noch immer freundlich und liebenswürdig. Die meisten gehen nach wie vor ihren traditionellen Berufen als Fischer und Bauern nach. Immer noch werden jeden Monat 2 Millionen Kokosnüsse nach Bangkok verschifft.

Die Strände von Ko Samui

Insgesamt besitzt Ko Samui 26 km Sandstrand. Die bekanntesten Strände, Chaweng und Lamai, liegen an der Ostküste. Sie glänzen mit weißem Sand, sauberem Wasser und Palmen im Hintergrund und sind entsprechend beliebt.

Die ruhigeren Strände im Norden werden weitaus weniger frequentiert, und im Westen oder Süden gibt es noch richtige Einsamkeit. Allerdings sind hier die Strände flach, z.T. korallendurchsetzt und bei Ebbe nicht zum Baden geeignet. Nicht zu übersehen ist der

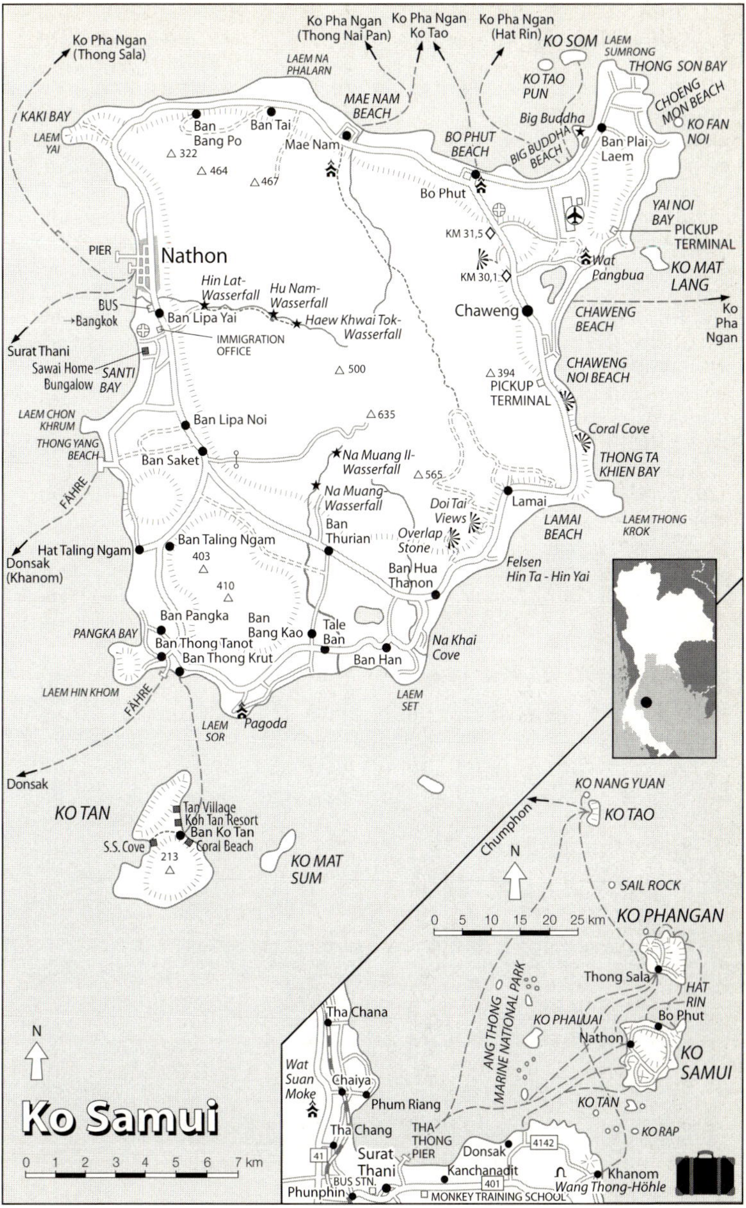
Ko Samui
Ko Pha Ngan (Thong Sala)
Ko Pha Ngan (Thong Nai Pan)
Ko Pha Ngan Ko Tao
Ko Pha Ngan (Hat Rin)
KO SOM
LAEM SUMRONG
THONG SON BAY
LAEM NA PHALARN
KO TAO PUN
CHOENG MON BEACH
KO FAN NOI
KAKI BAY
MAE NAM BEACH
Big Buddha
LAEM YAI
Ban Bang Po
Ban Tai
Mae Nam
BO PHUT BEACH
BIG BUDDHA BEACH
Ban Plai Laem
Bo Phut
YAI NOI BAY
PICKUP TERMINAL
KM 31,5
PIER
Nathon
Wat Pangbua
KO MAT LANG
KM 30,1
Hin Lat-Wasserfall
Hu Nam-Wasserfall
Chaweng
Ko Pha Ngan
BUS
→Bangkok
Ban Lipa Yai
Haew Khwai Tok-Wasserfall
CHAWENG BEACH
IMMIGRATION OFFICE
Surat Thani
Sawai Home Bungalow
SANTI BAY
CHAWENG NOI BEACH
PICKUP TERMINAL
LAEM CHON KHRUM
Ban Lipa Noi
Coral Cove
THONG YANG BEACH
Ban Saket
Na Muang II-Wasserfall
THONG TA KHIEN BAY
FÄHRE
Na Muang-Wasserfall
Lamai
Doi Tai Views
LAMAI BEACH
LAEM THONG KROK
Ban Thurian
Overlap Stone
Hat Taling Ngam
Ban Taling Ngam
Donsak (Khanom)
Felsen Hin Ta - Hin Yai
Ban Hua Thanon
Ban Pangka
Ban Bang Kao
Tale Ban
PANGKA BAY
Ban Thong Tanot
Ban Thong Krut
Ban Han
Na Khai Cove
LAEM HIN KHOM
FÄHRE
LAEM SET
LAEM SOR
Pagoda
Donsak
KO TAN
Tan Village
Koh Tan Resort
Ban Ko Tan
Coral Beach
S.S. Cove
KO MAT SUM
N
0 1 2 3 4 5 6 7 km
KO NANG YUAN
KO TAO
Chumphon
N
SAIL ROCK
0 5 10 15 20 25 km
KO PHANGAN
Thong Sala
HAT RIN
ANG THONG MARINE NATIONAL PARK
KO PHALUAI
Bo Phut
Nathon
KO SAMUI
Tha Chana
Wat Suan Moke
Chaiya
Phum Riang
KO TAN
KO RAP
Tha Chang
THA THONG PIER
Donsak
4142
41
Surat Thani
Kanchanadit
401
Khanom
BUS STN.
Wang Thong-Höhle
Phunphin
MONKEY TRAINING SCHOOL

Müll, der an vielen Stränden weggeworfen oder angeschwemmt, aber kaum aufgelesen wird.

Bungalows

Anfang 1998 gab es auf Ko Samui 240 Bungalow-Anlagen mit ca. 6800 Zimmern, davon 2800 mit Fan, 4000 mit ac, außerdem 75 Komfort-Anlagen mit 4500 Zimmern. Mit etwas Planung bei der Auswahl des Strandes und des Bungalows findet heute fast jeder Reisende, was seinen Vorstellungen entspricht. Einfachst-Bungalows sterben langsam aus. Die neueren bieten durchweg mehr Komfort.

Für 80 Baht ist durchaus noch eine ganz **einfache Hütte** zu haben. Ein einfacher **Bungalow** mit integrierter Du/WC kostet 100–180 Baht, am Mae Nam Beach bereits ab 80 Baht. Soll das Häuschen etwas solider gebaut und mit ein wenig Komfort ausgestattet sein, wie Stuhl, Tisch, gute Matratze und Ventilator, sind 150–500 Baht fällig. In der Preisklasse von 500 bis 1000 Baht überwiegt das Angebot an 10 Monaten im Jahr bei weitem die Nachfrage.

Reisende, die weniger aufs Geld schauen, können einen **Komfortbungalow** wählen, der zwischen 1000 und 2000 Baht kostet. Diese Preiskategorie bezeichnen wir auch als **Mittelklasse**. Hier kann man mit Klimaanlage, Sauberkeit und sehr guter Ausstattung rechnen. Hotelzimmer oder Bungalows über 2000 Baht gehören zur **First Class** Kategorie, die meistens von Pauschalurlaubern gebucht werden. Die Preise werden in Dollar angegeben, bezahlt wird jedoch zum Tageskurs in Baht. Die wenigen Hotels der **Luxusklasse** bieten Zimmer von internationalem Standard, die weit über 100 US-Dollar kosten und mit Kreditkarte bezahlt werden. Wenn die thailändische und die europäische Reisezeit über Weihnachten und Neujahr zusammenfallen und fast alle Zimmer belegt sind, verlangen einige der besseren Anlagen vom 20.12.–10.1. nochmals einen Top-Zuschlag von 25 bis 50% sowie die Teilnahme an einem teuren Weihnachts- oder Silvestermenü.

Unsere Preiseinteilung gilt für die übrige Zeit der sogenannten **Hochsaison** (Mitte Juni bis August und Dezember/Januar), während

Schon am Flughafen von Ko Samui herrscht Urlaubsstimmung

der bei weitem nicht alle Zimmer belegt sind. In der **Nebensaison** und bei geringer Auslastung lassen sich kräftige Abschläge erzielen (bei Mittelklasse-Anlagen bis zu 50%). Wer es nicht schafft, an der Rezeption einer Mittelklasse- bis Luxusanlage einen akzeptablen Preis zu erhalten, kann versuchen, in einem der zahllosen Reisebüros (z.B. *Samui Inter Travel* am Chaweng Beach) einen günstigeren Voucher zu kaufen.

Jede Bungalowanlage hat ihr eigenes **Restaurant**, in vielen ist das Essen preiswert und hervorragend. Wer geräuschempfindlich ist, sucht sich am besten einen Bungalow mit entsprechendem Abstand zum Restaurant und zur Bar.

Die üblichen Arten touristischer **Unterhaltung** werden am Lamai und am Chaweng Beach reichlich angeboten. In vielen Restaurants werden allabendlich westliche, englischsprachige Videos gezeigt. Die schmutzigen Hauptstraßen verwandeln sich jeden Abend in eine aufgesetzte Glimmerwelt. Es gibt Discos, Clubs, Pubs, Bars mit und ohne Hostessen und sogar Vorführungen klassischer Thai-Tänze mit Dinner. Auch Go-Go-Bars mit öffentlicher Anmache haben sich etabliert.

Die Qual der Wahl

Wir empfehlen, zunächst nach der Beschreibung einen Strand auszuwählen und sich vom Pickup dort absetzen zu lassen. Wer bereits auf dem Boot von einem Schlepper angeworben wurde, für den sollte die Pickup-Fahrt gratis sein.

Wenn die ausgewählte Anlage nicht zusagt, kann man immer noch wechseln, das Gepäck in einem vertrauenswürdigen Restaurant unterstellen und zu Fuß auf die Suche nach einer geeigneten Unterkunft gehen. Zur Not nimmt man irgendeine für die erste Nacht und reserviert etwas Besseres für die folgenden Tage.

Wer nicht auf Anhieb seinen Idealstrand erwischt hat, mietet am nächsten Tag ein Motorrad und klappert andere Strände ab. Falls der Traum-Bungalow belegt ist, kann man es mit einer Reservierung versuchen.

Klima und Reisezeit

Ko Samui besitzt ein eigenes Mikroklima. Fast immer ist **gute Reisezeit**, wenn man die richtige Gegend aussucht: Während des Nordostmonsuns von Mitte November bis Mitte Februar bestehen bessere Bademöglichkeiten im Norden, Westen oder Süden, in der übrigen Zeit an den Superstränden der Ostküste. Von April bis Juni schwächt der Wind ab, es wird z.T. unerträglich heiß. Von Mai bis Juli ist mit abendlichen Wärmegewittern zu rechnen, die jedoch kaum Abkühlung bringen.

Die Monate August bis Oktober sind eigentlich eine **ideale Reisezeit**, werden aber von einigen Reiseveranstaltern und in touristischen Werbeschriften fälschlich als Regenzeit bezeichnet und von vielen Reisenden gemieden. Neben der **Hauptsaison**, die – trotz der Regenzeit – normalerweise von Mitte Dezember bis Ende Januar dauert, wird Ko Samui auch von Februar bis April gut besucht.

Wer tagsüber direkt vom Strand weg ins Meer hüpfen will, sollte sich an den flachen Stränden am besten zur Neumondzeit einquartieren. Dann findet die hohe Flut nämlich um die Mittagszeit statt. An **Vollmond** (s.S. 56) kann sich das Meer dagegen tagsüber sehr weit zurückziehen.

Nathon

หน้าทอน

Der Hauptort der Insel, mittlerweile eine kleine Stadt, ist von geschäftiger Aktivität erfüllt und voll auf die Bedürfnisse von Touristen und Hoteliers eingestellt. Die Preise haben bereits ein gehobenes Niveau erreicht. Hier legen die Express- und Nachtboote an. In der Nebensaison versuchen Schlepper, Neuankömmlingen bei der Ankunft einen Bungalow aufzuschwatzen, andere Aufdringlichkeiten sind aber in der Regel nicht zu erwarten. Die Einkaufsmöglichkeiten sind, mit Ausnahme von Obst und Gemüse, kaum besser als an den Stränden. Die meisten Gäste zieht es so schnell wie möglich an die Strände. Doch im Notfall (z.B. bei Sturm) kann man auch im Ort übernachten.

Übernachtung

In der Uferstraße **Chonvithi Rd.** liegen:
Palace Hotel*** (ac****) auch (Chai Thale) ⑤, ✆ 421079, ℻ 421080, gute, saubere, geräumige Zimmer mit Fan oder ac, z.T. mit Terrassen.
Win Hotel**** ⑥, ✆/℻ 421500, alle Räume mit ac, Coffee Shop.
Jinta** ⑦, vom Strand zurückversetztes Reihenhaus, einfache Zimmer.
Seaview Hotel*** ⑧, ✆ 421481, am südlichen Ende der Strandstraße, daneben liegen zwei Seafood-Restaurants.
An der Hauptstraße **Tawirat Pakdi Rd.**:
Seaview Guest House**-*** ④, ✆ 420052, Stadthaus, 30 kleine Zimmer mit Fan und ac, mit oder ohne Du/WC.
Damrong Town Hotel**** ③, ✆ 420359, ℻ 420336, 32 Zi mit Fan/ac und Du/WC, Restaurant.
Chao Koh***-**** ①, ✆ 421214, komfortable Bungalows, ca. 1 km nördlich der Stadt.
Chai Thong House** ②, gleich auf der anderen Seite des Baches.

Essen

An der Uferstraße Chonvithi Rd. und an der Amphoe Road gibt es eine Menge Restaurants, hauptsächlich mit europäischem Essen. Sonntags schließt alles bereits um 18 Uhr.
Wirklich gut und preiswert ist das Essen immer noch im ***Thai-Restaurant*** schräg gegenüber von der Siam City Bank.
Etwas Besonderes, wie frischen Käse, Salami, Schinken und Brötchen, aber auch *Chili con Carne* und Knoblauchsuppe, ist im spanischen Restaurant ***El Pirata*** in der Amphoe Road zu erstehen.
Im ***Marco Polo Restaurant*** an der Strandstraße bekommt man Gulasch, Erbsensuppe und eine riesige Auswahl an Kaffee aus fast allen Anbaugebieten der Welt. Deutsche Speisekarte.
In der beliebten ***R. T. Bakery*** (auch *Hot Bread Shop*) an der Amphoe Road gibt es mehr als nur Brot und Kuchen.
Im angenehmen ***Tang's Restaurant & Bakery*** an der Hauptstraße kann man an Tischen mit Decken Pizza und andere italienische Gerichte essen, zudem gibt es Kuchen und hausgemachte Nudeln.
Das *vegetarische Restaurant* in der Angthong Rd. öffnet erst am späten Nachmittag.
In einem netten Garten am Meer liegt das ***Sunset Seafood Restaurant***.
Obst, Gemüse und frischen Fisch kauft man am besten vormittags auf dem Markt.

Sonstiges

AFFENSHOWS – viele Kleinunternehmer lassen ihre Kokosnußpflückaffen vor Touristen auftreten.

ALTERNATIVE MEDIZIN – Im ***Samui Dharma Healing Center*** bieten Greg und Hillary Hitt, ✆ 234170, verschiedene therapeutische Techniken und geleitete Meditation; links vor dem Hospital beim *Sawai Home*.

BENZIN – kostet an den richtigen Tankstellen ca. 12-13 Baht pro Liter, an den Mini-Tankstellen an der Ringstraße und beim Verleiher der Fahrzeuge dagegen ca. 15 Baht.

BÜFFELKAMPF – Eine traditionelle Form der Unterhaltung, die für die Einheimischen organisiert wird. Im Gegensatz zum spanischen Stierkampf fließt beim Ko Samui-Büffelkampf kaum Blut, und es ist kein Torero in den Kampf verwickelt.
Nach langer Vorbereitung rasen zwei Büffel aufeinander los, die Köpfe stoßen mit Getöse zusammen, sie kämpfen mit ihren Hörnern und ihrem vollen Körpergewicht, bis einer aufgibt und davonrennt. Das kann schon nach einigen Sekunden der Fall sein, soll aber auch schon einmal 2 Stunden gedauert haben.
Den Einheimischen kommt es bei diesem Sport aufs Wetten an, und am Ende jeden Kampfes wechselt viel Geld die Besitzer.
Kampfplätze gibt es u.a. in Chaweng, Bo Phut und Na Meung (südwestlich von Ban Lamai).

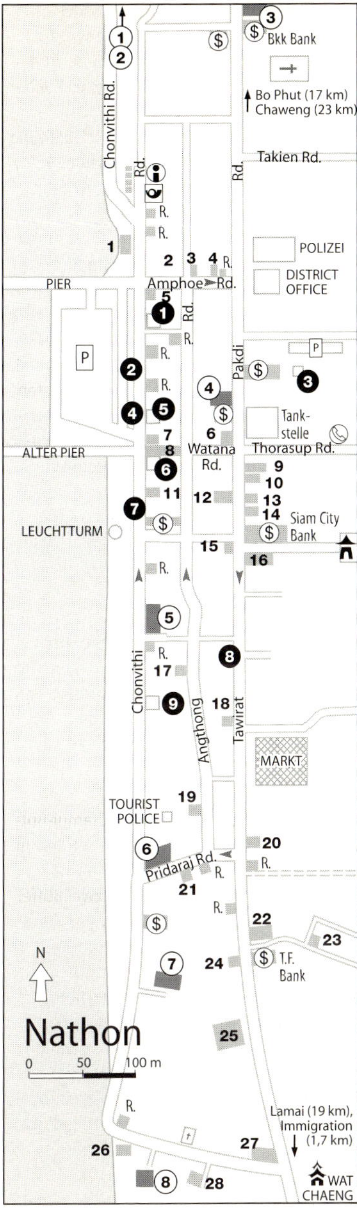

Übernachtung:
(1) Chao Koh
(2) Chai Thong House
(3) Damrong Town H.
(4) Seaview Gh.
(5) Palace H.
(6) Win H.
(7) Jinta Bungalow
(8) Seaview H.

Transport:
1 Songserm
2 Pickups
3 AA Travel
4 Ac-Minibus →Flugplatz
5 Bangkok Airways
6 Songserm 2
7 Bus→Surat Thani, Krabi, Phuket, Hat Yai
8 Motorrad-Taxis
9 World Travel

Läden, Restaurants etc.:
1 Thai-Massage
2 R.T. Bakery
3 El Pirata R.
4 Nathon Book Shop
5 Easy Divers
6 Hot Bread Shop Bäckerei
7 Chao Koh R.
8 Ruong Thong Bakery
9 Samui Medical Clinic
10 Will Wait R.
11 Marco Polo R.
12 Supermarkt
13 Orthopäde
14 Nowi Metzgerei
15 Thai-Restaurant
16 Supermarkt
17 Kieo Coffee House
18 Apotheke
19 Vegetarisches R.
20 Tang´s R. + Bakery
21 Vegetarisches R.
22 Samui Mart
23 Grilled Duck R.
24 Zahnarzt
25 Markt für Haushaltswaren
26 Sunset Seafood R.
27 Samui Foods Center
28 Supermarkt

Die Kämpfe finden nicht an bestimmten Tagen statt, doch bietet jedes Fest einen Anlaß.
Am besten in der Unterkunft oder einem Restaurant nachfragen.
Normalerweise kostet der Eintritt 100 Baht für Männer, 80 Baht für Frauen.

GELD – Banken und Wechselstuben in der Tawirat Pakdi Road und an der Uferstraße haben zum Teil recht unterschiedliche Kurse, so daß sich ein Vergleich lohnt.
Siam City Bank hat tgl. von 8.30–20 Uhr geöffnet. Hierher kann man problemlos telegrafisch Geld überweisen lassen. Auch bietet sie Schließfächer und *Poste Restante Service* an.

IMMIGRATION – 1,7 km südlich von Nathon, 200 m vor der Kreuzung rechts, weißes Haus mit der Thai-Flagge (mit Songthaew 5 Baht), geöffnet Mo–Fr von 8.30–12 und 13–16 Uhr, zweimonatige Touristenvisa werden für 550 Baht um 30 Tage verlängert; 1 Paßfoto mitbringen.

IMMOBILIEN – Wer sich mit der Absicht trägt, ein eigenes Häuschen auf Ko Samui zu erwerben, kann sich an das deutsche Immobilienbüro Fischer-Zernin wenden, P.O. Box 105, 3/5 421332.
Mit riesigen Tafeln werben ***Richard & Klaus*** für ihre Grundstücke und Luxus-Häuser am *Hat Taling Ngam*, ✆ 421342.

INFORMATIONEN – neues TAT-Office im alten Postgebäude. Gute Infos über Ko Samui im Internet unter: www.sawadee.com; viele Links zu Web-Sites unter: www.amazingsamui.com

JEEPS – werden an mehreren Stellen vermietet ab 800–1000 Baht (Inkl. Versicherung). Der Paß wird als Sicherheit einbehalten.

KIRCHE – In der Katholischen Kirche ***St. Anna*** wird sonntags um 8.30 Uhr Messe abgehalten.

MEDIZINISCHE HILFE – Ärzte praktizieren in ihren privaten *Clinics* nur von 7–8 Uhr und von 17–19 Uhr außer an Sonn- und Feiertagen. Sonst arbeiten sie im Hospital, 2 km südlich von Nathon, Aufnahme Mo–Fr von 8.30–16.30 Uhr. Dort können sich Kranke billiger, in schweren Fällen vom Chefarzt, behandeln lassen. Die Ärzte verkaufen auch Medizin.
Ein privates Krankenhaus mit 24-Std.-Notdienst liegt bei Bo Phut (s.S. 337).
Wer zuckerkrank ist, kann durchaus nach Ko Samui reisen. Erfahrungen haben gezeigt, daß der Zuckerspiegel nach dem Urlaub sogar niedriger sein kann. Entsprechende Informationen erhält man im ***Magic Light Restaurant*** am Chaweng Beach.

MOTORRÄDER – Wir müssen davon abraten, in Nathon Mopeds oder Motorräder zu mieten! Es ist wiederholt passiert, daß ein solches Moped nachts vor dem Bungalow am Strand gestohlen wurde – offenbar mit einem Zweitschlüssel. Die Polizei war machtlos, obwohl es sich mehrfach um denselben Vermieter handelte. Da der Paß als Sicherheit hinterlegt war, hatten die Betroffenen Schwierigkeiten, das Land zu verlassen. Im schlimmsten Fall unbedingt die Tourist Police und evtl. die Botschaft einschalten.
Es scheint sicherer zu sein, das Moped beim Bungalowbesitzer oder über ihn zu mieten. Versicherungen für Motorräder sind illegal und keinen Baht wert.

POLIZEI – ***Tourist Police***, in der Stadt, ✆ 421281, ✆ 421360; Notruf 1699.
Absolut korrekt und vernünftig haben uns die Polizisten in der Polizei Station in Nathon, ✆ 421095, behandelt, als wir wegen einer Falschanzeige vorgeführt wurden. Am besten ruhig, aber bestimmt auftreten. Von dem häufigen Ratschlag, den Fall mit Geld aus der Welt zu schaffen, halten wir überhaupt nichts.
Weitere Polizeireviere gibt es in Chaweng, ✆ 422067, in Lamai, ✆ 424068, in Mae Nam, ✆ 425070, in Big Buddha, ✆ 425071, und in Hua Thanon, ✆ 424069.

POST – am nördlichen Ende der Uferstraße, Überseetelefon (7–22 Uhr) und *Poste Restante Service*, hilfsbereites Personal. Sea-Mail-Pakete benötigen vier Monate bis nach Deutschland. Geöffnet Mo–Fr 8.30–16.30 Uhr, Sa und So bis 12 Uhr.

QUALLEN – kommen häufig bei Ebbe an die Wasseroberfläche und können das Baden zuweilen beträchtlich verleiden. Es kann zu starken allergischen Reaktionen mit Fieber und Schüttelfrost kommen. Als erste Hilfe ist Essig oder eine andere Säure geeignet.

REISEBÜROS – Rings um die Piers gibt es viele große und kleine Reisebüros, in denen Bus-, Zug-, Schiffs- und Flugtickets verkauft, Flüge gegen Gebühr rückbestätigt oder Ausflüge gebucht werden können. Internationale Flüge kosten etwa 1000 Baht mehr als in Bangkok.

REISEZEIT – s.S. 14–15.

ROLLI – Laut einem ausführlichen Leserbrief ist Ko Samui, auch wegen des Flugplatzes, rollstuhlgeeignet. Jeder Rolli-Fahrer mit Begleitperson kann hier auch ohne Reiseerfahrung Urlaub machen. Trainierte Leute in guter körperlicher Verfassung können es sich allein zutrauen. Besonders zu empfehlen ist die Bungalowanlage *PARROT* am Chaweng Beach.

SPRACHKURSE – ***Ko Samui Language Intercultural Center***, 63 Mu Tee 1, Richtung Hospital links; bietet Thai-Kurse und Kurse für Yoga, Meditation, Tai Chi u.a. an.

TAUCHEN – von Ko Samui aus s.S. 368.

TRADITIONELLE MASSAGE – im Strand-Pavillon vor dem Postamt, meist von alten Männern (ca. 60 Baht pro Std.).

VORWAHL – 077; PLZ: 84 140.

ZIMMERBUCHUNG – Im Flughafen Bangkok oder am Flugplatz Ko Samui kann man bei ***Bangkok Airways*** gute Bungalowanlagen und Hotels aus einem Katalog aussuchen und mit 10–20 % Rabatt buchen.

Einkaufen

BÜCHER – tauschen die Second Hand-Bookshops an der Amphoe Rd. im Verhältnis 1 zu 2. Im ***Nathon Book Shop*** findet man selbst deutsche Klassiker. Gebrauchte Bücher werden relativ teuer (fast zum vollen Preis) verkauft.

LANDKARTEN – farbenprächtige Karten von Ko Samui, Ko Pha Ngan und Ko Tao werden in einigen Läden verkauft. Gut ist die *Guide Map* von V. Hongsombud (50 Baht), auf der die meisten Unterkünfte eingezeichnet sind. Es sind auch minderwertige Kopien im Umlauf.

SUPERMÄRKTE – zwei gut sortierte Supermärkte in der Tawirat Pakdi Road.

TEXTILIEN – gibt es mehr als genug. Wer nichts Vorfabriziertes findet, kann sich günstig etwas schneidern lassen. Möglichst einen Schnitt oder eine Originalvorlage mitbringen, den die Schneiderinnen phantastisch kopieren.

ZEITUNGEN – 3 bis 7 Tage alte Zeitungen aus Deutschland, der Schweiz oder Holland gibt es bei *El Pirata* (ca. 70 Baht).

Nahverkehrsmittel

PICKUPS – Das übliche öffentliche Transportmittel sind Pickups mit Bänken (Songthaews). Sie haben die jeweiligen Strände angeschrieben und fahren ihre Ziele von 6–19 Uhr (z.T. auch später) laufend an. Bei Ankunft eines Bootes sind sie am Pier oder an der Ferry Jetty versammelt, ihre Ziele werden ausgerufen. Ansonsten kreisen sie hupend durch die Straßen von Nathon und stoppen auf ein Zeichen überall. Man kann um die ganze Insel fahren, muß aber in Chaweng Noi umsteigen.
Eine Fahrt kostet von Nathon nach MAE NAM, BO PHUT und BIG BUDDHA 20 Baht, CHOENG MON und CHAWENG 30 Baht, LAMAI 30 Baht; ab der Autofähre z.T. 5 Baht mehr. Geld passend bereithalten. Nach 18 Uhr wird häufig das Doppelte verlangt.
Um 20.30 Uhr fährt das Nacht-Pickup von Nathon nach MAE NAM für 50 Baht, nach CHAWENG und LAMAI für 70 Baht. Ein Pickup zum Strand zu chartern kostet etwa 400 Baht.

MOTORRAD-TAXIS – warten ein paar Schritte nördlich vom Markt auf Fahrgäste zum Busbahnhof (10 Baht), zum Immigration Office (10 Baht) und zum Krankenhaus (15 Baht); andere Strecken aushandeln.

Transport – Anreise

Kommt man erst gegen 18 Uhr oder später auf Ko Samui an, ist es ratsam, für die erste Nacht die Dienste der Schlepper anzunehmen.

BUSSE – Von BANGKOK fahren ac-Busse um 20 Uhr für 327 Baht in 14 Std. nach Ko Samui, 2.Kl.-ac-Bus um 19.30 Uhr für 256 Baht.
Der ac-Bus aus der Khaosan Road fährt gegen 18 Uhr für 180–285 Baht (inkl. Fähre), der sogenannte VIP-Bus kostet 470 Baht (nur bei guten Reisebüros ein echtes Ticket kaufen und vor dem Einsteigen fotokopieren).

Vor diesen **Khaosan-Bussen** (s.S. 189) nach Ko Samui muß dringend gewarnt werden. Bei vorgetäuschten Reifenpannen wurden Rucksäcke entwendet bzw. durchsucht.
Schlafenden Passagieren wurden auf meisterhafte Weise Geld und Reiseschecks gestohlen.
Zudem kommen die Busse fast immer so präzise „verspätet" in Surat Thani an, daß das erste Expreß-Boot „leider" verpaßt wird und die Passagiere im zugehörigen Coffee House frühstücken müssen. Anschließend dürfen sie in einen Minibus zum Pier umsteigen.

Von PHUKET mit ac-Bus von *Phantip* um 10 Uhr für 193 Baht in 8 1/2 Std., mit *Songserm* um 9 Uhr für 305 Baht.
Von KRABI mit ac-Bus um 9 und 11 Uhr direkt für 280 Baht (Ankunft 16.30 Uhr).
Von HAT YAI mit ac-Bus um 8 Uhr für 200 Baht in 7 Std. (inkl. Fähre).
Billiger als diese direkten ac-Busse nach Ko Samui sind die entsprechenden non-ac-Busse nach Surat Thani, s.S. 313, bei denen jedoch die Kosten für Tuk Tuk-Fahrt, Bus zum Pier und Fähre bzw. Expressboot hinzukommen.
Von PENANG fahren durchgehende ac-Minibusse tgl. um 4.30 Uhr für ca. 40 RM (ca. 460 Baht) in 12–14 Std.

EISENBAHN – Bequem ist das kombinierte „Zug–Bus–Expressboot–Ticket" ab BANGKOK mit den *Rapid* Zügen um 17.35 und 18.20 Uhr bzw. dem *Express* Nr.15 um 19.15 Uhr, Bustransfer zum Hafen und Überfahrt mit der Fähre um 9 Uhr; Ankunft auf Ko Samui um 10.30 Uhr. Es kostet 438 / 297 Baht (Sitzplatz in der 2. / 3. Kl.) und 538 / 588 Baht (2.Kl.-Schlafwagen oberes / unteres Bett) bzw. 688 / 758 Baht (2.Kl.-ac-Schlafwagen oberes / unteres Bett). Diese Preise bezahlt man im Bahnhof, in Reisebüros ca. 40 Baht mehr.
Im Bahnhof von BANGKOK wird ein kombiniertes „Special Ticket" über CHUMPHON (s.S. 303) verkauft, das für die ac-Wagen im *Express* Zug um 19.15 Uhr bzw. im *Sprinter* um 22.30 Uhr gilt; es kostet inkl. Transfer zum Hafen und Expressboot von *Songserm* über Ko Tao und Ko Pha Ngan für das obere Bett 1305 Baht, für das untere 1375 Baht. Wer auf die Klimaanlage verzichten kann und den Transfer in Chumphon über das Gästehaus organisiert, spart 175 Baht. Ankunft gegen 14 Uhr.
Selbstverständlich kann man auch andere Zugtickets nach Surat Thani (s.S. 313) oder Chumphon (s.S. 303) kaufen und mit anderen Booten – z.T. erheblich billiger – nach Ko Samui fahren.

BOOTE – Von SURAT THANI fahren 3 unterschiedliche Boote von 3 Piers ab.
Mit dem **Expressboot** von ***Songserm*** ab Tha Thong Pier tgl. um 8, 12 und 14.20 Uhr (in der Nebensaison nur gegen 8 und 14.20 Uhr) in 2 1/2 Std. für 115 Baht (Rückfahrscheine für 210 Baht werden nur ungern verkauft, ac-Zuschlag 30 Baht). 30 Min. vorher fährt ein Zubringerbus vom Songserm-Büro ***S. Travel Express*** ab, 45 Min. vorher vom Bahnhof in Phunpin (der Morgenbus kostet 10 Baht) zum Pier. In Nathon besteht direkter Anschluß an das Boot nach Ko Pha Ngan. Die Boote sind in der Saison fast immer überladen. Sicherer, angenehmer und pünktlicher ist die Fähre.
Mit der **Autofähre** vom Don Sak Pier zur Samui Ferry Jetty 5–8x tgl. zwischen 8 und 18 Uhr in 1 1/2 Std., 40 Baht, Motorrad 30 Baht, PKW 180 Baht (inkl. Fahrer), Minibus 200 Baht.
Busse von ***Samui Tour*** fahren um 6.50, 8.30, 10.30, 12.30 und 15.30 Uhr ab Surat Thani für 70 Baht (inkl. Autofähre) nach Nathon (ca.

4 Std.), ac-Busse um 8.30 (meist überfüllt), 12.30 und 15.30 Uhr für 90 Baht (an Bord muß man den Bus verlassen).
Das **Nachtboot** vom zentralen Pier in Surat Thani nach Nathon um 23 Uhr für 80 Baht (unteres Deck 50 Baht) ist bequem und wird von vielen sparsamen Travellern benutzt. Falls es nicht wieder einmal mit dem Gegenboot zusammenstößt, kommt es um 5 Uhr an.
Von KO PHA NGAN s.S. 369, von KO TAO s.S. 387, von CHUMPHON s.S. 303.

FLÜGE – Bangkok Airways verlangt für alle nationale Flüge von Ko Samui eine Airport Tax von 100 Baht, internationale Flüge 150 Baht.
Direkt von BANGKOK mit ***Bangkok Airways*** 12–16x tgl. zwischen 7.20 und 18.30 Uhr für 2650 Baht in 75 Min., häufig unpünktlich und ausgebucht; Reservierung in Bangkok unter ✆ 2293456.
Von PHUKET mit ***Bangkok Airways*** 1–2x tgl. in 50 Min. für 1530 Baht.
Von U-TAPAO mit ***Bangkok Airways*** 3–4x tgl. in 60 Min. für 1890 Baht.
Von SINGAPORE fliegt ***Bangkok Airways*** tgl. um 17.10 Uhr in 2 Std. 20 Min. für 4000 Baht bzw. 353 S$ (14 Tage Excursion hin und zurück für 560 S$).
Von SINGAPORE fliegt ***Region Air*** mit kleinen Maschinen jeden Do und So um 7.50 Uhr für ca. 750 S$ (= ca. 930 DM, hin u. zurück), Ankunft um 10.35 Uhr. Rückflug am selben Tag. Pickups zu den Stränden kosten 60 Baht.
Die Flüge mit ***Thai Airways*** von BANGKOK kommen über den Flugplatz 29 km westlich von Surat Thani (s.S. 313), langer und lästiger Transfer nach Ko Samui für 200 Baht.

Transport – Weiterreise

BUSSE – Auf Ko Samui erfährt man ganz leicht, wie man weiterkommt. Alle Reisebüros der Insel werben mit Handzetteln und unterschiedlichen Preisen für ihre ac-Busse und ac-Minibusse nach BANGKOK um 7.15 und 14.30 Uhr ab der Chonvithi Rd. (Ankunft um 19.35 bzw. von 5.35–9.10 Uhr), z.B. ein sogenannter VIP-Bus für 400 Baht.
Die staatlichen ac-Busse nach Bangkok für 327 Baht fahren um 14.30 Uhr ab der Bus Station, 1,5 km südlich von Nathon.
Nach SURAT THANI mit non-ac-Bus um 7.30, 9.30, 11.30, 13.30, 14.30 und 16.30 Uhr für 70 Baht (inkl. Fähre), mit ac-Bus um 7.30, 11.30 und 13.30 Uhr für 90 Baht (inkl. Fähre).
Nach PHUKET um 7.30 und 14.30 Uhr für 193 Baht (inkl. Fähre) oder 250 Baht (inkl. Expressboot) in ca. 7 Std. (diese Busse fahren **nicht** über Khao Sok und Khao Lak).
Nach KRABI mit ac-Bus um 7.30 und 14.45 Uhr für 265 Baht (inkl. Fähre) oder um 7.15 und 14.30 Uhr (Ankunft um 14 bzw. 20 Uhr) für ca. 300 Baht (inkl. Expressboot).
Nach HAT YAI um 7.30 Uhr für 195 Baht (inkl. Fähre) oder 280 Baht (inkl. Expressboot) in ca. 7 Std., weiter nach SUNGAI GOLOK für 500 Baht.
Nach PENANG ab 400 Baht (inkl. Fähre) oder 550 Baht (inkl. Expressboot) in ca. 14 Std., KUALA LUMPUR für 850 Baht und SINGAPORE für 950 Baht in ca. 30 Std. Diese Busse werden häufig überbucht, so daß sich 4 Passagiere 3 Sitzplätze teilen müssen.
Achtung: Auf der Fähre wurde mehrfach Gepäck erleichtert, das im Fahrgastraum des Busses zurückgelassen worden war.

EISENBAHN – Nach BANGKOK fahren ab SURAT THANI tgl. 10 Züge. Jedes Reisebüro bucht per Telefon mit 40 Baht Aufschlag.
Mit dem kombinierten „Expressboot-Bus-Zug-Ticket" über Surat Thani nimmt man das Expressboot um 14.30 Uhr und einen der *Rapid* Züge um 17.20 und 17.50 Uhr oder den *Express* Nr.16 um 19.03 Uhr nach BANGKOK (Preise s.o.); Ankunft um 5.10, 5.35 bzw. 5.50 Uhr.
Mit dem kombinierten „Special Ticket" über Ko Pha Ngan und Ko Tao geht es um 10.50 Uhr mit dem Expressboot nach Chumphon, wo man die 3 *Rapid* Züge um 20.14, 20.30 oder 23.48 Uhr sowie den *Express* Nr.16 um 21.47 Uhr nach BANGKOK nehmen kann (Preise s.o.); Ankunft um 5.10, 5.35, 8.35 bzw. 5.50 Uhr.

Rechtzeitig buchen. Direkt am Bahnhof gibt es häufig noch einzelne Plätze im Schlafwagen.
Nach Süden fahren alle Schnellzüge mitten in der Nacht ab, nur 2 lokale Züge tagsüber.

BOOTE – Zum Bus-, Zug- oder Flugzeug-Ticket wird gleich das passende Bootsticket mitverkauft (Preise s.o. bei Anreise). Bei der Ankunft auf dem Festland sollte man sich flink um seinen Sitz im Anschlußbus kümmern.
Den Zug wegen eines Maschinenschadens am Boot zu verpassen, gehört zu den Abenteuern bei einer Asien-Reise!
Surat Thani: Mit dem **Expressboot** von Nathon zum *Songserm*-Pier um 7.15, 12 (nur in der Saison) und 14 Uhr in 2 1/2 Std. (in der Saison wird dieses Boot gefährlich überladen).
Mit der **Auto- und Personenfähre** nach DON SAK vom *Ferry Jetty* (9 km südlich von Nathon) 5–9x tgl. von 7–17 Uhr. Der neue Pier bei Thong Tanot (14 km südlich von Nathon) soll bald in Dienst gestellt werden.
Vom **Nachtboot** um 21 Uhr müssen wir wegen mehrerer Unfälle abraten!
Ko Pha Ngan: Nach THONG SALA mit dem **Expressboot** ab Nathon um 9.40, 10.50 und 17.10 Uhr für 70 Baht in 40 Min.
Nach HAT RIN WEST mit **Passagierbooten** ab Big Buddha um 10.30, 13 und 16 Uhr für 80 Baht.
Nach THONG NAI PAN ab Mae Nam von Januar bis September um 12 Uhr für 120 Baht. Diese Boote fahren bei stürmischer See nicht.
Ko Tao: Mit dem *Songserm*-**Expressboot** ab Nathon um 8.30 Uhr für 300 Baht in 90 Min. (umsteigen in Thong Sala).
Mit dem 600-PS-**Speedboot** (✆ 425197) um 13 Uhr für 450 Baht in 80 Min. über Thong Sala (30 Min.). Zurück nach NATHON um 9.30 Uhr über Thong Sala (350 Baht, 1 Std.).
Mit dem **Speedboot** ab Bo Phut über Thong Sala (200 Baht) um 8.30 und 12 Uhr für 450 Baht in 90 Min. (✆ 425197). In der Nebensaison fährt tgl. nur das Boot um 12 Uhr.
Mit dem **Passagierboot** ab Mae Nam über Thong Sala (100 Baht) um 9.30 Uhr für 250 Baht in gut 3 Std. (✆ 377231).
Achtung: Die kleinen Speedboote sind zum Abgewöhnen!

Verkehrsunfälle auf Ko Samui Die Unfallstatistik des Krankenhauses von Ko Samui zeigt, daß seit 1985 die Verkehrsunfälle auf der Insel drastisch zugenommen haben. Viel zu viele Verkehrsteilnehmer, vor allem Motorradfahrer, wurden zum Teil schwer verletzt! Als Gründe nennt das Krankenhaus an erster Stelle: Trunkenheit am Steuer. Danach kommt schon der schlechte Zustand des Fahrzeugs, gefolgt von Unkenntnis und Nichtbefolgung der Verkehrsregeln, vor allem durch Touristen. Zu schnelles Fahren trifft auf Thai wie auf farang zu. Die Überschätzung der eigenen Fahrkünste auf der unbekannten Betonstraße führte vor allem bei Touristen zu Unfällen, und zwar wegen der vielen scharfen Kurven, den plötzlichen Straßenverengungen, dem Rollsplitt und Sand auf der Straße sowie wegen geringer Sicht durch weit in die Straße hängende Äste.
Die *Social Medical Section* des Krankenhauses empfiehlt daher:
- nicht unter Alkoholeinfluß fahren
- vor dem Fahren das Fahrzeug checken (Bremsen, Beleuchtung, etc.)
- nicht schneller als 60 km/h, in Ortschaften max. 30 km/h fahren
- einen Sturzhelm tragen, bei Nacht helle Kleidung tragen
- Verkehrsregeln und Verkehrszeichen beachten

Fußgänger sind vor allem bei Dunkelheit auf der Ringstraße gefährdet. Sie sollten helle Kleidungsstücke tragen und beim Herannahen von Fahrzeugen, die häufig mit nur einem Scheinwerfer fahren, die Taschenlampe anschalten.

FLÜGE – Minibus-Service zum Flughafen für 60 Baht. *Airport fee* 100 Baht bei nationalen Flügen, bei internationalen 150 Baht.
Bangkok Airways fliegt 12–16x tgl. von 8.50 bis 20.20 Uhr direkt nach BANGKOK für 3150 Baht.
Reservierung und Büro in Nathon an der Chonvithi Rd., ✆ 420133, ℻ 421297. Büro am Flughafen ✆ 425012, ℻ 425010.
Unbedingt rückbestätigen, da viele Flüge gestrichen werden.
Nach PHUKET mit ***Bangkok Airways*** 1–2x tgl. in 50 Min. für 1530 Baht.
Nach U-TAPAO am Di, Fr und so für 1890 Baht.
Nach SINGAPORE fliegt ***Bangkok Airways*** tgl. um 13 Uhr in 2 Std. 20 Min. für 4000 Baht (14 Tage Excursion für 7000 Baht).
Zum Thai Airways-Flug von Surat Thani nach Bangkok mit dem ac-Bus von Phantip um 13 Uhr für 280 Baht in 4 1/2 Std. (stressfreie Fahrt mit gutem Zeitpuffer). Der Bus fährt nach 19 Uhr zurück, Ankunft in Nathon 5 Uhr.

Der Nordwesten von Ko Samui

Umfährt man die Insel im Uhrzeigersinn, kommt man zunächst an der äußerst flachen Küste der **Bang Makham-Bucht** vorbei, die zum Baden nicht geeignet ist. Dennoch gibt es hier nach 2 km Bungalowanlagen.

Auch der erste Strand im Norden, **Bang Po Beach**, ist nicht zum Baden geeignet. Wer einen leichten Schlaf hat, wird durch die Fischerboote gestört, die die ganze Nacht rein und raus fahren.

Gleich anschließend kommt der **Ban Tai Beach** mit einem schmalen, flachen Strand.

Übernachtung

Chalet** ④, ✆ 420307, Bang Makham-Bucht; schön angelegtes Resort, in dem sich häufig Traveller wiederfinden, die ein Minibus-Ticket mit Übernachtung gekauft haben.
Med Sai Bungalow***–**** ⑤, ✆ 420475, 6 komfortable Bungalows am seichten Strand.
Chariya Bungalow**–*** ⑥, ✆ 420121, Bang Po Beach, an der Straße, nicht zu empfehlen.
Healing Child Health Center & Resort***–**** ⑦, ✆ 420124, ℻ 420125, E-Mail: contactus@healingchild.com; eine alternative, gesundheitsorientierte Ferienanlage im Aufbau („Urlaub gegen Bezahlung oder Mitarbeit"), Bungalows und Schlafmöglichkeit** im Meditationsraum; gutes Restaurant mit vielen vegetarischen Gerichten (75 Baht/Mahlzeit); ständige Angebote sind Thai-Herbal Steam (200 Baht), Thai-Massage (200 Baht/Std.), Reiki und Heilfasten/Entschlackung, auf Anfrage auch Thai-Kochkurse; Moped (200 Baht/Tag) und Jeep (1000 Baht/Tag) zu vermieten.
Im Internet: www.healingchild.com
Water Sport Club*** ⑧, 10 Bungalows, Verleih von verschiedensten Booten für 300 bis 3000 Baht/Tag; Restaurant.
Blue River*** ⑨, ✆ 421357, schöner Garten, 19 Bungalows mit Kochgelegenheit.
Axolotl Village***–**** ⑩, ✆/℻ 420017, E-Mail: axolotl@loxinfo.co.th; Ban Tai Beach,

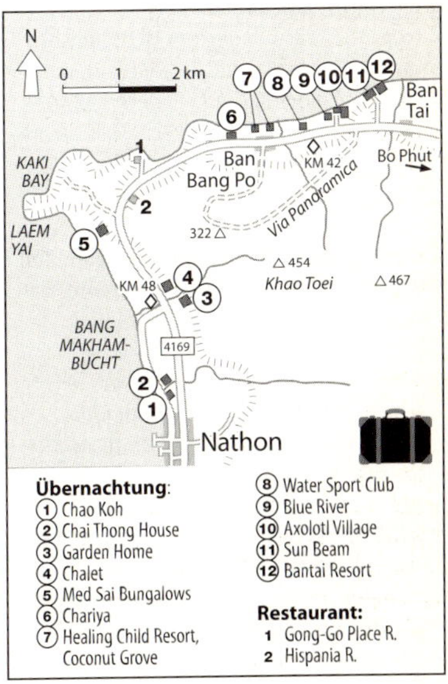

nette Zimmer, schönes Restaurant mit Thai und italienischer Küche; etwas Besonderes, wird von freundlichen deutschen und italienischen Sanyassins geleitet. Viele Kurse werden angeboten, u.a. Massage, Tai-Chi und Meditation. Sehr angenehm zum Erholen und Entspannen. Im Internet: www.samart.co.th/hps/axolotl.htm

Sun Beam* ⑪, ✆ 421061, schöne Anlage am friedlichen Strand, große Bungalows mit Fan und Du/WC, viele einheimische Gäste.

Bantai Resort* ⑫, ✆ 01-9786953, saubere Bungalows mit Fan und Du/WC mit Handtüchern, gute Küche, Mofas, familiäre Atmosphäre, die Chefin *Noi* bemüht sich sehr um ihre Gäste.

Essen

Gong-Go Place Restaurant, einfaches Gartenrestaurant am Meer, ein empfehlenswerter Stop für eine kleine Stärkung.

Sonstiges

FERIENHAUS – Wer das nötige Kleingeld besitzt, kann sich in der Ferienhausanlage ***Coconut Village*** ein eigenes Häuschen am Strand bauen lassen (ab 1,3 Mill. Baht mit steigender Tendenz). Auch Eigentumswohnungen am Strand und hübsche Häuser am Hügel können erworben werden.
Infos bei *Coconut Land & House*, ✆/℻ 421358, im Internet: www.coconut-land-house.com, und bei *Santithani*, ✆ 422201, ℻ 422099, im Internet: www.sino.net/santithani

MASSAGE-KURS – in traditioneller Thai-Massage wird regelmäßig im ***Healing Child Health Center & Resort*** (s.o.) durchgeführt (7 Tage à 3–4 Std. für 3500 Baht).

TRADITIONELLE MASSAGE – Im ***Garden Home Herbal Health Center***, 2 km nördlich von Nathon an der Ringstraße, wird eine gute Thai-Massage sowie eine Kräutersauna in einer „Gesundheitspyramide" für den ziemlich überhöhten Preis von 400 Baht angeboten.
In Thailand trägt man selbstverständlich auch in der Sauna in Anwesenheit fremder Personen und des alten Doktors zumindest einen Sarong.

Mae Nam Beach

Der erste schöne Badestrand beginnt nach 11 km. Die leicht geschwungene, 4 km lange Bucht ist von tausenden von Kokospalmen gesäumt. Die Bungalow-Siedlungen liegen in lockerer Folge am sauberen Strand und sind von der weit entfernten Straße nicht einsehbar. Obwohl auch hier einige luxuriöse Hotels gebaut wurden, herrscht noch längst kein Massentourismus. Die ruhige, erholsame Atmosphäre bleibt bewahrt. Das leidige Video gibt es jedoch fast überall. Das Preisniveau in den Bungalowanlagen ist relativ niedrig.

Der schmale Strand mit gelbem Sand fällt ziemlich steil ab, so daß schnell Schwimmtiefe erreicht ist. Vor allem im östlichen Bereich ist der Sand relativ grobkörnig, im zentralen Abschnitt beim Dorf eher fein. Bei Ebbe schauen an einigen Stellen Felsen heraus. Das ruhige Wasser eignet sich fast ganzjährig zum Baden. Neben den wenigen Sonnenanbetern liegen auch einige Fischerboote am Strand. Die Ruhepavillons (*sala*) unter den vordersten Palmen gehören den Fischern. Am Mae Nam Beach empfindet man wegen des vergleichsweise geringen Windes die Hitze stärker, vor allem in der heißen Jahreszeit.

Das ruhige Fischerdorf **Ban Mae Nam** liegt in der Mitte des Strandes. Hier gibt es alles Lebensnotwendige zu kaufen. Man findet sogar einen Arzt und ein Fotolabor. Am Abend wirkt das Dorf wie ausgestorben.

Wer ca. 90 Min. durch Kokoshaine und tropische Gärten wandern will, kann die folgende Rundwanderung versuchen: Zunächst Richtung Wat gehen, davor nach links abzweigen, an der Weggabelung rechts halten, durch eine Hecke schlüpfen und bis zur Sandstraße gehen, dort nach rechts und am *Family Zoo* vorbei wieder zurück. Viel Glück!

Übernachtung

Etwa 35 Bungalow-Siedlungen liegen 300–800 m von der Straße entfernt, die meisten haben Bungalows mit Preisen von 80–400 Baht, außerdem 3 teure Hotels.

Home Bay*–****** ①, am westlichsten Ende der Bucht unter Palmen, besonders ruhig, nette Anlage, unterschiedliche Bungalows von der Winzighütte bis zum Riesenbungalow am Strand; gutes, preiswertes Restaurant am Strand, etwas unpersönliches Personal.

Coco Palm Village ②, ✆ 425321, vornehm hergerichtete Mittelklasse-Anlage, komfortable, neue und ältere Bungalows in hübscher Gartenanlage, nettes Personal, feines Restaurant, Swimming Pool. Im Internet: www.thaifocus.com/hotels/samcoco.htm

Phalarn Inn**–** ③, ✆ 425348, ca. 100 m vom Meer entfernt und ruhig, großer Garten, etwas heruntergekommene, staubige Zimmer mit großen Betten, funktionierende Du/WC, gutes Essen, nette, familiäre Atmosphäre.

Naplarn Villa–***** ③, netter Garten, normale Bungalows und extra große für Familien.

O.K. Village**–* ④, vor dem Eingang zur Tempelanlage, 11 saubere Steinbungalows mit Du/WC, Moped 150 Baht. Zum Strand geht es durch das Tempelgelände (100 m).

Harry's*** ④, ✆/📠 425477, E-Mail: harrys@sawadee.com; landeinwärts hinter einer Mauer, 20 solide gebaute Bungalows, z.T mit ac und Kochnische, z.T. extra Kinderzimmer; sehr gute Thai-Küche, Moped zu vermieten (150 Baht); freundlicher Besitzer. Zum Strand sind es 150 m. Im Internet: www.sawadee.com/samui/harrys

Sea Fan Beach Resort ⑤, ✆ 425204-5, 📠 425350, E-Mail: seafan@sawadee.com; ruhige, schöne First Class-Anlage, sehr große, hervorragend ausgestattete Holz-Bungalows mit ac und Terrasse; teures Restaurant; Swimming Pool mit Pool-Bar, Whirl Pool, verschiedene Sportarten; Motorräder, Jeeps. Grober Sand am Strand. Im Internet: www.sawadee.com/samui/seafan

Der folgende 500 m lange, schöne Strandabschnitt mit feinem Sand wurde von einem Großinvestor aufgekauft und dürfte noch einige Jahre frei bleiben.

Anong Villa–***** ⑥, ✆ 247256, saubere Bungalows, ungemütliches Restaurant; das Personal wird böse, wenn Gäste nicht in ihrem Restaurant essen.

Shangri-Lah–****** ⑥, ✆ 425189, schöne Anlage, neue, saubere, gut ausgestattete Bungalows, preiswertes Essen, schleppender Service, distanziertes bis unhöfliches Personal.

Sunrise Village**–* ⑥, gedrängte, saubere Hütten, gutes Essen, geschäftstüchtige Inhaber, die rabiat werden können, wenn Gäste zu häufig auswärts essen.

Palm Point Village–***** ⑥, ✆ 425095, 20 Steinbungalows, gutes Essen.

Shady Shack**–** ⑥, ✆ 425392, Strandterrasse mit Bar, Restaurant mit Gerichten für 40–50 Baht, freundliche Mama; Windsurf-Schule, Surfen für 200 Baht/Std., 600 Baht/ 4 Std.

Golden Huts**–** ⑦, hinter dem Weg 100 m vom Strand, 27 einfache und einige größere Hütten dicht an dicht, schattenlos, italienisches Restaurant.

Mae Nam Resort**** ⑧, ✆ 247286, 📠 427287, schöne, saubere Anlage, liebevoll von einer Thai-Familie betreut, eng stehende Bungalows mit großen Zimmern und Terrasse, mit Fan oder ac, schön mit Rattan möbliert, einige Fan-Zimmer***, Restaurant am Strand, viele Familien mit Kindern.

Santiburi Dusit Resort ⑨, ✆ 425031-38, 📠 425040, echtes 5-Sterne-Hotel in einem gepflegten Palmengarten am Strand, 59 luxuriöse Thai-Pavillons und 18 Suiten, 2 Restaurants, 2 Bars, 50m-Swimming Pool, Tennis, Squash, Wassersport, alle Einrichtungen eines Luxus-Hotels.

Lolita*–****** ⑩, ✆/📠 425134, am feinsandigen Dorfstrand, 30 große, saubere Bungalows mit Bad/WC und Terrasse, im Garten und direkt am Strand; großes, günstiges Restaurant am Meer.

Koseng 2**–** ⑥, nette Mattenhütten ohne Du/WC (davon 4 direkt am Strand) und Bun-

galows, nicht besonders sauber, Strandrestaurant mit mittleren Preisen.
Maenam Inn**** ⑫, ✆ 01-2293600, direkt im Ort an der Straße, großer, dreistöckiger Kasten mit klimatisierten Zimmern.
Mae Nam Beach Bungalows** ⑬, ✆ 425060, am westlichen Ortsrand, einfache Hütten, z.T. mit Du/WC, die Inhaberin ist nett und gewissenhaft.
Moon Hut*–** ⑭, ✆ 425247, etwas zurückversetzt, gestrichene Mattenhütten.
Nature*–** ⑮, ✆ 425201, schmale Anlage zwischen Lagune und Sandstrand, 16 Hütten mit und ohne Du/WC, Windsurfer, teure Getränke.
Östlich des Friedhofs wird der Sand grober. Der recht miese Strandabschnitt ist mit Stützmauern oder Röhren befestigt. Hier drängen sich direkt am Strand auf 700 m:
Cleopatra Palace*–*** ⑯, ✆ 425486, Sandstrand, sehr eng stehende Steinbungalows und Holzhütten, gutes Restaurant, freundlicher Familienbetrieb.
Sea Shore 1+2*–** ⑯, ✆ 425280, 425192, Steinstrand, saubere, gepflegte Anlagen, Holzbungalows und kühle Steinhäuser, gutes Essen, freundliche Leute.
New Lapaz Villa**–**** ⑰, ✆ 425296, 📠 425402, Sandstrand, vernachlässigte Anlage, einfache Holzhütten am Strand, komfortable, saubere Steinbungalows rechts und links; Restaurant, fades Essen; Mopedverleih. Freundliche Leitung, aber die Chefin schmollt, wenn man woanders ißt.
Paradise Resort ⑰, ✆ 247227-32, 📠 425290, tropischer Garten, hübsche First Class-Anlage mit vielen Pauschalurlaubern, 14 Bungalows und 32 große, schön möblierte Zimmer mit 3 Betten und Terrasse, Tür zum Nebenbungalow, Restaurant, Pool mit Sprudelbecken, Strandbar; *Paradise Watersport Center*. Im Internet: www.asiatour.com/thailand/paradise.htm
Rainbow** ⑱, netter Garten, Steinbungalows.
Friendly*–** ⑱, kleine und größere Hütten, geleitet von einer netten, überaus aktiven Mama.

Der restliche Strand wirkt wieder attraktiver:
Rose*–** ⑲, nette, eng stehende Hütten.
Silent*–** ⑲, ältere, z.T. winzige Hütten in mehreren Reihen, sehr eng, ungepflegt.
Magic View Bungalow** ⑲, neue Mattenhütten am Strand unter Palmen.
Die folgenden Anlagen liegen weiter auseinander.
S.R. Bungalow* ⑳, kleine Mattenhütten mit Du/WC und Terrasse in 2 Reihen, unter Palmen.
Mae Nam Villa**–*** ⑳, ✆ 425501, ruhige, schöne, saubere Anlage, recht eng stehende Bungalows mit WC und Fan, einige A-Frame-Hütten ohne Du/WC, freundliche, hilfsbereite Leute, gute Küche; Honda (100 ccm) für 150 Baht/Tag.
Laem Sai Bungalows*–*** ㉑, ✆ 425133, weitläufige Anlage auf dem Kap am östlichen Ende der Bucht, nett angelegt, aber nicht übermäßig gepflegt. Weit auseinander liegende, hübsche Bambusbungalows mit eigenem Bad, z.T. direkt am Strand, schöne Steinbungalows mit großer Terrasse, viele Möbel, große Betten, saubere Du/WC; Restaurant und offene Strand-Lounge; Motorrad 170 Baht. Man kann zwischen zwei Stränden in westlicher und östlicher Richtung wählen, also Wind oder kein Wind, Sonne oder Schatten. 20 Min. Fußmarsch von der Straße.

Essen

Im Dorf **Mae Nam** gibt es *Banana* und *Chocolate Cake* in der ***Home Bakery***, außerdem *Brown Bread*, Brötchen, *Croissant* und kleine *Baguette*.
Am Sala liegt das ***Chez Tom***, ein gutes französisches Café und Restaurant, gegenüber am Strand das ebenfalls gute ***Sea View Restaurant***, hier gibt es auch Vollkornbrot, daneben das ***Cupid Restaurant***.
Am Ortseingang liegt ein Thai-schwedisches Restaurant.
Die netten Leute im neuen *vegetarischen Restaurant* verbreiten eine angenehme, entspannte Atmosphäre.

Mae Nam
Bo Phut

0 500 1000 1500 2000 m

N

Übernachtung:

MAE NAM:
1. Home Bay
2. Coco Palm Village
3. Phalarn Inn, Naplarn Villa
4. O.K. Village, Chock Chai House, Harry's
5. Sea Fan Beach Resort
6. Anong Villa, Shangri-Lah, Sunrise Village, Palm Point Village, Shady Shack
7. Golden Huts
8. Mae Nam Resort
9. Santiburi Dusit Resort
10. Lolita, Koseng 2 Bung.
11. S.S. Villa
12. Mae Nam Inn
13. Mae Nam Beach, Ubon Villa
14. Moon Hut
15. Nature
16. Cleopatra Palace, Sea Shore 1 + 2
17. New Lapaz Villa, Paradise Resort
18. Rainbow, Friendly
19. Rose, Silent, Magic View Bungalow
20. S. R. Bungalow, Mae Nam Villa
21. Laem Sai

BO PHUT:
22. Chalee Villas
23. Bophut Gh., Sandy
24. World
25. Sala Thai
26. Samui Palm Beach, Palm Garden, Calm Beach Resort
27. Peace, Chai Had Bung.
28. Samui Euphoria
29. Siam Sea Lodge, Ziggy Stardust
30. Smile House, Summer Night Resort
31. The Lodge, Boon, Oasis
32. Sand View

BIG BUDDHA:
33. First, Lam Mai Khan
34. Chalee, Como's
35. Beach House, Isan Classic Resort
36. L.A. Resort, Big Buddha Garden, Kinnaree Resort
37. Secret Garden, Number One, Phayom Park Bungalow, Sunset Song
38. Ocean View Resort, Pongpetch Servotel
39. M.P.S. Bungalow
40. Nara Garden
41. Farn Bay Resort
42. Palm Bungalow
43. Jenny's Garden

Läden, Restaurants etc.:

MAE NAM:
1. Yippy's Yoghurt
2. Chez Tom R., Sea View R.
3. Home Bakery
4. Koseng R.
5. Fisherman Bar
6. Paradise Watersport
7. Thalassa Dive Center

BO PHUT:
8. Easy Divers
9. Le Bateau R.

BIG BUDDHA:
10. The Blue Banana R.+Bar
11. Khan Ta R.
12. Nickie Minimart
13. Lotus R.
14. Ocean Bar

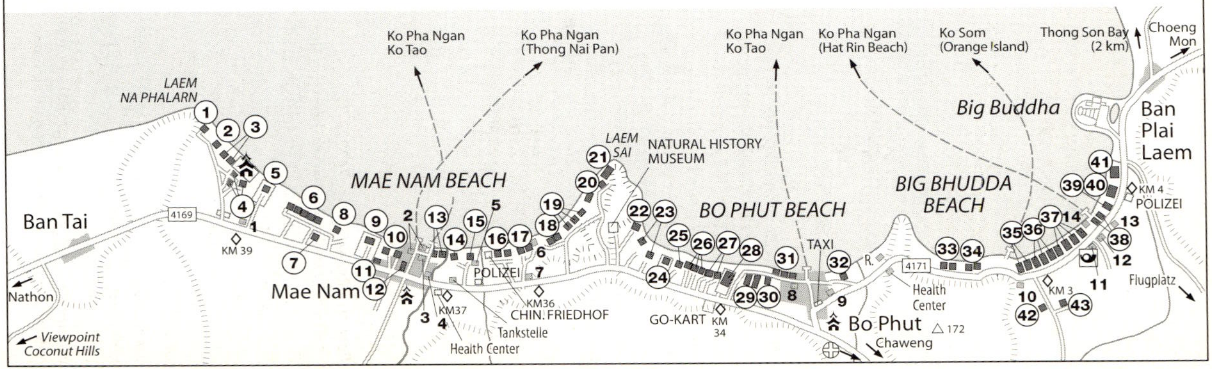

Bei ***Yippy's Yoghurt*** gibt es die weiße Leckerei für 10 Baht (plus 10 Baht Pfand fürs Glas).
Preiswertes Seafood findet man morgens auf dem Markt.
Hoch auf einem Hügel hinter dem Ort liegt das ***Viewpoint Restaurant*** mit herrlicher Aussicht und recht gutem Essen; die letzten 200 m sind auch für erfahrene Biker schwierig zu fahren.

Sonstiges

ACTION PHOTO – Im ***Family Zoo*** können Mutige sich mit einer Kobra um den Hals ablichten lassen (30 Baht).

AUSFLÜGE – U.a. werden folgende Tagesausflüge ab Mae Nam Pier angeboten: Zum *Angthong Marine N.P.* von 8.30–17.30 Uhr, nach *Ko Pha Ngan* von 8.30–17.30 Uhr, nach *Ko Tao* von 9–17 Uhr, zur Fullmoon-Party am *Hat Rin Beach* von 20.30–7.30 Uhr.

FAHRRADVERLEIH – an der Hauptstraße bei der Abfahrt zu den *Laem Sai Bungalows*, 70 Baht/Tag.

FAX SERVICE – im Dorf.

GESUNDHEIT – Im ***Medical Center*** wird kostenlos behandelt, aber eine Spende erwartet.
Im Lebensmittelladen mit *Drogerie* rechts vor dem westlichen Pier arbeitet eine gut englisch sprechende ehemalige Krankenschwester.

POST – geöffnet 8–16 Uhr, nimmt Schweizer Postchecks an.

TAUCHEN – Von Holländern wird die Tauchschule ***Thalassa Dive Center***, ✆ 425220, an der Hauptstraße Richtung Bo Phut geleitet.

THAI-MASSAGE – kostet am Strand 100 Baht und soll professionell gut sein.

Auf Ko Samui findet jeder seinen idealen Strand

TOURIST BÜROS – bieten den üblichen Service.

WASSERSPORT – Das ***Paradise Watersport Center*** vermietet Speed- und Segelboote, Wasserski 200 Baht/Std., Windsurfing 150 Baht/Std., Schnorcheln 100 Baht/Tag, Sea Canoe 100 Baht/Std., Mountain Bikes 100 Baht/Std., 60 Baht/4 Std.

Boote nach Ko Pha Ngan & Ko Tao

Von Januar bis September fährt tgl. um 12 Uhr nur bei ruhiger See ein Boot nach THONG NAI PAN NOI auf Ko Pha Ngan für 120 Baht (Stops an den Stränden *Hat Rin*, *Hat Tien* für 60 Baht, *Sadet Beach* und *Thong Nai Pan Yai*). Zurück fährt das Boot um 8 Uhr.
Das **Slow Boat**, ✆ 377231, fährt tgl. um 9.30 Uhr über THONG SALA (Ko Pha Ngan) für 100 Baht nach BAN MAE HAT (Ko Tao) für 250 Baht, Ankunft ca. 15 Uhr. Zurück fährt es um 9.30 Uhr, Ankunft ca. 13 Uhr.
Außerdem fährt ein **Speedboot** um 8.30 Uhr über THONG SALA (Ko Pha Ngan) nach BAN MAE HAT (Ko Tao) in ca. 90 Min., Rückfahrt ca. 15 Uhr; auf Wunsch kann ein Schnorcheltrip um Ko Tao arrangiert werden.

Bo Phut Beach

Die 2 1/2 km lange, weit geschwungene Bucht erstreckt sich im Norden der Insel und beginnt 15 km hinter Nathon. Sie weist einen relativ steil abfallenden Strand mit relativ grobem, gelbem Sand auf und ist ganzjährig gut zum Schwimmen und Windsurfen geeignet. Kurz vor dem nordwestlichen Ende der Bucht ist der Strand am schönsten, in der Mitte geht er in das Dorf Ban Bo Phut über, im Osten wird er äußerst flach. Bei Flut bleibt nur ein schmaler Strandstreifen übrig. Das Preisniveau ist etwas gehoben.

Die kleinen, nur als Hobby betriebenen Familienbetriebe schließen außerhalb der Saison ihre Anlagen. Bei Bo Phut quartieren sich viele Urlauber ein, die zwar weg vom Rummel sein wollen, aber dennoch nicht allzu weit von den Unterhaltungsmöglichkeiten von Chaweng.

Ban Bo Phut ist ein kleines Thai-Dorf mit typisch ländlicher Atmosphäre. In Dorfnähe fühlen sich vor allem Franzosen wohl. So entstanden u.a. einige französische und belgische Restaurants. Die kleinen Läden führen neben Besen und Reis auch Sonnencreme und Toilettenpapier. Es gibt Boote zu vermieten und einen kleinen Buchladen. Touristenlokale und Unterkünfte sind ins Dorf integriert, einzigartig auf Ko Samui.

Übernachtung

Zwei Dutzend Bungalow-Siedlungen liegen ca. 100 bis 300 m von der Straße entfernt am Strand. Ein Bungalow kostet vorwiegend 80–300 Baht, einige Bungalows bis 500 Baht, Luxus-Anlagen über 1000 Baht.
Im westlichen Bereich ist der Strand vor *Chalee Villas*, *Bophut Gh.* und *Sandy* schlecht: Geröll, Abfall, Steine, öldurchtränkter Sand – also nichts zum Baden. Bei *Bophut Gh.* und *Sandy* stört auch der Straßenlärm.
Bophut Gh.* *–*** ㉓, ✆ 425085, nette Anlage, grenzt an eine Lagune, Reihenhäuser, 5 hübsche Bungalows mit Meerblick in vorderster Reihe, viele dahinter, laute Musik.
Von *World Resort* bis *Peace* ist der Strand gut, der Sand jedoch grob.
World Resort**–***** ㉔, ✆ 425489, 📠 425355, E-Mail: world@sawadee.com; verschiedenartige Bungalows, auch Luxusbungalows mit ac, einige mit guter Aussicht, großer Garten. Restaurant mit Live Sänger, Swimming Pool, Ruder- und Motorboote zu mieten. Der schöne Strand ist mit Liegestühlen und Sonnenschirmen bestückt. Viele Pauschaltouristen aus Bangkok. Im Internet: www.sawadee.com/samui/world
Sala Thai** ㉕, ✆ 425300, wenig ansprechende Anlage, Reihenhäuser, kleine Bungalows, Restaurant.
Samui Palm Beach ㉖, ✆ 425494-5, 📠 425358, Mittelklasse-Anlage, 50 gepflegte ac-Bungalows für NUR-Gäste, große Terrasse, 9 Bungalows direkt am Meer. Swimming

Pool. Im Internet: http://asiatravel.com/samuipalmbeach/
Palm Garden*-*** ㉖, gedrängte Anlage, hinter den Hütten an der Grundstücksgrenze Müllhalden, vordere Hütten mit Blick auf häßliche Restaurant- und Küchengebäude; unter Leitung einer Französin.
Calm Beach Resort* ㉖, ✆ 425375, 20 Bungalows stehen in 2 Reihen nach hinten, dazwischen viel Platz, Windsurfer.
Peace** ㉗, ✆ 425357, 📠 425343, große Anlage, vorn einfache Bretterbungalows etwas erhöht, größere Bungalows mit Du/WC und Fan, einige mit ac****, besonders für Familien geeignet, an einem schönen Teil des Strandes.
Chai Had ㉗, ✆ 425196, vergammelter Familienbetrieb, A-Frame-Hütten mit neuem, angebautem WC, sowie Reihenhaus, alle Zimmer haben Moskitonetz.
Samui Euphoria ㉘, ✆ 425100-6, 📠 425107, 3stöckiges First-Class-Hotel, das neuen Verputz nötig hätte, alle modernen Einrichtungen, 122 ac-Zimmer; zentraler Swimming Pool mit Meerblick, Tennis.
Der folgende Strandabschnitt besteht aus grobem Sand, bei Ebbe schaut feiner Sand heraus, viele Boote und Yachten liegen im Wasser.
Siam Sea Lodge* (ac****) ㉙, ✆ 425360, 2stöckige, dicht beieinander stehende Reihenhäuser, 20 Zimmer mit Du/WC.
Ziggy Stardust-***** ㉙, ✆ 425409, 📠 425410, stilvolle Anlage in einem üppig grünen Garten, 27 schön möblierte Holzbungalows, kleinere mit Fan und Du/WC, größere Suiten mit ac, Kühlschrank und Bad/WC; gutes Restaurant auf der Landseite, Pool; unter Schweizer Leitung.
Smile House–***** ㉚, ✆ 425361, 📠 425239, schöne, große Anlage auf der Landseite der Straße, unterschiedliche Bungalows, z.T. klimatisierte Komfort-Räume, Pool. Gutes Restaurant am Strand (insbesondere Fisch empfehlenswert); unter englischer Leitung.
Summer Night Resort–***** ㉚, ✆ 425199, kleine und große Zimmer mit Fan sowie Bungalows, Seafood-Restaurant; sehr freundliche Leute.
The Lodge*** ㉛, ✆ 425377, 📠 425366, schönes, älteres Haus am Strand, alle 10 Zimmer mit ac, Bad und schöner Meersicht, Satelliten-TV in allen Räumen; familiär geführt, netter Service.
Die einfachen Bretterhütten von ***Boon****-*** ㉛, ✆ 425255, und ***Oasis****-**** ㉛, ✆ 425143, drängen sich zwischen der Dorfstraße und dem Strand.
Östlich vom Dorf ist der Strand nicht zum Baden geeignet.
Sand View**-**** ㉜, ✆ 425438, 10 einfache Mattenhütten und Steinbungalows.

Essen

Einige Restaurants bieten eine luftige Veranda am Meer.
Das ***Happy Elephant Restaurant*** im Dorf ist hübsch eingerichtet mit thailändischen Statuen und nordthailändischen Kissen; Spezialität sind *Meat Fondue* und *Suki Yaki*.
Le Bateau Restaurant wird vorzüglich gemanagt, exzellente französische und Thai-Küche.
An der Strandstraße zwischen dem *Samui Euphoria* und dem Ort liegen einige gute Restaurants für jeden Geschmack, zumeist von Europäern geführt.

Sonstiges

AFFENTHEATER – Vom *Monkey Theatre* muß abgeraten werden. Westliche Touristen können das unwürdige Schauspiel nur schwer ertragen.

MEDIZINISCHE HILFE – Auf halbem Weg von Bo Phut nach Chaweng liegt am KM 31,6 links das private ***Bandon International Hospital,*** 123/1 Moo 1, Bo Phut, ✆ 245236-9, 📠 425342, westlicher Standard, 24-Std.-Notdienst, Hausbesuche, etwas teurer (aber angeblich besser) als das Hospital bei Nathon. Viele deutsche Reiseversicherungen können direkt abrechnen (eine Liste ist verfügbar).

MOTORRÄDER – gibt es im Dorf zu mieten: 100cc Honda für 150 Baht, die 125er Enduro für 200 Baht.

PARTY – Einmal pro Monat auf der Insel *Ko Som*, Anschläge beachten.

TAUCHEN – Im Dorf werden Tauchtrips zum *Sail Rock* angeboten.

TAXIS – An der Abzweigung Richtung Big Buddha gibt es Taxis und Motorradtaxis.

Boote nach Ko Pha Ngan & Ko Tao

Mit dem **Speedboot**, ✆ 425197, ab Bo Phut nach THONG SALA (Ko Pha Ngan) um 8.30, 11.30 und 15 Uhr für 200 Baht in 15 Min. und mit den ersten beiden nach BAN MAE HAT (Ko Tao) für 450 Baht in 90 Min. Rückfahrt ab Thong Sala um 9.30, 12, 15 und 16.30 Uhr, ab Ban Mae Hat ca. 15 Uhr. In der Nebensaison fährt tgl. nur ein Boot um 12 Uhr. Auf Wunsch kann ein Schnorcheltrip um Ko Tao arrangiert werden.
Zu den Booten von BIG BUDDHA nach HAT RIN BEACH (Ko Pha Ngan) fahren 30 Min. vor Abfahrt Zubringer-Taxis, 15 Baht.
Popeye's Tour, ✆ 245374, veranstaltet Chartertrips mit dem Speedboot nach Ko Tao und Ko Nang Yuan zum Schnorcheln (ab 1300 Baht p.P.).

Big Buddha Beach

(Auch: *Bang Rak Beach* und *Phra Yai Beach)* 19 km hinter Nathon beginnt die relativ kleine Bucht mit gut 2 km Küste, davon 1,3 km Strand. Sie wird überragt von der Buddha Kolossal-Statue auf der kleinen Insel **Ko Fan**. Manchmal dröhnt laute Musik übers Wasser bis spät in die Nacht.

Wenn der Wind im europäischen Sommer von Westen weht, erstreckt sich hier ein schöner, gräulicher Sandstrand mit leicht abfallendem Ufer. Bei starkem Wind wird die See jedoch aufgepeitscht. Bei Ostwind (im europäischen Winter) zieht sich das Meer zurück, und der breite Strand sieht mit dem dunklen Matsch und den glitschigen Steinen bei Ebbe wenig einladend aus. Zum Baden ist er in dieser Jahreszeit nur bei Flut geeignet, dann wird der Sandstrand jedoch schmal.

Übernachtung

Trotz der dicht vorbeiführenden Straße ist dieser Strand recht beliebt. Die meisten Bungalow-Siedlungen haben ein gehobenes Niveau, wurden z.B. aus Backsteinen gebaut, mit Ventilator und gekacheltem Badezimmer ausgestattet, immer häufiger sogar mit ac. Die meisten Anlagen sind zum Strand hin abgeschottet. Das höhere Preisniveau läßt in der Nebensaison viel Spielraum fürs Handeln.
Anfang 1997 gab es 20 Anlagen, die meisten mit Bungalows von 150–300 Baht.
Der westliche Strand: Die ersten 4 Anlagen wirken eingequetscht auf den 20 Metern zwischen Straße und Strand. Die Bungalows stehen dicht aufeinander, die Grundstücke sind mit Stützmauern oder Betonrohren zum Strand gesichert. Baden kann man nur bei hohem Wasserstand.
First** (33), ✆ 425840, 4 Hütten mit Du/WC, beliebtes Seafood-Restaurant.
Lam Mai Khan*-** (33), 8 Holzhäuschen mit oder ohne Du/WC.
Chalee Bungalow** (34), 8 nette Steinbungalows in 2 Reihen, Restaurant an der Straße, kleine Bar am Strand.
Como's**-*** (34), ✆ 425210, 13 sehr saubere, nette Hüttchen mit Fan oder ac, 4 davon direkt am Strand, mit Platz für 3 Pers., schattige Terrasse, gutes Essen, der Manager Witoon ist sehr nett und hilfsbereit.
Am zentralen Strand sind die Grundstücke etwa 30–40 m lang. Auch hier kann man nur bei hohem Wasserstand baden.
Beach House Resort*** (35), ✆ 425211, sehr eng stehende, komfortable Holz- und Steinbungalows, kleiner Garten, Steintische und -bänke auf der Strandterrasse, Restaurant mit gehobenen Preisen; schöne Sicht auf die direkt daneben liegenden Fischerboote.

Isan Classic ** ㉟, Resort und Restaurant, neue französische Leitung.
L.A. Resort **-*** ㉟, ✆ 425330, großes Grundstück, 15 Bungalows im Halbkreis, Restaurant im Zentrum.
Big Buddha Garden *** ㊱, ✆ 425253, 📠 425353, 12 Bungalows, einige ac-VIP-Zimmer mit Minibar, Kühlschrank, Du/WC.
Kinnaree Resort ** ㊱, ✆ 425111, 12 kleine Holzbungalows mit Du/WC in 2 Reihen, Restaurant an der Straße.
Der nördliche Strand: Am KM 3,2 beginnt der schönere Teil des Strandes, zumeist gutes Schwimmen.
Secret Garden *** ㊱, ✆ 425419, gute Bungalows, *„Beach Pub"* mit live Blues & Rock (sonntags um 15 Uhr); deutsch-englische Leitung.
Number One *-*** ㊲, ✆/📠 425446, 10 locker im Halbkreis angeordnete, saubere Holzbungalows in vielen Größen, alle mit Du/WC. Meerblick, Restaurant mit leckerem Seafood; guter Service, kinderfreundlich. Der Strand wird sauber gehalten und ist gut zum Baden geeignet, Schatten von Dattelpalmen. Eine Oase für Gäste ohne Ansprüche. Unter deutscher Leitung.
Phayom Park Bungalow *** (ac****) ㊲, ✆ 425137, eng stehende Bungalows.
Sunset Song **-*** (Sunset 2) ㊲, ✆ 425155, einfache und gute Holzbungalows (z.T. ac).
Ocean View *-*** ㊲, ✆ 425439, 15 Holz- und Steinbungalows, Cocktail-Bar.
Pongpetch Servotel ***-**** ㊳, ✆/📠 425148, Kleinhotel und Bungalows, saubere ac-Zimmer, mit Handeln**.
M.P.S. Bungalow ***-**** ㊴, ✆ 425282, gepflegter Garten, große, holzverkleidete Steinbungalows mit Du/WC und Fan oder ac, Restaurant, Pool.
Nara Garden **** (und mehr) ㊵, ✆ 425364, 📠 425292, gepflegte Hotelanlage im Reihenhaus-Stil, mit Pool, umgeben von hohen Mauern. Im Internet: www.thaifocus.com/hotels/samnara.htm
Farn Bay Resort **** (und mehr) ㊶, ✆ 425188, 📠 425422, wird wohl geschlossen, in der Einflugschneise des Flugplatzes.

Sonstiges

LIVE MUSIK – jeden Sonntag um 15 Uhr wird im *„Beach Pub"* Blues & Rock gespielt.

MOTORRADWERKSTATT – gegenüber vom *Kinnaree Resort* (KM 3,1).

RESTAURANTS – im China-Restaurant ***Lotus*** gibt es preiswerte Gerichte, z.B. *Shanghai Duck* für 20 Baht.

Boote

Vom Pier beim *Ocean View* fährt die *„Sea Flower"* tgl. um 10.30, 13 und 16 Uhr, 80 Baht in 45 Min. zum HAT RIN WEST BEACH an der Südspitze von Ko Pha Ngan. Zurück um 9.30, 11.30 und 14.30 Uhr.
Vom Pier beim *Beach House* fährt tgl. um 9.30 Uhr ein Ausflugsboot nach KO SOM (Orange Island), Rückkehr um 16.30 Uhr.
Asian Yacht Charter bietet Seglern die Yacht *„Tangaroa"* zum Chartern.
Sao Samui Cruise veranstaltet Chartertrips mit einem großen Speedboot nach Ko Tao zum Tauchen (ab 1500 Baht p.P.).

Thong Son Bay

Ganz im Norden (2,5 km von Big Buddha, 24 km von Nathon) liegt diese kleine Bucht mit schöner Sicht in Richtung Ko Pha Ngan. Es gibt nur 3 Anlagen mit 37 Bungalows. Öffentliche Pickups fahren auf der z.T. sehr schlechten Piste nicht in die äußerst ruhige Bucht. Am Ortseingang von Bo Phut gibt es einen Fahrrad-Verleih. Baden kann man nur bei hohem Wasserstand oder an wenigen Stellen, die nicht von Korallenstöcken bedeckt sind. Dagegen können sich Schnorchler bei ruhigem Wasser der Unterwasserwelt auf Armeslänge nähern.

Von September bis November treibt der heftige Wind hohe Wellen über den Sandstrand.

Im Dezember 1997 war die Bucht nicht erreichbar.

Übernachtung

Golden Pine Resort**-*** ①,** ✆ 01-2293247, am westlichen Hang, 10 Bungalows mit Bad und Fan, aber wenig Schatten; herrlich liegt das Restaurant; freundliche Familie.

Samui Thong Son Resort* (ac****) ②, ✆ 01-2293353, in der Mitte der Bucht unter Palmen, wirkt gediegen, 10 einfache und 6 komfortable Zimmer, nettes, relativ teures Restaurant mit Bar.

Thong Son Bay*-* ③, liegt am östlichen Hang der Bucht, 10 ordentliche, preiswerte Bungalows.

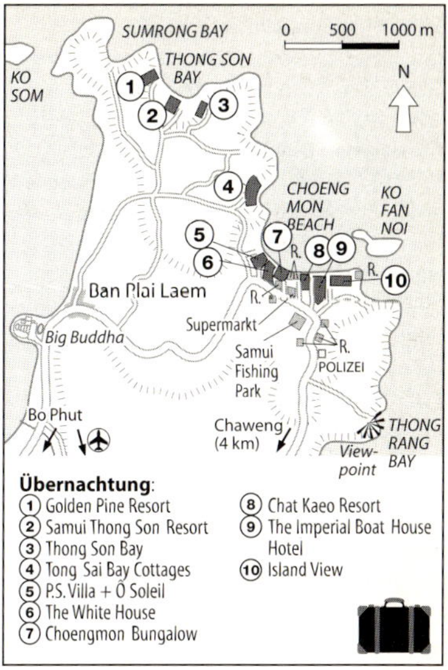

Choeng Mon Beach

Die wunderschöne, kleine Bucht am Nordzipfel von Ko Samui (auch: Cherng Mon) liegt 23 km von Nathon entfernt. Kokospalmen und Kasuarinas säumen den weißen Strand mit feinem Sand. Am linken Rand liegen Fischerboote und Speedboote im Wasser.

Die Bucht bietet in ihrem mittleren Teil zu jeder Saison optimalen Strand und gute Bademöglichkeiten, auch für Kinder bestens geeignet. Das im Westen vorgelagerte Inselchen **Ko Fan Noi** reizt zu einer Erkundungstour, was bei der Unwegsamkeit des Geländes gar nicht ohne ist. Man erreicht es bei Ebbe trockenen Fußes, bei Flut schwimmend.

An diesem einst traumhaft schönen Strand hat die Imperial Gruppe gleich zwei Hotels gebaut. Optisch stören sie nicht allzusehr. Doch schon ist ein drittes Hotel dazugekommen, das den Strand davor massiv mit Liegestühlen und Sonnenschirmen zugepflastert hat.

Das Publikum hat sich gewandelt. Viele Pauschaltouristen flanieren den Strand auf und ab und speisen in den offenen Restaurants der Einheimischen am Strand.

Übernachtung

In der Bucht gibt es zur Zeit 5 Bungalow-Siedlungen und drei Hotels.

Tong Sai Bay Cottages ④, ✆ 425015-28, 📠 425462, Luxus-Resort an einer kleinen, privaten Bucht mit grobem Sand, völlig abgeschlossen hinter einer Felsbarriere. Mit seinen weiß gestrichenen Bungalows am Hang und dem kleinen, 3stöckigen Hotelkomplex wirkt es wie ein mediterranes Dorf, verteilt über fast 1 km. Alle Bungalows sind vollklimatisierte Suiten mit großer Terrasse und herrlicher Aussicht. Meerwasser-Pool. Süßwasser muß aus 5 km Entfernung herbeigepumpt werden. Im Internet: www.tongsaibay.co.th

Ô Soleil**-****** ⑤, von einem Franzosen geleiteter Teil von *P.S. Villa*, ordentliche Bungalows, gutes Restaurant, Kinderspielplatz, davor liegen Fischerboote.

P.S. Villa**-****** ⑤, ✆ 425160-1, 📠 425403, ungepflegte Bungalows (handeln!), nettes Restaurant mit kleinen Portionen.

The White House ⑥, ✆ 245315-7, 📠 245318, E-Mail: whitehouse@sawadee.com; sehr gepflegte, schmale First Class-Anlage mit vielen Antiquitäten, Komfort-Bungalows, schönes Restaurant im Thaihaus-Stil,

Swimming Pool. Die Besitzer kümmern sich um alles. Der Strand davor ist mit Liegen und Sonnenschirmen vollgestellt. Im Internet: www.sawadee.com/samui/whitehouse
Choengmon Bungalow**-*** (ac****) ⑦, ✆ 425372, einfache und bessere Bungalows, an der schönsten Stelle des Strands, der jedoch mit Boutiquen verunziert wird; das Restaurant am Strand veranstaltet hervorragende Seafood-Barbecues. Im Internet (deutsch): www.geocities.com/TheTropics/shores/9765/samui.htm
Chat Kaeo Resort** (ac****) ⑧, ✆ 425109, üppig grüne Anlage, 6 Holzbungalows mit Glasfenstern und Terrasse, 6 weiße, komfortable Bungalows im mediterranen Stil mit Dachterrasse, Restaurant mit schattiger Strandterrasse; die Preise schwanken enorm je nach Saison. Wer es mit der Chefin nicht verderben will, sollte möglichst jede Mahlzeit hier einnehmen.
Hotel Boat House ⑨, ✆ 425041-52, ℻ 425460-1, orginelle Suiten in 36 komfortabel hergerichteten, klimatisierten Reisbarken; einfallsloser, riesiger 360-Betten-Hotelkomplex. Der Pool ist in Form eines Bootes angelegt. Vom Turm aus schöner Ausblick. Im Internet: asiatravel.com/boathouse
Island View**-*** ⑩, ✆ 425080, ℻ 425081, sehr freundlicher, angenehmer Familienbetrieb, 14 einfache und komfortable Bungalows mit und ohne Bad auf großem Gelände; sehr gutes, preiswertes Restaurant.

Essen

Seafood-Restaurants bauen abends massenhaft Tische und Stühle auf dem Strand auf. Hervorragend und preiswert ißt man im einfachen, romantischen Strandrestaurant ***Honey Seafood*** am Eck bei der Insel.
Im ***Samui Fishing Park*** kann man seinen Fisch selbst angeln und im angeschlossenen Restaurant nach Wunsch zubereiten lassen.

Transport

In der Saison fährt täglich um 21 Uhr ein Nachtbus zum CHAWENG BEACH (Rückfahrt um 2 Uhr).
Im ***Island View*** gibt es Tickets für Speedboote nach Ko Pha Ngan, Ko Tao und zum Ang Thong Marine National Park (8.30–17 Uhr). Die Tour nach KO TAO kostet 1350 Baht (alles inkl.), die reine Fahrt hin 450 Baht, Fahrtzeit 80 Min.

Yai Noi Bay

An dieser kleinen Bucht (25 km von Nathon) geht es sehr ruhig zu. Es gibt zwar keinen langen Sandstrand, aber zwischen den Steinen verlocken immer wieder Sandflecken zum Sonnenbaden.

Übernachtung

I.K.K.Bungalows**-*** ①, ✆ 422482-3, nette Bungalowanlage unter Palmen, kleiner Sandstrand, davor Korallenbänke, bei Flut ist Baden möglich; freundliche Besitzerin.
Coral Bay Resort ②, ✆ 422223-4, ℻ 422392, E-Mail: coralbay@sawadee.com; weiter Palmengarten, 42 geräumige, komfortable First Class-Bungalows mit Fan/ac, Bar, Pool; Jeep und Mopeds zu mieten, Touren, Buchungen, Tauchschule; E-Mail-Service. Umweltbewußtes Management. Geeignet zu geruhsamer Erholung, aber nicht für einem Badeurlaub. Im Internet: www.sawadee.com/samui/coralbay

Chaweng Bay

Die 6 km lange, sanft geschwungene Chaweng-Bucht öffnet sich nach Osten (23 km von Nathon). Eine Bungalow-Siedlung reiht sich an die andere, fast versteckt unter den vielen Kokospalmen.

Alle Anlagen und viele Dauerbaustellen liegen zwischen der staubigen Betonstraße und dem breiten, schönen Sandstrand, den viele Globetrotter als einsame Spitze bezeichnen. Das Preisniveau ist höher, die Ausstattung vornehmer, das Drumherum touristischer als an den anderen Stränden.

Chaweng Yai Beach

Am nördlichen Ende der beliebten Bucht fühlen sich Sandstrand-Freaks so richtig wohl. Denn hier ist das Meer so flach, daß der Strand bei Ebbe weit über hundert Meter breit werden kann – hervorragend geeignet fürs Frisby-Spielen und einen Spaziergang zur Insel **Ko Mat Lang**, aber im Spätsommer nicht zum Baden. Dann bilden sich mitten in der Lagune flache, klare Pools zwischen den Sandbänken. Leider sieht die nördliche Hälfte dann auch ziemlich verschmutzt aus (Plastiktüten, Bierflaschen), dagegen lassen die Besitzer der südlichen Anlagen den Strand jeden Morgen reinigen. Zwischen der kleinen Insel und den südwestlich vorgelagerten Felsen kann man im hüfttiefen Wasser schön schnorcheln.

Von November bis April ist dieser fast 2 km lange Strandabschnitt optisch recht schön, das Wasser steht hoch, manchmal gibt es Wellen, trotzdem kann man sicher baden. Ab Mai / Juni fällt der Wasserspiegel extrem und steigt bis Oktober nicht wieder an.

Chaweng Beach, Zentrum

Der Anblick dieses Strandes, der sich vom Chaweng Garden im Norden bis zum Kap am First Bungalow über 2 1/2 km erstreckt, wirkt wie eine Seite aus einem Südsee-Bilderbuch: Feiner, weißer Sand, überhängende Palmen und hellblaues Meer, bei Ebbe und Flut ideal zum Schwimmen. Im Winter drückt allerdings der Wind das Wasser gegen die Küste, und der Strand wird relativ schmal. Wer empfindlich ist, sollte sich wegen der vielen Sandflöhe nicht unbedingt in den Sand legen.

Dieser Strandabschnitt hat sich touristisch enorm entwickelt. Einige der Bungalow-Siedlungen gehören zu den teuersten auf Ko Samui. Es werden jedoch auch ganz bewußt neue, preisgünstige Bungalows gebaut. Auf aktive Urlauber warten zahlreiche Strandrestaurants mit Video, viele einfache und originelle Lokale entlang der Straße, Thai-Dinner mit klassischen Tänzen, mehrere Discos sowie unzählige Bars und Pubs. Man trifft sich im *The Club*, bei *Green Mango* oder im *Reggae Pub*, im *Santa Fé* und in der *Doors Pub* – alle sind einen Besuch wert. Supermärkte, Bäckereien, Reisebüros, Fotoshops, Telefon-Service und ein Posten der Touristenpolizei runden das Angebot entlang der schmutzigen Hauptstraße ab. Wer für komfortable Unterkünfte, Sportangebote und abendliche Unterhaltung gerne etwas mehr bezahlt, ist am richtigen Platz.

Rücksichtslose Investoren haben einen über 12 m hohen Hotelkoloß auf 260 m Länge ins Zentrum des Strandes gesetzt, das Central Samui Beach Resort. Jeder vernünftige Bewohner von Ko Samui hofft, daß dieser Schandfleck ein wirtschaftlicher Mißerfolg wird, damit Ko Samui das Schicksal von Pattaya und Phuket erspart bleibt. Die anderen Hotelanlagen stören den optischen Eindruck des Chaweng Beach nicht allzusehr. Nur die Parade der Sonnenschirme und Liegestühle am Strand weist auf Pauschaltouristen hin.

Leider vermieten einige Unternehmer massenhaft Wasser-Scooter. Viele Touristen fühlen sich dadurch sehr gestört und gefährdet. Doch Abhilfe ist, trotz mehrerer tödlicher Unfälle, nicht in Sicht. Vielleicht könnte eine Flut von Briefen an die Tourism Authority of Thailand, 372 Bamrung Muang Road, Bangkok 10100, und von Leserbriefen (auf englisch) an die *Bangkok Post* oder *The Nation* etwas bewirken?

Chaweng Noi Beach

Durch ein kleines Kap ist der 1 km lange Chaweng Noi Beach vom Chaweng Beach getrennt. Der schöne, stellenweise breite, saubere Sandstrand mit den abgeschliffenen Felsen im Meer wirkt recht malerisch. Am südlichen Ende liegen viele Korallenblöcke im flachen Wasser. Von dort ziehen sich große, abgeschliffene Steine im Wasser bis zum Victorian Resort hin.

Während man im Sommer jederzeit gut schwimmen kann, ist Baden im Winter aufgrund der starken Brandung zu gefährlich. Pauschaltouristen sind hier bei weitem in der Mehrheit.

Übernachtung

CHAWENG YAI BEACH – Etwa 30 Anlagen stehen an diesem Strandabschnitt. Wo die Straße dicht vorbeiführt, können die Pickups stören, die lautstark für die Discos werben.

Einfache Bungalows: Ein Dutzend Anlagen, fast alle Bungalows haben Du/WC und Ventilator.

Venus Resort**-*** ⑥, ✆ 422406, 15 windschiefe Hütte mit Fan unter Palmen, Restaurant mit offener Terrasse und lauter Musik; diese Anlage wirkt nicht so gedrängt wie viele andere. Bei Ebbe bilden sich schöne, flache, klare Pools zwischen Sandbänken mitten in der Lagune, etwas weiter kann man im hüfttiefen Wasser schön schnorcheln.

Marine Bungalow**-*** ⑦, ✆ 422416, 📠 422263; hübsche Anlage, um einen großen Platz gruppieren sich einfache bis sehr schöne Bungalows; Restaurant mit Video.

Lazy Wave*** ⑦**,** schöne Anlage, große Holzbungalows.

Moon Bungalow**-*** ⑧, ✆ 422167, 40 Bungalows mit Du/WC und Fan, einige mit ac****; nicht gerade freundliches Personal.

Family Bungalow** ⑨, 10 Bungalows mit Fan.

Your Place*** (ac****) ⑩, recht vollgestopfte Anlage, nette Bar.

Chaweng Pearl Cabana***-**** ⑩, ✆ 422116, 26 Bungalows, neue Besitzer.

Tropic Tree*** ⑫, ✆ 422298, der Chef spricht deutsch, Zimmer mit Fan und Du/WC; *Come In* Restaurant.

Lucky Mother**-*** ⑲, kein Telefon, einige Zimmer sind dunkel und muffig (Zimmer A7 ist ok), desinteressiertes Personal.

Lotus Bungalow** ⑳, 20 Bungalows mit Fan.

Coconut Grove*** ⑳, ✆ 422268-9, 30 kleine bis große Bungalows mit Fan und ac, z.T. gefliest. Ungepflegt, kein Service. Tauchschule.

Komfortbungalows: Zumeist recht gepflegte Anlagen, geräumige Bungalows mit Du/WC, schönem Mobiliar, Fan oder ac, Restaurant zumeist am Strand, am Abend z.T. auf dem Strand.

Papillon Resort**** ③, ✆/📠 231169, Zimmer mit Fan und ac, französisches Restaurant.

Samui Island Resort*** (ac****) ④, ✆ 422335, großzügige, geräumige, gut ausgestattete Bungalows, täglich gereinigt, nette Familie mit kleinen Kindern, bei Flut schmaler Strand.

Matlang Resort*** (ac****) ⑤, ✆/📠 422172.

Corto Maltese ⑨, ✆/📠 230041; gepflegte Mittelklasse-Anlage, eng stehende, neue ac-Bungalows; Pool, Jacuzzi, Restaurant, Pub; Besitzer ist Franzose.

O.P. Bungalow**** ⑭, ✆ 422424, 📠 422425, im August und an Weihnachten alle Zimmer ab 1200 Baht, schöner, gepflegter, tropischer Garten auf einer kleinen Landspitze, Sitzplätze am Strand unter schattenspendenden Laubbäumen; 70 geräumige Bungalows, gut eingerichtete, täglich gesäuberte Zimmer mit Kühlschrank, Fan oder ac und warmer Du/WC (Extra-Bett 150 Baht), *Seaview*-Zimmer mit bis zu 4 Betten für 2000 Baht; Rabatt für frühere Gäste; chinesische Besitzerfamilie, gutes chinesisches Restaurant mit mittleren Preisen; hauseigene Wäscherei; Sonnenstühle, Sonnenschirme und Liegematten sind umsonst; Mopeds zu vermieten für 150 Baht/Tag. Sehr beliebte und gelobte Anlage, aber für Familien mit Kleinkindern nicht geeignet. In der Saison bis 20.3. fast immer voll. Der Strand direkt davor ist nicht besonders schön.

Samui Natien Resort*** (ac****) ⑮, ✆ 422405, 📠 422309, große, tropische Gartenanlage mit 4 Bungalowreihen bis zur Straße, komfortable, saubere Bungalows; gutes Restaurant.

Samui Country Resort**** ⑮, ✆ 422186, 📠 230790, ein- und zweistöckige Bauten, Restaurant am Strand; Ausbildung im Windsurfen; unter Schweizer Leitung.

The Island***-**** ⑯, ✆ 230941, 📠 230942, üppiger Garten mit einfachen, dunklen Zimmern im Reihenhaus und bessere, geschmackvolle, z.T. kleine Bungalows (z.T. ac), am Strand ab 1500 Baht, Extrabett 150 Baht.

Für Familien mit Kindern geeignet. Vom *Gault Millau* ausgezeichnetes, teures Restaurant mit gehobenem Publikum, unaufmerksamer bis gleichgültiger Service, spezielles Kinderessen, hausgemachte Kuchen mit Eiskrem; Beach Bar mit reicher Getränke- und Musikauswahl; deutsch-amerikanisches Management.

Montien House*** (und mehr) ⑱, ✆ 422169, 📠 422145, E-Mail: montien@sawadee.com; schöne Gartenanlage, große Betonbungalows mit Fan oder ac, solide Holzeinrichtung, Veranda, sowie Reihenhaus; Mopeds und Jeep zu mieten, guter Service, kompetente Leute. Im Internet: www.sawadee.com/samui/montien

Samui Coral Resort** (ac****) ㉑, ✆ 422143, 20 kleine, helle Bungalows mit Terrasse, sauber und ruhig; gutes, gemütliches Restaurant mit nettem Service direkt am Meer, freundlicher italienischer Padrone.

First-Class-Hotels: Schön angelegte, recht beliebte Anlagen sind z.B.:

Muang Kulaypan Hotel ⑪, ✆ 230849-51, 📠 230031; teures First Class-Resort, 41 ac-Zimmer, Swimming Pool, Health Club.

Amari Palm Reef Resort ⑪, ✆ 422015-9, 📠 422394, ansprechende First Class-Anlage, mit viel Holz im Thai-Stil gebaut, ac-Zimmer, origineller Pool; ac-Bungalows jenseits der Straße mit eigenem Pool. Im Internet: www.amari.com/index.htm

Chaweng Blue Lagoon ⑫, ✆ 422037-40, 📠 422401; First Class-Anlage, große ac-Zimmer mit Balkon/Terrasse, 40 ac-Bungalows jenseits der Straße, herausragendes Frühstücksbüffet für jedermann im Open-Air-Restaurant am Strand unter Bäumen; großer Pool, Kinderbecken; Kanutouren mit *Sea Canoe*. Im Internet: web.singnet.com.sg/~blagoon

Chaweng Regent Beach Resort ⑰, ✆ 422008-10, 📠 422222, First Class-Resort, tropischer Garten, 2stöckige Häuser, 3stöckiges Hotel, große Bungalows im Thai-Stil, 144 ac-Zimmer, Swimming Pool, Kinderbecken, Kinderspielplatz. Im Web: asiatravel.com/chawengregent

CHAWENG BEACH (ZENTRUM) – Wer auf guten Schlaf Wert legt, sollte nicht zu nah beim *Reggae Pub* übernachten. Ca. 35 Anlagen liegen am feinsandigen Strand.

Einfache Hütten: Viele Hütten unter 150 Baht gibt es in diesen Anlagen:

Dew Drop Hut**-* ㉖, ✆ 422238, nette Pfahlhütten im alten Stil, Du/WC separat, einige ac-Bungalows, uriger, schattiger Garten, Restaurant und Bar, Kräuter-Sauna, Thai Massage.

Charlie's Hut**–* ㉚, ✆ 422343 (gemeinsam mit ***Viking*** ㉙), großes Grundstück, vom Strand zu erkennen an den Büschen in Tierform, saubere, günstige Holzhütten auf Pfählen mit Gemeinschafts-Du/WC, überaus beliebt bei Billigreisenden, gute Atmosphäre. Strom von 18–9 Uhr. Gutes Essen im Restaurant, das Preisniveau ist ok. Wegen Diebstahlgefahr Wertsachen in Verwahrung geben.

Einfache Bungalows bis 400 Baht gibt es in vielen Anlagen an der nördlichen Strandhälfte, z.B.:

Anchor House Resort**–* ㉓, ✆ 230586, schöner tropischer Garten, 25 einfache, renovierte, saubere Doppelbungalows mit Du/WC und Fan oder ac, Restaurant *Panviman* am Strand; geleitet vom „pensionierten" Weltenbummler Markus aus der Schweiz und seiner Partnerin, Mrs. Pradee, die aus dieser Anlage ein echtes Traveller-Paradies machen wollen.

Chaweng Garden Beach*** ㉒, ✆/📠 422265, geräumige, muffige Bungalows mit Fan oder ac, gute Matratzen, preiswertes Restaurant, freundliches Personal.

Long Beach Lodge** (ac****) ㉕, ✆ 422372, großer Palmengarten, hier fühlen sich vor allem junge Pärchen wohl, Schweizer Management.

King's Bungalow** (ac****) ㉗, ✆ 422304, 30 solide Bungalows mit Fan oder ac.

Silver Sand**–*** ㉘, ✆ 231203-5, dreierlei nette, naturnahe, geräumige Bungalows unter Palmen, Restaurant, aufmerksame Bedienung.

Yai Noi Bay				
①	I.K.K.Bungalows	**_***	422482-3	
②	Coral Bay Resort	Mittelklasse	422223-4	422392
Chaweng Yai Beach				
③	Papillon Resort	****	231169	231169
④	Samui Island Resort	*** (ac****)	422335	
⑤	Matlang Resort	*** (ac****)	422172	422172
⑤	Blue Lagoon	** (ac***)		
⑥	Venus Resort	**_***	422406	
⑦	Marine Bungalow	**_***	422416	422263
⑦	Lazy Wave	***		
⑧	Moon Bungalow	**_***	422167	
⑨	Family Bungalow	**		
⑨	Corto Maltese	Mittelklasse	230041	230041
⑩	Your Place	*** (ac****)		
⑩	Chaweng Pearl Cabana	***_****	422116	
⑪	Chaweng Villa Resort	First Class		
⑪	Muang Kulaypan Hotel	First Class	422305	230031
⑪	Amari Palm Reef Resort	First Class	422015-9	422394
⑫	Chaweng Blue Lagoon	First Class	422037-40	422401
⑫	Tropic Tree	***	422298	
⑬	J.R. Bungalow	***_****	422238-9	422404
⑭	O.P. Bungalow	****	422424	422425
⑮	Samui Natien Resort	****	422405	422309
⑮	Relax Resort	***	422280	422113
⑮	Samui Country Resort	*** (ac****)	422186	230790
⑯	The Island	***_****	230941	230942
⑰	Chaweng Regent	First Class	422008-10	422222
⑱	Chaweng Villa	****	231123-4	422130
⑱	Montien House	*** (ac ab****)	422169	422145
⑲	Lucky Mother	**_***		
⑳	Lotus Bungalow	**		
⑳	Suneast Bungalow	***_****	422115	
⑳	Coconut Grove	***	422268-9	
㉑	Samui Coral Resort	*** (ac****)	422143	
Chaweng Beach				
㉒	Chaweng Garden Beach	****	422265	422265
㉒	Baan Chaweng Resort	***_****	422403	422404
㉓	Green Beach Bungalow	*** (ac****)	422238-9	422402
㉓	Anchor House Resort	**_***	230586	
㉓	Best Beach Bungalow	***	422410	
㉓	Samui Royal Beach	****	422154-5	
㉔	Malibu Resort	ac ab****	422386	
㉕	Chaweng Buri Resort	First Class	422465	422466
㉕	Long Beach Lodge	*** (ac****)	422372	
㉖	Baan Samui Resort	Mittelklasse	230965-9	422412
㉖	Dew Drop Hut	*_***	422238	
㉗	King's Bungalow	*** (ac****)	422304	
㉗	Chaba Samui Resort	First Class	422135-7	422380
㉘	Beachcomber Hotel	First Class	422041-3	422388
㉘	Silver Sand	**_****	231203-5	
㉙	Viking	**	422343	
㉚	Charlie's Hut	**_***	422343	
㉛	Central Bay Resort	****	422118	422119
㉜	The Princess Village	Mittelklasse	422216	422382
㉜	Tradewinds Resort	First Class	230602	231247
㉝	Central Samui Beach R.	Luxusklasse	230500	422385
㉞	Chaweng Resort	Mittelklasse	422230-1	422378
㉟	Arabian Bungalow	** (ac***)	422197-8	422397
㊱	Chaweng Cabana	Mittelklasse	422377	422377
㊱	Chaweng Cove	ab****	422156	422291
㊲	Poppies Samui Resort	Luxusklasse	422419	422420
㊲	Joy Resort	***_****	422244-5	422376
㊳	Samui Resotel	ac ab****	422374	422421
㊳	Sans Souci Samui	Mittelklasse	422044	422045
㊴	Samui Paradise Chaweng	ab****	422176	422176
㊴	Sea Side Resort	***	422364	422365
㊵	First Resort	ab****	422327	422243
㊶	Mercure Resort	First Class	422472	230866
㊷	Renu Gh.	**		
㊸	City Hotel	****		
㊹	Parrot	*** (ac****)		
㊺	Samui Holiday Inn	***		
㊻	Lucky's Home	**	230128	230128

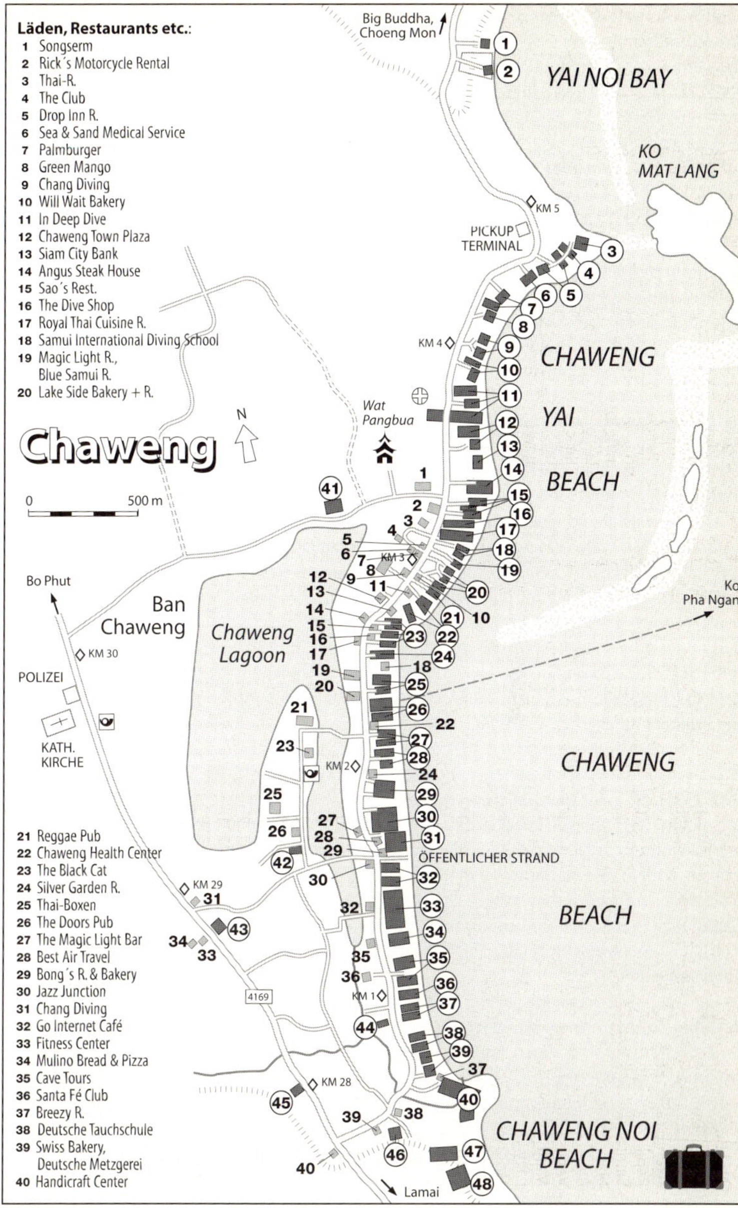
Läden, Restaurants etc.:
1 Songserm
2 Rick´s Motorcycle Rental
3 Thai-R.
4 The Club
5 Drop Inn R.
6 Sea & Sand Medical Service
7 Palmburger
8 Green Mango
9 Chang Diving
10 Will Wait Bakery
11 In Deep Dive
12 Chaweng Town Plaza
13 Siam City Bank
14 Angus Steak House
15 Sao´s Rest.
16 The Dive Shop
17 Royal Thai Cuisine R.
18 Samui International Diving School
19 Magic Light R., Blue Samui R.
20 Lake Side Bakery + R.
21 Reggae Pub
22 Chaweng Health Center
23 The Black Cat
24 Silver Garden R.
25 Thai-Boxen
26 The Doors Pub
27 The Magic Light Bar
28 Best Air Travel
29 Bong´s R. & Bakery
30 Jazz Junction
31 Chang Diving
32 Go Internet Café
33 Fitness Center
34 Mulino Bread & Pizza
35 Cave Tours
36 Santa Fé Club
37 Breezy R.
38 Deutsche Tauchschule
39 Swiss Bakery, Deutsche Metzgerei
40 Handicraft Center
Chaweng
N
0
500 m
Big Buddha, Choeng Mon
YAI NOI BAY
KO MAT LANG
KM 5
PICKUP TERMINAL
KM 4
CHAWENG YAI BEACH
Wat Pangbua
KM 3
Bo Phut
Ban Chaweng
Chaweng Lagoon
KM 30
POLIZEI
KATH. KIRCHE
KM 2
Ko Pha Ngan
CHAWENG BEACH
ÖFFENTLICHER STRAND
KM 29
4169
KM 1
KM 28
CHAWENG NOI BEACH
Lamai

Komfortbungalows in der südlichen Strandhälfte:
Chaweng Cove ab**** (und mehr) ㊱, ✆ 422156, ✆ 422291, gemütliche Anlage, gepflegter Garten, Doppel-Bungalows mit Terrasse, Reihenhaus.
Samui Resotel (Munchies)***–**** ㊳, ✆ 422374, ✆ 422421, E-Mail: resotel@loxinfo.co.th; 59 Zimmer mit Fan oder ac, direkt am Strand über 2500 Baht; Restaurant.
Mittelklasse-Resorts: Attraktive, gepflegte, relativ naturnah gebaute Anlagen, z.B.:
Chaweng Cabana ㊱, ✆/✆ 422377, 25 Einzel- und Reihen-Bungalows mit ac und Terrasse unter Palmen. Im Internet: www.thaifocus.com/hotels/samcab.htm
Sans Souci Samui ㊳, ✆ 422044, ✆ 422045, kleine, schöne Gartenanlage, große, schön möblierte Reihenbungalows.
First Resort**** (und mehr) ㊵, ✆ 422327, ✆ 422243, wirbt damit, eine der letzten Anlagen zu sein, die noch Einheimischen gehört; eng stehende, etwas teure Bungalows mit Fan und ac; schöner Pool, um den sich große, hervorragend ausgestattete Bungalows und mehrere Häuser im Thai-Stil gruppieren; herrlicher Strand.
First-Class-Hotels:
The Princess Village ㉜, ✆ 422216, ✆ 422382, E-Mail: princess@sawadee.com; etwas ganz Besonderes: 12 schöne, originale Teakhäuser, die aus Zentral-Thailand hergebracht, renoviert und wie ein Dorf neu aufgebaut wurden, 50 Zimmer mit ac oder Fan, antiken Möbeln und modernem Bad über 2000 Baht; Dorfteich, Ruhepavillons, Strandrestaurant; unter Schweizer Leitung. Im Internet: www.sawadee.com/samui/princess
Baan Samui Resort ㉖, ✆ 230965-9, ✆ 422412, 2- und 3stöckige Gebäude im New-Mexico-Stil in einem schmalen Sandgarten, schöne Zimmer, Open-Air-Restaurant, großer Pool. Im Internet: www.asiatravel.com/baansamui/
Chaweng Buri Resort ㉕, ✆ 422465, ✆ 422466, E-Mail: cbr@sawadee.com; freundliche Anlage, üppig grüner Garten, 118 ac-Bungalows mit Veranda, Pool mit Strandsicht; viele freilaufende Hunde. Im Internet: www.sawadee.com/samui/cbr
Beachcomber Hotel ㉘, ✆ 422041-3, ✆ 422388, 3stöckiger, deplaziert wirkender Kasten für Pauschalurlauber, gute ac-Zimmer mit 3 Betten, Swimming Pool mit Kinderbecken; Erdgeschoß und Hotelgelände Rolligerecht; Schweizer Leitung. Im Internet: web.singnet.com.sg/~bcomber
Poppies Resort ㊲, ✆ 422418-9, ✆ 422420, E-Mail: poppies@sawadee.com; Resort der Luxusklasse, üppiger, gepflegter Tropengarten, 24 luxuriöse Bungalows im Thai-Stil; erstklassige Speisen im Restaurant am Strand; toll angelegter Pool. Im Internet: www.sawadee.com/samui/poppies. An der *Poppies Beach Bar* ist die Internet Live Camera aufgestellt: http://sawadee.com/cam/
Im Hinterland ohne direkten Strandzugang:
Mercure Resort ㊶, ✆ 422472, ✆ 230866, First Class-Hotel hinter der Lagune am Hang, Zimmer mit schöner Sicht, ein Minibus bringt Gäste zum Strand beim Samui Natien Resort.
Parrot*** (ac****) ㊹, auf der Landseite der Straße, üppig grüner, idyllisch angelegter Garten, über einen Steg verbundene Bungalows, geräumig, gut eingerichtet, mit Fan oder ac und Kühlschrank, Terrasse, gute Küche; sehr nettes Personal. Für Rolli geeignet.
Lucky's Home** ㊻, ✆/✆ 230128, hinter der *Swiss Bakery* in einer Seitengasse, gemütliche, große Zimmer mit Kühlschrank, Du/WC; sehr günstiger Monatstarif.

CHAWENG NOI BEACH – Relativ teure Anlagen für Pauschaltouristen.
The Fair House ㊼, ✆ 422255-6, ✆ 422373, E-Mail: fairhouse@sawadee.com; schöne Gartenanlage, 100 eng stehende, komfortable ac-Bungalows mit Mini-Bar; Restaurant mit gehobenem Preisniveau; ein Pool am sehr schönen Strand, ein weiterer auf dem Hügel mit Meersicht. Im Internet: www.sawadee.com/samui/fairhouse
Samui New Star ㊽, ✆ 422346, ✆ 422325, Mittelklasse, dicht aneinander stehende ac-Bungalows in mehreren Reihen.

The Imperial Samui ㊾, ✆ 422020-36, 📠 422396-7, First Class-Resort, ansprechend gegliederte Gebäude, 155 ac-Zimmer mit Blick aufs Meer, Terrassen und Restaurant am Hang auf verschiedenen Ebenen; Süßwasser- und Meerwasser-Swimming Pool mit integrierten Naturfelsen, der faszinierend wirkt, aber nicht leicht sauber zu halten ist; Tennis, Wassersport. Im Web: asiatravel.com/samui

Chaweng Noi* ㊷, die einzige billige Anlage, 10 alte Hütten mit Du/WC, direkt an der Straße.

Essen

Chaweng hat sich in den letzten Jahren zu einem Mekka für Schlemmer entwickelt. Erstklassige Restaurants entlang der Hauptstraße konkurrieren mit stimmungsvollen Strandrestaurants.

Einige wirklich **gute Restaurants** halten konstant ihren Standard, dazu gehören ***Royal Thai Cuisine, Poppies, Magic Light Restaurant*** und ***The Island***.

Romantisch sitzen kann man am späten Abend auf dem Strand bei der Lagune in mehreren kleinen Restaurants, das Essen ist relativ gut und preiswert, die Shakes sind z.T. sogar Spitze.

Ein Erlebnis besonderer Art ist ein **Dinner** im ***Drop Inn***, auch wenn die Qualität der Speisen wegen des großen Andrangs nicht immer gehobenen Ansprüchen genügt.

Empfohlen wurden uns die deutschen Restaurants ***Sao's 1*** und ***Sao's 2*** sowie die ***Toto Pizzeria***.

Kaum zu empfehlen sind die meisten Restaurants der großen Hotels.

Auch die diversen Biergärten eignen sich kaum für eine bekömmliche Mahlzeit.

Einige Dutzend mehr oder weniger einfache **Thai-Restaurants** laden zum Essen ein, die Qualität der Speisen und des Service nimmt mit schöner Regelmäßigkeit schon wenige Monate nach der Eröffnung drastisch ab.

Empfehlen können wir nur das preiswerte, einfache Freiluftrestaurant schräg gegenüber vom *The Island*, ein auch von Thais frequentiertes Familienunternehmen: die nette, kompetente Chefin *„Sun"* hat ihren Beruf wirklich gelernt und behält den Überblick, die Küche zaubert phantastisches Thai-Essen auf den Tisch.

Ein tolles **Farmerfrühstück** für 90 Baht, ein Tagesgericht für 99 Baht, sowie gute Thai und internationale Küche bietet der gelernte Schweizer Koch Hans Peter Frutiger im ***Magic Light Restaurant***. Er kann auch Touristen mit Diabetes beraten.

Bong's Restaurant & Bakery hat täglich frisches Schwarzbrot und Brezeln, Frühstück ab 8.30 Uhr.

In der ***Will Wait Bakery*** ist der Name leider Programm: wenn der Video spannend wird, kümmert sich das Personal nicht mehr um die Gäste. Die Backwaren im Shop sind sehr lecker.

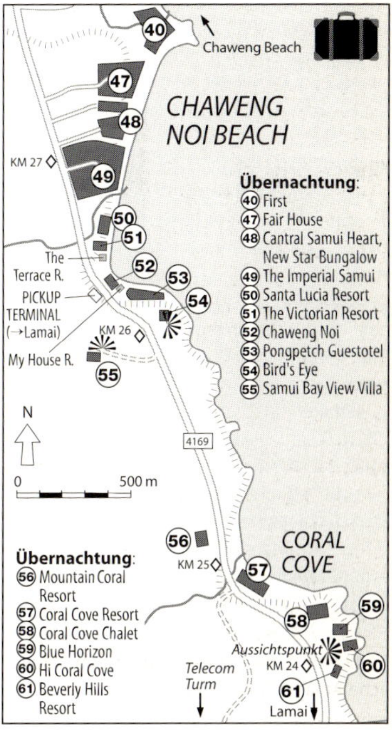

KO SAMUI, KO PHA NGAN UND KO TAO

Viele **Seafood-Restaurants** präsentieren ihre Meeresfrüchte dekorativ auf Eis in kleinen Booten. Man sollte jedoch bedenken, daß alles so langsam auftaut und am nächsten Tag wieder angeboten wird. Ob dann noch alles so frisch und gesund ist, wie es aussieht?

Unterhaltung

Bis Silvester 1994 war ***The Reggae Pub*** ein phantastisches Unterhaltungszentrum mit riesigem, offenem Restaurant, Biergarten und Disco, in der sich 2000 Gäste zu Reggae Musik bewegen konnten. Dann setzte ein Feuerwerkskörper die aus Bambus und Holz gebaute Anlage in Brand. Nun werden die Ruinen wie ein Kunstwerk beleuchtet.
Khun Loesak hat direkt daneben das neue *Reggae Pub* wiedereröffnet, diesmal aus weniger brennbaren Materialien. Live Band, Boxen mit toller Klangqualität, romantische Sitzgruppen mit Blick auf den See oder den künstlichen Wasserfall, 5 Bars, Biergarten, Freilichtkino unter Palmen, Eintritt frei, geöffnet bis zum frühen Morgen, ✆ 422331. Allzu viel Reggae darf man allerdings nicht mehr erwarten.
Ab 23.30 Uhr geht „man" in ***The Club***, ✆ 422341, mit viel Geschmack eingerichtete Bar, gute Atmosphäre, flinke, freundliche Bedienung, gute CD-Musik; *Happy Hours* von 16–21 Uhr.
Anschließend (ab 0.30 Uhr) zieht „man" weiter in die große, ohrenbetäubend laute Disco ***Green Mango*** (geöffnet bis 3 Uhr) oder durch das riesige Palisadentor ins ***Santa Fé.*** Viele halten das *Santa Fé* für den besten Club auf Ko Samui. Die eindrucksvolle, von Bangkoker Kunststudenten entworfene und betriebene Anlage öffnet ab 22 Uhr, ab 1 Uhr wird es belebt. *Der* Club für „bessere" Leute. Freier Transport mit dem Shuttle-Pickup.
Beliebt ist auch ***The Doors Pub***, wo jeden Dienstag T-Shirts verschenkt werden.
Die „Party" der ***Jah Dub Bar*** am Dienstag und Freitag kann man sich schenken.

Sonstiges

ARZT – Im ***Sea & Sand Medical Service Office***, 166/7 Mu 2, in der Ladenzeile beim *Palmburger* um die Ecke, hat ein fähiger Arzt auch tagsüber Bereitschaft.

AUSFLÜGE – mit dem Speedboot nach Ko Tao, Ko Pha Ngan und zum Marine Park veranstaltet u.a. tgl. ***Q-Speed***, ✆ 230550, 230554.
Zur **Fullmoon Party** auf Ko Pha Ngan fahren die Speedboote für 300 Baht von 18–24 Uhr jede Std. ab, Rückkehr am Morgen von 6–8 Uhr; buchen bis 16 Uhr; Treffpunkt am Strand bei ***ez*** vor *Dew Drop Hut*.
T.W.C. Travel fährt ebenfalls mit Speedbooten für 300 Baht um 20.30, 21.30 und 22.30 Uhr, zurück um 6 und 7 Uhr; buchen bis 17 Uhr. Preis für einfache Fahrt: 150 Baht p.P.

AUTOVERMIETUNG – Jeeps gibt es für 800 Baht/Tag, bei mehreren Tagen Rabatt.

FITNESS – Das ***World Gym Fitness Center***, ✆ 231174, am H4169 hat gute Maschinen, z.Zt. unter Schweizer Leitung; geöffnet 9–21 Uhr.

INTERNET – seine E-Mail checken, im Web surfen und deutsches Bier trinken kann man im ***Go Internet Café***, 300 Baht/Online-Std., E-Mail: goin@samart.co.th
Hier trifft sich auch die Samui Computer User Group, die sich u.a. für den Schutz der Natur auf Ko Samui einsetzt.

KANUTOUREN – mit seefesten, aufblasbaren Kanus bietet ***Sea Canoe Ko Samui*** im *Blue Lagoon Hotel* an, ✆ 422037, 📠 422401: um **Ko Matlang** herum in 3 Std., zum **Angthong Marine National Park** für 1 Tag oder für 3 Tage (7000 Baht), nur Weihnachten bis August.
Ähnliche Touren veranstaltet ***Blue Stars***, ✆/📠 230497, nähe *Green Mango*.

LIVE CAM – Am Strand ist an der *Poppies Beach Bar* die Internet Live Camera aufgestellt: http://sawadee.com/cam/

MASSAGE – am Strand für 75 Baht/30 Min.

MOTORRÄDER – werden überall ab 150 Baht/Tag angeboten, in wechselndem Zustand.
Beste Erfahrungen haben wir mit ***Rick's Motorcycle Rental***, ✆ 230096, 231037, an der Strandstraße gegenüber vom *Samui Country Resort* gemacht; Rick hält seine Bikes immer in Schuß; fast neue Honda Dream für 150 Baht/24 Std.
Achtung: Motorradfahren auf Ko Samui ist auch bei vorsichtiger Fahrweise nicht ungefährlich.

PICKUPS – Der Terminal liegt am KM 5, von wo die Chaweng-Pickups die gesamte Strandstraße bis zum Chaweng Noi entlangfahren und z.T. weiter über Lamai bis Nathon (Stichwort *„Around the Island"*), z.T. über Mae Nam nach Nathon. Mit dem Pickup um 6 Uhr (30 Baht) schafft man es zum ersten Expressboot ab Nathon.
Bei der Ankunft fahren die Pickups die ganze Straße von Süden nach Norden entlang und halten an der gewünschten Unterkunft.
Am Abend und in der Nacht fahren Pickups die Strandstraße auf und ab, um den Promenierenden lange Fußmärsche zu ersparen (für wenige Baht). Der Shuttle-Pickup von *Santa Fè* ist gratis.

REISEBÜROS – Bei ***SIT, Samui Inter Travel***, ✆/📠 422153, bekommt man Hotel-Vouchers mit hohen Rabatten (bis zu 50%) für gute Resorts; nach Norbert Gölzer fragen.

STRANDVERKÄUFER – Die vielen Verkäufer verhalten sich relativ friedlich. Kleine Dienstleistungen sind besonders „in": Maniküre, Pediküre, Zöpfchen flechten, Perlen in die Haare flechten für ca. 160 Baht.

TAUCHEN – Gute Touren macht die deutsche Tauchschule ***Calypso Diving***, ✆/📠 422437, E-Mail: info@calypso-diving.com; an der südlichen Zufahrtsstraße; das PADI 5 Sterne IDC Center bietet u.a. 4tägige Kurse auf Ko Samui oder auf der schwimmenden Tauchbasis *MV Calypso* (US$190–275) an, 1 Tag *Discover Scuba Diving* für US$50.

TELEFONBÜROS – für Auslandsgespräche *(Oversea Call)* liegen zu Dutzenden entlang der Strandstraße. Fast alle übervorteilen ihre Kunden auf dreiste Weise. Wir haben so schlechte Erfahrungen mit ihnen gemacht, wie sonst nirgends in Thailand.

TOUREN – Eine 2tägige Tour mit einer Übernachtung zum **Khao Sok National Park** bietet ***Cave Tours*** ab 3000 Baht.

WASSERSPORT – Wassersportbegeisterte finden Tauchbasen, Surfboard- und Wasserski-Anbieter am Strand und entlang der Straße.

Coral Cove

2 km südlich von Chaweng Noi (25 km von Nathon) liegt zwischen zwei Pässen der Küstenstraße eine kleine Bucht mit weißem Sandstrand, umrahmt von runden Felsblöcken. Hier macht es Spaß, durch die bizarren Felskanäle zu schwimmen und zu schnorcheln. Die Pickups fahren hier vorbei. Aber um 6 Uhr morgens ist ein Taxi nicht garantiert.

Übernachtung

Coral Cove Resort**-**** (57), ✆ 422126, in dem schmalen Streifen zwischen Straße und Meer. Die Bungalows liegen direkt am Strand und verteilt auf dem Hügel unter Palmen. Freundliche Leute, gutes Essen.
Coral Cove Chalet (58), ✆ 422260-1, 📠 422496, E-Mail: ccc@sawadee.com; gepflegte Mittelklasse-Anlage unter vielen

geköpften Palmen, 39 Komfort-Bungalows mit Balkon, Open-Air-Restaurant mit guter internationaler und Thai Küche, Swimming Pool mit Terrasse, schöne Aussicht; fest in den Händen von Pauschalurlaubern; Jeep 800–1000 Baht (auch für Nicht-Gäste). Im Internet: www.sawadee.com/samui/ccc

Blue Horizon*** (ac****) ㊾, ✆ 422426, 📠 230293, vom Restaurant an der Straße führen Treppen hinunter zu den 11 Bungalows am Hang, schöne Aussicht.

Hi Coral Cove***-**** ㊿, ✆/📠 422495, E-Mail: hicoral@sawadee.com; gepflegter Palmengarten, 10 ac-Bungalows mit schöner Aussicht, Restaurant an der Straße; vermietet Schnorchelausrüstung und Mopeds. Im Internet: www.sawadee.com/samui/hicoral

Beverly Hills Resort***-**** (61), ✆/📠 422232, beim höchst mittelmäßigen Restaurant auf dem Paß neben dem Viewpoint, 11 Bungalows mit Du/WC, Fan oder ac und Balkon mit herrlicher Aussicht. Im Internet: www.btinternet.com/~samui/beverlyhills-homepage.htm

Thong Ta Khien Bay

Gut 1 km weiter (23 km von Nathon) liegt unterhalb der Straße die schöne Thong Ta Khien Bay. Bei Ebbe ist Baden eingeschränkt möglich. Idyllisch lag hier einmal ein Fischerdorf, jetzt verdrängt von der großen Anlage des Yacht Clubs.

Übernachtung

Golden Cliff Resort*** (ac****) ①, ✆ 422409, am Hang oberhalb der Straße, 15 Bungalows unter Palmen.

Samui Silver Beach Resort**** ③, ✆ 422478, 📠 422479, unter Palmen am Strand, 20 eng stehende, solide Bungalows mit Fan oder ac; mit einem Restaurant und einer Bar; Motorradvermietung.

Samui Yacht Club ④, ✆ 422225-6, 📠 422400, E-Mail: yachtclub@sawadee.com; Mittelklasse-Anlage unter Palmen, große, schöne ac-Bungalows, Rattanmöbel, großes Moskitonetz, ansprechendes Restaurant mit Unterhaltungsprogramm, Swimming Pool; 2x tgl. kostenloser Transfer zum Chaweng Beach. Im Internet: www.sawadee.com/samui/yachtclub

Farbfotos:

Seite I		Die Ostküste lockt mit ihren Stränden
	links:	Am Strand von Ko Samet
	rechts von oben nach unten:	
		Reisanbau an der Ostküste; in einem Dorftempel im Nordosten; das alte Chantaburi; Fischkutter
Seite II		Tempel in Chantaburi
Seite III		Junger Novize in einem Tempel in Phetchaburi
Seite IV	oben:	Kriegsszene mit Kampfelefanten als Wandmalerei
	unten:	In der buddhistischen Meditationshöhle Khao Luang bei Phetchaburi herrscht friedliche Ruhe
,Seite V	oben:	Für die Einheimischen is die Kokospalme der „Baum des Lebens"
	unten:	Die Busse am Airport von Ko Samui sorgen für Urlaubsstimmung
Seite VI	oben:	Geisterhäuschen am Strand von Ko Samui
	unten:	Einheimische Muschelsammler bevölkern die Strände von Ko Samui
Seite VII		Bizarre Felswände ragen bei Krabi aus dem Meer heraus
Seite VIII		Traumziele
		oben: Insel vor Krabi; Mitte: Ko Samui; unten links: Bungalows auf Ko Pha Ngan; unten rechts: Auf dem Weg nach Ko Tao

SAMUI
AIRPORT
SAMUI

Essen

The Terrace Restaurant bietet gutes Thai-Essen und frisches Seafood zu vernünftigen Preisen, herrlicher Blick, freundlicher Service.

Lamai Bay

Die sichelförmige, 4 km lange Bucht wird von vielen, zum Teil überhängenden Kokospalmen gesäumt. Touristen aus allen Ländern kommen in etwa 80 Hotels und Bungalowsiedlungen mit mehr als 1500 Zimmern unter. Jede Anlage verfügt über ein eigenes Restaurant. Die Müllprobleme sind nicht zu übersehen und stinken so langsam zum Himmel.

Östliche Bucht

Dieser Teil des Strandes beginnt 22 km entfernt von Nathon. Die malerische Bucht mit vorgelagertem Korallenriff ist flach, bei Ebbe weniger als hüfttief. Der weiße Sandstrand ist mit glatten Felsen durchsetzt. Die schweren Brecher im Winter werden vom vorgelagerten Kap größtenteils abgehalten, so daß auch dann gebadet werden kann. Diese Bucht reicht bis zu den Comfort Bungalows. Im Juli/August fällt die Bucht bei Ebbe fast ganz trocken.

Nördlicher Strand

Diesem Strandabschnitt (21 km von Nathon) ist bis zur Höhe des Dorfes **Ban Lamai** ein Riff vorgelagert. Bei Ebbe schauen hier die Felsen heraus. An der Lagune werden während der Saison Bootsfahrten zur Insel **Ko Tan** angeboten.

Zentrum

Dieser schöne Strandabschnitt liegt 18–21 km von Nathon entfernt. Er ist am südlichen Ende mit malerischen Felsen durchsetzt und bei Ebbe und Flut gut zum Baden geeignet. Der Sand ist an vielen Stellen recht grob. Manchmal drängt sich der Eindruck auf, daß der Strand richtig voll ist, obwohl er nur wenig Schatten bietet. Im Winter herrscht starke Brandung, und der hohe Wasserstand reduziert den Strand beträchtlich. Wer sich gern die Teerbatzen von den Füßen kratzt, kann sich hier austoben. Am südlichen Ende findet man selbst im Sommer noch Stellen, wo man in den Wellen schwimmen kann. An der Parallelstraße im Hinterland schlägt die Unterhaltungsindustrie gewaltig zu: Kneipen, Discos, Go-Go-Bars, Thai-Boxen, Transvestiten-Show, Snake Show, u.v.m. Leute, die Action suchen, finden sie hier bestimmt.

Lamai, südliche Küste

Der **Wonderful Rock** schließt die Lamai Bucht nach Süden ab. Die noch südlicheren Bungalows (17 km von Nathon) liegen eigentlich schon in der **Bang Nam Chuet Bay**, zehren aber von dem bekannten Namen Lamai. Der Strand ist meistens zu flach zum Schwimmen. Bei starkem Ostwind ist es allerdings gerade hier besonders angenehm.Der *Wonderful Rock*, von den Thai als „Großvater und Großmutter" (*Hin Ta-Hin Yai*) bezeichnet, ist ein weit ins Meer vorstehender Felsen mit schöner Aussicht, dessen Formen offenbar die sexuelle Phantasie beflügeln. Im Winter kann man sich an der tosenden Brandung erfreuen, im Sommer zwischen den Felsen baden. Für Thai-Touristen ist der Fels ein beliebtes Ausflugsziel.

Übernachtung

ÖSTLICHE BUCHT – Die wenigen Bungalowanlagen liegen am Hang in Kokosplantagen, in denen man auch schön spazierengehen kann. Diese Gegend ist relativ weit von der Straße entfernt und wird von Travellern geschätzt, die Ruhe in der Nähe vom Trubel suchen.

Comfort Bungalow**** ⑨, ✆ 424110, schöne Anlage, 20 saubere, komfortable ac-Doppelbungalows am Strand und senkrecht dazu, Pool; im Restaurant langsamer Service bei gemäßigter Freundlichkeit.

Bay View Villa*** ⑧, ✆/℻ 230769, E-Mail: bayview@sawadee.com; 20 Bungalows mit Du/WC auf Pfählen unter Palmen, Balkon mit schöner Sicht, nettes, relativ teures Restaurant mit toller Sicht, freundliche Leute. Im Internet: www.sawadee.com/samui/bayview

Thong Ta Khien Bay:				
①	Golden Cliff Resort	*** (ac****)	422409	
②	The Little Mermaid	**_***		
③	Samui Silver Beach Res.	****	422478	422479
④	Samui Yacht Club	Mittelklasse	422225-6	422400
Lamai, östliche Bucht:				
⑤	Gaid Kaew Resort	***_****	01-2293798	
⑥	Green Banana Village	**_***		
⑦	Royal Blue Lagoon	First Class	231180	424195
⑧	Bay View Villa	***	230769	230769
⑨	Comfort Bungalow	****	424110	
⑩	Flower Paradise	***	230919	
⑪	Thanasak Beach	Mittelklasse	424279	424279
⑪	Island Resort	*** (ac****)	424202	424202
Lamai, nördlicher Strand:				
⑫	Tamarind Hill Retreat	Mittelklasse	424221	230906
⑬	Rose Garden	**_****	424115	424410
⑬	Weekender Villa	*_***	424116	
⑭	The Spa	*_****	230855	424126
⑭	Sukasam Bungalow	**_****	424119	
⑮	No Name	*	231052	
⑮	Tapi	*	424096	
⑯	My Friend Bungalow	****	425187	
⑰	Kai Bungalow			
⑱	New Hut	*		
⑱	Beer's House	**	231088	
⑱	Wishes	**		
⑲	Lamai Resort	***	424124	
⑳	Sand Sea Resort	Mittelklasse	424026	424415
Lamai, Zentrum:				
㉑	Garden Home Bungalow	**		
㉒	Platuna Bungalow	**	424138	
㉒	Riverside Bungalow	**		

㉓	Samui Laguna Resort	Mittelklasse	424215	424371
㉓	The Pavilion Resort	First Class	424420	424029
㉔	Mui Bungalows	***_****	424224	424224
㉔	Utopia	**_****	233113-4	233115
㉕	Samui Residence	***	424227	424226
㉕	Magic Resort	**_****	424229	
㉖	Lily House	***	424231	232069
㉖	Suan Tale Resort	***	424230	
㉗	Lamai Coconut Resort	****	233236	232169
㉗	Weekender Resort	Mittelklasse	424429	424011
㉘	Bonny Hotel	****		
㉘	Sea Garden	**	424238	
㉙	Lamai Beach Hotel			
㉙	Coconut Beach	*_***	424165	
㉚	Lamai Inn 99	*** (ac****)	424427	424211
㉚	Animal House	**	424208	
㉚	Rich Resort			
㉛	Best Resort	***_****	424214	424416
㉜	Holiday Gh.	**		
㉝	Marina Villa	***_****	424426	
㉝	Galaxy Resort	****	424441	424137
㉞	Miramare	**_****	424262	
㉞	Sea Breeze	**_****	424258	
㉟	Golden Sand Beach Res.	***_****	424031-2	424430
㉟	Som Thong Resort	***	424156	
㉟	Aloha Resort	Mittelklasse	424418	424419
㊱	Rim Gh.	*		
㊱	Kanok	*_**		
㊱	Visit	*_**		
㊲	Amadeus	***		
㊲	Casanova Resort	***_****	424425	
㊳	Varinda Resort	**	424284	
㊴	Lamai Pearl	*_**		
㊴	Bill Resort	*** (ac****)	424403	424286
㊴	Paradise Bungalow	**_*** (ac****)	424290	
㊵	Green Canyon	*_**	424292	

41	Lamai Chale't	**	✆ 233232	
41	Chain	**	✆ 424299	
42	Amity	*_**	✆ 424084	
42	White Sand	*_**		
43	Nice Resort 2	**_*** (ac****)	✆ 424034	Fax 424431
43	Nice Resort 1	**_*** (ac****)	✆ 424432	Fax 424028
44	Palm Resort	**	✆ 424297	
45	Sunrise Bungalow	*** (ac****)	✆ 424435	
45	Grand Rock Resort			
46	Baan Thai Resort	***_****	✆ 424317	

Lamai, südliche Küste:

47	Samui Park Resort	****	✆ 424008-10	Fax 424435
48	Noi Bungalow	**_***		
49	Chinda House	***_****	✆ 424324	
49	Best Wishes	**		
50	Swiss Chalet Resort	***_****	✆ 424321	Fax 232205
51	Floral House	**	✆ 424319	
52	White Elephant Resort	****	✆ 232312	
53	Rocky Resort	**_****	✆ 424326	Fax 424326
54	Pine Bungalow	**_***		

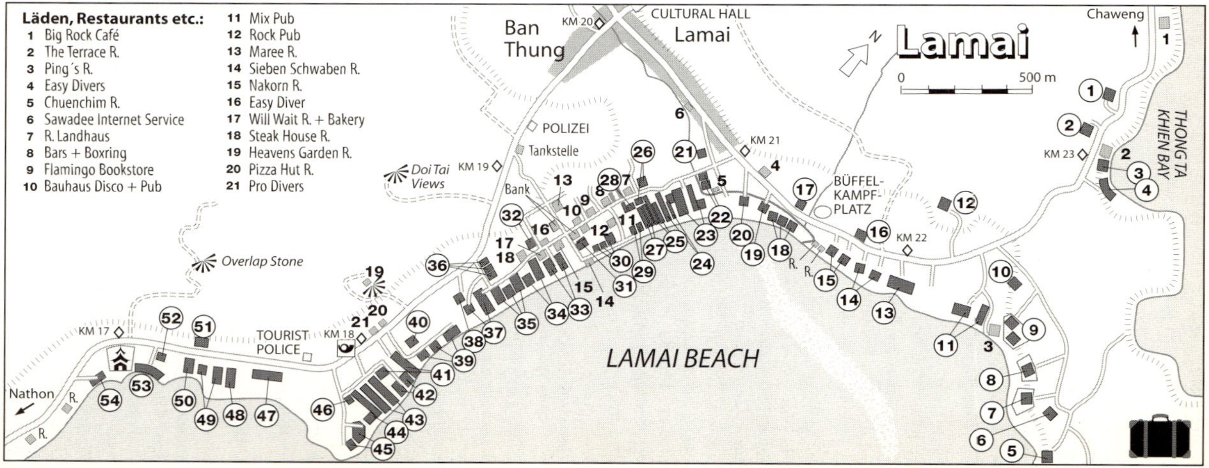

Royal Blue Lagoon ⑦, ✆ 231180, 📠 424195, E-Mail: rbl@sawadee.com; gepflegte First Class-Anlage, Fan-Bungalows und Komfortbungalows mit ac (bei Nacht), alle am Hang mit Meeresblick; netter Pool mit Bar (500 Baht Strafe für Nicht-Gäste); nette Leute. Vom relativ teuren *View Point* Restaurant, das auf einen vorstehenden Felsen gebaut ist, hat man eine besonders schöne Sicht auf die eigene Badebucht und den gesamten Lamai Beach. Handeln kann lohnen. Im Internet: www.sawadee.com/samui/rbl
Green Banana Village**-*** ⑥, zurückversetzt in einer Palmenplantage, große, billige A-Frame-Hütten ohne Du/WC, Thai-italienisches Restaurant mit Video, gehobene Preise; am Strand eine Bar und ein Volleyballfeld. Im Juli/August geschlossen.
Gaid Kaew Resort***-**** ⑤, ✆ 01-2293798, hübsche Bungalows mit Fan oder ac in Hanglage, hat uns gut gefallen.
Flower Paradise*** ⑩, ✆ 230919, ca. 250 m vom Strand, schöne, saubere Zimmer mit Fan und großem Bad; unter Schweizer Leitung, heimatliches Spezial-Essen.
Thanasak Beach and Garden Resort ⑪, ✆/📠 424279, gepflegte Gartenanlage, 21 z.T. eng aufeinander stehende Häuser ab 1500 Baht, ca. 72 qm Wohnfläche inkl. Küche, ac-Wohnraum und 2 Schlafzimmer im Obergeschoß, große Terrasse, Restaurant mit schöner Strandterrasse, gehobene Preise. Einige Häuser sind noch ab 80 000 DM zu erwerben.
Island Resort*** (ac****) ⑩, ✆/📠 424202, mit Betonrohren gesicherter Strand, große Bungalows mit Fan oder ac.

NÖRDLICHER STRAND – Zwischen dem Strand und der nahen Straße gibt es überwiegend billige Unterkünfte bis 150 Baht.
Rose Garden**-**** ⑫, ✆ 424115, 📠 424410, gepflegte Anlage mit vielen Pflanzen, schöne Bungalows aus Holz und Ziegelsteinen mit Fan und Bad, preiswertes Restaurant.
Weekender Villa*-*** ⑬, ✆ 424116, großer Palmengarten, 19 geräumige, preiswerte Holzbungalows mit Fan und Du/WC, großes Restaurant zurückversetzt, familiäre Atmosphäre. Fischerboote am Strand.
The Spa*-**** ⑭, ✆ 230855, 📠 424126, E-Mail: thespa@loxinfo.co.th; eine Art Gesundheitsfarm mit Steamroom, Massage, Cleansing Fast; saubere, etwas teure Bungalows mit Bad, gutes vegetarisches Essen; preiswerter Jeep, Mountain Bike-Touren, Kanus; geleitet vom Amerikaner Guy und seiner Frau Toi, nette, coole Leute; empfehlenswert. Im Internet: surat.loxinfo.co.th/~thespa
No Name* ⑮, ✆ 231052, und ***Tapi**** ⑮, ✆ 424096, haben ganz einfache Hütten mit Gemeinschafts-Du/WC.
New Hut* ⑱ ist nicht zu empfehlen.
Beer's House** ⑱, ✆ 231088, und ***Wishes***** ⑱, haben nette Holzhütten mit Du/WC am Strand.
Lamai Resort*** ⑲, ✆ 424124, Bungalows mit Fan und Du/WC, vor und hinter dem Bach.
Sand Sea Resort ⑳, ✆ 424026, 📠 424415, angenehme Mittelklassebungalows im Thai-Stil mit Fan, z.T. mit ac, großer Pool, Jacuzzi. Viele Familien.
Tamarind Hill Retreat ⑫, ✆ 424221, 📠 424311, E-Mail: tamarind@sawadee.com; am Hang oberhalb des Strandes, sehr schöne unterschiedliche Privathäuser, in die Natur integriert, ab 5 Tagen zu mieten für US$40–80 pro Tag. Im Internet: www.sawadee.com/property/tamarind

ZENTRUM – Von den etwa 50 Anlagen, sowohl Bungalowsiedlungen als auch Reihenhäuser und Hotels, gehören viele noch den Einheimischen.
Billige Unterkünfte bis 150 Baht liegen vorwiegend an der Parallelstraße und den Zufahrtswegen. Direkt am Strand liegen z.B.:
Utopia**-*** ㉔, ✆ 233113-4, 📠 233115, gute Bungalows mit Du/WC und Fan, z.T. ac****.
Magic Resort**-**** ㉕, ✆ 424229, saubere, kleine und große, eng stehende Bungalows.
Lamai Inn 99*** (ac****) ㉚, ✆ 424427, 📠 424211, E-Mail: lamaiinn@sawadee.com;

schöne, große Anlage mit guten, sauberen Bungalows. Im Internet: www.sawadee.com/samui/lamaiinn
Sea Breeze**-**** ㉞, ✆ 424258, neben guten auch billige Bungalows mit Fan und Du/WC.
Platuna Bungalow** ㉒, ✆ 424138, am Fluß, Bungalows mit Fan; Restaurant mit gutem Thai und europäischem Essen.
Noch empfehlenswert sind:
The Pavilion Resort ㉓, ✆ 424420, 📠 424029, E-Mail: pavilion@sawadee.com; First Class-Hotel mit 16 Zimmern und 34 runden ac-Bungalows aus Holz mit Platz für eine größere Familie; Swimming Pool; Motorrad- und Autovermietung. Im Internet: www.sawadee.com/samui/pavilion
Suan Tale Resort*** ㉖, ✆ 424230, in 2. Reihe, recht schöne Bungalows mit Du/WC und Fan.
Lamai Coconut Resort**** ㉗, ✆ 233236, 📠 232169, schmales Grundstück am Strand, 30 schöne, große Bungalows in Reih und Glied.
Weekender Resort ㉗, ✆ 424429, 📠 424011, E-Mail: weekender@sawadee.com; Mittelklasse-Hotel im tropischen Garten am Strand, 45 ac-Zimmer und 29 geräumige Bungalows; Pool, Minigolf; deutsche Leitung. Im Internet: www.sawadee.com/samui/weekender
Golden Sand Beach Resort-******* ㉟, ✆ 424031-2, 📠 424430, schöner Garten, eng stehende Bungalows mit Fan und ac sowie 2stöckiges Reihenhaus, renovierungsbedürftig.
Aloha Resort ㉟, ✆ 424418, 📠 424419, E-Mail: aloha@sawadee.com; Mittelklasse-Anlage mit vielen Pauschaltouristen, U-förmig zum Meer hin offen um den Pool herum, 3stöckige Häuser mit 45 großen Komfort-Zimmern mit ac, Bad, Warmwasser, TV, 20 ältere Bungalows; Restaurant, schöner Pool mit Kinderbad und Jacuzzi. Im Internet: www.sawadee.com/samui/aloha

Lamai Beach auf Ko Samui

Am südlichen Ende, gibt es nur noch wenige **Anlagen der alten Sorte**, wie das berühmte
White Sand**-*** ⑫, einfache Hütten stehen direkt am Strand, sie sind allerdings fast immer belegt; bessere Hütten weiter hinten. Sehr freundliche Besitzerin.
Amity**-*** ⑫, ✆ 424084, die billigsten Hütten ohne Fan und WC, die besseren mit; bewohnt von Althippies und Jüngeren, lockere Atmosphäre, gutes Essen.
Green Canyon**-*** ⑩, ✆ 424292, auf dem Hügel an der Straße, ohne Meersicht, 15 am Hang verteilte, kleine Betonbungalows, Restaurant mit guter Atmosphäre, viele junge Traveller, sehr freundliche Leute.
Lamai Pearl**-*** ㊴, ungepflegte, häßliche Anlage, Bretterbungalows mit Terrasse auf Betonstelzen dicht an dicht, 2stöckige Reihenhäuser, steil abfallender Strand, sehr schön zum Baden, hier beginnen die malerischen Felsen im Wasser.
Bill Resort***** (ac****) ㊴, ✆ 424403, 📠 424286, schön mit Pflanzen und Palmen integrierte Anlage, neben angenehmen, einfachen Bungalows gibt es dicht stehende ac-Bungalows, davon 3 am Strand; gutes Restaurant, angenehme Atmosphäre.
Paradise Bungalow***-**** (ac****) ㊴, ✆ 424290, unterschiedliche, hübsche Bungalows am Hang mit Meerblick, sowie häßliche Klötze mit je 4 ac-Zimmern.
Lamai Chale't***-**** ㊶, ✆ 233232, kleine Hütten mit Du/WC außen, größere Steinbungalows mit Du/WC bis vor zum Strand, Beach-Bar, dahinter Restaurant.
Nice Resort 1***-**** (ac****) ㊸, ✆ 424432, 📠 424028, am südlichen Ende; saubere, gepflegte, aber recht heiße Beton-Anlage, 2 Reihenhäuser, Zimmer mit Fan oder ac; viele junge Touristen.
Nice Resort 2***-**** (ac****) ㊸, ✆ 424034, 📠 424431, Bungalows, Reihenhäuser und 2stöckige Reihenhäuser aus Beton; Handeln bei ac-Zi möglich; wer bereits ein Zimmer im Büro im Hauptbahnhof in Bangkok gebucht und bezahlt hat, bekommt kaum sein Geld zurück, wenn die Anlage bereits voll belegt ist.
Palm Resort**** ㊹, ✆ 424297, gepflegte Gartenanlage am Strand, weit verteilte, nette Bungalows.
Sunrise Bungalow***** (ac****) ㊺, ✆ 424435, an der Zufahrt zu *Hin Ta-Hin Yai*, schön angelegter Garten mit kleinem Wasserfall, z.T. zwischen den Felsen, ansprechende Bungalows verschiedenen Stils, auch 2stöckige A-Frame-Bungalows für Familien, einige mit tollem Bad, z.T. gute Aussicht; freundliche Leute; gutes Schwimmen bei hohem, ruhigem Wasser zwischen den Felsen oder am kleinen, steil abfallenden Sandstrand, sonst 100 m weiter. Im Internet: http://login.samart.co.th/~gecko/

SÜDLICHE KÜSTE – Am steinigen, flachen Strand liegen entlang der Straße:
Samui Park Resort****** ㊼, ✆ 424008-10, 📠 424435, E-Mail: samuipark@sawadee.com; 61 komfortable ac-Zimmer. Im Internet: www.sawadee.com/samui/samuipark
Noi Bungalow***-**** ㊽, 10 kleine und große Bungalows mit Fan und Du/WC.
Chinda House****-***** ㊾, ✆ 424324, Bungalows und ac-Zimmer im Haus.
Swiss Chalet Resort****-***** ㊿, ✆ 424321, 📠 232205, liegt am Felsenstrand mit schöner Sicht. Es bietet geräumige Bungalows in einer großzügigen Anlage, ein komfortables Kleinst-Hotel (mit ac) direkt auf den Felsen am Meer, hübsches Restaurant mit Thai und Schweizer Gerichten.
Rocky Resort***-***** (53), ✆/📠 424326, gut abgeschirmt vom Straßenlärm, besitzt einen privaten Sandstrand, von runden Felsen eingerahmt. Das 100 m entfernte Riff bricht die Brandung, daher ist es hier im Winter angenehm, im Sommer jedoch zu flach zum Schwimmen. Hübsche Bungalows, Swimming Pool über dem Strand.
Pine Bungalow***-**** (54), ungepflegte Anlage, Reihenhäuschen und Steinbungalows parallel zum Strand, Restaurant mit Strandterrasse.

Essen und Unterhaltung

Zentral liegt das einfache ***Nakorn Restaurant***, es ist sehr belebt und serviert Seafood in allen Variationen.
Österreichische Bäckerei, Frühstück mit Wurst, Käse und selbst gebackenem Brot; Kuchen, mittags Menü für 150 Baht, abends auch Fleisch und Fischgerichte. Geöffnet bis 23 Uhr. Große Portionen serviert das ***Maree Restaurant***, Deutsche und Thai Küche.
Toms Bakery (ein Schweizer) bietet große Portionen Schnitzel mit Pommes und Salat.
Sieben Schwaben, am Strand, gutes Essen, hervorragende Käsespätzle, empfehlenswert.
Heavens Garden, oberhalb von Lamai auf einem großen Felsen, zu erreichen auf einer steilen, schweißtreibenden Sandstraße (600 m); für Mopeds zu gefährlich. Mittelmäßiges Essen, aber phantastische Aussicht über Lamai und die Küste.
Rock Pub, gegenüber dem Bauhaus: bis morgens 3 Uhr sitzt niemand drin, danach wird es brechend voll.
In der tollen Disco mit Restaurant ***Mix Pub*** finden Di, Do und Sa gegen 23 Uhr Transvestiten-Shows statt (kein Eintritt).
Jeden Tag gibt es Live-Music in der ***Blues Bar*** hinter dem Mix-Pub.

Sonstiges

AIRPORT TAXI – hält am *Golden Sand Beach Res.* um 8, 11.30, 13, 15 und 17 Uhr (300 Baht).

ALTERNATIVE THERAPIE – ***Buffalo Bills*** bietet Kräutersauna, Massage, eine *Jazz Juice Bar* und alternative Heiltherapie; nicht weit von *The Spa*,

BÜCHER – ***Flamingo Bookstore***, riesige Auswahl auch an deutschen Taschenbüchern zum Tauschen oder ausleihen; Telefon- und Faxservice, Flug- und Transportbuchungen.

GELDWECHSEL – ist alle paar Meter möglich, 10–20 Uhr.

INTERNET – ***Sawadee Internet Service***, ✆/℡ 231176, E-Mail: admin@sawadee.com; an der Hauptstraße.
Im Internet: www.sawadee.com

MASSAGE – *Onkel Tom*, der blinde, ältere Masseur beim *Royal Blue Lagoon* versteht sein Handwerk. Für 90 Min. klassische Thai-Massage nimmt er 200 Baht.

PICKUPS – Einige Pickups fahren vom Terminal über Coral Cove bis Chaweng Noi weiter. Dort kann man in die Chaweng-Pickups umsteigen.

REISEBÜROS – Ein deutsches Reisebüro liegt neben dem *Lily House*.

THAI-BOXEN – kann man unter qualifizierter Anleitung im ***Flamingo House***, ✆ 424422, lernen, doch wohlgemerkt:
Jeder tausendfünfhundertste Kampf soll tödlich enden!

UNTERHALTUNG – Eine Unmenge Shops, Restaurants, Bierbars und Discos ziehen dem Touristen das Geld aus der Tasche, wie z.B. Parasailing für 500 Baht pro 5 Minuten.

Südküste

Hier findet man keine kilometerlangen Südseestrände, nur kleine, versteckte Buchten mit idyllischen Bungalowanlagen. Allerdings ist das Wasser oft sehr flach oder bei Ebbe das Meer weit entfernt, so daß Baden und Schwimmen nicht ganz einfach werden. Wem Ruhe und Natur mehr bedeuten als makellose, doch kommerzialisierte Sandstrände, ist hier besser aufgehoben.

Da man an dieser Küste nicht wie an den bekannten Stränden von Bungalow zu Bungalow gehen kann, um sich den schönsten selbst auszusuchen, beschreiben wir sämtliche Unterkünfte.

An der Küste entlang führt keine Straße. Die Buchten sind nur über Stichstraßen vom H4170 erreichbar.

Na Khai Cove

Biegt man hinter dem traditionellen, muslimischen Fischerdorf Ban Hua Thanon (toller Markt) auf den H4170 ab, so weisen nach etwa 400 m einige Schilder nach links. Durch Palmenplantagen kommt man zu einem sehr flachen, ruhigen Strand (16 km von Nathon), der bei Ebbe weit hinaus trocken liegt.

Bang Kao Bay

Jenseits des 135 m hohen Hügels Khao Tale liegt die sehr flache Bang Kao Bay (17 km von Nathon), deren Riff sich mehrere hundert Meter weit draußen entlangzieht. Leider treiben hier einige Diebe ihr Unwesen.

An der südlichsten Spitze von Ko Samui (1,2 km vom H4170) steht ein Chedi, genannt **Pagoda**, der zu einem Wat mit freundlichen Mönchen und Nonnen gehört. Direkt davor schaut ein breites Riff aus dem Wasser heraus. Bei geeignetem Wasserstand kann man hier gut schnorcheln und sieht viele bunte Korallenstöcke, allerdings kaum Fische. Beim Ein- und Ausstieg kann man sich sehr leicht an den scharfen Korallen verletzen! Richtung Osten vergrößert sich der Abstand zwischen Riff und Strand, so daß dazwischen eine Lagune entsteht, in der man bei Ebbe in noch kniehohem Wasser baden kann.

Thong Krut

Wo der H4170 dem Meer am nächsten kommt, liegt das Dorf Thong Krut an einer flachen Sandbucht. Vom Dorf aus fahren mehrmals täglich Boote auf die vorgelagerte Insel **Ko Tan** für 40 Baht in ca. 30 Minuten. Songthaews nach Nathon fahren mehrmals am Tag für 30 Baht p.P.

Pangka Bay

Diese abgelegene Bucht (15 km von Nathon) im südwestlichen Zipfel der Insel ist über einen schlechten Fahrweg von 2 km zu erreichen. Hier gibt es nur ein verschlafenes Fischerdorf und einige Bungalow-Siedlungen. Bei Ebbe kann man 1 km übers Watt zum Wasser wandern, immer mit Blick auf die vier skurrilen Felsen im Meer. Auch bei Flut erreicht das Wasser höchstens Brusttiefe. Ruhesuchende Romantiker sind hier bestens aufgehoben. Ohne Motorrad ist man allerdings total abgeschnitten.

Übernachtung

NA KHAI COVE – ***Hi-He's Resort**** ①, ✆ 424340, in einer Plantage mit jungen Kokospalmen liegen 5 optisch unattraktive Steinbungalows, große, saubere Zimmer mit Fan, z.T. 3 Betten, Du/WC; Mr. He, ein freundlicher, gebildeter Thai, leitet die Anlage sehr engagiert, er beherrscht Akupressur und Thai-Massage (200 Baht/90 Min.); Restaurant, schmackhafte Trinkkokosnüsse frisch vom Baum. Sehr sauberer, flacher Strand mit vielen Muscheln, gut geeignet für Familien mit kleinen Kindern; bei Flut schön zum Schnorcheln.

Samui Maria Resort**-***** ②, ✆ 424023, 📠 424024, sehr eng stehende, schön eingerichtete Bungalows, großer Pool, für Individualreisende nicht besonders geeignet.

Wanna Samui Resort*-***** ③, ✆ 01-9132538, gepflegte Anlage, kleine Bungalows mit Fan und 2stöckige Bungalows mit ac, die vordersten 4 liegen sehr schön, sehr guter Service, im strandnahen Restaurant kein Video, freundliche Leute; eine wohltuend ruhige Oase.

Samui Orchid Resort ④, ✆ 424017-8, 📠 424019, E-Mail: orchid@sawadee.com; ausgedehntes Mittelklasse-Resort, komfortable Reihenhäuser, Bungalows und ein zweistöckiges Hauptgebäude umrahmen einen Palmengarten mit Restaurant, 2 Swimming Pools und Poolbar. Bei Ebbe schauen aus dem groben Sand Felsen und Korallenbrocken heraus, auch bei Flut kann man nur selten schwimmen. Im Internet: www.sawadee.com/samui/orchid

Butterfly Village Resort ⑤, ✆ 424020-1, 📠 424022, Mittelklasseanlage am Hang zwischen vielen Bäumen, neue Häuser mit 40 ac-Zimmern, Seafood Restaurant, Pool, Café am Strand. Im Internet: www.skytours.de/usmbutfl.htm

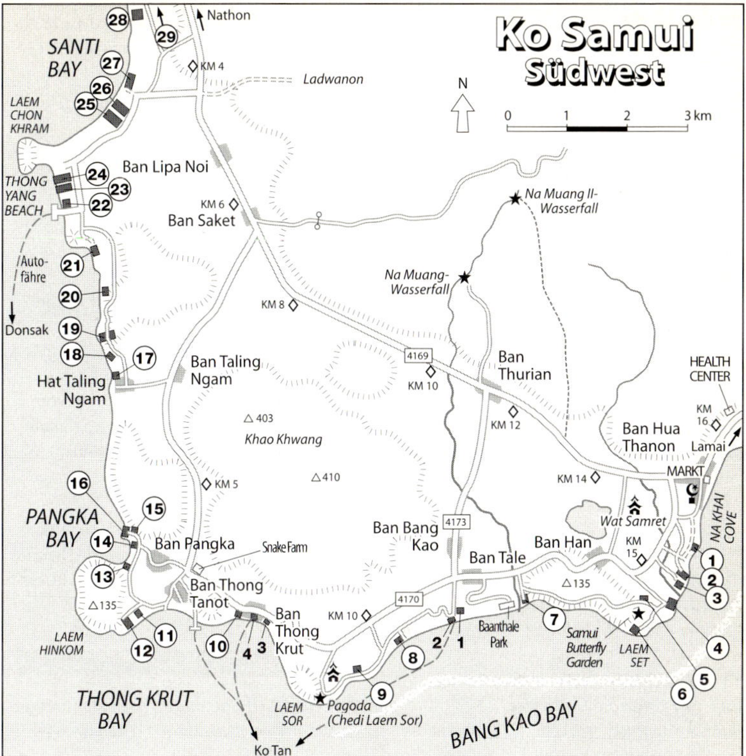

Übernachtung:

NA KHAI COVE:
① Hi-He Resort
② Samui Maria Resort
③ Wanna Samui Resort
④ Samui Orchid Resort
⑤ Butterfly Village Resort
⑥ Laem Set Inn

BANG KAO BAY:
⑦ River Garden Bungalows
⑧ Diamond Villa
⑨ Waikiki

THONG KRUT BAY:
⑩ Thong Krut Bungalows
⑪ Simple Life
⑫ Coconut Villa

PANGKA BAY:
⑬ Emerald Cove
⑭ Gem's House
⑮ Pearl Bay
⑯ Seagull

WESTKÜSTE:
⑰ Västervik
⑱ Wiesenthal
⑲ Le Royal Meridien Baan Taling Ngam
⑳ Nasai Garden
㉑ Coco Cabana
㉒ Samui Ferry Inn
㉒ Infoo Palace
㉔ Ar An Resort
㉕ International
㉖ Rajapruek Samui Resort
㉗ Lipa Lodge
㉘ The Siam Residence
㉙ Sawai Home Bungalows

Läden, Restaurants etc.:

1 Biker Treff Ban Bang Kao
2 Hafen-Restaurant
3 Kung Kaew R.
4 Sunset R., Shark Island Tours, T.C. Tour

Laem Set Inn ⑥, ✆ 424393, 📠 424394, E-Mail: laemset@sawadee.com; am Ende des Fahrwegs, ruhige, gepflegte Mittelklasse-Anlage; Billigbungalows und ac-Zimmer; viele Wassersportmöglichkeiten, Pool, Kinderspielplatz; Restaurant mit festem Lunch-Menü. Vorherige Anmeldung erwünscht. Wer das einfache Strandhüttenleben in gehobener Gesellschaft erleben möchte und die entsprechenden Ausgaben nicht scheut, wird sich hier vielleicht wohl fühlen. Im Internet: www.sawadee.com/samui/laemset

BANG KAO BAY – ***River Garden**** (mit Fan**) ⑦, ✆ 424035, etwa bei KM 12,6 führt ein 1 km langer Weg vom H4170 zu dieser weiträumigen und ruhigen Anlage im Palmenhain, an der Mündung des Flüßchens Khlong Leng (interessant für Angler). 10 Holzbungalows, einige mit Du/WC; nettes Restaurant mit guter Küche. Freundliche Familie, die auch billig Motorräder besorgt oder Gäste in die Stadt mitnimmt. Am Riff kann man schnorcheln, im Watt Krabben fangen oder im Fluß schwimmen.
Diamond Villa*-*** ⑧, ✆ 424442, Zufahrt etwa beim KM 10,4, einfache und bessere, große Hütten, einsam und ruhig, Essen nach Wunsch, freundliche Leute. Von hier kann man auf einem Weg zur Pagoda weiterfahren.
Waikiki Bungalow*** ⑨, neben dem Wat, witzige Häuschen einer bunten Anlage, großes Restaurant. Evtl. geschlossen.

THONG KRUT – Wo der H4170 dem Meer am nächsten kommt, liegen die 7 Hütten von ***Thong Krut Bungalow****-*** ⑩, ✆ 423117, an einer flachen Sandbucht.

THONG TANOT – Hier entsteht der neue Pier für eine Fähre vom Festland.
Simple Life** (ac***) ⑪, ✆ 423158, flacher Strand, 10 gute, saubere Holzbungalows mit Du/WC, Restaurant am Strand.
Coconut Villa*** (ac****) ⑫, ✆/℻ 423151, etwas eng bebaute, gepflegte Anlage am flachen Strand, 60 gute, saubere Holzbungalows mit sauberer Du/WC und Fan, teurere Steinhäuser mit ac, kleine Terrasse mit Sitzmöbeln; Restaurant und schöner Swimming Pool am Strand; Jeep und Motorräder (150 Baht pro 24 Std.) zu mieten; freundliches Personal, rührige Besitzerin, mit der man handeln kann.

PANGKA BAY – ***Emerald Cove Bungalows*** **-*** ⑬, ✆ 423082, einfache Hütten, wirkt etwas lieblos.
Gem's House** ⑭, ✆/℻ 423006, 10 einfache Hütten in der Mitte der Bucht, Motorradvermietung.

Pearl Bay*-** ⑮, ✆ 423110, einfache Hütten am Ende der Bucht, mit einer kleinen Terrasse und Meeresblick, eine große Familienhütte für Reisende mit Kindern, mäßiges Restaurant.
Seagull Bungalow**-*** ⑯, ✆ 423091, direkt dahinter, Hütten mit Du/WC gekonnt in die Landschaft integriert, einige am üppig grünen Hang, andere direkt am Meer neben Mangroven; nettes Restaurant.

Essen

BANG KAO BAY – ***Biker Treff Ban Bang Kao***, Restaurant/Bar am Meer, hohe Touristenpreise.
Das **Hafen-Restaurant *Ban Bangkao Seafood*** verlangt normale Touristenpreise, schmutzige Umgebung.

THONG KRUT – ***Kung Kaew Restaurant***, Restaurant am Meer, gutes Seafood direkt vom Fischer, sehr nette, hilfsbereite Leute. Bootstouren (s.u.).

Sonstiges

AUSFLÜGE – Bootstouren nach KO TAN werden ab Thong Krut und Bang Kao Bay veranstaltet (s.S. 360).

SCHLANGENFARM – ***Samui Snake Farm***, ✆ 423247, Vorstellung um 11 und 14 Uhr, 150 Baht.

SCHMETTERLINGSGARTEN – ***Samui Butterfly Garden:*** geöffnet von 8.30–18 Uhr, Eintritt 50 Baht.

SEA ANIMAL CENTER – in Spiritus eingelegte Meerestiere, während der Schulstunden geöffnet, Spende erbeten.

Westküste

Die flachen Strände der Westküste sind nicht so berauschend wie die der Ostküste und nicht überlaufen. Liebhaber von Sonnenuntergängen kommen hier voll auf ihre Kosten. Wenn im Winter am Chaweng und Lamai Beach das Baden unmöglich wird, bleibt auf der Westseite im Windschatten der Insel das Meer ruhig. Fast alle Unterkünfte liegen nicht weit vom Ferry Jetty, der Anlegestelle für die Fähre. Für An- und Abfahrt ist man allerdings auf die häufig überfüllten Pickups angewiesen, die 5–7x pro Tag die Fähre bedienen.

Übernachtung

Am KM 3 des H4170 zweigt durch das Elefantentor eine Schotterstraße (1 km) ab zum Strand Hat Taling Ngam (10 km von Nathon), wo noch viele Fischerhäuser stehen.
Västervik*** ⑰, ✆ 423104, wenig attraktive Doppelsteinhäuser in einer Reihe senkrecht zum Sandstrand, Zimmer mit Fan und Du/WC, Dorfatmosphäre.
Von hier verläuft eine Betonstraße 3 km durch Kokosplantagen bis zum Ferry Jetty.
Wiesenthal-******* ⑱, ✆ 235165, in einer Palmenplantage, 10 schöne, locker verteilte Doppelbungalows mit Verbindungstür; Restaurant. Soll verkauft werden und wird den Namen ändern.
Le Royal Meridien Baan Taling Ngam ⑲, ✆ 423019-22, ✆ 423220, E-Mail: meridien@sawadee.com; exklusive Luxusanlage weithin sichtbar an einem Hügel, 47 separate, großzügige Bungalows, z.T. am Strand, 96 ac-Zimmer mit Balkon; da der Strand kaum mittelmäßig ist, führt ein Badesteg zum tieferen Wasser. Tauchschule. Im Internet: www.sawadee.com/samui/meridien
Nasai Garden** ⑳, 4 sehr kleine, nette, einfache Bungalows am Sandstrand, Restaurant.
Coco Cabana Beach Club*** ㉑, ✆ 423465, an der südlichen Thong Yang Bay, 1 km südlich des Fähranlegers, weitläufige Anlage unter Palmen, große, etwas vernachlässigte Bungalows mit Du/WC, absolut ruhig. Kein Club.
Samui Ferry Inn-******* ㉒, ✆ 423367, direkt neben dem Pier für die Fähre.
Infoo Palace**-*** ㉓, ✆ 423066, und
Ar An Resort**-*** ㉔, für Einheimische.
An der Zufahrtstraße H4174, 3 km nördlich vom Jetty, erstreckt sich der ruhige Strand Santi (6 km von Nathon), der gut für kilometerlange Wanderungen geeignet ist. Pickups kommen nur voll beladen vorbei. Hier liegen:
International Bungalow**-**** ㉕, ✆ 423025, ✆ 423176, etwas überteuerte Hütten unter Palmen; gute Atmosphäre; netter Chef, arrangiert Buchungen und vermietet Mopeds.
Rachapreuk Resort-******* ㉖, ✆/✆ 423115, war teuer geplant, ist aber nicht populär, so daß die Preise gewaltig gesenkt wurden; komfortable Zi mit Fan und ac.
Lipa Lodge*** ㉗, ✆ 423028, ✆ 423022, an einem ruhigen Strand.
The Siam Residence ㉘, ✆ 420008, ✆ 420009, Luxusanlage mit 20 Privathäusern, die pauschal vermietet werden.
Sawai Home Bungalows**-*** , zu erreichen über die Straße zum Hospital, einsame Anlage mit kleinen und großen Bungalows. Hier bieten Greg und Hillary Hitt im ***Samui Dharma Healing Center***, ✆ 234170, verschiedene therapeutische Techniken und geleitete Meditation.

Ausflüge auf Ko Samui

Inselrundfahrt

Die Insel selbst hat außer ihren Stränden nichts Spektakuläres zu bieten, nichts, das man unbedingt gesehen haben sollte. Trotzdem ist eine Rundfahrt um die Insel wunderschön: die schmalen Straßen durch die Palmengärten, die tollen Ausblicke aufs Meer, die vielen Strände und die „Sehenswürdigkeiten", die eine willkommene Abwechslung bieten.

Am einfachsten ist solch eine Rundfahrt mit dem Motorrad (max. 2,5 Liter Benzin) oder Jeep durchzuführen, aber auch mit dem Fahrrad ist sie möglich, manchmal muß man schieben. Schon viele Motorradfahrer wurden wegen sandiger Stellen aus den Kurven getragen und trugen böse Verletzungen davon. Die öffentlichen Pickups umrunden die Insel nicht. An der Wendeplatte in Chaweng Noi muß man in ein Pickup Richtung Lamai umsteigen. Wer in Nathon auf dem H4169 im Uhrzeigersinn startet, sollte nach der ersten Steigung einmal anhalten und den Ausblick zurück auf sich wirken lassen. Die hübsche **Kaki Bay** am nordwestlichen Zipfel erreicht man auf dem Weg, der auf der Paßhöhe beginnt.

Am KM 40,6 führt ein Weg (700 m) durch Palmen zum *Quadruple Coconut Tree*, einer doppelt verzweigten Palme. Vorbei am Mae Nam Beach (von der Straße aus nicht zu sehen) geht es nun durch den regen Fischerort **Mae Nam**. Mit einer Enduro können erfahrene Off-Road-Artisten am KM 36,6 durch die Berge zum Lamai Beach fahren (ca. 15 km). Nach dem Bo Phut Beach (ebenfalls von der Straße aus nicht zu sehen), geht es am KM 33 nach links auf den H4171 ab zum Big Buddha Beach. Durchaus sehenswert sind die hübschen Gebäude des **Samui Airport** (hinter der Brücke nach rechts, 1 km).

Nach 22 km kommt als erste „Attraktion", der 12 m hohe, sitzende **Big Buddha** (*Phra Yai*). Die Statue steht im dazugehörigen Wat auf der kleinen Insel Ko Fan, die durch zwei Dämme mit dem Festland verbunden ist. Die Statue ist weder alt noch besonders schön, aber gegen den blauen Himmel und das tropische Meer verfehlt sie mit den beiden Wächterfiguren ihre Wirkung nicht. Die Läden mit großer Auswahl an Andenken, Kunsthandwerk und Thai-Essen kennzeichnen diesen Platz als beliebtes Ausflugsziel, vor allem für Thai Touristen.

Eine Betonstraße führt durch Palmenplantagen in den nordöstlichen Zipfel der Insel. Unterwegs sollte man nicht versäumen, einen Blick auf den **Choeng Mon Beach** zu werfen. 700 m hinter Choeng Mon führt links ein 800 m langer, ausgewaschener Weg zum Aussichtspunkt bei der **Thong Rang Bay**: schöner Blick bis Thong Ta Khien, über Palmenhaine und bewaldete Hügelketten; vormittags bestes Licht.

Von der Straße zum Chaweng Beach (4 km) bieten sich weitere schöne Ausblicke aufs Meer. Vom öffentlichen Strand in der Mitte des Chaweng Strandes überblickt man die herrlich geschwungene **Bucht** mit der Insel Ko Mat Lang im Hintergrund. Die Lamai-Pickups an der Wendeplatte in Chaweng Noi fahren über die schöne Bergstrecke nach Süden. Schon auf dem ersten Paß zwischen Chaweng und Lamai lädt das *Bird's Eye View* zu einem Aussichtsstop ein, gleich danach geht es rechts hoch zum *Bay View Restaurant* mit einer Aussichtsterrasse. Auf dem zweiten Paß läßt sich im *Beverly Hills Cafe* bei einem Drink die herrliche Sicht genießen.

Nach den Ausblicken auf die Thong Ta Khien Bay sollte man nicht versäumen, am KM 22,5 oder 22,4 nach links zum Strand abzubiegen und von einem der schön angelegten Restaurants einen Blick auf die Bucht von Lamai zu werfen.

Wer ein geländegängiges Fahrzeug und einen gewissen Orientierungssinn besitzt, kann am KM 21,8 nach rechts zu einer schönen Rundfahrt durch die Plantagen und Gärten von Lamai abbiegen. Wer sich nicht durch Seitenwege beirren läßt, trifft nach 9 km am KM 19,1 wieder auf den H4169.

In **Ban Lamai** geht's in der Kurve nach rechts zur **Cultural Hall**. Hier werden hauptsächlich Gegenstände ausgestellt, die chinesische Händler im letzten Jahrhundert auf die Insel brachten, wie Waffen, Teegeschirr, Instrumente und Uhren, aber auch alte, landwirtschaftliche Geräte.

Am KM 18,8 kann man mit einer Off-Road-Maschine (oder zu Fuß) auf den 1000 m langen, steilen Weg zum Aussichtspunkt **Doi Tai Views** abbiegen. Eine herrliche Rundsicht belohnt für den schweißtreibenden Aufstieg.

Am Ende des Lamai Beach biegt man am blauen Schild bei der Tourist Police ab zum **Wonderful Rock**. Vor allem Thai-Touristen zieht es hier zu den naturalistisch geformten Felsen „Großvater und Großmutter" (*Hin Ta-Hin Yai*). Europäischen Besuchern gefällt vielleicht die tosende Brandung besser, vor allem in der Regenzeit.

Am KM 17 zweigt etwas versteckt eine Naturstraße durch Palmengärten ab. Nach 1 km wird sie so steil, daß nur geübte Motorradfahrer hochkommen. Nach weiteren 300 m erreicht man schweißgebadet den Aussichtspunkt **Overlap Stone**, von dem sich ein wunderschöner Blick auf die Südküste öffnet.

Ban Hua Thanon ist das einzige muslimische Fischerdorf der Insel. Die farbenfrohen Boote haben die Fischer aus ihrer einstigen Heimat Pattani mitgebracht. Da der Fang in den letzten Jahren stark zurückging, vor allem wegen der kommerziellen Trawlerflotten, sind die Einwohner in Armut versunken. Den frischesten Fisch der Insel kann man auf dem Markt des Dorfes kaufen. Am KM 14,5 zweigt ein Sandweg nach links zum **Wat Samret** ab, wo ein weißer Jade-Buddha und viele Korallen-Buddhas in einer Scheune zu sehen sind. Am KM 12,9 (gegenüber vom Wat Khunaram, hier gibt es einen mumifizierten Mönch) zweigt ein sehr steiler und schlechter Fahrweg ab, der nach ca. 4 km in den Bergen bei den Hütten von *Samui Hin* enden soll.

Am Ende des Dorfes Ban Thurian zweigt der Weg zum **Na Muang-Wasserfall** ab (1 km). Hier plätschert ein Bächlein in einigen Stufen 20 m herunter. Im Pool baden viele Thais – vor allem am Wochenende – ausgiebig (kurz vor Sonnenuntergang läßt der Andrang nach). Der Wasserfall **Na Muang II** liegt weiter oben im Dschungel. Er besteht aus mehreren Stufen von insgesamt ca. 60 m Höhe und bildet einige kleine Pools zum Erfrischen. Er ist auf einem ca. 2 km langen, z.T. steilen Weg durch Palmen zu erreichen, der kurz vor der Abzweigung zum unteren Wasserfall bei einer Kneipe von der Straße abzweigt.

Jetzt nimmt man in Ban Thurian den H4173 3 km Richtung Meer. Nochmals rechts (1,7 km) und dann wieder links (Schild) geht es zur **Pagoda** (*Chedi Laem Sor*), die sich eindrucksvoll gegen das Meer abhebt.

Biegt man dagegen bereits hinter Ban Hua Thanon auf den H4170 nach Süden ab, kommt am KM 15 ein ausgeschilderter Abstecher zum **Samui Butterfly Garden**. Er ist geöffnet von 8.30 bis 18 Uhr, Eintritt 50 Baht. Die Anlage wirkt zwar recht schön, aber nur zur „richtigen" Jahreszeit kann man lebende Schmetterlinge sehen, z.B. im März.

Auf dem H4170 geht es weiter durch üppige Kokosplantagen. Am KM 6,1 liegt rechts die **Samui Snake Farm**, Shows um 11 und 14 Uhr. Nach links lohnt vielleicht ein 600 m langer Abstecher zum **Sea Animal Center**. Es war die pfiffige Idee eines Lehrers, das Anschauungsmaterial der Schule, in Spiritus eingelegte Meerestiere, der Öffentlichkeit zugänglich zu machen. Aus den freiwilligen Spenden wird die Schulspeisung mitfinanziert.

Nach weiteren Kokosplantagen passiert man auf dem H4170 das eindrucksvolle Elefantentor zum Dorf Hat Taling Ngam und anschließend weite Reisfelder. Bei Ban Saket erreicht man wieder die Hauptstraße H4169. Hier zweigt eine unbeschilderte Prachtstraße der Air Force in Richtung Berge ab. Nach 500 m ist sie leider mit einer bewachten Schranke abgesperrt. Auch das malerische Kap **Laem Chon Khram** an der Zufahrtsstraße zur Fähre ist militärisches Sperrgebiet.

Der Weg am KM 4,7 zum **Ladwanon** *River on Stone* (ca. 2 km) führt durch eine Senke mit extrem aggressiven Moskitos – wir haben kapituliert. Ein abenteuerlustiger Leser wanderte 45 Min. weiter und fand nichts Aufregendes.

Auf der Hauptstraße kommt am KM 2 die Abzweigung zum **Hin Lat-Wasserfall**. Zum eigentlichen Wasserfall **Hew Khwai Tok** verläuft vom Parkplatz, rechts an den Hütten vorbei, ein schmaler, etwa 2 km langer Dschungelpfad.

Bei dem kleinen Getränkestand (nur in der Saison geöffnet) kann man hinabsteigen und in dem großen Pool unterhalb des **Hu Nam-Wasserfalles** schwimmen oder sich vom fallenden Wasser massieren lassen. Kletterer können hinter der kleinen Brücke noch 500 m nach oben steigen. Wer weitergeht, läßt sich auf eine echte, schwierige Dschungeltour ein. Es ist ratsam, sich schon unten mit Trinkwasser einzudecken.

Die Kokosnuß Was wäre Thailand für den Touristen ohne die sachte im Wind wiegenden Kokospalmen an weißen Stränden?

Für die Einheimischen bedeuten sie mehr als romantische Urlaubsstimmung, sie gelten als der „Baum des Lebens". In vielen Teilen Süd-Thailands stellen die Kokospalmen die Existenzgrundlage dar. Fast alle Teile dieser Pflanze werden fürs tägliche Leben benötigt.

Die kulinarische Nutzung der Kokosnuß, wie könnte es in Thailand anders sein, genießt den höchsten Stellenwert. Viele der schmackhaften Thai-Gerichte, wie Currys, verschiedene Suppen und Süßspeisen, wären ohne Kokosmilch undenkbar. Um Kokosmilch zu gewinnen, wird das Fleisch der reifen Nuß geraspelt, die Flocken werden in heißem Wasser eingeweicht und ausgepreßt.

Nicht zu verwechseln ist diese Kokosmilch, auch Kokoskrem genannt, mit Kokoswasser. Die trübe Flüssigkeit der unreifen Kokosnuß wird direkt aus der grünen Schale getrunken – ein köstlicher, hygienischer, kalorienfreier Durstlöscher. Das Kokoswasser der reifen Kokosnuß ist nicht bekömmlich und sollte nicht getrunken werden.

Kopra wird in Süd-Thailand nur in primitiven Hausbetrieben oder in kleinen Manufakturen hergestellt. Aus Kopra, der getrockneten Nuß, wird Kokosöl gewonnen, das als Haut- und Haaröl, sowie als Grundlage für Seifen und Cremes sehr geschätzt wird. Zum Kochen wird es seines hohen Cholesterinwertes wegen in jüngster Zeit in Thailand weniger genutzt. Aus Kopra werden auch Kokosraspeln hergestellt.

Die Fasern, die die Nuß umhüllen, dienen als Kissen- und Matratzenfüllung oder werden zum Herstellen von Seilen und zur Orchideenzucht verwendet. Getrocknet werden sie auch als Brennmaterial benützt. Aus den harten, polierten Schalen stellen Handwerker Haushaltsgegenstände und Schmuck her, wie Schöpflöffel, Salatbesteck, Broschen und Haarspangen. Eine halbe Kokosnußschale kann als kleines Gefäß verwendet werden, zum Beispiel um Latex, den Rohgummi, zu sammeln.

Außer der Frucht findet auch der Rest des Baumes Verwendung. Aus dem Holz des Stammes werden Häuser und Brücken gebaut oder Möbel hergestellt. Aus den Palmwedeln flechten die Frauen Matten, mit denen die Dächer der einfachen Hütten gedeckt werden.

Eine Kokospalme wird durchschnittlich 60 Jahre alt und trägt zwischen 25 und 75 Nüsse pro Ernte.

Auf ganz besondere Weise wird in manchen Provinzen Süd-Thailands geerntet: dressierte Affen drehen die reifen Nüsse vom Stiel.

Dschungelwanderung

Eine schöne Wanderung hat uns ein Leser vorgeschlagen. Am KM 30,9 führt ein Weg vorbei an der Schießanlage in die Berge hoch. Nach 400 m wird der Weg zu einer steilen Betonpiste, vor der man schon den 1. Gang einlegen sollte. Nach weiteren 400 m endet der Weg. Man muß das Fahrzeug stehenlassen und sich durch Kokospalmen, Laubwald und Gestrüpp einen Weg nach oben bahnen (ca. 1,5 km). Dann erreicht man einen Bergrücken, der die Mühsal mit einer wunderschönen Aussicht über Chaweng Beach, Big Buddha Beach und den Airstrip bis nach Ko Pha Ngan belohnt. Entdeckernaturen können sich auch noch weiter Richtung Nordwesten zum *Twin Coconut Tree* durchschlagen.

Ang Thong Marine National Park

หมู่เกาะอ่าง ทอง

Während einer Tagestour (8.30–17 Uhr) werden 2 Inseln des 40 Inseln umfassenden Archipels nordwestlich von Ko Samui angefahren. Auf der Insel **Ko Mae** kann man den grün schimmernden **Thale Noi** bewundern, auch *Blue Lagoon* genannt, einen kristallklaren Salzwassersee. Schnorcheln an den Riffen endet wegen des meist trüben Wassers oft enttäuschend.

Auf der Insel **Wua Talap** lohnt es sich unbedingt, auf den **Utthayan Hill** zu klettern, auch wenn das 30 Min. schweißtreibende Anstrengung bedeutet. Die Aussicht auf die vielen dschungelbewachsenen Inselchen und das in allen Blautönen schimmernde Meer ist einfach betörend. Festes Schuhwerk ist ratsam. Während einige Traveller von der Tour schwärmen, empfinden sie andere als üblen Nepp. Wer auf Wua Talap übernachtet, gewinnt sicher schöne Eindrücke.

Übernachtung und Essen

Auf Wua Talap, einer Insel mit Süßwasser, steht das *Park Headquarter*. Hier kann man in den ***Park Bungalows**** (eigenes Moskitonetz ist ratsam) oder in ***Zelten**** (gegen Aufpreis mit Matratzen und Bettwäsche) übernachten. Ein Restaurant ist vorhanden, Essen auf Vorbestellung.
Wer einen Aufenthalt plant, sollte gleich beim Ticket-Kauf den Termin für die Rückfahrt angeben. Mit etwas Glück kann man mit Fischern gegen Bezahlung Bootsausflüge machen.

Transport

In Nathon gibt es verschiedene Veranstalter, die Bootstrips in den Marine National Park anbieten. Tgl. laufen Boote aus, die je nach Typ 1–2 1/2 Stunden für einen Weg brauchen und inklusive Soft Drink und dem einfachsten Lunch 300–360 Baht p.P. kosten, ab Bo Phut 320 Baht, ab Chaweng 450 Baht (inkl. Transfer).
Samui Island Tour ist am billigsten, aber einige Leser halten die Boote für lebensgefährlich. Lange Wochenenden möglichst meiden.
Mit ***Sea Canoe Samui*** können begleitete Touren mit **Seekanus** durch die Inselwelt unternommen werden.

Südliche Inseln

Südlich von Ko Samui bilden 7 Inseln den **Katen-Archipel**. Die größte, **Ko Tan**, ist eine nette, kleine Insel zum Entspannen. Der Ort **Ban Ko Tan** liegt am 1 km langen Strand im Osten der Insel.

Ko Mat Sum besitzt einen Kiesstrand – gut zum Schwimmen, und mehrere von Korallen- und Muschelstücken durchsetzte Sandstrände (Strandschuhe mitbringen!). Die **Korallenriffe** vor dieser Insel sind für Anfänger gut zum Schnorcheln geeignet (falls die Sicht zufällig mal nicht miserabel ist). Die Inseln **Ko Mod Dang**, **Ko Rab** und **Ko Mat Kong** sind für ihre schneeweißen Strände berühmt.

Übernachtung

Tan Village Bungalows**–*, ✆ 01-9684131, bei Ban Ko Tan am nördlichen Ende des Strandes an der Ostküste, ordentliche Hütten. Auf der Insel gibt es noch 3 andere Anlagen*-***.

Transport

Nach KO TAN fahren Boote mehrmals tgl. (zumindest um 9 und 16 Uhr) ab THONG KRUT und ab THONG TANOT für 40 Baht in ca. 30 Min.
In Nathon werden Touren zu den Inseln ab 200 Baht p.P. angeboten.
Von THONG KRUT veranstaltet ***T.C. Tour*** im Sunset Restaurant gute Inseltouren. Kostenpunkt: 200 Baht p.P. inklusive Mittagessen, Soft Drinks und Schnorchelausrüstung.
Ab THONG KRUT veranstaltet ***Shark Island Tours***, ✆ 423134, Ausflüge zum Schnorcheln und Schwimmen um Ko Tan, Ko Mat Sum und Ko Mod Dang von 10–15 Uhr für 350 Baht p.P. (ab 2 Pers.). Identische Touren bietet auch das ***Kung Kaew Restaurant***.
Ab BANG KAO BAY veranstaltet das ***Ban Bangkao Seafood*** tgl. von 10–15 Uhr Ausflüge nach Ko Tan.
Von manchen Bungalows an der Südküste kann man Boote mieten und selbst eine Tour arrangieren. Auf die Anschläge achten.

Tauchen von Ko Samui aus Von Mitte Februar bis Mitte November ist Tauchsaison auf Ko Samui. Direkt um die Insel herum gibt es mehrere nette Riffe, doch es läßt sich nie voraussagen, wo und wann das Wasser klar ist. Tauchtrips und Tauchkurse können bei mehreren Reisebüros, an den Stränden und in den Stadtbüros der Tauchbasen gebucht werden:

Deutsche Tauchschule (Calypso Diving), ✆/℻ 422437, E-Mail: info@calypso-diving.com; am Südende vom Chaweng Beach, engagiertes deutschsprachiges Team; PADI 5 Sterne IDC Center, Kurse auf Ko Samui oder auf der schwimmenden Tauchbasis *MV Calypso* (US$190–275), 1 Tag *Discover Scuba Diving* für US$50, gute Tauchfahrten mit 2 großen Tauchbooten, i.b. um Ko Tao von der schwimmenden Tauchbasis aus (geleitet von Eugen Müllerschön).
Im Web: www.calypso-diving.com
Samui Easy Divers, ✆ 231190, ℻ 230486,
E-Mail:easydivers@thaidive.com; am Lamai und Bo Phut Beach sowie in Nathon, unter Schweizer Leitung, PADI 5 Sterne IDC Center, Kurse in Deutsch, Englisch, Schwedisch und Schwyzerdütsch. Gute Ausrüstung, für die Umwelt engagiert. Tägliche Tauchfahrten nach Ko Tao, Tauchfahrten in die Andamanensee. Im Web: www.thaidive.com
Samui International Diving School (Planet Scuba), ✆ 422396, ℻ 421465, E-Mail: cesareb@samart.co.th; neben dem Win Hotel in Nathon, im Malibu Resort am Chaweng Beach, in Lamai neben dem Galaxy Resort und am Bophut Beach. PADI 5 Sterne IDC Center. Eigene Boote; einige Leser monierten relativ altes Gerät.
Aqua Divers, ✆ 422172, im Matlang Resort, am nördlichen Ende des Chaweng Beach.
The Dive Shop, ✆/℻ 230232, E-Mail: diveshop@samart.co.th; am Chaweng Beach, PADI 5 Sterne IDC Center. PADI-Kurse, Nitrox-Tauchen.
Dive Indeep, ✆ 230155, ℻ 230157, E-Mail: indeep@yum.samart.co.th; am Chaweng Beach vor dem Chaweng Garden Resort und beim Chaweng Regent Resort, Spezialisten für Tauchen vom Strand aus.
Chang Diving School, ✆ 230891, ℻ 422019, am Chaweng Beach bei den Lotus Bungalows, englischsprachige Tauchlehrer.
Thalassa Dive Center, ✆ 01-2293400, ℻ 232268, geöffnet von 10–21 Uhr, an der Straße von Mae Nam nach Bo Phut, holländische Leitung, Kurse u.a. auf Deutsch, zum *Open Water Diver* ab 5900 Baht; 5tägiger Trip zum Weltklasse-Tauchgebiet *Similan Islands*.

Zwei Einführungstauchgänge für Anfänger kosten 1800–2800 Baht, je nachdem, ob vom Ufer oder vom Boot aus getaucht wird. Ein Tauchgang ohne Führer und ohne Boot kostet 500–600 Baht, ein PADI-Kurs zum *Open Water Diver* ab 7600 Baht.

Die häufigsten Touren von Ko Samui gehen nach:
Sail Rock – Felswand-Tauchen, Großfische, interessante Kamin-Höhle (ca. 1500–1900 Baht); 2 1/2 Std. Anfahrt.
Marine Nationalpark – bunte Korallenriffe und Riffische an kleinen Inseln (ca. 1650 Baht).
Südliche Inseln – recht gute Riffe, aber meist schlechte Sicht (ca. 1600 Baht).
Ko Tao – bestes Tauchen (Tagestour ca. 2400 Baht, 2 Tage/1 Nacht 4600 Baht). Die besten Tauchgebiete lassen sich leichter und preiswerter von Ko Tao aus erreichen (Näheres unter „Tauchen von Ko Tao aus“, s.S. 399f).

Ko Pha Ngan

เกาะพงัน

20 km nördlich von Ko Samui liegt die 168 km² große Insel Ko Pha Ngan. Die knapp 8000 Einheimischen sprechen Ko Pha Ngan ungefähr „Ko Pa-hahn“ aus.

Die Strände von Ko Pha Ngan

Die leicht zugängliche Westküste mit ihren hellen, palmengesäumten Sandstränden bietet bei hohem Wa sserstand einen Anblick, der den Träumen aus dem Südseebilderbuch nahe kommt. Bei niedrigem Wasserstand wird jedoch eine graue Wattebene freigelegt, die bis zum weit vorgelagerten Riff durchsetzt ist mit scharfkantigen Korallenblöcken, Steinen und Muschelschrott. Bedeutend schöner sind die kleinen Buchten im Nordwesten, die sich wenigstens bei Flut sehr gut zum Schwimmen und Schnorcheln eignen. Der beliebte, einst traumhafte Hat Rin Beach an der Südspitze ist total überlaufen, von der Drogenszene heimgesucht und für Ästheten und Ruhesuchende nicht zu empfehlen. Die schönen Sandbuchten an der felsigen Ostküste sind völlig abgelegen und lassen sich quer durch die steilen, bewaldeten Berge nur mühsam erreichen.

Bungalows

Vor allem billigreisende Traveller schätzen die größtenteils noch recht heimeligen, unkommerzialisierten Familienbetriebe von Ko Pha Ngan. Daran hat auch der Einzug von mehr Komfort nichts geändert. Anfang 1998 standen 170 Anlagen mit über 3000 Hütten an den insgesamt etwa 17 km langen Strandabschnitten. An einigen Stränden gibt es zwar noch ganz einfache Bambusmattenhütten mit dünner Matratze und Moskitonetz für 40 bis 50 Baht, doch die besseren Hütten mit eigener Dusche und WC ab 80 Baht sind an allen Stränden mehr gefragt. Jede Bungalowanlage hat ihr eigenes Restaurant, z.T. mit wechselhafter Qualität. An fast allen Stränden muß man am Abend mit amerikanischer Video-Berieselung rechnen. Wer auf dieses „Bildungsangebot“ verzichten kann, findet sicher noch irgendwo ein ruhiges Restaurant.

Klima und Reisezeit

Hauptsaison ist von Dezember bis Februar und – weit weniger – im Juli und August. Dauerregen gibt es in manchen Jahren vor allem im November. Von Juli bis Oktober ziehen nachmittags häufig Regenwolken auf, die sich aber nur manchmal für 1–2 Stunden abregnen.

Während an der Westküste im Juli und August das Wasser kaum einmal Hüfttiefe erreicht, verschwinden die sonst so breiten Strände im Oktober und November zumeist im Meer – ideal zum Schwimmen. Zur *Full Moon Party* am Hat Rin Beach kommen Tausende Traveller auch von Ko Samui und Ko Tao an den Strand gereist, und die Bootsbesitzer müssen Sonderschichten fahren.

Thong Sala

ท้อง สาลา

Der Hauptort der Insel, früher ein kleines Fischerdorf, hat sich zu einem Traveller-Ort mit allen entsprechenden Möglichkeiten entwickelt. Telefon- und Postamt, Supermärkte, Bäckereien, Hospital und ein Buchladen sowie Reisebüros für die Buchung von Schiffen, Zügen und Flügen sind zentral im Ort und in der Nähe des Piers zu finden. Selbstverständlich haben sich auch Banken mit Wechselschalter, Kleiderläden und Restaurants mit Traveller-Food niedergelassen.

Übernachtung

Pha Ngan Chai Hotel**** ④, ✆ 377068, 📠 377032, rechts vom Pier, piekfeine ac-Zimmer mit allen modernen Einrichtungen.
In der Nähe vom Pier liegen die kleinen Gästehäuser ***Black House***** ① und ***Shady Nook***** ②.
Kao Guesthouse** (ac***) ③, ✆ 238061, Zimmer mit Fan oder ac und Du/WC; Coffee Shop.
Anan Hotel* (ac***) ⑤, liegt im Ort.

Poonumpatana** ⑥, ✆ 377089, sauberes, chinesisches Gästehaus mitten im Ort.
S & L Tour Hostel** ⑦, Neubau neben der Post, Zimmer mit guter Du/WC, für eine Nacht bestens geeignet.

Essen

Sehr preiswert ist das ***Vantana Restaurant***, z.B. *Fried Rice* 20 Baht, Müsli mit Früchten 20 Baht.
Im ***Home Made Yoghurt Restaurant*** gibt es u.a. gute vegetarische Gerichte.
Yoghurt Home Restaurants gibt es 5 mal auf Ko Pha Ngan: am Pier, in Ban Tai, bei Phangan Bungalow, in Hat Rin und im Haad Tien Resort.
In der ***Siripun Bakery***, ✆ 377089, wird gutes Brot und Gebäck gebacken.
Im ***Back House Restaurant*** gibt es Thai-Gerichte und Karaoke im Freien oder klimatisiert.

Sonstiges

DENGUE-FIEBER – Gegen diese häufig grassierende Krankheit (auch Dandy Fieber) gibt es keinen chemischen Schutz, die schwarz-weiß gestreiften Mücken können den ganzen Tag über stechen. Hohes Fieber wird am besten durch Wadenwickel gesenkt. Nach 5–7 Tagen sollte die Temperatur wieder normal sein.

DROGEN – Das Gerücht, auf Ko Pha Ngan sei der Kauf und Gebrauch von Drogen (z.B. Marijuana) legal, ist gefährlicher Unsinn. **Magic Mushrooms** sind als Omelettes oder Suppen auf einigen Speisekarten zu finden. Wir raten von dieser halluzinogenen Droge ab. Einige Leute sind danach total ausgeflippt, kamen nicht mehr von ihrem Trip herunter oder litten anschließend unter Depressionen, Hitzegefühl bzw. Erbrechen. In Form von *Buddha Sticks* wird auch die illegale Droge Marihuana an vielen Stränden verkauft. Wer nach Keksen, die in einigen Restaurants auf dem Tresen stehen, gegriffen hat und plötzlich eigenartige Reaktionen verspürt, hat *Ganjah Cookies* gegessen.

GELD – Banken sind Mo–Fr von 8.30–15.30 Uhr geöffnet. Es gibt keine Geldautomaten.

INFORMATIONEN – Die ***Tourism Association of Ko Pha Ngan*** gibt jeden Monat einen kostenlosen, informativen *Newsletter of Ko Pha Ngan* heraus, der in vielen Gästehäusern ausliegt. Im Internet: www.kohphangan.com, E-Mail an: webmaster@kohphangan.com

INTERNET – seine E-Mail checken und im Web surfen (300 Baht/Std. Online) kann man im ***Pha Ngan Batik Shop***, ℻ 377028.

LANDKARTEN – Auf der guten *Guide Map* von Ko Samui und Ko Pha Ngan (40 Baht) sind fast alle Unterkünfte eingezeichnet. Die Fußwege entsprechen jedoch nicht der Realität!

MOTORRÄDER – Ein Motorrad wird für 100–200 Baht pro Tag vermietet. Aber Vorsicht: Die meisten „Straßen" auf der Insel sind holprige Naturwege und übelste Bergpfade, auf die sich nur geübte Fahrer wagen sollten! Viele Bikes sind nicht funktionstüchtig.

MOUNTAIN BIKES – vermietet der ***Pha Ngan Batik Shop*** für 80 Baht/Tag, macht Tourenvorschläge und organisiert Mountain Bike-Touren (300 Baht p.P. ab 3 Pers.).

POST – mit Poste Restante. Geöffnet Mo–Fr 8.30–12 und 13–16.30 Uhr, Sa 9–12 Uhr.

REISEBÜROS – ***Shine Travel***, ✆ 077-377240-1, ℻ 377028, verkauft Eisenbahn- und Flugtickets aller Art, macht Rückbestätigung von Tickets, bietet Auslandsgespräche, Fax-Service, Gepäckaufbewahrung, Motorrad- und Jeep-Vermietung. Sehr zuverlässig. Geöffnet bis 19 Uhr.
Mit *Mr. Chin Booking Station* hatten Traveller häufig Probleme.
Phangan Travel, ✆ 077-377058, ℻ 377105,

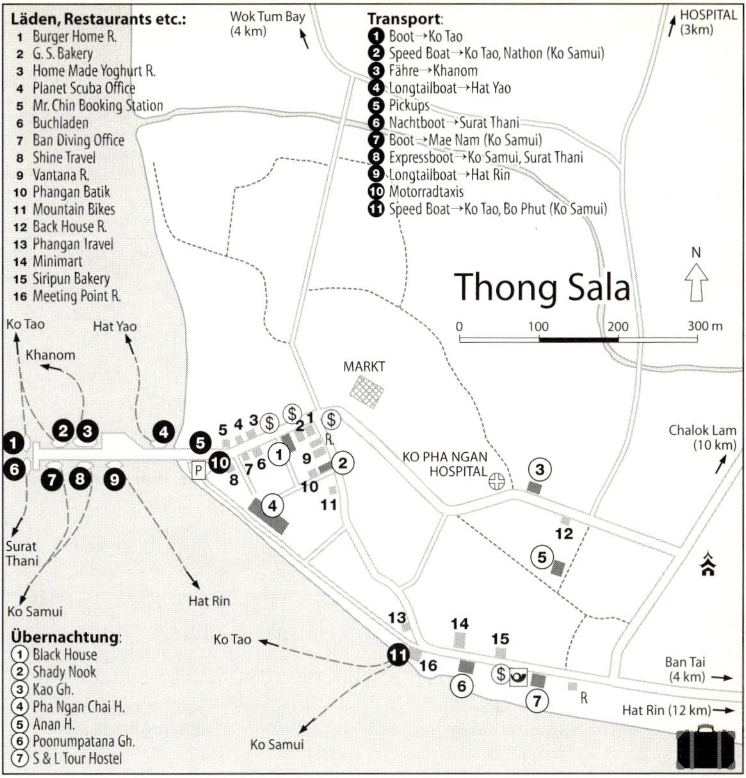

verkauft sämtliche Tickets, hat Fax- und Telefon-Service, vermietet ein Speedboot.

ROLLI – Fahrer und Rollstuhl sollten reiseerfahren und geländetauglich sein. Hat Rin ist für Rolli ungeeignet. Zu empfehlen ist ***Sea Scene*** am Wok Tum (Plaay Laem) Beach.

SANDFLIEGEN – sind je nach Jahreszeit an einigen Stränden eine Plage. Die Entzündungen können in jeder *Pharmacy* behandelt werden. Im Notfall helfen angeblich Antibiotika.

TELEFON – Auslandsgespräche nur von den vielen privaten *Oversea Call* Läden.

THAI BOXEN – Stadion in der Nähe vom Pier.

VORWAHL – 077; PLZ: 84280.

Nahverkehrsmittel

In Thong Sala warten bei jeder Bootsankunft Pickups und Longtail-Boote, die Kunden für 30–60 Baht oder gratis an die Strände bringen. Der Bau der Ringstraße um die Insel wurde eingestellt, jetzt sollen nur noch die Stichstraßen verbessert werden.

LONGTAIL-BOOTE – Regelmäßig fahren in der Saison Longtail-Boote nach Hat Yao, zwischen Hat Rin und Thong Nai Pan Yai sowie

KO PHA NGAN
Übernachtung:
TONG SALA BEACH:
(1) Petchr Cottage, Sundance, Pha Ngan Villa
(2) Moonlight, Waeng Thai
BAN TAI BEACH:
(3) Charm Beach, Chokana Resort
(4) First Villa
(5) Dew Shore Resort, Club Mad
(6) Birdville, S.P. Resort, Pink, Triangle Lodge
(7) Liberty, Mac´s Bay Resort
BAN KHAI BEACH:
(8) Sabai, Chad Chalet Bay Hut, Pha Ngan Lodge, Lee´s Garden
(9) Papillon Resort, Copa
(10) Pha Ngan Rainbow, Green Peace
HAT TIEN:
(48) Hat Tien Sanctuary, Haad Tien Resort
SADET BEACH:
(49) Jenny´s, Than Wang Thong Resort
(50) Mai Pen Rai, Joke Bar, J.S. Hut, Nid´s
(51) Silver Cliff, Mai Pen Rai 2, Pla
THONG NAI PAN YAI:
(52) White Sand, A.D. View, Nice Beach, Central Cottage
(53) Pen, Ping Jung, Chanchit Dreamland
(54) Wangthong Waterfall Resort
(55) White Winds
THONG NAI PAN NOI:
(56) Panviman Resort
(57) Bio´s Gh., Star Hut, Honey, Star Hut 2
(58) Thong Ta Pan Resort
BOTTLE BEACH:
(59) Bottle Beach 2
(60) Bottle Beach
CHALOK LAM BAY:
(61) Coral Bay
(62) Try Thong Resort, Fanta
(63) Wattana Resort
MAE HAT BAY:
(64) Crystal Island Garden
(65) Ko Ma
(66) Mae Haad Bungalow, Mae Haad Bay Resort
(67) Island View Cabana
(68) Wang Sigh Resort
HAT SALAD:
(69) My Way, Salad Hut
HAT YAO BEACH:
(70) Ben Jawaan, Dream Hill, Blue Coral
(71) Bay View
(72) Easy Bungalow
(73) Silver Beach
(74) Haad Yao Bungalows, Ibiza, Sea Board Bungalow, Sandy Bay
SI THANU BEACH:
(75) Rock Garden
(76) Great Bay, Gypsy Bungalow & Café, Sea Flower, Sri Thanu
(77) Bovy Resort
(78) Laem Son
(79) Laem Son Bar, Sea View Rainbow
(80) Ladda
(81) Loy Fa
(82) Chai, Nantakarn
(83) Lipstick Cabana
(84) Hin King
WOK TUM BAY:
(85) O.K.
(86) Darin
(87) Chuenjitt
(88) Sea Scene, Bounty, Porn Sawan
(89) Cookie, Beach 99
NAI WOK BAY:
(90) Siripun
(91) Charn, Phangan Bungalow, Suan Inn

Läden, Restaurants etc.:
1 Chalok Lam Diving School
2 Sweet Hut
3 White House Shop
4 Beer Station Ban Sak
5 Thong Sala Diving
6 Donrak Garden R.

zwischen Chalok Lam und Bottle Beach, bei Bedarf evtl. auch zwischen Thong Nai Pan und Bottle Beach. Falls die Straße nach Hat Rin unpassierbar ist (öfters bei heftigem Regen) fahren Boote ab Thong Sala für 30 Baht hin (ab 3 Pers.).

MOTORRADTAXIS – Motorradtaxis fahren für 40 Baht (bis 18 Uhr) die meisten Strände im Süden, Westen und Norden an.

PICKUPS UND JEEPS – fahren bei Ankunft der Boote nach THONG NAI PAN (60 Baht), nach HAT YAO (50 Baht), BAN KHAI (30 Baht) und HAT RIN (40 Baht).

Transport

BUSSE – Von der Khaosan Road in BANGKOK mit dem ac-Bus (inkl. Boot) um 18 Uhr für 150–280 Baht.
Von den Reisebüros werden ac-Bustickets ab SURAT THANI (inkl. Boot) verkauft: nach BANGKOK für 350 Baht (Abfahrt 19 und 19.30 Uhr, 11 Std.), KRABI für 480 Baht und PHUKET für 460 Baht (Abfahrt jeweils 7.15, 10.30 und 17.30 Uhr, ca. 4–5 Std., diese Busse fahren **nicht** über Khao Sok und Khao Lak), sowie HAT YAI für 430 Baht.
Von KRABI mit ac-Bus um 9 und 11 Uhr direkt für 300 Baht (Ankunft 18 Uhr).

EISENBAHN – Aus BANGKOK kommt man bequem mit dem kombinierten „Zug-Bus-Expressboot-Ticket" über SURAT THANI für die *Rapid* Züge um 17.35 und 18.20 Uhr bzw. dem *Express* Nr.15 um 19.15 Uhr, Bustransfer zum Hafen und Überfahrt mit dem Expressboot um 8 Uhr; Ankunft in Thong Sala um 11.30 Uhr. Es kostet 468 / 327 Baht (Sitzplatz in der 2. / 3. Kl.) und 568 / 618 Baht (2.Kl.-Schlafwagen oberes / unteres Bett) bzw. 718 / 788 Baht (2.Kl.-ac-Schlafwagen oberes / unteres Bett). Diese Preise bezahlt man im Bahnhof, in Reisebüros ca. 40 Baht mehr.

Zurück nach BANGKOK geht es mit dem Kombi-Ticket um 13 Uhr per Expressboot nach SURAT THANI und mit einem der *Rapid* Züge um 17.20 und 17.50 Uhr oder dem *Express* Nr.16 um 19.03 Uhr nach BANGKOK (Preise s.o.); Ankunft um 5.10, 5.35 bzw. 5.50 Uhr. Im Bahnhof von BANGKOK wird ein kombiniertes „Special Ticket" über CHUMPHON (s.S. 303) verkauft, das für die ac-Wagen im *Express* Zug um 19.15 Uhr bzw. im *Sprinter* um 22.30 Uhr gilt; es kostet inkl. ungemütlicher Notunterkunft, Transfer zum Hafen und Expressboot von *Songserm* über Ko Tao für das obere Bett 1150 Baht, für das untere Bett 1220 Baht. Ankunft gegen 12 Uhr.

Wer auf die Klimaanlage verzichten kann, den Rest der Nacht lieber in einem Gästehaus verbringt und den Transfer in Chumphon dem Gästehaus überläßt, spart 70 Baht. Zurück geht es mit dem „Special Ticket" um 12.30 Uhr über Ko Tao nach Chumphon, wo man die 3 *Rapid* Züge um 20.14, 20.30 oder 23.48 Uhr sowie den *Express* Nr.16 um 21.47 Uhr nach BANGKOK nehmen kann (Preise s.o.); Ankunft um 5.10, 5.35, 8.35 bzw. 5.50 Uhr. Selbstverständlich kann man auch andere Zugtickets nach Surat Thani (s.S. 313) oder Chumphon (s.S. 303) kaufen und mit anderen Booten – z.T. erheblich billiger – nach Ko Pha Ngan fahren.

BOOTE – Zu allen Booten fahren von den Stränden rechtzeitig Zubringerboote oder Pickups.

Surat Thani: Vom Tha Thong Pier mit dem **Expressboot** von *Songserm* über Ko Samui (umsteigen) um 8, 12 und 14.20 Uhr in ca. 3 1/2 Std., für 160 Baht (in der Nebensaison nur gegen 8 und 14.20 Uhr).

Zurück nach SURAT THANI um 6.15, 11 und 12.30 Uhr in ca. 4 Std. (in der Nebensaison nur um 6.15 und 12.30 Uhr); Tickets am Pier.

Mit der **Speed-Ferry** um 9 und 16 Uhr von DON SAK in 3 1/2 Std. nach Thong Sala für 105 Baht inkl. Zubringer-Bus ab Surat Thani um 8 und 14.30 Uhr. Zurück fährt die direkte Fähre um 6.20 und 13 Uhr. Der Anschlußbus kommt um 11.30 und 18 Uhr in Surat Thani an. Am Pier warten meist Busse zum Bahnhof, nach Phuket und zu weiteren Städten in Süd-Thailand. Man muß also nicht erst zum Bus Terminal in die Stadt fahren.

Vom Pier in Surat Thani mit dem **Nachtboot** um 23 Uhr, zurück um 22 Uhr, für 70 bzw. 90 Baht in 7 Std. ist nicht zu empfehlen, da zu viele Unfälle passiert sind.

Ko Samui: Von NATHON mit dem **Expressboot** von *Songserm* um 9.40, 10.50 und 17.10 Uhr für 70 Baht in 40 Min. (in der Nebensaison nur 2x pro Tag).

Nach NATHON um 6.15, 11 und 13 Uhr.

Von KO SAMUI mit der **Autofähre** um 10 und 14 Uhr für 100 Baht, Auto und 1 Fahrer 300 Baht, in 1 Std.

Nach KO SAMUI um 8 bzw. 9 und 16 Uhr.

Von den nördlichen Stränden von Ko Samui kommen nur bei ruhiger See (zumeist von Januar bis September) die folgenden Boote:

Von MAE NAM mit dem **Slow Boat** um 9.30 Uhr nach THONG SALA für 100 Baht in 75 Min., das Boot fährt anschließend nach Ko Tao für 150 Baht.

Nach MAE NAM um 12 Uhr.

Von BO PHUT in der Saison mit dem **Speedboot** nach THONG SALA um 8.30, 11.30 und 15 Uhr für 200 Baht in 15 Min., die Boote fahren weiter nach Ko Tao.

Nach BO PHUT um 9.30, 12, 15 und 16.30 Uhr.

Von MAE NAM mit dem **Speedboot** nach THONG SALA um 8.30 Uhr für 200 Baht in 15 Min., das Boot fährt weiter nach Ko Tao.

Nach MAE NAM um 16.40 Uhr.

Von BIG BUDDHA nach HAT RIN um 10.30, 13 und 16 Uhr für 80 Baht in 40 Min.

Nach BIG BUDDHA um 9.30, 11.30 und 14.30 Uhr.

Von MAE NAM mit einem **Fischerboot** nach THONG NAI PAN um 12 Uhr für 120 Baht in 2 Std.

Nach MAE NAM um 8 Uhr.

Ko Tao: Nach MAE HAT tgl. um 10.30 und 12 Uhr für 150 Baht in 2 1/2 Std., in der Saison evtl. ein zusätzliches Boot um 9 Uhr. Von MAE HAT um 9 bzw. 14 Uhr.

Nach MAE HAT mit dem **Expressboot** von *Songserm* tgl. um 12.30 Uhr für 250 Baht in 1 1/2 Std.

Zurück um 10.30 Uhr.

Mit dem **Speedboot** nach MAE HAT um 9 und 15 Uhr für 350 Baht in 1 Std. (in der Nebensaison evtl. nur um 13 Uhr). Zurück fährt das Speedboot um 9.30, 15 und 15.30 Uhr.

Chumphon: Anreise mit dem Expressboot von *Songserm* für 650 Baht oder mit dem Nachtboot bis Ko Tao und nach dem Frühstück um 9 Uhr weiter (insgesamt 350 Baht).

Khanom: Mit der *Ferry Line* **Autofähre** um 6 und 14 Uhr vom Tha Thong Pier für 160 Baht, Auto und 1 Fahrer 350 Baht.

Vom KHANOM Pier um 10 und 18 Uhr.

Thong Sala Beach

Ein unattraktiver Wattstrand bildet den ersten Küstenabschnitt, und die Bungalow-Siedlungen dort sind nicht zu empfehlen.

Ihr einziger Vorteil ist, daß die „Stadt" nahe liegt und zu Fuß erreichbar ist. Manchmal wird mit dem Essen wettgemacht, was der Strand nicht bieten kann.

Übernachtung

Die 5 Bungalowanlagen liegen an 600 m Strand.

Petchr Cottage*–*** ①, ✆ 377227, ruhige, freundliche Anlage mit nettem Garten, einfache und größere Hütten aus Holz mit Du/WC; Restaurant, u.a. vegetarische Gerichte, Bierbar; Mountain Bikes zu mieten; australische Leitung.
Sundance Bungalow*–*** ①, ✆ 283662, 15 vergammelte Hütten aus Naturmaterialien ohne und mit Du/WC, ohne/mit Fan.

Ban Tai Beach

Dieser schöne, ruhige Strand besteht aus etwas grobem, aber sauberem Sand. Das flache Riff vor dem fast ebenen Wattstrand zieht sich weit draußen entlang. Im Sommer ist Baden nur bei hohem Wasserstand an wenigen Stellen möglich. Im Ort Ban Tai (4 km von Thong Sala) gibt es eine Tankstelle, eine Sanitätsstation, mehrere Restaurants und einen Laden, in dem man Mopeds leihen kann. Auf dem Hügel liegt das **Wat Khao Tham** mit schöner Aussicht und 10tägigen Meditationskursen (s.u.), etwas weiter landeinwärts das **Wat Nai**.

Übernachtung

11 Bungalowanlagen liegen vor und hinter dem Ort am Strand, z.B.:
Charm Beach*–**** ③, ✆ 377165, einfache Hütten und bessere Steinhäuschen mit Fan, sauberes Restaurant, gute Küche, freundliche Leute, angenehme Atmosphäre.
Chokana Resort*–***** ③, ✆ 01-2293350, einfache und gute Holzbungalows mit Du/WC und Fan, einige Luxusbungalows mit ac und Warmwasser.
First Villa* (ac****) ④, ✆ 377225, gepflegter Garten, solide, saubere Steinbungalows mit Du/WC und Fan oder ac dicht nebeneinander, 5 mit direktem Blick zum Meer, großes Restaurant nahe am Strand, vegetarische Gerichte, frische Backwaren, Satelliten-TV; Abhol-Service vom Pier auf Anruf.
Dew Shore Bungalows* ⑤, ✆ 238128, netter Garten, 12 neue, saubere Bungalows mit Fan und Du/WC, 24 Std. Strom, Restaurant, kleines Boot und Schnorchelausrüstung gratis, Familienbetrieb; in der Nebensaison*, äußerst preiswert.
Club Mad* ⑤, ganz einfache, etwas vergammelte Hütten mit und ohne Du/WC.
S.P. Resort* ⑥, ausgezeichnetes, billiges Essen, nette Familie.
Triangle Lodge*–*** ⑥, gute, saubere Bungalows, sehr ruhig, feiner Sand am Strand.
Mac's Bay Resort* ⑦, 8 preiswerte Bungalows mit Du/WC und Terrasse direkt am Strand, weitere, noch billigere Holzhütten weiter hinten; passables Restaurant. Viele Langzeitgäste.

Meditationen

10tägige Kurse in Vipassana- (Einsichts-) Meditation finden einmal pro Monat im Wat Khao Tham bei Ban Tai statt, allerdings nicht im April, Juni und November.
Der Kurs ist ähnlich aufgebaut wie derjenige im Wat Suan Moke (s.S. 312), d.h. Weckzeit 4 Uhr, absolutes Rauch-, Sprech-, Lese- und Schreibverbot. Er wird von Steve und Rosemary Weisman, einem australisch-amerikanischen Ehepaar, geleitet. Sie sind in der Lage, auch Leuten, deren Englisch nicht so gut ist, viel über Buddhismus und Meditation beizubringen. Es liegen auch deutsche Übersetzungen des Kurses vor.
Für Essen und Unterkunft sind 1800 Baht zu zahlen.
Informationen und Anmeldung (am besten mehrere Tage zuvor) im Wat auf dem Hügel (ausgeschildert).

Ban Khai Beach

Dieser Wattstrand beginnt 1 km hinter Ban Tai und erstreckt sich über mehr als 2 km. Kurze Sandstrände wechseln mit flachen Felsbänken ab.

Die Straße entlang der Südküste führt durch **Ban Khai**. Motorräder und Jeeps können auf der steilen Straße über die Hügel bis zum Hat Rin Beach fahren. Motorradtaxi und Pickup von Thong Sala kostet 30 Baht p.P.

Übernachtung

Etwa 14 Anlagen bieten vorwiegend einfache Hütten für 40 bis 50 Baht mit gemeinsamen Duschen und Toiletten.
Sabai* ⑧, ganz einfache Hütten.
Chad Chalet Bay Hut* ⑧, gute Hütten mit Du/WC und ganz einfache Hütten, Terrasse überm Strand, relaxte Atmosphäre.
Pha Ngan Lodge–** ⑧, 10 sehr große A-Frame-Hütten am Strand entlang, Familienbetrieb.
Lee's Garden–** ⑧, große Anlage, orange Mattenhütten in 3 Reihen unter Palmen.
Papillon Resort* ⑨, hübsche Holzhütten.
Copa–** ⑨, wenige Hütten, deutsche Leitung.
Pha Ngan Rainbow–** ⑩, kleine, ruhige Anlage mit 8 Bungalows, australische Leitung.
Green Peace* ⑩, am Hafen, schöne Aussicht. Organisiert die *Black Moon Party* mit gutem Sound und Live Musik: an die 1000 Leute.
Golden Beach–*** ⑪, auf dem Kap an einer Schlickbucht, einfache Hütten und einige komfortablere Bungalows mit Fan und Du/WC.
Beer Huts* ⑪, nahe an der Straße, einfache Hütten, nettes Restaurant, freundlich.
Thong Yang–** ⑫ liegt malerisch hinter Felsen, 20 Bungalows.
Pha Ngan Island Resort***–**** ⑬, angenehme, schön gestaltete Anlage mit Pool.
Auf den folgenden 2 km treten die Berge und Felsen bis ans Meer heran, das nur an wenigen Stellen von Sandstränden gesäumt ist.
Silvery Moon* ⑭, recht malerisch unter Palmen, ganz einfache Hütten.

Essen

Das ***Ban Kai Café*** im Dorf serviert mexikanische und amerikanische Gerichte, geöffnet 9.30–21.30 Uhr.

Hat Rin Nai Beach

(Auch: Hat Rin West) Bis zum Kap **Laem Hat Rin** liegen auf 1 1/2 km schon 23 Bungalow-Siedlungen an Sandbuchten oder auf Felsen. Im Sommer wird viel Müll und Kokosabfall an den Strand geschwemmt, der von den Anliegern nicht entfernt wird. Zu dieser Zeit sind viele Anlagen geschlossen. Während der Regenzeit (Oktober / November) sind die Strände zumeist völlig überschwemmt. Das Riff verläuft etwa 100 Meter vor dem Strand, dazwischen wachsen viele Korallen. Wer zur Abwechslung einen langen, feinen Sandstrand sucht, geht zu Fuß die 800 m rüber nach **Hat Rin East**.

Übernachtung

Strand und Anlagen für Rollis ungeeignet.
Blue Hill** ⑯, die originellen Hütten klettern den Hang hoch, dekoriert mit Lianen und Luftwurzeln; bei Flut entsteht ein richtiger Sandstrand zum Schwimmen.
Am nördlichen Ende: 11 Anlagen an einem gemeinsamen Strand.
Dicht an dicht stehen viele ganz einfache Hütten, z.B.: ***Sandy**** ⑲ und ***Seaside**** ⑲.
Rainbow–** ⑳, einfache und bessere Hütten mit Du/WC und Fan, freundliche Familie.
Coral–*** ⑳, schöne Anlage, eng stehende Hütten und Bungalows mit Fan.
Crystal Palace**–*** ⑳, ✆ 01-2293511, trostlos wirkende Parade von Steinbungalows, ohne Schatten; häufig Diskussionen wegen Preisen.
Im Hinterland: Vier Anlagen am Hang mit Hütten für 50 bis 80 Baht, u.a.:
Nee* ㉔, an der Straße, freundliche Familie, gutes Essen.
Pooltrup**–*** ㉓, liebenswürdige Besitzer, Lehrer der Dorfschule. Ruhige Lage.
Südlich der kleinen Anhöhe: mehrere schmale Anlagen direkt am Strand mit einfachen und besseren Bungalows unter Palmen, z.B.:
Sunset Bay–** ㉖, ordentliche, saubere Bungalows mit und ohne Du/WC oder Fan, nette Atmosphäre.

Neptune's Villa* ㉖, ✆ 01-2291880, grüne Anlage, schöne Holzbungalows mit Du/WC und Fan; freundliches Personal.
Charung* ㉖, saubere Bungalows mit Fan und Du/WC, Restaurant weniger gut, nette Leute.
Black and White*–* ㉗, Bungalows ohne Du/WC, mit oder ohne Fan, nette Familie.
Friendly*–* ㉗, Bungalows mit und ohne Du/WC, Familienbetrieb.
Family House* ㉘, schöne Bungalows mit Bad, nette Familie; daneben stehen die malerischen Felsen im Wasser.
Rin Beach Resort–******* ㉘, ✆ 01-2293016, ausgedehnte Anlage, viele Bungalows mit Fan und einige Luxusbungalows mit ac ab 1500 Baht; großes ac-Restaurant, Bäckerei.
Auf dem südlichen Hügel liegt ganz herrlich ***Sun Cliff*–**** ㉚, ✆ 01-2293016, saubere Bungalows am Hang zwischen Büschen, Bäumen und Felsen, wunderschöne Sicht, freundliche Familie, Strom bis 23.30 Uhr.
Sea Breeze** ㉛, ✆ 01-2293016, etwas teurer, aber genauso schön auf dem Hügel gelegen.
An einem schönen, privaten Sandstrand liegt ***Leela Osho Meditation Center*** ㉜ in Sanyassin-Orange, 12 Hütten* unter Palmen. Es werden Kurse u.a. in Meditation, Tai-Chi, Yoga angeboten.
Auf dem Kap unterhalb des Leuchtturms liegt
Light House*–**** ㉝, ✆ 01-2291880, auf einem 250 m langen Plankensteg über dem Wasser zu erreichen, die Hütten und Bungalows schmiegen sich an den Hang; baden kann man zwischen den Felsen.

Sonstiges

TAUCHEN – ***Planet Scuba***, ✆ 01-9584857, beim *Family House*, PADI 5 Sterne Tauchschule, geleitet vom Deutschen Torsten, fröhliche Atmosphäre, relativ neue Ausrüstung, eigenes Boot mit Sonar, Kurs zum *Open Water Diver* auf Deutsch ab 220 Dollar, Tauchausfahrten bis Ko Tao ab 50 Dollar.

Transport

Ab THONG SALA mit dem Jeep (nach Ankunft des Express-Bootes) für 40 Baht.
Von BIG BUDDHA auf Ko Samui mit der *„Sea Flower"* tgl. um 10.30, 13 und 16 Uhr für 80 Baht in 40 Min. Die Boote landen am Pier neben dem *Family House*.
Nach BIG BUDDHA um 9.30, 11.30 und 14.30 Uhr.
Nach THONG NAI PAN in der Saison tgl. mit dem Boot um 12.40 Uhr für 60 Baht über HAT TIEN (30 Baht) und THAN SADET (50 Baht).
Von BAN KHAI dauert es zu Fuß am Strand entlang eine gute Stunde. Die guten Restaurants von *Blue Hill* und *Star* laden unterwegs zu einer Rast ein.

Hat Rin Beach

(Auch: Hat Rin East oder Rin Nok Beach) Vor einigen Jahren war bei vielen Travellern Ko Pha Ngan identisch mit diesem herrlichen, durch steile, grüne Hügel begrenzten Strand im Südosten der Insel. Berühmt wurde er in ganz Thailand durch die *Fullmoon-Partys*, über die in der Thai-Presse häufig und ausschweifend berichtet wird – mit Details, die häufig der Phantasie der Reporter entspringen, aber das Blut rechtschaffener Thais in Wallung bringen. Orgien werden jedoch fast nur von Sandflöhen gefeiert, die im feinen, weißen Sand hausen. Rechts und links wird die Bucht von Korallen begrenzt (allerdings reicht die Sicht nur selten zum Schnorcheln aus). Man kann hier während der Saison gut schwimmen, von Oktober bis Februar ist es jedoch wegen der sehr hohen Wellen gefährlich. Die an diesem Strand arbeitenden Thais dulden zwar aus Geschäftsgründen „oben ohne" und den Mini-Tanga, dennoch gefällt ihnen beides nicht. So manche säuerliche Miene läßt sich damit besser verstehen. Auch wer Hippie-mäßig auftritt, kann nicht mehr auf Sympathien rechnen.

Hat Rin hat sich zu einem enorm touristischen Ort entwickelt. Das Preisniveau liegt etwa 50% höher als z.B. auf Ko Samui. Auf der Landbrücke entstand ein richtiges Dorf. Die beiden Dorfstraßen säumen lückenlos mehrere Diskotheken, viele Restaurants und Bars, Tattoo-Shops und Reisebüros, eine Bäckerei mit großer Auswahl, ein gutes *Nepal Vegetarian Restaurant*, Wechselstuben, ein privates Büro für Visaverlängerungen (von 2 auf 3 Monate für 750 Baht) und massenhaft Müll. Restaurants ohne Video-Berieselung sind kaum noch zu finden. Wer Ruhe sucht, ist fehl am Platz und sollte in die abgelegeneren Bungalows Richtung Ban Khai ziehen.

Übernachtung

15 Anlagen liegen z.T. sehr eng am Strand, weitere im Hinterland. Die Bungalows sind durchweg teurer als an den anderen Stränden, nur noch wenige kosten unter 100 Baht, viele bereits 300–500 Baht.

Vor Vollmond (s.S. 56) gibt es keine freien Zimmer, aber 2 Tage danach mehr als genug.

Strand und Anlagen sind für Rollis ungeeignet.

Paradise* ㊲, ✆ 01-2293661, am südlichen Ende, die Hütten auf den Felsen wirken ganz nett; teure Safety-Boxen.

Sea Garden–*** ㊲, unattraktive Reihenhäuser im rückwärtigen Teil.

Hat Rin Resort**–***** ㊵, ✆ 01-2293609, Zimmer im Hauptgebäude und saubere, nette Bungalows mit Du/WC und Fan; bis hierher ist eine schmale Korallenbank vorgelagert, in deren Lagune viele Boote ankern.

Pha Ngan Bayshore Resort*–**** ㊶, ✆/℻ 01-9564367, 42 eng aufeinander gequetschte, renovierungsbedürftige Bungalows mit Fan, touristische Küche, gelangweiltes Personal. Visa- und Mastercard werden akzeptiert.

Tommy's Resort** ㊸, einfache, beliebte Hütten, z.T. baufällig, sehr eng aufeinander, am schönsten Teil des Sandstrands.

Palita Lodge–*** ㊸, ✆ 01-2125445, einfache, etwas vergammelte Hütten, ebenfalls am schönsten Strandabschnitt.

Sea View*–**** ㊹, ✆ 01-2293599, etwas teure Bungalows am Strand mit Du/WC und Fan; hier sind schon wieder Steine im Wasser.

Mountain Sea–*** ㊺, ✆ 01-2293418, Hütten am Hang, steile Pfade und Treppen.

Serenity Hill** ㊻, komfortable, saubere Bungalows mit herrlicher Aussicht, am steilen Nordhang. Allerdings trübt viel Müll den Genuß.

Thai House Resort** ㊷, am Hügel, neue Bungalows.

Hill Side* ㊼, 15 Min. den Hügel hoch, kleine, einfache Hütten mit toller Aussicht.

Essen

An der Zufahrtstraße lädt die **Internationale Küche** ein: Spanisch, Italienisch, Indisch, Nepalesisch, Thai, ...

Einfallsreiche Küche, hervorragendes Seafood gibt es im ***Lucky Crab Restaurant*** am Weg zwischen Ost- und Weststrand. Tip: *Sizzling Seafood*.

Sonstiges

EINKAUFEN – Am Hat Rin Beach haben sich viele Berufstraveller niedergelassen, die Kleidung und Schmuck aus Nepal, Indien, Indonesien etc. verkaufen, z.T. wirklich schöne Sachen.

Aber natürlich muß auch mit ihnen gefeilscht werden.

MOTORRÄDER – Beim einzigen Vermieter kostet eine 100er Honda 200 Baht, 125er Enduro 250 Baht, 250er Enduro 350 Baht. Die Maschinen sind in keinem guten Zustand. Ungeübte Fahrer sollten sich nicht auf die Pisten wagen.

MOUNTAIN BIKES – Bei ***Planet Scuba*** in der Nähe von *Chicken Corner*.

TAUCHEN – Kurse und Touren bietet u.a. ***Chang Diving School***. Infos beim *Anant Hotel*. Eine Zweigstelle von ***Planet Scuba*** liegt nahe bei der *Chicken Corner*.

UNTERHALTUNG – In der Saison werden fast jede Nacht am Strand Fêten gefeiert, aus den Boxen der Restaurants dröhnt der Sound, vor allem von *Guns & Roses*, *The Scorpions*, *Air Supply* etc.
Zum allabendlichen Treff hat sich der ***Cactus Club*** gemausert.
Jeden Di, Do und Sa ist Party im ***Back Yard Club***.
Zur berühmt-berüchtigten ***Fullmoon-Party*** kommen jeden Monat (s.S. 56) bis zu 10 000 Traveller an den Strand (und ein großes Polizei-Aufgebot in Uniform und Zivil). Die Bangkoker Zeitungen berichten anschließend regelmäßig von Travellern, die von ihrem Trip nicht mehr herunterkamen und im Krankenhaus in Surat Thani landeten. Laut den Versprechungen der Polizei sollte der Strand schon seit Mitte 1995 drogenfrei sein.
Gewarnt werden muß vor jungen Burschen, die sich als Polizisten ausgeben und versuchen, Travellern Drogen unterzuschieben, vor allem nach der *Fullmoon-Party*.

Transport

Ab THONG SALA mit dem Jeep (nach Ankunft des Express-Bootes, 40 Baht).

Hat Tien und Sadet Beach

Den kleinen Sandstrand **Hat Tien** an der Ostküste erreicht man am besten mit dem Boot ab Hat Rin (s.u.). Von November bis Januar muß man allerdings 3 km über den Hügel durch üppige Vegetation zu Fuß gehen, ab dem Schild an der zentralen Kreuzung kann es 1 1/2 bis 2 1/2 Std. dauern. Die Bungalows stehen unter Palmen bis zum Strand, der von Mangroven begrenzt ist. 10 Min. weiter kommt man zur kleinen Bucht **Hat Wai Nam**, die zum Schnorcheln einlädt.

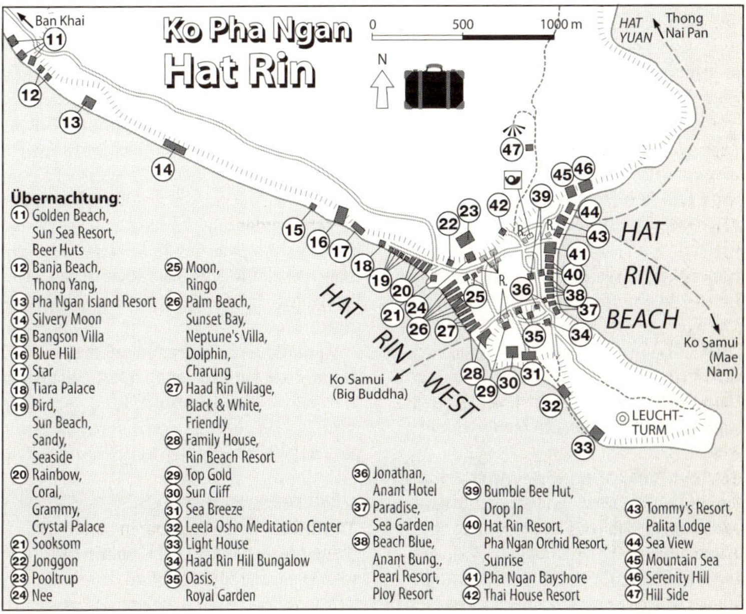

In der Mitte der Ostküste liegt absolut einsam der kleine, palmenbestandene Yang Beach. Von hier erreicht man nach etwas mehr als einem Kilometer den **Than Prapat-Wasserfall**, der sich nur von November bis Januar eindrucksvoll präsentiert.

Der Doppelstrand **Sadet Beach** ist nur beschwerlich zu Fuß oder mit dem Boot zu erreichen. Viele Bungalows liegen zwischen malerischen Felsen und Fischerhütten am kleinen Sandstrand und auf dem Felsenhang. Der weiße Strand erlaubt herrliches Schwimmen, schnorcheln kann man an den felsigen Seiten. Leider machen die Fischerboote viel Lärm. Die meisten Anlagen sind in der Regenzeit geschlossen.

Von hier aus kommt man zu Fuß zum **Than Sadet-Wasserfall**, der seit über 100 Jahren ein beliebtes Ausflugsziel der Könige von Thailand ist, was mehrere Steininschriften bezeugen.

Übernachtung

HAT TIEN – ***Hat Tien Sanctuary***–*** (48), Bungalows und Schlafsaal, tolles Restaurant, u.a. vegetarische Gerichte; Kurse für alternative Techniken werden angeboten, u.a. Massage, Meditation, Reiki, Tai Chi. Meditationshalle auf einem Hügel mit herrlicher Sicht; umfangreiche Osho Bücherei.
Haad Tien Resort–*** (48), ✆ 01-2293919, 30 neue Holzbungalows mit Du/WC am Strand und am Hügel, Restaurant *Yoghurt Home 5*; Schnorchelausrüstung vorhanden, Bootsvermietung.

SADET BEACH – Am kleineren südlichen Strand liegen ***Jenny's***** (49) und ***Than Wang Thong***–*** (49), die einfachen und die teureren Hütten verstecken sich malerisch zwischen den großen Felsen.
3 Dutzend äußerst einfache und etwas bessere Hütten*-** verteilen sich am etwas größeren, nördlichen Sandstrand auf vier kaum unterscheidbare Anlagen (50).
Silver Cliff–*** (51), einfache Hütten und Bungalows mit Du/WC am nördlichen Hang.
Am angenehmsten wohnt man bei ***Pla**** (51), links oben auf den Felsen; gutes und reichliches Essen, 10 Minuten bis zum Strand.

Transport

Von Januar bis September fährt von MAE NAM auf Ko Samui tgl. um 12 Uhr nur bei ruhiger See ein Boot über HAT RIN (12.40 Uhr), HAT TIEN (60 Baht, ab Hat Rin 30 Baht) und SADET BEACH nach THONG NAI PAN NOI für 120 Baht. Zurück geht es um 8 Uhr.

Thong Nai Pan Yai Beach

Die große Bucht Thong Nai Pan (auch Thong Ta Pan) besteht aus zwei sichelförmigen, hellgelben Sandstränden, die durch einen steilen Hügel getrennt sind. Beide Strände liegen so geschützt, daß man auch im Monsun immer irgendwo baden kann. Je nach Windrichtung schwimmen manchmal ekelhafte, aber ungefährliche Quallen in der Bucht. Leser berichten von besonders vielen Sandflöhen und Moskitos am Thong Nai Pan Yai (Juli 1997).

Der Ort **Ban Thong Nai Pan** liegt verstreut unter Palmen im Hinterland der weitgeschwungenen südlichen Bucht. Eine Schule, ein Health Center, ein Tempel, zwei Läden (der *Rainbow Shop* tauscht Geld und Traveller's Cheques zu schlechtem Kurs) und eine Disco bilden die öffentlichen Einrichtungen.

Der Verbindungsweg nach Ban Tai an der Westküste ist zwar nur 13 km lang, aber extrem steil und voller Löcher und Rinnen. Viele denken nur mit Grauen an die Jeepfahrt auf diesem Weg.

Zum nördlichen Strand muß man entweder ca. 2 km auf dem Verbindungsweg gehen, über den steilen Hügel des *Panviman* klettern, ein Boot chartern – oder durch die Bucht schwimmen.

Übernachtung

Einige Anlagen haben noch Hütten für 60–80 Baht, die so langsam zu verrotten scheinen. Die besseren Steinbungalows mit

Fan kosten gleich 300 Baht. Für alle Hütten ist ein eigenes Moskitonetz empfehlenswert. Besonders am Abend ist die Stimmung traumhaft friedlich und still.

White Sand–**** (52), am häßlichen östlichen Ende des 1 km langen Sandstrands unter Palmen, Holz- und Steinbungalows mit Fan und Du/WC, davor eine Korallenbank, in der Lagune der Bootshafen; gutes Restaurant, nettes, junges Ehepaar.

A.D. View*–**** (52), ordentliche Bungalows mit und ohne Fan, z.T. Blockhütten, der Sand davor ist bei Ebbe schlickig.

Nice Beach–**** (52), einfache Holzhütten mit Fan und bessere Steinbungalows mit Bad.

Central Cottage*** (52), neue, saubere Bungalows.

Pen*–**** (53), schlichte Anlage in der Mitte des Strandes, Bambus-Holz-Bungalows mit oder ohne Du/WC, Steinbungalows.

Ping Jung*–**** (53), große, schöne Bungalows aus Bambusmatten mit richtigen Fenstern und Du/WC, z.T. mit Fan.

Chanchit Dreamland–*** (53), am schönsten Teil des Strandes, hier kann man sich wie in einer großen Thai-Familie fühlen. Das Leben spielt sich rund um die Gäste herum ab.

White Winds–*** (55), neue, kleine Häuser kleben am Hang des Hügels, phantastische Aussicht, freundliche Leute, gutes, preiswertes Essen, fantastischer Grillabend. Daneben liegt die tolle ***Delphin Bar***, geleitet von der freundlichen Kim aus Neuseeland.

Wang Thong Waterfall Resort* (54), herrlich gelegene Bungalows. Fai, die Besitzerin, spricht gut englisch, hält die Anlage bestens in Ordnung und kocht prima. Durch Palmen hindurch ist man in 10 Minuten am Strand.

Thong Nai Pan Noi Beach

(Auch Thong Ta Pan Beach.) Der 700 m lange Strand besteht aus herrlich feinem, weißem Sand. Unter Palmen leben eine Handvoll Fischerfamilien. Vom nördlichen Ende können Unternehmungslustige in 1 1/2 Std. über Ban Fai Mai auf einem gut ausgetretenen, aber anstrengenden Pfad zum Bottle Beach wandern.

Übernachtung

Panviman Resort**–***** (56), ☏/℻ 377048, große Anlage am Hang des Berges. Unter Kokospalmen liegt das 2stöckige Hotel, 40 weiße ac-Luxus-Steinvillen für 1500 Baht sowie ein Dutzend heruntergekommene Bambushütten. Vom Restaurant bietet sich ein herrlicher Blick. Abhol-Service vom Pier auf Anruf.

Bio's Guest House* (57), im Hinterland. Einfach und gut. Leckeres Yoghurt und Brot.

Star Hut Resort–*** (57), ☏ 299005, große Anlage direkt am Strand, Bambushütten mit und ohne Du/WC, leckeres Essen, netter Service, gute Atmosphäre, Infos.

Honey–*** (57), mitten in der nördlichen Bucht, etwas zurückversetzt, billige Hütten ohne Du/WC.

Thong Ta Pan Resort–*** (58), einfache, nett möblierte Bungalows, z.T. mit Fan, wunderschön auf runden Felsen am Ende des Strandes, geleitet von einer Engländerin.

Sonstiges

MOTORRÄDER – vermietet die ***Chai-Bar.*** Wer aber hier einen Unfall baut, ist übel dran, und die Polizei kommt leider nie zum Schlichten her.

Transport

Beide Strände erreicht man am einfachsten, wenn man sich bei der Ankunft am Pier den Schleppern anvertraut. Für 60 Baht fahren sie mit dem Allrad-Pickup auf dem schlechten Fahrweg durch den Dschungel (17 km in 40 Min.). Zurück nach THONG SALA um 8 Uhr.

Vom BOTTLE BEACH fährt bei ruhigem Wasser und bei Bedarf um 13.30 Uhr ein Boot für 30 Baht zum Thong Nai Pan Beach.

Von MAE NAM BEACH auf Ko Samui fährt tgl. um 12 Uhr ein Boot für 120 Baht (über Hat Rin für 60 Baht). Zurück um 8 Uhr vor dem *Chanchit Dreamland.*

Jeden Di und Fr fährt ein Speedboot für 500 Baht direkt nach Ban Mae Hat auf Ko Tao.

Bottle Beach

(Auch Khuat Beach.) In einer kleinen, tiefen Bucht im Nordosten liegt dieser schöne, 400 m lange Sandstrand. Er bietet wenig Schatten und ist relativ sauber. Die Bucht ist ideal zum Schwimmen. Vor allem an den Felsen auf der linken Buchtseite kann man schön schnorcheln. Es gibt viele Fische, aber im Sommer ist die Sicht wegen Plankton schlecht (nur 2–5 m).

Von Oktober bis Dezember können wegen der hohen Wellen keine Boote in die Bucht fahren, deshalb bleiben die Anlagen in dieser Zeit geschlossen. Die Tümpel hinter dem Strand sind ideale Brutstätten für Stechmücken. Im September und Oktober scheint es am Strand besonders viele Sandflöhe zu geben, deren Bisse nach etwa einer Woche zu häßlichen Pickeln anschwellen.

Übernachtung und Essen

Bottle Beach–**** ⑥⓪, direkt am Strand unter Palmen, 50 einfache und bessere Hütten mit Du/WC. Das gemeinsame Waschhaus ist schmuddelig, der Service im netten Restaurant mäßig.
Bottle Beach 2–*** ⑤⑨, jenseits des Bachs und am östlichen Hang, 40 einfache Hütten, relaxte Atmosphäre.

Transport

Von CHALOK LAM fährt (nur bei ruhiger See) tgl. um 13 und 16 Uhr ein Boot für 30 Baht, zurück um 9.30 und 15 Uhr, bei Bedarf auch häufiger.
Der Fußweg ist von Chalok Lam (4–5 km) recht beschwerlich und dauert mindestens 2 Std., der Weg von Thong Nai Pan (5 km) ist etwas einfacher.

Chalok Lam Bay

An dieser tiefen Bucht ganz im Norden der Insel liegt der unattraktive, stinkende Fischerort **Chalok Lam**. Vom neuen Pier sollen evtl. in Zukunft Boote nach Ko Tao fahren. Viele Fischerboote ankern in der Bucht. Bei Neumond werden Tintenfische gefangen und am Strand getrocknet. Dabei wird viel Müll und Plastik in die Gegend geworfen. Angenehm und schön ist dagegen der exklusive, kleine **Khom Beach** im Nordosten, vor dem sich ein Korallenriff hinzieht. Über den Hügel ist er in 40 Min. vom Ort zu erreichen.

Übernachtung

Fanta–**** (gesprochen *Fänta)* ⑥②, zwischen dem flachen Meer und der Lagune, gepflegte Anlage, preiswertes Restaurant, bei Flut schöner Strand, Volleyball.
Try Thong Resort–*** ⑥②, Bungalows ziehen sich auf der anderen Bachseite den Hang hoch.
Diese Anlagen sind nur von Okt. bis März voll, sonst leer und ruhig.
Wattana Resort–*** ⑥③, weitläufige Anlage am westlichen Ende der Bucht, viele Palmen, am Strand Kasuarinas, bei Ebbe reicht die weite Sandfläche fast bis zum Riff, Holzbungalows, z.T. mit Fan, großes Restaurant am Strand.

KHOM BEACH – ***Coral Bay***–*** ⑥①, viele der 19 billigen Hütten sind von Langzeittravellern ständig belegt, freundliche Leute.

Essen

Sea Side Restaurant am Ende der Beach Road im Ort.
Sweet Hut neben der Anlegestelle für die Boote zur Bottle Beach.

Tauchen

Eine zuverlässige Tauchschule auf Ko Pha Ngan ist die ***Chalok Lam Diving School***, ✆ 377194, ✆ 377039. Michael und Nick bieten PADI-Kurse für (in Deutsch und Englisch, (max. 4 Teilnehmer pro Kurs) und Tauchtrips im Nordosten der Insel an (ca. 1000–1300 Baht für 2 Tauchgänge inkl. Ausrüstung und Bootsfahrt).

Transport

Pickups fahren ab THONG SALA auf der neuen Straße für 30 Baht (zurück nur um 5, 10, 15 und 19 Uhr). Motorrad-Taxis fahren jederzeit für 40 Baht. Boote fahren nur bei ruhigem Seegang 2x tgl. von und nach BOTTLE BEACH für 30 Baht.

Mae Hat Bay

Die 500 m weite Bucht von Mae Hat liegt im Nordwesten von Ko Pha Ngan. Sie wird beherrscht von der steilen, baumbedeckten Insel **Ko Ma**. Der flache, breite Strand besteht aus feinem, weißem Sand und ist bemerkenswert sauber. Je nach Wind und Wasserstand muß man zum Schwimmen weit hinauslaufen. Aber Vorsicht: viel Korallenschrott! Schnorcheln kann man schon nach 50 m, aber richtig gut ist es im Westen von Ko Ma, zu der bei Niedrigwasser eine Sandbank hinüberführt. Viele hohe und junge Palmen wachsen hinter dem Strand.

Zum **Wang Sai-Wasserfall**, der in der Trockenzeit kaum zu erkennen ist, kann man in etwa 40 Min. spazieren.

Übernachtung

Crystal Island Garden*– ⑯, kein Garten, sondern häßliche Anlage auf großen, alten Betonfundamenten, einfache Holz-Mattenhütten mit/ohne Du/WC, Restaurant erhöht mit schöner Sicht.
Mae Haad Bungalow* ⑯, am Fischerstrand, sehr einfache Holzhütten ohne Du/WC unter Palmen, freundliche Familie.
Mae Haad Bay Resort*– ⑯, einfache, weiße Holz- und gute Steinbungalows mit orangen Dächern, in 2 Reihen parallel zum Strand, ruhig, besonders beliebt bei Holländern.
Island View Cabana ⑰, ✆ 377019, eine große hellblaue Anlage am breiten Sandstrand im Zentrum der Bucht, sehr einfache und komfortablere Holzbungalows in mehreren Reihen parallel zum Ufer, an dem große, schattige Bäume wachsen; schönes, gutes Restaurant; Generatorstrom von 6–24 Uhr.
Wang Sigh Resort*– (auch Wang Sai) ⑱, eindrucksvolle Anlage am linken Rand der Bucht neben einer kleinen Lagune, über die Stege zum Strand führen, hübsche Bungalows mit Du/WC an der Lagune entlang und am Hang hoch über den Felsen; Restaurant an der Lagune, mittlere Preise (ca. 50 Baht pro Gericht); sehr freundliche Familie, fröhliche Atmosphäre.
Ko Ma* ⑮, einfache Hütten auf der Insel, kleiner, nicht gerade sauberer Strand.

Transport

Man erreicht diesen Strand nur unregelmäßig ab THONG SALA mit einem Schlepper per Pickup für 40 Baht in 1 Std.

Hat Yao Beach und Hat Salad

Der 500 m lange, flache und sehr ruhige Sandstrand ist abgeschieden und nicht leicht zu erreichen oder zu verlassen. Er wird gesäumt von schönen Kasuarinas, dahinter wachsen Palmen. Das etwa 40 m vorgelagerte Riff bildet eine Lagune mit vorwiegend schönem Sandboden und ist bei Flut gut zum Schnorcheln geeignet. Der feine Sand enthält anscheinend keine Sandflöhe (Ein Leser wurde jedoch im Juli/August bös zerstochen). Es herrscht immer noch eine angenehme, entspannte Atmosphäre. Strom gibt es in den meisten Anlagen nur von 18–24 Uhr.

Noch einsamer und ruhiger liegt die schöne, 400 m lange **Hat Salad** Bucht. Die beiden konkurrenzlos billigen Bungalowanlagen liegen am südlichen, ein kleines Fischerdorf mit Booten am nördlichen Ende. Nur bei hohem Wasserstand kann man zwischen dem feinen Sandstrand und dem südlich vorgelagerten Riff gut schwimmen und vor den nördlichen Felsen schnorcheln. Der 1 km lange, steile Erdweg zur Bucht hinunter kann mit dem Moped für ungeübte Fahrer echt gefährlich werden. Mitfahrer sollten besser absteigen.

Übernachtung

HAT YAO – ***Sandy Bay***–*** (74), einfache Hütten mit Du/WC und gute Steinbungalows, zeitweise Strom, billiges, nicht immer bestes Essen. Rechnung möglichst kontrollieren.
Sea Board Bungalow** (74), 10 Bungalows mit Du/WC und Fan, Restaurant am Strand.
Ibiza Bungalow–*** (74), gepflegter Palmengarten, angenehme Anlage mit preiswerten, großen, sauberen Hütten, Restaurant im Zentrum, davor Volleyballfeld und große Kasuarinas. Bargeld und Reiseschecks werden zu relativ schlechten Kursen gewechselt.
Haad Yao Bungalows–**** (74), ✆ 01-2293950, am schönsten Teil des Strandes, grüner Garten ohne Schatten, schmutzige Bungalows mit alter Du/WC und Fan; großes Restaurant mit Bar, Dachrestaurant, Laden, Reisebüro mit Information, Speedboat zu vermieten.
Silver Beach* (73), 100 m Abstand von den anderen Anlagen, weniger gepflegter Palmengarten, 10 sehr einfache Hütten mit/ohne Du/WC, Restaurant im Zentrum.
Bayview–***** (71), am Nordende der Bucht stehen frisch renovierte Bungalows aller Arten kühn auf Felsen am Hang, z.T. mit toller Sicht, gutes Restaurant mit schöner Aussicht. Engagierter Besitzer. Boot-Service.
Easy Bungalow* (72), im Hinterland am Fuße des Hügels, neue Hütten auf Pfählen.
Auf dem Hügel liegen 3 kleine Anlagen:
Dream Hill–*** (70), 100 m vom Strand entfernt, einfache, saubere Hütten mit Du/WC, freundlich, bietet Touren zum Angthong Marine National Park an (300 Baht p.P., ca. 8 Std.).
Ben Jawaan–*** (70) und ***Blue Coral**** (70).

HAT SALAD – ***Salad Hut**** (69), direkt am Strand am Ende der Bucht, 10 z.T. sehr luftige Hütten mit oder ohne Du/WC, Restaurant nah am Strand unter Palmen, preiswerte Gerichte ab 40 Baht; nette, herzliche Leute.
My Way* (69), unter Palmen, 14 sehr billige Hütten mit oder ohne Du/WC, mit Moskitonetz und Hängematte, Restaurant zurückversetzt, Büchertausch (viele deutsche).

Sonstiges

EINKAUFEN – Im Hinterland liegen gleich zwei Läden, der ***Hideaway Supermarket***, bei dem es auch Bücher, Telefon und Fax gibt, und der ***White House Shop*** mit Mopedvermietung (150–200 Baht/Tag), Wäsche-Service und Tankstelle.

MASSAGE – am Hat Salad bei einem alten Mann für 100 Baht pro Std.

Transport

Zum HAT YAO fährt täglich um 12 Uhr vom Pier ein Boot für 40 Baht, der Pickup um 12 Uhr kostet ebenfalls 40 Baht (einfach). Ein Pickup von Thong Sala nach Hat Salad Bay kostet auch 40 Baht.
Nach THONG SALA mit dem Pickup um 9.30 Uhr für 40 Baht, zu anderen Zeiten per Charter für 300 Baht.
Das Boot nach THONG SALA fährt beim *Bayview* um 9.30 Uhr ab. Auch zur Fullmoon-Party fahren Boote.

Si Thanu Beach (Chao Pao Beach)

(Auch Si Thanoo oder Srithanu Beach) Der lange, gelbe Sandstrand in der weitgeschwungenen, mit Palmen und Mangroven bestandenen Bucht wird durch einen Hügel zweigeteilt. Der kleinere nördliche Strand mit feinem, sauberem Sand heißt auch **Chao Pao Beach**. Das Meer fällt ganz flach ab, vor den vorgelagerten Korallenbänken kann man nicht schwimmen, nur im warmen Wasser plantschen. Sich auf dem nicht gerade sauberen Kies- und Sandstrand über die Korallen hinauszuarbeiten, ist etwas mühsam. Beim Schnorcheln kann man zwar bunte Fische sehen, die meisten Korallen sind jedoch zerstört. Attraktiv scheint ein Tankerwrack zu sein.

Im Hinterland liegt der idyllische **Laem Son** Baggersee, in dem man auch schwimmen kann.

Übernachtung

Es überwiegen die besseren Hütten mit Du/WC für 80–150 Baht. Die meisten Anlagen machen den Video-Boom mit.
Rock Garden* ⑮, nette, einfache, billige Hütten auf dem Felsenhügel im Norden, kein Video. Kein Strand, aber schön zum Schnorcheln.

CHAO PAO BEACH – ***Great Bay***** ⑯, am nördlichen Strand, Hütten mit oder ohne Du/WC. Ein Schlepper verspricht mehr, als er halten kann.
Gypsy*** ⑯, Bungalows mit Fan, Cafe, Bar, Music.
Sea Flower*–* ⑯, einfache und bessere Bungalows mit Du/WC im Halbkreis in einer Palmenplantage; nette Thai-kanadische Familie, gutes Essen; veranstalten *Sea Trekking* zum Marine Park: 500 Baht für 2 Tage/ 1 Nacht, 1000 Baht für 3 Tage/2 Nächte (inkl. Essen, Hängematte, Schnorchelausrüstung).
Sri Thanu*–* ⑯, ✆ 01-2293348, große Anlage mit verschiedenen Bungalows am südlichen Ende nahe bei den Felsen, der Strand ist hier etwas schöner.
Bovy Resort* ⑰, ausgedehnte Anlage mit einfachen, z.T. renovierungsbedürftigen Hütten auf dem Hügel zwischen den beiden Stränden; nahe am Laem Son-See.

SITHANU BEACH – ***Laem Son**** ⑱, am südlichen, schattenlosen Strand, ausgedehnte Anlage mit einfachen, kleinen Flechtmatten-Hütten unter jungen Kasuarinas.
Laem Son Bar** ⑲, 5 Bungalows, freundliche Besitzer, die Frau des Hauses kocht hervorragend.
Sea View Rainbow* ⑲, auf der anderen Seite des Baches, einfache Hütten; freundlich. Es schließt sich eine völlig flache Fischerbucht an.

SITHANU KAP – ***Loy Fa*–***** ㉛, Hütten und Bungalows oben auf dem Hügel und am Hang, gute Aussicht, nachlässiger Service, kleiner Strand.

An einem winzigen Strand, 50 m vom Riff entfernt, liegen direkt nebeneinander:
Chai Bungalow* ㉜, 4 kleine Bungalows am Strand, Restaurant mit schöner Sicht.
Nantakarn Resort** ㉜, größere, renovierungsbedürftige Bungalows, Restaurant.

Transport

Die Si Thanu-Strände erreicht man entweder mit dem Boot (Hinfahrt oft kostenlos, Rückfahrt 20 Baht), mit dem Motorradtaxi oder Pickup.

Wok Tum Bay (Plaay Laem)

Am südlichen Ende der weiten Wok Tum Bay liegen einige Bungalow-Siedlungen an kleinen Buchten und Mini-Stränden (auch *Plaay Laem* oder *Hin Khong Beach*). Hier ist nur bei hohem Wasserstand Baden möglich. Viele Traveller zieht es zu diesen Anlagen, weil in den meisten die Atmosphäre stimmt, das Essen schmeckt und sich die Besitzer wirklich um ihre Gäste kümmern. Dieser Küstenabschnitt ist leicht zu erreichen, ab Thong Sala (2 1/2 km) mit dem Pickup für 20 Baht.

Übernachtung

O.K.* ㉟, Bungalows mit großer Terrasse, auf der sogar eine Liege steht, z.T. Gemeinschafts-Du/WC; preiswertes, schmackhaftes Essen, zu empfehlen ist *Müsli Thaistyle*; liebevolle Familie.
Darin*–* ㊱, saubere Hütten mit und ohne Du/WC, versteckt zwischen den Felsen und an kleinen Stränden, gutes Essen; Papa und Mama umsorgen ihre Gäste, herrliches Schnorcheln.
Sea Scene*–* ㊳, kleine, idyllische Anlage, gemauerte Bungalows mit Du/WC, wenige Meter vom Meer, gutes Essen; nette Leute. Für Rolli geeignet.
Bounty* ㊳, einfache Hütten in zwei Reihen.
Porn Sawan*–* ㊳, einfache, billige Hütten am Strand, ohne Strom und Wasser, gutes Essen.

Cookie*–*** ⑧⑨, viele einfache Hütten am Strand und am Hang, geleitet von einer freundlichen Schweizerin, gute Atmosphäre.
Beach 99*–*** ⑧⑨, schöne Lage, netter Garten, preiswerte Hütten mit Fan und Du/WC, gutes Essen; Windsurfer zu mieten.

Nai Wok Bay

Dieser 1000 m lange, unattraktive Strand schließt direkt nördlich an den Pier an, man kann ihn auf der Straße leicht zu Fuß erreichen.

Das Meer ist hier äußerst flach, das Korallenriff liegt weit vor der Küste. Doch mit dem Essen wird auch hier so mancher Nachteil wett gemacht.

Übernachtung

Siripun**–****** ⑨⓪, ausgedehnte Anlage, bessere und sehr komfortable Bungalows, bekannt für die großen Portionen im Restaurant.
Charn* ⑨①, einige anspruchslose Hütten mit Du/WC, wird aber wegen seines phantastischen Essens sehr gelobt, z.B. Haifisch-Curry, Krebssuppe mit Kokosmilch, Irish Coffee.
Phangan Bungalow*–**** ⑨①, ✆ 077-377191, nette Anlage, hat neben den einfachen,
alten Hütten auch viele komfortable Bungalows mit Du/WC, Restaurant *Yoghurt Home 2*.
Suan Inn** ⑨①, bei der Brücke, einige neue, komfortable Bungalows mit Fan und Du/WC.

Tauchen und Schnorcheln

Gegenüber vom *Siripun* werden von ***Thong Sala Diving*** Tauch- und Schnorchelausflüge angeboten, z.B. Ganztagstour mit 2 Tauchgängen für 1100 Baht, mit Schnorcheln 400 Baht p.P.; vermietet auch Katamarane.

Ausflüge auf Ko Pha Ngan

Die auf den Landkarten eingezeichneten Fußwege im Inneren der Insel sind in der Realität kaum vorhanden. Ohne Führer kann man sich leicht verirren! Alle Wasserfälle sind allenfalls von November bis Januar eindrucksvoll. Dennoch können diese Ausflüge auch sonst die Mühe lohnen.

Zum **Pang Waterfall Forest Park** fährt man 1 km auf einer Erdstraße bis zu einem großen Parkplatz. Zum meist kaum erkennbaren **Pang Wasserfall** sind es noch 200 m zu Fuß, zum schönen, lohnenswerten Aussichtspunkt 500 m den Berg hinauf. Essen und Getränke dürfen nicht mit hoch genommen werden, doch am Parkplatz sorgt in der Saison ein Shop für Snacks und Erfrischungen. Zum **Wang Sai Wasserfall** im Nordwesten spaziert man zu Fuß in 40 Min. von der Mae Hat Bay. Den **Than Sadet Wasserfall** im gleichnamigen National Park können nur erfahrene Off-Road-Fahrer mit dem Motorrad erreichen, gute Karte erforderlich.

Vom **Khao Ra**, mit 627 m der höchste Punkt der Insel, soll man eine sehr schöne Aussicht haben, aber der Aufstieg ist nur mit einem erfahrenen Führer möglich. Der Dorfchef von Ban Maduawan kann innerhalb einer Stunde einen Guide für 200 Baht (für 2–5 Personen) vermitteln.

Auf der Spitze eines Hügels, 10 Min. vom Dorf Ban Tai entfernt, liegt der Meditationstempel **Wat Khao Tham**. In seinem Mondop wird ein Fußabdruck Buddhas verehrt. Vom Vorplatz des Tempels hat man einen schönen Blick auf den Strand und das Meer. Die **Wat Nai Pagoda** am Fuße des Berges stammt aus der Ayutthaya-Periode und ist über 200 Jahre alt.

Für Abenteuerlustige ist eine Inselumrundung in mehreren Tagen möglich, zu Fuß, versteht sich. Wegen des schwierigen Geländes entlang der Ostküste dauern die vorgesehenen Etappen dort weitaus länger, als die meisten Wanderer vorausplanen.

Zum **Ang Thong Marine National Park** (s.S. 366) werden lohnenswerte Tagesausflüge per Schiff für 300 Baht angeboten.

Ko Tao

เกาะเต่า

Die nördlichste der drei großen Inseln im Südwesten des Golfs von Thailand wurde als letzte für den Tourismus entdeckt.

Die Strände von Ko Tao

An den zwei langen Sandstränden im Westen reiht sich unter Kokospalmen eine Bungalowanlage an die andere. Die tiefen, von runden Felsen eingerahmten Buchten im Süden wirken bei Flut echt romantisch, bei Ebbe sehen die mit Korallenschrott bedeckten Strände jedoch weniger einladend aus. Der Osten und Nordosten sind rauh und schwer zugänglich, nur kleine Sandstrände tauchen bei Ebbe zwischen den Felsen auf.

Bungalows

Im April 1998 existierten 75 Bungalowanlagen mit über 1200 Bungalows. Am Mae Hat und Sai Ri Beach überwiegen saubere, gepflegte Anlagen mit hübschen, bereits recht teuren Bungalows mit Du/WC und Fan ab 250 Baht. An allen anderen Stränden werden selbst in der Saison noch einfache Hütten aus Bambusmatten, Holz oder Sperrholz für weniger als 100 Baht angeboten. Das übrige Preisniveau ist höher als auf den Nachbarinseln. Anfang 1998 haben die meisten Anlagen an den Hauptstränden ihre Preise kräftig angehoben. Man kann zwar keine Luxusrestaurants erwarten, das Essen ist jedoch zumeist gut.

Ein Müllwagen und drei Müllverbrennungsanlagen sollen umweltschonend entsorgen. Obwohl die Einweg-Plastikflaschen inzwischen auf dem Festland recycled werden, landen noch allzu viele in der Landschaft. Auf der Insel wird auch Trinkwasser in Glasflaschen verkauft, das qualitativ sicherer sein soll als das lokal produzierte Trinkwasser.

Tauchen und Schnorcheln

Ko Tao besitzt unter Tauchanfängern einen hervorragenden Ruf, daher der Spitzname *„Ko Taoch“*. Kaum sonstwo kann man so preisgünstig direkt neben der Strandhütte das Tauchen lernen, wenn man die niedrigen Kosten für die Unterkunft und das – zudem noch vorzügliche – Essen mitrechnet. Näheres zum Tauchen s.S. 399f. Auch fürs Schnorcheln ist Ko Tao hervorragend geeignet. Vor allem an der Ostküste existieren intakte Biotope mit vielerlei Korallen und farbenfrohen Fischen. An der Südküste müssen sich Schnorchler erst über flache Korallenriffe oder durch Felsbarrieren quälen, ehe sie eine geeignete Wassertiefe erreichen. Wer zu den vorgelagerten Taucherfelsen *Shark Island* schwimmen will, sollte laut Gezeitentabellen ruhiges Wasser abwarten, da die Strömungen um die Insel gefährlich werden können.

Wandern auf Ko Tao

Auf den Berg- und Talpfaden kann man herrlich wandern, während Schmetterlinge um die Nasen flattern. Genügend Wasser mitnehmen. Bei starkem Wind sollte man jedoch nicht durch Kokosplantagen laufen, Kokosnüsse und Palmwedel haben schon Menschen erschlagen. Sehr zu empfehlen sind die durchaus anstrengenden Wanderungen auf den Fahrwegen zu den Buchten an der Ostküste, wo sich herrlich schnorcheln läßt.

Klima und Reisezeit

Die beste Reisezeit ist von Ende Dezember bis April und im August und September. In der Hauptsaison von Neujahr bis Mitte Februar wird die Insel total voll. Jeden Tag kommen 400 neue Gäste an, die z.T. in den Büros auf dem Boden nächtigen. Mitte April (Songkran) überfluten Thais für einige Tage die Insel – die Bungalowpreise steigen in astronomische Höhen. Im November und Anfang Dezember wird die Insel von schweren Stürmen heimgesucht. In der Nebensaison werden die meisten Bungalows eine Preisklasse tiefer angeboten.

Ban Mae Hat

บ้านแม่หาด

In eine malerische Bucht eingebettet, begrenzt von faszinierenden Granitfelsen, liegt im Südwesten das Hauptdorf der Insel, Ban Mae Hat.

Am festen Pier können auch größere Boote anlegen. Außer mehreren Restaurants, kleinen Supermärkten und einem Wat haben sich im Ort auch Tauchschulen, Geldwechsler, Reisebüros, Post und Oversea Telefonservice niedergelassen.

Essen

Das ***Baan Yaay*** serviert milde Thai-Gerichte mit sehr großen Portionen.
Das ***Ladda Restaurant*** ist besonders sauber und kühl, ein leckerer *Pat Thai* kostet nur 30 Baht.
Übermäßig teuer ist das ***Mae Haad Restaurant***, so kostet eine Reissuppe glatte 40 Baht.
Im Restaurant rechts vor *Mr. J* sind sehr gute Gerichte wesentlich billiger als im Dorf, z.B. eine große Portion *Fried Noodle Squid* für 30 Baht, eine Flasche Wasser 5 Baht.
Far out bereitet gute Sandwiches, auch zum Mitnehmen, und hat Satelliten-TV.
Farango macht hervorragende Pizza.
Die ***Swiss Bakery*** bäckt tolles Vollkornbrot, Croissants und europäisches Gebäck.
In vielen Restaurants auf Ko Tao schmecken die Krabben nach Desinfektionsmitteln.

Sonstiges

BATTERIEN – werden bei den meisten Tauchschulen gesammelt und aufs Festland gebracht.

DENGUE-FIEBER – trat bereits epidemieartig in den Bungalowanlagen neben Lagunen auf. Auf Ko Tao heißt es, es gebe vier Arten, von denen man jede einmal bekommen kann.

GELD – Die ***Krung Thai Bank***, 20 m vom Pier, tauscht Reiseschecks und Bargeld, solange der Vorrat an Thai-Baht reicht. Die Scheckgebühren sind ungewöhnlich hoch.
Mr. J., im Süden hinter dem Bach rechts, offeriert Geldwechsel, An- und Verkauf, Büchertausch und Visaverlängerung für 1000 Baht. Er macht auch Fotos für die Tauchlizenzen und verkauft Bootstickets mit Rabatt.

MEDIZINISCHE VERSORGUNG – Eine private *Clinic* liegt drei Häuser hinter der Post, das öffentliche *Health Center* dahinter. Ein neues Hospital ist im Bau.

MOTORRÄDER – gibt es ab 150 Baht für 24 Std. Freundlich und hilfsbereit ist der Vermieter in der Soi 1 (siehe Karte).

POLIZEI – In Ban Mae Hat sind zwei Polizisten stationiert. Man sollte nicht zögern, sie bei Problemen mit den Betreibern der Bungalowanlagen aufzusuchen.

POST – hat Poste Restante, 8–17 Uhr.

REISEBÜROS – Mehrere Reisebüros im Ort machen alle Buchungen und Rückbestätigungen fürs Flugticket, Geldwechsel und Auslandsgespräche.
Ko Tao Booking Center, ✆/℡ 01-2293828, am Pier, zuverlässig.
Nang Yuan Travel, ✆/℡ 01-2295112, macht außerdem Fotokopien und vermietet Mopeds für 150 Baht/Tag.
Songserm hat südlich von Mae Hat einen eigenen Pier gebaut und ein Büro eröffnet.

SCHNORCHELN – Die besten Schnorchelreviere liegen im Südosten an den Bai Sai Daeng-Felsen, bei Shark Islands und um Ko Nang Yuan. Ausrüstung, meist in schlechtem Zustand, wird von einigen Anlagen kostenlos verliehen, sonst jeweils 50–100 Baht für Maske, Schnorchel und Flossen.

UNTERHALTUNG – Viele Restaurantbesitzer verzichten auf Video-Berieselung.
Am Sai Ri Beach liegen mehrere Bars, die manchmal bis weit in die Nacht lärmen, vor allem an Neumond und Vollmond (s.S. 56). Ansonsten ist es auf Ko Tao am Abend friedlich und ruhig.

VORWAHL – 077; PLZ: 84280.

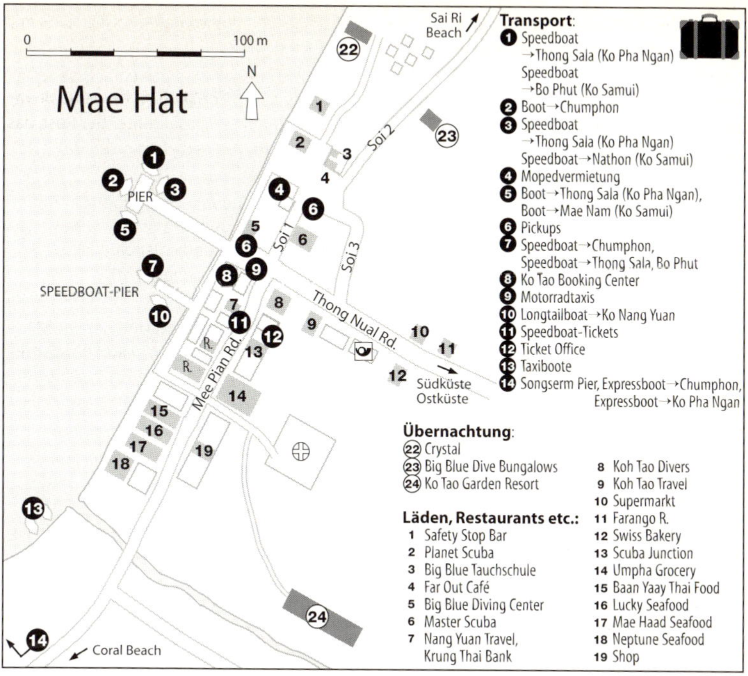

Nahverkehrsmittel

Auf Ko Tao geht man vorwiegend zu Fuß. Aber auch hier bieten sich **Motorradtaxis** (ab 20 Baht) und etwa 2 Dutzend **Pickups** (20 Baht) an.
Ein breiter „Highway" wurde von Süden nach Norden so am Hang entlang gebaut, daß er auf Dauer reparaturbedürftig bleibt und kein Rasen zuläßt. Er soll zur Mango Bay und zum Laem Thian weitergebaut werden.
Nach KO NANG YUAN fährt um 10 und 17 Uhr ein **Taxiboot** für 40 Baht, hin u. zurück 80 Baht.

Transport

Bei Ankunft der Boote warten viele Schlepper und einige Bungalowbesitzer mit ihren Pickups am Pier. Kostenlos oder für 20–30 Baht bringen sie ihre Gäste an die Strände. Jedes Jahr werden mindestens zwei neue Bootslinien in Dienst gestellt. Bei Sturm fahren keine Boote, was zu jeder Jahreszeit geschehen kann.

BUSSE – Von der Khaosan Road in BANGKOK fährt ein **ac-Minibus** um 14 Uhr nach CHUMPHON zum Nachtboot, das um 6 Uhr in Ban Mae Hat ankommt, Preis 450 Baht inkl. Boot. Der **ac-Minibus** von *Songserm* ab der Khaosan Road fährt um 17 bzw. 18 Uhr nach CHUMPHON (Ankunft gegen 3 Uhr, ungemütliche Notunterkunft), inkl. Transfer zum **Expressboot**, das um 7.30 Uhr abfährt (s.u.), für 550 Baht.
Nur eine **Notlösung** ist die Rückfahrt mit dem ac-Minibus, der gegen 15.30 Uhr am Pier von CHUMPHON abfährt und um 22.30 Uhr in BANGKOK ankommt.

EISENBAHN – Im Bahnhof von BANGKOK wird ein kombiniertes „Special Ticket" verkauft, das für die ac-Wagen im *Express* um 19.15 Uhr bzw. im *Sprinter* um 22.30 Uhr nach Chumphon (s.S. 303) gilt; es kostet inkl. ungemütlicher Notunterkunft, Transfer und Expressboot von *Songserm* für das obere Bett 900 Baht, für das untere 970 Baht. Ankunft gegen 10 Uhr. Wer auf die Klimaanlage im Zug verzichten kann, den Rest der Nacht lieber in einem Gästehaus verbringt und den Transfer über das Gästehaus organisiert, spart 70 Baht.
Zurück geht es mit dem „Special Ticket" um 15 Uhr nach Chumphon, wo man die 3 *Rapid* Züge um 20.14, 20.30 oder 23.48 Uhr sowie den *Express* Nr.16 um 21.47 Uhr nach BANGKOK nehmen kann (Preise s.o.); Ankunft um 5.10, 5.35, 8.35 bzw. 5.50 Uhr.
Selbstverständlich kann man auch mit anderen Zugtickets nach Chumphon (s.S. 303) fahren, angenehm übernachten und mit anderen Booten – z.T. erheblich billiger – nach Ko Tao fahren.
Mit anderen in Bangkok angebotenen Kombi-Tickets geht es mit Bus und Boot sehr zeitaufwendig über SURAT THANI, Ko Samui und Ko Pha Ngan nach Ko Tao für 350–480 Baht. Abzuraten.
Nach BANGKOK ist der **schnellste Weg** mit dem Speedboot um 10.30 Uhr für 400 Baht nach CHUMPHON, dort weiter mit dem *Sprinter* um 13.15 Uhr für 390 Baht, Ankunft um 19.40 Uhr.
Nach BANGKOK ist der **billigste Weg** mit dem Boot um 10 Uhr für 200 Baht nach CHUMPHON, dort weiter mit dem *Rapid* Nr. 48 um 20.14 Uhr für 112 Baht (Sitzplatz 3.Kl.), Ankunft um 5.10 Uhr.

BOOTE – Zu allen Booten fahren von den Stränden rechtzeitig Zubringerboote oder Pickups.
Chumphon: Vom Tayang-Pier am Hafen von Chumphon fährt tgl. das **Nachtboot** um 24 Uhr für 200 Baht in 6 Std., auf harten Bastmatten kann man etwas Schlaf suchen; Tickets und Transport zum Pier bei den Gästehäusern und Reisebüros.
Zurück um 10 Uhr in 5 1/2 Std., recht unbequem; per Bus geht es nach einer Essenspause von 45 Min. für 10 Baht weiter in die Stadt. Von November bis Mitte Januar ist die Durchführung der Fahrt vom Wetter abhängig.
Das viermotorige *Jansom* **Speedboat** mit 36 bzw. 50 Plätzen fährt um 8 Uhr ab Chumphon Pier für 400 Baht in 100 Min. nach Ko Tao.
Zurück nach Chumphon um 10.30 Uhr.
Evtl. gibt es zeitweise weitere Speedboote.
Das **Expressboot** von *Songserm* fährt tgl. um 7.30 Uhr in 2 1/2 Std. nach Ko Tao für 400 Baht und weiter nach Ko Pha Ngan.
Zurück fährt es ab Ko Tao um 15 Uhr (Ankunft ca. 18 Uhr).
Ko Pha Ngan: Von THONG SALA tgl. um 10.30 und 12 Uhr in 2 1/2 Std. für 150 Baht. Zurück um 9 bzw. 14 Uhr.
Von THONG SALA mit dem **Expressboot** von *Songserm* um 12.30 Uhr für 250 Baht in 1 1/2 Std., zurück um 10.30 Uhr.
Mit dem **Speedboot** nach THONG SALA um 9.30, 15 und 15.30 Uhr für 350 Baht in 1 Std.
Ko Samui: Von NATHON mit dem *Songserm*-**Expressboot** um 8.30 Uhr für 300 Baht (umsteigen in Thong Sala), zurück um 15.30 Uhr.
Von NATHON mit dem 600-PS-**Speedboot** um 13 Uhr für 450 Baht in 90 Min.
Nach NATHON um 9.30 Uhr über Thong Sala (350 Baht, 1 Std.).
Nach MAE NAM mit dem **Slow Boat** um 9.30 Uhr für 250 Baht in fast 4 Std. über Thong Sala (150 Baht, 2 1/2 Std.).
Von MAE NAM um 9.30 Uhr, Ankunft ca. 15 Uhr.
Nach BO PHUT und MAE NAM mit dem **Speedboot** um 15 und 15.30 Uhr für 450 Baht in 90 Min. Von BO PHUT um 8.30 und 11.30 Uhr, von MAE NAM um 8.30 Uhr.
Surat Thani: Von Surat Thani am zentralen Pier fährt um 22.30 Uhr ein **Nachtboot** für 250 Baht direkt nach Mae Hat (Ankunft ca. 6 Uhr), Rückfahrt um 20.30 Uhr (Ankunft ca. 4 Uhr).

Mae Hat Beach

Der Strand in der Nähe des Hauptortes ist ziemlich verschmutzt und kann sich mit den anderen Stränden der Insel nicht messen. An den südlichen Bungalowanlagen vorbei gelangt man auf einem Pfad in 20 Min. über den Hügel zur *Palm Bay* (auch *Ao Jansom)*, einer hübschen, kleinen Badebucht mit Sandstrand, Palmen und Felsen.

Leider wird sie wohl bald vom Jansom Projekt vereinnahmt.

Übernachtung

Im Dorf liegt hinter dem *Health Center* das ***Koh Tao Garden Resort**** ㉔, ✆ 01-2295112, saubere Bungalows in einer Reihe, bevorzugt längere Mietdauer.

Nach Norden ziehen sich Kokosplantagen am Sandstrand entlang.

Big Blue Bungalows* ㉓, ✆/📠 01-2139440, einfache Bungalows mit Fan.

Crystal**–** ㉒, ✆ 01-2293828, 6 sehr einfache Sperrholzhütten auf Pfählen am Strand, 10 gute Steinbungalows mit Balkon. Davor liegen auf dem Fischerstrand Fallen, Bojen etc., Boote dümpeln im Wasser.

Beach Club*–***** ㉑, ✆ 01-2134646, parallel zum Strand stehen 9 kleine, nette Sperrholzhütten in einer Reihe, gute Matratze und Moskitonetz, kein Fan, Du/WC außerhalb, dahinter geräumige, schön eingerichtete Komfort-Bungalows mit Fan/ac; zurückversetztes Restaurant mit dem exzellenten schwedischen Koch Ralf; Schnorchelausrüstung. Der Besitzer, Mr. Daeng, spricht sehr gutes Englisch.

In den Bergen liegt eine ganz ruhige Bungalowanlage, zu der man auf einem steilen Pfad (gut ausgeschildert) hoch wandern kann:

Two View Bungalow* ⑳, Hütten mit Du/WC; Massagekurs (3000 Baht für 5 Tage), Yoga-Meditationskurs (1000 Baht für 3 Tage) und Tai-Chi; Aussichtspunkt mit schöner Sicht aufs Meer im Osten und Westen; geleitet von Sak und der Holländerin Elisabeth.

Auf dem Kap aus großen, glatten Granitfelsen liegen von Süd nach Nord:

Queen Resort**–* ⑲, Holz-, Matten- und Steinbungalows am Felsenhang, Restaurant oben mit schöner Sicht übers Meer, Video.

Tommy Resort**–* ⑱, zu viele, z.T. große Bungalows, Restaurant mit Abwassergestank.

D.D. Hut**– ⑰, Wiese am Hang, links und rechts 6 Matten- und Holzbungalows, winziger Sandfleck zwischen großen, runden Felsen, Restaurant am Weg, Video.

View Cliff*** ⑰, ✆/📠 01-2294515, gute, saubere Mattenbungalows mit schöner Sicht, die Hütten an der Straße sollte man meiden, Restaurant mit Video, freundliche Leute, angenehme Atmosphäre; an Neumond und Vollmond (s.S. 56) Techno-Dröhnung bis 4 Uhr.

Südlich von Ban Mae Hat liegen hinter dem Müllbach die ***CL Bungalows****–**** ㉕, kleine und große Bungalows mit und ohne Du/WC, Restaurant am Strand.

Royal Resort**** ㉕, neue Anlage am Hang, 9 sehr schöne Holzbungalows mit Fan und Du/WC; gutes Restaurant, in der Saison gibt es Barbecue am Strand; besonders freundliches Personal.

Sensi Paradise Resort**** ㉖, angenehme Anlage am Hang mit z.T. doppelstöckigen, sauberen, großen Komfort-Bungalows mit Du/WC und Fan, umlaufende Terrasse, schöner Blick über Fischerboote zu den Bergen im Norden; gut für Familien geeignet. Das Restaurant liegt schön über den Felsen am Strand und ist relativ günstig, schmackhafte Krabben. Sehr freundlicher Besitzer aus Holland.

Ao Ta Saeng, eine malerische Felsenküste, schön zum Schnorcheln.

Coral Beach**– ㉗, einfache Sperrholzhütten am Hang, schöner Blick auf die Bucht; das Restaurant serviert Krabben, die nicht nach Desinfektionsmitteln schmecken; unterhalb eine nette Steinbucht mit grobem Korallensand, angespültem Müll und einem Wrack.

Jansom Thara Project ㉘, 50 Luxus-Bungalows, seit Jahren im Bau. Evtl. neuer Bauherr.

Sai Ri Beach

Der 2 km lange, leicht geschwungene Sandstrand im Westen der Insel erlaubt nur bei hohem Wasserstand problemloses Schwimmen, ansonsten müssen Korallenstöcke und Steine umwatet werden, um tieferes Wasser zu erreichen. Am schönen, breiten Strand hausen manchmal viele blutrünstige Sandfliegen. Es ist bedeutend angenehmer, am Strand entlang zu wandern, als auf dem Betonweg dauernd den Mopeds auszuweichen. Im Hinterland liegt das kleine Dorf **Ban Hat Sai Ri**, daneben der große Fischerei-Komplex.

Sai Ri Beach hat sich zu einem Party-Strand entwickelt – fast jede Nacht plärren die Boxen bis zum frühen Morgen. Vor allem die Umgebung von *A.C. Resort* und *Simple Life* ist nichts für Ruhesuchende.

Übernachtung

Alle Anlagen liegen unter hohen Palmen, am Strand stehen vielfach schattige Laubbäume. Nicht alle Anlagen halten ihren Strandabschnitt sauber, rühmliche Ausnahmen scheinen *A.C. Resort* und *Koh Tao Cabana* zu sein. An langen Wochenenden und Feiertagen strömen erholungsuchende Thais an diesen Strand.

In Touch**–*** ⑯, einige Bungalows mit Du/WC.

A.C. Two** ⑯, 11 schöne Mattenbungalows mit Du/WC, im Halbkreis um eine Palmenwiese, gut ausgerüstete Terrasse, Restaurant am Strand.

A.C. Resort***–**** ⑯, ✆ 377197, gepflegte Anlage, hübsche Bungalows mit Du/WC im Halbkreis ums Restaurant an der Straße (Video), z.T. am Hang und auf dem Hügel (80 m vom Betonweg entfernt); laute *Moonlight-Bar*. Exklusiv für Taucher von *Ban Diving*.

Ban Diving Resort**–*** ⑮, ✆/✆ 01-2293181, gepflegte Anlage am Hang, unter Palmen und Laubbäumen, 10 besonders schöne Steinbungalows, sauber, gut eingerichtet, 24 Std. Strom, relativ preiswertes Restaurant am Strand unter Kasuarinas, daneben schöne Felsen und die verdreckte Lagune; vermietet nur an Tauchschüler.

Haadsai Resort*** ⑮, 10 schöne Bungalows mit Du/WC, Restaurant hinterm Weg, sterile Atmosphäre, schleppender Service. Exklusiv für Taucher von *Ban Diving*.

Übernachtung:
KO NANG YUAN:
① Nang Yuan
SAI RI BEACH:
② Mahana Bay
③ Eden
④ Sun Lord
⑤ Sun Sea
⑥ Silver Cliff
⑦ Golden Cape
⑧ Bow Thong Beach, Pranee
⑨ O'Chai, Blue Wind, Sai Ree Hut
⑩ Sunsetburi Resort
⑪ Simple Life Villa, Suthep Bungalow, New Way
⑫ Sea Shell Resort
⑬ Sairee Cottage
⑭ S. B. Cabana, Koh Tao Marina
⑮ Haadsai Resort, Ban Diving Resort
⑯ A.C. Resort, A.C. Two, In Touch
MAE HAT BEACH:
⑰ View Cliff, D. D. Hut
⑱ Tommy
⑲ Queen
⑳ Two View Bungalow
㉑ Beach Club
㉒ Crystal
㉓ Big Blue Bungalows
㉔ Ko Tao Garden Resort
㉕ CL Bungalow, Royal Resort
㉖ Sensi Paradise Resort
㉗ Coral Beach
㉘ Jansom Thara Project
SAI NUAN BEACH:
㉙ Sai Thong
㉚ Siam Cookie
㉛ Char
㉜ Tao Thong Villa
CHUN CHUA-BUCHT:
㉝ Sunset
CHALOK BAN KAO BAY:
㉞ Viewpoint
㉟ Taraporn
㊱ Black Rock
㊲ Laem Klong
㊳ Sunshine 1 + 2, Buddha View, Carabao
㊴ Marina Resort, Pond Resort, Banana Rock
㊵ K. See Resort
㊶ Ko Tao Cottage
㊷ Aud Bungalow
㊸ Tato Lagoon
AO THIAN, SAI DAENG:
㊹ Rocky Resort
㊺ Sai Daeng Cape
OSTKÜSTE:
㊻ Nice Moon
㊼ Aow Leuk Resort
㊽ Poseidon Bungalow
㊾ Diamond Beach
㊿ Bamboo Huts
(51) Tanote Bay Resort
(52) Laem Thian Bungalows
(53) Hin Wong Bungalows
(54) Green Tree Resort

Läden, Restaurants etc.:
1 Paradise Junction Ticketing
2 Supermarkt
3 Planet Scuba
4 Ocean Kayaking
5 Geldwechsler
6 Scuba Junction
7 Bar
8 Koh Tao Divers
9 Ban Diving
10 Swiss Bakery
11 Tom & Tam's Shop
12 Moonlight Bar
13 Carabao Diving
14 LV Dive Shop
15 Chai Suk R., Mr. J.
16 Swiss Bakery
17 Shop
18 Taraporn Restaurant

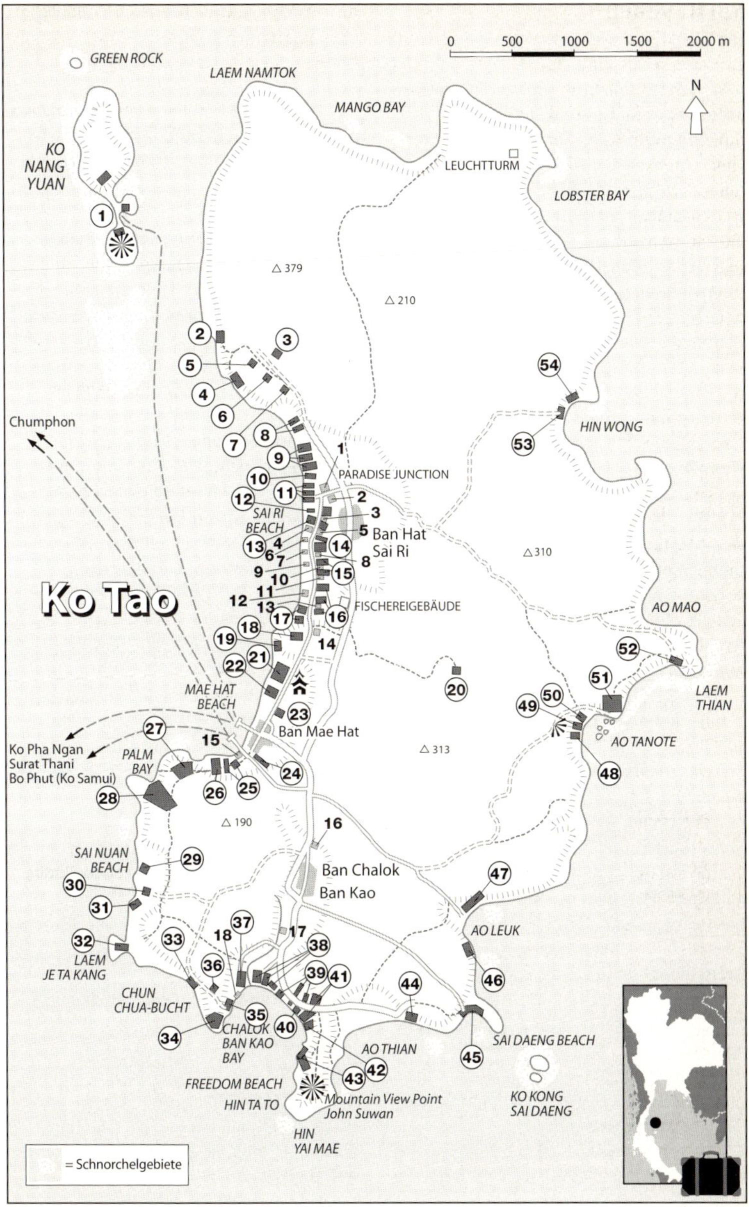
Ko Tao
0
500
1000
1500
2000 m
N
GREEN ROCK
LAEM NAMTOK
MANGO BAY
KO NANG YUAN
LEUCHTTURM
LOBSTER BAY
HIN WONG
PARADISE JUNCTION
Ban Hat Sai Ri
SAI RI BEACH
FISCHEREIGEBÄUDE
AO MAO
LAEM THIAN
AO TANOTE
MAE HAT BEACH
Ban Mae Hat
Chumphon
Ko Pha Ngan
Surat Thani
Bo Phut (Ko Samui)
PALM BAY
SAI NUAN BEACH
Ban Chalok Ban Kao
AO LEUK
LAEM JE TA KANG
CHUN CHUA-BUCHT
CHALOK BAN KAO BAY
AO THIAN
SAI DAENG BEACH
FREEDOM BEACH
HIN TA TO
Mountain View Point John Suwan
KO KONG SAI DAENG
HIN YAI MAE
= Schnorchelgebiete

Koh Tao Marina* ⑭, Mattenbungalows mit Du/WC im Halbkreis in einer Palmenplantage, große Bungalows**** mit ac und Warmwasser, sehr gutes Restaurant am Strand; nach 23 Uhr kein Strom.
S.B. Cabana* ⑭, einfache, überteuerte Holzhütten mit Du/WC.
Sairee Cottage* ⑬, gepflegter Palmengarten, nette, etwas teure Bungalows mit Du/WC im Halbkreis, gutes Strand-Restaurant mit flinkem Service, von einem netten, jungen Team gemanagt. Gute Atmosphäre.
Sea Shell**–* ⑫, recht gute Holz- und Mattenbungalows mit Fan und Du/WC in einem nett angelegten Palmengarten, Strandrestaurant .
Anschließend beginnt eine 100 m lange Lagune, offensichtlich eine Moskitobrutstätte.
New Way*– ⑪, kleine, löchrige Sperrholzhütten mit Balkon, Fan und Moskitonetz, mit und ohne Du/WC, saubere Bungalows am Betonweg, Restaurant am Strand, ausgezeichnete Küche mit langsamem Service, beliebte Anlage, familiäre Atmosphäre. Sehr zu empfehlen, falls es keine Moskitos gibt.
Suthep Bungalow* ⑪, kleine Bungalows mit Du/WC, Restaurant; geleitet von der freundlichen Däng und ihrem englischen Mann. Dahinter neue Bungalows von *Scuba Junction*.
Simple Life Villa* ⑪, schmale Anlage mit einem Reihenhaus aus Stein, Bambusrestaurant am Strand, der heftig beschallt wird.
Sunsetburi Resort ⑩, ✆ 377171, gepflegter Garten mit Rasen und Büschen, gute ac-Bungalows ab 1000 Baht in 2 Reihen neben kleinen Palmen, Restaurant, Mini-Pool, Bar am Strand.
Sai Ree Hut*– ⑨, ältere Sperrholzhütten vor und hinter der Lagune, lautes Restaurant am Strand, Video. Freitags Party in der *Moonlight Pub*.
Blue Wind* ⑨, üppiger, ungepflegter Garten, 4 Hütten mit Du/WC, 2stöckiges Restaurant am Strand, Bäckerei.
O'Chai*– ⑨, einfache Bambushütten ohne Du/WC, großes Restaurant, verschmutzter Strand.
Anschließend folgen Dorfhäuser und ein Müll- und Schwemmholzstrand von 250 m Länge.
Pranee** ⑧, neue, schöne Anlage, nette Leute.
Bow Thong Beach** ⑧, neue Anlage.
An den Hängen nördlich des Strandes stehen 6 einfache Anlagen, mit Motorradtaxi für 20 Baht zu erreichen.
Golden Cape*– ⑦, einfache Hüttchen und Restaurant am Palmenhang.
Sun Sea*– ⑤, Hütten mit und ohne Du/WC, schöne Aussicht, freundliche Leute.
Eden Resort*– ③ hat nur wenige, unterschiedlich große Hütten; 10 Min. zum Strand.
Sun Lord* ④, an einem eigenen Mini-Strand, einfache Hütten mit und ohne Du/WC. Schmuddeliges Restaurant.
Mahana Bay*– ②, am Abhang zum Felsufer, frei und exponiert zwischen Felsen; kleine Hütten mit Balkon, schöne Sicht auf Ko Nang Yuan; schönes Schnorcheln, kaum Strand; gute Atmosphäre, geleitet von Niyom.

Sonstiges

BAR – In der Bar vor dem *A.C. Resort* geht das Leben erst weit nach Mitternacht los. Auch die Boxentürme der Strandbar daneben sind nicht zu überhören – lautes Techno-Gedröhne vertreibt Ruhesuchende.

BOOTE – nach KO NANG YUAN fahren auf der Höhe vom *Sea Shell Resort* ab (40 Baht).

GELD – An einer Bude nördlich vom Cabana tauscht eine freundliche Frau Geld.

LADEN – ***Tom & Tam's Shop*** neben *A.C. Resort*.

REISEBÜRO – An der Paradise Junction werden beim ***Ticketing*** u.a. Bootsfahrten um 10 Uhr zur Mango Bay und nach Ko Nang Yuan angeboten. Sie arrangieren auch Motorrad-Taxis.

TAUCHEN – Viele Tauchschulen am Betonweg, u.a. ***Carabao Diving***, ***Ban Diving***, ***Scuba Junction***, ***Planet Scuba***.

WASSERSPORT – Ski-Bob und Wasserski neben *Ban Diving*.
Ocean Kayaking vor *Sairee Cottage*, 300 Baht/Tag für 1er- und 2er-Kayaks.

Sai Nuan Beach

Auf einem recht schwierigen Pfad Richtung Süden, gespickt mit scharfkantigen Felsen, hartem Gebüsch und trügerischen Wurzeln, erreicht man nach gut 2 km die zwei kleinen Sandstrände **Relax Beach** und **Sai Nuan**. 300 m weiter schiebt sich das Kap **Laem Je Ta Kang** ins Meer hinaus.

Normalerweise paßt ein Longtail-Boot neue Gäste am Pier ab.

Übernachtung

Von der alten Sorte sind noch die folgenden Anlagen, über die wir laufend Klagen erhalten:
Sai Thong Bungalows–*** ㉙, schmutzige Anlage, 15 Hütten mit Du/WC und Bungalows mit grünen Dächern, eigener Strand. Preise werden je nach Laune der Besitzerin festgesetzt.
Siam Cookie–*** ㉚, an einer schönen, kleinen Sandbucht, Bungalows mit und ohne Du/WC (Diebstahlgefahr mit Zweitschlüssel); von einem extrem unfreundlichen, jungen Paar geleitet.
Char–*** ㉛, beliebte Anlage am steilen Hang, einfach, ruhig und freundlich, aber mit Video.
Tao Thong Villa* ㉜, malerisch auf einer Felsnase, zwei kleine Buchten mit ein wenig Strand, einfache Hütten, z.T. tolle Sicht; kleines Restaurant auf dem Kap; schönes Schnorcheln; Probleme mit der Verwahrung von Wertsachen, in der Nebensaison geschlossen.

Chalok Ban Kao Bay

Die tiefe Bucht im Süden wird von Felsen begrenzt und weist bei hohem Wasserstand einen sehr schönen Sandstrand auf. Am Fischerstrand im Zentrum der Bucht liegen defekte Boote an Land. Bei Ebbe ragen viele Korallenfelsen aus dem Wasser. Wer schwimmen will, muß 100–300 m durchs Wasser waten oder 15 Min. zum kleinen, hübschen **Freedom Beach** wandern. An dessen schmalen Stränden mit feinem Sand hausen manchmal die Sandflöhe. Evtl. soll hier eine Bungalowanlage gebaut werden.

Die Bucht ist etwa 2 km auf dem „Highway“ von Ban Mae Hat entfernt. Alle 7–14 Tage findet eine laute Beach-Party statt. Ein Ausflug zum östlichen Kap mit den vorgelagerten, bizarren *Spirit Rocks* **Hin Ta To** und **Hin Yai Mae** lohnt sich. Auch der **Mountain View Point John Suwan** ist reizvoll.

Übernachtung

Die Hütten an diesem Strand sind einfacher und billiger als an der Westküste. Das Leitungswasser schmeckt ziemlich brackig.
Nach rechts liegen eng aneinander:
Carabao* ㊳, in der Mitte des mit Rohren gesicherten Strandes unter Palmen, einfache Mattenhütten, Schöpfdusche, gemütliches Restaurant mit Liegeecken, gutes Essen, Bar, *Dive Café*. Vorn links die zugehörige Tauchschule mit neuen Thai-Besitzern und *Booking Center* mit Ticket-Verkauf.
Buddha View*–**** ㉖, ✆ 01-2293948, schmale Anlage, 6 A-Frame-Bungalows mit Du/WC und Balkon, hinten ein 2stöckiges Reihenhaus mit 14 Zimmern, Restaurant am Strand, freundliches Personal. PADI-Tauchschule.
Sunshine 1+2*–**** ㊳, 2 mal 17 gute Bungalows im Palmengarten, 5 neue Bungalows jenseits vom Weg (20–30 m vom lauten Generator), zur Bucht offenes Restaurant, Video.
Laem Klong*–**** ㊲, ungepflegte Anlage am Hang hinter dem Bach, unterschiedliche Hütten zwischen Felsen und Büschen, z.T. eigene, geflieste Du/WC.

Black Rock* ㊱, 3 einfache Hütten auf dem Hügel.
Taraporn*** ㉟, am rechten Rand der Bucht, über einen Steg zu erreichen, 12 neue, große A-Frame-Bungalows mit Du/WC nebeneinander am Hang, 2 weitere am Sandstrand, preiswertes Restaurant auf Pfählen über dem Wasser. Deutsche Leitung gemeinsam mit *View Point*.
View Point Bungalow*–** ㉞, ✆ 01-2102207, ganz vorn am Beginn des Korallenriffs auf den Klippen, vermülltes Gelände, große Bungalows mit oder ohne Du/WC, freier Blick übers Meer, luftiges, mieses Restaurant vorn am Felsenstrand. Bei telefonischer Buchung kostenlose Abholung vom Pier.
Sunset* ㉝, 500 m hinter dem Kap an einer kleinen, von Felsen eingerahmten Sandbucht, auch auf dem neuen Erdweg durch die Hügel erreichbar, einfache Hütten unter Palmen; einige sehr gute Gerichte; nettes Schnorcheln am rechten Rand, Ausrüstung zu mieten; freundliche Familie. Ein Leser: „Most relaxed and chilled place."
Auf der linken Seite der Chalok Ban Kao Bay kommt die Straße nah an den Strand heran.
Marina Resort*** ㊴, neue, massive Anlage.
Pond Resort–********* ㊴, ✆ 01-2295515, gute, preiswerte Bungalows am steilen Hang, z.T. in die Felsen integriert, traumhafter Blick auf die Bucht; Restaurant am Strand, Fußgängerbrücke; nach jedem Aufstieg ist wohl eine Dusche fällig.
Banana Rock** ㊴, kleine Mattenhütten hoch am Hang, Restaurant, Bierbar, Ticket-Office.
K. See Resort** ㊵, einfache Hütten im Halbkreis am Strand, einige Palmen.
Ko Tao Cottage***** ㊶, ✆ 01-2293751, ✆ 01-2293662, unter Palmen und am Hang, 24 geräumige, saubere, gemauerte ac-Bungalows mit Bad und Terrasse sowie Reihenhäuser, miese Küche, Auslandsgespräche möglich; PADI-Tauchschule.
Aud Bungalow** ㊷, einfache Hütten am linken Rand des Sandstrands, bessere Hüttchen auf dem Palmenhügel dahinter.
Tato Lagoon**–*** ㊸, 600 m nach links über den Hügel Richtung Kap, schön gelegen, gute Bungalows am Hang, einfache Hütten ohne Du/WC auf dem Kamm mit herrlicher Sicht; vorzügliches Restaurant an einer malerischen, kleinen Sandbucht, eingerahmt von Felsen und 3 neuen Bungalows mit Du/WC und Fan; nette, familiäre Atmosphäre, von 16–24 Uhr Elektrizität. Alle Abmachungen, z.B. Rabatt, schriftlich bestätigen lassen. Tauchschule mit deutschen Instrukteuren, gepflegtes Gerät.

Sonstiges

REISEBÜRO – Bootstickets gibt es im *Banana Rock* Ticket Office.

RESTAURANT – ***New Heaven*** auf dem Hügel zwischen *Rocky* und *Tato Lagoon*, gutes Essen, freundliche Bedienung, man sitzt auf dem Boden.

TAUCHEN – In jeder zweiten Bungalowanlage wirbt eine Tauchschule um Schüler und Taucher.

Ao Thian und Sai Daeng

Ao Thian, der etwa 200 m lange, feine Sandstrand im Süden der Insel ist stark mit Korallenbrocken durchsetzt. Bei Ebbe bedecken abgestorbene Korallen und viel Müll die ganze Bucht. Schwimmen kann man nur bei hoher Flut sowie links und rechts an den bizarren, runden Felsen.

Vor dem Korallenriff kann man schnorcheln, aber die Sicht ist nicht gut. Die Palmenplantage am rechten Ende der Bucht ist Privatbesitz, der linke Teil des Strandes mit Mangroven bewachsen.

Die Sai Daeng-Bucht erreicht man auf einem Fußpfad (1 km) vom Ao Thian etwas landeinwärts über den Hügel oder per Motorrad auf einer 1,5 km langen Piste. Wegen der vielen Bungalows ist die Idylle dahin. Am vorgelagerten Kap kann man bei Flut schön schnorcheln.

Übernachtung

Rocky Resort**-* (44), am Ostende von Ao Thian zwischen tollen Felsen, mit Stahlbeton verschandelte Küste; hübsche, schattenlose Bungalows auf den Felsen, aber nicht ganz sauber und ziemlich vermüllt; die Badtüren gewähren, wohl mit Absicht, gewisse Einblicke.

Sai Daeng Cape*-* (45), ✆ 01-2293828, Sai Daeng Beach, ausgedehnte Anlage mit viel Müll, 30 weit verteilte, verwohnte Hütten, schlechte Matratzen, häufig Wasserausfall. Einige Hütten sitzen direkt auf den Felsen und bieten schönen Meeresblick. Das Essen ist relativ teuer, die Küche nicht gerade sauber. Tauchbasis.

Transport

Per Jeep ab BAN MAE HAT über die Chalok Ban Kao Bay zu erreichen. Manchmal Bootszubringer ab Ban Mae Hat zu *Kiet*. Kiet veranstaltet auf Wunsch Inselumrundungen.

Die Ostküste

Ao Leuk

Ao Leuk oder Ao Luk (gesprochen wie Glück ohne G) ist ein kleiner Strand im Südosten mit einigen Palmen. Dem schmalen Sandstreifen ist ein steiniger Ufersaum vorgelagert. Es geht relativ steil ins Wasser, so daß man sehr gut schwimmen kann. Auch Schnorcheln ist schön. Zu Fuß, mit dem Motorrad oder Jeep gelangt man ab Ban Mae Hat nach 3 km durchs Innere der Insel zu dieser Bucht. Es führt auch ein steiler Fußweg von 1,5 km zum Ao Thian.

Ao Tanote

Die schöne Bucht an der Ostküste ist auf einer extrem abschüssigen, abenteuerlichen Piste zu erreichen (4,5 km von Ban Mae Hat, 30 Baht). Unter Palmen und auf den Felsen stehen die Hütten von vier Anlagen. Die Preise in den Restaurants sind spürbar höher als sonstwo. Der etwa 200 m lange Strand ist von schönen Felsen durchsetzt. Um die großen Felsen in der Bucht tummeln sich viele Fische zwischen den unterschiedlichen, intakten Korallen. Wer zum Laem Thian hinüberschnorchelt, kann große Fische beobachten, z.B. Baracudas und bis zu 2 m lange Riffhaie, die sich vorwiegend am Fuße des Riffs bewegen. Im August ist das Wasser ideal ruhig, im Winter rauh. Leider wird die Ruhe der Bucht durch die neue Tauchschule im *Poseidon* gestört.

Laem Thian

Dieser winzige Strand liegt in der Mitte der Ostküste. Er besteht aus feinem Sand und ist von Felsformationen eingerahmt. Bei einer Wassertiefe von 2–12 m kann man gut schnorcheln, obwohl das Wasser relativ unruhig und wellig sein kann. Häufig beobachteten Schnorchler schon 3–7 bis zu 2 m lange Schwarzspitzenhaie! In Thailand ist bisher kein Haiangriff auf Schnorchler bekannt, dennoch sollte man sich vorsichtig verhalten.

Laem Thian liegt auf einer katastrophalen Piste etwa 6 km von Ban Mae Hat entfernt. Der wunderschöne, zum Teil recht steile aber gut ausgebaute Pfad erfordert etwa 2 Std. Fußmarsch. Die Südroute verläuft auf einem kaum erkennbaren Trampelpfad steil bergauf und bergab, über Felsen und durch dichtes Unterholz. Trotz der kürzeren Entfernung braucht man für den Weg mindestens 3 Std. und festes Schuhwerk.

Der Fußweg von Laem Thian nach Tanote Bay verläuft ca. 1/2 Std. auf und ab, fast immer im Wald. Mit vollem Gepäck recht beschwerlich.

Hin Wong

Am Ende eines engen Tales im Nordosten (4,5 km von Mae Hat) liegt diese idyllische Palmenbucht. Es gibt so gut wie keinen Strand, aber insbesondere an den Felsen links kann man sehr schön schnorcheln. Zu erreichen über eine neue Piste von der Paradise Junction am Ende des Sai Ri Beach (ca. 40 Min. zu Fuß).

Mango Bay

An der breiten Bucht (auch: Mamuang Bay) im Norden mit ganz wenig Sandstrand kann man bei ruhigem Wasser schön schnorcheln. Boote starten u.a. bei der Paradise Junction am Ende des Sai Ri Beach (10 Uhr).

Übernachtung

AO LEUK – ***Aow Leuk Resort***–*** ㊼, 4 einfache, recht primitive Hütten in einer Kokosplantage, sehr ruhig.
Nice Moon** ㊻, 4 Hütten am Steilhang über der Bucht, 5 Min. zum Strand, freundliche Leute.

AO TANOTE – ***Poseidon Bungalow***–*** ㊽, einfache Mattenhütten mit Balkon und schöner Sicht am flachen Hang unter Palmen, z.T. mit Du/WC, Restaurant vorn am Felsenstrand, gutes Schnorcheln rechts an den Felsen. Tauchschule.
Diamond Beach–*** ㊾, 14 einfache Holz- und Mattenhütten ohne Du/WC am Felsenhügel, 2 Bungalows mit Du/WC am Strand, gutes Restaurant am Strand, davor ein weit ausladender Schattenbaum, freundliche Besitzer. Schnorchelausrüstung 100 Baht/Tag.
Bamboo* ㊿, am Hang unter Palmen mit schöner Aussicht auf die Bucht, 10 einfache, saubere Hütten mit kleiner Terrasse, Gemeinschafts-Du/WC; gute Küche; nette Leute, lockere Atmosphäre, Bootsausflüge möglich.
Tanote Bay Resort*–**** (51), schöne Anlage am steilen Felsenhang mit vielen blühenden Büschen und Bäumen, kleiner Sandstrand zwischen runden Felsen, 20 Bungalows ohne Stühle, mit und ohne Du/WC, z.T. großer Balkon, Restaurant mit einfachen Sitzmöbeln, gutes Essen, z.B. Tako, von drei Brü–dern aus Ko Pha Ngan geleiteter Familienbetrieb. Schnorchelausrüstung für 100 Baht pro Tag.

LAEM THIAN BEACH – ***Laem Thian Bungalows***–*** (52), an einem steilen Hang, zum Teil Felsen, inmitten schön eingepflanzter Blumen. 15 unterschiedliche, einfache Hütten, z.T. mit eigenem Bad/WC; Restaurant am Strand mit mäßigem Essen; freundliche Eltern; die manchmal biestige Tochter fährt mit dem Allrad-Pickup zum Pier, um Gäste anzuwerben. Einige Leser haben hier sehr schlechte Erfahrungen gemacht: überhöhte Rechnungen, kein Wechselgeld zurück, beleidigendes Verhalten der Tochter. Viele Gäste wandern nach der ersten Nacht über den Küstenpfad zur Tanote Bay.

HIN WONG – ***Hin Wong Bungalows**** (53), schöne, gepflegte Anlage, 8 einfache, geräumige Palmblatthütten, Bad extra, gutes Essen, Schnorchelausrüstung zu mieten; geleitet vom netten Sahat und seiner freundlichen Familie.
Green Tree Resort* (54), Haupthaus und 3 Bungalows, steile Pfade, auch zum Bad; familiäre Atmosphäre.

Ko Nang Yuan

เกาะนาง ยวน

Besonders reizvolle Korallenriffe gibt es an der nordwestlich vorgelagerten Insel Ko Nang Yuan, die von den Bewohnern *Hang Tao* (Schwanz der Schildkröte) genannt wird. Eigentlich besteht sie aus drei kleinen Inseln. Die mittlere und kleinste Insel ist bei Ebbe durch zwei Sandbrücken mit den anderen beiden verbunden und erzeugt so einen 3zackigen Stern. Die Flut löscht das hübsche Bild zweimal am Tag wieder aus. Zurück bleibt die von herrlich runden Felsen umlagerte, zentrale Insel, die ein wenig an die Seychellen erinnert. Berge voll Korallenschutt hat der Taifun *Gay* am 4. November 1988 an den Felsen aufgetürmt.

Einige hundert Taucher und Schnorchler bevölkern an manchen Tagen die 3 bis 12 m tiefe westliche Bucht **Chinese Gardens** mit ihren schönen Steinkorallen – und zerstören sie zusehends. Besonders faszinieren die Seeanemonenfische an den **Twins**. Auch an der Westküste der beiden größeren Inseln kann man herrlich schnorcheln. Mit etwas Glück sieht man sogar eine Muräne oder den

Kugelfisch. Am nördlich vorgelagerten **Green Rock** locken Schildkröten und Höhlenlandschaften auf 2 – 18 m Tiefe. Schwer zu ertragen sind die Abgase der Tauchboote und der großen Ausflugsschiffe.

Eine ruhige Stimmung kommt auf den Inseln erst gegen Abend auf. Wer 20 Baht bezahlt, kann auf Betonstufen an vielen Bungalows vorbei zum Viewpoint der Südinsel hochsteigen und die herrliche Aussicht genießen. Auch auf der Nordinsel gibt es einen Aussichtspunkt. Leider wurde etwas zu viel Beton verarbeitet. Trotz der Hunde mit Maulkorb kamen wiederholt Diebstähle vor.

Übernachtung

Nang Yuan Bungalows**–**** ①, ☏ 01-2295085, 📠 01-2295112, auf allen drei Inseln liegen insgesamt 50 gute, relativ teure Bungalows (bei längerem Aufenthalt jedoch hoher Rabatt) mit Fan, Kühlschrank und Balkon sowie 30 einfache Hütten. Auf der kleinen, mittleren Insel liegt das riesige Restaurant, schleppender Service. Waschwasser ist rationiert, da es mühsam von Ko Tao gebracht werden muß. Auslandsgespräche sind möglich. Der Besitzer, Herr Methee Chantaramporn, ist freundlich und, trotz einiger Mißgriffe, sehr umweltbewußt. Die Tauchschule *Koh Nang Yuan Divers* verfügt über 20 Geräte und ein großes, schnelles Schlauchboot. Die Anlage heißt auch *Koh Nang Yuan Dive Resort.*

Transport

Man erreicht die Insel ab BAN MAE HAT bei ruhiger See mit dem Taxiboot um 10 und 17 Uhr für 40 Baht (hin und zurück 80 Baht); zurück um 8.30 und 16 Uhr. Auch vom SAI RI BEACH fahren Boote hinüber, individuelle Abholung vor 16 Uhr ist möglich (Preis ist Verhandlungssache).

Im Restaurant rechts vom Anlegesteg kann man die Tickets buchen. Plastikflaschen und Getränkedosen dürfen nicht auf die Insel mitgenommen werden, da zu viele uneinsichtige Traveller ihren Abfall nicht zurücknehmen.

Tauchparadies Ko Tao In der unmittelbaren Umgebung von *„Ko Taoch"* liegen viele schöne Korallenriffe und Felsformationen, in denen **über 100 Korallenarten** verbreitet sind.

Die **fischreichen Gewässer** sind als Schutzzone ausgewiesen, die auch tatsächlich überwacht wird. So können neben vielen Riffbewohnern auch Schildkröten, Delphine, Wale und sogar **Walhaie** beobachtet werden. Im klaren Wasser macht schon der erste Tauchgang Spaß. Es ist also kein Wunder, daß hier bereits 12 Tauchbasen operieren. Sie fahren mit eigenen oder gemieteten Booten zu 25 Tauchplätzen, die für **Tauchanfänger** überaus vielfältige und eindrucksvolle Erlebnisse bereit halten. So mancher **Tauchexperte** fühlt sich unter den Massen von Tauchschülern nicht besonders wohl und wird nur mit viel Glück großartige, neue Erfahrungen sammeln können.

Die Sicht beträgt von Januar bis Mai 25–35 m, in den übrigen Monaten 15–20 m. Außer während der Regenzeit von Oktober bis Mitte Dezember ist das ganze Jahr **Tauchsaison**. Trocken und heiß ist es vor allem im April und Mai. Von Mai bis Juli veranstalten die Tauchschulen Tauchausflüge zu Walhaien, den größten Fischen der Erde.

Die schönsten **Tauchplätze**, ihre Tauchtiefe und Hauptattraktionen sind:
Southwest Pinnacle (5–28 m, Seeanemonen, weiße u. purpur Weichkorallen),
Chumphon Pinnacles (14–25 m, große Grouper u. andere Fische, **Walhaie**),
Red Rock/Shark Island (2–20 m, größte Korallenvielfalt, starke Strömung),
Green Rock (2–18 m, viele Drückerfische, gut für Nachttauchen),
Hin Wong Pinnacle (2–18 m, große Fächerkorallen, versch. Weichkorallen),

Sail Rock (bis 40 m, Kamin von 18–5 m, Walhaie, viel besucht ab Ko Samui).

Der Standard der von Ausländern geleiteten **Tauchschulen** ist generell sehr hoch, das Gerät wird laufend erneuert und in der Regel gut gewartet, Tauch-Unfälle hat es bei ihnen noch nie gegeben. Im ersten Halbjahr 1997 mußten jedoch Taucher in 20 Fällen mit Sauerstoff behandelt werden. Unfallopfer waren vor allem nicht ausreichend ausgebildete Instruktoren/Divemaster, die in Tauchschulen unter Thai-Leitung arbeiten – anscheinend zu viel und zu lange.

Achtung: In den Tropen ist es äußerst wichtig, zwischen den Tauchgängen viel zu trinken, da sonst Dehydrierung und Erschöpfung drohen. Es gab deswegen nach dem Tauchen einige schwerwiegende Unglücksfälle.

Im April 1998 gab es u.a. die folgenden Tauchschulen:

Big Blue Diving Center, ✆/℻ 01-2139440, E-Mail: info@bigbluediving.com, in Ban Mae Hat am Pier; PADI 5 Sterne IDC-Center, S.E.A. Mitglied, TUSA-Agentur, Instructor-Kurse alle 2 Monate. 30 Scubapro- bzw. Dacor-Sets mit Tauchcomputer, sowie 90 Alu-Flaschen mit DIN- und INT-Anschluß. Das eigene 16 m-Tauchboot für 18 Taucher ist mit Satellitennavigation und 3D-Sonar ausgerüstet. 5 Instruktoren aus Europa geben in 2 Schulungsräumen laufend PADI-Kurse in Deutsch, Englisch und weiteren Sprachen; Instruktoren-Kurse alle 2 Monate. Eigene Bungalows. Schwedische Leitung.

Scuba Junction, ✆/℻ 377169, E-Mail: scubaj@samart.co.th, PADI 5 Sterne-Tauchschule, sehr verantwortungsvoll geleitet von Kevin, gründlicher *Open Water*-Anfängerkurs (auch auf deutsch), neues Tauchboot und 2 Longtailboote, Agentur von Dacor-Ausrüstung, hier werden Tauchunfälle behandelt; Nitrox verfügbar. Eigene Bungalows.

Planet Scuba (*=Samui International Diving School*), ✆/℻ 421465, E-Mail: cesare@samart.co.th, PADI 5 Sterne IDC-Center, 15 Sets mit 40 Flaschen, etwas sorglos gewartetes Tauchboot.

Ban's Diving Center, ✆/℻ 01-2293181, wieder ein PADI 5 Sterne IDC-Center, größte Thai-Tauchschule, eigenes Gästehaus, mehrere Thai Divemaster.

Carabao Wigwam Dive Centre, ✆ 01-7250948, ℻ 01-7250711, PADI 5 Sterne-Tauchschule an der Chalok Ban Kao Bay. Neue Thai-Leitung.

Big Bubble, ✆/℻ 01-2102207, Tauchschule an der Chalok Ban Kao Bay zwischen *Viewpoint* und *Taraporn GH*. PADI-Tauchkurse in Deutsch und Englisch, entspannte Atmosphäre, deutsche Leitung. Im Internet: www.geocities.com/Colosseum/Arena/8500/

Koh Tao Divers, geleitet von Mr. Nut und vom Deutschen Mike.

Master Diver, ✆ 01-7250828, ℻ 077-377196, PADI 5 Sterne IDC-Center, nettes Team.

Koh Nang Yuan Divers, ✆ 01-2295085, ℻ 01-2295212, Tauchschule auf Ko Nang Yuan, Partner von *Big Blue*. Tauchausfahrten mit einem großen, schnellen Schlauchboot.

Ein Tauchgang kostet 700–800 Baht (mit eigenem Gerät ca. 550 Baht), 2 Tauchgänge 1400 Baht, 6 ab 3600 Baht.

4- bis 5tägige PADI-Kurse zum *Open Water Diver* werden für 7800 bis 9500 Baht angeboten. Die **Tauchkurse** sollten mindestens 6 Tauchgänge, davon 2 im tiefen Wasser, enthalten und mindestens 4 Tage dauern. Das Zertifikat soll international anerkannt sein (am besten ist PADI). Ein Tauchlehrer sollte maximal 4–5 Schüler betreuen. Schriftliches Begleitmaterial ist absolut notwendig und viel Tauch-Theorie lebenswichtig.

Jeder Tauchschüler kann sich an der Putzaktion *PADI Aware* beteiligen, die von einigen Tauchschulen einmal im Monat gemeinsam durchgeführt wird.

PHUKET UND DIE NÖRDLICHE WESTKÜSTE

Highlights

- Den persönlichen Lieblingsstrand auf der Insel Phuket entdecken
- Mit dem Sea Canoe durch die Wasserhöhlen von Phang Nga paddeln
- Vom Aussichtspunkt die einzigartige Form von Ko Phi Phi bewundern
- Bei den Similan-Inseln in Unterwasserlandschaften von Weltklasse tauchen
- Am Strand von Khao Lak zum Sonnenuntergang einen Sundowner genießen

Phuket und Umgebung

ภูเก็ต

Die mit 810 km^2 größte Insel Thailands (gesprochen: Pu-kett) liegt am Rande der Andamanensee im Indischen Ozean. Der Reichtum der Insel basiert auf Gummiplantagen, Kopra, Perlenzucht, Fischerei und vor allem auf umfangreichen Zinnerzvorkommen. Zinn wird aber nur noch auf dem Meeresboden gefördert. Der malaiische Einfluß ist auf Phuket (abgeleitet von *bukit* – malaiisch „Hügel") deutlich spürbar – von 220 000 Einwohnern sind 23% Moslems. Buddhistische Thai (73%) und Chinesen dominieren dennoch das Bild.

Kleine und größere Buchten mit weißen Sandstränden, schöne Tauchgründe und herrliche Segelreviere, Luxus-Hotels und Seafood-Restaurants machen Phuket zu einem Fernwehziel par excellence. Weit über 2 Millionen Besucher kommen jedes Jahr nach Phuket. Wer teures Remmidemmi und Vergnügen sucht, findet hier genauso seinen Platz wie der Urlauber, der einen ruhigen, abgeschiedenen Strand oder eine einsame, nur wenig entwickelte Insel vorzieht. Für Billigreisende sind ein paar herrliche Plätzchen und einige freundliche Gästehäuser übrig geblieben.

Zu den schönsten Inseln der Erde gehört zweifellos Ko Phi Phi. Etwa eine halbe Million Besucher kommen jedes Jahr, um die tropische Schönheit zu bewundern. Obwohl der größte Teil der Insel in einen Nationalpark integriert ist, hat der Kommerz voll zugeschlagen, und die Umweltschäden sind unübersehbar. Weltberühmt wurde die flache Bucht von Phang Nga mit ihren bizarren Kegelkarstfelsen durch einen James-Bond-Film. Fast das ganze Jahr über dröhnen Ausflugsboote durch den eindrucksvollsten Teil der Felsenlandschaft.

Nur wenige Touristen finden bisher den Weg zu den herrlich einsamen Stränden von Khao Lak, eine Autostunde nördlich von Phuket. Vor Ranong, der geschäftigen Kleinstadt gegenüber von Myanmar (Burma), laden seit kurzem einfache Bungalowsiedlungen auf schönen Inseln zum Verweilen ein.

An fast jedem Strand der Insel Phuket stehen neben komfortablen Bungalowsiedlungen große Hotels internationalen Standards mit eleganten Empfangshallen, Swimming Pools, mehreren Restaurants und Bars, Spielzimmern, Einkaufsarkaden und Unterhaltungsangeboten.

Die beste Reisezeit ist Dezember bis März. Im April und Mai kann es an windstillen Tagen unerträglich heiß werden, nachts kühlt es jedoch immer ab. Im Juni setzen die zeitweise stürmischen Südwestwinde ein, die feuchte Luft und viele, zumeist kurze Regenschauer bringen. Wegen der manchmal mannshohen Wellen mit kräftigem Rücksog kann häufig nicht im Meer gebadet werden. Drei bis vier Tage mit Dauerregen kommen vor allem im September und Oktober vor. Phuket wird von den deutschsprachigen Reiseveranstaltern ganzjährig angeboten. Die Monate Juli bis September gelten in vielen Reisekatalogen allein wegen der heimischen Ferien als Hauptsaison – mit entsprechend hohen Preisen. Wer seine Unterkunft in dieser Zeit auf eigene Faust bucht, erhält leicht 50% Rabatt. Auf sein Badevergnügen braucht auch im Monsun keiner zu verzichten – überall warten phantasievolle Swimming Pools auf Gäste.

Die günstigen Preise durch die hohe Abwertung des Baht seit Mitte 1997 lockte viele Touristen auf die Urlaubsinsel. Den ganzen Winter über waren kaum freie Zimmer zu bekommen, obwohl einige Hotels, vor allem in der teuren Kategorie, frühzeitig ihre Preise erhöht hatten oder in US-Dollar quotierten. Wenngleich sich die Währung seit Anfang 1998 stabilisierte, hatte sich bei Redaktionsschluß noch kein einheitliches Preisniveau entwickelt. Generell ist in der Hochsaison von November bis April mit höheren Preisen zu rechnen, wobei zwischen Weihnachten und Neujahr noch einmal kräftig aufgeschlagen wird. Zudem hatten Anfang 1998 zahlreiche Restaurants, Tauchschulen und andere Anbieter ihre Preise um ca. 50% erhöht.

Die Stadt Phuket

Das Zentrum der Insel, die Stadt Phuket mit ihren 56 000 Einwohnern, ist für die wenigen Reisenden, die hier übernachten, nur Durchgangsstation auf dem Weg zu anderen Zielen im Süden. Die meisten Besucher kommen nur tagsüber in die Stadt, um einzukaufen und sich etwas Abwechslung vom gleichförmigen Strandleben zu verschaffen. Sehenswürdigkeiten sind dünn gesät und nicht so leicht zu entdecken, so daß die meisten nach einem Bummel durch die zentrale **Markthalle** und die Rasada Road enttäuscht wieder abfahren.

Einige hübsche chinesische **Geschäftshäuser** stehen in der Talang Road. Allerdings verfällt das schönste darunter, ein mit Fliesen und Holzschnitzereien geschmücktes Gebäude, zusehends. Auch die nahezu komplett im alten Stil erhaltene kleine **Soi Rommani** ist vom Abriß bedroht.

Zu Beginn des 20. Jahrhunderts residierten die reichen Zinnbarone in schönen **Villen**, die nach portugiesischen Vorbildern des 19. Jahrhunderts in weitläufigen Parks errichtet wurden. Sie konzentrieren sich vor allem am nordwestlichen Stadtrand, einige stehen aber auch im Zentrum. Eine prachtvolle Villa in der Ranong Rd., nordwestlich vom Markt, wird leider durch einen davor angelegten Parkplatz verschandelt. Eine weitere liegt versteckt nördlich des Kreisverkehrs und ist über eine schmale Durchfahrt von der Yaowaraj Rd. aus zu erreichen.

Von den zahlreichen chinesischen Tempeln der Stadt lohnt der **Bang Niaw Tempel** in der Phuket Road einen Besuch. Drachen und andere mythologische Figuren bewachen die Eingänge dieses neueren, recht fotogenen Tempels.

Das 70 Jahre alte imposante Gebäude der Provinzverwaltung (**Provincial Hall**) im Nordosten der Stadt stellte im Film „Killing Fields" die französische Botschaft in Phnom Penh dar. Nicht weit entfernt steht das ebenso beeindruckende Gerichtsgebäude der Provinz (**Phuket Provincial Court**).

Ein **Erholungspark** auf der kleinen Halbinsel im Süden ist über die verlängerte Phuket Road zu erreichen. Vom **Rang Hill** im Nordosten der Stadt eröffnet sich eine gute Aussicht (Fotos am besten vor 10 Uhr). Hier gibt es u.a. Picknickplätze, das Restaurant *Tunk Ka Café* und einen Fitness Park.

In der **Methee Cashew Factory**, Tilok Uthit 2 Rd., kann man zwischen 7 und 19.30 Uhr beobachten, wie rohe Cashewnüsse geknackt, sortiert und verpackt werden, aber nicht den eigentlichen Verarbeitungsprozeß. Dem Kunden werden viele verschiedene Geschmacksvarianten zum Probieren angeboten. Ein Besuch dieser kommerzialisierten Touristenfalle lohnt allerdings kaum, da viele Gruppen hindurchgeschleust werden und die angebotenen Nüsse teurer als auf dem Markt sind.

Übernachtung

Die Stadt offeriert etwa 4400 Zimmer in allen Kategorien, die weitgehend von asiatischen Touristen und einheimischen Geschäftsleuten belegt werden. Allerdings bieten vor allem in der Hochsaison um Weihnachten und Neujahr die Gästehäuser und Pensionen in der Stadt mobilen Billigreisenden eine preiswerte Alternative. Außerhalb der Hochsaison sind Rabatte möglich. Nur während des Vegetarier-Festes im Oktober/November und während des chinesischen Neujahrsfestes sind die meisten Hotels ausgebucht.

GÄSTEHÄUSER UND PENSIONEN – ***Wasana GH**–****** ⑫, 159 Ranong Rd., ✆ 211754, gleich neben dem Markt; sehr saubere Zimmer mit Fan oder ac, nette Leute, im 1. Stock sehr laut.

Downtown Inn*** ⑬, 56/19 Ranong Rd., ✆ 216884-5, ℻ 216273, in einer kleinen Seitenstraße gegenüber vom Markt, sauber und gut eingerichtete Zimmer mit Fan oder ac, bis 3 Uhr nachts wegen des Coffee Shops sehr laut, im 2. Stock ruhiger.

PR GH** ⑭, 4 Phang Nga Rd., ✆ 213829, an einem stinkenden Kanal in einer schmalen Soi, wird als Unterkunft für Langzeitgäste hergerichtet.

Talang GH* ⑧, 37 Talang Rd., ✆ 214225, umgebautes chinesisches Geschäftshaus, saubere Zimmer mit Du/WC, einige ohne Fenster, andere mit großer Terrasse.
Thanaporn GH** ㉒, 41/7 Montri Rd., ✆ 216504, in den beiden oberen Stockwerken über dem Coffee Shop Zi mit einem großen Bett, Fan und Du/WC, teurere mit ac.
Crystal GH** ㉔, 41/16 Montri Rd., ✆ 222774, hinter dem Restaurant, saubere Zimmer mit Du/WC und Fan oder ac, aber ohne Fenster.

PREISWERTE HOTELS – ***Suk Sabai**** ⑥, 82/9 Thepkrasattri Rd., ✆ 212287, einfache, saubere Zimmer mit Fan und Bad, z.T. ac, trotz der ruhigen Lage etwas abseits ist alles gut zu Fuß zu erreichen.
On On Hotel**–* ⑮, 19 Phang Nga Rd., ✆ 211154, das älteste Hotel der Stadt, einfache, Zimmer, z.T. mit ac und Du/WC, einige Gäste fanden sie sauber, andere schmuddelig und von Ratten bewohnt vor. Im Hotelsafe deponierte Wertsachen auflisten, bestätigen lassen und genau kontrollieren.
Siam Hotel**–* ⑰, 13-15 Phuket Rd., ✆ 221640, etwas laut, im Zentrum.
Pure Mansion–***** ㉗, 3/7 Chao Fa Rd., ✆ 211709, ✆ 214220, ein recht neues, preiswertes Hotel an der Straße Richtung Süden, alle Zimmer mit ac, TV und Kühlschrank.

MITTELKLASSE – ***Phuket Garden Hotel*** ㉖, 40/12 Bangkok Rd., ✆ 216900, ✆ 216909, großes Mittelklassehotel südlich vom Zentrum, abgewohnte Zimmer mit lauter ac, Du/WC und Badewanne, Restaurant, winziger Pool, Dachgarten mit Panorama-Sicht.
City Hotel*** ⑨, 9/1 Thepkrasattri Rd., ✆ 216910, ✆ 213554, großer Hotelblock, der schon etwas angestaubt wirkt.
Thavorn Hotel–***** ⑱, 74 Rasada Rd., ✆ 211333, ✆ 215559, großes, altes Hotel mit ac, günstigere Zi mit Fan im Hinterhaus, Pool.
Imperial 1 Hotel*** ⑲, 51 Phuket Rd., ✆ 212894, ✆ 213155, nahe dem Tourist Office, geräumige Zimmer mit ac, TV und Kühlschrank.
Metropole Hotel ㉕, 1 Soi Surin, Montri Rd., ✆ 215050, ✆ 215990, das höchste Hotel der Stadt, luxuriöse First Class-Zimmer mit ac, viele Geschäftsleute, z.T. behindertengerecht ausgebaut; Restaurant, Pool mit Kinderbecken.

Essen

Essenstände mit muslimischen Gerichten sind an der Talang Rd., Ecke Thepkrasattri Rd., aufgebaut.
Metropole Hotel, 1 Soi Surin Montri Rd., das europäisch-asiatische Lunch-Buffet für 200 Baht ist seinen Preis wert.
Der ***Ocean Department Store*** am Uhrturm beherbergt neben einem Foodcentre mehrere Fast-Food-Restaurants amerikanischer Ketten.
Ka Jok See, 26 Takua Pa Rd., ✆ 217903, das geschmackvoll rustikal eingerichtete kleine Lokal, noch vor Jahren der Geheimtip für südthailändische Küche, wird mittlerweile von vielen Touristen besucht.
Geöffnet Di–So abends, Reservierung empfohlen.
Raya Thai Cuisine, Debuk Rd., östlich vom Klong, gute thailändische Gerichte zu akzeptablen Preisen werden in einem luftig-kühlen Raum im Erdgeschoß einer alten, gelbgrün gestrichenen Villa serviert, die von einem Garten umgeben ist.
Sawadee Restaurant, 8/5 Mae Luan Rd., ✆ 215853, im Norden der Stadt, ist ähnlich, englische Speisekarte mit köstlichen, nicht allzu scharfen Gerichten zu gehobenen Preisen.
Kanda Bakery, 31-33 Rasada Rd., wartet morgens mit frischem Vollkornbrot und Kaffee auf, auch der Kuchen ist zu empfehlen.
Vom ***Thung-Ka Café*** auf dem Khao Rang bietet sich eine schöne Aussicht. Auch das Essen ist recht gut, ab mittags geöffnet.
Bondeli, Rasada Rd., Ecke Thepkrasattri Rd., ein Ableger der Selbstbedienungs-Kette, Nichtraucher-Café. Die Auswahl an Kuchen und Sandwiches ist allerdings recht begrenzt.

Unterhaltung

KINO – Das ***Pearl Cinema*** an der Montri Rd., Ecke Phang Nga Rd., ✆ 211583, zeigt auch englischsprachige Filme im oberen Stockwerk. Die technische Qualität und Auswahl der Filme läßt allerdings zu wünschen übrig.

LIVE-MUSIK – Super im ***Timber and Rock***, 118/1 Yaowarat Rd., geöffnet tgl. 20–2 Uhr. Die Hausband spielt ab 22 Uhr überwiegend Rock 'n' Roll. Auch in den Lounges verschiedener Hotels wird abends Live-Musik dargeboten, z.B. im *Merlin* und *Thavorn Hotel*.

THAI-BOXEN – Im Boxstadion südlich der Stadt, am Ende der Phuket Rd., werden jeden Freitag ab 20 Uhr Wettkämpfe in dieser traditionellen Sportart durchgeführt. Eintritt ab 250 Baht.

Einkaufen

Ein Einkaufsbummel durch das Zentrum lohnt sich kaum, sofern man auf der Suche nach Souvenirs ist, denn diese werden an den Stränden, insbesondere in Patong, in größerer Auswahl angeboten. Die Straßen von Phuket säumen viele Chinesenläden mit Alltagsartikeln, Boutiquen, Textil- und Souvenirläden, Juwelier- und Goldshops, aber auch moderne Supermärkte, Shopping Center und Department Stores. Im und um den Ocean Department Store läßt sich am besten einkaufen.

Die Tourist Police von Phuket warnt: „Lehnen Sie alle Angebote von Fremden ab, die Ihnen kostenlose Sightseeing, Übernachtung oder Gratis-Einkäufe versprechen. Bitte, lassen Sie sich den Ausweis zeigen und prüfen Sie ihn sorgfältig."

BÜCHER – Englische und wenige deutsche Bücher verkaufen das Ocean-Kaufhaus sowie:

Seng Ho Book Store, 2/14-16 Montri Rd., nahe Deebuk Rd., neben Schreibwaren auch Reiseführer, Paperbacks und Magazine.

The Books, 53-55 Phuket Rd., ✆ 224362, Zeitungen, Zeitschriften vor dem Laden, drinnen Reiseführer, Bildbände und eine Auswahl englischer Paperbacks.

Sonstiges

AUTOVERMIETUNG – Mietwagen werden in der Stadt Phuket ab 1000 Baht pro Tag (ohne Benzin, inkl. Versicherung) vermietet. Internationale Firmen verlangen ca. 2000 Baht. Rabatte bei längerer Mietzeit.

Pure Car Rent, 75 Rasada Rd., ✆ 211002, 📠 214220; geöffnet tgl. 8–20 Uhr.

Das Reisebüro ***Island Tour***, Phang Nga Rd., vermietet neben Autos auch Jeeps und Minibusse.

Die Zentralen von ***Hertz***, ✆ 217190-1, und ***Avis***, ✆ 327358, mit Filialen am Airport und in den großen Hotels an den Stränden, offerieren *one way service* in andere Touristenorte.

Jeeps gibt es an der Rasada Rd. und an den Uferstraßen der Strände ab 800 Baht pro Tag – wichtig ist es, die Versicherungsfrage zu klären.

FESTE – Das **Vegetarian Festival** (Vegetarier-Fest) im Oktober / November hat seinen Ursprung in China. Während der 9tägigen Feierlichkeiten sind die Teilnehmer in Weiß gekleidet und nehmen nur vegetarische Speisen zu sich. Jungen und Männer in Trance lassen sich zur zeremoniellen Reinigung Speere durch die Wangen stecken oder Haken an Wangen, Armen und am Rücken befestigen, ohne daß Blut fließt.

Am achten Tag werden die Mönche in der Stadt empfangen. Das Fest endet am neunten Tag mit der Vertreibung des Übels, indem Männer in Trance über glühende Kohlen gehen.

Den Abschluß bildet eine lärmende Mitternachtsprozession durch die Stadt und nach Saphan Hin ans Meer. Termine ab März bei TAT erfragen.

Anfang Dezember findet jedes Jahr die **Phuket King's Cup Regatta** mit über 100 Yachten aus aller Welt statt.

Übernachtung:

①	Southern Inn	****	160/5 Yaowaraj Rd.	✆ 213203
②	Phuket Merlin H.	Mittelklasse	158/1 Yaowaraj Rd.	✆ 212866-70
③	Mercure Island Pavilion	Mittelklasse	133 Satun Rd.	✆ 210444
④	Siri H.	***	213 Yaowaraj Rd.	✆ 211307
⑤	Thara H.	**	148/24 Thepkrasattri Rd.	✆ 216208
⑥	Suk Sabai	**	82/9 Thepkrasattri Rd.	✆ 212287
⑦	Sub Siri H.	***	102/6 Patipat Rd.	✆ 211353
⑧	Talang Gh.	**	37 Talang Rd.	✆ 214225
⑨	City H.	****	9/1 Thepkrasattri Rd.	✆ 216910
⑩	Montri H.	****	12/6 Montri Rd.	✆ 212936
⑪	Imperial 2 H.	ab****	17/14 Luang Poh Rd.	✆ 216683
⑫	Wasana Gh.	**-***	159 Ranong Rd.	✆ 211754
⑬	Downtown Inn	***	56/19 Ranong Rd.	✆ 216884-5
⑭	PR Gh.	**	4 Phang Nga Rd.	✆ 213829
⑮	On On Hotel	**-***	19 Phang Nga Rd.	✆ 211154
⑯	Sintawee H.	ab***	89 Phang Nga Rd.	✆ 211186
⑰	Siam H.	**-***	13-15 Phuket Rd.	✆ 221640
⑱	Thavorn H.	***-****	74 Rasada Rd.	✆ 211333
⑲	Imperial 1 H.	****	51 Phuket Rd.	✆ 212894
⑳	Daeng Plaza H.	Mittelklasse	57 Phuket Rd.	✆ 213951
㉑	Pearl H.	Mittelklasse	42 Montri Rd.	✆ 211044
㉒	Thanaporn Gh.	***	41/7 Montri Rd.	✆ 216504
㉓	Novotel	First Class	154 Phang Nga Rd.	✆ 233333
㉔	Crystal Gh.	***	41/16 Montri Rd.	✆ 222774
㉕	Metropole H.	First Class	1 Soi Surin, Montri Rd.	✆ 215050
㉖	Phuket Garden H.	Mittelklasse	40/12 Bangkok Rd.	✆ 216900
㉗	Pure Mansion	***-****	3/7 Chao Fa Rd.	✆ 211709
㉘	Phuket Mansion	***-****	3/37 Taling Chan Rd.	✆ 215161
㉙	Thavorn Grand Plaza	First Class	40/5 Chana Charoen Rd.	✆ 222240-71

GELD – Viele Banken haben Wechselschalter und Geldautomaten, die auch außerhalb der normalen Öffnungszeiten genutzt werden können.

IMMIGRATION – Office in der 482 Phuket Rd. kurz vor der Halbinsel, ✆ 212108, geöffnet Mo–Fr 8.30–12 und 13–16.30 Uhr.

INFORMATIONEN – ***Tourist Office***, 73-75 Phuket Rd., ✆ 212213, ℻ 213582, geöffnet tgl. 8.30–16.30 Uhr. Hier gibt es Karten, Prospekte, Werbezeitschriften und weitere Informationen.
E-Mail: info@phuket.net, Homepage: www.phuket.net

MEDIZINISCHE HILFE – Der Service des staatlichen ***Wachira Hospitals***, ✆ 211114, an der Yaowaraj Rd., etwas außerhalb der Stadt, läßt zu wünschen übrig.
Besser ist das private ***Adventist Hospital*** Richtung Norden in der 4/1 Thapkrasattri Rd., ✆ 237220, ℻ 212149. Hier gibt es auch Zahnärzte.
Modern ausgestattet ist das private ***Bangkok Phuket Hospital***, 2/1 Hongyok Uthit Rd., ✆ 254421-9, Notruf: 1060, ℻ 254430. Es bietet alle in Thailand verfügbaren medizinischen Dienste und 150 Betten für stationäre Patienten.
Ebenfalls neu ist das private ***Phuket International Hospital***, 44 Chalerm Phra Kiat Rd.,

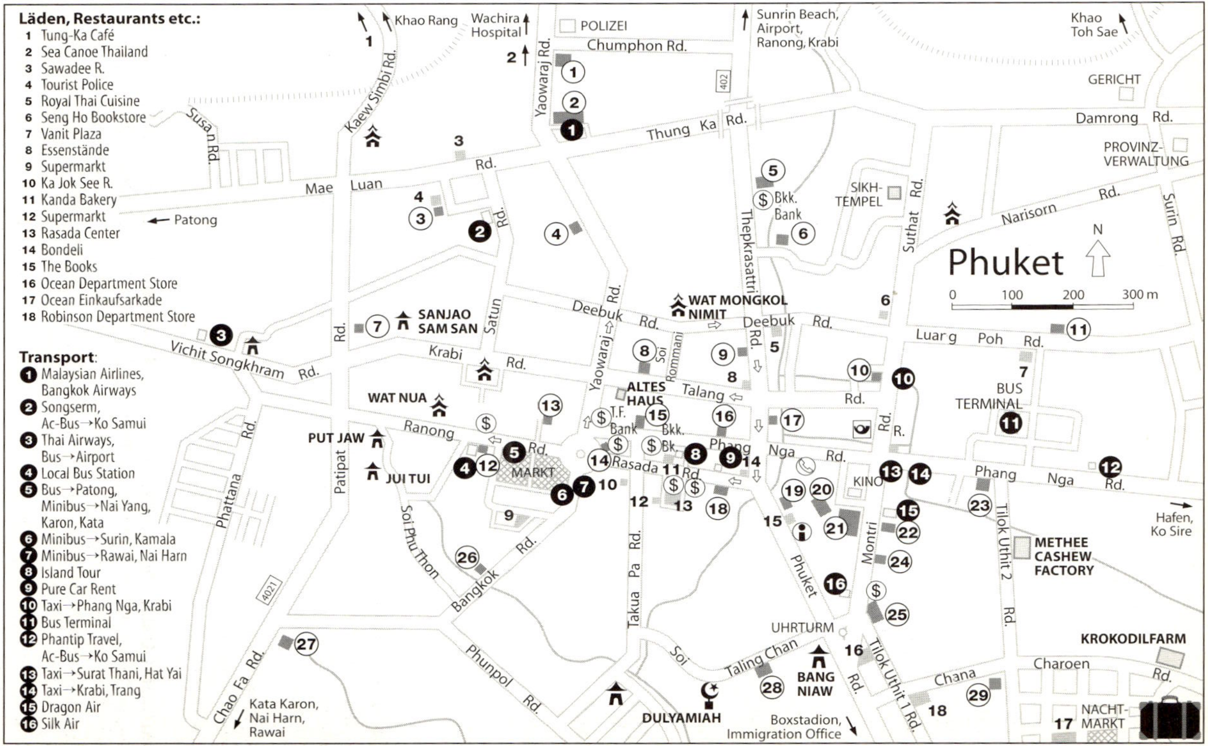
Phuket
Läden, Restaurants etc.:
1 Tung-Ka Café
2 Sea Canoe Thailand
3 Sawadee R.
4 Tourist Police
5 Royal Thai Cuisine
6 Seng Ho Bookstore
7 Vanit Plaza
8 Essenstände
9 Supermarkt
10 Ka Jok See R.
11 Kanda Bakery
12 Supermarkt
13 Rasada Center
14 Bondeli
15 The Books
16 Ocean Department Store
17 Ocean Einkaufsarkade
18 Robinson Department Store
Transport:
1 Malaysian Airlines, Bangkok Airways
2 Songserm, Ac-Bus→Ko Samui
3 Thai Airways, Bus→Airport
4 Local Bus Station
5 Bus→Patong, Minibus→Nai Yang, Karon, Kata
6 Minibus→Surin, Kamala
7 Minibus→Rawai, Nai Harn
8 Island Tour
9 Pure Car Rent
10 Taxi→Phang Nga, Krabi
11 Bus Terminal
12 Phantip Travel, Ac-Bus→Ko Samui
13 Taxi→Surat Thani, Hat Yai
14 Taxi→Krabi, Trang
15 Dragon Air
16 Silk Air
Khao Rang
Wachira Hospital
Sunrin Beach, Airport, Ranong, Krabi
Khao Toh Sae
POLIZEI
GERICHT
PROVINZ-VERWALTUNG
SIKH-TEMPEL
WAT MONGKOL NIMIT
SANJAO SAM SAN
WAT NUA
PUT JAW
JUI TUI
ALTES HAUS
MARKT
BUS TERMINAL
KINO
METHEE CASHEW FACTORY
KROKODILFARM
NACHT-MARKT
UHRTURM
BANG NIAW
DULYAMIAH
Patong
Hafen, Ko Sire
Kata Karon, Nai Harn, Rawai
Boxstadion, Immigration Office
0 100 200 300 m
N

☏ 249400, 📠 210936, Notruf 210935; an der Umgehungsstraße; modernes Krankenhaus, das keine Ähnlichkeiten mit dem in der Fernsehserie „Klinik unter Palmen" aufweist.

MOTORRÄDER – Motorräder sind in Phuket ein beliebtes, aber extrem gefährliches Transportmittel. Wer zudem ohne ausreichende schützende Kleidung fährt, geht ein sehr großes Risiko ein. Wer keinen Helm trägt, muß mit 500 Baht Strafe rechnen. Zweiräder werden in Phuket an der Rasada Rd. und an den Stränden in vielen Bungalows für etwa 200–500 Baht vermietet.

POST – ***Hauptpostamt*** in der 158 Montri Rd., ☏ 211010, geöffnet Mo–Fr 8.30–12 und 13–16.30, Sa, So und feiertags 9–12 Uhr. Während der Umbauarbeiten ist die Hauptpost vorläufig in ein Gebäude gegenüber der Busstation umgezogen.

REISEBÜRO – ***Songserm***, 51-53 Satun Rd., ☏ 219954-5, 📠 219955, an der lokalen Busstation, Bootsfahrten nach Similan und Ko Phi Phi sowie ac-Busse nach Bangkok und Surat Thani mit Anschluß nach Ko Samui und Ko Pha Ngan.
Bei ***Phuket Union Travel***, 64/23 Chao Fa Rd., ☏ 225522, 📠 215126, spricht man auch deutsch.

TAUCHEN – Mehr als 25 Tauch-Shops in der Stadt und an den Stränden bieten Tauchausrüstung und Kurse an (näheres s.S. 438).

TELEFON – Von 8–24 Uhr hat das ***Telephone Center*** in der Phang-Nga Rd., um die Ecke vom Postamt, geöffnet. Hier können normalerweise ohne Wartezeit internationale Gespräche geführt werden.

TOURIST POLICE – Die Strände sind nicht überall sicher, und das in zweifacher Hinsicht. Einerseits wurden einsame Touristen, vor allem Frauen, bei abendlichen Spaziergängen überfallen, andererseits kommt es an der Westküste während der Monsunzeit im europäischen Sommer zu gefährlich hohen Wellen und unberechenbaren Strömungen, die jedes Jahr tödliche Unfälle zur Folge haben. Falls etwas passiert, wendet man sich zuerst an die ***Tourist Police***, 81-83 Satun Rd., ☏ 217547, 225361, im Notfall ☏ 1699.

VORWAHL – 076; PLZ: Chalong und Süden: 83 130; Patong: 83 150; Phuket Town: 83 000.

Nahverkehrsmittel

MINIBUSSE – Bei der Ankunft der Überlandbusse stehen Minibusse bereit, die Fahrgäste zu den Stränden bringen. Die Fahrer erhalten von vielen Unterkünften eine Provision, so daß Besucher manchmal nicht an ihrem gewünschten Ziel landen, sondern in einem Hotel, das eine höhere Provision bezahlt. Die aufdringlichen Schlepper sind nur schwer abzuschütteln.

MOTORRADTAXI – kostet in der Stadt 10-20 Baht pro Person.

TUK TUK (VIERSITZER) – Wer sicher gehen will, nimmt vom Busbahnhof ein vierrädriges Tuk Tuk zum Markt und von dort den normalen Bus. Innerhalb der Stadt kosten Tuk Tuks 20 Baht. **Charter** an die Strände (ca-Preise): Nach PATONG, KATA, KARON und NAI HARN 200 Baht, BANG TAO 250 Baht, SURIN und KAMALA 300 Baht, NAI YANG 300 Baht, RAWAI 130 Baht, AIRPORT 300 Baht.

BUSSE AN DIE STRÄNDE – Lokale Busse an die Strände fahren alle 30 Min. bis 18 Uhr in der Nähe vom Kreisverkehr (Bangkok Rd. / Ranong Rd.) ab.
Nach CHALONG oder LAEM KA 10 Baht, nach RAWAI, PATONG (auch große Busse ab Markt), KATA und KARON (bis 16.30 Uhr) 15 Baht, nach NAI YANG und BANG TAO 20 Baht sowie nach NAI HARN 25 Baht. Alle Preise gelten nur tagsüber. Abends muß kräftig gehandelt werden. Die Busse fahren nicht von Strand zu Strand.

TAXIS – Die Taxifahrer verlangen extrem hohe Preise. Wer nicht zu viel zahlen will, kann mit Bussen fahren, was aber länger dauert und umständlicher ist. Auf jeden Fall sollte man handeln. Vom Flughafen zur Stadt kostet es 400 Baht, zu den Stränden 500 Baht.

Transport

BUSSE – Der Busbahnhof, ✆ 211480, befindet sich im Osten der Stadt, hier kommen fast alle Busse an, bzw. fahren von hier ab, Busse in die Innenstadt verlangen 20 Baht. *Phantip Travel* hat ein Büro nahe dem Busbahnhof.

Bangkok: Vom Southern Bus Terminal in BANGKOK, 891 km, fahren non-ac-Busse für 210 Baht, die nicht zu empfehlen sind, und 2.Kl.-ac-Busse um 7, 14, 17 und 20 Uhr für 294 Baht in 15 Std. Ac-Nachtbusse um 18.30 und 18.50 Uhr für 378 Baht und VIP-24-Busse um 17.30 und 18 Uhr für 570 Baht in 14 Std.; weitere ac-Busse für 378–450 Baht von privaten Companies.

Nach BANGKOK fahren non-ac-Busse ca. jede Std. zwischen 6 und 18.30 Uhr, 2.Kl.-ac-Busse um 8.25, 14.15, 16.20 und 17.30 Uhr, ac-Busse vom Bus Terminal um 17.30 Uhr sowie private ac-Busse um 15, 15.30, 16, 17 und 18 Uhr (jeweils mit ***Phuket Travel Service***, ✆ 222107, und ***Phuket Central Tour***, ✆ 213615), VIP-24-Bus um 16 Uhr, ✆ 211480.

Nicht zu empfehlen sind die ac-Busse aus der Khaosan Road (s.S. 189) für 220–290 Baht, auch wenn sie massenhaft von sorglosen Travellern genutzt werden.

In die Nachbarorte: Nach PHANG NGA mit Bus Nr.437, Nr.438 und Nr.441 ca. alle 30–60 Min. von 6.30–16.30 Uhr für 26 Baht in 2 1/2 Std.; ac-Bus 50 Baht.

Nach RANONG mit non-ac-Bus Nr.430 um 7.30, 10 und 11.30 Uhr für 76 Baht in 6 Std.; ac-Bus Nr.430 um 10 und 15.10 Uhr für 137 oder 180 Baht in 5 Std. (✆ 077-811993).

Nach TAKUA PA ca. alle 80 Min. mit Bus Nr.436 zwischen 6.20 und 18 Uhr für 38 Baht in 3 Std. (bis KHAO LAK für 30 Baht in gut 2 Std.).

Nach KRABI mit dem non-ac-Bus alle 40 Min. bis gegen 15 Uhr für 58 Baht in 4 Std. (man kann auch die Busse nach Trang oder Hat Yai nehmen und an der Krabi Junction aussteigen); ac-Bus Nr.438 von 7–13 Uhr jede halbe Std., sowie um 14, 15, 17 und 18.30 Uhr für 84 Baht in 3 Std. (mit dem ac-Bus Richtung Trang oder Hat Yai kostet es 100 Baht).

Zu den übrigen Orten im Süden: Nach KO SAMUI mit ac-Bus von *Phantip* um 10 Uhr für 193 Baht (inkl. Fähre) in 8 1/2 Std., mit *Songserm* um 9 Uhr für 305 Baht.

Nach KO PHA NGANfahren Busse 3x täglich in 4–5 Std. für 460 Baht inklusive Fähre.

Nach SURAT THANI mit Bus Nr.465 (über Khao Lak und Khao Sok) 8x tgl. bis 13.50 Uhr für 90 Baht in 6 Std. (bei Abfahrt vor 9 Uhr Anschluß nach Ko Samui mit der letzten Fähre um 17 Uhr); ac-Bus Nr.465 um 7.30 und 9 Uhr für 139 Baht in 5 Std.

Die privaten ac-Busse nach SURAT THANI von *Phantip* um 8, 10 und 12 Uhr für 112 Baht in 5 Std., ✆ 210425, und von *Songserm* um 8.30, 12 und 15 Uhr für 180 Baht in 5 Std. fahren **nicht** über Khao Lak und Khao Sok.

Nach TRANG mit Bus Nr.441 6x tgl. von 7–12.20 Uhr für 78 Baht in 6 Std.; ac-Bus Nr.441 11x tgl. von 7–18 Uhr für 140 Baht in 5 Std.

Nach SATUN direkt mit ac-Bus Nr.734 um 8.15 und 10.15 Uhr für 203 Baht in 7 Std., ansonsten in Trang umsteigen oder mit dem Minibus von *Songserm* um 7 und 11 Uhr über Hat Yai.

Nach HAT YAI mit Bus Nr.443 um 6.20, 7.40, 9 und 10.20 Uhr für 122 Baht in 9 Std.; ac-Bus Nr.443 6x am Vormittag und um 21.30 Uhr für 202 Baht in 7 Std., ac-Minibus von *Songserm* um 7 und 11 Uhr für 350 Baht.

Nach HUA HIN für 163 Baht, VIP 570 Baht.

Non-ac- und ac-Busse fahren in viele weitere Städte im Süden.

Nach Malaysia: Nach PENANG mit ac-Minibus um 7 und 11 Uhr über Hat Yai in 9 Std., nach LANGKAWI mit ac-Minibus und Express Boot um 7 Uhr in 9 Std.

SAMMELTAXI – Nur noch wenige Taxis fahren ab Phuket, vor allem morgens. Da sie sel-

ten voll werden, sollte man sie komplett (für 6 Personen) chartern.
Nach SURAT THANI für 250 Baht in 4 Std., TRANG für 150 Baht in 4 Std., NAKHON SI THAMMARAT für 150 Baht in 4 Std., KRABI für 140 Baht in 3 Std.

EISENBAHN – Die nächste Bahnstation für Phuket liegt bei Surat Thani.
In BANGKOK fahren die Züge Nr. 47, 41 und 15 um 17.35, 18.20 und 19.15 Uhr ab, in SURAT THANI hat man Anschluß zum Bus um 7.15 Uhr und erreicht Phuket um 11.15 Uhr.

FLÜGE – Limousinen von ***Tour Royale Enterprises Car***, 55/3 Vichit Songkhram Rd., ✆ 235268-71, fahren im Auftrag von Thai Airways um 6.30 Uhr, und dann stündlich von 7–18 Uhr von der Einmündung der Mae Luan Rd. in die Vichit Songkhram Rd., 2 km westlich des Zentrums, zum Airport und zurück in jeweils 1 Std. für 70 Baht, lokale Busse zwischen 9 und 11 Uhr für 15 Baht. Am Taxi-Stand in der Ankunftshalle werden Coupons für Fahrten nach Phuket Town und zu den Stränden (300–500 Baht) sowie zu ferneren Zielen zu festen Preisen verkauft, z.B. Khok Kloi 350 Baht, Khao Lak 1060 Baht, Krabi 2000 Baht. Die Fahrer bringen Gäste gern zu Unterkünften, die ihnen eine Provision zahlen.
Hertz vermietet in der Ankunftshalle PKWs ab 1900 Baht pro Tag bzw. 11 000 Baht pro Woche, Rückgabe z.B. in Bangkok möglich (+ 3500 Baht).
Budget und Air Port Car Rent vermieten an der Straße gegenüber vor allem Jeeps. Zudem die lokale Autovermietung ***Airport Car Rent***, ✆ 327228, 📠 327485, E-Mail: airport@loxinfo.co.th, deren Jeeps bereits ab 800 Baht zu bekommen sind. Ansonsten kommt man nur schwer vom Flugplatz weg. Für Flüge, die früh abgehen, rechtzeitig ein Taxi vorbestellen. Vom Flughafen nach PHANG NGA oder KRABI am billigsten mit dem Minibus für 70 Baht (Taxi 150 Baht) zur nächsten Haltestelle des lokalen Busses am H402 (am besten zur *Police Highway*, wo alle Busse kurz halten müssen), dann für 20 bzw. 41 Baht (ac-Bus jede Std. für 50 bzw. 84 Baht) in 1 1/2 Std. nach Phang Nga oder weiter nach Krabi. Zwischen dem Flughafen und den Stränden von Krabi verkehren Minibusse für 200–250 Baht. Um 9.45 Uhr fährt der Bus von *Songserm*, ✆ 340051-2, ab. Teurer ist der Thai-Airways-Minibus vom Flughafen nach Krabi für 400 Baht um 15 Uhr.
Alternativ fährt man mit dem Taxi nach Khok Kloi zum Bus Terminal (350 Baht) und steigt in den Bus Richtung Takua Pa (für Khao Lak, 25 Baht) oder Richtung Krabi um.
Inlandflüge: Mit *Thai Airways* tgl. 16x von / nach BANGKOK für 2000 Baht, 2x tgl. von / nach HAT YAI für 780 Baht und am Mo, Mi, Fr, Sa, So um die Mittagszeit von CHIANG MAI via Bangkok nach Phuket für 3455 Baht in 2 Std. (Fensterplatz links bietet tolle Sicht beim Anflug über die Bucht von Phang Nga).
Mit *Bangkok Airways* nach KO SAMUI 2x tgl. für 1530 Baht in 50 Min. mit 68sitzigem Airbus ATR 72.
Internationale Flüge mit Thai Airways, Malaysian Airlines oder Dragon Air gehen mehrmals pro Woche nach Langkawi, Penang (Thai 1695 Baht), Kuala Lumpur (MAS 2840 Baht), Singapore (Silk Air 3400 Baht) und Hongkong (Dragon Air 9020 Baht).
Thai Airways fliegt direkt von Frankfurt (mit Zwischenstop in Bangkok).
Charterflüge von LTU und Condor finden im Winterhalbjahr statt.
Lauda Air bedient jede Woche nonstop die Route Wien–Phuket–Sydney.
Airport Tax bei internationalen Flügen 500 Baht, bei nationalen 50 Baht.
Airlines: *Bangkok Airways*, Yaowarat Rd., ✆ 225033-5, ✆ 212341.
Dragon Air, 37/52 Montri Rd., ✆ 215734, 217300, 📠 217299.
LTU (auch zuständig für ***Lauda Air***), ✆ 327432.
Malaysian Airlines, Thung Rd., ✆ 213749.
Silk Air, 95/20 Montri Rd., ✆ 213895, 📠 213887.
Thai Airways, 78 Ranong Rd., ✆ 211195, international ✆ 212499.

BOOTE – Zwischen Phuket und KO PHI PHI fahren in der Saison tgl. um 8.30 Uhr bis zu 13 Boote von den Piers in Makham Bay oder Chalong Bay in 1 1/2–2 1/2 Std. für 250–450 Baht einfach, als Tour mit Transfer vom Hotel, Lunch und Besichtigung von Ko Phi Phi Le für 450–1100 Baht. Einige verkehren nur zwischen November und April.
Bei ***Andaman Queen***, ✆ 215261, kostet die 2 1/2stündige Überfahrt inklusive Abholung von Kata, Karon, Patong oder Phuket Town je nach Boot 350 bzw. 450 Baht, 550 bzw. 650 Baht hin und zurück, wobei der Rückfahrttermin frei gewählt werden kann, als Tour (ink. Snacks, Ausflugsprogramm und Schnorchelausrüstung) 550 bzw. 750 Baht.
Weitere Veranstalter:
Friendship Travel, ✆ 215347.
Fast Ferry Siam, ✆ 245194, und ***Songserm***, 51-53 Satun Rd., ✆ 219954-5, ✆ 219955, haben die schnellsten Boote. Die 50minütige Überfahrt kostet bei Fast Ferry inklusive Abholung 400 Baht, 750 Baht hin und zurück.
Zwischen November und April fahren zudem um 13.30 Uhr Boote von ***Royal Fern***, ✆ 232240-1, und *Songserm* ab dem Sin Saengrat und Dilok Pier, östlich von Phuket, in 1 1/2–2 Std. für 300 Baht einfach.
Nach Krabi und Ko Lanta muß man in Ko Phi Phi umsteigen. Vom Hafen zur Busstation geht es per Taxi (30 Baht) oder 50 m weiter an der Hauptstraße mit dem Minibus für 10 Baht p.P.

Die Strände der Insel Phuket

Die Strände im Osten der Insel, Chalong, Laem Ka und Rawai, sind sehr flach und zum Schwimmen nicht gut geeignet.

Hier logieren vorwiegend einheimische Touristen. Die attraktiven Sandstrände mit ihren Touristenenklaven liegen im Westen. Die Straße entlang der Westküste ist fertiggestellt, so daß man mit eigenem Fahrzeug vom Nai Harn Beach im Süden über Kata, Karon, Patong, Kamala, Surin, Bang Tao bis zum Nai Yang Beach fahren kann. Pickup-Taxis befahren jeweils nur einzelne Abschnitte der gesamten Strecke, und das auch eher selten. Im folgenden beschreiben wir die Strände ab Phuket Stadt im Uhrzeigersinn.

Chalong Bay und Umgebung

Von Phuket Town kommend, geht es auf dem H4021 Richtung Süden. Am Stadtrand zweigt der H4023 nach links zum **Kap Laem Panwa**. ab.

Nach 10 km endet die Straße am sehenswerten **Aquarium** und **Marine Biological Research Center**, Eintritt 20 Baht, geöffnet tgl. 8.30–16 Uhr, ✆ 391126. Auch wenn die Beschriftung leider nur auf Thai ist, vermitteln die Becken doch eine gute Vorstellung von der Unterwasserwelt rings um die Insel. Vor der großen Zinnraffinerie am Meer führt vom H4023 links eine Abzweigung zum Hafen (*Deep Sea Port*) in der **Makham Bay**.

Vom H4021 führt 11 km südlich von Phuket Town am Kreisverkehr eine Zufahrt zur seichten **Chalong Bay**, der die Insel **Ko Lone** (auch Coral Island genannt) vorgelagert ist und die im Süden vom **Laem Ka** (16 km), einer kleinen Felsformation, begrenzt wird. In der Bucht ankern Yachten aus aller Welt. Morgens starten von hier Ausflugs- und Tauchboote zu den vorgelagerten Inseln. Zudem können Boote jeglicher Art – vom Longtail- und Speedboot bis zur Yacht – gechartert werden. Die Strände beiderseits der Anlegestelle in der Chalong Bay sind zu schmutzig und seicht zum Schwimmen.

Am Mittrapab Beach, auch Friendship Beach genannt, weiter im Süden ist das Wasser ebenfalls sehr flach. Daher sind die Bungalowanlagen kaum ausgelastet.

Wer an Tempeln Interesse hat, kann sich **Wat Chalong**, eine der wichtigsten buddhistischen Anlagen Phukets, anschauen (3 km, s.S. 441). Hier wird auch echte Thai-Massage von ausgebildetem Personal angeboten.

Übernachtung

Cape Panwa Hotel, 27 Mu 8 Sakdidej Rd., ☏ 391123-5, 📠 391177, 100 m vor dem Aquarium zweigt links die Straße zum Mittelklassehotel ab, Zimmer mit allem Komfort, Pool. Der schöne, kleine Privatstrand ist über eine Zahnradbahn von den höher liegenden Gebäuden erreichbar.
The Father Bungalow****–*****, 46/16 Chaofa Rd., ☏ 281282, 📠 281283, trotz der Nähe zur Anlegestelle ruhig gelegen, einstöckige Reihenhäuser mit 8 sehr sauberen Zimmern mit Fan oder ac, Du/WC und TV. Es können Boote zu den vorgelagerten Inseln und Yachten gechartert werden.
Ao Chalong Bungalow****, ☏ 381190, Abzweigung der 500 m langen Zufahrt am KM 10,6, hinter den Seafood-Restaurants. Nicht sehr ansprechende Reihenbungalows direkt am Strand, trübes Wasser.
Am Sai Yuan Beach, weiter südlich, liegen:
Atlas Resort****–*****, 14 Visade Rd., Rawai, ☏ 381286, 📠 381279, gepflegte Anlage, kleine Bungalows mit Fan oder ac oben am Hang oder gute ac-Zimmer in einem zweistöckigen Haus nahe dem Pool und Strand.
Friendship Beach****–*****, 27/1 Soi Mittrapab, ☏ 381281, 📠 381034, E-Mail: cyber@phuket.cscoms.com, kleine und größere Zimmer sowie Apartments mit 2 Zimmern in Bungalows unter Palmen in einer weitläufigen Gartenanlage rings um ein großes Restaurant. Leckeres Essen. Billard-Tisch, Darts, und vor allem jeden So ab 14 Uhr eine phantastische Jazz Jam Session; Internet-Café ohne Wände, geöffnet tgl. von 10–22 Uhr, 150 Baht/Std. Second Hand Shop für Boote. Der amerikanische Besitzer und Vizekonsul Will Hebler sorgt mit seiner einheimischen Frau für eine gastfreundliche Atmosphäre.
Vighit Bungalows***–***** und mehr, 16/16/1 Viset Rd., zwei ausgeschilderte Einfahrten, ☏ 381342-5, hinter dem Seezigeuner-Friedhof am Hang rings um eine kleine Bucht stehen einfache Bambushütten und Steinhäuser mit ac, TV, Kühlschrank und allem Komfort.
Coral Island Resort, Buchungsbüro an der Zufahrt zur Anlegestelle, ☏ 214779, 📠 381957, das Büro vermittelt teure First Class-Bungalows mit ac oder Fan auf der gleichnamigen Insel.

Essen

Das riesige Seafood-Restaurant ***Kan Eang 1***, ☏ 381323, und das vietnamesische ***Danang Restaurant***, ☏ 283124, nahe der Anlegestelle, sind vor allem bei Thai-Touristen beliebt. Man sitzt an überdachten Tischen oder im Freien unter Kasuarina-Bäumen und blickt aufs Meer.
Etwas weiter findet sich das Hinweisschild zum ***Kan Eang 2***, wo ebenfalls frische Meeresfrüchte und Fische zubereitet werden.
Im kleinen ***KL+M (Klaus und Maus) Restaurant*** an der Zufahrt zur Anlegestelle, kurz hinter dem Kreisverkehr, wird mittags und abends gutes deutsches Essen zubereitet.

Übernachtung:
NAI YANG BEACH:
① National Park Bungalows
② Crown Nai Yang Suite H.
③ Pearl Village
④ Baan Thai Family
⑤ Nai Yang House
⑥ Garden Cottage
AO NAI THON:
⑦ Nai Thon Beach Resort
BANG TAO BAY:
⑧ Hotel Banyan Tree
⑨ The Allamanda
⑩ Sheraton Grande Laguna
⑪ Dusit Laguna Resort
⑫ Laguna Beach Club
⑬ Royal Park Travelodge
⑭ Bang Tao Lagoon Bungalow
SURIN BEACH/PANSEA BEACH:
⑮ Amanpuri Resort
⑯ The Chedi
KAMALA BEACH:
⑰ Phuket Kamala Resort
⑱ Kamala Bay Terrace Resort
Patong s. Stadtplan
⑲ Thavorn Bay Resort
⑳ Patong Hill Estate
RELAX BAY:
㉑ Le Meridien Phuket
Kata/Karon s. Stadtplan
㉒ Raya Pacific Resort
Nai Harn s. Detailplan
RAWAI BEACH:
㉓ Laemka Beach Inn
㉔ Phuket Island Resort
KO HAY:
㉕ Coral Island Resort
AO CHALONG:
㉖ Vighit
㉗ Friendship Bch.
㉘ Atlas Resort
㉙ Ao Chalong Bungalows
㉚ The Father Bungalows
KO LON:
㉛ Lone Island View
AO MAKHAM:
㉜ Cape Panwa H.
KO TAPAO:
㉝ Tapao Yai Island Resort
KO SIRE:
㉞ Sirey Resort
SAPAM/THA RUA:
㉟ Country Lodge
㊱ Sapam Inn
㊲ Boat Lagoon Resort
NAKA PEARL ISLAND:
㊳ Naka Pearl Farm Resort
KO NAKA YAI:
㊴ Naka Yai Island Resort
㊵ Naka Yai Resort

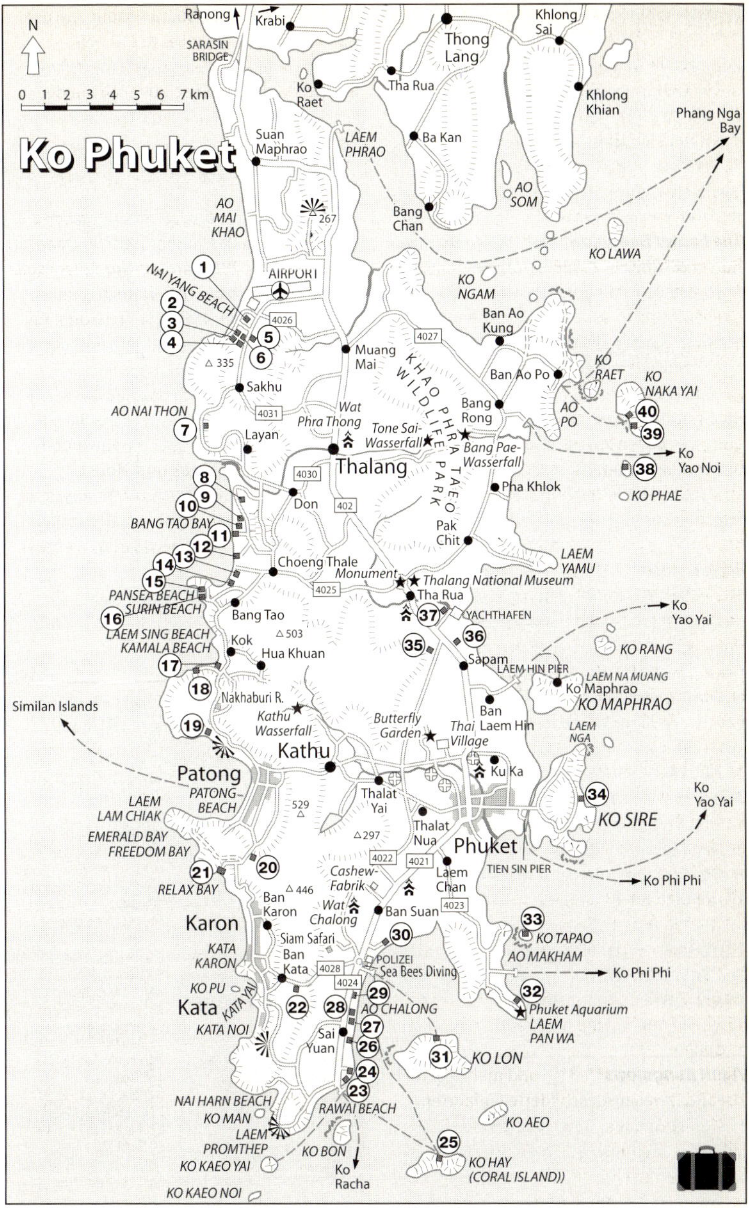
Ko Phuket
N
0 1 2 3 4 5 6 7 km
Ranong
Krabi
SARASIN BRIDGE
Thong Lang
Khlong Sai
Ko Raet
Tha Rua
Khlong Khian
Phang Nga Bay
Suan Maphrao
LAEM PHRAO
Ba Kan
AO SOM
AO MAI KHAO
267
Bang Chan
KO LAWA
NAI YANG BEACH
AIRPORT
KO NGAM
4026
4027
Ban Ao Kung
335
Muang Mai
KHAO PHRA TAEO WILDLIFE PARK
Ban Ao Po
KO RAET
KO NAKA YAI
Sakhu
AO NAI THON
4031
Wat Phra Thong
Bang Rong
AO PO
Layan
Tone Sai-Wasserfall
Bang Pae-Wasserfall
Ko Yao Noi
Thalang
4030
Don
402
Pha Khlok
KO PHAE
BANG TAO BAY
Pak Chit
LAEM YAMU
Choeng Thale
Monument
Thalang National Museum
4025
Tha Rua
PANSEA BEACH
SURIN BEACH
YACHTHAFEN
Ko Yao Yai
Bang Tao
503
LAEM SING BEACH
KAMALA BEACH
Kok
Hua Khuan
KO RANG
Sapam
LAEM HIN PIER
LAEM NA MUANG
Ko Maphrao
KO MAPHRAO
Nakhaburi R.
Similan Islands
Kathu Wasserfall
Butterfly Garden
Ban Laem Hin
Thai Village
LAEM NGA
Kathu
Ku Ka
Patong
Thalat Yai
PATONG BEACH
LAEM LAM CHIAK
529
Thalat Nua
KO SIRE
Ko Yao Yai
EMERALD BAY
FREEDOM BAY
297
Phuket
4022
4021
TIEN SIN PIER
Laem Chan
Ko Phi Phi
Cashew-Fabrik
RELAX BAY
446
Ban Karon
Wat Chalong
Ban Suan
4023
Karon
Siam Safari
KO TAPAO
AO MAKHAM
KATA KARON
Ban Kata
4028
POLIZEI
Sea Bees Diving
Ko Phi Phi
KO PU
4024
KATA YAI
Kata
AO CHALONG
Phuket Aquarium
LAEM PAN WA
KATA NOI
Sai Yuan
KO LON
NAI HARN BEACH
RAWAI BEACH
KO AEO
KO MAN
LAEM PROMTHEP
KO BON
KO KAEO YAI
Ko Racha
KO HAY (CORAL ISLAND))
KO KAEO NOI
1
2
3
4
5
6
7
8
9
10
11
12
13
14
15
16
17
18
19
20
21
22
23
24
25
26
27
28
29
30
31
32
33
34
35
36
37
38
39
40

Jimmy's Lighthouse, Bar & Grill, 45/33 Chao Fa Rd., am nördlichen Ende der Chalong Bay, lohnt die Anfahrt. In dem großen, stilvollen Restaurant unter dem Leuchtturm mit Blick auf die Bucht treffen sich Yachties aus aller Welt. Wer eine Gelegenheit zum Mitsegeln sucht, kann sich hier umschauen.
Die Küche ist amerikanisch, ebenso wie der Besitzer. Serviert werden große Steaks und Sandwiches sowie weitere amerikanische und einheimische Gerichte. Geöffnet tgl. 8–24 Uhr.

Sonstiges

BOOTSTOUREN – Tagestouren für 400–600 Baht p.P. zur vorgelagerten CORAL ISLAND, nach KO RACHA YAI pro Boot knapp 3000 Baht hin und zurück.
Das Boot von ***Pal Travel Service***, ✆ 341539, fährt tgl. um 9 Uhr in ca. 75 Min. nach Racha Yai für 400 Baht, hin und zurück 600 Baht, zurück gegen 15 Uhr.
Ein Speedboat für 6–8 Pers. nach KO PHI PHI kostet 7500 Baht und benötigt 45 Min.
Segelboote, die Übernachtungsmöglichkeiten für bis zu 8 Personen bieten, sind inklusive Mannschaft und Verpflegung für etwa US$600 pro Tag zu bekommen.

JAZZ JAM SESSION – jeden So ab 14 Uhr im ***Friendship Beach***, 27/1 Soi Mittrapab, ✆ 381281, 📠 381034, hier treffen sich die besten Musiker der Insel, die phantastische Musik und gute Atmosphäre lassen manchen länger bleiben als geplant.

TAUCHEN – In der Nähe des Piers haben der ***Sea Bees Diving Club***, ✆ 284044, und ***PIDC Divers*** jeweils eine Tauchbasis.

Rawai Beach

Der erschlossene Strand im Süden der Insel, 17 km von Phuket Town, ist am Sonntag ein beliebtes Ausflugsziel einheimischer Touristen. Unter den Kasuarinas stehen mehrere Restaurants. Der schmale Sandstrand ist häufig verschmutzt und sieht wenig einladend aus, das Meer fällt flach ab und ist zum Schwimmen kaum geeignet. Zu den vorgelagerten Inseln werden Longtail-Boote vermietet. Durch die Coral Island ist die Bucht gut geschützt, daß selbst während der Monsunzeit das Baden ungefährlich ist.

Übernachtung

Auf dem felsigen Laem Ka erhebt sich das ***Phuket Island Resort***, ✆ 381010-7, 📠 381018, das älteste First Class-Hotel der Insel mit überteuerten Bungalows unter Kokospalmen und Pool, aber ohne Strandzugang. Dafür können Gäste einen Tag auf der 15 Minuten entfernten Bon Island verbringen, die exklusiv zum Resort gehört.
Laemka Beach Inn ab***, 159 Viset Rd., 1 km abseits der Straße, ✆ 381305, 📠 288547, an einem felsendurchsetzten, schattigen Sandstrand, klimatisierte Bungalows und kleines Restaurant.
Alle Anlagen am Rawai Beach weiter südlich liegen direkt an der belebten Straße und sind durch diese vom Meer getrennt.
Salaloy Beach Resort–******* ⑮, 52/5 Viset Rd., ✆ 381297, Bungalows mit Fan oder ac und Du/WC, im Restaurant mittags und abends gutes Seafood.
Pornmae Bungalow** ⑭, 58/1 Viset Rd., ✆ 381300, saubere, gut eingerichtete Zimmer mit Fan oder ac und Du/WC, familiäre Atmosphäre; großes Strandlokal mit gutem Seafood.
Siam Phuket Resort ab**** ⑬, ✆ 381346, 📠 381647, 40 ac-Zimmer um einen Garten mit Pool angelegt; Restaurant mit asiatischen und westlichen Gerichten, Seafood.
Rawai Garden Resort** ⑫, ✆ 381292, angenehme Bungalows und familiäre Atmosphäre.

Touren und Transport

Am Strand können Longtail-Boote für Tagestouren gemietet werden. Sie kosten nach Coral Island 400 Baht und Racha Yai 1200

Baht, sind aber nur bei ruhiger See zu empfehlen. Nach Racha Yai fährt man besser mit großen Booten ab Chalong Bay.

Im ***Rawai Tourist Information Center*** im *S. P. Supermart* bietet Mr. Visuthisiri, ✆ 381264, in einem kleinen Office Motorräder, Jeeps und Bootsfahrten auf die vorgelagerten Inseln an. Außerdem besorgt er Flug- und Bus-Tickets.

Nai Harn Beach

Dieser herrliche Strand liegt nördlich der Südspitze, 21 km von Phuket Town: feiner, weißer Sandstrand, dahinter eine malerische Lagune, rechts und links felsige Hügel, teilweise mit Kokospalmen bewachsen und außerdem schöne Sonnenuntergänge. Während der Regenzeit ist man hier jedoch voll dem Monsun ausgeliefert, und es hat bereits Tote gegeben, also ist ein Besuch nur von November bis März zu empfehlen.

Dieser Strand war einst das Eldorado der Traveller, jetzt ist er von fast allen Billigunterkünften und -restaurants geräumt und Anlaufpunkt für betuchtere Feriengäste, die im vornehmen Yacht Club residieren. Yachten ankern hier allerdings kaum, denn der geplante Yachthafen wurde nicht genehmigt. Für Gäste, die den Trubel von Patong und Kata Karon nicht schätzen, ist Nai Harn noch immer die Alternative.

Zudem überrascht auch das Hinterland mit reizvollen Plätzchen. Auf dem Weg nach Kata bietet sich von mehreren Aussichtspunk-

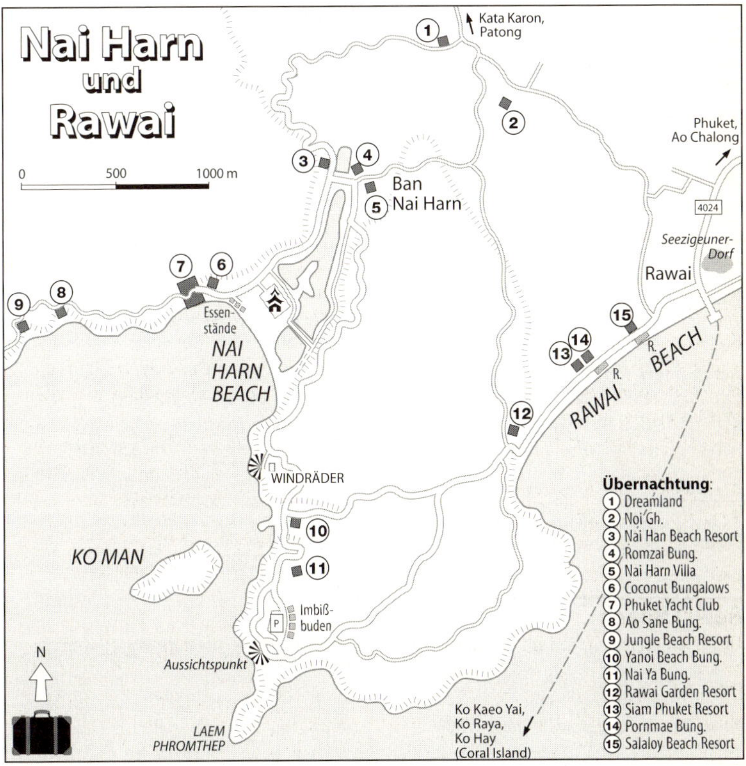

ten mit Getränkeständen ein schöner Ausblick auf die Küste. Fährt man auf der schmalen Straße östlich der Lagune über die Hügel mit den Windmühlen in Richtung Rawai, gelangt man zum **Laem Phrom Thep**, einem beliebten Ausflugsziel zum Sonnenuntergang (s.S. 442).

Übernachtung und Essen

Coconut Bungalows* ⑥, einzige Billigunterkunft weit und breit mit einfachen Hütten am Hang des Hauptstrandes, schöne Sicht; gutes, preiswertes Restaurant an der Straße.
Phuket Yacht Club ⑦, ✆ 381156-9, 📠 381164, eine protzige Anlage der Luxusklasse, die sich in Stufen den Hang hinauffrißt. Ein Yachthafen wurde nicht genehmigt, so daß die Segelboote draußen ankern.
Hinter dem Yacht Club (der Weg führt durch die Garage oder über die Uferpromenade am Quarterdeck Restaurant vorbei) liegen zwei schöne Anlagen:
Ao Sane Bungalows** ⑧, ✆/📠 288306, an einem kleinen, mit Felsen durchsetzten Sandstrand, nach 1 km Fußweg über den Hügel (herrliche Aussicht) zu erreichen. Die Bungalows haben einen neuen Besitzer und wurden kürzlich geschlossen. Am besten erkundigt man sich telefonisch über den neuesten Stand.
Jungle Beach Resort–****** (und mehr) ⑨, ✆ 288264, 📠 381108, etwa 2 km hinter dem Yacht Club an einem Hang mit altem Baumbestand. Neben einfachen Hütten und Komfortbungalows mit Fan oder ac und Du/WC auch schöne Luxusbungalows am Strand, z.T. mit Kühlschrank und TV, allerdings sind die Zimmer und die Gerichte im Restaurant überteuert. Das Meer vor dem kleinen Strand ist zum Schnorcheln, aber nicht zum Schwimmen geeignet. Kostenloser Shuttle-Service zum Nai Harn Beach.
3 Straßenkilometer südlich von Nai Harn Beach, in Luftlinie nur 1 km:
Yanoi Beach Bungalows** ⑩, ✆ 288982, einfache Bambushütten mit Fan in einer kleinen Bucht mit zwei Stränden, günstiges Restaurant mit leckerem Seafood.
Nai Ya Bungalows–****** ⑪, ✆ 288817, ältere und neuere nette Bungalows mit Fan, Du/WC und Veranda, z.T. mit Kühlschrank, in einer weitläufigen Anlage am Hang unter Bäumen. Vom Restaurant am oberen Ende der Anlage schöne Aussicht auf den Nai Harn Beach, unterhalb ein kleiner Sandstrand. Die Bungalows sind nur von Nov.–Mai geöffnet.
Hinter der Lagune, ca. 10 Min. zu Fuß zum Strand, liegen:
Romzai Bungalow** ④, ✆ 381338, 16 einfache Bungalows mit Fan in einem Garten, Restaurant.
Nai Han Beach Resort*** ③, ✆ 381810, 20 solide Reihenhäuser an der Straße mit heißen Duschen, ac oder Fan, Restaurant.
Noi GH** ②, 34/5 Mu 1, Soi Chok Makham, 2 km vom Strand entfernt inmitten einer dörflichen Umgebung, ✆ 288493, doppelstöckiges Reihenhaus mit sehr sauberen, nett eingerichteten Zimmern mit Du/WC unter italienischer Leitung. Kleines Restaurant vor dem Haus.
Nai Harn Villa ⑤, ✆ 381595, 📠 381961, komplett eingerichtete Häuser und Wohnungen für einen Langzeitaufenthalt.

Nahverkehrsmittel

Tuk Tuks nach PHUKET TOWN für 200 Baht, Taxi zum FLUGHAFEN 500 Baht.
Bis zum späten Nachmittag fahren lokale Busse für 25 Baht nach PHUKET TOWN.
Am Eingang des Yacht Club vermietet ein Laden Mopeds für 150–200 Baht.

Kata Beach

Der Kata Beach, 17 km von Phuket Town, besteht aus zwei Buchten an der Westküste, die schöne, saubere und ruhige **Kata Noi** und die umtriebige, vom *Club Med* dominierte **Kata Yai**. Sie sind durch einen Felsvorsprung getrennt, von dem sich malerische Aussichten eröffnen. Das Korallenriff mit vielen Fischen am nördlichen Ende der weitausladenden Kata Yai-Bucht, rings um die Felsen und die kleine Insel **Ko Pu**, eignet sich gut zum Schnorcheln und für erste Tauchversuche, allerdings ist die Sicht oft schlecht. Während der Regenzeit entstehen am Kata Noi sehr gefährliche Strömungen. Dagegen ist es an Kata Yai sicher, schöne Wellen, toll zum Wellenreiten. Der Ferienclub nimmt mehr als die halbe Bucht von Kata Yai ein. Auf dem Rest sind Video-Bars wie Pilze aus dem Boden geschossen. Im nördlichen Bereich (auch Kata Karon genannt) liegt das angenehme, überschaubare Zentrum mit vielen Geschäften, einigen Bars, Restaurants, Reisebüros, Motorrad- und Jeep-Verleih sowie Tauchstationen.

Am Kata Center liegt schön im Wald eine **Affenschule**. Show tgl. außer Freitag um 11 und 14 Uhr, dauert 45 Min. und ist z.T. recht interessant. Eintritt 150 Baht, handeln möglich.

Übernachtung

KATA NOI – Trotz des riesigen Resort Hotels ist diese Bucht immer noch angenehm ruhig.
Tabkaew Resort**** ⑯, ✆/℻ 330433, saubere Steinbungalows am Hang, schön eingerichtet, Meersicht, gutes, preiswertes Essen, freundliches, geschäftstüchtiges Personal.
Kata Noi Club***–**** ⑮, 68/36 Mu 2, Club Med Rd., ✆ 330194, gute Häuser am südlichen Ende des Strandes, ruhige, schöne Lage, Zimmer mit Fan und heißen Duschen. Preiswerte, gute Küche im *World Café*, freundlicher Service.
Kata Noi Riviera*** ⑭, 3/21 Mu 2, Karon, ✆ 330726, ℻ 330294, in der Mitte der Bucht auf der Landseite der Straße, schöne, gemütliche Anlage, saubere Bungalows mit Fan, Bad und Blick auf eine Betonmauer; guter Service, freundlich.
Kata Thani Hotel ⑬, 3/24 Patak Rd., ✆ 330124-7, ℻ 330426, riesige First Class-Hotelanlage, deren Strandseite jedoch gut der Landschaft angepaßt wurde, recht kleine Zi; 3 Pools im Riesenpalmengarten am Strand.
Western Inn* ⑫, billige Hütten am Hang, in der Regenzeit geschlossen. Gutes, preiswertes Restaurant.
Chin House* ⑪, billige Zimmer am Hang.

KATA YAI – Die Unterkünfte konzentrieren sich am südlichen Ende des Strandes.
Pop Cottage, ab**** ⑩, ✆ 330794; renovierte, unterschiedlich große Bungalows in schöner Lage über der Bucht, komfortable, saubere Zimmer, Pool, nette, hilfsbereite Leute.
Shady Restaurant und Bungalow***–**** ⑥⓪, 2 Patak Rd., ✆ 330677, im Hof zwischen der Straße und dem guten Strandrestaurant (schöne Sicht, unter Bäumen), sehr gute Bungalows mit ac und Du/WC.
Over Sea** ⑥⑧, jenseits der Strandstraße am Hang, ✆ 330116, Bungalow mit Fan, nur ein kleines Schild am Laden.
Friendship**** ⑥⑦, ✆ 330499, ac-Bungalows verschiedener Größe, von drei freundlichen Schwestern geleitet, gutes Essen.
Sea Bees Bungalow** ⑥①, 13/2 Patak Rd., ✆/℻ 330090, kleine Anlage mit 10 Bungalows.
Kata Sanuk Village***–**** ⑤⑧, ✆ 330476, am Ende der Bar-Gasse Soi Sanuk, recht hellhörige Bungalows mit Fan oder ac, kleiner Pool.
Bell's Bungalow** ⑥③, 1/2 Kata Beach, ✆ 330858, eng aneinanderstehende Bungalows.
Kata Delight Villas ⑥⑨, ✆ 330636, ℻ 330481, ruhiges Kleinhotel der Mittelklasse, luxuriöse Reihenbungalows und komfortable Zimmer, Restaurant mit hervorragendem Ruf, tolle Sicht über die Bucht; schönes Schnorcheln vor den Felsen am Ufer; 50% Rabatt ab April; der Besitzer spricht deutsch.
Kata Beach Resort ⑤⑨, ✆ 330530, ℻ 330128, riesiges First Class-Hotel direkt am Strand, 262 Deluxe-Zi mit Meersicht, 3 Restaurants.

KATA CENTER – Im neuen Zentrum aus mehrstöckigen Stadthäusern wurden zwischen Läden, Banken, Bars und Restaurants auch Gästehäuser aufgemacht. Von Ost nach West liegen:

The Little Mermaid GH* ⑤①, ✆ 330730, ✆ 330733, 4stöckiges Hotel, kleine, blitzblanke Zimmer mit ac und Fan, gut möbliert, extrem kleine Du/WC, Warmwasser; Skandinavische Bar und Steakhaus; unter Leitung des großen Dänen Mogan.
Inter Bungalows* ⑤⓪, 110/59-66 Taina Rd., ✆ 330575, ruhige Reihenbungalows mit Sicht übers Feld, mit Fan oder ac; Motorradvermietung.
Charlies GH* ④⑨, 110/39-40 Taina Rd., ✆ 330855, sehr sauber, nette Zimmer mit Fan und Du/WC, geleitet von dem freundlichen Engländer Alex und seiner Frau.
Lucky GH–***** ④⑧, 110/44-45 Taina Rd., ✆ 330572, preiswerte Zimmer und Bungalows mit und ohne Du/WC sowie Fan, ac-Zimmer im Hauptgebäude, ruhig am Feld gelegen.
Rose Inn* ④⑦, 114/23 Mu 4, Taina Rd., ✆ 330582, enge Reihenhäuser, Autovermietung, Taxiservice.
Hotel Center Inn** ④⑤, 65/1-66/3 Taina Rd., ✆ 330873, ✆ 330631, kleines Hotel, saubere Zimmer mit ac, heimelige, dänische Atmosphäre, mit Restaurant und Tauchschule.
Smile Inn** ④⑥, 116/10-12 Taina Rd., im Kata Center Point, ✆ 330926-8, ✆ 330925, zentral gelegenes neues Hotel, alle Zimmer mit ac und Du/WC, TV, Telefon und Kühlschrank.
Am Hügel über Kata Center liegen u.a.:
Kata On Sea Bungalows* ④①, ✆ 330549, steiler Aufstieg von 100 m, zwischen Palmen und Büschen stehen 25 Steinbungalows, z.T. mit Sicht über Kata, einfach eingerichtet, überaus beliebt, daher auch häufig ausgebucht.
Fantasy Hill Bungalow ④③, 112/1 Mu 4, Taina Rd., ✆ 330106, Bungalows im Thai-Stil mit Fan und Du/WC in einem Garten, relativ ruhig und angenehm.
Peach Hill Hotel** ④④, 113/16-18 Taina Rd., ✆ 330603, ✆ 330895, Kleinhotel mit 65 ac-Zimmern mit Balkon und TV, Mini-Pool, Preis inkl. Frühstück.
Kata Garden Resort ab**** ④②, 121/1 Kata Beach, ✆ 330627, ✆ 330466, 50 ältere und neuere Bungalows mit Fan oder ac und Warmwasser unter großen Bäumen; Restaurant, Preis inkl. Frühstück.
Bougainvillea Terrace House ab**** ⑤②, ✆ 330087, ✆ 330463, am Hügel über Kata, 1 km vom Strand, Studios und Apartments mit 1 und 2 Schlafzimmern, voll möbliert und mit Küche; Pool, Restaurant, Bäckerei; unter Schweizer Leitung.

Essen

Hervorragende Holzofenpizza für 100–130 Baht und gute Pasta gibt es im ***Flamingo*** am Kata Yai, freundliches Personal.

KATA YAI UND NOI – Da der *Club Med* Rundum-Versorgung bietet, sind die Restaurants rings um die Anlage äußerst rar gesät. Weiter südlich bieten die Strandrestaurants die beste Auswahl und eine angenehme Atmosphäre. Gut sitzt man bei ***Kata Seafood*** und im ***Shady Restaurant***, wo preiswertes Essen serviert wird.
Das ***Flamingo***, auf der gegenüberliegenden Straßenseite, hat eine ähnliche Auswahl, allerdings ohne Strandblick.
In Kata Noi bietet das ***Western Inn*** eine Alternative zu den Hotel-Restaurants.

KATA CENTER – Hungrige werden bei einem Bummel durch die Taina Rd. höchstwahrscheinlich zu jeder Tageszeit etwas Leckeres finden:
Zum Frühstücken bieten sich gleich mehrere attraktive Alternativen zum hervorragenden, aber teuren ***Bondeli***-Ableger an, so das es sogar lohnt, von anderen Stränden morgens hier vorbeizusehen, z.B. im
Kata Barbeque, der deutsche Besitzer fährt jeden Morgen ein preiswertes Büfett mit Nudelauflauf, Eiern und mehreren Brot- und Brötchensorten auf.
Schräg gegenüber in der ***Kata Bakery*** ist die Frühstückskarte abwechslungsreicher, die Preise sind etwas höher.
Im ***Internet Corner*** kann man selbst bei hohem Wellengang und mit einem heißen Kaffee surfen gehen:

E-Mail: karoncenter@usa.net, Homepage: www.phukethotel.com/internetcafe/
Aufgrund der zentralen Lage gut besucht sind das Restaurant im Erdgeschoß des ***Smile Inn*** im Center Point sowie ***De Danske Kro*** im Hotel *Center Inn*, ein skandinavisches Restaurant, Speisekarte in vielen Sprachen und internationale Küche.
Gegenüber im ***Da Giulio & Betti***, Taina Rd., gibt es Pizza und andere italienische Gerichte.
In ***Siri's Kitchen***, gegenüber dem Kata Center, kocht der ehemalige Chefkoch des *Oriental* leckere Gerichte zu günstigen Preisen; berühmt ist sein *Southern Fried Rice* mit Seafood.
Das ***Kampong Kata Hill***, eine schöne Anlage aus Holz in einem tropischen Garten auf dem Berg, wartet nicht nur mit einer großen Speisekarte (Seafood, einheimische und europäische Gerichte), sondern auch einer schönen Aussicht über Kata auf, gehobene Preise.
Im einfachen, offenen ***Kwong Shop*** neben dem *Kata Barbeque* werden nicht nur Burger, sondern auch leckere Thai-Gerichte mit chinesischem Einschlag, darunter frisches Seafood, serviert, freundlicher Service.
Die ***Thai Kitchen*** hat gutes Thai-Essen, preiswerte, aber sehr scharfe einheimische Kost sowie wesentlich teurere Gerichte auf der Touristen-Speisekarte.
Im Freiluft-Restaurant ***Kata B.B.Q.*** an der hinteren Taina Rd. grillen die Gäste das Fleisch selbst am Tisch; für 99 Baht kann man essen, so viel man will, inklusive Suppe und Gemüse.
Mittags verzeichnen die offenen Strandrestaurants südlich von Ko Pu einen regen Zulauf, denn sie servieren neben gekühlten Getränken auch touristenfreundlich gewürzte Thai-Gerichte. Im ***Swiss Restaurant & Bakery*** beim *Bougainvillea Terrace House*, etwas außerhalb an der Hauptstraße, werden europäische Gerichte und aus der Schweiz importierter Käse und Kaffee serviert.

Sonstiges

TAUCHEN – Neben den Ablegern der großen Tauchschulen bietet am Strand der Kata Beach Dive Shop tgl. Touren zu den vorgelagerten Korallenriffen an.

Nahverkehrsmittel

Die Fahrer von Samlors und Tuk Tuks verlangen bereits für kurze Strecken an den Stränden unter 1 km Phantasiepreise von mindestens 100 Baht, da hilft nur laufen oder intensives Handeln.
Gecharterte Tuk Tuks nach PHUKET TOWN kosten 200 Baht, PATONG 160 Baht und Taxis zum FLUGHAFEN.
Bis zum späten Nachmittag fahren lokale Busse für 15 Baht nach PHUKET TOWN.

Karon Beach

Der 3 km lange, breite Sandstrand mit Dünen, 20 km von Phuket Town, wirkt landschaftlich nicht gerade reizvoll. Im Norden wird er von Felsen und einer vorgelagerten hübschen Lagune begrenzt. Hier führt die Straße über die **Relax Bay** zum Patong Beach. Beim Schwimmen ist, vor allem während der Regenzeit, Vorsicht angebracht, da ein starker Rücksog herrscht. Am zentralen Strand von Karon erstrecken sich eine Handvoll Luxushotels. Am südlichen und nördlichen Rand der Bucht wurden ein *Karon Center North* (auch: *Islandia Complex*) und ein *Karon Center South* mit Supermärkten, Apartmentwohnungen, Restaurants, Bars, Reisebüros, anonymen Kleinhotels und Einkaufspassagen aus dem Boden gestampft. Im nördlichen Bereich sind nur noch wenige Hotels auf Individualtouristen eingestellt. Dagegen haben sich im südlichen Bereich einige preiswerte Anlagen etabliert. Das Preisniveau der Restaurants ist etwas überhöht. Eine neue Attraktion in Kata-Karon ist der **Dino Park**, eine Minigolf-Anlage, die nicht nur Kindern Spaß macht.

Übernachtung

Am Karon Beach gab es 1997 über 40 Anlagen mit über 3000 Zimmern, davon nur noch wenige für den schmalen Geldbeutel.

KATA-KARON – Auf dem Hügel zwischen Kata und Karon in günstiger Lage zwischen Zentrum und Strand stehen Unterkünfte verschiedenster Kategorie:

Happy Hut* ㊳, ✆ 330230, einfache Hütten am Hang, 400 m vom Strand. In der Regenzeit geschlossen.

Übernachtung:

① Karon Hill Bungalows***	✆ 341343	㊳ Happy Hut**	✆ 330230
② Le Meridien Phuket (L)	✆ 340480	㊴ Karon Beach Resort (M)	✆ 330006-7
③ Thep Somboon Inn ****	✆ 286030	㊵ Marina Cottage (M)	✆ 330625
④ Felix Karon Viewpoint (F)	✆ 396666	㊶ Kata On Sea Bung.***	✆ 330549
⑤ Ann House**		㊷ Kata Garden Resort ab****	✆ 330627
⑥ Lume & Yai Bungalows****	✆ 396383	㊸ Fantasy Hill Bungalow**	✆ 330106
⑦ Phuket Ocean Resort (M)	✆ 396176-8	㊹ Peach Hill Hotel****	✆ 330603
⑧ Phuket Golden Sand Inn****	✆ 396493	㊺ Hotel Center Inn****	✆ 330873
⑨ P.P. Villa Hotel****	✆ 396118	㊻ Smile Inn****	✆ 330926-8
⑨ Southland Inn****	✆ 396867	㊼ Rose Inn***	✆ 330582
⑩ Karon Café & Hotel ***		㊽ Lucky Gh.***-****	✆ 330572
⑩ Chan Chanan House***		㊾ Charlies Gh.***	✆ 330855
⑪ Melon Karon Hotel****		㊿ Inter Bungalows***	✆ 330575
⑫ The Islandia Park Resort (F)	✆ 396200	(51) The Little Mermaid***	✆ 330730
⑬ Crystal Beach Hotel***		(52) Bougainvillea Terrace ab****	✆ 330087
⑭ Karon Bungalow**		(53) Laem Sai Village (M)	✆ 212901-4
⑮ My Friend**-***	✆ 396344	(54) Dome**-****	✆ 330620
⑯ South Sea Resort (L)	✆ 396611	(55) Club Med (L)	✆ 330455
⑰ Karon Villa & Royal Wing (F)	✆ 396139	(56) Sawasdee Gh.**	
⑱ Karon Seaview Bung.***	✆ 396798	(57) Banpetch Bungalow**	
⑲ Phuket Arcadia H. (L)	✆ 396038	(58) Kata Sanuk Village***-****	✆ 330476
⑳ Karon Village****	✆ 396431	(59) Kata Beach Resort (F)	✆ 330530
㉑ Thavorn Palm Beach Hotel (F)	✆ 396090-3	(60) Shady R. und B.***-****	✆ 330677
㉒ Karon Southern H. ab****	✆ 396511	(61) Sea Bees Bungalow**	✆ 330090
㉓ Phuket Green Valley Resort		(62) Kulla Pang Ha Bung.**	
㉔ Kharon Inn H. (M)	✆ 396519	(63) Bell's Bungalow**	✆ 330858
㉕ Holiday Village**-***		(64) Kata View Point Resort**-***	✆ 330815
㉖ Tony's Home Gh.***		(65) P&T Kata House**-***	✆ 330151
㉗ Rose Inn**	✆ 396519	(66) Seawind Hotel	✆ 330564
㉘ J. J. Inn***	✆ 396935	(67) Friendship****	✆ 330499
㉙ Robin House**-***	✆ 396496	(68) Coolbreeze**-****	✆ 330484
㉚ Jor House**	✆ 396546	(68) Over Sea**	✆ 330116
㉛ Phuket Island View ab****	✆ 396452	(69) Kata Delight Villas (M)	✆ 330636
㉜ Karon View Resort **		(70) Pop Cottage, ab****	✆ 330794
㉜ Rose & Crown Gh.**		(71) Chin House*	
㉝ Karon Silver Resort***-****	✆ 396135	(72) Western Inn*	
㉝ Brazil Gh.*		(73) Kata Thani Hotel (F)	✆ 330124-7
㉞ Happy Inn Gh.***		(74) Kata Noi Riviera***	✆ 330726
㉟ Prayoon Bungalow***-****	✆ 330408	(75) Kata Noi Club***-****	✆ 330194
㊱ Ruam Thep Inn ab***	✆ 330281	(76) Tabkaew Resort****	✆ 330433
㊲ Kata Tropicana****	✆ 330141	(M) = Mittelklasse, (F) = First Class, (L) = Luxus	

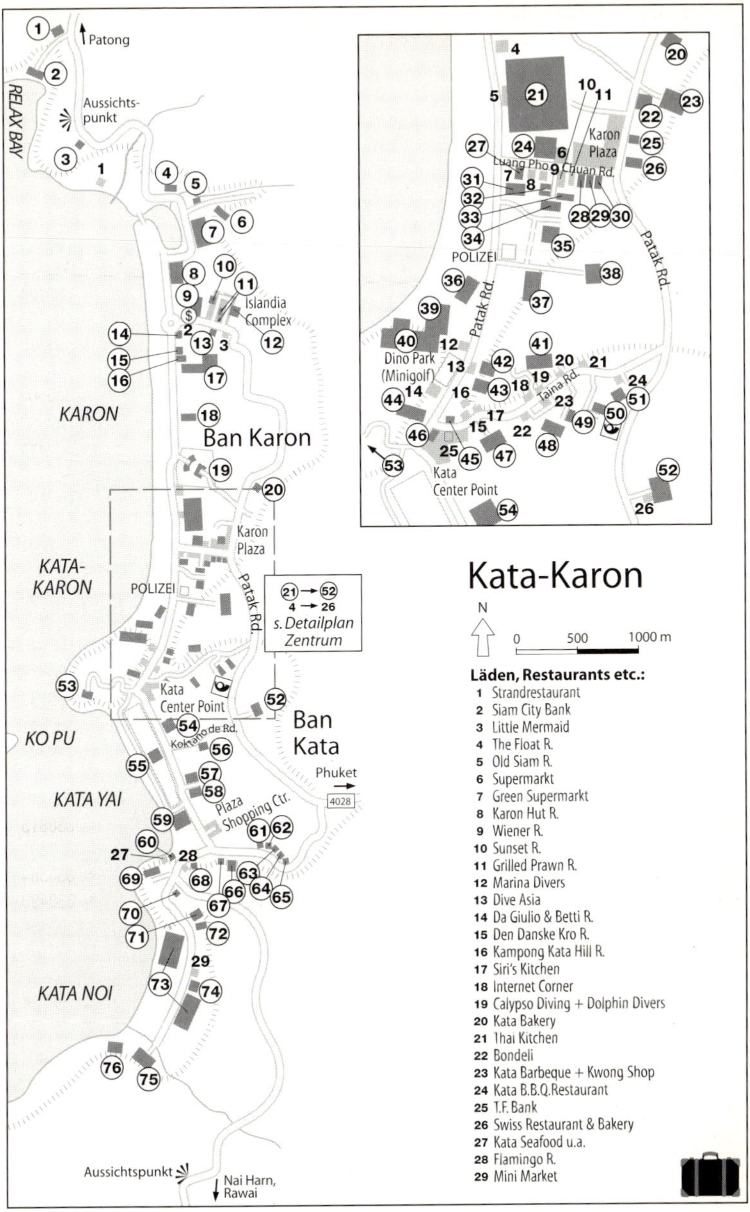

Läden, Restaurants etc.:

1 Strandrestaurant
2 Siam City Bank
3 Little Mermaid
4 The Float R.
5 Old Siam R.
6 Supermarkt
7 Green Supermarkt
8 Karon Hut R.
9 Wiener R.
10 Sunset R.
11 Grilled Prawn R.
12 Marina Divers
13 Dive Asia
14 Da Giulio & Betti R.
15 Den Danske Kro R.
16 Kampong Kata Hill R.
17 Siri's Kitchen
18 Internet Corner
19 Calypso Diving + Dolphin Divers
20 Kata Bakery
21 Thai Kitchen
22 Bondeli
23 Kata Barbeque + Kwong Shop
24 Kata B.B.Q.Restaurant
25 T.F. Bank
26 Swiss Restaurant & Bakery
27 Kata Seafood u.a.
28 Flamingo R.
29 Mini Market

Prayoon Bungalow*–****** (35), ☏/📠 330408, 6 große und kleine Bungalows am Hang, kaum Schatten, guter Meerblick.
Kata Tropicana*** (37), ☏ 330141, 📠 330408, saubere, geräumige, aber dicht beieinander stehende Bungalows mit Fan auf einer Terrasse am Hang, erstklassiges Restaurant.
Ruam Thep Inn ab*** (36), 120/4 Patak Rd., ☏ 330281, Zimmer mit Du/WC und Fan oder ac in einigen Bungalows und dem Haupthaus zwischen Straße und Strand, belebtes Restaurant.
Karon Beach Resort (39), 27 Patak Rd., ☏ 330006-7, 📠 330529, einziges Resort Hotel direkt am Strand, 79 Zimmer mit Meerblick; Restaurant; Swimming Pool.
Marina Cottage (40), 120/2 Patak Rd., ☏ 330625, 📠 330516, eine Mittelklasse-Anlage mit Charakter, große ac-Bungalows in traditioneller Thai-Architektur auf dem dschungelartig bewachsenen Hügel, 2 schöne Restaurants am Meer über den Felsen und am Pool; sehr auf die Umwelt und auf guten Service bedachtes Management.
An der Luang Pho Chuan Rd. (früher Bangla Road) liegen abseits des Strandes mehrere einfache Gästehäuser, in denen sich sparsame Traveller wohl fühlen:
J. J. Inn* (28), 102/12 Luang Pho Chuan Rd., ☏ 396935, 📠 396258, 12 gute ac-Zi mit Du/WC und Kühlschrank, gehört zum *Jor House.*
Jor House (30), 102/4 Luang Pho Chuan Rd., ☏ 396546, 📠 396258, nette, saubere Zimmer mit Bambusmattenwänden, Fan, einigen Möbeln und Du/WC; Restaurant; freundliche Besitzerin; April–Okt. geschlossen.
Robin House–**** (29),129/12 Luang Pho Chuan Rd., ☏ 396496, 📠 396734, 14 große, gemütliche Zimmer mit einem großen und einem kleinen Bett, Bambusmattenwände, Fan und saubere Du/WC; Restaurant mit mittleren Preisen; freundliche Familie.
Karon Silver Resort*–****** (33), 127/9 Luang Pho Chuan Rd., ☏ 396135, 📠 391187, ruhiges familiäres Resort, in der Sackgasse gelegen, Zimmer in zweistöckigen Häusern mit Fan oder ac, mit oder ohne Warmwasser.
Brazil GH* (33), nebenan, mit preiswerten Zimmern und freundlichen Leuten.
Happy Inn GH*** (34), am Ende der Sackgasse, 9 Bungalows in einem Palmen- und Blumengarten am Hang; familiäre Atmosphäre.

ZENTRUM – am zentralen Strand dominieren die Riesen-Luxushotels mit Massenabfertigung. Die kleineren Anlagen scheinen dem Verfall preisgegeben, wer billig übernachten will, findet an anderen Strandabschnitten bessere Möglichkeiten.
My Friend–**** (15), 36/6 Patak Rd., ☏ 396344, sehr alte Bungalows in verschiedenen Größen.
Karon Seaview Bungalows*** (18), 36/9 Patak Rd., ☏ 396798, auch wenn das Personal nicht sehr freundlich ist, so ist dies doch die einzige preiswerte, große Anlage an der Strandstraße. 70 gemauerte, dicht nebeneinanderliegende und etwas abgewohnte Bungalows mit Fan und Du/WC, Restaurant mit preiswerten Gerichten.
Karon Villa & Karon Royal Wing (17), 36/4 Patak Rd., ☏ 396139-48, 📠 396122, 324 ac-Zimmer in Bungalows und im 7stöckigen First Class-Hotelkomplex, Restaurants, 3 Pools.
Thavorn Palm Beach Hotel (21), 128/10 Patak Rd., ☏ 396090-3, 📠 396555, riesiger, 4stöckiger First Class-Hotelkomplex, 210 ac-Zimmer, 3 Restaurants; weitläufige Poollandschaft, Kindergarten mit Pool.

KARON NORD – Im Islandia Complex (Karon Center North) haben sich in den 3stöckigen Stadthäusern Kleinhotels etabliert, z.B.:
P.P. Villa Hotel**** (9), 33/111-114 Patak Rd., ☏ 396118, 📠 396461, saubere Zimmer mit Fan oder ac, im Café im Erdgeschoß gutes Frühstücksbüfett.
Southland Inn**** (9), 33/117 Patak Rd., ☏/📠 396867, Zimmer mit ac, TV und Warmwasser. Im Erdgeschoß das *California Café*.
Hinter der Lagune, die es auf dem Weg zum Strand immer erst zu überqueren gilt:
Lume & Yai Bungalows**** (6), ☏ 396383, 📠 396096, in einer ruhigen Nebenstraße am Hang, 9 Steinhäuser mit 18 gut möblierten

Doppelzimmern, z.T. mit Küche, saubere Du/WC, Terrasse, schöne Sicht auf Meer und Berge.
Phuket Ocean Resort ⑦, 9/1 Patak Rd., ✆ 396176-8, 📠 396470, Mittelklassehotel mit Balkon am Hang, schöne Sicht zum 300 m entfernten Meer; Restaurant, 2 Pools.
Phuket Golden Sand Inn ab**** ⑧, 8/6 Patak Rd., ✆ 396493, 📠 396117, Bungalows mit Fan oder ac, teure Hotelzimmer mit ac, gutes, nicht überteuertes Restaurant, schöner Pool, nahe zum Strand.
Thep Somboon Inn ab**** ③, 9/6 Patak Rd., ✆ 286030, 📠 286037, unterhalb der Straße zur Relax Bay hoch über dem Meer mit herrlicher Aussicht über die Karon Bucht (Motorrad Bucht), 16 schöne Bungalows mit ac oder Fan, Balkon, schöne Sicht; Motorrad empfehlenswert, da 2 km von Karon entfernt.

Essen

Im ***Old Siam Restaurant*** an der Strandstraße kann man in traditioneller Thai-Atmosphäre klassisch speisen, mit Aussichtsterrasse. Fürs Essen für 2 Personen muß man mit 600 Baht rechnen. Freie Abholung unter ✆ 396552. Geöffnet tgl. 12–14.30 und 18–22.30 Uhr.
The Float an der Strandstraße ist auf Seafood spezialisiert. Für ein Essen für 2 Personen berappt man etwa 500 Baht. Reservierungen unter ✆ 396552. Geöffnet tgl. 18–23 Uhr. Hervorragende, preiswerte Fischgerichte werden tagsüber im einfachen Strandrestaurant am nördlichen Ende des Strandes zubereitet.
In der vorderen Bangla Rd. haben sich hinter dem *Green Supermarket* einige Touristen-Restaurants etabliert: Im angenehm dekorierten ***Wiener*** wird neben österreichischer Küche auch gutes Seafood geboten.
Beliebt ist das ***Sunset Restaurant***. Die freundliche Bedienung serviert westliche und Thai-Küche zu etwas gehobenen Preisen.
Im ***Le Café P.P.Restaurant*** im Erdgeschoß des *P.P.Villa Hotels* wird morgens ein Frühstücksbüfett aufgebaut, das seinen Preis wert ist.
Das ***Little Mermaid***, gegenüber dem Islandia Complex, hat rund um die Uhr geöffnet, nur die Küche schließt zwischen 3 und 6 Uhr, unter dänischer Leitung.
Im ***Buffalo Steak House***, südlich vom Karon-Kreisverkehr, serviert man ausgezeichnete neuseeländische oder australische Steaks und leckeren schwedischen Apfelkuchen.
Recht preiswert ist das Essen im ***Ruam Thep Inn***, 120/4 Moo 4, Patak Road. Das Restaurant direkt am Meer gehört zur gleichnamigen Unterkunft nördlich vom großen *Marina Cottage*.

Sonstiges

GELD – Die ***Siam City Bank*** am Kreisverkehr in Karon wechselt bis 21 Uhr, außerdem ein Visa-Karten-Automat.

Nahverkehrsmittel

Gecharterte Tuk Tuks nach PHUKET TOWN für 200 Baht, PATONG ab Karon 120 Baht, ab Kata 150 Baht.
Bis zum späten Nachmittag lokale Busse für 15 Baht nach PHUKET TOWN.

Relax Bay

Diese wunderschöne, kleine Bucht (auch Karon Noi genannt) mit weißem Sandstrand liegt zwischen Karon und Patong Beach, 18 km von Phuket Town. Zu erreichen ist die Relax Bay von Karon zu Fuß (40 Min.) sowie von Karon und Patong über die neue asphaltierte Straße (3 km). Der Strand ist nicht mehr frei zugänglich und wird inzwischen als Privatstrand angesehen. Von der neuen Straße führt ein steiler Fußpfad hinunter, der etwas oberhalb vom Parkplatz beginnt.

Übernachtung

Die Relax Bay ist voll in Beschlag genommen vom Luxushotel
Le Meridien Phuket ②, 8/5 1 Karon Noi Beach, ✆ 340480, 📠 340479, eine 7stöckige

Wohnburg der Luxusklasse, geschmackvoll eingerichtete ac-Zimmer, alle mit Balkon und Meerblick; 2 Restaurants, weitläufige Pools, Kinderbecken, Fitneß-Center, viele Sportmöglichkeiten wie Tennis, Squash, Bogenschießen, Windsurfen und Segeln. Tauchschule von South East Asia Divers, ✆ 344022, ✆ 342530, E-Mail: info@phuketdive.net, Homepage: www.phuketdive.net, ärztliche Versorgung, AVIS-Autovermietung.
An der Zufahrtsstraße zum Hotel *Meridien* liegen die ***Karon Hill Bungalows**** ①, ✆ 341343, gute Bungalows mit ac.

Patong Beach

Dieser einstmals herrliche, 3 km lange Strand, 15 km von Phuket Town, wurde für den internationalen Tourismus voll entwickelt. Westliche Pauschalurlauber und Individualtouristen bevölkern die Hotel- und Bungalowanlagen, die sich über den ganzen Strand ausdehnen. Shops, Unterkünfte, Restaurants Bars und Pubs, die vor allem am Abend von alleinreisenden Männern bevölkert sind, drängen sich an der mittleren Beach Road und auf den etwa 300 Metern der Bangla Road. Auch Ehepaare, Familien und Senioren kommen auf ihre Kosten, wenn sie sich an dem Nachtleben nicht stören, denn der Ort hält ein breites Angebot an Einkaufs-, Essens- und Ausflugsmöglichkeiten bereit. Tagsüber können sich aktive Urlauber mit Windsurfen, Fallschirmsegeln Schnorcheln, Segeln, Tauchen, Jeep- und Motorradfahren vergnügen. Weniger Sportliche machen ein paar Schwimmzüge im ruhigen Wasser, legen sich in die Sonne, hängen an der Pool-Bar herum, lesen heimische Tageszeitungen, lassen sich massieren oder schlagen die Zeit tot – ein Strand für ganz normalen Erholungsurlaub also. Die Preise sind kaum höher als an den Stränden weiter im Süden. Das Angebot ist vielfältiger und völlig dem westlichen Geschmack angepaßt.Patong hat sich zu einer pulsierenden Stadt entwickelt. Überall entstehen Einkaufsarkaden und neue Blocks mit Stadthäusern, die an anderer Stelle bereits wieder dem Verfall preisgegeben sind, was ein Gefühl von Schnellebigkeit hinterläßt. Am Abend drängen sich die Touristen auf den Gehsteigen. Pickups, Minibusse und Mopeds quälen sich durch die schmalen Straßen. Zuweilen scheint der Strand vor Menschen überzuquellen.

Die Wasserqualität ist nicht mehr die beste, das Meer wirkt zu bestimmten Jahreszeiten trüb, zu anderen kann es aber strahlend blau sein. Von einem Urlaubsort am Mittelmeer unterscheidet sich Patong äußerlich kaum. Allenfalls das Preisniveau liegt immer noch beträchtlich niedriger.

Di, Do und Sa findet auf dem Platz des Patong Center Point ein großer **Markt** statt, bei dem neben Obst und Gemüse auch Haushaltswaren und Textilien angeboten werden.

Ein Abenteuer-Minigolfplatz **Pirates Cove** mit zwei 18-Loch-Parcours durch eine lustige Dschungel- und Piratenwelt bietet an weniger heißen Tagen eine vergnügliche Abwechslung zum Strand. Geöffnet von 10–23 Uhr.

Die hübschen Strände der **Freedom** und **Emerald Bay** im Südwesten von Patong werden oft mit Booten angefahren, um dort zu schnorcheln, zu tauchen oder ein Picknick zu veranstalten. Auch mit dem Jeep, dem Motorrad oder zu Fuß sind sie auf sehr steilen Fahrwegen erreichbar. Zu Fuß kann man zur Emerald Bay auch bequem durch das Gelände *des Coral Beach Hotels* wandern.

Nördlich von Patong, hinter dem ersten Felsen, der eine schöne Sicht auf den Badeort bietet, erstreckt sich entlang der Küstenstraße die **Kalim Bay**. Der flache, von Felsen durchsetzte Strand eignet sich weniger zum Schwimmen. Daher sind fast alle Unterkünfte mit einem Pool ausgestattet.

Übernachtung

PATONG BEACH – Fast 100 Unterkünfte bieten über 6000 Zimmer an, vom einfachen Gästehaus bis zum voll klimatisierten First Class-Hotel. Für Billigreisende gibt es kaum ein Plätzchen. Da die meisten Anlagen nah beieinander liegen, dürfte es nicht schwerfallen, die geeignete zu finden.

In der Regenzeit von Mai bis Oktober kann man bis zu 50% Rabatt erhandeln, aber auch schon außerhalb der absoluten Hochsaison um Weihnachten und Neujahr sind Rabatte möglich. Fast alle Hotels und Bungalows liegen, nur durch die Straße getrennt, 20 bis 600 m vom Strand entfernt. Vorsicht vor Schleppern, die mit einem Lotteriegewinn von einer Woche kostenloser Übernachtung Kunden für ein Time-Sharing-Hotel zu ködern versuchen!

Gästehäuser und Pensionen: An der Rat Uthit Rd., die etwa 400 m im Land parallel zum Strand verläuft, und in ihren Seitengassen werden in mehreren Stadthäusern relativ günstige Zimmer vermietet.

In der Hochsaison kosten sie mit Fan etwa 600 Baht, mit ac 800 Baht, in der Nebensaison sind sie erheblich preiswerter. Von Norden nach Süden:

AA Villa*–***** ⑪, 33/33-36 Rat Uthit Rd., ✆ 342465, ℻ 341080, vierstöckiges Haus, einfache Zimmer mit Du/WC, bei Skandinaviern beliebt.

P.S. 2 Bungalow*–***** ⑯, 178/54 Rat Uthit Rd., ✆ 342207, einfache, saubere Doppelbungalows mit Fan oder ac und Du/WC und ein neueres zweistöckiges Haus. Die hinteren Häuser liegen recht ruhig rings um einen Garten.

Baan Orchid–***** ⑮, 71/4-10 Rat Uthit Rd., ✆ 340790, ℻ 340033, kleine Anlage um einen Garten mit deutschem Management, Bungalows z.T. mit Warmwasserdusche, Kühlschrank und Video.

Berliner Gasthaus Mon Bijou*** ⑳, 72/5 Rat Uthit Rd., ✆/℻ 344201, 8 nett eingerichtete Zimmer mit Du/WC und ac, TV und Kühlschrank um einen Innenhof, der als Restaurant dient. Helga, die gute Seele des Hauses, kümmert sich um das Wohl ihrer Gäste.

Odin's GH* ㉓, 78/59-68 Rat Uthit Rd., ✆ 340732, ruhige Zimmer in einem Stadthaus mit Fan oder ac und Du/WC.

Malika Mansion*** ㉒, 77/30 Rat Uthit Rd., ✆ 341585, 8 Zimmer mit ac in einem Stadthaus; Jeep- und Motorradvermietung. Nebenan das

Three O GH** ㉒, ✆ 341646, 4 große Zimmer mit Fan, Du/WC außerhalb, und das

S.T. Mansion*** ㉒, ✆ 340230, Zimmer mit ac.

Boomerang Inn*** ㉕, 77/57-58 Rat Uthit Rd., ✆ 342182, in einem Stadthaus der überwiegend leerstehenden Häuserzeile, Zimmer hinter der Bar mit Fan oder ac, TV und Kühlschrank. Freundliche Thai-englische Leitung.

Jaranya GH*** ㉜, 38/88-97 Sai Nam Yen Rd., ✆ 341131, ✆ 221517, großes, zentral und dennoch recht ruhig gelegenes Haus, zweckmäßig eingerichtete Zimmer mit ac und TV, Restaurant im Erdgeschoß.

Chanathip GH*–***** ㊲, 53/7 Rat Uthit Rd., ✆ 294087, ℻ 294088, kleine Pension, saubere Zimmer mit Du/WC, Fan oder ac, Warmwasser und Kühlschrank, Satelliten-TV; nette Besitzer, günstige Vermietung von Jeeps.

Capricorn's Village** ㊺, 82/29 Rat Uthit Rd., ✆/℻ 340390, nette Bungalowanlage mit Garten, Zimmer mit Fan, unter italienischer Leitung.

In verschiedenen Häusern des Paradise Complex werden preiswerte Zimmer vermietet. Allerdings sollten potentielle Gäste zur Gruppe der Nachtschwärmer gehören, denn vor 2 Uhr wird es hier selten ruhig. Im hinteren Bereich liegt:

Asia GH*–***** ㊽, ✆ 340963, ℻ 340962, laute, billige Zimmer und Schlafsaal; ziemlich heruntergekommen, billiges Restaurant; ac-Zimmer in einem zweiten Gebäude gegenüber dem *Royal Paradise Hotel*.

C & N Bungalows & Mansion*–***** ㊾, ✆ 340475, ℻ 341896, komfortable Zimmer, z.T. ac, im 4stöckigen Haus, dahinter im Viereck angeordnete Bungalows mit einfachen Zimmern mit Fan, Du/WC und Terrasse.

Charlis GH** (55), Soi Sansabai, ✆/℻ 340202, ruhiges Stadthaus, Zimmer mit Fan und teure mit ac, Restaurant, schwedische Leitung. Nebenan

Casa Summer Breeze*** (57), Soi Sansabai, ✆ 340464, ℻ 340493, unterschiedliche Zimmer mit ac.

PHUKET UND DIE NÖRDLICHE WESTKÜSTE

Übernachtung:

①	Nerntong Resort****	✆ 340571
②	The Orchid ab****	✆ 340496
③	Ban Kalim	
④	The Residence Kalim Bay (L)	✆ 342211
⑤	Patong Lodge (M)	✆ 341020
⑥	Gh. California	
⑦	Diamond Cliff (L)	
⑧	Novotel Phuket (L)	
⑨	Kalim Gh. (M)	
⑩	Panorama Beach Club (M)	
⑪	AA Villa***_****	✆ 342465
⑫	Southern Cross	
⑫	White Gh.	
⑬	Sunset Mansion ab***	✆ 340516
⑭	Eden Bungalows (M)	✆ 01-2291510
⑮	Baan Orchid**_****	✆ 340790
⑮	Patong Penthouse ab****	✆ 340350
⑯	P.S. 2 Bungalow***_****	✆ 342207
⑰	Shamrock Park Inn***	
⑱	Swiss Palm Beach (M)	✆ 342099
⑲	Patong Palace H.	
⑳	Berliner Gasthaus Mon Bijou****	✆ 344201
㉑	Beau Rivage***_****	✆ 340725
㉒	Malika Mansion****	✆ 341585
㉒	S.T. Mansion****	✆ 340230
㉒	Three O GH***	✆ 341646
㉓	Odin's GH**	✆ 340732
㉔	Patong Grand Condotel	✆ 342201
㉕	Boomerang Inn****	✆ 342182
㉖	Phuket Andaman (F)	
㉗	Patong Condotel	
㉘	Club Andaman Beach Resort (F)	✆ 340361
㉙	Patong Bayshore (M)	
㉚	Casuarina (F)	
㉛	Patong City Hotel****	✆ 342150-6
㉜	Jaranya GH****	✆ 341131
㉝	Phuket Cabana (F)	✆ 340138-40
㉞	Thara Patong (M)	
㉟	Porn Phanteep GH****	✆ 343037
㊱	Patong Beach Bungalows (F)	✆ 340117
㊲	Chanathip GH***_****	✆ 294087
㊳	Nippa Villa****	
㊴	Vises H. (M)	
㊵	The Royal Crown H.	
㊶	The Beach Resortel (F)	
㊷	Patong Bay Garden Resort (F)	✆ 340297
㊸	K.S.R. Bungalow***	
㊹	Patong Villa (M)	
㊺	Capricorn's Village***	✆ 340390
㊺	Jintana Patong H. (M)	
㊺	Neptuna Hotel (M)	
㊻	K. Hotel****	
㊼	The Royal Paradise Hotel (F)	
㊽	Asia GH***_****	✆ 340963
㊾	C & N Bung.***_****	✆ 340475
㊾	P.S. 1 Hotel (M)	✆ 340184
㊿	Patong Bay Inn****	✆ 340404
㊿	Sandy House****	✆ 340458
(51)	Safari Beach H. (M)	
(52)	Nordic Bungalow***	
(53)	Expat****	✆ 342143
(54)	Suksan Mansion	
(54)	Villa Swiss Garden	
(55)	Charlis GH***	✆ 340202
(56)	Sand Inn (M)	✆ 340275
(57)	Casa Summer Breeze****	✆ 340464
(58)	The Andaman (F)	
(59)	Sand Bungalows***_****	✆ 342949
(60)	Tropica Bungalow (M)	✆ 340204-5
(61)	Baan Sukhothai (L)	✆ 340195
(62)	Patong Inn ab****	
(63)	Patong Beach H. (F)	
(64)	Patong Resort Pavilion (F)	
(65)	Patong Resort (F)	✆ 340551-4
(66)	Banthai Beach Resort (F)	✆ 340328
(67)	Royal Palm Resort (M)	
(68)	Cosmos Inn***	✆ 292074
(69)	B&B GH***_****	✆ 292147
(70)	Sea Sun Sand****	3343047
(71)	ABC GH****	
(72)	Orange GH**_***	✆ 340651
(73)	Dive Inn****	✆ 341927
(74)	Holiday Inn (F)	
(75)	Comfort Inn (M)	
(76)	Andaman Orchid (F)	
(77)	Golden Land Plaza (M)	
(78)	Patong Merlin (F)	
(79)	Holiday Resort ab****	
(80)	Thamdee Inn****	
(81)	Coconut Cottage Hotel****	✆ 340702
(82)	Seapearl (L)	✆ 341901
(83)	Seagull Cottage ****	✆ 340238
(84)	Barli House (M)	
(84)	Phairin Beach Hotel (M)	✆ 340601
(85)	Swiss Hotel (M)	✆ 321522
(86)	Nilly's Marina Inn ab****	
(87)	Patong B&B ab****	✆ 340819
(88)	Lydia's ab****	
(89)	Seaview (M)	
(90)	Amari Coral Beach Resort (M)	✆ 340106
(91)	Duangjit Resort (M)	✆ 342090-4
(92)	Coconut Village Resort (M)	✆ 340146-9
(93)	Le Jardin Bung. + Rest.	
(94)	Phuket Palace Condotel	
(95)	Patong Hill Estate	

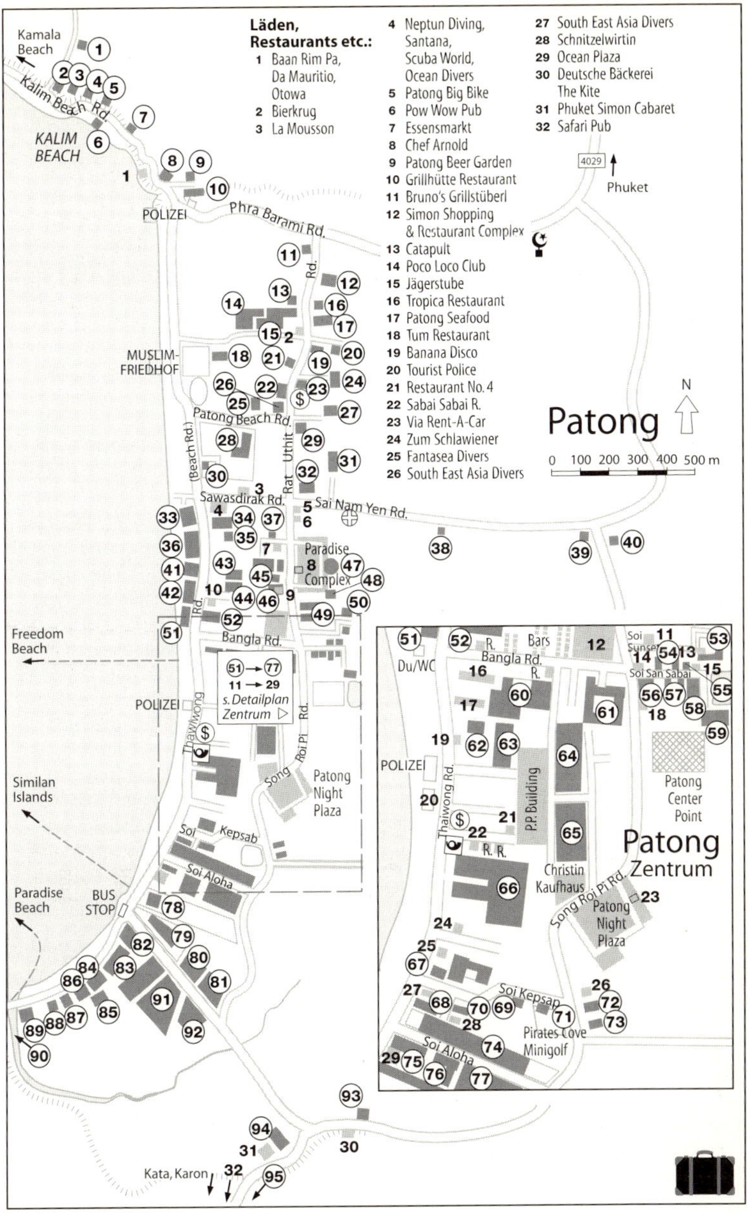
Läden, Restaurants etc.:
1 Baan Rim Pa, Da Mauritio, Otowa
2 Bierkrug
3 La Mousson
4 Neptun Diving, Santana, Scuba World, Ocean Divers
5 Patong Big Bike
6 Pow Wow Pub
7 Essensmarkt
8 Chef Arnold
9 Patong Beer Garden
10 Grillhütte Restaurant
11 Bruno's Grillstüberl
12 Simon Shopping & Restaurant Complex
13 Catapult
14 Poco Loco Club
15 Jägerstube
16 Tropica Restaurant
17 Patong Seafood
18 Tum Restaurant
19 Banana Disco
20 Tourist Police
21 Restaurant No. 4
22 Sabai Sabai R.
23 Via Rent-A-Car
24 Zum Schlawiener
25 Fantasea Divers
26 South East Asia Divers
27 South East Asia Divers
28 Schnitzelwirtin
29 Ocean Plaza
30 Deutsche Bäckerei The Kite
31 Phuket Simon Cabaret
32 Safari Pub
Kamala Beach
Kalim Beach Rd.
KALIM BEACH
POLIZEI
Phra Barami Rd.
4029
Phuket
Rat Uthit Rd.
MUSLIM-FRIEDHOF
Patong Beach Rd.
(Beach Rd.)
Sawasdirak Rd.
Sai Nam Yen Rd.
Paradise Complex
Patong
N
0 100 200 300 400 500 m
Freedom Beach
Bangla Rd.
51 → 77
11 → 29
s. Detailplan Zentrum ▷
Thawiwong Rd.
Song Roi Pi Rd.
Patong Night Plaza
Similan Islands
Soi Kepsab
Soi Aloha
Paradise Beach
BUS STOP
Kata, Karon
Bars
Soi Sunset
Soi San Sabai
Du/WC
R.
P.P. Building
Patong Center Point
R. R.
Christin Kaufhaus
Patong Zentrum
Soi Kepsap
Pirates Cove Minigolf

Sea Sun Sand**** ⑦⓪, 116/30-35 Soi Kepsap, ✆/℻ 343047, 3stöckiges Stadthaus, 100 m vom Strand, ac-Zi in der 2. und 3. Etage im Viereck, dazwischen ein Rasengarten; Bar in der Lobby, Satelliten-TV.
Weitere Zimmervermietungen in der Soi Ketsap z.B. im
Cosmos Inn*** (68), ✆/℻ 292074, 23 Zimmer mit ac, TV, Kühlschrank und Warmwasser, dem
B&B GH***–**** (69), ✆/℻ 292147, Neubau einige Häuser weiter, und
ABC GH (71), in einem neuen Shop House.
Orange GH**–*** (72), 113/8 Song Roi Pi Rd., ✆ 340651, Zimmer mit Fan oder ac und Du/WC in einem Stadthaus. Im gleichen Block wird das
Dive Inn**** (73), ✆ 341927, ℻ 342453, von der Tauchschule als Unterkunft für ihre Gäste genutzt.
Im Zentrum nahe dem Strand:
Porn Phanteep GH**** (35), Mu 3, 83/73 Thawiwong Rd., ✆ 343037, sehr zentral und dennoch ruhig um einen Hof stehen ein neues zweistöckiges Gebäude und ältere einstöckige Häuser, Zi mit Du/WC und Fan oder ac.
Patong Bay Inn**** (50), ✆ 340404, und
Sandy House**** (50), ✆ 340458, Kleinhotels in der Einkaufsarkade zwischen Strand und Straße, Zimmer mit ac und Du/WC (im Sandy sogar Badewanne und Zimmer mit *Seaview)*.
Patong B&B ab**** (87), 103/10 Thawiwong Rd., ✆ 340819, ℻ 340818, kleines Haus unter britischer Leitung, trotz des Namens ist im Preis kein Frühstück enthalten.
Untere Mittelklasse: Hier sind viele Reisegruppen untergebracht, wobei sich Österreicher besonders im nördlichen Patong wohlzufühlen scheinen.
Eden Bungalow-Hotel (14), ✆ 01-2291510, ℻ 340944, komfortable Mittelklasse-Bungalows und Reihenhäuser mit Fan oder ac und Warmwasser, ruhig gelegen am Nordrand von Patong, tropischer Garten, Pool, 200 m vom Strand; österreichische Leitung.
Patong Penthouse ab**** (15), ✆ 340350, ℻ 340349, Bungalows mit Fan oder ac in einer weitläufigen Gartenanlage mit Pool und Restaurant, unter österreichischer Leitung.
Beau Rivage***–**** (21), 77/15 Rat Uthit Rd., ✆ 340725, ℻ 340785, neues Haus, Zimmer mit ac oder Fan.
Patong City Hotel**** (31), ✆ 342150-6, ℻ 431202, neues 9stöckiges Hotel, 600 m vom Strand, 114 Zimmer mit ac und Du/WC.
P.S. 1 (49), 50/2 Mu 3, Rat Uthit Rd., ✆ 340184, ℻ 341097, neues, zentral gelegenes Mittelklasse-Stadthotel, kleine Zimmer mit ac, Du/WC und z.T. Balkon.
Expat**** (53), Soi Sunset, am Ende der Barstraße, ✆ 342143, ℻ 340300, 2- bis 3stöckiges Gebäude, hufeisenförmig um einen tropischen Garten mit Pool gebaut, gute, kleine, etwas dunkle Zimmer mit Fan oder ac; beliebte Bar, Restaurant; Satelliten-TV; englische Leitung.
Sand Bungalows***–**** (59), 65/49 Soi San Sabai, ✆ 342949, ℻ 340273, am Ende der Soi Sansabai, ländlich und ruhig hinter einem See, 23 Bungalows mit Fan oder ac, z.T. mit Küche; offener Coffee-Shop; Vermietung auch monatlich. Die Bungalows gehören zum
Sand Inn (56), 93/35 Rat Uthit Rd., ✆ 340275, ℻ 340273, einem Block an der lauten Straße, Mittelklasse-Zimmer mit ac, Du/WC und TV für 1500 Baht, im Erdgeschoß ein *Euro Deli*.
Tropica Bungalow (60), ✆ 340204-5, ℻ 340206, herrliche, erstaunlich ruhige und liebevoll gepflegte Gartenanlage im Zentrum, 30 m vom Strand, einfaches Mittelklassehotel mit ac-Zimmern und unterschiedlichen ac-Bungalows; 2 hervorragende Restaurants; unter der Leitung eines deutschen Künstlers.
Seagull Cottage ab**** (83), 103 Thawiwong Rd., ✆ 340238, ℻ 340239, eine der preiswerteren Unterkünfte an diesem Strandabschnitt, dicht aneinandergereihte Bungalows um eine Wiese, einfache Zi mit Du/WC und ac.
Obere Mittelklasse: In dieser Kategorie finden sich vor allem die typischen Pauschalhotels für Urlauber, u.a.:
Swiss Palm Beach (18), ✆ 342099, ℻ 342098, neue Hotelanlage, um einen Garten mit Pool

angelegt, 36 Apartments von 90 qm mit Terrasse, 2 ac-Schlafzimmer, Bad, Küche, Eßecke und Wohnraum mit TV und Video; 150 m vom Strand; Schweizer Leitung.
Patong Resort (65), ✆ 340551-4, 📠 340189, im Zentrum an der Bangla Road in einer Seitengasse, 2stöckiges Hotel, um den Pool gebaut, 180 komfortable ac-Zimmer. Daneben liegt das dazugehörige 7stöckige ***Patong Resort Pavilion*** (64).
Phairin Beach Hotel (84), 106/3 Tawiwong Rd., ✆ 340601, 📠 340522, 3stöckiges, sauberes Reihenhaus, Zimmer mit ac, Warmwasser und TV, oben schöne Sicht zum Strand, liebevoll eingerichtet, unter italienischer Leitung.
Swiss Hotel (85), 106/8 Tawiwong Rd., ✆/📠 321522, kleines vierstöckiges Hotel, Zimmer unterschiedlicher Größe und Ausstattung mit Balkon und Meerblick.
Amari Coral Beach Resort (90), ✆ 340106, 📠 340115, am südlichen Ende der Patong Bucht am steilen Hang, schmaler Sandstrand, schöne Sicht über den 800 m entfernten Patong Strand, 200 ac-Zimmer; Restaurants, 2 Pools.
Duangjit Resort (auch: *Palm Paradise Resort*) (91), ✆ 342090-4, 📠 340288, in der viel befahrenen südlichen Seitenstraße, schön gestalteter Garten mit vielen Palmen, 2 U-förmig um Pools gebaute 2stöckige Hotelanlagen, 173 komfortable ac-Zimmer mit Balkon oder Terrasse; gutes Restaurant.
Coconut Village Resort (92), ✆ 340146-9, 📠 340144, daneben, 2stöckiges Hotel, 80 nette ac-Zimmer mit Balkon oder Terrasse; Pool in der Mitte. Billiger sind die Zimmer im dazugehörigen ***Coconut Cottage Hotel******* (81), ✆ 340702, 📠 340144.
First Class-Hotels: Am Strand liegen vor allem Hotels der gehobenen Preisklasse, u.a.:
Phuket Cabana (33), ✆ 340138-40, 📠 340178, frisch renovierte ac-Reihenbungalows mit Terrasse direkt am Strand, Pool.
Patong Beach Bungalows (36), ✆ 340117, 📠 340213, eng bebaute Anlage, 34 komfortable ac-Bungalows, deren Preis mit zunehmender Nähe zum Strand steigt, Pool.
Patong Bay Garden Resort (42), ✆ 340297, 📠 340560, Mittelklasse-Anlage mit großem Garten, 70 Zimmer und Suiten (für Familien geeignet) mit ac, Restaurants, Pool.
Etwas Besonderes sind folgende Anlagen:
Club Andaman Beach Resort (28), ✆ 340361, 📠 340527, am nördlichen Ende des Strandes in einem gepflegten, weitläufigen, tropischen Garten, 7stöckige Hotelanlage und 50 rustikale Bungalows im Thai-Stil, 251 ac-Zi mit Balkon oder Terrasse; 2 Restaurants, großzügig gestaltete Poollandschaft, Kinderbecken.
Banthai Beach Resort (66), Thawiwong Rd., ✆ 340328, 📠 340330, große First Class-Anlage mit Thai-Stil Bungalows, Pool und Läden; abends klassische Thai-Tänze.
Seapearl (82), 101 Thawiwong Rd., ✆ 341901, 📠 341122, in diesem durchgestylten Hotel sind Zimmer kaum unter 4000 Baht zu bekommen – entsprechender Luxus wird auf relativ engem Raum geboten.
Apartments: Viele Häuser, Zimmer und Apartments werden günstig in der hinteren Straße, der Na Nai Road, für einen längeren Aufenthalt vermietet, entsprechende Schilder hängen aus. Etwas luxuriöser und teurer sind:
The Residence Kalim Bay (4), ✆ 342211, 📠 342213, luxuriöse ac-Apartments von 100 qm mit großem Balkon, 2 Schlafzimmer, Wohnraum mit TV und Video, Bad, Küche; Swimmingpool, Restaurant; 50 m vom Felsenstrand. Skandinavische Leitung.
Sunset Mansion ab*** (13), 73/24-25 Rat Uthit Rd., ✆ 340516, 📠 340735, Apartments von 85 qm mit Balkon, 2 ac-Schlafzimmern, Wohnraum mit TV und Video, 2 Bädern, Küche, auch kleinere, billigere Zi mit Fan oder ac; Pool, Coffee Shop, Bar; 500 m vom Strand.
Patong Grand Condotel (24), ✆ 342201, 📠 342205, Hochhaus mit Eigentumswohnungen, die auf monatlicher Basis vermietet werden; kleine Apartments mit Fan oder ac, Bad, Kühlschrank und TV; Restaurant, Pool.
Baan Sukhothai (61), Bangla Rd., ✆ 340195, 📠 340197; im Zentrum, schöne Thai-Stil-Bungalows, z.T. Apartments mit Küche und Waschmaschine.

KALIM BEACH – An der zum Baden kaum geeigneten felsigen Küste im Norden liegen u.a.:

Patong Lodge ⑤, ✆ 341020, ℻ 340287, 3stöckiges Hotel am Hang, 130 ac-Zimmer mit Balkon oder Terrasse, Restaurant, Swimmingpool mit Kinderbecken.

The Orchid ab**** ②, ✆ 340496, ℻ 342438, luxuriöses Gästehaus, 12 ac-Zimmer und Suiten mit schöner Sicht; Coffee Shop, Pool.

Nerntong Resort**** ①, ✆ 340571, ℻ 342387, am Hang in einem üppigen tropischen Garten, sehr ruhig und abgelegen am Ende des Kalim Beach, 300 m vom Meer, Häuschen mit Fan, ac-Bungalows, mit Bad, Warmwasser, Kühlschrank; Restaurant, Pool, Jacuzzi, traditionelle Kräutersauna.

Essen

Die Möglichkeiten zum Frühstücken sind nicht so gut wie in Kata. Die meisten Gästehäuser und Hotels servieren das übliche Ei-und-Toast-Frühstück.

In der ***Deutschen Bäckerei*** am Südende der Na Noi Rd. bekommt man deutsches Frühstück sowie echt deutsches Brot und Kuchen.

Im ***Safari Beach Hotel*** wird ein gutes Frühstücksbüffet angeboten.

Der ***Euro Deli*** im *Sand Hotel*, ein nett eingerichtetes Selbstbedienungs-Café an einer verkehrsreichen Ecke, offeriert Frühstück, Sandwiches und Kuchen.

Mittags verlassen nur wenige den Strand, und wer nicht von den fliegenden Händlern mit Sandwiches, Obst und gekühlten Getränken versorgt wird, sucht höchstens eines der strandnahen Restaurants für einen Imbiß auf.

Bereits mittags beliebt ist die Beachbar des ***Paradise*** neben dem *Holiday Inn*.

Nach Sonnenuntergang scheinen alle Touristen auf den Beinen, um ein Restaurant für den Abend zu suchen. Viele lassen sich dabei von den leckeren (aber teuren) Auslagen vor den Seafood-Restaurants an der Thawiwong Rd. anlocken.

Das von *Giorgio* geleitete ***Tropica Restaurant*** und ***Patong Seafood*** im tropischen Garten des *Tropica* ist sehr beliebt; Reservierungen unter ✆ 341193. Geöffnet tgl. 8–23 Uhr.

Etwas preiswerter ist Seafood im ***Restaurant No. 4*** am Ende der Soi Post Office, auch wenn der Service zu wünschen übrig läßt.

Andere bevorzugen heimisches Essen, und so treffen sich die Deutschen bei

Chef Arnold im Paradise Complex,

der ***Bierkutsche*** gegenüber dem *Baan Sukhothai* oder

der ***Jägerstube*** in der Soi San Sabai.

Patong Beer Garden, 82/47 Rat Utit Rd., im *K-Hotel*, offeriert gute österreichische Küche, gehobenes Preisniveau. Im Garten kann man angenehm sitzen.

Im ***Bierkrug***, Rat Uthit Rd., wird an einigen Tagen ein BBQ veranstaltet, deutsches Bier. Für Heimwehkranke gibt es Sportfernsehen und deutsche Spielfilme.

Viele kleine, einfache Restaurants konzentrieren sich in der Soi Post Office (Soi Permpongpatana). Italiener bevorzugen die zahlreichen Pizzerien. Hier auch das

Sabai Sabai, sehr gute, preiswerte Thai-Gerichte und Steaks. In der Hochsaison warten die Gäste auf der Straße auf freie Plätze, schneller Service.

Auf dem großen ***Essensmarkt*** in der Rat Uthit Rd. sitzen vor allem Touristen an langen Tischen zwischen den Garküchen, in denen gebraten und gegrillt wird. Es ist heiß, aber die Atmosphäre stimmt – da stört es nur wenige, daß vor allem beim Seafood kräftig abgezockt wird. Angenehmer sitzt man an den ***Essenständen*** in der kleinen Soi, die hinter den Tropica Bungalows von der Bangla Rd. abgeht. Hier essen viele Mädchen aus den gegenüberliegenden Bars.

Wer einen Grund zum Feiern hat oder bereit ist, für ein gutes Essen etwas mehr auszugeben, findet in Patong einige hervorragende Restaurants mit verschiedenen Küchen:

Drei Restaurants liegen auf den Felsen am Kalim Beach und bieten neben einem kulinarischen Erlebnis eine herrliche Sicht. Frühzeitige Reservierung für alle 3 Restaurants unter ✆ 342460, vor allem in der Saison zu empfehlen.

Das stilvoll dekorierte ***Baan Rim Pa*** bietet Thai-Gerichte der absoluten Spitzenklasse. Ein Menü mit 5 Gerichten kostet um 400 Baht p.P.

Das ***Otowa*** serviert nebenan Sushi und andere authentisch japanische Spezialitäten.

Da Maurizio, das dritte Restaurant, hat sich der italienischen Küche verschrieben.

La Mousson in der Sawasdirak Rd. ist das beste französische Restaurant der Insel. Der Chef wartet nicht nur mit einer hervorragenden Küche, sondern auch einem gut sortierten Weinkeller auf.

Im ***Royal Kitchen*** unter dem Dach des *Royal Paradise Hotel*, ✆ 340666, wird chinesisch gekocht, gute kantonesische Küche und Peking-Ente, phantastische Aussicht.

Das ***Luang Sawan Restaurant*** an der Straße zur Kamala Beach bietet eine tolle Aussicht.

Unterhaltung

Unterhaltung gibt es mehr, als so mancher ertragen kann. Ob Bier-, Video- oder GoGo-Bars, Kneipen, Discos oder Bordelle – hier wird jeder fündig.

DISCO – ***Banana Disco*** im Zentrum an der Thawiwong Rd., recht finster und kalt, hier wird es erst nach Mitternacht richtig voll. Geöffnet von 21–2 Uhr, der dazugehörige Pub öffnet bereits mittags.

Eine phantastische Disco ist der ***Safari Pub*** auf einem Hügel an der Straße nach Karon: der Traum eines Romantikers wurde wahr! Alles ist aus Naturmaterialien erbaut und mit vielen Pflanzen und originellen Tonfiguren dekoriert. Live-Bands von 22–2 Uhr. Geöffnet tgl. 20–3 Uhr.

LIVE-MUSIK – Die Piano Bar im ***Baan Rim Pa*** ist etwas Besonderes. Hier unterhält Tommy Doyle jeden Di bis So Abend die Gäste.

TRAVESTIESHOW – ***Phuket Simon Cabaret***, an der Straße Richtung Karon Beach. Eine professionell gestaltete Transvestitenshow, herrliche Bühnenbilder, gekonnte Dramaturgie, phantastische Licht- und Sound-Effekte. Vorstellungen um 19.30 und 21.30 Uhr, Reservierung unter ✆ 342114, 📠 340437.

Sonstiges

AUTOVERMIETUNG – ***Phuket Rent A Car*** in der Thawiwong Rd., ✆ 321292.

VIA Rent A Car, 189/6 Rat Uthit Rd., ✆ 341660, 📠 341661, E-Mail: via-cars@phuket.com, vermietet günstig Kleinwagen mit erstklassiger Versicherung, z. B. 3–6 Tage 850 Baht/Tag, geöffnet tgl. 8–20 Uhr.

Avis hat Niederlassungen im *Holiday Inn*, ✆ 321020, und im *Phuket Cabana*, ✆ 340138. Außerdem werden am Strand und bei den Gästehäusern *B & B* und *Chanathip* Jeeps ab 800 Baht vermietet, die allerdings nicht ausreichend versichert sind. Ansonsten kosten Mietwagen meist um 1000 Baht.

BANKEN – Zahlreiche Wechselstuben und Banken im Zentrum und an der Rat Uthit Rd. wechseln tgl. von 9.30–20 Uhr Geld und Travellers Cheques. Spätabends sind noch die Wechselschalter in der Bangla Rd. geöffnet.

BOOTSFAHRTEN – Von November bis März verkehren Longtail-Boote vom Strand bei der *Police Box* zum Freedom Beach (400 Baht für 1–3 Personen). Von April bis Oktober fahren Longtail-Boote von der Brücke am Südende des Strandes zum Paradise Beach (400 Baht für 1–3 Personen).

BUNGY JUMPING – Wer den großen Nervenkitzel sucht, kann bei ***Tarzans***, ✆ 321351, an der Zufahrtsstraße zum Patong Beach in der Saison tgl. von 10–22 Uhr aus 50 m Höhe, mit einem Gummiseil gesichert, in die Tiefe springen. In der Soi Sunset außerdem ein 40 m hohes ***Catapult***, von dem der Sprung 600 Baht kostet.

DRACHEN – Im Drachenladen ***The Kite*** bei der Deutschen Bäckerei am Südende der Na

Noi Rd. kann man bunte Kunststoffdrachen erwerben und sie am Strand steigen lassen.

ELEFANTENREITEN – an der Kalim Bay bei ***Patong Elephant Treks***, ✆ 290056, tgl. 8–18 Uhr, bei ***Adventure Safaris***, ✆ 341988 und 341746, sowie von vielen anderen Stellen an der Straße nach Kamala und Kata. Normalerweise führt der kurze Ausritt durch ehemalige Gummiplantagen. Für eine einstündige Tour sind etwa 1000 Baht zu zahlen. Viele Unternehmen sind nicht registriert und operieren illegal.

MEDIZINISCHE VERSORGUNG – ***Hospital*** an der Sai Nam Yen Road für eine Notversorgung. Bessere Behandlung erfährt man jedoch in den Krankenhäusern von Phuket. ***Dr Prame Ittipongse***, eine deutschsprechende Ärztin, praktiziert vor dem *Patong Beach Hotel* in 94 Thawiwong Rd., ✆ 341276, tgl. 10–13 und 18–20 Uhr.

MOTORRÄDER – Über 100 Motorräder, darunter auch 250cc und 1200cc-Maschinen, vermietet ***Patong Big Bike*** an der Thawiwong Rd., ✆ 340380. 100cc-Maschinen kosten 200 Baht pro Tag, bei 125cc 300 Baht.

POST – Im Zentrum, schräg gegenüber von der *Police Box*. Geöffnet 8.30–12 und 13–16.30, feiertags 9–12 Uhr. Ein neues Hauptpostamt ist neben der Siam Commercial Bank in der Rat Uthit Rd. geplant.

REISEBÜROS – Ein gutes Dutzend Büros preist Ausflüge zu allen denkbaren Attraktionen an, meist zu günstigeren Preisen als die *Travel Counter* in den Hotels.

SAUNA – ***Hide Away Herbal Sauna***, Soi Na Nai, ✆ 340591, eine Oase der Ruhe am Fuß der bewaldeten Hügel, abseits des Trubels. Nach einer entspannenden Kräutersauna und der Abkühlung im Pool (im tropischen Klima allerdings nicht so effektiv wie der Sprung in einen kühlen nordeuropäischen See) bieten Masseure ihre Dienste an.

SUPERMÄRKTE – Im Zentrum gibt es mehrere Supermärkte, die alle Arten von Drogerie-Artikeln, Spirituosen, westliche Lebensmittel, Postkarten und Zeitschriften anbieten.
Die beste Auswahl findet sich im ***Ocean Supermarket*** im Untergeschoß des ***Ocean Plaza*** an der Strandstraße, der Thawiwong Rd. Darüber verschiedene Geschäfte, Wechselschalter u.a.

TELEFON – Auslandsgespräche können von verschiedenen gelben internationalen Telefonzellen und dem ***Telefon Office*** neben dem Postamt geführt werden, das rund um die Uhr geöffnet ist.

TOURIST POLICE – ***Marine Police*** und eine *Police Box* im Zentrum an der Thawiwong Rd.

VORWAHL – 076; PLZ: 83 150.

WASSERSPORT – Alle Arten von Wassersport werden angeboten: Windsurfer, Hobie Cats, Parasailing, Wasserski und Longtail-Boote, die 400 Baht pro Std. bzw. 1000 Baht für einen ganzen Tag kosten. Handeln ist erforderlich. Auch Tauchen wird von einem halben Dutzend Tauchläden mit mehr oder weniger gutem Gerät angeboten.
Offiziell sind seit 1998 Jet Skis von Phuket verbannt.

Nahverkehrsmittel

Pickups und Songthaew im Ort kosten 10–20 Baht je nach Saison, Tageszeit und Anzahl der Mitfahrer. Motorradtaxi 10 Baht.
Tuk Tuks nach PHUKET TOWN 200 Baht, KARON 120 Baht, KATA 160 Baht, BANG TAO 250 Baht.
Busse nach PHUKET TOWN für 15 Baht starten am Bus Stop vor dem Patong Merlin, nehmen aber auch während ihrer Fahrt durch die Thawiwong Rd. und Phra Barami Rd. Fahrgäste auf. Minibus zum AIRPORT 150 Baht p.P.

Transport

Von KRABI fahren recht klapprige Busse von *Songserm*, ✆ 340051-2, um 11.30 Uhr für 250 Baht und um 13.30 Uhr für 200 Baht in 3–4 Std. direkt zum Strand. Zurück nach KRABI nur um 8.30 bzw. 9 Uhr für 250 Baht, Ankunft gegen 12 Uhr. Weitere Verbindungen ab Phuket Town (s.S. 403).

Kamala Beach

Von Patong führt eine neue, breit ausgebaute, aber steile Straße nach Norden, die bereits vielen Freizeit-Motorradfahrern einen Krankenhausaufenthalt beschert hat. Oben auf dem Hügel passiert man das *Luang Sawan Restaurant* mit toller Aussicht. Vorbei geht es am **Nacha Beach**, der bei hohem Wasserstand nur einen schmalen Sandstrand aufweist, welcher zudem von einem langen Pier halbiert wird. Hier liegt das *Thavorn Bay Resort.* Oberhalb der Straße flankieren riesige Tempelwächter den Zugang zum *Nakhaburi*, einem Restaurant und Souvenirshop.

Anschließend erklimmt man auf der extrem steilen Straße einen Berg. Durch eine schöne Landschaft gelangt man zur langgestreckten, kahlen **Kamala Bay**, an deren Südende, 26 km von Phuket Town, ein Moslemdorf liegt. Pickups fahren nur selten diese 5 km lange Straße entlang.

Leichter erreicht man Kamala von Surin aus. Am nördlichen Ende der Bucht liegt beim *Tip Cottage Restaurant* ein schöner Picknickplatz unter hohen Bäumen am Strand. Hier kann man auch gefahrlos schwimmen. Um den landwirtschaftlichen Charakter dieser Bucht und ihres Hinterlands zu bewahren, wurde ein interessantes ökologisches Konzept geschaffen. Eine gute Straße verläuft an der Küste entlang weiter Richtung Norden an hübschen, kleinen Buchten vorbei nach Surin. Von zwei Parkplätzen (Parkgebühr von 8 bis 19 Uhr fürs Moped 20 Baht, fürs Auto 30 Baht) führen Fußwege hinab zum hübschen, aber übervölkerten **Laem Sing Beach**.

Übernachtung

Im Fischerdorf kann man Häuser und Bungalows mieten oder Privatzimmer beziehen, u.a.:

Bird Beach Bungalow*****, ✆ 270669, im Ort an einer landeinwärts führenden Nebenstraße, 10 Steinbungalows mit Fan oder ac und Du/WC im Kreis, auch Apartments, daneben ein Motorradverleih.

Maya Bungalow*****–****, ✆ 324510, im Ort zwischen der Dorfstraße und dem Strand, 4 sehr ruhige Steinbungalows mit Fan im Palmengarten.

Phuket Kamala Resort, ✆ 324396, ℻ 324399, auf Pfählen errichtete, komfortable Bungalows der Mittelklasse, die auf einem Plankenweg zu erreichen sind, Pool, durch eine Lagune und die Dorfstraße vom Strand getrennt.

Südlich von Kamala erreicht man über eine Stichstraße:

Kamala Beach Estate, ✆ 270756, großzügige Anlage vor allem für einheimische Touristen mit komfortablen Häusern zum Mieten oder Kaufen. Apartments mit ein oder 2 Schlafräumen, Wohnzimmer, Terrasse und Küche, auch langfristiges Mieten möglich; 2 Swimmingpools.

Kamala Bay Terrace Resort, ✆ 270801, First Class-Hotel mit 4- bis 6stöckigen, stilvoll eingerichteten Häusern am steilen Hügel am südlichen Ende der Bucht, umrahmt von tropischem Wald, 126 Zimmer mit Meeresblick; Restaurants, Pool mit Kinderbecken; sehr flacher, schmaler Sandstrand mit grobem Sand, der bei Ebbe nicht zum Baden geeignet ist – badewillige Gäste werden per Minibus zum *Kamala Bay Terrace Beach Club* in der Mitte des langen Strandes verfrachtet.

Essen

Im Ortszentrum gibt es mehrere kleine Seafood-Restaurants.

Paul's Place, kurz hinter der Abzweigung der Stichstraße zu den Luxusanlagen, ein gemütliches, kleineres Restaurant mit angenehmer

Musik und herrlicher Sicht. Die Spezialität, *River Prawns in Garlic and Pepper*, sind Spitze und ihren Preis wert.

Tauchen

In Kamala haben mehrere Tauchschulen eine Basis, u.a. ***Scuba Quest***, hinter dem Kamala Beach Pavillon am Strand, und ***Sea Hawk Divers*** an der Dorfstraße.

Nahverkehrsmittel

Tuk Tuks nach PHUKET TOWN 300 Baht, PATONG 250 Baht.
Busse nach PHUKET TOWN über Bang Tao für 20 Baht.
Motorräder werden im Dorf vermietet.

Surin Beach und Pansea Beach

Ein großer Parkplatz und viele unattraktive Snack- und Souvenirbuden weisen darauf hin, daß der Hauptstrand, 24 km von Phuket Town, hauptsächlich von Thai-Touristen frequentiert wird. Der schöne, 250 m lange Pansea Beach mit den beiden Hotelanlagen ist völlig abgeschlossen.

Übernachtung

The Chedi, ✆ 324017, 📠 324252, schöne, ungewöhnlich an den Hang gebaute Bungalowanlage der Luxusklasse an einer kleinen Privatbucht; alle 194 geräumigen, mit Holzstegen und Treppen verbundenen ac-Bungalows, Ausstattung für 3 bis 4 Personen; der Blick Richtung Meer wird durch Palmen und dichte Bäume abgeschirmt; z.T. sind fast 200 Stufen bis zum Strand zu überwinden; Restaurants, Pool. Die Gemeinschaftsanlagen sind architektonisch gekonnt plaziert.
Alle Dienstleistungen eines Luxushotels werden angeboten, u.a. auch Autovermietung.
Amanpuri Resort, ✆ 324333, 📠 324100, ein ruhiges Refugium für den internationalen Jet-Set, 40 große, luxuriöse Bungalows (aber ohne TV!) im nordthailändischen Stil in einer Kokosplantage am Hang; herrliche Landschaftsarchitektur; das geschmackvoll dekorierte Restaurant, die Bar und der Pool liegen 70 Stufen über dem privaten Strand. Die Küche verarbeitet nur Freilandhühner und organisch angebautes Gemüse.
Surin Sweet Apartment****,
✆/📠 01-2283153, kleine Anlage, Zi mit ac.
Taengthai GH****, 12 Zimmer mit ac oder Fan, Restaurant.

Nahverkehrsmittel

Tuk Tuks nach PHUKET TOWN um 300 Baht, Busse 20 Baht.

Bang Tao Bay

Ein 5 km langer Strand, 24 km von Phuket Town, in dessen Hinterland früher Zinn gefördert wurde. Hier wurden Szenen des Films „Killing Fields" gedreht.

Der Großinvestor *Thai Wah Resorts* ließ für 5 Milliarden Baht die toten Zinnminen rekultivieren und auf dem Areal das *Laguna Phuket*, eine wunderschöne Parklandschaft mit 5 phantastischen Luxushotels, anlegen.

Jedes wurde an eine andere Hotelkette verpachtet. Gäste eines Hotels können die Dienstleistungen der anderen Hotels in Anspruch nehmen.

Was in einem Hotel gratis ist, gilt auch für die Gäste der anderen Anlagen. Das Unternehmen hat 1000 Arbeitsplätze für die lokale Bevölkerung geschaffen, ohne die Atmosphäre des Dorfes Ban Bang Tao im Hinterland zu zerstören.

Im Jahre 1992 wurde dem Unternehmen ein Umweltschutzpreis verliehen. Die Bucht eignet sich hervorragend für Windsurfer. Über eine kostenlose Bootslinie sind der *Pacific Island Club, Dusit Laguna*, das *Sheraton* und *The Allamanda* miteinander verbunden – auch für Nicht-Gäste lohnt sich eine Rundfahrt. Von Norden her kann man auf einem Sandweg zu den Strandrestaurants fahren, die nördlich vom *Sheraton* liegen.

Übernachtung

Royal Park Beach Resort, ☏ 324021-2, 📠 324243, 3stöckige First Class-Anlage am Strand in einer weitläufigen, schattigen Gartenanlage, 115 gut eingerichtete ac-Zi; Restaurants, Strandgrill; Pool, Kinderbecken.
Laguna Beach Club (*Sheraton 2*), ☏ 324352, 📠 324353, First Class-Anlage mit großzügigen, stilvoll eingerichteten Zimmern zwischen Lagune und Strand. Großer Pool und ein breites Sportangebot, das im Preis enthalten ist. Besonders für Familien mit Kindern geeignet.
Dusit Laguna Resort Hotel, ☏ 324320-32, 📠 324174, sehr schöner 3stöckiger Luxus-Hotelkomplex mit vornehmem Interieur und friedlicher Atmosphäre, an zwei Seiten von Lagunen abgegrenzt, an einem langen, feinen Sandstrand; 225 große Zimmer mit Balkon, 3 Restaurants, Cocktail Lounge und Bar; viele Strandverkäufer. Während des Monsuns sorgen Rettungsschwimmer für die Sicherheit, da es starke Strömungen gibt. Kinderbetreuung, Tennis, Wassersport, Golf u.v.m. sind im Angebot.
Sheraton Grande Laguna Beach, ☏ 324101, 📠 324108, phantastische Super-Luxus-Anlage, 50 bis 150 m vom Strand auf einer von Salzwasserlagunen umgebenen Insel, riesiger, mit Brücken verbundener Gebäudekomplex, der wie eine kleine Stadt wirkt, 340 ac-Zimmer und luxuriöse Suiten, anspruchsvolle Restaurants, Disco, Live-Musik; mehrere Pools, Langstreckenschwimmbahn; Tauchschule.
The Allamanda, ☏ 324359, 📠 324360, 2- bis 3stöckige, verwinkelte Reihenhäuser entlang der Lagune und der Straße, 300 m vom Strand, Studios und Apartments mit 1 und 2 Schlafräumen und Küche.
Banyan Tree Resort, weitläufige, prachtvolle Anlage für die Upper Class und Hochzeitsreisende, 50–200 m vom Strand um eine Lagune gebaut, 86 luxuriöse, geschmackvoll eingerichtete Villen im Thai-Stil mit eigenem Garten, z.T. mit eigenem Pool. Im Hinterland erstreckt sich ein 18-Loch Golfplatz.
Bangtao Lagoon Bungalows**–****, ☏ 324260, 📠 324168, große Anlage im Süden der Bucht, 50–200 m vom Strand, einfache, kleine Bungalows im schattigen Hinterland, geräumige aber überteuerte ac-Bungalows in Strandnähe, 2 De-Luxe-Bungalows, Restaurant mit Sicht aufs Meer, Camping möglich, Pool.

Essen

Alle Hotels verfügen über mehrere vorzügliche Restaurants, deren Preise dem luxuriösen Ambiente entsprechen. Einige einfache Restaurants servieren direkt am Strand nördlich vom *Sheraton* zu weitaus niedrigeren Preisen hervorragendes Seafood. Die Speisekarten bemühen sich auf deutsch und englisch, die Pauschalgäste zu verführen.

Sonstiges

JEEPS – werden bei den Strandrestaurants für 800 Baht pro Tag vermietet.

REITEN – ***Phuket Laguna Riding Club***, ☏ 324199, 📠 223158, bietet Ausritte am Strand, durch die Lagunen und Kasuarinahaine.

Nahverkehrsmittel

Tuk Tuks nach PHUKET TOWN 250 Baht, Busse 20 Baht.

Nai Thon Beach

Sehr abgelegen und kaum erschlossen ist der 900 m lange, herrliche Sandstrand **Had Nai Thon**, 32 km von Phuket Town. Von Bang Tao erreicht man ihn auf einer neuen Asphaltstraße (8 km) durch schönen Wald und Gummiplantagen über das Dorf Layan.

Auf den letzten, kurvenreichen Kilometern hinter Laem Son hinab zum Strand zweigen links der schmalen Straße an kleinen Parkplätzen Fußwege zu kleinen, einsamen Buchten ab, z.B. 1 km südlich von Nai Thon zum kleinen Sandstrand **Had Nai Thon Noi**.

Von Norden kommend biegt man zum Nai Thon Beach in Sakhu, kurz vor KM 6, vom H4031 auf eine Asphaltstraße (3,5 km) ab, die über einen kleinen Paß führt und anschließend von einigen neuen Privathäusern gesäumt wird. Zunächst passiert man das Dorf.

Im südlichen Strandabschnitt liegt an der Landseite der wenig befahrenen Straße ein Resort – ein beliebtes Ziel für motorisierte Touristen, die etwas Einsamkeit suchen.

Übernachtung und Essen

Naithon Beach Resort ab****, ✆ 205379-80, 📠 205381, Reservierung in Bangkok ✆ 02-3987624, 📠 02-3987624, 14 kleine, eng aufeinander stehende, braun gestrichene Holzbungalows mit ac oder Fan, Du/WC, kleine Terrasse; Restaurant an der Straße mit mittleren Preisen; eine sehr ruhige und friedliche Anlage. Geschlossen von Juni–September.

Tien Seng Restaurant, südlich vom Resort, serviert preiswertere Gerichte und vermietet ebenfalls einige Zimmer****.

Nahverkehrsmittel

Tuk Tuks nach PHUKET TOWN 350 Baht, Busse 20 Baht.Jeep-Vermietung im *Naithon Beach Resort.*

Nai Yang Beach

Der schöne Badestrand im Nordwesten, 32 km von Phuket Town, liegt nahe am Flughafen und ist trotzdem ruhig. Riesige, schattenspendende Kasuarinas ragen direkt am Strand in den Himmel, darunter haben sich viele Garküchen und Freiluftrestaurants niedergelassen. Die Liegestühle der Hotels, die hinter dem Strandweg liegen, zieren den öffentlichen Strand.

Jugendliche Thais nutzen den Strand für allabendliche Grillparties und in den Ferien für Zeltlager. Ihre Abfälle lassen sie leider herumliegen. Der übel riechende Bach am nördlichen Ende des Strandes läßt Zweifel an der Wasserqualität in der Bucht aufkommen.

Ein Teil der Bucht ist zum **National Park** erklärt worden, da hier während der Trockenzeit Meeresschildkröten ihre Eier zum Ausbrüten in den Sand legen. Die Eier werden eingesammelt und gehegt, bis die Jungen schlüpfen. Mit einem großen Volksfest werden sie zum thailändischen Neujahrsfest am 13. April ins Meer entlassen. Eintritt 10 Baht.

Übernachtung und Essen

Crown Nai Yang Suite Hotel, ✆ 327420-9, 📠 327322, First Class-Hotel mit Pool, das durch eine wenig befahrene, unbefestigte Straße vom Strand getrennt ist. Komfortable, geräumige ac-Suiten. Die Apartments mit 2 Schlafzimmern und Bädern sowie einem Aufenthaltsraum und separater Küche eignen sich gut für Familien und Kleingruppen. In der Anlage befindet sich auch die Basis der deutschen Tauchschule *Aqua Divers*, die Anfängerkurse im Pool und Hausriff durchführt, aber auch erfahrenen Tauchern Kurztrips und Mehrtagestouren anbietet.

Pearl Village, ✆ 327006, 📠 327338, großzügige First Class-Hotelanlage, komfortable ac-Zimmer und Suiten, vom *Gault Millau* ausgezeichnetes Restaurant, großer Pool, Kinderbecken. Viele Sportmöglichkeiten.

Baan Thai Family**, ✆ 327103, 📠 327303, an der Zufahrtsstraße zum Pearl Village, 500 m vom Strand, 8 saubere, mit Palmblättern gedeckte Bambus-Bungalows mit Du/WC, Fan und Kühlschrank.

Nai Yang National Park Bungalows**–****, ✆ 327407, 12 hübsche, einfache Häuschen in einem Kasuarinawäldchen locker verteilt, für 2–12 Personen, mit Bad/WC, separates Toilettenhaus, Zelte* stehen auch zur Verfügung.

Nai Yang House***–****, 6/1 Nai Yang–Airport Rd., ✆ 327488, 📠 205061, an der Hauptstraße, 1,5 km vor dem Airport, kurz vor der Abzweigung der Straße nach Crown Nai Yang, sehr saubere, ordentliche Zimmer mit Bad/WC und Fan im Reihenhaus, 3 ac-Bungalows, ländliche Geräuschkulisse, nachts rela-

tiv ruhig, aufmerksam geleitet von einer pensionierten Lehrerin. 1 km vom Strand entfernt.
Garden Cottage**, 53/1 Mu 1, T. Sakoo, ☏ 327293, 📠 327292, Bungalows mit grünen Dächern an der Hauptstraße, etwas weiter südlich auf der dem Meer zugewandten Seite. Recht große und sehr saubere, nett eingerichtete Häuser mit Fan oder ac, Warmwasser, z.T. mit Kühlschrank und TV. Geleitet von einem ehemaligen Architekten aus der Schweiz. Freundliche, familiäre Atmosphäre, hervorragende einheimische Küche.
An der belebten Strandstraße liegen eine Menge Garküchen, Seafood-Restaurants, Souvenirstände, ein Supermarkt und sogar Batikshops. Die Leute sind durchweg sehr freundlich.
Im ***No. 4 Seafood*** servieren die überaus freundliche Besitzerin und ihr Personal schmackhafte Gerichte; man sitzt direkt am Strand, die Preise sind relativ niedrig.

Sonstiges

JEEPS UND MOPEDS – vermietet der ***N.Y.Minimart*** und der Postkartenladen dahinter für 700 Baht pro Tag (Suzuki), Mopeds im Postkartenladen und am Strand für 200–250 Baht pro Tag.

Nahverkehrsmittel

Tuk Tuks nach PHUKET TOWN 300 Baht, Busse 20 Baht.

Mai Khao

Am längsten Strand der Insel im Nordwesten, 35 km von Phuket Town, wurde der Mai Khao National Park eingerichtet, da zwischen November und Februar Meeresschildkröten ihre Eier hier ablegen. In letzter Minute wurde an diesem Strand ein Tourismus-Großprojekt verhindert. In einem Infozentrum wird das Leben der Schildkröten dargestellt. Die Einfahrt vom H402 ähnelt dem Tor einer Golfanlage.

Aktivitäten auf Phuket

Wassersport

Kanufahren

Sea Canoe Thailand, P.O. Box 276, Phuket, ☏ 212252, 📠 212172, E-Mail: info@seacanoe.com, bietet phantastische Bootstouren in die Phang Nga Bay an, die allerdings ihren durchaus berechtigten Preis haben. Zu buchen bei den Vertretungen in einigen Luxushotels und bei allen Reisebüros. Die langen Strecken werden auf einem größeren Boot zurückgelegt, das die seefesten Kanus für kleinere Ausflüge mitführt. Gepaddelt wird um malerische Inseln herum und durch Höhlen hindurch. Höhepunkte sind Fahrten in Hongs, natürliche Lagunen, die von hohen, üppig bewachsenen Felswänden völlig umschlossen sind. Nur zu einem ganz bestimmten Zeitpunkt zwischen Ebbe und Flut kann man für kurze Dauer mit den Kanus durch enge Höhlen in diese unberührten Naturwunder eindringen. In jedem aufblasbaren Kanu sitzen 2 Passagiere, die von einem der 8 Führer gepaddelt werden. Die Organisation arbeitet mit zuverlässigen einheimischen Experten, die den Wasserstand genau berechnen und einen minutiösen Zeitplan einhalten. Außerdem wird größter Wert auf die Erhaltung der Umwelt gelegt. In den Höhlen darf nichts berührt und nicht gesprochen werden. Preis für einen Tagestrip mit Transfer und guter Verpflegung: 2750 Baht; durchweg min. 4 Personen, keine Touren im September und Oktober. Ähnliche Touren veranstaltet *Santana Adventure Tours*, 92/18 Sawatdirak Rd., Patong Beach, ☏/📠 340360. Sie bieten zudem erlebnisreiche 3tägige Touren zum Khao Sok National Park an. Achtung: Auf eigene Faust ohne erfahrenen Führer sind solche Kanutrips lebensgefährlich. Also nicht von Billiganbietern verleiten lassen!

Schnorcheln

Die Unterwasserwelt der Tropen mit Maske und Schnorchel zu entdecken, gehört zu den schönsten und billigsten Urlaubsaktivitäten. Wer noch nie in tropischen Gewässern geschnorchelt hat, kann gar nicht ermessen, welch herrliche Erlebnisse ihn erwarten. Phuket bietet ausgezeichnete Schnorchelgebiete für Anfänger und Fortgeschrittene.

An der Westküste gibt es die meisten Korallenriffe. Das mit 1,5 km Länge größte Riff liegt vor dem Nai Yang Beach, ca. 1 km vor dem Küstenabschnitt, wo das Park-Office steht. Hier liegt die Wassertiefe zwischen 10 und 20 m. Weitere **Riffe** zum Schnorcheln: am nördlichen Patong Beach und vor dem Coral Beach Hotel; an der Freedom Bay und an der Emerald Bay; vor den Felsen von Laem Prom Thep; vor Laem Son nördlich von Surin Beach; um die Insel Ko Pu am nördlichen Kata Beach (vom Club Med Strand aus erreichbar, aber schwer bedrängt von den Scootern der Luxus-Gäste) und am westlichen Ende des Nai Harn Beach vor Ao Sane und vor dem Jungle Beach Resort.

Gute **Inseln** zum Schnorcheln: Ko Man (vor Nai Harn), Ko Kaeo (vor der Südspitze von Phuket), Ko Hay (= Coral Island, vor Rawai), Ko Mai Thon (12 km im Südosten), Ko Khai Nai (im Osten vor Ko Siray), Ko Racha Yai (s.u.) und Ko Racha Noi (weit im Süden). Schnorchelausrüstung wird in manchen Unterkünften und in Taucherläden vermietet, für ca.: Maske, Schnorchel und Flossen ca. 250 Baht pro Tag. Vor Sonnenbrand schützt man sich am besten mit einem Polo-Shirt mit Kragen und eng anliegenden, langen Hosen.

Lange Bootsstege in der Bucht von Phang Nga

Tauchen von Phuket aus

Tauchen vom Land aus ist in Phuket nur blutigen Anfängern oder zum Eingewöhnen zu empfehlen. Auch die in kurzen Bootstouren erreichbaren Plätze wie Shark Point und Ko Doc Mai haben außer Leopardenhaien nicht allzuviel zu bieten. Interessanter wird es an den vorgelagerten Inseln, vor allem für Unterwasserfotografen und Genußtaucher. Das Nonplusultra in Thailand sind derzeit die *Live-Aboard-Cruises* an Bord echter Tauchschiffe. So werden z.B. die Similan Islands (s.S. 455), die Burma Banks, der Richelieu Rock und Ko Tachai angesteuert – Tauchreviere, die auch dem verwöhnten Taucher ungewöhnliche Erlebnisse bescheren.

Bei *Fantasea* kostet die 6tägige Tauchreise inkl. ac-Übernachtung an Bord, Vollpension, Flaschen, Gewichten und allen Tauchgängen ca. US$1500, bei *SEA Divers* eine ähnliche 7tägige non-ac-Reise ca. US$1200. Auf Phuket gibt es über ein Dutzend Tauchbasen. Fast alle bieten 4tägige PADI-Kurse zum *Open Water Diver* für etwa 8500 Baht an. In den aufgeführten Tauchschulen unterrichten auch deutschsprachige Tauchlehrer.

Vor einer Buchung empfiehlt es sich, persönlich mit dem Tauchleiter zu sprechen und unbedingt die Ausrüstung zu inspizieren. Zwei Tauchgänge kosten ca. 800 Baht (inkl. Fahrt, Flasche mit Luft, Tragegestell, Gewichte, Mittagessen). Tagestörns zu entfernteren Tauchrevieren wie dem Shark Point und Ko Racha werden für etwa 1500 Baht angeboten. Schnupperkurse (*Introductory Dive Courses*) bieten zwei Tauchgänge unter Aufsicht eines Tauchlehrers, z.B. bei Ko Racha Yai für 2500–3000 Baht inklusive Ausrüstung.

Ausrüstung kostet pro Tag etwa: Flasche 120 Baht, Tragegestell 50 Baht, Lungenautomat mit Manometer 150–250 Baht, Tarierweste 160 Baht, Tauchanzug 150 Baht, Gürtel 20 Baht, 1 Kilo Blei 10 Baht, ABC-Ausrüstung 100–200 Baht, Luft 40–60 Baht pro Füllung. Tauchsaison ist in Phuket vom 1. Dezember bis 15. Mai, Tauchtouren finden von Mitte Oktober bis Ende Mai statt.

In Patong:
South East Asia Divers, Andaman Square, 116/1 Thawiwong Rd., ✆ 344022, ℻ 342530. E-Mail: info@phuketdive.net, Homepage: www.phuketdive.net
PADI 5-Sterne, Filialen in einigen Resorts.
South East Asia Liveaboards, 113/12 Song Roi Pi Rd., ✆ 340406, ℻ 340586, E-Mail: seadiver@loxinfo.co.th, Homepage: www.seadivers.com
Tagestouren und *Live-Aboard-Cruises* nach Similan und Surin, zum Mergui Archipel in Burma und zum Sangihe Archipel in Indonesien, 3 große Boote; Nitrox-Tauchen.
Santana, 92/18 Sawatdirak Rd., ✆ 294220, ℻ 340360, E-Mail: santanap@loxinfo.co.th
Die älteste Tauchschule auf Phuket unter deutscher Leitung, PADI 5-Sterne IDC Center, mit 2 Tauchbooten 3- bis 7tägige *Live-Aboard-Cruises* nach Similan, Surin und zu den südlichen Inseln.
Neptun Diving, 92/23 Sawatdirak Rd., ✆/℻ 340585.
Fantasea (holländische Leitung), 93/58 Thawiwong Rd., ✆ 340088, ℻ 340309. E-Mail: fantasea@fantasea.net, Homepage: www.padi.com/dive/fantasea/index.htm
Ein hervorragend ausgerüstetes Tauchboot (z.B. mit E-6 Dia-Entwicklung) und *Live-Abord-Cruises* für 18 Taucher.

In Karon und Kata:
Kon-Tiki, 66/3 Mu 3, Karon Beach, ✆ 396312, ℻ 396313, E-Mail: kontiki@loxinfo.co.th
Schwedische Tauchschule in den Green Valley Bungalows, Ableger in Khao Lak. Homepage: www.cockatoo.com/kon-tiki.htm
Marina Divers, 120/2 Mu 4, Karon Beach, ✆ 330272, ℻ 330516, beim Marina Cottage, E-Mail: nour@iname.com
PADI 5-Sterne, deutsche Leitung.
Dive Asia, gegenüber dem *Merlin*, 121/10 Mu 4, Patak Road, Kata Beach, ✆ 330598, ℻ 286999, E-Mail: info@diveasia.com, Homepage: www.diveasia.com
Deutsche PADI 5-Sterne-Tauchschule, Tagestouren und 3– bis 7tägige *Live-Aboard-Cruises.*
Scandinavian Divers, 121/9 Patak Road Mu 4 Karon, ✆ 330608, ℻ 330936, E-Mail: einar@scandinavian-divers.com
PADI 5-Sterne IDC Center; 4tägige Tauchfahrt zum Supertauchplatz Hin Muang für 9000 Baht, Abfahrt jeden Montag um 12 Uhr.
Calypso Divers, *Deutsche Tauchschule & Abenteuertouren,* 109/17 Taina Rd., Kata Beach, ✆/℻ 330869
Spezialist für Tauchfahrten zu den Inseln im Süden Thailands.
Nautilus Divers, 5/33 Kata Noi Rd., Kata Beach, ✆ 330174, ℻ 330173.
Tauchschule unter Schweizer Leitung, Tauchfahrten mit dem Speedboat.
Am Kamala Beach:
Thai Dive Co., 96/23 Mu 3, Kamala, ✆ 324471.
Direkt am Strand mit eigenem Hausriff, Bungalows an der Basis, täglich Tagesausflüge, Mehrtagesfahrten mit der 25m-Stahl-Motoryacht *Queen Marine*.

In Chalong:
PIDC Divers (französische Leitung), Soi Ao Chalong, Viset Road, Mu 5, Rawai, ✆ 280644, ℻ 381219, E-Mail: info@pidcdivers.com
Ableger in mehreren Resort Hotels. *Live-Abord-Cruises* bis zum Richelieu Rock oder zum Hin Daeng mit dem Tauchschiff *Andaman Seafarer.*
Sea Bees, 1/3 Mu 9, Viset Rd., Phuket Town, ✆/℻ 381765.
Ableger in Kata und am Patong Beach.

In Nai Yang:
Aqua Divers (deutsche Leitung), Crown Nai Yang Suite Hotel, ✆ 327420-9, ℻ 327322, deutsche Kontaktadresse: *Aqua Divers*, Theo Gottwald, ✆ 0721-9663380, ℻ 0721-9663381.

Segeln

Asia Explorer, 81/40 Thawiwong Rd., Patong, ✆/📠 344046. Tagestouren und längere Segel- und Tauchexpeditionen.
Phuket Yacht Club, 23/3 Vises Rd., Nai Harn Beach, Phuket 83130, ✆ 381156, 📠 381164.
Phuket Yacht Service / Thai Marine Leisure, ✆ 224999, 📠 220915. 20 Segelyachten und Motoryachten liegen an der Marina von Laem Phrao im Norden.
South East Asia Divers Yacht Charter, 113/12 Song Roi Pi Rd., ✆ 340406, 📠 340586.
Sunsail, ✆ 239057, 📠 238940; 18 Jeauneau & Beneteau Yachten 32–44 ft, 10 km nördlich von Phuket Stadt.
Thai Marine Leisure, 70/176 Paradise Complex, Patong Beach, Phuket 83150, ✆ 239111, 📠 238974,
E-Mail: tml@loxinfo.co,th
im Internet: www.phuketland.com/tml
Die 4-Tagestour mit der umgebauten Dschunke *Suwan Macha* für US$690 hat einige unserer Leser sehr begeistert.
In **Deutschland** kann man z.B. buchen bei ***Sunsail***, Nagelstr. 4, 70182 Stuttgart, ✆ 0711-164840; oder bei ***Scansails Yachts***, Parkallee 2, 20144 Hamburg, ✆ 040-4101071.

Die Inselwelt um Phuket hat sich zu einem weltweit beliebten Segelrevier entwickelt. Der beliebteste Ankerplatz der Insel Phuket ist der Yacht-Hafen in der Chalong Bay. Dort lassen sich Yachten zum Chartern finden, mit oder ohne Skipper, und Yachties, die Mitsegler nach Europa oder Australien brauchen. Wer einen Vercharterer in Phuket sucht, wendet sich an: Die Besitzer einiger Yachten bieten Mitsegelgelegenheiten an. Wer ernsthaftes Interesse hat, meldet sich am besten bei einem der gelisteten Veranstalter oder schaut im Yachtie-Treff *Jimmy's Lighthouse* am Pier von Chalong vorbei. Ein weiterer Treffpunkt ist das *Boat Lagoon Resort*, ✆ 239055, 📠 239056, an der neuen Marina, 10 km nördlich von Phuket Town. Es hat 94 ac-Zimmer. Anfang Dezember findet die *King's Cup Regatta* statt, zu der sich die Yachten in der Bucht von Nai Harn einfinden.

Elefantensafaris

Die neueste Attraktion auf Phuket sind Safaris auf Elefantenrücken durch Gummiplantagen. Treks von 30 und 60 Min. veranstaltet z.B *Siam Safari*, ✆ 280116, im Hinterland der Chalong Bay, oder *Adventure Safaris*, 70/85 Rat Uthit Rd., ✆ 340800, 📠 340292, ab Patong. Halbstündige Touren kosten etwa 700 Baht, eine Stunde ca. 1000 Baht. Auf Phuket leben über 100 Elefantenbesitzer von diesem neuen Geschäft. Sie sehen darin die einzige Möglichkeit, ihren Elefanten am Leben zu halten. Denn seit dem Verbot des Bäumefällens in Thailand sind Hunderte der Dickhäuter ohne Arbeit. Viele Unternehmen operieren allerdings illegal.

Radtouren, Wanderungen und Ausritte

Einige wenig befahrene Küstenstraßen und das hügelige Landesinnere mit seinen Plantagen stellen für mehr oder weniger Geübte eine Herausforderung dar, die Insel aus einer neuen Perspektive zu erfahren. Mountainbikes vermieten *Singletrak*, ✆ 270936, oder *Tropical Trails*, ✆ 263239, für ca. 400 Baht pro Tag oder 2000 Baht pro Woche.

Tropical Trails offeriert zudem Ausflüge, die gemächliche Radtouren von 10–36 km mit Wanderungen, Elefantenreiten und einem Besichtigungsprogramm verbinden. Halbtags- bzw. Tagestouren inklusive Fahrrad, Verpflegung, Guide und Transfer kosten 900–1700 Baht.

Siam Safari, ✆ 280116, und *Adventure Safaris*, ✆ 340800, organisieren Jeeptouren mit Wanderungen auf der Insel, wobei über die Natur und Plantagenwirtschaft ebenso informiert wird wie über Haustiere und die traditionelle Küche.

Der *Phuket Riding Club*, westlich vom Chalong-Kreisverkehr, ✆ 288213, stellt Besuchern

10 Pferde für einen Ausritt zur Verfügung, wobei eine Stunde ca. 500 Baht kostet. Die Reitwege führen durch Plantagen, Wälder und bei Ebbe am Strand entlang. Weitere Möglichkeiten für einen Ausritt bietet im Norden der *Phuket Laguna Riding Club*, Bang Tao, ✆ 324199, ℻ 223158.

Unterhaltung auf Phuket

Shows und Gärten

Wer die sogenannte Kultur nicht ganz vernachlässigen will, kann im **Thai Village**, ✆ 214860-1, eine Show mit Volkstänzen, Thai Boxen, traditionellen Zeremonien und verschiedenen Bräuchen ansehen. Auch Vorführungen des traditionellen Handwerks wie Seidenweben, Töpfern, Schirmmachen und Mattenflechten stehen neben Elefantenreiten (in 2 Min. ganze 50 Meter für 50 Baht p.P.) auf dem Programm. Einstündige Shows tgl. um 11 und 17.30 Uhr, Eintritt 230 Baht. Die Bergstamm-Produkte in den Souvenirläden sind wahrlich nicht billig.

Im zugehörigen Phuket **Orchid Garden** sollen 45 000 Orchideen blühen. Im Februar blühte allerdings gar nichts.

5 km westlich liegt der **Phuket Butterfly Garden**, in dem vor allem Kinder viel Freude haben. Im nett angelegten, tropischen Garten schwirren viele große und schöne Schmetterlinge frei umher; geöffnet tgl. 9–17 Uhr, Eintritt 120 Baht, Kinder 60 Baht, ✆ 215616. Das angeschlossene Aquarium lohnt sich dagegen kaum.

Man fährt von Phuket Town Richtung Flughafen und biegt beim KM 2,4 nach links ab. Nach 1,4 km ist das Thai Village erreicht. Taxi ab Phuket City 30 Baht pro Strecke (Wartezeit inklusive).

Crocodile World & Elephant Land

Ein tropischer Zoo mit über 1000 Krokodilen, mit Schlangen, Schildkröten und Fischen. Auch Affen, Bären, Rotwild und Tapire sind zu sehen. Nach Ansicht einiger Leser ist er sein Geld nicht wert. Adresse: Chana Charoen Rd., Phuket Town, ✆ 211087. Geöffnet tgl. 9–18

Mit dem Mietwagen läßt sich Phuket gut erkunden

Uhr, mit Elefanten-Show um 12.30 Uhr und einer Schlangen-Show um 15.30 Uhr, 250 Baht Eintritt.

Weitere Vergnügungszentren

Im **Gong Puppet Theater** werden Puppen aus Thailand, Burma, Indien und Indonesien gezeigt und eine zwanzigminütige Marionetten-Show aufgeführt. Adresse: 104/12 Soi Namtok Kathu, in der Nähe des Kathu Wasserfalls.

Hier finden sich auch weitere Attraktionen, die vor allem auf asiatische Touristen abzielen, wie **Phuket Waterski Cableways**, 86/3 Mo 6, 6 Soi Namtok Kathu, wo Wasserski-Fahrer an einem Seil über einen künstlichen See gezogen werden, eine Elefanten- und Affenshow sowie eine **Shooting Range**.

Ausflugsziele auf Phuket

Wat Chalong

8 km südwestlich von Phuket Town liegt 2,7 km vom großen Kreisverkehr entfernt am H4022 der berühmte Tempel, dessen Viharn die verehrten Statuen der beiden Mönche enthält, welche sich unter Rama V. besondere Verdienste erworben haben (es gibt verschiedene Variationen dieser Geschichte). Pilger entzünden hier gern Kracher. Im hinteren Bereich kann man schön ruhig an einem Teich sitzen.

Wat Phra Thong und Thalang National Museum

Der **Tempel des Goldenen Buddhas** liegt in Thalang, 20 km nördlich von Phuket Stadt. Eine große Buddhastatue schaut von der Brust aufwärts aus dem Tempelboden heraus. Die mit Stuck überzogene Statue soll innen aus reinem Gold bestehen. Die Einheimischen plazieren jeden Tag Goldplättchen auf der Statue, so daß sie tatsächlich wie aus Gold erscheint.

Beim Denkmal der Heldinnen, 12 km nördlich von Phuket Stadt, liegt rechts am H402 das **National Museum**. Ein Miniatur-Thai Dorf, Werkzeuge und Geräte für die Gewinnung von Gummi, auf Phuket gefundene alte Waffen und andere Antiquitäten werden hier ausgestellt. Geöffnet Mi–So 10–16 Uhr, war im Frühjahr 1998 wegen Umbauarbeiten geschlossen; ✆ 311426, Eintritt 30 Baht. Jeden Montag wird daneben ein großer lokaler Markt abgehalten. 200 m südlich steht der besonders schöne Tempel **Wat Tha Rua**.

Laem Phrom Thep

Einer der beliebtesten Ausflüge führt an die südlichste Inselspitze, 19 km von Phuket Town. Eine Serpentinenstraße schlängelt sich vom Rawai-Strand durch Kokoswälder zum höchsten Punkt mit vielen Imbiß- und Souvenirständen. Vor allem zu Sonnenuntergang genießen Hunderte von Bustouristen die abendliche Stimmung, bevor sie zum Dinner weiterfahren. Direkt am Kap kann man im *Phromthep Cape Restaurant*, ✆ 288656, frische Meeresfrüchte genießen.

Khao Phra Taeo Wildlife Park

In diesem letzten Rest tropischen Regenwaldes leben zahlreiche Affen, Vögel und sogar noch einige wilde Bären. In Tiergehegen sind einige der Tiere (Makaken, Vögel, Schildkröten u.a.) untergebracht. Außerdem gibt es nahe am See ein kleines Restaurant und eine sehenswerte Ausstellung über das Ökosystem „Regenwald". Auf Wanderwegen kann man eigene Eindrücke sammeln. Eine einfache Tour führt am Wasserfall entlang, der nur während der Regenzeit schön ist. Mitten im Wald stehen die Verwaltungsgebäude und Bungalows**** des Khao Phra Taeo Wildschutzgebietes, die Platz für 20 Personen bieten.

Zu erreichen, indem man in Thalang vom H402 nach Osten abbiegt, der Ausschilderung 3 km zum Tone Sai-Wasserfall folgt und sich an der Gabelung rechts hält.

Bang Pae-Wasserfall und Gibbon Rehabilitation Project

Das *Gibbon Rehabilitation Project* beim Bang Pae-Wasserfall, Ban Pa Khlok wurde 1991 gegründet, um die vom Aussterben bedrohten Gibbons zu retten. Viele Tiere, die in Bars und Privathäusern in Gefangenschaft aufwuchsen, sollen an das Leben im Dschungel gewöhnt werden, damit sie gruppenweise in sicheren Wäldern ausgesetzt werden können. Allerdings war dieses Projekt bisher von wenig Erfolg gekrönt. Junge Leute arbeiten hier freiwillig und ohne Bezahlung. Sie leiten auch die kurzen, kostenlosen Touren, die zwischen 10 und 12 sowie 13 und 16 Uhr alle 30–45 Minuten am Eingang starten, ✆ 260492. Auf der in verschiedenen Sprachen angebotenen Führung erklären die freiwilligen Helfer aus aller Welt auch die Hintergründe und Ziele des Projekts. Wer wirklich interessiert ist, kann sich das ganze Projekt zeigen lassen. Eine Spende wird erwartet. Für einzelne Gibbons können Patenschaften übernommen werden (1000 Baht pro Jahr).

Der zehnminütige Weg weiter hinauf zum nicht gerade spektakulären Wasserfall bietet einen schönen Einstieg in die Vegetation des Regenwaldes. Auf wenigen hundert Metern wachsen viele typische Dschungelpflanzen.

Einige Reisebüros bieten die Fahrt im Rahmen einer Tour an. Mit einem eigenen Fahrzeug fährt man am Kreisverkehr beim Denkmal der Heldinnen auf den H4027 und nach 9 km links nach Bang Pae.

Ko Siray

Diese Halbinsel (auch Ko Sire) an der Ostküste ist über eine Straße mit Phuket verbunden. Auf der höchsten Erhebung der Halbinsel wurde eine große, ruhende Buddhastatue errichtet. Im Süden liegt ein touristisch vermarktetes Dorf mit Seezigeunern (*Chao Le*). An der Ostküste gibt es am seichten Sandstrand mehrere Restaurants und Picknickplätze, die fast nur von Thais am Wochenende frequentiert werden. Komfortabel übernachtet man im *Sirey Resort****.

Die Inseln vor Phuket

Von allen Stränden der Insel aus werden Ausflüge zu den vorgelagerten kleineren Inseln und Korallenriffen angeboten. Es lohnt sich, einen Trip selbst zu organisieren und andere Leute anzusprechen, damit das Boot voll wird. Tagesausflüge mit einem Außenborder werden mit einer Miete von etwa 800 Baht nach Ko Mai Thon, 500 Baht nach Ko Hay (=Coral Island), 1300–1500 Baht pro Strecke nach Ko Racha und 900 Baht für eine halbtägige *Island Cruise* veranschlagt. Zu den vorgelagerten Inseln im Süden kommt man am günstigsten vom Rawai Beach. Doch die Preise in den vielen kleinen Reisebüros an allen Stränden müssen nicht viel höher sein.

Teure Ausflugsfahrten bietet *Seatran Travel*, 6 Phang Nga Road, ✆ 213510, 📠 223922, in der Saison an. Eine Tour geht nach Norden zu den Similan Islands (s.S. 455), eine weitere nach Süden zum Tarutao National Park, wobei viele sonst kaum erreichbare Inseln angesteuert werden.

Jolly Roger, ✆/📠 340636, fährt mit einem nachgebauten Piratenschiff, auf dem hundert Touristen Platz finden, Mo–Fr für 980 Baht p.P. nach Ko Racha Yai und an anderen Tagen in die Bucht von Phang Nga.

Thai Marine Leisure, Patong ✆ 239111, 📠 238974, bietet kürzere Kreuzfahrten zum Sonnenuntergang, Tagestouren nach Ko Phi Phi (s.S. 447), aber auch längere Fahrten mit Segelbooten für 4–25 Personen in der Phang Nga Bay, nach Similan und Krabi an.

Coral Island

Die Insel Ko Hay (auch Ko Hae) liegt etwa 6 km vor Rawai am Südzipfel von Phuket. Wegen ihrer schönen Korallen führen viele Schnorchelausflüge hin, daher ist sie besser als Coral Island bekannt. Während der Saison stehen die Liegestühle in Doppelreihen am Strand der nördlichen Bucht, einfache Strandrestaurants bereiten mittags Thaigerichte zu und servieren kalte Getränke. Tagsüber ankern Dutzende von Booten vor dem westlichen Teil des Sandstrandes, wo sich das Meer am besten zum Schwimmen eignet. Die Fische werden durch laute Boote und propellergetriebene Deltasegler vertrieben. Der östliche Strandabschnitt mit den Bungalows des Coral Island Resorts mußte bereits mit Sandsäcken abgesichert werden. Erst gegen 16.30 Uhr, wenn die Tagesausflügler zurückfahren, wird es ruhiger. Wer mit alldem zufrieden ist, kann hier übernachten (s.u.). Ruhiger ist es am kleinen Banana Beach, der nach 10 Min. Fußweg Richtung Osten zu erreichen ist und an dem das *Coral Reef Restaurant* steht.

Ko Lone

Ko Lone ist eine der größten vorgelagerten Inseln Phukets. Sie hat bis zu 260 m hohe Berge. Auf drei Seiten ist sie von steiler Felsküste umgeben, nur im Norden liegt ein Fischerdorf. Mit dem Boot erreicht man kleine, einsame Strände. Übernachtungsmöglichkeit s.u.

Ko Mai Thon

Auch zu dieser Insel, 16 km vor dem Chalong Beach, werden Tagesausflüge angeboten, die sich wegen der schönen Strände und Schnorchelgründe lohnen. Hier steht ein exklusives Resort.

Racha Island

Die hügelige und felsige Insel Ko Racha Yai (auch Ko Raya oder Ko Raja) liegt 21 km südlich von Phuket. Im Winterhalbjahr leben etwa 130 Menschen auf der Insel, während des Monsuns nur 30. Schattige Fußpfade führen durch die Palmenwälder. Feiner, weißer Sand bildet die zwei Hauptstrände im Nordwesten der Insel. Hier liegen die Bungalowanlagen und einige Erfrischungsstände. Von den Felsen im Süden hat man einen herrlichen Ausblick über die Insel. Das Wasser ist fast immer klar und herrlich zum Schwimmen und Schnorcheln geeignet. Viele Tauchschulen fahren täglich zur Insel. Gutes Tauchen ist an der Ostseite der Insel auf 9–22 m Tiefe bei 10–18 m Sicht möglich. Auf den Steinkorallen sitzen viele farbenfrohe Federsterne. Mehrere Veranstalter bieten Tagestouren an, so daß Tagesausflügler von 11–14.30 Uhr den Strand belagern, ein wenig schnorcheln und ein Barbecue veranstalten, dann tritt wieder Ruhe ein.

Die kleinere Doppel-Insel Ko Racha Noi liegt 8 km südwestlich und ist nicht bewohnt. Sie besitzt nur einen winzigen Sandstrand. Sehr gut tauchen kann man vor der Nordspitze in einer Tiefe von 9–28 m bei 15–25 m Sicht. Weich- und Steinkorallen, Gorgonien, rot-weiß gestreifte Federsterne und Schwämme gedeihen auf den Granitfelsen, umschwärmt von vielen Riffischen.

Naka Pearl Island

Auf der Perlenfarm Naka Noi im Nordosten Phukets wird die Perlenzucht in allen Einzelheiten demonstriert. Natürlich soll man auch Perlen und Muschelprodukte kaufen.

Auf der privaten Nachbarinsel Naka Yai liegt das *Island Resort* an der Westküste, der Strand ist flach und nicht gut. Aber an der Ostküste (30 Min. zu Fuß) liegt ein Super-Strand: 1 km lang, davon 500 m feiner Sand, Palmen, schöne Sicht auf Felsen. Tagesausflügler aus Phuket informieren sich hier über Perlenzucht, kaufen ein und baden max. 2 Std. am Strand. Die kurze Überfahrt kostet allerdings 400 Baht und der Eintritt weitere 500 Baht pro Person.

Ko Yao

Die beiden Inseln Ko Yao Yai und Ko Yao Noi gehören zur Provinz Phang Nga. Die Hügel der nördlichen **Ko Yao Noi** sind hauptsächlich von Kautschukplantagen bedeckt. Die ca. 5000 Bewohner der Insel leben zudem vom Fischfang. Nur wenige Erdpisten durchqueren die Insel, gelegentlich von Motorradtaxis benützt. Das einzige richtige Dorf der Insel, Ban Yai, liegt im Südwesten. Neben ein paar kleinen Restaurants befinden sich hier ein lautes Kino und eine Moschee. Die schönsten, aber nicht besonders beeindruckenden Badestrände liegen an der Ostküste: der Hat Klong Jaak (Long Beach) und der Hat Pasai.

Auf der südlichen, größeren **Ko Yao Yai** werden in der weiten Bucht im Westen Perlen gezüchtet. Entdeckernaturen können sich zu den Stränden Ao Tikud im Nordwesten, Ao Son und Lo Pa Raed im Westen, Ao Sai und Laem Nok Ok an der schwer zugänglichen Ostküste oder Laem Hat im Nordosten durchschlagen.

Ko Phi Phi

Der beliebteste Tagesausflug führt zu den beiden Inseln Ko Phi Phi Don und Ko Phi Phi Le (s.S. 454). Je nach Geschwindigkeit und Komfort der Boote werden in Phuket und an allen Stränden Touren für 500–1100 Baht p.P. angeboten. Den Tagesausflug selbst zu organisieren, lohnt sich vom Strand aus nicht, da man zunächst unter Zeitdruck einen der Häfen erreichen muß – und das kann teuer werden. Wer über Ko Phi Phi nach Krabi fahren will, findet leicht ein Reisebüro, das ein entsprechendes Ticket verkauft. Auf Ko Phi Phi Don laden 30 Hotels, Gästehäuser und Bungalowanlagen für jeden Geldbeutel zum Verweilen ein.

Bucht von Phang Nga

Besonders schön ist eine Tour durch die Inselwelt in der Bucht von Phang Nga (s.S. 513). Pauschaltouren werden in Phuket und an allen Stränden für 350–500 Baht p.P. angeboten – alle Boote fahren jeden Tag gemeinsam und zur selben Zeit in einen kleinen Teil der Felsenlandschaft. Die Tour selbst zu organisieren lohnt sich kaum. Wer dagegen sowieso über Phang Nga nach Krabi fahren will, kann die Tour dort preiswerter und ruhiger bereits am frühen Morgen beginnen.

Ein unvergleichliches, aber relativ teures Erlebnis bietet die Tour zu den Felsen der Phang Nga Bucht mit seefesten Kanus. Die phantastische Welt der Höhlen und Lagunen wird bei sensiblen Reisenden bleibende Eindrücke hinterlassen.

Übernachtung

CORAL ISLAND – *Coral Island Resort*, ☏ 281060, ℻ 381957, 44 Mittelklasse-Bungalows mit ac oder Fan direkt am Strand. Tauchschule. Buchungsbüro am Pier von Chalong.

KO LONE – ***Lone Island View Resort***, 27 Bungalows der Mittelklasse im Thai-Stil mit ac, Pool, Tauchbasis von *Scuba Cat*, ☏ 293120, ℻ 293122. Buchungsbüro des Resorts: 47/5 Chaofa Rd., Chalong, ☏ 381374, ℻ 01-2291806.

KO RACHA YAI – Bei allen Anlagen finden sich wegen der Nähe zur Natur viele Kleintiere ein: Insekten, Eidechsen etc. Die Preise sind durchweg etwa doppelt so hoch wie auf dem Festland, da alles mit dem Boot hergebracht werden muß. Sie steigen zudem bei größerem Andrang. Also vorher genügend Geld tauschen!
Jungle Bungalows****, ☏ 01-2291913, Buchungen unter ☏ 076-288550, der Natur angepaßte, friedvolle Anlage auf einem dicht bewachsenen Hügel, weit auseinander stehende, überteuerte Hütten, schöne Sicht, schäbige Toiletten und Zimmer, gemütliches Restaurant, tgl. frisches Brot, schönes Schnorcheln direkt vom Strand, kein motorisierter Wassersport. Gemanagt vom Neuseeländer Gerry, der auf der Insel eine Tauchschule führt.
Die freundliche Familie ist umweltbewußt. Zu erreichen über einen Pfad, der links am Strand hinaufführt.
Raya Resort****–****, ☏ 01-2292706, Buchungen unter ☏ 076-327083-4, die Hütten stehen in einem schön angelegten Garten auf den Felsen. Die relativ komfortablen Holzbungalows haben Fan oder ac, ein gefliestes Bad und ein besonders großes Bett mit guten Matratzen, Moskitonetz auf Anfrage. Strom von 18–24 Uhr. Das Restaurant liegt links am Strand.
Raya Beach Resort*****, 20 Bungalows mit Fan in der Mitte des Hauptstrandes.

Seglers Club****, am rechten Ende des Strandes, hat Schlafsäle, Mehrbettzimmer und ein schönes Haus für 3 mal 4 Personen auf dem Felsen über der Bucht; geleitet von einem Schweizer.
In der Mitte des Strandes befindet sich ein sehr gutes Restaurant: reiche Auswahl zum Frühstück, frischer Fisch wird nach Wunsch zubereitet.

NAKA PEARL ISLAND – Mittelklasse-Bungalows, Restaurant.

NAKA YAI – *Naka Yai Resort* und ***Naka Yai Island Resort*******, ☏ 01-2291448, Office in Phuket, 2/4 Dee Buk Rd., ☏ 214583, 10 Bungalows, Getränke relativ teuer, Essen gut.

KO YAO NOI – Am Hat Klong Jaak an der Ostküste liegt
Long Beach Village*****, ☏ 01-2118647, Reservierung über ☏ 076-288148, ℻ 076-381623, 49 Bungalows mit Du/WC, tropischer Garten am schönen Sandstrand, offenes Restaurant, Strandbar, Open-Air-Disco; Jeep, Motorrad zu vermieten.
Sabai Corner***, kleine Bungalowsiedlung am Hat Pasai weiter südlich. Palmwedelgedeckte Hütten mit Terrassen. Im Restaurant serviert Leila echt italienische Pasta.
Weitere einfache Bungalows* werden im Nordwesten der Insel von Nui vermietet, der auch Deutsch spricht.
Zudem bieten in Ban Yai zwei Gästehäuser Zimmer* an.
Boot-Charter ab Bang Rong für 500 Baht; leichter von der Küste von Krabi zu erreichen.
Kanutouren mit seefesten, aufblasbaren Kanus von ***Sea Canoe Thailand***, ☏ 212252, ℻ 212172, E-Mail: info@seacanoe.com, werden von November bis August angeboten.

KO YAO NOI – Im Dorf Ban Hin Kong soll es die
Hin Kong Villa*** geben, 10 einfache Bungalows mit Fan.

Transport

CORAL ISLAND – Das reguläre Boot fährt ab Chalong Bay um 9.30 Uhr für 50 Baht p.P. Pauschaltouren veranstaltet ***Coral Island Resort and Tour***, Chalong Bay, ✆ 214779, ✆ 381957, tgl. um 9.30 Uhr für 600 Baht p.P. inkl. Transfer vom Hotel, Lunch und Schnorchelausrüstung, Rückkehr um 16 Uhr. Identische Touren bei ***Aloha Tours***, Chalong Bay, ✆ 381215.
Longtail-Boote ab Chalong für 400–600 Baht p.P.

KO RACHA – Von Oktober bis Mai fährt *Songserm* tgl. ab Phuket Hafen um 8.30 Uhr in 1 Std. für 300 Baht (hin und zurück 550 Baht), Rückfahrt um 15 Uhr. Im Pauschalpreis von 800 Baht sind der Transfer vom Hotel, Getränke, Lunch und Schnorchelausrüstung enthalten.
Pai Travel Service, ✆ 341539, fährt tgl. um 9 Uhr ab Chalong Bay in 1–2 Std. für 400 Baht (hin und zurück 600 Baht, pauschal 750 Baht), Rückfahrt um 15 Uhr. Man kann sich kurzfristig ohne Voranmeldung zur Rückfahrt am Strand einfinden. Ein Longtail-Boot vom Rawai Beach kostet etwa 1200 Baht und benötigt eine gute Stunde.

KO NAKA NOI (NAKA PEARL ISLAND) – Boote für 200 Baht fahren vom Pier in Ao Po (hin mit Tuk Tuk für 150 Baht) u.a. um 10.30 Uhr in 20 Min. hinüber. Charterboote kosten 500 Baht hin und zurück.
Organisierte Touren kann man buchen bei ***Pearl Island Tour Co.***, 5/30 S. T. Plaza, Sakdidet Rd., Phuket, ✆/✆ 219870. Sie kosten ab 500 Baht inkl. Transfer vom Hotel und Lunch; Abfahrt am Ao Po um 10.30 Uhr, Rückkehr gegen 15 Uhr.
Eine kombinierte Tour mit der Bucht von Phang Nga, Naka Pearl Island (mit Mittagessen) und einer Schnorchelinsel veranstaltet ***Neptune Holiday***, ✆ 216988, ✆ 214122.

KO YAO NOI – Zum Dorf Ko Yao fährt 2x tgl. meist gegen 8 und 11 Uhr das „Bus-Boot" für 40 Baht in 45 Min. vom Pier Bang Rong, 23 km nordöstlich von Phuket City. Charterboote kosten ca. 500 Baht pro Weg. Zurück geht es zwischen 6 und 7 Uhr. Je nach Wasserstand können sich die Abfahrtszeiten ändern. Vom *Manoh Pier* fährt täglich ein Boot für 10 Baht in 20 Min. zur Nachbarinsel.

KO YAO YAI – Vom Laem Hin Pier (7 km nördlich von Phuket Stadt) fährt täglich um 15 Uhr ein Boot für 25 Baht in 1 1/2 Std. zur Insel. Zurück fährt es um 8.30 Uhr.
Vom Tien Sin Pier im Osten von Phuket Stadt fährt täglich um 14.30 Uhr ein Boot für 25 Baht in den Süden der Insel. Zurück geht es um 10 Uhr.

KO PHI PHI – Je nach Geschwindigkeit und Komfort der Boote werden in Phuket und an allen Stränden Touren für 500–1100 Baht p.P. angeboten.

PHANG NGA BAY – Je nach Komfort des Busses werden Touren in Phuket und an allen Stränden für 350–500 Baht p.P. angeboten, enthalten ist der Transfer zum Hotel.
Vom Hafen Makham Bay fährt ein Hydro-Craft Boot in die Bucht von Phang Nga; Abfahrt 8.30 Uhr (Transfer vom Hotel ab 7 Uhr), Kosten 550 Baht.
Wer es sich leisten kann, segelt komfortabel, ruhig und angenehm mit der Dschunke *June Bahtra* in die Bucht von Phang Nga. Zu buchen für 2600 Baht bei den meisten Reisebüros oder beim Veranstalter ***Thai Marine Leasure***, ✆ 239111, ✆ 238974. Abholung gegen 7.30 Uhr, Rückkehr gegen 18 Uhr.
Eine kombinierte Tour mit der Bucht von Phang Nga, Naka Pearl Island (mit Mittagessen) und einer Schnorchelinsel veranstaltet ***Neptune Holiday***, ✆ 216988, ✆ 214122; Abholung am Hotel um 7 Uhr.
Wer die Tour selbst organisieren will, fährt zuerst mit dem Bus für 26 Baht nach Phang Nga, dann mit einem Minibus für 10 Baht zum Hafen. Ein Boot kostet für 3–4 Stunden zwischen 300 und 400 Baht.
Touren mit Seekanus s.S. 437.

Ko Phi Phi

เกาะพีพี

Eine Insel, deren Bilder Südseeträume wecken. Man stelle sich zwei Kalksteinmassive vor, wild zerklüftet, mit Dschungel auf der einen und Kokospalmen auf der anderen Seite bewachsen. Diese werden durch eine flache Landbrücke verbunden, die auf beiden Seiten eine halbrunde, schneeweiße Sandbucht formt. Im glasklaren Wasser der Buchten, das in allen Blauschattierungen schimmert, sieht man die Korallen schon vom Boot aus.

Kein Wunder, daß Ko Phi Phi total vermarktet wurde und während der Saison wahnsinnig touristisch und überlaufen ist (bis 5000 Touristen pro Tag). Vor allem junge Leute zieht es hierher, die sich gern aufhalten, wo auch etwas los ist. Viele Bungalows und Restaurants sind völlig verdreckt und absolut überteuert. Wilde Bautätigkeit hat um sich gegriffen, viele Kokospalmen werden gekappt, das Wasser ist knapp und brackig – Ko Phi Phi ist in der Saison kein Traumziel mehr. Schockierte Reisende flüchten schon nach der ersten Nacht. Nach der Touristensaison ist das Wetter von Juni bis Juli normalerweise schön, und die Preise guter Zimmer gehen auf 200 Baht herunter. Auch von August bis Oktober erlebt so mancher hier seinen Traumurlaub, wenn er gerade eine regenfreie Woche erwischt. Auch in der Nebensaison können an schönen Tagen plötzlich Ausflügler die Insel überschwemmen. Regnet es zwei Tage, verschwinden die Massen genauso schnell wieder.

Ko Phi Phi besteht eigentlich aus zwei Inseln: die liebliche Ko Phi Phi Don mit allen Unterkünften und die schroffe, unbewohnte Ko Phi Phi Le mit schönen Ausflugszielen. Ein Teil von Ko Phi Phi wurde zum National Park erklärt, dessen *Headquarter* am Strand von Nopparat Thara bei Krabi stationiert ist.

Wer Ruhe sucht, hat es schwer auf Ko Phi Phi. Schon am frühen Morgen brechen die Fischerboote auf, sie werden am Vormittag abgelöst von den Ausflugsbooten und Fährschiffen für Touristen – das Geknatter hallt ununterbrochen von den Felsen wider. Wenn am Abend Ruhe einkehrt, beginnen die Stromgeneratoren zu dröhnen.

Vor einiger Zeit wurde von jedem Besucher der Insel 5 Baht kassiert. Damit sollte eine Müllverbrennungsanlage und eine Wasseraufbereitungsanlage finanziert werden. Tatsächlich wird der Müll jedoch auf Boote verladen und weiter weg einfach ins Meer gekippt.

Ban Laem Trong („Phi Phi Village")

Im Zentrum der südlichen Bucht legen die Schnellboote und viele Ausflugsboote am großen Pier an. Das ehemalige Fischerdorf Ban Laem Trong hat sich zu einem ausgedehnten Touristenort mit allen Möglichkeiten entwickelt. Auf den schön angelegten Parkwegen, an der Uferpromenade und an beiden Hauptstränden herrscht ein wahres Touristengetümmel.

Übernachtung

Während der Saison tut man gut daran, den erstbesten Bungalow zu belegen, sich dann die anderen Anlagen anzuschauen und umzuziehen, sobald sich etwas Besseres findet. In Stoßzeiten mußte schon so mancher die erste Nacht am Strand verbringen, ohne Mückenschutz! Die meisten Zimmer im Dorf sind eigentlich nur Notunterkünfte für eine Nacht. Die Hotels werden fast ausschließlich von Touristen aus Fernost aufgesucht, die nur für 1 oder 2 Tage kommen.

Den Pier überragt das 4stöckige Mittelklassehotel ***Pee Pee Hotel*** ⑬, ✆ 01-2303138 und ✆/📠 075-611658, ac-Zimmer.

An der Dorfstraße, die zum Viewpoint führt, liegen von Süd nach Nord einige preiswerte, z.T. neuere Anlagen:

Tara Inn GH*** ⑭, Reihenhäuser mit Bambusmattenwänden z.T. am Hang, kleine und große Zimmer, ordentliches Bad.

Rimkao* ⑮, 2stöckiges, einfaches Haus, ordentliche Zimmer mit Du/WC.

Orchid House* ⑯, 2stöckiges Haus mit Veranda, Restaurant.

Rimna Villa**–**** ⑱ in angenehmer Entfernung zum Ort und Strand am Hang unter Palmen, feste, wenig schöne Häuschen mit Du/WC und Fan (tagsüber kein Strom), verbunden durch Laufstege und Treppen. In der Hochsaison überteuert. Nebenan das gute Restaurant Panda.
Chan's House** ⑰, 2stöckiges Haus an der Abzweigung zum View Point.
Valentine**–*** ⑲ nette Bambusbungalows mit Bad und Fan, etwas abgelegen, aber ruhig.
Chao Koh Phi Phi Lodge*** ⑳, ✆ 612747, Anlage am östlichen Dorfrand hinter den Tauchschulen, sehr eng aufeinander stehende Steinbungalows mit Fan.

Essen

Alle Bungalowanlagen haben ein Restaurant, das oft im Preis enthaltene Frühstück kann man jedoch meist vergessen. In der guten Bäckerei und in den Restaurants am Strand entlang bekommt man leckere Croissants und sonstige Backwaren.
Es gibt viele weitere Restaurants, darunter Pizzerien und ein französisches Restaurant. Das Essen ist teurer als auf dem Festland, da alles außer Seafood mit dem Boot herangeschafft werden muß. Manchmal mangelt es an Gemüse.
In der ***Pee Pee Bakery***, einem beliebten Frühstückslokal, gibt es neben gutem Kaffee auch Espresso, Baguette und Kuchen. Ähnlich die gegenüberliegende ***French Bakery***.

Am billigsten und besten ißt man in den Fischerkneipen im Dorf, die immer gerammelt voll sind.
Preiswertes, gutes Thai-Essen serviert z.B. das ***Bird Thai Food*** in einer kleinen Seitengasse; die Besitzer freuen sich noch, wenn Touristen ihren kleinen Laden betreten.
Gut schmeckt es auch im ***Chao Kao Garden***, während es über das Essen und Personal in ***Mama's Restaurant*** einige Klagen gab.
Im ***Oasis***, gegenüber dem *Tara Inn GH*, sorgt der italienische Besitzer für das Wohl seiner Gäste. Hervorragendes Müsli mit Früchten und Joghurt, aber auch italienische Weine und Thai-Gerichte, die auf Wunsch wirklich scharf serviert werden.

Sonstiges

In „Phi Phi Village" gibt es (fast) alles: Supermärkte, Bäckereien, Eissalons, Bierbars, Restaurants, Cafés, Discos (sogar mit Live-Band), ein Reggae Pub, Satelliten-Telefon, Geldwechsler, Bank, Reisebüros, Tauchschulen, Büchertausch, Wäschereien, eine Post und ein Health Center (vor dem *Ton Sai Village)*. In zig Läden werden Kleidung, Lederwaren, Schuhe, Souvenirs aus Südostasien u.v.m. angeboten, z.T. auch Unterwasserkameras verliehen.

MUSIK – Disco im ***Cabana***, auch in den Bars wird ein musikalisches Rahmenprogramm geboten, z.B. in ***Charlie's Bar***, der ***Crazy Bar*** oder der ***Gecko Bar***, der ideale Ort für einen Happy Hour Drink zum Sonnenuntergang.

Übernachtung:
OSTKÜSTE:
① P.P. International Resort
② P.P. Coral Resort
③ Phi Phi Palm Beach Resort
④ Pee Pee Island Village
⑤ Ran Ti Bungalows
LO DALAM BAY:
⑥ Pee Pee View Point Resort
⑦ P.P. Pavilion Resort
⑧ Charlie Beach Resort
⑨ P.P. Princess Resort
⑩ Chong Kao Bungalow
TON SAI BAY:
⑪ Ton Sai Village
⑫ Pee Pee Island Cabana
BAN LAEM TRONG:
⑬ Pee Pee Hotel
⑭ Tara Inn Gh.
⑮ Orchid Gh.
⑯ Chan's House
⑰ Rimna Villa
⑱ Valentine
⑲ Chao Koh Phi Phi Lodge
HIN KHOM BEACH:
⑳ Gipsy Village 2
㉑ Gipsy Village
㉒ Pee Pee Don Resort
㉓ Phi Phi Andaman Resort
㉔ Bay View Resort
㉕ Maprao
LONG BEACH:
㉖ Viking
㉗ Paradise Pearl
㉘ Long Beach
㉙ Coral

Läden, Restaurants etc.:
1 Krung Thai Bank
2 Post
3 Information Center & Immigration Office
4 Songserm
5 Mama Restaurant
6 Pee Pee Bakery
7 Tauchschulen
8 Pee Pee Don Restaurant

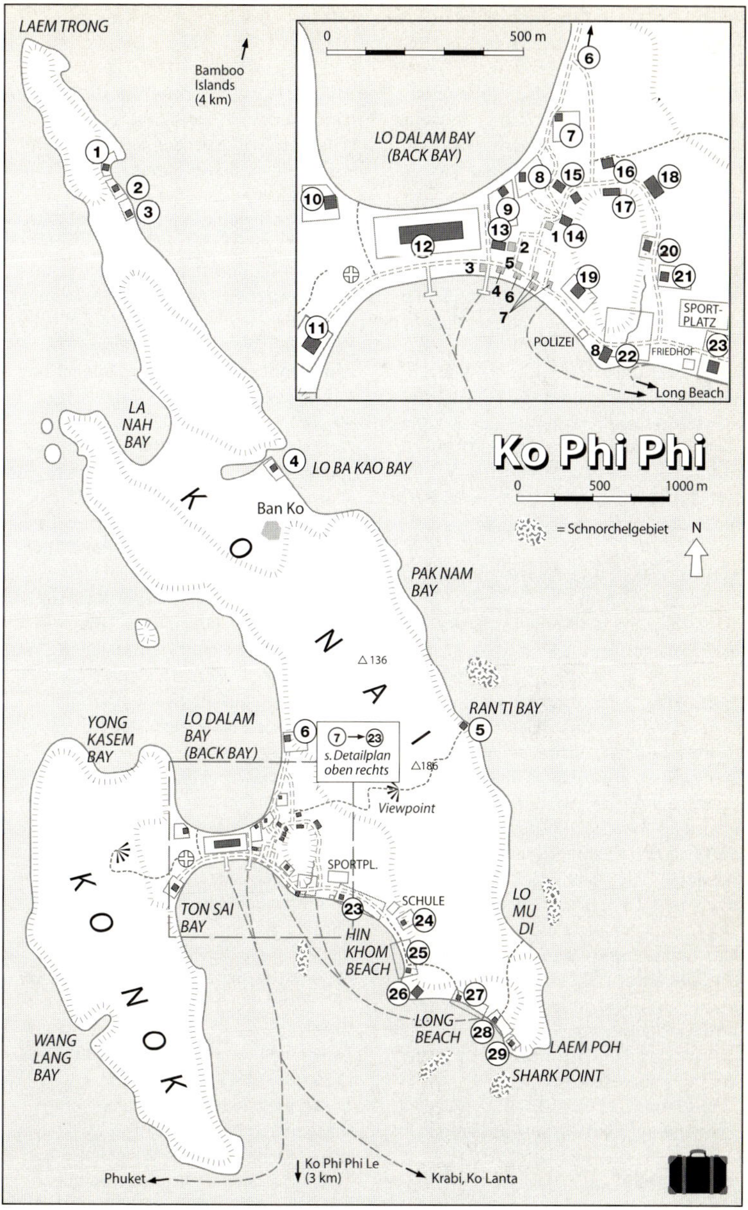
Ko Phi Phi
0
500
1000 m
= Schnorchelgebiet
N
LAEM TRONG
Bamboo Islands (4 km)
LA NAH BAY
LO BA KAO BAY
Ban Ko
K O
N A I
PAK NAM BAY
136
RAN TI BAY
186
YONG KASEM BAY
LO DALAM BAY (BACK BAY)
s. Detailplan oben rechts
Viewpoint
SPORTPL.
SCHULE
TON SAI BAY
HIN KHOM BEACH
LO MU DI
LONG BEACH
LAEM POH
SHARK POINT
WANG LANG BAY
K O
N O K
Phuket
Ko Phi Phi Le (3 km)
Krabi, Ko Lanta
0
500 m
LO DALAM BAY (BACK BAY)
SPORT-PLATZ
POLIZEI
FRIEDHOF
Long Beach

GELD – Die ***Krung Thai Bank*** im Zentrum hat 8.30–15.30 Uhr (außer mittags) geöffnet.

KAJAK – Im ***Pee Pee Viewpoint Resort*** werden meerestaugliche Einerkajaks vermietet für 400 Baht pro 8 Std., 200 Baht pro 4 Std., 100 Baht pro Std. (Kaution 500 Baht). Zu empfohlenen Trips gibt es Skizzen mit den Routen.

KLETTERN – In der Saison bieten wechselnde Instruktoren Kletterkurse für 800 Baht pro 4 Std. an den Felsen beim *Ton Sai Village* an.

MASSAGEKURS – Mrs. Supaporn (am großen Baum gegenüber Top Tree Garden) unterrichtet traditionelle Massage. 8–10 Std. kosten 2400 Baht, 15–20 Std. 3600 Baht.

POLIZEI – Ein Büro liegt rechts am Strand hinter dem *Chao Koh Phi Phi Lodge*.

SCHNORCHELN – Ausflüge werden überall angeboten (s.S. 454).
Masken und Flossen werden für 50 Baht verliehen, Maske allein 30 Baht.

TAUCHEN – 15 Tauchschulen bieten den PADI-Tauchkurs zum *Open Water Diver* ab 8500 Baht an. Sie liegen rechts vom Pier. Zwischen Weihnachten und Neujahr, wenn jeder Tauchgang zu einer Massenveranstaltung wird, sollte man die Insel besser meiden.
Barakuda Dive Center (Deutsche Tauchschule), ✆/℻ 620698, E-Mail: dive@barakuda.com, PADI 5-Sterne. Mit dem speziellen Tauchboot *Pasadena* werden Tages- und Mehrtagestouren (u.a. zu den Supertauchplätzen bei den Felsen Hin Daeng und Hin Muang im Süden) unternommen. Zudem wird Wrack- und Höhlentauchen angeboten.
Die längste Erfahrung in den Tauchrevieren um Phi Phi hat ***Moskito Diving***, ✆ 01-2291361, ℻ 01-217106, unter deutscher Leitung, führt Massentauchen durch.

WASSERSPORT – In der Back Bay wird Wasserskifahren, Paragliding und Gleiten auf der „Banane" angeboten. Alles ist nur bei Flut möglich.

YACHTEN – Wer zu einem 7tägigen Segeltrip nach Langkawi in Malaysia aufgelegt ist, kann in der ***Top Ten Burger Bar*** nachfragen. Die Preise liegen bei 9000 Baht p.P. (alles inkl.).

Transport

Während der Hochsaison sollte man unbedingt das frühestmögliche Boot nach Ko Phi Phi nehmen. Doch auch dann muß mit einer Nacht im Freien gerechnet werden.
Von Krabi: Unterschiedliche Boote tgl. um 9.30 und 14.30 Uhr für 125–150 Baht pro Weg in 1 1/2–2 1/2 Std. je nach Bootstyp. Zurück tgl. um 9 und 13 Uhr mit mehreren Booten. Den Bus nach Bangkok erreicht man über Krabi noch am selben Tag.
Vom Ao Nang Beach: in der Saison tgl. um 8.30 Uhr ein Boot über Rai Leh für 150 Baht p.P. in 2 Std. Rückfahrt um 15 Uhr.
Von Ko Lanta: von Oktober bis April tgl. um 8 und 13 Uhr ein Boot für 150 Baht p.P. in 1 1/2 Std., zurück um 14 Uhr (in der Hochsaison auch um 11 Uhr).
Von Phuket: viele Boote von 5 verschiedenen Piers um 8.30 Uhr in 50 Min.–2 1/2 Std. für 250–450 Baht; z.B.
Phi Phi Cruiser, ✆ 211253, ab Tien Sin Pier in 1 1/2 Std. für 300 Baht einfach, 500 Baht hin und zurück, wobei der Rückfahrttermin frei gewählt werden kann;
Andaman Queen, ✆ 215261, ab Fischereihafen je nach Boot in 1–1 1/2 Std. für 350 bzw. 450 Baht, als Tour 550 bzw. 750 Baht. Einfache Tickets am Tien Sin Pier ab 150 Baht.
Fast Ferry Siam, ✆ 245194, und ***Songserm***, 51-53 Satun Rd., ✆ 219954-5, ℻ 219955, in 50 Min.
Zwischen November und April zudem um 13.30 Uhr Boote von ***Royal Fern***, ✆ 232240-1, und ***Songserm*** ab dem Sin Saengrat und Dilok Pier, östlich von Phuket, in 1 1/2–2 Std. für 300 Baht einfach.
Zurück zwischen 13.30 und 15 Uhr für 180–350 Baht, in der Hochsaison außerdem

um 9 und 10.30 Uhr. Meistens inkl. Bustransfer zwischen Phuket und Pier (ansonsten 50–80 Baht pro Fahrt zum Strand extra). Den ac-Bus von Phuket nach Bangkok schafft man am selben Tag nur mit dem Morgenboot. Speedboat für 6–8 Pers. ab Chalong Bay in 45 Min. Die Dschunke *Suwan Macha* (s.S. 440) startet am Sa in Phuket und Do in Phi Phi.

Ton Sai Bay

Die bei jedem Wasserstand malerische südliche Bucht ist jeden Tag das Ziel Hunderter von Ausflügler aus Phuket und Krabi. Am westlichen Ende der Bucht ist der Strand wegen der zahlreichen Korallensteine nicht zum Baden geeignet.

Die meisten Traveller Bungalows liegen am **Hin Khom Beach**, 15 Min. östlich vom Dorf. Die Küste besteht aus rauhen Felsen, davor zeigt sich bei Flut nur wenig Sandstrand. Fast jeder mögliche Platz ist mit einem Bungalow bebaut. Einige stehen gar zu eng aneinander.

Der schöne **Long Beach**, auch Hat Yao, reicht bis ans Kap Laem Poh. Der Sandstrand ist mit Steinen und Korallen durchsetzt. Er bietet eine tolle Sicht übers Meer nach Ko Phi Phi Le. Direkt vom relativ steil abfallenden Strand kann man zu den wunderschönen Schnorchelfelsen (z.B. Hin Pae, Shark Point) und zum Riff schwimmen. Nachteilig macht sich der ständige Lärm aller an- und abreisenden Boote und Schiffe bemerkbar. Die beiden riesigen Bungalowanlagen sind in der Saison schnell voll und entsprechend überteuert. Man erreicht den Long Beach zu Fuß in einer guten halben Stunde oder bis spät am Abend mit einem der ständig verkehrenden Langboote für 20–30 Baht p.P.

Übernachtung

Pee Pee Island Cabana ⑫, ✆ 075-611496, ✆ 075-612196, erstreckt sich 180 m bis hinüber zur Dalam Bay. Für diesen 3stöckigen, häßlichen Hotelkomplex wurden massenhaft Palmen gefällt. Darunter hat der tolle Blick vom Viewpoint sehr gelitten. Zynisch werben die Besitzer auch noch damit, wie sehr sie die Umwelt schützen und bewahren. Leider können die Frevler nicht bestraft werden, man kann die Anlage nur meiden.

Ton Sai Village ⑪, ✆/✆ 075-612434, am westlichen Ende der Bucht am Korallenstrand, Mittelklasse-Komfortbungalows.

HIN KHOM BEACH – Hier stehen sehr einfache Hütten und bessere Bungalows mit Du/WC.

Pee Pee Don Resort****–***** ㉓, die 50 Bungalows stehen sehr eng, nur wenige direkt am Ufer, alle haben einen Fan, die teureren Du/WC und Moskitogaze in den Fenstern. Das Restaurant liegt sehr schön auf den Felsen.

Gipsy Village***** ㉒, ✆ 01-2291674, 150 m landeinwärts, etwas ruhigere Lage, 25 einfache, saubere Steinbungalows mit Du/WC und Fan, weiträumig um einen Palmengarten angeordnet, wirken etwas vergammelt, sind aber ihr Geld wert; gutes Wasser, 24 Std. Strom; freundliche Leute. Rabatt in der Nebensaison.

Gipsy Village 2**** ㉑, 50 m weiter landeinwärts, 11 ganz einfache Hütten; gutes Wasser.

Phi Phi Andaman Resort***** ㉔, ✆ 01-2292073, riesige Anlage, miefige Stein- und Betonbungalows, Moskitonetze. Große Schattenbäume am Sandstrand, bei Flut recht malerisch mit schöner Sicht auf Phi Phi Le. Bei Hochbetrieb herrscht oft Wassermangel.

Bay View Resort ㉕, ✆ 01-2292134, ✆ 01-2292134, Reservierung in Phuket unter ✆ 076-224807, ✆ 076-256314, am Hang unter vielen Bäumen, saubere Bungalows mit und ohne ac, schöner Sandstrand. Anschließend verläuft der Weg über die Felsen am Ufer entlang (bis Long Beach ca. 1/2 Std) oder weiter landeinwärts.

Maprao***–**** ㉖, relativ klein, nach dem Besitzerwechsel leider heruntergekommen. Schöner Strand, bei Flut gut zum Schwimmen.

LONG BEACH – ***Viking******* ㉗, 7 einfache Bungalows, der Vertrag läuft immer nur ein Jahr.

Paradise Pearl**–****** ㉘, 01-7230484, 01-2204370, 80 saubere, feste Bungalows, in der ersten Reihe mit Moskitogaze, Du/WC und Beton-Gartenmöbeln, die „billigsten" ohne Fan, einige neue, geräumige Bungalows mit ac und 24 Std. Strom; Restaurant mit unfreundlichem Personal; Reisebüro, Ausflüge, Geldwechsel, Telefon- und Fax-Service; zu teuer. Beliebt bei Party-Touristen.
Long Beach Bungalows**–***** ㉙, billig, schlechte Hütten, schmuddelig, mieses Essen.
Coral ㉚, überteuerte Anlage am Ende der Bucht, kein eigenes Wasser.

Essen und Unterhaltung

Das Restaurant des ***Pee Pee Don Resort*** liegt z.T. etwas erhöht auf Felsen und direkt am Wasser, so daß abends eine leicht kühlende Brise durchs Lokal weht, herrliche Aussicht; ruhig, sauber, freundliche Bedienung.

Transport

Für 20–30 Baht p.P. fahren bis in die Nacht Langboote zwischen dem Pier und Long Beach. Wer bei der Ankunft mit dem Fährboot direkt ins *Paradise Pearl* oder *Long Beach* Boot umsteigt, kann sicher sein, einen Bungalow zu erhalten – zu welchem Preis auch immer.

Lo Dalam Bay

Die Lo Dalam Bay (auch Back Bay) sieht bei Flut wunderschön, bei Ebbe eher häßlich aus. Sie liegt nur 200 m von der Ton Sai Bay entfernt, auf der anderen Seite der Landbrücke. Tagsüber spielt sich hier der totale Urlaubsrummel ab, mit Ausflüglern in feiner Kleidung, Badegästen im Bikini, Motorbooten, Paragliding, Fahrten mit der „Banane", unzähligen Souvenir- und Getränkeverkäufern etc.

Übernachtung

P. P. Princess Resort ⑨, 075-612188, 075-620615, saubere, komfortable Holzbungalows mit ac, in einer Kokosplantage. Unterschiedliche Preise je nach Strandnähe. Zum Sonnenuntergang phantastischer Blick und Happy Hour bei Rock Musik der 70er Jahre in der *Gecko Bar* vor dem Resort.
Charlie Beach Resort*** ⑧, / 075-620615, im Kokoshain, überteuerte, versiffte Bungalows mit Du/WC und kleiner Terrasse mit Blick auf die Bucht; die billigeren Bungalows liegen weiter hinten in der Nähe des Generators; Restaurant mit Satelliten-TV, Strandbar mit lauter Musik bis 3 Uhr morgens, Gebühr für ankommende Telefonate 30 Baht. Unfreundlicher Geschäftsführer.
P. P. Pavilion Resort ab**** ⑦, / 075-620633, 50 schöne Bungalows mit ac stehen unter Kokospalmen, Meerblick, Restaurant und Bar.
Pee Pee View Point Resort***–****** ⑥, 01-2284111, 075-611541, am rechten Rand der Bucht am Hang, 50 Bungalows im Thai-Stil, vom Balkon schöner Blick über die Bucht. Verleih von Seekajaks.
Chong Kao Bungalow*–*** ⑩, am linken Rand der Bucht, einfache Hütten, daneben der laute Generator des *Cabana*.

Die Ostküste

Die **Lo Ba Kao Bay** mit ihrem 450 m langen, flachen Strand liegt an der Ostküste der Insel. Zwischen den Personalunterkünften des *Pee Pee Island Village* beginnt ein Dschungelpfad quer über die Insel zu einer Bucht mit Schnorchelmöglichkeiten. Rechts gelangt man nach Laem Trong und links über eine Holzbrücke am Dorf vorbei zur schönen **La Nah Bay**. Das Dorf der Seezigeuner am äußeren Rand der Bucht ist bei Ebbe zugänglich. Bei den ersten Hütten führt ein steiler Pfad über den Berg zu einer einsamen Bucht mit schneckenförmigen Felsen.

Am **Luxus Beach** am nördlichen Ende der Insel liegen drei Luxusresorts. Hier ist es zwar ruhig, man bekommt aber nichts von der besonderen Schönheit der Insel mit. Die **Ran Ti Bay** erreicht man auf dem Pfad, der über den View Point und anschließend durch interessanten Dschungel führt (ausgeschildert, ca. 50

Min.). Hier kann man schön schnorcheln und bei Ebbe an der Küste entlangwandern, bis zum Long Beach dauert es ca. 3 Std.

Übernachtung

LUXUS BEACH – ***P. P. International Resort*** ①, ✆/℻ 01-2292250, 70 First Class-Bungalows mit ac, Kühlschrank, Satelliten-TV, Bad mit Warmwasser und Balkon. Reservierungen unter ✆ 076-214654.
P. P. Coral Resort ②, ✆ 01-2111575, ℻ 076-215455, Holzhäuschen mit ac.
Phi Phi Palm Beach Resort ③, ✆/℻ 01-2291922, 60 Luxusklasse- und 10 Familien-Bungalows unter Palmen, Süßwasser-Pool mit Jacuzzi, Tennisplätze, Restaurants. Der umweltbewußte Besitzer hat den ersten Müllverbrenner auf der Insel eingeführt.

LO BA KAO BAY –***Pee Pee Island Village*** ④, ✆ 01-2111907, ℻ 01-2291204. 80 komfortable, ruhige Mittelklasse-Holzbungalows auf Pfählen in einer Palmenplantage am Meer. Hier wird Segeln, Windsurfen, Schnorcheln, Tauchen (Grundkurs: 5 Tage, 8000 Baht) und Fischen angeboten. Möglichkeiten zu Dschungelwanderungen. Zu buchen in Phuket, 89 Satun Rd., ✆ 076-215014, ℻ 214918.

RAN TI BAY –***Ran Ti Bungalows**** ⑤, knapp 10 einfache, aber passable Bungalows aus Bambus, Restaurant.

Ausflüge auf Ko Phi Phi

Aussichtspunkte

Wenn man einige Tage auf Ko Phi Phi verbringt, ist die Besteigung eines *View Point* ein absolutes Muß, denn nur aus der **Vogelperspektive** ist ein Überblick über die einmalige Form dieser wunderschönen Insel zu bekommen. Für Fotografen bietet sich am Morgen der östliche Hügel an, dessen Besteigung (20 Min.) auf einem breiten, mit Betonstufen versehenen Weg hinter dem Dorf beginnt. Von dem Felsen reicht der Blick bis zum nördlichen Kap der Insel. Oben verkauft eine Imbißbude auch Souvenirs und vermietet Liegestühle.

Für den Nachmittag empfiehlt sich der Hügel hinter dem *Ton Sai Village*, den man in 15 Minuten, zum Teil mit Seilsicherung, ersteigen kann. Keine Sandalen tragen! Laut einem Leser war der Pfad nicht begehbar. Wie sieht es jetzt aus?

Inselrundfahrt

Eine lohnende Schnorchel- und Sightseeing-Fahrt um Phi Phi Don mit dem Boot läßt sich auf eigene Faust für 300 Baht organisieren (inkl. Schnorchelausrüstung, Mittagessen, Wasser, Früchte) bei einem der vielen Reisebüros buchen. Außerhalb der Saison machen diese Tour täglich etwa 12 Boote. An der Ostseite der Insel gibt es Sandstrände mit mittelfeinem Sand, schön zum Baden. Südlich vom *Pee Pee International Resort* kann man gut anlegen, zu Fuß die Landzunge durchqueren und die Aussicht genießen. Baden ist nicht möglich, da zu glitschig. Die **Bamboo Islands** sind nicht nur gut zum Schnorcheln, sie haben auch einen schönen, feinen, weißen Strand mit schattenspendenden Kasuarinas, und man kann sie leicht umwandern. Am Nordende der **Ko Nok Halbinsel** wächst Seefarn an den tiefen Stellen vor den steilen Felsen. An der Westseite gibt es Tropfsteinfelsen, keine Strände und keine Bademöglichkeit.

Umweltprobleme Der größte Teil von Ko Phi Phi ist ein National Park. Angesichts der vielen Bungalow-Dörfer und der Müllhalden an Picknickplätzen ist das kaum zu glauben. Wer sich für umweltbewußt hält, könnte vielleicht die thailändischen Tourist Guides darum bitten, den Müll nicht einfach über Bord zu werfen, sondern wieder mitzunehmen. Das beruhigt aber mehr das eigene Gewissen, denn in der Nacht wird das meiste doch ins Meer gekippt. Allerdings wurde im Ton Sai Village eine kleinere Müllverbrennungsanlage errichtet, und uns schien Ko Phi Phi im Vergleich zu anderen Stränden bei unserem letzten Besuch recht aufgeräumt und sauber.

Ko Phi Phi Le

Bootsfahrten zur schroffen, südlichen Schwesterinsel Ko Phi Phi Le (auch: Ko Phi Phi Lay) mit interessanten Kliff-Formationen werden regelmäßig für 100 Baht angeboten. Bei den Ausflugs-Arrangements von Phuket sowie den Inselrundfahrten ist diese Tour im Preis inbegriffen. Die Boote von Phuket legen zuerst an der Viking Cave an, die dann von Hunderten gleichzeitig besucht wird.

Folgende Punkte werden angelaufen: **Viking Cave**, 10 Baht Eintritt, meist im Tourpreis enthalten. Zwei Boote liegen gleichzeitig an der Ponton-Anlegestelle, und über den schwankenden Steg strömen die Massen in die Höhle. Guides erklären das Ernten der Schwalbennester, und manchmal klettert ein Sammler demonstrativ die hohen Bambuskonstruktionen hinauf unter die Höhlendecke des mächtigen Doms. Weitere Sehenswürdigkeiten: ein Stalagmit, vor dem die Schwalbennestsammler opfern und gleich rechts vom Eingang angeblich „prähistorische" Höhlenmalereien von Wikingerschiffen, die einen sehr frischen Eindruck machen. In der Viking Cave werden pro Jahr etwa 200 kg Schwalbennester von 16 Männern unter Lebensgefahr geerntet, immer 3 Monate Ernte – 3 Monate Pause. Chinesen, Hauptabnehmer der Schwalbennester, bezahlen an die Konzessionäre für ein Kilo US$2000, weil sie an die potenzfördernde und alterssteigernde Wirkung der Nester glauben.

Die **Pi Leh-Bay** wirkt wie ein tief eingeschnittener Fjord, der Blick zurück ziert viele Postkarten. Vor dem Felsen in der südlichen **Lo Sanah Bucht** kann man gut Gerätetauchen. An den im Süden sichtbaren **Bi-Dah Islands** gehen die Einwohner von Ko Phi Phi auf Fischfang. In den steil aufragenden Felsen wurden dazu Bambusstangen bzw. Gerüste verankert, von denen sich die Fischer abseilen können. In der lieblichen **Maya Bay** ist Schnorcheln recht angenehm. Vorsicht: Wasserschlangen! Von der Westseite der Insel soll es eine Unterwasserhöhle bis zur Pi Leh Bay geben, darin leben große Fische, vor der Höhle Haie.

Schnorcheln

Ko Phi Phi besitzt Top-Schnorchelgebiete mit unwahrscheinlich vielen Fischen. In den meisten Unterkünften gibt es ordentliche Schnorchelausrüstung zu mieten, Einheitspreis 50 Baht.Die Felsengruppe **Shark Point** (Thai: *Hin Phae)* vor dem Long Beach kann mit Flossen in 2 Std. bequem umrundet werden: viele Fische, am westlichsten Zipfel sind häufig harmlose Ammenhaie zu sehen. Sehr schön kann man auch vor **Laem Poh** schnorcheln. Am Abhang des flachen Wassers vor *P.P.Andaman* leben in geringer Wassertiefe giftige Seeschlangen, in 2 m Tiefe Muränen. Vorsicht vor Booten, die ins Hafenbecken fahren!

Die folgenden Schnorchelreviere vor der Ostküste besucht man am besten auf einem Halbtagesausflug (500 Baht) oder einem Tagesausflug (800 Baht, inkl. Wasser und Lunch-Päckchen). Die Bucht **Lo Mu Di** lohnt mehrere Schnorchelgänge. In der **Ran Ti Bay** gibt es viele Fische. Seezigeuner angeln hier manchmal. Auch südlich von den **Bamboo Islands** (Ko Yuung und Ko Phai) lohnt es sich zu schnorcheln.

Beim Schnorcheln unbedingt den Rücken und vor allem den Halsansatz durch ein dünnes Polo-Shirt mit Kragen schützen. Eine eng anliegende, lange Hose schützt empfindliche Waden. Schon nach wenigen Stunden intensiver Sonnenbestrahlung kann die Haut auf Dauer schwer geschädigt sein (evtl. erst nach Monaten zu spüren). Wasserfeste Sonnencreme kann helfen, aber nach neueren Untersuchungen kann sich Sonnencreme auf der Haut zersetzen und selbst Hautschädigungen verursachen.

Tauchausflüge

Die Tauchstationen bieten Ausflüge in die Umgebung von Ko Phi Phi an. Das kostet 1500–1600 Baht für 2 Tauchgänge, in der Nebensaison ab 700 Baht (*SSI* und *Be Friend Club* sind nach Meinung von Lesern gut). Von den Tauchbasen auf Phuket werden 1- bis 3tägige Tauchausflüge nach Ko Phi Phi organisiert. Die Tauchgründe um die beiden Inseln mit ihren bunten Korallenriffen eignen sich hervorragend für Anfänger und Genußtaucher. Dem verwöhnten Taucher haben sie nichts Spektakuläres zu bieten, allenfalls ein paar harmlose Leopardenhaie. Sehr erfahrene Höhlentaucher könnten sich bei ruhigem Wasser an der Unterwasserhöhle von Ko Phi Phi Le versuchen.

Similan Islands

หมู่เกาะสิมิลัน

Diese Inselgruppe von 9 unbewohnten Inseln ca. 75 km vor der Küste wurde 1982 zum Marine National Park erklärt. Unter Tauchern gilt die Inselgruppe als eines der zehn schönsten Tauchgebiete der Erde. Erfahrene Gerätetaucher genießen bei ca. 25 m Sicht die herrlichen Unterwasserlandschaften in 12 bis 40 Meter Tiefe, wo eine riesige Artenvielfalt gedeiht. Schnorchler erfreuen sich an Korallengärten und -riffen, die bei 2 m Tiefe beginnen, jedoch vorwiegend etwa 9 m tief liegen. Für einen Badeurlaub sind die Inseln ungeeignet, da es auf keiner Insel Trinkwasser gibt und die wenigen Unterkünfte überteuert sind.

Fürs Gerätetauchen sind die Inseln Nr. 1, 4, 7, 8 und 9 am besten geeignet. Die besten Monate zum Tauchen sind Februar, März und April. Auf den Inseln ist keine Tauchausrüstung verfügbar. Die auf vielen Postkarten abgebildete **Insel Nr. 8** (auch Similan Island) besitzt eine wunderschöne Bucht mit herrlichem Sandstrand und schönen Korallenstöcken in 8 bis 10 m Tiefe. Der Strand wird begrenzt von phantastisch geformten Felsen, wie man sie von den Seychellen kennt – allerdings ohne Kokospalmen. In der geschützten Bucht nächtigen viele Tauchboote. Nicht alle entsorgen ihren Abfall vorschriftsmäßig. Bestes Tauchen bieten Riffe in 12 bis 40 Meter Tiefe. Eine Bucht auf der anderen Seite der Insel ist sehr schön zum Schnorcheln.

Auf der **Insel Nr. 4** (Miang Island) gibt es Nationalpark-Bungalows (s.u.). Der Norden und Osten eignen sich besonders gut zum Schnorcheln im etwa 28 Grad warmen Wasser, weshalb die vorwiegend einheimischen und japanischen Tagesausflügler hier zu Wasser gelassen werden. Gerätetaucher, die auf Großfische scharf sind, kommen voll auf ihre Kosten. Wir haben z.B. im Februar auf 5 von 10 Tauchgängen Haie gesehen, und zwar Weißspitzen-, Leoparden- und Ammenhaie sowie riesige Rochen, vorwiegend in 25–30 m Tiefe. Die Sicht betrug nur 15–20 m, wurde aber von unserem Tauch-Guide als fast optimal eingestuft. Andere Taucher sahen allerdings auf 11 Tauchgängen nur einen Hai. Außerdem kann man auf allen Tauchgängen Zackenbarsche, fast alle im Indischen Ozean vorkommenden Korallenfische, Schnecken, Muscheln, Riesengorgonien, Federsterne, Röhrenwürmer und eine große Vielfalt an Korallen sehen, gelegentlich auch Mantas.

Bei mehrtägigen Tauchfahrten auf speziellen Tauchbooten (*Liveaboards*) werden regelmäßig auch die einzelnen Inseln **Ko Tachai** und **Ko Bon**, sowie der Unterwasserfelsen **Richelieu Rock** angesteuert, gelegentlich auch die kaum kartographierten unterseeischen Fleckenriffe der **Burma Banks**.

Übernachtung

Auf der Insel Nr.4 (Miang Island) gibt es 4 einfache Reihen-Bungalows*** mit 5 Zimmern und jeweils 4 Betten, viele Zelte mit Matratze und Kopfkissen für 100 Baht, öffentliche Duschen und Toiletten und ein Restaurant, das vor allem auf Reisegruppen eingestellt ist. Wer ein eigenes Zelt aufstellt, bezahlt 10 Baht pro Tag und Person.
Außer an Neujahr, chinesischem Neujahr und Songkran ist es kein Problem, eine Unterkunft zu finden.

Transport

Von Tap Lamu fährt in der Saison jeden So, Mo, Mi und Fr um 13 Uhr ein Boot zur Insel Nr. 4 für 700 Baht (einfach), zurück jeden Di, Do und Sa.
Von der Insel Nr. 4 fährt ein Longtailboot für 150 Baht p.P. zur Insel Nr. 8 zum Schnorcheln.

Touren

Fast alle Tauchbasen auf Phuket (Adressen s.S. 439) fahren für 3–7 Tage mit mehr oder weniger schnellen und komfortablen Booten nach Similan (ca. 110 km von Patong, ca. 140 km vom Hafen, Fahrtdauer zwischen 3 Std. und 10 Std.). Ein Tauchtag kostet 3000–5000 Baht (inkl. Fahrt, Tauchen, Unterkunft in Zelten oder auf dem Boot, rationiertes Essen und Trinkwasser), Ausrüstung zu unterschiedlichen Konditionen extra; Nichttaucher erhalten bis zu 30% Rabatt. Eine Tauchfahrt für 4 Tage mit 11 Tauchgängen kostete ca. 15 000 Baht (alles inkl.).

In Khao Lak (ca. 75 km) bietet das ***Sea Dragon Dive Center*** (s.S.439), ✆ 01-2292418, bis zu 4x pro Woche Tauchfahrten für max. 8 Taucher nach Similan an: 3 Tage mit 7 bzw. 8 Tauchgängen für 7800 bzw. 8600 Baht (Nichttaucher 4400 Baht).

Ebenfalls ab Khao Lak veranstaltet ***Kon-Tiki*** beim *Khao Lak Laguna*, ✆ 01-2296736, Fax 431297, jeden 2. Tag mit einem Schnellboot Tagesausflüge zu den Similan Inseln. 3tägige Schnorcheltouren für 3700 bzw. 3900 Baht (alles inkl.) werden ab Khao Lak angeboten.

Selbst organisieren kann man eine Fahrt auch ab Thap Lamu (12 km südlich von Khao Lak).

Seatran Travel, 65 Phuket Rd., ✆ 211 809, Fax 213510, bietet zwischen November und April mit dem High Speed Catamaran *Jet Cat* eintägige Ausflugsfahrten ab Phuket mit Gelegenheit zum Schnorcheln an.

Mit dem Unterwasseraussichtsboot *Pakarang* kann man 2 m unter der Wasseroberfläche gemütlich das Riff und seine Bewohner betrachten.

Songserm, 51-53 Satun Rd., ✆ 219954-5, Fax 219955, veranstaltet von Dezember bis April Di, Do und Sa ebenfalls Tagestrips für 1600 Baht inkl. Mittagessen.

Von Phuket nach Phang Nga

Die neu ausgebaute Straße H4 führt durch leicht hügeliges Land, gesäumt von vielen Palmöl-, Kokos- und Kautschukplantagen. An mehreren Stellen kann man zu Bootsanlegestellen abbiegen.

Man verläßt die Insel Phuket über die neue Stahlbetonbrücke. Schon nach 3 km zweigt eine Straße zum ersten Pier für die Phang Nga Bay Rundfahrt ab. An der Abzweigung in **Khok Kloi** (KM 9) geht es geradeaus auf dem H4 nach Norden Richtung Khao Lak (50 km) und Ranong (s.S. 482), nach rechts Richtung Phang Nga, Krabi und Hat Yai.

An der kurvenreichen Straße nach Phan Nga liegen viele Kautschukplantagen. Zu den Bootsanlegestellen, zu denen am KM 13,1 und am KM 25 schmale Straßen abzweigen, fahren nur Pauschalgruppen, die mit großen, überdachten Schnellbooten die Bucht von Phang Nga durchkreuzen.

Zur heiligen Grotte **Tham Sawan Khuha** biegt man beim KM 29,7 nach links ab (1 km), Eintritt 10 Baht. Hinter dem Wat ist in einer überwucherten Felswand die große Grotte mit dem liegenden Buddha und vielen weiteren Buddha-Statuen zu sehen. Am Abend fliegt ein riesiger Schwarm von Fledermäusen hinein. Schön und friedlich ist das Gebiet zwischen dem Felsen und dem Fluß dahinter.

Beim KM 33,7 biegt die Straße zum Zollhaus, zum Hotel und zu den Bootsanlegestellen für eine Bootsfahrt durch die Bucht von Phang Nga ab. Am KM 35,8 des H4 zweigt nach rechts die neue Straße H415 ab. Sie verläuft in der Ebene und verkürzt die Strecke nach Krabi um 9 km. Sie bietet auch einige landschaftliche Reize, z.B. nach 7,8 km an einem Thai-Schild „*5 km*“ einen Abstecher in ein hübsches Tal mit tropisch bewachsenen Felsen. Am KM 16,1 des H415 kann man nach rechts wiederum auf einer neuen Straße Richtung Ao Luk abkürzen (s.S. 514).

Am südwestlichen Ortsanfang von Phang Nga (KM 36,2) ragen rechts einige markante Kalkfelsen auf. Sie sind unten völlig durchlöchert und enthalten **Tham Russi**, die Höhle des Eremiten. Mit viel Beton wurden Pfade hindurchgebaut und der Srinakarin Park ringsherum angelegt.

Transport

KHOK KLOI, der saubere Bus Terminal, der sich sehr gut zum Umsteigen eignet, liegt 600 m südlich der zentralen Abzweigung in einer Nebenstraße. Hier kommen alle staatlichen Busse von Phuket durch, die Richtung Norden, Osten und Süden fahren. Das Restaurant daneben verkauft Snacks und Getränke. Die Leute sprechen kaum englisch, helfen Touristen aber immer weiter. Wegen der vielen Busse, die nur kurz halten, ist es ratsam, sich die Busnummer zu merken. Zwischen 13.30 und 15 Uhr kommen nur wenige Busse vorbei.

Nach BANGKOK fahren non-ac-Busse Nr.63 und 99 ca. jede Std. von 7–19.30 Uhr für 202 Baht, 2.Kl.-ac-Busse Nr.63 um 9.30, 15.15, 17.20 und 18.30 Uhr für 283 Baht, der ac-Bus Nr.949 um 18.30 Uhr für 360 Baht, der VIP-24-Bus um 17 Uhr für 535 Baht in 12 Std.; diese Busse passieren Khao Lak zwar ca. 50–60 Min. später, die ac-Busse halten aber nicht an; in Takua Pa machen alle ca. 1 1/2 Std. später an der Bus Station eine kurze Pause.

Nach TAKUA PA mit non-ac-Bus Nr.436 um 7.50, 9.30, 10.30, 11.50, 13.10, 14.30, 16, 17, 18 und 19 Uhr für 26 Baht in ca. 2 Std., bis KHAO LAK und BANG NIANG für 22 Baht in ca. 70 Min.

Nach RANONG fährt der non-ac-Bus Nr.430 gegen 8.30, 11 und 12.30 Uhr für 70 Baht in 5 1/2 Std., ebenfalls über Khao Lak.

Nach SURAT THANI über Khao Lak und Khao Sok mit non-ac-Bus Nr.465 um 6.15, 7, 8.30, 9.50, 11.10, 12.30, 13.50 und 15.10 Uhr für 65 Baht in 5 Std., mit ac-Bus Nr.465 um 8.30 und 10 Uhr für 116 Baht in 4 Std.; die Busse stoppen nach Bedarf.

Nach PHANG NGA fährt Bus Nr.437 um 11.40, 13.30, 15.10, 17 und 18 Uhr für 12 Baht.

Nach KRABI fährt Bus Nr.438 um 12, 14.50 und 16 Uhr für 35 Baht in 3 Std.

Nach TRANG fährt non-ac-Bus Nr.441 tgl. 6x von 8–13.25 Uhr für 65 Baht in 5 Std., ac-Bus Nr.411 tgl. 11x von 8–19 Uhr für 118 Baht in 4 Std.

Nach KHAO LAK kann man zur Not auch ein Songthaew für 350–600 Baht chartern.

Phang Nga

พังงา

Die Provinzhauptstadt Phang Nga (gesprochen ungefähr Pang-ga) liegt 84 km von Krabi und 92 km von Phuket entfernt. Berühmt ist sie für die wunderschöne Bucht mit den steil aus dem Wasser aufragenden Kalkfelsen.

Auch im Stadtgebiet erheben sich viele Kalkfelsen, einige von Höhlen durchzogen. Der schöne Tempel **Wat Phrachumyothi** am nördlichen Stadtrand ist vor allem wegen der hübschen Bonsai-Bäumchen einen Besuch wert. Interessant ist vielleicht auch der chinesische Friedhof zwischen Stadt und Pier mit seinen aufwendigen Gräbern. Die meisten Traveller halten Phang Nga Stadt für ein langweiliges, unattraktives Nest, in dem es absolut nichts zu tun gibt. Wer sich jedoch ein Motorrad mietet, kann in der näheren Umgebung auf wenig befahrenen Straßen schöne Landschaften, Höhlen, Wasserfälle, Tempel und nette Bauerndörfer entdecken.

Übernachtung

Alle billigen Hotels liegen an der Hauptstraße, der **Petchkasem Rd.**, sind recht laut und mies.

Lak Muang 1* ①, Nr. 1/2, ✆ 412486, 📠 411512, 700 m nördlich vom Bus Terminal am Stadtrand, 24 Zi mit Fan und Du/WC, zur Straße recht laut, Personal etwas indifferent. Die beste Unterkunft beim Stadtzentrum.

Thawisuk*–* ②, Nr. 77-79, ✆ 411686, hellblaues Gebäude, 12 sehr preiswerte, schmuddelige und muffige Zimmer mit Fan, ein Leser: „Knastatmosphäre".

Rak Phang Nga* ③, Nr. 100, ✆ 412090, nicht besonders sauber, sehr laut, viel Kurzzeitverkehr.

Ratanapong**–* ④, Nr. 111, ✆ 411247, 30 große, relativ saubere Zimmer, sehr laut, nach hinten besser. Kaum akzeptabel.
Meng Tong**–* (auch: Muang Thong) ⑤, Nr. 128, ✆ 412132, 14 besonders große Zimmer mit Fan oder ac, sehr laut.
New Lak Muang–***** (auch: Lukmuang 2) ⑧, Nr. 540, ✆ 411500, ℻ 411501, 1,6 km südlich, 24 Zimmer mit ac (nur mit Fan 60 Baht billiger) und Bad mit Badewanne, gut, komfortabel und nach hinten ruhig; freundliches Personal.
Phang Nga Valley Resort–***** ⑨, Nr. 5/5, ✆ 412201, ℻ 411393, 3 km südlich am KM 35,4 in einer Nebenstraße. Mondänes Thai-Hotel mit 15 ac-Bungalows und Gästehaus, Restaurant, *Thai Dance Show*, Pool, Fischteich; Eintritt 10 Baht.
Sunimitr Mansion*** ⑦, 2/1 Sirirat Rd., ✆ 411422, 411130, 1 km südlich vom Zentrum in einer ruhigen Seitengasse, 20 sehr saubere ac-Zimmer mit TV, Kühlschrank und Bad. Snooker Club.

Essen

Gutes, preiswertes Restaurant ***Kha Mu*** (ohne engl. Schild) gegenüber vom Thawisuk Hotel, nicht immer geöffnet.
Zum Muslim-Restaurant ***Bismilla*** erreichen uns unterschiedliche Stimmen: sauber und gemütlich, aber mieses Essen und unfreundlich (?).

Sonstiges

BOOTSTOUREN – *Run*, der Schwager des legendären Mr. Sayan, veranstaltet nach dessen Tod die beliebten Touren weiter. Gemeinsam mit seiner Frau Yaowapa bietet er im Büro ***Sayan Tour*** am Bus Terminal, ✆ 430348, preiswerte Touren von ca. 5 Std. zur Phang Nga Bay an: von 7.30–13 und 14–18.30 Uhr (in der Saison) für 200 Baht p.P. (plus 2x 15 Baht fürs Auto und 5 Baht für die James Bond-Insel). Die 2tägige Tour von 14–9.30 Uhr für 400 Baht p.P. mit einer einfachen Mahlzeit auf der Restaurant-Insel KO PANYI

Kanutour in der Bucht von Phang Nga

und einer Übernachtung in einem schmuddeligen, lauten Zimmer am Pier ohne Moskitonetz und Dusche ist eher etwas für Hartgesottene. Ein Ganztagestrip geht von 7.30–15 Uhr für 400 Baht p.P. durch viel schönere Landschaften ohne laute Touristenboote. Die Boote sind extrem naß, von oben und unten, und besonders laut (vielleicht helfen Badelatschen und Ohrenstöpsel).

Mr. Kean Tour, ✆ 411247, vermittelt am Bus Terminal und im Ratanapong Hotel ähnliche Touren zu denselben Zeiten und denselben Preisen. Auch die Übernacht-Tour von Mr. Kean genügt kaum den minimalsten Bedürfnissen. Die Guides sprechen ein paar Worte englisch, die Boote gelten als seetauglich. Außerdem wird eine ganztägige *3-Island-Tour* angeboten.

GELD – Die ***Thai Farmers Bank*** tauscht Euroschecks, es dauert aber extrem lange.

MOTORRÄDER – kann ***Sayan Tour*** evtl. für 250 Baht arrangieren. Auch 500 m südlich des Bus Terminals befindet sich eine kleine Motorradvermietung, Preis: 250–300 Baht.

VORWAHL – 076; PLZ: 82 000.

Transport

Bus-Tickets zu allen Zielen verkauft ***Sayan Tour*** am Bus Terminal, wo alle Busse abfahren.

Vom Southern Bus Terminal in BANGKOK, 815 km, mit dem non-ac Bus um 7 und 16 Uhr für 287 Baht in 15 Std., ac-Bus um 18.30 und 19.30 Uhr für 333 bzw. 346 Baht über Ranong und VIP-24 Bus um 18.30 Uhr für 515 Baht in 12 Std.

Nach BANGKOK fährt der non-ac Bus um 14 und 16.30 Uhr, der ac-Bus um 17 Uhr, der VIP-24 Bus um 17 Uhr.

Von und nach PHUKET alle 30–60 Min. mit non-ac-Bus für 26 Baht, ac-Bus für 50 Baht.

Von und nach KRABI mit dem non-ac-Bus alle 30–60 Min. für 25 Baht in 2 Std., ac-Bus für 50 Baht in 90 Min. Pauschaltouren ab Krabi für 350 Baht (ac 380 Baht).

Von und nach TRANG 12x tgl. von 7–20 Uhr für 102 Baht.

Nach SATUN um 9.45 und 11.45 Uhr für 165 Baht.

Nach PHATTALUNG um 12.15 Uhr für 127 Baht.

Von SURAT THANI mit dem non-ac Bus um 6, 8.30, 11.30 und 13 Uhr für 65 Baht in 4 Std.

Nach SURAT THANI mit dem non-ac-Bus um 6.30, 7.30 und 13.30 Uhr für 65 Baht, mit dem ac-Bus um 9.30, 11.30, 13.30 und 17 Uhr für 100 Baht (bis KO SAMUI für 200 Baht).

Der erste non-ac-Bus erreicht um 10.30 Uhr den Zubringerbus zur Fähre nach Ko Samui, dafür den Bus bei *Samui Tour* stoppen lassen.

Nach TAKUA PA alle 45 Min. für 20 Baht, dort stündlich weiter nach KHAO SOK für 20 Baht und nach SURAT THANI.

Nach KHAO LAK erst mit dem Phuket-Bus zur Bus Station nach KHOK KLOI (20 Baht), dort umsteigen Richtung TAKUA PA (22 Baht).

Der Ranong-Bus fährt auf dem H4090 über Takua Pa, also nicht über Khao Lak.

Zum Hafen mit dem Minibus für 10 Baht.

Bootsfahrt durch die Bucht von Phang Nga

Die weltberühmte Bucht mit ihren bizarren Kegelkarstfelsen wurde 1981 zum National Park erklärt. Er umfaßt mit seinen 400 km² einen großen Teil der flachen Bucht, die steilen Inseln und die angrenzenden Felsen. Das Wasser ist fast immer ruhig, so daß eine Bootsfahrt nahezu ganzjährig möglich ist. Tausende von Touristen drängen sich am Ziel der Bootsfahrt, dem Nadelfelsen Khao Tapu – für die einen ein Horrortrip, für die anderen ein einmaliges Naturerlebnis. Es kommt wohl auf die Einstellung an. Am eindrucksvollsten ist die Fahrt von Dezember bis April, wenn der Himmel blau und das Licht klar ist. Nicht vergessen, einen Sonnenhut, Sonnencreme, Ohrenstöpsel und etwas zu trinken mitzunehmen. Trotz des Sonnendaches sitzt nicht jeder dauernd im Schatten.

Zuerst geht es mit dem ohrenbetäubend lauten Longtailboot auf dem breiten **Klong Khao Thalu-Fluß** immer geradeaus, vorbei an Mangrovensümpfen und markant geformten, mit tropischen Bäumen bewachsenen Felsen, z.B. dem „Kleinen Hund" **Khao Ma Chu**. Dann erreicht man die Bucht von Phang Nga: steile Kalkfelsen im Meer, die scheinbar nur durch die Wurzeln der wildwuchernden tropischen Vegetation zusammengehalten werden, dunkle Höhlen und Grotten mit herabhängenden Stalaktiten.

James Bond machte die bizarren Felsformationen durch den Film „Der Mann mit dem goldenen Colt" berühmt. Gegenüber vom sogenannten „James Bond Felsen" **Khao Tapu** wird auf einer kleinen Insel (5 Baht Eintritt) Rast gemacht. Hier stehen viele Erfrischungs- und völlig überteuerte Souvenirstände. Der gelegentliche, penetrante Geruch soll von den Mangroven stammen. Wer nicht frühzeitig dran ist, muß das berühmte Fotomotiv gleichzeitig mit hundert anderen Touristen ablichten. Anfang 1998 wurden Risse am Fuß des Felsen entdeckt. Die National Park Behörden befürchten, daß er zusammenbrechen könnte, und legten eine Sicherheitszone um den Felsen fest.

Aufregend wird es, wenn das Boot auf eine Felswand zufährt, in der sich dann aber noch rechtzeitig ein Höhleneingang auftut, in dem das Boot verschwindet. Die Felsmalereien am **Khao Khian** sind 3000 Jahre alt.

Das auf Stelzen gebaute Muslimdorf, das sich an die Insel **Ko Panyi** anschmiegt, hat sich zu einem fast ausschließlichen, teuren Restaurant- und Souvenirdorf gewandelt. Alle Tourgruppen werden hier mit Meeresfrüchten abgefüttert (je nach Anbieter üppig bis miserabel). Bei Übernacht-Fahrten von *Sayan Tour* schlafen die Gäste etwas vom Dorf entfernt, da der Lärmpegel im Dorf einem gesunden Schlaf oft abträglich ist.

Zuletzt geht die Fahrt durch eine intakte Mangroven-Landschaft, und man durchfährt eine Höhle, die **Tham Lot** (gezeitenabhängig kann dieser Abstecher auch zu Beginn der Fahrt erfolgen).

Übernachtung

Phang Nga Bay Resort****(10), 20 Tha Dan, ✆ 412067-70, 📠 412057; ein großer Kasten am Klong Khao Thalu mit allen modernen Zutaten, preiswerte ac-Zimmer; Restaurant; großer, sauberer Pool, tolle Aussicht. Reiseschecks werden gewechselt. Bootsfahrt für 600 Baht.

In der Empfangshalle des Hotels verschafft eine große Reliefkarte einen guten Überblick über die Bucht und die Ziele der Bootsfahrt. Transfer zum Phuket Airport kann für ca. 700 Baht arrangiert werden.

Camping im Park ist möglich, doch die Strände fürs Aufschlagen der Zelte sind sehr schmal. Erlaubnis erteilt: ***National Park Division***, Bangkok, ✆ 5790 529.

Transport

Die 3 km lange Zufahrtstraße zur Bucht geht am KM 33,7 ab. Von Phang Nga fährt ein Minibus für 10 Baht zum Hafen.

An der Anlegestelle gleich neben dem Hotel kostet ein langsames, überdachtes Boot für max. 10 Pers. (3–4 Std.) 400–500 Baht, z.B. bei

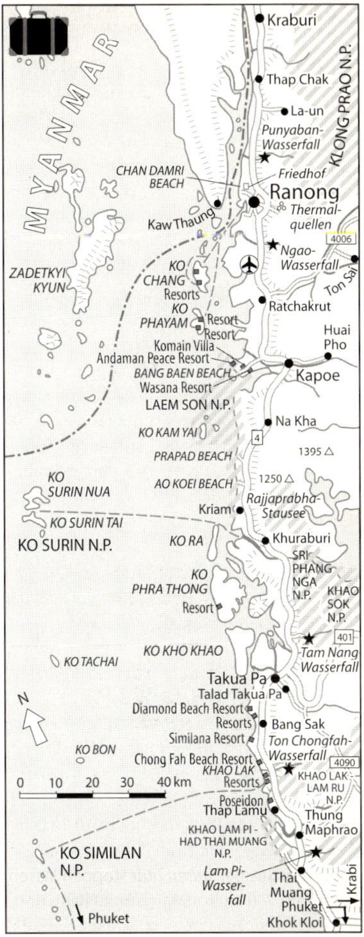

Nang Nuan Boat (handeln!). Touren werden ab PHANG NGA für 150–360 Baht, z.T. mit Übernachtung, angeboten. Weitere Touren ab PHUKET für 350–500 Baht und ab KRABI für 350–370 Baht.

Direkt vom Hafen Makham Bay auf Phuket geht ein Hydro-Craft Boot um 8.30 Uhr für 550 Baht zu den Inseln.

Von Phuket nach Ranong

Wer den gut ausgebauten H4 zwischen der Insel Phuket und der Stadt Ranong (256 km) befährt, wird rechts durchweg von grünen Bergen begleitet und kann links das Meer erahnen. Das azurblaue Wasser erblickt man aber nur zwei oder drei Mal. Die ganze Schönheit dieser Strecke läßt sich nur mit eigenem Fahrzeug erleben: Dschungelpfade in fünf Nationalparks, einsame Wasserfälle mit natürlichen Schwimmbecken, herrliche, kaum bekannte Strände und traditionelle Dörfer, in die sich nur selten Ausländer verirren. Wer mit dem Bus unterwegs ist, kann sich in den naturnahen Bungalows von Khao Lak, Bang Sak, Khao Sok oder beim Laem Son National Park einquartieren. Die reizvollen Naturschönheiten lassen sich von dort leicht zu Fuß, per Moped, Jeep oder Boot erkunden. Wer nur durchfährt und keine Abstecher machen kann, wird diese Strecke eher als eintönig und langweilig empfinden. Nicht alle Touristenattraktionen jedoch, auf die Schilder hinweisen, sind wirklich lohnenswert.

Von Phuket bis Takua Pa

Man verläßt die Insel Phuket über die neue Stahlbetonbrücke. Hier beginnt die Kilometrierung Richtung Norden. Der Weg zum *„Khao Pilal Beach"* am KM 4,1 führt zu keinem Strand, sondern zu Prawn-Farmen am Meer. Auch die folgende Schotterstraße in Meeresnähe ist den Abstecher kaum wert.

An der Abzweigung in **Khok Kloi** (Hotel *Khok Kloi Inn**) geht es geradeaus auf dem H4 Richtung Khao Lak und Ranong, nach rechts Richtung Phang Nga (s.S. 457), Krabi und Hat Yai. 600 Meter vor der Abzweigung liegt rechts hinter der Tankstelle der Busbahnhof, der sich gut fürs Umsteigen eignet. 5 km nördlich lohnt sich in Bang Kli ein Abstecher (4 km) zu einem romantischen Restaurant an einer heißen Naturquelle. Nach Norden führt der breite H4 durch Reisfelder, Gummi- und Ananas-Plantagen. Dazwischen wachsen Bananen, Mango-, Jackfrucht- und Durian-Bäume.

Khao Lam Pi National Park

Beim KM 24 kommt die chinesisch beeinflußte, kleine Stadt **Thai Muang**. Entlang der Durchgangsstraße gibt es gute, einfache Restaurants und einen Obstmarkt. Am Straßenknick liegt das Chinesenhotel *Muang Thong***–***. Geradeaus Richtung Meer passiert man den Golfplatz (18 Löcher) mit den luxuriösen *Thai Muang Beach Chalets*, ✆ 076-571533, ✆ 571214, 10 Cottages 1200–3000 Baht, erstklassiges Restaurant, Bar, Pool.

Nach 1000 m zeigt sich der lange, aber steile Strand. Dort liegt neben dem Laden von *Thai Dive* (✆ 076-571411) die Strandkneipe *Rim Had* mit schönem Blick aufs Meer. Hinter einem Fischerstrand warten unter Kasuarinas viele Picknicktische und Restaurants auf einheimische Gäste. Nach 4 km beginnt der Khao Lam Pi–Hat Thai Muang National Park mit dem langen Sandstrand **Hat Chai Thale Thai**, an dem zwischen November und Februar einige Meeresschildkröten ihre Eier im Sand ablegen (1995/96 waren es nur noch 26). Es gibt vier einsame Bungalows**–****, ✆ 01-2291696, ✆ Bangkok 02-5790529.

Zum „Tonepri Waterfall" am KM 28,4 des H4 geht es 7 km auf einer Lateritstraße, dann 1 km zu Fuß. Das Wasser soll das ganze Jahr über fließen. Am KM 28,7 liegt links die kleine Hotel- und Bungalowanlage *Sari Rot****, ✆ 076-571567-8. Wer ein Bad im Süßwasser schätzt, fährt am KM 32,7 nach rechts 2 km zum **Lam Pi Wasserfall** (auch *Lumpee*), der Hauptattraktion des 72 km² großen Nationalparks. Im weiten Wasserbecken unter dem dreistufigen Fall betreiben Thai-Familien häufig Körperpflege, insbesondere am Wochenende. Zum *„Khanim Waterfall"* am KM 36,7 führt ein 500 m langes Sträßchen – kaum der Mühe wert.

Thap Lamu

ทับละมุ

Nach einer Fahrt durch Obstgärten zweigt am KM 51,4 links die Straße H4147 zum Hafen Thap Lamu (5 km) ab. Hier liegt ein Büro des Similan National Parks (✆ 076-411913-4), und es fahren Boote zu den **Similan Islands** ab (jeden So, Mo, Mi und Fr um 13 Uhr für 700 Baht p.P., zurück am Di, Do und Sa, 4–5 Std.). Eine größere Gruppe kann ein Boot chartern, sollte sich aber vergewissern, daß die Bootsführer wirklich wissen, wo es hingeht, und sich z.B. ihre Seekarte zeigen lassen. Weitere Informationen zu Similan s.S. 455ff.

An der Abzweigung liegt neben der PTT Tankstelle das hervorragende Thai-Restaurant *Man Pochana* (Schild nur auf Thai); die Speisekarte steht auf einer Tafel in Thai, Preise erfährt man auf Anfrage. Gegenüber findet jeden Sonntag ein großer Markt statt.

Hinter dem Dorf Lam Kaen und der Abzweigung zu den *Poseidon Bungalows* kurvt der H4 zwischen herrlichen Dschungelbäumen einen Hügel hoch.

Übernachtung

Am KM 53,5 zweigt nach links ein 1,3 km langer Fahrweg ab zum ganz besonders ruhigen ***Poseidon****** ⑰, 1/6 Lam Kaen, ✆/℡ 443258. Zwischen Bäumen verstecken sich 7 schöne, sehr saubere Bungalows mit Du/WC, Fan und Moskitonetz, z.T. malerisch am Fluß, sowie 3 billige Bambushütten* „ohne alles" (nur für Teilnehmer an den Touren). Vom Restaurant bietet sich ein herrlicher Blick über die Flußmündung aufs Meer. Große, runde Felsen rahmen einige kleine, einsame Sandstrände ein, ein langer Strand erstreckt sich nach Süden. Olof, der schwedische Besitzer, veranstaltet Schnorcheltouren zu den Similan Inseln (s.u.).

Khao Lak

เขาหลัก

Vom *Khao Lak View Restaurant* am KM 57,4 des H4 bietet sich eine phantastische **Aussicht** über den 12 km langen Strand von Khao Lak. Das goldbeige Band des Sandes, malerisch von einigen Felsrippen unterbrochen, trennt das blaue Wasser der Andamanensee von üppig grünen Palmenhainen. Ein Gürtel von Kasuarinas und großen Laubbäumen säumt den Strand. Im 600–2000 m breiten Flachland liegen neben Kautschuk- und Kokosplantagen, Feldern und kleinen Dörfern auch viele Baggerseen, Überreste einer Zeit, in der hier intensiv Zinn geschürft wurde. Dahinter ragen die dschungelbedeckten Berge des Khao Lak-Lamru Nationalparks auf.

Khao Lak Sunset Beach

Der 500 m lange, schöne **Sandstrand** wird von zwei mit Dschungelbäumen bewachsenen Hügeln begrenzt. Er ist mit einzelnen Felsen, z.B. dem *Elephant Rock*, bestückt und für Kinder geeignet. Am südlichen Hang wurden die ersten beiden Resorts unterhalb der Straße gebaut. Der größte Teil des ebenen Landes steht noch zum Verkauf. Die Hänge des Nationalparks steigen wie in einem Amphitheater gleich hinter der Straße an.

Khao Lak Nang Thong Beach

Von der südlichsten bis zur nördlichsten Bungalowanlage erstreckt sich ein 1200 Meter langer, feiner **Sandstrand**, der sich bei jedem Wasserstand hervorragend zum Schwimmen eignet. Einige Felsenbänder (*Hin Nang Thong*) ragen bis zu 50 Meter ins Meer hinaus und bilden bei niedrigem Wasserstand kleine und große „Badewannen", die allerdings teilweise mit scharfkantigen Muscheln besetzt sind. Hinter der letzten Bungalowanlage zieht sich der unbewohnte Strand noch 2 km weiter nach Norden bis zum Bang Niang Fluß, der bei hohem Wasserstand nur brusttief durchwatet werden kann. Der relativ wenig befahrene H4 verläuft 600 m vom Strand entfernt. Die etwa 30 weit verstreuten Häuser lassen kaum ein Dorf erahnen.

Die netten, preiswerten Bungalows am Nang Thong-Strand werden schon seit 12 Jahren vorwiegend von deutschen Individualreisenden aufgesucht, die die Schönheit der Natur und die Ruhe genießen – Familien, Rentner, junge und reifere Paare. Erst seit 1997 kommen auch Pauschalurlauber in das neue Komfort-Resort, die leider nicht nur Ruhe und Frieden suchen, sondern zunehmend westliche Ansprüche stellen, denen die liebenswerten Menschen von Khao Lak kaum gewachsen sind.

Die Saison dauert von Mitte November bis Mitte April. Die besten Bungalows am Nang Thong Beach werden für den Dezember und Januar schon lange im voraus von Stammgästen gebucht. Nur im Sunset Resort, im Phu Khao Lak Resort und am kaum bekannten Palm Beach können Traveller in der Hochsaison auf freie Zimmer hoffen.

Während des Südwestmonsuns von Mai bis Oktober rollen große Wellen an den Strand, und die salzige Gischt stäubt weit ins Land hinein. Baden ist dann nur sehr eingeschränkt möglich

Khao Lak Palm Beach

Der wunderschöne, 1500 m lange **Sandstrand** (auch *Bang Niang Beach*) liegt 2,5 km nördlich vom Nang Thong Beach. Der goldbeige, feine Sand ist völlig frei von Steinen, Felsen oder Korallenblöcken, sowohl über als auch unter Wasser. Der Wasserstand eignet sich bei Ebbe und Flut bestens zum Baden und Schwimmen. Schon bei leichtem Wellengang wirkt das Wasser nicht völlig klar, da feine Sedimente aufgewirbelt werden. Ein 10 bis 15 m breiter Sandstreifen wird nur bei Sturm überspült.

Wer nach Norden zum Coral Cape (8 km) oder sogar zum Bang Sak Beach (14 km) wandert, erlebt stundenlange **Einsamkeit** – keine einzige Ansiedlung liegt direkt am Meer. Wer sich dagegen nach etwas mehr Umtrieb sehnt, kann in etwa 40 Min. am Strand entlang nach Süden den Nang Thong Beach erreichen, wegen des dazwischen liegenden Flusses allerdings nicht immer bei Flut.

Selbst während des Südwestmonsuns von Mai bis Oktober lädt der Palm Beach zum Baden und Schwimmen ein, da das etwa 1500 m vor dem Strand wachsende **Korallenriff** die Wellen bricht. Auch wenn die Westküste in der Regenzeit als ungeeignet für Badeurlaub gilt, verbringt so mancher, der sich am häufig bedeckten Himmel nicht stört, am völlig ruhigen Palm Beach einen herrlichen Strandurlaub.

Die 60 Häuser von Ban Bang Niang verbergen sich in den Gärten in der Nähe des H4. Der Verwaltungssitz Ban Khuk Khak liegt 4 km nördlich. Einige einfache Läden, die Tankstelle und die Polizeistation sind im Dorf angesiedelt.

Übernachtung

SUNSET BEACH – *National Park Bungalows*****–**** ⑯, unter riesigen Bäumen am Hang beim KM 56,8 unterhalb der Straße, 9 einfache, dunkle Bungalows mit Du/WC für 4–10 Pers., 24 Std. Strom, *Forest Restaurant* bis 17 Uhr geöffnet, danach ist kein Personal mehr da. Camping ist erlaubt, wo immer sich ein Platz findet.

Khao Lak View Resort**–**** ⑮, ✆ 01-9566286, am KM 57,2 unterhalb der Straße, 4 große, schattige Steinbungalows auf halber Höhe am Hang, mit Fan, Du/WC, Balkon und toller Sicht; 4 kleine Mattenhütten versteckt zwischen den Bäumen; das Rauschen des Meeres dringt ungebrochen herauf. *View Restaurant* oberhalb an der Straße mit bester Aussicht.

Khao Lak Sunset Resort*** ⑭, ✆ 421807, 01-2284267, ℻ 421073, Zufahrt am KM 57,8, 4stöckiges, kompaktes Gebäude am Hang, 27 große Zimmer mit Fan (ac für 1200 Baht), gemauerte Einzelbetten, Balkon Richtung Strand, einige Zimmer mit Zwischentür, riesige Gemeinschaftsterrasse im 1. Stock, Restaurant für Gäste im Erdgeschoß. Geöffnet von Oktober bis Mai. Reservierungen werden nur beantwortet, falls kein Zimmer frei ist.

NANG THONG BEACH – 300–600 m vom H4 liegen 7 Bungalowanlagen direkt am 1200 m langen Strand. Zu den 5 nördlichen geht vom KM 59,6 eine 600 Meter lange, asphaltierte Zufahrtstraße ab. Während des Monsuns sind die meisten Anlagen und die Strandrestaurants von Juli bis Oktober geschlossen.

Khao Lak Laguna Resort ⑫, ✆ 01-2292207, 7231274, ℻ 076-431297, am KM 58,8 mit eigener Zufahrt. Schöne Komfortanlage im

Thai-Stil in einem gepflegten, von einem Bach durchflossenen Gelände, 28 Doppelbungalows aus Holz, wenig Schatten. Große, romantische, etwas hellhörige Zimmer mit einem Hauch von Luxus, mit Kühlschrank, Fan und ac, große, helle Du/WC, Terrasse z.T. mit Meersicht, von 1900 (Fan) bis 2800 Baht (ac und Strandlage) inkl. Frühstück, Mai–Okt 50% Rabatt. Viele Pauschalgäste, frühzeitiges Buchen ist ratsam. Großzügiges, offenes Restaurant mit schöner Sicht, gutes Essen (obligatorisches Weihnachts- und Neujahrsmenü). Freundliches Personal, kompetente Infos, Ausflüge und Touren. Direkt am Strand ein netter Pool mit Liegen und Poolbar. Tauchschule *Kon-Tiki* nebenan.

Neues Resort ⑪, neue, große Bungalowanlage mit 56 Zimmern.

Nang Thong Bay Resort 2**** ⑩, ✆/℻ 01-2292727; großes, gepflegtes Grundstück mit einem Tümpel, 8 große, weiße Steinbungalows mit Terrasse, sehr saubere Zi mit Du/WC, 3 sehr schöne Doppelbungalows aus Holz mit Du/WC, 2 ac-Zi. Zurückversetztes, sauberes Restaurant, schön angerichtetes Essen, Strandbar. Vorzüglicher Badestrand.

Tukta Bungalows–******* ⑨, ✆ 01-2292137; Flachdachbungalows mit mehreren Zimmern, zum Verkauf ausgeschrieben. Die freundliche *Tukta* leitet das nette Strandrestaurant mit Bar, Carlsberg vom Faß und deutschem Filterkaffee.

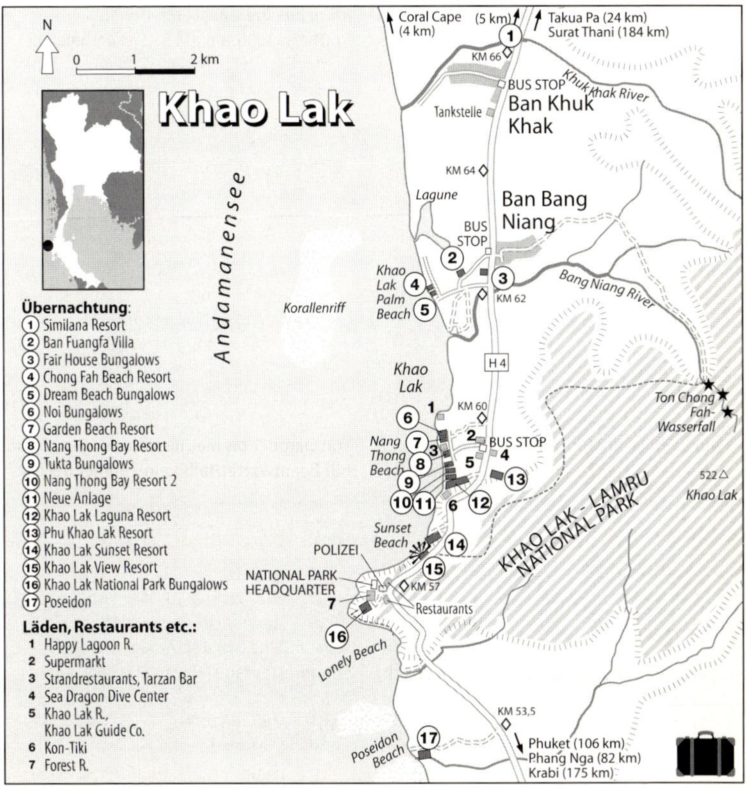

Nang Thong Bay Resort**–**** ⑧ ✆ 01-2292727, ✆/📠 01-2292181, in einer parkähnlichen, von einem Bach durchflossenen Anlage stehen 30 hübsche Holz- und Steinbungalows mit Moskitonetz, z.T. mit ac. Billigere Steinbungalows und Reihenhäuser liegen jenseits der Strandstraße.
Im großen Restaurant mit Meerblick werden unter Aufsicht der freundlichen Besitzerin leckere Thai-Gerichte und einige deutsche Speisen serviert. Angenehme, freundschaftliche Atmosphäre. Viele Service-Leistungen (s.u.) bei der Rezeptionistin, die hervorragend englisch spricht. Viele Bücher, *Bangkok Post*.
Garden Beach Resort*** ⑦, ✆/📠 01-2292179; große, nicht übermäßig gepflegte Anlage unter hohen Bäumen; 62 z.T. hübsch gestaltete, saubere, täglich gereinigte Steinbungalows mit Fan, preiswertes, riesiges Restaurant mit gutem Essen. Der feine Sandstrand davor ist von malerischen Felsen durchsetzt, die schöne Badewannen bilden. Taxi-Service (s.u.).
Noi Bungalows** (und ab 60 DM) ⑥, ✆ 01-2292197, üppig grüne Anlage mit vielen offenen Wasserstellen, unterschiedliche Bungalows und Apartments, Restaurant. Die „Gerd und Noi Fangemeinde" fühlt sich hier wohl. Im Garten steht ein großes Denkmal für Gerd Serucnik, den tödlich verunglückten „Pionier von Khao Lak".
Phu Khao Lak Resort**–*** ⑬, am KM 59 auf der Landseite des H4, zurückversetzt in einem gepflegten Palmenhain, 10 Min. zum Strand. Ebenerdige Steinhäuser mit je 4 Zimmern, Fan und saubere Du/WC, täglicher Zimmerservice. Sehr preiswertes, ausgezeichnetes Restaurant mit herrlicher Sicht aufs Meer, geöffnet von 7–22 Uhr; geleitet von der Familie des freundlichen Mr. Cochin, der recht gut englisch spricht.

Am Khao Lak Palm Beach

KHAO LAK PALM BEACH – 1000 m vom H4 (KM 62,1) liegt der lange Strand, an dem 1997 das bisher einzige Resort eröffnete. Auf weiteren Grundstücken entstehen private Ferienhäuser.

Chong Fah Beach Resort***–**** ④, ✆/℡ 01-2291253, Kleinhotel am Strand unter Palmen, 2stöckige, schmucke Häuschen, 20 Zimmer mit Fan, Du/WC und Terrasse/Balkon mit Meersicht, je 2 Zimmer im OG eignen sich für Familien; 4 neue Bungalows ab 1000 Baht. Offenes Restaurant direkt am Strand, vorzügliche, preiswerte Thai-Gerichte und einige westliche Gerichte; fröhlicher Service. Freundlicher Besitzer, der noch an seinem Englisch feilt. Touren, Airport-Service, Minibus, Mopeds (200–250 Baht/Tag) an der Rezeption (etwas Nachdruck hilft). Nahebei können weitere Zimmer**** (mit 3 Betten bis 1500 Baht) vermittelt werden.

Dream Beach Bungalows ⑤ soll mit 6 Ferienbungalows**** bebaut werden. Traveller können zwischen den Palmen z.Zt. ihr Zelt aufschlagen, wenn der Platz sauber gehalten wird. Anmeldung, Benutzung der sanitären Anlagen und Entrichtung eines Unkostenbeitrags im *Chong Fah Beach Resort*. Wer selbst eine Parzelle (ca. 200 qm) langfristig pachten möchte, um seinen eigenen Traumbungalow darauf zu stellen, kann im Resort die Adresse der deutschen Besitzer erfragen.

Fair House Bungalows*** ③, zurückversetzt von der Hauptstraße, Bungalows und Glashütten in einem bezaubernden Garten; je nach Personal ist auch Frühstück zu bekommen.

Ban Fuangfa Villa ②, 600 m vom Strand, Projekt zum Bau von Eigenheimen und Ferienhäusern, geleitet von einer dynamischen Schweizerin. Ab 1999 sollen die ersten Ferienhäuser verfügbar sein. Auf dem Grundstück stehen zwei herrliche Banyan-Bäume *(Ficus bengalensis)*.

Essen

SUNSET BEACH – Das luftige ***View Restaurant*** unterhalb der Straße bietet eine phantastische Sicht über den Khao Lak Strand; Thai-Gerichte mit mäßigen Preisen.

NANG THONG BEACH – Am Strand entlang wurden von Einheimischen über ein Dutzend atmosphärisch angenehme Strandrestaurants gebaut. Sie servieren z.T. ausgezeichnetes, preiswertes Thai-Essen und Getränke. Frisch gefangener Fisch wird mit ca. 15 Baht pro 100 g berechnet und nach den Wünschen der Gäste zubereitet.

Im ***Phu Khao Lak Resort*** ist das nett angerichtete Essen besonders lecker und sehr preiswert.

An der Hauptstraße liegt das ***Khao Lak Restaurant***, ✆ 01-2296835, in dem Ulli und Duriya vorzügliche Thai und europäische Küche anbieten; sehr beliebt ist die Pizza. Taxi-Service und Mopedvermietung.

PALM BEACH – hier gibt es z.Zt. nur das hervorragende Restaurant des Resorts.

Sonstiges

AUSFLÜGE – Tagesausflüge sind zu 7 Marine National Parks und zu 5 National Parks möglich. In den Resorts und Strandrestaurants werden Ausflüge unaufdringlich angeboten, z.B. zur Phang Nga Bay, zum Rajjaprabha Damm, zu den Similan Inseln oder zum Wat Pak Leh mit einem netten Heimatmuseum.

BAR – Die kleine, gemütliche ***Tarzan Bar*** bei den Strandrestaurants nutzt *Toy* als Anlaufstelle für Interessenten an Dschungeltouren (s.u.).

BOOTSAUSFLÜGE – Ausfahrten zum Fischen und Schnorcheln bietet das Strandrestaurant ***Khao Lak Seafood*** ab 200 Baht p.P. (min. 2 Pers.) für ca. 4 Std., anschließend wird der Fang in der Küche von Pen zubereitet .

BÜCHER – Im ***Nang Thong Bay Resort*** können Gäste unter vielen deutschen Büchern wählen, sie kostenlos ausleihen oder gegen die ausgelesenen tauschen. Zurückgelassene

Zeitschriften stehen jedem zur Verfügung. Auch in den anderen Anlagen wächst der Bücherbestand ständig.

DSCHUNGELTOUREN – veranstaltet Toy, der bei der *Tarzan Bar* zu finden ist. Der lizenzierte Guide bietet z.B. eine interessante Trekking-Tour zum Sri Phang Nga National Park für 550 Baht an. Auf Wunsch führt er Trekker auch durch den Khao Lak National Park (450 Baht p.P. ab 2 Pers.), wobei es 45 Min. sehr steil hochgeht, dann durch schönen Regenwald mit vielen Vögeln, Affen und Kleintieren. Wegen zu vieler Blutegel ist die Tour kurz nach der Regenzeit nicht möglich.

GELD – Die nächsten Banken zum Geldwechseln gibt es in Takua Pa (26 km). Im ***Nang Thong Bay Resort*** wird zur Not gewechselt (ca. 5% Aufschlag), Reiseschecks sowie Visa- und Mastercard werden akzeptiert, zum Bezahlen des Essens mit 3% Gebühr.

JEEP – Vermietung für ca. 850–1000 Baht inkl. Versicherung.

MASSAGE – Ein fröhlicher, alter Masseur mit 50 Jahren Erfahrung (Toys Vater) bietet bei einem Strandrestaurant hervorragende traditionelle Massage an. Allerdings ist er in der Saison auf Wochen hinaus ausgebucht. Einige weitere Strandmasseure bieten ihre Dienste an (ab 200 Baht/Std.).

MOPEDS – vermietet das *Nang Thong Bay Resort* für 200 Baht pro 24 Std. inkl. Benzin. Ähnlich im *Garden Beach*, bei Ulli im *Khao Lak Restaurant* und im *Chong Fah Beach Resort*.

QUALLEN – beeinträchtigen gelegentlich das Badevergnügen. Die von den brennenden Nesseln betroffenen Hautpartien sollten sofort mit einer Säure behandelt werden, z.B. Zitronensäure, Essig oder Brei aus den am Strand wachsenden Kriechpflanzen. Die Schwellungen gehen normalerweise in wenigen Stunden zurück.
Handelte es sich jedoch um eine der sehr seltenen, rötlichen Feuerquallen, sollte nach der Ersten Hilfe unbedingt ein Arzt aufgesucht werden.

SCHNORCHELN – Sehr beliebt sind die *Live-Aboard* Schnorchel-Trips zu den Similan Inseln (3 Tage / 2 Nächte, jeden Di und Fr) mit Olof von den ***Poseidon Bungalows*** (s.o.) für 4900 Baht alles inkl., ✆ 076-443258 (in der Saison unbedingt frühzeitig anmelden, es können auch einige Taucher mitfahren).
2 mal pro Woche fährt ***Kon-Tiki*** (s.u.) um 7.30 Uhr (ab Thap Lamu) in 3 3/4 Std. für 3000 Baht nach Similan und um 15.30 Uhr zurück, der Preis enthält Mittagessen, Soft Drinks, Kaffee, Schnorcheln und Transfer (Abholung ab 6.30 Uhr, nicht immer zuverlässig), in der Saison frühzeitig anmelden. Dasselbe kostet als 2-Tages-Tour für Schnorchler 5000 Baht.
1,5 km vor dem Palm Beach liegt das z.T. abgestorbene Korallenriff ***Karang Haeng***, das bei Ebbe aus dem Wasser ragt. Während des Gezeitenwechsels kann man im 2–5 m tiefen, nicht besonders klaren Wasser an einigen Stellen schön schnorcheln (i.b. am südwestlichen Außenriff) und erstaunlich viele Fische beobachten. Am Vormittag ist das Meer normalerweise am ruhigsten. Einen Bootsmann mit Boot organisiert evtl. das Chong Fah Beach Resort auf frühzeitige Anfrage.

SUPERMARKT – Der ***Nang Thong Minimart*** an der Hauptstraße hat alles Lebensnotwendige sowie Joghurt und Kekse für die Zwischenmahlzeit, die *Bangkok Post* ab 14 Uhr.

TAUCHEN – Das ***Sea Dragon Dive Center***, ✆/℡ 01-2292418, liegt am H4. Es bietet *Live-Aboard-Touren* für max. 8 Taucher zu den Similan Inseln (3 Tage / 2 Nächte, 7 Tauchgänge, jeden Di und Fr um 7 Uhr) für 10 800 Baht inkl. Ausrüstung sowie zu den Similan und Surin Insel (4 Tage / 4 Nächte, 11 Tauchgänge, wechselnde Termine) für 13 800 Baht, Schnorchler 6900 Baht. 2 Anfänger-Tauchgänge an der Küste kosten 1200 Baht, 4tägige PADI-Tauchkurse zum *Open Water Diver*

Der 12 km lange Strand von Khao Lak

auf deutsch oder englisch 7400 Baht (an Bord 4000 Baht plus *Live-Aboard* Preis). Im Tauchladen werden auch Maske, Schnorchel und Flossen verkauft. Info-Stand am Strand. Geöffnet November bis Mai.
Kon-Tiki, ✆ 01-2296736, ℻ 431297, am Strand neben dem *Khao Lak Laguna*, PADI 5 Sterne IDC Center unter Leitung des Schweizers Ernst. 4tägiger Tauchkurs zum *Open Water Diver* für 11 000 Baht, Tauchtrips zu den Similan Islands: ein Tag von 6.30–19.30 Uhr für 4000 Baht alles inkl., 2 Tage / 1 Nacht für 9000 Baht. Im Monsun wird Tauchen im Stausee des Khao Sok National Parks zu denselben Preisen angeboten.

TOUREN – Die ***Khao Lak Guide Co.***, ✆ 01-2296832, des freundlichen Berliners Olaf veranstaltet beliebte Tagesausflüge für Kleingruppen für 1000–1300 Baht p.P., z.B. Phang Nga-Tour, Elefantenreiten, Klostertour, Höhlentour, 2-Tages-Touren nach Burma (3000 Baht), Phuket (2500 Baht) und zum Khao Sok National Park (2500 Baht). Büro beim *Khao Lak Restaurant* (Auskünfte bei Ulli ganztägig, Info-Stunde mit Olaf 18–19 Uhr).
Nui vom *Hen Raw Restaurant* bietet Exkursionen und Taxiservice mit einem bequemen Kleinbus.

UNTERHALTUNG – An den Stränden von Khao Lak fühlen sich nur Urlauber wohl, die auf künstliche Unterhaltung verzichten können. Niemand vermißt bisher Videos, laute Bars oder eine Disco.

VORWAHL – 076 (ab 1999); z.Zt. nur Mobiltelefone, PLZ: 82129.

WANDERUNGEN – durch den Khao Lak National Park werden im Hauptquartier angeboten. Ein *Ranger*, der allerdings kaum englisch spricht, führt Wanderer auf einem 14 km langen Pfad 5 Std. durch den Regenwald zum Ton Chong Fah Wasserfall, wo ein Pickup bereit steht (ab 4 Pers., 250 Baht p.P. inkl. Lunch, gute Schuhe erforderlich).

Transport

Bus-, Zug- und Flugtickets vermittelt zuverlässig mindestens zwei Tage im voraus das *Nang Thong Bay Resort* gegen geringe Gebühr. Die anderen Anlagen verlangen kräftige Aufschläge.

BUSSE – Vom Southern Bus Terminal in BANGKOK mit dem ac-Bus um 18.50 Uhr für 322 Baht nach Takua Pa in 12 1/2 Std., oder auch mit dem Bus nach Phang Nga (s.S. 457) und in Takua Pa aussteigen. Weiter nach Khao Lak um 8 Uhr mit dem lokalen Bus (15 Baht). Auch die ac- und VIP-Busse von Bangkok nach Phuket halten auf Anfrage in Khao Lak.
Nach BANGKOK ab Takua Pa um 17.30 Uhr. Auch zu den ac- und VIP-Bussen von Phang Nga nach Bangkok kann man in Takua Pa ca. 1 Std. später zusteigen. Die ac-Busse von Phuket nach Bangkok kommen spätnachmittags an Khao Lak vorbei, Reservierung ist möglich.
Richtung KHOK KLOI (22 Baht, 70 Min.) und PHUKET (35 Baht, 3 Std.) passieren die Busse Nr.436 und 465 Khao Lak etwa um 5.40, 6.40, 7.40, 8.40, 9.25, 10, 10.40, 11.20, 12 Uhr sowie alle 40 Min. bis 18.20 Uhr.
Richtung TAKUA PA (15 Baht, 50 Min.) passieren die Busse Nr.430, 436 und 465 Khao Lak etwa um 7.15, 8, 8.50, 9.30, 10.30, 10.50, 11.30 Uhr sowie alle 40 Min. bis gegen 20 Uhr. Der Bus Nr.430 um ca. 9.30, 12.10 und 13.30 Uhr fährt weiter nach RANONG (65 Baht, 4 Std.).
Nach SURAT THANI (50 Baht, 4 Std.) und zum Bahnhof PHUNPIN fährt der öffentliche Bus Nr.465 ab Phuket (die privaten Busse fahren nur über Phang Nga, ggf. in Khok Kloi umsteigen, 22 Baht).
Von SURAT THANI fährt der Phuket-Bus Nr.465 von 5.45–15.45 Uhr ebenfalls alle 80 Min. über den Bahnhof PHUNPIN nach Khao Lak.
Wer zum Nang Thong Beach will, kann sein Gepäck nach der Ankunft am Bus Stop am KM 59,6 zunächst im *Minimart* unterstellen, eine geeignete Anlage aussuchen und das Gepäck dann mit einem Fahrzeug abholen lassen.
Wer zum Palm Beach will, steigt am KM 62,4 aus, nimmt ein Motorradtaxi (ca. 20 Baht) oder stellt das Gepäck bei der Wasserfabrik unter und läßt es später vom Resort abholen. Gut geeignet fürs Umsteigen Richtung Krabi und zum Süden ist die Bus Station in Khok Kloi, wo viele Überlandbusse halten (s.S. 456).

TAXI – Das *Garden Beach Resort* und das *Nang Thong Bay Resort* betreiben einen Taxi-Service (Preise für 2 Pers.): nach THAP LAMU für 200 Baht, nach TAKUA PA 350 Baht, zum AIRPORT in Phuket je nach Fahrzeug 700 bis 1000 Baht bzw. 200 Baht p.P. (1 Std.), nach PHUKET 1200 Baht und PHANG NGA 700 Baht, nach KRABI 1500 Baht und SURAT THANI 1500–2000 Baht.
Ähnliche Preise im *Chong Fah Beach Resort* und im *Khao Lak Restaurant*.

FLÜGE – Wer auf dem AIRPORT von Phuket ankommt, fährt am bequemsten für ca. 1060 Baht mit dem Taxi durch bis Khao Lak (ca. 75 Min.). Billiger ist es, für 350 Baht das Taxi zur Bus Station von Khok Kloi (s.S. 456) zu nehmen und dort in den Bus Richtung Takua Pa umzusteigen.
Am billigsten wäre es, zunächst mit dem Taxi (150 Baht) oder dem Airport-Minibus (70 Baht p.P.) zur *Highway Police* am H402 zu fahren, wo jeder Bus Richtung Norden anhält, dann mit dem non-ac-Bus in 1 1/2 Std. nach Khao Lak (25 Baht). Doch dazu wird sich kaum ein Fahrer bereit finden.
Flugrückbestätigung macht jede Bungalowanlage gegen Gebühr (ca. 50 Baht p.P.).

Die Umgebung von Khao Lak

Khao Lak-Lamru National Park

Der H4 durchquert am Paß beim KM 56,8 einen Zipfel des **Khao Lak–Lamru National Parks**, der 1991 eingerichtet wurde. Er umfaßt 125 km^2 und besteht aus mehreren, von immergrünem Monsunregenwald bedeckten Bergketten, die nach Osten auf über 500 m

Höhe ansteigen. Im östlichen Flügel des Parks, jenseits des H4090, liegt 6 km südlich der ruhigen Kleinstadt Kapong der bei Einheimischen beliebte **Lamru Wasserfall** in einer schönen Landschaft. Der Wald ist reich an Epiphyten (z.B. Orchideen), Farnen, Lianen und Kletterpflanzen (z.B. Rattan). Für seine geringe Fläche leben ungewöhnlich viele Säugetiere im Park, vor allem Languren, Makaken, Wildschweine, Barking Deer und mehrere Arten von Eichhörnchen.

Neben einem Schrein, an dem die Busfahrer hupen, liegen beim Paß ein Polizeiposten, das Hauptquartier des Nationalparks mit mehreren Bungalows (s.o.) und 3 einfache Restaurants. Ein Fußweg führt vom Laem Hin Chang zu zwei schönen Stränden hinunter. Vom nördlichen Restaurant kann man häufig Eichhörnchen bei ihren Verfolgungsjagden durch die Baumriesen beobachten.

Ein 3 km langer Pfad führt vom Hauptquartier an der Felsenküste entlang Richtung Süden zum schönen Sandstrand **Lonely Beach**. Auch dort ist Sonnenbaden „oben ohne" verboten. Hinter dem *Phu Khao Lak Resort* geht es 1 Std. lang steil bergauf zu einem Aussichtspunkt, von dem man bei klarem Wetter die Similan Inseln in ca. 80 km Entfernung sehen kann.

Ton Chong Fah Wasserfall

Am KM 62,5 des H4 biegt ein Fahrweg nach Osten ab zum **Ton Chong Fah Wasserfall**. Nach 100 m hält man sich links und fährt auf grobem Schotter 5,5 km durch Kautschukplantagen und Gärten bis zum Eingang des National Parks. Auf einem neuen Schotterweg durch schönen Dschungel erreicht man nach 1 km den 10 m über eine Felswand herabrauschenden Wasserfall. In einem natürlichen Becken kann man in kaltem Wasser baden, umgeben von hohen Bäumen, umschwirrt von zahlreichen Schmetterlingen und Libellen. Am Ende der Trockenzeit versiegt das Wasser bereits weiter oben.

Am Bach entlang können sich Entdeckertypen hoch in den Dschungel durchschlagen, wo drei weitere, ca. 20 m hohe Wasserfälle zu finden sind. Ohne Führer sollte zurück derselbe Pfad benützt werden. Gutes Schuhwerk ist unabdingbar.

Coral Cape

Vom H4 biegt eine Straße am KM 68,4 zum **Coral Cape** (*Laem Pakarang*) ab. Nach 3,5 km Fahrt durch Kokosplantagen und Krabbenfarmen erreicht man das kleine Fischerdorf *Ban Pramong* am Meer, das vom Tintenfischfang lebt. Bei niedrigem Wasserstand schaut eine ausgedehnte Korallenplatte aus dem Wasser. 1,3 km weiter, am Ende der Straße, lädt ein Sala unter Kasuarinas zu einem Picknick ein – schöne Sicht auf den Bang Sak Beach. Ein kleines Restaurant öffnet in der Saison. Der Sandstrand ist von totem Korallengestein bedeckt.

Bang Sak

บาง สัก

Zum reichlich ausgeschilderten *Similana Resort* (s.u.) geht es am KM 70,2. Am KM 71,5 zweigt ein Weg ab zu aufgegebenen Zinnminen und zum Strand.

Den feinen, weißen Sandstrand der weitgeschwungenen Bucht begrenzen Kasuarinas, aus dem Wasser schauen einige Felsbänder heraus. Am Strand entlang kann man 4 km weit zum Bang Sak Beach wandern. Der Pak Weep-Wasserfall (2,5 km) ist uninteressant. Der Bo Hin-Wasserfall (1 km) am KM 75,1 ist keinen Abstecher wert.

Zum langen, relativ flachen **Bang Sak Beach** geht es am KM 75,7 ab (14 km vor Takua Pa). Vor Jahren von der Brandung unterspülte, riesige Kasuarinas scheinen auf ihren Wurzeln zu balancieren. Davor hat sich ein neuer, breiter Sandstrand aufgeschwemmt. Unter der Wasserlinie beeinträchtigt grober Korallenschrott den Badespaß. Der Strandabschnitt nördlich vom Resort birgt viel Bruchholz: Verletzungsgefahr. Viele kleine, nette Restaurants am Strand bieten tagsüber Snacks und hervorragendes Seafood an. Außer am Wochenende wird jedoch nach 18.30 Uhr nichts mehr serviert.

Der Fahrweg am KM 77,1 zum **Tuptawan Beach** (2,5 km) führt an vielen Krabbenfarmen vorbei zum flachen Strand. Der frühere Verbindungsweg zum Strand von Bang Sak ist weggespült.

Bei der Police Box am KM 82,5 geht es nach insgesamt 2,4 km zum *Diamond Beach Resort* (s.u.), das 400 m vom **Bang Lad Beach** entfernt liegt. Die Asphaltstraße endet beim schmuddeligen, aber durchaus sehenswerten Fischerhafen Ban Nam Kaem, von wo ein Fährboot zur nördlich vorgelagerten Insel Ko Kho Khao verkehrt (um 12 und 17 Uhr, 10 Baht p.P., 20 Baht pro Moped, 340 Baht pro Auto hin und zurück, Rückfahrt um 8 und 16 Uhr). In einer Lagerhalle, gegenüber der Abzweigung zum Pier, überrascht ein hübsches Restaurant mit Bier vom Faß, freundlicher Besitzer.

Übernachtung

Similana Resort, ✆ 01-2112564, ✆ 01-2292337, am KM 70,2 abbiegen, gepflegte Anlage in einer üppig grünen Palmenplantage auf einem Hügel; 16 komfortable, geräumige, sehr geschmackvoll eingerichtete Holzbungalows mit Fan und ac, Du/WC, Minibar und großer Veranda am Hang für US$85, einige fast wie Baumhäuser originell angelegte Bungalows mit Fan für US$58, sowie ein Hotelblock mit 16 großen ac-Zimmern, Bad mit Badewanne für US$55; offenes Restaurant mit gehobenem Preisniveau; großer Swimming Pool. Der Strand ist gespickt mit Felsen. Nebenan werden schöne Privathäuser aus Holz gebaut, die man ab 2600 Baht/Nacht mieten kann.

BANG SAK – Im Winter 1998/99 eröffnet das ***Easy Rider Resort****–******, nach 1 km auf der Strandstraße am Beginn der Lagune rechts; 14 Bungalows mit Du/WC und Terrasse im Garten, Restaurant an der Straße, gebaut und geleitet vom weitgereisten, freundlichen Motorradfan Richie aus Westfalen.

Bang Sak Resort*–*****, 7/16 Mu 7, ✆ 076-421471, 500 m weiter in einer Kokosplantage 60 m vom Meer. 12 ältere, etwas abgewohnte Bungalows in 3 Preisklassen mit Du/WC und kleiner Terrasse, sehr sauber und ruhig. 4 neue Steinbungalows mit Fan, Terrasse und großer Du/WC 20 m vom Strand. Hübsches, neues Restaurant, gutes Essen. Die Anlage wird geleitet von Herrn Charoen Photisat, einem wundervollen, älteren Herrn, und seiner Familie. Ganzjährig geöffnet, viel gelobt und zu empfehlen.

TUPTAWAN BEACH – ***Sun Splendour Lodge******* (und mehr), 40 Mu 7, ✆/✆ 076-421350, auf der flachen Landspitze; vornehm wirkende Doppelbungalows mit 19 Zimmern mit Fan und ac, Strand zum Baden nicht geeignet, schöner Platz für einen Sundowner am Pool.

BANG LAD BEACH – ***Diamond Beach Resort******, ✆ 01-9584916, 9 Steinbungalows mit Du/WC auf der grünen Wiese; simples Restaurant (in der Saison bewirtschaftet); ganzjährig geöffnet.

Takua Pa

ตะกั่วป่า

Die Zinnstadt Takua Pa, 134 km nördlich von Phuket, hat eine bewegte Vergangenheit hinter sich. Schon im dritten Jahrhundert v. Chr. kamen zahlreiche Siedler aus Indien an, die sich vor den Kriegszügen von König Ashoka in Sicherheit brachten. In der Umgebung der Stadt wurden Schmuckstücke, Statuetten und Keramik aus jener Zeit entdeckt.

Der größte Schatz der Stadt sind die drei großen indischen Statuen **Pra Narai** (der stehende Heilige mit vier Armen, der alles Böse in der Stadt zerstört), **Pra Luk** (der Helfer aus der Not) und **Nang Srida** (die Helferin aus der Not). Sie sind in einem kleinen Park neben der weiten Ampelkreuzung aufgestellt.

Im 3. bis 8. Jahrhundert war die Stadt unter dem Namen **Takola** ein bedeutendes Handelszentrum unter der Oberhoheit von Nakhon Si Thammarat. Neben Indern kamen auch Griechen, Araber, Perser und Chinesen auf ihren Handelsreisen durch die Stadt. Wegen der reichen **Zinnvorkommen** wurde die freie Stadt später Takua Pa genannt (Takua heißt auf Thai Zinn). Im 13. Jahrhundert wurde die Stadt unter König Ramkhamhaeng dem Reich von Sukhothai einverleibt. Zu Beginn des 17. Jahrhunderts konnte sie wieder ihre Unabhängigkeit erringen, wurde jedoch später von burmesischen Truppen zerstört.

Anfang des 19. Jahrhunderts kamen chinesische Einwanderer und kurbelten den Zinnabbau im gesamten Distrikt an. Im Jahre 1843 wurde aus Ziegeln die einige Meter hohe **Schutzmauer** *Senanuchit* errichtet, deren Reste heute noch, z. T. von Kletterpflanzen überwuchert, an mehreren Stellen der Stadt zu sehen sind. Als Anfang des 20. Jahrhunderts die Geschäfte blühten, wurde Takua Pa zur Provinz erhoben.

Noch heute erinnern sich alte Männer an einen Zinnminenbesitzer aus Holland, bei dem jeder gern arbeitete, da er seine Arbeiter sehr menschlich behandelte. Als die Gewinne zurückgingen, wurde Takua Pa zur Distrikthauptstadt degradiert und der Provinz Phang Nga einverleibt. Geblieben ist die kosmopolitische Gesinnung seiner Bewohner und ihre Freundlichkeit zu Ausländern.

Das Zentrum der angenehmen Stadt Takua Pa (Yan Yao) besteht heute im wesentlichen aus einer kurzen Hauptstraße, an der drei moderne Bankgebäude, die Post und viele Geschäfte in traditionellen Arkadenhäusern liegen. Die Menschen sind hier ungewöhnlich freundlich. Jeden Durchreisenden erstaunt die breite Prachtstraße, die um den Stadtkern führt. Aufgrund seiner Nähe zum Meer weist die Stadt ein ideales Klima auf: es wird nie zu kalt und nie zu heiß.

An der Mündung des Takua Pa Flusses liegen spärliche Reste der antiken Ruinen von **Thung Tuk** („Ziegelfeld") auf der Insel Ko Kho Khao. Wie viele ausgegrabene Steine, Münzen, Glas-, Porzellan- und Tonscherben zeigen, siedelten hier im 3. bis 8. Jh. indische und chinesische Kaufleute. Im Fluß haben Taucher noch vor kurzem wertvolle Stücke gefunden.

Am Ortseingang nach rechts geht es auf dem H4032 zur 7 km entfernten „Alten Stadt" **Talad Takua Pa** (Talad Kao), einem Städtchen mit einem schönen, aber zunehmend verfallenden, chinesischen Ortskern. Mit ein wenig Phantasie kann man sich durchaus vorstellen, daß dies einst ein wohlhabendes Geschäftszentrum war.

Übernachtung

TAKUA PA (YAN YAO) – In der Stadt liegen 6 kleine Hotels*-**, u.a.:
Yan Yao**, 150 Srisena Rd., ✆ 421219, 12 Zimmer mit Fan.
Suan Suk Motel*–****, 62 Suan Suk Rd., 11 Zimmer mit Fan.
Extra****–*****, 46 Sena Rat Rd., ✆ 421026, ℻ 421412, am besten und größten, schlichtes, 4stöckiges Gebäude, 75 ordentliche Zimmer mit Fan oder ac, am KM 768,8 des H4 hinter der Esso-Tankstelle.

TALAD TAKUA PA – ***Tan Prasert****–****, 23/1-2 Klan Kaew Rd., ✆ 421173, kleines Stadthotel, 50 m neben der Krung Thai Bank, 12 Zimmer mit Fan.
Amarin****–*****, 39 Montri 2 Rd., ✆ 421083, 4stöckiges Gebäude, 25 Zimmer mit Fan oder ac.
Phadung**, 36-38 Montri 2 Rd., ✆ 421132, 20 Zimmer mit Fan.

Essen

Hervorragend und billig ißt man im sauberen ***Food Market*** an der Bus Station. Im sauberen, überdachten Markt neben der Bus Station verkaufen freundliche Marktfrauen u.a. viel Obst und Gemüse.
Während der Durian-Saison von Juni bis August bekommt man hier die leckeren Früchte sehr preiswert.
Ein Erlebnis ist der tolle ***Nachtessenmarkt*** bei der weiten Ampelkreuzung, täglich 17–21.30 Uhr.

Sonstiges

AUTOVERMIETUNG – 100 m westlich der großen Ampelkreuzung (Richtung Phuket) gibt es links *Car for Rent*.

GELD – Die sehr tief gekühlte ***Thai Farmers Bank*** und die ***Bangkok Bank*** wechseln Geld und geben Bargeld auf Kreditkarte. Wer ein Konto eröffnen will, wird bei der ***Bangkok Bank*** effizient beraten und bedient.

GESUNDHEIT – Dr. Seree Pathanapichai in der privaten ***Seree Clinic*** in Talad Takua Pa (Talad Kao) spricht ein wenig Deutsch.

KAUTSCHUK-BLUMEN – Nur noch selten kann man Frauen dabei beobachten, wie sie aus Kautschukfäden filigrane Blumen, Blätter und Schleifen herstellen.

TELEFON – Das ***Telecom Office*** ist tgl. 24 Std. geöffnet. Telefonieren nach Europa kostet 53 Baht/Min., Faxen ca. 100 Baht/Seite. Von der ***Post*** sind nur Inlandsgespräche möglich.

VORWAHL – 076; PLZ: 82 110.

Transport

Die Bus Station Yan Yao von Takua Pa liegt 1 km östlich vom Ort am H4 (KM 168,3), ein angenehm luftiger Platz zum Umsteigen.
Vom Southern Bus Terminal in BANGKOK, 757 km, mit dem non-ac Bus von 7–22 Uhr ca. jede Std. für 179 Baht, mit dem direkten ac-Bus um 18.50 und 19.30 Uhr für 322 Baht in 11 Std. Außerdem fahren alle Phuket- und Phang Nga-Busse über Takua Pa, u.a. der VIP-24-Bus um 17.30 und 18 Uhr (nach Phuket für 570 Baht) und der VIP-24-Bus um 18.30 Uhr (nach Phang Nga für 515 Baht).
Nach BANGKOK fahren non-ac-Busse Nr.63 um 8.30 Uhr und 10x von 11.15–20.30 Uhr über Khuraburi (13 Baht, 45 Min.) und Ranong (45 Baht, 3 Std.), direkte ac-Busse um 17.30 und 18 Uhr in 12 Std., der VIP-24 Bus (von Phuket kommend) um 18 Uhr für 570 Baht, der VIP-24 Bus (von Phang Nga kommend) um 17 Uhr für 515 Baht (Reservierungen unter ✆ 076-421686).
In die Stadt CHUMPHON hinein fahren nur die non-ac-Busse um 8.30 und 11.15 Uhr für 72 Baht in 5 Std., die übrigen halten nur an der Kreuzung *Pathomphon Junction* am H4.
Nach PHUKET fahren non-ac-Busse Nr.436 und 465 um 5, 6, 7, 8, 8.45, 9.20, 10, 10.40, 11.20, 12, 12.40, 13.20, 14, 14.40, 15.20, 15.50, 16.30 und 17.45 Uhr in 3 Std. für 38 Baht (bis Khao Lak in ca. 50 Min. für 15 Baht), der ac-Bus Nr. 465 um 10 und 13 Uhr in 2 1/2 Std. für 70 Baht.
Nach SURAT THANI fährt der non-ac-Bus Nr.465 von 6.45–17 Uhr ca. alle 80 Min. für 47 Baht (zum KHAO SOK NATIONAL PARK für 20 Baht), der ac-Bus Nr.465 um 10 und 11.30 Uhr für 77 Baht.
Nach RANONG fährt der non-ac-Bus Nr.430 um 10.30, 13 und 14.30 Uhr für 45 Baht in 3 1/2 Std.

Khao Sok National Park
วนอุทยานเขาสก

4 km hinter Takua Pa zweigt der H401 (KM 145,5) nach rechts ab Richtung Surat Thani (156 km). Die Straße führt zunächst am Rande des weiten Takua Pa-Tales entlang und schwingt sich anschließend in eleganten Kurven ins Hügelland. Jenseits des Passes am KM 107 erstreckt sich eine herrliche Landschaft von überwucherten Kalkfelsen. Beim KM 109,1 führt nach links eine schmale Straße (2 km) zum 646 km² großen **Regenwald-Nationalpark** Khao Sok. Viele Traveller machen diesen Stop zwischen den Küsten, denn nur beim Khao Sok können sie so preiswert in angenehmen, sogar romantischen Gästehäusern übernachten, den immergrünen **Monsunwald** direkt vor der Tür. Der Park ist keineswegs überlaufen – insgesamt besuchen ihn nur wenige tausend Touristen pro Jahr; Eintritt 3 Baht, Auto 10 Baht.

Den Naturliebhaber erwarten dichter Dschungel, kleine, eher mittelmäßige Wasserfälle, schöne Wanderwege an Bächen entlang

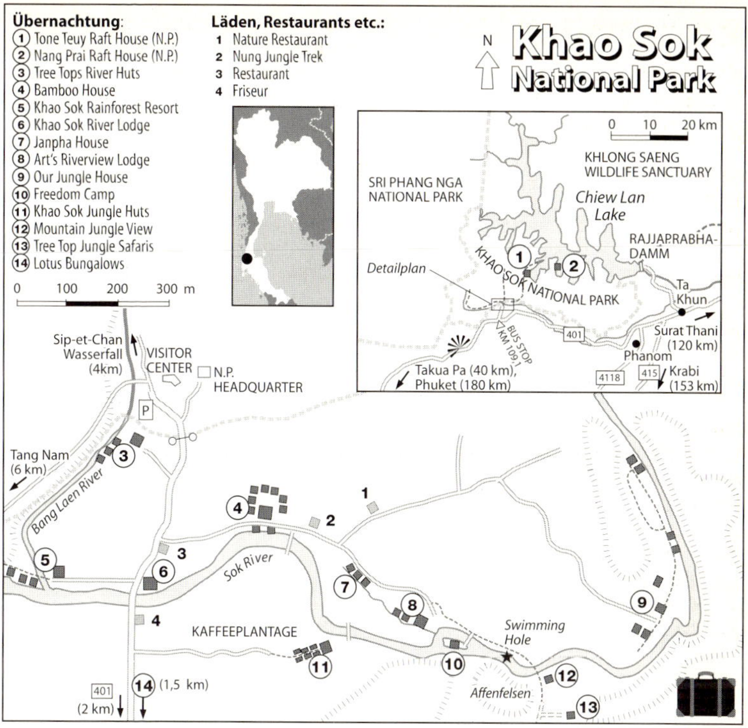

und ein Naturlehrpfad. In den Wäldern des Parks leben auch viele seltene **Säugetiere**, darunter Elefanten, einige Tiger, Leopard, Asiatischer Schwarzbär, Gaur und Serow, die nur bei mehrtägigen Dschungeltreks angepirscht werden können. Leichter zu sehen sind mit etwas Glück Warane, Gibbons, Wildschweine, Flughörnchen, Eichhörnchen, Otter und Nashornvögel. Erst vor kurzem wurden gar nicht weit vom Eingang einige Exemplare der **Riesenrafflesie** (*Rafflesia kerrii meijer,* auf Thai *Buah Poot*) gefunden, einer parasitären Pflanze, die auf den Wurzeln einer Lianenart wächst. Die tellerförmige, fünfteilige, ziegelrot und weiß gescheckte Blüte gehört mit 80 cm Durchmesser zu den größten Einzelblüten auf der Erde. Sie blüht nach Aussagen der Einheimischen zu Beginn der Regenzeit im Juni/Juli, laut anderen Quellen von September bis Dezember. Wer Interesse an dieser Pflanze hat, kann in den Gästehäusern nachfragen, da die Blüte auch an mehreren Stellen außerhalb des Parks vorkommt.

Die schöne **Palme** *Kerridoxia Elegans* (auch *Langkow-Palme*) ist eine weitere besondere Attraktion für Botaniker. Außerhalb des Parks gibt es herrliche, kaum bekannte Höhlen, zu denen in den Gästehäusern auf Wunsch Touren arrangiert werden. Wer gern in einem aufgepumpten Autoschlauch den Fluß hinabtreiben möchte, hat dazu nach der Regenzeit die beste Möglichkeit.

Während der feuchten Zeit von Mai bis Dezember lohnt sich der Park nur für Leute, denen die vielen Blutegel (auf Thai *Tahk*) nichts ausmachen oder denen eines der Hausmittelchen hilft, wie z.B. Tabaksaft oder Tiger Balsam.

In den Nächten kann es empfindlich kalt werden. Im August 1996 standen einige Anlagen sogar hüfttief unter Wasser. Von Juni bis August reifen in der Umgebung die stinkenden, aber leckeren Durianfrüchte. Gegen Zecken (auf Thai *Hep*), die von Januar bis April Warmblütler befallen, hilft es schon, die Hosenbeine in die Socken zu stecken und ein Repellent zu verwenden.

Rajjaprabha-Damm

Zum östlichen Teil des National Parks, der nur per Boot über den **Rajjaprabha-Stausee** (auch *Chiew Lan Reservoir*) zu erreichen ist, gelangt man vom Dorf Ta Khun am KM 58,2 des H401 (83 km westlich von Surat Thani). Hier nimmt man ein kleines Songthaew für 15 Baht bzw. biegt links ab (nach 9 km erhalten Selbstfahrer an der Schranke gegen Vorlage des Führerscheins einen Passierausweis). Nach 12 km kommt die Dammkrone, die von einem Park mit dichtem Rasen bedeckt ist und eine tolle Aussicht auf den See und die pittoreske Bergszenerie ermöglicht. Eine Bude verkauft Erfrischungen. Man kann ein Longtail-Boot chartern (1700 Baht für 1–10 Pers.) und sich 2 Std. über den See fahren lassen. Die Boote liegen am Damm rechts unten bei den Verkaufsständen, an denen auch riesige Fische angeboten werden.

Der Stausee ist vollkommen von steilen **Kalksteinfelsen** und dichtem Monsunwald eingefaßt. Nur an wenigen Stellen reicht flacheres, begehbares Gelände an den See heran. Nicht weit von den Tone Teuy Floßhäusern kann man 3 km durch schönen Primär dschungel zur Tropfsteinhöhle **Tham Nam Thalu** wandern und sie durchqueren (nur mit Führer!). Am bequemsten läßt sich der Stausee bei einer Tour mit den Gästehäusern, mit den Rangern vom Khao Sok National Park oder mit kommerziellen Veranstaltern erkunden. Romantisch übernachten kann man in zwei schwimmenden Bungalowanlagen (s.u.).

Waterfalls & Gibbon Calls Jeder Naturfreund, der den Khao Sok kennenlernen will und einigermaßen englisch lesen kann, sollte sich für 250 Baht die 140seitige Broschüre von Thom Henley, *„Waterfalls & Gibbon Calls – Exploring Khao Sok National Park"*, zulegen (im *Rainforest Resort* erhältlich). Mit interessanten Texten, Zeichnungen und Fotos stellt der kanadische Ökologe, der bei Krabi lebt, den National Park, seine Flora und Fauna gekonnt vor. Ausführlich beschreibt er den Naturlehrpfad mit seinen 30 Stationen. Hobby-Ornithologen finden alle 355 im Park identifizierten Vogelarten akribisch auf lateinisch und englisch aufgelistet. Auch die Liste aller Säugetiere, Reptilien und Amphibien im Park ist vorhanden. Wer es dennoch nicht riskieren will, in diesem Park sein Dschungelerlebnis auf eigene Faust zu suchen, kann einen kundigen Führer aus einem der Gästehäuser anheuern.

Übernachtung

In einer vorwiegend ebenen, parkartigen Gartenlandschaft liegen die Bungalowanlagen verstreut in der Nähe des Sok Rivers.
Die naturnahen Bungalows stehen auf – z.T. sehr hohen – Pfählen.
Alle Anlagen haben ein einfaches Restaurant mit Speisekarte, bieten geführte Ausflüge im Park und zum Stausee an und geben detaillierte Informationen für eigene Aktivitäten.
Bamboo House**–*** ④, Wiese mit schönen Bäumen und Büschen, 23 nette Hütten mit Du/WC und Terrasse, einfachere Hütten ohne Du/WC, 2 Baumhäuser am gestauten Fluß, in dem man herrlich schwimmen kann; gutes Essen, freundliche Familie. Der Sohn Sao holt Traveller häufig vom Bus Stop am H401 ab und organisiert Touren mit den guten Führern Gang und Lek, sowie Kanufahrten auf dem Sok River.
Janpha House*** ⑦, Obstgarten, 5 Bungalows aus Bambusmatten auf hohen Pfählen,

mit Du/WC und Terrasse, Blick auf einen Bach, z.Zt. guter Service mit Seife, Handtuch, Kerze und Trinkwasser, kein elektr. Strom; hübsches Restaurant mit langen Wartezeiten, freundliche Besitzer, die nur wenig Englisch können.

Art's Riverview Lodge*** ⑧, ✆ 076-421394, ruhiger, üppig grüner Baumgarten, 8 schöne Pfahlhäuser am Bach, Baumhäuser mit viel Ungeziefer, 2 große Familienhäuser auf der Insel. Das Essen wird häufig kritisiert; kein elektrischer Strom. Lunch Paket wird in Styropor verpackt.

Freedom Camp* ⑩, auf einer Insel im Sok River, über einige Bambusstangen erreichbar, uriger Zeltplatz (50 Baht pro Zelt), 2 Baumhäuser für Tour-Teilnehmer, im einfachen Restaurant wird auf Wunsch *Jungle Food* in Bambusgeschirr gekocht, kleine Bar; ein in Thailand einzigartiges Erlebnis für anspruchslose, abenteuerlustige, junge Leute, die etwas für Pfadfinderromantik übrig haben. In der Regenzeit hochwassergefährdet.

Das *Khao Sok Adventure Team* bietet abenteuerliche Touren in die Umgebung an (s.S. 478).

Mountain Jungle View** ⑫, hinter dem *Swimming Hole* auf der anderen Seite des Flusses. 10 neue, kleine Bungalows, Restaurant; engagierte junge Manager.

Our Jungle House–***** ⑨, herrlich am Sok River in einem Dschungelgarten gelegen, in dem Bambus, Rattan und Brettwurzelbäume wachsen. Gegenüber türmt sich eine überwucherte Felswand auf. 8 einzelne Häuschen und Baumhäuser mit Moskitonetz, Öllampen und Du/WC, 2 Langhäuser, Restaurant; kein elektrischer Strom. Unter neuer Thai-deutscher Leitung.

Khao Sok Rainforest Resort**** ⑤, ✆ 075-612914, idyllisch im Primärdschungel am Hang über dem Fluß liegen 6 stabile, gute Holzbungalows. Wände aus Bambusmatten, Korbmöbel, Moskitonetz, Balkon, Bad. Gutes Essen, redseliger Manager. Evtl. sind hoher Rabatt möglich. Im Internet: www.islandnet.com/~vicmicro/khaosok.htm

Tree Tops River Huts*–***** ③, idyllische, sehr einfache Bambushütten mit Bad wurden hoch in die Bäume am Bach gebaut, weitere schöne Hütten mit Bad und Balkon am Ufer, komfortable Bungalows auf der Wiese. Restaurant, freundliche Leute, gute Informationen über den Park; Moped (Suzuki 110er) für 150 Baht pro Tag.

Khao Sok Jungle Huts *–** ⑪, vor der Brücke in einer Kaffee-, Durian- und Jackfruitplantage, 7 sehr einfache Bambusmattenhütten mit Bett, Moskitonetz, Strom und Du/WC, 2 Baumhäuser. Einfaches Restaurant in Flußnähe, große, leckere Portionen. Betrieben von aktiven einheimischen jungen Thai, die eine Schlauchboot-Tour für 600 Baht (von 8–11.45 Uhr) und Kanu-Trips ab dem Wing Hin Wasserfall organisieren.

Lotus Bungalow* ⑭, 200 m vom H401, sehr einfache, saubere Hütten mit Du/WC.

Khao Sok River Lodge ⑥, komfortable Bungalows eines Pauschalreiseunternehmers.

Tree Top Jungle Safaris ⑬, am KM 108,3 vom H401 nach Norden abbiegen. Nur Pauschalgruppen können in 6–9 m hohen Baumhäusern in dichtem Wald unter einer Felswand übernachten. Buchung bei *Wiang Travel*, ✆ 076-330480.

Sa Nhe Jankhiew House***, National Park Bungalows beim Headquarter, ab 17 Uhr ohne Service; nur für Selbstversorger geeignet. Zeltmöglichkeit.

National Park Bungalows auf dem Stausee:

Tone Teuy Raft House*** ①, in einem flachen Seitenarm mit warmem Wasser; 7 extrem einfache, luftige, schwankende Bambushüttchen, Toiletten am Ufer, über wacklige Stege erreichbar. Restaurant, Vollpension 500 Baht p.P. Am Spätnachmittag kommen Affen an die Uferhänge zum Fressen.

Nang Prai Raft House**** ②, schwimmende Bungalows für über 50 Pers. in einem 300 m tiefen Seitenarm mit kühlem Wasser; große Holzhäuser auf stabilen Flößen, jeweils mit 3 ordentlichen Zimmern und einem WC, sowie primitive Bambushüttchen; Restaurant, Vollpension 750 Baht p.P. Kipplige Paddelboote zu mieten (250 Baht/Tag).

Essen

Das ***Thai Style Food*** Restaurant an der Straße hat 7.30–23.30 Uhr geöffnet.
Das ***Nature Restaurant*** bietet neben Thai-Gerichten auch *Information & Tours* an.

Sonstiges

DSCHUNGELTOUREN – In fast allen Gästehäusern wird die *Lake Tour* (3 Tage/ 2 Nächte) für ca. 2500 Baht angeboten: man wandert durch Sekundärdschungel in 3–4 Std. zum See, dann durch schönen Primärdschungel und durch die Höhle Tham Nam Thalu (z.T. brusttief durchs Wasser, dennoch auch für ältere Teilnehmer nicht zu anstrengend), zuletzt eine schöne Fahrt auf dem See.
Übernachtet wird wahlweise in Zelten oder auf den schwimmenden Bungalows.
Die Tour läßt sich durchaus auch in 2 Tagen durchführen (ca. 1600 Baht).
Das ***Khao Sok Adventure Team*** im *Freedom Camp* (der Guide Pot) bietet abenteuerliche Touren an. Sehr beliebt ist die *Jungle Tour* (2 Tage/1 Nacht) für 750 Baht p.P. inkl. Essen und Campen im Dschungel. Mit 2 Nächten im Dschungel kostet sie 1900 Baht, mit 3 Nächten 2500 Baht. Nur einmal pro Jahr wird eine lange Tour von 7–10 Tagen durchgeführt. Sehr zufrieden waren wir mit den Guides Gang und Lek im Bamboo House.

FLOSSFAHREN – Mit dem *Khao Sok Adventure Team* im ***Freedom Camp*** 2–3 Std. lang mit dem Floß aus Wasserrohren für 400 Baht p.P., den ganzen Tag lang (ca. 20 km) für 750 Baht p.P. inkl. Snacks. Die Flöße aus Plastikrohren sind ein umweltfreundlicher Versuch, ohne die Stangen der sterbenden Bambusart auszukommen.

INFORMATION – Im Visitor Center kann man sich anhand von in Thai und englisch beschrifteten Grafiken und Fotos über den Park informieren, geöffnet 8–16.30 Uhr, kostenlos.

KANUFAHREN – ***Bamboo House*** verfügt über 2 große Kanus für 3 Personen plus Guide, mit denen der Sok River ganzjährig als Halbtagestour ca. 12 km befahren wird, Rücktransport mit Auto, 500 Baht p.P.
Das ***Khao Sok Adventure Team*** im *Freedom Camp* führt eine *Jungle Canoe Tour* für 950–1800 Baht durch, inkl. 1 Essen.
Santana in Phuket (s.S. 437) veranstaltet eine 3tägige Dschungel Kanu-Tour, jeweils Fr–So.

SCHWIMMEN – kann man sehr schön im *Swimming Hole*, einem natürlichen Becken im Sok River, in dem allerdings einige glatte Felsen bis knapp unter die Wasserfläche hochragen. An den Felsen dahinter turnt manchmal sogar zur Mittagszeit eine Horde Affen in der Vegetation herum.

TOUREN – Einige Reiseunternehmen aus Krabi, Phuket und Ko Samui bieten relativ teure, mehrtägige Touren zum Khao Sok an. Übernachtet wird auf dem See oder in privaten Bungalows am Fluß.
3 Tage / 2 Nächte mit ***Khao Sok Tours***, ✆ 077-230951, ab Ko Samui für 3500 Baht (inkl. Transport, Unterkunft und Verpflegung).
3- und 4-Tage-Touren ab Krabi mit ***Thai Nature Tours***, ✆ 01-4644362, ✆ 075-612914.
Eine typische Tagestour offeriert im Schnelldurchgang Elefantenreiten, heiße Quellen, eine Tropfsteinhöhle, einen Wasserfall und einen Tempel.
Am Rajjaprabha Damm bietet der National Park eine 2tägige Tour mit Rangern für 1600 Baht p.P. an (ab 4 Pers.); im *Headquarter* buchen.

TREKKING – Der Guide ***Pot*** kann auf Wunsch 7–10 Tage lange Treks quer durch den Park durchführen, Highlights sind das Dschungelerlebnis, Vögel, einige wilde Tiere und das Kochen von Reis in Bambus.

WANDERN – Für 5 Baht erhält man im Visitor Center das informative Faltblatt *Trails in Khao*

Sok National Park, in dem die gut markierten Wanderwege beschrieben sind. Man kann sie leicht selbständig gehen, z.B. 6 km zu 6 Wasserfällen und zur *Tang Nam* Schlucht, in der man herrlich schwimmen kann, sowie 4 km zum 11stufigen Sip-et-Chan-Wasserfall, in dessen Pool man von Mai bis Dezember ebenfalls schwimmen kann. Für die glitschigen Flußdurchquerungen wären Wasserschuhe ratsam. Getränke und Verpflegung müssen mitgenommen werden.

Transport

Die Pickups der meisten Gästehäuser warten an der Straße auf die Busse und werben neue Gäste an. Sie bringen ihre Gäste auch rechtzeitig zu den Bussen in beide Richtungen zurück.
Der Bus nach PHUNPIN für 32 Baht in gut 2 Std. und nach SURAT THANI für 38 Baht (ac 75 Baht) fährt zu jeder halben Std. bis 17 Uhr vorbei, nach TAKUA PA für 20 Baht.
Die privaten Busse von *Songserm* und *Phantip* zwischen Surat Thani und Phuket fahren nicht auf dieser Route.
Von SURAT THANI kostet Taxi- oder Tuk-Tuk-Charter 700–800 Baht (oft sogar 1500 Baht).
Von KRABI fährt man mit dem Ranong-Bus bis TAKUA PA, von dort mit dem Surat Thani-Bus 40 km zum Park, 20 Baht.
Über TAKUA PA stündlich weiter nach KHAO LAK für 15 Baht und PHANG NGA für 20 Baht.

Von Takua Pa nach Khura Buri

An der Straßengabelung am KM 165,3 beginnt die Kilometrierung Richtung Ranong mit KM 776,8 (die Entfernung von Bangkok). Am KM 756 zweigt eine Straße nach rechts ab zum 246 km² großen **Sri Phang Nga National Park**. Nach 4,7 km kommt die Schranke, 1 km weiter ein Parkplatz mitten im Dschungel: überdachte Picknicktische, Salas, ein Toilettenhaus unter riesigen Bäumen und ein Flußbecken mit tausenden von heiligen Fischen. Ein guter Pfad führt in 500 m zum **Tam Nang-Wasserfall**, der aus einer Rinne mit mehreren Stufen in einen schönen Pool mit klarem Wasser 20 m herabstürzt – hervorragend zum Schwimmen geeignet. In der Regenzeit rauschen hier jedoch gewaltige Wassermassen herunter.

Die Landschaft am H4 wird nun immer schöner: dschungelbedeckte Berge in unendlich vielen Grüntönen, selbst die sonst so stumpf wirkenden Gummibäume leuchten hier in tropischem Grün. Die Täler werden für die Landwirtschaft und für Krabbenfarmen genutzt. Einige völlig neue Beton-Ortschaften wurden entlang der Straße hingesetzt.

In der Distrikthauptstadt **Khura Buri** (KM 727) liegt im Ortszentrum am H4 neben der Bus Station das preiswerte *Benjamins Seafood Restaurant*, in dem es die Bustickets nach Bangkok, Richtung Ranong und Phuket gibt. 100 m südlich zweigt eine Asphaltstraße nach Osten ab: nach ca. 7 km liegt links am Fluß das *Tararin Resort (River Hut)****, ✆ 01-2296627, 7 Bungalows mit Fan und Restaurant. Am KM 721 biegt man nach Westen 2 km zum Hafen mit dem wichtigen Fischmarkt ab (Motorrad-Taxi von der Stadt 30 Baht, von der Abzweigung 10 Baht). Ohne gute Thai-Kenntnisse ist es fast unmöglich, ein Boot für eine Rundfahrt zu chartern. Hier steht ein Büro des Mu Ko Surin National Parks.

Auf der Insel **Ko Phra Thong** vor Khura Buri liegen an einem 11 km langen Strand die 20 schönen, relativ teuren Bungalows des *Golden Buddha Beach*****, das nur auf Gruppen eingestellt ist (Infos unter ✆ 01-2304744).

Surin Islands

หมู่เกาะสุรินทร์

Die Inselgruppe, ca. 60 km vor Khura Buri, besteht vor allem aus zwei großen Inseln, der nördlichen **Ko Surin Nua** und der südlichen **Ko Surin Tai**, die von ca. 240 Seezigeunern (*Chao Le*) polynesischen Ursprungs bewohnt ist. Die mit hohem, dichtem Wald überzogenen Inseln besitzen wunderschöne Sandstrände, laut deutschen Experten ist dies „der weißeste Sand der Erde". Sandfliegen sind

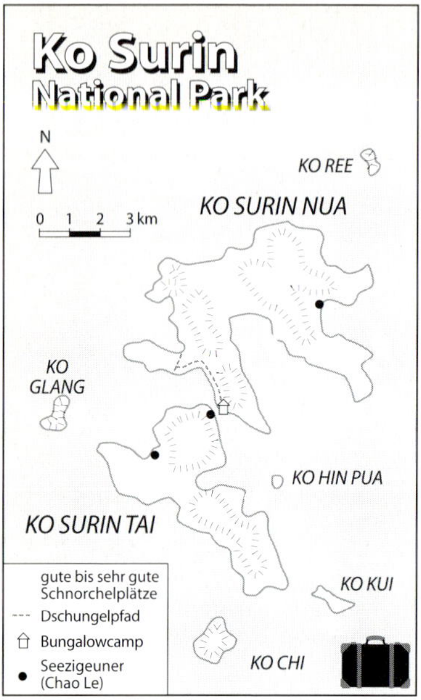

hier noch nicht gesichtet worden. Die Inselgruppe wurde 1981 zum Marine National Park erklärt, Eintritt 20 Baht.

Phantastische, vielfältige Korallenriffe laden zum Schnorcheln und Tauchen ein. Die Sicht erreicht nur selten über 20 m. Die Anzahl der Fische ist nicht überwältigend, doch Schwarzspitzenhaie, Schildkröten und Seeschlangen sieht man häufig. Nur am Wochenende sind die Inseln das Ziel von manchmal bis zu 300 einheimischen Touristen.

Übernachtung

Auf der Nordinsel Ko Surin Nua ist das Park Headquarter am Ao Mae Yai im Südwesten stationiert. Die Leute sind freundlich, aber kaum jemand spricht englisch. Das Camp macht einen sehr gepflegten Eindruck. Das Wasser kommt in einer Plastik-Pipeline von der Nachbarinsel.
Es gibt 4 Bungalows (1200 Baht) mit Platz für 6–8 Pers., WC drinnen, sowie 8 Langhäuser aus Holz, in dem ein Zimmer 4 Schlafplätze

Farbfotos:

Seite I		Kor-lae-Fischerboote am Strand von Ko Phi Phi
Seite II	oben und unten links:	
		Unterwegs mit dem Seekanu in der Bucht von Phang Nga
	Mitte:	Kinder der Fischer
	unten rechts:	Waschtag im Tempel
Seite III	oben links:	Ang Thong Marine National Park
	oben rechts:	Auch die Regenzeit hat auf Ko Pha Ngan ihren Reiz
	unten:	James-Bond-Felsen Khao Tapu in der Bucht von Phang Nga
Seite IV	links:	Statue in Wat Mahathat in Nakhon Si Thammarat
	rechts oben:	Fischer am Strand von Bang Baen
	rechts unten:	Buddhastatue auf Ko Fan vor Ko Samui
Seite V	oben:	Markt in Kota Bharu
	unten:	Fischerboot in Kampung Paya, Marang
Seite VI		Malaiische Festivals in Kota Bharu
	oben:	Drachenwettbewerb
	unten:	Rebana ubi – rhythmische Musik auf Riesentrommeln
Seite VII		Die Pagode der zehntausend Buddhas im Kek Lok Si Tempel auf der Insel Penang
Seite VIII	oben:	Porzellan-Einlegearbeiten an einem chinesischen Tempel
	Mitte links und rechts:	
		Reliefs an einem Clanhaus; unten links: Tempelwächter
	unten rechts:	Mah Meri-Schnitzerei

ANAK ULAR

(100 Baht p.P.) bietet, Du/WC dahinter. Strom gibt es von 18–22 Uhr. Moskitonetz mitbringen!
Ein kleines Zelt für 2 Personen kostet 100 Baht, ein Vierer-Zelt 200 Baht.
Die Zeltgebühr fürs eigene Zelt beträgt 40 Baht.
Warnung an Ruhesuchende: Thais stehen gewöhnlich lautstark um 5 Uhr auf!

Essen

Die Verpflegung im Restaurant ist nicht besonders gut (200 Baht p.P. für 3 Mahlzeiten, 200 Baht für 2 reichhaltige Mahlzeiten). Das Frühstück ist gewöhnungsbedürftig. Feste Essenszeiten: 7–9, 12–13.30 und 18–20 Uhr. Wer an einem Tag nicht essen möchte, muß sich vorher abmelden. Im Kiosk gibt es Kekse, Batterien, Cola, Mekhong, etc. Es ist ratsam, Früchte selbst mitzubringen.

Sonstiges

FESTE – Um Vollmond im März halten die Chao Le wichtige Zeremonien zur Ahnenverehrung ab. Während dieser Zeit ist Ko Surin Tai zumeist nicht zugänglich.
Auch Songkran wird von den Chao Le ausgiebig gefeiert.

REISEZEIT – Beste Zeit ist Dezember bis Ende April. Im März und April wird es jedoch heiß: bis 34 Grad Celsius im Durchschnitt. Wer Trubel scheut, sollte die Thai-Ferien im März und April meiden. Von Mai bis Mitte November peitscht der Südwestmonsun das Wasser auf.

SCHNORCHELN – Im 80 m breiten Kanal zwischen den Inseln kann man zwar auch schön schnorcheln, aber es gibt bessere Reviere. Da die Riffe etwas weit vor der Küste liegen, ist es ratsam, ein Boot zu mieten (500 Baht für 4 Std. oder 600 Baht für die Rundtour). Schnorchelausrüstung und Schwimmwesten gibt es für 80 Baht zu mieten.

TAUCHEN – Mehrere Tauchbasen auf Phuket (s.S. 400) und in Khao Lak (s.S. 468) bieten im Rahmen ihrer 4- bis 7-tägigen Similan-Törns auch einen Tauchausflug nach Ko Surin an. Das beste Tauchrevier liegt beim Richelieu Rock, 15 km östlich von Surin, der mehrere lohnende Tauchgänge und hervorragende Sichtverhältnisse in einer Tauchtiefe von 6–30 m bietet.

WANDERUNGEN – Auf einem schönen Pfad kann man in 1 Std. durch herrlichen Dschungel zur gegenüberliegenden Bucht wandern, sowie zu einer weiteren Bucht.

Transport

Beim Hafen von Khura Buri (s.o.) ist am Pier ein Büro des Mu Ko Surin National Parks untergebracht, ✆ 076-491378, 419028-9.
Die freundlichen Angestellten sprechen kein Englisch und haben Infos nur in Thai.
Auf einer Tafel an der Wand läßt sich entziffern, welche Boote evtl. in den nächsten Tagen Gruppen auf die Inseln bringen, denen man sich für ca. 1000 Baht (hin und zurück) anschließen kann; Fahrtdauer 4 Std. (Infos über die Boote kann man – auf Thai – auch telefonisch einholen).
Ein Boot zu chartern kostet ca. 6000 Baht.

Laem Son National Park
วนอุทยานแหลมสน

Ein Schild am KM 713 weist zum **Ao Koei Beach**, einem kleinen Strand. Am KM 702 biegt vom H4 nach links eine Straße zum **Prapad Beach** ab (3 km). Sie führt durch dschungelbedeckte Hügel, Gummiplantagen und Krabbenfarmen zum Headquarter Nr. 2 des Laem Son National Parks. Feiner, grauer Sand bedeckt den 2 km langen Strand, außerdem viel Strandgut, Holz und Blätter – alles wirkt natürlich und angenehm ungepflegt. In der Ferne sind ein Dutzend Inseln zu erkennen. In einem parkähnlichen Gelände machen Thais unter schattigen Laubbäumen und einer Reihe **Kasuarinas** gern ein Picknick – beäugt von Büffeln und Milchkühen. Am nördlichen Ende liegt ein Fischerdorf an einer Lagune. Der Laem Son National Park zieht sich noch über 50 km an der Küste entlang und schließt in über 300 km² Fläche fast nur Strand, Mangrovenwald, Meer und ein gutes Dutzend Inseln ein.

Zum **Khlong Na Kha Wildlife Sanctuary** geht es am KM 685,9 nach rechts ab. Durch schönen Dschungel führt ein Weg zu einem kleinen Wasserfall (500 m). Die Paßhöhe ist beim KM 673,5 erreicht. Selbst in der Trockenzeit ist der Dschungel hier unglaublich grün.

Beim KM 657,4 kann man beim Dorf Sam Nak nach Westen zum **Bang Baen Beach** abbiegen (Schild *„Laem Son N. P. 10 km"*). Wer mit dem Bus kommt, steigt hier aus und wartet auf ein Pickup, das zumindest bis zum Dorf 2 km vor dem Laem Son National Park fährt. Die 10 km lange Straße führt über mehrere Brücken durch Mangrovensümpfe.

Hinter der Schranke (Eintritt 5 Baht) erstreckt sich ein parkähnlicher, lichter **Kasuarina-Hain**, der 2 km lang und bis zu 100 m breit ist, davor ein breiter Strand mit feinem Sand. Eine vorgelagerte Sandbank bricht die Wellen, so daß das warme Wasser an den markierten Stellen sicher zum Baden ist.

Im Südwesten sieht man die Inseln **Ko Kam Noi**, **Ko Kam Yai**, **Ko Khao Khwai** und **Ko Lu Kam Tok**, die mit einem Longtail-Boot in zwei Stunden erreicht werden können (mit Speedboat 1 Std.). Die National Park-Verwaltung vermietet evtl. eines ihrer Boote an Touristen (ca. 800 Baht pro Tag). Rings um die Inseln gibt es einige mickrige Korallenriffe. Wer Natur pur und Einsamkeit liebt, ist an diesem Strand bestens aufgehoben.

Übernachtung und Essen

Park Bungalows****, ✆ 077-823255, am Wochenende und während der Ferien meist ausgebucht. Campieren im gemieteten (50 Baht) oder im eigenen Zelt. Toilettenhaus mit Kübeldusche und ein kleines Restaurant sind vorhanden.

Wasana Resort**–*****, 36/9 Bang Baen Beach, 85120 Kapoe; 500 m links vor dem Parkeingang. 4 kleine und 4 große Bungalows (2 große Betten), saubere, liebevoll eingerichtete Zimmer mit Du/WC. Sehr gutes Restaurant, preiswerte und reichliche Gerichte. Der Besitzer, der Holländer Bo, gibt Tips für Entdeckungen auf eigene Faust und bietet Bootstouren zu den vorgelagerten Inseln an (alles inkl. ab 250 Baht p.P.).

Komain Villa**, vor dem Parkeingang rechts, kleine, nette Bungalows.

Gegenüber gibt es Läden und Essenstände.

Andaman Peace Resort****, 11/2 Mu 4, Muang Klang, 85120 Kapoe, ✆ 01-2110895, 077-821796, 📠 02-5122162; 2 km nördlich vom Parkeingang an einem grauen, festen Sandstrand, 18 kleine und große Bungalows mit Fan oder ac; Restaurant unter Kasuarinas. Wochentags geeignet für Einsamkeitsfanatiker. Nahebei liegt eine Moschee.

Weiter nach Ranong

Am KM 638,5 biegt im Dorf Ratchakrut der H4006 Richtung Lang Suan ab (72 km). Busse fahren von 6–13 Uhr jede Stunde ab. Die gute, wenig befahrene Straße führt durch Dschungel, Bambushaine, Kaffee- und Palmölplantagen. Im Juli werden an Straßenständen hervorragende, billige Durian angeboten. Am KM 22,6 geht es nach rechts ab zu den *Ton Sai Bungalows*, per Motorradtaxi von Ratchakrut für 40 Baht zu erreichen.

Am KM 634,3 liegt links der neue *Ranong Airport*, der von Bangkok Airways angeflogen wird.

Rechts voraus stürzt in der Regenzeit recht dramatisch der **Ngao Wasserfall** in vielen Kaskaden einen glatten Felsenhang herunter.

Die Zufahrtstraße zum **Ngao National Park** beginnt am KM 625 und führt nach 700 m zu einem Parkplatz am *Information Center*. Hinter der Kantine rauschen kleinere Fälle in Badepools mit klarem Wasser. Für Biologen könnte der Chao Fa-Krebs interessant sein, eine neue Art, die erst vor kurzem an diesem Wasserfall entdeckt wurde. Vor allem in der Regenzeit ist der purpur-weiße

Krebs häufig zu sehen. In der Trockenzeit wirkt der Wasserfall unscheinbar.

Die **Grassy Hills**, mit saftigem Gras bedeckte Hügel am KM 624, stellen eine *scenic area* für Thai-Touristen dar. Schon von weitem erblickt man den Miniatur-Eiffelturm des *Eiffel Inn Hotel* (s.u.) am KM 619,4.

Das pinkfarbene modernistische Gebäude am KM 615,2 mit der Aufschrift *Pink rose holidays* entpuppt sich als Büro von Bangkok Airways.

Nach 280 km ab Phuket ist am KM 614,4 die Abzweigung zur Innenstadt von Ranong erreicht.

Ranong

ระนอง

Die Kleinstadt Ranong am Petchkasem Highway ist eine überaus geschäftige Provinzhauptstadt mit starkem chinesischem Einfluß. Die Stadt wurde vor etwa 250 Jahren von eingewanderten Hokkien-Chinesen gegründet, die sich wegen der nahen Zinnminen hier niederließen. Viele Burmesen aus Kaw Thaung (Victoria Point) kommen zum Einkaufen oder als illegale Arbeiter nach Ranong, und die Stadt profitiert offensichtlich davon. Victoria Point bildet den südlichsten Punkt Myanmars. Ein Besuch ist möglich (s.u.).

Die eigentliche Quelle des Reichtums der Stadt war neben dem Fischfang das Zinn. Seit das Meer und die Minen immer weniger hergeben und die Preise auf dem Weltmarkt verfallen, schaut man sich nach anderen Einkommensmöglichkeiten um, z.B. Kaffee und Cashewnüsse (kayu), die für ihre gute Qualität bekannt sind.

Zudem werden mehr und mehr Fischerboote umgerüstet, um einheimische Touristen auf die Inseln Ko Surin, Ko Phayam und Ko Rayam oder zum Fischen zu fahren.

Ranong besteht im wesentlichen aus einer langen „Einkaufsmeile" über einen Hügel, der Ruang Rat Road. Schön ist der weitläufige (Nacht-) Markt im Zentrum. Immer mehr Rucksackreisende kommen nach Rayong nur, um sofort ein Songthaew zum Hafen **Sapan Pla** zu nehmen, wo die Longtail-Boote zu den Traveller-Inseln Ko Chang und Ko Phayam (s.u.) abfahren.

Viele einheimische Besucher der Stadt sind Geschäftsleute, die sich bei „Konferenzen" an den heißen Quellen erholen oder zum Spielcasino mit Hotel auf der vorgelagerten burmesischen Insel pilgern, oder Touristen mit etwas höherem Reisebudget, die sich den Luxus des Jansom Thara Hotels leisten können. Denn die große Attraktion der Stadt ist die **Thermalquelle**, eine 70°C heiße, schwefelhaltige Mineralquelle, die am Fuße eines bewaldeten Berges im **Wat Tapotharam** entspringt. Man erreicht sie am Fluß entlang etwa 2 km nordöstlich der Stadt. Bäume überschatten das Areal mit den drei Quellen und kleinen Bächen.

Hinter der Hängebrücke liegt ein kleiner Erholungspark mit öffentlichen, heißen Schöpfduschen für 10 Baht, die recht heruntergekommen und versifft wirken - unter der Woche eine Oase der Ruhe. Wer im 1 km entfernten *Jansom Thara Hotel* wohnt, kann im mineralhaltigen, auf 42°C abgekühlten Wasser baden, das über Rohre in zwei **Jacuzzis** (eins für Frauen, eins für Männer) und in den (kalten) Pool geleitet wird. Ordentlich gekleidete Besucher können für 100 Baht Pool und Jacuzzi benutzen – es lohnt sich!

Ranong ist eine der regenreichsten und waldreichsten Provinzen in Thailand, was auch gleich an der üppigen **Vegetation** auffällt. Wegen seiner unzugänglichen, steilen Berge sind noch immer 70% der Region mit **Dschungel** bedeckt. Von Mitte April bis Anfang Dezember ist Regenzeit, von Juni bis August gießt es gar in Strömen.

Übernachtung

Die meisten Hotels stehen an der lauten Hauptstraße, der **Ruang Rat Rd.**

Asia–****** ⑨ (großes Schild auf englisch), Nr. 39/9, ✆ 811113, östlich vom Markt, 97 ruhige, saubere Zi mit Fan oder ac und Bad/WC.

Sin Ranong–***** ⑥ (Schild nur auf Thai), Nr. 24/24, ✆ 823754, 📠 811454, gegenüber

vom Markt, saubere Zimmer mit Du/WC und Fan, nach hinten relativ ruhig, ac-Zi, laut.
Sin Thawi** (ac***) ⑦ (Schild: *Sintavee Hotel*), Nr. 81/1, 811213, 822772, preiswerte, saubere Zimmer mit Bad und Fan oder ac, zur Straße mit Balkon.
Rattanasin*–** ⑤ (kleines Schild auf englisch), Nr. 226, 811242, großzügige, saubere Zimmer mit Fan und Du/WC, zur Straße laut.
Hotel P.P. Ranong*** ⑫, 27/183 Sapan Pla Rd. Soi 7, 833807-9, ca. 2 km außerhalb Richtung Hafen rechts, 5 einfache ac-Zimmer mit Du/WC im Erdgeschoß, sowie 18 bessere EZ/DZ mit ac.
Nahebei liegt ein ***Garni-Hotel******, Soi 5, mit sehr preiswerten ac-Zimmern, aber die Umgebung wirkt wie ein Slum.
Jansom Thara ③, 2/10 Petchkasem Rd., 822516-9, 821821, außerhalb der Stadt am Highway; 220 Zimmer und Bungalows mit ac, TV, Bad und allem Luxus sowie einige Fan-Zimmer*** mit Badewannenbad und Kühlschrank. Hervorragendes Restaurant, Frühstücksbuffet mit riesiger Auswahl, Café, Nachtclub, Pool (geöffnet ab 16 Uhr), Fitneß-Center. 2 heiße Sprudelbäder, nach Geschlechtern getrennte Jacuzzis.
Spa Inn***–****** ②, 1/15 Chon-Ra-U Rd., 811715, 58 Zimmer mit ac oder Fan.
Ranong Garden**** ⑧, 6/54 Petchkasem Rd., 832174-81, 832183, 93 ac-Zi, Pool.
Ranong Inn*** ⑩, 29/9 Petchkasem Rd., 822777, 821523, südlich der Stadt am Highway, Zimmer mit Fan oder ac. Im großen Restaurant spielt ab 19 Uhr eine Band.
Eiffel Inn Hotel bm, 160/1 Petchkasem Rd., 3 823271, 5 848370, südlich der Stadt am H4 am KM 619,4. Auf vornehm gestyltes ac-Hotel mit 37 Zimmern und 10 Bungalows ab 1600 Baht, hervorragend eingerichtete Zi.
Jansom Thara Resort ④, Hat Chan Damri, 821611, 821576, 36 Zimmer ab 1400 Baht in herrlich angelegten Bungalows mit schöner Sicht, direkt am Meer, aber ohne Badestrand.
Royal Princess Ranong, 41/144 Tha Muang Rd., 835240-44, 835238-9, neues First-Class-Hotel, 139 ac-Zi, Restaurant und Pool.

Essen

Das ***Coffee House*** (*„Ban Gafae"*) in der 173 Ruang Rat Rd. ist ein schöner Platz zum Frühstücken; die Besitzerin spricht gut englisch und kümmert sich um ihre Gäste.
Bei ***J&T Food & Ice*** kann man sich über die Bungalowanlagen auf Ko Chang erkundigen.
Auch das ***Chaon Thong Restaurant*** verbreitet hilfreiche Informationen.
Der ***Center Mart*** besitzt einen sauberen Coffee Shop mit Eissalon im Obergeschoß.
In der gleichen Straße gibt es noch weitere Restaurants.

Sonstiges

INFORMATIONEN – In der Permpon Road wird ein neues Informationszentrum gebaut, das auch Telefon- und Fax-Service bieten soll.

MINIBUSSE – Innerhalb von Ranong verkehren von 6–18 Uhr mehrere Minibuslinien (Songthaews) für 5 Baht pro Strecke:
Nr. 1 zwischen Markt und Bank,
Nr. 2 (rot) vom Markt zu den Thermalquellen,
Nr. 3 (rot) vom Markt zum Hafen,
ohne Nummer zum Sapan Pla (für Ko Chang).

MOTORRADTAXI – überall in der Stadt für 20 Baht.

VORWAHL – 077, PLZ: 85 000.

Transport

BUSSE – Die Bus Station (für non-ac-Busse) liegt draußen am H4. Mit dem grünen Songthaew (5 Baht) von der Stadt zu erreichen. Das ac-Bus-Terminal liegt in der Innenstadt an der Tha Muang Rd., gegenüber liegen die Büros der Busgesellschaften *Choke Anan Tour* und *Mitt Tour*.
Vom lokalen Bus Stop an der Ruang Rat Rd. fahren Minibusse u.a. zum Hafen von Khura Buri. Vom Southern Bus Terminal in BANGKOK, 583 km, mit non-ac Bus 7x tgl. für 139

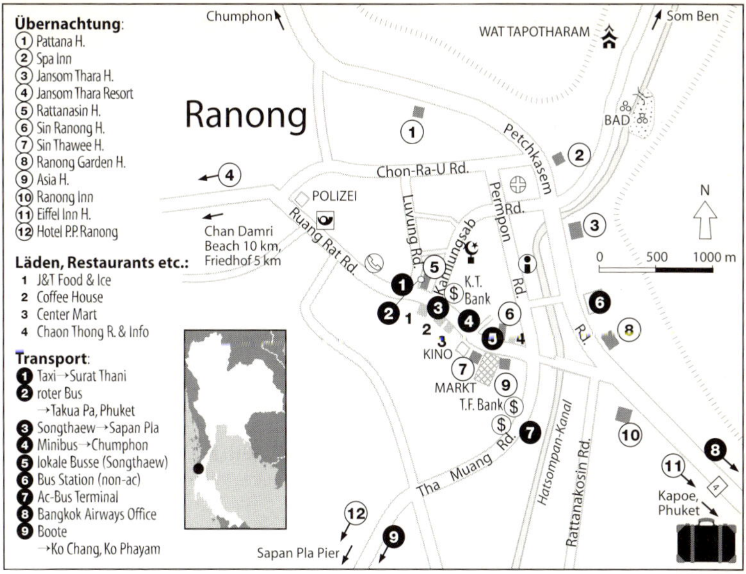

Baht in 10 Std., ac-Bus um 9, 20.20 und 21 Uhr für 250 Baht, VIP-24-Bus um 20 Uhr für 385 Baht in 7 Std.

Nach BANGKOK mit non-ac Bussen 7x tgl. am Morgen und Abend, mit ac-Bussen um 8 und 19 Uhr, mit VIP-Bus um 20 Uhr.

Nach KAPOE für 15 Baht und KHURA BURI für 35 Baht um 14 Uhr.

Nach CHUMPHON mit non-ac-Bus 7x tgl. für 35 Baht in 3 Std., mit Minibus ab Ruang Rat Rd. von 7–17 Uhr jede volle Std. für 70 Baht.

Nach KRABI um 7, 9, 11 und 12 Uhr für 65 Baht.

Nach PHUKET fährt der rote non-ac-Bus Nr.430 (76 Baht) um 7, 11 und 13.30 Uhr, der ac-Bus Nr.430 (137 Baht) um 8.30 und 15.30 Uhr an der Bus Station ab, jeweils über TAKUA PA (50 / 90 Baht, 3 Std.) und KHAO LAK (65 / 120 Baht, 4 Std.). Die non-ac-Busse stoppen um 7.15, 11.15 und 13.45 Uhr zusätzlich am Rattanasin Hotel.

Von PHUKET mit non-ac Bussen um 7.30, 10 und 11.30 Uhr für 76 Baht in 6 Std., ac-Busse um 10 und 15.10 Uhr für 137 Baht in 5 Std.

Von PHANG NGA mit non-ac Bussen 4x nachmittags für 70 Baht in 4 1/2 Std.

Von SURAT THANI mit ac-Bus um 6.30, 8.30, 10.30, 12.30, 14 und 16 Uhr für 80 Baht in 3 1/2 Std.; mit ac-Minibus um 11 Uhr für 200 Baht; mit Sammeltaxi für 110 Baht in 3 Std. (z.B. um 16 Uhr). Keine non-ac-Busse.

Von HUA HIN für 93 Baht in 6 1/2 Std.

FLÜGE – ***Bangkok Airways*** fliegt tgl. morgens von/nach BANGKOK für 2280 Baht. Nicht zu übersehen ist das pinkfarbene Büro 2 km südlich am H4, 50/18 Moo1, Petchkasem Highway, ✆ 835096, 📠 835097.

Der Flugplatz liegt 20 km südlich direkt am KM 634,3, Minibus-Service und Bus-Stop. Thai Airways Tickets gibt es im Reisebüro des *Jansom Thara Hotels*.

Die Cashewnuß Der Cashewbaum (Anacardium occidentale) ist ein immergrüner Strauch, der aus dem tropischen Mittel- und Südamerika stammt. Er wird im Süden Thailands in Gärten und Plantagen kultiviert. In fruchtbarer Erde und bei ausreichender Feuchtigkeit können die Bäume bis zu 12 Meter groß werden. Duftende, rosa Blüten zieren den Baum im November und Dezember. Zur Zeit der Reife, von Februar bis Mai, leuchten die verdickten Fruchtstiele gelb oder rot aus den grünen Blättern heraus. Diese Scheinfrüchte, die sogenannten Cashewäpfel, sind eßbar. Ihr süßliches, saftiges Fruchtfleisch hinterläßt ein pelziges Gefühl auf der Zunge. In Thailand werden sie mit Salz, Zucker und Chilipulver verspeist oder an Schweine verfüttert. Direkt unter diesem Cashewapfel hängt die eigentliche Frucht, die nierenförmige Cashewnuß. Sie wird von zwei Schalen umhüllt. Aus der äußeren, weichen, giftigen Schale kann Cashewnußschalenöl, auch Cardol Öl genannt, gewonnen werden. Es wird von der chemischen Industrie genutzt. Die innere, harte Schale muß, wie bei anderen Nüssen, geknackt werden.
Die Früchte werden von Hand gepflückt oder vom Baum geschüttelt. Nach der Ernte werden die Nüsse vom Fruchtstiel getrennt und sorgfältig in der Sonne getrocknet. So können sie lange gelagert werden. Auf den Märkten werden sie geschält, aber vorwiegend ungeröstet, angeboten. Doch erst geröstet schmecken die eiweißreichen Cashewnüsse knackig und lecker. Deshalb rösten viele Käufer die Nüsse erst kurz vor dem Gebrauch bei offenem Feuer oder in der Pfanne.
Die Familienanbaubetriebe aus den Provinzen Phang Nga, Ranong, Krabi und Phuket liefern ihre Ernte zumeist an große Cashewnuß-Fabriken in Ranong oder Phuket. Sri Bhurapha Orchid Factory oder Methee Cashew Factory auf Phuket kann man besichtigen und die 6 Schritte der Verarbeitung mitverfolgen:

1. Die Nüsse werden bei 200 Grad 12 Stunden lang gebacken.
2. Sie werden in der Schale gekocht, um sie weniger zerbrechlich zu machen.
3. Die Schalen werden in einer handbetriebenen Kurbelmaschine geknackt und die Nüsse per Hand mit einer scharfen Nadel herausgepickt.
4. Die Cashewnüsse werden im Ofen gebacken, um das giftige Öl zu entfernen.
5. Eine dünne gelbe Haut wird abgeschält, und die Nüsse werden maschinell nach Größen sortiert.
6. Die Nüsse werden nochmals gebacken und mit verschiedenen Aromastoffen versehen: Butter, Salz, Zucker, Schokolade, Sesam etc.

Nach dem fünften Lebensjahr trägt der Baum zum ersten Mal Früchte. 20–40 Jahre lang kann geerntet werden. Ein Baum erbringt pro Ernte bis zu 2500 Früchte, was etwa 5 Kilo gerösteten Nüssen entspricht.
Als besonders beliebte Sorte in Thailand gilt Kayu, deren dicke Nüsse bis 2,5 cm lang werden. Berühmt für seine guten Kayus ist die Provinz Ranong.

Die Umgebung von Ranong

Chan Damri-Strand

12 km nordwestlich der Stadt, an der Flußmündung und Grenze zu Myanmar, liegt ein schlammiger Strand mit dem luxuriösen Jansom Thara Resort.

Auf der anderen Seite des Flusses erkennt man die kleine burmesische Stadt **Kaw Thaung**. Auch die nächste Insel **Pulu Ru** vor dem Festland gehört zu Myanmar.

Som Ben

Von der heißen Quelle weiter flußaufwärts liegt am Ende der Straße das Dorf Som Ben (7 km). Hier kann man Zinnwäschern bei der Arbeit zusehen.

Ko Chang (das „andere" Ko Chang)

Die 18 km von Ranong entfernte Insel Ko Chang besteht aus Hügeln, die vorwiegend von Plantagen und ein wenig Wald bedeckt sind. An der seichten Ostküste wachsen Mangroven, während die felsige Westküste einige flache Buchten bildet, an denen Cashew- und Kokosplantagen gedeihen. Dort liegen auch die **Sandstrände**, die seit einigen Jahren immer mehr Traveller anziehen. Sie suchen friedliches, uriges Leben und verzichten gern auf die Annehmlichkeiten der Zivilisation. Denn auf der abgelegenen Insel gibt es weder Straßen noch öffentlichen Strom. Von Dezember bis April können genügsame Traveller in äußerst einfachen **Hüttensiedlungen** preiswert, aber nicht gerade billig unterkommen. Während des Monsuns sind fast alle Unterkünfte geschlossen, da die kleinen Boote bei Wellengang nicht fahren können.

Die meisten Anlagen liegen am 1500 m langen **Hauptstrand Ao Yai**, der aus recht festem, gelblichem Sand mit grauen Schlieren besteht, so daß er „schmutzig" aussieht. Bei aufgewühltem Meer wirkt das Wasser recht trüb. In der Mitte dieses Strandes ragen wenig romantisch die Überreste von zwei Holzpiers ins Meer hinaus, dahinter erstreckt sich eine etwas vergammelte Tempelanlage. Etwa 2 km nördlich liegen an zwei kleinen Stränden mit herrlich weißem Sand zwei weitere Anlagen. Die burmesischen Inseln sind nur wenige Kilometer entfernt. Am südlichen Ende der Insel, gegenüber von Ko Phayam, wurden in der Bucht **Ao Lek** an drei schönen Stränden von einheimischen Familien die ersten Hütten gebaut.

Übernachtung

Anfang 1998 gab es mindestens 14 einfache Bungalowanlagen. Wegen des weiten Bootstransports sind die sauberen, ruhigen Hütten nicht gerade billig. Weite, unbeleuchtete Wege führen über Stock und Stein zum Plumpsklo. Die Preise in den Restaurants sind etwas hoch, dafür machen die Portionen satt. Überall geht gegen 22 Uhr das Licht aus. Keine Musikbox, kein Fernseher und kein Video stört den Frieden. Man kann ausruhen, fischen gehen und den Sonnenuntergang betrachten.

AO YAI – ***Eden Bistro Bungalows***–***, am nördlichen Ende, schöne Bungalows, kleines Restaurant, gutes Essen, liebevoller Service. Der Chef spricht gut englisch.
Full Moon Resort–***, neue Anlage, 6 einfache, saubere Bungalows mit/ohne Du/WC, Thai Food und europäische Küche. Bootsausflüge (300–700 Baht) zum Fischen und Schnorcheln, familiäre Atmosphäre.
Sunset Village–***, nette Hütten, gutes Restaurant.
Cashew Resort**, die älteste Anlage am Strand, einfache, mit einem Doppelbett ausgestattete Bungalows liegen verstreut in einer Cashew-Plantage. Das Essen im Restaurant ist gut.
Chang Tong Bungalows**, südlich der beiden Piers, 10 kleine, saubere Eternithütten in 2 Reihen, einige mit eigener Schöpf-Du/WC. Kleines Restaurant, die junge Gai kocht sehr gut. Freundliche Thai-Familie. Strom vom Generator. Der Sand ist hier ziemlich fest.
Sabai Jai**, am südlichen Hang, 50-120 Baht p.P., einfache, nette Hütten, Du/WC außen, Moskitonetze auf dem Balkon; von zwei Schweden geleitet. Tips für Wanderungen zum Dschungel und zu anderen Stränden, Bootsausflüge werden organisiert.

NÖRDLICHER STRAND – ***Rasta Baby Resort*****, auf dem bewaldeten Hügel zwischen den zwei kleinen Stränden. Ende 1997 geschlossen.
Contex Bungalow**, an der südlichen Bucht, kleine A-Frame-Hütten, Familienbetrieb, Restaurant mit Karte, sehr gutes Essen. Strom gibt es noch nicht.
Es werden Trips rund um die Insel mit dem Longtail-Boot angeboten.

AO LEK – An separaten Stränden liegen mindestens 3 neue Anlagen*-** mit einfachen Hütten aus Naturmaterialien, alle mit kleinem Restaurant.

Tommy`s Garden Bungalows*, 5 Bungalows mit Palmblattdächern, Haupthaus der netten, hilfsbereiten Familie, schöner Sonnenuntergang; Bootsausflug nach Ko Phayam und zu den anderen Stränden möglich, schöne Wanderung durch die Insel am besten bei Ebbe.

Transport

In der Saison fahren Longtail-Boote für 100 Baht p.P. von 8–13 Uhr am Hafen **Sapan Pla** (4 km) ab. Man fährt mit einem roten Songthaew ohne Nummer ab Ranong (gegenüber der Krung Thai Bank) für 5 Baht oder mit einem blauen Songthaew ab der Bus Station, steigt vor dem Tor am Gebührenhäuschen (*Toll Booth*) aus, geht nach links die Straße durch Wohngebiet und vorbei an den Büros der Bungalowanlagen bis zum Fluß runter, wo die Boote liegen.
Abgefahren wird, sobald 6 Passagiere beisammen sind. Die zumeist sehr nasse, aber schöne Fahrt dauert 1 1/2 bis 2 Std. Zurück geht es von den Bungalowanlagen um 8 und 10 Uhr.
Selbst ein Boot zu mieten, kostet etwa 600 Baht.
Ausflüge von Ko Chang nach Ko Phayam und zu kleineren Inseln werden ab 200 Baht p.P. angeboten, nach Ko Surin zum Schnorcheln und Fischen für ca. 1200 Baht.

Ko Phayam

Die Insel Ko Phayam (gesprochen: Ko Pa-yahm) genoß unter Thais einige Zeit Berühmtheit, denn mit japanischer Unterstützung wurde hier eine inzwischen aufgegebene **Perlenfarm** angelegt. Ansonsten ist die Insel ein unentdecktes Urlaubsparadies mit vielen Cashewbäumen und Palmen. Im Dschungel arbeitet ein Elefant, der auch für Ausritte vermietet wird. Hier sollten allerdings nur echte und gut vorbereitete **Ruhe-Fanatiker** herkommen, denn es ist wirklich absolut nichts los!

Übernachtung

AO YAI – 2,5 km lange, flache Bucht an der Westküste mit einem schönen, weißen Sandstrand.
An den felsigen Enden der Bucht und bei der kleinen Insel kann man gut schnorcheln. Bei hoher Flut ist das Wasser recht trüb, sonst etwa 6–10 m Sicht.
Gilles & Patchara*, das erholsame, gemütliche Resort eines Thai-französischen Pärchens. Die 7 Holzbungalows haben keine Dusche, aber ein Waschbecken. Im Restaurant läßt es sich gut frühstücken, ansonsten wird thailändisches Essen geboten, je nachdem, was die Familie gerade ißt. Gilles kennt die besten Stellen zum Schnorcheln.
Aow Yai Bungalows*, in der Mitte der Bucht, mindestens 6 schöne Holzbungalows mit Du/WC aus Stein, Kontakt in Ranong: *J & T Food & Ice*, 267 Ruang Rat Rd., ✆ 077-832483.
Neue Anlage*, am Nordrand der Bucht, Haupthaus und Bungalows, gebaut und geleitet von Israelis.

KO KWAI BAY – Tiefe Bucht im Norden der Westküste, die bei Ebbe weit hinaus trocken fällt; langer, weißer Sandstrand.
Vijit Bungalows*, ✆ 077-834082, 01-4760753, neue, saubere Holzbungalows mit Du/WC, sehr ruhige Lage in schöner Natur. Büro in Ranong am Ko Phayam Pier, ✆ 077-832414.

OSTKÜSTE – Im Nordosten liegt das Fischerdorf mit dem Pier und dem Tempel. Es gibt eine Möglichkeit zu telefonieren.
Koh Phayam Resort***–****, ✆/℻ 077-812297, an einem Sandstrand an der Ostküste, unweit der Anlegestelle beim Hauptdorf in einer Cashew-Plantage, 12 einfache Bungalows (für bis zu 4 Pers.) mit Du/WC und Fan, Restaurant.
Neue Anlage nördlich vom Dorf, Haupthaus und Bungalows.

Transport

Das *Local Boat* fährt um 14 Uhr für 100 Baht in 2 Std. zum Pier im Süden der Ostküste. Für weitere 50 Baht geht es weiter per Longtailboot zur Westküste (30 Min.). Zurück fährt das Boot um 8 Uhr (Zubringer um 7 Uhr). Die Ablegestelle erreicht man genauso wie die für Ko Chang (s.o.). Allerdings wird am Pier fälschlich behauptet, daß es kein *Local Boat* gibt, sondern nur ein Boot zu den *Vijit Bungalows*. Selbst ein Boot zu mieten, kostet etwa 800 Baht.
Zu *Gilles & Patchara* sind es von der Anlegestelle etwa 45 Min. zu Fuß, man kann sich aber auch mit dem Motorrad hinbringen lassen.

Die Straße Richtung Chumphon

Am Ortsausgang von Ranong (KM 609) weist ein Schild auf die Höhle **Phra Kayang Cave** hin (47 km), zu der es am KM 564 ca. 1 km nach links geht.

Nach **Kraburi** zieht sich 55 km weit der tief eingeschnittene Fjord ins Land hinein, der Thailand von Burma trennt. Von einem Flußrestaurant am Hafen von Kraburi kann man ins Nachbarland hinüberschauen – nichts Spektakuläres. In der kleinen Stadt fallen die Taxis ins Auge: Motorräder mit Beiwagen.

6 km hinter Kraburi soll links der *Gasthof zur Hütt'n* liegen (war nicht zu finden: ein Scherz?).

Der vielbesuchte **Punyaban Wasserfall** stürzt direkt neben der Straße am KM 597,7 herunter (14 km von Ranong).

Am KM 595,2 geht es nach links 1 km zum **Kraburi National Park**, wo man den Fjord schön überblicken kann.

Zum **Bok Krai Wasserfall** muß man am KM 557,5 noch 9 km nach rechts fahren.

Ausflüge nach Kaw Thaung in Myanmar

Es ist jetzt möglich, einen Tagesausflug nach **Victoria Point** zu machen. Das Boot benötigt 15 Minuten (30 Baht pro Strecke), der anschließende Bus auch kaum länger. Bei gebuchten Ganztagsausflügen kann zusätzlich die schöne Insel **Pulu Basin Island** besucht werden. Auf der Thai-Seite wird das Thai-Visum regulär aus dem Paß gestempelt. Der *Border Pass* für Myanmar kostet 5 US$. Bei der Rückkehr wird wieder ein 4wöchiges Thai-Visum in den Paß gestempelt.

Nach neuesten Informationen soll man jetzt mit einem Burma-Visum regulär bei Kaw Thaung nach Myanmar einreisen und sodann, z.B. mit dem täglichen Flugzeug, nach Yangon weiterreisen können.

In Kaw Thaung sind vor allem religiöse Bauwerke zu besichtigen: ein großer, sehr schöner Tempel, große Buddha-Statuen und Pagoden. Das Hotel kostet ungefähr US$15–20 pro Nacht.

Traumziel für reiche Thais ist das riesige Casino *Andaman Club*, ✆ 835223, ✆ 830594, auf der dem Hafen vorgelagerten burmesischen Insel. Es hat 205 ac-Zimmer und alle Einrichtungen eines Luxushotels. Der Zugang ist ohne Formalitäten möglich. Tanzgruppen aus dem Westen sorgen für Unterhaltung.

KRABI UND KO LANTA

Highlights

- Mit dem Motorrad durch die faszinierenden Felsentürme bei Krabi fahren
- Die mutigen Kletterer an den steilen Wänden bestaunen
- Mit einer Dschunke durch die Inselwelt schippern
- Bei einer Inseltour mit Maske und Schnorchel inmitten bunter Fische schwimmen
- An herrlichen Stränden Sonne Sand und Meer genießen

Krabi und Ko Lanta

Schon vor 43 000 Jahren bewohnten Menschen die Höhlen in der heutigen Provinz Krabi. Die Grotte Lang Rongrien, erst 1982 etwa 15 km nördlich der Stadt entdeckt, könnte eine der ältesten menschlichen Siedlungen in Asien gewesen sein. Noch heute werden Höhlensiedlungen gefunden, samt einfachen Steinwerkzeugen, Perlen, Ohrringen, menschlichen Knochen und sogar Höhlenzeichnungen.

Am Ende der letzten Eiszeit, vor etwa 9000 Jahren, stieg der Meeresspiegel auf das heutige Niveau. Der prähistorische Krabi-Mensch siedelte sich in den Höhlen an der Hochwassermarke an und bereicherte sein Essen um Muscheln, deren Schalen noch heute zu finden sind. Vor 2000 bis 3000 Jahren bemalten die Höhlenbewohner die Höhlenwände mit Zeichnungen von Menschen und Tieren in ocker und schwarzen Farben.

Ab dem 5. Jh. existierte bei Klong Thom ein Seehandelsposten, in dem Kaufleute aus Indien und China, später sogar aus Europa, Waren tauschten. Bei Ausgrabungen in den 80er Jahren wurden Siegel aus dem 5. bis 7. Jh. gefunden, sowie verschiedene alte Perlen und ein Bronzespiegel aus der chinesischen Han Dynastie. Dutzende von Funden sind im Museum des Wats von Klong Thom ausgestellt.

Mitte der achtziger Jahre kamen die ersten Globetrotter in die Provinz Krabi und entdeckten phantastische Strände mit wunderbar weißem Sand, eingerahmt von überwucherten Felsentürmen. Primitive Bambushütten mit Palmblattdächern boten ihnen eine gemütliche Bleibe. Unglaublich schnell sprach sich Krabi herum, unterstützt durch blumige Schilderungen in der deutschen Tourismuspresse, und die vom Kommerz aus Phuket vertriebenen Traveller hatten ihr neues Paradies gefunden. Geschäftstüchtige Einheimische setzten an den vier schönsten, aber relativ kurzen Stränden in Windeseile eine Hütte neben die andere, um den anschwellenden Bedarf zu decken. Von Jahr zu Jahr wurden Qualität und Ausstattung verbessert. So findet der Individualtourist an fast allen Stränden naturnahe Unterkünfte in jeder Preislage. Aus einigen Bungalowanlagen entwickelten sich komfortable Resorts und Hotelanlagen. In den Prospekten vieler Pauschalreise-Veranstalter hat Krabi Einzug gehalten. Wer Einsamkeit sucht, ist in der Saison an den Stränden von Ao Nang und Rai Leh fehl am Platz. Doch weniger belebte Ecken und Inseln lassen sich durchaus finden.

Es sind nicht die Strände und Inseln allein, die so viele Urlauber nach Krabi ziehen. Die phantastische und einzigartige Landschaft der Provinz mit ihren Felstürmen, Höhlen, Wasserfällen, unberührtem Dschungel und Korallengärten läßt keinen Besucher kalt.

Die beste Reisezeit für Krabi und Umgebung währt von November bis April. Von Mai bis August unterbrechen kurze Regenschauer, vor allem am Nachmittag, das sonnige Wetter. Selbst während des Höhepunkts der Regenzeit von September bis Anfang November kann an der Küste tagelang schönes Wetter herrschen, da die Monsunwolken meist erst einige Kilometer im Hinterland abregnen. Wegen der hohen Wellen und kräftigen Winde werden allerdings die meisten Bootsausflüge nicht durchgeführt.

Krabi

กระบี่

Die Provinzhauptstadt Krabi war noch vor wenigen Jahren unter Travellern völlig unbekannt. Auch heute hat die Stadt selbst weiter nichts zu bieten, aber ihre herrliche Umgebung, vor allem ihre Strände und vorgelagerten Inseln, begeistern immer mehr Urlaubshungrige aus Deutschland und Nordeuropa. Da es in der Nähe nur wenige und nicht allzu lange Strände gibt, verkraftet Krabi keinesfalls solche Touristenmassen wie Phuket oder Ko Samui. Doch fast alle Traveller möchten zumindest für ein paar Tage die herrliche Lage dieser Strände erleben, ehe sie zu billigeren

Zielen wie Ko Lanta weiterziehen. Die stadtnahen Strände werden immer mehr von Pauschaltouristen übernommen.

Die geschäftige Kleinstadt Krabi hat 18 000 Einwohner. Auf den vier Straßen drängen sich die Traveller, obwohl die meisten hier nur auf der Durchreise sind. Mit dem Geldsegen aus dem Tourismus haben die Stadtväter u.a. einige Verschönerungen durchgeführt. Es entstanden zwei feste Piers und eine Uferpromenade, einige Straßen wurden ausgebaut und ganze Straßenzüge in einheitlichem Stil „saniert". So wirkt das Zentrum des Ortes etwas charakterlos und einförmig. Die Einheimischen halten Krabi für die teuerste Stadt Thailands, i.b. was die Preise auf dem Markt betrifft.

Übernachtung

GÄSTEHÄUSER – Jedes Reisebüro vermittelt billige Zimmer in Gästehäusern (in der Saison für 80–120 Baht, Nebensaison 60–80 Baht). Manche existieren nur für eine Saison.

Jungle Book GH* ④, 141 Uttarakit Rd., ✆ 611148, an der Uferstraße, kleine Betonzellen mit Doppelbett, Notunterkunft für eine Nacht, Taschenlampe nötig, hinter *Jungle Book Tour.*

Grand Tower*–* ⑧, 73/1 Uttarakit Rd., ✆ 621456, 📠 621457, saubere, z.T. etwas abgewohnte Zimmer in verschiedenen Preisklassen, die billigen Verschläge ohne Du/WC liegen im 6. Stock, die besseren, schönen haben moderne Du/WC, etwas laut; Balkon in der 5. Etage, sauberes Restaurant mit mittleren Preisen, Motorräder zu vermieten, Schließfächer; empfehlenswert. Mit *Songserm*-Reisebüro.

P.S. GH*– ⑪, 71/1 Uttarakit Rd., ✆ 620480, relativ laute, abgeteilte, düstere Zimmer mit sauberer Gemeinschafts-Du/WC, Touren.

Cha GH* ⑫, 45 Uttarakit Rd., ✆ 611141, langes Haus mit Garten und Bäumen, günstige Zimmer mit Gemeinschafts-Du/WC, Restaurant. Tickets für die Boote zu den Inseln.

K.L. GH* ⑦, 28 Soi 2, ✆ 612511, in der Umgebung von mehreren Discos, 4stöckiges Stadthaus, 43 abgewohnte Zimmer mit Fan, 4 etwas abgenutzte Bäder pro Flur, Rucksack wird kostenlos aufbewahrt; Motorräder.

Sea Side GH*– ⑩, 105/5-6 Maharaj Rd., ✆ 612351, saubere Zimmer ohne Fenster.

Café Europa** ⑬, 1/9 Soi Ruam Chit, ✆/📠 620407, 5 nett eingerichtete, sehr saubere Zimmer im Obergeschoß, heiße Du/WC außerhalb, mit Dachgarten; unten befinden sich ein gutes Restaurant und eine Bar, Fax/Telefon-Service, Satelliten-TV; heimelige Atmosphäre beim freundlichen Dänen *Fynn.* Sehr gutes Preis-Leistungsverhältnis.

Bai Fern** ⑯, 24/1 Chao Fah Rd., ✆ 611254, neues, zurückversetztes Apartmenthaus, recht ruhig, 18 Zimmer, Du/WC für 1 bzw. 2 Zimmer auf dem Flur, kleiner Balkon, Anmeldung im Laden oberhalb an der Straße.

Krabi
Übernachtung:
① Ano Gh.
② City H.
③ Vieng Thong H.
④ Jungle Book Gh.
⑤ New H.
⑥ Thai H.
⑦ K.L. Gh.
⑧ Grand Tower Gh.
⑨ Jack House
⑩ Sea Side Gh.
⑪ P.S. Gh.
⑫ Cha Gh.
⑬ Café Europa
⑭ Lee Garden Gh.
⑮ Lek Gh.
⑯ Bai Fern
⑰ Chao Fa Valley Bungalow
⑱ K.R. Mansion Hotel

Läden, Restaurants etc.:
1 Kao Man Kai R.
2 Rapala Bungalow Office
3 Waterfall Bay Resort Office
4 Schwimmendes R.
5 The Books
6 Vogue Dept. Store
7 Lisa Bakery
8 Krabi Resort Office
9 Modyelly R.
10 Zeitungsladen
11 Ao Nang Royal Office
12 Kaufhaus
13 Pizzeria Firenze
14 May and Marks R.
15 Fai Book
16 Nghen-Tai R.
17 Pizza R.
18 Café Europa
19 Boat Bakery
20 Woodhouse R.
21 Paknam R.

Transport:
❶ Bus Terminal
❷ Minibus → Bo Muang (für Ko Lanta)
❸ Pee Pee Marine Travel
❹ Ac-Bus → Nakhon Si Thammarat
❺ Thai Mit
❻ Songtheaw → Talad Kao, Tiger Cave
❼ Chan Phen Tour
❽ Jungle Book Tour
❾ Frank Tour
❿ Songtheaw → Ao Nang, Susan Hoi
⓫ Songtheaw → Talad Kao, Tiger Cave
⓬ Bus → Hua Hin (für Ko Lanta)
⓭ Pine Tour, Siboya Office
⓮ Bus → Ao Luk
⓯ Paiboon Tour
⓰ S.R. Tour
⓱ Thammachart Tour, Bubu Island Office
⓲ Thai Airways Office
⓳ T.P. Travel Tour
⓴ Bus → Surat Thani
21 Longtailboot → Rai Leh Beach
22 Songserm Travel Center
23 Kanab Naam Tour
24 Green Travel
25 Reisebüros
26 Boote → Ko Phi Phi, Ko Lanta

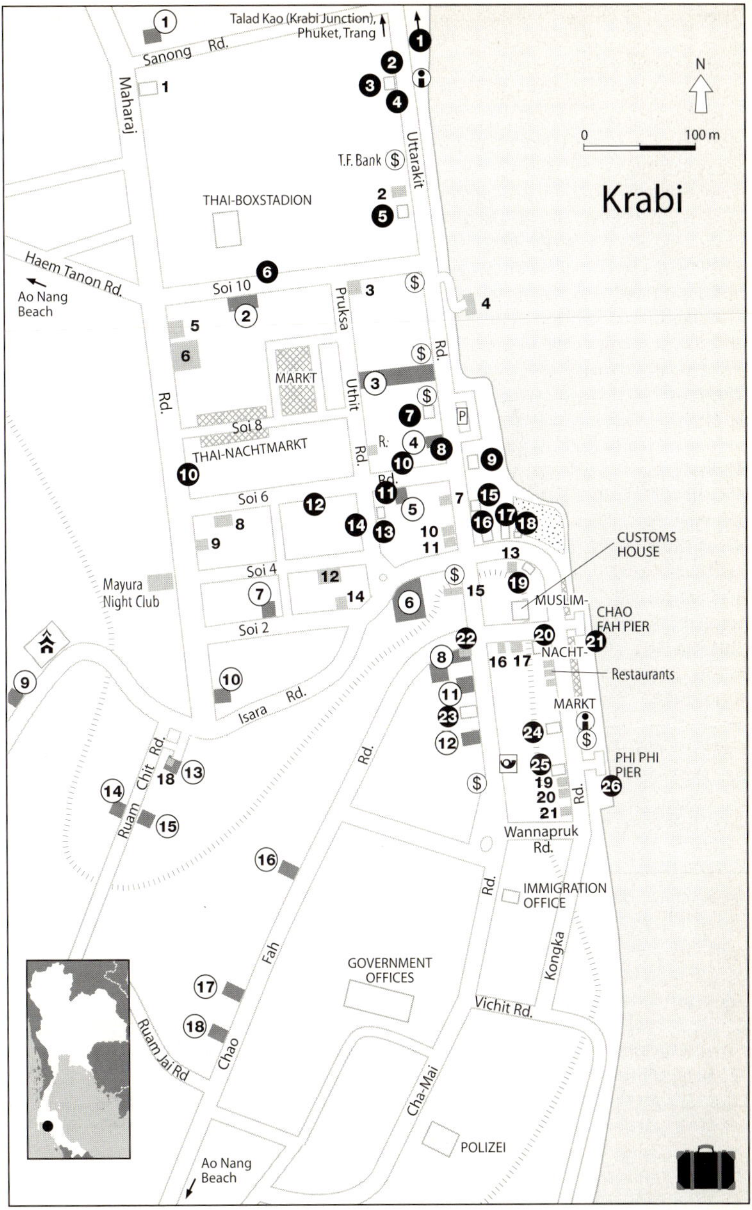

Krabi
Talad Kao (Krabi Junction), Phuket, Trang
Sanong Rd.
Maharaj Rd.
Uttarakit Rd.
T.F. Bank
THAI-BOXSTADION
Haem Tanon Rd.
Ao Nang Beach
Soi 10
Pruksa
MARKT
Uthit Rd.
Soi 8
THAI-NACHTMARKT
Soi 6
Soi 4
Soi 2
Mayura Night Club
Isara Rd.
Ruam Chit Rd.
CUSTOMS HOUSE
MUSLIM-
CHAO FAH PIER
NACHT-
Restaurants
MARKT
PHI PHI PIER
Wannapruk Rd.
IMMIGRATION OFFICE
Kongka Rd.
GOVERNMENT OFFICES
Vichit Rd.
Chao Fah Rd.
Ruam Jai Rd
Cha-Mai
POLIZEI
Ao Nang Beach
N
0
100 m

Chao Fa Valley Bungalow* (ac***) ⑰, 50 Chao Fah Rd., ✆ 612499, 40 große Holzbungalows, die bald eine Renovierung benötigen.

HOTELS – ***K.R. Mansion Hotel**–**** ⑱, 52/1 Chao Fah Rd., ✆ 612761-2, ✆ 612545, E-Mail: krmansion@hotmail.com; 40 gute, saubere Zimmer mit Fan, mit oder ohne Du/WC, mit ac****, auch monatlich zu mieten. Satelliten-TV, im *Tamarind* Restaurant werden bis 23 Uhr Videos gezeigt. Bietet Mountain Bike Trips für 550 Baht von 9 – 16 Uhr. Der *Top View Beer Garden* auf dem Dach ist von 17 – 24 Uhr geöffnet.

Thai Hotel–***** ⑥, 7 Isara Rd., ✆ 611474, ✆ 620564, im Stadtzentrum, abgewohnte und ordentliche Zimmer, guter Coffee Shop.

New Hotel* ⑤, 9-11 Soi 6, ✆ 620 606, gar nicht mehr neu, kleine, schäbige, laute Zi.

Vieng Thong Hotel** (ac****) ③, 155 Uttarakit Rd., ✆ 620020-6, ✆ 612525, muffelige ac-Zimmer, Du/WC mit Badewanne, die Zimmer mit Fan sind ihren Preis wert, werden aber in der NS von der Rezeptionistin fast immer als „ausgebucht" deklariert.

City Hotel** ②, 15/2-3 Soi 10, ✆ 621280-2, ✆ 621301; 4stöckiges Stadthotel, Aufzug, saubere Zimmer mit Fan, in der NS fast immer „ausgebucht", gute ac-Zimmer mit TV. Für Rolli geeignet.

River Side Hotel** ㊵, ✆ 612128, ✆ 621301, 500 m außerhalb an einer Seitenstraße, gute Zimmer im neuen Trakt.

Grand Mansion Hotel–***** ㊴, 289/1 Uttarakit Rd., ✆ 620833-5, ✆ 611372, 700 m außerhalb an der Uferstraße, sehr saubere, gute Zimmer mit Fan oder ac, die besten mit Kühlschrank, einige Familienzimmer mit 3 Betten; preiswertes Essen, freundliches, hilfsbereites Personal.

Krabi Royal Hotel*** ㊲, 403 Uttarakit Rd., ✆ 611582-4, ✆ 611581, 2 1/2 km außerhalb Richtung Krabi Junction, direkt an der Straße, völlig renoviert, VIP-Zimmer, hinten ruhiger.

Krabi Meritime Hotel ㊳, 4 Phipatkul Rd., ✆ 620028, ✆ 612992, 2 1/2 km außerhalb Richtung Krabi Junction, in einer ruhigen Sackgasse, aufgelockerte Gebäudetrakte in riesigem Gelände, tolle Aussicht über einen kleinen See mit vielen Pflanzen. 221 luxuriöse Zimmer ab 1900 Baht (inkl. Frühstück); Schwimmbad (für Nichtgäste 60 Baht), Fitness-Center, Fahrrad 50 Baht/2 Std.

BAN TALAD KAO (Krabi Junction) – ***Kittisuk Hotel*–**** ㊱, ✆ 611087, 30 m neben der Kreuzung, geeignet für Passagiere, die erst spät am Busbahnhof ankommen.

Essen

Es gibt in der Stadt viele kleine Restaurants und Garküchen. Hervorragende, billige Essenstände am Muslim-Nachtmarkt beim Pier ab 17 Uhr.

Rean Pare, dasSchwimmende Restaurant auf dem Fluß, durch einen Steg mit dem Ufer verbunden. Hier sitzt man schön, besonders in der Dämmerung, aber Mückenschutz nicht vergessen. Gerade noch passable Gerichte zu etwas erhöhten Preisen. Leser empfehlen *Beef Korean Style*.

Im 3. Stock des ***Vogue Kaufhauses*** lädt ein billiges, klimatisiertes *Food Center* zum Schlemmen ein, besonders gut ist die Fruchtsaft- und Eis-Bar; geöffnet 9.30–19 Uhr.

Fynn, der freundliche Däne im ***Cafe Europa***, bietet europäische Gerichte zu etwas gehobenen Preisen; angenehme Bar mit importiertem Wein.

Bei Franco im ***Firenze*** schmeckt die Pizza (ab 100 Baht) echt italienisch, sie kostet auch entsprechend. Außerdem wird hier hervorragendes Brot verkauft, gebacken von einem Holländer.

Gute Pizza (ab 85 Baht) gibt es auch im thailändisch geführten ***Pizza Restaurant.*** Nebenan im ***Nghen-Tai Restaurant***, einem schönen alten Holzhaus, wird gutes Essen von sehr nettem Personal serviert.

Im ***May and Marks Restaurant*** werden – manchmal extrem langsam – nicht nur Bratkartoffeln und skandinavische Spezialitäten serviert, sondern auch hervorragendes Coco-

nut Curry und *Homemade Brown Bread*.
In der ***Lisa Bakery*** gibt es von 7.30–20.30 Uhr Vollkornbrot, Croissants, leckeres Gebäck.

Sonstiges

AUTOVERMIETUNG – Jeeps gibt es für 1200 Baht bei ***SR Tour***, 11 Kongka Rd., und besonders zuverlässig bei ***Thai Mit***, Uttarakit Rd., sowie bei weiteren Reisebüros.

BÜCHER – Bei ***Fai Book*** gibt es auch viele deutsche Bücher zum Leihen, Tauschen, Kaufen.
Im Buchladen ***The Books*** werden u.a. englischsprachige Reiseführer und Magazine verkauft.

FESTIVAL – Das **Vegetarian Festival** (Vegetarier-Fest) wird – ähnlich wie in Phuket – in kleinerem Rahmen auch in Krabi gefeiert (Oktober / November, genaue Termine sind ab März beim TAT bekannt).
Das Stadtfest **Open Andaman Sky** mit Umzügen und Wettbewerben findet im November statt.

GELD – Mehrere Banken in der Uttarakit Rd., Wechselschalter Mo bis Fr geöffnet von 8.30–19 Uhr, in der Saison auch am Wochenende von 8–15 Uhr. Die ***Siam City Bank*** betreibt täglich einen Schalter im Pavillon am Phi Phi Pier, sonntags von 8.30–16.30 Uhr.

GESUNDHEIT – In den letzten Jahren kamen im Gebiet von Krabi keine Fälle von Malaria vor. Wer spezielle Informationen über Ärzte braucht, kann sich an Johanna in der Tyfon Food Corner am Ao Nang wenden.

IMMIGRATION – Uttarakit Rd., ✆ 611097. Visa-Verlängerung bei freundlichem Auftreten problemlos. Geöffnet Mo–Fr 8.30–12 und 13–16.30 Uhr.

INFORMATIONEN – ***Tourist Office***, ✆ 612740, am Ortseingang am Fluß und am Pier, verteilen Prospekte und farbige Karten, freundliche Damen (geöffnet tgl. zwischen 8.30 und 16.30 Uhr).
Die unzähligen Reisebüros halten Informationen zu den Gästehäusern in der Umgebung bereit, außerdem Stadtpläne, Informationsblätter, Hinweise für Ausflüge und Tickets nach Ko Phi Phi und Ko Lanta.
Sehr informativ ist der *Krabi Holiday Guide* (90 Baht).

KARTEN – Für eigene Ausflüge ist die gute *Guide Map of Krabi* für 65 Baht empfehlenswert.

MEDIZINISCHE HILFE – Gute Ärzte und Zahnarzt gibt es im Krankenhaus, 325 Uttarakit Rd., mit Songthaew 3 Baht ab Stadt. Ein neues Privatkrankenhaus ist im Bau.

MOTORRÄDER – Bei ***Chan Phen*** gibt es Honda für 200 Baht pro Tag. Weitere Bikes bei ***Paiboon Tour*** an der ersten Kreuzung der Uttarakit Rd. und bei mehreren Gästehäusern und Reisebüros. Zuerst den Zustand kontrollieren.

POST / TELEFON – in der Uttarakit Rd, Mo–Fr 8.30–16.30, Sa und So 9–12 Uhr; Poste Restante; Pack-Service. Internationales Telefon, tgl. 7–24 Uhr. Inlandsgespräche besser von woanders führen.

REISEBÜROS – fast alle Reisebüros in Krabi werden von unseren Lesern als freundlich und kompetent gelobt (mit Ausnahme von *Songserm*). Die meisten vertreten eigene Gästehäuser und Bungalows, die sie ihren Kunden ans Herz legen (Ausnahme z.B.: *Chan Phen*). Alle vermitteln Boote zu den Inseln und, gegen 20–40 Baht Aufschlag, Bus- und Zugtickets.
Chan Phen Tour, 145 Uttarakit Rd., ✆ 612004, 📠 612661, beste Infos von Mr. Pong.
Frank Tour, 256 Uttarakit Rd., ✆ 611110, Frau Renu Chawankul hat alle Informationen im Kopf.

Green Tour, 72 Kongka Rd., ✆/℻ 630177, 630330, günstige Bustickets; Gepäckaufbewahrung.
Jungle Book Tours, 141 Uttarakit Rd., ✆ 611148, Mrs. Maria versteht ihr Geschäft.
Songserm, 73/1 Uttarakit Rd., ✆ 612665, ℻ 612318, im *Grand Tower*. Betreiben Busse nach Surat Thani, Ko Samui und Ko Pha Ngan, über die wir laufend Klagen bekommen. Verkauft auch Eisenbahn-Tickets, Schlafwagen ab Trang rechtzeitig buchen. Auskünfte über staatliche Busse sollte man nicht ernst nehmen.
S.R. Tours, 11 Kongka Rd., ✆ 611930, ℻ 612536, seriöses Reisebüro, Autovermietung, Bücherverkauf und -tausch (viele deutsche Titel).
Thai Mit Tours, Uttarakit Rd., ✆ 632054, Tickets und Reservierungen aller Art, Vermietung von Jeeps mit Abholservice, Mr. Nui ist sehr zuverlässig und kann viele Fragen beantworten.
T.P. Travel Tour, 35 Issara Rd., ✆/℻ 630288, gutes Reisebüro, preiswerte Touren.
Thammachart, 13 Kongka Rd., ✆ 612536, Buchungsbüro für Bubu Island.
Rapala Office, 193 Uttarakit Rd., ✆ 612 829, Buchungsbüro für Rapala Long Beach Resort.

TAUCHEN – Tauchfahrten und Kurse werden am Rai Leh Beach (s.S. 499), am Ao Nang Beach (s.S. 504), in Ban Saladan auf Ko Lanta (s.S. 519) und auf Ko Phi Phi angeboten (s.S. 447).

TOUREN – Interessante Touren werden von ***Dawn of Happiness Eco Tours*** abwechselnd tgl. um 10.30 Uhr angeboten, z.B. zu 3 Höhlen bei Ao Luk, mit dem Longtailboot durch die Mangroven oder zu den Klong Thom Hot Springs. Kosten: 250–600 Baht p.P., sie sind sehr zu empfehlen.
Eine Vogeltour in den Mangroven bietet *Chan Phen Tour* an, außerdem z.B. die *4-Island-Tour* für 250 Baht, die *5-Island-Tour* für 300 Baht..
Der Tagesausflug zur Phang Nga Bucht mit Bus und Longtail-Boot kostet 350 - 370 Baht p.P. inkl. Mittagessen, Tempel- und Naturparkbesuch. Für die Erinnerungsteller mit Konterfei verlangen die eifrigen Verkäufer 100 Baht.
Einige Veranstalter verlangen weitaus höhere Preise.

VORWAHL – 075; PLZ: 81 000.

Nahverkehrsmittel

PICKUPS – Zwischen der Stadt und TALAD KAO (= Krabi Junction) mit dem Bus Terminal verkehren von 6–21 Uhr alle 3 Minuten Pickups für 5 Baht.
Zum Strand AO NANG (20 Baht) fahren von 7–18 Uhr alle 15–30 Min. Pickups von der Stadt ab (nach 18 Uhr kostet das Chartern etwa 250 Baht!). Dieselben Pickups fahren zum NOPPARAT THARA BEACH für 20 Baht.
Achtung: Die weißen Songthaews fahren als Taxis (ca. 250 Baht).
Zum „Shell Museum" SUSAN HOI geht es nur von Oktober bis April von 7–18 Uhr für 25 Baht.
Zum WAT THAM SUA *(Tiger Cave)* von 6–17 Uhr für 20 Baht; Motorradtaxi ca. 40–50 Baht.

LONGTAIL-BOOTE – fahren zur PHRA NANG BAY (Oktober–März sowie bei ruhiger See) und zum RAI LEH BEACH (Ost und West) für 50 Baht in 40 Min., Charter 300 Baht.

Transport

Kombinierte Bus-Boot-Tickets über Krabi nach Ko Phi Phi bzw. Ko Lanta, die in Bangkok von windigen Reisebüros verkauft werden, sind erstens zu teuer und zweitens Betrug, da das Bootsticket in Krabi von niemandem anerkannt wird.

BUSSE – Alle Busse fahren vom Bus Terminal **Talad Kao** an der Kreuzung 4 km nördlich von Krabi (= Krabi Junction) ab, rote Pickups fahren laufend hin (s.o.).
Ankommende Busse werden außerhalb der Hochsaison gleich von Schleppern bestürmt,

die den müden Neuankömmlingen ihre Bungalows aufdrängen wollen. Geschäftstüchtige Tuk-Tuk-Fahrer wollen Passagiere für satte 250 Baht direkt zum Ao Nang Strand fahren. Unser Rat: In beiden Fällen abblitzen lassen und erst mal mit dem roten Pickup für 5 Baht nach Krabi reinfahren, dort fahren laufend öffentliche Songthaews für 20 Baht zum Strand.

Die *Songserm*-Busse von Ko Samui etc. entladen ihre Passagiere an täglich wechselnden Gästehäusern in der Stadt.

Tickets für die Fernbusse bekommt man am leichtesten bei den Reisebüros in der Stadt. Allerdings sind sie dort um 20–60 Baht teurer als direkt beim Bus Terminal.

Bangkok: Vom Southern Bus Terminal in BANGKOK, 867 km, mit dem non-ac Bus um 7.30 Uhr und 18–21.30 Uhr für 193 bzw. 204 Baht in 13–14 Std., 2.Kl. ac-Bus um 19.30 Uhr für 270 Baht, ac-Busse um 19 und 20 Uhr für 368 Baht, VIP-32 Bus um 16 und 17 Uhr für 450 Baht (Ankunft 6 Uhr), VIP-24 Bus um 18 und 18.30 Uhr für 540 Baht in 12 Std.

Nach BANGKOK fährt der non-ac Bus Nr.983 um 7.30, 16, 16.40 und 17.20 Uhr, ac-Bus und VIP-42 Bus für 347 bzw. 368 Baht zwischen 15.30 und 17.20 Uhr sowie der VIP-24 Bus um 16, 16.30 und 17 Uhr, Vorbuchung empfehlenswert.

Der Khaosan-Bus (s.S. 189), von dem dringend abzuraten ist, kostet ab Bangkok 200–280 Baht (ohne Essen) und hält abwechselnd bei 3 verschiedenen Reisebüros. Zurück fährt er um 16 Uhr für 350 Baht (als VIP-32-Bus 650 Baht) und benötigt 15 Std. bis zur Khaosan Road, mit Zwischenstop in Surat Thani.

Achtung: Immer noch wird aus diesem Bus Gepäck gestohlen. Höchst genial entwendet das „überzählige" Begleitpersonal Geld und Reiseschecks aus dem Bauchgurt und aus Handtaschen.

Wer dem zum Opfer fällt, sollte die Polizei einschalten! Ohne eine Kopie des Fahrscheins und den Namen des Busunternehmens ist die Polizei machtlos. Wie wäre es, von den potentiellen Dieben vorher ein „Erinnerungsphoto" zu schießen?

In die Umgebung: Nach PHUKET fahren non-ac-Busse ca. alle 40 Min. zwischen 6.20 und 15.10 Uhr für 58 Baht in 4 Std., ac-Busse von 9.30–19 Uhr ca. alle 30 Min. für 84 Baht in 3 Std.

Direkt zum PATONG Strand (z.T. über Phuket Airport) fahren recht klapprige, unpünktliche Busse von *Songserm* um 11.30 Uhr für 250 Baht und um 13.30 Uhr für 200 Baht in 3–4 Std. (Abfahrt am Grand Tower); zurück nur um 8.30 Uhr für 200 Baht.

Nach PHANG NGA durch eine herrliche Landschaft alle 30 Min. für 25 Baht in 2 Std., ac im Phuket-Bus für 50 Baht in 90 Min.

Nach RANONG mit non-ac Bus Nr.435 um 5.30, 9.30 und 11.30 Uhr für 78 Baht; nach KHAO LAK umsteigen in Takua Pa.

Nach TRANG mit non-ac Bus Nr.446 ca. alle 60 Min. von 6.20–16 Uhr für 36 Baht (ac 66 Baht).

Nach AO LUK fahren LKW-Songthaews von 6–17 Uhr gegenüber von *Suzuki* ab, für 15–20 Baht in 90 Min.

Zu den übrigen Orten im Süden: Nach SURAT THANI non-ac-Busse alle 30 Min. von 5.30–14.30 Uhr für 60 Baht in 4 1/2 Std. Der ac-Bus um 9 und 11 Uhr für 150 Baht, um 14 und 16 Uhr für 180 Baht (zum Bahnhof PHUNPIN) in 3 1/2 Std. fährt bei *Krabi Center* ab, 10 Min. später an der Bus Station; über diesen Bus wird laufend geklagt, so werden manchmal Busse mit engen Normalbus-Sitzen eingesetzt.

Nach NAKHON SI THAMMARAT mit non-ac Bus von 8.30–14.50 Uhr für 50 Baht in 3 Std., mit ac-Bus um 10.30 und 12 Uhr für 80 Baht.

Nach HAT YAI non-ac-Busse 5x tgl. zwischen 8.30 und 14.10 Uhr über TRANG (36 Baht) für 91 Baht in 5 Std.; ac-Bus 6x tgl. von 10.50–14.30 Uhr für 132 Baht.

Nach SATUN mit ac-Bus direkt um 11 und 13 Uhr für 129 Baht in 5–6 Std. (der Anschluß an das Expressboot nach Langkawi klappt nicht mit Sicherheit, besser den Minibus nehmen, s.u.).

Nach KO SAMUI mit ac-Bus um 9 und 11 Uhr direkt für 280 Baht (Ankunft 16.30 Uhr), nach KO PHA NGAN für 300 Baht (Ankunft 18 Uhr).

Von HUA HIN mit non-ac Bangkok-Bus für 158 Baht.

MINIBUSSE – (auch *Minivans* genannt) sind klimatisiert und fahren tgl. zu festen Zeiten von verschiedenen Reisebüros oder am Straßenrand ab (diese sind in der Karte markiert).
Nach PHUKET um 11.30 Uhr für 180 Baht in 3 Std.
Zum PHUKET AIRPORT mit *Grand Tour* um 11.30 Uhr für 180 Baht in 2 1/2 Std.
Von SURAT THANI fahren ac-Minibusse um 7, 10, 14 und 17 Uhr für 180 Baht. Nach Surat Thani ist der Betrieb nicht zugelassen.
Nach NAKHON SI THAMMARAT jede Std. für 100 Baht.
Nach HAT YAI um 7, 11 und 14 Uhr für 180 Baht in 4 Std. (bis TRANG für 130 Baht).
Nach SATUN um 7 und 11 Uhr für 400 Baht in 6 Std. (umsteigen in Hat Yai).
Nach SUNGAI GOLOK um 7 und 11 Uhr für 350 Baht in 8 Std. (umsteigen in Hat Yai).
Nach KO LANTA fährt nur in der Nebensaison, wenn kein Expressboot (s.u.) verkehrt, um 11 und 13.30 Uhr ein direkter Minivan über Ban Hua Hin (inkl. 2 Fähren) zum KLONG DAO BEACH. Tickets für 150 Baht gibt es bei Reisebüros in Krabi, wo man auch abgeholt wird.
Nach KO LANTA sind die Songthaews bzw. Minibusse zum Pier von BAN HUA HIN (s.S. 284) bzw. von BO MUANG nicht mehr zu empfehlen.
Nach Malaysia und Singapore: Bei allen Zielen muß man in Hat Yai umsteigen.
Ac-Minibus und ac-Bus nach KUALA LUMPUR und SINGAPORE um 7 Uhr für 750 Baht, Ankunft gegen 22 Uhr bzw. 5 Uhr, ac-Minibus und VIP24-Bus um 11 Uhr für 950 Baht, Ankunft gegen 6 Uhr bzw. 11 Uhr.
Nach PENANG mit ac-Minibus um 7 Uhr und 11 Uhr für 450 Baht, Ankunft gegen 17 bzw. 21 Uhr.
Von PENANG fährt frühmorgens ein ac-Minibus in 9 Std., umsteigen in Hat Yai.
Nach KOTA BHARU für 450 Baht um 7 und 11 Uhr, umsteigen in Hat Yai.
Nach LANGKAWI mit ac-Minibus über Hat Yai und Satun um 7 Uhr für 450 Baht in 8 Std.

SAMMELTAXIS – fahren vom Bus Terminal ab: u.a. nach PHUKET für 90 Baht in 3 Std., SURAT THANI für 120 Baht in 2 1/2 Std., TRANG für 60 Baht und NAKHON SI THAMMARAT für 80 Baht.
Ein Taxi nach KO LANTA kostet ca. 1200 Baht.

EISENBAHN – Von BANGKOK kann man bequem mit der Bahn nach SURAT THANI (s.S. 313) fahren und am Morgen mit dem wartenden Bus nach Krabi weiterfahren.
Zu den Zügen von SURAT THANI nach BANGKOK fahren Zubringerbusse um 11, 14 und 16 Uhr in Krabi ab, dafür verkauft *Songserm* sogenannte *Joint Tickets* inkl. Zugfahrschein.
Alternativ kann man von BANGKOK mit dem *Express* Nr.13 um 17.05 Uhr bis TRANG fahren (Ankunft 7.35 Uhr, ab 371 / 195 Baht in der 2./3. Kl., unteres bzw. oberes Bett für 571 bzw. 501 Baht) und vom Bus Terminal einen der häufigen Busse nach Krabi nehmen (non-ac 36 Baht, ac 65 Baht, 2 Std.). Oder man fährt gleich mit dem Minibus nach Ko Lanta (s.S. 518) und erst später per Boot weiter nach Krabi. Dafür eignet sich auch der *Rapid* Nr.41 um 18.20 Uhr (20–70 Baht billiger), der um 9.37 Uhr in Trang ankommt.
Auch zurück nach BANGKOK kann man ab Trang den *Rapid* Nr.42 um 13.44 Uhr oder den *Express* Nr. 14 um 18.20 Uhr nehmen. Besonders in der Hochsaison einen Versuch wert.
Alle Zugfahrten mindestens 2–3 Tage vorher im Reisebüro reservieren lassen (in Ferienzeiten schon 10 Tage vorher).

BOOTE – Nach KO PHI PHI tgl. um 9.30 und 14.30 Uhr per Expressboot für 125–150 Baht einfach in 1 1/2 bis 2 1/2 Std.
Nach KO LANTA fährt von November bis April tgl. ein direktes Expressboot um 13.30 Uhr (zu Stoßzeiten zusätzlich um 10.30 Uhr) für 150 Baht in 2 Std. (das Boot hält auch vor KO JUM).
Verbilligte kombinierte Bootstickets für Ko

Phi Phi und Ko Lanta sind nur in der Saison sinnvoll.
Nach PHUKET über Ko Phi Phi ab 330 Baht, Ankunft um 16.30 Uhr (in der Saison auch um 10.30 Uhr).

FLÜGE – Der neue Flugplatz soll 1998 in Betrieb gehen. Tickets für *Bangkok Air* gibt es bei *Songserm*.
Der *Thai Airways* Taxidienst vom Flughafen Phuket nach Krabi kostet 1700 Baht.

Rai Leh Beach

Die von phantastischen Kalksteinformationen abgeschlossene Halbinsel (auch unter Phra Nang Bay und Rai Lay Beach bekannt) ist nur mit dem Boot zu erreichen. An den beiden schönsten Stränden wurden 1986 in den Palmenhainen die ersten Bungalows gebaut – ein ehemaliger Geheimtip unter Travellern! Durch Mund-Propaganda erhielten die wunderschönen Badestrände einen derartigen Zulauf, daß fast täglich neue Hütten aufgestellt wurden. Schließlich mußte das ganze Fischerdorf einer Bungalowanlage Platz machen.

Am landschaftlich einzigartigen Phra Nang Beach hat die große Dusit Thai-Hotelkette ein exklusives Resort gebaut, selbstverständlich umweltverträglich. Genauso selbstverständlich werden Menschen, die nicht in der Luxusherberge übernachten können, wie überall auf der Welt von Verbotsschildern und uniformierten Wächtern am Betreten der Anlage gehindert. Zum Glück konnte der herrliche Strand nicht privatisiert werden. Aus purer Nächstenliebe haben die Besitzer des Dusit Rayavadee eine Toilettenanlage für die vielen Tagesbesucher des Strandes gebaut. Auch der Verbindungsweg zwischen den Rai Leh-Stränden und dem Phra Nang Beach mußte offengehalten werden.

Neben der seichten, mit Mangroven bewachsenen Bucht **Rai Leh (East)**, die nach Süden geöffnet und gegen den Monsun geschützt ist, gibt es drei herrliche Strände mit feinem, weißem Sand: der wunderschöne **Phra Nang Beach** mit den vorgelagerten Felstürmen nach Osten, der flache, fast ideale Badestrand **Rai Leh (West)** nach Nordwesten und die friedliche, zum Baden nicht geeignete nördliche Bucht **Ao Ton Sai**. An den vorgelagerten Inseln **Chicken Island** und **Ko Boda** locken schöne Korallenriffe und phantastische Strände, die massenhaft von Tagesausflüglern bevölkert werden.

Höhlen

Die **Phra Nang Cave** (Höhle der Prinzessin) direkt am Meer mit den eindrucksvoll herabhängenden Stalaktiten ziert mittlerweile viele Touristenprospekte. Die neu entdeckte **Sombat Höhle** (*Diamond Cave*) an Rai Leh East wurde sogleich von den Offiziellen des Nationalparks vereinnahmt und mit einem Plankenweg bestückt. Dieser verrottet bereits und erschwert die rutschige Kletterpartie. Einige Leser meinen dennoch, daß sich das nicht ungefährliche Unterfangen lohnt, um die herrlich weißen Tropfsteine im Licht starker Taschenlampen funkeln zu sehen.

Reizvoll ist auch eine Wanderung mit Kletterpartie (mit z.T. schon morschen Seilen gesichert) durch eine ca. 120 m lange **Höhle** am nordwestlichen Ende des Phra Nang Strandes. Das riesige Höhlenportal ist leicht zu finden. Den eigentlichen Zugang zur Höhle bildet im linken, weiter oben liegenden Eingang ein schräger Kamin, in dem als Steighilfe ein Baumstamm lehnt. Die Eingangshalle hat gewaltige Dimensionen, etwa 20 m hoch und 80 m lang. An der linken Wand verläuft nach ca. 30 m und ca. 40 m schräg nach unten jeweils ein Ausgang zum Meer. Am Ende der Halle den linken, steilen Gang nach oben nehmen (Achtung: Anfang 1998 war er anscheinend mit einem Felsbrocken versperrt). Ein enger Durchschlupf mit Seil weist den Weg. Danach im engeren Höhlenraum schräg aufwärts (Holztreppe und Seil). Ein letzter 3 m hoher Absatz mit dünnem Seil weist zum Ausgang am Rai Leh West Beach, wo die *Thai Wall* in ca. 30 m Höhe mit herrlicher Aussicht aufwartet. Festes Schuhwerk ist nötig, eine Stirnlampe sinnvoll. Da nur wenige Tropfsteine wachsen, wirkt die Höhle selbst nicht so spektakulär wie andere in der Umgebung. (Schilderung von Peter Mauch)

Phra Nang Lagoon

Die Phra Nang Lagoon (*Sa Phra Nang*) liegt inmitten eines 80–100 m tiefen Felsenkessels. Schwindelfreie können sie über einen mit Seilhilfen versehenen Kletterpfad erreichen, der auf halber Strecke vom Verbindungsweg beim Wegweiser abgeht. Bei Flut ist die durch eine Unterwasserhöhle mit dem Meer verbundene Lagune unwirklich schön, und man kann herrlich darin schwimmen, bei Ebbe allerdings ist sie voller Schlick. Für die Begehung der Höhle am anderen Ende braucht man eine Taschenlampe. Die Tour ist vor allem bei feuchtem Wetter nicht ungefährlich. Der **Phra Nang View Point**, bei der Abzweigung auf dem Paß nach links, bietet einen überwältigenden Ausblick. Eine kleine Hütte mit Sitzbänken lädt zu längerem Verweilen ein. Seit einiger Zeit werden hier Kletterkurse veranstaltet.

Übernachtung

Die Preise der Bungalowanlagen variieren je nach Auslastung stark, in der Hauptsaison verlangen die Bungalowbesitzer heftige Mondpreise, in der Nebensaison sind dagegen ohne weiteres über 50% Rabatt zu erzielen (schöne Bungalows für 200–250 Baht). Es werden immer mehr teure ac-Bungalows ab 1500 Baht gebaut. An Weihnachten 1997 mußten bis zu 300 Traveller am Strand schlafen. Nachts sind die Stromgeneratoren weit zu hören.

PHRA NANG BEACH – Hinter einem Zaun und undurchdringlichen Büschen stehen einige der 79 doppelstöckigen Luxusbungalows (ab 9000 Baht pro Nacht) des ***Dusit Rayavadee*** (35), ✆ 620740-3, 📠 620630. Die riesige Gartenanlage unter Palmen erstreckt sich zu allen drei Stränden. 2stöckige, 100 hervorragend eingerichtete Rundbungalows. Den Gästen stehen u.a. 3 Restaurants, ein riesiger Pool, Tennisplatz, klimatisierte Squash-Halle und eine Tauchschule zur Verfügung. Motorboot-Zubringer nach Krabi und Phuket.

Am wunderschönen Strand tummeln sich neben hunderten von Badegästen auch Souvenir-, Getränke- und Imbißverkäufer sowie Longtail-Boote. Kein Wunder, daß er immer enger wird und zusehends verdreckt. Im öffentlichen Restaurant und an der Bar kann man sich stärken. Nur das hinterste Ende des Strandes ist *for members only.* Zu Fuß gelangt man auf dem schmalen Verbindungsweg am Zaun entlang zum Rai Leh East Beach. Die Toilette liegt nach 30 m an diesem Zaun.

RAI LEH EAST BEACH (auch *Nam Mao Beach*, *Sunrise Beach* oder *Back Beach*) – Hier liegen 6 Bungalowanlagen am ungepflegten, etwas mülligen Strand. Die letzten vier bieten einen besseren Gegenwert als die Anlagen am Rai Leh West. Wer lärmempfindlich ist, übernachtet am besten im *View Point.*

Rai Lay Bay III+Ii***–**** (33), erstreckt sich bis hinüber zum Sunset Beach, vorn am Strand ein miserables Restaurant mit Video und das *Rock Pub*, daneben dröhnt die Klimaanlage des Hotels.

Sunrise Bay**–*** (33), ✆ 01-2284236, am Verbindungsweg der Strände, relativ günstige Bungalows mit Dusche und westlichem WC, z.T. mit Fan und Betten für 3 Personen, großes, relativ preisgünstiges Restaurant am Strand, sehr große Auswahl an Gerichten, Video.

Ya-Ya***–**** (33), ✆ 01-4760270, 2–4stöckige Reihenhäuser aus Stein und Holz sowie originelle Bambus-Hochhäuser, 75 Zimmer mit Fan, Dusche und westlichem WC, im 3. und 4. Stock liegen die besten Zimmer mit Balkon und schöner Sicht, üppiger Tropengarten, teures, manchmal gutes Essen; unfreundliches Management. Das Reisebüro bietet u.a. Camping Trips an. Kletterschule.

Coco House** (34), großer Garten mit Bananen- und Papayastauden, 20 einfache Bambushütten mit guter Matratze, Fan und Moskitonetz, Du/WC unter freiem Himmel, daher

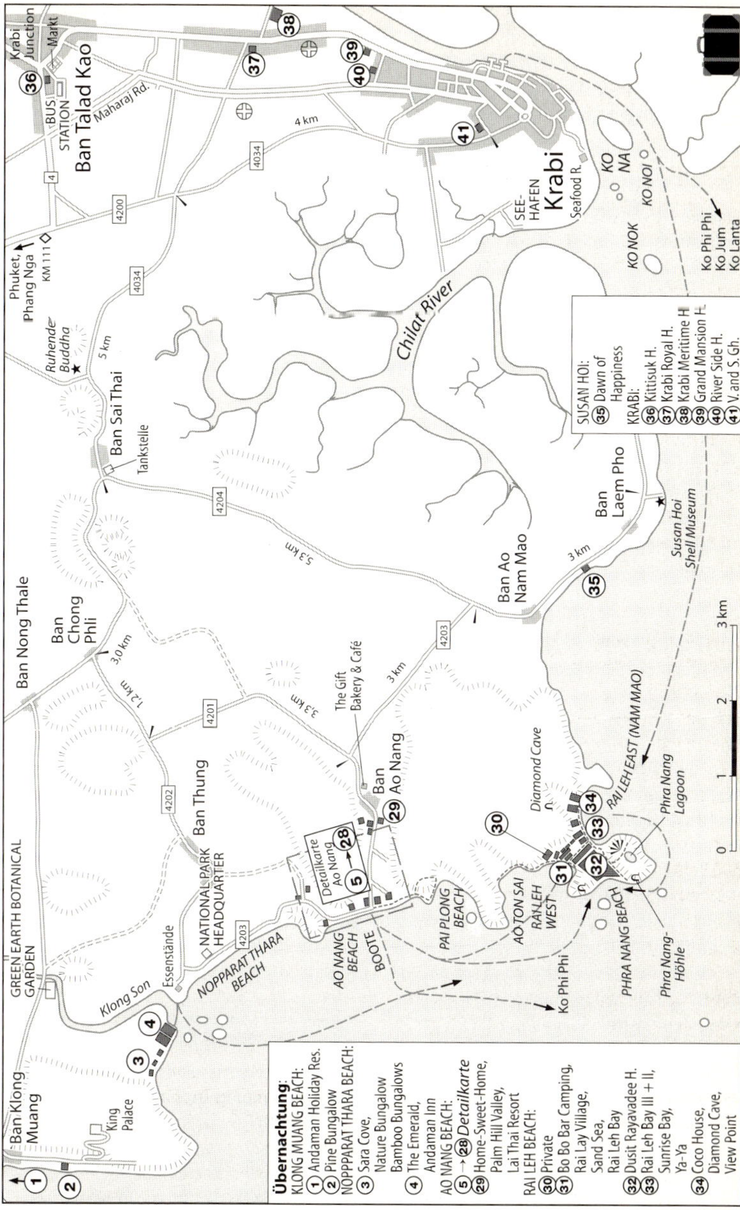
Übernachtung:
KLONG MUANG BEACH:
1 Andaman Holiday Res.
2 Pine Bungalow
NOPPPARAT THARA BEACH:
3 Sara Cove, Nature Bungalow Bamboo Bungalows
4 The Emerald, Andaman Inn
AO NANG BEACH:
5 → 28 Detailkarte
29 Home-Sweet-Home, Palm Hill Valley, Lai Thai Resort
RAI LEH BEACH:
30 Private
31 Bo Bo Bar Camping, Rai Lay Village, Sand Sea, Rai Leh Bay
32 Dusit Rayavadee H.
33 Rai Leh Bay III + II, Sunrise Bay, Ya-Ya
34 Coco House, Diamond Cave, View Point
SUSAN HOI:
35 Dawn of Happiness
KRABI:
36 Kittisuk H.
37 Krabi Royal H.
38 Krabi Meritime H
39 Grand Mansion H.
40 River Side H.
41 V. and S. Gh.
Ban Klong Muang
King Palace
GREEN EARTH BOTANICAL GARDEN
Klong Son
Essenstände
NATIONAL PARK HEADQUARTER
NOPPARAT THARA BEACH
AO NANG BEACH
BOOTE
PAI PLONG BEACH
AO TON SAI
RAI LEH WEST
PHRA NANG BEACH
Phra Nang-Höhle
Phra Nang Lagoon
Diamond Cave
RAI LEH EAST (NAM MAO)
Ko Phi Phi
Detailkarte Ao Nang
Ban Ao Nang
The Gift Bakery & Café
Ban Thung
Ban Nong Thale
Ban Chong Phli
Ban Ao Nam Mao
Ban Laem Pho
Susan Hoi Shell Museum
Ban Sai Thai
Tankstelle
Ruhende Buddha
Phuket, Phang Nga
KM 111
Chilat River
SEE-HAFEN
Krabi
Seafood R.
KO NOK
KO NOI
KO NA
Ko Phi Phi
Ko Jum
Ko Lanta
Ban Talad Kao
BUS STATION
Maharaj Rd.
Krabi Junction
Markt
4203
4202
4201
4204
4034
4200
4
1,2 km
3,0 km
3,3 km
3 km
5,3 km
5 km
4 km
0 1 2 3 km

viele „Haustiere"; nettes Restaurant ohne Video, aber mit gepflegter Musik, gute Atmosphäre, tolles Essen (40–60 Baht pro Gericht), daher in der Saison ab 20 Uhr immer voll.
Diamond Cave**** (34), gedankenlos wurden 20 neue Bungalows zusammengepfercht, mit Du/WC, ruhig, Restaurant am Strand, Videos, Minimart.
View Point**** (NS ab***) (34), große, ruhige, hübsche Komfortanlage am Ende des Mangrovenstrands in einem gepflegten Garten, große, nett eingerichtete, saubere, aber z.T. dunkle 1- und 2stöckige Steinbungalows mit Fan und moderner Du/WC; gutes, preiswertes Restaurant und Bierbar mit schöner Sicht über die Bucht; Tauchschule *View Point Diving School*.

RAI LEH WEST BEACH (*Sunset Beach*) – Sehr flacher, aber zum Schwimmen gut geeigneter Strand, optisch sehr schön – ein Eldorado für Badeurlauber.
Dusit Rayavadee (West), großer Swimming Pool für „*House Guests and Members Only*", einfaches Strandrestaurant.
Rai Lay Bay***–**** (31), ✆/℻ 01-2284516, ungepflegter Palmengarten bis hinüber zum Oststrand, Bambusmatten- und Steinbungalows mit Fan oder ac (ab 1500 Baht), z.T. üble Gerüche aus offenen Sickergruben (besser im neuen Teil) und von einer Müllverbrennungsanlage, das *Sunset Restaurant* ist mies und teuer, unfreundliche Leute; häufig Diebstähle aus dem Bungalow.
Sand Sea**** (31), ✆ 01-2284426, ✆/℻ 01-2284114, gepflegter Garten unter Palmen, 60 Hütten in 3 Reihen unter Palmen, *Standard* aus Bambusmatten mit Fan (relativ heiß), schöne *DeLuxe* Bungalows aus Stein mit Fan oder ac und Minibar (ab 1500 Baht), kleine Terrasse mit Sitzmöbeln, die Hütten in Strandnähe sind für denselben Preis besser ausgestattet, großes, preiswertes Restaurant am Strand, überfordertes Personal, sehr langsamer Service; kleiner Supermarkt, Souvenir Shop, Bootstouren.
Rai Lay Village**** (31), ✆/℻ 01-2283466, großer Garten, 48 eng aneinander stehende Bungalows unter Palmen, z.T. neue ac-Steinbungalows ab 2000 Baht (Nebensaison ab 750 Baht), häufig Stromausfall; Restaurant am Strand, kein Alkohol, relativ freundliche Bedienung; geschäftstüchtige Leute, Batikschule, Massage. Tauchschule.
Direkt dahinter steht auf einem kleinen Grundstück die ***Bo Bo Bar*** (31) mit Restaurant und guter Musik, Camping ist für 50 Baht p.P. möglich.
Hinter dem Bach liegen die privaten Ferienvillen:
Private (auch „*Red Roof Plaza*") (33), komplette Häuser für 4–8 Personen können manchmal für 1200 Baht gemietet werden; für mehrere Paare und Familien geeignet.

AO TON SAI – In der nördlichen Bucht liegt unter den Kletterfelsen eine nette Anlage:
Ton Sai Bungalow*–**, Dusche am Brunnen, kein Strom in der Hütte, Restaurant, Bar, Zelten am Strand. Bei Ebbe kann man in 15 Min. hinwandern und den schönen Strand in absoluter Harmonie genießen. Herrliche Tropfsteine hängen von den Felstürmen. Bei Flut geht es durch den Dschungel, schwierig.

Essen

Die Restaurants am West Beach sind immer mehr belegt als jene am East Beach, aber keineswegs besser! Das Personal ist desinteressiert bis arrogant, der Service dauert lange. Besser ißt man am East Beach: weniger Betrieb, schneller Service, Essen gut bis sehr gut, ab 150–200 Baht für 2 Pers. (plus Getränke). Beliebt ist der ***Ya Ya Coffee Shop*** von 7.30–12.30 Uhr (guter Kaffee). Hervorragend ist das Restaurant im ***Coco House*** (s.o.).

Sonstiges

Am Ost- und Weststrand sowie an deren Verbindungsweg gibt es mittlerweile 3 Shops (Lebensmittel, Hausrat, Kleidung, Souvenirs), 2 Buchläden, Friseur, 3 Tauchschulen, 3 Kletterschulen, Batikschule, mehrere Bars und Wäscherei.

BARS – Gibt es bei fast allen Anlagen am Strand. Am beliebtesten ist die ***Sunset Bar*** von Rai Lay Bay. In der Saison dröhnen ihre Boxen bis gegen 2 Uhr in der Nacht.
Sehr beliebt ist die ***Ya Ya Bar*** am Abend.

BATIKSCHULE – Geleitet von einem amerikanisch-deutschen Paar, von 10–18 Uhr, 650 Baht.
Keine „Schule", nur kurze Erklärung der Technik, wenig angenehme Atmosphäre.

BÜCHER – Kleiner, teurer Buchladen beim Rai Lay Village, An- und Verkauf von Büchern.

KAJAKS – werden am Rai Leh West für 250 Baht pro halber Tag vermietet.

KLETTERN – Rai Leh hat sich zu einem Paradies für Kletterer entwickelt. 250 Routen sind beschrieben, gebohrt und gesichert. Das *„Phra Nang Rock Climbers Route Guide Book"* kostet 250 Baht. Neue Routen werden in den Klettershops an die Wand gepinnt. Die Kletterkurse sind bei allen Schulen sehr populär. Bei den drei Kletterschulen finden Kletterer die Guides King, Ting, Tex und viele Kollegen, die Klettertouren und ein- bis 7tägige Kurse inkl. Ausrüstung anbieten (1/2 Tag für 500 Baht, 3 Tage für 3000 Baht). Komplette Ausrüstung ist zu mieten für 800 Baht/Tag, 400 Baht/halber Tag.

TAUCHEN – 3 Tauchschulen bieten lohnenswerte Tauchausflüge mit 2 Tauchgängen ab 2000 Baht, Wracktauchen für 2700 Baht. In den nahegelegenen Tauchgebieten ist eine Sicht von 7–10 m normal, 16–18 m ist schon maximal. Die Saison dauert von Nov–April.
Phra Nang Divers, ✆ 01-2284544, ✆ 075-637064, E-Mail: pndivers@loxinfo.co.th, haben den Shop beim Rai Lay Village und im Dusit Rayavadee, der 4tägige PADI-Kurs zum *Open Water Diver* kostet 11500 Baht. Mit dem 22m-Speedboot gehen Tauch-Safaris zu den Weltklasse-Tauchplätzen Similan Islands (4 Tage/4 Nächte für 19000 Baht plus Ausrüstung für 2000 Baht) und Hin Daeng/Hin Muang (3 Tage/2 Nächte für 12500 Baht plus Ausrüstung für 1500 Baht).
Baby Shark Divers, ✆ 075-612914, liegt am Weg zwischen Rai Leh Ost und West, lockere 7tägige *Open Water Diver*-Kurse werden mit 1–4 Schülern durchgeführt.
View Point Diving School ist im View Point.

TELEFON – Auslandsgespräche (nach Europa für 310 Baht je 3 Min.) beim Rai Lay Village, beim Sand Sea (7–22 Uhr) und beim View Point.

TOUREN – ***Sunrise Travel & Tour*** veranstaltet ganztägige Bootsausflüge nach Chicken Island und Ko Boda für 100 Baht sowie zur Phang Nga Bay für 450 Baht.

Transport

Boot ab KRABI (neben dem Floating Restaurant) in 50 Min. für 50 Baht p.P. oder in der Saison ab AO NANG in 20 Min. für 30 Baht. Letzte Rückfahrt um 17.30 Uhr.
Von Oktober bis März landen die Boote je nach Wind und Wellen an allen Stränden. Am Rai Leh East Beach landen die Boote von April bis September und bei starkem Wind. Nach dem Aussteigen ist eine Wattwanderung inklusive.
Nach KO PHI PHI mit dem Schiff tgl. um 9 Uhr für 150 Baht einfach (ab Rai Leh West), als Pauschaltour für 570 Baht.

Pai Plong Beach

Rechts Felsen, links Felsen, hinten Felsen und darin eingebettet eine niedliche Bucht mit blauem, klarem Meer, weißem Sandstrand, Palmengürtel und Dschungel – das ist der wunderschöne Pai Plong Beach. Er ist vom Ao Nang Beach zu erreichen, und zwar mit dem Boot, bei tiefer Ebbe vom Last Café durchs Wasser um das Kap herum oder auf einem Klettersteig über die Felsen. In dieser traumhaften Bucht wollte eine Hotelkette ein Luxushotel bauen und dafür einen Tunnel durch die Felsen sprengen. Per Gerichtsbeschluß wurde das Projekt gestoppt und die Baumaschinen wurden entfernt. Der Strand hat seinen Frieden zurück – ein herrliches Ausflugsziel für jedermann!

Besonders schön schnorcheln kann man an den südlichen Felsen.

Ao Nang Beach

18 km westlich von Krabi liegt der Ao Nang Beach, der betriebsamste Festlandstrand entlang der Westküste. Er verfügt über eine gute touristische Infrastruktur. In atemberaubendem Tempo entwickelte er sich zu einem internationalen Pauschalreiseziel, das den Hauptstränden auf den Inseln Phuket oder Ko Samui nur noch wenig nachsteht – ein neues „Mallorca in Thailand". In der Nebensaison ist allerdings nicht viel los, nur an den Wochenenden kommen viele Thais.

An beiden Seiten und im Hinterland wird der nur 1300 m lange Ao Nang von üppig bewachsenen Felsen begrenzt, die bereits zum National Park gehören. Feiner, heller Sand bildet den relativ festen Strand. Er ist mit kleinen Korallenstücken und winzigem Muschelbruch durchsetzt. Sowohl Touristen als auch Gruppen von Thais nutzen ihn zum Joggen, Baden, Schwimmen, Sonnenbaden und Spazierengehen.

Das nördliche, besonders pauschaltouristisch geprägte Ende ist mit Felsplatten durchsetzt. Palisaden verhindern hier das Abrutschen der Uferböschung. Bei Ebbe wirkt der Strand nicht gerade einladend, und zum Schwimmen muß man weit hinauswaten. Wanderer können jedoch am südlichen Ende viele Muscheln finden und um das Kap herum zum Pai Plong Beach weitergehen.

Während des Monsuns muß mit starken Strömungen gerechnet werden – durchaus nicht ungefährlich. Das Schönste am Ao Nang Beach ist der herrliche Ausblick auf die pittoresken Felsen der Ko Boda Inselgruppe.

Die in der Umgebung des Strandes lebenden Thais sind Muslime mit strikter Moralvorstellung. Hier sind Bars mit Barmädchen vorerst verboten.

Übernachtung

Die traditionellen Bungalowsiedlungen werden immer mehr durch Hotels ersetzt, die vor allem von Pauschalurlaubern gebucht werden. In vielen Apartments werden ac-Zimmer**** vermietet (*„Room for rent"*). In der Hochsaison sind alle Anlagen schnell belegt. Dann praktizieren die Manager das alte Marktprinzip, die Zimmerpreise stündlich entsprechend der Nachfrage zu erhöhen, ohne die Leistungen zu verbessern. Reservierungen werden nicht angenommen und Anfragen nicht beantwortet. In der Nebensaison von April bis Oktober sind viele Anlagen geschlossen, dann wirkt der Strand oft wie ausgestorben.

Am nördlichen Ende des Strandes:

Krabi Resort ⑤, ✆ 637030-3, 📠 637051-2, direkt am felsigen Strand. Zwischen Rasen, Palmen und Tropenbäumen stehen 45 gealterte Bungalows mit ac (z.T. mit 4 Betten) und ein großes, doppelstöckiges Hotel; Super Pool mit Kinderbecken, geschmackvolles Restaurant. Schlechte Wechselkurse für DM. Windsurfen, Tauchschule und Tennisspielen wird angeboten. Bei Ebbe kann man am kleinen Privatstrand am Ende des Betonwegs am Fuße des Hügels baden. Transfer zum Resort auf Ko Boda (s.S. 517).

Beach Terrace ⑦, gräßliches Hochhaus. In den Bungalows ist an Nachtruhe kaum zu denken.

Ao Nang Thara Lodge* (ac****) ⑥, ✆ 637087, 400 m vom Strand entfernt am Hügel, eng aufeinanderstehende, schöne Hütten inmitten vieler Blumen, gepflegter Garten, schöne Sicht in Richtung Hat Noppparat Thara; freundliche Leute. Früh morgens donnern viele Mopeds vorbei, sonst sehr ruhig. Akzeptieren Kreditkarten (3,5% Gebühr).

Ao Nang Ban Lae* ⑧, ✆ 637189, 7 saubere Mattenbungalows dicht an dicht, ein großes Familienzimmer, davor eine Bäckerei mit Braunbrot, Brötchen und echtem Kaffee.

Ban Ao Nang ⑨, ✆ 637071, 📠 637070, 3stöckiges Mittelklassehotel am Fuße des Hügels; 3 Gebäude, saubere ac-Zimmer mit

Du/WC, kleiner Kühlschrank, Balkon, ab 1300 Baht, in der Nebensaison***.

Entlang der Strandstraße:

Ao Nang Beach Bungalows**–*** ⑩, einfache Hütten und Steinbungalows, beide mit Bad, unter Palmen. Wird von *Wanna's Place* verwaltet.

Wanna's Place** ⑩, ✆/℻ 637322, 17 große Zimmer mit Du/WC, z.T. mit ac, häufig ausgebucht, in der Nebensaison billiger. Gutes Restaurant, tolle Shakes. Unter Leitung von Stephan und Wanna Scheidegger.

Gift Bungalows** ⑪, ✆ 01-2292128, ✆/℻ 637193, die urigste Anlage am Strand; 17 verwohnte Bambusbungalows mit Fan und einfacher Du/WC, die Bungalows direkt neben der Straße sind zu laut. Das Restaurant ist sehr beliebt, das Personal freundlich. In der Bakery werden Brötchen und Kuchen gebacken, am Reiseschalter Touren und Bustickets gebucht sowie lehrreiche Ausflüge in die gefährdeten Mangrovenwälder von Krabi organisiert. Im Mai 1999 läuft der Pachtvertrag aus.

In den hinteren Gebäuden der *Ao Nang Arcade* werden saubere Zimmer mit Meersicht vermietet, z.B. im ***Inter House*******⑫, ✆ 01-9689846, 5 Fan- und ac-Zimmer, und im ***Silver Oasis******* ⑫.

Phra Nang Inn ⑬, ✆ 637130-3, ℻ 637134-5, auf beiden Seiten der Abzweigung am Strand, 2stöckiges Mittelklasse-Hotel für Pauschaltouristen, dekorativ mit Palmholz verkleidet; 83 etwas dunkle ac-Zimmer. Übergrünter, winziger Pool. Direkt am Strandweg ein gemütliches, relativ teures Seafood-Restaurant und eine beliebte Video Bar.

Ao Nang Villa ㉑, ✆ 637270-4, ℻ 637270, sauberes, weiß getünchtes, 3stöckiges Hotel, komfortable Zimmer. Außerdem stehen im schönen, großen Garten preiswerte, einfache Bungalows*** mit Fan und Du/WC und komfortable Bungalows mit ac (1800 Baht inkl. Frühstück). Gutes Wasser wird per LKW gebracht. Hervorragendes Restaurant mit günstigen Preisen am ruhigen Strandweg, vorzüglicher Service; reichliches Frühstücksbuf-

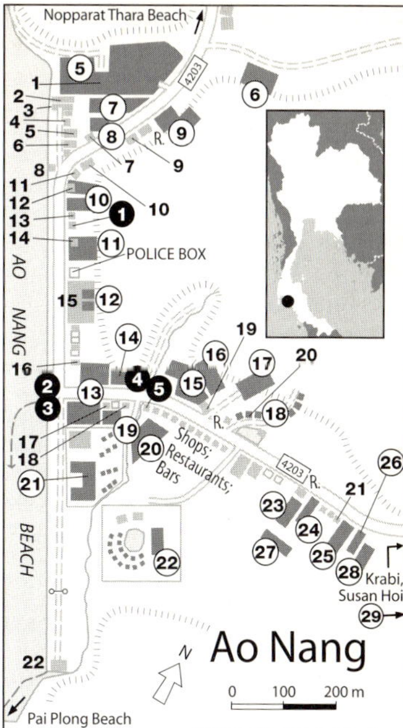

Übernachtung:
⑤ Krabi Resort
⑥ Ao Nang Thara Lodge
⑦ Beach Terrace H.
⑧ Ao Nang Ban Lae
⑨ Ban Ao Nang
⑩ Ao Nang Beach Bung., Wanna's Place
⑪ Gift Bungalows
⑫ Inter House, Ao Nang Sea Front, Silver Oasis
⑬ Phra Nang Inn
⑭ Gästehäuser
⑮ B.B. Bungalows
⑯ Ya-Ya Bungalows
⑰ Green Park Bungalows
⑱ Krabi Seaview Resort
⑲ Ao Nang Royal Resort
⑳ Ao Nang Orchid
㉑ Ao Nang Villa
㉒ Peace Laguna Resort
㉓ Nong Eed
㉔ Dream Garden House
㉕ Penny's Gh.
㉖ Don's Pizza
㉗ Mountain View
㉘ Ao Nang Village
㉙ Home-Sweet-Home, Palm Hill Valley, Lai Thai Resort

Läden, Restaurants etc.:
1 Coral Diving
2 Sala Thai R.
3 Moon Terrace R.
4 Spicy Bar & Rest.
5 Les Amis R.
6 Dream Garden Bar
7 Buchladen
8 Seerose R.
9 Pizzeria Italia
10 Ban Thai R.
11 Corner Bar
12 Aquavision
13 Sea Canoe Krabi
14 Sealand & Trek
15 Ao Nang Arcade
16 Wechselschalter
17 Calypso Diving
18 Seafan Divers
19 Villa Mart
20 Ao Nang Divers
21 Austria Hut R.
22 Last Café

Transport:
❶ Sea Breeze Tour & Travel
❷ Songthaew→Krabi, Nopparat Thara Beach
❸ Boote→Rai Leh Beach, Ko Phi Phi
❹ Barracudas Travel
❺ Coke Big Bike

fet, besonders zu empfehlen ist das preiswerte *Barbecue with Seafood* am Abend. Pool für Gäste. Träges Personal am Empfang, 10% Rabatt möglich.

Entlang der Zufahrtsstraße:

Ao Nang Royal Resort**** ⑲, ✆ 637118, ℻ 637119, 11 Doppelbungalows im Halbkreis um einen Rasen und einen kleinen Teich, große, sehr saubere, etwas teure Zimmer.

In den zwei neuen Häuserblocks versuchen gleich 7 ***Gästehäuser******–**** ⑭ mit sauberen Zimmern mit Fan oder ac ein Geschäft zu machen.

B.B. Hotel & Bungalows***–**** ⑮, ✆ 637148, modernes Stadthotel mit 16 komfortablen ac-Zimmern ab 1200 Baht, 13 kleine und größere, saubere Bungalows mit Fan im Halbkreis um einen Garten (entlang der Straße sehr laut); Restaurant, geöffnet 7–24 Uhr. Freundliche, hilfsbereite Familie. Gutes Preis-Leistungsverhältnis.

Ao Nang Orchid**+**** ⑳, ruhige, saubere, Steinbungalows mit Du/WC, ordentlich eingerichtet. Starker Abwassergestank vom nahen Bach.

Ya-Ya Bungalows**–*** ⑯, große Bungalows mit Du/WC unter Bäumen.

Green Park Bungalows*–** ⑰, 50 bis 100 m von der Straße zurückversetzte, ruhige Anlage unter Bäumen, hübsche Holzbungalows mit und ohne Du/WC, sauber. Neue Besitzer.

Krabi Seaview Resort ⑱, ✆ 637242-5, ℻ 637246, kein Seeblick, 17 komfortable ac-Bungalows am Hang ab 2000 Baht, Restaurant, Bar, Schweizer Leitung. Tauchschule.

Peace Laguna Resort**** ㉒, ✆ 637345-6, ℻ 637347, weit ab von der Straße, schöne, ruhige Anlage an einem künstlichen See am Fuße der Felswand, komfortable ac-Bungalows (ab 1200 Baht), einfachere mit Fan dahinter; relativ teures Restaurant; in der Saison vorwiegend auf Pauschaltouristen eingestellt, in der Nebensaison preiswert und zu empfehlen, auch für Familien.

Nong Eed***–**** ㉓, ✆ 637237, 2stöckiges Reihenhaus, gute Zimmer mit Möbeln, Du/WC.

Mountain View**–*** ㉗, Steinbungalows dahinter, unter Palmen, gute Zimmer.

Dream Garden House ㉔, ✆ 637338-9, doppelstöckiges Reihenhaus mit komfortablen Zimmern ab 1200 Baht, Restaurant und Karaoke.

Penny's Guesthouse***–**** ㉕, ✆ 637295, 01-4768902, ℻ 637468, E-Mail: johneyre@loxinfo.co.th, neues 2stöckiges Gebäude, 18 sehr saubere Zimmer mit Fan oder ac, zumeist mit Du/WC. 2 große Familienzimmer ab 1500 Baht, großer Gemeinschaftsbalkon mit schöner Sicht auf die Felsen, 3 billige Zimmer im alten Gebäude. Restaurant; Familienbetrieb mit aufmerksamem Personal; günstiger Fax-, Telefon- und E-Mail-Service. Im Internet: http://phket.loxinfo.co.th/~johneyre

Ao Nang Village** ㉘, ✆ 01-4760309, drei Reihen Hütten aus Stein und Holz mit Fan und Du/WC, einfach, sauber und preiswert.

Home-Sweet-Home ㉙, Betonhaus, für den Monat zu mieten für 2500–4500 Baht, 3 Zimmer mit Kochgelegenheit, Du/WC, ideal für Familien. Häufig ausgebucht.

Palm Hill Valley ㉙, 10 hübsche, geräumige, saubere Häuschen mit ac und Balkon in einem Palmengarten.

Lai Thai Resort ㉙, ✆ 637281, ℻ 637282, ca. 1,5 km vom Strand, 20 komfortable Bungalows mit ac, Minibar und toller Einrichtung ab 2000 Baht (Nebensaison 50%), z.T. direkt am Pool, Restaurant und Bar, Familienbetrieb.

Essen

Fast alle Bungalowanlagen verfügen über ein eigenes Restaurant. In Strandnähe ist das Essen teurer als an der Zufahrtsstraße. In der Nebensaison sind viele Restaurants geschlossen. Besonders gemütlich und ruhig sitzt man ab Sonnenuntergang in den Strandrestaurants im Norden des Strandes, vor dem viele Fischerboote im Meer liegen.

Sala Thai ist seit Jahren konstant gut.

Moon Terrace bietet preiswertes Frühstücksbuffet und gutes Thai-Essen, aufmerksames Personal.

Beliebt, aber nicht billig, ist das Restaurant der ***Gift Bungalows***. Das gut geschulte Personal ist sehr zuvorkommend und freundlich.
Der Schweizer Stephan in ***Wanna's Place*** bietet Käseplatte mit Import-Käse, gute Thai-Küche, beste Shakes und „Blick".
In der *Ao Nang Arcade* und entlang der Zufahrtsstraße liegen mehrere Restaurants, Bars und Pubs mit wechselndem Niveau.
The Last Café, ✆ 637053, 📠 637353, am südlichen Ende des Strandes, ist beliebt fürs Frühstück und ruhig gelegen. Teng serviert auch *Whole Wheat Bread* und eigene Kuchen.
Einfache Snacks bereiten die Foodstalls in der Nähe des Bus Stops.
Am östlichen Ortsrand von Ban Ao Nang liegt die neue, empfehlenswerte ***Gift Bakery & Café***, wo Mrs. Gift ihre Backkünste entfaltet.

Sonstiges

BOOTE – für selbstorganisierte Ausflüge sind nur mit Mühe für weniger als 400 Baht pro Tag zu bekommen (erst bei der Abholung bezahlen!).

BOTANISCHER GARTEN – Mr. Gift, studierter Biologe, hat 7 km nördlich von Ao Nang den üppig grünen ***Green Earth Botanical Garden*** angelegt, in dem vor allem Thais wieder mit fast ausgestorbenen, einheimischen Pflanzen vertraut gemacht werden sollen. Auch an tropischen Pflanzen interessierte Besucher werden begeistert sein.
Man kann Fische füttern oder auf der Restaurant-Terrasse einen Drink einnehmen. Fürs Übernachten stehen 9 Häuser mit je 2 Schlafzimmern à 1200 Baht zur Verfügung. Anmeldung beim *Gift Bungalow*.

DISCOS – Mehrere Discotheken befinden sich an der Zufahrtsstraße.

EINKAUFEN – Klamottenläden, Schneider, Souvenir Shops, Supermärkte, Fotoläden gibt es zuhauf, sogar einen Silber- und Edelsteinladen.

GELD – Der Wechselschalter beim Bus Stop hat in der Saison tgl. von 10–20 Uhr geöffnet, gleiche Kurse wie in Krabi. Am Abend gehen oft die Baht-Scheine aus. Ein Minibus-Wechselschalter kommt von 16–20 Uhr vorgefahren, er akzeptiert auch Kreditkarten.

GESUNDHEIT – Ärzte gibt es z.Zt nicht. Eine private *Clinic* ist geplant.

INTERNET – Seine E-Mail checken und im Web surfen kann man in ***Penny's Gh. & Restaurant***, ✆ 637295, 📠 637448, E-Mail: johneyre@loxinfo.co.th

KANU – Die guten Kanuveranstalter bemühen sich, auch etwas für den Erhalt der Flora und Fauna in den Mangroven zu tun. Bei Billiganbietern mit zu niedrigen Preisen verkommt die Erlebnistour zu einer einfachen Paddeltour. An trockene Kleidung für die Rückfahrt denken.
Sealand & Trek, bei *Gift Bungalow*, macht Kanu-Touren, Trekking, Mountain Bike-Touren und Camping entlang der ganzen Küste bis Satun, z.B. 1 Tag Kanu-Tour 1200 Baht, 2 Tage/1 Nacht Kanu und Camping für 3500 Baht, dasselbe 3 Tage/2 Nächte für 4500 Baht.
Sea Kayak Krabi veranstaltet eine eindrucksvolle, ganztägige Canyon Tour für 1200 Baht; der Canyon von 1 km Länge mit bis zu 200 m hohen Wänden ist nur beim richtigen Wasserstand befahrbar, daher wechseln die Abfahrtszeiten.
Sea Canoe Krabi, ✆ 637128 und 01-4644403, bietet relativ teure Kurse und Ausfahrten für Seekanus an, z.B eine Fahrt durch Mangroven für 1500 Baht (von 8.30 bis 16.30 Uhr).

MOPEDS / FAHRRÄDER – verleihen die meisten Gästehäuser und einige Shops; Einheitspreis 200 Baht für eine 100er Honda. Große Bikes vermietet ***Coke Big Bike***.

SAISON – Beginnt pünktlich am 1. November mit laufend steigenden Hochsaisonpreisen. Außerhalb der Saison werden viele Ausflüge etc. nicht durchgeführt, die meisten Restaurants und Resorts sind geschlossen.

SCHNORCHELN – am besten am *Pai Plong Beach* an den südlichen Felsen, einige Korallen.

SEGELTOUREN – Die 1996 neu gebaute, 25 m lange Dschunke *Dauw Talae 2* von Raimund und Duang geht ab Ao Nang auf Kreuzfahrt in die Bucht von Phang Nga (u.a. nach Ko Hong). Sie bietet reichlich Platz für 16 Gäste (2 *Honeymoonsuites*), besitzt einen offenen Achtersalon und Liegen auf dem Sonnendeck. Weitere Infos bei ***Lazy Tours*** unter ✆ 01-4774135, 📠 01-4761656, E-Mail: lazytour@iname.com

TAUCHEN – Etwa 15 Tauchziele sind in 20–60 Min. per Boot zu erreichen. Erfahrene Taucher können eine 50 m lange Höhle in 20 m Tiefe erkunden. Die Sicht in den Tauchgebieten wechselt je nach Wasserstand und Strömung täglich, selten übertrifft sie 12 m. Wegen der Kursschwankungen des Baht geben die Veranstalter die Preise in US-Dollar an, bezahlt wird zum Tageskurs in Baht. Anfang 1998 gab es 7 Veranstalter: z.B.
Calypso Diving Deutsche Tauchschule, ✆ 637056, 📠 637057, PADI 5 Sterne IDC Center, geleitet von Mario und Diana Vanek, bietet Tauchkurse mit einwandfreier Ausrüstung an (z.B. *Open Water Diver* für US$250). Tauchausflüge mit dem speziell zum Tauchen umgebauten, 13 m langen Boot, z.B. zum Wrack des 75 m langen Passagierschiffs *King Cruiser*.
Ao Nang Divers ist im *Krabi Seaview Resort* integriert; die PADI 5 Sterne Tauchschule veranstaltet z.B. Tagestouren mit dem 18 m Tauchschiff *„Chok Suda"* für US$50 p.P. (2 Tauchgänge) bzw. US$70 (3 Tauchgänge) zuzüglich Gerät (max. US$10). Der Kurs zum *Open Water Diver* kostet US$250.
Aqua Vision, ✆/📠 637415, hat einen besonders ansprechenden Laden eingerichtet. Tagestouren für US$50. Ganzjährig geöffnet.

TOUREN – Ao Nang gilt als hervorragender Ausgangspunkt für Touren und Bootstrips, man sollte aber immer nach einem *Discount* fragen.
Die meisten Gästehäuser und die Reisebüros bieten empfehlenswerte Bootsausflüge auf die vorgelagerten Inseln an.
Am billigsten sind Bootstrips bei *Barracuda* (erst ab 4–6 Pers.), bei *Mr. Gift* und *Wanna's Place*, da hier keine Zwischenhändler mitverdienen.
Sie gehen von 9 bis 16.30 Uhr, ein einfaches Mittagessen, zu wenig Trinkwasser, Schnorchel und Maske gehören dazu.
Bei der *4-Island-Tour* fährt man für 180–230 Baht mit dem Longtail-Boot zum Schnorcheln nach Chicken Island (schönes Schnorcheln, manchmal zu viel Plankton), Ko Boda (traumhafte, allerdings überlaufene Strände) und zum Phra Nang Beach.
Bei der *5-Island-Tour* geht es für 250–350 Baht etwas weiter nach Ko Daeng (schönstes Schnorcheln, viele Anemonen und Anemonenfische), Ko Hong (herrliche Durchfahrt zur Lagune) und Ko Bileh (auch Pelay, toller Strand).
Die Fahrt nach Ko Boda kostet 300 Baht für 2 Personen.
Beliebt sind die Ausflüge zur Phang Nga Bay (s.S. 513) für 450–480 Baht inkl. Mittagessen und Getränk (z.T. auch 900 Baht bei identischer Leistung) sowie die Bootsfahrt nach und um Ko Phi Phi Don (s.S. 442) herum für 670 Baht.
Die *Jungle Tour* führt von 9–17 Uhr zum Klong Thom Park für 390 Baht.
Wer mit einer neu gebauten Dschunke auf Kreuzfahrt gehen möchte, bekommt Infos bei *Mr. Gift*.
Bei Touren ab Krabi Stadt muß die Anfahrt per Songthaew von 45 Min. mit einkalkuliert werden.
Achtung: Einige Veranstalter verlangen weitaus höhere Preise.

TOURIST POLICE – am Nopparat Thara Beach.

TREKKING – auf eigene Faust und Camping ist am Honak Mountain hinter dem Klong Muang Beach möglich. Zuvor unbedingt Informationen sammeln und besser einen Guide anheuern.

VORWAHL – 075; PLZ: 81 000.

Transport

Minibusse fahren ab KRABI 7.30–18 Uhr alle 15–30 Min. für 20 Baht, zurück 6.30–18 Uhr. Farbige Songthaews sind Taxis (Charter) und kosten 250 Baht.

Zum PHRA NANG BEACH verkehren in der Saison laufend Longtail Boote für 30 Baht (zurück bis spätestens 17.30 Uhr). Die 20minütige, herrliche Fahrt an den dramatischen Felsen entlang ist absolut zu empfehlen.

Die Fahrt nach KO BODA kostet 300 Baht für 2 Personen (z.B. beim *Krabi Resort).*

Nach KO PHI PHI fährt in der Saison jeden Tag um 8.30 Uhr ein Boot in 2 Std. für 150 Baht (einfach); Rückfahrt um 15 Uhr, so daß man in der Zwischenzeit bequem zum Aussichtspunkt aufsteigen kann (s.S. 453). Mit einem Trip um Ko Phi Phi herum kostet es 570 Baht.

Zum PHUKET AIRPORT wird Transfer per PKW ab 1200 Baht angeboten, Tickets für den direkten *Songserm*-Bus ab Krabi verkaufen *Baracuda* und *Mr. Gift* für 200–250 Baht.

Nopparat Thara Beach

Der extrem flache Strand, der auch **Laem Son** heißt, liegt 1 km nördlich von Ao Nang dicht am H4202. Bei Ebbe kann man trockenen Fußes zu den vorgelagerten Inseln laufen. Zahllose Seesterne, Schnecken und Einsiedlerkrebse liegen in den Prielen. Am 2 km langen, von aggressiven Sandflöhen verseuchten Strand stehen einzelne Kasuarinas, die sich am schlickigen Strandende verdichten. Man kann auch Keulenkolbenbäume entdecken. Viele Open-Air-Restaurants und Essenstände servieren vorwiegend Isan-Food – Essen aus Nordost-Thailand. Einheimische Tagesausflügler decken sich hier ein und picknicken unter den schattenspendenden, hohen Kasuarinas. Das Headquarter des Mu Ko Phi Phi National Parks ist keinen Besuch wert.

Die Bungalowanlagen liegen sehr ruhig und friedlich auf der anderen Seite des Klong Son Flusses am 1200 m langen, breiten Sandstrand. Im hellen, pulvrigen Sand hausen vor allem im Okt/Nov viele Sandflöhe, im Dez/Jan weniger. Der Strand ist sehr flach und gut geeignet für Kinder, bei Ebbe ist schwimmen nur eingeschränkt möglich. Bis gegen Mittag spenden hohe Kasuarinas angenehmen Schatten, danach wird der Sand heiß. Die Sicht auf die vorgelagerten Inseln und Felsen ist traumhaft.

Übernachtung

Die 5 Bungalowanlagen liegen absolut ruhig unter Palmen und Kasuarinas. Sie sind nur in der Saison (Ende Oktober bis April) geöffnet und am bequemsten in Krabi bei den Reisebüros zu buchen (z.T. mit freiem Transport). Sonst geht es per Pickup zum Nopparat Thara Beach (20 Baht) und mit der kostenlosen, aber unzuverlässigen Fähre über den Fluß (bis 19 Uhr). Nicht-Gäste zahlen 10 Baht. Einige Bootsleute lassen Passagiere grundlos stundenlang warten.

Ausflüge und Bootstouren werden zu günstigen Preisen angeboten.

Andaman Inn*–*** ④, ✆ 612728, sehr große, parkartige Bungalowanlage, 37 relativ teure Bungalows, davon einige ohne eigene Du/WC, im weiten Halbkreis um das Restaurant angeordnet. Gutes, nicht gerade billiges Restaurant mit Video, geschlossen 15.30–17.30 Uhr.

The Emerald**–***** ④, ✆ 611944, weitläufige Anlage direkt daneben, 20 schöne, aber teure Bambusmattenzimmer, gute Matratzen, saubere Du/westl. WC, große Terrasse mit schöner Sicht, außerdem 20 sehr einfache, kleine, überteuerte Bambushütten dahinter, Service alle 2 Tage, Strandduschen, freundliche Besitzer, bis 20% Rabatt (in der Nebensaison mehr), gutes Restaurant mit gehobenen Preisen, gemütliche Bar.

Bamboo Bungalows* ③, 200 m weiter stehen sehr eng 8 kleine, ganz einfache Bambushütten mit dünner Matratze und Moskitonetz, ohne und mit einfacher Du/WC, sehr einfaches, romantisches Restaurant ohne elektr. Licht, aber gleiche Preise wie nebenan, geschlossen 14–17 Uhr, Thai-französische Leitung.

Nature Bungalow** ③, neue Anlage 200 m dahinter, 5 schöne Bambusbungalows mit guten Matratzen und Du/westl. WC, preiswertes Restaurant ohne elektr. Licht, schmackhaftes Thai-Essen, eigenes Boot, unter freundlicher Leitung von Amina und ihrer Familie.

Sara Cove** ③, am Strandende, 10 große, verwahrloste Holzbungalows auf der grünen Wiese, kein Restaurant, von *Bamboo* mitbetreut.

Klong Muang Beach

Noch weiter nordwestlich liegen zwei weitere Anlagen, zu erreichen über Ban Nong Thale, wo man nach Westen abbiegen muß auf eine Staubstraße mit starkem Lastwagenverkehr. An der Abzweigung nach 7,5 km geht es links durch das Dorf Ban Klong Muang zum Had Siao mit den *Pine Bungalows* (s.u.). Der 300 m lange, flache Sandstrand ist durchsetzt mit Muscheln und Korallen.

An der Abzweigung nach rechts verläuft die neue Asphaltstraße am Klong Muang Beach entlang bis zu einem Verladepier. Bei Ebbe ist der Strand sehr flach und mit Felsen und Korallengestein durchsetzt, bei Flut sieht er dagegen wunderschön aus. Die vorgelagerte Insel Kaw Kwang rechts vom *Andaman Holiday Resort* (s.u.) kann bei Ebbe zu Fuß erreicht werden.

Übernachtung

Pine Bungalow*–* ②, sehr abgelegen, einfache Hütten mit und ohne Du/WC. Nur in der Saison geöffnet. Freier Transport und Info von Pine Tour in Krabi, ✆ 612192.

Andaman Holiday Resort ①, ✆ 644321-4, 📠 644320, einsam gelegenes Resort, herrlich angelegter, tropischer Garten am Hang mit Namensschildern an vielen Bäumen, 59 sehr geräumige, z.T. 2stöckige, luxuriöse Bungalows am Hang, geschmackvoll eingerichtete Zimmer mit 3 Betten, ac, Kühlschrank, große Dusche/Badewanne/WC und z.T. mit Dachterrasse ab 2850 Baht, Hotelflügel für Pauschalgäste, 20 recht komfortable Zimmer, z.T. mit Verbindungstür, offenes Restaurant (ca. doppelte Preise von Ao Nang), Coffee Shop darunter, Strandbar, kleiner Pool, Jacuzzi. Viele Schattenbäume am Strand. Jeep 1200 Baht. Shuttle Bus nach Ao Nang um 8 und 10 Uhr, zurück um 15, 18 und 20 Uhr, nach Krabi um 10 Uhr, zurück um 14.30 Uhr.

Coconut Home Beach

30 km nordwestlich von Krabi liegt ein flacher Strand mit herrlicher Aussicht auf die vorgelagerten Felseninseln, berühmt für die phantastischen Sonnenuntergänge. Nur die letzten paar hundert Meter der Zufahrtstraße sind Laterit und Sand. Der Strand selbst bietet wenig Schatten und ist bei Ebbe unschön, bei Flut ist das Wasser tief genug zum Schwimmen. Die Bungalowanlage *Coconut Home* wurde wiedereröffnet.

Übernachtung

Coconut Home–*** **, weitläufige Anlage, schöne Bungalows unter Palmen, Büschen und hohen Bäumen. Ein Sohn der freundlichen Großfamilie betreibt die Anlage jetzt in eigener Regie und bietet Kanutouren durch Mangroven und den Canyon an.

Ausflugsziele rund um Krabi

Zu einigen Attraktionen fährt man am leichtesten mit dem Motorrad, andere sind nur mit dem Boot erreichbar. Pauschalangebote gibt es in den Reisebüros.

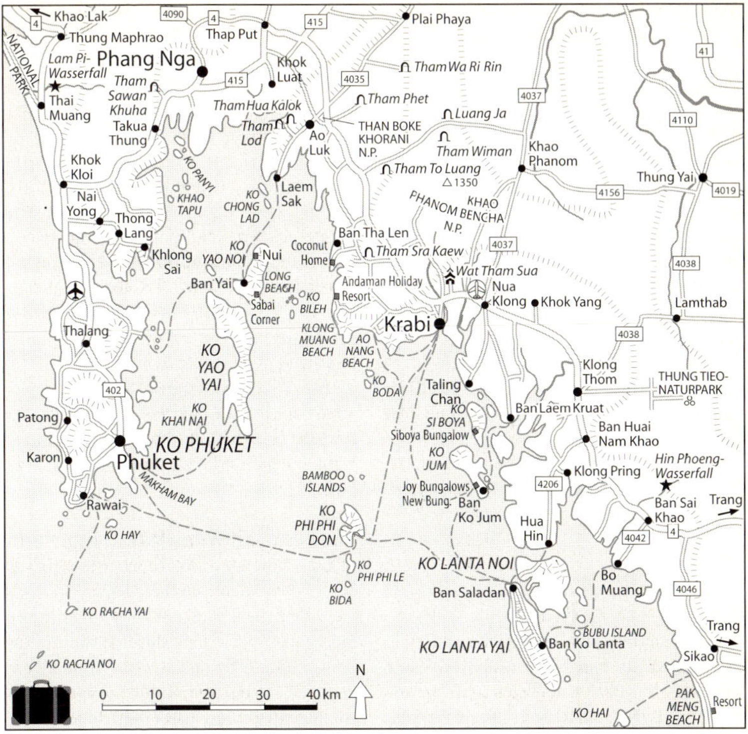

Susan Hoi Muschelfriedhof

(Shell Museum) Eine flache Felsbank am Ufer entlang, gebildet aus kleinen, versteinerten Schnecken, die 20–40 Millionen Jahre alt sind. Ein typisches Ausflugsziel für Thais, die nach 11 Uhr in Scharen kommen. Für die meisten Ausländer nicht besonders beeindruckend, obwohl es nur zwei weitere solche Plätze in Amerika und Japan geben soll. Zu erreichen über den H4204 (Minibus von Oktober – April ab Krabi für 20 Baht, ab Ao Nang 10 Baht).

Übernachtung

Dawn Of Happiness*****–****** ㉟, ✆ 01-4644362, 📠 075-612914, 1,5 km vor Susan Hoi. Hübsch angelegte, friedvolle Resort-Anlage zum Ausspannen; recht komfortable Bambusbungalows (auch für Familien, besonders kinderfreundlich), gemütliche Sitzgruppen. Ein besonderer Service ist das „Frühstück im Bett". Auch das Essen im Restaurant wird liebevoll serviert.
Der Strand (Nam Mao) ist kaum zum Baden geeignet. Es werden Kurse für Thai-Massage, Thai-Boxen und Kochen angeboten. Der zugehörige Veranstalter *Thai Nature Tours* offeriert jeden Tag empfehlenswerte Touren in der Umgebung (s.S. 496, Krabi). Eine Tagestour geht zum Khao Sok National Park (s.S. 474 ff) für 2500 Baht, Abfahrt um 7.30 Uhr. Im Internet: www.islandnet.com/~vicmicro/dawn.htm

Phra Nang Cave

Die Höhle beim Phra Nang Beach ist mit dem Longtailboot von Krabi (40 Baht einfach) und vom Ao Nang Beach (20–25 Baht, eine herrliche Bootsfahrt) leicht zu erreichen. Die hohe, ausgespülte Grotte reißt niemanden vom Hocker. Aber der Blick über den herrlichen Strand zu den Kalktürmen im Wasser bleibt unvergeßlich. In der Saison muß man diesen phantastischen Strand allerdings mit hunderten von anderen Touristen und vielen Booten teilen (s.S. 499).

Khanab Nam Mount

Zum charakteristischen, überhängenden „Hausberg" auf der anderen Seite des Krabi River fährt ein Boot vom Chao Fah-Pier (100 Baht pro Std.) in Krabi. Im Berg soll eine sehr schöne Tropfsteinhöhle begehbar sein. Der Aufstieg zum Eingang ist allerdings kein Kinderspiel.

Wat Tham Sua

(*Tiger Cave*) In diesem Kloster leben 134 Mönche und 133 Nonnen. In einer ausgebauten Grotte mit Buddha-Figuren, Verkaufsständen und Meditationsbildern wird vor allem der Große Meister *Phra Acharn Jumnean Seelasettho* verehrt. Er lehrt eine eigenwillige, aber durchaus mit dem Buddhismus in Einklang stehende Meditation: die Besinnung auf das Körperinnere. Als Meditationshilfe zeigt er Fotografien von aufgeschnittenen Leichen, deren Innereien freigelegt sind. Auch manche buddhistischen Pilger betrachten diese Fotos mit beherrschter Abscheu. Der Meister selbst spricht kein Englisch, einige der Mönche aber ausgezeichnet.

Etwa 100 m weiter, vor einem kleinen Wasserfall, führen 1272 unterschiedlich hohe Stufen 290 m steil hinauf zu einem Fußabdruck Buddhas – nichts für Menschen mit Herz- oder Kreislaufbeschwerden. Bei klarem Wetter tolle Ausblicke über das Land und die Inselwelt vor Krabi! Sonst erkennt man nicht viel mehr als den Steinbruch unten. Wer die beiden großen Glocken je 4 mal anschlägt, wird von den Mönchen im Tal ins Gebet einbezogen. Daran denken: Dieselben Stufen geht es wieder runter!

Die große, goldgewandete Statue der *Goddess of Mercy* (die chinesische Gottheit *Kuan Yin*) wurde von einem Chinesen aus Kuala Lumpur gestiftet.

Die Treppe daneben führt nach links zu einem Paß hoch und auf der anderen Seite hinunter in ein rundes Tal ohne Ausgang. Hier wohnen Mönche in kleinen Hütten und in Grotten unter Felsüberhängen. Ein Pfad lädt zu einem schönen, absolut empfehlenswerten Spaziergang durch einen Wald mit riesigen Brettwurzelbäumen ein – die zwei größten heißen die „Tausendjährigen Bäume".

Wat Tham Sua erreicht man, wenn man 2 km östlich von der Krabi Junction (Ban Talad Kao) beim KM 106,8 vom H4 abbiegt und 2 km weiterfährt. Pickups fahren ab Krabi für 20 Baht hin.

Khao Phanom Bencha National Park

Aus der gesamten Umgebung von Krabi ist der 1350 m hohe, markante Gipfel des Khao Phanom Bencha zu sehen, meist jedoch verhüllt von Wolken. Er krönt den nur 50 km^2 großen Khao Phanom Bencha National Park, der 1981 eingerichtet wurde. Üppiger primärer **Regenwald** mit hunderten von Pflanzenarten je Hektar bedeckt die unteren Hänge des Berges, während immergrüner Bergwald in den Gipfelregionen vorherrscht. Die Wälder beherbergen 32 Arten Säugetiere, darunter die asiatische Bergziege (*serow*), zwei Arten Bären, Leopard, Binturong, Malayischer Tapir und zwei Arten Affen. Die eindrucksvollen Nashornvögel gehören zu den 156 gelisteten Vogelarten. Leider wird diese Oase in der Monokulturlandschaft von Gummibäumen und Ölpalmen immer noch von Wilderern und Holzfällern geplündert. Die wenigen Parkangestellten sind dagegen machtlos.

Nur zwei Pfade, die in der Nähe des Headquarters beginnen, erlauben es, in den Regenwald vorzudringen. Sie erweisen sich jedoch schon in der ersten Stunde für die meisten Wanderer als zu steil und zu schlüpfrig, so daß der Berg wirklichen Enthusiasten vorbehalten bleibt. Touristen und Einheimische, diese vorwiegend am Wochenende, zieht es vor allem zum netten, elfstufigen **Huay To Wasserfall**, dessen untere drei Stufen zum Baden in kristallklarem Wasser einladen. Es lohnt sich, zur dritten Stufe hochzusteigen. Die vierte Stufe ist noch ruhiger, der Pfad hinauf kann jedoch sehr rutschig sein.

500 m östlich von der Krabi Junction (KM 108) biegt eine Straße zu diesem wilden National Park ab. Nach 19 km erreicht man die Schranke und das Headquarter. Kurz darauf kommt der Wasserfall Huay To. Bereits 1 km vor dem Wasserfall geht nach rechts ein Pfad (1–2 km) über den Bach ab zur **Khao Pung Höhle**, die man nur mit Führer aufsuchen sollte. Hinter einem winzigen Eingang verbirgt sich eine riesige Halle mit einem See; auch der Ausgang am andern Ende des Berges ist sehr klein. Tagesausflüge und mehrtägige Campingtouren in den Park hinein veranstaltet *Dawn of Happiness Eco Tours* (s.o.). Wer selbständig im Park campieren möchte, muß sich anmelden und einen Park Ranger als Führer mitnehmen.

Thung Tieo Naturpark

Im Süden der Provinz Krabi liegt ein letzter Rest von Tieflandregenwald. Regenwald existiert sonst in Thailand nur noch im Bergland. Mit dem **Khao Nor Chuchi Lowland Forest Project** versuchen die Mahidol Universität in Bangkok und Birdlife International in Cambridge, England, diesen bedeutsamen Wald und damit eine große Zahl von bedrohten Pflanzen und Tieren zu bewahren. Nirgendwo im Süden Thailands leben sonst so viele verschiedene Arten Vögel, nämlich 308 Spezies. Der *Gurney's Pitta*, ein herrlich blau, schwarz und gelb gefiederter Vogel, der auf dem Boden lebt und sehr scheu ist, wurde zum Symbol des Kampfes für die Erhaltung der Regenwälder.

In diesem Wald wurde ein 2,7 km langer Rundweg zum **Thung Tieo Naturlehrpfad** ausgebaut. Solange der Pfad nicht zu sehr verwachsen ist, kann jedermann durch den fast ebenen Dschungel wandern, ohne Angst sich zu verlaufen. Selbst aufmerksame Beobachter entdecken zwischen den riesigen Bäumen und niedrigen Palmen kaum einmal eine Wildkatze oder einen Affen. Aber viele Vögel, Eichhörnchen, Eidechsen und natürlich Hunderte von Blumen, Pilzen und Schmetterlingen erfreuen die Seele. Der Pfad endet an einer schönen **Warmwasserquelle**, die zu einem herrlichen Bad mitten im Dschungel einlädt. Getränke und Snacks sollte man mitbringen, da im nahen Dorf Ban Bang Tieo nicht viel zu bekommen ist. Einen Plan des Rundwegs gibt es manchmal bei der Parkverwaltung.

Von Krabi fährt man mit eigenem Fahrzeug auf dem H4 nach Klong Thom (41 km), biegt am KM 71,7 nach links (Osten) ab und nach 300 m wieder nach rechts auf eine rauhe Lateritstraße mit vielen Abzweigungen. Die (miserable) Ausschilderung bringt einen mit Glück nach Ban Bang Tieo und dahinter nach ca. 16 km zum Beginn des Pfades. Ein Motorradtaxi von Klong Thom kostet ca. 70 Baht. Für geführte Touren zahlt man am Ao Nang völlig überhöhte 700 Baht. Mückenschutz und feste Schuhe sind ratsam.

Tham Sra Kaew

Mit Hilfe der *Guide Map of Krabi* sind das Dorf **Ban Nai Sa** (23 km nordwestlich) und die Höhle **Tham Sra Kaew** mit den hübschen Teichen *Seven Ponds* (2 km weiter nordöstlich) leicht zu finden. Durch den Kalkfelsen zieht sich eine Galerie von Grotten mit Tropfsteinsäulen und Lianen.

Phang Nga Bay

Beliebt ist die Fahrt zur Phang Nga Bay mit den herrlichen **Kalksteinfelsen**. Es lohnt sich auch für Individualisten, diese Fahrt pauschal ab Krabi zu buchen (380 Baht mit dem ac-Bus, 350 Baht ohne ac). Die Tour ist nur wochentags zu empfehlen, da am Wochenende viele Einheimische unterwegs sind. Innerhalb von 8 Stunden bekommt man viel Sehenswertes mit. Nicht nur die Fahrt durch die Mangrovensümpfe und zu den Felstürmen ist im Preis enthalten, sondern auch ein zumeist üppiges Seafood-Essen im Abfütterungsdorf Ko

Panyi und ein Abstecher zum liegenden Buddha von Tham Sawan Khuha. Zudem können Enthusiasten im Than Boke Khorani National Park im Naturpool baden.

Von Krabi nach Phang Nga und zurück

Eine wunderschöne Strecke führt von Krabi nach Phang Nga (93 km) durch eine herrliche **Felsenlandschaft**. Diese Art von tropischem Turm- und Kegelkarst ist sonst nur noch in Vietnam (Halong Bay) und in China (bei Guilin) so eindrucksvoll zu sehen. Dschungelüberwucherte Felsen, durchlöchert und überhängend, laden immer wieder zum Anhalten und Staunen ein. Diese Landschaft belohnt jeden, der sich Zeit läßt, die herrliche Natur zu genießen und vielleicht auch mehrere Tage zu verweilen. Wir haben eine **Rundtour** über gute Nebenstraßen so zusammengebastelt, daß nur 2 km doppelt zu fahren sind. Die exakte *Guide Map of Krabi* hilft, sich zurechtzufinden. Nur in der Regenzeit von Juni bis Oktober sind einige der beschriebenen Abstecher nicht ratsam. In Regenpausen kann die Landschaft jedoch noch intensiver wirken.

Von Krabi nach Norden

Von Krabi führt die westliche Straße H4034 zu den Stränden. Hinter dem ruhenden Buddha (KM 7,1) bleibt man auf dem H4034, der sich nun langsam nach Norden wendet. Einige Dörfer, tolle **Felsen** und Kautschukplantagen säumen die Straße. Beim KM 21,7 weist ein Schild nach rechts Richtung Phang Nga auf den H4033 (am KM 116,8), hier fährt man aber besser weiter auf dem H4034 nach links Richtung **Ban Nai Sa** und nach 1,3 km wieder nach rechts auf die Asphaltstraße. Nach 2,8 km zweigt nach links eine Straße (9,4 km) zum Coconut Home Beach ab. Auf der Hauptstraße trifft man nach weiteren 5,1 km auf eine Querstraße: nach rechts kann man nach 1,6 km im Dorf Ban Thung am KM 126,7 (unbeschildert) auf den H4 einschwenken, der fast gerade Richtung Norden verläuft. Bei trockenem Wetter sollten Entdeckernaturen jedoch die Erdstraße nach links nehmen. Darauf passiert man nach 3 km interessante **Holzkohlenmeiler** aus Lehmziegeln. Kurz hinter der Holzbrücke (weitere 1,3 km), am Badeplatz der Dorfbevölkerung, hält man sich links, und trifft nach weiteren 8,4 km auf die Querstraße H4205.

Die rechte Abzweigung führt wieder direkt zum H4, die linke ins Dorf **Ban Ao Luk Noi** (700 m). Dort könnte man nach links zum Dorf Ban Ba Kan am Meer fahren. Wir halten uns diesmal rechts, dann nach 900 m im Dorf Ban Na Nua wieder links und erreichen nach weiteren 6,4 km schließlich den H4 am KM 144,4.

Wer den H4 evtl. für die **Rückfahrt** benützt, kann ungefähr am KM 117,5 nach Osten durch friedliche Dörfer fahren und nach 14 km im Huay To-Wasserfall ein erfrischendes Bad nehmen (s.S. 513). Am KM 134,8 des H4 biegt eine Lateritstraße nach Osten ab. Nach 4 km noch 600 m nach rechts, dann taucht 200 m entfernt ein Felsen mit der Höhle **Tham To Luang** auf.

Abstecher zur Phet-Höhle

Beim KM 146,9 (hinter der Sägemühle) bietet sich ein Abstecher nach rechts zur Höhle **Tham Phet** (*Petch Cave*) an: 4 km auf der Straße, dann 100 m nach der Brücke nach links, 700 m zu Fuß durch Kautschukplantagen (dort am besten einen Guide anheuern, ca. 20 Baht p.P.), an der Kokosplantage nochmals 200 m nach links. Wie Diamanten funkeln die **Tropfsteine** in dieser schönen, langen und verzweigten Höhle, die schon etwas unter den Massentouristen gelitten hat. Gute Taschenlampe erforderlich.

Ao Luk und Umgebung

Am KM 146,2 zweigt eine neue Straße nach links ab. Sie ist interessant als Alternative für den Rückweg. Nach 25,8 km trifft sie beim KM 16,1 auf den H415. Dort sind es noch 21 km bis Phang Nga, 72 km bis Krabi.

Der H4 durchbricht beim KM 147 eine schöne Kette von Felsen und erreicht nach 2 km die **Ao Luk Junction** mit vielen Läden, einem Gemüsemarkt und unattraktiven Restaurants. Nach rechts zweigt der H4035 Richtung Surat Thani ab (ca. 180 km), die ersten 35 km führen durch eine schöne Landschaft mit dschungelbewachsenen Felsen, der Rest durch langweilige Ebenen. Geradeaus sind es 47 km bis Phang Nga. Von der Kreuzung fahren Motorrad-Taxis zum Than Boke (10 Baht) und zur Höhle Tham Phet (6 km, 20 Baht).

Than Boke Khorani National Park

Nach links auf dem H4039 kommt man nach 1,3 km zum Eingang des kleinen Than Boke Khorani National Parks (es existieren noch andere Schreibweisen).

In einem Felsenkessel tritt in einer **Grotte** ein Bach zum Vorschein, der sich vielfach verzweigt und mit schönen Kaskaden durch hohe Bäume schlängelt. Über kleine Brücken und Pfade erreicht man das natürliche **Wasserbecken** vor der Grotte. Mit Badezeug kann man vorsichtig in die Grotte hineinschwimmen (keine Taschenlampe erforderlich). Schöne Stalaktiten hängen am Eingang herunter. Schwimmer mit viel Tiefgang können an einigen Unterwasser-Stalagmiten anstoßen. Die Wände sind zu glatt zum Festhalten. Die Grotte endet nach etwa 15 Metern, der Blick zurück ist geradezu überwältigend.

Am Wochenende ist der Park Ziel vieler Thais, die hier intensiv Körperpflege betreiben. Verkaufsstände und kleine Restaurants bieten Snacks und Getränke an. Am Auslauf des Baches liegt zwischen tollen Felsen das *Hotel Waterfall Inn****, ✆ 681133, 681135, schöne, etwas stickige Bungalows mit Bad, Fan und einem Fenster, einfache, muffige Reihenhäuser mit ac, Restaurant. 300 m vor der Zufahrt zum Park liegen links direkt an der Straße unter Felsen 10 Bungalows mit Bad, die nachts sehr betriebsamen *Ao Luk Bungalows***. Gegenüber befindet sich ein Musikclub, der bis 1 Uhr die Boxen dröhnen läßt.

Tham Khao Phra und Tham Khao Raang

Wer vom National Park auf dem H4039 weiterfährt, kann nach 500 m am KM 1,9 rechts abbiegen (Thai-Schild: *2 km*) und nach 1,8 km rechts die Höhle **Tham Khao Phra** mit einer hochverehrten, schwarzen Buddhastatue besichtigen. Der ganze Felsen ist durchlöchert wie ein gigantischer Schweizer Käse und leicht ebenerdig begehbar. Trotz elektrischer Beleuchtung (auf Anfrage) ist eine Taschenlampe empfehlenswert.

Nach weiteren 1,2 km liegt rechts nach 300 m Fußweg das Höhlensystem **Tham Khao Raang** (auch: Khow Rang). Durch ebenerdige Wandelgänge sind viele Grotten miteinander verbunden. Den Abschluß bildet, soweit wir entdecken konnten, eine spektakuläre Säulenhalle.

Tham Hua Kalok und Tham Lod

Der H4039 durchquert den kleinen Ort Ao Luk. Beim KM 5,5 führt rechts eine Lateritstraße Richtung *„Lod Cave – Hua Kalok Cave"*. Zweigt man nach 1,4 km an der kleinen Moschee nach links ab, kommt man nach weiteren 600 m zu einem kleinen Hafen. Dort kann man ein Boot chartern (150–200 Baht) und in 15 Min. zur Höhle **Tham Hua Kalok** fahren. Die **Felszeichnungen** in ocker und schwarzen Farben stellen Personen und Tiere dar, sie sollen 2000 bis 3000 Jahre alt sein. 15 Meter über dem jetzigen Meeresspiegel lassen sich fossile, tertiäre Muscheln und Schneckengehäuse entdecken.

Anschließend geht es zur **Tham Lod**, einem Gewölbe mit schönen **Stalaktiten**. Günstig ist es, nicht bei Ebbe aufzubrechen, sonst kommt man kaum unter die bizarren Tropfsteine. 300 m hinter der Tham Hua Kalok liegt die 200 m lange **Dark Cave**. Halbzerfallene Zugangsstege führen nach 100 m zu einer Schlucht. Viele Stalaktiten hängen herab, einige Gardinen glitzern im Lampenlicht. Es lohnt sich auch, die Fahrt auszudehnen und zwischen den malerischen Felsen im üppigen Grün der **Mangroven** hindurchzuschippern. Die Schlammspringer, die hier in Massen zu sehen sind, gehören zur Ordnung der Knochenfische, verlassen aber häufig das Wasser. Einige Arten sind in der Lage, auf Mangroven zu klettern und dort bis zur Ebbe auszuharren; diese haben von der Kiemenatmung auf Hautatmung umgestellt. 300 m rechts vor dem Hafen kann man in einem einfachen Bungalow* bei einem freundlichen Polizisten unterkommen.

Fährt man an der Moschee vorbei auf der Lateritstraße geradeaus durch verschiedenartige Plantagen und nach 4 km (am Thai-Schild: *500 m*) nach rechts, kommt man zur Klosterhöhle **Tham Soeur Noi** (auch: Tham Sua Noi). Sie liegt in einem stark durchlöcherten Felsen mit vielen grauen Tropfsteinen, Durchgängen, Mönchswohnungen und Meditationsnischen.

Am KM 9,2 des H4039 versteckt sich hinter einem natürlichen Pflanzenvorhang die kühle **Tham Khao Kluai**.

Am Ende des H4039 liegt das Fischerdorf **Laem Sak**, 17 km von der Ao Luk Junction entfernt. Für ca. 150 Baht werden hier Boote vermietet, die zur Insel **Ko Mak Noi** oder zur schönen Insel **Ko Chong Lad** hinüberfahren, die zum Than Boke National Park gehört. Zu schönen, einsamen Stränden bei **Ko Ka Rot** findet man nur mit einem einheimischen Bootsmann; dabei geht die Fahrt zunächst durch intakte **Mangrovenwälder**. Jeden Tag um 12 Uhr fährt ein Boot für 30 Baht in 1 Std. zum Hauptort Ban Yai auf der großen Insel Ko Yao Noi (s.S. 444).

Abstecher zur Wa Ri Rin-Höhle

Von der Ao Luk Junction können Höhlen freaks noch einen Abstecher zur selten besuchten, aber besonders hübschen Tham Wa Ri Rin unternehmen. Die Höhle besteht vor allem aus einer ausgedehnten, freitragenden Halle, von deren Decke Stalaktiten und tausende von Strohhalmtropfsteinen hängen – ein wunderschönes Bild im Lampenschein.

Auf dem H4035 biegt man am KM 8,5 (Thai-Schild: *5 km*) auf einen guten Fahrweg nach rechts ab. Nach 5,1 km sieht man von der Brücke rechts neben der Straße den Höhleneingang, durch den ein Fluß fließt. Der Fluß muß auf einem wackligen Holzsteg überquert werden. Der Höhlenausgang führt zu einer Kautschukplantage.

Von der Ao Luk Junction nach Phang Nga

Von der Ao Luk Junction geht die Hinfahrt auf dem H4 weiter nach Norden, aber schon nach 600 m können Höhlenenthusiasten nach links abbiegen. Wo der Himmel durch das Loch im Felsen leuchtet, gibt es die **Tham Thalu Fa** zu besichtigen: außen einige Stalagmiten, innen sehr schöne Tropfsteine.

Nach 14 km hören die markanten Kalkfelsen auf. An der folgenden Kreuzung geht es nach rechts auf der landschaftlich uninteressanten Straße H415 Richtung Surat Thani (123 km). Gleich danach zweigt nach rechts eine Straße (ca. 10 km) zu einer sehenswerten, neuen Tempelanlage in den Bergen ab.

In **Thap Put**, am KM 169, zweigt links die Straße H415 ab, die sich für die Rückfahrt eignet. Sie verläuft in der Ebene, verkürzt die Strecke nach Phuket um 9 km und bietet einige schöne Ausblicke und Abstecher nach rechts in üppige Reisfelder zwischen Kalkfelsen. Am KM 7,4 liegt an der Felswand ein unscheinbares Kloster: wer nach rechts an den Grotten entlanggeht, kann sich von einem urzeitlichen Szenario mit buddhistischer Volkskunst überraschen lassen.

Geradeaus auf dem H4 liegt nach 9 km rechts die Einsiedelei **Wat Kiriwong**. Gleich danach steigt die wenig befahrene Straße durch die Berge steil zum Paß (KM 185) hinauf, ein Leckerbissen für Motorradfahrer. In atemberaubenden, steilen Kurven geht es ins Tal hinab. Dabei tun sich nur wenige Ausblicke durch die überwucherten Berge in die Ebene von Phang Nga auf.

Am KM 187,7 biegt rechts die gut ausgebaute, 47 km lange Straße H4090 ab, die den Weg nach Norden erheblich abkürzt. Sie führt durch eine wilde, gering besiedelte Berglandschaft. Nach 14,5 km zweigt am KM 35,5 des H4090 nach links eine landschaftlich schöne Straße ab, die nach 15 km in Thung Maphrao wieder auf den H4 trifft und die Strecke nach Khao Lak um 52 km verkürzt. Geradeaus durchschneidet der H4090 den Khao Lak-Lamru National Park (s.S. 470), passiert nach ca. 26 km ein einsames Resort und trifft

14 km östlich von Takua Pa am KM 135 auf den H401.

Geradeaus führt der H4 in die phantastische **Kalkfelsenlandschaft** von Phang Nga. Nach 8 km zweigt an einem kleinen See (KM 43,9) ein Fahrweg nach Osten ab zum **Sar Nang Manora Forest Park**. Nichts Spektakuläres, aber friedliche Picknickplätze und hübsche Wasserfälle (vor allem die oberen Stufen) in einem kleinen Stück Dschungel. Hinter dem Phang Nga-Fluß zweigt am KM 42,6 ein Sträßchen nach rechts ab. Dort kann man nach 4 km einen gemütlichen Spaziergang von etwa 2 Stunden durch Reisfelder zu den Kaskaden des **Nam Tok Ton Phang Nga** machen.

Beim KM 39 erreicht man die langgestreckte, kleine Provinzhauptstadt Phang Nga (s.S. 457).

Die Inseln vor Krabi

Die Provinz Krabi weist bei einer Küstenlänge von 120 Kilometern 130 Inseln auf, von Ko Hai im Süden bis Ko Chong Lad im Norden. Viele haben schöne, oft auch sehr flache Strände, an denen immer mehr Bungalows für Traveller entstehen. Andere werden auch für die nächsten Jahre „unentdeckt" bleiben – noch kann man sich auf einer guten Karte eine „einsame" Insel aussuchen und *island hopping* gehen. Wer jedoch kein Thai kann und nur wenig Zeit und Geld hat, ist mit einer „fast einsamen", bereits erschlossenen Insel besser dran.

Ko Boda

(Auch: Ko Poda oder Ko Puda) Die 1 km^2 große Insel, ca. 8 km vom Ao Nang Beach entfernt, besticht durch einen wunderschönen Strand auf der Ostseite und eignet sich im Norden und Westen bestens zum Schnorcheln. Von Ao Nang und Nopparat Thara werden Tagesausflüge („*4-Island-Tour*") ab 180 Baht angeboten, meist in Verbindung mit Ko Thab und Ko Hua Khwaan (Chicken Island), vor deren Ostseite sich ein schönes Korallenriff erstreckt.

Ko Siboya

Diese kleine Insel wurde nach dem letzten Fehlschlag wieder einmal für den Traveller entdeckt, diesmal von Mr. Chung aus der Familie von *Pine Bungalow*. Die Westküste wird von einem flachen Sandstrand gesäumt. Das nicht immer klare, seichte Wasser eignet sich nicht zum Schwimmen und Schnorcheln. Auf dieser ruhigen Insel kann man aber schöne Spaziergänge unternehmen. Ein Dorf mit Läden liegt hinter den Hügeln, zwei Fischerdörfer Richtung Norden.

Ko Jum

(Auch: Ko Pu) Die dschungelbedeckte Insel Ko Jum (gesprochen Ko Dscham) liegt etwa 25 km südlich von Krabi. Im Norden ragen Berge bis auf 395 m auf, während der Süden eher flach ist. Ko Jum wird hauptsächlich von Fischerfamilien bewohnt, die vorwiegend in 6 Dörfern leben. Am langen, weißen Strand kann man kilometerweit entlangwandern oder einfach ausspannen und das Meer betrachten. Aktive Naturen spielen Volleyball oder Boccia. Von den Anlagen erreicht man in etwa 20 Min. locker zu Fuß das Fischerdorf, wo man z.B. in *Mama's Restaurant* gute, einfache Gerichte bekommt. Südwestlich vorgelagert liegt malerisch eine kleine Insel.

Ko Hai

(Auch: Ko Ngai) Auf der südlichsten Insel der Provinz Krabi gibt es 2 Bungalow-Anlagen. Sie ist nur vom Pier des Pak Meng Strandes in der Provinz Trang leicht zu erreichen (s.S.544).

Ko Phi Phi

Zu einem lohnenswerten Tagesausflug nach Ko Phi Phi fährt ein Boot um 8.30 Uhr vom Ao Nang Strand und 30 Min. später von Rai Leh. Inklusive Mittagessen und einem Trip um die Insel kostet der Spaß 570 Baht. Vor **Phi Phi Don** ist Gelegenheit, an den schönen Korallenriffen in klarem Wasser zu schnorcheln. Bei der Umrundung der südlichen Schwesterinsel **Phi Phi Le** wird in einer herrlichen Bucht für eine halbe Stunde ein Schnorchelstop eingelegt. Wer dagegen zum

Aussichtspunkt hochsteigen möchte und auf das Ausflugsprogramm verzichtet, kann nur die Fahrt buchen, für 150 Baht pro Strecke. Ab Krabi kostet die einfache Fahrt mit den regulären Booten 125–150 Baht. Von Phi Phi Don geht es problemlos nach Phuket weiter, in der Saison auch nach Ko Lanta. Wer auf Phi Phi Don übernachten möchte, kann unter 30 Hotels, Gästehäusern und Bungalowanlagen in jeder Preislage wählen (s.S. 447 ff).

Übernachtung

KO BODA – Hier wurden vom *Krabi Resort* 18 komfortable Bungalows (550 Baht) und ein nicht sonderlich gutes, aber teures Restaurant errichtet; unfreundliches Personal. Zelten kostet 100 Baht pro Tag (inkl. Badbenützung). Von Idylle keine Spur – dafür kommen gar zu viele Ausflugsboote zur Insel.

KO SIBOYA – ***Siboya Bungalow**–*****, ✆ 01-2211416, am schmalen, seichten Strand an der Westküste, 24 neue, einfache Bungalows mit Du/WC, Restaurant, freundliche Atmosphäre. Im Siboya Office bei *Pine Tour* in Krabi kann man sich näher informieren.

KO JUM – ***Joy Bungalows**–******, ✆ 01-2291502, nahe der Südwestspitze unter Kokospalmen an einem herrlichen Strand, der bei jedem Wasserstand zum Baden einlädt. Gute, extrem entspannte „Robinson-Atmosphäre", die jedoch ihren Preis hat.
Die 30 einfachen, z.T. schmuddeligen Bambushütten ohne/mit Du/WC sind relativ teuer. Außerdem 6 schöne Holzbungalows mit großem Balkon und Moskitonetz. Im nicht gerade billigen Freiluftrestaurant wird leckeres Thai-Essen, vor allem Fisch, im Petroleumlampenschein serviert. Nette, freundliche Leute.
New Bungalow**–***, ✆ 01-4644230, 50 m südlich, schöne Anlage, 14 relativ komfortable Bungalows mit Möbeln, Jalousiefenstern und Terrasse, einige Baumhäuser; gutes Restaurant, mäßige Preise; Besitzer ist eine auf der Insel ansässige chinesische Familie.

Transport

KO BODA – Transport ab Ao Nang 300 Baht p.P. (z.B. im *Krabi Resort*).

KO SIBOYA – Transport wird von *Pine Tour*, *Chan Phen Tour* oder *Green Travel* in Krabi um die Mittagszeit organisiert, Abfahrt gegen 14 Uhr per Longtailboot in ca. 2 Std. für 60 Baht. Auf eigene Faust geht es zuerst per Songthaew 17 km nach BAN NUA KLONG am H4 für 15 Baht, mit dem nächsten Songthaew 22 km für 25 Baht zum ungemütlichen Hafen BAN LAEM KRUAT und per Fährboot von 8–15 Uhr für 20 Baht zur Insel.

KO JUM – Am leichtesten erreicht man Ko Jum in der Saison mit dem Ko Lanta-Boot von KRABI um 13.30 Uhr für 150 Baht (oder von KO LANTA für 100 Baht). Zubringer mit dem Longtail-Boot direkt von der Bungalowanlage. Mühsam, zeitaufwendig und kaum billiger ist es über BAN LAEM KRUAT (s.o.), von wo um 13 Uhr ein Boot zum Muslimdorf BAN KO PU (20 Baht) fährt.
Von dort geht es mit einem Motorradtaxi (ca. 30 Baht) weiter. Zurück fährt das Boot um 7 Uhr. In Ban Laem Kruat ein Boot zu chartern, kostet mindestens 200–300 Baht.

Ko Lanta

เกาะลันตา

Die große, hügelige Insel Ko Lanta Yai, meist nur Ko Lanta genannt, ist noch zu 67% mit geschütztem Wald bedeckt. Der Name Lanta stammt von den Vorfahren der Seezigeuner, die heute noch auf der Insel leben. In vielen Dörfern wohnen außerdem muslimische Fischer und etwa 10% chinesische Kaufleute, insgesamt etwa 20 000 Menschen.

Mit Dschungelbohnen, die auf dem Markt 1/2 Baht pro Schote, in Bangkok aber 4 Baht einbringen, verdienen sich viele Inselbewohner ihren kärglichen Lebensunterhalt. Die Südspitze von Ko Lanta wurde im August

1990 samt den umliegenden Gewässern und 15 Inseln in einen National Park umgewandelt.

Ko Lanta wurde Ende der 80er Jahre von Travellern „entdeckt". Die Strände der 25 km langen Insel wirken zwar eher mittelmäßig, aber weit und einsam. Die Einheimischen verbreiten ein Gefühl der Wärme. Noch kommt man nur mit dem Boot oder einer selten verkehrenden Autofähre auf die Insel. Pläne für eine Brücke liegen vorerst auf Eis.

Seit 1995 wird die Insel mit Strom versorgt. Alle guten Grundstücke entlang der Küste wurden von Investoren aufgekauft und werden vielleicht irgendwann mit Hotelanlagen bestückt werden. Vielleicht kommt der seit Jahren erhoffte Boom jetzt „endlich" mit der Eröffnung des Flugplatzes von Krabi?

Doch immer noch ist Ko Lanta nicht überlaufen und sehr preiswert, einfache Hütten kosten um 100 Baht, Bungalows mit Fan 200–600 Baht, mit Klimaanlage 600–1600 Baht. Ab Weihnachten schnellen die Preise in die Höhe und werden im März wieder kräftig gesenkt. In fast allen Bungalowanlagen herrscht eine angenehme Atmosphäre. Die meisten Reisenden, jung und alt, fühlen sich sehr wohl. Während der Nebensaison zeigt sich das Personal von seiner besten Seite. Immer mehr Anlagen bleiben ganzjährig geöffnet.

Von Ban Saladan im Norden führt eine Erdstraße entlang der Ostseite der Insel bis zum Dorf **Ban Ko Lanta**. Die Ostküste ist sehr flach und fürs Baden nicht geeignet. Eine weitere Straße zieht sich entlang der schönen Westküste, an der fast alle Bungalowanlagen liegen, bis zu den Stränden im Südwesten. Die ersten 10 km sind asphaltiert, der Rest wird wohl noch lange Staubstraße bleiben. Der Monsun schwemmt viel Treibgut an die Strände. Vor der Saison wird jedoch alles eingesammelt und verbrannt.

Im Inneren ragen waldbedeckte Berge bis zu 488 m auf, durchschnitten von nur wenigen Querstraßen. Mit Motorrädern läßt sich die Insel (mit Ausnahme der Südspitze) umrunden – trotz des Staubs sehr zu empfehlen.

Ban Saladan

Alle Touristenboote kommen an den Bootsanlegern im nördlichen Hafen Ban Saladan an. An der Uferstraße des kleinen Fischerdorfes liegen zwei Dutzend feste Holzhäuser, darunter Restaurants, mehrere Läden mit Lebensmitteln, Obst und Gemüse, vier Tauchschulen, eine Bank und einige Reisebüros mit *Tourist Information*. Hier warten auch die Motorrad-Taxis und die Pickups der Bungalowanlagen.

Übernachtung

Im ***Kwan Restaurant****, 100 m vom Pier in Ban Saladan, gibt es einige billige Zimmer.

Essen

In vielen Bungalowanlagen ist das Essen relativ teuer. Billiger, aber recht wechselhaft sind die kaum noch thailändischen Gerichte im ***Sea Side*** und im ***Sea View*** in **Ban Saladan.**

Im ***Kwan Restaurant*** schmeckt das Essen schon wie in Europa. Am Donnerstag Abend thailändisches Buffet mit Cocktail, 150 Baht p.P.

Neben der zentralen Anlegestelle liegt die beliebte ***Saladan Swiss Bakery***, ✆/📠 01-2284346, in der die freundliche Ratana Schorn u.a. Eiscreme, Kuchen, Pizzas, Bohnenkaffee und Milchprodukte verkauft und Baguettes erstklassig belegt. Angenehm sitzt man im klimatisierten Restaurant und im zugehörigen *Beer Garden* über dem Wasser am Steg.

Robert Schorn macht den billigsten Telefon- und Fax-Service auf der Insel und verkauft Boot-, Minivan- und Flugtickets.

Sonstiges

BÜCHER – Im ***Book Shop*** neben der *Siam City Bank.*

GELD – Die ***Siam City Bank*** hat von 8.30–16 Uhr geöffnet. Sie tauscht nur Bargeld und Reiseschecks, aktzeptiert aber keine Kreditkarten. Ansonsten wird zu ca. 3% bis 10%

schlechterem Kurs gewechselt als auf dem Festland. Geld über Kreditkarte haben einige Traveller im ***Lanta Villa*** (gegen kleine Gebühr) bekommen, z.B. Visa oder Eurocard. Die ***Swiss Bakery*** will einen Wechselservice gegen Kreditkarte testen.

LANDKARTEN – Auf der guten *Guide Map of Krabi* sind alle Bungalowanlagen und Fahrwege von Ko Lanta eingetragen. Am besten schon in Krabi oder spätestens auf dem Boot kaufen (65 Baht).

MEDIZINISCHE HILFE – In Ban Saladan hat die ***Lanta Doctor Clinic*** aufgemacht. In Ban Ko Lanta gibt es das ***Lanta Hospital***. Zeitweilig sind an manchen Stränden Sandfliegen eine Plage.

MOTORRÄDER – werden für 200–250 Baht pro Tag vermietet, 40 Baht pro Stunde. Auch in den meisten Anlagen werden Motorräder vermietet. Viele sind in bedauernswertem Zustand, werden aber lustig immer wieder vermietet.

POST – der Service ist völlig unzuverlässig.

REISEBÜRO – In 4 Reisebüros in Ban Saladan werden Bootsfahrscheine verkauft und alle Arten von Buchungen gemacht, absolut zuverlässig bei Robert in der ***Saladan Swiss Bakery***. Eisenbahnfahrscheine verkauft das Reisebüro neben dem Krabi-Pier.
Muß ein Schnorchel- oder Ausflugsboot aus irgendwelchen Gründen „leider" nach kurzer Fahrt umkehren, wird von den Reisebüros kein Baht zurückvergütet. Für Beschwerden über *Saladan Travel Centre* oder *Lanta Holiday Travel* ist nicht die *Saladan Swiss Bakery* zuständig. Alle Gästehäuser vermitteln ebenfalls Bootstickets und Touren.

ROLLI – Heftiges Gelände für Rollstuhlfahrer, da die Insel keinen einzigen Meter befestigte (asphaltierte) Straße besitzt. Bedingt geeignet ist ***Lanta Island Resort*** am Klong Dao Beach.

SAISON – In der Hauptsaison von Dezember bis Februar verlangen einige Anlagen doppelte Preise. Schon im März / April werden sie wieder kräftig gesenkt. Von Mai bis Oktober schließen die meisten Bungalowanlagen und alle Tauchschulen. Bis Juli / August bleibt der Himmel zwar manchmal grau und schickt auch häufig Regenschauer herab, doch zumeist herrscht gutes Badewetter – die Touristen bleiben dennoch bis November aus.

TAUCHEN – Die Tauchschulen *The Dive Zone*, ✆ 01-2116938, *Ko Lanta Diving Center*, *Aquarius* und *Atlantis* arbeiten friedlich zusammen und bieten ähnliche Touren zu identischen Preisen. Diese werden in US-Dollar genannt, jedoch zum Tageskurs in Baht bezahlt.
Atlantis (Frank Leiblein und der Österreicher Sepp), ✆ 01-2284106, führt z.B. PADI-Kurse durch (US$275 für den *Open Water Diver*), macht Tagestrips zum Hausfelsen Hin Bida und zu einem Wrack sowie eine 2-Tagestour für US$150. Bleibt bei Bedarf auch ab Mai noch offen.
Ko Lanta Diving Center, ✆ 075-620619, ✆ 01-2284346, PADI-Tauchschule, Tagestrips, Gerätemiete z.B. Lungenautomat US$4, Tarierweste US$4, Schnorchel/Maske US$2.
Aquarius (Gisella und Stefan Geib), ✆ 076-234201, E-Mail: info@aquarius.de; macht Kurse (5 Tage *PADI Open Water* für US$275) und Trips mit 2 Booten: u.a. 3 Tage für US$230 (inkl. 6 Tauchgänge), 4 Tage für US$350, 5 Tage für US$380. Das speziell ausgebaute, 20 m lange Tauchschiff *Nong Darin* ist mit Doppelkabinen für 12 Gäste, einer guten Küche und einer Tauchplattform ausgestattet. Im Web: www.aquarius.de Kontakt in Deutschland über ✆ 06371-80010, ✆ 64641.
Typische Tagesfahrten gehen zu den herrlichen Schnorchelinseln Ko Ha, Ko Bida und Hin Bida, 2 Tauchgänge kosten US$50–65 mit eigener Ausrüstung, US$65–80 inkl. Ausrüstung, ca. 650 Baht für Schnorchler.
Weltklasse sind die Tauchplätze bei den Felsen Hin Daeng und Hin Muang im Süden, wo erfahrene Taucher häufig Walhaie, Mantas

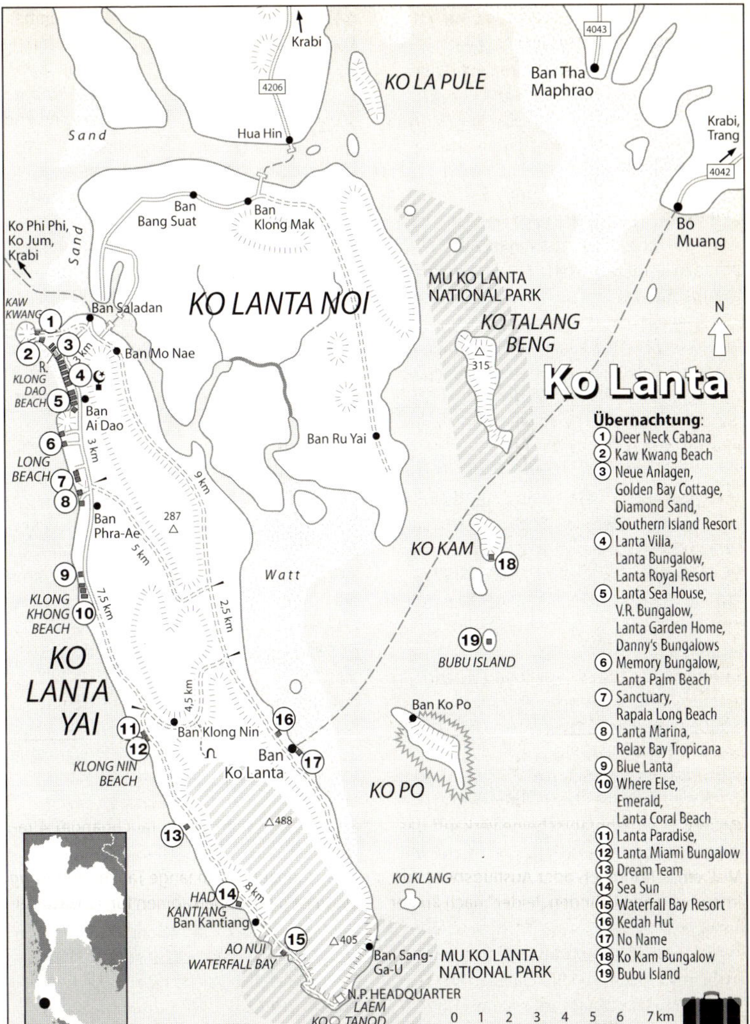

und riesige Muränen sehen. Die übrige Meeresfauna gehört ebenfalls zum Feinsten in Thailand.

Für Höhlen- und Nachttauchen ist Ko Ha Yai ideal, für Wracktauchen die *King Cruiser*.

TELEFON-/FAX-SERVICE – Am billigsten und zuverlässig bei Robert in der ***Saladan Swiss Bakery*** für 80 bzw. 90 Baht pro Minute, ✆/℻ 01-2284346.

TOUREN – werden von den Bungalow-Managern und einigen Reisebüros angeboten. Boote für Tagestouren auf Nachbarinseln, z.B. Ko Hai (= Ko Ngai), kosten 300 Baht p.P. (ab 4 Pers.) inkl. Wasser, Lunch und 3 Schnorchelstops. Nach Ko Kradan und Ko Rok ca. 500 Baht p.P.

VORWAHL – 075; PLZ: 81150.

WASSER – Auf der Insel gibt es etwa 20 wasserführende Bäche, von denen jedoch im April und Mai die meisten austrocknen. Das Wasser reicht dann kaum für die Einheimischen, so daß Durchfallerkrankungen stark zunehmen.

Nahverkehrsmittel

Transport auf Ko Lanta erfolgt mit **Pickups** und privaten **Motorrad-Taxis**. Von Ban Saladan bringen sie Passagiere zu allen Bungalow-Anlagen: zum KAW KWANG BEACH für 10 Baht, zum KLONG DAO BEACH 10 Baht, zum *Lanta Paradise* 30 Baht und zum *Sea Sun* 60 Baht.
Von unterwegs ist es dagegen schwierig, ein anderes Fortbewegungsmittel als die eigenen Beine zu finden (bzw. einen Lift).

Transport

MINIBUSSE – Das ganze Jahr über fährt von KRABI um 11 und 13.30 Uhr ein direkter **Minivan** (inkl. 2 Fähren) bis zum KLONG DAO BEACH, Tickets für 150 Baht gibt es bei Reisebüros in Krabi, wo man auch abgeholt wird. Zurück nach KRABI fährt der Minivan um 8 Uhr im Zentrum von Ban Saladan ab.
Von TRANG fährt in der Saison um 11, 12 und 13 Uhr ein **Minivan** für 150 Baht über Ban Hua Hin (inkl. 2 Fähren) in 2 Std. nach Ban Saladan, in der Nebensaison nur 1x täglich.
Zurück nach TRANG startet der Minivan im Zentrum von Ban Saladan um 8 Uhr.

TAXI – von KRABI für ca. 1200 Baht.

EISENBAHN – Von BANGKOK fährt man am besten mit dem *Rapid* Nr.41 um 18.20 Uhr bis TRANG (Ankunft 9.37 Uhr, ab 312 / 165 Baht in der 2./3. Klasse). Zur Insel nimmt man den Minivan (s.o.). Wer den *Express* Nr.13 um 17.05 Uhr bis TRANG nimmt (Ankunft 7.35 Uhr, ab 322 / 175 Baht in der 2./3. Klasse), kann sich noch ein paar Stunden die Stadt anschauen.
Auch nach BANGKOK kann man per Minivan nach Trang fahren (s.o.) und den *Rapid* Nr.42 um 13.44 Uhr oder den *Express* Nr.14 um 18.20 Uhr nehmen (das Gepäck kann man während der Wartezeit im Reisebüro am Bahnhof deponieren).
Fahrscheine ab Trang oder Surat Thani werden im Reisebüro neben dem Krabi-Pier in Ban Saladan für eine Gebühr von ca. 50 Baht gebucht.

BOOTE – Bei der Ankunft der Boote von Krabi und Ko Phi Phi warten die Fahrer der Pickups der meisten Bungalowanlagen bereits, und es setzt ein fröhliches Wettrennen um die neuen Gäste ein. Einige Schlepper mit Fotoalben fahren auch schon auf dem Boot mit.
Die Hinfahrt zur Bungalowanlage ist gratis, manchmal auch die Rückfahrt. Falls das Pickup der gewünschten Anlage nicht wartet, am besten in eine benachbarte Anlage mitfahren.
In den Bungalow-Siedlungen und in den Travel Offices wird man bestens über die Weiterreise informiert.
Von Krabi direkt gibt es von November bis April (bei ruhiger See auch noch im Mai) tgl. um 13.30 Uhr ein **Expressboot** für 150 Baht (2 Std.) nach Ban Saladan (zu Stoßzeiten zusätzlich um 10.30 Uhr). Zurück um 8 Uhr (und zu Stoßzeiten um 13 Uhr).
Das Boot legt einen Stop vor KO JUM ein (Transfer mit Longtailbooten).
Von Krabi über Ban Hua Hin: Billiger, aber mühsamer als mit dem Minivan, fährt man von der Soi 6 mit großen Songthaews von 10–14 Uhr jede Stunde für 40 Baht nach BAN HUA HIN in 2 Std.

Weiter mit der selten verkehrenden Fähre (5 Baht p.P., 50 Baht/Auto) oder laufend per **Longtail-Boot** (20 Baht) zur Insel Ko Lanta Noi, Motorräder 10 Baht. Dann mit dem Motorradtaxi (30 Baht) oder mit dem Pickup (20 Baht) 8 km zur anderen Seite der Insel und nochmals per Fähre
(5 Baht p.P., 50 Baht/Auto) bzw. Longtail-Boot (10 Baht) nach Ko Lanta. Die Longtailboote fahren bis gegen 20 Uhr.
Von Krabi über Bo Muang: Seit es die Fähre bei Ban Hua Hin gibt (s.o.), ist diese umständliche und teure Route nicht mehr zu empfehlen, aber immer noch möglich.
Vom Tourist Office TAT in Krabi um 12 Uhr mit dem Minibus zum Pier nach BO MUANG für 50 Baht in 1 1/2 Std. Von dort mit dem **Expressboot** um 13.30 Uhr nach BAN KO LANTA (auch *Lanta Pier*) für 70–80 Baht in 1 Std. Weiter mit dem teuren Motorradtaxi zu den Stränden.
Wer zurück diese Route wählt, muß um 7 oder 8 Uhr in Ban Ko Lanta abfahren.
In Bo Muang warten evtl. Minibusse nach Krabi und Trang (50 Baht), sonst mit dem Pickup bis zum H4 für 15 Baht und einen lokalen Bus anhalten.
Von Ko Phi Phi fährt von Oktober bis April tgl. ein **Expressboot** nach Ban Saladan um 14 Uhr für 150 Baht in 1 1/2 Std., in der Hochsaison ein weiteres um 11 Uhr.
Zurück um 8 und 13 Uhr; das erste Boot erlaubt auf Ko Phi Phi Transfer nach Phuket.
Nach Ko Hai fahren nur selten Boote von Ko Lanta; dort kommt man von Okt. bis April weiter nach PAK MENG, tgl. um 10 Uhr für 100 Baht in 40 Min.; dann weiter nach TRANG mit dem Minibus für 30 Baht.

MIT EIGENEM FAHRZEUG – Vom H4 am KM 63,7 im Dorf BAN HUAI NAM KHAO nach Westen auf den H4206 abbiegen (Schild *„Lanta Island – Hua Hin Pier")* und 27 km bis zum Pier der Fähre bei Ban Hua Hin fahren. Die 2 Fähren verkehren relativ selten (Preis: 2 x 10 Baht p.P., 2 x 10 Baht/Motorrad, 2 x 50 Baht/Auto).

Kaw Kwang

In der Nordwestecke der Insel, 2 km westlich von Ban Saladan, liegt die Halbinsel Kaw Kwang (= Deer Neck).

Die nördliche Bucht besteht aus einem topfebenen Mangrovenstrand, der bei Ebbe trockenfällt. Der südliche, flache, aber schöne Badestrand geht in den langen Klong Dao Beach über. Dazwischen liegt eine 20–400 m breite Landzunge, die im Westen von einem Felsenhügel abgeschlossen wird.

Am kleinen Strand hinter dem Hügel kann man bei Flut eventuell schwimmen und gut schnorcheln.

Übernachtung

Deer Neck Cabana**–*** ①, ✆ 01-2303635, schöne Anlage am Mangrovenstrand, zwei Dutzend saubere, preiswerte Komfort-Bungalows; gutes Restaurant auf dem Hügel, Bar in den Mangroven; Fußweg zum Klong Dao Strand ausgeschildert. Zum Wohlfühlen.
Kaw Kwang Beach**–**** ②, ✆ 01-2284106, am südlichen Strand unter Kokospalmen. Hervorragende Bungalows mit Fan oder ac parallel zum Strand in mehreren Reihen sowie billige, solide Hütten mit Gemeinschafts-Du/WC sehr schön auf dem Hügel. Riesiges, günstiges Restaurant, Bar am Strand. Am schönsten sind die ersten beiden Bungalows. Unter dem neuen Pächter nicht mehr so beliebt. Das ganze Jahr geöffnet.

Klong Dao Beach

Südlich von Ban Saladan erstreckt sich der flache, relativ feste Sandstrand Klong Dao über etwa 2 km. Von Touristen wird er häufig Lanta Beach genannt, was die Einheimischen aber nicht gern hören.

Der eher graue Sand ist z.T. übersät mit Muscheln. Das Ufer flankieren mächtige Kasuarinas. So wirkt der Strand nicht gerade tropisch, weshalb ihn manche Traveller nicht als schön empfinden. Er ist bei jedem Wasserstand gut zum Schwimmen geeignet, denn schon nach 30 Metern erreicht man schwimmtiefes Wasser. Auch Kinder können gefahrlos baden. Im Süden wird er von scharfkantigen Felsen und einem Kap abgeschlossen, über das man mit festen Schuhen zum nächsten Strand klettern kann. Ab 5 Uhr wird von der Moschee hinter der Straße im südlichen Bereich des Strandes zum Gebet gerufen.

Übernachtung

Wer an diesem Strand eine Unterkunft sucht, wird leicht seinen Traumbungalow finden. Die 9 Anlagen liegen nur 900 m auseinander und können am Strand entlang gut miteinander verglichen werden. Sie bieten Bungalows in einem ähnlichen Preisspektrum von 150 bis 500 Baht (in der Hauptsaison das Doppelte), wobei die strandnahen teurer sind. Die billigsten Zimmer sind fast immer ausgebucht.

Alle Anlagen besitzen ein Restaurant mit Meersicht und mindestens eine Bar am Strand. Alle bieten Schatten auf der Wiese nahe am Strand unter den großen Kasuarinas, einige auch Liegen. Fast alle Anlagen vermieten Mopeds ab 250 Baht.

Golden Bay Cottage–**** ③, ✆ 01-2291879, am KM 1,6 Zufahrtsweg von 500 m; am besonders flachen, schattigen Strandabschnitt, einfache Hütten und bessere mit Fan und Du/WC, gutes Essen, umfangreiche Speisekarte, billiger Wein; Telefon Service; 2 Mountain Bikes für 100 Baht. Sehr beliebte Anlage. Tauchschule *Dive Zone*. Das ganze Jahr geöffnet.

Nördlich davon sind zwei neue Bungalowanlagen eines Schweizers und eines Holländers im Bau.

Diamond Sand**** (ac teurer) ③, neue Anlage am KM 1,7; ca. 20 Bungalows mit Fan und ac am Strand, ordentliches Restaurant.

Southern Island Resort ③, neue Anlage am Strand, 60 große, komfortable, dicht stehende Steinbungalows mit ac ab 1000 Baht, Restaurant, großer Swimmingpool.

Lanta Villa**–***** ④, ✆ 620629, am KM 1,8; dicht aufeinander gebaute Bungalows in allen Preisklassen: einfach, gut und hervorragend, mit Du/WC und Fan, neue Steinbungalows mit ac für 1200 Baht; dazwischen ein riesiges Restaurant, wird auch gern von Pauschalgruppen aufgesucht. Weihnachts- und Neujahrsbuffet sind obligatorisch. Akzeptiert Visa- und Mastercard, Geldwechsel mit 10% Aufschlag. Nicht besonders freundliche Besitzer. Das ganze Jahr geöffnet.

Lanta Bungalow** ④, einfache Bungalows mit kleinen Mängeln, die aber auf dringlichen Wunsch abgestellt werden; besonders cooles Personal; keine Mopeds zu leihen. Tauchbasis *Ko Lanta Diving Center*.

Lanta Island Resort**–***** ④, ✆ 621524, am KM 2; 99 preisgünstige, z.T. vergammelte Bungalows auf engem Raum, Du/WC integriert und nach oben offen; extrem schwankende Zimmerpreise; ungemütliches, etwas teureres Restaurant; die Pächter wechseln anscheinend alle 2 Jahre und ändern den Namen. Weihnachts- und Neujahrsbuffet sind obligatorisch.

Lanta Sea House**–***** ⑤, ✆ 01-2284160, gepflegter Garten, 24 Komfort-Bungalows, z.T. mit ac, ein großes, gutes Restaurant unter hohen Kasuarinas, thailändische und europäische Küche, freundliches, manchmal überfordertes Personal. Besonders beliebt und vielfach gelobt. Das ganze Jahr geöffnet.

V.R. Minimart & Bungalow*** (NS**) ⑤, ✆ 01-2284125, ca. 20 neue, schöne, luftige, ebenerdige Steinhäuser mit Fan und Du/westl. WC; sehr freundlicher Besitzer. Für Rolli geeignet.

Lanta Garden Home–*** ⑤, am KM 2,4; kleine, etwas vergammelte Hütten unter schattigen Bäumen, z.T. auf Pfählen, einfach und schön, Du/WC außerhalb, hervorragendes Restaurant, keine Elektrizität, familiäre Atmosphäre, sehr nette, bemühte Leute; hervorragende Kritiken. Hier hört der Sandstrand auf, die scharfkantigen Felsen beginnen.

Danny's Bungalows–*** ⑤, am KM 2,7; ganz einfache Hütten hinter dem Restaurant.

Essen

Nördlich neben *Golden Bay* liegt das beliebte ***Hans Restaurant*** mit bester Qualität, europäischen Portionen und etwas gehobenen Preisen; gute Bedienung.
Am südlichen Teil des Strandes (KM 2,7) liegt das beliebte ***Danny Restaurant*** mit über 300 Gerichten auf der Speisekarte; am Di, Do und So Abend ab 19 Uhr kann man sich zum Festpreis am Thai Buffet satt essen.

Sonstiges

SUPERMARKT – ***V.R. Minimart*** am südlichen Ende des Strandes ist klein, aber gut sortiert, Preise wie auf dem Festland. Motorradvermietung. In der Saison tgl. geöffnet von 8–20 Uhr.

UNTERHALTUNG – beschränkt sich auf die Strandbars, die recht früh schließen. Außerhalb der Hauptsaison sind nur wenige populär.

Long Beach

(Auch Phra-Ae Beach) Der Long Beach beginnt am KM 3,5 und ist knapp 3 km lang. Er hat schönen, feinen Sand und ist gut zum Schwimmen geeignet. Je zwei Anlagen liegen am nördlichen und am felsigen südlichen Ende des Strandes. Der mittlere, unerschlossene Teil weist kein bißchen Schatten auf.

Übernachtung

Memory Bungalow–*** ⑥, am KM 3,4 abzweigen auf den 500 m langen Zufahrtsweg. Am Fuße des Hügels in einer Kokosplantage stehen große Bambushütten auf Pfählen in 3 Reihen, außer Doppelbettmatratzen keine Möbel, kleine Terrasse; Restaurant mit bescheidenem Essen, wenig Service, aber nette Leute.
Lanta Palm Beach–*** ⑥, am KM 3,8 abzweigen auf den 400 m langen Zufahrtsweg. Kleine Bambushütten mit Bad und Balkon, ohne Schatten, etwas vom Strand zurückversetzt; die Steinhütten taugen dagegen nichts; Restaurant, davor liegt eine schöne Spielwiese unter hohen Kasuarinas.
Am felsigen, optisch weniger ansprechenden südlichen Strand liegen zwei Anlagen. Der Sandstrand ist nur 100 bzw. 150 m entfernt. 200 m draußen im Meer wachsen ein paar kleine Korallenstöcke mit kleinen Fischen.
Sanctuary* ⑦, am KM 5,7; kleine, hübsche, sehr einfache Bambushütten, z.T. mit Bad; die Anlage wird vom freundlichen Besitzer mit Liebe gepflegt; tolles Essen im Restaurant.
Rapala Long Beach Resort*** (NS**) ⑦, ✆ 01-2121579, am KM 5,8; ungepflegte Anlage, 19 ebenerdige, saubere, 6eckige Bungalows mit Fan oder ac und winzigem Bad, eng im Halbkreis angeordnet, in schlechtem Zustand; Rundrestaurant 30 m vom Strand, Rolli-gerechtes Rasengelände; Personal ziemlich uninteressiert.
Lanta Marina Resort*–**** ⑧, ✆ 01-6774522, am KM 6,2 abzweigen und gleich wieder rechts; ruhige, neue Anlage unter Palmen, 60 hübsche, saubere Bambushütten mit Du/WC, witzige zweistöckige Bambushäuschen, unten das Bad, oben ein großer, luftiger Schlafraum mit Balkon, gutes Essen, geleitet von 2 netten Frauen.
Relax Bay Tropicana*–***** ⑧, ✆ 01-4770077, 620618, am KM 6,2 abzweigen auf den 400 m langen Zufahrtsweg bergauf. Weitläufige, etwas heruntergekommene Anlage unter lichten Laubbäumen, geräumige, gut ausgestattete Holzbungalows mit Du/WC, Terrasse mit Sitzmöbeln. Restaurant mit schöner Sicht, gutes Essen zu normalen Preisen. Könnte eine Renovierung vertragen. Häufig wechselndes Personal. Direkter Zugang zum 250 m langen, separaten Strand mit feinem Sand, durchsetzt mit Korallengestein, gut zum Schwimmen. Die kleineren Bungalows kann man wesentlich billiger bekommen. Weihnachts- und Neujahrsbuffet sind obligatorisch. Tauchbasis *Ko Lanta Diving Center*.

Die südlichen Strände

Der mittlere Teil der Westküste besteht auf etwa 10 km vor allem aus Felsenufer. Fast alle Strände sind von Felsen durchsetzt, was vor allem bei Ebbe nicht besonders einladend wirkt. Der **Klong Khong Beach** ist ein langer, von Pandanus gesäumter, schmaler Sandstrand. Bei Ebbe schauen die Steine heraus, nur bei Flut kann man gefahrlos schwimmen. Der 1 km lange, schöne Sandstrand **Klong Nin Beach** wird mehrfach von Felsvorsprüngen unterbrochen. Die Flut überspült den Strand fast völlig. **Had Kantiang** (Betonung auf dem i) ist eine malerische, kleine Bucht, in der mehrere Fischerfamilien leben. Sie liegt 20 km von Ban Saladan entfernt. Bei Ebbe kann man nicht schwimmen, aber viele Muscheln sammeln.

Der schöne Badestrand **Waterfall Bay** am südlichen Ende (KM 22) liegt traumhaft ruhig inmitten üppiger Natur. Er ist auch mit dem Pickup über einen steilen Weg zu erreichen. Schöne Wanderungen führen am Bach entlang zum hübschen Wasserfall und über steile Hügel durch den National Park (3 km) zum Leuchtturm. Schwimmen kann man bei jedem Wasserstand. 800 m nördlich liegt der sehr schöne Strand **Ao Nui**, 15 Min. südlich die hübsche, einsame Bucht Mai Phai.

Erst kürzlich wurde die sehenswerte Höhle **Tham Khao Mai Kaeo** (auch *Diamond Cave* genannt) bei Ban Klong Nin entdeckt (ca. 3 km vom Klong Nin Beach). Ca. 1,5 km hinter Ban Klong Nin geht es rechts ab (beschildert), dann sind es noch ca. 1 km zu einer kleinen Ansiedlung am Fuße der Höhlen. Von dort führt ein Weg durch intakte Natur mit teilweise bis zu 50 Meter hohen Bäumen z.T. auf steilen Treppen hoch zum **Höhlensystem**. Es sollte nur mit einem Führer aus der Ansiedlung aufgesucht werden, der 100 Baht p.P. für 2 Stunden bekommt und dafür auch Taschenlampen bereithält. Er hilft bei der anstrengenden Kletterei in den drei Höhlen, die ineinander übergehen. In einem Becken kann man baden. Lange Hosen und feste Schuhe sind notwendig, eine zusätzliche gute Taschenlampe ist hilfreich. Der Ausflug wird an den Stränden auch als Tagestour (9–16 Uhr) für 250 Baht angeboten.

Der **Mu Ko Lanta National Park** umfaßt 134 km² Wald auf der Südspitze und 27 km² Meer mit 15 Inseln im Süden und Osten von Ko Lanta. Im Wald werden kleinere Säugetiere, Pythons, Kobras und über 100 Vogelarten geschützt. Leider sind die Parkangestellten nicht in der Lage, die Zerstörung des Waldes aufzuhalten. Auch die Korallenriffe können sie nicht ausreichend schützen. Verantwortungsbewußte Traveller könnten die Bootsleute bitten, ihre Anker nicht einfach zwischen den Korallenstöcken abzuwerfen sondern gezielt im Sand. Übernachten im Park ist zwar nicht verboten, wird aber wegen der fragilen Ökologie nicht gern gesehen. Der National Park ist nur durch die 3 km lange Schotterstraße vom Waterfall Bay Resort zum Leuchtturm beim Headquarter erschlossen. Mit guten Schuhen benötigt man eine gute Stunde für den Weg über Klippen, durch Laubwald und Grasland. Ausreichend Wasser mitnehmen! Am Sandstrand der Tanod Bay kann man sich beim Bade erfrischen.

Übernachtung

KLONG KHONG BEACH – ***Blue Lanta***-***** ⑨, am KM 9; recht schöne Anlage in einer großen, grasbewachsenen Kokosplantage, neue Holzhütten mit dichtem Dach und Balkon, mit Du/WC; Restaurant.
Where Else** ⑩, ***Emerald***** ⑩, und zwei weitere Anlagen sind ganz neu.
Wer kann uns Eindrücke und Informationen schicken?
Lanta Coral Beach** ⑩, schön angelegt im Palmenhain; alle geräumigen, sauberen Holzhütten haben Meeresblick, Moskitonetz und Du/WC, Restaurant am Strand; sehr freundliche Thai-Familie.

KLONG NIN BEACH – ***Lanta Paradise***–***** ⑪, ✆ 01-2291530, am KM 14,5; an einem schönen Sandstrand; neben Fischerhütten stehen sehr eng über 40 stabile, z.T. schöne und preiswerte Bungalows, die meisten mit

KRABI UND KO LANTA

Bad; sehr freundlich, gute Atmosphäre, beliebter Treff der jungen Traveller. Ganzjährig geöffnet. Motorradverleih; Pickup vom Bootsanleger (20 Min. Fahrt).
Lanta Miami Bungalow–***** ⑫, einfache Bambushütten und Holzbungalows südlich der Fischerhütten; gutes Restaurant, vor allem die Fischgerichte; freundliche Besitzer.
Dream Team-***** ⑬, ✆ 01-4771626, am KM 16,5. Hübsche Bungalows mit Terrasse unter Palmen, idyllischer, gepflegter Garten, Sandstrand mit Felsen; im Restaurant werden selbst angebaute Kräuter und Gemüse verwandt, gutes Essen; freundliche, familiäre Atmosphäre.

HAD KANTIANG – ***Sea Sun***** ⑭, am KM 20, ✆ 01-7230497. Eine Muslimfamilie betreut ein Dutzend ebenerdige, häßliche Steinhütten und vergammelte Bambus-Bungalows am vermüllten Bach, sowie einen Holzbungalow*** mit schöner Sicht; Restaurant. Kaum zu empfehlen.

WATERFALL BAY – ***Waterfall Bay Resort*****–***** ⑮, ✆ 01-2284014, ✆ 612806, schöne, sehr ruhige Gartenanlage, 28 z.T. renovierungsbedürftige Bungalows mit 38 in der Saison relativ teuren Zimmern am Strand und am Hügel, ausgestattet mit Möbeln, Fan, Du/WC (in der 2. Reihe nach oben offen) und Balkon. Gern besucht von Kleingetier. Variable Küche (unsere Leser gaben extrem unterschiedliche Kommentare übers Essen ab). Generatorstrom bis 23 Uhr. Man kann zum Wasserfall wandern (90 Min.) und ein wenig in der südlichen Bucht schnorcheln, genußvolles Schnorcheln nur bei Tauch- und Bootsausflügen mit der Tauchschule.
In der Saison ist telefonische Reservierung ratsam.

Die Ostküste

Die Ostküste ist sehr flach und fürs Baden nicht geeignet. Hier liegt der Hauptort der Insel, **Ban Ko Lanta**, mit dem Postamt. Von hier fahren die Versorgungsboote nach Bo Muang auf dem Festland.

Bubu Island

7 km östlich von Ko Lanta Yai liegt die winzige Insel Bubu Island mit einer Bungalowanlage. Hier findet man Ruhe und Einsamkeit.

Übernachtung

BAN KO LANTA – ***Kedah Hut**** ⑯ und ***No Name**** ⑰ bieten einfache Hütten für Leute, die das Boot nach Bo Muang erreichen wollen.

BUBU ISLAND – ***Bubu Island****** ⑲, ✆ 075/612536, ein Dutzend Bungalows mit WC und ein Schlafsaal (80 Baht) sowie relativ teures Restaurant. Sehr netter Besitzer. Von Dezember bis April geöffnet.

KO KAM (auch Ko Gam) – Resort ⑱ mit Bungalows, geleitet von einem netten Spanier und seiner Thai-Frau.

Transport

BUBU ISLAND – Zu erreichen am besten mit Minibus und Boot von *Thammachart* in Krabi, 13 Kongka Rd., ✆ 612536, um 10, 11 und 12 Uhr für 150 Baht p.P.
Ansonsten mit einem gecharterten Longtailboot vom Lanta Pier in BAN KO LANTA für 150–200 Baht in 15 Min.

KO KAM – Anfahrt von Bo Muang oder von Ban Ko Lanta.

DER TIEFE SÜDEN

Highlights

- In natürlichen Pools unter Wasserfällen im Dschungel baden
- An den Felsen Kin Daeng und Hin Muang phantastische Tauchgänge machen
- In einem Strandrestaurant bei Sichon einen scharfen Mangosalat mit getrocknetem Tintenfisch genießen
- Die zweithöchste Stupa Thailands in Nakhon Si Thammarat besichtigen
- Durch die Meereshöhle Tham Morakot schwimmen

Der Tiefe Süden

Südlich der Badeorte nimmt die thailändische Kultur und Mentalität langsam ab, denn hier im südlichsten Landesteil dominieren in den meisten Städten chinesischstämmige Thais, auf dem Land Malaien. Viele Frauen und Mädchen tragen Kopftücher, die Männer und Knaben das typisch muslimische Käppi. Die buddhistischen Wats und die Mönche in ihren gelben Roben wirken neben den vielen Moscheen fast wie Fremdkörper.

Noch vor 20 Jahren galt dieser Zipfel des Landes als unterentwickelte Region ohne Infrastruktur, und die unzufriedene Bevölkerung konnte leicht von den „Freiheitskämpfern" beeinflußt werden. Doch die thailändische Regierung pumpt seitdem viel Geld in dieses Gebiet und bemüht sich sehr, den Südländern das Bewußtsein zu geben, gleichberechtigte und gleichgeliebte thailändische Staatsbürger zu sein. So hat der König einige seiner beeindruckenden landwirtschaftlichen Projekte hier eingerichtet, und er wird vom Volk genauso verehrt wie anderswo.

Auch im tiefen Süden gibt es schöne, jedoch touristisch kaum entwickelte Sandstrände. Entlang der Ostküste werden die relativ kahlen, scheinbar endlosen und von vielen Muschelschalen überzogenen Sandstrände vorwiegend von muslimischen Fischern genutzt. Gut gekleidete einheimische Touristen begnügen sich mit kurzen Spaziergängen im knöcheltiefen Wasser. Erst langsam finden auch Erwachsene Vergnügen am Baden, Plantschen und Schwimmen in Badebekleidung.

Die Strände an der Westküste zwischen Trang und Satun sind vorwiegend sehr flach. Thais lieben es, bei Ebbe trockenen Fußes weit zum Meer hinauszulaufen, Muscheln zu sammeln und auszugraben. Nur wenige westliche Touristen zieht es an diese Ufer. Einige vorgelagerte Inseln locken jedoch mit traumhaften Stränden und unzerstörten Korallenriffen.

Das Hinterland bietet Naturfreunden vor allem schöne Wasserfälle inmitten von üppigem Regenwald.

Eine Besonderheit im Süden sind die Sammeltaxis (alte, meist helle Benz). Sie fahren los, sobald der Wagen voll besetzt ist (4 oder 6 Passagiere) und sind etwa 50% teurer als die weit langsameren Busse.

Khanom – Sichon
ขนอม สิชล

Diese beiden Orte liegen an der Ostküste am Golf von Thailand ca. 75 km östlich von Surat Thani. Auf dem H4014 und dem H401 liegen sie 30 km auseinander. In den nächsten Jahren soll im Meer vor Khanom der riesige Hafen Southern Sea Port East entstehen. Mit Milliardeninvestitionen sollen eine Raffinerie, ein petrochemischer Komplex, Pipelines für Erdöl und Erdgas, eine Eisenbahnlinie und eine 195 km lange Autobahn bis an die Westküste gebaut werden. Dort sollen später einmal japanische Öltanker und Frachtschiffe ihre Fracht entladen, andere Schiffe sollen sie in Khanom wieder aufnehmen. Mit dem gegenwärtigen Tempo der Planungen kann es allerdings noch viele Jahre dauern, bis dieser gigantomanische Traum realisiert wird. Überragt wird das Gebiet vom 814 m hohen Khao Phra. Mit zwei neuen Stichstraßen an der abwechslungsreichen Küste entlang wurden einige schöne Strände erschlossen. Die Strände von Khanom und Sichon weisen unterschiedlichen Charakter auf: am Nordende scheinbar endlos lang, dazwischen sichelförmig geschwungen und von felsigen Kaps begrenzt und im Süden bei Sichon wieder endlos lang.

Die neue Straße H4232 führt durch Kokosplantagen am 7 km langen Sandstrand **Nadan Beach** entlang. 7 km südlich von Khanom liegt hinter einem Felsenhügel die schöne **Nai Plao-Bucht** mit feinem Sandstrand, im Hinterland ein Fischerdorf. Ein Spaziergang um den Hügel am Beginn der Bucht führt über schöne Felsen an hübschen, kleinen Sandstränden entlang. Eine neue Schotterstraße führt am Ende der Bucht 2 km weiter zum wunderschönen, doppelten Sandstrand

Thong Yi am Fuße von dschungelbedeckten Hügeln. Malerische große Felsen teilen den ersten Strand in mehrere Abschnitte auf, während am zweiten ein 400 m langer, einsamer Sandstrand zum Verweilen einlädt. Eine urige Snackbar scheint nur selten bewirtschaftet zu sein.

Es gibt auch zwei Wasserfälle, den **Hinlad-Wasserfall** (1,7 km Fahrweg und 200 m nach links hoch, Wasser strömt aus dem Fels heraus und bildet einen kleinen Fall) und einen weiteren oben in den Bergen. Entdeckernaturen können einen Motorradausflug zur schönen Tropfsteinhöhle **Tham Wang Thong** unternehmen (Richtung Don Sak, 6 km links der Straße H4142). Auch ein Besuch der Tempel **Suwan Ban Pot** und **Kra Dang Nga** kann lohnen.

Direkt von Sichon erreicht man auf der Straße zum Meer die schöne **Hin Ngam-Bucht** mit breitem Sandstrand. In den Strandrestaurants wird u.a. ein hervorragender scharfer Mangosalat mit getrocknetem Tintenfisch serviert *(yam mamuang plamuk fai)*.

Der Weg führt vom hinteren Strand weiter zu einer von Palmen gesäumten Bucht (1,5 km), an der ein großer Freizeitkomplex mit Eigentumswohnungen für betuchte Thais aus Surat Thani und Nakhon Si Thammarat entsteht.

Der kilometerlange Fischerstrand besitzt groben Sand und viele Muscheln. Eine neue, 5 km lange Strandstraße endet nach einer Brücke im Nichts.

Übernachtung

Die Billig-Bungalows sind wegen der geringeren Auslastung (nur am Wochenende und in den Ferien durch Thai-Touristen) wesentlich teurer als in Ko Samui. In der übrigen Zeit kann man hier noch echte Einsamkeit erleben.

NADAN BEACH – ***Alonggot Resort*********, ✆ 075-529119, die nördlichste Anlage direkt am Strand, ein gepflegtes Areal mit 36 Komfort-Bungalows aus Stein.

Tancoo Beach Resort*****, ✆ 529491, 1 km weiter südlich in einer Palmenplantage, mit Disco.

No Name*****, 200 m südlich, 4 Bungalows.

Watanyou Villa****–***, ✆ 529274-5, nochmals 300 m weiter südlich, nur 1,5 km von Khanom entfernt, nette Bungalows im Palmengarten, etwas zurückversetzt. Mit einem repräsentativen Restaurant am Strand. Daneben das 7stöckige *Gold Condotel*, das Apartments ab 1 Million Baht verkauft.

Watchara Resort******, weitere 3,5 km südlich (1000 m von der Nai Plao-Straße), gepflegte Anlage, netter Garten mit Sitzgruppen am schönen Strand, 40 Zimmer in Reihenhäusern, 10 große Bungalows aus Naturmaterial, Bad, große Terrasse.

Relax Beach Resort******, ✆ 529224, 500 m südlich (500 m von der Nai Plao-Straße) am Strand, 20 größere, ordentliche Bungalows.

Tip Montri Resort***** (ac****), ✆ 528147, 500 m weiter direkt an der Abzweigung, neue Anlage, 8 komfortable Bungalows mit Fan oder ac senkrecht zum Strand.

NAI PLAO BAY – ***Supar Royal Beach***, 51/4 Nai Plao, ✆ 528552-3, 📠 528553, E-Mail: supar@sawadee.com; am Beginn der Bucht auf der Landseite, 6stöckiges Hochhaus, 66 geschmackvoll und komfortabel eingerichtete Mittelklasse-Zimmer mit Balkon und Meersicht sowie 19 Bungalows am Strand; Coffee Shop, Restaurant, Auto- und Motorradvermietung.

Nai Plao Bay Resort******, 51/3 Nai Plao, ✆ 529422-4, 📠 529425, an der schönsten Stelle des Strandes, 44 komfortable, geräumige Bungalows mit Fan oder ac, ansprechende Einrichtung aus Naturmaterialien, 5 VIP-Bungalows (2000 Baht), in mehreren Reihen parallel zum Strand, Luxusbungalows dahinter, davor ein weiter Palmengarten. Gutes Restaurant, englische Speisekarte, Motorrad verfügbar. Ab 5 Nächte 10 % Rabatt, Loose-Leser erhalten 50 Baht Rabatt auf die Fan-Bungalows.

G. B. Resort******, 30/1 Nai Plao, ✆ 529253, 1,4 km weiter, am südlichen Ende des Stran-

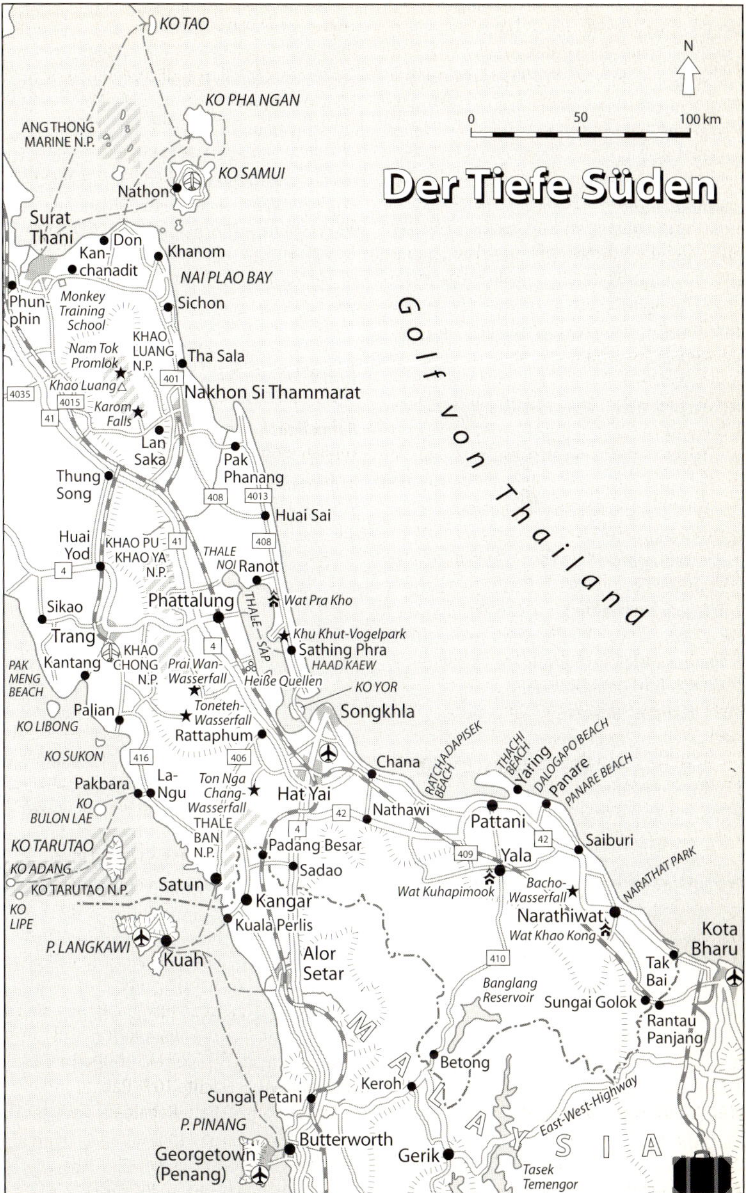

Der Tiefe Süden
Golf von Thailand
0
50
100 km
N
KO TAO
KO PHA NGAN
ANG THONG MARINE N.P.
KO SAMUI
Nathon
Surat Thani
Don
Kanchanadit
Khanom
NAI PLAO BAY
Phunphin
Monkey Training School
Sichon
KHAO LUANG N.P.
Nam Tok Promlok
Tha Sala
Khao Luang
Nakhon Si Thammarat
Karom Falls
Lan Saka
Pak Phanang
Thung Song
Huai Sai
Huai Yod
KHAO PU KHAO YA N.P.
THALE NOI
Ranot
Wat Pra Kho
Sikao
Phattalung
THALE SAP
Khu Khut-Vogelpark
Trang
Sathing Phra
HAAD KAEW
PAK MENG BEACH
Kantang
KHAO CHONG N.P.
Prai Wan-Wasserfall
Heiße Quellen
KO YOR
Palian
Toneteh-Wasserfall
Songkhla
KO LIBONG
Rattaphum
KO SUKON
Chana
RATCHADAPISEK BEACH
THACHI BEACH
Yaring
DALOGAPO BEACH
Panare
PANARE BEACH
Pakbara
La-Ngu
Ton Nga Chang-Wasserfall
Hat Yai
KO BULON LAE
Nathawi
Pattani
THALE BAN N.P.
Saiburi
KO TARUTAO
Padang Besar
Yala
KO ADANG
Sadao
NARATHAT PARK
KO TARUTAO N.P.
Satun
Wat Kuhapimook
Bacho-Wasserfall
KO LIPE
Kangar
Narathiwat
Kuala Perlis
Wat Khao Kong
Kota Bharu
P. LANGKAWI
Kuah
Alor Setar
Tak Bai
Banglang Reservoir
Sungai Golok
Rantau Panjang
MALAYSIA
Betong
Keroh
Sungai Petani
East-West-Highway
P. PINANG
Butterworth
Georgetown (Penang)
Gerik
Tasek Temengor
4035
4015
41
401
408
4013
4
416
406
42
409
410
DER TIEFE SÜDEN

des, sehr ansprechende, neue Anlage mit vielen Pflanzen und Blumen, 5 putzige Häuschen mit Fan, 3 mit ac, netter Raum, freundlich eingerichtet, kleine Du/WC, Terrasse, ac-Zimmer mit Kühlschrank, TV und Heißwasser; Restaurant halb über einem trockenen Teich gelegen, mittlere Preise, Speisekarte in Thai; schattige Sitzgruppen am Strand.

Diamond Cliff****** (auch: Khanab Nam Resort), 99 Nai Plao, ✆ 529147, ℻ 529111, Holz-Reihenhäuser mit Terrasse am felsigen Ende der Bucht und Bungalows (ab 1000 Baht). Das schöne, originelle Restaurant bietet eine tolle Aussicht. Hier wurde 1986 der Film „Devils Paradise" gedreht.

HIN NGAM BAY – ***Prasarnsuk Villa******–**** (Discount an Wochentagen), ✆ 075-536275, weitläufige Anlage, 30 hübsche Bambus-Bungalows mit Fan oder ac, großes Restaurant. In der Nähe liegen viele Seafood-Liegestuhl-Restaurants.

Sailom Bungalow**–***, ✆ 536275, 22 Bungalows mit Fan und ac.

Hin Ngam Bungalow**, ✆ 536406, 800 Meter weiter an der steinigen hinteren Bucht, 6 kleine Bungalows, Restaurant. Nur selten kommen Ausländer hier her.

Piti Parkhome Resort**** (und mehr), ✆ 335300-3, 2 km weiter südlich an der neuen Strandstraße, 2stöckige Reihenhäuser mit Eigenheimen unter Palmen, 22 ac-Zi mit Kühlschrank, TV und Bad, Restaurant, Pool.

Transport

Von BANGKOK mit dem non-ac-Bus um 20 und 20.45 Uhr für 176 Baht, mit dem ac-Bus um 20 Uhr für 317 Baht, mit dem VIP-24-Bus um 20 Uhr für 490 Baht in 11 Std. nach Khanom.

Nach BANGKOK mit dem non-ac-Bus um 10 und 17 Uhr, mit dem ac-Bus und dem VIP-24-Bus um 18 Uhr.

Von SURAT THANI ac-Minibus (50 Baht, 90 Min.) oder non-ac-Bus Richtung Nakhon Si Thammarat bis KLONG LENG und dort per Songthaew für 10 Baht bis Khanom (8 km).

Von NAKHON SI THAMMARAT von 7–18 Uhr jede Std. für 40 Baht.

Khanom und Sichon liegen 20 bzw. 50 km von Don Sak, der Fähranlegestelle nach Ko Samui, entfernt. Von DON SAK nach Khanom mit dem *Small Bus* für 25 Baht.

Von 6–18 Uhr mit dem Tuk-Tuk-Shuttle-Bus weiter zum NAI PLAO BEACH für 15 Baht.

Von THONG SALA auf Ko Pha Ngan mit der *Ferry Line* **Autofähre** um 6 und 14 Uhr für 160 Baht, Auto und 1 Fahrer 350 Baht.

Ab Khanom Pier auf die Insel um 10 und 18 Uhr.

Nakhon Si Thammarat
นครศรีธรรมราช

Kilometerlang erstreckt sich die Provinzhauptstadt (von den Einheimischen nur „Nakhon" genannt) entlang der Ostküsten-Straße, die hier 10 km im Inland verläuft. Wahrscheinlich befand sich an dieser Stelle bereits im 8. Jahrhundert die bedeutende Hafenstadt Ligor, die vielleicht Zentrum des Sri Vijaya-Reiches oder Hauptstadt eines Vasallenstaates des Königs von Palembang auf Sumatra war. Noch immer kann man Reste der alten Befestigung entdecken, deren Ursprünge bereits auf das Jahr 655 zurückgehen sollen.

Im 13. Jahrhundert lag die Stadt noch am Meer und war ein Zentrum für Händler aus Südindien und Ceylon. Hinduistische Einflüsse sind noch heute überall in der Stadt zu sehen und im täglichen Leben der Bewohner zu spüren. Später, unter König Ramesuan (1407) und Narai (1677), wurden die Erdwälle erneuert und durch Mauern aus Ziegeln ersetzt.

In Nakhon gibt es nur wenige Touristen, es ist also nicht verwunderlich, wenn sich die Einheimischen auf der Straße umdrehen und die Schulkinder begeistert winken.

Zentrum

Das neue Stadt- und Geschäftszentrum, wo sich auch die meisten Hotels und Restaurants befinden, ist leicht an den vier Fußgängerbrücken an der zentralen Kreuzung zu erkennen. Es liegt nördlich der alten Siedlung, östlich vom Bahnhof.

Wer zwischen der schönen **Moschee** und dem Kanal die Tha Chang Road Richtung Süden geht, findet rechts einige Geschäfte, die Lederartikel, Schmuck und Kunsthandwerk verkaufen, und links das Tourist Office (TAT). Berühmt ist Nakhon für seine Niello-Ware und die gestanzten Büffelhäute.

Der große **Hua It Markt** findet täglich in der Nähe des Busbahnhofs statt. Ein weiterer großer Markt ist auf der Pak Nakhon Road im Nordosten der Stadt und ein Straßenmarkt in den schmalen Gassen gegenüber vom Bahnhof.

Südlich des Zentrums

Heute sind noch Reste der Befestigungsanlagen zu sehen sowie 250 m der **Stadtmauer**, die einst 2238 auf 456 Meter lang war. Zwei hinduistische Schreine, **Ho Phra Isuan** und **Ho Phra Narai**, befinden sich zu beiden Seiten der Hauptstraße.

500 Meter weiter südlich steht auf dem Gelände der City Hall die moderne Halle **Ho Phra Sihing**, geöffnet Mo–Fr von 9–16 Uhr. In dieser wird die berühmte Buddha-Statue Phra Buddha Sihing aufbewahrt – eine jener drei Figuren, die jede für sich den Anspruch erhebt, das aus Ceylon stammende, alte Original zu sein.

Die anderen beiden stehen im Nationalmuseum von Bangkok und im Wat Phra Sing von Chiang Mai.

Wat Mahathat

Mit einem der Stadtbusse, die alle in Nord-Süd-Richtung fahren, erreicht man das Wat Mahathat, den ältesten, bedeutendsten und sicherlich interessantesten Tempel von Süd-Thailand. Das Wat soll nach der Überlieferung im 8. Jahrhundert von König Si Thanna Sokarat errichtet worden sein, nach archäologischen Funden zu schließen, stammt es aus dem 7. bis 12. Jahrhundert. Die mit 77 m Höhe zweitgrößte Stupa Thailands, Phra Borommathat genannt, wurde während der Sri Vijaya-Herrschaft errichtet, als die Ideen des Buddhismus im Land Verbreitung fanden. Angeblich wird hier eine Zahnreliquie Buddhas aufbewahrt. Die Anlage wurde 1994 restauriert.

Ein Wandelgang, in dem über 100 Buddhastatuen stehen, begrenzt den inneren Tempelbezirk. Weitere Buddhastatuen stehen im quadratischen Unterbau der zentralen, 77 m hohen **Stupa** im ceylonesischen Stil, deren Spitze vergoldet ist. Sie umgeben zahlreiche kleinere Chedis.

Die Legende vom Smaragd-Buddha
Vor etwa 1700 Jahren erlitt die indische Prinzessin **Hemshela**, so die Legende, an dieser Küste Schiffbruch. Aus Dankbarkeit für die Rettung gründete sie die Stadt Nakhon Si Thammarat und stiftete den Smaragd-Buddha, den sie an Bord hatte. Falls die Legende stimmt, wäre dieser Smaragd-Buddha, der heute im Wat Phra Keo in Bangkok hochverehrt wird, eine der frühesten Buddha-Statuen überhaupt.

Ein Gebäude, das nördlich an den Wandelgang grenzt, enthält eine große, stehende Buddha-Statue, die von verschiedenen mystischen Wesen bewacht wird. Im **Tempelmuseum** ist der Klosterschatz in unglaublicher Unordnung ausgestellt. Geöffnet tgl. 8.30–12 und 13–16.30 Uhr, Eintritt 20 Baht. Auch das Wat-Gelände wird bereits um 16.30 Uhr geschlossen, die Mönche wohnen gegenüber im **Wat Na Phra Boromathat**.

An zahlreichen Ständen des **Handicraft Centers** im südlichen Tempelbereich werden Souvenirs und Kunstgewerbe-Artikel der Region angeboten – Messing-, Bronze- und Silberarbeiten, Schattenspiel-Figuren, Korbwaren usw., außerdem Magenfüllendes an Essenständen mit überaus freundlichen Verkäufern.

Nationalmuseum

Noch weiter im Süden liegt das neue, große Nationalmuseum. Im Erdgeschoß sind prähistorische Funde, buddhistische und hinduistische Kunstwerke der malaiischen Halbinsel sowie alte Stein-Inschriften ausgestellt. Das Obergeschoß enthält Ausstellungsstücke verschiedener Regionen: Sawankhalok-Keramik, chinesisches Porzellan, hinduistische Bronzefiguren und Schattenspielfiguren. Geöffnet täglich außer Mo, Di und feiertags von 8.30–16.30 Uhr, Eintritt 10 Baht.

Übernachtung

Viele Hotels liegen in der Nähe des Bahnhofs.
New Si Thong** ②, 1547/2-3 Yommaraj Rd., ✆ 356702, Zimmer mit Fan.
Udom** ⑦, 1461/8-9 Yommaraj Rd., ✆ 356310, kein engl. Schild, in 2. Reihe, durch die Einfahrt zu erreichen, etwas ruhiger, Zimmer mit Fan und Du/WC.
Nakorn** ⑧, 1477/5 Yommaraj Rd., ✆ 356318, saubere Zimmer mit Fan und Bad, aber starker Straßenlärm.
Bua Luang**–*** (auch *Bue Loung*) ⑨, 1487/19 Soi Luang Muang, ✆ 341518, Fax 342977, große, saubere Zimmer mit Fan oder ac, nicht gar so laut.
Montien**–**** ⑥, 1509/40 Yommaraj Rd., ✆ 341908-10, Fax 345561, neben dem Bahnhof.
Thai Lee** ⑩, 1130 Ratchdamnoen Rd., ✆ 356948, sauberes, relativ ruhiges Hotel an der Hauptstraße, große Zi mit Fan und Du/WC.
Thai Hotel**–**** ④, 1375 Ratchdamnoen Rd., ✆ 341509, Fax 344858, große ac-Zimmer und guter Service, laut; für das Gebotene sehr preiswert.
Taksin***–**** ①, 1584/23 Si Praj Rd., ✆ 342790-4, Fax 342794, ordentliche Zimmer.
Nakhon Garden Inn***–**** ⑪, 1/4 Pak Nakhon Rd., ✆ 344831-5, Fax 342926, gutes Hotel östlich der Innenstadt, ac-Zi, Restaurant.
Grand Park Hotel**** ⑫, 1204/79 Pak Nakhon Rd., ✆ 317666-73, Fax 317674, neues Hotel östlich der Innenstadt.
The Twin Lotus**** ⑬, 97/8 Phathanakan Khu Kwang Rd., ✆ 323777, Fax 323821, First-Class-Hotel im Süden der Stadt, 120 ac-Zimmer; Restaurant, Swimming Pool.

Essen

Im Ort gibt es zahlreiche Bäckereien und Foodstalls, sowie viele Restaurants in der Chamroen Vithi Rd. Dort findet man auch einen lebhaften Nachtmarkt mit Essenständen.

Sonstiges

FESTIVALS – An Feiertagen werden noch Aufführungen des traditionellen **Schattenspiel-Theaters** gezeigt, das vor allem im malaiischen und indonesischen Raum weit verbreitet war, aber im Aussterben begriffen ist. Allein in Nakhon soll es noch 300 Schattenspieler geben.
Beim dreitägigen Fest **Hae Pha Khun That** zu Vollmond im Februar/März werden religiöse Zeremonien durchgeführt; bei einer Prozession wird ein langes, mit der Geschichte des Buddha bemaltes Tuch mitgeführt und um die Buddha-Reliquie geschlungen.
Prapheni Duan Sip, das Festival des zehnten Monats, wird ab dem ersten Tag des abnehmenden Mondes im September/Oktober für 10 Tage gefeiert; dieses tief religiöse Fest findet vor allem am Mahathat-Tempel statt: Ausstellungen, Cultural Shows (mit Schattentheater und Nora-Tanz), farbenfrohe Essensprozession, u.v.m.

INFORMATIONEN – Im ***Tourist Office*** (auf Thai: *Tho Tho Tho)* in der Tha Chong Rd., ✆ 346515-6, Fax 346517, beraten freundliche, gut englisch sprechende Angestellte. Naturliebhaber und Trekker sollten nach dem tollen *Nature Guidebook Khao Luang National Park* fragen. Termine der Feste sind einige Monate zuvor bekannt. Das Büro ist auch für Trang und Phattalung zuständig.

POST – ein Postamt liegt südlich vom neuen Zentrum in der Ratchdamnoen Rd., ein weiteres beim National Museum.

TELEFON – Auslandsgespräche vom ***Telephone Office*** hinter dem Rathaus.

Übernachtung:
1. Taksin H.
2. New Si Thong H.
3. Phet Phai Lin H.
4. Thai H.
5. Siam H.
6. Montien H.
7. Udom H.
8. Nakorn H.
9. Bua Luang H.
10. Thai Lee H.
11. Nakhon Garden Inn
12. Grand Park H.
13. The Twin Lotus

Transport:
1. Minibus→Ko Samui
2. Ac-Minibus→Krabi
3. Ac-Minibus→Phuket
4. Ac-Minibus→Trang
5. Thai Airways
6. Sammeltaxis
7. Ac-Minibus→Sichon, Khanom, Surat Thani
8. Minibus→Hat Yai
9. Bus→Bangkok (Sopon Tour)
10. Sammeltaxis
11. Pickup→Sichon, Karom Falls

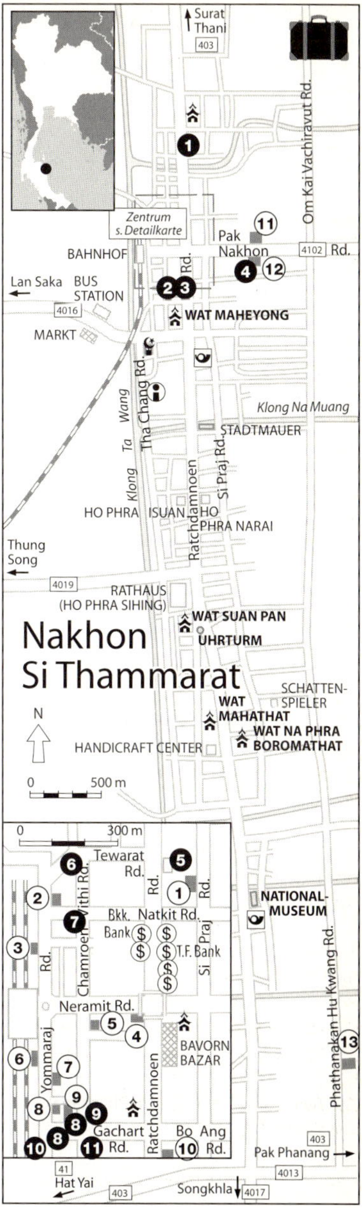

UNTERHALTUNG – Im Bavorn Bazar gibt es eine westliche Bar mit Live Music und Videoclips, auch westliches Essen wird geboten.

VORWAHL – 075; PLZ: 80 000.

Nahverkehrsmittel

Entlang der Hauptstraßen der langgestreckten Stadt fahren Minibusse (Songthaew) für 5 Baht. Außerdem gibt es Fahrrad-Rikschas (3stündige Sightseeing-Tour 60 Baht).

Transport

BUSSE – Von BANGKOK, 805 km, fahren non-ac-Busse 5x tgl. für 190 Baht, 2.Kl. ac-Busse um 17.30 und 20.30 Uhr für 266 Baht, ac-Busse um 9 Uhr und alle 30 Min. zwischen 18 Uhr und 20.30 Uhr für 342 Baht, VIP-24 Bus um 19 Uhr für 530 Baht in 12 Std.
Zurück am Morgen und zwischen 16.30 und 18.30 Uhr, u.a. bei ***Sopon Tour***, ✆ 341221.
Vom Busbahnhof, etwa 1 km südwestlich vom Bahnhof an der Straße H4016 Richtung Westen, fahren Busse nach SURAT THANI bis 16.20 Uhr für 37 Baht (ac 53 Baht), KRABI 50 Baht (ac 80 Baht in 3 Std. direkt) und PHUKET 93 Baht (ac 129 Baht) bis 14.15 Uhr, TRANG bis 13.30 Uhr für 36 Baht, PHATTALUNG alle 30 Min. bis 17.30 Uhr für 31 Baht, HAT YAI bis 16.15 Uhr für 55 Baht (ac 75 Baht), SONGKHLA bis 17 Uhr für 46 Baht (ac 71 Baht), CHUMPHON 85 Baht, SICHON 18 Baht, KO SAMUI mit ac-Bus um 11.10 Uhr für 100 Baht.

MICROBUS – Die *Microbus* genannten ac-Minibusse fahren von verschiedenen Stellen in der Stadt zu jeder vollen Std. ab (siehe Stadtplan).
Nach PHUKET gegenüber vom Rathaus bis 16 Uhr für 150 Baht in 5 1/2 Std., nach KRABI von derselben Stelle bis 16 Uhr für 80 Baht in 2 1/2 Std.
Nach HAT YAI von der Gachart Rd. bis 17.40 Uhr für 100 Baht in 2 1/2 Std.
Nach TRANG von der Bo Ang Rd. bis 17 Uhr für 70 Baht in 2 Std.
Nach SURAT THANI nördlich vom Bahnhof bis 17.30 Uhr für 100 Baht in 2 1/2 Std.
Nach KO SAMUI und KO PHA NGAN mit ac-Microbus von *Sichon Pattanakit*, nördlich hinter der Brücke rechts, nur um 7.15 und 11.30 Uhr für 100 Baht in 5 Std.

SAMMELTAXIS – Ab der südlichen Yommaraj Rd. bis 17 Uhr nach SURAT THANI für 80 Baht, PHATTALUNG 80 Baht, TRANG 70 Baht, HAT YAI und SONGKHLA 90 Baht.

EISENBAHN – Eine Abzweigung der südlichen Bahnlinie endet hier. Von BANGKOK mit dem *Rapid* Nr.47 um 17.35 Uhr oder mit dem *Express* Nr.15 um 19.15 Uhr ab 348 / 173 Baht in der 2. / 3.Kl. (Ankunft um 8.40 bzw. 9.30 Uhr). Weitere 7 Züge halten in THUNG SONG, 58 km südwestlich von Nakhon.
Um 13.45 und 15.40 Uhr fahren der *Rapid* Nr.48 und der *Express* Nr.16 Richtung BANGKOK, wo sie um 5.10 bzw. 5.50 Uhr ankommen.
Nach Süden kommt man mit dem lokalen Zug Nr.131 um 6 Uhr über HAT YAI (37 Baht) bis SUNGAI GOLOK (Ankunft 14.50 Uhr) und um 11 Uhr bis YALA (Ankunft 17.50 Uhr).

FLÜGE – Der Flugplatz liegt im Norden der Stadt, wo auch eine große Fallschirmjäger-Einheit stationiert ist. ***Thai Airways*** fliegt tgl. am Morgen von / nach BANGKOK für 1770 Baht.
Nakorn Bhan, 1612 Ratchdamnoen Rd., ✆ 342491, verkauft Thai Airways-Tickets.

Die Umgebung von Nakhon Si Thammarat

Khao Luang National Park

Seit 1984 kann man den 570 km² großen Nationalpark besuchen, der bei den Einheimischen nur als *Nam Tok Karom* bekannt ist. Er erstreckt sich rings um den 1835 m hohen Khao Luang. Der **Karom-Wasserfall** liegt 28 km westlich der Stadt, 2 km nördlich der Straße H4015 nach Chawang. Hinter Ban Ron, 8 km hinter Lan Saka, zweigt die Straße am KM 20 (Schild: *„Karom Falls 2 km“*) ab. Minibusse ab Nakhon Si Thammarat für 15–20 Baht (nach *Nam Tok Karom* fragen), dann 2 km zum *Visitor Center* gehen (evtl. Motorrad-Taxi für 50 Baht). Songthaew-Charter in der Stadt 300 Baht pro Tag. Das ist allerdings schwierig zu organisieren, da kaum jemand englisch spricht. Oberhalb des Parkplatzes befindet sich evtl. ein Kiosk mit Getränken. Essen ist ohne Thai-Kenntnisse kaum zu bekommen. Am Wochenende sollten Ruhebedürftige den Wasserfall meiden.

Durch dichten Monsunwald, vorbei an Urwaldriesen und Baumfarnen, stürzen die **Karom-Wasserfälle** einige hundert Meter über mehrere Stufen bis zu 40 m tief die Felsen hinunter. Einige Kilometer weit ist ein Pfad an den beeindruckenden 19 Fällen entlang begehbar. Ein großer natürlicher Swimming Pool mit glatten Felsen und natürlichen Rutschbahnen am 7. Fall ist die Attraktion für die Jugend der Umgebung, selbst an Werktagen. Eintritt für Ausländer 15 Baht, Autos 20 Baht.

Zu einem weiteren, nicht so spektakulären Wasserfall, **Nam Tok Phrom Lok**, gelangt man auf dem H4016 und dem H4132 über Phrom Khiri, etwa 20 km nordwestlich der Stadt (z.Zt. bestehen keine Übernachtungsmöglichkeit). Daneben steht ein neuer *King Palace*.

Vom *Khao Luang Nature Education Centre* beim Dorf **Khiriwong**, 26 km westlich der Stadt, können Trekker bei guter Vorbereitung in ca. 14 Std. den Gipfel des **Khao Luang** (1835 m) besteigen.

Am ersten Tag wandert man in 4 Std. an einigen Wasserfällen entlang bis auf 600 m Höhe, wo in dichtem Dschungel in einer Rasthütte übernachtet wird. Am zweiten Tag wird der Pfad teilweise sehr steil. Baumfarne, Bergorchideen, Begonien und Rhododendron bieten Abwechslung im unberührten Dschungel. Führer und Träger organisiert der *Khiriwong Ecotourism Club*. Das Permit wird im National Park Büro erteilt. Weitere Infos im *Nature Guidebook*, das im Tourist Office erhältlich ist.

Weniger anstrengend gestaltet sich die Wanderung auf dem *Krung Ching Nature Trail* im Norden des Parks. Durch dichten Dschungel, bis vor wenigen Jahren noch Rückzugsgebiet kommunistischer Guerillas, geht es zum 7stufigen **Krung Ching Wasserfall**. Der Führer aus dem *Krung Ching Park Büro* erhält ein Trinkgeld. Das Büro liegt im Norden des Parks, zu erreichen auf den Straßen H4016, H4186 und H4188 (ca. 70 km nördlich der Stadt). Weitere Infos im *Nature Guidebook*, das im Tourist Office erhältlich ist.

Am Nordrand des Parks bieten einige Dörfer **Wildwasserfahrten** mit Gummikanus auf dem Khlong Klaai sowie **Elefantentrekking** zurück zum Dorf an. Anmeldung ist drei Tage im voraus erforderlich bei Mr. Pairote, ✆ 075-309004.

Strände

Der **Savanniwat Beach**, 20 km nördlich, ist ein beliebter Picknickplatz der Einheimischen und ziemlich verschmutzt. In der Nähe liegen reichlich Puff-Bungalows am Strand. Auch das Fischerdorf **Pak Phanang**, auf dem H4013 nach 28 km erreichbar, hat nichts Besonderes zu bieten. Hier liegt irgendwo das *Supachok Hotel***-***, 46/2 Phanit Samphan Rd., ✆ 075-517201, mit 40 Zimmern. Die Straße geht über die neue Brücke 4 km weiter nach Osten bis zum Sandstrand. Das *Shane Resort*** liegt 1 1/2 km südlich davon, hat 5 Bungalows und etwa eine Million Moskitos, ansonsten ist es angenehm.

Auf der schmalen Landzunge kann man bis zur Landspitze **Laem Talumpuk** fahren. Wegen der unzähligen Krabbenfarmen ähnelt die Straße H408 entlang der Küste nach Songkhla (s.S. 568) einer Mondlandschaft.

Das durch Zinnminen mit Arsen verseuchte Wasser zwischen Ron Phibun und Pak Phanang gefährdet nach Berichten der *Bangkok Post* die Landbevölkerung in hohem Maße. Davon sind auch die Shrimp-Farmen in der Bucht von Pak Phanang betroffen.

Phattalung

พัทลุง

Die kleine Provinzhauptstadt an der Bahnlinie Richtung Hat Yai liegt inmitten von Reisfeldern. Der Highway passiert die Stadt etwa 3 km außerhalb. Aus der Ebene erheben sich zwei große Kalkfelsen, in denen sich buddhistische Höhlentempel befinden, z.B. Wat Kuha Sawan im Westen der Stadt. Wahrscheinlich dienten diese Höhlen bereits während der Sri Vijaya Periode (8.–13. Jh.) als Meditationskloster, denn es wurden dort zahlreiche Votivtafeln aus jener Zeit gefunden. In einer Tropfsteinhöhle stehen etwa 40 Buddha-Statuen, darunter ein großer ruhender Buddha.

In Phattalung werden die traditionellen Künste gepflegt. So findet im April ein Schattenspiel-Wettbewerb statt, im Juni ein Tanzwettbewerb im dramatischen Tanz Manohra und im Oktober ein Trommel-Wettbewerb.

Übernachtung und Essen

Hor Far Hotel**–*** (auch *Ho Fah*) ①, 28-30 Kuha Sawan Rd., ✆ 611922, ℻ 613380, saubere Zimmer mit Fan oder ac, freundliches Personal.

Thai Hotel**–*** ③, 14 Dissara-Sukharin Rd., ✆ 611636, hervorragende Zimmer mit Fan oder ac und Telefon, Radio.

Dina Inn*** (Schild: *Dee Na Inn*) ②, 1/20 Saiburi Rd., ✆ 613029, 1,4 km westlich der Stadt links, Anlage à la Vorhanghotel mit 24 ac-Zi.

Lampam Resort**–**** ⑤, ✆ 611486, am Hat Sansuk Lampam (s.u.), 8 km östlich. 20 hübsche Bambus-Bungalows mit Bad und Fan.

*Patalung** ④, abzuraten.
Sehr gutes Essen gibt es billig auf dem Nachtmarkt.

Sonstiges

INFORMATION – ***Phattalung Tourist Center***, ✆ 611201, am Eingang zum Rathaus, ca. 1 km westlich. Infos über die Provinz und Verkauf von lokalem Kunsthandwerk. Sollte eigentlich werktags von 8–16 Uhr geöffnet sein.

TELEFON – Auslandsgespräche bei der Post im Obergeschoß von 8–20 Uhr.

VORWAHL – 074; PLZ: 93 000.

Transport

BUSSE – Vom Southern Bus Terminal in BANGKOK, 888 km, fahren non-ac-Busse um 20.30 Uhr für 209 Baht in 15 Std., ac-Busse um 19.30 und 20 Uhr für 376 Baht, der VIP-24-Bus um 18.30 Uhr für 560 Baht in 13 Std. Nach BANGKOK mit dem non-ac-Bus um 19 und 20.30 Uhr, ac-Bus um 16 und 16.30 Uhr, der VIP-24-Bus um 16 Uhr.
Von der Bus Station fahren Busse außerdem nach HAT YAI alle 30 Min. für 26 Baht in 90 Min., nach NAKHON SI THAMMARAT für 31 Baht, nach TRANG für 18 Baht.
Busse nach HAT YAI fahren auch gegenüber der *Thai Farmers Bank* ab.
Minibus nach HAT YAI für 40 Baht in 80 Min. jeweils zur halben Stunde, Sammeltaxi nach TRANG für 40 Baht in 1 Std., nach NAKHON SI THAMMARAT für 80 Baht in 2 1/2 Std.
Vom Süden Richtung Bangkok fahrende Busse halten 3 km außerhalb an der Highway-Kreuzung.

EISENBAHN – Mit dem lokalen Zug (3. Klasse) nach Hat Yai 5x tgl. für 18 Baht, nach NAKHON SI THAMMARAT 3x tgl. für 22 Baht und nach SURAT THANI 2x tgl. für 42 Baht.

Die Umgebung von Phattalung

Tham Malai

Nach etwa 2 km Fußmarsch an den Bahngleisen entlang Richtung Norden erreicht man das Höhlenkloster Tham Malai. Wer die

Höhlen besichtigen will, braucht eine Taschenlampe. Der zentrale Chedi wird von 32 Mönchs- und Buddhafiguren in verschiedenen Körperhaltungen umrahmt. Von oben geht der Blick über die Reisfelder bis zu den Bergen im Westen und über die Kalkfelsen bis zum Meer und zum großen Binnensee **Thale Sap** im Osten.

Hat Sansuk Lampam

Auf der Hauptstraße nach Osten (H4047) fährt man 8 km zum Binnensee Thale Sap (Songthaew links vor der Eisenbahnkreuzung für 5 Baht). Am flachen, kaum knietiefen Strand **Hat Sansuk Lampam** machen viele Thai-Familien am Wochenende und am Abend Picknick; viele Imbißbuden.

Auf der anderen Flußseite liegt das Lampam Resort mit einem Seafood-Restaurant (angemessene Preise). Ein Ausflugsboot zur Vogelbeobachtung fährt auf den See hinaus, wahrscheinlich aber nur an Wochenenden. Ein Longtailboot fährt täglich um die Mittagszeit nach Osten über den See.

Thale Noi

Der flache Süßwassersee Thale Noi, etwa 36 km nordöstlich der Stadt, ist ein großes **Vogelreservat.** Von Januar bis März – nachdem die Monsunwinde abgeebbt sind – machen hier viele Zugvögel Station: Weißer Ibis, Storch, Kormorane, Graureiher und fast 200 weitere Arten, vor allem Wasservögel. Am besten schon vor 7 Uhr morgens mit dem Boot hinausfahren. Schön sind die riesigen Felder von lila blühenden Seerosen im Januar. Übernachtungsmöglichkeit in Bungalows auf Pfählen mit 2, 4 oder 8 Betten ab 300 Baht (müssen anscheinend 2 Wochen vorher reserviert werden). Für 150 Baht kann man privat übernachten, beim Restaurant *Rim Nam* nachfragen. Busse nach Thale Noi fahren ab der Niwas Road für 12 Baht.

Vogelkundlern sei die 16seitige, informative Broschüre „Nature Guidebook Thale Noi" empfohlen, die auch im Tourist Office von Nakhon Si Thammarat kostenlos zu bekommen ist.

Heiße Quellen

30 km südlich von Phattalung kann man in heißem Wasser baden, das mit 52°C aus einer Quelle am Fuße eines Kalksteinfelsens sprudelt (bekannt als *Bo Nam Ron - Nam Yen*). Im Gelände eines Klosters sind Badehäuschen mit Schöpfdusche und ein Thai-Dampfbad eingerichtet. Es kostet keinen Eintritt, aber eine Spende wird erwartet. In einem halbrunden Felsenkessel liegt ein Lotusteich mit Picknicktischen. Viele Grotten sind in den Felsen zu sehen. Von Phattalung auf dem H4 nach Süden fahren, am KM 46,4 nach links auf den H4081 abbiegen, auf dem guten Sträßchen bis zum Dorf **Khao Chai Son** (6,6 km) fahren, vor der Polizei nach rechts abbiegen, nach 100 m nochmals rechts, dann sind es noch 1,8 km zum Klosterhof am Fuße der Felsen. Ohne eigenes Fahrzeug am besten mit einem lokalen Hat Yai-Zug für 4 Baht nach Khao Chai Son fahren und ca. 3 km zu Fuß gehen oder ein Motorradtaxi nehmen.

Die übrigen, an der Abzweigung vom H4 ausgeschilderten *Tourist Attractions* sind keinen Abstecher wert.

Wasserfälle

In einem dichten, herrlichen Dschungel fällt der **Prai Wan-Wasserfall** in einer Serie von Kaskaden die Felsen der Banthat Bergkette herab. Ein steiler, nicht ungefährlicher Pfad führt ca. 120 m hoch zu den höchsten Fällen, viele Badeplätze bieten sich an, aber kein Swimming Pool. Am Fuße der Fälle stehen etwa ein Dutzend Bambushütten, in denen Snacks und Getränke angeboten werden. Viel Müll trübt im unteren Teil das Dschungelerlebnis.

Der einsame **Nokrum-Wasserfall** am KM 43,4 des H4122 (dann 1200 m auf schlechtem Fahr- und Fußweg) ist nur 4 m hoch, bildet aber einen schönen Swimming Pool.

Westlich des H4122 stürzen noch mindestens vier weitere sehenswerte Wasserfälle von den Bergen herab: weiter südlich der **Mom Jui-Wasserfall** (mit großem Parkplatz), sowie weiter nördlich der **Pliu-Wasserfall** mit schönen, hohen Kaskaden, der **Ban Tone-Wasser-**

fall und der besonders schöne **Khao Khram-Wasserfall**, der mehrere klare Swimming Pools bildet (25 km westlich von Phattalung 3 km nach Süden fahren und 3 km wandern).

Von Phattalung zum Prai Wan-Wasserfall fährt man mit einem Minibus nach Kongra (20 Baht) am H4122 oder nach Mae Khri am H4 Richtung Hat Yai. Von beiden Orten fahren Minibusse nach Ban Phut (4 bzw. 12 Baht). Die letzten 3,4 km kann man ein Moped chartern (20 Baht) oder zu Fuß gehen. Mit dem eigenen Fahrzeug fährt man von Phattalung auf dem H4 Richtung Trang bis zum KM 26,4 und biegt dort auf den H4122 ab. Dieser führt 27 km nach Süden durch eine schöne Landschaft mit bizarren Hügeln und Reisfeldern über Ban Kongra bis zum Dorf Ban Phut. Am KM 37,3 biegt ein Schotterweg durch Gummiplantagen zum Nam Tok Prai Wan ab.

Trang

ตรัง

Eine angenehme, lebhafte Provinzhauptstadt mit modernen, gut bestückten Läden. Trang hat 50 000 Einwohner, darunter viele Chinesen. Fast 2000 Jahre lang lag Trang am Meer und war eine bedeutende Handelsstadt. Im 19. Jahrhundert wurde sie wegen der ständigen Bedrohung durch Flutwellen weiter ins Landesinnere verlegt. Heute dient sie hauptsächlich als wichtiger Umschlagplatz für den Kautschuk, der in der Umgebung in Familienbetrieben gewonnen wird. Die Stadt macht einen wohlhabenden Eindruck. Seit Chuan Leekpai, ein Sohn der Stadt, zum allseits geachteten Ministerpräsidenten von Thailand gewählt wurde, hat sich auch ein neues Selbstbewußtsein der Bewohner entwickelt.

Wer von Süden kommt, wird vom großen, gedeckten **Markt** im Stadtzentrum beeindruckt sein. Einige der chinesischen Tempel bieten hochinteressante Höllendarstellungen.

Als kaum mehr erträglich empfinden wir den Höllenlärm, den die Dreirad-Scooter in der Stadt veranstalten.

Westliche Touristen sind hier häufig noch bestaunte Attraktionen. So manchen Traveller zieht es an die einsamen Strände der Provinz und auf die kaum bekannten Inseln vor der Küste. Touristisch allenfalls für Wochenendausflügler erschlossen, sind diese Ziele nicht ganz einfach zu erreichen und nur für Entdeckernaturen interessant, die auf jeglichen Komfort verzichten und sich einigermaßen auf Thai verständlich machen können. Ein guter Sprachführer mit Thai-Schrift ist Gold wert. Die beste Zeit für Fahrten entlang der Westküste und zu den Inseln ist von Dezember bis April. Die Wasserfälle wirken während der Regenzeit (Juni–Nov.) am eindrucksvollsten.

Übernachtung

GÄSTEHAUS – ***Akachai Apartment***** ⑥, 3 - 11 Kao Rd., ✆ 210326, modernes Stadthaus, Zimmer mit Bad, Ausländer werden im obersten Stock einquartiert, unten herrscht viel Betrieb. Vermietet Mopeds (250 Baht/Tag).

HOTELS – Im Zentrum liegen mehrere Chinesenhotels an lauten Straßen.

Koh Teng** (ac**-***) ⑩, 77-9 Praram 6 Rd., ✆ 218622, gefiel uns recht gut, sauber, Zimmer mit Fan im ruhigen hinteren Gebäudeteil, beliebte Restauranthalle; freundlicher Besitzer.

Pet Hotel–*** ⑧, billig, aber sehr laut.

Queens** (ac***) ⑦, 85-89 Wisetkun Rd., ✆ 218940, ordentlich.

Watana** (ac***) ⑨, 127/3 Praram 6 Rd., ✆ 218288, große, saubere Zi mit Du/WC.

Trang Hotel**** ⑪, 134/2-5 Wisetkun Rd., ✆ 218944, Fax 218451, neues Gebäude am Uhrturm, große, saubere Zimmer, nach hinten ruhiger (Discount möglich).

Thumrin Hotel**** ⑬, Satani Rd., ✆ 211011, Fax 218057, 100 m vom Bahnhof; das vollklimatisierte Hotel ist ruhig, da schallisoliert. Sehr gutes Restaurant, freundliches Personal.

Trang Plaza Hotel ③, 132 Phattalung Rd., ✆ 226902-9, Fax 226901, 1 km östlich vom Zentrum vor dem Park rechts, neues,

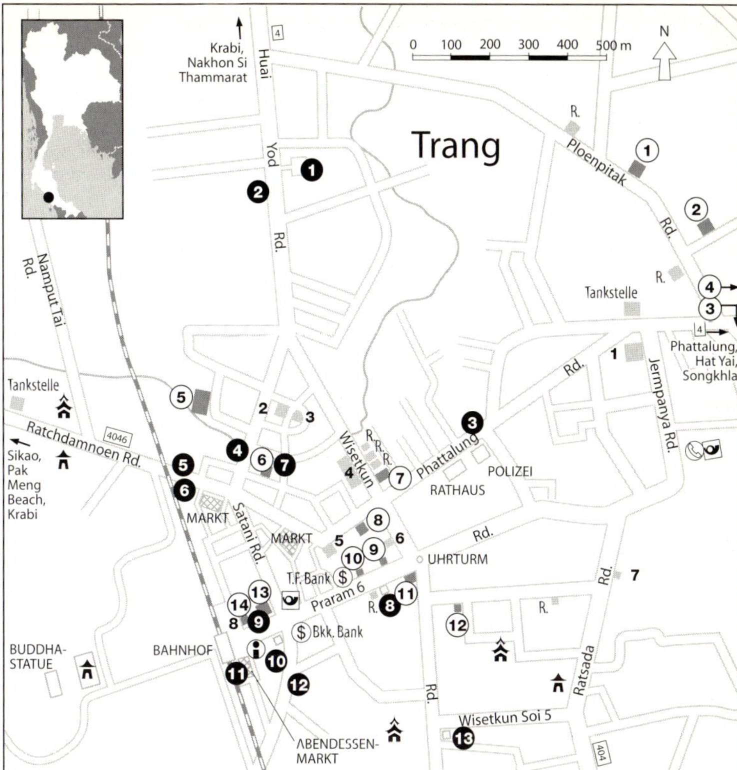

Übernachtung:
(1) Ragjan H.
(2) Nanti Motel
(3) Trang Plaza H.
(4) M.P. Hotel
(5) Thumrin Thana H.
(6) Akachai Apartment
(7) Queens H.
(8) Pet H.
(9) Watana H.
(10) Koh Teng H.
(11) Trang H.
(12) Plaza H.
(13) Thumrin H.
(14) Sritrang H.

Läden, Restaurants etc.:
1 Siriban Shopping Center
2 Essenmarkt
3 Relax Pub
4 Disco, Kino, Coffee Shops
5 Richy R. + Bakery
6 Buchladen
7 Chai Pla Pao R.
8 Wunderbar R.

Transport:
❶ Bus Terminal
❷ Taxi→Phuket, Krabi
❸ Taxi→Hat Yai, Phattalung
❹ Bus→Nakhon Si Thammarat
❺ Minibus→Pak Meng, Surat Thani
❻ Taxi→Pak Meng
❼ Motorradvermietung
❽ Mopedvermietung
❾ Trang Tour Service, Minibus→Ko Lanta, Pakbara, Hat Yao, Hat Chao Mai, Ko Libong
❿ Trang Travel
⓫ Taxi→Kantang
⓬ Bus/Taxi→Kantang
⓭ Thai Airways
⓮ Bus→Satun, La-Ngu, Palian; Taxi→Satun, Palian, Ko Sukon

Flugplatz, Satun

14stöckiges Hotel mit Aufzug, 196 große ac-Zimmer mit großem Bad ab 1100 Baht (inkl. Frühstück); gutes chinesisches Restaurant, Coffee Shop, abends Live Musik in der Lounge; Swimming Pool, Jacuzzi, Autovermietung; Rolli-gerecht.

Thumrin Thana Hotel (5), 69/8 Trang Thana Rd., ✆ 211211, 📠 223288, neues, First-Class-Hotel mit Aufzug, 289 große ac-Zimmer mit großem Bad ab 1200 Baht; Restaurant, Coffee Shop; Swimming Pool, Autovermietung.

M. P. Hotel ④, Phattalung Rd., ✆ 214230-45, 📠 211177, am Stadtrand, wie ein Schiff geformt; 191 luxuriöse Zimmer ab 1000 Baht.

Essen

Gute, billige Chinesen-Restaurants liegen an der Straße hinter der Markthalle, gute Restaurants auch neben dem Queens Hotel.
In der ***Wunderbar*** gegenüber vom Bahnhof wird gutes europäisch-thailändisches Essen zu akzeptablen Preisen serviert, leckeres Eis.
Frühstückstreff der Traveller ist ab 7.30 Uhr die Restauranthalle des ***Koh Teng Hotels***. Der freundliche Besitzer kümmert sich aufmerksam um seine Gäste.
Nachtmärkte finden vor dem Bahnhof und beim Uhrturm statt, schließen aber recht früh.
Im ***Siriban Shopping Center*** findet man u.a. einen *KFC* und einen *Coffee Shop*, in dem echter Kaffee gereicht wird.
Viele Gartenrestaurants an der Peripherie der Innenstadt laden zum Dinieren im Thai-Stil ein. Vorzüglich ißt man im Coffee Shop des ***Thumrin Hotels***, lecker ist z.B. *Crispy Duck*.
Spezialität von Trang ist Spanferkel, serviert mit vielen kleinen, chinesischen Happen.

Sonstiges

BÜCHER – Im *Bookshop* neben dem Uhrturm gibt es evtl. die 172seitige Broschüre *Trang* für 60 Baht, die zwar überwiegend in Thai geschrieben ist und viel Werbung enthält, aber alle Naturschönheiten in Wort und Bild aufführt.

DISCO – Im Keller des ***Trang Rama Kinos***, gegenüber Queens Hotel, ist abends Disco.

FESTIVAL – Das spektakuläre **Vegetarian Festival** findet im Okt./Nov. statt. Während dieser 10 Tage werden höhere Hotelpreise verlangt. Die exakten Termine sind ab März beim TAT bekannt. Siehe auch bei Phuket (s.S. 405).

INFORMATIONEN – Tourist Information an der *Police Box* vor dem Bahnhof.
Beim ***Trang Tour Service*** gegenüber vom Bahnhof gibt es beste Infos.

MOTORRÄDER – verleiht das ***Akachai Apartment*** und ***Suzuki*** (250 Baht/Tag) gegenüber vom *Koh Teng Hotel*.

POST – Gegenüber vom Thumrin Hotel an der Praram 6 Rd. Ein ***Telephone Center*** für Auslandsgespräche liegt ca. 1 km weiter außerhalb an der Jermpanya Rd., geöffnet 8–16.30 Uhr.

REISEBÜROS – Im Reisebüro ***Trang Tour Service***, ✆ 214564, 📠 219280, beim Bahnhof, bucht die engagierte Leiterin Resorts auf den Inseln und an den Stränden. Sie arrangiert Transport nach Pak Meng und Hat Yao (50 Baht) und Touren zu Höhlen, Webern und Tempeln. Sie vermittelt PKWs, Motorrad und Zelt und reserviert Tickets jeder Art.

TRANSKRIPTION – Die abwechslungsreiche Umsetzung der Thai-Schreibweise ins Englische führt vor allem bei Straßen zu einer Vielfalt scheinbar neuer Namen: So heißt die Wisetkun Rd. auch Wisetkoon, Visedkun, Visedkul oder Wisekun.

VORWAHL – 075; PLZ: 92 000.

Transport

BUSSE – Alle Busse starten und kommen beim Bus Terminal in der Huai Yod Road an.
Vom Southern Bus Terminal in BANGKOK, 938 km, mit dem non-ac Bus um 8.10, 16.30 und 17 Uhr für 203 Baht, ac-Busse zwischen 19 und 20 Uhr für 375 Baht in 14 Std., VIP-24 um 19 und 19.30 Uhr für 565 Baht in 13 Std.
Nach BANGKOK fährt ein non-ac Bus um 7 Uhr, alle übrigen zwischen 16 und 17 Uhr ab.
Nach PHUKET mit dem non-ac-Bus für 78 Baht in 6 Std., ac-Bus für 140 Baht in 5 Std.
Weitere non-ac-Busse nach PHANG NGA für 56 Baht in 4 Std., KRABI für 36 Baht (ac 66

Baht) in 2 1/2 Std., NAKHON SI THAMMARAT für 36 Baht, PHATTALUNG für 18 Baht in 75 Min., HAT YAI für 40 Baht (Minibus 130–150 Baht), SATUN für 38 Baht, LA-NGU für 30 Baht (ac 50 Baht) in 1 Std. alle 30 Min., SURAT THANI für 62 Baht in 4 Std., HUA HIN für 157 Baht. Bus zum Hafen von KANTANG für 15 Baht.

MINIBUS – Zum Strand von PAK MENG alle 30 Min. für 40 Baht (50 Baht zum Hafen und zum Resort), Taxi schräg gegenüber.
Nach KO LANTA fährt in der Saison um 11, 12 und 13 Uhr ein **Minivan** für 150 Baht über Ban Hua Hin (inkl. 2 Fähren) in 2 Std., in der Nebensaison nur 1x tgl.; Abfahrt bei ***Trang Tour Service*** (Zwischenstop am Bus Terminal). Zurück um 8 Uhr. Ein Charter-Minibus fährt für 1000 Baht.

SAMMELTAXIS – Die Taxi-Stände sind im Stadtplan eingetragen.
Nach PHUKET für 150 Baht (4 Std.), KRABI 60 Baht (1 1/2 Std.), PHATTALUNG 40 Baht, HAT YAI 60 Baht, SURAT THANI 120 Baht, SATUN 60 Baht, LA-NGU 40 Baht, zum Hafen von PALIAN (für Ko Sukon) 40 Baht (außerdem fährt ein Minibus).

EISENBAHN – Von BANGKOK mit dem *Express* Nr.13 um 17.05 Uhr ab 371 / 195 Baht in der 2./3. Kl. (Ankunft 7.35 Uhr) oder mit dem *Rapid* Nr.41 um 18.20 Uhr (Ankunft 9.37 Uhr) für 20 Baht weniger.
Nach BANGKOK mit dem *Rapid* Nr.42 um 13.44 Uhr (Ankunft um 5.35 Uhr) oder mit dem *Express* Nr.14 um 18.20 Uhr (Ankunft 9.10 Uhr).
Nach KANTANG für 5 Baht.

FLÜGE – Täglich am Morgen ein direkter Flug von / nach BANGKOK für 2005 Baht, am Fr und So auch am Abend.
Thai Airways Office, 199/2 Wisetkun Rd., ✆ 218066

BOOTE – In PAK MENG, 39 km westlich von Trang, ist der Bootsverkehr jetzt gut organisiert. Longtail-Boote zu den Inseln Ko Hai und Ko Muk kosten 400 Baht, nach Ko Kradan 600 Baht. Tickets verkauft ***Trang Tour Service*** in Trang.

Die Umgebung von Trang

Khao Chong National Park

Im *Nature Education and Wildlife Center Khao Chong* kann man am Bach auf einem nett angelegten Picknickplatz rasten und den kleinen Zoo inmitten des Waldes besuchen. Von den 52 einheimischen Tierarten beeindruckten uns besonders der Binturong und der Weißhand-Gibbon. Die meisten Tiere vegetieren in kleinen Käfigen dahin, nur das Wild versteckt sich in großen Gehegen, und einige zahme Affen dürfen frei herumspringen.

Auf der anderen Seite des Baches sind es ab der Brücke ca. 2 km zum schönen **Ton Nam Pliu-Wasserfall** (130 m hoch, 35 m breit). Den unwegsamen, faszinierenden Monsunwald sollte man nur in Begleitung eines Parkführers erkunden. Offiziell stehen Übernachtungsmöglichkeiten nicht zur Verfügung.

Auf dem H4 zwischen Trang und Phattalung beim KM 49,5 (Hinweisschild: *Kachong Waterfall*) aus dem Bus aussteigen bzw. abbiegen. 1,7 km hinter dem Militärlager befindet sich der Parkeingang, geöffnet von 8.30–16.30 Uhr. Vor dem Tor gibt es ein Restaurant. Von hier aus geht es an einigen kleinen Wasserfällen vorbei noch 500 m bis zum Zoo. Zum Durchfragen: „*Uthayan häng chat Khao Chong yuu thii nay, ha?*" heißt „Wo ist der Khao Chong National Park, bitte?"

Wasserfälle

Wer etwas für Wasserfälle übrig und ein eigenes Fahrzeug zur Verfügung hat, kann vom H4 Richtung Phattalung am KM 53 nach Süden auf die „Straße der Wasserfälle" abbiegen. Von dieser Asphaltstraße sind mehrere Wasserfälle zu erreichen, die von der Banthat-Bergkette im Osten herabstürzen. Zum Fotografieren eignet sich der frühe Nachmittag bis 15 Uhr am besten.

Gleich am KM 1 zweigt nach rechts ein Sträßchen zum **Lam Chan Bird Park** ab. Hier kann man nur selten Vögel beobachten, ganzjährig aber Waschbären und Affen in elenden Gehegen bedauern.

Am KM 11,7 führt eine Straße beim Thai-Schild *3 km* zum **Sairung-Wasserfall**. In einem schönen Monsunwald mit Baumfarnen bildet er einige kleine, bei der lokalen Bevölkerung sehr beliebte **Badeplätze**. Nichts fürs Wochenende.

Am KM 15,5 geht es auf einem Schotterweg 3 km ab zum **Phraisawan-Wasserfall**, der in 7 Stufen herabstürzt. Am Fuße der 2. Stufe kann man in einem großen **Pool** schön schwimmen. Besonders die im dichten Wald schwer erreichbaren Stufen 3 und 7 sollen sehr schön sein.

Der **Lamplog-Wasserfall** am KM 20,5 liefert die Energie für ein kleines E-Werk (2 km). Danach geht es teilweise im Flußbett weiter bis zu einem natürlichen **Schwimmbecken** am Fall. Vorsicht, Felsen im Wasser!

Zu zwei weiteren Wasserfällen zweigt im Dorf Sam Yaek Palian am KM 26,4 eine Straße nach links ab (Schild *„10 km"*). Schon unterwegs ist das breite, glitzernde Band des herabstürzenden Wassers zu sehen. Nach 9,8 km kommt der Parkplatz des **Toneteh-Wasserfalls** (auch *Tontae*) mit vielen Erfrischungsständen. Regierungs-Bungalows stehen zum Übernachten bereit. Den Fuß des Wasserfalls erreicht man auf einem leichten Pfad in 10 Minuten. Mehrere breite Wasserbänder stürzen ca. 100 m über eine schräge Felswand. In einem **Strömungs-Pool** kann man im Anblick von Wasserfall, Dschungelgewächsen und Baumfarnen schön schwimmen.

Der **Tonetok-Wasserfall** ist touristisch noch nicht erschlossen. Man erreicht ihn, wenn man 2 km vor dem Parkplatz nach rechts abbiegt und dem schmalen, gut befestigten Fahrweg durch Gummiplantagen und Dschungelgärten (3,3 km) bis ans Ende folgt. Über 12 m stürzt er als breiter Fall nicht allzu eindrucksvoll über mehrere Rippen. Die zweite und dritte Stufe im Dschungel sind nur links am Wasserfall entlang zu erreichen – recht schwierig. Links hinauf soll es 11 km weitergehen, an wilden Felsspalten entlang, zu einem originalen Dorf der Sakai.

Am Ende des Dorfes Ban Laem Som zweigt vom KM 17,7 des H4125 (Thai-Schild: *3,2 km, 9,0 km*) ein 9 km langer, schlechter Lateritweg nach links zum **Chaopha-Wasserfall** ab. Der Fall soll aus 25 Sinterterrassen von 5–10 m Höhe bestehen; in seiner Nähe sollen Menschen vom nomadischen Stamm der *Khon Pa* (oder auch *Mani)* leben.

Die letzten drei Wasserfälle sind auch zu erreichen, wenn man vom H404 am KM 22 in Yan Ta Khao auf den H4125 nach Osten abbiegt.

Sumano Cave Temple

Zwischen Trang und Phattalung liegt nördlich des H4 am KM 34 ein Meditationszentrum (*Insight Development*). Mehrere große, z.T. ausgebaute Höhlen enthalten Statuen des Buddha und von Kuan Yin.

Tham Khao Pina

Von der Straße H4 zwischen Huai Yod und Krabi ist 43 km von Trang entfernt auf der linken Seite ein Felsen zu sehen. Am KM 14,7 abbiegen und dem Weg bis zum Eingang der **Höhle** folgen. Über Treppen und durch tropfsteinüberwucherte Höhlen geht es zu einer Buddha-Statue im Volkskunststil, die weit ins Land blickt.

3 km östlich von Tham Khao Pina zweigt ein breiter Erdweg nach Norden ab. Nach 4 km links halten, dann sind nach weiteren 12 km die zwei Seen **Song Hong** im Wald erreicht; ein ruhiger, idealer Zeltplatz. Kurz vorher liegt das schöne Höhlensystem **Tham Thale**, zu dessen Besichtigung ein Boot erforderlich ist (kann von *Trang Tour Service* organisiert werden).

Pak Meng Beach

Der Strand von Pak Meng ist in den Chao Mai National Park integriert. Der 5 km lange, von hohen Kasuarinas gesäumte **Sandstrand** wird fast ausschließlich von Thais besucht, vor allem an Wochenenden und in den Ferien. Leider verstreuen sie unglaublich viel Müll.

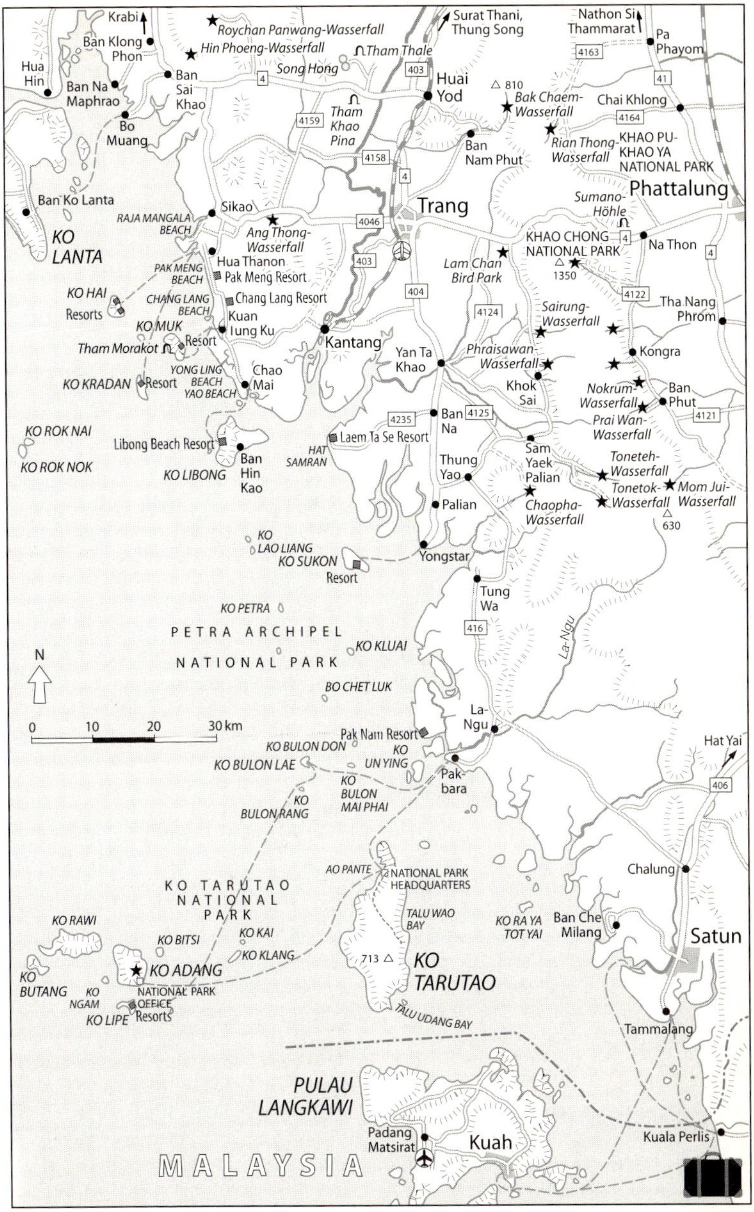

DER TIEFE SÜDEN

Ein lokales Nightlife mit Bars hat sich entwickelt. Zum Schwimmen ist der Strand viel zu flach, er eignet sich aber gut für Wattwanderungen, Strandspaziergänge und zum Muschelnsammeln. In den einfachen Restaurants gibt es ab und an ganz hervorragenden Fisch oder Seafood. Wer Glück hat, erlebt bei Sonnenuntergang, wie sich die grandiosen Felsen im Meer gegen den glutroten Himmel abheben. Am nördlichen Ende vor der Lagune liegt der Pier für Boote nach Ko Hai und für Fischer- und Ausflugsboote. Das südliche Ende wurde mit einer betonierten Promenade gegen das in der Regenzeit anbrandende Meer geschützt.

Anfang November findet an dem Tag mit niedrigster Ebbe ein Volksfest statt, bei dem Tausende von Menschen nach *Tapao*-Muscheln suchen.

Zwischen Sikao und dem Pak Meng Beach fällt am KM 5,3 rechts das Tor des *Raja Mangala Institute of Technology* ins Auge. Wer das bewachte Tor durchquert, erreicht nach 4,2 km auf der schnurgeraden Schotterstraße durch das Institutsgelände den flachen **Raja Mangala Strand** an der Boon Kong Bay. Nach links fährt man durch eindrucksvolle Felsen und findet nach 1 km rechts am Meer einen recht idyllischen Platz zwischen Felsen. Hier soll man schön schwimmen können.

Übernachtung

Pak Meng Resort***, 60/1 Mu 4, ✆ 210321, 2,4 km südlich der Abzweigung bei der Promenade landseitig am Strand, 20 nette Bungalows mit Fan und Du/WC, 2 teurere Häuser mit je 4 Zimmern; Restaurant, großer Garten; freundliche Besitzerin; Tagesausflüge zu 3 vorgelagerten Inseln mit Stops zum Schnorcheln für 350 Baht p.P. (inkl. Verpflegung), Bootstransfer nach Ko Muk ca. 100 Baht p.P., Motorrad 250 Baht/Tag.

Anreise

Ein Minibus befährt jede halbe Std. die Strecke TRANG–PAK MENG–SIKAO für 40 Baht (bis zum Hafen oder zum Resort 50 Baht).

Mit eigenem Fahrzeug 29 km westlich von Trang (5 km vor Sikao) vom H4046, der seit Jahren im Bau ist, nach links auf den H4162 abbiegen und 10 km weiterfahren.

Von Norden kommend am besten am südlichen Ortsende von Sikao hinter der Tankstelle die neue Straße zum Strand nehmen.

Weitere Strände bei Trang

Chang Lang Beach

Von Pak Meng geht es über die Klong Hla-Brücke zum Chang Lang-Strand. 1,8 km hinter der Brücke liegen links der Straße die beiden Resorts (s.u.).

Am KM 6,5 (4,5 km hinter der Brücke) liegt das Visitor Center des **Chao Mai National Parks**. Dieser kilometerlange Sandstrand ist von Muscheln übersät, sehr flach und zum Schwimmen nicht geeignet. Die vielen hübschen, schattigen Picknick-Plätze sind bei jungen Thais sehr beliebt. Am südlichen Strandende gibt es einen Erfrischungskiosk. Mehrere Wasserhähne liefern Wasser zum Abduschen. Im Toilettenhaus kann man sich zur Not umkleiden. In der Nähe des *Headquarters* stehen neue Toiletten- und Duschhäuschen sowie 2 Bungalows**-**** (ab 100 Baht p.P.).

Yong Ling Beach

Am KM 13 biegt eine Schotterstraße nach rechts ab nach **Kuan Tung Ku** (1600 m), dem Hafen für die Fahrt zur Insel Ko Muk. An der nächsten Abzweigung nach 3 km geht es nach links zum Fähranleger Tha Sam für die Fähre nach Kantang. Rechts beginnt die Kilometrierung der Asphaltstraße wieder bei 0. Sie führt zu zwei sehr schönen Stränden.

Am KM 5 zweigt eine 2 km lange Staubstraße nach rechts zum kilometerlangen, schattenlosen **Yong Ling Beach** ab. Besonders bei Ebbe wird dieser Strand sehr reizvoll. Löcher in den Felsen erlauben es nämlich, zu anderen, kleinen Stränden zu schlüpfen. Große Kasuarinas laden zu einem Picknick ein.

Die Produktion von Rohgummi

Vor einer kleinen Hütte mitten im Wald hängen seltsame, weiße Matten auf der Leine. Wer nichts darüber weiß, kann sich diesen häufigen Anblick in Süd-Thailand kaum erklären.

Der Wald, das sind die Kautschukplantagen, und die weißen Matten das frisch produzierte Latex. Latex, den Rohgummi, benötigen wir zur Herstellung für unsere Autoreifen und Kondome. Bevor wir diese aufziehen können, muß viel Schweiß fließen, sogar bei Nacht.

Die Arbeit beginnt zwischen 1 und 2 Uhr, da der Baum bei zunehmender Tageshitze in seiner Leistung nachläßt. Die mit einer Stirnlampe ausgerüsteten Arbeiter schaben mit einem Zapfmesser an den spiralförmig nach unten verlaufenden Schnitten eine dünne Schicht der Rinde ab. Sofort beginnt die Kautschukmilch wieder zu fließen. Am Ende des Schnittes tropft über eine Blechrinne der weiße, klebrige Saft in eine Ton- oder Kokosnußschale, maximal 300 ml pro Baum und Nacht. Bei Regen und Blattfall kann nicht geerntet werden.

Ist die Schale am Morgen voll, muß das flüssige Latex auf einem zweiten Rundgang in einen Eimer eingesammelt werden. Unter einem Schutzdach wird die Kautschukmilch in gleich große Schalen gegossen. Um die Flüssigkeit möglichst schnell zum Gerinnen zu bringen, wird ihr Säure zugefügt. Auf einem Tisch wird dieser schwammig weiche Teig zu einer 2–3 cm dicken, rechteckigen Matte breitgedrückt. Die Schalen sichern eine etwa gleiche Größe der *sheets*, wie sie in der Fachsprache heißen. Die Matten werden nun dreimal durch eine Mangel mit gerippten Walzen gedreht. So wird das meiste Wasser herausgepreßt, und die *sheets* erhalten die Größe eines Türvorlegers. Zum weiteren Trocknen werden sie auf eine Leine gehängt. Später kommen sie auf eine große, erhitzte Steinplatte, bis sich ihre weiße Farbe in eine schmutzig graue verwandelt hat.

Haben sich genügend Matten angesammelt, bringt sie der Kautschukpflanzer mit seinem Moped zum nächsten Aufkäufer. Dieser räuchert die Waren, um Bakterien abzutöten und verkauft sie an einen Zwischenhändler weiter. Der wiederum liefert die gebündelten Gummiplatten tonnenweise an seinen Exporteur in der nächsten Hafenstadt.

Bis der Kautschuk-Baum (Hevea brasiliensis) aber erst einmal Saft gibt, gehen mindestens 8 bis 10 Jahre ins Land, bei guter Düngung, wohlgemerkt. Sein produktives Leben hört nach 28 bis 30 Jahren auf, dann muß er gefällt werden. Das minderwertige Holz findet Verwendung als Feuerholz beim Brennen von Ziegeln.

In Thailand wird Kautschuk vorwiegend in Familienbetrieben gewonnen, im Gegensatz zu den Großplantagen im Nachbarland Malaysia.

Der Export brachte Thailand im Jahre 1997 etwa 25 Milliarden Baht ein. Damit liegt Gummi mit Reis und Tapioka an der Spitze der landwirtschaftlichen Exportgüter.

Überall in Süd-Thailand, wo man Gummimatten auf der Leine hängen sieht, kann man vormittags den Produktionsprozeß verfolgen.

Auch mit geringen Thai-Kenntnissen wird man das meiste gut verstehen. Führungen auf Englisch werden z.B. von Reisebüros in Phuket angeboten.

Hat Yao Beach

Am KM 8 (24 km südlich von Pak Meng) beginnt rechts **Hat Yao**, ein sehr schöner, 4 km langer Sandstrand, der von Kasuarinas gesäumt wird. Am schönsten ist er am südlichen Ende, wo ein Felsen weit ins Meer ragt. Dort kann man auch sehr gut schwimmen, häufig sogar während des Monsuns (ca. Juni–Oktober). Leider gibt es auch Sandflöhe. Ein Kiosk bietet Getränke und sehr einfache Gerichte an. Wasser zum Duschen kann man aus einem Brunnen heraufziehen. Manchmal sind 5 kleine Hütten fürs Übernachten verfügbar.

500 m vom Südende entfernt, im muslimischen Fischerdorf **Ban Chao Mai / Mata Noi**, werden zeitweise Krebse und Krabben verkauft. Ein einfaches Seafood-Restaurant mit englischer Speisekarte und gehobenen Preisen erhebt sich auf Pfählen über dem Wasser. Das Dorf ist der Endhaltepunkt der Songthaews von Kantang (24 km). Von hier aus geht es auch mit dem Boot für ca. 150 Baht zur **Chao Mai-Höhle**, die sich links flußaufwärts im Felsen befindet.

Hat Samran

Der äußerst flache, ziemlich schlammige Strand mit großen Kasuarinas liegt 49 km südlich von Trang. Für Wochenendausflügler stehen 4 Restaurants, einige kleine Bungalows** und ein Resort (s.u.) bereit. An beiden Enden liegen Fischerhütten und Boote. Draußen im Meer sind malerische Felsen zu sehen. Bei der vorgelagerten Insel **Ko Lao Liang** (15 km) soll es sehr schöne Korallen geben (Boot 300 Baht).

Von Trang mit einem eigenen Fahrzeug auf dem H404 nach Süden fahren und in Ban Na am KM 27,8 nach Westen abbiegen (Thai-Schild: *21*). Auf dem H4235 geht es 21 km immer geradeaus bis zum Strand von Hat Samran. Dasselbe klappt mit dem Pickup, nur etwas langsamer.

Übernachtung

CHANG LANG BEACH – ***Chang Lang Resort****–******, ✆ 01-2383679, 100 m links der Straße, 200 m vom Strand, hübsch angelegter, ummauerter Garten. Jeder Bungalow hat 4 kleine Zi mit Fan, sie sind gut und sauber, wirken aber etwas steril, die größeren sind mit guten Möbeln ausgestattet und besitzen einen Decken-Fan. Ein Haus mit drei Zi bietet für 1600 Baht 8 Personen Platz, ist gut eingerichtet und verfügt über ac und Kühlschrank.
Chang Lang Seasand Bungalow***, ✆ 242259, direkt an der Straße, 50 m vom Strand, 10 Zimmer in 5 Doppelbungalows mit Vorraum und Du/WC, Restaurant auf der anderen Straßenseite.

HAT SAMRAN – ***Laem Ta Se Beach Resort*******, ein Dutzend teurere Bungalows. Infos und Buchung bei *Trang Tour Service* in Trang.

Ko Hai

Die Insel Ko Hai (auch Ko Ngai), nur 5 km^2 groß, ist auf den Hügeln mit Wald und an den Küsten mit Kokosplantagen bedeckt. Sie besitzt auf der Ostseite einen 2 km langen, schönen Sandstrand, der zum Teil mit Korallengestein durchsetzt ist. Bei Ebbe schauen an vielen Stellen die Korallenstöcke aus dem klaren Wasser heraus. Auch bei Flut muß man beim Schwimmen vorsichtig sein. Im Januar und Februar steht starker Ostwind auf den Stränden und treibt hohe Wellen heran. Als gute Zeit gilt Dezember bis Juli, Hochsaison ist von Januar bis April. Zu jeder Zeit ist die Insel zum absoluten Relaxen geeignet, denn außer einer kleinen Tauchschule gibt es nur Strand, Palmen, Wald und totale Ruhe.

Es werden Bootsausflüge zu einigen Inseln organisiert. Vor allem am Wochenende kann man sich Thai-Ausflüglern anschließen. Gern besuchte Ziele sind: **Ko Rok** (24 km), **Ko Muk** (8 km), **Ko Kradan** (8 km).

Übernachtung

Die beiden Bungalowsiedlungen auf Ko Hai liegen unter Kokospalmen und haben ein Restaurant. Zelte können für 150 Baht gemietet werden.

Koh Hai Villa***, direkt am Strand, nette, etwas zu teure Bungalows und sehr mäßiges, teures Essen. Wer etwas für Natur übrig hat, sollte diese Anlage meiden, denn der Besitzer zerstört das Riff vor seiner Anlage nach Lust und Laune und damit den Lebensraum der Fische.

Koh Hai Resort**–**** (auch *Hai Island Resort*), ✆ 074-211045, im Südosten an einer eigenen Sandbucht vor Felsen. Schöne Bungalows sowie einfache Hütten auf Pfählen, gutes Essen. Schöne Schnorchelgründe, aber meist trübe Sicht. Bei Ebbe kann man trockenen Fußes zur Koh Hai Villa wandern. Tauchschule *Rainbow Divers*.

Tauchen

Die von den Deutschen Brigitte und Lothar geleitete Tauchschule *Rainbow Divers*, ✆ 074-211045, hat ihre Basis im *Koh Hai Resort*. Die Atmosphäre ist gemütlich und freundlich. Die sehr schönen, fast exklusiven Tauchplätze liegen im Umkreis von 20 Min. Bootsfahrt. Tagesausflüge führen je nach Bedarf in die Umgebung, u.a. zu den Supertauchplätzen bei Hin Daeng und Hin Muang. Nachttauchgänge am Hausriff. PADI-Kurse mit max. 4 Tauchschülern beginnen täglich (350 bzw. 490 DM). Ein Tauchgang kostet 25 DM, komplette Ausrüstung 15 DM, Bootsfahrt 10–20 DM. Bezahlung nur in bar in DM oder Baht. Geöffnet von Dezember bis April.

Transport

Vom Pier in PAK MENG fährt in der Saison zwischen 9.30 und 11 Uhr ein Boot nach Ko Hai für 100 Baht p.P. (40 Min.).

Kurz vor der Insel muß man in ein kleineres Boot umsteigen, das über die flachen Korallen hinweggleitet.

Zurück geht es ca. 13 Uhr (in der Nebensaison bei der Tauchschule anfragen). Longtailboote fahren für 300 Baht jederzeit (außer bei Sturm).

Zur Südspitze von KO LANTA mit gechartertem Longtail-Boot für 600 Baht in 90 Min. ist nur mit seefestem Gemüt und wasserfestem Gepäck zu empfehlen.

Ko Muk

(auch Ko Mook) Diese Insel liegt nur wenige Kilometer vom Festland entfernt und wird selten von Fremden besucht. Die Nord-, West- und Südküste fallen steil zum Meer ab. Nur wenige kleine Buchten sind in die Felsküste eingebettet, sie sind entweder mit einer längeren Wanderung oder per Boot zu erreichen. Auf der Ostseite schiebt sich eine flache Landzunge ins seichte Meer. Hier liegt ein Muslim-Fischerdorf mit sehr fundamentalistischen Bewohnern. Die flacheren Teile der Insel sind mit Gummi- und Kokosplantagen, die Hügel zur Hälfte mit dichtem Wald bedeckt, in dem seltene Vögel und fliegende Hunde leben. Im Meer werden manchmal Seekühe gesichtet, die auch Dugong genannt werden (auf Thai: *Pla Payun* oder *Pla Duyong*). Hier gibt es auch besonders viele Delphine (auf Thai: *Pla Loma*).

An der Westseite von Ko Muk liegt ein kleines Naturwunder, **Tham Morakot** *(Emerald Cave)*. Es ist nur mit dem Boot erreichbar, orange Bojen markieren den Eingang. In die 50 m lange Meereshöhle kann man bei ruhigem Wasser und dem richtigen Wasserstand, normalerweise bei Flut, eventuell hineinschwimmen, wasserdichte Taschenlampe ist erforderlich, eine Schwimmweste empfehlenswert. Am anderen Ende mündet der Tunnel in eine Lagune mit schönem Strand. Der Ausflug ab dem Resort kostet ca. 150 Baht p.P. Weitere Tagesausflüge sind nach Ko Kradan und zu anderen Inseln möglich. Boote kann man im Dorf chartern, die Preise sind auszuhandeln.

Übernachtung

Koh Mook Resort**–***, ✆ 075-219199, an der flachen Ostküste der Insel, ca. 1,5 km nördlich vom Dorf; einfache Bambushütten mit und ohne Du/WC zwischen Palmen und Gummibäumen, Restaurant. Der Strand hat feinen Sand, der zum Meer steinig wird. Das Meer ist so flach, daß man bei Ebbe nicht baden kann. Der schöne Strand *Farang Beach* kann nach einem 3 km langen Fußmarsch quer über die Insel erreicht werden; leider ist er ziemlich verschmutzt. Ausflüge zur Höhle werden organisiert. Buchungen in Trang.

Transport

Vom TRANG Bahnhof mit dem Sammeltaxi nach KANTANG (12 Baht). Dort, nach der Fähre (1 Baht), mit einem Pickup um 12 Uhr nach KUAN TUNG KU (20 Baht). Dann mit dem Longtail-Boot zur Insel Ko Muk (ca. 50 Baht). Bei hohem Wasser fährt das Boot direkt zum Resort, bei Ebbe muß man 1,5 km zu Fuß gehen.
Alternative: Vom PAK MENG BEACH zwischen 11 und 13 Uhr mit dem täglichen Longtail-Boot für 100 Baht p.P. oder vom *Pak Meng Resort* übersetzen lassen (100 Baht p.P. ab 5 Personen).

Weitere Inseln vor Trang

Diese Inseln vor der flachen Küste von Trang sind kaum für den Tourismus erschlossen und geben echten Abenteurernaturen noch viel zu entdecken. Wer gar Erfahrung mit Meeresfaltbootfahrten hat, kann zur Zeit des ruhigen Wassers während des Nordostmonsuns, also von Oktober bis Januar, eine herrliche Route befahren. Etwa 10 Tage (oder mehr) benötigt man z.B. für die Strecke Hat Yao–Ko Libong–Ko Muk–Ko Lanta–Ko Jum–Ko Siboya–Krabi. Unterwegs laden immer noch einsame Strände zum Zelten ein, auch an der Festlandküste.

Ko Kradan

Diese flache Insel ist zur Hälfte mit Kokos- und Gummiplantagen bedeckt, der dichte Wald des Restes gehört zum **Had Chao Mai National Park**.

Der schöne Sandstrand auf der Ostseite ist besonders bei einheimischen Ausflüglern sehr beliebt. Beim Schnorcheln sollte man sich vor den vielen Seeigeln in acht nehmen. An der Westseite liegt der **Sunset Beach**, ein langer, mit Felsen durchsetzter, schmaler, gelbweißer Sandstrand. Am besten ist er mit einem Guide zu finden.

Ko Rok

Die beiden mit Dschungel bedeckten Inseln **Ko Rok Nok** und **Ko Rok Nai** gehören zum **Ko Lanta National Park**. Sie liegen etwa 40 km vor der Küste. Auf Ko Rok Nai ist ein Außenposten des National Parks in Zelten stationiert. Die Inseln, bekannt für ihre schönen Strände und Korallengärten, werden nur bei sicherem Wetter von Booten angefahren. Das offene Meer vor diesen Inseln hat schon viele Fischer und ihre Boote begraben.

23 km weiter westlich liegt der massive Kalksteinturm **Hin Daeng** im offenen Meer. Er ragt nur wenige Meter aus dem Wasser auf und fällt auf einer Seite senkrecht 50 m ab – ein herrliches Tauchrevier mit Sichtweiten von 15 bis 25 m.

Nur wenige hundert Meter entfernt liegt der Unterwasserfelsen **Hin Muang**, der völlig von Weich-, Leder- und Steinkorallen überzogen ist und eine große Artenvielfalt an Fischen beherbergt. Auch Haie, Walhaie und riesige Rochen suchen die Felsen auf. Nach Meinung von Experten stellt der Hin Daeng einen Tauchplatz der Weltklasse dar.

Tauchausflüge zu den Inseln und Felsen werden von den Tauchschulen auf Ko Phi Phi (s.S. 454), in Ban Saladan auf Ko Lanta (s.S. 519), auf Ko Hai (s.S. 548) und auf Phuket veranstaltet (s.S. 438f).

Ko Libong

Auf der größten Insel der Provinz Trang liegen drei Fischerdörfer. Hier spricht niemand englisch. Es gibt keine Autos, nur ein paar Mopeds, die sich über unbefestigte Pfade durch den Regenwald quälen. Am **Juhoi Cape**, der Ostspitze, brüten ungewöhnlich viele Vögel. Im Zentrum der Insel liegt die schöne

Tropfsteinhöhle **Tham Hin Pang**. Im Meer leben die seltenen Seekühe *(Pla Payun)*, die sich von Seegras ernähren. Sie sind geschützt und sollen wissenschaftlich untersucht werden. Die östlichen Strände sind extrem flach.

Übernachten kann man in einem kostenlosen Bungalow des *Botanical Department* oder im Resort (s.u.) an der Westküste. Der schöne, lange Sandstrand eignet sich bei Flut gut zum Baden. Bei Ebbe schauen jedoch veralgte Korallenbänke heraus. Schwierige Pfade führen durch urigen Regenwald. Bei Ban Lang Khao gibt es im einzigen Laden außer Keksen und Zigaretten nichts interessantes. Wer auf eigene Faust die Insel besucht, sollte darauf gefaßt sein, wie ein Marsmensch bestaunt zu werden. Interessant sind auch Ausflüge zu kleineren Inseln.

Ko Sukon

Vor der Küste von Palian liegt die Insel Sukon (auch Ko Sukurn), auf der es noch keine Autos gibt. Zwei Hügel sind mit Busch-Dschungel bewachsen. Der flache, völlig verdreckte Strand beim Fischerdorf besteht aus grauem Sand mit vielen Muscheln und einigen Steinen.

Übernachtung

KO KRADAN – ***Ko Kradan Resort****–*******, ✆ 211391, relativ teure Doppelbungalows mit Du/WC in einer Kokosplantage, Restaurant mit gutem Essen; kein guter Service, aber sehr freundliche Leute.
Herrlicher Strand mit schattigen Bäumen. Zelte für 150 Baht. Infos bei *Trang Tour Service* in Trang. Das Resort daneben bleibt Bauruine.

KO LIBONG – ***Libong Beach Resort******, ✆ 210013, einfache Nur-Dach-Hütten aus Naturmaterialien und einige bessere Chalets unter Palmen, relativ teures Restaurant.

KO SUKON – ***Ko Sukon Resort*******, ✆ 211460, Bungalows am Hang mit 50 Zimmern.

Transport

KO KRADAN – Mit einem Boot ab Pak Meng für 250 Baht (hin und zurück); vorbuchen in Trang. Charter eines Longtail-Bootes kostet 600–700 Baht.

KO LIBONG – Mit einem Boot von Ban Chao Mai (s.S. 548) direkt zum Resort für 100 Baht p.P. in 30 Min.

KO SUKON – Am besten von TRANG nach PALIAN (Hafen Yongstar) mit dem Sammeltaxi oder Minibus für 40 Baht. Weiter mit dem Fährboot um 10 und 12 Uhr für 50 Baht in 45 Min. (Charter ab 350 Baht).

Pakbara

ปากบารา

Pakbara (die letzte Silbe wird betont) liegt 58 km nordwestlich von Satun. Der Ort dient als Ausgangsbasis für die Überfahrt zu den Inseln Tarutao und Bulon Lae. Er hat sich in letzter Zeit fast zu einem Traveller-Ort entwickelt. Wer die Überfahrt zu den Inseln fürchtet, bleibt hier hängen.

Wenn der schmutzige Strand auch nicht zum Schwimmen einlädt, so sind es vielleicht die phantastischen Ausblicke, die guten Seafood-Restaurants oder die wenigen westlichen Touristen, die so manchen ein paar Tage länger verweilen lassen. Ein El Dorado für Fotografen sind die phantastischen Sandformationen beim Abebben. Daß dieser Ort den Fischern auch als Red Light-Distrikt dient, ist kaum zu sehen.

In diesem muslimisch geprägten Dorf sollten Shorts und Badekleidung gar nicht erst ausgepackt werden. Am betriebsamen Fischerhafen befindet sich ein Büro des Tarutao National Parks, in dem man erfährt, wann das nächste Boot ausläuft. Vom Pier fahren Longtailboote für 10 Baht in 15 Minuten durch schöne Kalkfelsenlandschaft zum Resort auf der vorgelagerten Insel **Ko Kebang**.

Übernachtung

Alle Unterkünfte in **Pakbara** liegen beiderseits der Strandstraße, nicht gerade ruhig und ohne Restaurant. Alle dienen gelegentlich auch dem horizontalen Gewerbe. Fast alle Zimmer haben Du/WC und Fan, aber kein Moskitonetz, obwohl es von Stechfliegen nur so wimmelt.
Die angegebenen Entfernungen sind vom Hafen aus gemessen:
Krachom Sai Bungalow*, 500 m, ✆ 781231, an der Flußmündung auf einem großen Gelände mit Kasuarinas; einfache, sehr saubere A-frame Hütten mit Eternit- oder Palmblattdach, Mini-WC integriert; das Personal spricht kein englisch, ist aber sehr freundlich.
Andrew House*, 600 m, ✆ 781159, 2stöckiges Reihenhaus, einfache Zi in der Privatwohnung einer englischsprechenden Lehrerin.
Marena Bungalow* (auch *Marina*), 800 m, verschiedenartige, hübsche Holzbungalows auf großem Gelände, direkt am Meer, an einem ruhigeren Weg parallel zur Straße. Rechts daneben liegt *Malee Seafood*.
Sang Tian Resort*, 1,2 km, zwischen der Hauptstraße und dem Strand, 10 kleine, saubere Backsteinbungalows mit Fan.
Ban Sontong Guesthouse ist fest vermietet.
Suanson Resort*, 1,5 km, kleine, saubere Zimmer in einem Reihenhaus am Strand.
Pornaree Bungalow*, 1,6 km, direkt anschließend, große Zimmer im Reihenhaus am Strand, kleine Terrasse zum Meer.

KO KEBANG – An einem schönen, muscheldurchsetzten, aber zum Baden wenig geeigneten Sandstrand liegt das nette
Pak Nam Resort**–* (auch Bag Nam Resort), 20 A-Frame-Hütten aus Kokosmatten unter Palmen, gute Du/WC, Restaurant, englische Leitung. Für Naturliebhaber, Reservierung ✆ 074-781129 oder 781248.

Essen

Die nicht gerade billigen Seafood-Restaurants liegen direkt an der Straße und am Strand etwa 1–3 km vom Hafen entfernt. Am Hafen und vor dem Kino an der Hauptstraße gibt es mehrere einfache Restaurants.
Am Hafen von Pakbara wird billiges Trinkwasser (6 Flaschen für 20 Baht) angeboten, das jedoch nicht einwandfrei ist: fast alle Käufer bekamen im März 98 mehr oder weniger schweren Durchfall!

Sonstiges

Am Hafen liegt das *National Park Office*, von dem aus in der Saison alle offiziellen Boote nach Ko Tarutao, Ko Adang und Ko Lipe fahren (Zeiten und Preise s.u.).
Die Reisebüros verkaufen nur Tickets für ihre eigenen Boote. Damit kann man natürlich keine anderen Boote benutzen. Also aufpassen! Eindringlich warnten uns mehrere Leser vor den Booten von *Charan Tours*: Einer schuftete um sein Leben, um die Pumpe des sinkenden Bootes in Gang zu halten. Rettungsringe waren nicht vorhanden. Andere Boote dieser Gesellschaft sind in keinem besseren Zustand. Wenn keine anderen Boote vorhanden sind, verkauft *Charan* nur Hin- und Rücktickets für 200 Baht p.P., obwohl man zurück evtl. auch mit den Versorgungsbooten fahren kann (80–100 Baht).

Transport

Von TRANG mit Sammeltaxi (40 Baht) oder Bus (30 Baht, ac 50 Baht) nach LA-NGU, weiter mit dem Pickup nach PAKBARA (20 Baht). Oder mit dem Minibus von *Trang Tour Service* um 8, 10 und 12 Uhr für 100 Baht p.P. in 90 Min.
Von SATUN mit dem Sammeltaxi (20 Baht) oder Bus (13 Baht) nach LA-NGU.
Von HAT YAI mit dem direkten Bus Nr. 732 um 7.05, 11.05 und 14.55 Uhr in 2 1/2 Std. für 34 Baht. Zurück um 7, 11.30 und 15 Uhr.
Außerdem fährt ein weißer Minibus jede volle Std. für 50 Baht von der Niphat Uthit 1 Road, Ecke Prachathipat Road, bis Pakbara. Die Abfahrt um 8 Uhr reicht für das Tarutao-Boot.

Sammeltaxi von HAT YAI nach LA-NGU für 50 Baht.
Mit dem Boot nach LANGKAWI in Malaysia um 9.30 und 15.30 Uhr für 270 Baht, zurück um 9 und 13 Uhr. Für die Aus-/Einreiseformalitäten stoppt das Boot am Tammalang Pier bei Satun. Das Ticket gibt es auch bei *Trang Tour Service* in Trang mit 50 Baht Aufschlag.

Ko Bulon Lae

เกาะบูลอนเล

Diese schöne, noch sehr saubere, kleine Insel liegt 22 km vom Festland entfernt. Sie ist Teil des 1984 zum National Park erklärten **Petra Archipels** und wurde erst vor kurzem für den Traveller-Tourismus entdeckt – ein Kleinod in schöner Natur mit friedlicher Atmosphäre. Bulon Lae (gesprochen: Bulon Läh) wird auch Bulon-Leh, Mulon Lae und sogar Molone genannt. Saubere, von Muschel- und Korallenschrott durchsetzte, von Kasuarinas gesäumte Sandstrände eignen sich bestens zum Baden und Schnorcheln. Saison ist von November bis Mai. Anfang Januar 1998 war Ko Bulon derart überfüllt, so daß für einige Tage die Anreise untersagt wurde! An den Sandstränden im Osten stehen Bungalowsiedlungen, die an langen Wochenenden und in den Ferien von Thais frequentiert werden. Im Nordwesten leben etwa 500 *Chao Le*, Seezigeuner, in einem kleinen Dorf. Anmarsch vom Strand im Osten in ca. 20 Min. durch schönen Wald, in dem sogar einige Tiere zu beobachten sind.

Zu den Inseln **Ko Bulon Don** (von Seezigeunern bewohnt, unberührte Strände, Zelten möglich), **Ko Bulon Mai Phai** (Bambus Insel, unbewohnt, zum Zelten geeignet) und **Ko Bulon Rang** können Bootstouren organisiert werden. Außerdem werden eine 3–4stündige Inselrundfahrt für 150 Baht pro Person und mehrtägige Fahrten (s.u.) angeboten.

Übernachtung und Essen

Pansand Resort**–****, ✆ 01-2283212, 📠 211010, großzügige, etwas teure Anlage am Hang, 50 m zum Strand; einfache, nette Hütten am Hang mit Gemeinschafts-Du/WC, 10 bessere, saubere Bungalows mit Fan und eigenem Bad, 4 Nobelhäuschen, Camping 60 Baht für 2 Pers.; gute Küche, großes Restaurant; nettes, zuvorkommendes Personal; Maske und Schnorchel zu mieten. Im Notfall gibt es Zelte für 80 Baht.
Bulon Resort** (auch *Bulon Lae Bungalows* und *Bang Lee*), im Nordosten direkt am Strand, saubere Anlage, einfache Hütten und Zimmerchen im Langhaus, Gemeinschafts-Du/WC, Licht bis Mitternacht, gutes Restaurant, sehr angenehm; Maske, Schnorchel und Flossen zu mieten.
Bulon Hill Resort***, hinter dem *Bulone Resort* am Hang, 3 Hütten mit Du/WC; Chaeng spricht gut englisch.
Tamarind Resort** , im Norden beim Dorf der Seezigeuner an einer steinigen Bucht, nicht immer geöffnet.
Panka House**, im Nordwesten hinter dem Dorf der Seezigeuner an einer felsigen Bucht. Anfang 1998 in schlechtem Zustand. Das Restaurant ist ganz nett.
Abends trifft man sich bei *Nong Daeng* oder im Laden von *Djiab*, einer aufgeschlossenen, schlagfertigen Chinesin.

Sonstiges

BOOTSTOUREN – ***Chaeng*** vom *Bulon Hill Resort* veranstaltet einen abenteuerlichen Ko Lipe-Trip (4 Tage/3 Nächte) für 2000 Baht p.P., Übernachtung in Zelten.
Mr. Boat (Plakat im *Bulon Resort*) bietet jeden Mittwoch eine *„5-Island-Tour"* (4 Tage/ 3 Nächte) u.a. nach Ko Lipe, Ko Adang und Ko Rawi für 1600 Baht an. Übernachtet wird in Bungalows, zu Mittag gibt es Fisch, sofern welcher gefangen wird, am Freitag Abend ein Barbecue. Die Tour lohnt sehr, der Service ist gut, das Umweltverhalten katastrophal und der Bootsmotor reparaturbedürftig.

SCHNORCHELN – können auch Anfänger an zwei Korallenriffen, auf denen u.a. viele farbenprächtige Weichkorallen gedeihen. Am besten ist das Riff südöstlich des *Pansand Resort*, u.a. sieht man Feuerfische (nicht berühren!), Muränen und kleine Riffhaie. Manchmal ist die Sicht allerdings mäßig.

Transport

Vom Pier in PAKBARA fahren zumeist die Seelenverkäufer von *Charan Tours*, besser soll *Udom Tour* sein. Ein Boot geht um 14 Uhr in 2 Std. für 100 Baht p.P. Je nach Wind, Wellen etc. landet das Boot an unterschiedlichen Stellen.
Rückfahrt von Bulon Lae um 9 Uhr.
Ein Longtailboot zu chartern kostet ca. 1200 Baht.
Nach KO LIPE fährt das Boot des Italieners tgl. um 14 Uhr für 250 Baht p.P., zurück um 9 Uhr.

Tarutao National Park
วนอุทยานเกาะตะรุเตา

Zum Tarutao National Park im Südwestzipfel von Thailand gehören über 1400 km² der glasklaren Andamanen-See und 51 Inseln, fast alle unbewohnt. Früher dienten die Inseln den Seeräubern und Schmugglern als beliebtes Versteck, heute unterhält der National Park an den gefährdeten Stellen Kontrollpunkte. Tarutao bedeutet auf Malaiisch: „alt, geheimnisvoll und primitiv".

Hier gibt es verschiedenartige Inseln mit langen, unberührten Sandstränden zu entdecken, mit tropischem Regenwald bedeckte Berge, Mangrovensümpfe und Tropfsteinhöhlen. Das Reisen in dieser Inselwelt setzt aber viel Zeit, Geduld, Frustrations-Toleranz und auch Geld voraus. Es ist wichtig zu wissen, daß auf dieser Insel wirklich nichts los ist und auch kein Touristenzentrum entstehen wird. Wer kein Naturliebhaber ist, sollte erst gar nicht herkommen und touristische Ansprüche stellen.

Hauptsaison ist November bis Februar; von Mai bis Oktober sind die Unterkünfte wegen Monsun geschlossen, und der Bootsverkehr ist eingestellt. Außerhalb von Wochenenden und Ferien sind die Inseln sehr einsam.

Übernachtung und Essen

Auf Ko Tarutao und Ko Adang gibt es einfache Hütten des Nationalparks und einfache Zelte zu mieten, auf Ko Lipe private Bungalows. Im gesamten Nationalpark darf man gegen 10 Baht Gebühr sein Zelt aufschlagen, sollte sich aber auf viele Plagegeister einstellen.
Auf den drei Hauptinseln bekommt man genügend zu essen, aber nicht so billig und keineswegs in der Vielfalt oder Qualität wie auf dem Festland. Auf Ko Lipe gibt es zumeist ausreichend Obst.

Sonstiges

Da sich im National Park immer mehr Besucher aufhalten, gibt es hier mittlerweile Moneychanger, einen Postservice und abends Elektrizität.

EINTRITT – für den gesamten National Park (einschl. Ko Adang und Ko Lipe) beträgt 50 Baht.
Strafe für Nichtbezahlen ist 1000 Baht.

INFORMATIONEN – das Info-Center verkauft für 15 Baht einen guten Prospekt. Dort und auf jeder Insel spricht mindestens ein Angestellter englisch.

PLAGEGEISTER – Sandflöhe hausen an allen feinen Sandstränden. So mancher Traveller hat deswegen die Inseln fluchtartig verlassen. Im Wasser schwimmen zeitweilig kleine, beißende Seewespen, die unangenehm, aber nicht gefährlich sind.

TAUCHEN – Die Tauchbasis *Aquarius* auf Ko Lanta führt von Januar bis März jeweils in der ersten Woche eine 4tägige Tauchfahrt nach Ko Rawi, Ko Adang und Ko Lipe durch (US$350).

Die Seezigeuner

(Chao Le, Chao Lay, Thai Mai) Durch ihre dunkle Haut, das rotbraune Haar und den stämmigen, muskulösen Körperbau unterscheiden sich die Chao Le, wie die Thais sie nennen, schon rein äußerlich von anderen Volksgruppen. Sie sprechen eine eigene Sprache, kennen jedoch keine Schrift. Über ihre Herkunft können sie nur vage Angaben machen. Auch die Historiker sind sich nicht einig. Einige siedeln ihr Herkunftsland in Westchina oder auf den Andamanen an, andere meinen, sie stammen aus Polynesien oder seien mit den Dayaks von Borneo verwandt.

Fest steht, daß die Chao Le seit Menschengedenken ein Seefahrervolk sind und seit etwa 120 Jahren auf Inseln und an Küstenstreifen Süd-Thailands leben. Das Meer war und ist ihre Heimat, das Meer ernährt sie. Sie fischen, tauchen nach Hummern und sammeln Muscheln. In früheren Zeiten lebten sie im Einklang mit der Natur und fingen nie mehr, als sie zum Leben brauchten.

Die Frauen genießen einen hohen Status. Während die Männer zur See fahren, hüten die Frauen das Haus, verwalten das Geld und treffen die wichtigen Entscheidungen innerhalb der Familie. Die Chao Le ziehen die Geburt eines Mädchens der eines Jungen vor. Eine Tochter bedeutet eine weitere Helferin im Haushalt, während ein Sohn der Helfer seiner Frau wird.

Die Chao Le sind Animisten, in deren Glauben sich neben der Geisterverehrung auch viele Einflüsse des Buddhismus und Islam niedergeschlagen haben. In der traditionellen Gesellschaft spielte der toh, eine Art Medizinmann, eine wichtige Rolle. Heute tritt er nur noch bei Zeremonien in Erscheinung.

Die Chao Le sind dabei, ihre Kultur zu verlieren. Die thailändische Regierung versucht, sie zu zivilisieren. Sie hat ihnen den offiziellen Namen Thai Mai gegeben, was Neue Thais bedeutet. Häuser, Schulen und Gesundheitszentren werden für sie gebaut. Sie sollen registriert werden, Elektrizität bekommen, die Thai Sprache lernen und zum Buddhismus übertreten. Der Bürgermeister ihres Dorfes muß ein Thai sein, ihre Produkte werden von Thais vermarktet.

Das Fernsehen hat Konsumwünsche geweckt, die die Chao Le immer mehr in Schulden treiben. So müssen sie härter und länger arbeiten und weit mehr Fische und Hummer fangen, als sie zum Leben brauchen. Sie lassen sich ausnutzen, fischen z.B. mit Dynamit oder tauchen mit einem zur Wasseroberfläche führenden Schlauch. So ruinieren sie nicht nur sich selbst, sondern auch die Natur. Viele wandern in die Städte ab und verdingen sich als Arbeiter.

Der Tourismus hat die Seezigeuner, vor allem bei Phuket, als Attraktion entdeckt. Die von Natur aus sanften Chao Le haben gelernt, den Massenansturm ungerührt an sich vorbeiziehen zu lassen. Sie werden nur sichtbar böse, wenn die Fremden ungebeten in ihre Hütten strömen oder stillende Mütter fotografieren. Die Kinder tauchen nach Geld, das ihnen Touristen ins Wasser werfen, oder betteln.

Der Tourismus spielt den Chao Le aber auch einen Trumpf in die Hand: durch seine Macht können sie wahrscheinlich ihre Dörfer am Meer behalten, von denen sie vertrieben werden sollen. In touristisch weniger berührten Gegenden kann man die Chao Le als ganz normale Menschen kennen lernen, deren Dörfer sich von Muslim-Fischerdörfern kaum unterscheiden.

Man kann von ihnen Fische kaufen, sie für eine Bootstour engagieren oder gar bei ihnen wohnen. Chao Le Dörfer befinden sich auf vielen Inseln in der Andamanensee, insbesondere in den Meeresnationalparks von Ko Surin, Ko Lanta, Ko Petra und Ko Tarutao.

Ko Tarutao

Die größte der Inseln liegt 22 km vom Festland und nur 8 km von der Langkawi-Inselgruppe in Malaysia entfernt. Der höchste Berg im Süden der Insel steigt auf 713 m an. Das *National Park Headquarter* ist im Nordwesten an der **Punta Bay** stationiert, es kassiert 50 Baht Eintritt.

Manche Naturfreunden halten es hier tagelang aus. Doch auch für Kurzurlauber gibt es einiges zu tun: Ein herrlicher Strand lädt zum Baden ein (häufig Sandflöhe), auf einem Weg an der Küste entlang kann man zu anderen einsamen Stränden wandern, unterwegs Tiere beobachten (viele Hornbills), auf einem markierten Pfad den 50 m hohen Felsen **To Bu** hinter der Touristenanlage besteigen (20 Min.) und die herrliche Aussicht genießen (vor allem zum Sonnenuntergang).

Ein breiter, schattenloser Pfad (12 km) führt ca. 3 Std. durch das Landesinnere an die Ostküste zur **Talu Wao Bay**, wo noch die Grundmauern eines ehemaligen Gefängnisses stehen. Zwischen 1939 und 1947 waren hier vor allem politische Häftlinge eingekerkert. Der thailändische Schriftsteller Paul Adirex hat jene Zeit im leicht zu lesenden Roman „The Pirates of Tarutao" beschrieben (siehe Bücherliste). Nun haben die Vögel die schmale, schattige Bucht zurückerobert – eine gute Stelle, um große Nashornvögel zu beobachten. Da nur derselbe Weg zurückführt, sollte man ausreichend Wasser mitnehmen. Der ebenso lange, völlig überwucherte Weg durch den Dschungel zur Südspitze der Insel ist auch mit Buschmesser nicht mehr zu schaffen. Dort befindet sich in der **Talu Udang** (Krabben-Bucht) ein Außenposten des National Parks, der nur noch per Boot zu erreichen ist. Es gibt einfache Hütten zum Übernachten und etwas weiter entfernt eine Zeltmöglichkeit am Strand. Auch andere auf den Wanderkarten des Parks eingezeichnete Wege sind längst überwuchert und praktisch nicht mehr zu begehen.

Das Headquarter organisiert für 200 Baht pro Boot, das sind ca. 25 Baht p.P., eine Fahrt mit dem Longtail-Boot durch Mangrovenkanäle zur **Crocodile Cave**. Auf einem abenteuerlichen Plankensteg stolpert man durch die mit Wasser gefüllte Höhle mit herrlichen, zum Teil schneeweißen Stalaktiten und Stalagmiten (unbedingt eine starke Taschenlampe mitnehmen). Interessant ist das **Museum** im Visitor Center, wo an manchen Abenden Dias von der Umgebung gezeigt werden.

Übernachtung

Chalets* *(Ta-Bag)* mit 2 Räumen für je 4 Personen für 400 Baht, mit Du/WC.
Cottages** *(Ta-Boon)* für 6 Personen für 600 Baht, mit Du/WC.
Bambus-Langhaus *(Ruan Taew)*, 30 schlechte Zimmer mit je 4 schmutzigen Matratzen für 70 Baht p.P., mit undichtem Dach; Wasser gibt es nur morgens und abends, Strom nur abends.
Ein Zelt kostet 100 Baht für 2 Pers., ohne Unterlage und Decke. An Taschenlampe denken.

Essen

Das Essen auf Ko Tarutao ist seit 9 Jahren unverändert miserabel.
Das ***Tarutao Café*** hat normalerweise nur 2–3 Curries mit Reis.
Im ***Co-op Restaurant*** bekommt man von 7.30 bis 17.30 Uhr *fried rice* „ohne alles" und einige andere Thai-Gerichte. Mit Eiern und Toast zum Frühstück kann man nicht rechnen, *cold drinks* und Bier zum Abendessen sind die Ausnahme. Im kleinen Laden gibt es außer Dosenfisch kaum etwas Eßbares.
Das Restaurant wird nur zeitweise bewirtschaftet und hat einigen Lesern gar nicht so schlecht geschmeckt. Die Gruppentouristen der Yachten haben Vorrang.

Transport

Am Hafen von PAKBARA liegt ein *National Park Office*, von dem aus in der Saison tgl. um 10.30 Uhr (evtl. bereits um 9 Uhr) und 15 Uhr Boote in ca. 2 Std. zur Hauptinsel Ko Tarutao für 200 Baht (hin und zurück) fahren, an Wo-

chenenden und Ferientagen häufiger, aber da kann alles ausgebucht sein. Die Versorgungsboote verkehren unregelmäßig.
Zurück zum Festland fahren die Boote um 9 und 14 Uhr oder zu anderen Zeiten – je nach Laune des Kapitäns.
In KRABI werden ac-Bus-Boot-Tickets nach Tarutao (über Pakbara) für 230 Baht verkauft.
Von KO BULON LAE kommen ca. alle 10 Tage Ausflugsboote (s.S. 553), bei denen man evtl. mitfahren kann (ca. 200 Baht).

Ko Adang

Diese von dschungelbewachsenen Bergen bedeckte Insel liegt 40 km westlich von Ko Tarutao. Im Innern kann man einige schwer zugängliche Wasserfälle erkunden. Um die Insel herum und bei den Nachbarinseln laden die intakten Korallenriffe zum Schnorcheln ein: viele bunte Fische und seltene Kleinstlebewesen, z.B Tausende von wunderschönen Röhrenwürmern.

Ausrüstung zum Flaschentauchen gibt es hier nicht. Wer schon einmal versucht hat, in den trüben Gewässern der 40 km entfernten Insel Langkawi zu schnorcheln, kann kaum glauben, wie herrlich klar das Meer hier ist.

Übernachtung und Essen

Langhaus *(Ruan Taew)*, 20 Zimmer mit je 4 schmutzigen Matratzen für 280 Baht, Du/WC außerhalb. Zelte für 100 Baht direkt am Strand.
Zeitweise gibt es keine Verpflegungsmöglichkeit auf Ko Adang. Das einzige Restaurant hat nur an Wochenenden eine reiche Auswahl.

Transport

Von PAKBARA fährt jeden Di, Do und Sa ein Boot um 10.30 Uhr für 280 Baht einfach (ab Tarutao um 13 Uhr), unterwegs werden Schnorchelstops eingelegt.
Zurück nach Pakbara geht es jeden Mi, Fr und So um 9 Uhr.

Ko Lipe

Die dreieckige Insel **Ko Lipe** liegt gegenüber von Ko Adang. Ein Dorf von etwa 500 Seezigeunern zieht sich am gesamten östlichen Strand entlang. Die Seezigeuner (*Chao Le*) sind sehr fähige Seefahrer, vor allem mit kleinen Booten. Sie leben von Fischfang, tauchen nach Muscheln, Korallen und Schwarzen Korallen. Bei hohem Wellengang können sie weder tauchen noch fischen. Dann gibt es in den Restaurants wenig zu essen. Da die Chao Le von einem Geschäftsmann zum Dynamitfischen angeheuert wurden, sind trotz Nationalpark die großen Korallenriffe zerstört. Die Gewässer um die Insel sind jedoch sehr gut zum Schnorcheln.

Auf die südliche Seite der Insel zum schneeweißen, langen, aber schattenlosen Sandstrand **Pattaya Beach** führen zwei Fußwege von 10–15 Min., einer bei der Schule, der andere beim *Chao Le Resort*. Es ist durchaus möglich, die gesamte Insel an einem Tag zu umwandern und dabei immer wieder an schönen, kleinen Buchten zu schnorcheln.

Übernachtung und Essen

1998 gab es 5 Bungalowanlagen mit etwa 180 Zimmern, die kaum ausgelastet waren.

IM DORF – *Chao Le Resort***, links, ein Langhaus und 25 Hütten ohne und mit Du/WC, Restaurant mit schleppendem Service, gutes Essen. Rechts davor kann man schön schnorcheln.
Andaman Resort–*****, rechts von der Schule, 40 neue Bungalows mit Bad.

PATTAYA BEACH – *Tom Sam Resort**, 3 lieblose Bungalows mit Du/WC in der Mitte des Strands, ohne Schatten; schmuddeliges *Pattaya Seafood* Restaurant; Segler-Treff.
Leepae Resort–*****, 60 eng stehende Bungalows, z.T mit Fan, die besseren mit Du/WC; großes Restaurant, schlechter Service; gedrückte Stimmung beim Personal.
Pattaya Song**, 10 einfache Strohhütten am westlichen Ende des Strands, 8 schiefe Bun-

galows mit Du/WC am Hügel, schöne Sicht über die Bucht; mäßiges Restaurant, freundliches, aber überfordertes Personal; ganztägige Bootstrips für 800 Baht pro 4 Pers. inkl. Essen und Trinken.
Im Dorf gibt es 2 Shops (einer mit Restaurant), bei denen man u.a. Früchte wie Papaya, Mangos, Ananas, Bananen und Wassermelonen kaufen kann.
Es werden auch Ausflüge für 250 Baht p.P. inkl. Essen angeboten (min. 4 Pers.).

Sonstiges

Hauptsaison ist von November bis Februar, bereits im März schließen einige Bungalows; von Mai bis Oktober wird der Bootsverkehr eingestellt.
Es gibt keine Möglichkeit, Geld zu tauschen.

Transport

Von KO ADANG fahren unregelmäßig Longtail Boote nach Ko Lipe (20 Baht pro Strecke). Das Adang-Boot von PAKBARA fährt weiter nach Ko Lipe für 560 Baht (hin- und zurück), jeden Di, Do und Sa um 10.30 Uhr (ab Tarutao um 13 Uhr). Umsteigen in ein Longtailboot, das im Preis enthalten ist. Zurück jeden Mi, Fr und So um 9 Uhr in 5 Std., falls es die Wellen zulassen.
Von KO BULON LAE fährt tgl. ein Boot um 14 Uhr für 250 Baht, zurück um 9 Uhr.

Die übrigen Inseln

Hin Ngam ist eine kleine Insel, deren Granitfelsen vom Meer so glattgeschliffen sind, daß sie als große, schwarze Kiesel in der Sonne glänzen. Vor diesem Kieselstrand kann man wunderschön schnorcheln. Knapp unter der Wasseroberfläche leben Unmengen von Röhrenwürmern, die ihren farbenprächtigen Fächer bei unvorsichtiger Annäherung blitzartig in die Röhre zurückziehen. Auf **Ko Rawi** legen manchmal Meeresschildkröten im heißen Sand ihre Eier ab, sehr gut zum Schnorcheln eignet sich die Seite zu Ko Adang. Bei **Ko Butong** ist Schnorcheln am schönsten an der vorderen Seite zu Ko Rawi, am besten bei **Ko Yang**. Nicht weit von Ko Hin Ngam liegt im Meer der schöne Schnorchelplatz *Seven Colors* (2–8 m tief), wo Korallen in sieben Farben gedeihen. Bei **Ko Jung** ist Schnorcheln sehr lohnenswert, am Strand liegen schöne Muscheln. **Ko Kai** liegt wie ihre Schwesterinsel **Ko Klang** auf halbem Weg zwischen Ko Adang und Ko Tarutao. Von November bis Dezember vergraben auch hier riesige Meeresschildkröten ihre Eier im Sand am Strand.

Satun

สตูล

In der Hauptstadt der südlichsten Provinz an der Westküste Thailands, 1025 km von Bangkok entfernt, leben hauptsächlich Moslems und einige Chinesen. Diese Hafenstadt abseits der üblichen Route hat Touristen fast nichts zu bieten. So mancher benutzt sie, um mit dem Boot entlang des schönen Ufers nach Kuala Perlis oder direkt auf die Insel Langkawi in Malaysia zu schippern.

Übernachtung und Essen

Rain Tong**** (auch Lian Thong) ⑥, 4-6 Samanta Pradit Rd., ✆ 711036, Chinesenhotel gegenüber der Bootsanlegestelle in der Stadt; große, saubere Zi, am besten im 2. Stock.
Udom Suk**** ⑤, 201 Hattagam Suksa Rd., ✆ 711006, in einer relativ ruhigen Nebenstraße, saubere Zi, Garten, freundliche Leute.
Satultanee**–*** (auch: Satun Thani) ③, 90 Satun Thane Rd., ✆ 711010, im Stadtzentrum, Zimmer mit Fan oder ac, laut.
Salinda**** (ac***) ⑦, 11 Wiset Mayura Rd., ✆ 711115, ruhig am Ortsrand gelegen, etwas heruntergekommene Zimmer, unfreundlich.
Sinkiat Thani******* ④, 50 Burivanit Rd., ✆ 721055-8, Fax 721059, modernes, klimatisiertes Hotel, 50 große, saubere, komfortable Zi mit Du/WC und Badewanne, ac individuell regelbar, schöne Fernsicht aus dem 7. Stock; Coffee Shop, Restaurant; freundliche Besitzer.

Wangmai**** ②, 43 Satun Thane Rd., ✆ 711607, 📠 722162, modernes, klimatisiertes Hotel, das vor allem Geschäftsleute und Touristen aus Malaysia bedient.
My House*** ①, 111 Yontrakarnkumthorn Rd., ✆ 721700, Reihenhäuser im Motel-Stil, z.T. mit ac; 2,2 km nördlich des Wang Mai Hotels, 50 m von der Hauptstraße entfernt.

Übernachtung und Essen

Sehr stilvoll ißt man zu leicht gehobenen Preisen im schön dekorierten, klimatisierten ***Time Restaurant*** vor dem Wangmai Hotel an der Hauptstraße; geöffnet 10.30–24 Uhr. Bemerkenswert ist der Nachtessenmarkt.

Sonstiges

DROGEN – werden Touristen manchmal von Zivilfahndern angedreht. Hände weg!

IMMIGRATION – Office in der Stadt, Paßabfertigung am Tammalang-Pier.

REISEBÜRO – ***Satun Travel & Ferry Service***, 45/16 Satun Thane Rd., ✆ 711453, 📠 721959, gegenüber vom Wangmai Hotel, verkauft Tickets für die Fähre nach Langkawi. Von hier aus mit dem Taxi für 20 Baht weiter zum Hafen. In der Saison vom 19.11.–19.5. werden Touren nach Ko Tarutao via Pakbara (10.30 und 15 Uhr) angeboten.

VORWAHL – 074; PLZ: 91 000.

Transport

BUSSE – Vom Southern Bus Terminal in BANGKOK, 995 km, mit dem non-ac-Bus um 19.30 Uhr für 234 Baht, dem ac-Bus von 18–19.30 Uhr für 427 Baht in 15 Std., dem VIP-24 Bus um 18 Uhr für 655 Baht.
Nach BANGKOK fahren die Busse zwischen 14 und 15 Uhr.
Von KRABI ac-Minibus um 10.30 Uhr für 200 Baht in 4 Std. Das kombinierte ac-Bus-Boot-Ticket nach LANGKAWI kostet 350 Baht.
Von PHUKET direkt mit ac-Bus um 8.15 und 10.15 Uhr für 203 Baht in 7 Std. Zurück zu denselben Zeiten, aber für 190 Baht.
Von TRANG tagsüber alle 30–60 Min. mit dem non-ac-Bus für 38 Baht. Vor dem Bahnhof steigt man bequem um, wenn man mit einem Bus von Phuket oder Krabi kommt. Zurück fahren Busse etwa stündlich zwischen 5.30 und 14.30 Uhr mit Anschlußmöglichkeit nach Krabi und Phuket. Von 14.30–16.30 Uhr fahren die Busse nur bis LA-NGU.

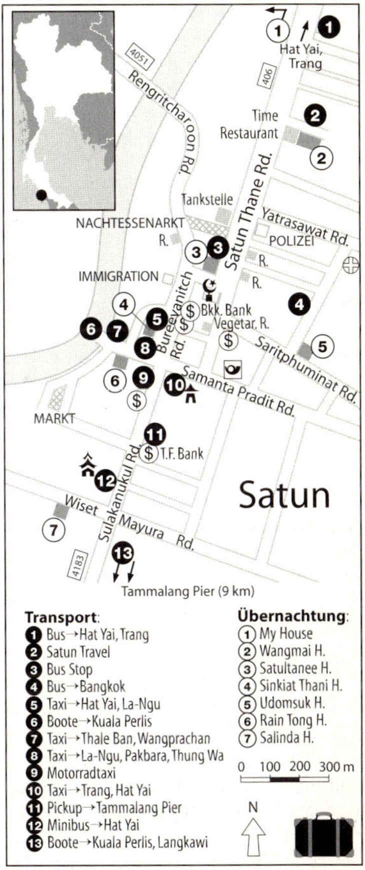

Von PAKBARA kommt man mit Pickup bis nach La-Ngu (10 Baht) und von dort weiter mit dem non-ac-Bus nach Satun (13 Baht). Von HAT YAI, 96 km, am Plaza laufend mit dem non-ac-Bus für 27 Baht, ac-Bus um 7.10, 9.40 und 15.10 Uhr für 38 Baht.

MINIBUS – Nach HAT YAI um 9 Uhr für 100 Baht (Abfahrt vor dem Wat). Über Hat Yai geht es nach SURAT THANI für 250 Baht, KO SAMUI 350 Baht, KRABI 250 Baht, PHUKET 350 Baht.

SAMMELTAXI – Sammeltaxis fahren nach HAT YAI für 40 Baht, TRANG für 60 Baht, LA-NGU für 20 Baht (für PAKBARA), zur Grenzstation WANGPRACHAN (40 km, s.S. 577) und zum THALE BAN NATIONAL PARK für 20 Baht. Ein Charter-Taxi fährt nach PAKBARA für 180 Baht, nach WANGPRACHAN für 200 Baht.

BOOTE – Der Hafen am Tammalang-Pier liegt 9 km südlich der Stadt. Am Hafen befinden sich auch das *Customs* und *Immigration Office* für die Zoll- und Paßabfertigung. Zu erreichen mit dem Pickup für 10 Baht ab Thai Farmers Bank oder besser schon ab Markt. Man kann auch ein Tuk Tuk oder Motorradtaxi für max. 20 Baht nehmen. Ca. 1 Std. vor Abfahrt der Langkawi-Fähre startet ein Taxi für 20 Baht bei *Satun Travel*.
Von LANGKAWI nach Satun mit der *Express Ferry*, ✆ 04-788316, um 8.45, 12, 15 und 17 Uhr Malaysia-Zeit (7.45, 11, 14 und 16 Uhr Thai-Zeit) für 150 Baht in 75 Min.
Nach LANGKAWI tgl. um 8, 9, 13 und 16 Uhr.
Von KUALA PERLIS fahren große Longtail-Boote mit Plane 7x tgl., 5 RM in 1 Std. Die Fahrt ist heiß und schweißtreibend.
Nach KUALA PERLIS von 6.30 bis 15 Uhr für 50 Baht.
Bei hohem Wasserstand kann man direkt von der Anlegestelle in der Stadt, neben dem Rain Tong Hotel, abfahren. Die Grenzformalitäten werden auch in diesem Fall am Tammalang-Pier erledigt. Bei ruhiger See ist die Fahrt landschaftlich sehr reizvoll. Falls die Banken in Kuala Perlis geschlossen sind, z.B. am Freitag und am Donnerstagnachmittag, wechselt ein Chinesenladen an der Hauptstraße Geld. Von Kuala Perlis bestehen gute Busverbindungen nach Alor Setar, Penang und Kuala Lumpur.

Die Umgebung von Satun

Puyu Grotto

(auch Poo-U-Grotto) 15 km südlich von Satun wurde eine Meereshöhle entdeckt, durch die Boote fahren können, und die es mit der Tham Lot bei Phang Nga aufnehmen können soll. Mit einem gecharterten Boot vom Tammalang-Pier geht die Fahrt an der Küste entlang an vielen seltsam geformten Bergen vorbei. Wir bitten um Feedback, ob es sich lohnt.

Thale Ban National Park

Direkt an der Grenze zu Malaysia liegt 40 km von Satun der südlichste National Park Thailands. Das *Park Headquarter*, ✆ 074-497073, ist nur 2 km vom Grenzposten Wangprachan entfernt und etwa 75 km von Alor Setar in Malaysia. Hier kann man evtl. in den Park Bungalows**-**** übernachten, die um einen hübschen See gruppiert sind. Auch Zelten ist möglich. Essen gibt es auf Bestellung in der Kantine. Von hier aus führt ein 6 km langer Pfad durch den Dschungel zu einem Berggipfel, auf dem man zelten kann. 2 km nördlich des *Headquarters* zweigt links an einem Schild in Thai-Schrift ein Pfad zu einer Höhle ab, in der sich abends Fledermäuse versammeln.

Nach weiteren 4 km auf der Straße geht es rechts zum ausgeschilderten **Ya-Roy-Wasserfall** ab (700 m) und an seinen Kaskaden entlang bergauf. In einem Pool inmitten unberührten Dschungels ist es herrlich zum Baden, Wasser gibt es das ganze Jahr über. Am Wochenende und an Feiertagen vergnügen sich hier viele Thais.

Für wahre Naturfreunde lohnt sich im April und Mai die Wanderung zur **Wang Pra Meadow**, wenn auf dieser Wiese mit einer vielfältigen Flora und Fauna farbenprächtige

Blumen blühen. Von 500 m Höhe erstreckt sich die Wiese bis auf 720 m hinauf zum **Khao Jeen**. Zunächst fährt man 10 km auf der neuen Straße, dann wandert man 2 km durch einen schönen Wald.

Zum Nationalpark fahren Sammeltaxis von Satun für 20 Baht. Zurück ab ca. 10 Uhr, ansonsten muß man trampen.

Hat Yai

หาดใหญ่

Hat Yai (auch Hatyai, Had Yai oder Haad Yai) liegt 933 km südlich von Bangkok. Die moderne, gesichtslose Stadt mit 130 000 Einwohnern ist das Verkehrs- und Wirtschaftszentrum von Süd-Thailand.

Viele Malaysier kommen hierher, um das einzukaufen, was billiger als im eigenen Land angeboten wird, und um zu später Stunde das zu finden, was ihnen im muslimisch-puritanischen Malaysia nicht geboten wird. Im Gegensatz zu Pattaya, Phuket und Bangkok spielt sich das Nachtleben von Hat Yai weitgehend in Hotels ab. Neben den umfangreichen Angeboten des horizontalen Gewerbes gibt es zahlreiche Discos mit Live-Musik und Laser-Shows. Die **Krokodilfarm** in der Ratchyindi Rd. ist zwar kostenlos, aber recht uninteressant.

Übernachtung

In den letzten Jahren sind neben den etwa 80 Hotels mit über 8000 Zimmern einige Gästehäuser entstanden, die eigentlich Kleinhotels sind. In manchen verkehren auch Prostituierte.

GÄSTEHÄUSER – ***Cathay GH***–*** ㉖, 93/1 Niphat Uthit 2 Rd., ✆ 243815, im 1. Obergeschoß, einfache, ungepflegte Zimmer mit Du/WC, Fan und viel Ungeziefer sowie Schlafsaal. Die nach hinten gelegenen Zimmer sind teurer; bei Travellern jedoch sehr beliebt. Viele Infos, Snacks; im Erdgeschoß das Reisebüro *Pakdee Tour*.

Sorasilp GH**–*** (auch Sornsil) ③, 251/7-8 Petchkasem Rd., ✆ 232635, saubere Zimmer, Du/WC, auch Schlafsaal, recht laut.

Ladda GH**–*** ㉔, 13-15 Thamnoon Vithi Rd., ✆ 220233, saubere Zimmer, z.T. ac, in neuem Gebäude beim Bahnhof, nette Leute.

Louise GH*** ㉕, 21-23 Thamnoon Vithi Rd., ✆ 220966, Kleinhotel nebenan, saubere Zi mit Du/WC, z.T. ac, wochentags 30% Discount.

New City GH** ㊸, 8 Chaiyakul Uthit 2 Rd., ✆ 244738, 3 km außerhalb des Zentrums bei der Bus Station, saubere Zimmer mit ac.

Amaraporn GH, 98-100 Niphat Uthit 3 Rd., ✆ 231487, Fax 243363, neu.

Das ***Star GH*** dient überwiegend dem Kurzzeit-Gewerbe.

HOTELS – In kleinen Chinesenhotels ist die Übernachtung z.T. noch billiger als in Gästehäusern. Die großen Mittelklassehotels unterscheiden sich kaum voneinander.

In der **Niphat Uthit 1 Rd.** liegen z.B.:

Hok Chin Hin** ⑭, Nr. 87, ✆ 243258, renoviertes, günstiges Hotel, sehr saubere Zimmer mit hervorragendem Bad, große Betten, Fan, gut eingerichtet, sehr zu empfehlen; Eingang durchs Restaurant.

Racha***–**** ⑨, Nr. 40, ✆ 230951-5, Fax 234668, komfortables, vollklimatisiertes Hotel, das seinen Preis wert ist; geräumige, gut eingerichtete Zimmer mit Du/WC, ac individuell regelbar, Kühlschrank.

King's***–**** ㉗, Nr. 126, ✆ 234140, z.T. ac, abgewohnt, aber brauchbar.

In der Parallelstraße **Niphat Uthit 2 Rd.**:

Kosit**** ㊲, Nr. 199, ✆ 234366, Fax 232365, modernes Hotel, mit Nachtclubs der gepflegteren Kategorie.

Siam City**** ⑪, Nr. 25-35, ✆ 353111, Fax 231060, neu, 143 Zimmer mit ac.

In der Parallelstraße **Niphat Uthit 3 Rd.**:

Asian Hat Yai**** ⑦, Nr. 55, ✆ 234891, Fax 234890, 184 Zimmer mit ac.

Hat Yai Central Hotel ㉝, Nr. 180-181, ✆ 230000, Fax 230990, neues, modernes Hotel, alle Zimmer mit ac, ab 1089 Baht.

Laemthong** (ac****) ⑳, 46 Thamnoon Vithi Rd., ✆ 244433, Fax 237574, 200 m vom Bahnhof, groß, sauber und seinen Preis wert.

Übernachtung in Hat Yai:

①	President H.	ab****	420 Petchkasem Rd.	✆ 244069
②	J.B. Hotel	ab 1500	99 Jootee Anusorn Rd.	✆ 234300-18
③	Sorasilp Gh.	**_***	251/7-8 Petchkasem Rd.	✆ 232635
④	Peking H.	**	39-43 Chamrat Uthit Rd.	✆ 245206
⑤	Had Yai Inter H.	***_****	42-44 Niphat Uthit 3 Rd.	✆ 231002
⑥	V.L. Hatyai H.	ab****	1-7 Niphat Uthit 1 Rd.	✆ 352201-9
⑦	Asian Hat Yai H.	****	55 Niphat Uthit 3 Rd.	✆ 234891
⑧	The Regency H.	ab****	23 Prachathipat	✆ 234400-9
⑨	Racha H.	***_****	40 Niphat Uthit 1 Rd.	✆ 230951-5
⑩	Diamond Plaza H.	ab****	62 Niphat Uthit 3 Rd.	✆ 230136-41
⑪	Siam City H.	****	25-35 Niphat Uthit 2 Rd.	✆ 353111
⑫	Mandarin H.	**	62-4 Niphat Uthit 1 Rd.	✆ 243438
⑬	Central Sukhontha H.	ab 2600	3 Sanehanusorn Rd.	✆ 352222
⑭	Hok Chin Hin H.	**	87 Niphat Uthit 1 Rd.	✆ 243258
⑮	Savoy H.	**	76/9 Niphat Uthit 2 Rd.	✆ 243546
⑯	Grand Plaza H.	ab****	24/1 Sanehanusorn Rd.	✆ 234340-8
⑰	Pink H.	****	24 Sanehanusorn Rd.	✆ 230961-4
⑱	River Inn	***	65 Chon Thana Rd.	✆ 231101-3
⑲	Park H.	***	81 Niphat Uthit 2 Rd.	✆ 220967
⑳	Laemthong H.	**_****	46 Thamnoon Vithi Rd.	✆ 244433
㉑	Indra H.	ab****	94 Thamnoon Vithi Rd.	✆ 243277
㉒	Prince H.	**	138/2-3 Thamnoon Vithi Rd.	✆ 232496
㉓	Rajthanee H.	***	Thamnoon Vithi Rd.	✆ 231021
㉔	Ladda Gh.	**_***	13-15 Thamnoon Vithi Rd.	✆ 220233
㉕	Louise Gh.	***	21-23 Thamnoon Vithi Rd.	✆ 220966
㉖	Cathay Gh.	*_**	93/1 Niphat Uthit 2 Rd.	✆ 243815
㉗	King's H.	***_****	126 Niphat Uthit 1 Rd.	✆ 234140
㉘	Sakol H.	***	47-48 Sanehanusorn Rd.	✆ 245256
㉙	Rado H.	**_***	59 Sanehanusorn Rd.	✆ 243858
㉚	B.P. Grand Suite H.	ab 1600	74 Sanehanusorn Rd.	✆ 239051-60
㉛	Pacific H.	**_***	149/1 Niphat Uthit 2 Rd.	✆ 244062
㉜	New World H.	ab***	144-158 Niphat Uthit 2 Rd.	✆ 230100
㉝	Hat Yai Central H.	****	180-181 Niphat Uthit 3 Rd.	✆ 230000-11
㉞	Sakura Grand View	neu	Niphat Uthit 3 Rd.	
㉟	Sakura H.	***_****	165/1 Niphat Uthit 3 Rd.	✆ 235111-3
㊱	Dai-ichi H.	ab****	29 Chaiyakul Uthit 4 Rd.	✆ 230724
㊲	Kosit H.	ab****	199 Niphat Uthit 2 Rd.	✆ 234366
㊳	Ambassador H.	***_****	23 Padung Pakdee Rd.	✆ 234411-7
㊴	Emperor H.	***_****	1 Tanrattanakon Rd.	✆ 220215-18
㊵	Lee Garden H.	ab****	1 Lee Patthana Rd.	✆ 234420-9
㊶	Mae Nam H.	***_****	43/42-43 Tanrattanakon Rd.	✆ 234800-3
㊷	The Florida H.	ab****	8 Sri Puvanart Rd.	✆ 234555
㊸	New City Gh.	**	8 Chaiyakul Uthit 2 Rd.	✆ 244738
	Amaraporn Gh.		98-100 Niphat Uthit 3 Rd.	✆ 231487

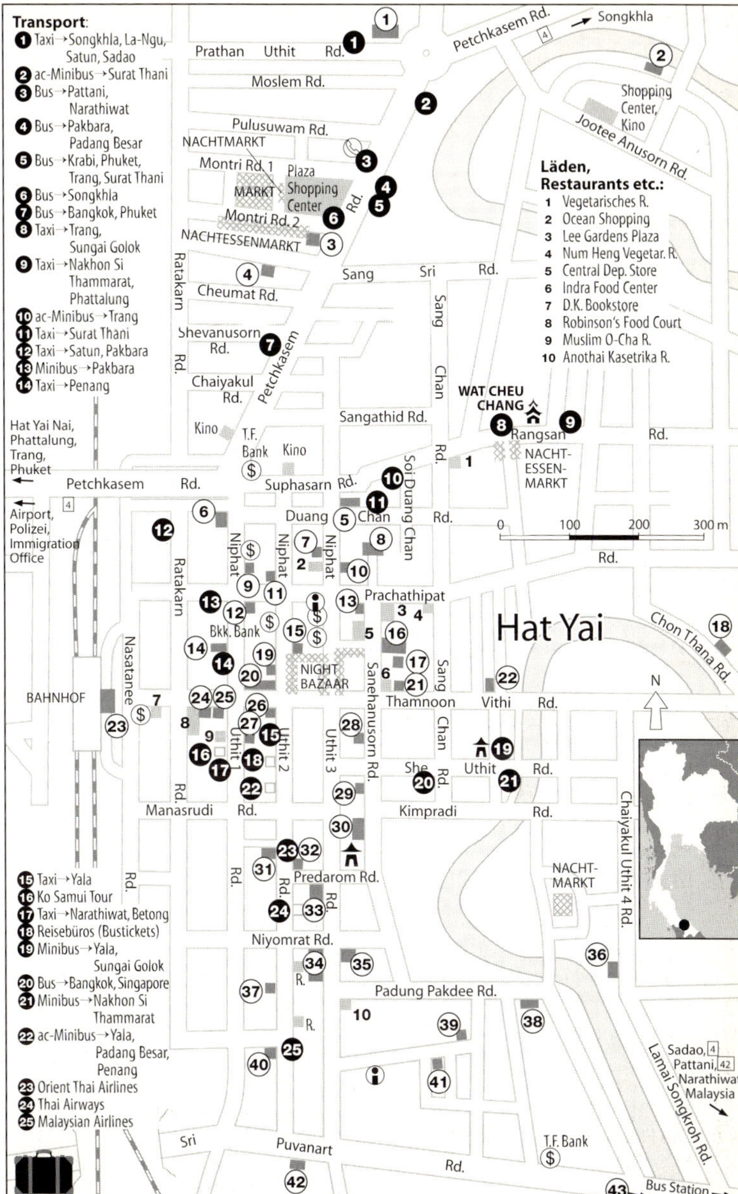
Transport:
1 Taxi → Songkhla, La-Ngu, Satun, Sadao
2 ac-Minibus → Surat Thani
3 Bus → Pattani, Narathiwat
4 Bus → Pakbara, Padang Besar
5 Bus → Krabi, Phuket, Trang, Surat Thani
6 Bus → Songkhla
7 Bus → Bangkok, Phuket
8 Taxi → Trang, Sungai Golok
9 Taxi → Nakhon Si Thammarat, Phattalung
10 ac-Minibus → Trang
11 Taxi → Surat Thani
12 Taxi → Satun, Pakbara
13 Minibus → Pakbara
14 Taxi → Penang
15 Taxi → Yala
16 Ko Samui Tour
17 Taxi → Narathiwat, Betong
18 Reisebüros (Bustickets)
19 Minibus → Yala, Sungai Golok
20 Bus → Bangkok, Singapore
21 Minibus → Nakhon Si Thammarat
22 ac-Minibus → Yala, Padang Besar, Penang
23 Orient Thai Airlines
24 Thai Airways
25 Malaysian Airlines
Läden, Restaurants etc.:
1 Vegetarisches R.
2 Ocean Shopping
3 Lee Gardens Plaza
4 Num Heng Vegetar. R.
5 Central Dep. Store
6 Indra Food Center
7 D.K. Bookstore
8 Robinson's Food Court
9 Muslim O-Cha R.
10 Anothai Kasetrika R.
Hat Yai
Prathan Uthit Rd.
Petchkasem Rd.
Songkhla
Moslem Rd.
Shopping Center, Kino
Jootee Anusorn Rd.
Pulusuwam Rd.
NACHTMARKT
Montri Rd. 1
MARKT
Plaza Shopping Center
Montri Rd. 2
NACHTESSENMARKT
Sang Sri Rd.
Cheumat Rd.
Ratakarn Rd.
Shevanusorn Rd.
Petchkasem Rd.
Chaiyakul Rd.
Sang Chan Rd.
WAT CHEU CHANG
Sangathid Rd.
Rangsan Rd.
NACHT-ESSEN-MARKT
Hat Yai Nai, Phattalung, Trang, Phuket
Kino
T.F. Bank
Suphasarn Rd.
Soi Duang Chan
Airport, Polizei, Immigration Office
Duang Chan Rd.
0 100 200 300 m
Niphat Uthit 1
Niphat Uthit 2
Niphat Uthit 3
Prachathipat Rd.
Bkk. Bank
NIGHT BAZAAR
Chon Thana Rd.
N
BAHNHOF
Nasatanee Rd.
Sanehanusorn Rd.
Thamnoon Vithi Rd.
She Uthit Rd.
Manasrudi Rd.
Kimpradi Rd.
Predarom Rd.
NACHT-MARKT
Chaiyakul Uthit 4 Rd.
Niyomrat Rd.
Padung Pakdee Rd.
Sadao, Pattani, Narathiwat, Malaysia
Lamai Songkroh Rd.
T.F. Bank
Sri Puvanart Rd.
Bus Station

The Florida ㊷, 8 Sri Puvanart Rd., ✆ 234555, 📠 234553, angenehmes Restaurant, das Hotel ist nicht zu empfehlen.
J.B. Hotel ②, 99 Jootee Anusorn Rd., ✆ 234300-18, 📠 234328, First Class-Hotel, hervorragendes chinesisches Restaurant *The Empress*.
Central Sukhontha Hotel ⑬, 3 Sanehanusorn Rd., ✆ 352222, 📠 352223, First Class-Hotel im Zentrum.
Manhattan Palace ㊱, 29 Lamai Songkroh Rd., ✆ 230724, 📠 231315, luxuriöses Terrassenhotel; Disco, Entertainment Center.

Essen

Überall in der Stadt gibt es recht gute Seafood-Restaurants und Essenstände.
Am Abend finden mehrere kleine Nachtmärkte statt, z.B. nahe dem Savoy Hotel.
Ein sehr großer, empfehlenswerter Nachtessenmarkt wird auf der gesamten Montri 2 Rd. beim Plaza Shopping Center aufgebaut.
Muslim-O-Cha, gegenüber vom King's Hotel, ist ein gutes Muslim-Restaurant.
Im klimatisierten ***Robinson's Food Court*** befinden sich die internationalen Fast Food-Restaurants *KFC, Burger King, Dunkin Donut, Daidomon* (Buffet-Lunch und -Dinner für 119 Baht) sowie Essenstände mit Coupon-System.
Indra Food Center, 94 Thamnoon Vithi Rd., hat rund um die Uhr geöffnet und ist entsprechend teuer. Am Abend werden die Schlemmer bei Haifischflossen- und Schwalbennestersuppe mit Live-Musik unterhalten.
Im ***Peppercorn Café & Cuisine***, 131/2 Niphat Uthit 3 Rd., gibt es preiswerte Spaghetti, Sandwiches und American Breakfast.

Einkaufen

Da Hat Yai für viele Malaysier das Einkaufsparadies ist, verfügen die Straßenstände und Einkaufszentren über ein reichhaltiges Warenangebot, vor allem in den drei Niphat Uthit Straßen. Nördlich der Thamnoon Vithi Rd. wird am Abend ein quirliger Night Bazaar aufgebaut.
Günstig kauft man Textilien, Kassetten, Lederwaren und Kunstgewerbe. Besonders gut sind Obst und Nüsse, v.a. Cashewnüsse. Ein großer Markt wird am Songkhla-Bus Stop abgehalten.
D.K. Bookshop In der Thamnoon Vithi Rd. beim Bahnhof hat auch Reiseführer und gute Karten von Thailand, geöffnet 9–20 Uhr.

Unterhaltung

KINOS – Hat Yai hat einen besonderen Kino-Service. Seinem Image als „internationaler" Stadt entsprechend bieten die folgenden Kinos die Möglichkeit, Filme in Englisch zu sehen:
Chaloem Thai, Suphasarn Rangsan Rd. sowie ***Indra*** und ***Rama*** in der Petchkasem Rd.

BÜFFELKAMPF – bei denen zwei Tiere gegeneinander kämpfen, werden in der neuen Arena von Hat Yai an jedem ersten Samstag im Monat von 10 bis 15 Uhr ausgetragen. Eintritt: 30 Baht, Info beim TAT: ✆ 243747.

THAI-BOXEN – an jedem Samstag von 14–17 Uhr im *Television Stadion* für 5 Baht Eintritt.

Sonstiges

GELD – ***Thai Farmers Bank***, 188 Petchkasem Rd., tgl. 8.30–16.30 Uhr, mit Geldautomat. Weitere Banken in der Niphat Uthit 2 und 3 Rd. mit Wechselschalter (von 9–19 Uhr geöffnet, auch am Wochenende).
Spät abends wechselt nur ein Money Changer oder eines der großen Hotels.

IMMIGRATION – Petchkasem Rd., ✆ 243019, hinter der Eisenbahnbrücke links.

INFORMATIONEN – ***Tourist Office*** in der 1/1 Soi 2 Niphat Uthit 3 Rd., etwas versteckt in einer Seitengasse, ✆ 243747 und 238518, geöffnet tgl. 8.30–16.30 Uhr.

Neue Informationen über Verkehrsverbindungen und Hotels für Hat Yai und Songkhla. Das ***Tourist Information Center*** in der Innenstadt kann bei der Suche nach Hotels behilflich sein: ein Kiosk in der Niphat Uthit 3 Rd., nahe der Prachathipat Rd., geöffnet 13–17 und 18–21 Uhr.

MEDIZINISCHE VERSORGUNG – Das zur Universität von Songkhla gehörende ***Songkhla Nakharin Hospital*** am H4 (Kanchanavanit Rd.), ✆ 245677, ist modern eingerichtet und hat auch So einen hervorragenden Notdienst.

POST – Hauptpostamt 300 m nördlich vom President Hotel. Ein weiteres Postamt an der Ratakarn Rd. nahe beim Bahnhof.

REISEBÜROS – viele entlang der Thamnoon Vithi Rd. und an den drei Niphat Uthit-Straßen.
Gute Preise haben u.a. ***Pakdee Tour*** im Cathay GH und ***D.J. Tour*** gegenüber vom *King's Hotel*.
Üble Erfahrungen haben Traveller wiederholt mit *Hatyai Chaw Wang Tours* gemacht.

STADTPARK – 6 km Richtung Songkhla liegt der schöne Municipality Park, in dem man an Wochentagen gemütlich herumspazieren kann.

TOURIST POLICE – in der 1/1 Soi 2 Niphat Uthit 3 Rd., dieselbe Adresse wie Tourist Office, ✆ 246733 und 1699.

VORWAHL – 074; PLZ: 90 110.

Nahverkehrsmittel

Die **Tuk Tuks** im Stadtgebiet kosten 7–10 Baht, zum großen Bus Terminal 15 Baht.
Taxis sind teuer, kräftig handeln!
Bei einer Fahrt mit der **Fahrrad-Rikscha** zu Hotels und Reisebüros wird vielfach die Provision des Fahrers aufgeschlagen.

Transport

BUSSE – Non-ac-Busse fahren am Municipal Market (Plaza Shopping Center) ab. Der neue Busbahnhof für alle Überlandbusse liegt südöstlich der Stadt an der Straße Richtung Grenze, mit dem Songthaew für 10 Baht zu erreichen. Fast alle Busse (Ausnahme: die nach Bangkok und Chumphon) halten 15 Min. später an der Petchkasem Road, gegenüber vom Plaza Shopping Center, wo man zusteigen kann.
Viele ac-Busse fahren von den Reisebüros ab, bei denen das Ticket gekauft wird. Bei Buchung im Gästehaus wird man häufig dort abgeholt, eine längere Stadtrundfahrt ist inklusive. Alle Tickets für Minibusse und nach Bangkok bucht man am besten in den Reisebüros im Zentrum.
Bangkok: Vom Southern Bus Terminal in BANGKOK fahren non-ac-Busse um 21.45 Uhr für 224 Baht, der 2.Kl. ac-Bus um 19 Uhr für 333 Baht, ac-Busse und VIP-30-Busse laufend zwischen 16 und 20.20 Uhr für 428 bzw. 500 Baht und VIP-24-Busse um 17.30 und 18 Uhr für 625 Baht in 14 Std.
Nach BANGKOK fahren non-ac-Busse um 7 und 14 Uhr, ac-Busse und VIP-30-Busse alle 30 Min. von 13.30–17.40 Uhr, VIP-24 um 16 und 17 Uhr. Von der Khaosan Road fährt ein schrottreifer ac-Bus um 18 Uhr für 350 Baht (VIP-30 für 600 Baht) bis zu 22 (!!) Std. nach Hat Yai, da er am Ko Samui Pier die Boote abwartet. Absolut nicht zu empfehlen.
In die Nachbarorte: Nach SONGKHLA fahren bis 19.30 Uhr laufend non-ac-Busse für 9 Baht in 30 Min.
Nach SATUN mit dem non-ac-Bus von 5.40–17.10 Uhr alle 30 Min. für 27 Baht in 2 Std., ac-Bus um 7.10, 9.40 und 15.10 Uhr für 38 Baht in 1 1/2 Std.
Nach PAKBARA (für den Tarutao National Park und Ko Bulon Lae) um 7.05, 11.05 und 14.55 Uhr für 34 Baht in 2 1/2 Std. (ab Plaza Shopping Center 15 Min. später).
Nach PADANG BESAR alle 30 Min. für 18 Baht in 100 Min.
Nach PHATTALUNG für 26 Baht in 90 Min.

Zu den übrigen Orten im Süden: Nach PHUKET und KRABI fahren non-ac-Busse um 7.30, 8.30 und 9.45 Uhr für 122 / 91 Baht in 9 bzw. 5 Std.; ac-Bus 6x tgl. von 8–13 Uhr für 202 / 132 Baht in 7 bzw. 4 Std., bis PHANG NGA 150 Baht; VIP-Bus nach PHUKET für 350 Baht.
Nach SURAT THANI 5x tgl. von 5.20–11.20 Uhr für 86 Baht in 6 1/2 Std.; ac-Bus um 7.10, 9, 13 und 15 Uhr für 154 Baht in 5 Std.
Nach KO SAMUI mit ac-Bus um 8 Uhr für 200 Baht in 7 Std.
Nach NAKHON SI THAMMARAT mit non-ac-Bus 8x tgl. bis 15.20 Uhr für 55 Baht in 4 Std.; ac-Bus 8 x tgl. bis 16.15 Uhr für 75 Baht.
Nach TRANG alle 30 Min. für 40 Baht in 3 Std.
Nach CHUMPHON um 7.15 und 10.30 Uhr für 121 Baht, ac-Bus um 8.10, 9.30 und 12 Uhr für 219 Baht in 9 Std.
Nach SUNGAI GOLOK, NARATHIWAT und PATTANI mit dem ac-Bus ab 7 Uhr alle 2 Std. für 96 / 75 / 43 Baht in 4 / 3 / 2 Std.
Richtung Malaysia / Singapore: Nach BUTTERWORTH (Penang) mit ac-Bus um 9, 9.30, 12, 14 und 16.30 Uhr für 200 Baht. Er fährt weiter nach KUALA LUMPUR für 380 Baht in 13 Std. Alternative ist der *Langkawi Express* um 15.50 Uhr für 435 Baht.
Billiger mit dem *VIP Coach* von *Ming Travel*, 131 Niphat Uthit 2 Rd., ✆ 237325: Butterworth 180 Baht, Kuala Lumpur 230 Baht, Singapore ab 370 Baht.
Weitere Busse nach SINGAPORE um 12 Uhr der VIP-32 für 400 Baht, der VIP-24 für 550 Baht in 19 Std. Um 11 Uhr der ac-Bus für 280 Baht.

MINIBUSSE – (auch *Minivans* genannt) sind klimatisiert und fahren tgl. zu festen Zeiten (zumeist jede Stunde) zwischen 7 und 17 Uhr von verschiedenen Stellen am Straßenrand ab. Diese sind in der Karte markiert.
Nach PAKBARA jede volle Std. für 50 Baht von der Niphat Uthit 1 Rd., Ecke Duang Chan Rd.
Nach PADANG BESAR ab 6 Uhr alle 30 Min. für 30 Baht in 60 Min.
Nach PHUKET um 9.30 Uhr für 250 Baht, nach KRABI um 9.30, 13 und 17 Uhr für 150 Baht.
Nach SURAT THANI 5x tgl. von 8.30–17 Uhr für 150 Baht in 4 1/2 Std.
Nach KO SAMUI um 8.30 Uhr für 250 Baht (inkl. Expressboot), weiter nach KO PHA NGAN für 280 Baht.
Nach KO SAMUI um 9 Uhr für 220 Baht (inkl. Fähre), bei *Ko Samui Tour* bereits um 8 Uhr für 250 Baht (Ankunft 15.30 Uhr).
Nach KO PHA NGAN um 12.30 Uhr für 260 Baht (inkl. Nachtboot).
Nach NAKHON SI THAMMARAT jede Std. von 7–17 Uhr für 100 Baht.
Nach TRANG ca. alle 30 Min. von 7.40–17.40 Uhr für 55 Baht.
Nach SUNGAI GOLOK jede Std. von 7–17 Uhr für 130 Baht, nach NARATHIWAT 100 Baht.
Nach YALA und PATTANI jede Std. von 7–17 Uhr für 60 Baht.
Nach PENANG mit *Malinja Holiday Tour* um 9.30, 12.30 und 15 Uhr für ca. 250 Baht oder 22 RM (inkl. Fähre) in 5 Std.
Von PENANG (Georgetown) um 4.30 Uhr.

SAMMELTAXIS – fahren tgl. zwischen 6 und 15 bzw. 17 Uhr von verschiedenen Taxiständen Ziele in Süd-Thailand und Malaysia an. Sie fahren dann los, wenn sie voll sind. Die Taxistände sind in der Karte markiert. Der Fahrpreis versteht sich pro Person.
BETONG 100 Baht, 3 1/2 Std.; KRABI 150 Baht, 5 Std.; LA-NGU (für Pakbara, Ko Bulon Lae und Tarutao National Park) 50 Baht, 2 Std.; NAKHON SI THAMMARAT 90 Baht, 3 1/2 Std.; PADANG BESAR 35 Baht, 1 Std.; PENANG 220 Baht, 5 Std.; PHATTALUNG 50 Baht, 1 1/2 Std.; PHUKET 250 Baht, 6 Std.; SATUN 35 Baht, 1 1/2 Std.; SONGKHLA 15 Baht (abends bis 22 Uhr 20 Baht), 30 Min.; SUNGAI GOLOK 130 Baht, 3 1/2 Std.; SURAT THANI 150 Baht, 5 Std.; TRANG 60 Baht, 2 1/2 Std.

EISENBAHN – Der Bahnhof liegt im Zentrum der Stadt. Am besten gleich nach der Ankunft das Ticket für die Weiterfahrt besorgen.
Richtung Norden: Von BANGKOK fahren tgl. 4 Züge mit Schlafwagen zwischen 13.15 und 15.50 Uhr in ca. 16 1/2 Std. nach Hat Yai.

Außerdem ein *Sprinter* um 22.30 Uhr (Ankunft 11.14 Uhr).
Nach BANGKOK fahren *Rapid*-Züge um 15.35 und 16.56 Uhr u.a. über SURAT THANI (ab 165 / 95 Baht in der 2. / 3. Kl.), CHUMPHON (ab 220 / 119 Baht) und HUA HIN (ab 307 / 156 Baht). In Bangkok (ab 385 / 189 Baht) Ankunft um 8.35 und 10 Uhr. Ein *Special Express* um 18.10 und 18.40 Uhr (ab 1334 / 675 Baht in der 1. / 2. Kl.) kommt in Bangkok um 9.30 bzw. 10.35 Uhr an.
Richtung Süden: Tgl. um 7.20 Uhr fährt der *Express* von Hat Yai über PADANG BESAR (100 Baht) nach BUTTERWORTH für 300 Baht in gut 4 Std., einschließlich 1 Std. Aufenthalt und Zugwechsel an der Grenze, und kommt um 12.40 Uhr (Malaysia-Zeit = Thai-Zeit + 1 Std.) an.
In Butterworth hat man um 14 Uhr Anschluß an den *Express* nach KUALA LUMPUR, Ankunft 19.55 Uhr. Um 22.15 Uhr fährt der Anschlußzug weiter nach SINGAPORE, der am nächsten Morgen um 6.40 Uhr dort ist. Fahrpreis in der 2. Klasse: Butterworth (Penang) nach Kuala Lumpur 38 RM (ca. 440 Baht) oder nach Singapore 64 RM (ca. 730 Baht).
Von BUTTERWORTH (PENANG) tgl. um 13.40 Uhr (Ankunft 17.52 Uhr).
Zwei weitere Schnellzüge um 6.30 und 6.50 Uhr über YALA nach SUNGAI GOLOK, dem Grenzort an der Ostküste für 82 bzw. 122 Baht (3. Klasse) in 3 1/2 Std. Von Sungai Golok sind es nur wenige Kilometer nach KOTA BHARU.
Zudem 4 lokale Züge (3. Klasse) zwischen 7.05 und 13.26 Uhr nach YALA (23 Baht, 2–3 Std.) und SUNGAI GOLOK (42 Baht, 5–6 Std.).

FLÜGE – Zum Airport, 12 km westlich der Stadt, mit dem Sammeltaxi von Thai Airways, 40 Baht, oder einem Songthaew, 30 Baht. Wer nach Malaysia oder Singapore fliegt, zahlt 400 Baht Airport Tax, ansonsten 50 Baht.
Mit ***Thai Airways*** 5x tgl. von / nach BANGKOK für 2280 Baht, nach PHUKET tgl. um 10.10 Uhr, am Fr und So auch um 17.45 Uhr für 780 Baht, nach CHIANG MAI über Bangkok für 3850 Baht.
Nach KUALA LUMPUR tgl. für 2345 Baht, beim Rückflug innerhalb von 14 Tagen 4140 Baht (hin und zurück); nach SINGAPORE tgl. für 4390 Baht, beim Rückflug innerhalb von 14 Tagen 5020 Baht.
Thai Airways, 166/4 Niphat Uthit 2 Rd., ✆ 243711, und 190/6 Niphat Uthit 2 Rd., ✆ 231272, 232392.
Malaysian Airlines, Lee Gardens Hotel, 1 Lee Pattana Rd., ✆ 245443, 243729.
Silkair, Chaiyong Bldg., 7 - 15 Joote Uthit 1 Rd., ✆ 238901, 📠 238903.

Die Umgebung von Hat Yai

Wat Hat Yai Nai

Der Viharn des Wat Hat Yai Nai enthält eine riesige, 35 m lange und 15 m hohe, liegende Buddha-Statue, *Phra Phut Mahathat Mongkol* genannt, die von der Bevölkerung der Stadt und von Chinesen aus Malaysia hoch verehrt wird.

Das Besondere an dieser Statue ist, daß ihr hohler Körper Herz, Leber, Lunge und Eingeweide aus Metall enthält. Ihr werden viele Votivgaben dargebracht, die im Unterbau der Statue ausgestellt sind. Der Tempel steht 4 km westlich der Stadt am H4 Richtung Flugplatz in Ban Hat Yai Nai.

Ton Nga Chang-Wasserfall

Wer in Hat Yai einen Tag totzuschlagen hat, kann zum **Ton Nga Chang Sanctuary** fahren. Ein hübscher Wasserfall läuft in zwei Hälften eine schräge Felswand herunter. Am Wochenende wird es ab 8 Uhr voll. Wer es einsam liebt und die Anstrengung nicht scheut, kann bis zur 7. Stufe hochsteigen (ca. 4 km). Wirklich schön zum Schwimmen ist bereits die 4. Stufe. Mit eigenem Fahrzeug auf dem H4 Richtung Rattaphum und am KM 13,5 nach links auf eine asphaltierte Straße (14 km) abbiegen.

Von der Plaza Shopping Mall in Hat Yai fahren regelmäßig Minibusse für ca. 15 Baht in den Park.

Sakom Beach

48 km östlich von Hat Yai liegt beim Fischerdorf **Pak Bang** (bemalte Boote, Mangrovenwald) an einer Flußmündung der Sakom Beach. An einem Hang stehen die hübschen Bungalows (mit Fan oder ac) des *Sakom Bay Resort***-****. Am Ende des langen Strandes, an dem Ausländer noch eine Sensation sind, springt ein überwucherter Hügel ins Meer vor. Drei weitere, teurere Anlagen liegen in der Nähe. Zu erreichen über den H43 und auf dem H4086 an Chana (weitere 13 km) vorbei.

Songkhla

สงขลา

Songkhla ist eine typische Küstenstadt am Golf von Siam und die Provinzhauptstadt mit 85 000 Einwohnern. Vorwiegend einheimische Besucher verbringen ihren Urlaub hier.

Nördlich der Stadt können die Schiffe durch einen schmalen Kanal den Binnensee Thale Sap erreichen, der durch eine über 80 km lange Landzunge vom Meer abgetrennt ist. Diese natürlichen Gegebenheiten boten ideale Voraussetzungen für die Anlage eines Hafens.

Die einstmals bedeutsame Hafenstadt strahlt noch etwas von dieser Atmosphäre aus. Für die großen Schiffe ist allerdings die schmale Einfahrt nicht tief genug, so daß nur kleinere Fischerboote und die Schiffe der Marine hier ankern. Heute hat Songkhla zugunsten des nahegelegenen Hat Yai seine Bedeutung als Handelsstadt eingebüßt. Dafür besitzt es wesentlich mehr touristische Reize und eine angenehme kleinstädtische Atmosphäre.

Der Süden Thailands war schon immer eine unruhige Region. Bereits 1642 ließ König Prasat Thong von Ayutthaya die im 14. Jahrhundert gegründete Stadt mit Forts befestigen, um sie vor Aufständischen zu schützen. Doch 1642 rebellierte Songkhla selbst gegen Ayutthaya. Ein Teil der Befestigungsanlagen sind z.B. in der Laem Sai Road noch erhalten.

Zentrum

Das zentrale **Wat Matchimawat** (Wat Klang), Saiburi Road, der 400 Jahre alte, bedeutendste Tempel der Stadt, ist mit schönen Skulpturen, Wandmalereien, Steinmetz- und Stuck-Arbeiten geschmückt, die zum Teil chinesische Einflüsse aufweisen.

Im nördlichen Tempelkomplex sind in einem kleinen Museum Funde aus Süd-Thailand und Votivgaben der Bevölkerung untergebracht. Geöffnet außer Mo, Di und feiertags von 9–12 und 13–16 Uhr. Im Viertel westlich des Tempels sind noch einige alte Häuser erhalten geblieben, die chinesische und malaiische Einflüsse erkennen lassen.

Das **National Museum** ist in einem Palast im chinesischen Stil, erbaut 1878, untergebracht. Das Wohnhaus der einflußreichen Familie Phraya Sunthranuraksa diente später als Rathaus und zuletzt als Armenhaus. Die Ausstellungsstücke aus verschiedenen historischen Epochen stammen schwerpunktmäßig aus Süd-Thailand. Geöffnet außer Mo, Di und feiertags von 9–12 und 13–16 Uhr.

Der **Fischerhafen** liegt innerhalb der Stadt am westlichen Ufer. Auf den schmalen Stegen hinter den alten Häusern werden Körbe voller Shrimps, Fische und anderer Meerestiere entladen.

Von hier aus fahren Boote nach **Ko Yor** (3 Baht, erst beim Aussteigen zahlen!). Die dreieckige Insel kann allerdings auch über die neue **Tinsulanonda Brücke**, die mit einem 900 m und 800 m langen Abschnitt über die Insel Ko Yor führt, erreicht werden. Hier gibt es zwei alte Tempel zu besichtigen.

Im Dorf werden die karierten Baumwollstoffe *Pha Ko Yor* gewebt, die auch an Ständen nahe der Straßenbrücke verkauft werden.

Southern Folklore Museum

Auf dem Hügel im Norden der Insel Ko Yor liegt das *Institute for Southern Thai Studies* der Sinakharinwirot-Universität. In 22 Häusern mit den drei südthailändischen Dachformen ist das **Folklore Museum** untergebracht. Es enthält Ausstellungen von Kunst und

Kunstgewerbe aus Südthailand: Töpferwaren, gewebte Stoffe, frühgeschichtliche Steinäxte und Perlenfunde, Bootmodelle, Instrumente und alte Haushaltsgegenstände. Geöffnet Mo–Fr von 8.30–16.30 Uhr.

Der Strand

Der etwa 5 km lange Samila-Strand von der Einfahrt zum See bis zum muslimischen Fischerdorf Kao Seng südlich der Stadt ist zum größten Teil mit Kasuarina-Bäumen bepflanzt. Für echte Südsee-Atmosphäre ist allerdings die Stadt zu nah und das Wasser zu sehr verschmutzt. Der Strand ist außerhalb der Regenzeit (Oktober-Dezember) immer gut besucht – Thai-Familien picknicken unter den Kasuarinas oder lassen sich in den offenen Restaurants den frischen Fisch und andere Meerestiere schmecken. Die beiden Inseln **Ko Meo** und **Ko Nu**, Katz und Maus, sehen vom Strand mit etwas Phantasie sogar wie diese Tiere aus.

Im Nordosten steht neben dem Samila Hotel ein dem Vorbild in Kopenhagen nachempfundenes **Denkmal der Seejungfrau** – das Wahrzeichen der Stadt. Dahinter beginnt eine schmale, sandige Landzunge mit Seafood-Restaurants, einem Campingplatz, den Ankerplätzen der Marine und einer Fähre. Sie stellte bis vor einigen Jahren die einzige Verbindung zur Straße H408 dar, die über die Landzunge an der Küste entlang nach Norden führt. Entlang der Straße sind viele Seafood-Restaurants und Unterhaltungsmöglichkeiten für die lokale Bevölkerung entstanden. Sehr schön sind die bemalten Boote beim Fischerdorf im Süden des Strandes.

Auf dem **Khao Dang Kuan**, einem Hügel nördlich des Zentrums, wurden 1888 eine Stupa im ceylonesischen Stil und ein kleiner Pavillon für König Rama IV. erbaut. Wer die 200 Stufen erklimmt, wird meist mit einer schönen Aussicht belohnt. Auf dem kleineren Hügel **Khao Noi** Richtung Strand wurde ein etwas verwilderter Picknick-Park mit Pavillons angelegt. Er ist zwar leichter zu besteigen, bietet aber kaum Aussicht.

Übernachtung

GÄSTEHÄUSER – ***Holland House***** ⑦, Rong Muang Rd., gegenüber vom Museum in einer kleinen Straße mit wenig Verkehr; saubere Zimmer mit Fan und Apartment*** für Dauermieter, von einem Holländer gemanagt.
Arom Guest House** ⑧, Rong Muang Rd., saubere Zimmer und Schlafsaal, freundliche Leute, kleines Café, Fahrräder zu vermieten.
Amsterdam Guest House** ⑧, 15/3 Rong Muang Rd., ✆ 314890, ordentliche Zimmer mit Fan, Gemeinschafts-Du/WC; unten angenehm hergerichtet mit Sitzgruppen und Pflanzen, gutes Frühstück; nette Sicht aufs Museum, geleitet von der freundlichen Holländerin Paula.

HOTELS – ***Narai***** ②, 12/2 Chai Khao Rd., ✆ 311078, nördlich der Innenstadt, älteres Holzhaus, saubere, z.T. große Zi mit Fan und Gemeinschafts-Du/WC; häufig Hundegebell.
Songkhla Hotel** ⑥, 68/70 Vichainchom Rd., ✆ 313505, saubere Zimmer mit/ohne Du/WC, freundlich.
Sooksomboon 2**–*** ⑨, 14-18 Saiburi Rd., ✆ 323808, sehr saubere Zimmer mit Fan, gute ac-Zimmer im Neubau.
Queen*** ⑩, 20 Saiburi Rd., ✆ 311138, 📠 313252, große, komfortable Zimmer mit ac, etwas laut.
San Sabai*** ⑪, 1 Petchkiri Ecke Ramviti Rd., ✆ 311106, schmutziges Hotel, Zimmer mit Bad und Fan, z.T. ac.
Sooksomboon 1**–*** ⑫, 40 Petchkiri Rd., ✆ 311049, Zimmer mit Bad und Fan, muffig und abgewohnt, sowie neue ac-Zimmer.
Samila Hotel ①, 1 Ratchdamnoen Rd, ✆ 311310, 📠 322448, wird als Luxushotel neu gebaut.
Royal Crown ③, 38 Saingam Rd., ✆ 312174, 📠 321027, außerhalb Richtung Strand; 5stöckiges, modernes Gebäude, ac-Zimmer mit Bad/WC ab 1050 Baht inkl. Frühstück.
Pavilion Songkhla Thani Hotel ④, 17 Platha Rd., ✆ 311355, 📠 323716, neues Luxushotel, 9 Etagen, 180 Zimmer mit ac, Satelliten-TV und Kühlschrank ab 1600 Baht, Pool.

Lake Inn***–**** ⑮, 301-303 Nakhon Nok Rd., ✆/📠 321044, südlich der Innenstadt an der Lagune, gute Zi mit ac, z.T. mit Balkon mit Blick auf den Hafen.

HAAD KAEW – Richtung Norden liegt beim KM 153 des H408 (6 km von Songkhla via Fähre) am 2 km langen, breiten Sandstrand sehr isoliert das
Princess Resort, ✆ 331059, 📠 331058, 143 ac-Bungalows ab 1400 Baht an einer kleinen Lagune, feines Restaurant; Taxi von der Stadt 200 Baht.

Essen

Billiges Essen bis spät in die Nacht wird auf dem ***Nachtmarkt*** in der Vichainchom Rd. bei der Post und beim alten Bahnhof angeboten.
In der Nang Ngam Rd. gibt es mehrere Chinesenlokale, z.B. das ***Ramteha*** mit unfreundlicher Bedienung, aber ausgezeichnetem Essen.
Hier auch das ***Tae Heag Eaw***, das bei Einheimischen beliebt ist.
An der Laem Son On Rd., auf der östlichen Seite der Landzunge, genießt man preisgünstig ausgezeichnetes Seafood bei bestem Service in Liegestühlen.
Am Strand beim Samila Hotel gibt es nur noch wenige, teure Seafood-Restaurants.
Roy Him, ein großes, offenes Restaurant südlich vom Krankenhaus in der Ramviti Rd. Phantastisches Seafood, das man sich von den Auslagen an der Straße zusammenstellt.

Sonstiges

EINKAUFEN – in vielen Geschäften der Stadt kann man, ebenso wie in Hat Yai, aber mit mehr Ruhe, Textilien, Kassetten, Cashewnüsse, *Pha Ko Yo* Baumwollstoffe und andere Souvenirs einkaufen.

GELD – in der Vichainchom Rd. nahe dem Markt können Touristen bei der ***Bangkok Bank*** und der ***Thai Farmers Bank*** wechseln.

KONSULAT VON MALAYSIA – befindet sich in der 4 Sukhum Rd., Ecke Ratchdamnoen Rd.

NAHVERKEHRSMITTEL – Im Stadtgebiet fahren Tuk Tuks für 5 Baht p.P. und Rikschas ab 10 Baht für kurze Entfernungen.

POST – gegenüber dem Markt in der Vichainchom Rd. Hier auch das ***Telephone Office***, von dem aus internationale Ferngespräche möglich sind.

VORWAHL – 074; PLZ: 90 000.

Transport

BUSSE – Vom Southern Bus Terminal in BANGKOK, 1004 km, fahren non-ac-Busse um 14.30 und 19.30 Uhr für 236 Baht, 2.Kl.-ac Bus um 19.30 Uhr für 330 Baht, ac-Busse um 17, 18.45 und 19.30 Uhr für 425 Baht in 13 Std.
Nach BANGKOK mit dem non-ac-Bus um 11.30 und 15.20 Uhr, ac-Bus von 15.20–18.20 Uhr.
Besser sind die Verbindungen über die verkehrsmäßig gut erschlossene Stadt HAT YAI. Regelmäßige Busverbindungen zwischen beiden Orten bis 19.30 Uhr für 9 Baht, die Busse fahren in Songkhla in der Rong Muang Rd. ab.
Nach NAKHON SI THAMMARAT für 46 Baht (ac 71 Baht) fahren Busse wie die Taxis am südlichen Ende der Ramviti Rd. ab und über die Landzunge und die neue Brücke weiter.
Von NARATHIWAT kommt man zuerst mit dem Bus nach PATTANI für 30 Baht, dann nach NATHAWI für 23 Baht und schließlich nach Songkhla für 16 Baht.

SAMMELTAXIS – Taxis nach HAT YAI (15 Baht, abends bis 22 Uhr 20 Baht), YALA und PATTANI (50 Baht) fahren in der Ramviti Rd. nahe dem alten Bahnhof ab. Taxis (80 Baht) nach NAKHON SI THAMMARAT fahren wie die Busse am südlichen Ende der Ramviti Rd. ab und über die Landzunge und die neue Brücke weiter.

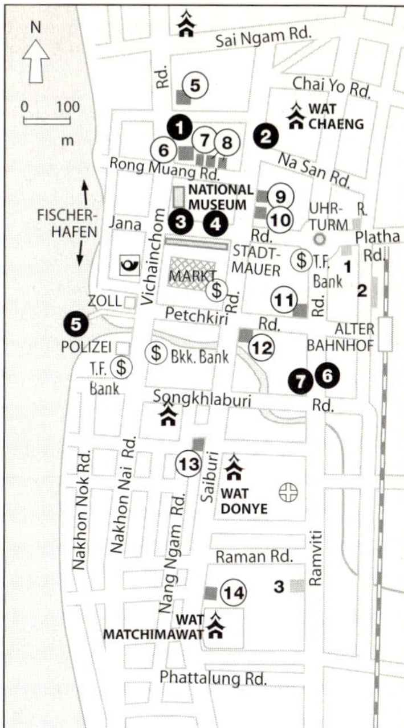

Songkhla Zentrum

Übernachtung:
(5) Smile Inn
(6) Songkhla H.
(7) Holland House
(8) Arom Gh., Amsterdam Gh.
(9) Sooksomboon 2 H.
(10) Queen H.
(11) San Sabai H.
(12) Sooksomboon 1 H.
(13) Nang Ngam H.
(14) Wiang Sawan H.

Läden, Restaurants etc.:
1 Bäckerei (Frühstück)
2 Nachtessenmarkt
3 Roy Him Seafood R.

Transport:
❶ Ac-Bus→Bangkok
❷ Bus/Taxi→Hat Yai
❸ Boot-Tickets
❹ Songthaew→Ko Yor
❺ Boot→Ko Yor
❻ Bus/Taxi→Hat Yai
❼ Taxi →Sungai Golok

FLÜGE – Fliegen kann man von Hat Yai aus. In Songkhla gibt es ein ***Thai Airways Office*** in der Nr. 2 Soi 4 Saiburi Rd., ✆ 311 012.

Die Umgebung von Songkhla

Die 140 km lange Küste Richtung Norden bis **Pak Phanang** war einst ein endloser Sandstrand. Tausende von Shrimp-Farmen haben die nördliche Hälfte dieses Gebiets in eine grauenhafte Mondlandschaft verwandelt.

Über die Brücke oder mit der Fähre verläßt man Songkhla Richtung Norden. Beim KM 125,5 des H408 (33 km von Songkhla) führt links eine Abzweigung (*Wildbird Sanctuary 3*) zum **Khu Khut-Vogelpark**. Zehntausende Vögel bevölkern die Inseln und den flachen See. Am Ende der Straße gibt es einen *Bird Watch Tower* und Boote zu mieten (150 Baht pro Stunde). Am besten sind die Vögel während der kühleren Stunden am Morgen und Abend zu beobachten (beste Zeit ist von November bis Februar).

Beim KM 110 liegt **Wat Pra Kho**, das von einem der am höchsten verehrten Mönche Thailands geleitet wurde, um den sich viele Legenden ranken. Im Tempel wird ein Fußabdruck von ihm verehrt, außerdem schöne Wandmalereien, ein ruhender Buddha und ein Chedi im Sri Vijaya-Stil. Wegen der Shrimp-Farmen lohnt es sich nicht, den H408 nach Norden weiterzufahren.

Pattani

ปัตตานี

Hauptstadt der gleichnamigen Provinz. Pattani, Narathiwat und Yala sind die malaiischsten Provinzen Thailands.

Viele Menschen sprechen malaiisch und gehen zum Gebet in die Moschee, die Kinder besuchen Koranschulen. Konflikte zwischen den buddhistischen Thai und der islamischen Bevölkerung in Süd-Thailand sind an der Tagesordnung; Schlagzeilen machte der muslimische Widerstand gegen eine Verordnung, die in der Schule Mädchen das Tragen eines Kopftuchs oder Schleiers verbot.

Pattani wirkt nicht gerade sauber. In einer Werft auf der westlichen Seite des Flusses werden Schiffe fast ausschließlich aus Holz gebaut (schwer zu finden). Sehenswert ist evtl. der Fischerhafen, in dem große Kutter ihren Fang entladen. Außerdem hat der Ort einen guten Nachtmarkt. An jedem zweiten oder dritten Februar-Wochenende findet das **Chao Mae Lim Kor Nieo Festival** statt, bei dem Gläubige öffentlich über glühende Kohlen laufen.

Strände bei Pattani

Am schönen Strand **Dalogapo**, 16 km östlich der Stadt nahe dem Dorf Yaring, liegen viele traditionelle *Kor-Lae* Fischerboote. Weitere Strände, an denen Ausländer in Badekleidung noch als Sensation gelten, sind der **Ratchadapisek Beach**, 15 km westlich von Pattani, und der 11 km lange **Thachi Beach** auf der Landzunge vor Pattani, der nur per Boot ab Pattani oder Yaring zu erreichen ist. Beide Strände sind von Kasuarinas gesäumt und zumeist etwas verschmutzt.

Am **Panare Beach** liegen an einem kilometerlangen Strand Hunderte von *Kor-Lae*-Fischerbooten, die über und über mit handgemalten Blumenmotiven dekoriert sind. Auf dem H42 fährt man von Pattani 30 km nach Südosten und biegt nach links auf den H4075 Richtung Norden ab (13 km). Anschließend kann man auf dem H4157, oft dem Meer folgend, durch herrliche Fischerdörfer, Kokosplantagen, ausgelegten Trockenfisch, Vogelkäfige, Pinienhaine und Shrimp-Farmen bis nach Saiburi fahren, wo man wieder den H42 erreicht – eine tolle Strecke.

Übernachtung

Thai An* (auch Tye Ann) ③, 67 Pattani Pirom Rd., ✆ 348267, sehr lautes, billiges Hotel mit 5 Zimmern in einem Holzgebäude am Fluß.

Thai Hua* (auch Tai-Wa) ④, 91 Pattani Pirom Rd., ✆ 349106, gleiche Lage, 5 Zimmer.

Chong Are** ①, 98-102 Prida Rd., ✆ 349039, Zimmer mit Fan, Restaurant.

Palace**–* ②, 38-40 Prida Rd., ✆ 349171, 📠 349842, daneben in der Gasse, ordentliche Zi mit Fan oder ac, freundliche Leute.

My Garden*–****** ⑥, 8/28 Charoenpradit Rd., ✆ 331055, ☏ 348200, 2 km außerhalb Richtung Songkhla, komfortable Zimmer mit ac oder Fan; Restaurant; Disco am Wochenende.

VORWAHL – 073; PLZ: 94 000.

Transport

BUSSE – Vom Southern Bus Terminal in BANGKOK, 1100 km, fährt ein 2.Kl. ac-Bus um 18.30 Uhr für 361 Baht, ac-Busse um 10 und 18 Uhr für 464 Baht in 16 Std.
Nach BANGKOK mit dem orangen ac-Bus um 15 Uhr und dem ac-Bus um 14 und 14.30 Uhr.
Ac-Busse ab HAT YAI 5x tgl. bis 15 Uhr für 43 Baht. Weitere Busse fahren von SONGKHLA über NATHAWI (16 + 23 Baht) und von NARATHIWAT 30 Baht.
Ac-Minibus nach NARATHIWAT für 50 Baht in 100 Min., nach YALA für 30 Baht in 50 Min., nach HAT YAI für 60 Baht in 1 1/2 Std.

SAMMELTAXI – fahren nach NARATHIWAT für 50 Baht, YALA für 20 Baht, SONGKHLA 50 Baht und HAT YAI 60 Baht.

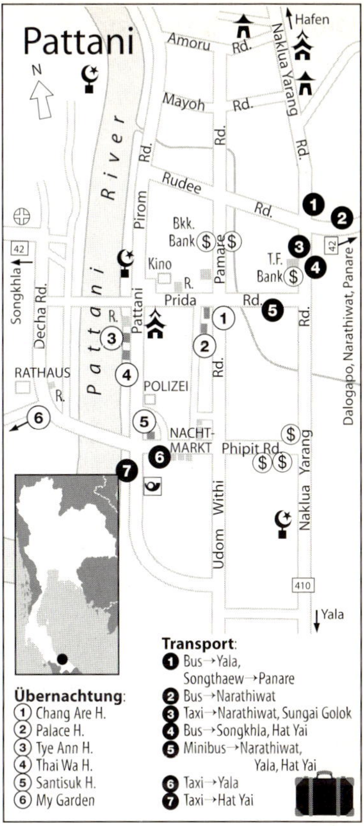

Yala

ยะลา

Yala ist eine sehr saubere Stadt, überragt von der großen, modernen **Moschee**, durchzogen von breiten Straßen, umgeben von Hügelketten. Der starke, chinesische Einfluß ist unverkennbar.

In einem großen Park steht der **Lak Muang-Schrein**, der Schrein des Schutzgeistes der Stadt, der auf brahmanische Einflüsse im Buddhismus zurückgeht.

Anfang März findet in Yala das **Asian Barred Ground Dove Festival** statt, ein Wettbewerb im Taubengesang. Etwa 1400 gestreifte Tauben gurren in ihren Käfigen auf meterhohen Stangen, bis die Sieger (in verschiedenen Kategorien) feststehen. Die besten Vögel haben einen Marktwert von etwa 50 000 DM. Zur gleichen Zeit finden Kämpfe zwischen Schafen sowie Büffel- und Hahnenkämpfe statt (z.T. Eintritt).

Übernachtung und Essen

Im Zentrum liegen viele preiswerte Hotels mit ordentlichen Zimmern. Billig übernachtet man in den Hotels gegenüber vom Bahnhof, z.B.:
Aun Aun**–* (auch *An An*) ②, 32-36 Pipitpakdee Rd., ✆ 073-212216, preiswerte Zimmer mit Fan, mit und ohne Du/WC; der Manager spricht englisch.

Kok Tai* (6), 27-29 Pipitpakdee Rd., ✆ 212379, Zimmer mit Fan.
Thepviman**–* (4), 31-37 Sri Bamrung Rd., ✆ 212400, großes Hotel, ordentliche, saubere, große Zimmer mit Fan oder ac, Restaurant.
Sri Yala**–* (7), 16-22 Chaijarus Rd. (auch Chaicharat Rd.), ✆ 212299, großes Hotel, saubere Zimmer mit Fan oder ac, Restaurant.
Yala Merry**–* (8), 25-7 Puthaphum Vithi Rd., ✆ 212693, verwohnte Zimmer, z.T. ac.
Yala Rama–***** (3), 21 Sri Bamrung Rd., ✆ 212815, ✆ 214532; gutes Hotel, ac-Zi mit zwei Betten, Restaurant, Coffee Shop.
Chang Lee (3), Sirorot Rd., ✆ 211223, ✆ 211773; hervorragendes, neues Hotel, ac-Zimmer mit TV und Telefon ab 1500 Baht; Restaurant, Coffee Shop, Nachtclub, Pool.
In der Innenstadt gibt es sehr viele gute und einfache Restaurants. Hervorragendes, preiswertes Seafood serviert z.B. das beliebte ***Yalaresto***. Ein Nachtessenmarkt wird in der Sirorot Rd., nördlich der Bahnlinie aufgebaut.
Wild West Bar, 108 Rotfai Rd., z.T. wird Live-Musik geboten, recht gut.

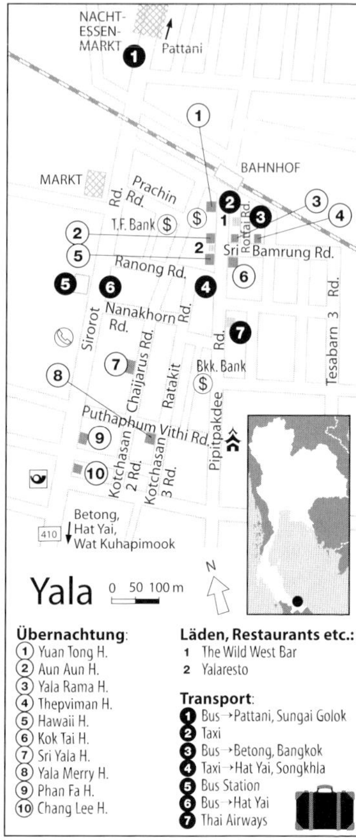

Transport

BUSSE – Vom Southern Bus Terminal in BANGKOK, 1091 km, fahren ac-Busse um 10.30 und 16 Uhr für 460 Baht, der VIP-24-Bus um 17 Uhr für 715 Baht in 16 Std.
Nach BANGKOK mit dem ac-Bus um 13 und 16 Uhr, mit dem VIP-24-Bus um 14.30 Uhr.
Regelmäßige Busse von PATTANI für 11 Baht, BETONG 2x tgl. für 39 Baht, NARATHIWAT für 37 Baht, HAT YAI für 46 Baht.
Ac-Minibus nach PATTANI für 30 Baht, nach HAT YAI für 60 Baht in 2 Std., nach BETONG für 50 Baht in 2 1/2 Std.

SAMMELTAXI – Nach BETONG und SUNGAI GOLOK 70 Baht, HAT YAI 60 Baht, PATTANI 20 Baht, SONGKHLA 50 Baht.

EISENBAHN – 6 lokale Züge (3. Kl.) von HAT YAI (23 Baht) und 5 lokale Züge von SUNGAI GOLOK (22 Baht) brauchen jeweils 2–3 Std.

Die Umgebung von Yala

Wat Kuhapimook

An der Straße H409 Richtung Hat Yai, 5 km außerhalb der Stadt, liegt Wat Kuhapimook, ein etwa 1200 Jahre alter Höhlentempel. Er kann mit dem Bus Nr. 470 für 2 Baht erreicht werden.

In Kalkfelsen über einem parkähnlichen Tempelgelände mit einem See sind in 25 m Höhe einige Tropfsteinhöhlen zugänglich, in denen Dutzende von Buddhastatuen stehen. Ein grimmig blickender Dämon bewacht die

Haupthalle mit einer 24,5 m langen, liegenden Buddha-Statue. Sie gehört zu den meistverehrten Statuen in Süd-Thailand.

Der zweite Höhlentempel, **Tham Silpa**, enthält Felsmalereien, die aus der Sri Vijaya-Periode (8.–13. Jahrhundert) stammen und wahrscheinlich die ältesten ihrer Art in Thailand sind. In der Gegend rings um die Höhlentempel wachsen riesige Grapefruits.

Banglang Reservoir

An der Straße H410 Richtung malaysische Grenze kommt nach 80 km ein 50 km² großer Stausee, der durch den **Banglang-Damm** gebildet wird und zwischen hohen Bergen liegt. 4 km abseits der Straße liegt in den Bergen eine Siedlung der *Sakai*, der negroiden Urbevölkerung der malaiischen Halbinsel, die mit anderen alten Bevölkerungsgruppen in Malaysia unter dem Begriff *Orang Asli* zusammengefaßt sind.

Auf der landschaftlich schönen, kurvenreichen Strecke, vorbei an malerischen Kalksteinformationen, erreicht man nach insgesamt etwa 140 km Betong. In den Tälern erstrecken sich Palmöl-, Kaffee- und Kautschuk-Plantagen. Von Yala fährt der Bus hoch in 4 1/2 Std. für 39 Baht.

Narathiwat

นราธิวาส

Wer nicht nach Malaysia fährt, kann an den Stränden zwischen Pattani und Narathiwat malaiisches Dorfleben erfahren. Die Küste ist hier genauso schön wie weiter südlich an der weitaus bekannteren Ostküste von Malaysia. Überall liegen noch die buntbemalten Kor-Lae-Fischerboote am Strand.

Im Norden der Stadt, jenseits der Brücke, liegt der **Narathat Park** (2 km) mit einem schönen, langen Strand, an dem sich die Einheimischen vor allem in Seafood-Restaurants gütlich tun. Ausländer sind hier eine Sensation und werden entsprechend bestaunt. Wer im Urlaub gern um 20 Uhr ins Bett geht, ist in Narathiwat genau richtig.

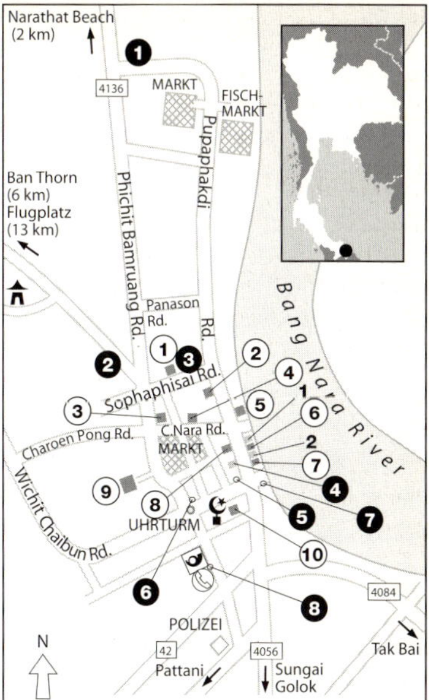

Narathiwat

0 200 400 m

Läden, Restaurants etc.:
1 Choernchim R.
2 T.F. Bank

Transport:
❶ Bus→Pattani
❷ Taxistand
❸ Songthaew→Ban Thorn
❹ Thai Airways
❺ Minibus→Hat Yai
❻ Bus→Bangkok
❼ Minibus→Pattani, Bus→Sungai Golok
❽ Songthaew→Sungai Golok, Tak Bai

Übernachtung:
① Tanyong H.
② Chittawa H.
③ Yaowaraj H.
④ Rex H.
⑤ Cathay H.
⑥ Hok Li Yai H.
⑦ Narathiwat H.
⑧ Bang Nara H.
⑨ Royal Princess H.
⑩ Pacific H.

Im muslimischen Fischerdorf **Ban Thorn**, 6 km nördlich der Stadt, werden die bunten Kor-Lae-Fischerboote gebaut. Außerdem werden hier Matten und die Fischsauce *Nam Budu* hergestellt.

6 km südlich der Stadt (Songthaew 5 Baht) stößt man an der Straße nach Sungai Golok auf eine Hügelkette, die zum **Khao Kong-Kloster** gehört. Auf dem höchsten Hügel ist die 25 m hohe Statue des sitzenden Buddhas *Phra Buddha Taksin Ming Mongkol* plaziert.

Am KM 73 des H42 nach Pattani liegt der **Bacho-Wasserfall**.

Übernachtung

Cathay* ⑤, 275 Pupaphakdi Rd., ✆ 073-511014, 15 Zimmer mit Du/WC, Dachterrasse; netter Chef, der englisch spricht.
Rex* ④, 6/1-2 Chamrun Nara Rd., ✆ 511134, ordentliche Zimmer mit Fan oder ac und Du/WC, Restaurant.
Bang Nara* ⑧, 274 Pupaphakdi Rd., ✆ 511036, große Zimmer mit Gemeinschafts-Du/WC; freundliche Leute.
Narathiwat* ⑦, 341 Pupaphakdi Rd., ✆ 511063, Holzhaus am Fluß, nicht zu empfehlen.
Yaowaraj**–* ③, 131 Phichit Bamruang Rd., ✆ 511148, etwas laute Zimmer mit Fan oder ac und Du/WC.
Pacific** ⑩, 41/1-2 Warakham Pipit Rd., ✆ 511076, große, saubere Zimmer mit ac und Du/WC.
Royal Princess ⑨, Phichit Bamruang Rd., ✆ 511027, neues, 8stöckiges Luxushotel, alle Zimmer mit ac ab 1600 Baht; Restaurant und Nachtclub.
Am Narathat Beach gibt es bis jetzt 3 neue Bungalows** mit Bad (noch kein Name) für bis zu 6 Personen.

Essen

Choernchim Restaurant in der 280 Pupaphakdi Rd., serviert ausgezeichnetes Seafood.

Transport

BUSSE – Vom Southern Bus Terminal in BANGKOK, 1200 km, fährt ein non-ac-Bus um 15.30 Uhr für 281 Baht in 18 Std., ein ac-Bus um 18.30 Uhr für 506 Baht in 17 Std.
Nach BANGKOK fahren die Busse um 12 bzw. 13 Uhr.
Busse von PATTANI 30 Baht, von YALA 37 Baht und von SUNGAI GOLOK 20 Baht.
Ac-Busse ab HAT YAI 5x tgl. für 75 Baht.
Ac-Minibus nach PATTANI für 50 Baht in 100 Min., nach HAT YAI für 100 Baht in 3 Std.
Bus und Songthaew zum Grenzübergang TAK BAI ab 7.30 Uhr für 10 Baht.

SAMMELTAXI – ab PATTANI für 50 Baht und SUNGAI GOLOK für 30 Baht.

FLÜGE – Täglich am Morgen ein Flug von / nach BANGKOK über PHUKET.
Thai Airways in der 324-326 Pupaphakdi Rd., ✆ 073-511161.
Es gibt einen Minibus-Service zum Flugplatz

Der Duft von Frangipani weht durch viele Tempel

DER TIEFE SÜDEN

Grenzübergänge

Von Westen nach Osten sind folgende Grenzübergänge für ausländische Touristen geöffnet:

Von (Thailand)	mit	nach (Malaysia)	weitere Tips
Satun	Boot	Kuala Perlis	s.S. 558 und 598.
Satun	Boot	Langkawi	s.S. 558 und 581.
Wangprachan	Taxi	Kangar	s.S. 577 und 596.
Padang Besar	Eisenbahn / Straße	Kangar	s.S. 596 und 596.
Sadao	Autobahn	Alor Setar	s.S. 578 und 599.
Betong	Straße	Keroh	s.S. 578 und 632.
Sungai Golok	Straße	Rantau Panjang	s.S. 578 und 642.
Tak Bai	Fähre und Straße	Pengkalan Kubor	s.S. 579 und 579.

Das Travel Handbuch **Malaysia – Singapore – Brunei** vom Stefan Loose Verlag sollte man sich allerdings möglichst schon vor der Reise besorgt haben.

Wangprachan

วังประจัน

Der westlichste Grenzübergang zu Land zwischen Thailand und Malaysia liegt 41 km nordöstlich von Satun im **Thale Ban National Park**. Die Fahrt von Satun mit dem Sammeltaxi auf dem H4184 kostet 20Baht. Von der Grenze geht es nur mit dem Taxi weiter zur nächsten Stadt Kangar (10RM für 4 Personen).

Die Abfertigungsgebäude der beiden Länder liegen direkt nebeneinander, so daß man mit einem *Double-Entry*-Visum die Prozedur in einer halben Stunde schafft. Und so lange wartet vielleicht auch das Sammeltaxi. Geöffnet 7–21 Uhr Thai-Zeit (= 8–22 Uhr Malaysia-Zeit).

Padang Besar

ปาดังเบซา

Dies ist der Grenzübergang für den **Internationalen Expresszug**. Die Pässe werden in Thailand eingesammelt und mit dem Ausreisestempel versehen. Am Bahnhof müssen Reisende nur die wichtigsten Daten in das Einreiseformular eintragen, dann bekommen sie den Paß zurück.

Wer nur einen neuen Einreisestempel braucht und gleich wieder nach Thailand zurückfahren möchte, benützt besser den Straßengrenzübergang. Von Hat Yai reist man per Bus (18 Baht, alle 30 Min.) oder Taxi (35 Baht) an und wird direkt an der Grenze abgesetzt. In diesem Fall holt man sich den Ausreisestempel und geht die etwa 10 Minuten bis zum Kontrollpunkt der Malaysier zu Fuß oder nutzt den Motorrad- oder Minibustransfer (20 Baht). Auch Fußgänger bekommen, wenn sie einen höheren Geldbetrag vorweisen können, normalerweise immer den Stempel für Malaysia. Wer gleich wieder nach Thailand zurückkommt, erhält problemlos einen weiteren Stempel für 4 Wochen. Die Grenze ist ab 21 Uhr Thai-Zeit bzw. 22 Uhr Malaysia-Zeit geschlossen. Geldwechsel ist im Bahnhof und im Coffee Shop an der Bus Station möglich.

Übernachtung

Wer hier hängenbleibt, kann im ***Siam Orchid Hotel******, 208-217 Mu 1 Padang Besar Rd., ✆ 521478, direkt an der Grenze übernachten.

Transport

BUSSE – fahren relativ selten nach BUTTERWORTH (Penang) bis um 20 Uhr für 9 RM. Nach HAT YAI ab Thai-Seite der Grenze alle 30 Min. für 18 Baht in 100 Min.

SAMMELTAXI – für 4 Passagiere fahren vom Bahnhof nach KANGAR 2,50 RM, ALOR SETAR 7 RM, KUALA PERLIS 6 RM, BUTTERWORTH 17 RM p.P. (ohne Klimaanlage).
Nach HAT YAI ab Thai-Seite der Grenze 35 Baht.

EISENBAHN – Richtung KUALA LUMPUR mit dem Express Langkawi um 17.35 Uhr, Ankunft 5.25 Uhr. Der Internationale Express hält Richtung BANGKOK zwischen 15.27 (Malaysische Zeit) und 17 Uhr (Thai-Zeit) und Richtung PENANG zwischen 8 (Thai-Zeit) und 10 Uhr(Malaysische Zeit) in Padang Besar.

Sadao

สะเดา

70 km südlich von Hat Yai liegt der meistgenutzte Grenzübergang, den auch alle Busse und Taxis von Hat Yai nach Penang nehmen. Normalerweise fährt man hier nach kurzem Grenzaufenthalt nur durch.

Wer per Sammeltaxi von Malaysia kommt, muß am Duty-Free-Stop Ayer Hitam in ein Thai-Taxi umsteigen und damit durch die Grenzübergänge fahren. Wer hier übernachten muß, kann ins *Sadao Plaza****, ✆ 412373, Zimmer mit ac, gehen.

Betong

เบตง

Durchschnittlich 580 m hoch in den Bergen liegt die Grenzstadt auf einem Zipfel, der weit in malaysisches Staatsgebiet hineinragt. Die Häuser sind vorwiegend an die Hänge gebaut und die meiste Zeit von Nebelschwaden umhüllt.

Übernachtung

Die vielen, relativ billigen Hotels dienen vor allem am Wochenende als Stundenhotels für Malaysier.
Kheng Thai*-**, 33 Chaya Chaowalit Rd., ✆ 230589.
Fah Anrung*-**, 113/1-2 Chantharo Thai Rd., ✆ 230390.
Muang Thong**-***, 25/8-9 Chantharo Thai Rd., ✆ 230158.
Rama**, 39 Tanweera Rd., ✆ 230011, Bungalows.

Transport

Von YALA führt eine kurvenreiche, landschaftlich schöne, 140 km lange Bergstrecke durch Kalksteinformationen nach Betong; mit dem Bus (2x tgl.) dauert es 4 1/2 Std. (39 Baht), mit dem Sammeltaxi 3 Std. (60 Baht). Unterwegs passiert man das Banglang Reservoir (s.S. 575).
Kurz hinter Betong ist der südlichste Punkt Thailands und die Grenze zum malaysischen Staat Perak erreicht. Minibus von der Stadt zur Grenze für 12 Baht.
Von der Grenze zur malaysischen Stadt KEROH mit dem Taxi 2,50 RM, per Bus 1,50 RM.

Sungai Golok

สุไหง โกลก

An der Ostküste gibt es einen Grenzübergang, der für alle interessant ist, die direkt zur Ostküste von Malaysia fahren wollen. Sungai Golok (auch Sungai Kolok) ist ein uninteressanter, bereits sehr malaiischer Ort. Die vielen Hotels dienen vor allem am Wochenende als Stundenhotels für Malaysier.

Übernachtung

Asia Hotel* (z.T. mit ac***), 44 Charoenket Rd., ✆ 611101, gute Zimmer, die eine Mehrausgabe lohnen.
Savoy*-**, ✆ 611093, 8/2 Charoenket Rd., sehr große, saubere Zimmer mit Du/WC für 3 Personen.
Thailiang Hotel**, 12 Charoenket Rd., ✆ 611132, saubere Zimmer mit Du/WC und Fan. Geldwechseln möglich.
Die größten Hotels, das ***Grand Garden**-******, 104 Arifmarka Rd., ✆ 611219, ✆ 613500, und das ***Genting******, 141 Asia 18

Rd., ✆ 613231, sind die einzigen mit Pool. Außerdem viele weitere Hotels, darunter einige der teureren Kategorie mit Disco und Massage-Salon.

Sonstiges

GELD – Alle thailändischen Banken haben Zweigstellen in der Stadt, so daß es Mo–Fr kein Problem ist, Geld zu wechseln. Abends und am Wochenende öffnen nur die Wechselstuben in der Hauptstraße in der Nähe des Bahnhofs, neben dem Fahrkartenbüro der Minibusse nach Hat Yai (kein Schild), mit schlechteren Kursen. 500 m rechts hinter der Grenze wechselt ein Duty Free Shop Bargeld.

INFORMATIONEN – *TAT Tourist Office*, 18 Asia Rd., ✆ 073-612126, 📠 615230, zuständig für Narathiwat, Yala und Pattani.

POSTAMT – neben dem Plaza Hotel.

Transport

BUSSE – Im Valentine Hotel, Waman Amnoey Rd., befindet sich der Fahrkartenschalter für die ac-Busse nach HAT YAI, tgl. von 7–15 Uhr alle 2 Std. für 96 Baht in 4 Std.; Abfahrt vor dem Hotel.
Alle übrigen Busse fahren von der Bus Station ab, ✆ 612045.
Vom Southern Bus Terminal in BANGKOK, 1266 km, fährt ein non-ac-Bus um 19.30 Uhr für 296 Baht, ein 2.Kl. ac-Bus um 21 Uhr für 414 Baht, ein ac-Bus um 18.30 Uhr für 533 Baht in 18 Std. Nach BANGKOK mit dem non-ac-Bus um 14 Uhr, dem 2.Kl. ac-Bus um 8 Uhr, dem ac-Bus um 13.30 Uhr.
Bus nach NARATHIWAT für 20 Baht.

MINIBUSSE – Nach YALA 60 Baht (Tickets an der Charoenkhet Rd., die gegenüber vom Bahnhof von der Hauptstraße abzweigt).
Nach HAT YAI jede Std. von 7–17 Uhr für 130 Baht (Tickets schräg gegenüber vom Bahnhof an der Hauptstraße, daneben eine Wechselstube, an Wochenenden geöffnet).

SAMMELTAXI – YALA 60 Baht, NARATHIWAT 30 Baht, HAT YAI 130 Baht. Taxi nach Kota Bharu, 40 km, 20 RM.

EISENBAHN – In Sungai Golok endet der östliche Zweig der Südlinie der Staatseisenbahn von Thailand.
Von HAT YAI fährt ein *Rapid*-Zug um 6.30 Uhr (Ankunft 10 Uhr) und ein *Special Express* um 6.50 Uhr (Ankunft 10.20 Uhr). Sie kosten 136 bzw. 176 Baht in der 2. Kl., 82 bzw. 122 Baht in der 3. Kl. Außerdem lokale Züge um 7.05, 7.55, 10.01 und 13.26 Uhr in 4 1/2 Std. für 42 Baht.
Nach BANGKOK mit dem *Rapid* Nr. 46 um 11.45 Uhr ab 457 / 220 Baht in der 2./3. Kl. in 20 1/2 Std., mit dem *Special Express* Nr. 20 um 15 Uhr ab 497 Baht (2. Kl.) in 19 1/2 Std.
Nach HAT YAI fahren die lokalen Züge um 6.30, 8.50, 12 und 13.25 Uhr in ca. 4 1/2 Std.

NACH MALAYSIA – geht man zu Fuß über die Grenze oder nimmt für 10 Baht ein Motorrad bzw. für 15 Baht eine Rikscha.
Auf der anderen Seite liegt RANTAU PANJANG.
Hier mit Bus Nr.29 bis 17 Uhr für 2,60 RM weiter in das nahegelegene KOTA BHARU.
Der Grenzübergang ist ab 21 Uhr Thai-Zeit bzw. 22 Uhr Malaysia-Zeit geschlossen.

Tak Bai

ตากใบ

Ein weiterer, sehr angenehmer Grenzübergang liegt 38 km weiter östlich direkt an der Küste. Nach Tak Bai fahren Busse von Narathiwat ab 7.30 Uhr für 10 Baht oder ein Taxi vom Bahnhof in Sungai Golok für 15 Baht. Die Autofähre nach Pengkalan Kubor (Malaysia) fährt alle 30 Min. und kostet 5 Baht bzw. 50¢. Mit dem Bus 27 oder 43 für 2 RM erreicht man von hier aus Kota Bharu. Hier bekommt man leicht ein ein neues Visum für Thailand (in 24 Std.). Geld sollte man bereits in der letzten Stadt vor Tak Bai wechseln.

Angenehme Unterkünfte, z.B. *Taba Hotel*** vor dem Ort.

NORD-MALAYSIA

Highlights

- Mit dem Motorrad die landschaftliche Vielfalt von Langkawi entdecken
- In Georgetowns kleinen Läden und Werkstätten auf Entdeckungstour gehen
- Die Atmosphäre in einem chinesischen Tempel schnuppern
- Im Gelangan Seni von Kota Bharu die malaiische Kultur kennenlernen
- Auf Pulau Perhentian abtauchen

Nord-Malaysia

An der Westküste führt eine Schnellstraße von Thailand nach Süden, vorbei an den Sultansstädten Kangar und Alor Setar sowie der archäologischen Fundstätte am Gunung Jerai. Wer mit Bussen oder Bahnen von Thailand unterwegs ist, wird den Grenzübergang Padang Besar nehmen. Die Häfen Kuala Kedah und Kuala Perlis sind die Durchgangsstationen zur populären Urlaubsinsel Pulau Langkawi, die erschlossene Strände und – trotz intensiver Tourismus-Entwicklungsprogramme – in ihrem Hinterland noch immer viel ländliche Ruhe bietet.

Richtung Ostküste geht es von **Sungai Petani** zunächst über **Keroh** und **Gerik** zur thailändischen Grenze und dann weiter über den eindrucksvollen **East-West Highway** bis nach Kota Bharu – im Ganzen eine Tagesreise.

Pulau Langkawi

Schon zu Beginn der 80er Jahre hatte es den Anschein, als sollte die wunderschöne Inselgruppe im Nordwesten Malaysias das Schicksal des nahegelegenen Phuket teilen. Der Weg war, wie schon so häufig, vorgezeichnet: Verschlafenes tropisches Paradies wird von finanzkräftigen Tourismusmanagern entdeckt, Hotelkomplexe verdrängen einfache Bungalows, aus Feldwegen werden asphaltierte Straßen, Fischerdörfer avancieren zu Shopping-Centres usw. usw. Es schien, als müsse man Langkawi bald von der Liste der verträumten Ecken Malaysias streichen. An die 3 Milliarden RM wurden investiert, eine vorzügliche Straße rings um die Insel gebaut und ein Flughafen angelegt, auf dem auch die großen 747-Jets landen können, aber die internationalen Touristenströme flossen an Langkawi vorbei.

1987 unternahm man einen neuen Belebungsversuch und erklärte Langkawi zur zollfreien Zone. Seitdem sprießen die Duty Free-Shops, kauft man den VSOP-Cognac in Kuah billiger als am Flughafen von Singapore und die Kretek-Zigaretten fast so günstig wie in Indonesien. Natürlich hat die Sache einen Haken: Duty-free-Waren bis zu 500 RM darf nur mitbringen, wer einen Aufenthalt von mindestens 74 Stunden und drei Übernachtungen nachweist. Und so drängen sich nach einem langen Wochenende verschleierte Malaiinnen mit Kisten voller Küchenmaschinen, Decken und Geschirr zusammen mit cognacbeladenen Chinesen auf den Fähren. Den ersehnten internationalen Touristen-Boom brachte die Maßnahme noch nicht. Phuket boomte, aber über den Resorts von Tanjung Rhu auf Langkawi schwebte der Pleitegeier. Gras begann über die Bauruinen zu wachsen.

Sollte am Ende doch der Fluch der toten Prinzessin Mahsuri noch immer auf der Insel lasten? Sie war die Frau eines reichen Geschäftsmannes in Ulu Melaka und ihre Schönheit war sprichwörtlich. Sterben mußte sie, weil man ihr eine Affäre mit einem malaiischen Reisenden anhängte. Zu Unrecht, wie sich bei ihrer Hinrichtung herausstellte, denn das Blut, das aus ihrem Körper strömte, war weiß wie Schnee. Sieben Generationen hindurch, so der Fluch der sterbenden Prinzessin, solle Langkawi auf keinen grünen Zweig mehr kommen, und tatsächlich folgte eine Periode der Mißernten, Pleiten und Überfälle durch die benachbarten Thais. Inzwischen waren die sieben Generationen längst vorüber, doch noch immer schliefen die 98 meist unbewohnten Inseln des Langkawi-Archipels mit ihren bizarren Kalk- und Marmorfelsen einen nahezu unberührten Dornröschenschlaf.

Der scheint mittlerweile vorüber zu sein. Schließlich ist es Ministerpräsident Mahathir selbst, dem das Schicksal der 60 000 Inselbewohner am Herzen liegt, hat er doch jahrelang als Arzt im Krankenhaus von Kuah gearbeitet. Die ehrgeizigen Investitionsprogramme greifen langsam: Rege Bautätigkeit hat an den Stränden eingesetzt, Erschließung allenthalben, für Großprojekte wurde in Kuah Neuland aufgeschüttet. Viele kleine Dinge haben sich verändert. Dem Neuankömmling, der die Insel zum ersten Mal erlebt, wird sie freilich noch immer ruhig und verschlafen, strecken-

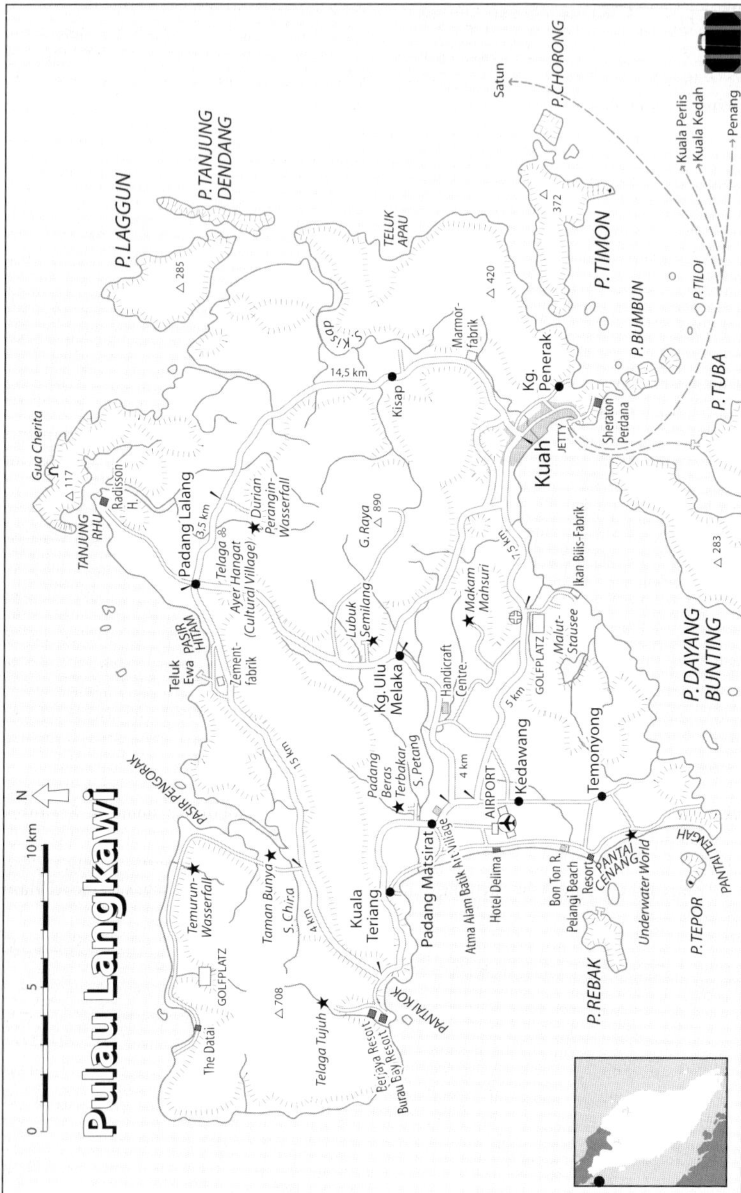

Pulau Langkawi
0
5
10 km
N
P. LAGGUN
P. TANJUNG DENDANG
285
Gua Cherita
117
TANJUNG RHU
Radisson H.
Padang Lalang
3,5 km
Telaga Ayer Hangat (Cultural Village)
Durian Perangin-Wasserfall
G. Raya
890
14,5 km
Kisap
S. Kisap
TELUK APAU
420
Marmor-fabrik
Kg. Penerak
372
P. CHORONG
Satun
Kuala Perlis
Kuala Kedah
Penang
P. TIMON
P. BUMBUN
P. TILOI
P. TUBA
Sheraton Perdana
JETTY
Kuah
Ikan Bilis-Fabrik
283
7,5 km
Makam Mahsuri
Lubuk Semilang
Kg. Ulu Melaka
Handicraft Centre
GOLFPLATZ
Malut-Stausee
P. DAYANG BUNTING
Teluk Ewa
PASIR HITAM
Zement-fabrik
15 km
PASIR PENGORAK
Padang Beras Terbakar
S. Petang
4 km
5 km
AIRPORT
Kedawang
Temonyong
Temurun-Wasserfall
Taman Bunya
S. Chira
4 km
Kuala Teriang
Padang Matsirat
Atma Alam Batik Art Village
Hotel Delima
Bon Ton R.
Pelangi Beach Resort
PANTAI CENANG
Underwater World
PANTAI TENGAH
P. TEPOR
P. REBAK
GOLFPLATZ
The Datai
708
Telaga Tujuh
Berjaya Resort
Burau Bay Resort
PANTAI KOK

weise auch noch richtig paradiesisch vorkommen. Fast ein Malaysia im Miniaturformat, mit tropischen Wäldern, sanften Bergrücken, schroffen Felsen, Gummiplantagen, Reisfeldern, Sandstränden und luftigen Kampungs – ganz so, wie man es aus den Bilderbuch-Prospekten kennt. Nur wer nach ein oder zwei Jahren wiederkommt, stellt fest, was inzwischen alles anders geworden ist. Und beginnt nachdenklich zu werden.

Pulau Langkawi ist die größte Insel im Archipel. Auf den anderen, kleinen Inseln gibt es weder Straßen noch nennenswerte Siedlungen. Hauptort, Sitz der Verwaltungen, Einkaufszentrum und Anlaufpunkt der meisten Fähren ist **Kuah**. Auf gut ausgebauten Straßen erreicht man von hier aus die langgestreckten Strände **Pantai Tengah** und **Pantai Cenang** am Südwestzipfel Langkawis. Nördlich von Pantai Cenang steht nahe dem Airport das 1200-Betten-Hotel *DeLima*. Weiter im Nordwesten liegt der bislang noch ruhige, kleine **Pantai Kok**, dazwischen der Flughafen, dessen Landebahn ins Meer hinaus erweitert wurde. Resorts sind auch im Nordwesten in Planung, in **Datai** steht schon ein Riesenhotel. Ein anderes, komplett mit Golfplatz, entsteht am Pantai Kok. Eine der schönsten, etwas abseits gelegenen Buchten, **Tanjung Rhu**, wird fast völlig von einem Luxushotel vereinnahmt. Ansonsten prägen, abgesehen von einer Zementfabrik (bei Teluk Ewa) und einer *Ikan Bilis*-Produktion (in der Nähe von Kuah) beschauliche Dörfer und ländliche Idylle das Bild.

Während der LIMA-Ausstellung, einer Luftwaffenmesse, die in ungeraden Jahren Anfang / Mitte Dezember stattfindet und von lauten Tief- und Showflügen begleitet wird, sind alle Hotelbetten belegt. Ansonsten ist selbst an verlängerten Wochenenden auf Langkawi in der Regel noch ein Zimmer zu bekommen, eng kann es allenfalls während der Schulferien oder an hohen Feiertagen werden. Häufig machen die Strände sogar einen eher ausgestorbenen Eindruck. Wer Nachtleben, Bars und Beach Parties liebt, wird sich wahrscheinlich langweilen. Der meiste Regen fällt in den Monaten September bis Dezember, Hochsaison ist dennoch zwischen Oktober und April. Im Ramadan oder zwischen Mai und September ist auf der Insel manchmal wochenlang buchstäblich „nichts los".

Kuah

Kuah ist der Hauptort auf Langkawi, hier kommt die Fähre an, hier kauft man ein, von hier starten Rundfahrten und Bootstouren. Über 4 km erstreckte sich der rund 3000 Einwohner zählende Ort mit seinen locker verteilten Wohnhäusern und Geschäften entlang der Hauptstraße, die vor wenigen Jahren noch entlang der Küste verlief. Landaufschüttungen und Bautätigkeit sind allerdings dabei, den Charakter des Ortes gründlich zu verändern. Hier entsteht ein modernes Stadtzentrum, an allen Ecken und Enden wird fieberhaft gebaut. Einige der Neubauten im mediterranen Disney-Stil sind nicht unangenehm anzusehen, die Mehrzahl ist allerdings eher eine Beleidigung fürs Auge. Das derzeit größte Bauwerk ist das auf Neuland errichtete **Tiara Hotel**, ✆ 9662566, das längste Hotel des Landes. Zahlreiche Duty Free-Shops haben sich etabliert, die Küstenlinie wurde einen Kilometer ins Meer hinausverlagert, und auf dem neugewonnenen Land wurde eine Strandpromenade mit Shopping-Arkaden errichtet und in der Nähe der Jetty ein großer Park angelegt, der von einem überdimensionalen **Seeadler-Denkmal** überragt wird. Im Legenda Park soll die Geschichte Malaysias erzählt werden. Weiter stadteinwärts erhebt sich die **Al-Hana Moschee**.

Bei Sonnenuntergang bummelt man durch den Ort, wenn die Obst- und Essenstände öffnen und die Restaurants sich mit Menschen füllen. Samstags von 8–15 Uhr findet gegenüber der Poliklinik ein großer Markt, der **Pasar Tani**, statt. Der alte **Fischmarkt** beherbergt jetzt ein Souvenirshop mit Restaurant, der Markt selbst, auf dem an jedem Morgen frischer Fisch verkauft wird, ist in ein modernes Gebäude hinter dem Food Centre *Medan Selera* verdrängt worden.

Übernachtung

In den letzten Jahren sind zahlreiche Hotels in Kuah hochgezogen worden, in der Regel gesichtslose Betonklötze, die die meiste Zeit des Jahres leer stehen oder von einkaufswütigen Reisegruppen aus asiatischen Staaten bevölkert werden. Die Preise sind meist happig (ab 100 RM), der Service mäßig und die Lage schlecht (laute Straße oder Karaoke-Bar). Deshalb hier nur eine kleine Auswahl bewährter Hotels.

PREISWERT UND MITTELKLASSE – ***Malaysia Motel**–***** ②, ✆ 9666298, am westlichen Ortsende, 4 km ab Fähre, einfache Traveller-Herberge von Mr. Velu, der sehr hilfsbereit ist. Einfache Zimmer mit und ohne Du/WC und ac, auch Schlafsaalbetten.
Malaysia Hotel**** ①, ✆ 9668087, Raj, der Sohn von Mr. Velu, managt das Hotel. Nicht sehr reinliche Zimmer mit Bad/WC, warmem Wasser und ac. Schlafsaalbett 20 RM. Im Erdgeschoß ein indisches Restaurant.
3 einfache, ältere Hotels, die Zimmer mit Du/WC und ac anbieten, stehen am Ortseingang:
Langkawi Hotel**–** ④, ✆ 9666248, auch einfache Zimmer mit Fan.
Asia Hotel*** ⑤, 1 Jl. Persiaran Putera, ✆ 916216.
Central Hotel*** ⑥, 33 Jl. Persiaran Putera, ✆ 9668585, 📠 9667385.
Beringin Beach Resort**** ⑦, ✆ 9666966, 📠 9667970, liegt ca. 2 km von der Anlegestelle an einer kleinen, ruhigen Bucht östlich von Kuah. Recht luxuriöse kleine Chalets mit Frühstück, für den Preis ganz attraktiv.

LUXUS – ***Sheraton Perdana*** ab 200 RM ⑧, ✆ 9662020, 📠 9666414, liegt nur etwa 1 km von der Anlegestelle entfernt in einem kleinen Park im Südosten. Das renovierte Resort mit 204 Zimmern bietet allen Komfort, einen großen Pool und vom Restaurant einen schönen Blick auf die vorgelagerten Inseln. Man organisiert auch Touren und Ausflüge. Außerhalb der Saison gibt es Ermäßigung.

Essen

Die Essenstände gegeüber dem Tiara servieren abends Steamboat, thailändische und malaiische Gerichte. Tagsüber sind die Essenstände an der Taxistation geöffnet.
An der Fähranlegestelle eine ***Pizza Hut*** mit Lieferservice.
Weng Fung, das kleine chinesische Restaurant gegenüber der Straßeneinmündung, serviert gutes Seafood. Einige Gerichte stehen nicht auf der Karte!
Dayang ist ein unauffälliges chinesisches Restaurant an der Hauptstraße . Große Auswahl zu akzeptablen Preisen, ab 17 Uhr geöffnet.
Sari Seafood im rückwärtigen Teil des Souvenirshops am alten Fischmarkt mit Blick aufs Meer ist teuer, aber gut. Auch bei gutverdienenden Einheimischen beliebt.
Domino, im Neubaublock hinter dem Mara-Building. Hier serviert der deutsche Besitzer westliche Gerichte und Bier vom Faß.
Tandoori, 54 Jl. Pandak Mayah 5, im letzten Neubaublock hinter dem Mara-Building, ausgezeichnete indische Küche.
Medan Selera, im Food Centre vor dem Fischmarkt werden malaiische Gerichte zubereitet.
Golden Beach Restaurant neben dem Asia Hotel, preisgünstig, reichhaltige Karte.
Asiatisch-muslimisches und westliches Fast Food wird im Hafengebäude angeboten.
Barn Thai Jazzaurant, Kampung Belanga Pechah, ✆ 9666699, 9 km nördlich von Kuah Richtung Padang Lalang, offeriert scharfe Thaigerichte bei heißem Jazz in warmer Meeresbrise. Finanzkräftige Gäste, die das zu schätzen wissen, werden nach telefonischer Absprache vom Hotel abgeholt und natürlich auch wieder zurückgebracht.

Sonstiges

AUTOVERMIETUNG – Mietwagen organisieren Reisebüros und viele Hotels für mindestens 70 RM pro Tag, in der Hochsaison bis 120 RM. Limousinen für 300 RM pro Tag, ✆ 9666143.

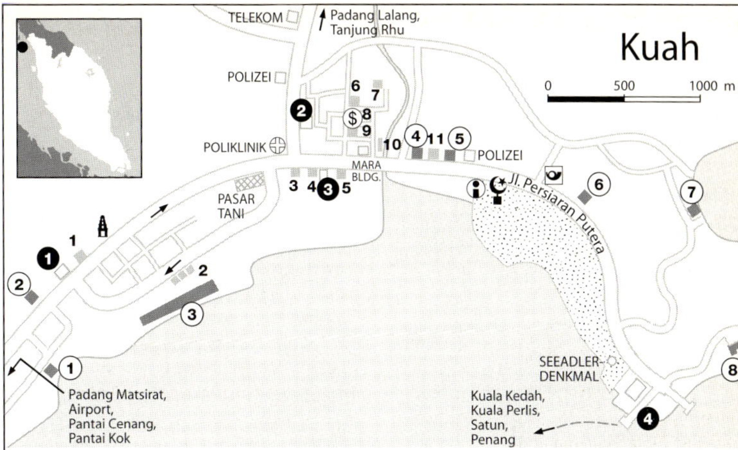

Übernachtung:
(1) Malaysia H.
(2) Malaysia Motel
(3) Tiara H.
(4) Langkawi H.
(5) Asia H.
(6) Central H.
(7) Beringin Beach Resort
(8) Sheraton Perdana

Läden, Restaurants etc.:
1 Wäscherei
2 Essenstände
3 Weng Fung R.
4 Dayang R.
5 Sari Seafood, Souvenirshop
6 Domino R.
7 Tandoori R.
8 Maybank
9 Money Changer
10 Fischmarkt, Medan Selera
11 Golden Beach R.

Transport:
❶ MAS Office
❷ Bus Stn.
❸ Taxi Stn.
❹ Jetty

FAHRRÄDER – kosten um die 12 RM pro Tag. Am besten am Abend vorher mieten, damit man früh losfahren kann, denn während der Mittagshitze ist es angenehmer zu rasten. Eine Inselrundfahrt ist in 3–4 Tagen mit dem Fahrrad zu bewältigen. Obwohl der höchste Berg, der Gunung Raya, 890 m hoch ist, gibt es, mit wenigen Ausnahmen, kaum nennenswerte Steigungen. Ein recht guter Rad- und Fußgängerweg wurde im Westen der Insel vom Pantai Cenang zur Teluk Burau angelegt. Fahrradvermietungen in Kuah gegenüber der Einmündung der Straße von Norden und in einigen Hotels und Bungalowanlagen.

GELD – ***Maybank*** und ***Bank Bumi*** nahe dem neuen Fischmarkt. Mehrere Banken haben **Geldautomaten**, die z.B. auch Visa-Karten akzeptieren. Nicht vergessen, die Banken sind in Kedah Sa–Mi von 10–15 und Do von 10–12 Uhr geöffnet!
Zwei **Money Changer** mit schlechten Kursen neben dem Mara-Buildung und nahe dem Busbahnhof. Auch die großen Hotels wechseln zu ungünstigen Bedingungen.

INFORMATIONEN – das ***Tourism Malaysia Information Center*** befindet sich neben der großen Moschee in Kuah, ✆ 9667789. Geöffnet tgl. 9–13 und 14–18 Uhr. Weitere Informationsbüros von *Tourism Malaysia* an der Fähranlegestelle und im Flughafengebäude.

MEDIZINISCHE VERSORGUNG – das ***Hospital***, ✆ 9663333, liegt nahe dem Golfplatz, 10 km westlich von Kuah. Eine Poliklinik befindet sich mitten in Kuah. Aufnahmegebühr 2 RM, Behandlung und Medikamente wie in anderen staatlichen Krankenhäusern des Landes kostenlos.

MOTORRÄDER – Die Straßen sind gut asphaltiert, und außerhalb von Kuah gibt es noch nicht viel Verkehr. Die Inselkarten sind etwas ungenau, mit unserer Karte müßte man zurechtkommen. Motorräder (kleine Honda 75 oder 90) gibt es für 35 RM am Tag in vielen Läden und Hotels, z.B. im Geschäftszentrum beim Domino-Restaurant.

POST – an der Straße zur Jetty, etwas außerhalb von Kuah. Geöffnet Sa–Mi 8.30–16, Do 8.30–12 Uhr.

TAUCHEN – Tauchgeräte und Touren bieten die Tauchschulen an den Stränden an. Allerdings braucht man für die Anfahrt zu den besten Tauchgründen bei Pulau Payar mit dem Boot mindestens 1 1/2 Stunden. Eine gute Tauchschule, ***Borneo Divers***, hat ihr Büro im *Sheraton Perdana Hotel*.

TOUREN – mit dem Boot zu den benachbarten Inseln, wo man fischen, schnorcheln, bzw. im Süßwassersee baden kann, werden regelmäßig in fast allen Hotels und Reisebüros angeboten. Ein Tagesausflug mit 10 Teilnehmern kostet um die 40 RM, ein Boot zu chartern 150 RM. Tagestouren nach Thailand 150 RM. ***Langkawi Coral*** nennt sich der Schnorchel-Ausflug, den man von Kuah aus zum Riff bei der Pulau Paya unternehmen kann. Geboten wird Schnorchel- bzw. Tauchmöglichkeit, Büfett, Glasbodenboot und eine verglaste Unterwasserkammer, kostet allerdings 220 RM p.P.

VORWAHL – 04, PLZ 07000.

WÄSCHEREI – ***Langkawi Dobi***, eine preiswerte Wäscherei an der Hauptstraße im Nordwesten von Kuah.

Nahverkehrsmittel

BUSSE – fahren nur noch sehr spärlich bis zum Einbruch der Dunkelheit für 1,50–1,90 RM über die ganze Insel, man braucht sie nur an der Straße anzuhalten. Etwa stündlich fährt ein Bus zum Pantai Cenang / Pantai Tengah für 1,40 RM. Zum Pantai Cenang gibt es von der Anlegestelle häufig auch Extra-Minibusse. Weitere Busse fahren über Padang Matsirat nach Kuala Teriang und nach Padang Lalang bzw. Teluk Ewa. 4x tgl. Busse von und zum PANTAI KOK. Zum Flughafen gibt es einen Extra-Bustransport, über den MAS informiert.

TAXI – Seit die Autos auf der Insel steuerfrei sind, haben sich die Taxen merklich vermehrt und das öffentliche Transportsystem nahezu zum Erliegen gebracht. Sie warten vor allem an der Jetty und an der Taxistation im Zentrum. Mietpreis 10 RM die Stunde, 120 RM am Tag. Die Streckentarife sind in einer Broschüre aufgelistet, die beim Infoschalter in der Anlegestelle erhältlich ist. Preisbeispiele (pro Wagen) von der Jetty, ✆ 9668286: KUAH 4 RM, PANTAI CENANG 12 RM, TANJUNG RHU 15 RM, PANTAI KOK 15 RM. Spät abends werden überhöhte Preise verlangt, daher besser für den Rückweg ein Taxi zum Festpreis vorbestellen. **Am Flughafen** gibt es einen Taxi-Ticket-Counter, ✆ 9551800, an dem man den Fahrpreis im voraus bezahlt, z. B. zum PANTAI CENANG und PANTAI KOK 10 RM und nach KUAH 15 RM.

Transport

FLÜGE – Mit MAS vom Flughafen Padang Matsirat, 20 km westlich von Kuah, nonstop nach KUALA LUMPUR 7–8x tgl. für 135 RM, PENANG 3–4x tgl. für 51 RM. Buchungen bei ***MAS***, Lot 3, 49/50, 3rd Floor, Putra Place (The Mall), ✆ 9666622, an der Hauptstraße im Westen Kuahs. Geöffnet Sa–Do 9–17, Fr und feiertags 9–13 Uhr. Außerdem Charterflüge in der Saison mit LTU nach Deutschland und mit Silk Air nach Singapore.

FÄHREN – **Zum Festland:** An Wochenenden und während der Ferien sollte man sich frühzeitig ein Ticket besorgen, da vor allem die frühen Boote schnell ausgebucht sind. Auskunft über genaue Abfahrtszeiten unter ✆ 9666950 (KPLFS) und 9668823 (Lada). Aus Richtung Süden kommen die meisten Besucher mit den Fähren aus KUALA KEDAH. 11x tgl. Fähren für 15–17 RM in 1 Std. 10 Min. ab Kuala Kedah zwischen 7.30 und 19.30 Uhr, ab Kuah zwischen 8.10 und 19 Uhr. Von Norden her führt der kürzeste Weg über KUALA PERLIS. 11x tgl. Fähren für 11–13 RM in 45 Min. ab Kuala Perlis zwischen 8 und 18.20 Uhr, ab Kuah zwischen 7.20 und 18.30 Uhr.

Nach Penang: Die *Selesa Ekspres* legt tgl. um 8 und 18.30 Uhr in Kuah und zur gleichen Zeit in GEORGETOWN ab, benötigt 2 1/2 Std. und kostet 35 RM einfach, 60 RM hin und zurück.

Nach Thailand: Mit der *Ramai Ekspres* tgl. um 8.30 und 15 Uhr nach SATUN in 1 Std. für 15 RM. Zurück um 10 und 17 Uhr (Thai-Zeit). Weitere Verbindungen um 9 und 13 Uhr nach PAKBARA, die Grenzabfertigung erfolgt bei einem Zwischenstop am Tammalang-Pier bei Satun.

Die Strände im Westen

Am Südwestzipfel der Insel, ca. 21 km von Kuah entfernt, befinden sich die bekanntesten und nächstgelegenen Strände.

Von Kuah nimmt man die große Straße am Hospital und Golfplatz vorbei oder umfährt die Stadt auf der neuen vierspurigen Schnellstraße, eine riesige Schneise durch die Berge nördlich der Stadt.

Nach 14 km führt eine Stichstraße nach Kedawang und weiter nach Temonyong, einem kleinen Kampung im südwestlichen Zipfel der Insel.

Pantai Tengah, Pantai Cenang

Etwa 2 km westlich von Teonyong erstreckt sich ein kilometerlanger, von Kokospalmen gesäumter weißer Sandstrand mit vorgelagerten Inseln. Auf der größten, **Pulau Rebak**, wurde ein Jachthafen angelegt. Durch den Ausbau des Flughafens und der damit einhergehenden Landaufschüttung an der Küste im Norden und dem Bau eines Hotels und bombastischen Fähranlegers für ein schwimmendes Kasino an der Südspitze des Pantai Tengah ist mit regem Baustellenverkehr auch in nächster Zeit zu rechnen, was aber die Ruhe an den Stränden nicht beeinträchtigt.

Zahlreiche Bungalowanlagen, Chalets und Luxushotels offerieren eine breite Bandbreite an Unterkünften. Nur Billigquartiere für Traveller, früher einzige Übernachtungsmöglichkeit an diesem Strand, sind vollständig verschwunden. Durch die dichte Besiedlung des Küstenabschnitts und den regen Bootsverkehr hat sich die Qualität des Meerwassers nicht gerade verbessert. Wenn Wind und Meeresströmung nicht freundlich gesonnen sind, können sie eine Menge Müll an den Strand befördern, für deren Entfernung jedoch ein eigenes Reinigungsfahrzeug sorgt. Das Hinterland ist trotz alledem sehr ländlich geblieben – inmitten von Reisfeldern stehen kleine Holzhäuser auf Stelzen im Schatten von Kokospalmen, während die Berge von Dschungel bedeckt sind, der teilweise fast bis zur Straße reicht. Auch wenn man nicht hier wohnt, sollte man einen Besuch von **Underwater World** nicht versäumen, ein modernes Aquarium, das auf sehr attraktive Art die Meeresfauna präsentiert. Zudem sind hier einige seltene Anemonen, Weichtiere und andere Meeresbewohner zu sehen. In dem größten Becken, einem 15 m langen 600 000 Liter-Tank schwimmen in friedlicher Eintracht Meeresschildkröten, Haie und andere Fische, die von einem Taucher um 11 und 15 Uhr gefüttert werden. Am Ende des Rundgangs gelangt man zu einem Einkaufszentrum, das recht attraktive Souvenirs und zollfreie Waren zu günstigen Preisen anbietet. Geöffnet tgl. 10–18 Uhr, Eintritt 12 RM, Kinder 8 RM, ✆ 9556100.

Als weitere Attraktion an diesem Strand wurde gegenüber vom Pelangi Beach Resort ein **Agricultural Museum** eingerichtet, das über das Leben der Landbevölkerung informieren will. Eine weiteres lohnenswertes Ausflugsziel ist das **Bon Ton** an der Straße vom Pantai Cenang zum Airport. Ein Restaurant, das weit mehr bietet als gute Nonya-Küche. Das liebevoll eingerichtete Haupthaus im Stil einer balinesischen Versammlungshalle beherbergt neben dem luftigen Restaurant einen Souvenirshop mit geschmackvollen Mitbringseln aus dem gesamten südostasiatischen Raum. Im weitläufigen Garten wurden von der australischen Besitzerin mehrere alte Langkawi-Häuser errichtet, restauriert und zu komfortablen Wohn- und Aufenthaltsräumen mit Du/WC, Fan, ac und Kühlschrank umgebaut – ein besonderer Platz für ein stilvolles Fest (siehe „Essen und Unterhaltung“).

Übernachtung

Wer länger auf Langkawi bleiben will, übernachtet lieber an den Stränden als in Kuah. Billig ist es hier freilich nicht mehr, und Busse fahren nur selten. Wer nach Einbruch der Dunkelheit unterwegs ist, sollte keinesfalls die Taschenlampe vergessen, da bei der spärlichen Straßenbeleuchtung die fehlende oder hochstehende Abdeckung der Abwasserkanäle Unfälle verursachen kann.

PANTAI CENANG – Die Anlagen beiderseits der Straße sind vor allem an Wochenenden und malaysischen Feiertagen belegt, dann verdoppeln sich teilweise die Preise.

Preiswert: ***Cenang Lodge**** ③, ✆ 9551463, liegt abseits vom Strand neben der Baustelle des Agricultural Museums.

Grand Beach Motel** ④, ✆ 9551457, 📠 9553846, eine kleine, nette Anlage, alle Holz-Chalets mit Fan, Du/WC, einige mit ac und TV.

Cenang Beach Motel** ⑤, ✆ 9551395, alle Zi mit ac und TV in dicht gegenüberliegenden, pflegebedürftigen Bungalows, durch den angrenzenden Bootsverleih kein ruhiger Strandabschnitt.

Cenang Resthouse** ⑥, ✆ 9555595, bietet 11 billige Zimmer mit ac und Du/WC in zwei eng beieinanderstehenden Langhäusern. Restaurant, am Strand Bootsverleih.

Melati Tanjong Motel** ⑦, ✆ 9551099, hat einfache Chalets mit Fan oder ac, alle mit Du/WC, für TV 30 RM Aufschlag.

AB Motel*–*** ⑨, ✆ 9551300, 📠 9551466, vermietet Chalets in einer schönen, weitläufigen Anlage mit und ohne ac. Restaurant, Motorradverleih.

Beach View Resort** ⑩, ✆ 9556304, entgegen des Namen ohne Strandblick und ohne Strandzugang jenseits der Straße hinter dem *Seri Cenang Restaurant*, Zi mit ac und Du/WC.

Twenty Twenty Chalet**–*** ⑫, Lot 2014, ✆ 9552806, 📠 9552810, ist eine hübsche Anlage mit Schlafsaal, Bett für 25 RM und Chalets mit Fan oder ac, die leider nicht am Strand liegt.

Samila Beach Motel*–** ⑭, ✆ 9551964, Bungalows in Strandnähe mit Du/WC, z.T. mit ac. Auch ein paar *A-frames*. Restaurant. Verleiht Motorräder, Fahrräder und Autos.

Delta Motel**–*** ⑯, ✆ 9552253, 📠 9551307, am Ende des langen Strandes, hinter dem Aquarium, einfach ausgestattete *A-frame*-Hütten und ein Langhaus mit Fan oder ac und TV, Restaurant.

Green Hill Beach Motel**–*** ⑰, ✆ 9551935, Holzbungalows mit Fan oder teurere mit ac und TV an einem kleinen Strand.

Mittelklasse: *Beach Garden Resort***** ②, ✆ 9551363, 📠 9551221, saubere, gepflegte Zimmer mit ac, Safe, Heißwasserdusche, Kühlschrank und Marmorböden, kleiner Pool. Im Restaurant gibt es sehr leckere deutsche und einheimische Gerichte, Pizza und ein phantastisches Frühstück, das im Preis inbegriffen ist. Bibliothek für Gäste mit deutschen und englischen Büchern.

Semarak Beach Resort**** ⑧, ✆ 9551377, 📠 9551159, eine der ersten Anlagen im malaiischen Stil. Geräumige Doppelbungalows mit Du/WC und Fan oder ac, Restaurant.

Nadias Inn***–**** ⑪, Lot 977, ✆ 9551401, 📠 9551405, Hotel im Apartment-Stil, das jede Atmosphäre missen läßt, nicht direkt am Strand, dafür mit Pool.

The Paloma ⑬, ein neues, großes Resort, das bei unserer Recherche noch nicht fertiggestellt war

Langkapuri Beach Resort***–**** und mehr ⑮, ✆ 9553453, 📠 9551959, kleine, freundliche Anlage mit familiärer Atmosphäre, moderne Chalets für 2–4 Pers. mit ac, TV, Heißwasserdusche, auch teure mit Meerblick, Motorradverleih für 25 RM pro Tag. Nebenan eine Tauchschule und Touren-Angebote. Der Strand wird regelmäßig gereinigt.

In der kleinen Bucht, die ein Felsvorsprung vom Cenang Beach trennt, liegen:

Tanjung Malie Beach Motel**–*** ⑱, ✆ 9551891, preiswerte, hübsche Chalets mit Fan oder ac und TV, alle mit Du/WC. Ein großes Chalet mit Meerblick. Freundliche Atmosphäre.

Luxus: ***Pelangi Beach Resort*** (ab 250 RM) ①, ✆ 9551001, ℻ 9551122, das Resort nimmt fast den ganzen nördlichen Strand ein. Die Anlage wurde rings um den großen Swimming Pool weitgehend im malaiischen Stil erbaut – ein Luxushotel mit allem Komfort, vorwiegend für Pauschalurlauber.

PANTAI TENGAH – erstreckt sich von hier aus nach Süden. Neben den drei großen Pauschalurlauber-Hotels gibt es nur eine preisweitere Anlage für Individualtouristen:

Preiswert: *Charlie's Motel*** ㉑, ✆ 9551200, ℻ 9551316, am nördlichen Ende des Pantai Tengah am Ende der Stichstraße. Nette Bungalows am Strand mit Fan und Du/WC. Gepflegte Anlage, preiswertes Restaurant.

Mittelklasse: *Sunset Beach Resort*–****** ⑲, ✆/℻ 9551751, an der Straßeneinmündung etwas abseits vom Strand. Bietet recht vernachlässigte Bungalows mit ac, z.T. mit TV und Kühlschrank. Das Restaurant ohne Tische im Freien öffnet nur morgens, um Pauschaltouristen das Frühstück zu servieren. Der Strand ist häufig mit Müll übersät.

Luxus: *Aseania Seaview Resort* ab**** ⑳, ✆ 9552020, ℻ 9551550, an der Kreuzung, neues Luxushotel mit allem Komfort aber ohne Strand.

Langkawi Village Resort (ab 240 RM, außerhalb der Saison handeln möglich) ㉒, ✆ 9551511, ℻ 9551531, Luxusresort mit komfortablen, sauberen Chalets und großem Pool, die schönere Anlage. Freundliche Atmosphäre, gepflegter Strand.

Langkawi Holiday Villa (ab 200 RM) ㉓, ✆ 9551701, ℻ 9551504, fällt in die gleiche Kategorie. Großes Hotel mit Restaurants.

Essen und Unterhaltung

PANTAI CENANG – ***Beach Garden Resort***, ein nettes Restaurant direkt am Strand mit außergewöhnlich aufmerksamem Service serviert leckere deutsche und einheimische Gerichte sowie Pizza. Am Abend Menü mit 3 Gängen, das seinen Preis wert ist, große Auswahl an Weinen und anderen Alkoholika. In der Hauptsaison einen Tisch vorbuchen.

Melati Tanjung Restaurant, im Restaurant des gleichnamigen Motels treffen sich häufig junge Touristen und Angestellte vom Pelangi zum preiswerten Essen und Trinken.

Champor Champor, in individueller und angenehmer Atmosphäre bietet ein junges Team feine Gerichte nach dem Motto *East Meets West*, z. B. *Roti Canai Tortilla* oder *Mango Parfait*. Nicht ganz billig, aber seinen Preis wert.

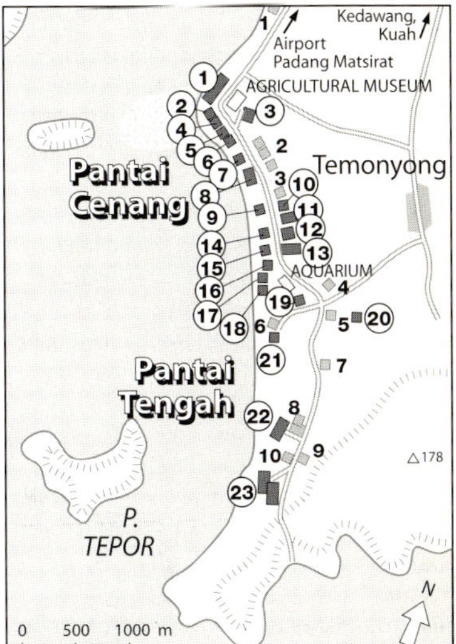

Übernachtung:
1 Pelangi Beach Resort
2 Beach Garden Resort
3 Cenang Lodge
4 Grand Beach Motel
5 Cenang Beach Motel
6 Cenang Rest House
7 Melati Tanjong Motel
8 Semarak Beach Resort
9 AB Motel
10 Beach View Resort
11 Nadias Inn
12 Twenty Twenty Chalet
13 The Paloma
14 Samila Beach Motel
15 Langkapuri Beach Resort
16 Delta Motel
17 Green Hill Beach Motel
18 Tanjung Malie Beach Motel
19 Sunset Beach Resort
20 Aseania Seaview Resort
21 Charlie´s Motel
22 Langkawi Village Resort
23 Langkawi Holiday Villa

Läden, Restaurants etc.:
1 Bon Ton R.
2 Champor Champor R., Backofen R., The Hot Wok Seafood
3 Mini Mart
4 Restoran Haji Ramli
5 Maria's Place
6 Oasis Beach Bar
7 White Sand R.
8 The Pub, Seafood Village
9 Sheelois R.
10 Safari R.

Gleich daneben zwei weitere Lokale: ***Backofen***, eine Bäckerei mit Vollkornbrot und Frühstück fast wie in einem Wiener Café und einem Restaurant mit österreichischen Spezialitäten wie Bratwurst mit Sauerkraut und Käsespätzle. ***Hot Wok***, ein chinesisches Restaurant, das auch bei Einheimischen recht beliebt ist.
Seri Cenang Restaurant, vor dem *Beach View Resort*, serviert eine bunte Mischung aus malaysischen, thailändischen und westlichen Gerichten.
Wonder Season Restaurant mit westlichen und Seafood-Gerichten sowie ***Eric's Bar*** liegen am Strand des *Langkapuri Beach Resorts*.
Restoran Haji Ramli an der Kreuzung mit der Straße nach Kuah ist ein thailändisches Restaurant.

PANTAI TENGAH – ***Oasis Beach Bar***, offene, große Bar und Restaurant in Strandnähe, Lyn, der Neuseeländer organisiert von hier aus Tagestouren mit seiner Jacht.
Maria's Place, gute einheimische aber nicht zu scharfe Küche für Nachtschwärmer, bis früh morgens geöffnet.
White Sands Restaurant, gutes chinesisches Essen, das allerdings etwas zu teuer ist.
The Pub, neben dem großen, teuren Seafood Village Restaurant, ac-Bar mit Billardtischen, tgl. außer Fr von 20–4 Uhr geöffnet, Happy Hour bis 22 Uhr.
Safari Restaurant, ein Travellertreff, abends Life-Musik.
Sheela's, gegenüber vom Safari, kleines, preiswertes Restaurant, das von Sheila und ihrem deutschen Mann Willi gemanagt wird, so daß auch deutsche Gerichte auf der Karte zu finden sind, abends geöffnet, Bierausschank.
In den Luxusanlagen ißt man auch sehr gut. Ein japanisches Restaurant gibt es z.B. in der *Holiday Villa*, ein sehr gutes chinesisches im *Berjaya* und einen guten Thai im *Pelangi*. Alles natürlich sehr teuer.
Bon Ton, Auskunft, Reservierungen und Transport unter ✆ 9553643, nördlich vom Pantai Cenang (s.o.), tgl. 11–23 Uhr geöffnet, leckere westliche und Nonya-Gerichte, die nicht überall zu bekommen sind, die aber auch ihren Preis haben.
Gute Kuchen (6–8 RM) und Eiscreme.

Sonstiges

GELD – am Pantai Cenang gibt es keine Banken, aber mehrere Wechselstuben, z.T. auch bei den Mopedverleihern und in den Resorts. Allerdings selten geöffnet und nicht gerade die besten Kurse. Die nächsten Bankschalter befinden sich am Flugplatz.

MOTORRÄDER – für Inselrundfahrten sind nahezu bei jedem Bungalow zu haben. Kosten etwa 25–30 RM am Tag. Für mehrere Tage kann man zumeist einen guten Discount aushandeln.

TAUCHEN – es gibt mittlerweile drei Tauchschulen an den Stränden:
Langkawi Adventures am Beginn der Stichstraße zum Pantai Tengah,
Pro Dive im Langkapuri Hotel,
Eurodives im Langkawi Village Resort.
Alle bieten von „Schnupperkursen" bis zu kompletten Ausbildungskursen mit PADI-Zertifikat ein breites Angebot an.
Die Tauchgänge finden nicht an der Hauptinsel statt, da hier keine Korallenriffe vorhanden sind. Mit Schnellbooten geht es zum Marine Park Pulau Payar.

TAXI – Nur wenige leere Taxen fahren die Straße am Strand entlang. Allerdings findet man immer einige vor dem Pelangi Beach Resort. Dort können auch die Restaurants und Resort einen Wagen bestellen. KUAH 10 RM, JETTY 12 RM und AIRPORT 10 RM. Spät abends werden überhöhte Preise verlangt, daher besser für den Rückweg ein Taxi zum Festpreis vorbestellen.

Padang Matsirat

Der Ort, 7 km nördlich vom Airport, war einmal der Hauptort der Insel. Ein Schild weist auf **Padang Beras Terbakar** – den „Platz vom verbrannten Reis" hin, der links in der Nähe des kleinen muslimischen Friedhofs liegt. Noch heute wird bei Grabungen verbrannter Reis gefunden, denn die Bewohner hatten einst ihre gesamte Ernte vergraben, um sie vor den angreifenden Thai zu bewahren. Zu sehen ist freilich nichts außer den üblichen Kampung-Häusern und jeder Menge Souvenir- und T-Shirt-Ständen.

Am östlichen Ortseingang steht das erfolgreiche **Atma Alam Batik Art Village**, ✆ 9552615, 📠 9551227. Das einheimische Künstlerehepaar Rose und Aza bietet hervorragende Batikerzeugnisse und Gemälde aus eigener Fabrikation an. Man kann den Mitarbeitern beim Batikzeichnen zusehen. Rose gibt auch Batikkurse für Anfänger. Außerdem werden sehr schöne Kunsthandwerksprodukte aus Malaysia und Indonesien zu akzeptablen Preisen verkauft. Auf dem Gelände werden auch in kleineren Werkstätten Edelsteine verarbeitet und malaiische Drachen (selten für die Westküste!) gebaut.

Pantai Kok und Burau Bay

Über Kuala Teriang führt eine kurvenreiche Straße durch dichten Dschungel vorbei am Sheraton Hotel zum Pantai Kok, einem einstmals idyllischen Plätzchen in einer ruhigen, flachen Bucht. Mittlerweile haben die billigen Hütten auch hier luxuriösen Resorts Platz gemacht. Nach weiteren 2 1/2 km endet die Straße an der Burau Bay. Am kleinen felsendurchsetzten Strand mit seinem feinen Sand stehen die klimatisierten, komfortablen Bungalows des weitläufigen *Burau Bay Resort*, ✆ 9551061, 📠 9551172, und das luxuriöse *Berjaya Resort*, ✆ 9591888, 📠 9591886.

Hier beginnt die Straße zu den „sieben Brunnen" und dem Wasserfall **Telaga Tujuh**. Das letzte Stück durch den Wald muß man zu Fuß zurücklegen, denn da geht es steil bergauf (festes Schuhwerk sinnvoll!). Nach einigen Minuten Fußmarsch zweigt links ein Weg zum Wasserfall ab. Dort treffen sich am Abend und an Wochenenden Einheimische zum Baden und Picknicken. Folgt man dem Hauptweg weiter bergauf gelangt man zum Teil über Stufen zu den Pools. Eine erfrischendes Bad bei herrlicher Aussicht in einem der sieben natürlichen Becken belohnt die Anstrengung.

Vorsicht: Hinter der Absperrung wird es gefährlich steil! Wer den Weg noch weiter bergauf geht, findet am rechten der beiden Bäche eine zweite schöne Bademöglichkeit. Flußaufwärts im Dschungel kann man spazierengehen, ohne daß die Gefahr besteht, sich zu verlaufen. Da abends Affen die Mülltonnen nach Lebensmitteln durchwühlen und den Inhalt in der Landschaft verstreuen, wäre es angebracht, den Müll wieder mit zurückzunehmen.

Datai

Von der Straße zum Pantai Kok zweigt nach Norden eine gute, wenig befahrene Stecke ab. Bereits nach 4 km führt eine neue Straße nach links am Fuße der dschungelbedeckten Berge entlang nach Datai (43 km ab Kuah), das im äußersten Nordwesten Langkawis liegt.

Nach 2,5 km gelangt man zur Krokodilfarm **Taman Buaya**, geöffnet tgl. 9–18 Uhr. Eintritt 6 RM, Kinder 4 RM, Foto- oder Videoerlaubnis 1 bzw. 5 RM. In verschiedenen Becken können zahlreiche Krokodilarten vom Baby- bis zum Greisenalter aus tropischen Ländern bestaunt werden. „Shows" mit Riesenkrokodilen finden um 11.15 und 16.30 Uhr statt. Sicherlich nicht jedermanns Geschmack. Die asiatischen Touristen lieben die Darbietungen der „Dompteure" und noch mehr die Handtaschen und Gürtel aus Krokoleder, die im Laden am Eingang der Farm angeboten werden.

Nach 6 km erreicht man die Küste und die kleine, von Felsen umrahmte Badebucht **Pasir Pengorak** mit weißem Sandstand und zwei Pondoks (Pavillons) unter schattenspendenden Bäumen.

Nach weiteren 3 km sieht man links im Wald den imposanten **Temurun-Wasserfall**. Ein schmaler Pfad führt nach oben, wo man in einem kleinen Pool baden kann. Zusätzlich wurde das Wasser quer über die Straße zu einem weiteren künstlichen Wasserfall geleitet. Ein großer Teil des Dschungels in diesem Gebiet ist geschützt. Doch auch hier im wettergepeitschten, schwer zugänglichen Nordwesten wurden große Regenwaldflächen für die exklusiven Deluxe-Strandresorts und einen Golfplatz gerodet. *The Datai* (ab 700 RM), ✆ 9592500, 📠 9592600, ist bei snobbistischen Golfern beliebt, während es im gepflegten, neuen *Andaman Resort* (ab 500 RM), ✆ KL 03-2453515, 📠 KL 03-2453540, etwas lockerer zugeht.

Nach 19 km endet die Straße oberhalb einer kleinen, einsamen Bucht. Ein Fußweg führt hinab zu einem schmalen, schönen Sandstrand. Das Wasser ist bei ruhigem Wetter klar. Rundherum nur Ruhe, viel Urwald und ein Ausblick auf die thailändischen Inseln am Horizont.

Inselrundfahrt

Nur am Strand herumzuhängen, kann auf Dauer eintönig werden, so daß fast jeder irgendwann zu einer Inselumrundung aufbricht.

Die Rundfahrt von mindestens 70 km kann man mit einer kleinen Honda zwar durchaus an einem Tag absolvieren, wer sich etwas Zeit nimmt, kann aber auch zwei oder drei schöne Rundfahrten unternehmen.

Von Kuah Richtung Westen

Zunächst kommt man am Golfplatz vorbei. Links biegt eine Straße (Hinweis *Empangan Balut)* zur **Ikan Bilis-Fabrik**, die von Tanjung Rhu im Norden der Insel hierher umgesiedelt wurde. Boote liefern die kleinen Fischchen an, die zum Trocknen in der Sonne liegen und ihren charakteristischen Geruch verbreiten.

Makam Mahsuri (Mahsuri's Grab) liegt 10 km von Kuah entfernt. Am Golfplatz nimmt man, von Kuah kommend, die kleinere Straße nach rechts. Über einen ausgeschilderten Weg durch Kautschukplantagen und Reisfelder erreicht man die Pilgerstätte vieler malaysischer Besucher.

Am Grab der muslimischen Prinzessin mit dem typischen, flachen, geschwungenen Grabstein kann man den verhängnisvollen Fluch nachlesen, von dem eingangs bereits die Rede war. Daneben ist die Geschichte von Mahsuri dargestellt. Um das Grab ist ein riesiger Rummel aufgebaut worden. Händler verkaufen traditionelle malaiische Medizin, die üblichen Souvenirs, und es gibt einige Essenstände.

Außerdem wurde ein traditionelles Kampung-Haus, der **Rumah Kedah**, aufgebaut, den man tgl. von 8.30–18.30 Uhr besichtigen kann. Eintritt: 1 RM. Vom Makam Mahsuri aus kann man weiter zum Wasserfall Telaga Tujuh (s.o.) fahren.

Weiter nach Norden

Die 19 km lange Hauptstraße vom Pantai Kok nach Norden zum Kreisverkehr führt über Teluk Ewa, der alten Anlegestelle der großen Fähren. Bequemer ist freilich die große Straße über das Dörfchen Ulu Melaka nach Padang Lalang.

Noch vor Ulu Melaka wurde bei Kg. Tanah Mas ein **Handicraft Centre** eröffnet, das Batiken, Keramiken, Schmuck und Silberarbeiten zum Verkauf anbietet (Eintritt 1 RM, mit der Eintrittskarte vom Makam Mahsuri kostenlos). Anschließend passiert man die muslimische Grabstätte **Makam Purba**.

Lubuk Semilang, ein Erholungspark hinter Ulu Melaka mit einigen Picknickplätzen und Dschungelwegen, wird am Wochenende gern von Einheimischen besucht.

Weiter nördlich hat man eine 14 km lange Stichstraße Richtung Osten auf den 890 m hohen **Gunung Raya** gebaut. Am Beginn der Zufahrt wird an einem Kontrollposten 50 sen Maut für PKW verlangt. Mopeds sind mautfrei. Entlang der Strecke zum Gipfel sind mit etwas Glück Affen und Nashornvögel in den Baumwipfeln zu beobachten. Auch auf dem Gipfel wurde der Dschungel gerodet, um ein Kongreßzentrum zu errichten. Von oben hat man eine tolle Aussicht über die Insel und den Archipel. Eine extrem steile Stichstraße zweigt kurz vor dem Gipfel rechts zu einem Aussichtsturm ab, der mit einem Aufzug versehen ist.

Padang Lalang besteht eigentlich nur aus dem Kreisverkehr, einer Moschee, einer Polizeistation und ein paar Häusern. Nach Westen geht es 1 km zum von Souvenirständen umringten **Pasir Hitam**, einem etwa 150 m langen Streifen verschmutzten, schwarzen Sandstrandes, dessen Farbe natürlich ist und nicht von der Zementfabrik stammt, die sich im Hintergrund erhebt. Davor wird im **Kompleks Kraftangan Malaysia**, ✆ 9591913, malaiisches Kunsthandwerk angeboten.

Tanjung Rhu

Ganz im Norden liegt Tanjung Rhu. Die Bucht war einmal die schönste der ganzen Insel, bis Mitte der 80er Jahre der Bauboom ausbrach. Nachdem eine kleine Felseninsel vor der Küste abgetragen worden war, wurde ein Teil des Strandes durch die stärkeren Wellen weggeschwemmt.

An dem verbliebenen weißen Sandstrand gibt es zwar zahlreiche Souvenirstände aber keine schattenspendenden Bäume oder Sonnenschirme. Bei Ebbe laden die weiten, freiliegenden Sandbänke vor Tanjung Rhu zum Spazierengehen und Muschelsammeln ein. Beim Baden ist wegen gefährlicher Strömungen Vorsicht geboten. Abends kommen bei Flut oft hohe Wellen auf.

Ein großer Teil des Strandes wird vom luxuriösen *Radisson Hotel*, ✆ 9591033, 📠 9591899, eingenommen, das gut in die Landschaft integriert ist. Das freundliche Personal sorgt für eine besondere Atmosphäre, gepflegte, großzügige Zimmer und Suiten mit allen Annehmlichkeiten. Salzwasser-Pool, Restaurants.

Am Strand kann man bei Flut ein Boot zur Höhle **Gua Cherita** mieten. Über eine Bambusleiter gelangt man in die Kalksteinhöhle. Für kleinere Paddeltouren werden Kayaks vermietet, mit denen sich Ungeübte wegen der starken Strömung allerdings nicht aus der Bucht hinauswagen sollten.

In Reisebüros und Strandrestaurants werden Touren zu den vorgelagerten Inseln angeboten, die bereits zu Thailand gehören.

Von Padang Lalang nach Kuah

Vom Kreisverkehr geht die Hauptstraße wieder nach Kuah (18 km), vorbei an den heißen Quellen **Telaga Ayer Hangat**, die mittlerweile mit vielen Duty Free- und Souvenirshops zum *Ayer Hangat Cultural Village* aufgedonnert wurden. In einem Restaurant werden jeden Abend außer Di malaiische Tanz- und Folklore-Shows zum Dinner vorgeführt. Geöffnet tgl. 10–18 Uhr, ✆ 9591357, Eintritt 4 RM.

Nach 3 1/2 km zweigt rechts ein Weg ab, auf dem man in 40 Minuten durch Reisfelder und Dschungel zum **Durian Perangin-Wasserfall** gelangt. Am Ende des anstrengenden Weges führt ein schmaler Pfad durch das Dickicht, schattige, übereinanderliegende Pools laden zum Baden ein. Unter der Woche kann es vorkommen, daß man an diesem friedlichen Fleckchen am Rande des Dschungels ganz allein ist. Der Weg zu den oberen Pools sollte nur bei gutem Wetter mit festem Schuhwerk begangen werden.

Der Weg zurück nach Kuah berührt Kautschukplantagen und Dörfer, in denen indische Plantagenarbeiter leben. Am nördlichen Ortseingang von **Kisap** gibt es auch eine kleine Teakplantage. Überall auf der Insel, wie auch in anderen Landesteilen, werden an den Straßenrändern Teakbäume angepflanzt. Sie sollen einmal wirtschaftlich genutzt werden, wenn die natürlichen Reserven in den Regenwäldern des Landes erschöpft sind. Am alten Marmorsteinbruch arbeitet immer noch die **Marmorfabrik**, aus der alle besseren Hotels der Insel ihre Fußbodenfliesen beziehen. Ein kleines Informationszentrum demonstriert Verarbeitung und Qualität des hiesigen Marmors, der sogar beim Bau der Nationalmoschee in Kuala Lumpur Verwendung fand. Es gibt auch einen Fabrikverkauf auf dem Gelände, in dem von Briefbeschwerern bis zu riesigen Standvasen alles aus Langkawi-Marmor angeboten wird. In der **Galeri Perdana** in Kelim, nahe der Fabrik, wird dem Ministerpräsidenten Mahatir gehuldigt. Das Museum enthält vor allem Geschenke von Staatsbesuchen und ist tgl. außer Mo von 10–17 Uhr geöffnet.

Die vorgelagerten Inseln

Sogenanntes *Island Hopping* mit dem Boot zu benachbarten Inseln, wo man fischen, schnorcheln, bzw. im Süßwassersee baden kann, werden als Standardtouren in fast allen Hotels und Reisebüros angeboten.

Ein 4stündiger Trip zu 3 Inseln (Pulau Dayang Bunting, Pulau Singa Besar und Pulau Beras Basah) z.B. mit *Langkawi Adventure*, ✆ 9551533, kostet 40 RM p.P. bei einer Mindestteilnehmerzahl von 6 Personen. Ein weiterer Veranstalter ist *Mofaz Marine Sdh. Bhd.*, ✆ 9557361.

Ein Tagesausflug per Boot rund um die Insel Langkawi 110 RM p.P., Lunchpaket inbegriffen. Ein vierstündiger Sunset *Harbour Cruise* inkl. Snacks und Getränken kostet 70 RM p.P. Zudem werden für 150 RM Schnorcheltouren zu den nördlichen Inseln angeboten, die bereits zum Tarutao Nationalpark in Thailand gehören. Obwohl die reiche Unterwasserwelt geschützt ist, werden hier Fische harpuniert. Für die Tour sind keine Immigrationformalitäten erforderlich, es wird nur die Paßnummer an die Küstenwache gemeldet.

Recht relaxt ist die Atmosphäre bei der *Dynamite Cruise,* die der Neuseeländer Lyn von der Oasis Beach Bar am Pantai Tengah, ✆ 9651411, von 10–17 Uhr veranstaltet. Man kann sich im Netz über die Wellen treiben lassen, schwimmen und auf einer einsamen Insel an einem Picknick teilnehmen. Essen und Getränke sind im Preis inbegriffen.

Pulau Dayang Bunting und Pulau Tuba

Die „Insel des schwangeren Mädchens", zweitgrößtes Eiland der Langkawi-Gruppe, ist ein beliebtes Ausflugsziel. Sie läßt sich mit einem Boot in etwa 45 Minuten erreichen.

An der Nordspitze wird der bereits erwähnte weiße Marmor abgebaut. Bereits vor über 500 Mill. Jahren (Kambrium) erhoben sich die ersten Landmassen aus dem Meer. Diese ältesten Gesteinsformationen Malaysias wurden zeitweise wieder überflutet und dabei von Kalkablagerungen (Korallen, Meerestiere) überdeckt. Unter dem hohen Druck späterer Gesteinsablagerungen kristallisierte der weiße Kalk zu Marmor.

Von dem Pier im Westen führt ein Fußweg zum **Tasik Dayang Bunting**, ein friedlicher, smaragdgrüner Süßwassersee, der zu einem erfrischenden Bad einlädt. Aber Vorsicht: Der Name rührt daher, daß eine kinderlos gebliebene junge Frau nach einem Bad in diesem See prompt schwanger wurde; seitdem spricht man dem Gewässer wundersame Kräfte zu, die besonders viele weibliche Ausflügler anlockt.

Die östlich angrenzende Pulau Tuba bietet die Möglichkeit, sich völlig zurückzuziehen. Am **Tanjung Pandan** stehen einfache Bungalows**-***, zu denen Boote ab Marbel Beach fahren. Man meldet sich aber besser vorher in *Sheela's Restaurant* am Cenang Beach an, ✆ 9552308.

Pulau Singa Besar und Pulau Beras Basah

Zwischen den beiden Inseln gibt es noch einige Korallenriffe, in denen es sich ein wenig herumschnorcheln läßt. Vorsicht vor den vielen Seeigeln! Zu den Stränden kommen nur vereinzelt Ausflügler – gleich dahinter beginnt der Dschungel. Touren sind allerdings nur bei schönem Wetter empfehlenswert – am besten während der Trockenzeit zwischen Januar und April. Auf der Insel Singa Besar bieten ein- bis achtstündige beschilderte Wanderwege, Holzstege durch die Mangroven und ein *Canopy Walkway* durch die Wipfelregion der Urwaldriesen eine angenehme Alternative zur Touristenabfütterung am Strand. Etwas Vorsicht ist bei Wanderungen über die Plankenwege und den *Canopy Walkway* angebracht, da morsche Holzbretter zerbrochen sind oder gar fehlen. In einem kleinen Zoo hält man unter nicht sehr angenehmen Bedingungen einige Tiere.

Pulau Payar

Etwa 30 km südöstlich von Langkawi liegen mehrere kleine, unbewohnte Inseln, die zum **Marine Park** erklärt wurden. Pulau Payar besitzt ein phantastisches Korallenriff. Alle Eingriffe des Menschen, wie Abbrechen von Korallen, Fischen und Jagen von Meerestieren und Ankern in den Riffen, sind verboten und werden streng bestraft.

Da an der Westküste der Malaiischen Halbinsel klares Meerwasser und Korallenriffe eher die Ausnahme sind, ist dies einer der wenigen Plätze, die Einblicke in die phantastische Unterwasserwelt der Tropen bietet. Für Leute, die es nicht bis zur Ostküste „schaffen", sicherlich ein unvergeßliches, wenn auch nicht ganz billiges Erlebnis.

Am klarsten sind die Gewässer um Pulau Payar in der Trockenzeit von Dezember bis März. In der Regenzeit sind die Aussichten im wahrsten Sinne des Wortes trübe. Der Ausflug lohnt sich auch nur, wenn mehrere Leute mitmachen, da die Speedboats nicht gerade billig sind. Es verkehren auch ein Speed-Catamaran und ein größeres Ausflugsboot, das über 150 Passagiere aufnehmen kann. Die Fahrtzeit zur Pulau Payar beträgt knapp eine Stunde. Das Ausflugsboot verfügt über eine Unterwasseraussichtsplattform und Glasboden-Beiboote sowie Schnorchel- und Tauchausrüstung; täglich Abfahrt ab Kuah Jetty um 10.30 Uhr, Preis pro Person 220 RM (inkl. Schnorchelausrüstung und Verpflegung, aber ohne Tauchausrüstung), näheres unter ✆ 9667318. Der Catamaran, auf dem 41 Passagiere Platz haben, fährt für 160 RM zur Insel inklusive Transfer vom und zum Hotel, Auskunft und Buchungen unter ✆ 9664039.

Von Thailand nach Penang

Die beiden nördlichen Bundesstaaten Kedah und Perlis zwischen Hat Yai und Penang sind die Reiskammern des Landes.

Die Ebene rings um Alor Setar und Kangar, die nur wenige Meter über dem Meeresspiegel liegt, war ursprünglich ein Sumpf- und Mangrovengebiet, das zu Beginn des 20. Jahrhunderts durch zahlreiche Kanäle und Dämme trockengelegt und für den Naßreisanbau nutzbar gemacht wurde. Die zu größeren Einheiten zusammengelegten Felder werden mittlerweile mit Mähdreschern abgeerntet und zwischen den malaiischen Dörfern, die sich kilometerlang entlang der Kanäle erstrecken, haben sich moderne Industriebetriebe angesiedelt.

Mit Ausnahme der Insel Langkawi findet man an diesem Küstenabschnitt kaum Badestrände. Im Gegensatz zu anderen Regionen der Halbinsel gibt es hier im Norden eine ausgeprägte Trockenzeit von November bis März, während zur Zeit der wechselnden Winde im April / Mai und von August bis Oktober die höchsten Niederschläge fallen.

Anders als in den Nachbarländern sind in Malaysia wenige Kulturdenkmäler zu finden. Am Gunung Jerai wurden jedoch archäologische Funde gemacht, die bestätigen, daß zwischen dem 5. und 14. Jahrhundert buddhistische, indisierte Großreiche ihren Einflußbereich bis in dieses Gebiet ausgedehnt hatten. Eine der frühesten Handelsrouten zur Zeit des Königreiches Langkasuka führte quer durch die malaiische Halbinsel vom Andamanischen Meer zum Golf von Thailand. Sichtbare Spuren aus dieser Zeit sind selten, umso mehr ranken sich Geschichten und Legenden um Prinzessinnen, Könige und versunkene Reiche. Dieses gilt nicht nur für das Touristenziel

Langkawi, die Inselgruppe nahe der thailändischen Grenze (s.S. 581).

Landeinwärts erstrecken sich bis zu den dschungelbedeckten Bergen nahe der thailändischen Grenze Kautschuk- und Ölpalmplantagen. Erst in jüngerer Zeit trugen politische und ökonomische Erwägungen zur Erschließung dieser Wälder, vor allem durch den Bau des East-West-Highways, bei. Noch immer bestimmen streckenweise die Camps der Soldaten, Bauarbeiter und Holzfäller das Bild, während sich die ursprünglichen Bewohner, die Orang Asli, ebenso wie die Dschungeltiere in die letzten verbliebenen Wälder zurückziehen.

Von der Grenze nach Kangar

Padang Besar

Grenzort nach Thailand, den man mit dem Bus, Taxi oder der Bahn erreicht. Wer billig nach Thailand einreisen will, geht die Straße hinauf bis zum malaysischen Kontrollpunkt, holt sich die entsprechenden Stempel und geht dann 10 Minuten durch ein Stück Niemandsland die Straße entlang bis zum thailändischen Zollhaus. Die Grenze ist ab 22 Uhr Malaysia-Zeit bzw. 21 Uhr Thai-Zeit geschlossen. Die Grenzbeamten kontrollieren Fußgänger zwar etwas gründlicher, doch bekommt man normalerweise bei Nachweis eines höheren Geldbetrages ohne Schwierigkeiten den Stempel.

Eine Alternative ist der Transfer mit einem Motorrad oder Minibus. Geldwechsel im Bahnhofsgebäude und im Coffeeshop an der Bus Station, allerdings keine guten Wechselkurse.

Kaki Bukit

13 km südlich von Padang Besar zweigt von der Fernstraße 7 die Straße nach Kaki Bukit ab. Bereits nach 1 km erreicht man den kleinen Grenzort. Ein Schild weist den Weg nach **Gua Kelam** am Fuße eines Kalksteinmassivs, 1 km hinter dem Ort. Durch die steil aufragenden Felsen führt ein etwa 350 m langer, erleuchteter Plankenweg in das kleine, abgeschirmte **Wan Tangga-Tal**. Die natürliche Passage wurde zum Teil von dem Fluß ausgewaschen, der sich hier seinen Weg durch die Felsen bahnt. Ein Engländer erweiterte 1935 die Passage, um Zinnerz, das in dem abgelegenen Tal gewonnen wurde, auf diesem Weg herauszutransportieren.

Die Tropfsteine und die gurgelnden Geräusche des Wassers wirken bei einer einsamen Wanderung durch diese unterirdische Welt gespenstisch, aber wenn einmal ein tiefdröhnendes Geräusch bedrohlich näherkommt, dann ist das kein Drache der Unterwelt, sondern bloß ein Motorrad, das sich langsam den Weg über die schlüpfrigen Planken bahnt.

Transport

BUSSE – fahren von Padang Besar nach BUTTERWORTH für 9 RM oder KANGAR für 2 RM, sind aber nicht immer zur Stelle. Auf der thailändischen Seite fahren Busse nach HAT YAI.

ÜBERLANDTAXIS – Vom Bahnhof nach ALOR SETAR 7 RM, KUALA PERLIS 6 RM, BUTTERWORTH 17 RM p.P. im non-ac Taxi. Auf der Thai-Seite nehmen Taxis nach HAT YAI 15 RM pro Wagen.

EISENBAHN – Der täglich verkehrende internationale Express (Zuschläge!) über HAT YAI nach BANGKOK und Richtung Süden nach BUTTERWORTH (20 RM) hat eine knappe Stunde Aufenthalt in Padang Besar. Während dieser Zeit werden am Bahnhof, ✆ 9490231, die Grenzformalitäten erledigt. Der Zug nach Norden fährt um 17 Uhr, der nach Süden um 10 Uhr ab.

Kangar

Hauptstadt von Perlis, mit 120 000 Einwohnern und 806 km² das kleinste Sultanat von Malaysia. Ein verschlafenes Nest, das außer einer kleinen **Moschee** nicht allzuviel bietet. Nur das Kino und der **Nachtmarkt**, der am Mittwoch stattfindet, sorgen für Unterhaltung.

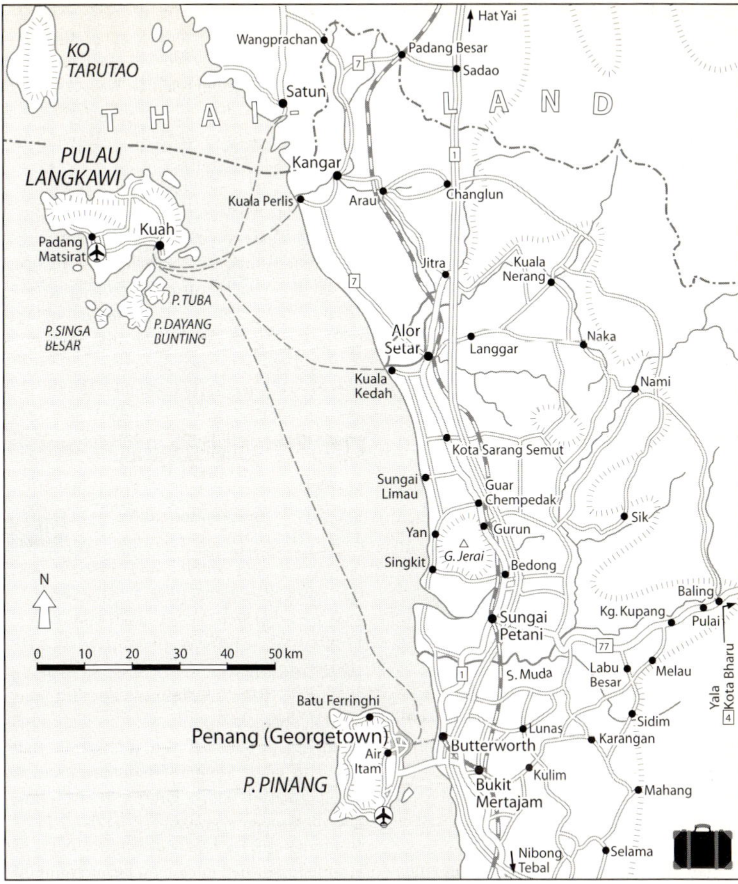

Samstags ist Markttag. Touristen verschlägt es hierher allenfalls, wenn sie aus Thailand kommen oder dorthin wollen. In Sungai Batu Pahat, 10 km östlich von Kangar, gibt es in der Nähe des Golfplatzes eine **Schlangenfarm**, in der medizinische Tests durchgeführt werden und Serum gewonnen wird. Die zahllosen Kalkfelsen inmitten der Reisfelder von Perlis bieten den Schlangen optimale Lebensräume, so daß sie hier häufiger als in anderen Gebieten Malaysias zu finden sind. Die moderne Anlage ist Di–So 8–16 Uhr geöffnet.

Übernachtung

Malaysia Hotel* ①, 65 Jl. Jubili Perak, ✆ 04/9763115.

Kangar Hotel*– ②, in der Nähe vom Busbahnhof.

Federal Hotel** ③, 104 Jl. Kangar, ✆ 04/2489166, an, mit Restaurant.

Pens Travelodge ab 150 RM ④, 135 Jl. Utama, ✆ 04/9767755, 📠 9761049, die beste Adresse im Ort. Neueres Hotel, Zi mit ac, Du/WC und TV, zudem Restaurant und Pool.

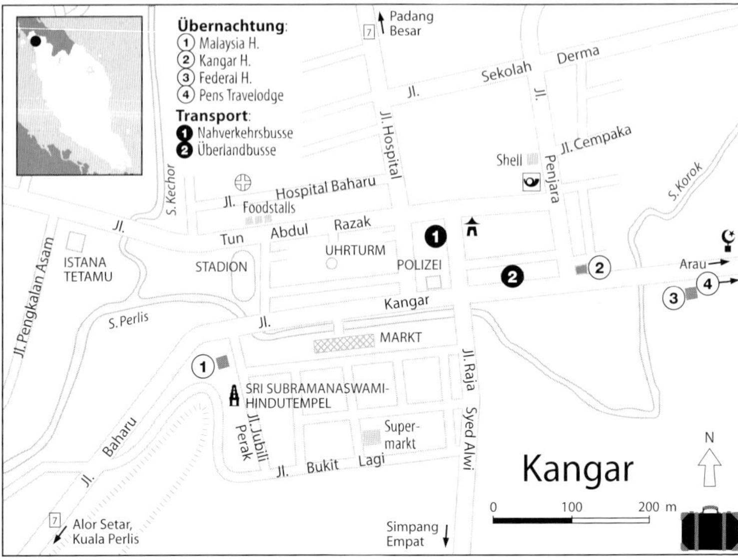

Transport

Bus Nr. 55 fährt für 1,50 RM nach ARAU, außerdem ALOR SETAR für 2,60 RM, BUTTERWORTH für 6,50 RM, zur Grenze nach PADANG BESAR für 2 RM sowie nach KUALA PERLIS für 85 sen. Ein Überlandtaxi kostet nach ARAU 5 RM, ALOR SETAR 4 RM, KUALA PERLIS 2 RM und PENANG 25 RM p.P.

Arau

Nur 10 km vor Kangar liegt Arau, die Sultanstadt des Staates Perlis. Dort steht an der vierspurigen Hauptstraße die **Istana** und die neue königliche **Moschee**, die 1978 gegenüber der **alten Moschee**, der ältesten Moschee des Sultanats, errichtet wurde. Am Freitagabend wird im Ort ein Nachtmarkt abgehalten.

Transport

Hinter der neuen Moschee liegt der kleine Bahnhof, die Umsteigestation für Langkawi-Touristen. Von Arau aus fährt tgl. 19.21 Uhr der Langkawi-Express über ALOR SETAR (1/2 Std.) und IPOH (5 Std.) nach KUALA LUMPUR, wo er frühmorgens ankommt. Für diese Strecke kostet das untere Bett in der 2. Klasse 41 RM. Der Gegenzug aus KL kommt in Arau ebenfalls frühmorgens an. Richtung Norden fährt dieser Zug weiter bis HAT YAI in Thailand, in der Gegenrichtung nachmittags ab Hat Yai nach Süden. Busse und Taxen bringen die Reisenden weiter zur Fähre nach KUALA PERLIS für 1,50 bzw. 5 RM.

Kuala Perlis

Durch endlose Reisfelder führt die Straße zu diesem Fischerort nahe der thailändischen Grenze. Fischfang ist die Haupterwerbsquelle – kein Wunder daß es am Hafen mehrere Seafood-Restaurants gibt. Hier auch ein kleiner **Markt**, auf dem man frisches Obst erstehen kann. Dienstags findet abends ein Nachtmarkt stett. Die meisten Gäste befinden sich auf der Durchreise – sie wollen zur Insel Langkawi. Von Süden kommend ist der Weg über Kuala Kedah allerdings wesentlich schneller.

Übernachtung

Wer die letzte Fähre nach Langkawi verpaßt hat, hat nur wenig Auswahl:
Soon Hin*, bei der Taxistation, ein chinesisches Billighotel.
Pens Hotel**, Jl. Kuala Perlis, ☏ 04/9854122, 📠 9854131, nahe der Anlegestelle.

Transport

BUSSE – fahren von der neuen Fähranlegestelle nach ARAU 1,50 RM und BUTTERWORTH 4x tgl. für 7 RM in 3 Std. sowie zur Grenze nach PADANG BESAR.

ÜBERLANDTAXIS – Ein Taxi zur Grenze nach PADANG BESAR, nach ARAU oder ALOR SETAR kostet jeweils 4–5 RM p.P. Die kurze Strecke nach KANGAR 2 RM, BUTTERWORTH 14 RM.

FÄHREN – Der neue Abfertigungsterminal liegt 1 km östlich des Zentrums Richtung Meer. Nach KUAH (Langkawi) legen 11x tgl. zwischen 8 und 18.20 Uhr von der Jetty in Kuala Perlis ab, kosten 11–13 RM. In Gegenrichtung zwischen 7.20 und 18.30 Uhr. Die genauen Abfahrtzeiten können sich verändern, Auskunft unter ☏ 04-9854494 (KPLFS) und 9855823 (Lada). Die klimatisierten Speedboote mit numerierten Sitzen sind komfortabel und benötigen etwa 45 Min. An Wochenenden und während der Ferien sollte man sich rechtzeitig ein Ticket besorgen, da vor allem die frühen Boote häufig ausgebucht sind.
Große Longtail-Boote mit Plane fahren nach SATUN in Thailand. Die Überfahrt dauert eine Stunde, kostet 4 RM bzw. 40 Baht. Es kann recht heiß und schweißtreibend werden. Ankunft an der Tammalang-Pier, von dort aus geht es nach den Einreiseformalitäten mit dem Pickup weiter in die Stadt (3 km), wo Busse und Überlandtaxen nach Hat Yai bzw. Trang weiterfahren. Wer aus Thailand kommt, bekommt an der Anlegestelle in Kuala Perlis den Einreisestempel in den Paß. Nicht vergessen, da es sonst Probleme bei der Ausreise gibt. Notfalls kann man sich im Immigration Office melden.

Alor Setar

Die Hauptstadt von Kedah hat sich zum Handels- und Geschäftszentrum Nordwest-Malaysias entwickelt. Wie überall an der Westküste stellen Chinesen auch hier die Mehrheit der Stadtbevölkerung. Während die Stadt im Zentrum geschäftig-dynamisch wirkt, hat sie in den Außenbezirken ihre ruhige Atmosphäre erhalten können. Die vierspurige Lebuh Raya Darul Aman durchquert in Nord-Süd-Richtung das Zentrum, das vom **Telekom-Turm** überragt wird. Besuchern bietet sich die Möglichkeit, mit dem Panoramalift für 3 RM nach oben zu fahren und die Aussicht zu genießen.

Westlich der Hauptstraße liegt die **Zahir-Moschee**, die wohl eine der schönsten orientalischen Moscheen im Land ist. Sie wurde 1912 im maurischen Stil nach dem Vorbild der Moschee in Langkat, Nord-Sumatra, errichtet und 1959 erweitert.

Östlich der stark befahrenen Straße steht der **Balai Besar**, wörtlich übersetzt „die große Halle". Sultan Muhammad Jiwa Zainal Azilin Mu'adzan Shah II. kehrte 1726 von einer Reise nach Palembang (Sumatra) stark beeindruckt zurück und ließ vor seinem Palast eine ebenerdige Audienzhalle im Palembang-Stil errichten. Stark beschädigt überdauerte sie Invasionen der Siamesen und Bugis und wurde zur Jahrhundertwende abgerissen, um einem zweistöckigen Gebäude Platz zu machen, das heute als eines der schönsten Beispiele malaiischer Architektur gilt. Es kann nicht besichtigt werden, im Gegensatz zum angrenzenden **Royal Museum** rechts der Halle in einem Erweiterungsbau des Sultanspalastes, das Gegenstände aus dem Besitz der Sultane enthält, geöffnet tgl. außer Fr 10–18, Fr 9–12 und 15–18 Uhr. Im gelben, achteckigen Turm nördlich des Platzes, dem **Balai Nobat**, sind die Musikinstrumente des herrschaftlichen Orchesters untergebracht. Die Trommeln, Gongs und Flöten sollen Ende des 15. Jahrhunderts dem Sultan von Kedah von den Herrschern von Melaka übergeben worden sein. Sie werden während großer Feierlichkeiten am Sultanshof gespielt. Der **alte Sultanspalast** befindet sich in der Jl. Istana Lama.

Im **Balai Seni Lukis Negri** an der Jl. Tungku Ibrahim, der staatlichen Kunstgalerie, sind Antiquitäten und zeitgenössische Werke ausgestellt. Geöffnet tgl. außer Fr 10–18 Uhr, Fr 9–12 und 15–18 Uhr, Eintritt frei.

Sehenswert ist das **Muzium Negeri** (Staatsmuseum) im Stil des Balai Besar, 2,5 km außerhalb an der Hauptstraße nach Norden gegenüber dem Stadion gelegen. Hier gibt es eine große Sammlung archäologischer Funde aus Kedah zu sehen. Geöffnet tgl. außer Fr 10–18, Fr 9–12 und 15–18 Uhr, Eintritt frei.

Nördlich der Stadt lohnt der **buddhistische Tempel** im Bangkok-Stil mit einem dreifach gestaffelten Dach einen Besuch.

Am Mo, Sa und So findet an der Jl. Putera ein großer **Nachtmarkt** statt. So und Mi lohnt ein Besuch auf dem **Markt**. Mittlerweile übernehmen die Einkaufszentren, wie **City Point** im Zentrum, immer mehr die Funktion der geschäftigen Märkte. Am Flußufer lädt eine Promenade zum abendlichen Bummel ein.

Übernachtung

In den Seitenstraßen zwischen Taxistand und Busbahnhof gibt es zahlreiche billige chinesische Hotels.

Yuan Fang Hotel* ⑩, Jl. Langgar, gegenüber der alten Busstation, ist von den kleinen Billighotels noch am meisten zu empfehlen, allerdings nicht gerade ruhig.

Kheng Nan Hotel* ⑨, Jl. Langgar, an der nächsten Ecke, ein ähnliches kleines chinesisches Hotel.

Federal Hotel** ④, 429 Lebuh Raya Darul Aman, ✆ 7330055, an der Jl. Kanchut ist schmutzig und heruntergekommen.

Samila Hotel*** ⑤, 27 Jl. Kanchut, ✆ 7318888, 📠 7339934, liegt gleich gegenüber, ist etwas besser.

Flora Inn*** ⑧, 8 Medan Raja, Jl. Pengkalan Kapal, neues Hotel, Zi mit Du/WC und ac.

Miramar Hotel** ②, 246 Jl. Putera, ✆ 7338144, 📠 7311668, an der lauten Ausfallstraße.

Grand Crystal*** ③, 40 Jl. Kg. Perak, ✆ 7313331, 📠 7316368, ein neues Hotel nahe der Moschee, das mit komplett ausgestatteten Zimmern aufwartet.

Regent Hotel*** ⑦, 1536 Jl. Sultan Badli Shah, ✆ 7311900, recht komfortabel und sehr zentral.

Grand Continental**** ⑥, 134 Jl. Sultan Badli Shah, ✆ 7335917, 📠 7335161 ein Hochhausblock mit 122 Zi, alle mit ac und TV aber schon etwas muffig und überteuert.

Seri Malaysia Hotel**** ①, nördlich der Stadt am Stadion, ✆ 7308737, 📠 7307594, bietet den üblichen Standard der Kette: kleine Zi mit Du/WC und ac sowie ein Restaurant.

Essen

Billig sind die indischen Läden auf der Jl. Langgar und die Foodstalls hinter dem Busbahnhof. Ein großer Foodmarket befindet sich an der Jl. Putera. Am Abend öffnen die Essenstände an der Einmündung des Sungai Anak Bukit in den Sungei Kedah.

Medan Raya, malaiische Essenstände im Erdgeschoß unter dem *Flora Inn*.

Low Taik Chai, ein kleines, unscheinbares chinesisches Restaurant mit hervorragenden Essen nördlich der Brücke an der Jl. Tunku Yaakub, Ecke Jl. Sultan Moh. Jiwa.

Im Restaurant ***Hai Choo*** an der nördlichen Ecke der Jl. Tunku Yaakub kann man abends neben dem chinesischen Tempel auf einer Terrasse am Fluß mit Blick auf die Moschee chinesisch essen.

Sonstiges

GELD – ***Maybank*** in der Jl. Sultan Badli Shah mit Visa-Automat, die ***Chartered Bank*** in der Jl. Raja.

POST – Hauptpostamt *(Pejabat Pos Besar)* im Norden der Stadt. Ein kleines Postamt liegt recht zentral in der Jl. Raja, Ecke Jl. Langgar.

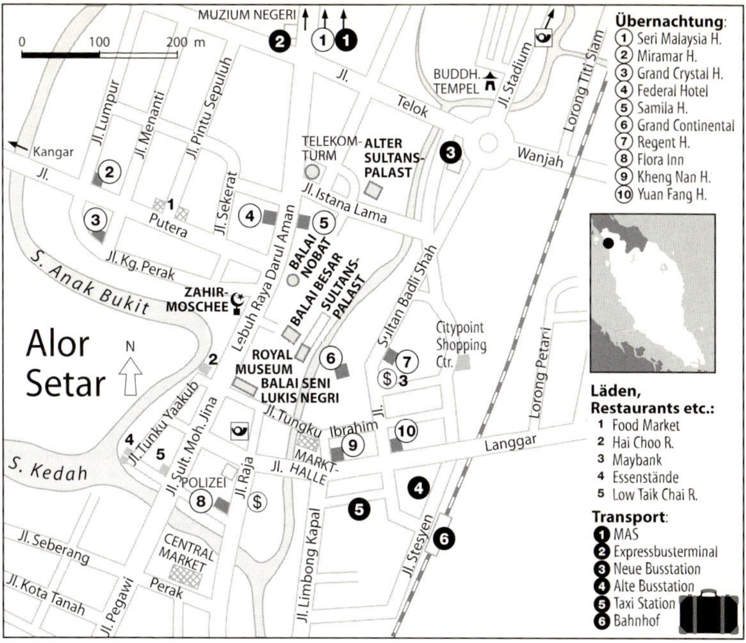

SCHWIMMEN – ein öffentliches Schwimmbad befindet sich neben dem Stadion im Norden der Stadt.

VORWAHL – 04, PLZ 05990.

Transport

BUSSE – Es gibt 3 Busstationen in Alor Setar. **Expressbusterminal** an der Lebuh Raya Darul Aman, Ecke Jl. Telok, nördlich vom Zentrum. Eine Reihe von Ständen verkaufen die gleichen Tickets zum selben Preis.
Von hier kommt man nach BUTTERWORTH 10x tgl. für 5 RM, IPOH 14–16 RM, KUALA LUMPUR 21 RM (V.I.P.) bzw. 25 RM (Super V.I.P.), JOHOR BHARU 36 RM (V.I.P.), 40 RM (Super V.I.P.).
Tgl. fährt ein Bus über GERIK nach KOTA BHARU für 21 RM.
An der **neuen Busstation** am Kreisverkehr herrscht der meiste Betrieb. Von hier aus Busse nach BUTTERWORTH 5 RM, KANGAR für 2,60 RM, KOTA BHARU 2x tgl. für 20 RM.
Noch ist die **alte Busstation** hinter den Geschäftshäusern der Jl. Langgar, Ecke Jl. Stesyen im Zentrum in Betrieb, von der aus Busse nach KUALA KEDAH für 1 RM, SUNGAI PETANI aber auch nach BUTTERWORTH fahren.

ÜBERLANDTAXIS – Von der Taxistation unweit des Bahnhofs nach BUTTERWORTH 10 RM, PENANG 20 RM, TAIPING 20 RM, KUALA KANGSAR 19 RM, IPOH 25 RM, KUALA LUMPUR 50 RM, PADANG BESAR 7 RM, SUNGAI PETANI oder KANGAR 5 RM, KUALA PERLIS 4 RM und KUALA KEDAH 2 RM p.P. im non-ac Taxi.

EISENBAHN – Am Bahnhof hält jeden Nachmittag um 15.47 Uhr der internationale Express von Butterworth über HAT YAI (1 1/4

Std.) nach BANGKOK (18 Std.) und vormittags um 10.54 Uhr in Gegenrichtung der nach BUTTERWORTH (1 1/2 Std.). Abends um 20.02 Uhr fährt der Langkawi-Express nach KUALA LUMPUR (8 1/2 Std., Sitzplatz 35 RM, unteres Bett 41 RM), wo er um am frühen Morgen eintrifft. Theoretisch kann man dort mit wenig Aufenthalt gleich nach Singapore weiterfahren und am späten Nachmittag ankommen.

FLÜGE – Der Flughafen liegt 11 km nördlich der Stadt bei Kepala Batas. Von hier MAS-Flüge nach KUALA LUMPUR 4–5x tgl. für 113 RM. ***MAS***-Office, Lebuh Raya Darul Aman, ✆ 7311106, liegt nördlich des Zentrums.

Kuala Kedah

Der Hafen an der Mündung des Kedah-Flusses war schon vor mehr als tausend Jahren von Bedeutung für den Handel mit Indien. Die Reste eines alten Forts, erbaut zwischen 1771 und 1780, kann man heute noch am jenseitigen Ufer an der Mündung des Kedah-Flusses besichtigen. 1821 nahmen siamesische Truppen das Fort ein. Trotz mehrerer Anläufe, die Befestigung zurückzuerobern, blieb sie in siamesischen Händen, bis Kedah 1909 unter britische Verwaltung kam. Der Ort ist vor allem Durchgangsstation auf dem Weg nach Langkawi. Rings um die Fähranlegestelle herrscht ein reges Treiben, und überall im Ort werden freie Flächen als Parkplätze vermietet (7 RM pro Nacht). Bereits an der Anlegestelle werden zum gleichen Preis wie auf der Insel Mietwagen, Unterkünfte und Touren auf Langkawi vermittelt.

Mit gecharterten Booten kann man die 24 km hinaus zu den **Payar-Inseln** fahren, die seit 1985 als Marine Park geschützt sind.

Essen

Wer auf die Fähre warten muß, kann sich an der Anlegestelle stärken, z.B. im ***Hai Ting Restaurant*** links der Fähranlegestelle, wo es unter anderem scharfe Tom Yam und sehr würzig-fischige Laksa-Nudelsuppen gibt.

Einige Seafood-Restaurants liegen an der Flußmündung 500 m südlich der Anlegestelle hinter dem Fischmarkt.

Transport

BUSSE – Von und nach ALOR SETAR, 12 km, laufend für 1 RM, nach BUTTERWORTH 3x tgl. für 5,50 RM, IPOH 13 RM, KUALA LUMPUR 21 RM.

ÜBERLANDTAXI – Sie warten an der Anlegestelle auf eintreffende Passagiere und verlangen für die Fahrt im non-ac-Taxi nach ALOR SETAR 2 RM, PADANG BESAR 9 RM, BUTTERWORTH 11 RM, PENANG 20 RM, IPOH 30 RM und KUALA LUMPUR 50 RM p.P., ac-Taxen plus 20%.

FÄHREN – Jahr für Jahr werden immer mehr Fähren nach LANGKAWI in Betrieb genommen, so daß die folgenden Informationen nur ein Anhaltspunkt sein können, Auskunft über ✆ 04-7621201 (KPLFS) oder 7623823 (Lada). Abfahrt von Kuala Kedah 11x tgl. zwischen 7.30 und 19.30 Uhr, zurück zwischen 8.10 und 19 Uhr für 15 RM, 1. Klasse 17 RM. Während der Ferien und an Feiertagen sollte man sich rechtzeitig ein Ticket besorgen.
Auf die PAYAR-INSELN kommt man nur mit Erlaubnis des *Fisheries Department* in Alor Setar, Wisma Persekutuan, Jl. Kampung Baru, ✆ 04-7325573.

Gunung Jerai

Nördlich von Sungai Petani ragt aus dem flachen Land der 1217 m hohe Gunung Jerai empor, ein steiler Kalksteinberg, der bei klarem Wetter auch von Penang aus zu sehen ist. An seinem südwestlichen Hang wurden bei Kampung Merbok archäologische Funde gemacht, die Rückschlüsse auf das Königreich von Langkasuka zulassen. Am Ufer des Sungai Bujang, einem Nebenfluß des Sungai Merbok, grub man die Reste von über 50 Tempeln, Befestigungsanlagen und Versammlungshallen aus. Man nimmt an, daß seit dem 5. Jahrhundert Handelsschiffe an dieser Flußmündung, die durch den Gipfel des Gunung Jerai weithin sichtbar war, einen Zwischenstop einlegten. Händler errichteten wahrscheinlich die Tempel und anderen Bauten, von denen heute nur noch einige Mauerreste stehen. Keine Ruinenstadt wie auf Java oder in Thailand – es stehen wirklich nur noch die Grundmauern.

Bisher wurden die Fundamente von acht Candis freigelegt und restauriert. Die Funde weisen sowohl hinduistische als auch buddhistische Einflüsse auf und sind nun im Nationalmuseum von Kuala Lumpur und im kleinen, selten besuchten **Muzium Arkeologi Lembah Bujang** am Fuß des Berges, ausgestellt. Neben den Steinmetzarbeiten, Keramiken und einigen Skulpturen sind Dokumente und Fotos von den Ausgrabungstätigkeiten zu sehen Das Museum mit überwiegend malaiischen Erläuterungen ist tgl. außer Fr von 9–6, Fr 9–12.15 und 14.45–17 Uhr geöffnet, Eintritt frei.

Die bekannteste Fundstelle **Candi Bukit Batu Pahat**, die bereits 1959 restauriert wurde, liegt etwas oberhalb des Museums am Hang des gleichnamigen Hügels und ist über eine Treppe zu erreichen. Hier befand sich im 10. Jahrhundert ein Shiva-Tempel nahe den Stromschnellen, die vermutlich ein heiliger Badeplatz waren. Im Tempel entdeckte man eine bronzene Shiva-Statue und silberne Schatullen voller Saphire und Rubine. Außerdem wurden 4 weitere Tempelreste von anderen Fundstellen hierher geschafft, z.B. **Candi Pendiat**, ein Laterittempel aus dem 9.–10. Jahrhundert. Aus dem 11.–12. Jahrhundert stammt **Candi Pengkalan Bujang**. Weiter oberhalb stehen die Grundmauern der drei Gebäude des **Candi Bendang Dalam** aus Lavagestein.Eine Straße führt nördlich von Gurun von der Hauptstraße steil hinauf zum Gipfel des Gunung Jerai.

Auf der asphaltierten, auch mit einem normalen PKW befahrbaren Straße, gelangt man aus dem tropischen Tieflandswald hinauf in die Bergwaldregion. Bei gutem Wetter hat man von den Aussichtspunkten bei KM 4, 6, 5 und 11 eine herrliche Sicht auf die nördliche Küstenebene und das Meer. 2,5 km unterhalb des Resthouse kann man an den Berghängen im Taman Rimba kleine Wanderungen auf gekennzeichneten Pfaden unternehmen – recht reizvoll bei dem angenehm kühlen Höhenklima. Hier wurde ein kleines **Muzium Perhutanan** (Waldmuseum) errichtet. Auf dem Gipfel ist eine Radiostation.

Übernachtung

Gunung Jerai Resort**–***, ✆ 04-4227016, auf dem Gipfel gelegen. Hier gibt es Chalets, in denen bis zu 8 Personen übernachten können, aber auch Zimmer mit Bad und Balkon.

Transport

Zu den Ausgrabungsstätten und dem Museum: Zuerst mit dem Bus für 2 RM von SUNGAI PETANI 10 km auf der Hauptstraße bis BEDONG und an der Shell-Tankstelle Richtung Westen 14 km nach MERBOK. Auch die Busse von Sungai Petani nach YAN halten hier. 2 1/2 km nördlich des Dorfes am südlichen Hang des Gunung Jerai liegt die Ausgrabungsstätte mit dem Museum. Wer nicht laufen will, nimmt sich am besten ab Bedong ein Taxi für 8 RM einfach. In Merbok ist nur selten ein Fahrzeug aufzutreiben, das herauffährt.

Zum Gipfel des Gunung Jerai: Den Gipfel erreicht man von der nordöstlichen Seite her. 2,5 km nördlich von Gurun führt von der Hauptstraße von Sungai Petani nach Alor Setar eine 11 km lange, kurvenreiche Straße nach oben. Vom Restaurant ***Sri Puncak*** direkt an der Abzweigung fahren auch Kleinbusse *(Van)* zum Gipfel, sie kosten 5 RM *Return.* Manchmal sitzen Makaken auf der Straße, die von vorbeifahrenden Touristen gefüttert werden wollen.

Sungai Petani

Das aufstrebende Zentrum 36 km nördlich von Butterworth an der Abzweigung der großen Straße zum East-West-Highway nennt sich stolz *Bandar Industri bersih dan indah* – die saubere, hübsche Industriestadt. Neben einer großen Motorradfabrik haben sich in den vergangenen Jahren zahlreiche moderne Betriebe, u.a. der Textil-, Elektronik- und Pharmaindustrie, rings um die Stadt angesiedelt und ihr ein völlig neues Gepräge gegeben.

Im Zentrum rings um den Uhrturm werden die alten Gebäude im Kolonialstil, z.B. die Hongkong Bank und die Polizeistation, von modernen Einkaufspalästen überragt, die den alten **Obst- und Gemüsemarkt** in den Schatten stellen. Vom Wohlstand kündet ebenfalls die neue **Moschee**.

Übernachtung

Hotel Duta*, 7 Jl. Petri, ✆ 4221689, einfaches Hotel neben dem Taxistand. Hier auch das ***Lin Pin Hotel****, Jl. Petri.
Sri Malaysia Hotel***, Jl. Pasar, ✆ 4234060, nahe der Expressbusstation bietet zweckmäßig eingerichtete Zi mit Du/WC, TV und ac. Mehrere Businesshotels liegen außerhalb der Stadt an den Zubringern zum Highway nahe der Industriebetriebe, z.B. das ***M.S. Garden*** und ***Novotel*** am südlichen Zubringer.
Swiss Inn****, 1 Jl. Pahlawan, ✆ 4223333, ℻ 4233423, ein gepflegtes Hotel mit allem Komfort, Restaurants, Pool und Sauna.

VORWAHL – 04, PLZ 06010.

Transport

Busse in die Umgebung und Taxis fahren ab Jl. Petri, während die Expressbusse an der Straße nach Baling kurz hinter der Eisenbahnlinie halten. Alle Stationen liegen im Zentrum.

Butterworth

Eine uninteressante Stadt mit viel Industrie und großen Hafenanlagen. Raffinerien und Fabriken ziehen sich an der Küste entlang über Perai, der Nachbarstadt südlich der Mündung des Perai River bis zur großen Brücke, die hinüber nach Penang führt. Butterworth war ein Stützpunkt der *Royal Australian Airforce*, die im Rahmen des Fünf Mächte-Verteidigungspaktes (FPDA) zwei Staffeln Mirage-Kampfflugzeuge nördlich des Ortes stationiert hatte. 1988 wurden die Flugzeuge nach Nord-Australien abgezogen. Sie sollen aber regelmäßige Übungsflüge nach Malaysia unternehmen. Eine australische Infantriekompanie, die mit Familienangehörigen an die 500 Personen zählt, blieb in Butterworth. Daher trifft man viele Australier, vor allem in den Bars und Pubs von Georgetown auf Penang. Über Kulim führt eine Abzweigung zum East-West-Highway. Die erste Strecke auf schmalen Nebenstraßen führt durch ein dicht besiedeltes Reisanbaugebiet, Kautschuk- und Ölpalmplantagen.

Übernachtung

Durchreisende Touristen sehen wenig Grund, in Butterworth zu bleiben, wo das interessantere Georgetown so nah ist. Wer bleiben will, kann im einfachen
City Hotel**, 4591 Jl. Chain Ferry, ✆ 3337805, oder im etwas besseren
Hotel Berlin****, 4802 Jl. Bagan Luar, ✆ 3323388, an der Straße nach Norden, übernachten.

VORWAHL – 04, PLZ 13009.

Transport

Bahnhof, Busterminal, Taxistation und Fähren-Anlegestelle bilden einen großen Verkehrsknotenpunkt. Alle Verbindungen von und nach Butterworth sind im Kapitel Penang beschrieben.

Penang

Seit Jahren steht die Insel Penang ganz oben auf den Listen der Reiseveranstalter, und das, obwohl sie nicht einmal zu den atemberaubendsten Landstrichen Malaysias gehört. Gewiß – eine schöne Insel mit waldigen Bergrücken, grünen Plantagen, verschlafenen Dörfchen und reizvollen Buchten, aber für einen Badeurlaub gibt es schönere Ecken. Dennoch: Penang ist ein „Muß“, aber nicht der Strände wegen. Wer nach Penang fährt, sollte sich für die Stadt begeistern können.

Die korrekte malaiische Bezeichnung für die Insel ist *Pinang*, die Stadt heißt **Georgetown**, und „Penang“ ist ihr alter, aber immer noch gängiger Name, der zudem für die Insel und den Staat verwendet wird.. Rund 400 000 Inselbewohner leben im Stadtgebiet am Nordostende, während sich die restlichen 100 000 auf mehrere kleine Orte verteilen.

In **Batu Ferringhi** und **Teluk Bahang**, wo die Küste am schönsten ist, wurde ein Touristenzentrum mit modernen Hotels geschaffen. Der Bergrücken, der sich von Norden nach Süden über das Inselinnere zieht, ist nach wie vor mit Dschungel bedeckt. In den Niederungen auf der Westseite liegen beschauliche, kleine Dörfchen zwischen Reisfeldern, Kokos- und Betelnußhainen.

Georgetown

Penang ist einmalig, nicht wegen der Strände von Batu Ferringhi oder der Betelnußpalmen, die der Insel ihren Namen gaben, sondern dank Georgetown, dem alten Penang. Keine andere Großstadt Südostasiens hat sich diese Atmosphäre bewahrt. Noch immer leben Moslems, Christen, Hindus und Buddhisten Tür an Tür, brennen Chinesen abends Räucherstäbchen in den Ahnentempeln ab, während ein paar Straßen weiter der Muezzin zum Gebet ruft. Hier stehen sie noch, die kolonialen herrschaftlichen Paläste der englischen Machthaber, die Kirchen, Gerichts- und Verwaltungsgebäude und die protzigen Vorstadtvillen in ihren schattigen Gärten. In den notorisch verstopften Straßen von Chinatown herrscht ein Gewühl von Verkehrsmitteln aller Art, drängen sich noch immer Fahrradrikschas zwischen Marktständen hindurch, wird in offenen Garküchen gebrutzelt und gekocht, was das Herz begehrt.

Kaum ein Produkt oder ein Bedürfnis, für das es nicht einen Laden oder eine schummrige Werkstatt gäbe. Kaum ein Artikel, der nicht irgendwo unter den Arkaden auf dem Fußweg gestapelt oder in einem der überquellenden Regale versteckt aufzutreiben wäre. Zu Beginn des vorigen Jahrhunderts schrieb der englische Gouverneur Sir George Leith über Penang:

> *„Es gibt wohl kaum in irgendeinem Gebiet der Welt einen so kleinen Ort, in dem viele verschiedene Menschen unterschiedlichster Nationalität leben, und in dem eine solche Vielzahl verschiedenster Sprachen gesprochen wird.“*

Zu dieser Zeit war es gerade ein Vierteljahrhundert her, daß die Engländer dem Sultan von Kedah die fast unbewohnte Insel als Gegenleistung für Protektion und militärischen Schutz abgenommen und den Union Jack aufgezogen hatten. Ihr Interesse war, wie immer, vorrangig geschäftlicher Natur, nämlich einen Stützpunkt für die Schiffe der East India Company zu schaffen. Diese segelten während des ungünstigen Südwestmonsuns selbst auf der Reise von Kalkutta nach Madras auf einem Umweg über Aceh, der Nordspitze Sumatras.

Penang oder „Georgetown“, wie es Gründungsvater Francis Light 1786 zu Ehren von George IV., des damaligen Prince of Wales, nannte, entwickelte sich, von Light nach Kräften gefördert, schnell zu einem bedeutenden Hafen, nicht zuletzt wegen der nahegelegenen Zinnminen. Um 1800 zählte man bereits 10 000 Einwohner, 1803 umfaßte die Stadtfläche schon das Gebiet zwischen der heutigen Jl. Penang und der Lebuh Pantai bis hinunter zur Flußmündung. Chinesische Zinnbarone und Plantagenbesitzer siedelten in den Außenbezirken, vor allem in den noch heute vornehmen Villengegenden im Norden. Mit der Gründung Singapores 1819 verlagerte sich allerdings der Handelsschwerpunkt. Beide Städte wurden später zusammen mit Malacca zu den wichtigen *Straits Settlements*, mit denen die Engländer das holländische Batavia (heute Jakarta) kaltstellten und sich die Vormachtstellung im Südostasienhandel sicherten.

Penang war nie Schauplatz kriegerischer Auseinandersetzungen oder rasanter Umwälzungen, hier ist trotz quirliger Geschäftigkeit die Vergangenheit noch immer lebendig. Die zweistöckigen Wohn- und Geschäftshäuser der chinesischen Bevölkerungsmehrheit beherrschen das Stadtbild im Zentrum. Zwar versucht das KOMTAR Building der modernen Beton- und Glas-Kultur eine Schneise zu schlagen, den Durchbruch aber hat es nicht geschafft. Dennoch: Penang besitzt noch etwas von dem, was wir in Singapore und Hongkong längst vermissen: den Zauber einer fernöstlichen Metropole mit allen ihren Reizen – und Problemen.

Das koloniale Viertel

Der Rundgang durch die City beginnt am 18 m hohen **Uhrturm** *(Clock Tower)* in der Nähe des Hafens, den ein einheimischer Millionär 1897 Queen Victoria zum 60jährigen Krönungsjubiläum errichten ließ. Es ist das Viertel der prächtigen kolonialen Bank- und Verwaltungsgebäude.

Am **Fort Cornwallis** war der Gründungsvater Georgetowns 1786 an Land gegangen. Ihre Wehrhaftigkeit brauchte die von Strafgefangenen zu Beginn des 19. Jahrhunderts anstelle von Sir Francis Lights altem, hölzernen Fort errichtete Festung glücklicherweise nie unter Beweis zu stellen. Die über 370 Jahre alte, große Kanone *Sri Rambai* wird von vielen Frauen als Fruchtbarkeitssymbol verehrt. Eintritt 1 RM.

Der nördliche Abschnitt der Lebuh Pantai war das Finanzzentrum der lebendigen Handelsstadt. Bereits 1875 eröffnete die **Standard Chartered Bank** hier eine Filiale. Das heutige repräsentative weiße Bankgebäude stammt aus den 30er Jahren. Weitere Banken und Handelshäuser säumen die Straße.

Nahe dem Meer, wurde 1903 das **Rathaus** *(Town Hall)* im typischen britischen Kolonialstil errichtet. Die Inschrift *Town Hall* ist mittlerweile ins Malaiische übersetzt worden, und die Stadtverwaltung ist in das moderne KOMTAR-Hochhaus umgezogen. Auf dem großen Rasen wird in der Abenddämmerung Fußball gespielt, Kinder vergnügen sich auf dem Spielplatz und Händler bauen an der Strandpromenade, der **Esplanade**, ihre Essenstände auf. Weitere britische Gebäude stehen in der Jl. Farquhar: der **Supreme Court** und die 1817 errichtete **St. George's Church**, die erste anglikanische Kirche Südostasiens.

Eine Statue von Sir Francis Light ziert den Vorplatz des angrenzenden **Museums**, das eine Fundgrube für alle ist, die sich für die Geschichte des britischen Kolonialreiches in Südostasien interessieren. In dem Gebäude befand sich früher die erste englischsprachige *Public School* östlich von Suez, die bereits 1816 eröffnet wurde. Eintritt frei, geöffnet Mo–So 9–17, Fr 12.15–14.45 Uhr geschlossen.

Eine der wenigen noch bewohnten, chinesischen Familienresidenzen aus der zweiten Hälfte des 19. Jahrhunderts steht etwas zurückversetzt in der Lebuh Leith, schräg gegenüber vom Cathay Hotel. Man nimmt an, daß es außerhalb Chinas nur in Manila und Jakarta zwei ähnliche Gebäude wie das blau gestrichene **Cheong Fatt Tze**-Haus gibt. Es war übrigens nur eines von mehreren Wohn- und Geschäftshäusern des Kaufmanns und chinesischen Vizekonsuls Cheong Fatt Tze, der Handel mit Java, Sumatra, Hongkong und China betrieb. Seine Familie lebte in Penang, wo auch seine 8 Kinder aufwuchsen. Das zweistöckige Haus mit seinen 40 Zimmern, die zu einem Innenhof hin angeordnet sind, ist nach traditionell chinesischen Gesichtspunkten erbaut, greift aber auch europäische Stilelemente auf. Es wurde restauriert und kann mittlerweile besichtigt werden.

Auf der Penang Road geht es nun in Richtung Meer hinab. Hinter der Gabelung taucht die Fassade des **Eastern & Oriental Hotel** (kurz E&O) auf. Bis in die 30er Jahre hinein war das E&O die Top-Adresse der High Society von Penang und die Absteige zahlreicher prominenter Gäste. In der „1889"-Bar soffen

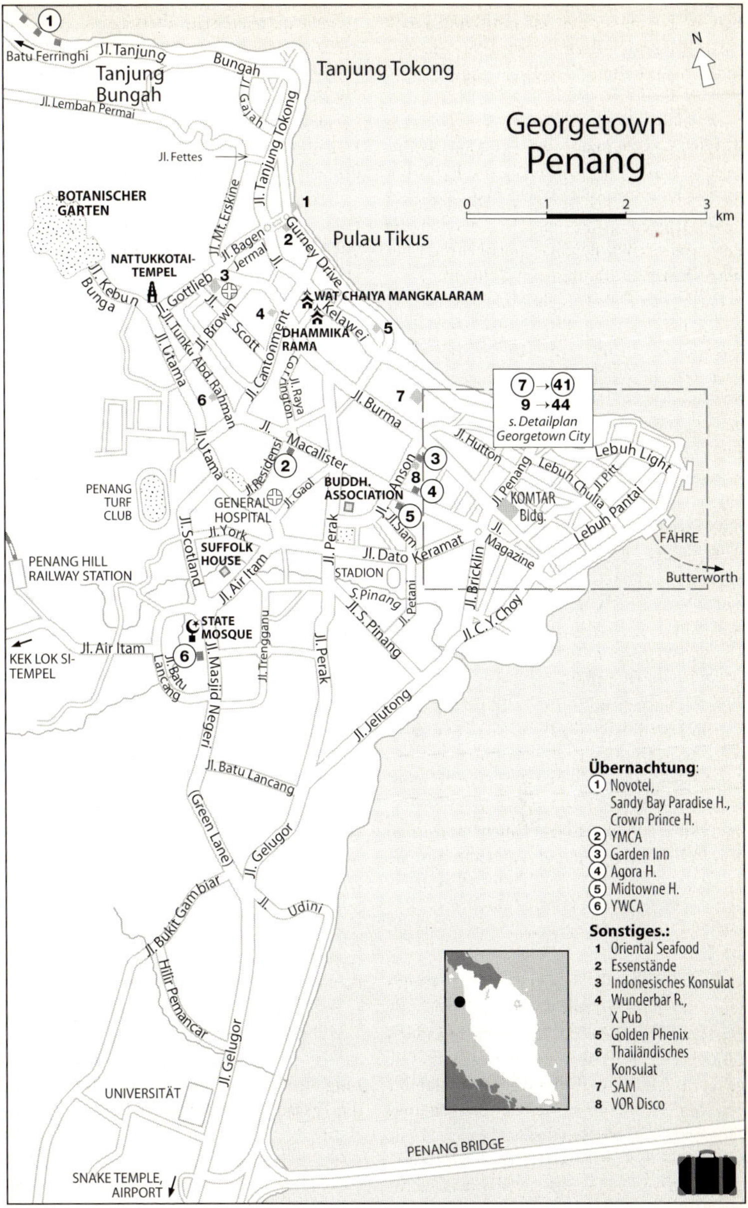
Georgetown
Penang
0 1 2 3 km
N
Batu Ferringhi
Jl. Tanjung Bungah
Tanjung Bungah
Tanjung Tokong
Jl. Lembah Permai
Jl. Gajah
Jl. Tanjung Tokong
Jl. Fettes
BOTANISCHER GARTEN
Jl. Mt. Erskine
Pulau Tikus
Gurney Drive
Jl. Bagan Jermal
NATTUKKOTAI-TEMPEL
Jl. Kebun Bunga
Jl. Gottlieb
WAT CHAIYA MANGKALARAM
Kelawei
DHAMMIKA RAMA
Jl. Brown
Scott
Jl. Tunku Abd. Rahman
Jl. Utama
Jl. Cantonment
Jl. Corrington
Jl. Raya
Jl. Burma
7 → 41
9 → 44
s. Detailplan Georgetown City
Jl. Hutton
Lebuh Light
Lebuh Chulia
Jl. Pitt
Jl. Penang
KOMTAR Bldg.
Lebuh Pantai
FÄHRE
Butterworth
Jl. Residensi
Jl. Macalister
Jl. Anson
BUDDH. ASSOCIATION
PENANG TURF CLUB
GENERAL HOSPITAL
Jl. Gaol
Jl. Siam
Jl. York
SUFFOLK HOUSE
Jl. Scotland
Jl. Perak
Jl. Dato Keramat
Jl. Magazine
PENANG HILL RAILWAY STATION
Jl. Air Itam
STADION
S. Pinang
Jl. S. Pinang
Jl. Petani
Jl. Bricklin
Jl. C.Y. Choy
STATE MOSQUE
KEK LOK SI-TEMPEL
Jl. Batu Lancang
Jl. Masjid Negeri
Jl. Trengganu
Jl. Jelutong
Jl. Batu Lancang
(Green Lane)
Jl. Gelugor
Jl. Udini
Jl. Bukit Gambiar
Hilir Pemancar
UNIVERSITÄT
PENANG BRIDGE
SNAKE TEMPLE, AIRPORT
Übernachtung:
1 Novotel, Sandy Bay Paradise H., Crown Prince H.
2 YMCA
3 Garden Inn
4 Agora H.
5 Midtowne H.
6 YWCA
Sonstiges.:
1 Oriental Seafood
2 Essenstände
3 Indonesisches Konsulat
4 Wunderbar R., X Pub
5 Golden Phenix
6 Thailändisches Konsulat
7 SAM
8 VOR Disco

schon Rudyard Kipling und Hermann Hesse. Somerset Maugham hatte seine Lieblings-Suite im Erdgeschoß. Mit den Jahren war der Charme allerdings ziemlich verblichen, so daß es schließlich total entkernt wurde. Zum neuen E&O wird ein 11stöckiger Neubau gehören. Es bleibt abzuwarten, ob im alten Flügel die traditionelle Atmosphäre wieder rekonstruiert werden kann.

Im Zentrum

Chinesische Geschäftshäuser säumen die Straßen im Zentrum von Penang, dennoch leben hier auch Inder, also Hindus und Moslems. Auf der Jl. Masjid Kapitan Keling, der ehemaligen Lebuh Pitt, befinden wir uns mitten im historischen Kernbereich. Hier entstand schon 1800 der **Goddess of Mercy-Tempel** *(Kuan Yin)*, erkennbar an dem Dach mit den feuerspeienden Drachen. Er ist der älteste und wohl auch der belebteste chinesische Tempel. Den ganzen Tag über, vor allem am ersten und 15. Tag des chinesischen Kalenders kann man das rege Tempelleben beobachten.

Nur wenige Schritte entfernt, jenseits der Straße, befindet sich der farbenprächtige hinduistische **Sri Mariamman-Tempel**, dessen charakteristischer Eingangsturm, der Gopuram, mit zahlreichen Götterstatuen in der Lebuh Queen liegt. Besonders verehrt wird die mit Gold und Edelsteinen dekorierte Statue von Subramaniam, die alljährlich während des Thaipusam-Festes in einer Prozession durch die Straßen der Stadt zum Nattukkotai Chettiar Tempel (s.S. 609) gefahren wird. Besucher des Tempels sollten sich die Erlaubnis des Tempelverwalters einholen.

In der gleichen Straße versammeln sich auch die indischen Moslems in der **Kapitan Keling-Moschee** zum Gebet. Schon zu Beginn des letzten Jahrhunderts begann man mit dem Bau, der von einem Kaufmann aus Südindien finanziert wurde. Gegen eine Spende wird man Besucher durch das restaurierte Gebäude führen und für sie beten. Frauen dürfen die Moschee betreten, sollten jedoch ihre Beine und Schultern bedeckt halten.

An der Lebuh Aceh, dem früheren malaiischen Zentrum der Stadt, steht etwas versteckt eine der ältesten Moscheen von Penang, die **Mesjid Melayu**. 1820 wurde sie von dem aus Aceh stammenden arabischen Händler Syed Hussain, dessen Grab auf dem Gelände liegt, errichtet.

Eines der schönsten Bauwerke Penangs liegt etwas versteckt zwischen Jl. Masjid Kapitan Keling und Lebuh Pantai. Auf dem Weg hierher kommt man an schönen, restaurierten Häuserzeilen vorbei. Mit dem Bau des **Khoo Kongsi**, dem Versammlungshaus des Khoo-Clans, wurde 1894 begonnen, acht Jahre benötigte man bis zur Fertigstellung. Die Drachenberg-Halle *(Leong San Tong)* fiel so opulent aus, daß man zeitweilig befürchtete, der Kaiser von China könne sich ob solcher Pracht kompromittiert fühlen. Allein die Figurenarrangements auf dem Dach zu studieren, könnte Stunden in Anspruch nehmen.

Das gegenüberliegende Gebäude ist für Theateraufführungen gedacht. Geöffnet Mo–Fr 9–17, Sa 9–13 Uhr.

Kongsi Mit diesem Begriff werden Clan-Häuser bezeichnet, die von chinesischen Familien gleicher Herkunft und gleichen Familiennamens errichtet werden, sofern sie über das entsprechende Vermögen verfügen. Die Verehrung der Ahnen nimmt in der religiösen Praxis einen breiten Raum ein. Die Khoo-Sippe gehört sicher zu den wohlhabenden Familien, was schon an den Tafeln für die Vorfahren erkennbar ist. Diese haben an allen großen Universitäten der Welt studiert.
Kongsis gibt es überall in der Stadt. Weitere Clan-Häuser in der Nähe sind z.B. **Lim Kongsi** (Lebuh Ah Quee) und **Yeoh Kongsi** (Gat Lebuh Chulia). Beachtlich ist auch der **Ong Kongsi** in der Jl. Penang, gegenüber dem KOMTAR Building.

Hauptgeschäftsstraße ist die laute und baulich wenig attraktive **Jl. Penang** (Penang Road – nicht zu verwechseln mit der wesentlich ruhigeren Lebuh Penang, der Penang Street!). Sie endet am 65stöckigen **KOMTAR Building**, einem riesigen modernen Fremdkörper im alten Penang mit Fast Food-Restaurants und schicken Boutiquen. Geplant war ein Geschäfts- und Verwaltungszentrum mit Cafés, Galerien, Dienstleistungsunternehmen und Behörden, aber die ganze Anlage ist offenbar eine Nummer zu groß geraten, jedenfalls waren einige Etagen des Turms jahrelang nicht vermietet.

Wer sich die Stadt von oben ansehen will, muß 5 RM anlegen, und diese in einem sogenannten *Tourist Information Centre* samt Souvenirladen im 55. Stock ausgeben. Im *Chinese Restaurant* und der Karaoke-Lounge im 59. Stock oder in den *Heritage Suites* im 60. Stock wird es noch teurer. In den Straßen nördlich vom KOMTAR Building kann man bis spät in die Nacht bummeln, einkaufen, Essengehen (Näheres in den betreffenden Kapiteln s.u.) oder einfach nur dem bunten Treiben zusehen.

Vororte

Wer Gefallen an Tempeln gefunden hat, wird auch in den Vororten auf seine Kosten kommen. Bus 4 fährt ab Lebuh Victoria bis zur Jl. Anson.

Die Haltestelle liegt gegenüber der **Penang Buddhist Association**, einem imposanten, sehr europäisch anmutenden Gebäude, das ein buddhistischer Mönch Anfang der 30er Jahre errichten ließ, und dessen Vorgarten eine siebenstöckige Pagode ziert. Das Innere der alten Villa ist mit italienischem Marmor und böhmischen Kronleuchtern ausgestattet. Anliegen der Gesellschaft ist es, die reine buddhistische Lehre ohne die sonst bei Chinesen üblichen Ahnenverehrungen, Glücksspiele, Handleser und Horoskope zu bewahren.

Ein andere Route führt mit dem Blauen Bus oder dem MPPP-Bus Nr. 2 in den Vorort **Pulau Tikus** am westlichen Ende der Jl. Burmah. Die Jl. Sultan Ahmad Shah, die parallel zur Jl. Burmah am Meer entlang aus dem Stadtzentrum hinausführt, wird auch *Millionaires Row* genannt, da sich hier wohlhabende Familien die prächtigsten Villen der Stadt errichten ließen. In ihnen lebte bis in die 30er Jahre hinein die chinesische Crème de la Crème neben einflußreichen Europäern und malaiischen Sultanen.

Der blaue Bus 93 oder 94 hält bei der Polizeistation nahe der Kreuzung Jl. Cantonment. Hier gibt es viele Straßenzüge mit Reihenhäusern im kolonialen Stil, z.B. die **Bangkok Lane**. In der Jl. Pasar – der Name sagt es schon – wird ein kleiner Markt abgehalten. In der Lorong Burmah (Burma Lane) stehen zwei buddhistische Tempel.

Der Eingang zum Thai-Tempel **Wat Chaiyamang Kalaram**, der ganz im Thai-Stil erbaut ist, wird von zwei riesigen Tempelwächtern bewacht. Nagaschlangen säumen den Haupteingang. Im Inneren befindet sich einer der größten ruhenden Buddhas der Welt, 33 m lang, der allerdings nicht fotografiert werden darf. Auf seiner Rückseite sind die Urnen von Verstorbenen beigesetzt. Zahlreiche weitere Buddhastatuen in verschiedensten Haltungen umgeben die zentrale Figur.

Auf der gegenüberliegenden Straßenseite flankieren zwei weiße Elefanten den Eingang zum einzigen burmesischen Tempel, dem **Dhammika Rama**. Aufgrund der eigenständigen kulturellen Entwicklung der Nachbarländer Thailand und Burma gibt es deutliche Unterschiede in der Architektur und Ausstattung der beiden buddhistischen Heiligtümer. Im übrigen kann man sich von der *Buddha Peep Show* (20 sen) überraschen lassen. Der Besuch der beiden Tempel läßt sich auch mit einem Trip nach Batu Ferringhi oder zum Botanischen Garten verbinden.

Botanischer Garten

Bus 7 fährt alle 30 Minuten von der Lebuh Victoria durch schöne koloniale Villenviertel Richtung Botanischer Garten. Etwa ein Kilometer (2 Busstops) vor dem Botanischen Garten, an der Jl. Kebun Bunga (Jl. Waterfall), Ecke Jl. Gottlieb, liegt der **Nattukkotai Chettiar Temple**, der größte und berühmteste

Hindutempel der Insel. Hier wird das Thaipusam-Fest im Februar besonders prächtig gefeiert. Geöffnet tgl. 8.30–11.30 und 17.30–20 Uhr.

Der Botanische Garten, Endstation von Bus 7, liegt in einem Tal und ist umgeben von dschungelbedeckten Hügeln. Ein beliebter Ausflugsort, vor allem bei der indischen und malaiischen Bevölkerung, am Wochenende also entsprechend belebt. An die 4000 Javaneraffen leben in den nahen Wäldern, und viele von ihnen haben sich daran gewöhnt, daß die Passanten sie mit Erdnüssen füttern. Das hat dazu geführt, daß die Affen sich zur Plage entwickelt haben und Besucher sogar angreifen. Zum Schutz der Passanten und Gewächse wurde das Füttern der Tiere mittlerweile verboten. Für Tropenneulinge ist ein Gang durch das kleine Areal Primärdschungel im vorderen, östlichen Teil des Parks interessant. Der Wasserfall im hinteren Bereich des Gartens ist abgesperrt und nicht zugänglich, da hier ein wichtiges Wasserreservoir angelegt wurde. Am Eingang gibt es ein Restaurant und Foodstalls. Geöffnet tgl. 7–19 Uhr. Der Eintritt ist frei.

Am Moon Gate, 300 m vor dem Eingang zum Botanischen Garten, beginnt der 5,5 km lange asphaltierte **Pfad zum Penang Hill** (Bukit Bendera) hinauf (s.u.). Der Aufstieg dauert etwa 1 1/2 Std. bis zu einem *Tea Kiosk*, wo der Wanderweg auf den zweiten, insgesamt 4 km langen Jeep Track trifft, der direkt vom Botanischen Garten hinaufführt. Weiter geht es dann auf dem Jeep Track vorbei an den Bungalows *Grace Dieu* und *Edgecumbe* und dahinter einen Pfad und steile Treppen geradeaus hinauf zur Bergstation. Eine Routenbeschreibung findet man in der Broschüre *Trekking in Penang*, die es kostenlos beim Tourist Office gibt.

Penang – Air Itam

MPPP-Bus 1 (ab Jl. Maxwell oder Pengkalan Weld) und *Lim Seng Seng*-Bus 91 oder 92 fahren in den Vorort Air Itam.

Etwas zurückversetzt von der Jl. Air Itam liegt hinter einer Schule das **Suffolk House**, ein repräsentatives zweistöckiges „Gartenhaus" im indischen Kolonialstil, das 1792-93 von Captain Francis Light erbaut wurde. Die Residenz mit ihren 12 Zimmern, die rings um einen Ballsaal angeordnet sind, lag in einer weitläufigen Parkanlage. Sie wurde nach Lights Tod von den ersten Gouverneuren Penangs bewohnt.

An der Jl. Air Itam, Ecke Green Lane, erhebt sich die moderne **Moschee** des Staates Penang, die 1980 fertiggestellt wurde. Vor allem zum Freitagsgebet und an hohen islamischen Feiertagen finden sich hier viele Gläubige ein. Bis zu 5000 Menschen haben im Inneren Platz, 57 m hoch ist das Minarett. Wer die Moschee besichtigen will, braucht die Genehmigung vom *State Religious Department* in der Lebuh Pantai.

In Air Itam, einem typischen Vorort, führt von der Endstation des Busses Nr. 1 ein Fußweg hinauf zum **Kek Lok Si-Tempel**, der weithin sichtbar die Ansiedlung überragt. Der schmale, überdachte Weg ist etwa 500 Meter lang, ziemlich steil und nahtlos von Souvenirständen mit aufdringlichen Händlern gesäumt.

Beim Aufstieg kann man gefälschte Gucci-Taschen und Parfüms, malaiische Batik, billig produzierte chinesische Masken, indischen Schmuck, Stickereien, Schnitzereien, Spielzeug, Snacks, usw. erstehen (handeln!). Es ist allerdings möglich, sich den Aufstieg durch den schmalen, stickigen Gang zu ersparen und die längere, steile Straße rechts vom Tor hinaufzunehmen, die an einem Parkhaus endet, das in den Tempelkomplex integriert ist. Geöffnet tgl. bis 18 Uhr.

Penang Hill (Bukit Bendera)

Schon allein die fünf bis sechs Grad Temperaturunterschied rechtfertigen den erfrischenden Ausflug auf den 830 Meter hohen Penang Hill, eigentlich ein Hochland mit mehreren Gipfeln.

Die herrliche Aussicht auf Georgetown, die Insel Penang, und bei gutem Wetter auch auf die Berge von Kedah und Perak tun ein übriges.

Der **Kek Lok Si-Tempel** besticht allein schon durch seine Größe und Weitläufigkeit. Der Abt des Goddess of Mercy-Tempels in der Jl. Masjid Kapitan Keling war 1885 aus Foochow in China gekommen, und die Landschaft von Air Itam erinnerte ihn an seine alte Heimat. Er begann, bei reichen chinesischen Kaufleuten Geld zu sammeln und war dabei so erfolgreich, daß man hier den größten buddhistischen Tempel Malaysias bauen konnte. Buntgeschmückte Bauten, Gärten und Teiche wurden in Terrassen angelegt und durch zahllose Treppen miteinander verbunden.
Der nicht abreißende Pilgerstrom aus dem In- und Ausland schuf eine solide finanzielle Grundlage, die weitere Ausbauten ermöglichte, so daß mittlerweile das 12 ha große Grundstück am Hang fast komplett zugebaut ist. Zur Anlage gehören außer religiösen Bauten auch ein großes vegetarisches Restaurant im unteren Bereich der auf mehreren Ebenen angeordneten Anlage.
In einem umbauten Schildkrötenteich strecken Hunderte von Schildkröten ihre Hälse nach oben und warten auf *Kangkong* – ein grünes Gemüse, das Händler am Teich verkaufen. Bei Chinesen gilt die Schildkröte ein Symbol für langes Leben. Dahinter gelangt man zu einem der wenigen freien Plätze, die einen Blick auf die beiden Hügel ermöglichen. Große Granitsteine, die mit religiösen Inschriften versehen sind, erfahren besonderer Verehrung. Links führt eine Treppe hinauf und durch ein rundes Mondtor zu einer kleinen Pagode, die von über 100 Buddhas in der gleichen Haltung umgeben ist. Rechts geht es durch weitere Hallen hinauf zur großen, weißen Statue der Göttin der Barmherzigkeit *(Kuan Yin)* und zur neuen, prunkvollen Gebetshalle. Davor ist jedoch erst einmal ein Eintrittsgeld von 2 RM zu entrichten. In der pompösen, neuen Halle mit Marmorboden, deren Front mit figürlichen Steinmetzarbeiten aus grauem Granit bedeckt ist, stehen vor einer vergoldeten Wand drei Buddhastatuen.
Überragt wird die Anlage von der 30 m hohen Ban Hood-Pagode, auch „Pagode der zehntausend Buddhas" genannt. Allerdings sind die meisten dieser Buddhas nur Abbildungen auf Wandfliesen, die alle Räume und Treppenwände bedecken. Sie ist in drei Stilrichtungen erbaut, die untere nach chinesischen Bauplänen, der Mittelteil thai-buddhistisch, und die spiralförmige Spitze nach burmesischen Vorlagen. Im obersten Teil, der Besuchern nicht zugänglich ist, befinden sich einige Schätze, darunter eine Reliquie Buddhas, eine Statue aus purem Gold, Diamanten und Silbermünzen.

Schon 1923 wurde die **Penang Hill Railway** in Betrieb genommen. 25 Minuten braucht eine der beiden Bergbahnen bis zu der auf 735 m gelegenen oberen Station. Schon während der Fahrt kann man deutlich den Wechsel in der Vegetation wahrnehmen.

Pfade und Treppen führen dann weiter den Penang Hill hinauf zum **Bellevue Hotel**. Das ehemalige Landhaus eines englischen Kolonialbeamten stand früher zwischen Erdbeerfeldern, die schon Sir Francis Light hatte anlegen lassen, und die der Gegend um die Bergstation den Namen **Strawberry Hill** gaben. Hier befinden sich Souvenirstände, Foodstalls, eine Polizeistation, ein Postamt und ein *Tea Kiosk* inmitten eines Blumengartens.

Zwischen dem Postamt und der Polizeistation beginnt ein **Fußweg zum Botanischen Garten** hinab. Für den 5 km langen Abstieg durch den Dschungel benötigt man 2 Std.

Daneben gibt es weitere Wanderwege, z.B. über die Summit Road an den Ferienhäusern vorbei zum **Tiger Hill** (5 km). Näheres in der Broschüre: *Trekking in Penang* oder im phantastischen Guide *Nature Trails of Penang Islands* von der Malayan Nature Society, der leider nur schwer zu bekommen ist. Von Air Itam, Endstation des Busses Nr. 1, fährt Bus Nr. 8 bis zur unteren Bahnstation *(Lower Station)* der Bergbahn, die zwischen 6.30 Uhr und 21.15 Uhr halbstündlich verkehrt.

Während der Ferien können sich lange Schlangen bilden. Ein Rückfahrtticket kostet 4 RM. Do, Sa und So fährt die letzte Bahn nach unten erst um 23.45 Uhr – es lohnt sich, zu bleiben und das nächtliche Panorama zu betrachten.

Übernachtung

Wer spät abends ankommt, kann Schwierigkeiten haben, noch ein Zimmer zu bekommen. Auch die Mittelklasse-Hotels füllen sich schnell, es empfiehlt sich also, vorher anzurufen.

GÄSTEHÄUSER UND TRAVELLER-HOTELS – In keinem anderen Ort sind die Grenzen zwischen Gästehäusern und Billighotels so durchlässig – viele Chinesenhotels in der Lebuh Chulia, die sich völlig auf den Traveller-Markt spezialisiert haben, unterscheiden sich kaum von Gästehäusern, so daß wir sie hier ebenfalls listen. Traveller-Unterkünfte konzentrieren sich in der Lebuh Chulia (Chulia Street) und ihren Seitenstraßen. Hier hat sich auch die Gastronomie auf das Traveller-Publikum eingestellt. Bei den meisten liegen die Preise fürs DZ unter 30 RM.

D'Budget Hostel** ㊳, 9 Lebuh Gereja, ✆ 2634794, nahe Fährhafen, wurde bei unserem Besuch gerade renoviert. Nach Angaben des Besitzers bietet es neben dem Schlafsaal für 7 RM auch Zimmer mit Fan oder ac mit und ohne Du/WC.

Plaza Hostel*–*** ㉟, 32 Lebuh Ah Quee, ✆ 2632388, Schlafsaal 7 RM, Zimmer mit Fan oder ac**, mit und ohne Fenster, alle mit Gemeinschafts-Du/WC, z.T. mit Balkon, ist ein beliebter Traveller-Treff. Sauber und freundlich und Schließfächer, Wäscheservice, Ticketreservierungen und jede Menge Infos. Essen sollte man besser außerhalb.

Paradise Bed & Breakfast* ㉞, 99 Lebuh Chulia, ✆ 2628439, Fax 2628441. Kleine, mit Holzwänden abgeteilte Zimmer inkl. einfaches Frühstück, mit und ohne ac, Gemeinschafts-Du/WC, größtenteils fensterlos, aber einigermaßen sauber.

Broadway Hostel*–*** ㉝, 35F Jl. Masjid Kapitan Keling (Lebuh Pitt), ✆ 2628550, Fax 2619525, moderner Bau an einer belebten Straße. Zimmer mit ac oder Fan, Schlafsaalbett 7 RM, viele einheimische Gäste.

Tye Ann Hotel* ㉜, 282 Lebuh Chulia, Ecke Lorong Chulia, ✆ 2614875. Alte Traveller-Adresse, billig und häufig ausgebucht. Zimmer und Schlafsaal.

Hong Ping Hotel** ㉛, 273 Lebuh Chulia, ✆ 2625243. Etwas modernerer Bau an einer belebten Straßenecke, aber sauber und nicht allzu laut, wenn man im 2. Stock wohnt. Die großen Zimmer mit Du/WC können sich auch 4 Leute teilen.

Pin Seng Hotel* ㉙, 82 Love Lane, ✆ 2619004. Relativ großes Haus, es gibt einen alten und einen neuen Flügel. Alle Zimmer mit Gemeinschafts-Du/WC.

Wan Hai Hotel* ㉚, 35 Love Lane, Ecke Lorong Steward, ✆ 2616853. Ehemaliges Chinesenhotel mit einfachen Zimmern, zumeist etwas dunklen Zimmern, die nach oben nur durch Holzgitter abgeteilt etwas hellhörig sind, Gemeinschafts-Du/WC, Schlafsaal und Dachgarten im 1. Stock.

Swiss Hotel* ㉗, 431 Lebuh Chulia, ✆ 2620133. Beliebte Traveller-Adresse, etwas abseits der Straße gelegen, großer Vorhof mit einfachem Restaurant. Zimmer mit Fan, einige mit Du/WC.

Eng Aun Hotel* ㉓, 380 Lebuh Chulia, ✆ 2612333. Liegt genau gegenüber, ebenfalls mit einem ruhigen Hof. Daß es trotz der verwohnten Zi und der Wanzen, Flöhe und Ratten immer noch jeden Tag ausgebucht ist, liegt wahrscheinlich am netten Service.

PREISWERT – Auch wenn in Penang viele billige Absteigen gleichzeitig Stundenhotels oder Puffs sind, kann man dort doch häufig unbeschadet übernachten und bekommt

von dem nächtlichen Betrieb kaum etwas mit.
Sky Hotel–*** ㉘, 348 Lebuh Chulia, ✆ 2622323, ziemlich abgewohnt. Betten im Schlafsaal mit oder ohne ac, DZ mit Fan oder ac, alle Zimmer mit Du aber ohne WC.
Blue Diamond Hotel* ㉒, 422 Lebuh Chulia, ✆ 2614117. Hinter der merkwürdigen Betonfassade verbirgt sich ein klassisches, weiträumiges, altes Chinesenhotel. Etwas teurer als die anderen, große, einfache Zimmer mit Fan, manche mit Du/WC.
Eastern Hotel* ⑳, 509 Lebuh Chulia, ✆ 2614597, hat saubere, große Zimmer mit Fan und Dusche, Gemeinschafts-WC, die auf den Hof hinausgehen. Nebenan eine Moschee.
Hang Chow Hotel* ⑲, 511 Lebuh Chulia, ✆ 2610810, liegt gleich nebenan.
Traverse Inn** ⑱, 53 Jl. Kg. Malabar, ✆ 2619858, neues, winziges Hotel, kleine Zimmer mit ac oder Fan und Gemeinschafts-Du/WC.
Modern Hotel–*** ⑯, 179 Lebuh Muntri, ✆ 2635424, liegt nicht mehr an der Lebuh Chulia Freundliches Chinesenhotel, Zimmer mit Fan oder ac, Mandi, WC außerhalb, große Balkons. Nichts für alleinreisende Frauen.
Lum Fong Hotel* ㉖, 108 Lebuh Muntri, ✆ 2630026, hat billigere DZ mit einem Bett und etwas teurere mit 2 Betten, alle mit Fan und Gemeinschafts-Du/WC. Recht lautes Chinesenhotel, aber ordentlich und sauber. Lautes Restaurant.
YMCA*–**** ②, 211 Jl. Macalister, ✆ 2288211, ℻ 2295869, liegt ein gutes Stück außerhalb des Zentrums im Nordwesten, Bus Nr. 7 ab KOMTAR Bldg. Alle Zimmer mit Du/WC mit und ohne ac. Nichtmitglieder können für 2 RM eine Mitgliedschaft auf Zeit erwerben.
YWCA** ⑥, 8 Jl. Masjid Negeri (Green Lane), ✆ 2681855, liegt auch weiter draußen nahe der Nationalmoschee und ist Frauen vorbehalten.

MITTELKLASSE – Wer die Billigherbergen leid ist und 40–60 RM anlegen möchte, hat mehrere Hotels zur Auswahl. Die meisten befinden sich am nördlichen Ende der **Jl. Penang:**
Cathay Hotel*–**** ㉔, 15 Lebuh Leith, ✆ 2626271, die Straße zweigt am oberen Ende der Jl. Penang ab. Reizvolles altes Chinesenhotel, saubere, große Zimmer mit Du/WC und ac, manche etwas düster, die besten nach vorn. Im Haus befindet sich ein Massagesalon.
Waldorf Hotel** ㉕, 13 Lebuh Leith, ✆ 2626140-3, liegt gleich nebenan. Das moderne Gebäude wirkt wegen der Nachbarschaft zu den alten Villenhäusern nicht ganz so attraktiv, aber die ac-gekühlten Zimmer sind o.k.
White House** ⑬, 72 Jl. Penang, Ecke Jl. Sri Bahari, ✆ 260142, große, einfache Zimmer mit Fan oder ac, einige mit Dusche aber ohne WC für bis zu 6 Pers., etwas durchgelegene Matratzen. Liegt an einer belebten Straßenkreuzung, Rezeption im 1. Stock.
Towné House*** ⑫, 70 Jl. Penang, ✆ 2638621, direkt daneben. Zimmer mit ac, Du/WC, TV, Telefon und Kühlschrank.
Peking Hotel*–**** ⑪, 50-A Jl. Penang, ✆ 2636191. 4stöckiges Hotel, nicht besonders reizvoll gelegen und recht unfreundlich, Zimmer mit Bad/WC, ac, TV und Telefon.
Federal Hotel** ⑭, 39 Jl. Penang, ✆ 2634179, einfaches, älteres Hotel, Zimmer mit ac und Telefon, manche mit Balkon, Rezeption im 1.Stock.
Sun Hotel*–**** ㉑, 456 Chulia St, ✆ 2629150, 2629153. hat 30 Zimmer mit ac oder Fan und Du/WC in einem neu renovierten 4stöckigen Gebäude.
Andere Gegenden: *New Pathe Hotel*** ㊱, 23 Lebuh Light (nicht Leith!), ✆ 2620195, liegt nahe am alten Rathaus und am Fort Cornwallis. Sauber und gekachelt, helle Zimmer mit ac und Du/WC.
Merlin Hotel** ㊲, 1A Lebuh Penang (nicht Jalan!), Ecke Lebuh Union, ✆ 2621336. Saubere, einfache Zimmer mit Du/WC und ac. Chinesisches und indisches Restaurant unten im 4stöckigen Haus.

NORD-MALAYSIA

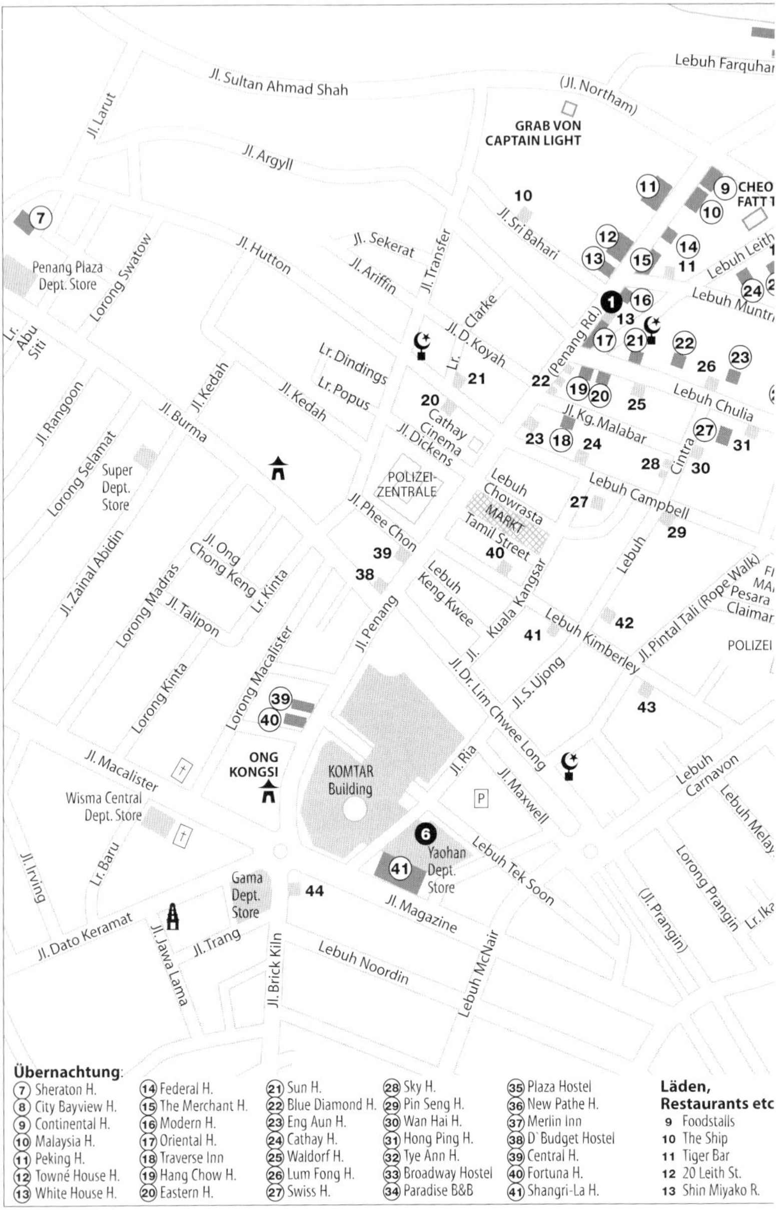

Übernachtung:

(7) Sheraton H.
(8) City Bayview H.
(9) Continental H.
(10) Malaysia H.
(11) Peking H.
(12) Towné House H.
(13) White House H.
(14) Federal H.
(15) The Merchant H.
(16) Modern H.
(17) Oriental H.
(18) Traverse Inn
(19) Hang Chow H.
(20) Eastern H.
(21) Sun H.
(22) Blue Diamond H.
(23) Eng Aun H.
(24) Cathay H.
(25) Waldorf H.
(26) Lum Fong H.
(27) Swiss H.
(28) Sky H.
(29) Pin Seng H.
(30) Wan Hai H.
(31) Hong Ping H.
(32) Tye Ann H.
(33) Broadway Hostel
(34) Paradise B&B
(35) Plaza Hostel
(36) New Pathe H.
(37) Merlin Inn
(38) D`Budget Hostel
(39) Central H.
(40) Fortuna H.
(41) Shangri-La H.

Läden, Restaurants etc

9 Foodstalls
10 The Ship
11 Tiger Bar
12 20 Leith St.
13 Shin Miyako R.

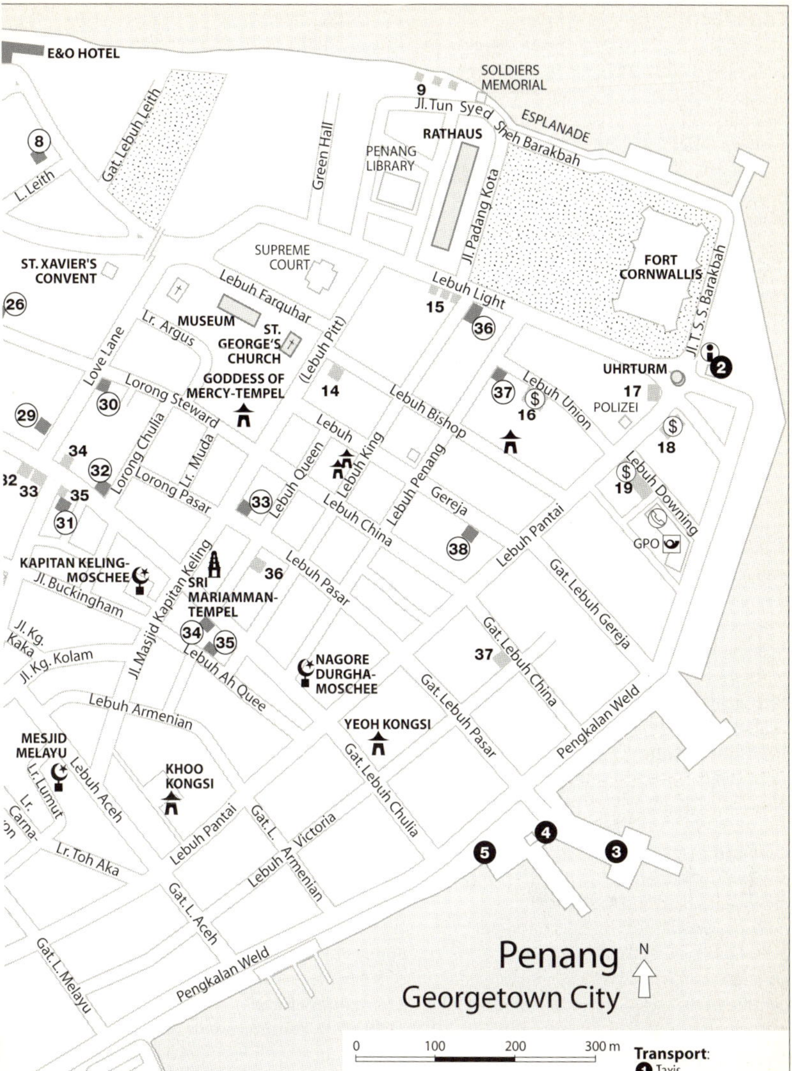

Transport:
1 Taxis
2 Tickets für Fähren →Medan, Langkawi
3 Ferry Terminal
4 Railway Booking Office
5 Busbahnhof
6 Central Bus Station

14 Dragon King R.
15 Foodstalls
16 MayBank
17 Immigration Office
18 Bank Bumiputra
19 Hongkong Bank
20 Eden R.
21 Tandoori House R.
22 Taj Mahal R., Yasmeen R., Hoe Kongsi R.
23 Syarikat United
24 Hameediyah R.
25 Reggae Club
26 Seng Hin R.
27 Rock World
28 Foodstalls
29 Bee Keng R.
30 Hongkong R.
31 Eng Thai R.
32 Hongkong Bar
33 Reggae Cafe
34 Rainforest Cafe
35 Coco Island Pub
36 Dawood R.
37 Boom Boom Room
38 Loke Thye Kee R.
39 Wing Look R.
40 Phoe Thye Yuen R.
41 Kedai Kopi Kimberley
42 Green Planet R.
43 Goh Huat Seng R.
44 Kassim R.

Central Hotel* ㊴, 404 Jl. Penang, ✆ 2266411, ✆ 2271689, größeres, etwas älteres Hotel nahe KOMTAR Bldg., Zimmer mit ac und Du/WC. Im Haus gibt es ein „Gesundheitsbad".

Fortuna Hotel ㊵, 406 Jl. Penang, ✆ 2268282, ✆ 2271689, ist im gleichen Gebäude untergebracht, und bei ähnlicher Leistung ein bißchen billiger, aber auch etwas duster.

OBERE MITTELKLASSE – ***Oriental Hotel**** ⑰, 105 Jl. Penang, Ecke Lebuh Leith, ✆ 2634211, 2635395. Modernes, komfortables Hotel, etwas abgewohnte Zimmer mit ac und TV. Am besten sind die oberen Stockwerke (wegen der Aussicht). Gutes Preis-Leistungsverhältnis, im UG ein gutes indisches Restaurant.

Continental Hotel** ⑨, 5 Jl. Penang, ✆ 2636388, ✆ 2638718, am oberen Ende der Jl. Penang. Business Hotel mit allen Einrichtungen, Café und Restaurant, gutes Frühstücksbüffet.

Malaysia Hotel* ⑩, 7 Jl. Penang, ✆ 2633311, ✆ 631621. Nicht gerade der schönste von den Hotelkästen hier, aber mit allen Zutaten, die ein Hotel der oberen Mittelklasse eben braucht.

The Merchant Hotel** ⑮, 55 Jl. Penang, ✆ 2632828, ✆ 2625511, komfortables neues Business-Hotel im 5.-11. Stock, Rezeption im Erdgeschoß.

Garden Inn** ③, 41 Jl. Anson, ✆ 2263655, ✆ 2267906. Modernes, komfortables Hotel, etwas außerhalb und ruhiger gelegen.

Bellevue Hotel–*****, Bukit Bendera (Penang Hill), ✆ 2699500, ✆ 692052. Hoch über der Stadt in reizvoller Umgebung gelegen, bietet die traditionsreiche, koloniale Villa 12 vergleichsweise preiswerte Zimmer an. Nur über die Bergbahn zu erreichen, aber eine erfrischende, erholsame Alternative zu den City-Hotels.

LUXUS – kann man nicht nur am Strand von Batu Ferringhi (s.S. 627) erleben, die Preise sind natürlich entsprechend. Allerdings lohnt es sich, die Strandhotels zu checken, da die Urlauberhotels große Pools anbieten und außerhalb der Hochsaison mit hohen Preisnachlässen locken, so daß ein komfortables Zimmer sehr günstig zu bekommen ist.

Eastern & Oriental Hotel, 10 Lebuh Farquhar, das alte Kolonialhotel wird gerade luxussaniert. Vom alten Gebäude blieb außer der Fassade wenig übrig.

City Bayview Hotel ab 210 RM ⑧, 25 Lebuh Farquhar, ✆ 2263161. Großes, komfortables aber bereits etwas abgewirtschaftetes Hotel. Vom Turm-Café genießt man eine schöne Aussicht auf die Stadt. Im Haus ein guter Coffee-Shop, der auch nachts geöffnet ist.

Shangri-La Hotel ab 180 RM ㊶, Jl. Magazine, neben dem KOMTAR Bldg., ✆ 2622622. Internationales Top-Hotel mit entsprechenden Leistungen.

Sheraton Hotel ab 200 RM ⑦, 3 Jl. Larut, ✆ 2267888, ✆ 2666615. Internationales Hotel, ca. 1 km westlich vom Zentrum nahe der Jl. Burmah gelegen, mit Pool.

Agora Hotel** ④, 202 Jl. Macalister, ✆ 2298588, 2265959, komfortable Zimmer, modernes Hotel mit Pool, günstige Busverbindungen in die Stadt.

Midtowne Hotel** ⑤, 101 Jl. Macalister, ✆ 2269999, 2295149, Business-Hotel mit Bar und Restaurant gegenüber dem Agora, alle Zimmer mit Bad/WC und ac.

In **Tanjung Bungah** stehen hintereinander zwischen Straße und Strand 3 Hotelblocks:

Novotel ①, ✆ 8903333, ✆ 8903303, Luxusrestaurant u.a. mit Pool, Fitnesscentre, einem chinesischen Restaurant und der beliebten Disco *Shock*.

Sandy Bay Paradise Hotel ①, ✆ 8999999, ✆ 8990000, Luxushotel mit Pool.

Crown Prince Hotel ①, ✆ 8904111, ✆ 8904777, 280 großzügige Zimmer, alle mit Balkon zum Meer, hübscher Pool am Strand, sehr gutes chinesisches Restaurant.

Essen

In Penang sind einige der besten Küchen Asiens auf engem Raum versammelt. Wer da

noch auf seinem nivellierten internationalen Traveller-Essen besteht, ist selbst Schuld. Malaiisch, indonesisch, chinesisch, Nonya, nord- und südindisch, Thai, japanisch und natürlich auch europäisch läßt es sich allabendlich vorzüglich speisen, auch ohne die Reisekasse allzusehr zu strapazieren.
Eine Spezialität, die sogar auf der Insel kreiert worden sein soll, ist *Laksa*, eine im ganzen Land berühmte würzige, säuerlich-scharfe Nudelsuppe auf Fischgrundlage mit dicken Nudeln und zahlreichen weiteren Zutaten – köstlich! *Laksa* und malaiisches *Sate* gibt es an vielen Essenständen, vor allem auf den Nachtmärkten, die häufig ihren Standort wechseln.

ESSENSTÄNDE – *Hawker Centres* servieren oft erstaunlich gute Mahlzeiten, z.B. tagsüber an der Lebuh King gegenüber dem Rathaus und abends an der Esplanade jenseits vom Rathaus. Gut besucht ist abends die Lebuh Cintra zwischen Lebuh Chulia und Lebuh Campbell, wo sich neben den kleinen chinesischen Restaurants auf dem Bürgersteig weitere Essenstände aufbauen.
Im ***Coco Island Pub & Cafe***, 273 Lebuh Chulia, vor dem Hong Ping Hotel, treffen sich abends Traveller, um *Sate, Fried Rice* und andere Gerichte von verschiedenen Ständen zu essen oder einen Drink zu nehmen.
Ein neues *Hawker Centre* befindet sich im ***Kedai Kopi Kimberley*** in der Lebuh Kimberley. Chinesische Foodstalls auch im *Hawker Centre* im 1. Stock des KOMTAR Buildings. Der große Nachtmarkt am Gurney Drive nahe dem Kreisverkehr am Ende der Jl. Bagan Jermal, etwas außerhalb des Zentrums (Bus 93 ab Jl. Burmah oder 94 ab KOMTAR Bldg.), ist vor allem bei Einheimischen beliebt, denn durch seine Lage nahe dem Meer ist es hier abends angenehm kühl. Die meisten Stände, die sowohl malaiisches als auch chinesisches Essen sowie frisch gepreßte Säfte und Bier servieren, öffnen kurz vor Sonnenuntergang. Die Essenstände im ***Golden Phenix***, etwas weiter stadteinwärts am Gurney Drive, sind nicht so attraktiv, da sie in einem Gebäude kreisförmig um die Tische angeordnet sind. Dadurch hat die frische Brise keine Chance, die Hitze der Küchen davonzuwehen. Ab 20 Uhr traditionelle chinesische und internationale Live-Musik.

CHINESISCHE RESTAURANTS – Kein Wunder, daß ein so chinesisch geprägter Ort wie Penang über unzählige chinesische Restaurants verfügt. Einige haben keine Speisekarte, und man muß sich ein wenig durchfragen. Von den kleinen Restaurants in der Lebuh Cintra ist das klimatisierte ***Hongkong Restaurant*** denjenigen zu empfehlen, die Schweinefleisch- und Entengerichte lieben. Englische Speisekarte.
Bee Keng, 101 Lebuh Campbell, Ecke Lebuh Cintra. Hier gibt's Seafood und andere chinesische Gerichte.
Hoe Kongsi, Jl. Penang Ecke Jl. Kg. Malabar, ist spezialisiert auf einfache Gerichte wie *Fried Rice* und *Sate.*
Wing Look, Jl. Penang, Ecke Jl. Phee Chon, macht auch *Steamboat* und *Claypot Dishes*. Angeschlossen ist eine schöne alte Chinesenbar.
Loke Thye Kee, 2B Jl. Burmah, Ecke Jl. Penang, bezeichnet sich als das älteste Restaurant von Penang, Terrasse im 1. Stock zur belebten Straßenkreuzung hin.
Phoe Thye Yuen, Lebuh Kimberley, zwischen Jl. Kuala Kangsar und Jl. Penang, ist ein kleines vegetarisches Restaurant.
Goh Huat Seng, 59 A Jl. Kimberley, nahe Jl. Pintal Tali. Gutes China-Restaurant, nicht ganz billig.
Das ***Shangri-La Hotel***, neben dem KOMTAR Bldg., hat ausgezeichnete Restaurants, wo es zum Lunch *Dim Sum* gibt oder abends internationales Büfett. Preise entsprechend.

NONYA – Eine phantastische Mischung aus malaiischer und chinesischer Küche haben die in Südostasien lebenden Chinesinnen, die Nonya, entwickelt. Bekannt sind die Frühlingsrollen *Popiah*, weniger bekannt die mit Gemüse gefüllten winzigen Teighütchen *Top Heads*, die es an einigen Essenständen gibt.

Dragon King, 99 Lebuh Bishop, nahe Jl. Masjid Kapitan Keling. Spezialisiert auf die Nonya-Küche. Gut schmecken *Assam Prawns*, in Tamarinde eingelegte und gebratene Krabben.

SEAFOOD – Der hohe Fischpreis aufgrund der leergefischten einheimischen Gewässer verdirbt vielen Chinesen nicht den Appetit an Seafood. Allerdings muß man bereit sein, weit mehr als an der Ostküste zu bezahlen, z.B. für große Prawns und Lobster 80–100 RM pro kg, ein Fisch mittlerer Größe um 40 RM. Vor allem an der Strandpromenade **Guerney Drive** im Vorort Pulau Tikus konzentrieren sich die an Wochenenden gut besuchten Seafood-Restaurants.

Oriental Seafood, 42 Gurney Drive, ein großes, ins Meer hinausgebautes Freiluftrestaurants, Becken mit lebenden Fischen und anderen Meerestieren, die auf verschiedene Art zubereitet werden. Dieses ist eine neue Filiale des gleichnamigen

Oriental Seafood in der 62 Jl. Macalister, nahe KOMTAR Bldg., ebenfalls ein Freiluft-Restaurant, allerdings wesentlich einfacher und überteuert, von 18–24 Uhr geöffnet.

Wer noch weiter hinausfahren möchte, findet weitere Seafood-Restaurants am Meer im Vorort **Tanjung Bungah** im Norden. Bekannt ist z.B. das ***Hollywood***, 543 Jl. Tanjung Bungah, am Endpunkt der Buslinien Nr. 93 ab Jl. Burmah oder 94 ab KOMTAR Bldg.

Im **Zentrum** gibt es folgende Möglichkeiten:

Sea Palace im Peking Hotel, 50 Jl. Penang, acgekühltes Seafood-Restaurant, nicht billig.

Eden, 15 Jl. Hutton, in einer Seitenstraße der Jl. Penang. Exzellente Seafood-Spezialitäten, aber auch gute Steaks und andere Gerichte. Ausreichend Geld bzw. Kreditkarte einstecken!

MALAIISCHE RESTAURANTS – sind in der Innenstadt wenig vertreten, dafür aber in den Vororten, z.B. in Air Itam.

Kassim, 2-I Jl. Brick Kiln, nahe KOMTAR Bldg., ist für seinen vorzüglichen *Nasi Kandar* bekannt und hat zudem die ganze Nacht geöffnet. Dieses malaiische Gericht besteht aus weißem Reis, der zusammen mit verschiedenen scharfen Curries serviert wird.

INDISCHE RESTAURANTS – sind nicht nur rund um die als Little India bezeichnete Gegend um Lorong Pasar und Lebuh Penang zu finden.

Dawood, 63 Lebuh Queen, ✆ 2611633, etwas teureres indisch-muslimisches Restaurant, existiert seit 1947, ist aber nicht so exklusiv, wie die Fassade vermuten läßt.

Plaza Restaurant, neben dem *Plaza Hostel*, 32 Lebuh Ah Quee, leckere, billige Thosai Masala vom Bananenblatt geben ein phantastisches, preiswertes Frühstück ab.

Kashmir im Untergeschoß des Oriental Hotel, 105 Jl. Penang. Freunde der nordindischen Curries kommen hier auf ihre Kosten. Kein billiges Restaurant, aber es ist immer gutbesucht und lohnt sich. Geöffnet tgl. 12–15 und 19–23 Uhr.

Taj Mahal, 161 Jl. Penang, nahe Einmündung Lebuh Chulia, kocht preiswerte indisch-muslimische Gerichte.

Yasmeen, 177 Jl. Penang, gleich nebenan hat das gleiche Angebot.

Tandoori House, 34-36 Jl. Hutton, ✆ 2619105, gehobenes nordindisches Restaurant mit gleichnamigen Spezialitäten. Geöffnet tgl. 11.30–15 und 18.30–22.30 Uhr.

Hameediyah, 164 A Lebuh Campbell, liegt in einer Seitenstraße der Jl. Penang, ebenso das benachbarte

Taj, 166 Lebuh Campbell, beide mit preiswertem, typisch muslimisch-indischem Angebot.

WEITERE MÖGLICHKEITEN – Die westlichen Fast Food-Schuppen und Traveller-Einheitsrestaurants brauchen wir ja nicht gesondert zu erwähnen.

Rainforest Cafe, 294A Lebuh Chulia, ist mehr als nur ein gemütliches Café mit einer Speisekarte nach westlichem Geschmack. Mr. Tan, führt auch Dschungel-Treks durch und seine Guides organisieren Siberut-Touren in West-Sumatra. Ein Blick in die Bücher mit Traveller-Infos lohnt sich. Geöffnet tgl. 7.30–15 und 19–24 Uhr.

Green Planet, 63 Lebuh Cintra, gehört ebenfalls Mr. Tan, ein ac-Restaurant mit einem ähnlichen Angebot.
Gegenüber dem Cheong Fatt Tze haben sich im Erdgeschoß der blau gestrichenen und edel restaurierten chinesischen Geschäftshäuser die Pubs und Restaurants ***20 Leith St*** und das ***Beetle Nuts Funcafe.*** angesiedelt, das Tex-Mex-Gerichte serviert und dessen Namen sich auf die VW-Käfer-Dekoration bezieht.
Deutsche Gerichte zu durchaus annehmbaren Preisen serviert die gemütliche *Wunderbar* im ***X-Pub***, 417 Jl. Burmah, ✆ 2291095, etwas außerhalb des Zentrums in einem renovierten, alten, blau gestrichenen *mansion* etwas zurückversetzt von der Straße. Geöffnet Tgl. außer So 12–15 und 18.30–22 Uhr.
The Ship, Jl. Sri Bahari, serviert bis spät abends Steaks und andere westliche Gerichte.
Japanische Küche bietet das ***Shin Miyako,*** 105 Jl. Penang im 1. Stock in gediegener Atmosphäre, wenn auch nicht so elegant wie im ***Chikuyo-Tei*** im City Bayview Hotel, 25-A Lebuh Farquhar, ✆ 2635175.
Im sich drehenden Restaurant *(Revolving Restaurant)* auf dem Dach des ***City Bayview Hotel*** kann man beim **Kaffeetrinken** oder Eisessen die Aussicht auf die Stadt genießen.
Ein akzeptables **Frühstück** servieren nahezu alle Traveller-Hotels und die umliegenden Cafés, z.B.
Eng Thai, 417 Lebuh Chulia, neben dem Swiss Hotel,
Seng Hin, 398 Lebuh Chulia.

Unterhaltung

Wer den Abend nicht nur bei einem guten Essen verbringen möchte, dem bietet Georgetown mehr als jede andere Stadt Malaysias (KL einmal ausgenommen) ein breites Unterhaltungsangebot.
Die **Traveller-Szene** sitzt abends in den Kneipen rund um die Lebuh Chulia (wo sonst?). Beliebt ist das ***Coco Island Pub & Cafe*** vor dem Hong Ping Hotel, das ***Rainforest Cafe***, der ***Reggae Club*** oder das ***Reggae Cafe.*** Die Schauplätze können sich allerdings, wie überall, auch schnell wieder ändern.
20 Leith St liegt gegenüber dem Cheong Fatt Tze in einem der blauen chinesischen Geschäftshäuser. Auf dem Platz davor sind einige rustikale Bänke aufgestellt worden, so daß man auch im Freien sein Bier trinken kann.
Wer Lust hat, einmal in einer der traditionellen, schummrigen **Bars** abzustürzen:
Hongkong Bar, 371 Lebuh Chulia, eine alte Matrosenbar mit entsprechender Ausstattung.
Tiger Bar, 108 Lebuh Muntri, nahe Jl. Penang, sowie ***Boston***, 477 Jl. Penang, am unteren Ende der Straße.
Im stilvollen ***X Pub***, Jl. Burmah, ✆ 2291095, der einzigen deutschen **Kneipe** der Stadt, kann man in angenehmer Atmosphäre ein gepflegtes Weizenbier oder Löwenbräu trinken und Expats aus dem deutschsprachigen Raum treffen. Geöffnet tgl. ab 18 Uhr. Im angrenzenden Gebäude ein gutes deutsches Restaurant (s.o.).
Rock World, eine große, neue **Disco** im Zentrum in der Lebuh Campbell in einem ehemaligen Kino mit einer phantastischen Laser Show, geöffnet ab 21 Uhr.
VOR, neue Disco in der Jl. Anson. Für die 30 RM Eintritt werden auf einer Bühne mehrere Shows geboten, außerdem zwei Restaurants mit europäischen und chinesischen Gerichten.
Eine weitere Disco für junge Leute im ***Street One*** im Shangri-La Hotel, Jl. Magazine, ✆ 2622622, mit Karaoke, tgl. geöffnet. Die meisten anderen Discos befinden sich in den Luxushotels von Tanjung Bungah und Batu Ferringhi.
Babylon Boom Boom, Disco mit Transvestiten-Cabaret in der Gat. Lebuh China, tgl. außer Mo ab 21 Uhr geöffnet. 2 Shows um 22.30 und 24 Uhr, Fr um 23, Sa um 23.30 Uhr.
Ein beliebter Laden für **Rockmusik** live ist ***The Ship***, Jl. Sri Bahari, im 1. Stock spielt ab 21 Uhr die Band, im Erdgeschoß ein Restaurant mit Steaks für Nachtschwärmer.

Einkaufen

Bei einem Bummel durch die Straßen der Stadt läßt sich die faszinierende Vielfalt an Geschäften und Werkstätten erkunden. Hier gibt es fast alles, und das Angebot ist merklich größer als in anderen Orten Malaysias.
Jalan Penang ist die Haupt-Einkaufsstraße – von Antiquitäten bis zu Zinnprodukten aus Selangor wird hier alles, was Touristen interessieren könnte, verkauft. Geschäfte im westlichen Stil findet man hier ebenso wie eine Markthalle mit lokalen Lebensmitteln (**Chowrasta Food Market**). Dazwischen einige indische Schneider, die Kleidung nach Maß aus malaysischer Batik oder chinesischer Seide anfertigen. Straßenhändler bieten billige, bespielte Kassetten (unbedingt vorspielen lassen!), bunt bedruckte T-Shirts, billiges Parfum in teurer Verpackung und vieles mehr an. Handeln ist obligatorisch.
Touristen können unter bestimmten Bedingungen **zollfrei** einkaufen. Man muß allerdings innerhalb von zwei Wochen Malaysia verlassen und darf die versiegelten Pakete erst dann öffnen. In den Läden Penangs, die sich als *Duty Free Shops* bezeichnen, bekommt man vor allem elektrische und elektronische Geräte, aber auch Alkoholika und Zigaretten.
KOMTAR (Kompleks Tun Abdul Razak), das neue, 65stöckige „Wahrzeichen" am südlichen Ende der Jl. Penang, beherbergt in den unteren Stockwerken eine Reihe von Geschäften und Dienstleistungsunternehmen.
In den übervollen, kleinen offenen Läden der **Chinatown** entlang der Lebuh Kimberley, Lebuh Chulia, Lebuh Campbell und ihrer Seitenstraßen läßt es sich wunderbar stöbern, vor allem natürlich bei den Antiquitätenhändlern (Rope Walk), aber z.B. auch beim Tempelzubehör (Lebuh Kimberley, Jl. Pintal).
Ein interessantes Spezialgeschäft für chinesische Medizin befindet sich an der Lebuh Pantai zwischen Gat Lebuh Chulia und Gat Lebuh Pasar. Auch an der Lebuh Chulia, Ecke Jl. Masjid Kapitan Keling gibt es eine hübsche, alte chinesische Apotheke.
Im **indischen Viertel** rings um die Lorong Pasar und Lebuh Penang ist das Angebot profaner, aber nicht weniger ausgefallen. Kassetten und Räucherstäbchen, Kupfer- und Weißblechwaren, bunte Sari-Stoffe und exotische Gewürze (Lebuh Penang) stapeln sich in den engen Läden und auf den Bürgersteigen.
Große **Department Stores** sind der ***Yaohan Department Store***, neben dem KOMTAR Bldg. (hinter dem *Shangri-La Hotel)* ***Gama Department Store***, am Kreisverkehr hinter dem KOMTAR Bldg., Jl. Brick Kiln, Ecke Jl. Dato Keramat.
Buchhandlungen mit fremdsprachigen Büchern in der Lebuh Chulia und Jl. Macalister. Hier handeln mehrere kleine Buchläden mit Second Hand-Büchern, z.B. ***Saleemul Enterprise***, 440-B Lebuh Chulia. Einige bieten auch Internet-Zugang an.
Syarikat United Books, 213 Jl. Penang, Buchhandlung mit großem internationalen Angebot, auch Zeitschriften, Zeitungen und Kassetten.

Sonstiges

AMERICAN EXPRESS – ***Mayflower Acme Tours Sdn. Bhd.***, Tan Chung Bldg., 274 Lebuh Victoria, ✆ 2623724, geöffnet Mo–Fr 8.30–17.30, Sa 8.30–13 Uhr. Schecks werden von Banken und Moneychangern gewechselt.

AUTOVERMIETUNG – Es lohnt sich, nach Sondertarifen zu fragen und die Preise zu vergleichen. Bei allen Firmen ist ein Discount drin. Auch für eine Inselrundfahrt lohnt es sich, zu dritt oder viert einen Wagen zu mieten und die Kosten zu teilen, sofern man es sich zutraut, ein Auto durch das exotische Getümmel auf Penangs Straßen zu steuern. Viele Firmen haben einen „Inseltarif", ein Tag kostet dann 85–110 RM. Hier ein paar Adressen, ansonsten helfen die Gelben Seiten weiter.
Avis, gegenüber dem *Golden Sands Hotel* in Batu Ferringhi, ✆ 8811522, 📠 8812613.
Hertz, 38/7 Lebuh Farquhar, ✆ 2635914, 📠 2631273.

Kasina Baru, 195 Blok G, MK 12 Sungai Tiram, ✆ 6441842, 2293841, 📠 2290179, vermietet 4WDs und Vans für bis zu 11 Personen.
Mayflower Acme Tours, 274 Lebuh Victoria, ✆ 2628196.
National, 1 Pengkalan Weld, ✆ 2629404, 📠 2617440.
Orix, City Bayview Hotel, 25 Lebuh Farquhar, ✆ 2618608, 📠 2618720.
Pacific Rent A Car, Airport, ✆ 6438891.
Ruhanmas, gegenüber dem *Park Royal* und dem *Golden Sands Hotel* in Batu Ferringhi, ✆ 8811023, 8811071, 📠 8811950.

DROGEN – Da Penang auch ein Drogenumschlagplatz ist, noch einmal die Warnung, keinesfalls auf irgendein Angebot einzugehen und keine Päckchen von Unbekannten für ihre „Freunde" in Europa mitnehmen. Mancher Rikschafahrer scheint von Marihuana bis zu Heroin alles zu verkaufen – er kann aber auch ein Spitzel sein. Seit die Drogengesetze in Malaysia strenger gehandhabt werden, hat man schon mehrfach die Todesstrafe verhängt – auch gegen leichtsinnige Ausländer.

FESTE – Vor allem die chinesischen Feste werden in Penang prunkvoll gefeiert, z.B. im Januar / Februar das **Neujahrsfest** mit seinen hektischen Vorbereitungstagen.
Außerdem begeht man in den großen Tempeln der Stadt spezielle **Tempelfeste** zu Ehren der jeweiligen Namensgeber.
Auch das indische **Thaipusam** lohnt im Januar / Februar einen Besuch in Penang.
Während des ganzen Monats Dezember läuft ein buntes Programm. Der Höhepunkt der **Pesta Pulau Pinang** z.B. sind die Drachenbootrennen am Gurney Drive in Pulau Tikus.
Wer abends durch die Straßen geht, kann häufig Zaungast prächtiger Familien- oder Tempelfeste werden, bei denen auch Chinesische Oper, Puppenspiele, Tänze und Musik die Gäste unterhalten. Die Broschüre *Penang for the Visitor* des Tourist Office enthält ausführliche Beschreibungen und die genauen Termine für das jeweilige Jahr.

GELD – die meisten Banken residieren im alten Verwaltungsviertel um das Hauptpostamt, z.B.:
Bank Bumipurtra, ✆ 2613153, und ***Hongkong Bank***, ✆ 2629441, in der Lebuh Pantai oder die ***Maybank***, ✆ 2612461, in der Lebuh Union.
Vergleichen sollte man nicht nur die Wechselkurse, sondern auch die Gebühren, z.T. verlangen Banken bis zu 6 RM pro Scheck! Einige lösen nur bis zu einem gewissen Limit (z.B. 500 RM) Schecks ein. Möglicherweise ist man bei den Geldwechslern (s.u.) besser bedient. Geöffnet Mo–Fr 10–15, Sa 9.30–11.30 Uhr. Günstigere Kurse als die Banken haben oft die **Geldwechsler**, meist Inder, die man z.B. im Bankenviertel südlich des Uhrturms, in der Lebuh Chulia und Jl. Masjid Kapitan Keling findet. Im Gegensatz zu den Banken haben sie fast immer geöffnet und wechseln auch Bargeld.

INFORMATIONEN – viel Informationsmaterial in Hochglanzprospekten, z.B. die 6x jährlich erscheinende *Penang Travel News* und *Visit Penang.*
Penang Tourist Information Centre, ✆ 2616663, 10 Jl. Tun Syed Sheh Barakbah, beim Fort Cornwallis neben dem Uhrturm. Geöffnet Mo–Do von 8–13, 14–16.30; Fr 8.30–12.30, 14.30–16.30, Sa 8.30–13 Uhr. Keine Zimmervermittlung.
MTPB *(Malaysia Tourism Promotion Board),* neben, hat nur wenige Informationen über Penang. Ein weiteres ***Information Centre*** gibt es am Airport, ✆ 6491501, geöffnet Mo–Fr 9–21 Uhr.
Ein ***Tourist Information Centre*** befindet sich auch im KOMTAR Bldg., im 3. Stock, nahe McDonald's und KFC, ✆ 2614461, geöffnet tgl. 10–18 Uhr.

INTERNET – In der Lebuh Chulia bieten Buchläden Internet-Zugang für 15 RM pro Std. an.
Preiswerter ist das Surfen im ***Hyper Web C@fe***, 488D-04-11, Jl. Burmah, Midlands Park Center, Pulau Tikus, im 4. Stock über *Kenny*

Rogers, tgl. 11–23 Uhr, ☎/℻ 2261268, Homepage: www.hyperweb.com.my, E-Mail: cypercafe@ hyperweb.com.my

KONSULATE – wenn man nach Thailand zurückreisen will:
Royal Thai Consulate, 1 Jl. Ayer Rajah, Ecke Jl. Tungku Abdul Rahman, ☎ 2269484, liegt im Nordwesten. Geöffnet Mo–Fr 9–12 und 14–15 Uhr. Das Touristenvisum für 2 Monate kostet 33 RM. Es müssen 2 Paßfotos vorgelegt werden, die Bearbeitung dauert in der Regel einen Tag. Zu erreichen mit Bus 7 vom KOMTAR Bldg.
German Consulate, nur ein Honorarkonsul, daher keine Adresse, ☎ 6415707.

MALAYSIAN GERMAN SOCIETY – 250 B Jl. Air Itam, ☎ 2296853. Die Bibliothek ist Mo–Fr von 9.45–18, Sa 9.45–13 Uhr geöffnet. Di abends werden Filme gezeigt, manchmal finden auch besondere Veranstaltungen statt. Bus 1 oder 10 ab Victoria Terminus.

MEDIZINISCHE HILFE – Polizei und Ambulanz erreicht man unter der Nummer 999, die Feuerwehr unter ☎ 994.
General Hospital, Jl. Residensi (Jl. Western, am Poloplatz westlich des Zentrums), ☎ 2293333. Im Notfall wird man hierhin gebracht, weil die Behandlung kostenlos ist. Außerdem gibt es in Penang eine Reihe privater Kliniken, z.B.:
Medical Centre, 1 Jl. Pangkor, ☎ 2276111.
Adventist Hospital, 465 Jl. Burmah, ☎ 2261133, liegt nahe am indonesischen Konsulat (s.o.),
The Specialists Centre, 19 Jl. Logan, ☎ 2288501,
Mt. Miramar Hospital, Fettes Park, ☎ 8907044.

MOTORRÄDER – werden von mehreren Läden in der Lebuh Chulia für ca. 15 RM pro Tag vermietet. Allerdings raten wir vom Motorradmieten ab, da die Fahrzeuge (entgegen der Beteuerung einiger Vermieter) nicht versichert sind und bei der riskanten Fahrweise vieler Verkehrsteilnehmer das Unfallrisiko sehr hoch ist.
Wir haben während unserer Recherche täglich einen schweren Motorradunfall gesehen!

POLIZEI – Die ***Tourist Police***, ☎ 2615522, ist bei Problemen die erste Anlaufstelle. In Penang werden besonders häufig Handtaschen von Motorrädern aus gestohlen. Auch allzu aufdringlichen Passanten auf der Lebuh Chulia sollte man mit einer gesunden Portion Mißtrauen begegnen.

POST – ***Pejabat Pos Besar*** (Hauptpostamt) in der Lebuh Downing, ☎ 2619222, liegt nahe am Fort Cornwallis. Geöffnet Mo–Sa 8–18 Uhr.

UMWELTORGANISATIONEN – ***Sahabat Alam Malaysia (SAM)***, 43 Jl. Salween „Die „Freunde der Erde" engagieren sich seit 1977 für den Umweltschutz, besonders für den Erhalt des tropischen Regenwaldes in Malaysia, und erhielten dafür 1988 den alternativen Nobelpreis. Sie veröffentlichen monatlich die Zeitung *Suara Sam* und den *Asian-Pacific Environment Newsletter*, außerdem zahlreiche Bücher zu Umweltthemen.
Hier kann man in der Bibliothek schmökern und T-Shirts, Postkarten oder SAM-Publikationen kaufen, die es ebenfalls in einigen Buchhandlungen gibt. Geöffnet Mo–Fr 9–17, Sa 9–12 Uhr. Bus 93 fährt die Jl. Burmah entlang, hinter der Kreuzung Jl. Anson / Jl. Argyll aussteigen und zu Fuß gehen.

TELEFON – Ortsgespräche kosten 10 sen. Mit Telefonkarten kann man Auslandsgespräche von zahlreichen Telefonzellen aus führen.
Telecom, Bangunan Tuanku Syed Putra, Lebuh Downing, ☎ 2610791, neben dem Hauptpostamt, Mo–Fr 8–16.45 Uhr geöffnet. Auch hier gibt es Kartentelefone, die handvermittelten Gespräche sind teurer. Außerdem dem Fax-Service.
Kedai Telekom, Jl. Burmah, ☎ 2293273, hat rund um die Uhr geöffnet.

VORWAHL – 04, PLZ 10000.

Nahverkehrsmittel

In der Innenstadt läßt sich eigentlich alles zu Fuß erledigen. Lokale Verkehrsmittel wird man nur für Ausflüge in die Vororte oder an weiter entfernte Stellen der Insel benötigen.

STADTBUSSE – Sehr komfortabel sind die neuen, klimatisierten Intrakota-Minibusse, die innerhalb des Stadtgebietes für 1 RM zu dem jeweiligen Ziel, das an der Frontscheibe angeschrieben ist fahren, und an den üblichen Bushaltestellen stoppen. Daneben fahren fünf weitere Busgesellschaften in der Stadt und auf der Insel.
Die ***MPPP***-Citybusse fahren alle ab KOMTAR Bldg., ausgenommen die Busse Nr. 8, 12 und 13. Bus Nr. 11 fährt von der Lebuh Victoria nach Süden zur Penang Bridge, Nr. 7 zum Botanischen Garten, Nr. 1 zum Kek Lok Si Tempel, von dort fährt Nr. 8 zum Penang Hill. Der Fahrpreis variiert je nach Distanz im Stadtgebiet zwischen 40 und 70 sen. Grüne, blaue und gelbe Busse fahren ab Ferry Terminal an der Jetty und halten am KOMTAR Bldg. Die Blauen kann man für 1,40 RM nach Batu Ferringhi und Teluk Bahang nehmen (Umsteigen in Tg. Bungah – der Anschlußbus wartet), die Gelben nach Süden, also zur Brücke, zum Airport, Snake Tempel usw., die Grünen nach Air Itam.

TRISHAWS – Die Fahrradrikschas sind im Citybereich ein beliebtes Transportmittel – man sitzt vor dem Fahrer und hat freie Sicht auf die Straße. Preise aushandeln, denn der erste Preis ist meistens überhöht! Das Minimum ist 3 RM, eine Fahrt von einer Meile dürfte 3–4 RM, eine volle Stunde mindestens 15 RM kosten.

TAXIS – Obwohl viele Wagen ein Taxameter eingebaut haben, „funktioniert" dieses in der Regel nicht. Daher steht auch ganz richtig in den offiziellen städtischen Informationsbroschüren: *„Taxis do not use meters; agree on price before boarding."* Der Mindestpreis beträgt 4 RM pro Meile. Zwischen Mitternacht und 6 Uhr morgens wird ein Nachtzuschlag von 50% berechnet. Vom Flugplatz aus fahren Coupon-Taxis in die Stadt für 16 RM. Nach Batu Ferringhi sollte die Fahrt 25 RM kosten und nach Air Itam oder zum Botanischen Garten 10 RM. Telefonisch sind Taxis unter ✆ 2625721 zu bekommen.

FÄHREN – Obwohl seit einigen Jahren eine imposante, 13,5 km lange Brücke die Insel mit dem Festland verbindet (Gebühr für einen PKW vom Festland zur Insel 7 RM), verkehren rund um die Uhr zwischen Penang und Butterworth große Auto- und Personenfähren. Tagsüber legen sie alle 20 Minuten ab, nachts zwischen 24 und 7 Uhr stündlich. Die Fähre von Penang nach Butterworth ist kostenlos, die umgekehrte Fahrt kostet 40 sen, die man für die automatische Sperre als Kleingeld bereithalten sollte. Autos kosten zwischen 4 und 8,40 RM, Motorräder 1,20 RM. Die Anlegestelle ist am Weld Quay (Pengkalan Weld). Fernbusse, Overland Taxis und Züge fahren an der Anlegestelle in Butterworth ab.

Transport

Dreh- und Angelpunkt für den Schienenverkehr ist die Hafenstadt **Butterworth** auf dem Festland. Dort liegen Fähranleger, Bahnhof, Bus Station und Taxistand direkt nebeneinander. Wer auf dem Landweg von Penang aus weiter will, muß aber nicht unbedingt hinüber auf die andere Seite, denn Busse nach Thailand und zu Zielorten innerhalb Malaysias fahren auch am großen Busbahnhof beim KOMTAR Bldg. ab.

BUSSE – zum Festland, z.B. nach Luala Lumpur, fahren am Busbahnhof beim KOMTAR Bldg. ab. Es ist aber immer günstiger, mit der Fähre nach Butterworth zu fahren, und am Busbahnhof direkt nördlich der Fähranlegestelle in den Bus umzusteigen. Tickets ab Penang verkauft:

New SIA Tours, 35 Pengkalan Weld, ✆ 2615115, nach Kuala Lumpur, Cameron Highlands, Singapore und Thailand.
Anikawan Express, im Erdgeschoß des KOMTAR Bldg., ✆ 2622951, nach Kota Bharu, Kuala Lumpur, Melaka und Singapore. Ab Butterworth fahren Busse in jede größere Stadt:
Zur thailändischen Grenze nach PADANG BESAR für 9 RM. Auf der thailändischen Seite fahren Busse weiter nach HAT YAI. Außerdem verkehren Minibusse von Penang direkt zu den Touristenzielen in Süd-Thailand. Passagiere der Minibusse sollten besonders bei der Fahrt nach Malaysia darauf achten, daß ihnen keine Drogen ins Gepäck geschmuggelt werden.
ALOR SETAR alle 15 Minuten in 2 Std. für 5 RM, KANGAR für 6,50 RM, KUALA PERLIS (Fähre nach Langkawi) für 7 RM. Schneller kommt man allerdings mit der Fähre ab Kuala Kedah via Alor Setar. Nach KOTA BHARU über den East-West Highway um 20.30 Uhr in 7 Std. für 19,50 RM.

MINIBUSSE – operieren von den Traveller-Hotels rund um die Lebuh Chulia nach KRABI für 20 RM, PHUKET 40 RM, HAT YAI 16 RM und SURAT THANI 30 RM, von hier Boot nach Ko Samui. Tickets gibt es bei den diversen Hotels. Meist geht es sehr früh am Morgen los, viele fahren auch nachts.

ÜBERLANDTAXIS – Die Überlandtaxis stehen nördlich der Anlegestelle neben dem Busbahnhof in Butterworth, manche lassen sich auch in Traveller-Hotels buchen. Preise für non-ac-Taxi p.P. bei 4 Passagieren, ac-Taxi plus 20%. ALOR SETAR 10 RM, KANGAR 13 RM und PADANG BESAR 17 RM, HAT YAI 20–25 RM. KUALA KEDAH 11 RM oder KUALA PERLIS 14 RM, KOTA BHARU 35 RM.

EISENBAHN – Züge fahren ab Butterworth Railway Station, am Ferry Terminal, ✆ 3312796. Unsere Preisangaben beziehen sich auf die 2. Klasse mit ac, Tickets können auch in Georgetown gekauft werden:
Railway Booking Office, Pengkalan Weld, ✆ 2610290, etwa 50 m von der Straße in Richtung Fähre. Ab dem Bahnhof von Bukit Mertajam, 8 km östlich von Butterworth, ✆ 5392660, fährt früh morgens um 3.35 Uhr der *Ekspres Langkawi* über Alor Setar nach ARAU (3 Std.), von wo es nur ein kurzer Weg zur Langkawi-Fähre in Kuala Perlis ist. Weiter über PADANG BESAR (4 Std.) nach HAT YAI (5 1/2 Std.). Zudem fährt ab Butterworth tgl. um 13.40 Uhr der internationale Express über HAT YAI und SURAT THANI (Fähre nach Ko Samui) nach BANGKOK, wo er am nächsten Morgen um 9.30 Uhr ankommt. Zurück ab Bangkok am Nachmittag um 15.15 Uhr, Ankunft in Butterworth am folgenden Tag um 12.40 Uhr. Inkl. Schlafplatz 78 RM, 55 RM nur mit Sitzplatzreservierung.
Um 14 Uhr fährt ein Express weiter Richtung Süden nach KUALA LUMPUR, 38 RM, wo Anschluß an den Zug um 22.15 Uhr nach SINGAPORE, 64 RM, besteht. Ankunft 6.40 Uhr.

FLÜGE – Der Bayan Lepas International Airport, ✆ 6434411, liegt 20 km südlich von Georgetown, 39 km von Batu Ferringhi entfernt. Gelbe Busse 83 fahren ab Jetty für 1,10 RM, Coupon-Taxi ab City 16 RM, ab Batu Ferringhi 26 RM.
Nationale Flüge: MAS fliegt nonstop nach KUALA LUMPUR 10–15x tgl. für 104 RM, LANGKAWI 4x tgl. für 51 RM.
MAS, KOMTAR Bldg., ✆ 2620011, 2621403, ✆ 2618191, Airport ✆ 6430811.
Pelangi, ✆ 6482181, 2612311, fliegt tgl. nach KOTA BHARU für 87 RM, Nachtflug am So 61 RM, Mo, Mi und Fr nach KUALA LUMPUR für 104 RM und Mo, Do und Sa nach KUALA TRENGGANU für 151 RM.
Internationale Flüge: Mit MAS nach BANGKOK 1x tgl. nonstop für 330 RM und PHUKET Mi, Fr und So für 190 RM.
Weitere günstige Flüge in alle Welt werden in verschiedenen **Billigflug-Reisebüros** rund um die Lebuh Chulia angeboten. Ein internationaler Studentenausweis ist hilfreich, da häufig Discounts gewährt werden. Vorsicht, einige Reisebüros existieren nicht lan-

ge, eines Tages bleibt die Tür geschlossen und der Manager ist mit den Anzahlungen über alle Berge.
MSL Travel, im *Agora Hotel*, Jl. Macalister, ✆ 2272655, 📠 2272102, gehört zu den verläßlichen, nicht nur für Studenten. Hier kann man sich zudem einen Railpass oder eine Jugendherbergskarte ausstellen lassen.
Hier die Büros einiger **Fluggesellschaften:**
British Airways, 20A Lebuh Penang, ✆ 2616342.
Cathay Pacific, Menara PSCI, 39 Jl. Sultan Ahmad Shah, ✆ 2260411.
Sempati, Suite 2/1 Wisma Leader, Jl. Larut, ✆ 2281612.
Singapore Airlines, Wisma Penang Garden, 42 Jl. Sultan Ahmad Shah, ✆ 2266211, 📠 2260459.
Thai Airways, Wisma Central, 41 Jl. Macalister, ✆ 2266000, 📠 2269000.

SCHIFFE – Eine gute Möglichkeit, relativ preiswert nach Langkawi oder Sumatra zu kommen. Preise für die einfache Fahrt, *Return* ist billiger.
KPLFS (Kuala Perlis–Langkawi Ferry Service) Port Commission Shopping Complex, Pasara Raja Edward, ✆ 2625630, am Uhrturm neben dem Tourist Office. Tgl. um 8 und 18.30 Uhr ein Schiff nach LANGKAWI in 3 Std. für 35 RM, 60 RM hin und zurück. Zudem werden organisierte Tagestouren für 109 RM angeboten, bei denen allerdings das Besichtigungsprogramm hinter dem Einkaufen zurücksteht.

Der Norden der Insel Penang

Jahrelang war die Nordküste von Penang das Reiseziel für alle, die bei einem Badeurlaub unter tropischen Palmen auf ein komfortables Hotel nicht verzichten wollten. Da es hier – im Gegensatz zur Ostküste – auch während der Wintermonate nicht regnete und durch die Nähe zur Stadt und zum Flughafen eine gute Infrastruktur gewährleistet war, entstanden in Batu Ferringhi bereits in den 60er Jahren Strandhotels für Touristen aus dem Ausland. Doch die starke Verschmutzung der Straße von Malacca macht auch vor dieser Küste nicht halt, ganz im Gegenteil. Da die expandierende Stadt Georgetown und die neuen Industriebetriebe im Süden keine ausreichenden Kläranlagen besitzen, hat sich die Wasserqualität je nach den Stömungs- und Windverhältnissen verschlechtert. Die Strandhotels gibt es noch immer, nur konzentriert sich das Leben hier rings um die Swimming Pools, die in einigen Hotels der oberen Preisklasse traumhafte Dimensionen haben. Man verläßt Georgetown Richtung Norden auf der Jl. Burmah (blauer Bus) oder auf der Jl. Sultan Ahmad Shah, der späteren Jl. Kelawei und Jl. Tanjung Tokong. Der Besucher kommt zunächst durch den Vorort **Tanjung Tokong**, wo zahlreiche neue Apartmenthochhäuser aus dem Boden emporschießen und in der Jl. Fettes ein großer Markt stattfindet. Parallel zur Küste geht es nach **Tanjung Bungah**, an dessen Stränden einige internationale Hotels stehen, und von dort auf einer kurvenreichen Straße weiter nach Batu Ferringhi, dem Touristenzentrum von Pulau Pinang.

Inselrundfahrt Mit öffentlichen Verkehrsmitteln kostet die 75 km lange Rundfahrt um die Insel ca. 5 RM und dauert ohne längere Pausen etwa 6 Stunden. Als Alternative bietet sich ein Mietwagen oder ein Taxi an, das etwa 100 RM verlangt. Der Preis und die Stops müssen vorher ausgehandelt werden.
Beispiel einer Rundfahrt gegen den Uhrzeigersinn: Mit dem blauen Bus Nr. 93 nach Batu Ferringhi (16 km), mit derselben Linie weiter nach Teluk Bahang (19 km). Von hier fährt zwischen 7 und 16 Uhr alle 2 Std. der gelbe Bus Nr. 76 nach Balik Pulau (40 km). Ab hier verkehrt bis gegen Mitternacht der gelbe Bus Nr. 66 über Teluk Kumbar (53 km), vorbei am Bayan Lepas Airport (56 km), dem Schlangentempel (60 km) wie auch der Penang Bridge (62 km) zurück nach Georgetown (75 km).

Batu Ferringhi

Der kilometerlange Küstenstreifen mit seinen Sandstränden und Badebuchten wird im Interesse des internationalen Publikums saubergehalten – zumindest reinigt man täglich den Sand.

Leider kann man dem Meerwasser seine tropisch-blaue Farbe nicht zurückgeben. Vor allem im Winter kann es aber durchaus idyllisch aussehen. Große internationale Hotels bestimmen das Bild, dazwischen gibt es allerdings nach wie vor bescheidene Privathäuser, selbst der kleine Ortskern mit der Moschee ist noch auffindbar. Restaurants und Boutiquen säumen die Straße, aber die Atmosphäre ist friedlich und unaufdringlich, und so mancher Tourist, der an den Tischen im Freien seinen Kaffee schlürft, macht einen ausgesprochen gelangweilten Eindruck.

Eine Seitenstraße führt gegenüber dem *Bayview* zu einem kleinen **Wasserfall**, den man mit Figuren und Gärtchen zu einer Tempelanlage dekoriert hat. Nicht sensationell, aber immerhin ein Ziel für einen Spaziergang. Der Pächter des Landes läßt allerdings nach 18 Uhr einige scharfe Hunde auf seinem Grundstück frei laufen.

Von dem markanten Felsen, der 3,3 km vor Teluk Bahang, nördlich des Strandes, aus dem Meer emporragt, erhielt Batu Ferringhi, übersetzt: „**der portugiesische Stein**" seinen Namen.

Während der weiteren Fahrt entdeckt man in den kleinen Buchten abgelegene Sandstrände, die z.T. über Fußpfade zu erreichen sind, wie der **Lone Crag Beach**, 800 m westlich des Ortes.

Teluk Bahang

Der nächste Ort, Teluk Bahang, wird überwiegend von Malabar-Fischern bewohnt. Am Ortseingang errichtete man das Top-Hotel *Penang Mutiara* – grauweiß, kühl, vornehm und ein Fremdkörper neben den windschiefen Kampung-Häusern. Das ehemalige **Pinang Cultural Centre** ist in einen neuen Gebäudekomplex jenseits der Straße umgezogen. In der *Istana*, einem Theater-Restaurant im Stil malaiischer Paläste, das verschwenderisch mit Holzschnitzereien geschmückt ist, werden abends um 20.30 Uhr für bis zu 500 Gäste malaiische Tänze zu einem traditionellen Büfett (48 RM) aufgeführt. Voranmeldung unter ✆ 8851175. Zudem wurde auf dem Gelände ein altes Minangkabau-Holzhaus aus Negri Sembilan errichtet, das als Museum dienen soll. Es ist geplant, auch aus anderen Regionen traditionelle Häuser in das Zentrum zu holen.

An einem weit ins Meer hinausragenden Steg am Ende der Straße liegen zahlreiche Fischerboote. Hier beginnen die Wanderwege zum **Monkey Beach** (Pantai Keracut, 2,9 km) und zum Sungai Tukun, 1,1 km. Mit gemieteten Booten kann man ebenfalls zum Monkey Beach und zu anderen Stränden rings um Mukah Head fahren. Ein Boot kostet 30 RM hin und zurück oder 25 RM pro Stunde. Allerdings ist der Strand häufig sehr stark verschmutzt.

Am Strand beginnt ein Fußweg (2–2 1/2 Std.) zum Leuchtturm am **Mukah Head**, der nordwestlichen Spitze der Insel. Einige der Brücken über die kleinen Flüsse sind verfallen oder zusammengestürzt – Vorsicht! Ein weiterer Fußweg zweigt vom Pfad nach Mukah Head nach links ab, und führt nach etwa 1 1/2–2 Std. zu einem an der Westküste gelegenen Strand, dem sauberen **Mermaid Beach**. Beides sind empfehlenswerte Wanderungen, inzwischen hat man hier leider auch ein militärisches Sperrgebiet eingerichtet.

Butterfly Farm

Vom Kreisverkehr etwa 1 km in Richtung Balik Pulau liegt die Butterfly Farm, ein großes Freigehege, in dem man Tausende von Schmetterlingen frei umherfliegend bewundern kann – eine seltene Gelegenheit, die farbenprächtigsten Exemplare einmal ganz aus der Nähe zu fotografieren.

Außerdem gibt es eine ansehnliche Sammlung seltener Insektenarten sowie lebender Skorpione, Spinnen, Eidechsen, Frösche und anderer Kleintiere sowie eine interessante kleine Ausstellung. Geöffnet tgl. 9–17, Sa und feiertags bis 18 Uhr, Eintritt 5 RM. Von hier aus kann man auch eine Orchideenfarm besuchen, 1 RM Eintritt.

Muzium Perhutanan

Beim Muzium Perhutanan nebenan hat man etwa 100 ha Wald zum Naturschutzgebiet erklärt, weil hier besonders viele Arten malaiischer Bäume wachsen. Im großen Pavillon kann man verschiedene Dschungelarten unterscheiden lernen und sehen, wo es in Malaysia welchen Wald (noch) gibt. Das Museum informiert zudem relativ unkritisch über die einheimische Holzwirtschaft und -verarbeitung. Im Park gibt es eine Bademöglichkeit in den kleinen Pools eines Baches, außerdem markierte Wanderwege. Das Museum ist geöffnet Di–Do, Sa und So 9–13 und 14–17, Fr 9–12 und 14.45–17 Uhr, Eintritt 50 sen.

Übernachtung

GÄSTEHÄUSER – Der Strand von **Tanjung Bungah** ist zwar nicht besonders einladend, aber hier gibt es

The Lost Paradise*–**, 261 Jl. Tanjung Bungah, etwas schwer zu finden direkt unterhalb der Straße an der Paradise Bay an der Grenze zwischen Tanjung Bungah und Batu Ferringhi, ✆ 8991932. Die viktorianischen Villen von 1890 waren das ehemalige Strandresort einer wohlhabenden chinesischen Familie, zwei Villen mit 4 bzw. 7 Zimmern werden nur komplett für 150 / 300 RM vermietet, aber in der dritten sind auch einfache Zimmer mit Fan oder ac ohne Du/WC zu haben, auch Bett im Schlafsaal für 10 RM. Restaurant, Biergarten und schöner Ausblick.

Kaum zu glauben, aber man kann in **Batu Ferringhi** auch billig in kleinen Holzhäusern bei einheimischen Familien wohnen, die zumeist jenseits der Strandstraße stehen. Neben dem Park Royal Hotel am alten Ortskern zweigt an den Foodstalls ein Weg zum Strand ab. Geht man an der Strandstraße nach links, gelangt man zuerst zum

Baba Guest House**–*** ⑦, Jl. Batu Ferringhi, ✆ 8811686, einem freundlichen, sauberen Gästehaus mit einer Verandah im 1. Stock. Zimmer mit Du/WC und Fan oder ac. Gleich daneben links

Shalini's Guest House**–*** ⑥, 56 Jl. Batu Ferringhi, ✆ 8811859, bietet recht komfortable Zimmer mit und ohne Du/WC, einige mit ac und Kühlschrank. Im Erdgeschoß kann man frühstücken oder kleine Gerichte bekommen und auf dem gemütlichen überdachten Balkon auch einen Regentag genießen.

Ali's Guest House*–*** ⑤, 53-54 Jl. Batu Ferringhi, ✆ 8811316, kleine Zimmer mit Fan, z.T. mit Gemeinschafts-Du/WC, andere mit ac und Du/WC, Schlafsaalbett 10 RM. Gartenkneipe mit akzeptablen Bierpreisen.

Ah Beng Guest House*–*** ④, Jl. Batu Ferringhi nebenan, ✆ 8811036, ist ein sehr freundliches, sauberes Haus mit unterschiedlichen Zimmern. Am billigsten sind natürlich die mit Fan und Gemeinschafts-Du/WC, es gibt aber auch komfortablere mit ac und Du/WC.

Beng Keat Guest House*–** ③, 67A Jl. Batu Ferringhi, ✆ 8811987, liegt an dem kleinen Sträßchen, das zur Hauptstraße zurückführt und verfügt über einfache Zimmer mit Fan oder ac, überwiegend mit Du/WC, Fernsehzimmer, Küchen- und Kühlschrankbenutzung für alle, freundlicher Service.

In **Teluk Bahang**: ***Rama's**** ⑭, ✆ 8811179, an der kleinen Straße Richtung Meer, hat Schlafsaalbetten für 7 RM und ein paar einfache Zimmer ohne Fan.

Fisherman's Village Guesthouse* ⑬, Lorong Nelayan 3, etwas außerhalb inmitten des Dorfes, saubere Zimmer mit Fan oder ac und Du/WC.

LUXUS – Die meisten Zimmer in den großen Hotels sind von Reiseunternehmen für Gruppen gebucht. Außerhalb der Ferienzeiten bekommt man überall Rabatt, so daß die folgenden Hotels weniger als 200 RM inklusive großem Frühstücksbüfett kosten.

Bereits 4 km vor Batu Ferringhi liegt

Ferringhi Beach Hotel (ab 200 RM), Jl. Batu Ferringhi, ✆ 8905999, 📠 805100, Luxushotel,

350 Zi, Restaurants, Disco und riesiger Pool, Zugang zum Strand (Miami Beach) über eine Fußgängerbrücke.
Rasa Sayang (ab 300 RM) ⑫, ☎ 8811811, 📠 8811984, am Ortseingang, gehört zu den besten Hotels. 514 Luxuszimmer und Suiten, schöne Gartenanlage mit großem Pool, einem breiten Wassersportangebot, Tennisplätze, Sauna und Fitnessstudio, Restaurants, Disco usw., etwas steife Atmosphäre. Shuttlebus zum KOMTAR Bldg. in Georgetown.
Golden Sands (ab 300 RM) ⑪, ☎ 8811911, 📠 8811880. 1. Klasse-Hotel mit 395 Zi, das zur Shangri-La Gruppe gehört. Große Gartenanlage mit mehreren schön gestalteten Pools.
Lone Pine* ⑩, ☎ 8811511, 📠 8811282, eine einfache Anlage, kleiner Pool, ist recht mitgenommen, aber das billigste Hotel in dieser Ecke.
Holiday Inn (ab 200 RM) ⑨, ☎ 8811611, 📠 8811389. Die bis zu 26stöckigen Gebäude des Luxushotels mit 350 Zimmern beiderseits der Straße sind über eine Fußgängerbrücke miteinander verbunden. Großer Pool, Wassersportangebot, Bar, Restaurants usw.
Park Royal Hotel ⑧ ist ein Luxushotel gleich nebenan, für gehobene Ansprüche.
Casuarina Beach Hotel (ab 200 RM) ②, ☎ 8811711, 📠 8812155, steht am Ortsausgang, 180 Zimmer, italienisches Restaurant, relativ kleiner Pool.
Bayview Beach Resort (ab 150 RM) ①, ☎ 8812123, 📠 8812140, liegt im Westen von Batu Ferringhi und wird von vielen deutschen Pauschaltouristen frequentiert.
Penang Mutiara (ab 300 RM) ⑮, Teluk Bahang, ☎ 8812828, 📠 8812829. Kühler, gestylter Luxus, alle 440 Zimmer mit Meerblick. Eine Suite mit Butler, Limousine und Fahrer kostet 4400–5400 RM – pro Tag! Das neue, moderne Hotel mit schönem Pool in einer weitläufigen Gartenanlage, die sogar einen kleinen japanischen Garten hat, liegt direkt am Strand, großes Wassersportangebot. Mehrere Restaurants, Disco, Bar und alles, was sonst noch dazugehört.

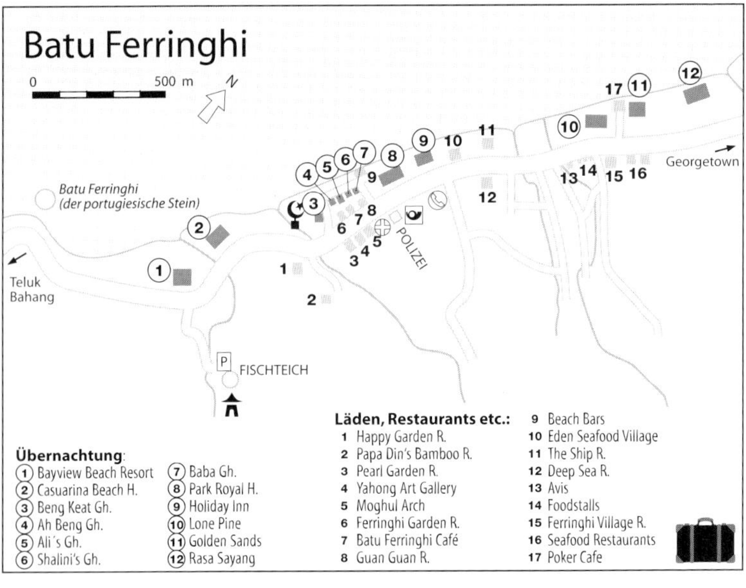

Essen

IN TANJUNG BUNGAH – Im Ort gibt es außerhalb der Hotels auch einige Seafood-Restaurants, z.B. das ***Hollywood***, 543 Jl. Tanjung Bungah.

Paradise Bay, am Strand zwischen Batu Ferringhi und Tanjung Bungah, Restaurant mit Biergarten, dem wegen seiner phantastischen Lage mehr Gäste und eine umfangreichere Karte zu wünschen wäre.

IN BATU FERRINGHI – Kein Problem, lediglich eine Preisfrage. Die Hotelrestaurants bieten selbstverständlich internationale Küche in allen Schattierungen, aber auch zu entsprechenden Preisen.

Viele Hotelgäste möchten abends mal was anderes sehen und wandern die Hauptstraße entlang, an der diverse **Seafood-Restaurants** auf Kundschaft warten.

Am preiswertesten sind die kleinen, die am Ostende von Batu Ferringhi liegen, gegenüber vom *Palm Beach*.

Ein paar **Foodstalls**, schräg gegenüber vom *Lone Pine*, bedienen die weniger bemittelte, einheimische Kundschaft.

Dusit Thai, im *Lone Pine Hotel*, ein beliebtes Thai-Restaurant.

Ferringhi Village Restaurant liegt am oberen Ende der Preis-Skala: edel, groß und teuer. Man sitzt im Freien.

Deep Sea etwas preiswerteres Seafood-Restaurant, liegt ein Stück weiter ortseinwärts.

Eden Seafood Village, schräg gegenüber, ein weiteres, großes Restaurant. Die Auswahl ist groß, die Qualität gut, die Preise entsprechend.

Moghul Arch, großes nordindisches Tandoori-Restaurant.

Guan Guan, Restaurant-Cafe nahe dem Park Royal, nicht ganz so fein wie die benachbarten Hotels, ganz angenehm zum Sitzen, Di geschlossen.

Batu Ferringhi Café, ist ein weiteres einfacheres Restaurant mit relativ preiswerten Gerichten für Touristen.

Ferringhi Garden, Seafood, Steaks und weitere westliche Gerichte zu Touristenpreisen.

Pearl Garden, gleich gegenüber, ist mehr für die Klientel der internationalen Hotels ausgelegt. Edel und teuer.

Happy Garden, kleines Gartenrestaurant westlich des Ortskerns. Man sitzt ganz nett, und es ist nicht teuer.

Papa Din's Bamboo Restaurant, 200 m den Weg hinauf in das Dorf. Sehr familiär, malaiische Gerichte auf Vorbestellung. Außerdem wird traditionelle Massage angeboten. Kurz vor Papa Din's ein kleiner Foodstall mit ausgezeichnetem Essen.

The Ship, in einem großen alten Segelschiff kurz vor dem Holiday Inn, hat eine lange Speisekarte mit westlichen und asiatischen Gerichten.

IN TELUK BAHANG – Billige Foodstall-Restaurants für Einheimische an der Bushaltestelle zwischen *Mutiara* und dem Kreisverkehr sowie an der Abzweigung hinter der Brücke.

Manchmal verirren sich Touristen aus der Hotelanlage nach Teluk Bahang und freuen sich an der ursprünglichen Atmosphäre.

End Of The World, das Restaurant am Ende der Straße. Ein beliebter, preiswerter Ort für gutes Seafood. Man blickt auf den Pier, an dem die Fischerboote liegen.

Fishing Village, einfaches Seafood-Restaurant am Strand, nahe dem Kreisverkehr, das nur abends geöffnet hat.
Ah Pang Seafood, nebenan, ist ähnlich.
Kurz vor dem Kreisverkehr stehen drei einfache Restaurants mit unterschiedlichen Küchen:
Nasi Kandar Telok Bahang mit malaiischen Gerichten,
Kassim Brothers Restoran, ein gutes indisches Lokal, und
Chop Foo Kee, ein chinesisches Seafood-Restaurant.

Unterhaltung

Das Nachtleben an den Stränden konzentriert sich vor allem in den großen Hotels. Auch aus der Stadt kommen junge Leute am Wochenende an die Strände, um sich zu vergnügen, z.B. im
The Shock im *Novotel*, einer beliebten Disco. Billiger ist ein Drink in den Beach Bars, z.B. vor den Gästehäusern oder im ***Poker Cafe***, hinter dem Parkplatz am öffentlichen Strandzugang inmitten der Souvenirstände.
Vor allem Gruppen besuchen die Darbietungen des Pinang Cultural Centre (s.S. 626).

Sonstiges

In Batu Ferringhi ist alles auf Pauschaltouristen eingestellt. Entsprechend gibt es hier ein Postamt, Wechselstuben, eine Wäscherei und Polizei.
Motorräder, Fahrräder, Autos und Boote werden an mehreren Stellen vermietet. Zahlreiche Geschäfte verkaufen Sarongs, Strand-Textilien und Souvenirs zu überhöhten Preisen.
MAS-Office im Rasa Sayang Hotel.
Yahong Art Gallery, 58 D Jl. Batu Ferringhi, hier verkauft der international bekannte Künstler Chuah Thean Teng seine Batikbilder und denen, die sich sich nicht leisten können, Kunstdrucke, Antiquitäten und andere Souvenirs. Geöffnet tgl. 9.30–18.30 Uhr.

Transport

Der blaue Hin-Bus 93 fährt für 1,20 RM alle 30 Min. vom KOMTAR Bldg. in GEORGETOWN über die Jl. Burmah, Tanjung Tokong, Tanjung Bungah und Batu Ferringhi nach Teluk Bahang. Evtl. muß man in Tanjung Bungah in einen wartenden Bus umsteigen. Auch der ac-Bus 202 fährt hierher. Der letzte Bus startet gegen Mitternacht von Georgetown heraus zu den Stränden.
Zudem übernehmen Taxen den Transport von und nach Batu Ferringhi.
Die aktuellen Preislisten hängen in allen Hotels aus. Taxi ab Airport 25 RM, ab Fähre 15 RM. Taxifahrer nutzen die Situation, daß nach Mitternacht kein Bus mehr aus der Stadt zu den Stränden fährt, schamlos aus und verlangen spätabends überhöhte Preise.
Der gelbe Bus Nr. 76 verkehrt alle 2 Std. von Teluk Bahang nach BALIK PULAU.

Der Süden der Insel Penang

Penang Bridge und der Snake Temple

Die gelben Busse Nr. 66, 67, 68, 69 oder 80 fahren Richtung Flughafen. Unterwegs kommt man an der Einmündung der neuen Penang Bridge vorbei, mit 13,5 km die längste Brücke Südostasiens. Sie wurde 1985 nach über 3 Jahren Bauzeit fertiggestellt und kostete über 850 Mill. RM. Unter dem 225 m hohen mittleren Teilstück können auch die großen Ozeanriesen hindurchfahren. Da die Maut über die Brücke 7 RM kostet, nehmen nach wie vor viele Autos die Fähre.

Industriebetriebe säumen die große Ausfallstraße Richtung Flughafen. Die gelben Busse halten auch am Schlangentempel gegenüber dem Siemensgebäude. Er wurde 1850 erbaut und Chor Soo Kong gewidmet, dem man magische Heilkräfte zuspricht und als dessen Jünger die Schlangen angesehen werden. Giftige Vipern *(Wagler's Pit Viper)* liegen betäubt von Weihrauch und Räucherstäbchen schlaff auf zwei kleinen Sträuchern im Haupttempel herum. Speziell für Touristen zog man einigen die Zähne und stellte sie zum Fotografieren in einem Nebenaum ab.

Ansonsten ist der Tempel recht uninteressant, und der Rummel um ihn herum steht in keinem Verhältnis zu seiner Sehenswürdigkeit.

Batu Maung

Am Bayan Lepas Airport zweigt eine Straße zum Fischerdorf Batu Maung ab. Der Strand ist schmutzig, aber in den Restaurants gibt es gutes Seafood. Ein kleiner Schrein erinnert an den Fußabdruck des berühmten chinesischen Admirals Cheng Ho, der hier gelandet sein soll. Die Strände bei Gertak Sanggol sind am

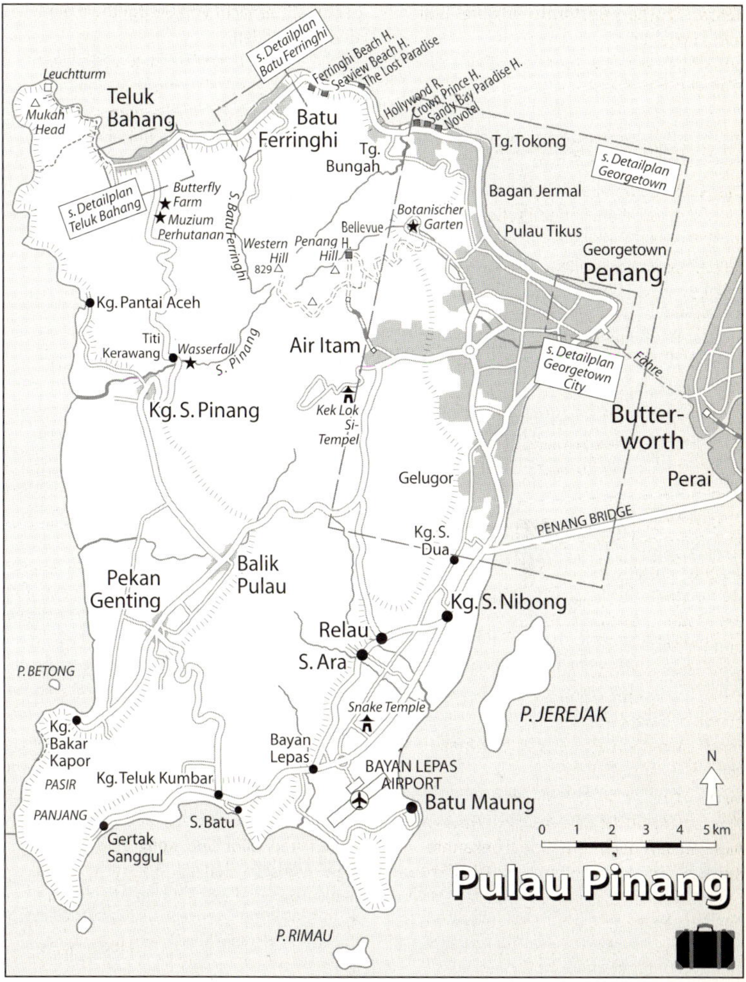

Wochenende voll mit Besuchern und manchmal sehr verschmutzt. Auch die ortsansässigen Schweinefarmen tragen nicht gerade zur Attraktivität bei.

Balik Pulau

Von Teluk Kumbar windet sich die Straße hinauf in die Berge durch eine großartige Landschaft mit schönen Aussichten. An den Hängen stehen Nelken- und Muskatbäume, auf der anderen Seite erstrecken sich Kautschukplantagen. Im Dorf stehen einige schöne malaiische Holzhäuser, und es gibt einen lebendigen Markt. Hier soll übrigens die **Laksa** erfunden worden sein, eine würzig-säuerliche Nudelsuppe auf Fisch-Basis, die auch an den Marktständen zu haben ist – ein köstlicher Imbiß vor der Weiterreise. Balik Pulau ist die Endstation der gelben Busse. Nur vier- bis fünfmal am Tag, der letzte um 16 Uhr, fährt der Bus Nr. 76 hinauf nach Teluk Bahang. Eine andere Seitenstraße führt hinunter nach **Pantai Aceh** (Bus Nr. 75), einem kleinen Fischerdorf mit Sandstränden, die nur mit Booten zu erreichen sind.

Einige Kilometer hinter der Abzweigung kann man ein Bad unter dem **Titi Kerawan-Wasserfall** nehmen – freilich nichts Überwältigendes.

Von der West- zur Ostküste

Der gut ausgebaute Highway 77 führt von Sungai Petani parallel zur thailändischen Grenze nach Osten. Eine andere, ebenfalls gut ausgebaute Strecke verläuft von Butterworth über Kulim und Melau, bis sie bei Kuala Ketil wieder auf diese Überlandstraße trifft. Reisfelder und Kampung, so weit das Auge reicht – eine durch und durch ländliche, friedliche Region.

Keroh

Etwa 7 km vor der Grenze zu Thailand liegt der kleine Ort Keroh, wo sich der malaysische Kontrollpunkt befindet.

Im Grenzgebiet waren noch in den 70er Jahren die Guerilla der *Malayan Communist Party (MCP)* aktiv. Auf der Thai-Seite kämpften muslimische Separatisten, aber auch Einheiten der *Communist Party of Thailand*. Man konnte sich im Notfall immer in das Nachbarland zurückziehen.

Seit 1975 war es den Sicherheitskräften beider Länder aufgrund eines Vertrages gestattet, die Grenze zu überschreiten. Die Berge wurden abgeholzt, um einen besseren Überblick zu gewährleisten. Einen kleinen Eindruck gibt die gut befestigte Polizeistation am Ortsausgang Richtung Gerik. Die Kommunisten haben den Kampf freilich längst aufgegeben.

Übernachtung

Wer auf diesem recht ungewöhnlichen Weg nach Thailand will, muß möglicherweise in Keroh übernachten. Im Ort gibt es mehrere billige Hotels, z.B. ***Kong Aun**** und ***Cheun Fong****.

Highland Hotel**, relativ neu.

Resthouse*, ✆ 23722, mit guten Zimmern und schöner Aussicht auf den See, liegt etwas außerhalb.

Sri Tasik Resort**, ✆ 408404 bietet moderne Chalets, die ebenfalls am See liegen.

VORWAHL – 05, PLZ 33700.

Transport

Nahverkehrsbusse für 1 RM verbinden Keroh mit GERIK und BALING, von wo ein ac-Bus für 4 RM nach BUTTERWORTH fährt. Direktbusse fahren 2x tgl. von GEORGETOWN aus über den East-West Highway nach KOTA BHARU, sie halten auch in Butterworth. In der Gegenrichtung fährt auch ein Bus nach ALOR SETAR.

Nach Thailand: Ein Taxi zur Grenze kostet 2,50 RM p.P., der Bus 1,50 RM. Ein Minibus fährt hinter der Grenze für 10 Baht weiter nach BETONG. Die Straße von Betong nach YALA, eine landschaftlich schöne, 140 km lange Bergstrecke, ist rund um die Uhr befahrbar und wird auch von Taxen benutzt. Von Betong kommt man mit dem Bus in 4 1/2 Std. für 31 Baht nach Yala.

Gerik

Von Keroh nach Gerik führt eine neue, gut ausgebaute Straße, man muß also nicht mehr die holprige, kurvenreiche alte Strecke durch die Berge nehmen. Gerik ist der größte und wichtigste Ort des Grenzgebietes im Landesinneren. Hier gibt es einen Markt, zahlreiche Geschäfte und die letzten Tankstellen vor dem Highway. In der Umgebung liegen mehrere Orang Asli-Dörfer, die aber nicht auf eigene Faust besucht werden können. Die Temperaturen hier oben sind spürbar kühler als an der Küste.

Übernachtung

Koh Seng Hotel*, an der Hauptstraße Jl. Sultan Iskandar, ✆ 7912388, scheint von den preiswerteren der beste Tip zu sein.
Rome Hotel*–****, 1 Jl. Tan Saban, ✆ 7915242, ist recht abgewohnt.
Friendly Park Hotel*, 60 Jl. Tokong Datok, nicht weit von der Busstation, ✆ 7912378. In dieser Straße gibt es 2 weitere Hotels, das *Golden City* und das
Great Wall Hotel–***, 22 Jl. Tokong Datok, ✆ 7911211, saubere Zimmer mit Waschbecken und Fan, Gemeinschafts-Du/WC, einige große Zimmer auch mit ac, TV und Du/WC.
Resthouse***, 682 Jl. Haji Meor Yahaya, ✆ 7911454, liegt sehr ruhig etwas außerhalb des Zentrums.

VORWAHL – 05, PLZ 33300.

Transport

Nahverkehrsbusse u.a. nach KEROH für 3 RM. Überlandbusse fahren über KUALA KANGSAR nach IPOH für 5 RM bzw. TAIPING 2x tgl. in 3 1/2 Std. für 6 RM und KUALA LUMPUR für 20 RM. Ein Bus verkehrt 2x tgl. zwischen KOTA BHARU für 12 RM und BUTTERWORTH bzw. PENANG in 3 1/2 Std., ein weiterer zwischen Kota Bharu und ALOR SETAR. Alle fahren über Gerik. Taxi bis TANAH MERAH 15 RM, nach KOTA BHARU 20 RM p.P.

East-West-Highway

8 km östlich von Gerik zweigt der East-West-Highway nach Kota Bharu ab. Früher mußte man, um von Penang nach Kota Bharu zu gelangen, einen riesigen Umweg über Kuala Lumpur und Kuantan machen – insgesamt eine Strecke von über 1000 km, die sich mit dem Bau der Straße auf 363 km reduzierte. An der Verbindungsstraße wurde insgesamt 10 Jahre gebaut, und ihre Bedeutung für die Infrastruktur des Landes ist enorm. Allerdings wurden die Baumaschinen auch häufig in die Luft gesprengt, denn Angriffe der kommunistischen Guerilla auf die Bautrupps waren keine Seltenheit. Noch heute ist die Straße durch Militärcamps gesichert.

Die Baukosten beliefen sich auf 360 Millionen RM und werden mittlerweile sicherlich weiter gestiegen sein, denn die Straße muß ständig repariert werden. Ohne Rücksicht auf die natürlichen Gegebenheiten hat man sie quer durch den Dschungel angelegt – Berge wurden abgetragen und riesige Schneisen freigelegt. Während der Regenzeit kommt es manchmal zu Erdrutschen, so daß sich die Fahrtzeit um einige Stunden verlängern kann. 45 km östlich von Gerik erstreckt sich der riesige **Tasik Temengor**, ein Stausee, der weite Dschungelgebiete überflutet hat. Da nördlich und südlich der Straße noch riesige, unberührte Waldgebiete liegen, haben Großsäugetiere wie Elefanten oder Banteng hier noch einen Lebensraum. So kann es durchaus geschehen, daß Elefantenherden am frühen Morgen oder in der Dämmerung die Straße kreuzen, die ja ihre alten Elefantenpfade durchschneidet. Leider wird auch hier selektiver Holzeinschlag betrieben, die zahlreichen Sattelschlepper, schwer mit Bäumen beladen, sprechen eine beredte Sprache. Erst nach

110 km auf dem East-West-Highway gelangt man wieder in bewohnte Regionen und in den ersten Ort, Batu Melintang.

Übernachtung

Auf der Insel Pulau Banding zwischen den beiden großen Brücken, steht auf einem Hügel das
Resthouse*****–****, ✆/℻ 05-7912273, mit schöner Aussicht über den See. Allerdings gibt es hier viele Moskitos, die Zimmer sind für das Gebotene zu teuer und besonders die zur Straße liegenden sehr laut, gleiches gilt für das Essen im Restaurant. Im Resthouse werden Bootstrips zu Dörfern der Orang Asli am See angeboten, sie kosten für bis zu vier Personen 100 RM für 4 Std. plus 30 RM für den Guide. Es geht durch Stromschnellen und geflutete Wälder. Vierstündige Angeltrips kosten 100 RM. Am Ufer und auf dem See weitere Unterkünfte, die vor allem von Sportanglern besucht werden.

Kota Bharu

Die Hauptstadt von Kelantan war immer ein unbedeutendes Nest. Bis 1909 stand Kelantan unter der Herrschaft der Thais, wurde dann britisches Schutzgebiet und kam so als Bundesstaat zum heutigen Malaysia. Für die einzige Schlagzeile in der Weltpresse sorgten die Japaner, die am 8.12.1941 um 4.55 Uhr am Pantai Dasar mit ihren Truppen an Land gingen und so den 2. Weltkrieg nach Südostasien trugen.

Auf den ersten Blick bietet das Stadtbild wenig Reize, dennoch darf Kota Bharu als das Zentrum der malaiischen Kultur gelten. Veranstaltungen wie Wettkämpfe im Drachensteigen oder Vogelsing-Wettbewerbe finden regelmäßig statt, auch Werkstätten und Geschäfte für malaiisches Kunsthandwerk sind zahlreich.

Am Padang Merdeka steht unübersehbar die Sultansresidenz von 1844, die **Istana Balai Besar**. Sie ist unzugänglich und wird nur für repräsentative Zwecke genutzt. Fotogra-

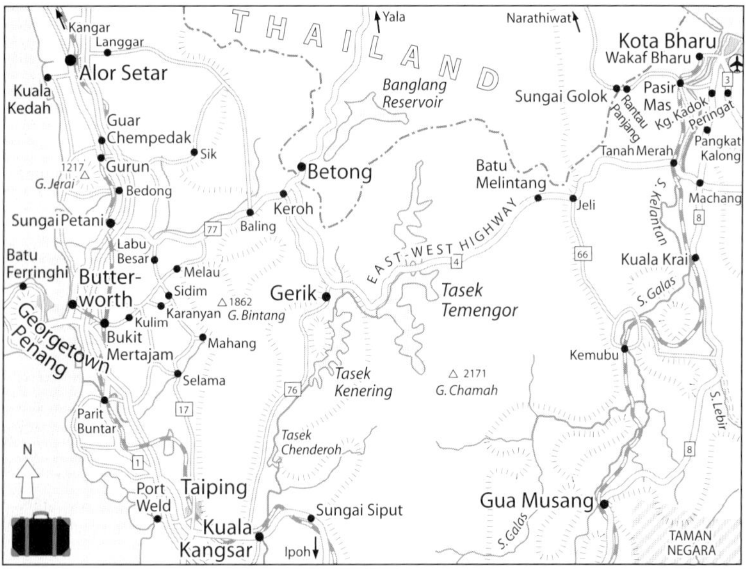

fierverbot! Die kleinere **Istana Jahar** (Royal Custom Museum) von 1887, ein großartiges Beispiel für die Holzbaukunst Kelantans, wurde in ein Museum umgewandelt. Geöffnet tgl. außer Fr 8.30–16.45 Uhr, Eintritt 2 RM, für die Waffensammlung 1 RM extra. Im **Royal Museum**, dem blaue Gebäude hinter der Istana Jahar, sind Gegenstände aus dem Besitz der Sultansfamilie ausgestellt. Geöffnet tgl. außer Fr 8.30–16.45 Uhr, Eintritt 2 RM.

Im Handicraft Centre, **Kampung Kraftangan**, gibt es alles zu sehen (und zu kaufen), was die malaiische Volkskunst hervorgebracht hat. Geöffnet tgl. außer Fr 8.30–16.45 Uhr. Mit dem Bau der **großen Moschee** wurde 1916 begonnen. Ein Besuch ist Nicht-Muslimen leider verwehrt. Gleich daneben informiert das **Islam Museum** über die Geschichte des Islam an der Ostküste. Geöffnet tgl. außer Fr 8.30–16.45 Uhr, Eintritt 2 RM. Im ältesten steinernen Gebäude Kelantans aus dem Jahr 1912, der ehemaligen Hongkong & Shanghai Bank, ist das **World War II Museum** untergebracht, das sich unter anderem mit der japanischen Invasion beschäftigt. Geöffnet Sa–Do 8.30–16.45 Uhr, Eintritt 2 RM.

Von der Istana Balai Besar erreicht man über die Jl. Hulu Kota den großen Markt, den **Pasar Besar**. Von außen eher ein unansehnlicher Betonklotz, ist das Innere ein Ereignis für Augen, Nase und Ohren, vor allem das untere Geschoß, wo die Gemüse- und Obsthändlerinnen ihr reichhaltiges Angebot ausgebreitet haben. Im 1. Stock gibt es eine Menge Essenstände. Der Blick hinunter in den mit gelblichen Glas überdachten zentralen Teil bietet ein farbenprächtiges Bild und ist ein beliebtes Fotomotiv. Die Markthalle ist tgl. von 8–18 Uhr zugänglich. Abends und nachts konzentriert sich das Treiben um den **Nachtmarkt** und um die zentrale Busstation. Die Jl. Padang Garong ist in diesem Abschnitt zur Fußgängerzone umgestaltet worden. Während der Gebetszeiten in der gegenüberliegenden Moschee von 19.15–19.45 Uhr müssen alle den Markt verlassen.

Das **Kelantan State Museum** in den ehemaligen kolonialen Verwaltungsgebäuden zwischen dem Tourist Office und den Government Offices am großen Kreisverkehr enthält neben archäologischen Ausstellungsstücken Beispiele des malaiischen Kunsthandwerks wie Drachen, Musikinstrumente, Kreisel, Silberarbeiten und Gegenstände des alltäglichen Gebrauchs. Eintritt 2 RM, geöffnet tgl. außer Fr 8.30–16.45 Uhr.

Im lohnenswerten Kulturzentrum **Gelanggang Seni** (Zufahrt von der Jl. Mahmud) finden traditionelle malaiische Kulturveranstaltungen statt. Geboten werden u.a. *Rebana Ubi* (rhythmische Musik auf Riesentrommeln), *Wau* (Drachensteigen), *Gasing Uri* (Kreiselspiel), Silat (eine traditionelle Art Selbstverteidigung), *Wayang Kulit* (Schattenspiel), traditionelle Tänze und Musik. Das aktuelle Programm ist im Tourist Office erhältlich. Die Aufführungen finden zwischen Februar und Oktober mit Ausnahme des Ramadan-Monats jeden Mo, Mi und Sa von 15.30–17.30 Uhr sowie von 21–23 Uhr statt. Die besten Darbietungen sind samstags zu sehen. Eintritt frei.

Übernachtung

GÄSTEHÄUSER – Seit einigen Jahren gibt es in der Stadt zahlreiche Gästehäuser, die um die Gunst des Rucksack-Publikums buhlen und sich dabei alle nur erdenklichen Sonderleistungen ausgedacht haben: freier Kaffee, freier Tee, Willkommensdrink, kostenloser Transport zur Busstation usw., von den niedrigen Preisen ganz zu schweigen. Das Schlafsaalbett kostet in der Regel 4–10 RM pro Nacht, einfache DZ sind schon für 12–15 RM zu haben.

Drei preiswerte Unterkünfte liegen **südlich des Zentrums** nahe der Überlandbusstation.

Menora Guest House* (11), 3338-D, Jl. Sultanah Zainab, ✆ 7481669, sieht von außen weniger angenehm aus als es in Wirklichkeit ist. Geräumige, saubere Zimmer mit Fan, einige auch mit ac und mit Dusche aber ohne WC, Schlafsaal-Betten für 5 RM. Vom Dachgarten blickt man über den Kelantan-Fluß. Weitere Annehmlichkeiten wie Fahrradvermietung und Abholservice.

De 999 Guest House* ⑫, 3188-G Taman Sri Bayam, ✆ 7481955, eine kleine Seitenstraße der Jl. Sultanah Zainab gegenüber der Istana Kota Lama. Nettes, ruhiges Guest House, aber man sollte auf Gucklöcher in der Wand achten. Zimmer mit Gemeinschafts-Du/WC und Schlafsaalbetten für 4 RM.
Rebana Guest House* ⑬, in einer Seitenstraße der Jl. Sultanah Zainab gegenüber der Istana Kota Lama gelegen, ist ein gutes Stück vom Zentrum entfernt. Ruhiger und phantasievoll ausgestatteter Hinterhofgarten. Fahrradverleih.
Nördlich des Zentrums liegen beiderseits der Jl. Kebun Sultan:
Star Hostel* ①, 4210 Q-T Dusun Raya, ab Jl. Kebun Sultan, ✆ 7482970, neues Hostel etwas abseits der Hauptstraße.
Johnty's* ②, Lot 882 Jl. Kebun Sultan, ✆ 7478677, Bett im Schlafsaal 5 RM, Zimmer mit und ohne Du/WC und ac. Sauber, freundlich, aber etwas Jugendherbergsatmosphäre, Frühstück inklusive, Abholservice.
Ideal Travellers House* ③, 3954-F Jl. Kebun Sultan, ✆ 7442246, liegt in einer Seitenstraße mit Garten. Es gibt auch Zimmer mit Dusche und Balkon sowie Schlafsaalbetten für 5 RM. Die Sauberkeit und die Matratzen lassen allerdings zu wünschen übrig.
Zeck's Travellers Inn* ④, 7088-G Jl. Sri Cemerlang, ab Jl. Kebun Sultan, ✆ 7473423, etwas außerhalb, ruhig gelegenes Haus mit Garten, Bett im Schlafsaal 5 RM, Zimmer z.T. mit Du/WC und ac. Frühstück inkl., Tee, Kaffee oder Fruchtsaft gratis. Nette, familiäre Atmosphäre. Gegenüber finden am Fr morgen Vogelsingwettbewerbe statt.
Friendly Guest House* ㉕, 4278-D Jl. Kebun Sultan, ✆ 7484578, das einfache Quartier liegt in einer ruhigen Wohngegend abseits der Jl. Pengkalan Chepa, die über eine Seitenstraße der Jl. Kebun Sultan zu erreichen ist. Spärlich möblierte Zimmer mit und ohne Du/WC. Hilfsbereites Management.
Weitere Guest Houses konzentrieren sich entlang der **Jl. Pengkalan Chepa**, die von der zentralen Busstation in etwa 10 Min. zu Fuß zu erreichen sind:
Town Guest House* ⑥, 4959 Jl. Pengkalan Chepa, ✆ 7485192, 📠 7449403, einfaches, ziemlich schmuddeliges Guest House im 1. und 2. Stock, Schlafsaalbetten für 5 RM, Zimmer zum Teil mit Du/WC und ac.
Windmill Guest House* ⑩, 289 Jl. Pengkalan Chepa, ✆ 010-910525. Es bezeichnet sich selbst als das sauberste Guest House der Stadt, konnte aber bei unserem letzten Besuch nicht überzeugen. Einfache, aber saubere Holzverschläge auf 2 Stockwerken.
Family Garden Guest House* ⑨, 4945-D Lorong Islah Lama, eine kleine, ruhige Seitenstraße der Jl. Pengkalan Chepa, ✆ 7475763. Alle Zimmer haben Fenster. Ein schöner Garten trägt zur relaxten Atmosphäre bei.
Rainbow Inn* ⑧, 4423 Jl. Pengkalan Chepa, liegt noch etwas weiter stadtauswärts an der lauten Hauptstraße gleich neben dem Thai-Konsulat, etwa 1,5 km Richtung Flughafen. Bus Nr. 4 fährt hierher. Kochmöglichkeiten.
Desa Jaya Hostel*–* ⑦, Jl. Pengkalan Chepa, gegenüber vom Rainbow, ✆ 7481177, etwas komfortabler ausgestattetes Hostel, kein Schlafsaal.
Die **zentral gelegenen** Guest Houses verfügen meist nur über winzige Zimmer:
City Guest House* ⑲, 395 Jl. Pintu Pong, im 2. Stock des *Kentucky Fried Chicken*-Gebäudes östlich des neuen Pasar Besar. Die üblichen abgeteilten, engen Verschläge mit Fan und ohne Fenster, aber sauber und o.k.
KB Inn* ㉓, 1872-D Jl. Padang Garong, ✆ 7441786. Mitten im Geschehen, bietet die üblichen Sperrholzverschläge um 10 RM mit Fan sowie billige Schlafsaal-Betten für 4 RM. Gemeinschaftsraum mit TV und Kochmöglichkeit.

PREISWERT – Diese Hotels bieten, im Gegensatz zu den Gästehäusern, meist einfache Zimmer mit Du/WC. Allerdings ist es häufig recht laut, auch die Sauberkeit läßt zu wünschen übrig.
Prince Hotel und Guesthouse*–* ㉜, 2953 Jl. Temenggong, einfache, akzeptable Zi.
Tokyo Baru Hotel* ⑰, 3945 Jl. Tok Hakim, ✆ 7449488, zentral gelegen aber abge-

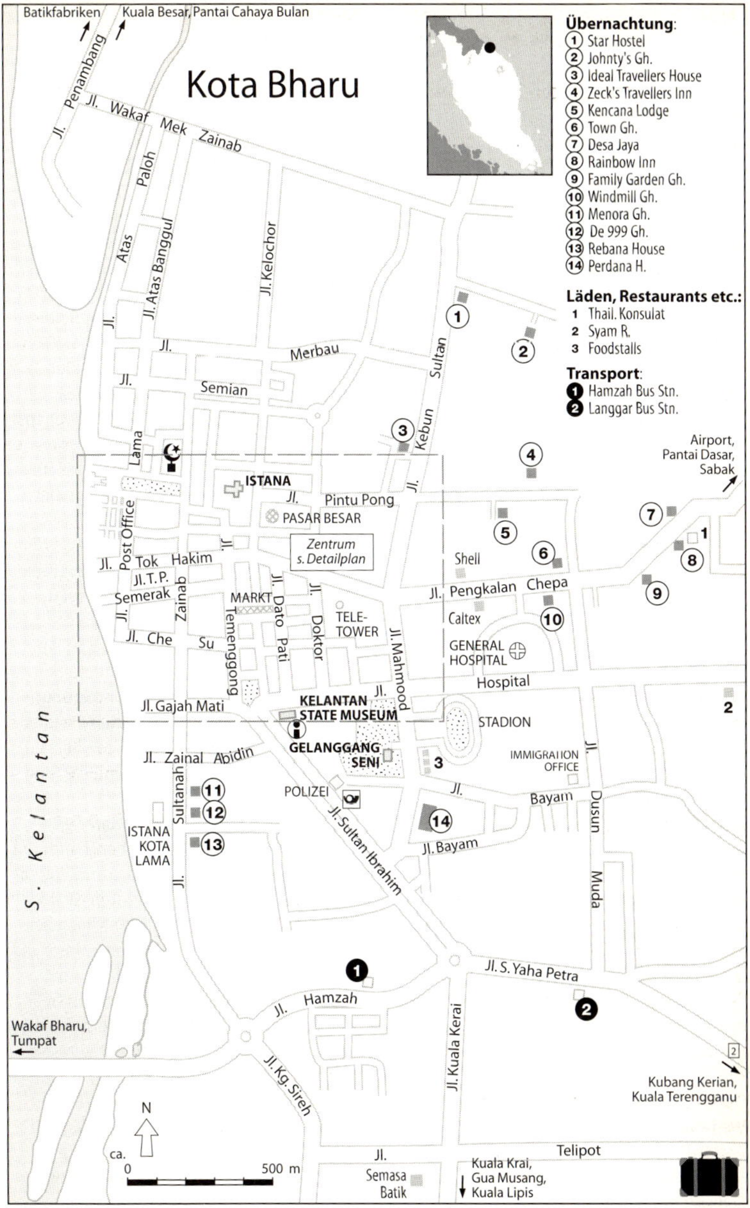

NORD-MALAYSIA

wohnt. Die besten Zimmer im 3. Stock mit großer Terrasse, ansonsten besser hinten wohnen, wegen der lauten Straße.

Maryland ** ⑱, Jl. Tok Hakim, empfohlenes, sauberes Chinesenhotel. Große Zimmer mit ac und Bad.

Anda Hotel **–*** ㉒, 2529-A Jl. Kebun Sultan, ✆ 7447910, renovierungsbedürftige Zi mit Du/WC und ac zu akzeptablen Preisen. Es sind nur wenige Schritte ins Zentrum.

Dani Hotel **–**** ㉑, 2529-S, Jl. Kebun Sultan, ✆ 7486790, ℻ 7461784, liegt nebenan und ist etwas größer und etwas teurer. Kleine, abgewohnte Zi mit ac, zum Teil ohne Fenster.

Alisan Town House ** ㉚, 365-K Jl. Temenggong, ✆ 7474659, und das gegenüberliegende

Mohani's Inn ** ㉛, 3761 Jl. Temenggong, ✆ 7477855, ℻ 7471736, sind kleine, saubere Hotels.

MITTELKLASSE – In dieser Preisklasse zahlt man relativ viel für Zimmer, die nicht immer sauber und ruhig sind. Vielleicht empfiehlt es sich, gleich in ein besseres Hotel zu gehen:

Indah Hotel *** ⑯, 236-B Jl. Tengku Besar, ✆ 7485081, ℻ 7482788, bietet Zimmer mit Du/WC, ac und Blick auf den Padang. Modernes Gebäude, nicht sehr gepflegt, aber erträglich (was man vom nebenan gelegenen ***Aman*** ** nicht sagen kann).

Temenggong Hotel *** ⑰, Jl. Tok Hakim, Ecke Jl. Temenggong, ✆ 7483844, ℻ 7441481, liegt an einer lauten Straßenkreuzung. Modernes Mittelklassehotel mit Coffeeshop, neue, gute Zi mit ac und Du/WC.

Kencana Inn **** ㉔, 171-181 Jl. Padang Garong, ✆ 7447944, ℻ 7440181, abgewohnte Zimmer mit Du/WC. Filialen:

Kencana Inn City Centre *** ㉖, Jl. Doktor, ✆ 7440944, ℻ 7440181, und die

Kencana Lodge *** ⑤, etwas außerhalb in der Jl. Sri Cemerlang, ✆ 7477222, ℻ 7477111, ruhig gelegen, winzige Zimmer mit ac und Du/WC, Thai-Restaurant.

Square Point ***, Jl. Pengkalan Chepa, ✆ 7433333, neues Hotel neben der Shell Tankstelle.

Dynasty Inn ***–**** ㉙, 2865-D Jl. Sultanah Zainab, ✆ 7473000, ℻ 7473111, modernes, 6stöckiges Hotel, die Zimmer zur Straße sind recht laut.

OBERE MITTELKLASSE – Für gehobenere Ansprüche empfehlen wir

Safar Inn ***–**** ⑮, Jl. Hilir Kota, ✆ 7478000, ℻ 7479000, ein kleineres, nettes Hotel neben der Istana Jahar.

Juita Inn **** ⑳, Jl. Pintu Pong, ✆ 7446888, ℻ 7445777, modernes, gepflegtes islamisches Hotel mit geschmackvoll eingerichteten Zimmern im Zentrum.

Ansar Hotel *** ㉘, Jl. Maju, ✆ 7474000, ℻ 7461150, ein „islamisches" Hotel mit schönen Zimmern, in dem Raucher unerwünscht und Alkohol verpönt sind. Auf gepflegtes Äußeres wird Wert gelegt. Unverheiratete Pärchen werden abgewiesen. Frühstück im Preis inbegriffen.

Murni Hotel **** ㉗, Jl. Dato Pati, ✆ 7482399, komfortableres City-Hotel, am besten die Zimmer nach hinten (wegen Straße) und in den oberen Stockwerken (wegen Karaoke-Bar und Disco im 1. Stock) nehmen. Ganz in der Nähe:

Perdana Hotel ab 200 RM ⑭, Jl. Mahmud, ✆ 7485000, ℻ 7447621. Das größte und beste Hotel in der Stadt, mit Pool, Bar, Restaurant etc. Treffpunkt der örtlichen Prominenz.

Essen

Der **Nachtmarkt**, der bei Einbruch der Dunkelheit in der Fußgängerzone Jl. Padang Garong aufgebaut wird, hält viele kulinarische Köstlichkeiten bereit. Von Sonnenuntergang bis Mitternacht wird hier an zahllosen Ständen gebrutzelt und gekocht, es herrscht ein buntes Treiben. Probieren sollte man die hervorragenden *Sate* oder das gegrillte Hühnchen *Ayam Percik*.

Family Cake House, 1964A Jl. Dato Pati, großes Angebot, aber erst ab 11 Uhr geöffnet.

D'Farm, hinter der großen Markthalle, verkauft belegte Baguettes.

Übernachtung:
(15) Safar Inn
(16) Indah H.
(17) Temenggong H., Tokyo Baru H.
(18) Maryland H.
(19) City Gh.
(20) Juita Inn
(21) Dani H.
(22) Anda H.
(23) KB Inn
(24) Kencana Inn
(25) Friendly Gh.
(26) Kencana Inn City Ctr.
(27) Murni H.
(28) Ansar H.
(29) Dynasty Inn
(30) Alisan Town House
(31) Mohani's Inn
(32) Prince H. + Gh.

Läden, Restaurants etc.:
4 Foodstalls
5 D'Farm R.
6 Vegetarisches R.
7 Wäscherei
8 Supermarkt
9 Standard Chartered Bank
10 Sun Too R.
11 Hong Kong Bank
12 Devi R.
13 Maybank
14 Family Cake House
15 Nilam R.
16 Meena Curry House

Transport:
3 Überlandtaxis
4 Zentrale Busstation
5 Taxis in die Umgebung
6 MAS Office

Restaurants sind im Zentrum nicht so dicht gesät, wie man zunächst meinen möchte.
Sun Too, 782 Jl. Temenggong, nahe Jl. Tok Hakim. Thailändisch angehauchte Spezialitäten, die scharfe Garnelensuppe *Tom Yam Kung*, *Sizzling Chicken* und *Claypot Dishes*, außerdem frische Fruchtsäfte.
Meena Curry House, ein hervorragendes indische *Banana Leaf*-Restaurant befindet sich an der Jl. Gajah Mati, nahe Jl. Sultanah Zainab, im südwestlichen Zentrum. Curry mit Gemüse und Hühnchen oder Lamm für 4 RM.
Nilam Restaurant neben *Mohani's Inn*, Jl. Temenggong, serviert große Portionen malaiischer Gerichte – guter Fisch, auch frisch gepreßte Fruchtsäfte.
Devi, Jl. Kebun Sultan nahe der Kreuzung Jl. Pengkalan Chepa, ist ein weiteres, einfaches Restaurant, das indische Gerichte serviert.
Syam, Lot 594 Jl. Hospital, ist ein ausgezeichnetes, ac-gekühltes Thai-Restaurant, das aber zu Fuß nur über einen längeren Spaziergang zu erreichen ist. Besser ein Taxi nehmen. Im Erdgeschoß des ***Kampung Kraftangan*** gibt es außerdem ein gutes Thai-Restaurant.
Ein vegetarisches Restaurant gibt es in der Jl. Post Office Lama, nahe am Padang.

Einkaufen

Einen guten Überblick über das **Kunsthandwerk** der Malaien vermittelt das ***Kampung Kraftangan*** am Sultanspalast (s.o.). Hier werden die traditionellen Techniken vorgeführt, die Preise sind auf Touristen abgestellt. Zahlreiche kleine Batikfabriken, Drachenbauer und Songket-Weber haben ihre Werkstätten entlang der Straße, die über Kg. Penambang und Kg. Badang zum Pantai Cahaya Bulan hinausführt.
Im Süden der Stadt, an der Straße nach Kuala Krai, hinter Jl. Kg. Putih und kurz vor Lee Motors, gibt es eine große Auswahl an Batiken bei ***Batik Semasa***. Auch hier kann man den

Produktionsprozeß verfolgen. Geöffnet tgl. außer Fr 9–15.30 Uhr.
In der Jl. Sultanah Zainab, kurz hinter der Jl. Zainal Abidin, verkaufen einige Läden Kelantan-**Silber** – vor allem Filigranarbeiten. Weitere Läden an der Straße zum Pantai Cahaya Bulan.
Große Supermärkte und Einkaufszentren in der westlichen Jl. Tok Hakim.

Sonstiges

GELD – Banken sind in Kota Bharu tgl. außer Do und Fr 9.30–15, Do 9.30–11.30 Uhr geöffnet.
Ein **Money Changer** wechselt nur Bargeld zu schlechten Kursen im Fotogeschäft Azam Photo, neben dem KB Inn in der Jl. Padang Garong und im *Perdana Hotel.* Die ***Standard Chartered Bank*** wechselt nur US$ cash. Besser gleich zur ***Maybank***, Jl. Mahmood, oder der ***BHL Bank*** in der Jl. Che Su gehen.

In den etwas stärker muslimisch orientierten Staaten Kelantan und Terengganu ist Freitag der offizielle Ruhetag, der Donnerstag ist also so etwas wie ein „Samstag". Samstag und Sonntag sind hingegen normale Werktage. Während des Ramadan ruhen nicht nur weite Teile des öffentlichen Lebens, sondern auch die meisten kulturellen Aktivitäten.

IMMIGRATION – Bei der Einreise aus Thailand gibt es ein 3-Monats-Visum an der Grenze. Wer verlängern will: das ***Immigration Office*** befindet sich im Wisma Persekutaan, 2. Stock, an der Jl. Bayam. Geöffnet Fr–Mi 8.30–12.45 (Fr nur bis 12) und 14–16.30, Do nur bis 13.15 Uhr.

INFORMATIONEN – Das ***Tourist Information Centre*** am oberen Ende der Jl. Sultan Ibrahim, ✆ 7485534, ℻ 7486652, ist sehr hilfreich und hat ein ausgesprochen reichhaltiges Angebot an Informationsmaterial. Geöffnet So–Mi 8–13 und 14–16.45, Do 8–13 und 14–16.30 Uhr.

INTERNET – In der Jl. Tengku Petra Semerak, gegenüber der *Hankyu Jaya Shopping Mall*, können im E-***Mail Café***, E-Mail: wardati@pl.jaring.my, für 3 RM pro 15 Min. E-Mails oder Faxe verschickt und internationale Gespräche über das Internet geführt werden.

KONSULAT – ***Thai Consulate***, 4426 Jl. Pengkalan Chepa, ✆ 7482545. Drei Paßfotos und 33 RM sind mitzubringen. Geöffnet So bis Do 9–16 Uhr.

MEDIZINISCHE HILFE – ***Klinik Liew***, neben dem Menora Guest House, der Arzt spricht Englisch.

POLIZEI – Die ***Tourist Police*** ist unter ✆ 7472222 zu erreichen.

POST – Jl. Sultan Ibrahim und östlich vom Pasar Besar, dem großen Marktgebäude, geöffent tgl. außer Fr 9–18 Uhr.

TELEFON – Das Telecom Office befindet sich an der zentralen Busstation, wo auch der unübersehbare Sendeturm steht. Karten-Telefonzellen auch für Auslandsgespräche befinden sich am Telecom-Eingang an der Jl. Pengkalan Chepa.

TOUREN – Das *Tourist Office* bietet diverse Tages- und Halbtagestouren in die nähere Umgebung an, z.B. eine *River Cruise* auf dem Kelantan Fluß für 70 RM inkl. Mittagessen und einem Besuch einer Batikfabrik sowie verschiedene andere Kunsthandwerksbetriebe.
Über das *TIC* kann man an interessanten **Homestay-Programmen** teilnehmen und für einige Tage das Alltagsleben von Fischern, Puppenmachern, Drachenbauern oder anderen Handwerkern und ihren Familien kennenlernen. 220 RM p.P. bei einer Mindestteilnehmerzahl von 2 Personen für 3 Tage / 2 Nächte, 180 RM für 2 Tage / 1 Nacht.

VORWAHL – 09, PLZ 15990.

WORKSHOPS – vom Tourist Office werden ab zwei Interessenten eintägige Workshops organisiert, bei denen man sich von 10–17 Uhr in den traditionellen Künsten versuchen kann.

Die Batik-, Wayang Kulit-, Töpfer- und Drachenbau-Kurse kosten 125 RM inklusive Material.

Malaiisch kochen lernt man bei Roslan vom Tourist Office mit viel Vergnügen von 10–13 Uhr für 50 RM ab 3 Teilnehmern – Mittagessen selbstverständlich inbegriffen.

Nahverkehrsmittel

STADTBUSSE – Vom Stadtgebiet und in die umliegenden Orte fahren Busse, z.B. Nr. 10 (zum Pantai Cahaya Bulan) oder Nr. 28 vom Pasar Besar. Die Bahnstationen Tumpat und Wakaf Bharu sind beide mit dem Bus Nr. 19 oder Nr. 27 zu erreichen, Nr. 9 fährt zum Flughafen.

TAXIS – Taxistand vor dem Pasar Besar. Ein Wagen kostet bei mindestens 3 Std. Mietdauer 25 RM pro Stunde, zum Pantai Cahaya Bulan 15 RM, ebenso zum Flughafen. Für kurze Strecken werden die Preise ausgehandelt.

TRISHAWS – nur noch wenige Fahrradrikschas quälen sich durch den dichten Autoverkehr. Sie stehen vor allem vor dem Pasar Besar, wo sie auf die mit Waren bepackten Händlerinnen warten.

Sie fahren nur kürzere Strecken und kosten normalerweise 3 RM für 10 Min. Preis immer vorher aushandeln.

Transport

BUSSE – **in die Umgebung** fahren an der zentralen Busstation ab. Busse Nr. 8 und 9 nach SABAK. Mit Bus Nr. 29 kommt man zur Grenze nach RANTAU PANJANG (2,60 RM). Nach Pulau Perhentian mit Bus Nr. 3 nach PASIR PUTIH und weiter mit Bus Nr. 96 nach KUALA BESUT (insgesamt 4 RM), wo die Schiffe zur Insel ablegen.

Überlandbusse fahren an zwei Stationen ab: Von der Langgar-Busstation, Jl. Sultan Yaha Petra, Richtung JOHOR BHARU 4x tgl. für 30 RM und PENANG 20 RM.

Von der Jalan Hamzah-Busstation über den East-West-Highway nach GERIK für 12 RM, ALOR SETAR 20–21 RM, SUNGAI PETANI 20 RM und KUALA PERLIS 23 RM. Von beiden Stationen verkehren Busse nach KUALA LUMPUR 22–25 RM.

ÜBERLANDTAXIS – Überlandtaxis in die nährere Umgebung fahren vor dem *Kencana Inn City Centre* in der Jl. Doktor ab. Taxis zu weiter entfernten Zielen stehen in der Jl. Hilir Pasar nördlich vom Markt. KUALA LUMPUR 60 RM, BUTTERWORTH 35 RM und ALOR SETAR 40 RM. Preise jeweils pro Person, Information und Reservierung unter ✆ 7447104.

EISENBAHN – Da die Bahnlinie jenseits des Flusses verläuft, befindet sich der nächste Bahnhof in WAKAF BHARU, ca. 5 km westlich des Zentrums. Zu erreichen mit Bus Nr. 19 oder 27 von der zentralen Busstation. Endstation der Linie in den Nordosten ist Tumpat, 17 km nordwestlich. Der *Timuran Express* fährt abends von TUMPAT und 10 Min. später von Wakaf Bharu ab und über GUA MUSANG (3 Std.), KUALA LIPIS (4 1/2 Std., 19 RM), JERANTUT (5 1/2 Std., 23 RM) nach JOHOR BHARU (11 Std.) und SINGAPORE (12 Std., 41 RM). Die aktuellen Abfahrtszeiten im Tourist Office oder am Bahnhof von Wakaf Bharu, ✆ 7196986, erfragen.

Nach Thailand gibt es keine durchgehende Bahnverbindung. Züge fahren erst wieder vom Übergang SUNGAI GOLOK, jenseits der Grenze, um 11.45 und 15 Uhr über SURAT THANI (9 Std.) nach BANGKOK (ca. 20 Std.). Der Bahnhof in Sungai Golok ist unter ✆ 007-66-73-611162 zu erreichen.

FLÜGE – Der Sultan Ismail Detra Airport liegt 8 km östlich der Stadt, Taxi 14 RM. 6–8x tgl. Flüge nach KUALA LUMPUR 104 RM.

MAS-Office im Erdgeschoß des Komplek Yakin an der Jl. Gajah Mati, ✆ 747000.

Die Umgebung von Kota Bharu

Pantai Cahaya Bulan

Früher hieß er „Strand der leidenschaftlichen Liebe“ (Pantai Cinta Berahi) – doch trotz seines romantischen Namens war er nie einer der malerischsten der Ostküste. Da der Begriff konservativen Moslems wahrscheinlich zu anstößig erschien, wurde er in „Pantai Cahaya Bulan“ (Mondscheinstrand) umbenannt.

Wer sich von der unbarmherzigen Sonne und dem Müll, in dem die Ziegen wühlen, nicht abschrecken läßt, kann kilometerlang durch den feinen Sand am Meer entlang spazierengehen. Beim Baden sollte man aus Rücksicht auf die malaiische Dorfbevölkerung nicht allzuviel Haut zeigen. An der 11 km langen Straße, die von Kota Bharu hinaus zum Strand führt, kann man in Souvenir-, Drachen-, Songket- und Batik-Shops einkaufen und in Werkstätten Batikfrauen bei der Arbeit zusehen.

Übernachtung

PCB Beach Motel**–***, am Ende der Straße, die schnurgerade zum Strand führt, ✆ 7731090, die preiswertesten Chalets am Strand. Zimmer mit und ohne ac sind eher mittelmäßig; mit nettem Restaurant.

Resort Pantai Cinta Berahi*–*******, jenseits der Straße, ✆ 7742020, 📠 7741466. Die Bungalows sind gut ausgestattet, außerdem einfachere Motelzimmer, das Restaurant entspricht nicht ganz dem angepeilten Standard. Pool.

Perdana Resort ab****, ✆ 7733000, 📠 7739980, an der kleinen Straße, die kurz vor der Schule nach Osten abzweigt. Das Resort vermietet moderne, ansprechende Bungalows und verfügt über Pool, Restaurant, Tennisplatz etc.

H.B. Village-******, ✆ 7734993, 📠 7741006, liegt an derselben Straße 1,7 km von der Abzweigung. Bus Nr. 10 fährt bis hierher. Einfache *A-frame*-Hütten mit Mandi, Bungalows mit Fan oder ac sind teurer, mit Restaurant. Ein Plankenweg über eine weniger ansehnliche Lagune führt zum schattenlosen Strand.

Mariam Guest House****, ✆ 7747120, im Dorf, 100 m vor dem *Perdana Resort*. Gäste, die sich am Müll nicht stören, können in diesem Kampunghaus wohnen und die Küche mit Kühlschrank, die Waschmaschine und den Fernseher mitbenutzen.

Transport

Bus Nr. 10 fährt zwischen 7 und 19 Uhr vom Pasar Besar etwa alle halbe Stunde über Kg. Penambang und Kg. Badang zum Pantai Cahaya Bulan.

Sabak

Eines der interessanteren Fischerdörfer liegt am **Pantai Dasar**, einem schier endlosen Sandstrand, 13 km östlich von Kota Bharu. Die meisten Einwohner leben vom Fischfang. Wer mittags mit dem Bus Nr. 8 oder 9 hinaus nach Sabak fährt, kann zwischen 14 und 16 Uhr die Rückkehr der Fischer in ihren bunt bemalten und geschnitzten Booten beobachten.

Richtung Rantau Panjang

Pasir Mas, jenseits des Kelantan-Flusses, durchqueren die meisten Touristen nur mit der Eisenbahn. Dennoch lohnt der schöne Markt einen Besuch. Kurz hinter dem Ort zweigt von der Hauptstraße zur Grenze nach Rantau Panjang eine Seitenstraße nach **Repek** ab. Noch vor der Bahnlinie liegt links das **Wat Uttamaram**, ein besonders schöner, reich mit bunten, phantasievollen Figuren versehener Thai-Tempel in friedlicher Umgebung.

Die Busse Nr. 29 fahren von Kota Bharu bis gegen 17 Uhr für 2,60 RM über Pasir Mas zum Grenzübergang **Rantau Panjang**. Taxi zur Grenze 4 RM p.P. Die Grenze kann man zu Fuß, mit dem Motorrad oder der Trishaw überqueren. Da es im thailändischen Grenzort Sungai Golok keine Wechselstube gibt, sollte man ein paar Thai-Baht vorsorglich in Kota Bharu tauschen. Notfalls kann man in Rantau Panjang in *Zainun Palace***-***, Jl. Lubok Stol, ✆ 7951113, übernachten, auch Bett im Schlafsaal für 10 RM. Der Grenzübergang ist ab 21 Uhr Thai-Zeit bzw. 22 Uhr Malaysia-Zeit geschlossen.

Kuala Besut

Von der Küstenstraße Nr. 3 nach Kuala Terengganu zweigt in Pasir Puteh, 36 km südlich von Kota Bharu, eine Straße nach Kuala Besut ab.

Der weitläufige Fischerort an der Mündung des Sungai Besut hat sich mittlerweile zu einer wichtigen Durchgangsstation für Touristen auf dem Weg nach Pulau Perhentian entwickelt.

Übernachtung

Wer nach 14 Uhr in Kuala Besut ankommt, schafft es möglicherweise nicht mehr, nach Pulau Perhentian zu kommen. In diesem Fall gibt es allerdings nur eine begrenzte Auswahl an wenig attraktiven Übernachtungsmöglichkeiten:

IN KUALA BESUT – ***Coco Hut Hotel**** ①, ✆ 6910418, Jl. Pantai, einfache Zimmer mit ac.

Yanudin Holidays Tours & Guest House* ②, neben den Coco Hut Hotel, bietet spartanische Zimmer mit Fan und Gemeinschafts-Du/WC.

Nan Hotel** ③, Jl. Hj. Mohammad, ✆ 970146, Zimmer mit und ohne Du/WC, mit Fan oder ac sowie mit ac und TV. Relativ neu-

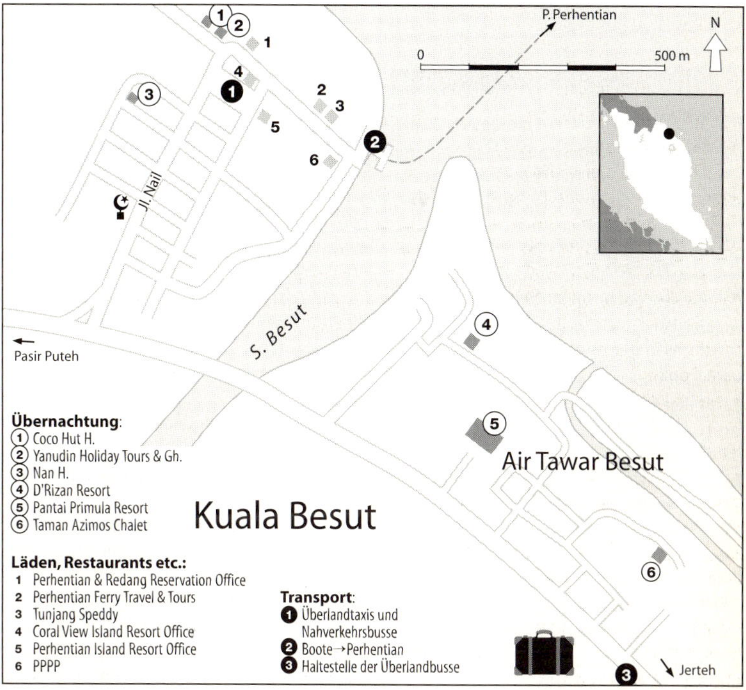

NORD-MALAYSIA

es Hotel in einer ruhigen Seitenstraße links der Hauptstraße zum Hafen.

IN AIR TAWAR BESUT – ***D'Rizan Resort**** ④, jenseits des Flusses, 100 m vor der Mündung, einfache *A-frame*-Hütten auf einem wenig attraktiven Gelände ohne Schatten. Die Anlage ist häufig von Gruppen belegt.
Taman Azimos Chalet*–***** ⑥, ✆ 6956530, hinter dem kleinen Park, freundliche, nette Bungalows mit Fan oder ac und Du/WC in kleinen Vorgärten. Sie haben allerdings zwei entscheidende Nachteile: sie sind überteuert und liegen nicht am Meer.
Primula Besut Beach Resort**–***** ⑤, ✆ 6956311, ℻ 6956322, etwa 300 m hinter der Brücke, 200 m vom Strand entfernt. Kein Ort, an dem man drei Wochen Ferien verbringen möchte, aber für eine Nacht sind die neuen, netten Bungalows neben dem Hauptgebäude mit ac, Bad/WC und TV o.k., außerdem Pool und Restaurant.

Sonstiges

INFORMATIONEN – Am Hafen und entlang der Hauptstraße bieten mehrere *Information Centres* ihre Hilfe an. In erster Linie verkaufen sie Tickets für die Überfahrt und vermitteln Unterkünfte auf Perhentian, können sich aber auch ansonsten als durchaus hilfreich erweisen.
Da die Bungalows auf der Insel nur über Funktelefon zu erreichen sind, was vor allem von weiter entfernten Orten die Kommunikation erheblich erschwert, kommt den Büros eine wichtige Funktion zu.
Einige große Resorts haben eigene Büros am Hafen:
Coral View Island Resort, ✆/℻ 6910943.
Perhentian Island Resort, ✆ 6916946.
Andere Büros vermitteln verschiedene Unterkünfte und Boote:
Perhentian & Redang Reservation Office, ✆ 6919904.
Perhentian Ferry Travel & Tours, ✆ 6919679, ℻ 6919680.
Tunjang Speddy, ✆ 6910189.
PPPP (Persatuan Pengusaha Pelangan Perhentian), Perhentian Island Tourist Promotion Association), ✆ 6916189.
Weitere Büros in der Hauptstraße zum Hafen. Mit der Fertigstellung der Hafenanlagen könnten dort die Büros einen neuen Platz finden.

VORWAHL – 09, PLZ 22200.

Transport

Der Bus Nr. 3 von Kota Bharu fährt für 3 RM nach PASIR PUTIH. Weiter mit Nahverkehrsbussen für 1 RM nach Kuala Besut. Sie halten nahe dem Hafen. Taxi nach PASIR PUTIH 2 RM, KOTA BHARU 5 RM.
Tickets für die Überfahrt nach Pulau Perhentian werden bereits in den Gästehäusern von Kota Bharu und im Tourist Office verkauft. Normalerweise ist es aber völlig unproblematisch, nach der Ankunft am Hafen auf eines der Boote zu kommen. Die meisten legen gegen 10 und 14 Uhr ab, benötigen 1 1/2 Std. und kosten 20 RM einfach. Meist werden gleich Rückfahrkarten verkauft, die für jedes Boot dieser Kategorie gelten.

Pulau Perhentian

Zwei dschungelbewachsene Felsrücken heben sich etwa 25 km vor der Küste von Kuala Besut aus dem Meer, hier und da gesäumt von kleinen Stränden, manche völlig einsam, manche mit kleinen Hütten unter Kokospalmen – ganz so, wie man sich ein tropisches Traum-Szenario vorstellt. An vielen Stellen ist das Wasser kristallklar, beim Schnorcheln und Tauchen entdeckt man noch stattliche Korallen, selbst Schildkröten gehen manchmal des nachts an Land. Ansonsten gibt es freilich nur Sonne und Wind, denn noch geht es auf den beiden Inseln Perhentian Kecil und Perhentian Besar beschaulich zu.

Perhentian Besar ist die größere und „erschlossenere" der beiden Inseln. Am **Teluk Pauh**, dort wo das Island Resort steht, gibt es den schönsten Strand mit feinem, weißem

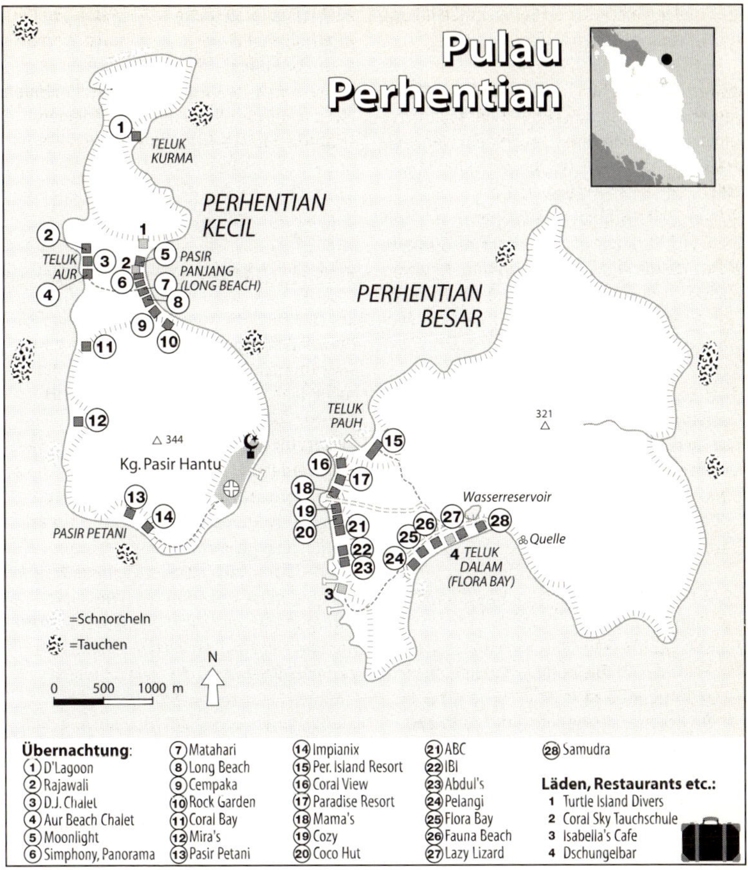

Sand und Wasser so klar wie in einem Swimming Pool. Südlich davon erstreckt sich ein langer Strandstreifen, der an einigen Stellen durch Felspartien unterbrochen ist.

Viele Boote, die Touristen vom Festland auf die Inseln bringen, laufen zuerst die südlichsten Anlagen an. Hier ist das Wasser meist ruhig und oft von einer türkisgrünen Farbe. Ein **Dschungelpfad** führt vom südlichsten Pier aus über den Bergrücken auf die andere Seite zur Teluk Dalam. Es geht gleich südlich des Pier landeinwärts, zunächst durch Grasland an den unbewohnten Häusern vorbei und dann durch das Dickicht bergan. Der Abstieg auf der anderen Seite ist relativ steil, aber es ist ein schöner Weg durch die stille Natur, insgesamt etwa 30 Minuten.

Teluk Dalam, auf der anderen Seite, ist eine weitgeschwungene Bucht mit einem schönen, weißen Strand und schattenspendenden Kasuarinas, allerdings ist das Wasser hier zum Schwimmen bei Ebbe zu flach, und die Korallen sind weitgehend zerstört. Wer den Weg in umgekehrte Richtung finden will, geht hinter dem *Pelangi Seafood Restaurant*, kurz bevor die Felsen beginnen, landeinwärts. Ein zweiter Pfad verläuft am *Fauna Chalet* landeinwärts und am Wasserreservoir vorbei. Man gelangt nach insgesamt etwa 25 Min. durch den Dschungel zum *Island Resort*. Die anderen Strände rund um Perhentian Besar sind (noch) unbewohnt und nur mit dem Boot zu erreichen. Viele haben hervorragende Schnorchel-Ecken.

Auf der Nachbarinsel **Perhentian Kecil** gibt es den einzigen Ort, **Kampung Pasir Hantu**, bestehend aus einer Ansammlung von Holzhäusern, einer Polizeistation, einer Krankenstation mit nicht allzu qualifiziertem Personal und der Moschee. Über einen schmalen Fußweg (20 Min.) gelangt man vom südlichen Dorfrand an der steilen Küste entlang nach **Pasir Petani**, einem kleinen, von Kokospalmen gesäumten Strand mit einer Bungalowanlage (s.u.). Alle anderen Strände sind nur mit dem Boot zu erreichen.

Nördlich des Ortes liegt der **Pasir Panjang** *(Long Beach)*, ein schöner, langgestreckter Sandstrand an dem trotz der Travellerhütten noch viel Ruhe herrscht. Allerdings kann hier aufgrund starker Unterströmungen das Schwimmen lebensgefährlich sein. Ein kleiner Pfad (15 Min.) führt hinüber auf die Westseite zur **Teluk Aur**.

Vor der Bucht kann man gut tauchen, aber der Strand ist nicht ganz so attraktiv wie drüben. Am nördlichen Ende der Insel liegt **Teluk Kurma**, ebenfalls eine sehr einsame Bucht. Das Wasser ist hier flacher, aber die Schnorchelmöglichkeiten sind prima.

Übernachtung

Während der **Hauptsaison** von Juli bis August und in den malaysischen Schulferien kann es schwierig werden, günstige Unterkünfte auf den Inseln zu finden. Deshalb unbedingt vorab von Kuala Besut aus anrufen und reservieren!
Die Büros am Hafen haben Fotos und andere Informationen über die Anlagen.
Die meisten Unterkünfte sind während der **Monsunregen** von November bis Januar geschlossen.

PERHENTIAN BESAR – wir beginnen am südlichen Pier.
Abdul's Chalets–**** ㉓, ✆ 010-9837303, hinter dem Felsen, Einzel- und Reihenbungalows ohne Du/WC an einem hübschen Strand. Auch neuere Häuser mit Du/WC und Fan. Es werden Rafting-Touren organisiert.
ABC** ㉑, einfache, dicht nebeneinanderliegende Hütten mit Meerblick.
IBI** ㉒, ✆ 010-9837169, vermietet ein paar solide Doppelbungalows mit Fan oder ac und Du/WC sowie einfache Eternit-Hütten, in denen es aber brütend heiß werden kann.
Coco Hut* ⑳, ✆ 09-6972085, billige *A-frame*-Hütten mit Netz und windschiefe Holzhäuschen.
Cozy*** ⑲, ✆ 010-3309717, die Hütten mit Du/WC sitzen auf einem Felsen dicht aneinander. Vor dem Einzug checken, ob die Zimmer sauber sind und die Duschen funktionieren. Kein Strand. Kanuvermietung, Schnorchelausrüstung vorhanden, Restaurant.
Auf dem Weg nach Norden kommt jetzt ein felsiger Strand, über den kein Weg führt.
Mama's–**** ⑱, ✆ 010-9840232, nur noch wenige einfache Holzhütten und bessere, nette Chalets mit Du/WC, einige mit Fan, allerdings nur abends Elektrizität. Die kleine, privat betriebene Schildkrötenaufzuchtstation lebt von Spenden der Touristen. Neues Restaurant.
Paradise Resort*** ⑰, ✆ 010-9810930, Alle Zimmer mit Du/WC und Fan. Restaurant mit Thai-Gerichten.
Coral View*–***** ⑯, ✆ 010-9030943, schon von weitem an den blauen Dächern zu erkennen, nette Holzhäuser mit Du/WC und Fan oder ac in einer gepflegten Anlage. Durch die Lage auf der Landzunge verfügt das Resort über zwei von Felsen und Korallen durchsetzte Sandstrände. Beliebtes Restaurant, Tauchschule, Schnorcheltrips und Kanuverleih.
Perhentian Island Resort ab**** ⑮, ✆ 010-9030100, Anmeldung auch in Kuala Lumpur unter ✆ 03-2448530, 📠 2434984, ist die größte und teuerste Anlage auf Perhentian. Trotz der 102 Zimmer wirkt sie nicht

Weißer Sandstrand auf Pulau Perhentian Besar

überdimensioniert, mit gepflegtem, feinem Sandstrand, Pool, Tennisplatz, einer Tauchschule und einem guten Restaurant aber langsamem Service. Die geräumigen Bungalows mit Terrasse und Meerblick, aber ohne ac und ohne warmes Wasser kosten bereits stattliche 120 RM. Richtig komfortabel sind die ac-Bungalows, teilweise am Meer, mit warmem Wasser für 280 RM. Das *PIR* ist in der Regenzeit von November bis Januar geschlossen!

An der **Teluk Dalam** auf der anderen Seite der Insel gibt es folgende Anlagen:

Pelangi*** ㉔, ✆ 010-9811762, (hat nichts mit dem gleichnamigen 5-Sterne-Resort auf Langkawi zu tun), Anlage mit blaugedeckten Chalets, alle mit Du/WC und Fan, Restaurant, Tauchschule.

Flora Bay**–**** ㉕, ✆ 011-977266, nette, saubere Anlage, *A-frame*-Hütten, Reihenhäuser, Doppelbungalows und Suiten mit Du/WC und Fan oder ac in allen Preislagen. Beliebtes Restaurant.

Fauna Beach Resort** ㉖, ✆ 011-971843, kleine Holzbungalows mit Du/WC und Fan.

Lazy Lizard* ㉗, das frühere *Seashells*, ✆ 010-326530, eine Reihe einfacher *A-frame*-Hütten nahe dem Wasserreservoir. Die Bar liegt etwas versteckt ein Stück weiter den Strand hinab.

Samudra** ㉘, ✆ 010-9842920, *A-frame*-Hütten und Bungalows in wenig stimulierender Umgebung direkt an der Straße und am Reservoir, Restaurant, es werden Ausflüge angeboten.

PERHENTIAN KECIL – hier hat man an allen Stränden Ruhe. Die meisten Unterkünfte bieten einfache Hütten mit Moskitonetzen ohne Fan, Elektrizität und Du/WC. Allerdings leidet die Umwelt erheblich unter der wachsenden Zahl von Touristen auf der Insel. Die Ziehbrunnen trocknen zeitweise fast völlig aus, so daß man nur noch Faulschlamm herausbefördert. Die Abwässer aus den Küchen und Sanitäranlagen fließen ungeklärt ins Meer.

Pasir Petani*– ⑬, ✆ 010-8812444, ist eine sympathische, familiäre kleine Anlage, wo man in aller Ruhe unter sich sein kann. Schöne Holzhäuschen, ein Boot für Ausflüge steht zur Verfügung. Telefonische Anmeldung über die Büros in Kuala Besut wird dringend empfohlen.
Impiani ⑭, nebenan, ein neues, komfortables Resort mit achteckigen, klimatisierten Holzbungalows am Hang unter Kokospalmen.
Mira's* ⑫, sozusagen „um die Ecke" aber trotzdem mit Gepäck nur per Boot zu erreichen, bietet das Gegenstück: winzige palmwedelgedeckte Hüttchen, billig und alles im Robinson Crusoe-Stil. Einsam. Man kann sich mit dem Boot beim *Sea Horse Café* auf P. Besar abholen lassen.
Coral Bay*–* ⑪, an der Teluk Aur, anspruchslose und nicht besonders gepflegte Hütten mit und ohne Du/WC, aber billig, relaxte Atmosphäre.
Rajawali* ②, ✆ 010-9805244, auf Felsen am nördlichen Rand der Teluk Aur gelegen, einfache Hütten, ruhig, Tauchschule.
D.J. Chalet* ③, ✆ 011-717244, einfache Hütten mit Restaurant nebenan.
Aur Beach Chalet* ④, 100 m weiter südlich, 8 saubere, einfache Holzhütten mit grünen Dächern ohne Fan mit Gemeinschafts-Du/WC, kleines Restaurant mit einer kleinen Auswahl schmackhafter Gerichte.
D'Lagoon*– ①, ✆ 011-970631, einfache Hütten und Schlafsaalbetten, einsam an der Teluk Kurma gelegen, gut zum Schnorcheln.
Moonlight*– ⑤, ✆ 010-9842065, gute, einfache Anlage, geräumige, luftige Holzhäuser am Hang, Brunnen oft total verschmutzt, Restaurant mit leckeren Gerichten, abends Menü.
Simphony* ⑥, neuere Anlage am Long Beach, saubere Hütten und Gemeinschafts-Du/WC, Restaurant.
Panorama** ⑥, 8 etwas zurückversetzte Hütten mit Du/WC, Restaurant.
Matahari* ⑦, ✆ 010-9841370, bei Travellern beliebte preiswerte Doppelhütten mit Netz und Hängematte, z.T. mit Du/WC. Akzeptables Essen.
Long Beach* ⑧, einfache *A-frame*-Hütten und Chalets mit Terrasse, Restaurant.
Cempaka Chalet* ⑨, ✆ 011-977600, am gleichen Strand am Hang, stabile, saubere Häuschen, kein Restaurant, aber nettes, hilfreiches Management.
Rock Garden* ⑩, ✆ 09-7789326, die Hütten sind teilweise auf Felsen oberhalb des Strandes gebaut, alles ziemlich einfach, d.h. ohne Strom und Mandi. Abends gibt es ein preiswertes Büfett. Wer essen möchte, sollte sich nachmittags in die Liste eintragen. Das Wasser kommt aus dem Brunnen.

Essen

Auf Perhentian haben sich viele Touristen den Magen verdorben, weil sie unbehandeltes Wasser getrunken haben. Wer einmal festgestellt hat, daß hier alle Abwässer ungeklärt im Sand versickern, wird verstehen, daß es keine Alternative zu den teuren Trinkwasserflaschen gibt. Die Küche der meisten Anlagen ist wenig abwechslungsreich und auf den Traveller-Einheitsgeschmack ausgerichtet.
Das ***Perhentian Island Resort*** bietet abends Büfett und Essen à la carte an und serviert auch alkoholische Getränke. Ist das Restaurant allerdings mehr als halb voll, kann es passieren, daß die Kellner den Überblick verlieren.
Das Restaurant des ***Coral View***, das mit einer großen Speisekarte aufwartet, erfreut sich großer Beliebtheit.
Auch das neue Restaurant von ***Mama's*** ist sehr beliebt. Daher sollte der leckere Fisch mit Ingwer und Zitronengrassauce bis 17 Uhr vorbestellt werden.
Das ***Sea Horse Cafe*** im *ABC* ist ein beliebter Treffpunkt am Abend, da Alkohol ausgeschenkt wird.
Isabella Cafe, am *Government Resthouse* serviert das beste Frühstück an diesem Strandabschnitt.
Eine versteckt gelegene **Bar** an der Teluk Dalam serviert die Dose Bier zum gleichen Preis wie der Biergarten des *Perhentian Island Resorts*.

Auf Perhentian Kecil ist das einfache, preiswerte ***Cool Cafe***, südlich von *Matahari*, bei Rucksackreisenden sehr beliebt.

Sonstiges

AUSSENBORDER – Von einem Strand zum anderen kommt man nur mit kleinen Außenbordern, die meist über die Bungalowsiedlungen gebucht werden können. So kostet ein Boot von Mama's zum Dorf 3 RM p.P. (ab 2 Pers.), zum Long Beach (Pasir Panjang) 7 RM, zur Flora Bay (Teluk Dalam), Coral Bay (Teluk Aur), D'Lagoon (Teluk Kurma) und zum Turtle Beach 10 RM. Für Schnorcheltouren sind je nach Entfernung 15–25 RM p.P. bei mindestens 4 Teilnehmern zu zahlen.

MEDIZINISCHE HILFE – In Notfällen sollte man lieber nicht die Krankenstation im Dorf in Anspruch nehmen, sondern nach einem Arzt unter den anderen Touristen fahnden bzw. aufs Festland fahren. Besonders Taucher sollten sich daher umsichtig verhalten. Auch beim Schwimmen am Long Beach ist wegen starker Unterströmungen Vorsicht geboten.

TAUCHEN UND SCHNORCHELN – Sicher eines der schönsten Vergnügen auf Perhentian. Schöne Tauchgebiete erstrecken sich rings um die beiden Inseln, teilweise direkt an den Felsenküsten, teilweise an alten Schiffswracks oder an weiter entfernt liegenden Riffen. Auf beiden Inseln gibt es mehrere Tauchschulen. In den meisten ist Englisch Unterrichtssprache.
Auf **Perhentian Besar**:
Michael im *Perhentian Island Resort*,
Steffen Sea Sport, neben dem Coral View. Der Chinese Steffen war früher im Island Resort tätig.
Perhentian Diving im ABC.
Watercolors Dive Centre, im *Paradise*, ✆ 018-8931852, 010-9810930, wird von der deutschen Tauchlehrerin Anke und ihrem Partner Mike geleitet. Freundlich und professionell geleitete Touren zu vielen interessanten Revieren.
End Divers, im *Pelangi*, Tauchschule in der Teluk Dalam.
Auf **Perhentian Kecil**:
Coral Sky, englischer und französischer Unterricht.
Turtle Island Divers, zwei Inder bieten Kurse in englischer Sprache an.
Die Preise zwischen den Schulen variieren beträchtlich und ändern sich je nach Nachfrage. Im Vergleich zur Westküste sind sie moderat, und das Taucherlebnis ist meist besser. Die max. Tauchtiefe beträgt 30 m. Es werden sowohl eintägige Schnupperkurse (165–200 RM) als auch komplette Tauchlehrgänge mit internationalen Zertifikaten (PADI, FSSS, CMAS; 4-Tages-Kurse 650 RM) angeboten und Tauchtrips organisiert (2 Tauchgänge an verschiedenen Stellen für 100 RM pro Tag, mit eigener Ausrüstung Rabatt).
Generell sind alle Tauchschulen von Mitte Oktober bis Ende Januar geschlossen; Tauchgänge im Februar, März und Oktober sind nur bei ruhigem Wetter möglich. Von April bis September ist die beste Saison.
Schnorchelausrüstungen und aufblasbare Kanus werden von mehreren Bungalowanlagen und den Tauchläden vermietet. Da sich die Preise stark unterscheiden, lohnt es sich, zu vergleichen. Manchmal ist eine Tagestour inkl. Ausrüstung sogar billiger als die Ausrüstung alleine.

Transport

Boote von KUALA BESUT fahren mehrmals am Tag zu verschiedenen Bungalowanlagen auf den Inseln, die meisten starten gegen 10 und 14 Uhr.
Zurück von Perhentian zwischen 8 und 9 Uhr sowie zwischen 13 und 14 Uhr. Sie halten an mehreren Stellen, am besten verständigt man sich vorher mit dem Bootsmann oder sagt an der Rezeption Bescheid. Die einfache Fahrt kostet 20 RM und dauert 1 1/ 2 Std. Speedboote für 25 RM brauchen 1/2 Std. und fahren um 8.30, 10 und 14 Uhr ab Kuala Besut und am Mittag und Nachmittag zurück.

Anhang

Bücherliste

Nur wenige deutschsprachige Autoren beschäftigen sich mit Thailand. Der größte Teil der hier angegebenen Literatur ist deshalb auch in Englisch geschrieben. In Thailand werden viele dieser Bücher in den größeren Buchhandlungen verkauft, in Deutschland hingegen sind die englischsprachigen Titel kaum zu bekommen. Eine gute Quelle, die zudem nichts kostet, ist die Bibliothek des Goethe-Instituts in Bangkok (s.S. 173).

Länderkunde

Thailand (Hrsg.: Hohnholz, Jürgen; Tübingen 1980). Länderkunde mit Beiträgen verschiedener Autoren, zum Teil recht gut, manchmal etwas fachspezifisch.

Thailand ohne Tempel. Lebensfragen eines Tropenlandes (Donner, Wolf; Frankfurt 1984). Die schwerwiegenden ökologischen und sozialen Probleme Thailands werden fundiert dargestellt und mit vielen Fakten begründet – dennoch gut lesbar. Empfehlenswertes Buch für alle, die bereit sind, einen Blick hinter die Sonnenseiten des Landes zu werfen.

Thailand – Land zwischen Tradition und Moderne (Donner, Wolf; München 1996). Kompetent geschriebene, informative Abhandlung über den Naturraum, die Geschichte, Kultur, Wirtschaft und Gesellschaft des Landes.

The Five Faces of Thailand (Donner, Wolf; Hamburg 1978). Umfassende Wirtschaftsgeographie der thailändischen Regionen.

Lebensraum Thailand (Donner, Wolf; Bonn 1983). Geographische Betrachtung der sechs thailändischen Natur-Regionen – die Landschaft, Geologie, Morphologie, Vegetation, landwirtschaftliche und wirtschaftlich Nutzungsformen.

Thailand – Geographie, Geschichte, Kultur, Religion, Staat, Gesellschaft, Bildungswesen, Politik, Wirtschaft (Hohnholz, Jürgen, Hrsg; Stuttgart 1984). Hervorragend zur Vorbereitung für Interessierte, z.T. recht kritische Passagen.

Schriftreihe der Deutsch-Thailändischen Gesellschaft (anfordern bei Asia Books Edith Rieger, Bahnhofstr. 132, 69151 Neckargemünd, ✆ 06223-6849; 📠 72466). Informationen, die über die Tagesereignisse hinaus von Bedeutung und Interesse sind, z.B.:

Im Land des weißen Elefanten. Die Beziehungen zwischen Deutschland und Thailand von den Anfängen bis 1962 (Stoffers, Andreas; Bonn 1995). Ein Überblick über das wechselvolle Verhältnis beider Länder, politische Ränkespiele und wirtschaftliche Beziehungen, leider etwas langatmig.

Thailand, The Lotus Kingdom (Shearer, Alistair; London 1989). Beschreibung Thailands und seiner Bewohner.

Geschichte, Politik, Religion und Soziales

Popular History of Thailand (Jumsai, M. L. Manich; Bangkok; englisch). Ein historisches Buch über die Könige und Kriege im alten Siam aus thailändischer Sicht. Vom selben Autor gibt es auch weitere Bücher über Thailand, so ein Sprachführer, eine Literaturgeschichte, Betrachtungen über den Thai-Buddhismus.

Thailand – a Short History (Wyatt, David; New Haven 1984; englisch). Ausgezeichnete Einführung in die Geschichte von der Vorzeit bis heute.

Conflict or Communication (Reprint verschiedener Artikel aus dem „Business Thailand" Magazin; Bangkok 1980; englisch). Ausgezeichnete Einführung in die soziale Struktur des Landes und die Mentalität der Menschen.

Kukrit Pramoj: His Wit and Wisdom (Bangkok 1983; englisch). Die Darstellung eines bedeutenden thail. Politikers in seinen Schriften, Reden und Interviews.

A Meditator's Diary. A Western woman's unique experiences in Thailand monasteries (Jane Hamilton-Merritt; London, Boston, Sydney 1976; englisch). Für alle, die sich ausführlich mit Buddhismus und dem Leben in einem thailändischen Kloster beschäftigen wollen.

Thailand‘s Boom (Phongpaichit, Pasuk; Baker, Chris; Chiang Mai 1996). Eine aufschlußreiche, unterhaltsame Darstellung der wirtschaftlichen Entwicklung des Landes, wobei der Schwerpunkt auf den vergangenen 20 Jahren liegt.
Power and Culture – the Struggle against Poverty in Thailand (Gohlert, Ernst W.; Bangkok 1990). Bespricht konventionelle und alternative Entwicklungsprogramme, Geburtenkontrolle, Umwelt, Menschenrechte, Frauenbewegung und Spiritualität.
Behind the Smile – Voices of Thailand (Ekachai, Sanitsuda; Bangkok 1991). Hervorragende kritische Reportagen für die Bangkok Post über die Schwierigkeiten, mit denen das einfache Landvolk im Zuge der dramatischen Änderungen in Thailand zu kämpfen hat.
Die Nacht der Krokodile. Kinderprostitution in Bangkok (Botte, Marie-France; Mari, Jean-Paul; München 1996). In dem aufschlußreichen Sachbuch faßt die engagierte Autorin, eine belgische Sozialarbeiterin, ein heißes Eisen an. Sie weiß, wovon sie schreibt, denn ihrem Engagement ist es vor allem zu verdanken, daß die mißbrauchten Kinder Thailands nicht länger totgeschwiegen werden.
War in the Blood: Sex, Politics and AIDS in Southeast Asia(Dr. Beyrer, Chris; 1998). Der aufrüttelnde Bericht eines amerikanischen Epidemiologen, der in der Region arbeitete und Ärzte, Drogenabhängige und AIDS-Kranke interviewte.

Kunst und Kultur

Traditional Thailand, Glimpses of a Nation‘s Culture (Denis Segaller; Hong Kong 1982; englisch). Liebevolle Darstellung traditionellen thailändischen Kunsthandwerks in Text und Bild.
Thai Culture, New Series (Hrsg.: The Fine Arts Department, Bangkok). Diese Reihe zu verschiedenen kulturellen Themen umfaßt 25 farbige Broschüren, die leider nur selten in Museen verkauft werden.

Natur

Thailand. Räumliche Strukturen und Entwicklung (Donner, Wolf; Darmstadt 1989). Darstellung thailändischer Landschaftsformen und die Möglichkeiten ihrer sinnvollen, schonenden Nutzung.
A Guide to the Birds of Thailand (Lekagu, Boonsong & Round, Philip D.; Bangkok 1991). Ein Vogelbestimmungsbuch für 913 Vögel in Thailand mit Bildtafeln.
A Field Guide to the Wild Orchids of Thailand (Vaddhanaphuti, Nantiya; Bangkok 1992). Beschreibung von 90 Orchideen mit Photo.
A Field Guide to the Flowering Plants of Thailand (McMakin, Patrick D.; Bangkok 1988). Beschreibung von 502 Blütenpflanzen mit Photo.
Marine Animals of Thailand (Majchacheep, Surin; Bangkok 1989). Wissenschaftliche Beschreibung und Nachschlagewerk über 371 Meerestiere, jeweils mit Photo.
Der unersetzbare Dschungel (Reichholf, Josef H.; BLV München, 1991). Verständlich geschrieben, auch für Neulinge in der Regenwald-Problematik geeignet.

Historische Beschreibungen

The Kingdom and the People of Siam (Bowring, Sir John; New York 1969; englisch). Zweibändiges, umfangreiches Werk, 1855 von einem englischen Diplomaten verfaßt, der das Land bereiste. Reprint.
Temples and Elephants (Bock, Carl; London 1884, Reprint Bangkok 1985; englisch). Beschreibung einer Reise von Bangkok nach Chiang Mai zu Zeiten König Chulalongkorns.
Siam on the Meinam from the Gulf to Ayuthia (Sommerville, Maxwell; London 1897; Reprint Bangkok 1985; englisch).
A Narrative of a Residence in Siam (Neale, Frederick Arthur; London 1852; Reprint Bangkok 1986; englisch).
Voyage to Siam (Tachard, Guy; London 1688; Reprint Bangkok 1981; englisch). Beschreibung einer Gesandtschaft aus sechs Jesuiten, die von König Louis XIV. an den Hof König Narais reiste.

1688 Revolution in Siam (Hutchinson, E.W.; Bangkok 1990). Memoiren von Pater de Bèze, einem Jesuitenpriester. Er beschreibt die ersten europäischen Versuche, das Königreich zu durchdringen.
Anfang der Eisenbahn in Thailand (Weiler, Luis; Reprint Bangkok 1979). Tagebuch vom Bau der Thai-Eisenbahn unter der Leitung von deutschen Ingenieuren in der Periode von 1893 bis 1917; interessant zu lesen.
Siam hinter der Bambuswand (Ekert-Rotholz, Alice; München 1953). Anhand dieses Reisebuches kann man die rapide Entwicklung von Thailand erkennen, aber auch seine noch immer gültigen Traditionen.
Matahari. Stimmungsbilder aus dem Malayisch-Siamesischen Dschungel (Morgenthaler, Hans; Zürich 1987). Ein schweizer Abenteurer sucht 1917–1920 in Siam nach Bodenschätzen.

Romane und Erzählungen

Leider sind viele der Taschenbücher vergriffen und nur noch in der Bibliothek oder antiquarisch zu erhalten. Ausnahmen:
Muschelprinz und Duftende Blüte (München 1994). Volkstümliche Liebesgeschichten aus Thailand, die ihren Ursprung in der Region Chiang Mai haben.
Reis aus Silberschalen (Ekert-Rotholz, Alice; Hamburg 1954, Neuauflage bei Rowohlt). Ein unterhaltsamer Einstieg in die Denk- und Handelsweise von Südostasiaten.
Die Brücke am Kwai (Boulle, Pierre; rororo Taschenbuch). Der verfilmte Klassiker über das Leben im Kriegsgefangenenlager und den Bau der Brücke über den River Kwai während des 2.Weltkriegs.
Der Strand (Garland, Alex, München 1997). Der britische Autor beschreibt in seinem vielbeachteten Erstlingswerk die Traveller-Szene in der Khao San Road und auf Ko Samui, ihr Leben und ihre Träume.
Insel im Schwarzen Fluß – Die Geschichte einer verkauften Kindheit in Thailand (Siebert, Rüdiger; Arena Verlag, Würzburg 1995). Eine hervorragend recherchierte Geschichte über die unmenschlichen Bedingungen, unter denen Kinder armer Eltern in Fabriken arbeiten müssen.

Weitere vergriffene Titel:
Siamesische Hunde (Blettenberg, Detlef; Ullstein Taschenbuch 1989) Als Landeskenner hat der deutsche Entwicklungshelfer diesen spannenden Thriller mit vielen Fakten über das Leben in Thailand gespickt. Der Handlung liegen die geheimdienstlichen Aktivitäten von Jim Thompson zugrunde. Vom selben Autor erschienen bei Ullstein der Roman **Farang** sowie die Reportagen **Inka grollt und Buddha lächelt.**
Himmel und Erde – Ein Südostasien-Lesebuch (Hrsg.: Michael Hase; Berlin 1985). U.a. drei Kurzgeschichten aus Thailand.
Bambus läßt sich nicht brechen – Reportagen vom Überleben in Südostasien (Siebert, Rüdiger; Würzburg 1986). Hervorragend beobachtete und gut geschriebene Kurzgeschichten über die Schattenseiten des Lebens in Thailand und seinen Nachbarländern. Sehr zu empfehlen!
Auf den Spuren Buddhas (Uhlig, Helmut; Ullstein 1982). Erlebnisse einer Reise durch Südostasien, mit vielen Hintergundinformationen.
Frauen in Thailand (dtv-Taschenbuch 1991). Eine Sammlung von Erzählungen thailändischer Autorinnen.
Teufelskreis Bangkok (Saul, John R.; Knaur Taschenbuch 1990). Interressanter Roman, der im korrupten Milieu von Bangkok spielt.
Endstation Bangkok (Lerco, Armand; rororo Taschenbuch 1984). Bericht eines ehemaligen Dealers, der in einem Gefängnis in Thailand landet.

In Bangkok erhältlich:
Thai-Ramayana (Übersetzung der Fassung von König Rama I. durch M.L. Manich Jumsai, deutsch, englisch). Es gibt verschiedene Fassungen dieses Epos', das im gesamten süd- und südostasiatischen Raum bekannt ist. In die Thai-Version sind zahlreiche Märchen und Sagen Thailands eingearbeitet worden. Eine umfangreiche deutsche Überset-

zung der indischen Ramayana-Version ist im Eugen Diederichs Verlag, Düsseldorf, Köln 1981 erschienen. Eine besonders schöne englische Nacherzählung mit Bezug auf die Artus-Legende und Abbildungen von den Wandmalereien im Wat Phra Keo hat J.C.Shaw 1988 bei D.K. in Bangkok veröffentlicht.

Kurzgeschichten aus Thailand (ausgewählt und übersetzt von Thupha Otrakul, Bangkok 1982). Dieser Sammelband vermittelt einen Einblick in die moderne thailändische Literatur und in das Denken der Thais.

The Politician and Other Stories (Srinawk, Khamsing; Reprint Oxford 1991, 1. Auflage 1973). Über Bauern und die Konfrontation mit der modernen Welt.

Traveler's Tales Thailand (O'Reilly, James; Habegger, Larry; San Francisco 1994). 54 Erzählungen von amerikanischen und englischen Touristen. Insgesamt oberflächlich, trotz der Vielzahl von Aufsätzen der Vielfalt Thailands nicht angemessen.

Siamese Drama (Sudham, Pira; Bangkok 1983, englisch). Kurzgeschichten eines zeitgenössischen Autors aus Nordost-Thailand, der vor allem das ländliche Leben in dieser Region thematisiert.

The Pirates of Tarutao (Adirex, Paul; Bangkok 1994, englisch). Historischer Roman über das Schicksal der Gefangenen auf der südthailändischen Insel Tarutao im 2. Weltkrieg. Interessant geschrieben, gut zu lesen.

Bildbände

Thailand from the Air (Invernizzi, Luca & Cassio, Alberto; Bangkok 1984). Eine ungewöhnliche Methode das Land fotografisch darzustellen – Großformat.

Thailand. Seven Days in the Kingdom (William Warren und fünfzig Fotografen; Singapore 1987). 1987 bereisten zahlreiche Fotografen Thailand. Das Ergebnis ist ein phantastischer Bildband.

Thailand (Karl Müller Verlag, Erlangen 1993) Preiswerter, großformatiger und schöner Bildband.

The Royal Kingdom of Thailand Hrsg.: Tourist Authority of Thailand, Bangkok 1997). Aus Anlaß des 50jährigen Thronjubiläums des Königs haben die 50 besten Fotografen Thailands das Land bereist und unter unterschiedlichen Aspekten portraitiert.

Thailand sehen & erleben (Modrow, Jörg; Müssig, Jochen; München 1996). Ein kompakter Bildband, in dem es auch Spaß macht zu schmökern.

The Arts of Thailand (Van Beek, Steve & Invernizzi, Luca; Hong Kong 1991; englisch). Die phantastischen Bilder des großformatigen Bildbandes haben ihren Preis – ca. 120 DM.

Kulturführer

Land & Leute Thailand (Bolik, Rainer; Jantawat-Bolik, Siriporn; München 1992). In alphabetischer Reihenfolge wird in dem gut lesbaren Band der Polyglott-Reihe Hintergrundwissen über das Alltagsleben und die Kultur Thailands vermittelt.

Reisegast in Thailand (Cooper, Robert & Nanthapa; München 1994). Amüsant und locker geschrieben ist dieses Buch eine Hilfestellung, um die Verhaltensweisen der Thais zu verstehen und sich als Ausländer entsprechend zu verhalten. Titel der englischen Originalversion: Culture Shock! Thailand.

Thai Ways und **More Thai Ways** (Segaller, Denis; englisch). Der seit Jahrzehnten in Thailand lebende Dokumentarfilmer schreibt humorvoll und doch respektvoll über Sitten und Lebensweisen der Thai. Beide Bändchen sind am ehesten in Bookshops großer Hotels in Bangkok zu finden.

Sprachführer und Wörterbücher

walk & talk Thailand (Struschka, Martin; Thomas Schreiber Verlag, München 1995). Sprechführer mit Lautschrift und Thai-Schrift; zudem viele Hintergrundinformationen über das Land.

Thai (Sangsri Götzfield; Polyglott, München). Guter Sprachführer mit Worten und Sätzen in Thai-Schrift, Tonhöhen für die Aussprache.

Wörterbuch: Aussprache-Thai – Deutsch (Dr. Kips, Paul Josef; Truehand Co., P.O.B. 89, Phuket 1997; 12 DM). Ein überaus nützliches, handliches Wörterbuch. Auf 407 Seiten kann unter 11800 Begriffen in Lautschrift mit Tonhöhen nachgeschaut werden, was ein Thai gesagt hat. Die gut lesbare Thai-Schrift ermöglicht die Korrektur durch den Gesprächspartner.
Deutsch – Thailändisches Wörterbuch (Rochga, E.A.; Thai Wattana Phanit Verlag, Bangkok). Empfehlenswert.
Thai Phrasebook – Language Survival Kit (Cummings, Joe, Melbourne 1984). Sehr guter englischer Sprachführer mit gewöhnungsbedürftiger Lautschrift und Thai Schrift. Es ermöglicht auch in ländlichen Gebieten eine (Lese- und Zeige-) Konversation und fordert die Gesprächspartner dazu heraus, Sprachlehrer zu spielen.
Deutsch – Thai Cockatoo-Biblothek, dreibändiges, 2 kg schweres Werk, Reiseführer, Sprachführer und Wörterbuch in einem (Cockatoo, in Thailand bei Asia Books, in Deutschland in München unter ✆ 089-878955, in der Schweiz unter ✆ 01-9843420 erhältlich). Neben Informationen über die thailändische Sprache enthält es zahlreiche Tips für Geschäftsreisende und Residenten.

Gesundheit

Die Taschenklinik (Dr.med. Lössl, Rainer; München). Das Gesundheits-ABC für unterwegs. Praktische Reisemedizin im Kleinformat, mit medizinischem Wörterbuch in den Weltsprachen.
Traveller's Health. How to Stay Healthy Abroad (Dr. Richard Dawood, Oxford, New York, Tokyo 1992; englisch). Der umfangreichste Gesundheits-Ratgeber für Reisende.
Die Kunst traditioneller Thai Massage (Asokananda – Harald Brust; Bangkok 1990). Die Techniken der Ganzkörpermassage, mit Fotos und Zeichnungen.

Kochbücher

100 Thailändische Gerichte (Uher, Petra; Köln 1989). Einführung in die Küche Thailands mit vielen nachvollziehbaren Rezepten.
Die Poesie der thailändischen Küche (Heymann-Sukphan, Wanphen; Aarau 1995). Großformatiges bebildertes Kochbuch, das Appetit macht.
Küchen der Welt: Thailand (München 1995). Phantastisch fotografierter großformatiger Bildband, der weit mehr als ein Kochbuch ist.
Nitaya's Thai Küche (München 1995). Das Buch wartet nicht nur mit schönen Bildern sondern auch mit vielen nachkochbaren Rezepten auf, die den deutschen Gegebenheiten angepaßt wurden.

Reiseführer

Eine große Zahl von Reiseführern beschäftigen sich mit Thailand. Aus dem Angebot haben wir einige ausgewählt, die dieses Buch ergänzen können.
Richtig Reisen Thailand (Loose, Renate; DuMont, Köln). Hintergrundinformationen über das buddhistische Land. Außerdem zahlreiche Fotos und Routentips über die wichtigsten Reiseziele in Thailand.
Thailand und Burma (Dittmar, Johanna; DuMont, Köln). Ein Kunstreiseführer von DuMont, der umfassend über die kulturellen Sehenswürdigkeiten des Landes informiert.
Thailand visuell (DuMont; Köln). In dieser Reihe erscheinen bunte Bücher mit zahlreichen kleinen Artikeln, die Lust auf das Land machen, aber unterwegs weniger brauchbar sind.
Thailand (Nelles Guides; München). Ein handlicher, bunter Reiseführer, der Wert auf gute Karten legt, wobei der Text etwas zu kurz kommt.
Thailand (Clarac, A.; Bangkok, 1985). Der umfangreichste Kunst- und Reiseführer selbst für Touren in abgelegene Regionen, allerdings nur für Selbstfahrer, praktische Preisangaben und Hinweise auf öffentliche Verkehrsmittel fehlen, keine Neuauflage, daher sind viele Angaben nicht mehr aktuell. Französisch.
Englische Fassung: Oxford, New York, Bangkok 1981.

Thailand per Rad (Thomes, Matthias; Kettler Verlag). Hervorragender Radführer mit 90 Teilstrecken, Kartenskizzen und Hintergrundwissen.
50 Trips through Siam's Canals (Veran, Ch.; Bangkok 1979, englisch). Für alle, die mit Flußbooten das Delta des Menam Chao Phraya entdecken wollen. Selbst mit diesem Buch wird es für Traveller, die nicht Thai sprechen, schwierig sein, immer das richtige Fahrzeug zu finden.
National Parks of Thailand (Graham, Mark, Hrsg.; Bangkok 1991). Ausführliche Beschreibung der Vegetationssysteme von 30 Nationalparks, Kurzbeschreibung von weiteren 33 der über 100 Nationalparks, schöne Fotos und Karten. Als Wanderführer nicht geeignet.
APA Pocket Guides Thailand und **Phuket** (APA, Singapore; deutsche Ausgabe: Langenscheidt, München). Schmale Reiseführer in deutsch und englisch.
Phuket (Nichols, Fiona; Bangkok 1985, englisch). Mit vielen schönen Fotos und Essays wird ein Bild der Urlaubsinsel in Südthailand gezeichnet. Hübsch zum Anschauen, wenig praktische Tips.
Bangkok und Umgebung (Krack, Rainer; Bielefeld). Handbuch für Touristen, die sich längere Zeit im Großraum von Bangkok aufhalten wollen.
Diving in Thailand (Boyd, Ashley J. & Piprell, Collin; Singapore 1995). Führer zu 84 Tauchzielen mit prägnanten Beschreibungen und Bewertungen, sehr gute Karten, Einführung in Thailands Meeresfauna, Wetterbedingungen, Tauchbestimmungen und Schutz der Korallenriffe, viele Fotos.
Tauchreiseführer Thailand (Mietz, Christian; Augsburg 1995). Allgemeine Informationen über Thailand, Streifzug durch die Natur und das Leben im Meer, allgemein gehaltener Führer zu 13 Tauchregionen mit Übersichtskarten, konkrete Reisetips zu Anreise, Unterkunft und Tauchschulen, exzellente Fotos.
Sail Thailand – Exploring the Andaman Sea by Sail – Islands, Maps and Anchorages (Piprell, Collin, Hrsg.; Bangkok 1991). Führer zu den Segelrevieren von Ko Phi Phi bis zu den Surin Islands mit vielen Fotos und Karten.
The Meditation Temples of Thailand: A Guide (Cummings, Joe; Bangkok 1990). Informationen über Buddhismus in Thailand, über Meditationslehrer und die Tempel, die auch Ausländer für einige Zeit aufsuchen können.
A Guide to Buddhist Monasteries and Meditation Centres in Thailand (Weir, Bill; Bangkok). Eine gute Übersicht, veröffentlicht von The World Fellowship of Buddhists, 33 Sukhumvit Rd., Bangkok 10110.

Landkarten und Pläne

Thailand Highway Map 1:1 000 000 (Roads Association of Thailand, Hrsg.; Bangkok). Der zur Zeit umfangreichste Straßenatlas Thailands. Viele Stadtpläne, Sehenswertes. Englisch und Thai. Erscheint jährlich neu.
Thailand Road Map 1:1 750 000 (Berndtson & Berndtson Publications, Fürstenfeldbruck). Brauchbare Straßenkarte mit Sehenswürdigkeiten, 6 Stadtpläne und Detailkarten, Orts- und Straßenindex. Eine gute Ergänzung zum Handbuch.
Im gleichen Verlag erschienen in derselben nützlichen Aufmachung die
Bangkok City Map 1:14 000, ein Innenstadtplan sowie eine Karte des Großraums bis zum Airport im Maßstab 1:85 000, mit Straßenindex.
Phuket Road Map 1:80 000, umfaßt das Gebiet bis Krabi, mit Detailplänen von den Stränden, Phuket Town, Krabi und Ko Phi Phi. Exakt recherchierte Karte.
Thailand Nelles Map 1:1 500 000 (Nelles Verlag, München). Sehenswürdigkeiten sind markiert, Grundlage ist eine topographische Karte mit angenehmem Maßstab. Außerdem erschien im selben Verlag
Bangkok Nelles Map 1:15 000 mit einem Plan des Großraumes im Maßstab 1:75 000, mit Sehenswürdigkeiten, Hotels u.a.
Thailand Regional Maps (Periplus Travel Maps), eine Serie von phantasievoll gezeichnetenRegionalkarten zu Zentral-Thailand

mit Stadtplänen von Bangkok und Pattaya sowie von Phuket und Ko Samui.
Thailand Highway Map 1:1 600 000 (Highway Department Club, Bangkok 1992). Straßenkarte auf Thai, auf der auch die Nummern kleiner Straßen angegeben sind, außerdem 23 Stadtpläne. Zweitkarte für Selbstfahrer.
Latest Tour's Guide to Bangkok & Thailand. Brauchbarer Bangkok-Stadtplan mit eingezeichneten Busrouten, den es in vielen Gästehäusern, Buchläden und im Tourist Office für 30–40 Baht zu kaufen gibt.
Guide Map of ... (V. Hongsombud; Bangkok). Hervorragend recherchierte Serie von Karten über touristische Gebiete, zur Zeit über Krabi, Ko Samui sowie Ko Tao mit Ko Pha Ngan. Sie wird laufend aktualisiert. Vorsicht vor minderwertigen Nachahmern!
Map of Bangkok (Chandler, Nancy). Graphisch hübsch gestaltete, handgezeichnete Karte von den interessantesten Märkten und Einkaufsvierteln mit eingezeichneten Geschäften, Restaurants, Sehenswürdigkeiten.

Video

Bangkok. Das kultivierte Chaos (Schultze & Schultze 1993) Ein symphatisches und realistisches Stadtportrait, das in einem unterhaltsamen Mosaik die Vielfalt der Stadt in 45 Minuten darstellt.

Kleines Wörterbuch

Wenigstens ein paar Worte auf Thai sprechen zu können und das Bemühen zu zeigen, noch mehr lernen zu wollen – dies weckt spontane Sympathie und Neugier in den meisten Thais. Eine Mini-Konversation von 4 oder 5 Sätzen mit dem Abschluß, nur ganz wenig Thai zu sprechen *(put thai dai nitnoi)*, wird immer wieder die sprichwörtliche Freundlichkeit der Thais hervorzaubern.

Selbst mit einem Wörterbuch hat man große Schwierigkeiten, die Worte richtig auszusprechen. Neben den Tonhöhen, die Anfänger nie richtig treffen, muß man sich mit 44 unterschiedlichen Konsonanten und 32 Vokalen herumschlagen, die es zum großen Teil in unserer Sprache nicht gibt. Der folgende Grundwortschatz kann hierbei nur eine kleine Hilfestellung sein. Wer die Zahlen bis 10 000 in Thai beherrscht, wird einen guten Eindruck machen – vor allem bei Taxifahrern und beim Handeln. Am besten läßt man sich die Wörter von einem Thai vorsprechen und versucht, sie nachzusagen. Ein Trost für alle, die es dennoch wagen – die Grammatik ist recht einfach zu lernen, da es nur wenige Regeln und keine Ausnahmen von diesen Regeln gibt.

Tonhöhen haben wir allerdings nicht angegeben. Die Aussprache-Umschrift der ausgewählten Worte basiert weitgehend auf dem Deutschen.

Zahlen

0	*suun*	๐
1	*nöng*	๑
2	*sohng*	๒
3	*sahm*	๓
4	*sie*	๔
5	*hah*	๕
6	*hock*	๖
7	*dschät*	๗
8	*bät*	๘
9	*kao*	๙
10	*sip*	๑๐
11	*sip et*	๑๑
12	*sip sohng*	๑๒
20	*jie sip*	๒๐
21	*jie sip et*	๒๑
22	*jie sip sohng*	๒๒
25	*jie sip hah*	๒๕
30	*sahm sip*	๓๐
40	*sie sip*	๔๐
100	*(nöng) roy*	๑๐๐
101	*roy et*	๑๐๑
200	*sohng roy*	๒๐๐
1000	*(nöng) pan*	๑๐๐๐
10 000	*(nöng) müün*	๑๐๐๐๐
100 000	*(nöng) sähn*	๑๐๐๐๐๐
1 000 000	*(nöng) laan*	๑๐๐๐๐๐๐

Fragen und Antworten

was	*arai?*	อะไร
wann	*möerai?*	เมื่อไหร่
wo, wohin, woher	*tienai?*	ที่ไหน
wo ist …?	*… yuh tienai?*	อยู่ที่ไหน
wieviel(e)	*tao-rai?*	เท่าไหร่
warum	*tammai?*	ทำไม
wie	*jangrai?*	อย่าง ไร
wer, wen, wem	*krai?*	ใคร
ja	*dschai*	ใช่
nein	*mai, plao*	ไม่/ปล่าว
nicht	*mai*	ไม่

Personen

ich (weiblich)	*ditschan / tschan*	ดิฉัน / ฉัน
ich (männlich)	*pom / kra pom*	ผม / กระผม
du, sie, ihr	*töh / khun / nuak töh*	เธอ / คุณ / พวกเธอ
er, sie, es	*khao*	เขา
wir	*rao*	เรา
Sie / Frau / Herr …	*khun*	คุณ

Zeit

Wieviel Uhr ist es?	*kie mohng?*	กี่โมง
Morgen	*tschao*	เช้า
Mittag	*diang*	เที่ยง
Abend	*jen*	เย็น
Nacht	*khühn*	กลาง คืน
heute	*wan-nie*	วันนี้
morgen	*prung-nie*	พรุ่ง นี้
gestern	*müa wan-nie*	เมื่อวานนี้
Minute	*natie*	นาที
Stunde	*tschua mohng*	ชั่วโมง
Tag	*wan*	วัน
Woche	*athit*	อาทิตย์
Monat	*düan*	เดือน
Jahr	*bi*	ปี
jetzt	*däo-nie*	เดี๋ยวนี้
später	*tie-lang*	ทีหลัง
noch nicht	*yang läou*	ยัง แล้ว
schon / fertig	*läou*	แล้ว

Einkaufen

kaufen	*süh*	ซื้อ
verkaufen	*khai*	ขาย

Wieviel Baht?	*kih baht?*	กี่บาท
teuer	*päng*	แพง
zu teuer	*päng pai*	แพง ไป
billig	*mai päng*	ไม่แพง
es gibt...	*mie...*	มี
es gibt nicht	*mai mie*	ไม่มี
Wieviel kostet es?	*raka tao-rai?*	ราคาเท่าไร
Wieviel möchten Sie?	*khun tong kahn tao-rai?*	คุณต้อง การเท่าไร

Waren des täglichen Bedarfs

Tasche	*grapao*	กระเป๋า
Toilettenpapier	*gradad samla*	กระดาษชำระ
Seife	*sabu*	สระบู่
Shampoo	*ja sa pom*	ยาสระผม
Handtuch	*pa set dua*	ผ้าเช็ดตัว
Moskito-Coils	*ja gan jung*	ยากันยุง
Streichhölzer	*mai kit fai*	ไม้ขีดไฟ
Kerze	*tien*	เทียน
Batterie	*tahn fai schai*	ถ่านไฟฉาย

Post

Packpapier	*gadad hoh kong*	กระดาษห่อของ
Kordel	*tschüak*	เชือก
Karton	*glong gradad*	กล่อง กระดาษ
Briefmarke	*setäm*	แสตมป์
Schreibpapier	*gradad kien djod mai*	กระดาษเขียนจดหมาย

Reisen

TAT (Tourist Office)	*tho tho tho*	ท.ท.ท.
geradeaus	*trong pai*	ตรง ไป
(nach) links	*(liao) sai*	(เลี้ยว) ซ้าย
(nach) rechts	*(liao) khwa*	(เลี้ยว) ขวา
Stop!	*jut*	หยุด
Wie heißt diese Straße?	*thanon nih schüh arai?*	ถนนนี้ชื่ออะไร
Wie heißt diese Stadt?	*müang nih schüh arai?*	เมือง นี้ชื่ออะไร
Wohin gehst du?	*töh tschai pai nai?*	เธอจะไปไหน
Ich gehe nach...	*tschan pai…*	ฉันจะไป.....
Nein, ich will nicht gehen	*tschan mai pai*	ฉันไม่ไป

Transport

Bus	*rot meh*	รถเมล์
Busbahnhof	*satani rot meh / bo ko so*	สถานีรถเมล์ /บ.ข.ส.
Eisenbahn	*rot fai*	รถไฟ
Bahnhof	*sathani rot fai*	สถานีรถไฟ

Flugzeug	*krüang bin*	เครื่อง บิน
Flugplatz	*sanahm bin*	สนามบิน
Boot	*rüha*	เรือ
Hafen	*tah rüha*	ท่าเรือ
Taxi	*täksi*	แท็กซี่
Auto	*rot jon*	รถยนต์
Motorrad	*mohtöhsai*	อร์เตอร์ไซค์
Fahrrad	*dschakrajahn*	รถจักรยาน
mieten	*tschau*	เช่า
Benzin	*bensin*	เบนซิน
Normalbenzin	*tammadah*	ธรรมดา
Super	*supähr*	ซุปเปอร์

Wohnen

Hotel	*rong rähm*	โรง แรม
Zimmer	*hong*	ห้อง
Bett	*diang*	เตียง
Schlüssel	*gun tschä*	กุญแจ
Moskito	*jung*	ยุง
Moskitonetz	*mung*	มุ้ง
Badezimmer, Toilette	*hong nahm*	ห้อง น้ำ
Wo ist das Hotel?	*rong rähm juh tienai?*	โรง แรมอยู่ที่ไหน
Wo ist die Toilette? → für: Ich muß auf die Toilette	*hong nahm yuh tienai?*	ห้อง น้ำอยู่ที่ไหน
müde	*nguang noh*	ง่วง นอน
allein	*kon dijo*	คนเดียว

Essen und Trinken

Restaurant	*rahn ahahn*	ร้านอาหาร
essen	*gin kao / tahn*	กินข้าว / ทาน
trinken	*dühm*	ดื่ม
Die Rechnung, bitte!	*tschek bin*	เช็คบิล

Ein kleines Wörterbuch Essen und Trinken im entsprechenden Teil, s.S. 43.

Umwelt

Großstadt	*nakhon / müang yai*	นคร / เมือง ใหญ่
Stadt	*müang*	เมือง
Dorf	*muu bahn / bahn*	หมู่บ้าน / บ้าน
Berg	*pukao / doi*	ภูเขา / เขา
Fluß	*mä nahm*	แม่น้ำ
Insel	*ko*	เกาะ
Strand	*tschai haht / haht*	ชายหาด / หาด
Bucht	*ao*	อ่าว
Wasserfall	*nahm tok*	น้ำตก

Höhle	*tam*	ถ้ำ
Straße	*thanon*	ถนน
Gasse	*soi*	ซอย

Gesundheit

gesund	*sabai*	สบาย
krank	*mai sabai*	ไม่สบาย
Medizin	*jah*	ยา
Fieber	*kai*	ไข้
Durchfall	*tong döhn / tong ruong*	ท้อง เดิน /ท้อง ร่วง
Erbrechen	*adschian*	อาเจียร
betrunken	*mao*	เมา
Krankenhaus	*rong payabahn*	โรง พยาบาล
wehtun	*dschep*	เจ็บ

Gespräch

Willkommen! (Begrüßung)	*jin die tohn rap*	ยินดีต้อนรับ
Wie geht es?	*ben jang ngai bang?*	เป็นยัง ไง บ้าง
Mir geht es gut	*sabai die*	สบายดี
tschüß	*laa gon*	ลาก่อน
Auf Wiedersehen	*läo pop gan mai*	แล้วพบกันใหม่
Woher kommst du?	*töh mahn dschak tienai?*	เธอมาจากไหน
Kann man fotografieren?	*tai ruhp dai mai?*	ถ่ายรูปได้ไหม
Sprichst du Thai?	*töh put Thai dai mai?*	เธอพูดไทยได้ไหม
Ich spreche ein wenig Thai	*put Thai dai nitnoi*	พูดไทยได้นิดหน่อย
Verstehen sie?	*khun kao dschai mai?*	คุณเข้าใจไหม
Ich verstehe (nicht)	*tschan (mai) kao dschai*	ฉันไม่เข้าใจ
Bitte sprechen Sie langsam!	*prott put cha cha*	โปรดพูดช้าๆ
Das macht nichts!	*mai pen rai*	ไม่เป็นไร
danke (Männer)	*kop khun khrap*	อบคุณครับ
danke (Frauen)	*kop khun kha*	ขอบคุณค่ะ
bitte (fordernd)	*prott*	โปรด
bitte (einladend)	*tschuhn*	เชิญ
Achtung!	*rawang*	ระวัง
es tut mir leid	*tschan sia chai*	ฉันเสียใจ
Entschuldigung	*kao tott*	ขอโทษ
Wie heißt du?	*töh dschüarai*	เธอชื่ออะไร
Ich heiße ...	*tschan dschüa*	ฉันชื่อ.....
Wie alt bist du?	*töh ahju tao-rai*	เธออายุเท่าไหร่
Wo wohnst du?	*töh jü tienai*	เธออยู่ที่ไหน
Viel Glück!	*dschok die*	โชคดี
hübsch	*suäi*	สวย
schmutzig	*sockapock*	สกปรก
sich wohl fühlen	*sabai*	สบาย
Spaß haben	*sanuk*	สนุก
mögen	*schop*	ชอบ

gut	*die*	ดี
sehr gut	*die mahk*	ดีมาก
nicht gut	*mai die*	ไม่ดี
sehr	*mahk mahk*	มากๆ
verrückt	*bababobo*	บ้าๆบอๆ
gut, clever	*gäng*	เก่ง
Kind	*dek*	เด็ก
Junge	*dek pu-dschai*	เด็กผู้ชาย
Mädchen	*dek pu-jing*	เด็กผู้หญิง
müssen	*tong*	ต้อง
können	*dai*	ได้
wollen, möchten	*jaak, ao*	อยาก
brauchen	*dongka*	ต้อง การ
haben...	*mie...*	มี
vielleicht	*bangti*	บาง ที
ein bißchen	*nitnoi*	นิดหน่อย
klein	*lek*	เล็ก
Freund	*püan*	เพื่อน
Westlicher Ausländer	*farang*	ฝรั่ง
Ich gehe schwimmen	*tschan pai wai nahm*	ฉันจะไปว่ายน้ำ

Die allerwichtigsten 13 Worte – und der wichtigste Satz

Wo ist ...?	*... yuh tienai?*	อยุที่ไหน
Gibt es ...?	*... mie mai?*	มีไหม
Bus	*rot meh*	รถเมล์
Eisenbahn	*rot fai*	รถไฟ
Flugplatz	*sanahm bin*	สนามบิน
Boot	*rüha*	เรือ
Restaurant	*rahn ahahn*	ร้านอาหาร
Hotel	*rong rähm*	โรง แรม
Zimmer	*hong*	ห้อง
Toilette	*hong nahm*	ห้อง น้ำ
Danke	*kop kun*	ขอบคุณ
Entschuldigung	*kao tott*	ขอโทษ
sehr gut	*die mahk*	ดีมาก

Ich spreche nur ganz wenig Thai — *put thai dai nitnoi nitnoi*

Wichtige Reiseziele in Thai-Schrift

Ang Sila	อ่าง ศิลา
Ang Thong Marine National Park	หมู่เกาะอ่าง ทอง
Ayutthaya	อยุธยา
Ban Mae Hat	บ้านแม่หาด
Ban Phe	บ้านเพ
Ban Saladan	บ้านศาลาด่าน
Bang Pa In	พระราชวัง บาง ปะอิน
Bang Saen	บาง แสน
Bang Sak	บาง สัก
Bang Saphan	บาง สะพาน
Bangkok	กรุง เทพฯ
Betong	เบตง
Cha-am	ชะอำ
Chaiya	ไชยา
Chantaburi	จันทบุรี
Chonburi	ชลบุรี
Chumphon	ชุมพร
Damnoen Saduak	ดำเนินสะดวก
Hat Yai	หาดใหญ่
Hua Hin	หัวหิน
Kaeng Krachan NP	วนอุทยานแก่ง กระจาน
Kanchanaburi	กาญจนบุรี
Khanom	ขนอม
Khao Chamao NP	วนอุทยานเขาชะเมา
Khao Lak	เขาหลัก
Khao Sam Roi Yot NP	วนอุทยานเขาสามร้อยยอด
Khao Sok NP	วนอุทยานเขาสก
Khung Wiman	คุ้ง วิมาน
Klong Son	คลอง สน
Ko Bulon Lae	เกาะบูลอนเล
Ko Chang	เกาะช้าง
Ko Hai	เกาะไหง
Ko Lanta Yai	เกาะลันตาใหญ่
Ko Mak	เกาะหมาก
Ko Muk	เกาะมุก
Ko Nang Yuan	เกาะนาง ยวน
Ko Pha Ngan	เกาะพงัน
Ko Phi Phi	เกาะพีพี
Ko Samet	เกาะเสม็ด
Ko Samui	เกาะสมุย
Ko Tao	เกาะเต่า
Krabi	กระบี่
Laem Ngop	แหลมง อบ
Laem Sadet	แหลมเสด็จ
Laem Son NP	วนอุทยานแหลมสน
Nakhon Pathom	นครปฐม
Nakhon Si Thammarat	นครศรีธรรมราช
Narathiwat	นราธิวาส
Nathon	หน้าทอน
Padang Besar	ปาดัง เบซา
Pak Meng Beach	หาดปากเม็ง
Pakbara	ปากบารา
Pattani	ปัตตานี
Pattaya	พัทยา
Phang Nga	พังงา
Phattalung	พัทลุง
Phetchaburi	เพชรบุรี
Phuket	ภูเก็ต
Phuket Stadt	เมือง ภูเก็ต
Prachuap Khiri Khan	ประจวบคีรีขันธ์
Ranong	ระนอง
Ratchaburi	ราชบุรี
Rayong	ระยอง
Sadao	สะเดา
Samphran	สามพราน
Satun	สตูล
Sichon	สิชล
Si Racha	ศรีราชา
Similan Islands	หมู่เกาะสิมิลัน
Songkhla	สง ขลา
Sungai Golok	สุไหง โกลก
Surat Thani	สุราษฎร์ธานี
Surin Islands	หมู่เกาะสุรินทร์
Tak Bai	ตากใบ
Takua Pa	ตะกั่วป่า
Tarutao NP	วนอุทยานเกาะตะรุเตา
Thap Lamu	ทับละมุ
Thong Sala	ท้อง ศาลา
Trang	ตรัง
Wangprachan	วัง ประจันทร์
Wat Khao Sukim	วัดเขาสุกิม
Wat Phailom	วัดไผ่ล้อม
Wat Suan Moke	วัดสวนโมกข์
Yala	ยะลา

Über die Autoren

Stefan Loose schloß eine Lehre als Industriekaufmann, die Hochschulreife auf dem zweiten Bildungsweg und ein Studium in Englisch und Politik ab, bevor ihm die Reiselust zum Schicksal wurde. Seine ersten Südostasien-Trips verdiente er sich als Taxifahrer in regnerischen Berliner Nächten. Als die erste Traveller-Welle Südostasien eroberte, war er schon ein alter Hase, der sich auskannte. Die Idee, seine Kenntnisse in ein Buch zu packen, nahm aber erst Gestalt an, als er sich entscheiden mußte: Lehrer werden oder etwas anderes machen? Und nachdem er es mit der Referendarzeit probiert hatte, war es endgültig klar: Etwas anderes. Etwas eigenes. Aus der Reiselust einen Beruf machen.

Das war die Zeit, als er **Renate Ramb** kennenlernte. Nach einem Geografie- und Germanistik-Studium hatte die Referendarzeit sie nach Berlin verschlagen, der Stadt mit dem idealen Nährboden für neue Interessen und andere Horizonte. Ihr Faible für asiatische Völker und Kulturen entwickelte sich nach der ersten großen Reise durch Sarawak und Sabah 1978. Bald war die Faszination Südostasiens stärker als die Aussicht auf Verbeamtung, Pensionsberechtigung und Bausparvertrag, und mit dem Zweiten Staatsexamen stand auch ihre Entscheidung fest: Reisen, schreiben, fotografieren, wieder reisen – das war ihr Beruf.

Das erste Südostasien-Handbuch, auf Schreibmaschine getippt und von Hand illustriert, kam 1978 im Selbstverlag auf den Markt. Daß das Buch ein Renner und der Grundstein zu einem Verlag werden sollte, ahnte damals noch niemand. 1980 heirateten Stefan Loose und Renate Ramb in Penang, 1982 wurde ihr Sohn Mischa geboren – auch er mußte sich frühzeitig daran gewöhnen, ständig auf Reisen zu sein. Das Südostasien-Handbuch erlebte eine Neuauflage nach der anderen. Neue Autoren stiegen ein, neue Titel kamen auf den Markt, dicker, bunter, professioneller. Der „Loose" wurde zum Begriff.

Richard Doring absolvierte sein Studium der Informatik und Pädagogik in Deutschland und in den USA und war als Trainer in der Industrie tätig. Schon als Teenager entdeckte er seine Freude am Reisen und trampte durch Europa.

Ursula Spraul-Doring studierte Deutsch, Kunst und Sonderpädagogik und arbeitet an einer Schule für Lernbehinderte. Die ersten Erfahrungen in Asien sammelte sie alleine. Ihre Begeisterung war so groß, daß sie mühelos ihren Mann dafür gewann, ein Jahr mit dem VW-Bus nach Indien zu reisen.

Gemeinsam durchstreiften sie in den Ferien und während mehrjähriger Reisen alle Kontinente und veröffentlichten ihre Eindrücke in Büchern und Zeitschriften. Einige Jahre reisten sie durch Südostasien. Vor allem ihr Lieblingsland, Thailand, erkundeten sie mit Bus, Bahn, Schiffen, Mietwagen und dem Wohnmobil bis in die letzten Winkel. Dabei trugen sie Materialien und Informationen zusammen, von denen selbst die örtlichen Tourismusbehörden nur träumen können. Seit der zweiten Auflage bringen sie ihr Wissen mit persönlichem Engagement und größter Genauigkeit in das Loose Travel Handbuch ein. Besondere Freude bereiten ihnen die Rückmeldungen begeisterter Leser, die mit dem orangen Buch einen unvergeßlichen Urlaub hatten.

An dieser Stelle möchten wir uns bei allen Leserbriefschreibern für die vielen Informationen, Anregungen und Ermutigungen recht herzlich bedanken, durch die wir ein wahres Buch von Travellern für Traveller schreiben konnten.

Sachindex

ANHANG

ANHANG

W

Y/Z

Ortsindex

A

B

C

D

E/F

G

H

L

M

N

P

V

W

Y

Bildnachweis

s/w-Fotos:

Renate Loose
S. 9, 10, 41, 77, 116, 126, 195, 218, 239, 322, 336, 357, 401, 438, 441, 458, 490, 547, 580.

Richard Doring
S. III, 35, 84, 223, 265, 275, 319, 466, 469, 528, 576.

Farbfotos

Renate Loose
Umschlag innen, zwischen den Seiten 64 und 65: alle (38); zwischen den Seiten 128 und 129: S. I (alle 4), S. II (alle 3), S. III (1), S. VI (alle 4), S. V (alle 2), S. VI (alle 5), S. VII (oben und unten links), S. VIII (alle 2); zwischen den Seiten 352 und 353: S. I (links, rechts unten, rechts Mitte unten), S. IV (unten), S. V (alle 2), S. VI (alle 2), S. VIII (oben); zwischen den Seiten 480 und 481: S. I (1), S. II (alle 6), S. IV (links), S. V (alle 2), S. VI (alle 2), S. VII (1), S. VIII (alle 5).

Richard Doring
Titel, zwischen den Seiten 128 und 129: S. VII (unten rechts); zwischen den Seiten 352 und 353: S. I (rechts oben, rechts Mitte oben), S. II (alle 2), Seite III (1), S. IV (oben), S. VII (alle 2), Seite VIII (oben, Mitte links und rechts, unten links, unten rechts).

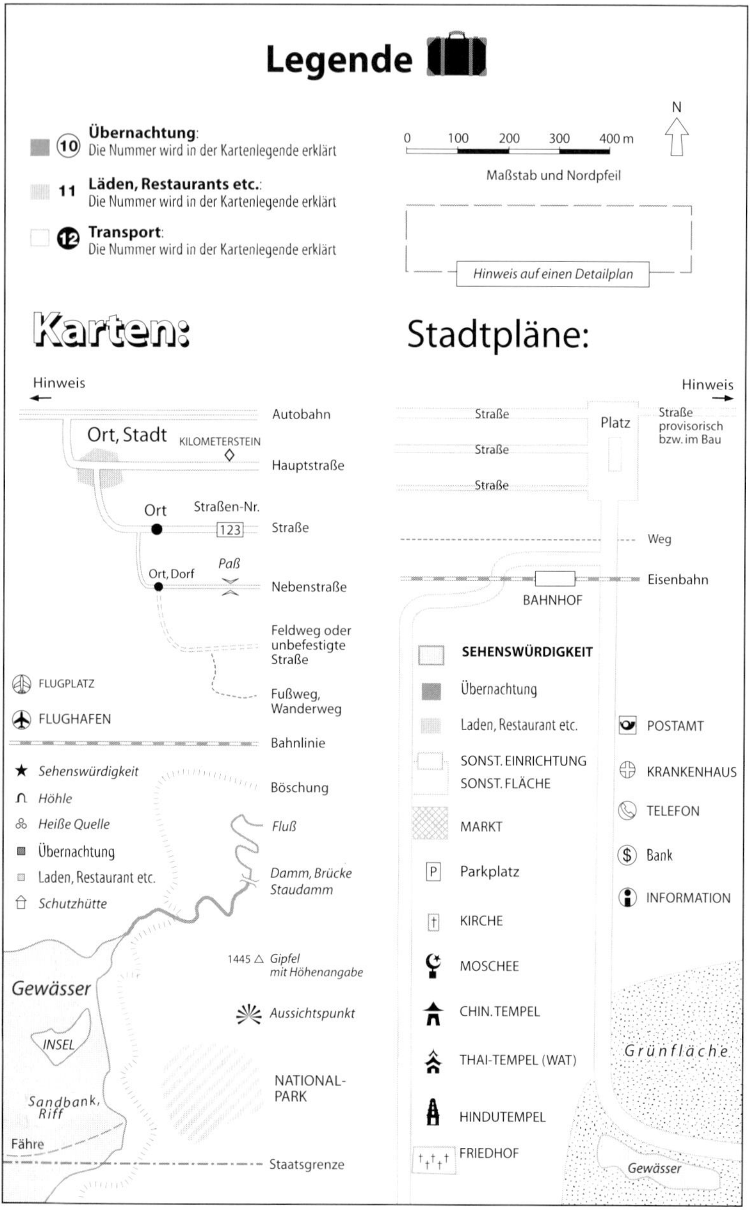
Legende
Übernachtung:
Die Nummer wird in der Kartenlegende erklärt
Läden, Restaurants etc.:
Die Nummer wird in der Kartenlegende erklärt
Transport:
Die Nummer wird in der Kartenlegende erklärt
0 100 200 300 400 m
N
Maßstab und Nordpfeil
Hinweis auf einen Detailplan
Karten:
Stadtpläne:
Hinweis
Autobahn
Ort, Stadt
KILOMETERSTEIN
Hauptstraße
Ort
Straßen-Nr.
123
Straße
Ort, Dorf
Paß
Nebenstraße
Feldweg oder unbefestigte Straße
FLUGPLATZ
Fußweg, Wanderweg
FLUGHAFEN
Bahnlinie
Sehenswürdigkeit
Höhle
Heiße Quelle
Übernachtung
Laden, Restaurant etc.
Schutzhütte
Böschung
Fluß
Damm, Brücke
Staudamm
1445
Gipfel mit Höhenangabe
Gewässer
INSEL
Aussichtspunkt
NATIONAL-PARK
Sandbank, Riff
Fähre
Staatsgrenze
Hinweis
Straße
Platz
Straße provisorisch bzw. im Bau
Straße
Straße
Weg
Eisenbahn
BAHNHOF
SEHENSWÜRDIGKEIT
Übernachtung
Laden, Restaurant etc.
POSTAMT
SONST. EINRICHTUNG
SONST. FLÄCHE
KRANKENHAUS
TELEFON
MARKT
Bank
Parkplatz
INFORMATION
KIRCHE
MOSCHEE
CHIN. TEMPEL
THAI-TEMPEL (WAT)
Grünfläche
HINDUTEMPEL
FRIEDHOF
Gewässer

ANHANG